Max-Planck-Institut für ausländisches
öffentliches Recht und Völkerrecht

Beiträge zum ausländischen öffentlichen Recht und Völkerrecht

Begründet von Viktor Bruns

Herausgegeben von
Jochen Abr. Frowein · Rüdiger Wolfrum

Band 135

Volkmar Götz · Peter Selmer · Rüdiger Wolfrum
(Hrsg.)

Liber amicorum Günther Jaenicke – Zum 85. Geburtstag

Redaktion:
Christiane Philipp

Technische Betreuung:
Verena Soltau

Springer
Berlin Heidelberg New York Barcelona
Hongkong London
Mailand Paris Singapur Tokio

ISSN 0172-4770
ISBN 3-540-65125-X Springer-Verlag Berlin · Heidelberg · New York

Die Deutsche Bibliothek – CIP-Einheitsaufnahme

Liber amicorum Günther Jaenicke – Zum 85. Geburtstag / Hrsg.:
Volkmar Götz ... – Berlin ; Heidelberg ; New York ; Barcelona ;
Hong Kong ; London ; Mailand ; Paris ; Singapur ; Tokio :
Springer, 1998
(Beiträge zum ausländischen öffentlichen Recht und Völkerrecht ; Bd. 135)
ISBN 3-540-65125-X

Satz: Reproduktionsfertige Vorlagen vom Autor
Druck- und Bindearbeiten: Konrad Triltsch, Graphischer Betrieb, 97070 Würzburg
SPIN: 10696853 64/3136 – 5 4 3 2 1 0 – Gedruckt auf säurefreiem Papier

Vorwort

Günther Jaenicke gehört zu dem Kreis von Wissenschaftlern, denen es vergönnt ist, ihre wissenschaftliche Arbeit selbst in die Praxis einzubringen und aus eigenen praktischen Erfahrungen zu bereichern. Sein wissenschaftliches Werk, seine Tätigkeit als Prozeßvertreter, Berater in internationalen Verfahren und Rechtsberater in internationalen Konferenzen werden in der Laudatio durch Karl-Heinz Böckstiegel gewürdigt. Es ist Günther Jaenicke gelungen, diese Tätigkeit auch nach der Emeritierung fortzusetzen und vor allem die Kontakte zu Kollegen des In- und Auslands aufrechtzuerhalten. Entsprechend groß war die Resonanz, als die Herausgeber Beiträge zu dieser Festschrift anregten. Der 70., 75. und 80. Geburtstag des Jubilars wurden im Max-Planck-Institut für ausländisches öffentliches Recht und Völkerrecht mit wissenschaftlichen Veranstaltungen begangen. In seiner Laudatio zum 70. Geburtstag drückte Hermann Mosler den Wunsch aus, daß der Jubilar nach der Emeritierung weiterarbeiten werde. Dieser Wunsch ist in Erfüllung gegangen. Für die Freunde, Kollegen und Schüler ist es eine große Freude, Günther Jaenicke mit dieser Festschrift aus Anlaß seines 85. Geburtstages zu ehren.

Die Herausgeber haben bewußt darauf verzichtet, die Festschrift unter einen Titel zu stellen, der versucht, ein Band um die vielfältigen Beiträge zu schlingen. Es wäre dies dem Facettenreichtum dieser Beiträge nie ganz gerecht geworden. Das gemeinsame Band ist daher, wie es in dem Titel zum Ausdruck kommt, die Würdigung und Anerkennung des wissenschaftlichen Werks sowie der Person des Jubilars.

Die Herausgeber möchten an dieser Stelle den Mitarbeitern des Max-Planck-Instituts für ausländisches öffentliches Recht und Völkerrecht für die Betreuung der Festschrift danken. Dieser Dank gilt den Referendaren und Referendarinnen Martin Braun, Axel Gutermuth, Christiane Kirchhof und Anja Meyer.

Göttingen, Hamburg, Heidelberg, im August 1998

Volkmar Götz   Peter Selmer   Rüdiger Wolfrum

Laudatio auf Günther Jaenicke anläßlich seines 85. Geburtstages am 5. Januar 1999

Karl-Heinz Böckstiegel

Es ist nicht üblich, daß ein Wissenschaftler alle 5 Jahre wieder erneut geehrt wird. Aber außergewöhnliche Persönlichkeiten erfordern auch die Abkehr vom Üblichen. Und so ist diese Festschrift nach Veranstaltungen im Heidelberger Max-Planck-Institut vor 15, vor zehn und vor fünf Jahren das vierte Ereignis, bei welchem sich Wissenschaftler und Praktiker zu Günther Jaenickes Ehren zusammenfinden. Allein dies bringt schon die Wertschätzung zum Ausdruck, die er im Kreise der Kollegen und Freunde genießt.

Zurückzuführen ist diese Wertschätzung auf ein eindrucksvolles Lebenswerk, das Hermann Mosler bei der Veranstaltung vor 15 Jahren aus damals schon 47jähriger enger Bekanntschaft ausführlich beschrieben hat. Da es in der Wissenschaft kaum eine schlimmere Sünde als die Wiederholung gibt und da Moslers Laudatio auch im Tagungsband von 1984 abgedruckt ist[1], ist Günther Jaenicke hoffentlich damit einverstanden, daß ich heute nur noch einmal einige wesentliche Schritte und Leistungen in Erinnerung rufe.

Er stammt aus einem akademischen Philologenhause in Halle (Saale). Er hat an der Universität Halle Rechtswissenschaften studiert und 1936 das erste juristische Staatsexamen mit dem Prädikat "gut" bestanden. Wäh-

---

[1] K.-H. Böckstiegel, V. Götz, P. Selmer (Hrsg.), *Finanzverfassung der Europäischen Gemeinschaften, Beilegung internationaler Streitigkeiten: Heidelberger Kolloquium aus Anlaß des 70. Geburtstages von Günther Jaenicke*, Studien zum Internationalen Wirtschaftsrecht und Atomenergierecht, Band 70, 1984, 85 ff.

rend des Studiums traf er auf Carl Bilfinger, der nach oftmaliger Bekundung in ihm seinen besten juristischen Schüler sah. Nach der Berufung Bilfingers nach Heidelberg promovierte Jaenicke bei ihm 1937 mit einer Dissertation über den Begriff der Diskriminierung im Völkerrecht, die mit "summa cum laude" bewertet wurde. Aus heutiger Sicht zeigt diese Dissertation bereits eine Fähigkeit, die Jaenicke später oft bewiesen hat, nämlich die zukunftsträchtige Erörterung einer bereits wichtig gewordenen, aber in ihrer Bedeutung für die künfige Entwicklung noch nicht voll erkannten Fragestellung.

Anfang 1938 setzte Jaenicke seine juristische Ausbildung in Berlin fort und wurde Assistent am Kaiser-Wilhelm-Institut für ausländisches öffentliches Recht und Völkerrecht, das damals seine Arbeitsräume im Berliner Schloß hatte. Bei Beginn des Krieges wurde er als Reserveoffizier wegen seiner völkerrechtlichen Ausbildung zur Völkerrechtsgruppe des von Admiral Canaris geleiteten Amtes Ausland/Abwehr des Oberkommandos der Wehrmacht eingezogen, wo er in Zusammenarbeit mit dem gleichfalls dorthin verpflichteten stellvertretenden Direktor des Kaiser-Wilhelm Instituts Ernst Schmitz und dem später als Regimegegner dem Volksgerichtshof zum Opfer gefallenen Grafen Moltke um die Beachtung des völkerrechtlichen Kriegsrechts durch die deutschen Streitkräfte bemüht war. Ende 1942 wurde er an die Ostfront versetzt, wo er als Batterieführer und zuletzt in einem Divisionsstab Verwendung fand. Während seiner Berliner Zeit hatte er noch Gelegenheit, die große juristische Staatsprüfung mit dem Prädikat "gut" abzulegen. 1945 wurde Jaenicke nach kurzer Kriegsgefangenschaft in seine Heimatstadt Halle entlassen. Nächste Stationen waren dann die etwa einjährige Tätigkeit als Richter am Landgericht Halle und anschließend die Syndikustätigkeit bei den Industriewerken Sachsen-Anhalt und bei der Zuckerindustrie der Sowjetischen Besatzungszone. Ende 1949 mußte er aus politischen Gründen - er war CDU-Mitglied - die Sowjetische Besatzungszone verlassen.

Inzwischen hatte innerhalb der 1948 als Nachfolgerin der Kaiser-Wilhelm-Gesellschaft gegründeten Max-Planck-Gesellschaft Bilfinger den Auftrag erhalten, das Institut für ausländisches öffentliches Recht und Völkerrecht in Heidelberg wieder zu eröffnen. Gern nahm dabei Bilfinger Jaenickes Hilfe in Anspruch, und die meisten der anschließend seit 1950 vom Institut erstatteten Rechtsgutachten zu aktuellen Fragen des Völkerrechts stammen aus Jaenickes Feder oder waren zumindest von ihm wesentlich beeinflußt. 1954 wurde Jaenicke zum Leiter der Abteilung Völkerrecht im Institut und 1956 zum Wissenschaftlichen Mitglied der Max-Planck-Gesellschaft ernannt.

Als im Rahmen der Pariser Verhandlungen von 1950 die dem Bundeskanzleramt unterstellte Schuman-Plan-Delegation eine Begutachtung über die Stellung internationaler Organisationen brauchte, führte wiederum Jaenicke die Feder. Ein Teil dieser Arbeiten ging dann in seine Abhandlung in der Zeitschrift für ausländisches öffentliches Recht und Völkerrecht über die Sicherung des übernationalen Charakters der Organe internationaler Organisationen ein. Diese Thematik führte dann auch zu seiner Habilitationsschrift über "Die übernationale Gemeinschaft - eine neue Form der völkerrechtlichen Staatenverbindung". Seine Habilitation wurde zunächst von Walter Jellinek und nach dessen Tod 1955 von Hermann Mosler, dem inzwischen nach Heidelberg berufenen Inhaber des fachlich zuständigen Lehrstuhls betreut. 1957 erhielt er von der Juristischen Fakultät der Universität Heidelberg die Lehrbefugnis als Privatdozent für die Fächer deutsches und ausländisches öffentliches Recht und Völkerrecht.

Der nächste wesentliche Schritt war dann Jaenickes Berufung an die rechtswissenschaftliche Fakultät in Frankfurt, der er - trotz eines Rufes nach Göttingen - bis zu seiner Emeritierung treu blieb. Das hing sicher auch damit zusammen, daß er dort für seine völkerrechtlich-wirtschaftsrechtlichen Interessen in dem nacheinander von Hallstein, Coing, Kronstein und Schlochauer geleiteten Institut für ausländisches und internationales Wirtschaftsrecht eine angemessene Logistik fand. Eine besondere Rolle spielte dabei wohl auch die enge Zusammenarbeit dieses Instituts mit der Georgetown Universität in Washington. Von 1968 bis 1989 gehörte Jaenicke dem Direktorium des Instituts an, seit 1974 als geschäftsführender Direktor. In Frankfurt habilitierten sich bei ihm Götz mit einer Arbeit über das "Recht der Wirtschaftssubventionen" und Selmer mit einer Arbeit über "Steuerinterventionismus und Verfassungsrecht". Beide erhielten kurz darauf bereits Rufe nach Göttingen bzw. Hamburg.

Parallel zu seiner Universitätstätigkeit übernahm Jaenicke in steigendem Maße Aufgaben der amtlichen Rechtsberatung und des öffentlichen Auftretens in internationalen Konferenzen und Rechtsstreitigkeiten. Entscheidende Weichen wurden dabei wohl gestellt durch die in seinen Händen liegende Federführung des Verfahrens der Bundesrepublik Deutschland gegen Dänemark und die Niederlande vor dem Internationalen Gerichtshof um die Abgrenzung des Festlandsockels unter der Nordsee in den Jahren 1967 bis 1969. Mosler bestätigt aus seiner späteren Sicht als Richter beim Internationalen Gerichtshof, daß dem dieses Verfahren abschließenden Nordseeurteil erhebliche präjudizielle Bedeutung zukam und daß dies ganz wesentlich auf Jaenickes klare und unpolemische Beiträge zurückzuführen war. Aufgrund der von Jaenicke vorgetragenen Argumente entschied der Gerichtshof, daß bei der Abgrenzung des Festlandsockels zwischen benachbarten Staaten nicht das bis dahin favorisierte Äquidistanzprinzip primärer Maßstab für die Grenzziehung sein könne, sondern daß es vielmehr darauf ankomme, bei der Aufteilung des streitigen Gebietes zu einem gerechten Ergebnis zu gelangen, wofür das Konzept des Festlandsockels als Fortsetzung des Landterritoriums in das Meer und die Proportionalität der jedem Staat zufallenden Meeresfläche im Verhältnis der Breite ihrer an das Meer angrenzenden Küsten maßgebliche Kriterien seien. Diese Gedankengänge sind richtungsweisend für die spätere Rechtsprechung des Gerichtshofs zur Abgrenzung von Meereszonen geworden und haben mit der Bestimmung, daß eine solche Abgrenzung zu einer "equitable solution" führen müsse, auch Eingang in die Seerechtskonvention von 1982 gefunden.

Auch seine Prozeßführung im isländischen Fischereistreit der Jahre 1972 bis 1974 führte wiederum zu einem für die Bundesrepublik positiven Urteil. So verwundert es nicht, daß Jaenicke in späteren Jahren von anderen Staaten um die Unterstützung bei Verfahren vor dem Internationalen Gerichtshof gebeten wurde. Er war Prozeßvertreter in mehreren weiteren Verfahren über die Abgrenzung von Meereszonen, nämlich vor dem IGH zwischen Libyen und Malta sowie zwischen Kanada und den USA und dann noch in dem Schiedsverfahren zwischen Kanada und Frankreich. Alle diese Prozesse haben mit einem Erfolg der von ihm vertretenen Partei geendet!

Neben dieser Tätigkeit im Rahmen der internationalen Streiterledigung war Jaenickes Unterstützung der deutschen Delegation bei internationalen Verhandlungen ein wesentlicher Teil seiner Tätigkeit über viele Jahre. Von Beginn an war er Mitglied des 1974 gegründeten Völkerrechtswissenschaftlichen Beirats des Auswärtigen Amtes. Ganz besonders im Vordergrund steht im Rahmen dieser Tätigkeit seine intensive aktive Teilnahme als Mitglied und ständiger Rechtsberater der deutschen Delegation an allen Phasen der vieljährigen Dritten Seerechtskonferenz der Vereinten Nationen (1974-1982). Nachdem bekanntlich in den 80er Jahren Differenzen zwischen den Industrie- und Entwicklungsländern über den Tiefseebergbau eine breite Ratifizierung der Seerechtskonvention verhinderten, entwickelte er ein Joint-Venture-Modell zur Überbrückung der Gegensätze, das von der deutschen Delegation 1984 in die anschließenden Beratungen der Kommission zur Vorbereitung des Inkrafttretens der Konvention eingeführt wurde.

Die Wissenschaft hat in erheblichem Maße von Jaenickes vielfältigen praktischen Arbeiten profitiert, da er die Zeit fand zu einer großen Zahl von Veröffentlichungen über Themen aus den Bereichen des Seerechts, des internationalen Wirtschaftsrechts, der Streiterledigung und über viele andere Themen. Hinzuweisen ist zumindest noch auf einen anderen wissenschaftlichen Beitrag, dessen Wirkung auf die weitere Rechtsentwicklung und Diskussion mir persönlich im Rahmen meiner eigenen Tätigkeit bei der internationalen Streiterledigung oft deutlich geworden ist: das ist Jaenickes Vortrag "Zur Frage des internationalen ordre public" vor der Deutschen Gesellschaft für Völkerrecht im Jahre 1965. Damals wurde die Existenz eines solchen ordre public noch vielfach bestritten, insbesondere auch von Max Gutzwiller. Heute ist seine Existenz nicht nur anerkannt im völkerrechtlichen Bereich, sondern auch im Bereich der internationalen Handelsschiedsgerichtsbarkeit, wie insbesondere Pierre Lalive mehrfach dargestellt hat und wie dies inzwischen auch der Bundesgerichtshof anerkennt.

Von Jaenickes vielfältigen sonstigen Funktionen seien hier zumindest seine frühere Funktion als Vorsitzender der Deutschen Gesellschaft für Völkerrecht, als Präsident des European Nuclear Energy Tribunal der OECD und als Mitglied des Schiedsrichtergremiums der Weltbank zur Beilegung von Investitionsstreitigkeiten erwähnt.

Von den Jaenicke zuteil gewordenen Ehrungen sei jedenfalls das ihm 1984 verliehene Große Bundesverdienstkreuz hervorgehoben.

Als sein Nachfolger in der Funktion des Vorsitzenden darf ich natürlich ganz besonders Günther Jaenickes Verdienste um die Deutsche Vereinigung für Internationales Recht, die deutsche Landesgruppe der International Law Association, hervorheben. Es war ein Glücksfall für die Vereinigung, daß er die für die Vertretung der deutschen Wissenschaft im Rahmen der International Law Association erforderliche Kontinuität als Vorsitzender der Vereinigung seit dem Jahr 1964 gewahrt hat. Wie ich selbst in späteren Jahren dann so oft feststellen durfte, profitierte nicht nur unsere Vereinigung von seiner mit leichter Hand geführten Leitung, sondern übte Jaenicke - gerade in seiner sachlichen Art - einen erheblichen Einfluß aus im internationalen Rahmen der ILA. Wesentliche Entscheidungen gingen dort auf ihn zurück oder wurden jedenfalls von ihm entscheidend mitgeprägt. Dies gilt auch für die Umwandlung des Committee on a New International Economic Order in das Committee on Sustainable Development und für die Bildung eines International Trade Law Committee für Rechtsfragen der neuen World Trade Organization. Unsere Vereinigung, die International Law Association und wir alle schulden Günther Jaenicke Dank für all dies.

Der Leser dieser Festschrift möge es mir gestatten, mit einem persönlichen Wort abzuschließen. Nicht nur in seiner beruflichen Arbeit, sondern auch als Persönlichkeit war Jaenicke für viele von uns ein Vorbild. Ich hoffe, Margret, seine sehr verehrte Frau, sieht es nicht als Geheimnisbruch an, wenn ich berichte, daß sie und ich vor einiger Zeit bei einem privaten Gespräch beide, unabhängig voneinander, bei Günther als besonders hervorragende Charaktereigenschaft seine Fairness ansahen. In der Tat, bevor er sich eine Meinung bildet oder eine solche äußert, kann er mit ungeheuerer Geduld allen zuhören. Wenn aber dann dieser Prozeß abgeschlossen ist und er sich eine eigene Meinung gebildet hat, scheint diese auch festzustehen - und sich anschließend fast ausnahmslos auch als richtig zu bestätigen.

Der Erfolg seiner Leistungen und die Wirkung seiner Persönlichkeit kann schließlich auch nicht verstanden werden ohne Günther Jaenickes intensive Einbindung in die Familie, welche er immer gepflegt hat. Vor allem, daß auch nach seiner Emeritierung sein Leben so aktiv und offensichtlich befriedigend von ihm weitergestaltet wurde, verdankt er - da wird er mir sicher zustimmen - zu einem ganz erheblichen Anteil seiner verehrten Frau Margret. Das, wenn ich es so nennen darf, "Team Jaenicke" wurde und wird überall gern gesehen und hatte immer und hat weiterhin offensichtlich auch seinerseits Freude an Reisen und am Kontakt mit interessanten Mitmenschen.

Wir wünschen beiden, daß dies sich noch lange fortsetzen möge.

Köln, im Juli 1998

Inhaltsverzeichnis

I. Allgemeines Völkerrecht

II. Seerecht

III. Wirtschaftsvölkerrecht

IV. Europarecht

V. Nationales Staats- und Verfassungsrecht

Autorenverzeichnis

ANDERSON, DAVID H.
Formerly Second Legal Adviser, Foreign and Commonwealth Office, London; Judge at the International Tribunal for the Law of the Sea, Hamburg

BÖCKSTIEGEL, KARL-HEINZ
Prof. Dr.; Lehrstuhl für Internationales Wirtschaftsrecht und Direktor des Instituts für Luft- und Weltraumrecht der Universität zu Köln; Präsident, Iran-United States Claims Tribunal, Den Haag, 1984-1988; Panel Chairman, United Nations Compensation Commission, Genf, 1995-1997

CAMINOS, HUGO
Dr.; Professor, University of Miami School of Law; Judge at the International Tribunal for the Law of the Sea, Hamburg

DELBRÜCK, JOST
Prof. Dr.; LL.M. (IN); Director at the Walther-Schücking-Institute of International Law, University of Kiel; Member of the International Court of Arbitration, The Hague

DOEHRING, KARL
Prof. Dr. Dr. h.c.; em. Ordinarius für deutsches und ausländisches öffentliches Recht und Völkerrecht der Universität Heidelberg; em. Direktor am Max-Planck-Institut für ausländisches öffentliches Recht und Völkerrecht

DOLZER, RUDOLF
Prof. Dr. Dr.; Direktor des Instituts für Völkerrecht der Universität Bonn

DUISBERG, CLAUS J.
Dr.; Botschafter der Bundesrepublik Deutschland, Brasilia

EVERLING, ULRICH
Prof. Dr.; Institut für Völkerrecht der Universität Bonn; ehem. Richter am Gerichtshof der Europäischen Gemeinschaften, Luxemburg

EITEL, TONO
Dr.; Honorarprofessor der Ruhr-Universität Bochum; Botschafter; Ständiger Vertreter Deutschlands bei den Vereinten Nationen, New York

FRANCKX, ERIK
Prof. Dr.; Director of the Center for International Law, Vrije Universiteit Brussel; Chargé de cours, Université Libre de Bruxelles; Associate Professor, Vesalius College (V.U.B.)

FROWEIN, JOCHEN ABR.
Prof. Dr. Dres. h.c.; Director at the Max Planck Institute for Comparative Public Law and International Law, Heidelberg

GÖTZ, VOLKMAR
Prof. Dr.; Professor für Öffentliches Recht an der Georg-August-Universität Göttingen; Jean Monnet Lehrstuhl für Europäisches Recht; Richter am Niedersächsischen Oberverwaltungsgericht; Stellvertretendes Mitglied des Niedersächsischen Staatsgerichtshofs

GREEN, LESLIE C.
Prof.; C.M., LL.B., LL.D., F.R.S.C.; Charles H. Stockton Professor of International Law, US Naval War College; University Professor Emeritus; Honorary Professor of Law, University of Alberta, Canada

HAKAPÄÄ, KARI
Prof. Dr.; Professor of Public International Law, University of Lapland

HAHN, HUGO J.
Dr. iur., Dr. h.c., LL.M. (Harvard); o.em. Prof., Universität Würzburg; Honorary Chairman, Committee on International Monetary Law of the International Law Association, London

HOSSAIN, KAMAL
Dr.; Chairman, Committee on Legal Aspects of Sustainable Development, International Law Association; President, International Law Association, Bangladesh Branch

JESUS, JOSÉ LUÍS
Minister of Foreign Affairs of Cape Verde; Former Chairman of the Preparatory Commission for the International Seabed Authority and for the International Tribunal for the Law of the Sea

KLEIN, ECKART
Prof. Dr.; University of Potsdam, Faculty of Law (Constitutional Law, Public International Law, European Law); University of Potsdam, Director of the Human Rights Centre of the University of Potsdam; Member of the UN Human Rights Committee

KOCH, JOACHIM
Ministerial Counsellor, Federal Ministry of Economics, Bonn; President of the Council of the International Seabed Authority for 1998

KOKOTT, JULIANE
Prof. Dr.; LL.M. (Am. Univ.), S.J.D. (Harv.); Stellvertretende Vorsitzende des Wissenschaftlichen Beirats der Bundesregierung Globale Umweltveränderungen; Stellvertretende Schiedsrichterin am Vergleichs- und Schiedsgerichtshof der OSZE

KWIATKOWSKA, BARBARA
Prof. Dr.; Deputy Director at the Netherlands Institute for the Law of the Sea and Professor of International Law of the Sea at the Faculty of Law, University of Utrecht

LAGONI, RAINER
Prof. Dr., LL.M. (Columbia Univ.); Professor für öffentliches Seerecht, Völkerrecht und Staatsrecht der Universität Hamburg, Geschäftsführender Direktor des Instituts für Seerecht und Seehandelsrecht der Universität Hamburg

MALANCZUK, PETER
Prof. Dr.; Head of the Department of International Law, Faculty of Law, Erasmus University Rotterdam; Director of the Institute of Globalization, International Economic Law and Dispute Settlement (GLODIS); Counsel, Lalive & Partners, Geneva; Member, Tianjin Board of Arbitration, China; Honorary Guest-Professor, China University of Political Science and Law, Beijing

MEESSEN, KARL M.
Prof. Dr.; Jean Monnet Chair of Public Law, European Law, Public International Law and International Commercial Law, Friedrich-Schiller-Universität, Jena

MERTENS, HANS-JOACHIM
Prof. Dr.; Geschäftsführender Direktor des Instituts für ausländisches und internationales Wirtschaftsrecht an der Johann Wolfgang Goethe-Universität, Frankfurt a.M.

MÜNCH, WOLFGANG
Dr.; Inspektor; Mitglied der Gemeinsamen Inspektionsgruppe (Joint Inspection Unit) der Vereinten Nationen und der VN-Sonderorganisationen

NELSON, L.D.M.
Dr.; Judge at the International Tribunal for the Law of the Sea, Hamburg; Visiting Professor of International Law at the London School of Economics

OELLERS-FRAHM, KARIN
Dr.; Wissenschaftliche Referentin am Max-Planck-Institut für ausländisches öffentliches Recht und Völkerrecht, Heidelberg

OPPERMANN, THOMAS
Prof. Dr. iur. Dr. h.c.; Direktor des Seminars für Völker- und Europarecht, Juristische Fakultät der Eberhard-Karls-Universität Tübingen; Mitglied des Staatsgerichtshofes für das Land Baden-Württemberg

ORREGO VICUÑA, FRANCISCO
Prof. Dr.; Professor of International Law at the Law School and the Institute of International Studies of the University of Chile, Santiago; Judge and Vice-President of the World Bank Administrative Tribunal

PAOLILLO, FELIPE H.
Prof. Dr.; Ambassador; Professor of Public International Law

PAUWELS, ANN
Dr.; Research Assistant at the Center for International Law, Vrije Universiteit Brussel

PETERSMANN, ERNST-ULRICH
Prof. Dr.; Professor of Law at the University of Geneva and at the Geneva Graduate Institute of International Studies; Former Legal Adviser in the German Ministry of Economic Affairs (1978-1981) and in the GATT/WTO (1981-1997)

PINTO, M.C.W.
Attorney of the Supreme Court of Sri Lanka; of the Inner Temple, Barrister; Member of the Institute of International Law; Secretary-General of the Iran-United States Claims Tribunal

RAUSCHNING, DIETRICH
Prof. Dr. Dr. h.c.; Institut für Völkerrecht der Georg-August-Universität Göttingen; Richter an der Human Rights Chamber for Bosnia and Herzegovina, Sarajevo

RIEGER, HARALD
Dr. jur.; Rechtsanwalt; Mitglied des Vorstands der Metallgesellschaft AG, Frankfurt a.M.

SEIDL-HOHENVELDERN, IGNAZ
em. o. Univ. Prof. Dr. Dr. h.c.

SELMER, PETER
Prof. Dr.; Geschäftsführender Direktor des Seminars für Finanz- und Steuerrecht der Universität Hamburg; Direktor am Seminar für Öffentliches Recht und Staatslehre der Universität Hamburg

SOHN, LOUIS B.
Prof. Dr.; Distinguished Research Professor of Law, and Director of Research and Studies in the International Rule of Law Institute, George Washington University School of Law, Washington D.C., USA

STEIN, TORSTEN
Prof. Dr.; Direktor des Europa-Instituts der Universität des Saarlandes, Saarbrücken

STRAUSS, HOWARD
Director, Oceans, Environmental and Economic Law Division, Department for Foreign Affairs and International Trade, Canada

TREVES, TULLIO
Professor of International Law, University of Milano; Judge at the International Tribunal for the Law of the Sea, Hamburg

TOMUSCHAT, CHRISTIAN
Professor at the Humboldt University, Berlin; Associated Member, Institut de Droit International; Coordinator of the Historical Clarification Commission, Guatemala

VUKAS, BUDISLAV
Prof. Dr.; University of Zagreb Faculty of Law, Zagreb; Judge at the International Tribunal for the Law of the Sea, Hamburg

GRAF VITZTHUM, WOLFGANG
Prof. Dr. Dr. h.c., LL.M.; Faculté de Droit, Université de Tübingen, Tübingen

WATTS, SIR ARTHUR
KCMG, QC; Barrister, London; formerly The Legal Adviser, Foreign and Commonwealth Office, London; Special Negotiator for Succession Issues in respect of former Yugoslavia; Member, Institut de Droit International

WOLFRUM, RÜDIGER
Prof. Dr.; Director at the Max Planck Institute for Comparative Public Law and International Law, Heidelberg; Judge at the International Tribunal for the Law of the Sea, Hamburg

ZULEEG, MANFRED
Prof. Dr.; Fachbereich Rechtswissenschaft der Johann Wolfgang Goethe-Universität Frankfurt a.M.; ehemaliger Richter am Gerichtshof der Europäischen Gemeinschaften, Luxemburg

I. Allgemeines Völkerrecht

Einige Überlegungen zur Rolle des Internationalen Gerichtshofs bei weltraumrechtlichen Streitigkeiten

Karl-Heinz Böckstiegel

I. Vorbemerkung

Werk und Persönlichkeit von Günther Jaenicke habe ich zu Beginn dieser Festschrift in der Laudatio gewürdigt. Dort kam zum Ausdruck, daß Günther Jaenicke insbesondere auch mit großem Erfolg die Bundesrepublik und andere Staaten in Verfahren vor dem Internationalen Gerichtshof vertreten hat. Dies nimmt der nachfolgende Fachbeitrag zum Anlaß, Überlegungen über eine neue mögliche Zuständigkeit des Internationalen Gerichtshofs zu weltraumrechtlichen Streitigkeiten zu präsentieren.

Sein 50jähriges Bestehen feierte der Internationale Gerichtshof bekanntlich mit einem internationalen Kolloquium im April 1996 im Friedenspalast in Den Haag mit dem Titel "Increasing the Effectiveness of the International Court of Justice".

Den Verfasser dieses Beitrages hatte man eingeladen, im Rahmen dieses Kolloquiums einen Vortrag zu halten zu dem Thema "Equipping the Court to Deal With Developing Areas of International Law: Space Law". Die nachfolgenden Überlegungen gehen auf Fragen und Anregungen zurück, welche der Verfasser in jenem Vortrag erstmals präsentiert hat.

II. Neue Weltraumnutzung erfordert neue Streiterledigung

Die Erforschung des Weltraums hat sich in den letzten Jahrzehnten in erstaunlichem Maße entwickelt und beschleunigt sowie in einer ganzen Reihe von schon jetzt zur Verfügung stehenden Nutzungen des Weltraums niedergeschlagen. Der Laie nimmt heute kaum noch zur Kenntnis, daß internationale Telefonverbindungen, Fernsehübertragungen, Wetterbeobachtungen, Katastrophenvorsorge und auch militärische Beobachtung sowie viele andere Nutzungen ohne ganze Systeme von Satelliten im Weltraum nicht denkbar wären. Trotz aller Haushaltsschwierigkeiten in vielen Staaten erwarten staatliche wie private Expertengruppen in der absehbaren Zukunft darüber hinaus Weltraumstationen in niedrigen Erdumlaufbahnen, in Mondumlaufbahnen, Raumfähren für die Kommunikation zwischen Erde und Mars, eine permanente Station auf dem Mond und später eine solche auf dem Mars in den ersten Jahrzehnten des nächsten Jahrhunderts, all dies ermöglicht durch eine neue Generation von Transportsystemen wesentlich größerer Kapazität von der Erde in den Weltraum, zwischen den Weltraumstationen und von dort zurück zur Erde.

Viele der jetzigen Nutzungen und noch mehr künftige Entwicklungen hängen schon allein wegen der benötigten Investitionssummen davon ab, daß internationale Kooperation zwischen den Staaten und unter Mitwirkung der Privatindustrie realisiert wird. Eine Beteiligung daran ist für ein führendes Industrie- und Kulturland wie die Bundesrepublik Deutschland aus wissenschaftlichen, technologischen, wirtschaftlichen und politischen Gründen unverzichtbar und zu erwarten. Instrumentale Schwerpunkte der deutschen Beteiligung werden dabei auch in Zukunft das Deutsche Zentrum für Luft- und Raumfahrt (DLR), die größte deutsche Forschungseinrichtung überhaupt, sowie Unternehmen der deutschen Raumfahrtindustrie sein. Instrumentaler Schwerpunkt für die internationale Kooperation der Bundesrepublik wird die Europäische Weltraumorganisation (ESA) bleiben. Die von der ESA erteilten Aufträge werden auch weiter in erheblichem Maße dazu beitragen, daß die europäische Industrie durch die Zusammenarbeit in Konsortien von oft vielen Unternehmen bei der Entwicklung und dem Bau von Satelliten, Bodenkontrolleinrichtungen und Trägersystemen international konkurrenzfähig bleibt.

Neben die ursprünglich allein vorherrschende Forschungstätigkeit ist in den 70er, 80er und 90er Jahren in steigendem Maße die kommerzielle Nutzung des Weltraums getreten. Die im Rahmen der Forschungen gefundenen praktischen Möglichkeiten der Weltraumtechnologie führten naturgemäß zu dem Wunsch der diese Forschung finanzierenden Staaten und ihrer Bürger, diese Ergebnisse für die direkte und indireke Erfüllung von Bedürfnissen und Anforderungen der Gesellschaft und des Einzelnen zu verwerten. Da die dabei angebotenen Dienstleistungen zumindest langfristig nur erhalten und ausgebaut werden können, wenn sie für ihre eigene Finanzierung sorgen, ergab sich für diese praktische Anwendung der Weltraumtechnologie von selbst eine wachsende Kommerzialisierung, sowohl von staatlicher wie von privater Seite. Kommerzialisierung bedeutet dabei naturgemäß nicht, daß jede Weltraumaktivität für sich selbst bereits einen Gewinn abwerfen muß. In nationalen Volkswirtschaften und in Privatunternehmen ist man mit der Tatsache vertraut, daß man in Entwicklungen investieren muß, lange bevor sie sich selbst tragen und amortisieren oder später einen Gewinn abwerfen. Diese für Privatunternehmen selbstverständlichen Überlegungen beschleunigen aber auch eine Kommerzialisierung von staatlicher Seite, da in einer Zeit allgemeiner Budgetschwierigkeiten der Staaten verlorene Zuschüsse generell und insbesondere für die Weltraumnutzung nur in wesentlich geringerem Ausmaß wirtschaftlich und politisch realisierbar sind als früher. Eine deutliche Illustration sind beispielsweise die kommerziellen Konditionen, zu welchen inzwischen die Vereinigten Staaten, Rußland, die ESA, aber auch China Transportkapazitäten in den Weltraum zur Verfügung stellen. Schon stehen aber auch die ersten Privatunternehmen bereit, Transporte in den Weltraum auf dem Markt anzubieten, und bereits in den nächsten Jahren werden von mehreren privaten Investoren ganze Satellitensysteme in niedrigen und mittleren Erdumlaufbahnen plaziert werden, welche den internationalen Telekommunikationsmarkt einschließlich des Marktes der Mobiltelefone revolutionieren werden. Ein Blick auf die wachsende Zahl von Veröffentlichungen und Veranstaltungen in der Welt über die kommerzielle Weltraumnutzung insgesamt oder spezielle Formen dieser Nutzung, ebenso wie auch Berichte, welche auf den jährlich stattfindenden Kongressen der International Astronautical Federation von Wissenschaftlern und Praktikern gegeben werden, zeigen die Vielfalt der bereits bestehenden Nutzungen und die Schnelligkeit bei der Entwicklung von neuen kommerziellen Nutzungen.

Während des Stadiums der sich im wesentlichen auf die Forschung beschränkenden Weltraumtätigkeiten waren unterschiedliche Auffassungen überwiegend nur abstrakte Streitpunkte. Sie bedeuteten kaum eine Kollision praktischer Interessen oder konkrete Anwendungen der umstrittenen Normen. Mit der wachsenden praktischen Weltraumnutzung und mit der wachsenden Zahl in diesem Bereich tätiger oder zumindest an einer indirekten Beteiligung interessierter Staaten oder auch Privatunternehmen ändert sich diese Lage: Immer öfter werden Situationen entstehen, in welchen umstrittene Fragen nicht länger offengelassen werden können, wobei dann jeder bei seiner Auffassung bleiben und entsprechend handeln könnte. Immer öfter werden diese in Konflikt stehenden Auffassungen und Weltraumnutzungen inkompatibel sein, und zwar nicht nur in der Theorie, sondern auch in der Praxis. Wenn beispielsweise in geostationären Umlaufbahnen nur eine beschränkte Anzahl von Satellitenplätzen aus technischen Gründen zur Verfügung steht, können die unterschiedlichen Auffassungen der Staaten über die Zugangsrechte zu diesen Umlaufbahnen jedenfalls dann nicht länger ungelöst nebeneinander stehen, wenn die Auffüllung der letzten zur Verfügung stehenden Plätze absehbar ist. Das Weltraumrecht ist daher schon jetzt vor die Aufgabe gestellt und wird dies noch in stärkerem Maße in der Zukunft sein, Verfahren für die Beilegung von Streitigkeiten über Weltraumaktivitäten zu entwickeln.

Da sich dieser Beitrag vor allem den völkerrechtlichen Streitigkeiten und der diesbezüglichen eventuellen Zuständigkeit des Internationalen Gerichtshofs widmen möchte, sei hier der Vollständigkeit halber nur kurz auf die Streiterledigung zwischen Privatunternehmen im Zusammenhang mit Weltraumaktivitäten hingewiesen. In der Vergangenheit haben sich solche Streitigkeiten hauptsächlich dadurch ergeben, daß mehrere Privatunternehmen als Zulieferer von Produkten oder Dienstleistungsunternehmen in der Rolle von Auftragnehmern oder Konsorten indirekt an Weltraumaktivitäten staatlicher Stellen oder internationaler Organisationen beteiligt waren. Mit der wachsenden direkten Beteiligung von Privatunternehmen an Weltraumaktivitäten werden sich zwangsläufig auch dort Streitfragen und Streitigkeiten ergeben, die einer Erledigung bedürfen. Insgesamt spielt für die Privatunternehmen ein effektives System der Streiterledigung eine relativ größere Rolle als für staatliche Stellen, da den Privatunternehmen nicht wie den staatlichen Stellen diplomatische und politische Möglichkeiten zur Verfügung stehen und andererseits ihre Kalkulation von Kosten und Risiken darauf aufbaut, daß vertragliche Vereinbarungen auch durchgesetzt und insbesondere Erfüllungs- oder Schadensersatzforderungen auch realisiert werden können. Durchweg sind für die Streiterledigung zwischen Privatunternehmen, auch im Zusammenhang mit Weltraumaktivitäten, die gleichen Rechtsquellen und Gesichtspunkte relevant, welche in anderen Bereichen der wirtschaftlichen Zusammenarbeit zwischen Unternehmen und ihrer Vertragspraxis eine Rolle spielen.

Die grundlegende Option, welche sich Privatunternehmen hier bietet, ist bekanntlich jene zwischen der staatlichen Gerichtsbarkeit und der Schiedsgerichtsbarkeit. Die staatliche Gerichtsbarkeit steht insbesondere bei Streitigkeiten zwischen Privatunternehmen aus dem gleichen Heimatstaat immer noch im Vordergrund. Allerdings ist auch in der Raumfahrtindustrie festzustellen, daß dort wie in anderen Industriebranchen in steigendem Maße auch auf nationaler Ebene entweder *Ad-hoc*-Schiedsgerichte vereinbart oder auf die Schiedsgerichtsbarkeit einer nationalen Institution verwiesen wird.

Im internationalen Wirtschaftsverkehr zwischen Privatunternehmen ist die Schiedsgerichtsbarkeit bekanntermaßen die inzwischen übliche und dominante Methode der Streiterledigung. Dies gilt auch für die Raumfahrtindustrie, in deren Verträgen sich also oft entweder die Vereinbarung eines echten *Ad-hoc*-Schiedsgerichts oder eines *Ad-hoc*-Schiedsgerichts auf der Basis der UNCITRAL Arbitration Rules oder aber ein Verweis auf die bekannten Schiedsordnungen der in der Praxis akzeptierten Schiedsgerichtsinstitutionen findet. Solche üblicherweise gewählten Schiedsordnungen werden insbesondere von der Internationalen Handelskammer, dem London Court of International Arbitration sowie nationalen Schiedsgerichtsinstitutionen in der Schweiz, in Österreich, in Schweden und den Vereinigten Staaten, ebenfalls aber auch von der Deutschen Institution für Schiedsgerichtsbarkeit (DIS) zur Verfügung gestellt.

III. Gegenwärtiger Stand der völkerrechtlichen Streiterledigung zur Weltraumnutzung

Während somit für Streitigkeiten zwischen Privatunternehmen ein seit Jahrzehnten bewährtes Streiterledigungssystem durch die in der Praxis vielfach genutzte Schiedsgerichtsbarkeit verfügbar ist, stehen für völkerrechtliche Streitigkeiten über die Nutzung des Weltraums derzeit nur in beschränktem Maße Lösungen zur Verfügung. Jedoch befindet sich das Weltraumrecht hier nicht in einer historisch unbekannten Situation. Im Laufe der Geschichte der internationalen Beziehungen haben Staaten oft eine Lage vorgefunden, in welcher neue Gebiete der internationalen Kooperation und des internationalen Wettbewerbs zunächst eines materiell-rechtlichen Rahmens bedurften und sich erst dann die Notwendigkeit ergab, auch Verfahren für die Beilegung von Streitigkeiten zu finden. Es ist eine bekannte Schwäche des Völkerrechts, daß, im Gegensatz zum nationalen Recht, völkerrechtliche Ansprüche nicht automatisch durch die Inanspruchnahme von Gerichten gegen eine andere Partei durchgesetzt werden können. Diese Situation auch im Weltraumrecht vorzufinden, bedeutet daher nichts besonderes. Immerhin hat das Völkerrecht eine Vielzahl von Methoden für die Erledigung von Streitigkeiten internationaler Art entwickelt, deren meiste bereits in Artikel 33 der Charta der Vereinten Nationen und in der Resolution 2625 (XXV) vom 24. Oktober 1970 der Generalversammlung über " Declaration on Principles of International Law Concerning Friendly Relations and Cooperation Among States in Accordance with the Charter of the United Nations" erwähnt sind. Hier auf diese Verfahren näher einzugehen, besteht kein Anlaß. Ohnehin kommt es vor allem auf jene an, welche wirklich eine Entscheidung sicherstellen, nämlich auch dann, wenn eine der beiden Parteien nicht einverstanden ist. Dies sind die internationale Gerichtsbarkeit und die internationale Schiedsgerichtsbarkeit. Diese beiden Methoden der Streiterledigung stehen auch zur Wahl für die weltraumbezogenen Streitigkeiten zwischen Staaten.

Derzeit finden sich im kodifizierten Weltraumrecht nur wenige Regelungen über die Entscheidung von Streitigkeiten, sieht man einmal von Streitigkeiten im Rahmen internationaler Organisationen ab, die wegen ihrer Besonderheiten nachfolgend separat behandelt werden sollen. Insbesondere enthält der Weltraumvertrag selbst, als die grundlegende Charta des Weltraumrechts, keinerlei Regelungen über die Streiterledigung.

Demgegenüber bietet das Weltraumhaftungsübereinkommen immerhin einige einschlägige Vorschriften. Das Übereinkommen enthält eine ähnliche Lösung, wie sie bereits von der Konvention über das völkerrechtliche Vertragsrecht angeboten wird, nämlich dahingehend, daß das einzig sichergestellte Verfahren die Schlichtung ist: Nach Art. XIV WHÜ setzen die Streitparteien, falls innerhalb eines Jahres eine Regelung durch diplomatische Verhandlungen nicht zustande kommt, auf Antrag einer der Parteien eine Schadenskommission ein. Nach Art. XVIII entscheidet diese Kommission über den Schadenersatzanspruch dem Grunde nach und setzt gegebenenfalls die Höhe des zu leistenden Schadensersatzes fest. Da Art. XIV Abs. 1 auf Art. XII verweist, ist diese Entscheidung zu treffen "in Übereinstimmung mit dem Völkerrecht und den Grundsätzen der Gerechtigkeit und Billigkeit". Die entscheidende Schwäche dieses Streiterledigungsverfahrens ergibt sich aus Art. XIX Abs. 2 WHÜ, welcher in seinem Satz 1 erklärt: "Die Entscheidung der Kommission ist endgültig bindend, falls die Parteien dies vereinbart haben; anderenfalls fällt die Kommission einen endgültigen Spruch empfehlenden Charakters, den die Parteien nach Treu und Glauben berücksichtigen". Die Bindungskraft der Entscheidung hängt also vom Einverständnis beider Parteien ab. Falls beide Parteien ein solches Einverständnis erklären, bevor das Verfahren beginnt, könnte man die Schadenskommission ihrer Tätigkeit nach zumindest als *Ad-hoc*-Schiedsgericht ansehen. Falls ein solches Einverständnis erst erklärt wird, nachdem die Schadenskommission ihre Beurteilung des Falles vorgelegt hat, oder falls überhaupt kein Einverständnis zwischen den Parteien erzielt und die zweite Alternative der oben zitierten Vorschrift anwendbar wird, kann das Streiterledigungsverfahren lediglich als Schlichtung angesehen werden.

Keine bindende Entscheidung ist auch in dem Übereinkommen vom 29. September 1988 zwischen den westlichen Industriestaaten über die Zusammenarbeit bei der zivilen Raumstation gesichert. Dieses Übereinkommen wird derzeit unter Einbeziehung von Rußland neu ausgehandelt, in seinen Grundzügen aber dem Vorgängerübereinkommen folgen. Um von vornherein die Zusammenarbeit möglichst nicht durch Streitigkeiten stören zu lassen, wird zunächst in Art. 16 ein umfassender gegenseitiger Haftungsausschluß vereinbart. Danach verzichtet jeder Partnerstaat nicht nur auf Ansprüche gegen die anderen Partnerstaaten, sondern auch gegen "zusammenarbeitende Stellen" bzw. "zugehörige Stellen", wozu die von den Regierungen für die Durchführung der Vereinbarung genannten Rechtsträger, Auftragnehmer und Unterauftragnehmer, Nutzer und Kunden sowie deren Auftragnehmer und Unterauftragnehmer und Lieferanten gehören. Soweit sich trotz dieses sehr breiten Haftungsausschlusses noch Streitigkeiten ergeben, verpflichtet Art. 23 des Übereinkommens die Vertragsstaaten lediglich zu Konsultationen. Kann auf diesem Wege eine Streitigkeit nicht beigelegt werden, "so können die beteiligten Partner sie einer vereinbarten Form der Beilegung von Streitigkeiten wie Vergleich, Vermittlung oder Schiedsspruch unterwerfen". Eine Sonderregelung trifft Art. 22 hinsichtlich der Strafgerichtsbarkeit über die auf der Weltraumstation tätigen Personen.

Soweit nicht auf diese oder ähnliche Weise Sonderregelungen im bereits kodifizierten Weltraumrecht getroffen sind, bleibt es bei den - schwachen - allgemeinen Regeln des Völkerrechts und des Weltraumrechts, die durch den Mangel eines verbindlichen Verfahrens charakterisiert sind. In der UN-Charta bestimmt Artikel 2 Abs. 3: "Alle Mitglieder legen ihre internationalen Streitigkeiten durch friedliche Mittel so bei, daß der Weltfriede, die internationale Sicherheit und die Gerechtigkeit nicht gefährdet werden". Und Artikel 33 der Charta konkretisiert: "Die Parteien einer Streitigkeit, deren Fortdauer geeignet ist, die Wahrung des Weltfriedens und der internationalen Sicherheit zu gefährden, bemühen sich zunächst um Beilegung durch Verhandlung, Untersuchung, Vermittlung, Vergleich, Schiedsspruch, gerichtliche Entscheidung, Inanspruchnahme regionaler Einrichtungen oder Abmachungen oder durch andere friedliche Mittel eigener Wahl". Daß selbst diese Bemühungsverpflichtung nur für besonders schwerwiegende Streitigkeiten aufgenommen wurde, illustriert die historische, bis zum heutigen Tage festzustellende Neigung der Staatenpraxis, sich verbindlichen Streiterledigungsverfahren gerade nicht zu unterwerfen.

Wie schon erwähnt, ergeben sich Besonderheiten hinsichtlich der Streitigkeiten im Rahmen internationaler Organisationen. Das Musterbeispiel für eine regionale Organisation bietet Art. XVII des Vertrages über die Europäische Weltraumorganisation ESA. Danach wird jede Streitigkeit zwischen zwei oder mehreren Mitgliedstaaten oder zwischen einem Mitgliedstaat und der ESA auf Antrag einer Streitpartei einem Schiedsgericht unterbreitet. Wie auch sonst international üblich, besteht das Schiedsgericht aus drei Mitgliedern, von welchen jede Streitpartei eines benennt und das dritte Mitglied den Vorsitz des Schiedsgerichts übernimmt. Die Entscheidung des Schiedsgerichts kann auch mit Mehrheit gefällt werden. Sie ist endgültig und für alle Streitparteien bindend, ohne daß noch Rechtsmittel dagegen eingelegt werden könnten. Die Parteien haben der Entscheidung unverzüglich Folge zu leisten. Tut eine Partei dies nicht, ist dies eine Nichterfüllung von Verpflichtungen aus dem Vertrag mit der Folge, daß nach Art. XVIII der ESA-Rat den Verlust der Mitgliedschaft für diesen Staat beschließen kann. Zusätzlich bestimmt der Annex I zum ESA-Vertrag in Art. XXV, daß in allen schriftlichen Verträgen, die nicht gemäß der Personalordnung geschlossen werden, die ESA ein Schiedsverfahren vorzusehen hat. Demgemäß bestimmen die allgemeinen Vertragsbedingungen der ESA für Aufträge an die Industrie und sonstige Anbieter, die "General Clauses and Conditions for ESA Contracts" in § 13, daß alle Streitigkeiten im Zusammenhang mit der Auslegung und Durchführung des Vertrages auf Antrag einer Partei in einem Schiedsgerichtsverfahren zu entscheiden sind und daß mangels einer anderweitigen Einigung der Parteien das Verfahren sich nach der Schiedsordnung der Internationalen Handelskammer bestimmt.

Auch in Übereinkommen über bestimmte Bereiche von Weltraumaktivitäten finden sich verbindliche Regelungen über die Streiterledigung, wenn sie auch nicht ganz so weit gehen, wie dies bei der ESA der Fall ist. Das erste Normensystem dieser Art, das auch Muster für andere Übereinkommen wurde, bietet das Übereinkommen über die internationale Fernmeldesatellitenorganisation INTELSAT. Art. XVIII des INTELSAT-Übereinkommens sieht eine obligatorische Schiedsgerichtsbarkeit vor für Rechtsstreitigkeiten zwischen den beteiligten Staaten ("Vertragsparteien") oder zwischen solchen Staaten und INTELSAT selbst, allerdings nur eine Option für die Schiedsgerichtsbarkeit in Bezug auf Rechtsstreitigkeiten, die mit "Unterzeichnern" des Betriebsübereinkommens entstehen, zu denen auch Privatunternehmen gehören können. Die Einzelheiten für diese Schiedsverfahren sind dann in der Anlage C zum INTELSAT-Übereinkommen geregelt, die umfangreiche Verfahrensbestimmungen enthält. Dort ist insbesondere in Art. 13 festgelegt, daß die Entscheidungen des Schiedsgerichts für alle Parteien verbindlich und von ihnen "redlich auszuführen" sind.

In einer Vielzahl von Vereinbarungen über längere und kürzere projektbezogene Zusammenarbeit bei konkreten Weltraumaktivitäten finden sich ebenfalls inhaltlich recht verschiedene Streitschlichtungsklauseln, ohne daß darauf hier näher eingegangen werden könnte.

Als Resumé zum gegenwärtigen Stand der völkerrechtlichen Streiterledigung bei der Weltraumnutzung läßt sich also festhalten, daß, soweit überhaupt eine Streiterledigung und insbesondere eine bindende Streiterledigung vorgesehen ist, jedenfalls eine Zuständigkeit des Internationalen Gerichtshofs nicht vereinbart wird.

IV. Der Konventionsentwurf der Internationalen Law Association (ILA)

Die bisherige Darstellung hat ergeben, daß die effektive Durchsetzung von Ansprüchen in einem verbindlichen Verfahren der Streiterledigung in Zusammenhang mit der Nutzung des Weltraums insbesondere auf zwischenstaatlicher Ebene noch nicht gesichert ist, andererseits aber gerade mit der wachsenden praktischen und vor allem kommerziellen Nutzung des Weltraums ein diesbezüglicher Bedarf besteht. In dieser Situation haben, nach einer Aufarbeitung des bestehenden Rechstszustandes in einem Kolloquium des Kölner Instituts für Luft- und Weltraumrecht, Bemühungen begonnen, eine internationale Konvention zur Streiterledigung über Weltraumaktivitäten zu schaffen. Unter zusätzlicher Auswertung von einschlägigen Arbeiten im Rahmen des International Institute of Space Law (IISL) und in Lateinamerika sind die diesbezüglichen Arbeiten im Space Law Committee der International Law Association betrieben worden. Das Space Law Committee hat zu Beginn der 80er Jahre einen ersten Konventionsentwurf erarbeitet, der dann auf der ILA-Konferenz 1984 in Paris verabschiedet wurde. Der Konventionsentwurf ist anwendbar auf Weltraumaktivitäten sowohl der Vertragsstaaten als auch ihrer Staatsangehörigen und Privatunternehmen. Die Vertragsparteien können wählen zwischen einem Schiedsgericht, dem Internationalen Gerichtshof oder einem neuen "International Tribunal for Space Law" falls dieses gemäß Abschnitt VI des Entwurfs geschaffen wird. Falls ein Vertragsstaat keine Wahl trifft oder falls die Streitparteien unterschiedliche Methoden gewählt haben, entscheidet im Streitfall das Schiedsgericht nach Abschnitt V des Entwurfs. Maßnahmen des vorläufigen Rechtsschutzes sind möglich. Entscheidungen sind endgültig und bindend und von den Vertragsparteien zu erfüllen. Auch Privatunternehmen können als Prozeßparteien auftreten, es sei denn, die Vertragsstaaten einigen sich auf die Zuständigkeit des Internationalen Gerichtshofs. Als Anhang zu dem Konventionsentwurf wurde folgende Dispute Settlement Clause erarbeitet:

> "Any dispute arising in connection with this Treaty shall be settled in accordance with the Convention on the Settlement of Space Law Disputes which hereby is made an integral part of this Treaty. Ratification of this Treaty is therefore also to be considered as a ratification of that Convention. The instrument of ratification will therefore be also deposited with the Secretary-General of the United Nations."

Der ILA-Entwurf ist 1992 bei der Sitzung des Weltraumausschusses der Vereinten Nationen (Committee on the Peaceful Uses of Outer Space) präsentiert worden. Im Jahre 1993 hat das International Institute of Space Law Arbeiten im Rahmen des Internationalen Astronautischen Kongresses aufgenommen, um die neueren Entwicklungen auf diesem Gebiet zu berücksichtigen.

Aufgrund eines Mandates der ILA-Konferenz 1996 in Helsinki überprüft derzeit das Space Law Committee der ILA den Konventionsentwurf von 1984 im Hinblick darauf, ob die seitherigen Entwicklungen Änderungen und Ergänzungen erforderlich machen. Diese Arbeiten sind zur Zeit des Abschlußes dieses Manuskriptes soweit fortgeschritten, daß der ILA Konferenz 1998 in Taipeh ein Abschlußbericht mit einem geänderten neuen Konventionsentwurf vorgelegt werden wird. Auch dieser wird wieder den Streitparteien eine Option geben, ihre Streitfälle entweder einem Schiedsgericht oder dem Internationalen Gerichtshof oder einem neuen "International Tribunal for Space Law" vorzulegen mit der Qualifikation, daß, falls die Streitparteien sich nicht auf eine dieser Optionen einigen können, automatisch das Schiedsgericht zuständig ist.

V. Die Option einer Zuständigkeit des Internationalen Gerichtshofs

Schon die Tatsache, daß der Internationale Gerichtshof bei der erwähnten 50-Jahr-Feier von sich aus im Programm vorgesehen hatte, eine besondere Sitzung und einen besonderen Vortrag der Frage zu widmen, ob die Zuständigkeit des Gerichtshofs auf Streitigkeiten im Weltraumrecht vorbereitet werden solle, zeigt das diesbezügliche Interesse beim Internationalen Gerichtshof selbst. Umgekehrt zeigen die erwähnten Arbeiten des Space Law Committee der International Law Association, in welchem sich die international führenden Experten des Weltraumrechts zusammenfinden, daß auch in diesem Rahmen - jedenfalls als Option - an eine Zuständigkeit des Internationalen Gerichtshofs für Streitigkeiten im Zusammenhang mit der Weltraumnutzung gedacht wird.

Die vom Internationalen Gerichtshof vorgegebene Formulierung des Themas für die besondere Sitzung in Den Haag, nämlich "Equipping the Court to Deal With Developing Areas of International Law: Space Law" zeigt, daß es dabei weniger um die Frage geht, ob der Internationale Gerichtshof überhaupt zuständig ist. Eine solche Zuständigkeit bedarf, soweit die Nutzung des Weltraums völkerrechtlich geregelt ist, keiner näheren Erläuterung. Im Vordergrund steht vielmehr die Frage, in welcher Weise durch rechtliche Regelungen und praktische Handhabung beim Internationalen Gerichtshof Vorsorge dafür getroffen werden kann, daß für weltraumrechtliche Streitigkeiten eine effektive Streiterledigung angeboten werden kann. Nämlich nur unter dieser Voraussetzung kann damit gerechnet werden, daß die internationale Zuständigkeit des IGH seitens der Streitparteien die notwendige Akzeptanz in der Praxis findet.

Was sind also die Anforderungen für eine effektive Streiterledigung seitens des Internationalen Gerichtshofes für die Erledigung von Streitigkeiten bezüglich der Nutzung des Weltraums? Um diese Frage zu beantworten, wird man einerseits die gegenwärtig existierenden Normen hinsichtlich der Einrichtung und der Arbeit des Internationalen Gerichtshof berücksichtigen müssen, andererseits aber auch bestimmte Schwierigkeiten, welche sich in der Vergangenheit in der Praxis des Gerichtshofs gezeigt haben und welche zu der Zurückhaltung vieler Staaten hinsichtlich der Unterwerfung unter die Zuständigkeit des IGH geführt haben. Schließlich wird man zusätzlich noch berücksichtigen müssen, daß sich aus den Besonderheiten des Weltraumrechts und der diesbezüglichen praktischen Nutzung auch Besonderheiten für die Erledigung von Streitigkeiten ergeben können.

Über viele Einzelheiten der Zuständigkeit, der Einrichtung und der praktischen Tätigkeit des Internationalen Gerichtshofs sind gerade bei dem erwähnten internationalen Kolloquium anläßlich seines 50jährigen Bestehens von führenden internationalen Praktikern und Wissenschaftlern Beiträge geleistet worden. Auf diese allgemeinen Aspekte hier einzugehen erscheint daher nicht angebracht. Unter Berücksichtigung dieser allgemeinen Aspekte der Rechtsprechung des Internationalen Gerichtshofs, aber auch unter Nutzung der eigenen Erfahrungen des Verfassers im Rahmen der internationalen Streiterledigung zwischen Staaten oder unter Beteiligung von Staaten, seien jedoch nachfolgend einige konkrete Fragen formuliert, welche insbesondere aus der Sicht der Streitparteien und ihrer Rechtsvertreter hinsichtlich der Effektivität des Internationlen Gerichtshofs zur Erledigung von Streitigkeiten bei der Nutzung des Weltraums als bedeutend angesehen werden:

- Da das Plenum aller Mitglieder des Internationlen Gerichtshofs nicht immer für eine solche Aufgabenstellung als am besten geeignet angesehen werden mag, und unter Berücksichtigung der Tatsache, daß der Internationale Gerichtshof 1994 eine besondere Kammer für Umweltfragen eingerichtet hat, könnte ebenfalls eine besondere Kammer für weltraumrechtliche Streitigkeiten eingerichten werden?
- Könnte sichergestellt werden, daß für die Entscheidung solcher Streitigkeiten Richter des Internationalen Gerichtshofs mit anerkannter Qualifikation im Weltraumrecht gewählt werden, entweder aus den ständigen Mitgliedern des Gerichtshofs oder als *Ad-hoc*-Mitglieder für diese Kammer?
- Könnten die Streitparteien eines Falles bei der Auswahl der Richter für ihren Fall unter den ständigen Mitgliedern des Gerichtshofs oder unter den *Ad-hoc*-Richtern einen Einfluß haben?
- Da internationale Organisationen, wie etwa INTELSAT und die Europäische Weltraumorganisation ESA, eine wichtige Rolle im Rahmen der Weltraumnutzung spielen, und da gemäß Art. 34 des Internationaler Gerichtshof-Statuts nur Staaten in Streitfällen Parteien seien können, könnten internationale Organisationen als Parteien vor einer solchen Kammer zugelassen werden?
- Da eine zügige Abwicklung von Streitfällen sehr wichtig sein wird, könnte der Internationale Gerichtshof in größerem Maße als bisher mehrere Streitfälle parallel zueinander gleichzeitig bearbeiten?
- Wäre eine solche Kammer verfügbar für Maßnahmen des vorläufigen Rechtsschutzes, falls erforderlich und beantragt?

- Da die internen Arbeitsverfahren des Internationalen Gerichtshofs manchmal recht kompliziert und zeitaufwendig sind, könnte die besondere Kammer für weltraumrechtliche Streitigkeiten ein effektives Case Management sicherstellen, insbesondere zu folgenden Fragen:
- Zu Beginn des Verfahrens eine Planung der Fristen für die Einreichung von Schriftsätzen und für die Daten von mündlichen Verhandlungen, um die Verfügbarkeit aller Parteivertreter und Richter sicherzustellen?
- Regelungen über Multi-Party Cases, das heißt Verfahren, an welchen mehr als zwei Streitparteien beteiligt sind?
- Schnelle Entscheidungen über zwischenzeitlich eingereichte Verfahrensanträge?
- Effektive Verfahren, falls eine Partei das Verfahren zu verzögern oder zu sabotieren sucht?
- Verfahrensmäßige Sicherstellung, daß Streitparteien alle wesentlichen, tatsächlichen und rechtlichen Argumente einschließlich diesbezüglicher Beweismittel so früh wie möglich im Verfahren einreichen, um spätere Verzögerungen zu verhindern?
- Effektive Bearbeitung von modernen, technischen Beweismitteln, wie sie gerade im Zusammenhang mit Weltraumnutzung eine Rolle spielen mögen?
- Beschränkung der Schriftsätze auf einen ersten Austausch aller grundlegenden, tatsächlichen und rechtlichen Darlegungen zwischen den Parteien und einen zweiten Austausch beantwortender Schriftsätze bevor dann die mündliche Verhandlung angesetzt wird?
- Sicherstellung, daß alle Schriftsätze der Parteien mit allen ihren Anlagen von den Richtern vollständig gelesen und ausgewertet sind, bevor die mündliche Verhandlung stattfindet?
- Beschränkung der Zeit für die mündliche Verhandlung dadurch, daß die Wiederholung von Darlegungen aus den Schriftsätzen vermieden wird und die mündliche Verhandlung sich auf relevante und bestrittene Aspekte des Falles konzentriert?
- Nach der mündlichen Verhandlung eine zügige Beratung der Richter, die zu einer Entscheidung in zeitlich kurzem Abstand zu dieser mündlichen Verhandlung führt?

Dies ist eine lange Liste von Fragen und in ihnen enthaltenen Anforderungen und es ist offensichtlich, daß es in der Praxis nicht einfach ist, ihnen gerecht zu werden. Dies gilt insbesondere, soweit die die Zuständigkeit oder Arbeit des Internationalen Gerichtshofs betreffenden

Rechtsnormen in diesem Zusammenhang zu ändern wären. Und auch, wo es letztlich nur um faktische Änderungen in der Logistik des Gerichtshofs geht, mögen die Anforderungen sich in Bedarf an zusätzlichem Personal und zusätzlichen finanziellen Mitteln niederschlagen, welche nicht leicht zu realisieren sind.

Andererseits ist es ein ermutigender Anstoß, daß der Internationale Gerichtshof selbst durch einen besonderen Programmpunkt anläßlich seines 50jährigen Bestehens den Anstoß für Überlegungen gegeben hat, wie seine Zuständigkeit und Arbeit effektiver gestaltet werden könnte, insbesondere für die Behandlung von weltraumrechtlichen Streitigkeiten.

"Laws in the Public Interest" - Some Observations on the Foundations and Identification of *erga omnes* Norms in International Law

Jost Delbrück

In the course of the almost 30 years since the International Court of Justice handed down its judgement in the *Barcelona Traction* case[1] with its famous *obiter dictum* on *erga omnes* norms[2], it was only in the last

---

1 Barcelona Traction, Light and Power Company, Ltd. (Belgium v. Spain), Second Phase, Judgment, ICJ Reports 1970, 3 et seq.

2 The relevant paragraphs read as follows: "33. When a State admits into its territory foreign investments or foreign nationals, whether natural or juristic persons, it is bound to extend to them the protection of the law and assumes obligations concerning the treatment to be afforded them. These obligations, however, are neither absolute nor unqualified. In particular, an essential distinction should be drawn between the obligations of a State towards the international community as a whole, and those arising vis-à-vis another State in the field of diplomatic protection. By their very nature the former are the concern of all States. In view of the importance of the rights involved, all States can be held to have a legal interest in their protection, they are obligations *erga omnes.* 34. Such obligations derive, for example, in contemporary international law, from the outlawing of acts of aggression, and of genocide, as also from the principles and rules concerning the basic rights of the human person, including protection from slavery and racial discrimination. Some of the corresponding rights of protection have entered into the body of general international law (*Reservations to the Convention on the Prevention and Punishment of the Crime of Genocide, Advisory Opinion, I.C.J. Reports 1951, p.23*); others are conferred by international instruments of a universal or quasi-universal character.", ICJ Reports 1970, 3 et seq., (33).

decade that international legal doctrine has extensively concerned itself with the concept of *erga omnes* obligations or norms.[3] At present, it seems safe, though, to conclude that the existence of norms *erga omnes* is established and widely accepted.[4] However, there still is no general consensus with regard to the scope, nature and the doctrinal foundations of the concept of *erga omnes* norms. Largely, the problems raised in this regard appear to be similar to those still existing with regard to the doctrinal or theoretical basis of *ius cogens.*[5] Of course, the full array of such problems cannot be taken up within the confines of the present paper. Rather, an attempt shall be made to focus on one central aspect of the concept of *erga omnes* norms, namely what could explain that particular norms are imbued with *erga omnes* effect. The proposition that will be put forward here is that the *erga omnes* effect of particular norms is based on the special character of such norms: they articulate basic interests and needs as well as fundamental values of the international community as a whole or - in the words of *Günther Jaenicke* - that *erga omnes* norms are essential elements of the international public order.[6] That raises the further question of how and by whom it may be determined what is to be considered a basic interest and need as well as a fundamental value of the international community. Before going into the examination of these problems, a review of *erga omnes* norms already accepted or seriously discussed including a short review of antecedents of *erga omnes* norms like principles, norms or regulatory regimes that were recognized already in the past as having a third party effect amounting to legal obligations, albeit mostly of a limited scope, shall be undertaken. Such historical review is helpful in the sense that -

---

[3] In the following the wider term norm is preferred to that of obligation, since the *erga omnes* effect that is at the heart of the concepts according to a growing opinion extends beyond the narrower confines of the term obligation. Cf. M. Ragazzi, *The Concept of International Obligations Erga Omnes*, 1997, passim.

[4] See R. Jennings/A. Watts (eds), *Oppenheim's International Law*, Vol. I/1, 1992, 5; for a very recent in-depth discussion see B. Simma, "From Bilateralism to Community Interest", *RdC* 250 (1994), 221 et seq., (285 et seq.), with extensive references; also Ragazzi, see note 3, 132 et seq. with further references; in brief also S. Kadelbach, *Zwingendes Völkerrecht*, 1992, 32 et seq.

[5] For a survey of the doctrinal discussion of the origins and nature of *ius cogens* see Ragazzi, see note 3, 43 et seq. with further references.

[6] *Cf.* Günther Jaenicke, "International Public Order", in: R. Bernhardt et al. (eds), *EPIL*, Vol. II, 1995, 1348 et seq. (1349).

although the antecedents from a doctrinal point of view are in some respects different from *erga omnes* norms - it contributes to understanding the concept of *erga omnes* norms as something not really "outlandish" in international law.[7]

I. *Erga omnes* Norms Presently Accepted or Discussed in State Practice and International Legal Doctrine

One of the central objections against the concept of *erga omnes* norms that has been raised time and again[8] is that it is consent that forms the basis of international legal obligations. Thus, there is no place for norms that are supposed to be binding on third States, i.e. States that have not consented (expressly or tacitly) to such norms. Furthermore, so goes the objection, there is no State practice supported by *opinio iuris* that would bear out the existence of *erga omnes* norms. In other words, the notion of legal obligations deriving from norms that are binding on third States for doctrinal and empirical reasons are foreign to international law. However, this point of view overlooks the fact that even long before the *Barcelona Traction* case international law has known instances where international legal obligations were to be honored by States regardless of whether they had consented to them or not. A few selected cases shall be taken up in the following paragraphs.

---

7 Ragazzi, see note 3, 42.

8 See for example statement by A.P. Rubin, in: J. Delbrück (ed.), *The Future of International Law Enforcement. New Scenarios - New Law?*, 1993, 171 et seq.; a rather sceptical stance towards the notion of *erga omnes* norms was taken by J. Charney, *ibid.*, 158 et seq., who, however, has accepted and endorsed the position according to which international law has long recognized that international law may provide for norms that are binding on third States or, phrased differently, that international law of necessity needs norms that are binding on all States lest basic values or needs of the international community would not protected by international law, see J. Charney, "Universal International Law", *AJIL* 87 (1993), 529 et seq.

1. Antecedents to Norms with Third Party Effect in Modern International Law

Although one could go as far back as the 19th century to find instances of international legal regulations that provided for obligations to be fulfilled by third States - some of the regimes created by the Vienna Congress would be cases in point[9] -, this short review of antecedents (or prefigurations[10]) to the modern notion of *erga omnes* norms shall be confined to the 20th century. A first case that comes to mind is the internationalization of the Kiel Canal by article 380 of the Versailles Peace Treaty. When in 1921 the British vessel "*Wimbledon*" - then chartered by a French company - requested access to the Kiel Canal on its way to Danzig in order to deliver war material for the Polish Government, the German Government refused passage to the "*Wimbledon*" on the ground that Poland was at the time at war with Russia.[11] Therefore, German neutrality in that conflict prevented it from letting the vessel pass through the Kiel Canal. The case was taken to the Permanent Court of Justice. In its judgement[12] the Court by a majority vote (*ad hoc* Judge Schücking dissenting) decided against the German Government. The Court argued that by adopting article 380 of the Versailles Peace Treaty, the parties intended to secure access to the Baltic through the canal to all nations. They had established an international regime for the Kiel Canal that provided for rights and obligations for all nations regardless of whether or not they were parties to the Versailles Treaty. The doctrinal construction of the Court's core element of its decision has given rise to various interpretations.[13] But this much is clear: the Court ultimately based its decision on the notion that the regime established by the Versailles Treaty was one that was to serve the interna-

---

[9] Examples are the creation of a Free City for Cracow in: Martens NRG t.2, 251, or the establishment of the Rhine as an international waterway by the Congress of Vienna in 1815 Final Act, Art. 108 et seq., in: Martens NRG t.2, 361 et seq.).

[10] This graphic term is used by Ragazzi, see note 3, 18 et seq.

[11] For an instructive summary of the case see Ragazzi, *ibid.*, 24 et seq.

[12] PCIJ Judgements, 1923, Series A, No. 1.

[13] For a summary of these interpretations see Ragazzi, *ibid.*, 26 et seq., with further references. An in-depth discussion of the basis for present day general use of the Kiel Canal see A. Böhmer, "One Hundred Years: The Kiel Canal in International Law", *GYIL* 38 (1995), 325 et seq.

tional community as a whole. It was a common interest that legitimized the broad scope of the regime.

Another case in point is that of the *Dispute on the Regime of Demilitarization for the Aaland Islands.*[14] At issue were, inter alia, the international obligations on demilitarization of the Islands arising from the provisions of the Paris peace settlement that ended the Crimean War. Russia, which was defeated in this war, undertook by a Convention[15] concluded between France, the United Kingdom and Russia and annexed to the Paris Treaty of Peace of 1856[16], the obligation not to fortify the Aaland Islands and that no military or naval base would be maintained or created there.[17] In the course of the 1905 Japanese/Russian war and during World War I, Russia sent troops to the Aaland Islands and built fortifications. After Finland declared its independence, the Revolution of 1917 swept away the imperial government of Russia and by plebiscite a large majority of the Aaland Islands population opted for being united with Sweden, the status of the Islands in general, and the demilitarized status in particular, became a matter of dispute between Finland and Sweden. Negotiations between them failed. Thus, the United Kingdom as a party to the 1856 Convention brought the dispute to the attention of the Council of the League of Nations under article 15 of the League Covenant which under article 11 para. 2 allowed for third party intervention.[18] The League Council set up an *ad hoc* Committee of Jurists that was requested to give an advisory opinion on the legal questions posed by the dispute. Two questions were put to the Committee the second of which is of interest here, namely that of the international obligations relating to the demilitarization of Aaland Is-

---

[14] See Report of the International Committee of Jurists entrusted by the Council of the League of Nations with the task of giving an advisory opinion upon the legal aspects of the Aaland Islands Question, *League of Nations Official Journal*, Special Supplement No. 3 (October 1920).

[15] See Convention annexée aux traité de paix de Paris, in: Martens NRG, 1st Series, Vol. 15, 788.

[16] Traité général de paix entre l'Autriche, la France, la Grande-Bretagne, la Prusse, la Russie, la Sardaigne et la Porte Ottomane, vom 30. März 1856, in: Martens NRG, 1st Series, Vol. 15, 770.

[17] For a summary of the background and facts of the case see Ragazzi, see note 3, 28 et seq.; see also T. Modeen, "Aaland Islands", in: R. Bernhardt et al. (eds), *EPIL*, Vol. I, 1 et seq.

[18] For details see Modeen, *ibid.*; also Ragazzi, see note 3, 29.

lands.[19] The points at issue were on what legal ground Sweden not being a party to the still valid 1856 Convention could assert a right to request Finland that was not existent as an independent State in 1856 to abide by the demilitarization provisions of the 1856 Convention. *Vice versa*, the question was on what legal grounds Finland could be considered bound by the demilitarization provisions of the 1856 Convention. Rejecting the Swedish position that the demilitarization provisions of the 1856 Convention constituted a real servitude[20], the Committee came to the conlusion that it was the intention of the parties to the 1856 Convention to create an international status of demilitarization in the interest of the European States. The obligations undertaken by Russia were not simply in the reciprocal interests of the parties to the Convention. The Committee went on to say that "[i]t follows that until these provisions are duly replaced by others, every State interested has the right to insist upon compliance with them. It also follows that any State in possession of the Islands must conform to the obligations, binding upon it, arising out of the system of demilitarization established by these provisions."[21] Although it is clear from the whole of the Committee's reasoning that it did not speak of the interest of the international community as a whole, like the Permanent Court of International Justice did in the *Wimbledon* case, but rather referred to the interested States in Europe, it remains a fact that the *ratio decidendi* is that the binding force of the demilitarization regime, created by the Convention of 1856, for States other than the three parties to it, derives from its character as law in the interest of the European community of States as it then existed.[22]

After World War II the legal status of Southwest Africa is another significant case in point. Under the League of Nations mandate system, in 1920 South Africa was entrusted with the mandate over the former German colony of South West Africa. With the dissolution of the

---

[19] Ragazzi, *ibid.*, 30.

[20] See Ragazzi, *ibid.*, 30 et seq., for the details of the Swedish arguments and the Committee's rejection.

[21] Report of the International Committee of Jurists, see note 15, 19; the text quoted is also reproduced in Ragazzi, see note 3, 32.

[22] A subsequent agreement by the Great Powers and the Baltic States except for the former Soviet Union did not give any indication that Finland's undertaking not to fortify the Islands was meant to undercut the Committee's interpretation of the law. Finland confirmed "as far as needed" the earlier Russian commitment, as Ragazzi, *ibid.*, correctly observes.

League of Nations after World War II South Africa set out to achieve full integration of South West Africa into its State territory. This policy met with strong opposition of the United Nations who maintained that the mandate established by the League continued to be in force and remained binding upon South Africa as the mandatory. Initially, South Africa declared its readiness to comply with the United Nations' request that South Africa should submit reports to the UN Trusteeship Council under the UN Trusteeship system. As, however, the members of the Trusteeship Council in discussing South Africa's reports became increasingly more critical of South Africa's policies in South West Africa, the South African Government in 1949 stopped submitting reports. In response to South Africa's intransigence the UN General Assembly decided to ask the International Court of Justice to give an advisory opinion on the international status of South West Africa. In its unanimous opinion handed down on 11 July 1950 the Court held that the mandate established under the League of Nations was "an international institution with an international object" and that it constituted "an international status for the Territory recognized by all the Members of the League of Nations."[23] From this nature of the mandate, i.e. that it represented a general interest of humanity[24], a "sacred trust", the Court drew the conclusion that the dissolution of the League did not entail the lapse of the mandate. This approach was emphasized by Judge McNair in his separate opinion when he observed that "[f]rom time to time a group of great Powers, or a large number of States both great and small, assume a power to create by a multilateral treaty some new international régime or status ... This power is used when some *public interest* is involved."[25] It must be recognized, though, that Judge McNair attributes the effects of such status to a "degree of acceptance and durability extending beyond the limits of the actual contracting parties".[26] But it is only a "degree of acceptance and durability" that is required to give the new regime the character of an international status with legal obligations arising from it. Thus, the implication appears to be that not all States need to accept the regime in order to extend beyond the actual con-

---

[23] ICJ Reports 1950, 128 et seq. (132); on the background of the case see the summary by E. Klein, "South West Africa/Namibia (Advisory Opinions and Judgements)", in: R. Bernhardt et al. (eds), *EPIL*, instalment 2, 1981, 260 et seq.

[24] Ragazzi, see note 3, 36.

[25] ICJ Reports 1950, 153.

[26] *Ibid.*

tracting parties. And the reason for that seems to be the fact that some public interest is involved.

As a last example of a treaty regime that was and is intended to bring about certain legal effects for States not parties to the treaty is that of the United Nations Charter. In the *Reparations for Injuries* case, the ICJ stated that "... fifty States, representing the vast majority of the members of the international community, had the power, in conformity with international law, to bring into being an entity possessing objective international personality, and not merely personality recognized by them alone, together with capacity to bring international claims".[27] Of course, this *dictum* of the Court in its advisory opinion has been subjected to rather controversial interpretations. On the one hand, it was argued that the Court gave its blessing to the general notion that the objective legal personality of the Organization derives directly from its factual existence - a position that did not muster major support in international legal doctrine.[28] On the other hand, given the language of the relevant passage of the advisory opinion, it was argued that the Court solely based its position on the fact that it was the "vast majority of the members of the international community" who established the United Nations, i.e. the objective legal personality of the Organization followed from an act of a group of States constituting the vast majority of and therefore validly representing the international community.[29] According to this view, it was, thus, the principle of representation together with the principle of majority decision that could legitimize the objective nature of the regime created. But as has been rightly observed this is ultimately not a fully satisfactory explanation of the Court's ruling because the question remains unanswered as to wherefrom the representative majority could derive its legitimacy to create an objective legal personality with effects extending to States not party to the UN Charter.[30] However, that the Court did not take such a formal approach is evidenced by other observations spelled out prior to the phrase quoted above. In these other utterances the Court is linking the establishment of the United Nations and its legal character to the Organization's purposes and principles as laid down in the Charter:

---

27 ICJ Reports 1949, 174 et seq., (185).

28 For the respective critique see E. Klein, *Statusverträge im Völkerrecht*, 1980, 45 et seq.

29 *Ibid.*, 192 et seq.

30 See Klein, *ibid.*, 194, who argues that the required legitimacy was *obviously* seen by the Court in the majority principle.

> "The subjects of law in any legal system are not necessarily identical in their nature or in the extent of their rights, and their nature depends on the *needs of the community*. Throughout its history, the development of international law has been influenced by the *requirements of international life*, and the progressive increase in the collective activities of States has already given rise to instances of action upon the international plane by certain entities which are not States. This development *culminated* in the establishment in June 1945 of an international organization whose *purpose and principles* are specified in the Charter of the United Nations. But to achieve these ends the attribution of international personality is indispensible ..."[31]

The Court obviously was quite aware of the very special mission for which the United Nations Organization was meant. Seen in this light, it is not stretching things too far if one would argue that the legitimacy of the establishment of the United Nations in the eyes of the Court was not solely based on the representation and majority principles but that the common interest enshrined in the Charter was underlying the whole argument of the Court.

This certainly brief review of some antecedents of the modern notion of *erga omnes* norms is not exhaustive of the many other instances where treaty regimes (status treaties, non-territorialized regulatory regimes etc.) are intended to extend beyond the participating States.[32] The conclusion from the examples briefly discussed is not that an *erga omnes* effect in the modern sense was already established in international law well before the *Barcelona Traction* case. Nor is it the contention that the rulings in the cases that were discussed met with the unequivocal approval of international practice or international legal doctrine. What appears to be an irrefutable fact, though, is that the notion of an international common or public interest played a significant role in the reasoning of the international bodies and Courts when they set out to justify legal effects of certain treaty regimes extending beyond the contracting parties - albeit along with other well established principles like tacit acceptance and similar notions.

---

31 ICJ Reports 1949, 178 (italics added).

32 For an in depth study of status treaties as distinct from other regimes establishing something like an objective order see Klein, see note 28, passim; see also G. Dahm/J. Delbrück/R. Wolfrum, *Völkerrecht*, Vol. I/1, 1989, 52 et seq.

2. *Erga omnes* Norms Presently Accepted or Discussed as Potentially Belonging to this Category of Norms or Principles

As has been mentioned before[33] the existence of *erga omnes* norms as such is widely accepted today. What is still controversial is the clear determination of such norms or principles that are to be so categorized. One is on safe ground with regard to those principles that have been mentioned by the ICJ in the *Barcelona Traction* case as giving rise to obligations that are owed *erga omnes*: the prohibition of aggression and of genocide and rights conferred upon the human person, i.e. the right to protection from slavery and racial discrimination. These are clearly identified principles of general and/or universal or in the language of the Court "quasi-universal" conventional law and, according to a widely held opinion, are also categorized as *ius cogens.*[34] From the particular nature of the principles and rights it has been concluded that the Court had wanted to indicate that the *erga omnes* effect should be attributed to a few clearly established and identifiable principles or norms. Under the impact of a growing awareness in the international community of serious global threats to the future of humankind this assumed restrictive approach by the Court has been taken less seriously and in some instances norms with *erga omnes* effect have been added to the list of the previously accepted norms or principles so categorized. Thus, the core principle of the international regime created for the protection of the ozone layer[35] and the regime created by the Agreement for the Implementation of the Provisions of the United Nations Convention on the

---

[33] See *supra*, Introduction.

[34] For a detailed discussion of the relationship between *erga omnes* norms and *ius cogens* see Ragazzi, see note 3, 189 et seq. Unless one adheres to the view that only *ius cogens* has *erga omnes* effect, it seems correct to say that both types of norms are not congruent; mostly it is held that *ius cogens* as a rule has *erga omnes* effect, but that not all *erga omnes* norms are *ius cogens* norms, convincingly in this sense Simma, see note 4, 299 et seq.

[35] Starting with the Vienna Convention on the Protection of the Ozone Layer of 22 March 1985, the ozone layer protective regime has been expanded substantially by the Montreal Protocol on Substances that Deplete the Ozone Layer of 16 September 1987, the London Adjustment to the Montreal Protocol of 29 June 1990, the London Amendment to the Montreal Protocol of 29 June 1990, the Copenhagen Adjustment to the Montreal Protocol of 25 November 1992 and the Copenhagen Amendment to the Montreal Protocol of 25 November 1992, all documents reprinted in: P. Sands/R.G. Tarasofsky/M. Webb (eds), *Documents in International Environmental Law*, Vol. 1, 1994, 189 et seq.

Law of the Sea of 10 December 1982 Relating to the Conservation and Management of Straddling Fish Stocks and Highly Migratory Fish Stocks of 28 July 1994[36] give rise to obligations *erga omnes.*[37] The *ratio legis* is that the common interest in protecting the ozone layer, protecting the environment from grave pollution, for instance, intentional oil spills as a means of warfare, and protecting endangered species is so overwhelming that no State may be permitted not to comply with the protective regimes regardless of whether or not it has consented to the creation of the regime.[38]

As to norms or principles to be considered as potential candidates for being added to the list of norms categorized as *erga omnes*, one finds numerous explicit or implicit references to this notion in the rapidly developing areas of international environmental and development law as well as in the context of the work of the International Law Commission on State Responsibility. It is impossible to list all the relevant documents, but *pars pro toto* one may point to the various conventions and declarations adopted during the 1992 *Rio Earth Summit.*[39] These instruments are characterized by two basic principles, namely that the protection of the environment by, for instance, preserving and main-

---

[36] A/RES/48/263, Annex; not only are third States obliged to comply with rules to protect the fish stocks specified but also are States parties to the Convention empowered to enforce the regime against third States violating the obligations arising from the Convention; for a discussion of the Straddling Stocks Convention in this regard see B.H. Oxman, "The International Commons, the International Public Interest and New Modes of International Lawmaking", in: J. Delbrück (ed.), *New Trends in International Lawmaking - International 'Legislation' in the Public Interest, Proceedings of an International Symposium of the Kiel Walther-Schücking-Institute of International law; March 6 to 8, 1996*, 1997, 21 et seq., (56 et seq.).

[37] For a general discussion of lawmaking in the public interest and the notion of obligations towards the international community as a whole in international environmental law see R. Wolfrum, "Purposes and Principles of International Environmental Law", GYIL 33 (1990), 308 et seq., (318 et seq.).

[38] See for the formulation of a general principle to that effect Charney, "Universal International Law", see note 8, 529.

[39] Literature on the results of the United Nations Conference on the Environment and Development (UNCED) is vast; for a short summary and analysis of the most relevant points in this context see E.H. Riedel, "International Environmental Law - A Law to Serve the Public Interest? An Analysis of the Scope of the Binding Effect of Basic Principles (Public Interest Norms)", in: Delbrück (ed.), see note 36, 61 et seq., (82 et seq.).

taining biodiversity[40] as well as natural resources[41] is not only a common concern of the present day international community but is just as much of vital importance for future generations.[42] In both dimensions, i.e. the protection of the environment as an immediate obligation of the community of States, peoples and the individual and as an intergenerational responsibility, the new quality of the respective legal instruments - be they of a binding or hortatory character - is evident. They are not conceived in terms of traditional international treaties based on the concept of reciprocal rights and duties in the national interest of the parties involved but they are meant to constitute objective guidelines or norms in the public interest of the international community as a whole. This new quality of the emerging law raises two problems. One is related to the question of the enforcement of such norms since the traditional paradigm of *do ut des* as the basis of norm compliance is not applicable any more. This aspect cannot be examined here.[43] The other problem raised by the new quality of the public interest norms relates to the question as to who is entitled to determine what the public interest is and by what procedures the public interest may be specified in a way that will promote acceptance of the respective norms as a legitimate articulation of the public interest.

---

[40] *Cf.* Convention on Biological Diversity, Rio de Janeiro 1992, *ILM* 31 (1992), 818 et seq.

[41] Besides the UN Convention on the Law of the Sea (text in Sands/Tarasofsky/Webb (eds), see note 35, 352 et seq.), see, for example, the various regional conventions aiming at protecting the marine environment in the North-East Atlantic (Paris Convention for the Protection of the Marine Environment of the North-East Atlantic of 22 September 1992, text reproduced in Sands/Tarasofsky/Webb, see note 35, 472 et seq.), in the Mediterranean Sea (Barcelona Convention for the Protection of the Mediterranean Sea Against Pollution of 16 February 1976, text in Sands/Tarasofsky/Webb, *ibid.*, 502 with several Protocols additional, see note 36, 514 et seq.), and the Helsinki Convention on the Protection and Use of Transboundary Watercourses and International Lakes of 17 March 1992 (text in Sands/Tarasofsky/Webb, see note 35, 673).

[42] On the intergenerational dimension of recent international environmental law see Riedel, see note 39, 64 et seq., with further references.

[43] On this problem see Wolfrum, see note 37, 328 et seq.; id., "Globale Ressourcen gemeinsam verwalten - Neue Entwicklungen im Umweltrecht", in: Max-Planck-Gesellschaft zur Förderung der Wissenschaften, *Jahrbuch 1997*, 73 et seq. (80 et seq.); J.A. Frowein, "Reactions by not directly affected States to breaches of public international law", *RdC* 248 (1994), 345 et seq.

II. Public Interest - What is it and Who Defines the "International Public Interest" ?

1. The Problem of Defining the "Public Interest"

The notion of the "public interest"[44] is well-known in domestic public law but it is quite new in international law. But even in domestic law the concept has remained the object of much controversy with regard to its meaning. It is not exaggerating to say that the public interest concept has experienced many attempts at a general or abstract definition and has yet consistently withstood such attempts.[45] Therefore, a considerable number of constitutional lawyers and political theorists have rejected the concept altogether. However, State practice, particularly in democratic, rule-of-law political systems, shows that the notion of the "public interest" has played an important role and still does. Mainly, the legislatures and the courts have articulated the meaning of the notion of "public interest" not *in abstracto*, but in a concrete sociopolitical setting. It has proved to be an almost indispensible criterion in balancing individual rights versus other law-based values, i.e. public interests, in a given society. Thus, the question is whether there are appropriate ways and means to enable the international community to determine not *in abstracto* but in concrete settings what is to be considered the international "common" or "public interest". In order to answer that question it may be helpful to find out by whom and under what circumstances principles, norms or rules intended to serve the international public interest have been promulgated.

2. The Determination of the International "Public Interest" in State Practice

Some of the 19th century status treaties or objective regimes were established by and after the Vienna Congress as a whole or by the dominant powers of the time. An example is the *Aaland* case, where the de-

---

[44] Synonyms are the "general" or "public welfare", the "bonum commune" or "salus publica". These notions have been introduced into public law by social philosophy and political theory centuries ago. See C. Link, "Gemeinwohl", in: R. Herzog et al. (eds), *Evangelisches Staatslexikon*, 1987, col. 1062.

[45] Link, *ibid.*, emphasizing the difficulty in defining the "public interest".

militarization regime was initially created by a convention between three Great Powers, namely the United Kingdom, France and Russia. The convention was then annexed to the overall peace settlement, i.e. the Peace Treaty of Paris of 1856. Participants in the peace conference were the United Kingdom, France, Austria, Russia, Turkey and Piedmont-Sardinia.[46] Prussia was only invited to participate in the final stage of the conference. These powers certainly did not represent the majority of the European State community, but were, of course, the leading powers of the then existing eurocentric international system. In contrast, short of 30 States were parties to the Versailles Peace Treaty of 1919 that provided for the legal basis for the decision in the *Wimbledon* case.[47] These States barely represented the majority of the States members of the then existing, universalized international system. The League of Nations Covenant that formed the legal basis for the decisions taken in regard to the former German Colony of South West Africa was initially accepted by 45 States.[48] Membership rose to its peak number of 67 and then declined with 16 States leaving the League over time, beginning in 1927. The 45 founding members represented a solid majority of the international community although the two emerging super powers (the United States and the Soviet Union) as well as Germany and Japan were not among the founding members. Finally, the United Nations Charter, the legal basis for the *Reparations for Injuries* case, was established - in the words of the International Court of Justice - by "the vast majority" of the international community of States. In addition to the "legislating" groups of States, judicial and quasi-judicial bodies like the PCIJ, the ICJ and Committee of Jurists in the *Aaland* case played an instrumental role in identifying the regional or universal international public interest as established by the groups of States involved.

In more recent decades, the United Nations and other international fora representing the rapidly growing international community of States played the leading role in determining the international public interest, particularly in the fields of the protection of human rights, the protec-

---

[46] See T. Schieder, "Paris Peace Treaty (1856)", in: R. Bernhardt et al. (eds), *EPIL*, instalment 7, 1984, 377.

[47] For details with regard to the States parties see E. v. Puttkamer, "Versailles Peace Treaty (1919)", in: R. Bernhardt et al. (eds), *EPIL*, Instalment 4, 1982, 276 et seq.

[48] These were the 27 victorious signatories of the Versailles Peace Treaty, the five member units of the British Empire and 13 neutral States, see v. Puttkamer, *ibid.*

tion of the environment and the administration and protection of areas beyond national jurisdiction. Thus, it was the UN General Assembly that in exercising its responsibility to contribute to the progressive development of international law (Article 13 of the UN Charter) was the driving force in enunciating the concepts of the common heritage of humankind. A great number of declarations and draft conventions on the prohibition of militarizing outer space, of the sea-bed and the ocean floor and the subsoil thereof, and on the prohibition of national appropriation of any part of the "global commons" clearly articulated the concept of the common heritage of humankind.[49] Despite the fact that these notions did not meet with great enthusiasm on the part of the industrialized nations technologically capable of making use of the spaces beyond national jurisdiction, consensus was ultimately reached that these areas should be declared the common heritage of humankind and therefore closed to unilateral exploitation in the national interest. A major factor contributing to this result was that the debates on the subject were increasingly accompanied by a critical world public opinion, partly brought to bear by the political pressure exercised by a rapidly increasing number of non-governmental organizations (NGOs). These organizations also played a most important part in the work of other international fora convened under the auspices of the United Nations like the Stockholm Conference on the Protection of the Environment (1972), the United Nations Conference on the Law of the Sea (ending in 1982), the United Nations (Rio) Conference on the Environment and Development (1992), and the recent Conference on Banning Landmines (1997).[50]

Looking at these roughly sketched out data on who is involved in the determination of the international public interest in a systematic way the following models can be distinguished: the determination has been made by

---

[49] For a closer analysis of the role of the UN General Assembly in the elaboration of public interest principles see J. Delbrück, "The Role of the United Nations in Dealing with Global Problems", *Ind. J. Global Legal Stud.* 4 (1997), 277 et seq., (293 et seq.).

[50] This UN Conference was called after intensive preparatory work and effective lobbying by several NGOs, particularly the International Campaign to Ban Landmines; a Convention on the Prohibition of the Use, Stockpiling, Production and Transfer of Anti-Personnel Mines and on their Destruction was adopted on 18 September 1997; see the text of the Convention in *ILM* 36 (1997), 1507 et seq., with further references.

- groups of great powers or powers most interested in a specific subject matter;
- major international conferences with a large number of particularly interested States participating;
- plenary organs of international organizations like the UN General Assembly;
- international fora with more or less universal participation, usually under the auspices of the United Nations.

A considerable contribution to the work of the latter two models has been made by increasingly powerful NGOs. As the determination that a particular principle or norm is one articulating the international public interest is an essential element in the determination of an *erga omnes* effect of the respective principle or norm, the legitimacy of the way in which such determinations are made is critical.

3. The Legitimacy of the Determination of the International Public Interest

In regard to the legitimacy of the four models for the determination of the public interest, criticism has particularly been raised against the first model, i.e. the creation of "objective regimes" in the public interest by agreement of a small group of great powers cannot be legitimate because such approach almost inevitably involves the danger of a great power dictate. Therefore, so goes the argument - the only acceptable way to bind third States to such an "objective regime" - even if it is in the regional or international public interest - is by the other States' express or tacit consent. If such consent is present, however, the problem of the legitimacy of a third party effect - or in modern terms of an *erga omnes* effect - does not arise as the binding effect of the agreement of a small group of great powers and/or of particularly interested States beyond the participating States ultimately rests on the consent of the other States, not on an international public interest involved and not on the ensuing *erga omnes* effect of the objective regime. However, this conclusion cannot stand unqualified in case of the second model: if the objective regime or status is established by a larger number of States - albeit not the majority of States - the regime may reach beyond the parties to the instrument constituting the regime, provided that a public interest is involved and it is durable and finds a degree of acceptance.[51]

With regard to the determination of the international public interest by, for instance, the UN General Assembly a differentiated assessment is needed. As long as the public interest is articulated in non-binding declarations no question as to the legitimacy of such acts vis-à-vis dissenting States arises as they are not legally bound, in the first place. If, however, the public interest principles or norms enunciated by the General Assembly develop into general international law - and the International Court of Justice has indicated in the *Barcelona Traction* case that public interest norms may develop not only through treaties but as norms of general or customary international law[52] as well - their general binding effect rests upon their status as principles or norms of general international law and their public interest based *erga omnes* effect then extends to all States not permitting for any exemptions for persistent objectors.[53]

The most interesting model for the determination of the international public interest is that of the various international fora engaged in the development of public interest principles, or norms that after intensive debate find their way into multilateral conventions that are almost instantly held to have *erga omnes* effect. Against this approach it has been argued that no international forum - be it within or outside the United Nations institutional framework - has any legislative authority. However, State practice shows a growing consensus to the effect that some of the multilateral treaties - for example the Montreal Protocol with its various additions - address such urgent needs of the international community that their very object necessitates compliance by all States.[54] If this observation is correct, the question of the legitimation of the international fora to "legislate" in this way is clearly posed. At the outset, it must be conceded that no international forum can claim that it can ob-

---

51 See the dissenting opinion of Judge McNair mentioned *supra*, I.1 Antecedents to Norms with Third Party Effect in Modern International Law; see also Klein, see note 29, 209 et seq., from the perspective of adjudicating an authorisation to decide *erga omnes*, which contains the element of the general interest and the consent of the States.

52 See the respective text at note 2.

53 On the problem of the persistent objector in the present context see Charney, "Universal International Law", see note 8, 541.

54 In this sense convincingly Charney, *ibid.*, 529 et seq.

jectively - or put differently: in an inter-subjectively transmissable[55] way - determine a valid international public interest. In the present rather heterogeneous international system it is theoretically impossible to establish the objective validity or truth of a fundamental value claimed to be in the international public interest. However, there are two procedural arguments that can be put forward to support the conclusion that such legitimacy can be established. First, the international fora that are considered here as legitimate mechanisms for the determination of the international public interest, as a rule are representing the overwhelming majority of States. The determinations made by them are the result of an extensive public discourse in which all States may actively participate if they so desire.[56] Thus, the outcome of these conferences are not the dictate of some political, ideological or otherwise onesided "club of States". Furthermore, since determinations can be made only by compromise, they are usually of a rather general - often not operational - character. It is only in a continued international discourse that the early, still vague principles are narrowed down and thus made operational. Thus the danger of great power dictates is minimized. At the same time the international public interest becomes more clearly defined in time and firmly established in international public opinion. Second, as mentioned above[57], a new feature of the international system and the international fora concerned with the development of international law with a view to meet the profound global challenges confronting the international community, is the growing presence and influence of NGOs. They exercise their influence in two ways: on the one hand, since NGOs are usually not granted direct participation in the discussions of the international fora but are confined to the role of observers they have developed the habit of convening their own conferences alongside the State conferences. In this way, NGOs have succeeded in attracting great public attention, particularly by the media. The weight of the substantive work of the NGOs at their conferences together with the media attention has impacted the attitude of the official delegates to the State

---

[55] This phrase ("intersubjectiv transmissibel") is borrowed from A. Brecht, *Politische Theorie - Die Grundlagen politischen Denkens im 20. Jahrhundert*, 1961, 135 et seq.

[56] Charney, "Universal International Law", see note 8, 544 et seq., (550); id., "International Lawmaking - Article 38 of the ICJ Statute Reconsidered", in: Delbrück (ed.), see note 36, 183.

[57] *Supra*, I.2 *Erga omnes* Norms Presently Accepted or Discussed as Potentially Belonging to this Category of Norms or Principles.

conferences time and again.[58] But also as observers NGOs have influenced the political course of the international fora to which they are accredited. With their growing political weight, NGOs have succeeded in being allowed to address the State conferences directly and they have also exerted political pressure on the official delegates by publicly criticizing their reluctance to address the respective challenges more forcefully.[59] What these developments mean is quite obvious: The international public discourse on the determination of international public interests has gained a new dimension, i.e. the discourse has widened and reaches beyond the ranks of the traditional subjects of international law. Although it is true that NGOs on average do not possess much of a democratic legitimacy, it cannot be overlooked that with their active participation in the international public discourse in the international fora the basis for the rational determination of the public interest is greatly enhanced and so is the legitimacy of the acts of the international fora.

III. Conclusions

The foregoing analysis has confirmed that the existence of *erga omnes* norms in present day international law is widely accepted. While *erga omnes* norms so far are mostly identical with *ius cogens* norms this identity is not a necessary one. Rather, it is theoretically and in fact quite possible that *erga omnes* norms could exist alongside *ius cogens* norms. They constitute a category of norms in their own right, they are a new element in the hierarchy of international law and thereby attest to the ongoing process of the constitutionalization of international law. The *erga omnes* character of certain norms derives from their specific contents, i.e. that they articulate a "public interest" of the international community as a whole. The notion that principles or norms of international law articulate a general or public interest of the States of a region or universally is not foreign to international law as a review of State practice prior to the *obiter dictum* by the International Court of Justice

---

[58] Examples are the conventions of NGOs parallel to the World Conference of Women in Beijing, to the Vienna Conference on Human Rights, and to the World Population Conference in Cairo.

[59] For details see M. Hempel, *Die Rechtsstellung nichtstaatlicher Organisationen im Völkerrecht*, forthcoming, passim.

in the *Barcelona Traction* case has shown. If this proposition is accepted the question poses itself as to who has the authority to determine what the international public interest is. Since traditional international law has always adhered to the principle that it derives its binding force from the consent of the State community and since there is no recognized central legislative authority in international law, the proposition that certain norms, i.e. those articulating a public interest of the State community (or major parts of it), are also binding upon third States needs special justification. In State practice one can find at least four models of how the international public interest has been articulated. As has been shown, the oldest model, i.e. that a (small) group of great and/or strongly interested States "legislates" under present conditions is the least legitimate one, if only for the reason that it involves the danger of a great power dictate. A higher and acceptable degree of legitimacy can be found, however, in procedures for the determination of the international public interest that guarantee the chance of participation of all States in a thorough public discourse resulting in the determination of the public interest. The UN General Assembly and even more so international fora like the Stockholm Conference on the Protection of the Environment, the Rio Earth Summit, and the UN Conference on the Prohibition of Anti-Personnel Mines are examples that such fora provide the opportunity for the necessary public discourse. The legitimacy of decisions made by such fora is greatly enhanced by the inclusion of the increasingly influential NGOs in the public discourse.

Konzeption, Finanzierung und Durchführung des globalen Umweltschutzes

Rudolf Dolzer

Mit dem Namen des Jubilars verbindet sich wissenschaftlich in erster Linie das unbeirrbare Arbeiten und Eintreten für die Entwicklung eines modernen Seerechts. Während der langen und zähen Verhandlungen in den siebziger Jahren, die schließlich zur Seerechtskonvention führten, hat sich der Jubilar immer wieder am Heidelberger Max-Planck-Institut in Vorträgen mit dem jeweils aktuellen Stand der Debatte auseinandergesetzt und diese analysiert und bewertet. Als ausgewiesener Fachmann des Seerechts und aktiver Teilnehmer an den Verhandlungen eröffnete er dem Zuhörer mit seinen Beiträgen Zusammenhänge und Perspektiven, die weit über die systematischen und technischen seerechtlichen Fragen hinaus Grundfragen der Entwicklung des modernen Völkerrechts beleuchteten. So wurde bei den jungen Mitarbeitern geradezu zwangsläufig das Interesse am Seerecht erweckt.

Insbesondere die Einbeziehung der Interessen und Belange der jungen Entwicklungsländer im Wandel des Seerechts sowie das Wirtschaftsvölkerrecht standen dabei immer wieder im Vordergrund. Der Jubilar hat stets aufs Neue verdeutlicht, daß aus seiner Sicht nur ein gerechter Ausgleich der Interessen zu einem stabilen und dauerhaften Rechtsfrieden führen kann. In mancher Hinsicht zeigt die Entwicklung des Seerechts insoweit Parallelen auf zu den vielfältigen Verhandlungen um ein modernes Umweltvölkerrecht. Die dichte Verflechtung der Interessen der Staaten, die Notwendigkeit einer globalen Einigung und die Auseinandersetzung mit Fragen der Verteilungsgerechtigkeit sind dem Seerecht und dem internationalen Umweltrecht in den Grundstrukturen gemeinsam. Vor diesem Hintergrund seien dem Jubilar die folgenden Bemerkungen zu aktuellen Fragen globaler Umweltpolitik gewidmet. Dies geschieht auch deshalb mit besonderer Freude, weil dem Autor in wacher

Erinnerung bleibt, mit welch ungewöhnlich offener, freundschaftlicher und kollegialer Art der Jubilar gerade auch dem viel jüngeren und unerfahrenen Mitarbeiter begegnet ist.

In der Seerechtskonvention selbst sind eine Reihe umweltrechtlicher Normen enthalten. Freilich war die Zeit in den siebziger Jahren, als die Konvention verhandelt wurde, aus umweltrechtlicher Sicht für eine dauerhafte Kodifikation noch nicht wirklich reif. Fragt man, ob dieser Teil der Konvention auf Dauer eine tragfähige Grundlage für die weitere Entwicklung des internationalen Rechts bilden kann, so muß die Antwort eher zurückhaltend ausfallen. Die Notwendigkeit von Ergänzungen und Veränderungen zeichnet sich auf diesem Felde ab; möglicherweise werden dabei punktuelle Korrekturen nicht genügen.

I. Globalisierung im Sinne gegenseitiger Abhängigkeit

Hinter dem losen und überstrapazierten Begriff der Globalisierung verbergen sich in den Bereichen von Wirtschaft, Kultur und Umwelt quantitativ und qualitativ recht unterschiedliche Phänomene. Im Zentrum der wirtschaftlichen Betrachtung steht die Globalisierung der Märkte, getrieben von der Mobilität des Kapitals, von moderner Kommunikationstechnologie und dem freien Fluß der Information. Kulturell geht es um die Ausbreitung bestimmter - insbesondere amerikanischer - Präferenzen und Verhaltensformen zu Lasten regionaler und landesspezifischer Traditionen. Für die Umwelt rechtfertigt sich die Anwendung des Begriffs deshalb, weil hier die Wirkungen einzelner Problemfelder alle Staaten mehr oder weniger gemeinsam treffen.

Dabei ist für Wirtschaft, Kultur und Umwelt der Grad der Globalisierung und die Wertigkeit ihrer Existenz weder einheitlich noch gleichförmig. In der Wirtschaft handelt es sich nämlich keineswegs um ein neuartiges Phänomen; verändert hat sich bloß die Geschwindigkeit, die sich infolge der weltweiten Technisierung sprunghaft erhöht hat. Die Bewertung wirtschaftlicher Globalisierung mag je nach Standpunkt unterschiedlich ausfallen; entscheidend ist aber, daß die Entwicklung nicht von den Staaten, sondern von der Wirtschaft beherrscht wird und den staatlichen Akteuren in Wirklichkeit nur eine sehr begrenzte Freiheit bleibt, sich für oder gegen die Öffnung in Richtung auf den Weltmarkt zu entscheiden. Auch was die Kultur betrifft, nimmt die staatliche Kontrollierbarkeit durch den Staat ab, wenngleich hier der Verlust der Vielfalt sehr viel anders als in der Wirtschaft als ein Verlust an Reichtum empfunden wird.

Die Globalisierung der Umweltfragen wiederum unterscheidet sich heute grundsätzlich von jener der Wirtschaft und der Kultur. Insbesondere geht es im Umweltrecht um einen quantitativ viel weiter fortgeschrittenen Prozeß. Steht die Globalisierung von Wirtschaft und Kultur eher noch am Anfang - die meisten wirtschaftlichen Vorgänge und kulturellen Phänomene sind heute durchaus noch lokal oder regional bestimmt[1] -, so handelt es sich bei der Globalisierung der Umwelt bereits um weit fortgeschrittene Entwicklungen mit handgreiflichen Auswirkungen. Im Kern können dabei sechs Problemfelder ausgemacht werden: der befürchtete Klimawechsel, der Abbau der stratosphärischen Ozonschicht, der Verlust der Artenvielfalt, der Schutz der Wälder, die Verschlechterung der Qualität internationaler Gewässer und die Ausbreitung der wüstenartigen Gebiete. Anders als für die Wirtschaft und die Kultur geht es dabei also um eine strikt negativ zu bewertende Form der Globalisierung.

Wird der Prozeß der Globalisierung auch wirtschaftlich und kulturell zunehmend im Kontext der Kategorien "Freiheit und Verantwortung" diskutiert, so stellen sich die damit verbundenen Fragen auf völkerrechtlicher Ebene heute schon sehr viel konkreter im Lichte des Wunsches nach Wahrung einzelstaatlicher Souveränität einerseits und rechtlich verfaßter und kontrollierter Kooperation zur Abwehr der allseits drohenden Nachteile andererseits. Die gegenseitige Angewiesenheit der Völker und Staaten bei der Abwehr globaler Umweltprobleme ist mittlerweile so offenkundig, daß sie im Grundsatz nicht mehr in Frage gestellt wird. Die Zahl der Ratifikationen der einschlägigen völkerrechtlichen Verträge belegt dies, auch wenn etwa die Vereinigten Staaten der Konvention zur Erhaltung der Artenvielfalt noch nicht beigetreten sind. Der Tendenz nach sind die Vertragswerke zum Schutz des Klimas, der Ozonschicht, der Artenvielfalt sowie - in geringerem Umfang - die Abmachung gegen die Ausbreitung der Wüsten universell akzeptiert; eine primär umweltbezogene Vereinbarung zum Schutz internationaler Gewässer steht noch aus.

In allen genannten getroffenen Vereinbarungen geht es um universale Umweltbelange, die nicht von einem Staat oder einer Region alleine gewahrt werden können. Eine der zentralen Fragen bei der Aushandlung dieser Verträge besteht darin, einen gemeinsamen Nenner im Verhältnis zwischen Industriestaaten und Entwicklungsländern zu finden. Beileibe ist dies nicht immer die alleinige Hürde; Unterschiede zwischen Indu-

---

1 Vgl. R. Lipsey/M. Blomstrom/E. Ramsetter, *Internationalised Production in World Output*, 1995.

striestaaten und die Rolle der sog. Transformationsstaaten erschweren die Verhandlungen ebenfalls häufig, und der Begriff der Entwicklungsländer selbst wird umweltpolitisch angesichts divergierender Interessen und vor allem aufgrund der unterschiedlichen wirtschaftlichen Leistungskraft innerhalb der Gruppe dieser Länder immer weniger selbstverständlich. Dennoch bleibt die Einbindung der Gruppe der Entwicklungsländer eine der kardinalen Aufgaben der Gestaltung internationaler Vertragswerke zum Schutze der Umwelt.

Im Grundsatz kann es als ein großer Erfolg der Verhandlungen der letzten Jahre gewertet werden, daß die wirtschaftliche Heterogenität der Staaten einer universellen Akzeptanz umweltpolitischer Vereinbarungen nicht im Wege stand. Freilich konnte dieses Ziel nicht auf der Grundlage der Kategorien des klassischen Völkerrechts erreicht werden. Die Entwicklungsländer fanden sich - aus ersichtlichem Grund - zur Kooperation bei der Erreichung der globalen Ziele nur unter der Voraussetzung bereit, daß ihr Ziel der Entwicklung nicht in Frage gestellt wurde und dementsprechend die Kosten der Durchführung der vereinbarten Maßnahmen von den Industriestaaten übernommen werden. Damit das Ziel der globalen Umweltkooperation erreicht werden konnte, mußten herkömmliche Prinzipien des Vertragsrechts umgestaltet, ja negiert werden. Zum einen ging und geht es um die wirtschaftliche Souveränität der Staaten: Gerade die Entwicklungsländer hatten in den siebziger und achtziger Jahren immer wieder die Maxime der "ständigen Hoheit über Naturreichtümer" betont, um ihre Unabhängigkeit auch auf wirtschaftlichem Felde zu unterstreichen; von dieser Linie haben sie - jedenfalls in gewissem Umfang - bei der Vereinbarung der neuen umweltpolitischen Verträge Abstand genommen. Konzeptionelle Grundlage der neuen Verträge ist statt dessen das Prinzip der "gemeinsamen, aber unterschiedlichen Verantwortung". Politisches Synallagma dieses Souveränitätsverzichts ist die Vereinbarung, daß die Zusatzkosten, die den Entwicklungsländern aus ihren Verpflichtungen entstehen, von den Industrieländern "neu und zusätzlich" zur Verfügung gestellt werden sollen[2]. Im Kern also beruht die neue Konzeption auf einer radikalen Abkehr von den klassischen Prinzipien der wirtschaftlichen Souveränität und der Gleichheit der Staaten. Die folgenden Bemerkungen befassen sich mit der praktischen Umsetzung dieser neuartigen Grundsätze im Lichte der bisherigen Erfahrungen.

---

[2] Vgl. insoweit bereits die Präambel der in Rio de Janeiro 1992 verabschiedeten Agenda 21 sowie deren Kapitel 33; hierzu auch H.P. Schipulle, "Das Rio-Paradigma der 'gemeinsamen, aber differenzierten Verantwortung'", *Entwicklung und Zusammenarbeit*, 38 (1997), 200.

II. Gemeinsame, aber unterschiedliche Verantwortung für die globale Umwelt

Das grundlegende Prinzip der "gemeinsamen, aber unterschiedlichen Verantwortung" reflektiert die Bereitschaft der Entwicklungsländer, an der Ausarbeitung und Durchführung globaler Strategien zum Schutz der Umwelt im Rahmen internationaler Vertragswerke mitzuwirken. Voraussetzung dafür ist, daß sich die Industriestaaten dem Grunde nach verpflichten, die daraus folgenden Kosten der Entwicklungsländer zu übernehmen; die Höhe der Kosten und die Zeit der Finanzierung ist Gegenstand internationaler Verhandlungen. Zum spezifisch materiellen Gehalt der Kooperationsbereitschaft der Entwicklungsländer sagt das Prinzip nichts aus, vielmehr ergibt sich dieser aus den jeweils im Vertrag vereinbarten Pflichten[3].

Kennzeichnend für die bisherigen Vereinbarungen ist insoweit auch, daß sich die Entwicklungsländer ausdrücklich Raum zusagen lassen für wirtschaftliches Wachstum samt den Umweltbelastungen, wie sie zuvor von den heutigen Industriestaaten ausgegangen sind. Im Rahmen der Klimakonvention haben die Industriestaaten den Entwicklungsländern die "vereinbarten Folgekosten" für die Erstellung der Inventare der Treibhausgasemissionen und Aktivitäten im Bereich des Klimaschutzes zu erstatten (Art. 4 Abs. 3 Satz 1); auch für die Klimaschutzmaßnahmen als solche ist vereinbart, daß den Entwicklungsländern die "vereinbarten Folgemehrkosten" ersetzt werden (Art. 4 Abs. 3 Satz 2). Ein Blick auf

---

[3] Als Ausgangspunkt globaler gouvernementaler Umweltpolitik muß - bisher wenig beachtet - die Konferenz und Erklärung von Den Haag vom 11. März 1989 gelten, abgedruckt in: *ILM* 28 (1989), 1308. An der Konferenz beteiligten sich alle wichtigen Industriestaaten außer den Vereinigten Staaten und dem Vereinigten Königreich sowie einer Reihe von Staaten der dritten Welt, im ganzen 24 Staaten. Die Haager Erklärung enthält der Sache nach bereits die Grundlagen für das Konzept der gemeinsamen, aber differenzierten Verpflichtung im Umweltbereich; so wird verwiesen auf den Verbrauch von Rohstoffen und Energie sowie auf die wirtschaftlichen und technologischen Ressourcen. Auch die Notwendigkeit neuer institutioneller internationaler Regime wurde damals schon gesehen. Vom Prinzip der gemeinsamen, aber unterschiedlichen Verantwortlichkeit unberührt ist die Frage nach der Haftung im Falle des Eintritts von Schäden. Zu den Besonderheiten insoweit R. Dolzer, "Völkerrechtliche Verantwortlichkeit und Haftung für Umweltschäden", in: P. Kunig et al., *Umweltschutz im Völkerrecht und Kollisionsrecht*, Berichte der Deutschen Gesellschaft für Völkerrecht, Bd. 32 (1992), 195, 223 ff.

die bisherigen verhandelten Abkommen zeigt, daß die Entwicklungsländer nur sehr allgemein gehaltene normative Regeln akzeptiert haben.

Im Bereich des Klimaschutzes haben sich die Entwicklungsländer verpflichtet, Emissionsinventare zu erstellen und nationale oder regionale Programme zur Reduzierung von Treibhausgasen zu entwerfen (Art. 4 Abs. 1 der Konvention); dies ist bisher im Text der Konvention der einzige Ausdruck der allgemeinen Verpflichtung, Vorsorgemaßnahmen im Klimabereich zu treffen (vgl. Art. 3). Ähnlich heißt es im Abkommen zur Artenvielfalt, daß die Vertragsparteien nationale Strategien, Pläne oder Programme entwickeln (Art. 6), und daß Gesichtspunkte der Artenvielfalt in den nationalen Entscheidungsprozeß einbezogen werden (Art. 10); etwas konkreter sind die Vorschriften zum Schutz der Vielfalt *in situ* (Art. 8) und *ex situ* (Art. 9). Sowohl im Bereich des Klimaschutzes als auch der Artenwälder wird indes festgehalten, daß diese Vorschriften nur im Rahmen der Möglichkeiten jeden Staates befolgt werden müssen (vgl. im einzelnen Art. 4 Ziff. 7 der Klimakonvention und die genannten Vorschriften im Bereich der Artenvielfalt). In den Abmachungen zum Schutz der Ozonschicht wurde den Entwicklungsländern eine großzügige Übergangsregelung zugestanden (vgl. Art. 5 des Protokolls von Montreal).

Die Zugeständnisse der Entwicklungsländer werden noch dadurch relativiert, daß die übernommenen Verpflichtungen in ganz allgemeiner Weise durch die wirtschaftlichen und technologischen Gegebenheiten begrenzt werden, wobei erkennbar Bezug genommen wird auf die im Vertrag getroffenen Vereinbarungen zur wirtschaftlichen und technologischen Unterstützung durch die Industriestaaten[4]. Aus praktischer

---

[4] Vgl. Art. 4 (7) der Klimaschutzkonvention und Art. 2 (4) der Konvention zur Artenvielfalt. In der Wüstenkonvention fehlt eine vergleichbare Norm; sie wurde im Gegensatz zu den anderen globalen Vereinbarungen von den Entwicklungsländern initiiert, woraus sich verhandlungstaktisch eine ganz andere Ausgangslage ergab. In der bisherigen Praxis der GEF hat das Prinzip der Folgekosten noch keine Klärung gefunden; seine praktische Anwendung war immer wieder Gegenstand von Reibungen und Auseinandersetzungen zwischen den Entwicklungsländern und der GEF. Eine mathematische Abgrenzung wird wohl kaum jemals zu erreichen sein; insoweit wird es künftig darum gehen, pragmatisch handhabbare Kriterien zu entwickeln, die mit erträglichem Verwaltungsaufwand in die Praxis umgesetzt werden können. Vergleichbare Fragen stellen sich im übrigen im Rahmen von Art. 20 Abs. 2 der Konvention zum Schutz der Artenvielfalt; hierzu R. Wolfrum, "The Convention on Biological Diversity: Using State Jurisdiction as a Means of Ensuring

Sicht kann dieses Regelungsmuster seine Bedeutung künftig auch durch die jeweils in den Verträgen enthaltenen Revisionsklauseln erlangen. Die Abrede der periodischen Überprüfung der Verpflichtungen aller Staaten im Lichte der zwischenzeitlichen Entwicklung und ihrer Beurteilung setzt *de facto* einen kontinuierlichen Dialog zwischen Industriestaaten und Entwicklungsländern in Gang; im Rahmen dieser Gespräche kann künftig auch die Einhaltung und die Fortentwicklung der Verpflichtungen der Entwicklungsländer erörtert werden. In den Debatten um die Vereinbarungen zum Schutz des Klimas ist dieser Aspekt in jüngerer Zeit - auf Drängen hauptsächlich der Vereinigten Staaten - sogar zu einem der Kernpunkte des gesamten Verhandlungsprozesses geworden. Hier zeichnet sich ab, daß das Prinzip der "gemeinsamen, aber unterschiedlichen Verantwortungen" nicht mehr als den Ausgangspunkt der zeitlichen Ausgestaltung der Kooperation darstellt, dessen weitere Entfaltung im operationellen Bereich noch erheblichen Sprengstoff in sich birgt.

Gelegentlich zeichnet sich sogar in den praktischen Verhandlungen die Gefahr ab, daß das Synallagma zwischen der materiellen Einbindung der Entwicklungsländer und der Pflicht zur finanziellen und technologischen Unterstützung durch die Industriestaaten umweltpolitisch fragwürdig werden könnte; dies wäre dann der Fall, wenn Entwicklungsländer ihre bestehenden Möglichkeiten deshalb nicht ausschöpfen, weil sie bestehende Defizite im Umweltschutz als Anreiz für künftige Verhandlungen zur weiteren Unterstützung durch die Industrieländer einbringen wollen.

Mittel- und langfristig ist aber davon auszugehen, daß die Entwicklungsländer eine solche verhandlungstaktische Betrachtungsweise zugunsten ihrer eigenen wohlverstandenen nationalen Interessen aufgeben. Auf allen Feldern der globalen Umweltpolitik sind nämlich die Entwicklungsländer ebenso, wenn nicht mehr als die Industriestaaten, von einer Verschlechterung der Lage betroffen. Dies gilt etwa für die Bedrohung von niedrig liegenden Küstenbereichen in Südchina und Bangladesch durch die Klimaerwärmung und den Anstieg der Meeresspiegel ebenso wie für die fortschreitende Abholzung der Regenwälder in Brasilien oder den Qualitätsverlust von Gewässern in vielen Küstenzonen, in denen sich immer mehr Menschen ansiedeln. An der Sachgerechtigkeit des Prinzips der gemeinsamen, aber unterschiedlichen Verantwortung können die bisherigen Erfahrungen jedenfalls nichts verändern. Es

---

Compliance", in: R. Wolfrum, *Enforcing Environmental Standards: Economic mechanisms as Viable Means?*, 1996, 373, 388 f.

rechtfertigt sich ohne weiteres, solange die Industriestaaten die weitaus größeren wirtschaftlichen und technologischen Mittel zur Abwehr der Gefahr haben und darüber hinaus noch in der Vergangenheit den Nutzen aus jenem Raubbau mit der Natur gezogen haben, der wesentlich zu den jetzt gegebenen Gefährdungen der globalen Umwelt geführt hat.

III. Zum Finanzbedarf zum Schutz der globalen Umwelt

Verläßliche Schätzungen des künftigen Finanzbedarfs zum Schutz der globalen Umwelt in der dritten Welt liegen nicht vor. 1992 wurde im Rahmen der UNCED Conference eine Zahl von 625 Milliarden US$ pro Jahr genannt, die sich allerdings auf alle Sektoren der Umwelt und nicht nur auf die globalen Fragen bezog[5]; auf Seiten der Industriestaaten hat die damit verbundene Forderung nach Erhöhung der Entwicklungshilfe indes keine Akzeptanz gefunden. Immerhin haben die Industriestaaten damals ihren allgemeinen Willen bekundet, die Entwicklungshilfe auf 0,7% ihres Bruttosozialprodukts zu erhöhen. In Wirklichkeit ist diese Hilfe seither nicht gestiegen, sondern 1996 auf das niedrigste Niveau seit Jahrzehnten gesunken.

Wollte man objektiv belastbare Ziffern für den Finanzbedarf zum Schutz der globalen Umwelt fordern, so müßte dieser auf verläßlichen Daten zum materiellen Wert dieser Umweltsektoren, zum Stand der Gefährdung und zu den Kosten für die Sanierung beruhen. Von allseits akzeptierten Angaben dieser Art ist die internationale Gemeinschaft jedoch weit entfernt; da es auch keine verläßlichen Methoden zur Bemessung dieser Werte gibt, bewegen sich entsprechende Schätzungen auf mehr oder weniger subjektiven Erwägungen und Präferenzen.

Im Klimabereich etwa gibt es nach wie vor kein festes Ziel, was das langfristig angestrebte Niveau der Treibhausgase angeht; die Klimakonvention beschreibt das Anliegen nur abstrakt (Art. 2). So geht es in der jetzigen Phase nur darum, einzelne Schritte der Reduktion festzulegen; auch insoweit ist aber offen, in welchen Bereichen - etwa Verkehr, Energiegewinnung, Energienutzung, Industrie, privater Haushalt - die Maßnahmen erfolgen sollen. Hinzu kommt, daß die Kosten landesspezifisch ermittelt werden müssen und in Industriestaaten und Entwicklungsländern erheblich differieren. So lassen sich derzeit belastbare An-

---

[5] Vgl. zu den Finanzierungserwartungen in Rio auch die Aussagen in Kapitel 33 der Agenda 21.

gaben zum Finanzbedarf für den Klimaschutz zwar projektorientiert, aber nicht sektorell und schon gar nicht global machen[6].

Nicht grundsätzlich anders stellt sich die Lage für die erforderlichen finanziellen Aufwendungen zum Schutz der Artenvielfalt dar. Immerhin liegen hier Schätzungen vor, die einen Anhaltspunkt für die angesprochene Größenordnung geben könnten. Umweltexperten gehen davon aus, daß *per annum* für alle Entwicklungsländer zusammen ein Beitrag zwischen 15 und 20 Milliarden US$ erforderlich ist, damit ein weiterer Verlust von Arten vermieden werden kann[7]. Die tatsächlich vorhandenen Mittel betragen etwa 7 Milliarden US$, wobei davon ungefähr eine Milliarde aus ausländischen Geldern stammt.

IV. Möglichkeiten der Global Environment Facility

Die einzige Institution, die sich ausschließlich der Finanzierung und Durchführung von Projekten zum Schutz der globalen Umwelt widmet, ist die Global Environment Facility (GEF), die im Vorfeld der Rio-Konferenz 1991 geschaffen wurde: in einem innovativen Rahmen arbeiten die Weltbank, das Entwicklungsprogramm der Vereinten Nationen (UNDP) und das Umweltprogramm der Vereinten Nationen (UNEP) zu diesem Zweck zusammen[8].

---

6 Hierzu F. Krause et al., *Cutting Carbon Emissions: Burden or Benefit?*, 1997.

7 Hierzu *Bird Life International*, 1996, "New and Additional?, Financial Resources for Biodiversity Conservation in Developing Countries 1987-1994". A Study based on work carried out by the World Conservation Monitoring Centre, funded by the European Commission.

8 Vgl. zur GEF allgemein S. Silard, "The Global Environment Facility: A Newcomer in International Law and Organisation", *Geo.Wash.J.Int'l L.& Econ.* 28 (1995), 607; P. Sand, "Trusts for the Earth: New International Financial Mechanisms for Sustainable Development", in: B. Lang (Hrsg.), *Sustainable Development and International Law*, 1995, 167; A. Steer/J. Mason, "The Role of Multilateral Finance and the Environment: A View from the World Bank", *Ind. J. Global Legal Stud.* 3 (1995), 35; R. Dolzer, "The Global Environment Facility - towards a new concept of the common heritage of mankind?", in: G. Alfredsson/P. Macalister-Smith (eds), *The Living Law of Nations - In Memory of Atle Grahl-Madsen*, 1996, 331; sowie neuerdings die sehr instruktive Darstellung von M. Ehrmann, "Die Globale Umweltfazilität (GEF)", *ZaöRV* 57 (1997), 565. Die Entwicklungsländer haben sich Anfang der 90er Jahre mit ihrer

Der GEF gehören im März 1998 161 Staaten an. Sie hat bisher im ganzen etwa 230 Projekte initiiert; keine andere Organisation hat sich bisher mit derselben Intensität und Breite mit den Grundsatzfragen der ökologisch nachhaltigen Entwicklung befaßt und dabei auch den Rat und die Mithilfe von Nichtregierungsorganisationen in die Arbeit miteinbezogen. Während einer experimentellen Phase standen der GEF 1991-1994 etwa 2 Milliarden US$ zur Verfügung. Nach einer Restrukturierung begann die erste Arbeitsphase, in der zwischen 1994 und 1997 von 34 Nationen - darunter 13 Entwicklungsländern - erneut etwa 2 Milliarden Dollar bereitgestellt wurden; in Rio war noch die Rede von einem Betrag zwischen 4 und 8 Milliarden US$. Derzeit laufen die Verhandlungen für eine Wiederauffüllung der Mittel, wobei offenbar das bisherige Finanzierungsniveau für die Zukunft - im Lichte der engen Haushalte in Industriestaaten und gewisser Vorbehalte der Vereinigten Staaten- allenfalls mit erheblicher Mühe erreicht werden kann[9]. Bis Ende 1997 hat die GEF bisher etwa 230 Projekte initiiert. Etwa 38% der Mittel der GEF fließen in den Klimabereich, 38% dienen dem Schutz der Artenvielfalt, 11,5% der Qualität internationaler Gewässer; dem Schutz der Ozonschicht dient ein spezieller Fonds, der speziell zur Finanzierung der Ozon-Vereinbarungen eingerichtet worden ist und 1997-1999 mit 514 Mio. US$ ausgestattet wurde[10]; die GEF hat etwa 7% ihrer Mittel zum Schutz der Ozonschicht eingesetzt.

Was die Entscheidung über die Vergabe der GEF-Mittel betrifft, so werden die allgemeinen Richtlinien und die laufenden Arbeitsprogramme vom GEF-Rat (bestehend aus 32 Mitgliedern, paritätisch von Industriestaaten und Entwicklungsländern besetzt) beschlossen[11]. In ei-

---

Option eines von den Vereinten Nationen getragenen "Grünen Fonds" als Alternative zur GEF nicht durchsetzen können. Von den Arbeitsfeldern her vertrat der Süden den Standpunkt, daß insbesondere der Schutz des Klimas und der Artenvielfalt die Prioritäten der Industriestaaten - und nicht die der Entwicklungsländer - widerspiegelten; speziell im Bereich der Artenvielfalt galt - oder gilt - die erste Sorge dem Schutz nationaler Souveränität und dem "benefit sharing" und nicht dem Erhalt der Arten.

[9] Ob die Mittel der GEF wirklich alle "new and additional" sind, mag man zwischenzeitlich bei einer näheren Betrachtung der Praxis der Geberländer durchaus bezweifeln. Die damit verbundenen Rechtsfragen werden künftig nicht ohne Beachtung bleiben können.

[10] Dazu oben Anm. 4.

[11] Zur Umstrukturierung 1994 vgl. Ehrmann, siehe Anm. 8, 583 ff.; der Rat der GEF entscheidet seither nach dem Prinzip der doppelten, gewichteten Mehrheit: eine Entscheidung kommt zustande, wenn 60% der durch die

nem komplexen Netz von Absprachen werden die Arbeiten der GEF auch von den Konventionsorganen der Klimakonvention und der Artenvielfaltskonvention bestimmt: die GEF dient beiden Vertragswerken (jedenfalls vorläufig) als sog. Finanzmechanismus[12]. Im Ozonbereich bestehen gesonderte Absprachen mit den Organen des Wiener Abkommens.

Der Vergleich der zur Verfügung stehenden GEF-Mittel mit groben Schätzungen der Höhe der Gelder, die mittelfristig wirklich für den Schutz der globalen Umwelt benötigt werden, zeigt auf eine erhebliche Diskrepanz; so ist man sich allseits einig, daß die GEF im Rahmen ihres jetzigen Finanzierungsniveaus in erster Linie als Katalysator wirken, nicht aber die eigentlichen Aufgaben der globalen Umweltpolitik finanzieren und durchführen kann. Diese Situation ergibt sich weitgehend auch daraus, daß die Fragen der globalen Umweltpolitik untrennbar verbunden sind mit der Durchführung klassischer Entwicklungspolitik. Die Bereiche Energie, Wasser und Forstwirtschaft etwa betreffen unmittelbar sowohl die allgemeinen Aufgaben der Entwicklungspolitik als auch die konkreten operativen Bereiche globaler Umweltpolitik. Die Aufgabenverteilung wird im übrigen deswegen noch komplexer, weil

---

Stimmrechtsgruppen im Rat vertretenen Länder zustimmt und diese Mehrheit zugleich 60% der Beiträge zum GEF-Treuhandfonds repräsentiert. Im Kern geht es also darum, daß sich Industriestaaten und Entwicklungsländer nicht überstimmen können.

[12] Im Grundsatz ist klar, daß die Vertragsstaatenkonferenzen im Klimabereich und im Bereich der Artenvielfalt zu entscheiden haben über Politiken, über Prioritäten und über allgemeine Zuteilungskriterien; die GEF hat zu entscheiden über das einzelne Projekt und hat dabei die Richtlinien der Vertragsstaatenkonferenz zu berücksichtigen. Vgl. dazu im einzelnen Ehrmann, siehe Anm. 8, 602 ff.; dort auch zu den Auseinandersetzungen darum, ob die Vertragsstaatenkonferenz (mit der Mehrheit der Entwicklungsländer) oder der Rat der GEF (paritätisch besetzt) den Vorrang bei der Festlegung des Finanzbedarfs allgemein zugewiesen bekommen soll.

Sachgerecht ist, daß die Geberländer, also der GEF, insoweit nicht überstimmt werden dürfen; zur Objektivierung und Abstimmung des Verfahrens zwischen der GEF und den Vertragsstaaten können dabei Faktoren wie die nationalen Programme der Vertragsparteien zur Bekämpfung der Klimaveränderungen, Informationen der GEF über einzelne Vorhaben sowie Informationen über andere Finanzquellen in Frage kommen. Letztlich bleibt es derzeit dabei, daß der politische Wille der Industriestaaten, wie er sich im Rahmen der Wiederauffüllung der GEF manifestiert, über die Höhe der zur Verfügung stehenden Gelder entscheidet. Vgl. zu den Abmachungen von Kyoto im Dezember 1997 nunmehr FCCC/CP/1997/-L.7/Add.1.

sich in der Praxis der Sektor der globalen Umweltpolitik in erheblichem Umfang überschneidet mit den Arbeitsfeldern des lokalen Umweltschutzes. Der Verkehrssektor mag dies verdeutlichen: eine Fülle von Maßnahmen zur Verringerung lokaler verkehrsbezogener Schadstoffe kann auch dem globalen Umweltschutz dienen, wie etwa die Verringerung des Kraftstoffverbrauchs und die Reduzierung der Fahrleistungen.

So zeigt sich ein fundamentales strukturelles Problem globaler Umweltpolitik: ihre enorme sektorelle Breite, ihre Verflochtenheit mit nationaler und internationaler Entwicklungspolitik und die sich daraus ergebenden komplexen Voraussetzungen der Steuerungsfähigkeit einer effizienten globalen Umweltpolitik. Insbesondere muß vor diesem Hintergrund dringlich vor der Illusion gewarnt werden, daß die GEF mit ihren Mitteln die Probleme globaler Umweltpolitik lösen könne. Gelegentlich ist in der Tat die Vorstellung anzutreffen, die Aufgaben globaler Umweltpolitik seien durch die GEF umfassend abgedeckt und andere Akteure könnten mit Hinweis auf die GEF auf einen eigenen Beitrag verzichten. Würde sich diese offenkundig unzutreffende Auffassung verbreiten, so käme der GEF *de facto* eine Alibifunktion zu, die im praktischen Ergebnis die Erfüllung der Aufgaben globaler Umweltpolitik eher verschleiern als ihr dienlich sein würde. Die GEF kann in absehbarer Zeit nicht mehr und nicht weniger leisten, als erste Schritte zum Schutz der globalen Umwelt in Gang zu bringen und gleichzeitig bei allen Akteuren das Bewußtsein für die Notwendigkeit einer allseits getragenen korrespondierenden Politik zu wecken und zu fördern. In diesem Sinne sei hier der Blick auf die einschlägigen Aktivitäten anderer internationaler Akteure gelenkt, die auf die Entwicklung der globalen Umwelt Einfluß nehmen.

V. Die Weltbank als zentraler Akteur der internationalen Umweltpolitik

Die Arbeit der Weltbank steht in einem mehrfachen Bezug zur globalen Umweltpolitik. Zum einen kann die Weltbank mit den ihr zur Verfügung stehenden Mitteln heute mehr spezielle, auf globale Umweltbelange zugeschnittene Projekte fördern als jede andere Entwicklungs- oder Umweltorganisation; zweitens kann die Bank, falls sie ihre gesamten Aktivitäten stärker an den Belangen der globalen Umwelt ausrichtet, einen noch viel gewichtigeren Beitrag leisten, indem sie negative Auswirkungen der Gesamtheit ihrer Projekte und Aktivitäten einschränkt und positive Effekte fördert; im Bereich der Energiepolitik etwa wird dies besonders augenfällig. Zum dritten ist die Weltbank mit ihren im internationalen Vergleich einzigartigen Fachkenntnissen und der sich daraus ergebenden Überzeugungskraft imstande, indirekt erheblichen Einfluß auf das Verhalten anderer Akteure im Bereich der globalen Umweltpolitik zu nehmen.

Generell gilt im übrigen, daß Entwicklungspolitik und Umweltpolitik in vieler Hinsicht Hand in Hand gehen. Armut ist der unerbittlichste Feind einer Umweltpolitik: sie fordert Maßnahmen zum kurzfristigen Überleben. Eine effiziente Umweltpolitik beruht dagegen auf dem mittel- und langfristigen Gebot der Rücksicht auf nachfolgende Generationen. 2,8 Milliarden Menschen leben derzeit von weniger als 2 US$ pro Tag. Global gesehen wird die Umwelt sowohl vom Übermaß der Nutzung von Ressourcen im Norden als auch vom Mangel an verfügbaren Mitteln im Süden bedroht.

In absehbarer Zeit wird sich der Energieverbrauch in Entwicklungsländern wohl verdreifachen. Der Bauer in Afrika wird wenig beeindruckt sein von Warnungen über die Folgen der Bodenerosion, wenn es um das Überleben seiner Familie geht. Dasselbe gilt für den Landarbeiter in Brasilien, der sein Brot mit Hilfe von Brandrodungen am Rande von Tropenwäldern verdient. Und auf nationaler Ebene gilt, daß solche Staaten sich nicht um den Treibhauseffekt im Jahre 2100 kümmern werden, deren Wirtschaft sich auf niedrigster Ebene entwickelt. Von daher ergibt sich ein enger Zusammenhang zwischen einer effizienten Wirtschaftspolitik mit den Anforderungen einer sinnvollen Umweltpolitik; Instrumente der Umweltpolitik sind ihrerseits so zu gestalten, daß sie die Kräfte der Marktwirtschaft nutzt und in keinen Widerspruch zu ihnen gerät. Kosteneffizienz, ökonomische Anreize und die Förderung umweltfreundlicher technologischer Innovation werden künftig mehr im Vordergrund stehen und stärker ordnungsrechtliche Konzepte ergänzen oder auch ersetzen.

Die Weltbank hat - erst - 1986 eine eigene Umweltabteilung eingerichtet, die ursprünglich etwa 30 Mitarbeiter hatte; zwischenzeitlich hat sich diese Zahl auf etwa 350 erhöht[13]. Was den Einsatz von Mitteln betrifft, so hat die Bank in den vergangenen Jahren zunehmend Gelder für spezielle Umweltprojekte zur Verfügung gestellt. Im Jahr 1997 hat sich der Umfang des aktiven Portfolio auf etwa 12 Milliarden US$ erhöht, d.h.

---

[13] Vgl. allgemein zu dieser Entwicklung I. Shihata, *The World Bank in a Changing World*, Vol. II (1995), 183 ff.

etwa 9% des gesamten Portfolio[14]. Etwa 60% der für die Umwelt eingesetzten Mittel gehen in die "braune Agenda" (etwa Luft-, Wasser-, Abfallprojekte), 30% in die "grüne Agenda" (etwa Schutz der Artenvielfalt, der Wälder, Nationalparks); immerhin 10% fließen in die Stärkung jener nationalen Institutionen in der dritten Welt, die sich mit dem Schutz der Umwelt befassen.

Was die Ausrichtung der klassischen Entwicklungsprojekte der Bank auf globale und nationale Umweltbelange betrifft, so stehen der Bank hauptsächlich zwei Instrumente zur Verfügung. Umweltverträglichkeitsprüfungen in der Bank sind unterschiedlich strikt, je nach den erkennbaren Auswirkungen werden die Projekte der Bank in Kategorie A (intensivste Prüfung), B und C eingeteilt. Erhebliches Gewicht können künftig aus der Sicht der Umwelt auch die sog. Länderhilfsstrategien (Country Assistance Strategy, CAS) erlangen, welche die Grundlage und den Rahmen aller Aktivitäten der Bank in einem Land bilden. Entscheidend wird es darauf ankommen, ob es gelingt, die Synthese von Entwicklung und Umwelt zu einem Thema aller Manager, Abteilungs- und Projektleiter - insbesondere der Ökonomen in der Bank - zu machen.

Die damit verbundene Herausforderung kann nicht unterschätzt werden: neben der wirtschaftlichen Entwicklung und der Armutsbekämpfung muß der Umweltschutz zum dritten Pfeiler der Tätigkeit der Bank werden - eine neue Kultur im Selbstverständnis der Bank und ihrer etwa 9.000 Mitarbeiter ist gefordert. Wie ernst jetzt die Leitung der Bank diese Aufgabe nimmt, zeigt sich etwa auch darin, daß sie mehr und mehr mit privaten Umweltschutzorganisationen bei der Durchführung von Projekten zusammenarbeitet, vor wenigen Jahren noch ein kaum denkbares Szenario.

Verläßliche Angaben für jene Umweltmittel der Bank, die speziell den globalen Belangen zugute kommen, liegen nicht vor; auch hier fällt die Trennung von Entwicklung und Umwelt einerseits, von globaler und lokaler Umwelt andererseits schwer. Wie schwierig die Aufgaben für die Bank auf diesem Feld sind, zeigt der Blick auf die Förderung von Energieprojekten in China und Indien: auf klassische kohlegestützte Projekte (mit erheblichen Treibhausgasemissionen) wird ein weit höheres finanzielles Volumen als für klimafreundliche erneuerbare Energie ver-

---

[14] Für den Bereich Lateinamerika und Karibik etwa sind für den Zeitraum 1997 bis 1999 mehr als die Hälfte des vorgesehenen Kreditvolumens von 11 Milliarden US$ für umweltbezogene Projekte vorgesehen, vgl. World Bank, *Environmental Matters* (Herbst 1997), 20.

wendet. Im Rahmen pragmatischer Orientierung wird es insoweit darauf ankommen, Schritt für Schritt die Weichen für eine künftige Neuorientierung zu stellen; dabei darf nicht übersehen werden, daß die Bank ihre Mittel nur mit Zustimmung der Empfängerländer einsetzen kann.

Mit mehreren Initiativen hat die Bank in jüngerer Zeit klargestellt, daß sie sich künftig verstärkt der Bekämpfung des Treibhauseffekts zuwenden will. Im Sommer 1997 etwa hat Präsident Wolfensohn im Rahmen der Sondersitzung der Generalversammlung "Fünf Jahre nach Rio" Vorhaben zu einer Global Carbon Initiative (GCI) bekanntgegeben; ein neuer Fonds, gespeist von Industriestaaten, soll zur Reduzierung von Treibhausgasen in Entwicklungsländern eingerichtet werden. Konkretere Angaben als für den Klimasektor liegen für den Bereich der Artenvielfalt vor; auf diesem Feld sind bereits deutliche Fortschritte weg von einer nur negativ bezogenen Schutzpolitik ("do not harm") in Richtung auf eine die Artenvielfalt in die Gesamtarbeit der Bank integrierende Konzeption ("mainstreaming") zu verzeichnen[15]. Für 100 Projekte speziell zum Schutz der Artenvielfalt in mehr als 50 Staaten hat die Bank bisher knappe 1 Milliarde US$ zur Verfügung gestellt, ein Drittel davon für den Schutz der Tropenwälder in Brasilien. In Abkehr von der früher eher punktuellen Arbeitskonzeption hat die Bank 1997 ein Arbeitsprogramm bis zum Jahr 2005 erstellt, das auf den Schutz von weiteren 60 Mio. Hektar terrestrischer Ökosysteme zielt, davon 50 Mio. Hektar Wälder[16]. Auch dem Schutz internationaler Gewässer will die Bank künftig mehr Aufmerksamkeit widmen.

Im ganzen ist festzuhalten, daß die Bank innerhalb des vergangenen Jahrzehnts bemerkenswerte Fortschritte in ihrer Umweltpolitik erzielt hat. Noch vor wenigen Jahren galt die Bank als umweltfeindliche Institution. Ohne daß dies weithin bekannt geworden ist - die Bank ihrerseits hat dies bisher nicht betont -, ist die Weltbank zwischenzeitlich zum wichtigsten Akteur der internationalen Umweltpolitik geworden, vom finanziellen Volumen, von den personellen Ressourcen und von ihrer Innovationsbereitschaft her. Dieses Urteil verkennt nicht, daß die Bank ihre Umweltpolitik nach wie vor in wichtigen Bereichen auf wichtigen Feldern verbessern kann. Eine kritische Betrachtungsweise darf dabei aber auch nicht übersehen, daß der umweltpolitische Spielraum der Bank nicht überschätzt werden darf: Die Vorgaben der Ge-

---

[15] Vgl. zu den Grundlagen der neuen Ausrichtung R. Watson/R. Dolzer, *Our Global Environment* (März 1997) (unveröffentlichtes Manuskript).

[16] World Bank, siehe Anm. 14, 54 ff.

berländer, die Akzeptanz der Empfängerländer und neuerdings vor allem auch die Konkurrenzsituation der Bank im Verhältnis zu privaten Investoren in der dritten Welt setzen der umweltpolitischen Innovationsfreudigkeit der Bank fühlbare Grenzen.

Die Hinwendung der Bank zur Umwelt steht bei näherer Betrachtung durchaus im Einklang mit den Zielen der Bank, wie sie in deren Statut niedergelegt sind. Wie andere rechtliche Konzepte hat sich der Entwicklungsbegriff - in Art. III des Statuts als Zweck genannt - in den vergangenen Jahrzehnten dynamisch entfaltet und ist in einem modernen Sinn untrennbar mit dem Konzept ökologischer Nachhaltigkeit verbunden[17]. So ist es nur folgerichtig, wenn sich die Bank - wenn auch verspätet - mehr als jede andere weltweite Organisation der Operationalisierung des Konzepts der Nachhaltigkeit zugewandt und dabei auch dessen Grundlagen aus praktischer Sicht stärker als andere Akteure zum Gegenstand ihrer Arbeit gemacht hat.

VI. Verstärkte Aktivitäten regionaler Entwicklungsbanken und bilaterale Hilfe

Regionale Einrichtungen zur Förderung der Entwicklung haben sich dem Umweltgedanken in jüngerer Zeit nicht im selben Maße wie die Weltbank, aber doch teilweise auch in bemerkenswertem Umfang geöffnet[18]. So hat etwa die Interamerikanische Entwicklungsbank (IADB) 1993 einen Multilateral Investment Fund (MIF) eingerichtet, der Umweltprojekte - oftmals im Kontext von IADB-Krediten - fördert; seit 1996 besteht ein Programm "Sustainable Markets for Sustainable Energy" (SMSE), das neue und innovative Konzepte zur Förderung umweltfreundlicher Energie unterstützt, freilich vorerst nur mit sehr begrenzten Mitteln (1,4 Mio. US$ für die ersten beiden Jahre).

Die Europäische Union, insbesondere die DG XI der Kommission, hat - international kaum bemerkt - in viel stärkerem Umfang Konzepte für Programme speziell der Förderung klimafreundlicher Energien in den Staaten von Zentral- und Osteuropa entwickelt und dafür 306

---

[17] Hierzu Shihata, siehe Anm. 13, 135 ff.

[18] Nach den neueren Jahresberichten ist davon auszugehen, daß etwa die interamerikanische und die asiatische Entwicklungsbank pro Jahr Kredite mit einem Volumen von mehr als 500 Mio. US$ für umweltbezogene Zwecke ausgeben.

Mio. ECU in den Jahren 1993-1996 zur Verfügung gestellt; die Entwicklungsländer haben für klimabezogene Vorhaben in diesem Zeitraum 442 Mio. ECU von der EU erhalten. Das Programm SYNERGY hat sich dabei weitgehend dem Aufbau geeigneter Institutionen zugewandt. Im Jahre 1994 etwa hat die EU den Entwicklungsländern und den Staaten in Zentral- und Osteuropa etwa 1 Milliarde ECU für die Förderung der Umwelt zukommen lassen, wobei dem Schutz der Wälder und der Artenvielfalt etwa 10-20% zugute gekommen sind.

Einen beachtlichen Schwerpunkt auf die Verbesserung der Energieeffizienz hat die Londoner Bank für Wiederaufbau und Entwicklung (EBRD) gesetzt und dafür mehr Mittel als die anderen regionalen Entwicklungsbanken eingesetzt. Eine eigene "Energy Efficiency Unit" hat dabei die meiste Arbeit geleistet; so wurden Vereinbarungen mit drei multinationalen Firmen getroffen, die Kredite für energieeffiziente Ausrüstung in den Empfängerstaaten gewähren. Eine eigene Programmkomponente befaßt sich u.a. auch mit der Energieeffizienz kleiner und mittlerer Unternehmen in Zentral- und Osteuropa.

Was bilaterale Entwicklungshilfe für Zwecke der globalen Umwelt betrifft, so ergeben sich Anhaltspunkte für deren Umfang aus den Angaben, welche die Geberstaaten gegenüber dem Development Assistance Committee (DAC) der OECD machen. Globale Umweltprojekte werden dabei aber nicht getrennt aufgeführt. Bemerkenswert ist, daß Frankreich einen eigenen Fonds zum Schutz der globalen Umwelt eingerichtet hat. Die deutsche bilaterale staatliche Entwicklungshilfe gibt derzeit jährlich etwa 1 Milliarde DM für Umweltschutz aus, mehr als 25% der Gesamtzusagen. Der Umfang der gesamten Entwicklungshilfe zugunsten der Umwelt ist nicht bekannt. Grobe Schätzungen gehen dahin, daß dieser zwischen 3 und 4 Milliarden US$ liegen dürfte; ein größerer Anteil davon dürfte auch Projekte erfassen, die nicht speziell zum Schutz der Umwelt dienen, aber ihr doch in der einen oder anderen Weise zugute kommen.

Generell kommen die meisten bilateral finanzierten Mittel zum Schutz der Umwelt der Wasserversorgung, der Abwasserbehandlung und dem Umgang mit dem Abfall zugute. Im Energiesektor liegt der Schwerpunkt unverändert auf der Förderung herkömmlicher Energiesysteme, nur ein geringer Teil zielt auf die Stärkung erneuerbarer Energien und auf die Verbesserung der Energieeffizienz; im Zeitraum zwischen 1992 und 1996 wurden bilateral erneuerbare Energien mit etwa 1,2 Milliarden US$ gefördert, weniger als 10% der gesamten bilateralen energiebezogenen Entwicklungshilfe. Hier zeigt sich also, daß sich die Prioritäten der GEF mit der Betonung umweltfreundlicher Energiesysteme noch nicht angemessen auf der Ebene bilateraler Entwicklungshilfe widerspiegeln. Zwar ist es richtig, daß herkömmliche weniger umweltfreundliche Energieprojekte nach wie vor zur Sicherung des aktuellen Energiebedarfs im Vordergrund stehen müssen; andererseits bestehen aber gerade unter den Verhältnissen der dritten Welt viel mehr Chancen zur Nutzung erneuerbarer Energien als bisher realisiert.

Die Zahl der bilateral finanzierten Projekte zum Schutz der Artenvielfalt sind in den vergangenen Jahren kontinuierlich gestiegen, von knapp 30 im Jahre 1992 auf knapp 80 im Jahre 1995; die bereitgestellten Mittel beliefen sich 1992 auf 64 Mio. US$ und sind 1995 auf 330 Mio. gestiegen. Insbesondere die Vereinigten Staaten und Japan haben zu diesem Anstieg beigetragen.

VII. Mangelnde Koordinierung und die institutionelle Schwäche von UNEP

Überblickt man die Vielzahl der Institutionen, die sich mit der Finanzierung von Projekten zum Schutz der globalen Umwelt befassen, so stellt sich notwendig die Frage der gegenseitigen Koordinierung. Da auf diesem Feld der Bezugspunkt gerade nicht - jedenfalls nicht primär - die nationalen Interessen von Geber- und Empfängerländern, sondern die globalen Interessen sind, verlieren in diesem Kontext die üblichen strategischen Überlegungen zur Ausrichtung der bilateralen Entwicklungshilfe sowie auch regionale Überlegungen weitgehend ihr Gewicht, jedenfalls bei einer an der Sache orientierten Betrachtungsweise. Trotzdem ist festzustellen, daß eine Abstimmung zwischen nationalen Institutionen, zwischen internationalen Institutionen sowie zwischen nationalen und internationalen Institutionen nur auf niedrigem Niveau, eher punktuell und *ad hoc* stattfindet.

Innerhalb der Vereinten Nationen kann das Administrative Committee on Coordination einen Beitrag leisten, auch gibt es Ansätze einer verbesserten Kooperation zwischen den Vereinten Nationen und den Bretton Woods-Organisationen. Der Gedanke liegt nicht fern, dem Umweltprogramm der Vereinten Nationen (UNEP) eine wesentliche Rolle bei den Fragen der Koordinierung im globalen Bereich zuzuweisen. Immerhin ist UNEP primär als Organ mit katalytischer Funktion geschaffen worden. In der Praxis hat UNEP diese Aufgabe jedoch - insbesondere in den 90er Jahren - nicht übernehmen können[19]. Die schwache Rolle von UNEP etwa während der Rio-Konferenz, die faktisch weitgehende Ausschaltung von UNEP aus den Verhandlungen zum Klimaschutz oder die Zuweisung der Bezüge zwischen Handel und Umwelt an die WTO unter Umgehung von UNEP deuten auf die Marginalisierung der Institution im internationalen Diskussions- und Entscheidungsprozeß im Bereich der Umweltpolitik hin.

Darin liegt eine fundamentale Paradoxie. Als UNEP 1972 geschaffen wurde, bestand zwar auch ein Bedarf an internationaler Abstimmung, aber längst nicht im selben Umfange wie heute. 1972 ging es vorwiegend um punktuelle Fragen grenzüberschreitender Umweltbelastung; diese bestehen nach wie vor in verstärktem Umfang, aber im Vordergrund internationaler Umweltpolitik stehen heute zwangsläufig Fragen zum Schutz der globalen Umwelt. In der Praxis zeigt sich, daß nationale Akteure nur einen begrenzten Beitrag leisten. Die bestehende Tendenz zur institutionellen Fragmentierung der internationalen Umweltagenda, die mit der Schwächung von UNEP einhergegangen ist, kann deshalb nur bedauert werden. Sicherlich hat die Weltbank einen erheblichen Teil des Vakuums gefüllt, welchen der internationale Akzeptanzverlust von UNEP hervorgerufen hat. Es bleibt aber trotzdem der akute Bedarf für eine Organisation, die sich primär den Fragen der globalen Umwelt widmet. Augenblicklich kann UNEP diese Aufgabe nicht erfüllen. Dies hängt mit einer Reihe von Aspekten zusammen; entscheidend scheint aber zu sein, daß UNEP nie die Mittel besessen hat, die zur Erfüllung seines Mandats notwendig sind. Dies zeigt die Entwicklung der Finanzausstattung von UNEP: Sein Umweltfonds - auf freiwilliger Basis von den Mitgliedsländern finanziert - belief sich 1994/1995 auf eine Höhe von etwa 160 Mio. US$, 1996/97 waren es nur noch etwa 102 Mio. US$[20]. Die personelle Ausstattung und der Standort Nairobi haben bisher ebenfalls nicht zur Stärkung von UNEP beitragen können. So werden zu Recht die Stimmen immer lauter, welche eine drastische Reform im institutionellen Bereich mittels der Einrichtung einer neuen Globa-

---

19 Zur Dringlichkeit des Reformbedarfs von UNEP auch UN Doc. A/51/950 vom 14 July 1997, 58, paras. 176-179; R. Dolzer, "Time for Change", in: UNEP (Hrsg.), *Our Planet*, Vol. 9 (1997), 19 f.; vgl. zu Vorschlägen für die Errichtung einer neuen Organisation anstelle von UNEP die Arbeiten der Enquête-Kommission, "Vorsorge zum Schutz der Erdatmosphäre", *Dritter Bericht "Schutz der Erde"*, Bd. 2 (1990), 904 ff.; G. Palmer, "New Ways to Make International Environmental Law", *AJIL* 86 (1992), 259, 278 ff.; D. Esty, *Greening the GATT: Trade, Environment and the Future*, 1994, 79 f.

20 Vgl. hierzu auch UNEP/GC.19/22.

len Umweltagentur fordern. Da jedoch sowohl die Großmächte als auch Entwicklungsländer - aus recht unterschiedlichen Beweggründen - einer solchen Reform zurückhaltend gegenüberstehen, zeichnet sich eine solche Umkehr kurzfristig noch nicht ab.

Parallel mit der Schwächung von UNEP ging die Einrichtung selbständiger Sekretariate für einzelne sektorelle Umweltvereinbarungen einher. Es ist geradezu ironisch, daß die ständige Forderung nach einer integrierten Umweltpolitik eine praktische Antwort darin fand, daß Standorte von Umweltsekretariaten nach Basel, Bonn, Gland (Schweiz), Montreal und Nairobi gelegt wurden, wobei sich deren Arbeitsbereiche auch noch teils deutlich überschneiden. Auf die Dauer wird sich diese räumliche und sachliche Fragmentierung der Umweltpolitik als wenig sachdienlich erweisen. Wie schwer es international ist, einmal getroffene räumliche Entscheidungen zu revidieren, ist bekannt; trotzdem sollte - jedenfalls für weitere Entscheidungen - nochmals über diese unglückliche Entwicklung nachgedacht werden.

VIII. Globale Umwelt in der Entscheidungsgewalt einzelstaatlicher Akteure

Der entscheidende Beitrag für Maßnahmen zum Schutz der globalen Umwelt wird von den einzelstaatlichen Akteuren - sowohl im Norden als auch im Süden - kommen müssen. Die wirtschaftliche und umweltbezogene Globalisierung hat den Staat als Entscheidungsträger durchaus nicht abgelöst, sie hat ihn nur vor neue Fragen gestellt. Internationale Organisationen haben im Umweltbereich keine Zwangsgewalt gegenüber den Mitgliedstaaten, sie können lediglich ihre Mittel und ihren Rat zur Verfügung stellen. Eine integrierte Wirtschafts- und Umweltpolitik auf makroökonomischer nationaler Ebene ist letztlich unabdingbare Voraussetzung für echte Schritte auf dem Weg zu einer nachhaltigen Entwicklungspolitik. Der Blick auf die Rolle von Subventionen und ihre Auswirkungen auf die Umwelt mag dies weltweit verdeutlichen. Energiebezogene nationale Subventionen in der dritten Welt belaufen sich heute in ihrer Summe etwa auf 200 Milliarden US$[21]. Die wahren

---

[21] Vgl. hierzu M.T. El-Ashry, *The Global Environment Facility: A Self-Assessment*, 1997. - Innerhalb der OECD sind die Energiesubventionen der Vereinigten Staaten die höchsten; Schätzungen für das Land variieren zwischen 5 Milliarden und 36 Milliarden US$; hierzu L. Michaelis, "The Environmental

Kosten für die Herstellung der Energie und für ihren Einsatz spiegeln sich in den Verbraucherpreisen nur unzulänglich wider; die Kräfte des freien Marktes können sich gegen subventionsbelastete Preisregelungen nicht entfalten, und die Folge ist der umweltfeindliche Verbrauch natürlicher Ressourcen.

IX. Umweltfolgen verstärkter Finanzströme in die dritte Welt

Der Prozeß der Globalisierung führt dazu, daß die vielschichtigen Beziehungen zwischen wirtschaftlichem Wachstum, sozialer Ausgeglichenheit, gesellschaftlicher Freiheit, ökologischen Erfordernissen und nationaler Souveränität neu definiert und austariert werden müssen. Innerhalb des Pentagramms dieser Staatsziele ergeben sich neuartige Abhängigkeiten und Verschiebungen, wobei der einzelne Staat diese veränderte Dynamik nur begrenzt beherrscht und auch die internationale Gemeinschaft erst am Anfang mit dem Bemühen steht, die neuen Abhängigkeiten durch geeignete Verfahren zur Abstimmung und zur gegenseitigen Rücksichtnahme erträglicher zu gestalten. Die Sorge, daß sich staatliche Zielkonflikte im Gefolge der Globalisierung gerade in der dritten Welt in erster Linie zu Lasten der Umwelt auswirken könnten, ist nicht von der Hand zu weisen, auch wenn es dazu wenig empirisches Material gibt.

Besonderes Augenmerk wird im Kontext einzelstaatlicher Entscheidungsfreiheit und umweltpolitischer Verantwortung in der dritten Welt auch der Rolle von Auslandsinvestitionen zu widmen sein. Insoweit ist es grundsätzlich erfreulich, daß sich die privaten Kapitalströme von Industriestaaten in Entwicklungsländer - wenn auch regional höchst unterschiedlich - seit 1992 verdreifacht und 1996 etwa 245 Milliarden US$ erreicht haben, etwa fünfmal mehr als das Volumen staatlicher Entwicklungshilfe, wobei sich der Trend verstärkter privater Mittel noch eher verschärft. Auf diese Weise verbessern sich die Chancen zur Bekämpfung der Armut. So ist auch der OECD zuzustimmen, wenn sie den verstärkten privaten Kapitalfluß in Entwicklungsländer auch umweltpolitisch begrüßt, weil auf diese Weise die Chance besteht, daß sich das Wirtschaften nicht nur am kurzfristigen Überleben, sondern auch an

---

Implications of Energy and Transport Subsidies", in: OECD, *Subsidies and the Environment* 1996, 175.

mittelfristigen Fragen der Sozial- und Umweltpolitik ausrichtet[22]. Dabei darf nicht übersehen werden, daß verstärkte Investitionen im produktiven Sektor aus der Sicht der Umwelt dann zu einem Problem werden, wenn der Aufbau und der Betrieb der neuen Anlagen ohne Rücksicht auf die Belange der Umwelt erfolgt. Diese Sorge ist angesichts des Standes der Umweltgesetzgebung sowie ihres Vollzugs in vielen Staaten der dritten Welt nicht grundlos[23]. Fragen der globalen Umwelt spielen dabei aus verständlichen Gründen in den meisten Staaten der dritten Welt wegen ihrer Langzeitdimension eine noch schwächere Rolle als jene Probleme, deren Folgen sich eher kurzfristig lokal auswirken. Entwicklungen in China etwa im Bereich der Schadstoffbelastung von Luft und Wasser werfen einen Schatten auf rasante Wachstumsraten.

Man mag aus völkerrechtlicher Sicht geneigt sein, die potentiell negativen Umweltauswirkungen verstärkter Auslandsinvestitionen mit Hinweis auf die territoriale Souveränität eines jeden Staates abzutun und darauf zu verweisen, daß die Abwägung zwischen wirtschaftlichem Wachstum und Schutz der Umwelt komplexe schwierige Entscheidungen erfordert, die nicht vom Ausland her getroffen werden können[24].

---

[22] OECD, Communiqué of the OECD Council at Ministerial Level, 21 May 1996, Doc. SG/COM/NEWS(96), 53; vgl. dazu auch die vielfältigen Beiträge in: R. Boyer/D. Drache, *States against Markets: The Limits of Globalisation*, 1996.

[23] Vgl. zum Anstieg der Umweltverschmutzung in der dritten Welt P. Sorsa, "Competitiveness and Environmental Standards: Some Exploratory Results", *World Bank Policy Research Working Paper 1249* (1994). Die Weltbank geht davon aus, daß in den elf größten chinesischen Städten die Luftverschmutzung einen wirtschaftlichen Schaden hervorruft, der eine Höhe von 20% des Einkommens dieser Städte erreicht, vgl. World Bank, *Environment Matters* (Herbst 1997), 12. Immerhin hat China in den vergangenen Jahren Umweltabgaben für Abwässer und Abfälle eingeführt, die etwa 15% der getätigten Ausgaben für die Umweltsanierung abdecken.

[24] T. Jones, "Globalisation and Environment: Main Issues", in: *Globalisation and Environment, OECD Proceedings*, 1997, 7, 12, weist zu Recht darauf hin, daß die Frage nach dem optimalen Schutzniveau der Umwelt im Sinne eines Ausgleichs mit wirtschaftlichen Belangen nicht allgemein beantwortet werden kann, es vielmehr auf die jeweils landesspezifischen Gegebenheiten ankommt; empirisch gesehen ist es so, daß ein höheres nationales Einkommen zu Forderungen nach einer Erhöhung der Umweltstandards führt. Umstritten sind die Auswirkungen einer solchen Anhebung auf die Wettbewerbsfähigkeit eines Landes; hierzu R. Repetto, *Jobs, Competitiveness and Environmental Regulation*, 1995.

Dennoch bleibt die grundsätzliche Frage, ob der Einsatz wenig umweltfreundlicher Technologie durch ein multinationales Unternehmen vertretbar ist, wenn den Firmen die Umweltauswirkungen bekannt sind und ihnen eine weniger umweltbelastende Technologie zur Verfügung steht[25]. Um diese Debatte zu entschärfen, hat die Weltbank (nicht UNEP) die Ausarbeitung von unverbindlichen umweltpolitischen Richtlinien für Auslandsinvestitionen vorgeschlagen[26]. Sektorell sollen diese Empfehlungen im Einvernehmen zwischen der Bank und den jeweiligen Vertretern der einzelnen Sektoren (etwa Bergbau, Forstwirtschaft, Tourismus) erarbeitet werden. Das Echo der Wirtschaft war bisher nicht einheitlich; vielleicht schwingen dabei noch die Erfahrungen und Auseinandersetzungen um die Verhaltenskodizes der 70er und 80er Jahre mit, die freilich einen ideologisch-bestimmten wenig wirtschaftsfreundlichen Ausgangspunkt hatten und deshalb nichts mit konsensual auszugestaltenden Umweltrichtlinien gemeinsam hatten. In weiteren Schritten könnte die Anwendbarkeit dieser Richtlinien auf regionale Finanzinstitutionen und auch auf den privaten Bankensektor geprüft werden.

Im Zusammenhang mit diesen Fragen steht die Effizienz nationaler (oder regionaler) Umweltinstitutionen in der dritten Welt sowie ihrer Förderung durch bilaterale oder multilaterale Entwicklungshilfe[27]. Vielfach wird solche Hilfe heute schon geleistet. Speziell im Bereich der globalen Umweltfragen ist dies dringend geboten, weil insoweit in den meisten Staaten erst das Bewußtsein geweckt und entsprechendes Wissen im Detail vermittelt werden muß. Bestehen auf nationaler Ebene keine Institutionen mit der erforderlichen Sachkenntnis, so fehlen die

---

[25] Ein besonders anschauliches Beispiel für die ökologische Bedeutung moderner Technologie findet sich im Bereich der Energieeffizienz von Kühlschränken. Zwei Daten verdeutlichen dies. Zwischen 1972 und 1993 hat sich diese Effizienz im Durchschnitt aller in den Vereinigten Staaten verkauften Geräten verdreifacht, hierzu H. Geller/S. Nadel, "Market Transformation Strategies to Promote End-Use Efficiency", *Annual Review of Energy and the Environment* 19 (1994), 301; auf der anderen Seite gehen Experten davon aus, daß heute das durchschnittliche Gerät in der dritten Welt nur halb so effizient ist wie die neueren Modelle in Industriestaaten.

[26] Hierzu UN Doc. A/51/950, July 14, 1997, 57 para. 174.

[27] Vgl. insoweit auch N. Gündling, "Compliance Assistance in International Environmental Law: Capacity-Building through Financial and Technology Transfer", *ZaöRV* 56 (1996), 796. Ferner P. Sand, "Institution-Building to Assist Compliance with International Environmental Law: Perspectives", *ZaöRV* 56 (1996), 774.

Voraussetzungen für den Erfolg international unterstützter Bemühungen. Derzeit findet etwa nur ein sehr geringer Teil der Forschungen mit Bezug zu globalen Umweltfragen in Entwicklungsländern statt; die GEF hat sich deshalb (nach einigem Zögern) bereit erklärt, in beschränktem Umfang auch Mittel zum Aufbau institutioneller Kapazität zur Verfügung zu stellen.

X. Schlußbemerkungen

Die Entstehung globaler Umweltfragen hat die Staatengemeinschaft im vergangenen Jahrzehnt vor grundsätzlich neuartige Fragen der Abstimmung nationaler Interessen gestellt. Viel mehr noch als etwa beim Tiefseebergbau stellt sich hier die Frage nach dem Schutz des gemeinsamen Erbes der Menschheit und ihrer gemeinsamen Interessen zur Wahrung dieses Erbes für künftige Generationen[28]. Der oft zitierte moderne Paradigmenwechsel im Völkerrecht von der Koordination zur Kooperation erhält auf diesem Felde - gerade auch im Nord-Süd-Kontext - seine schärfsten Konturen. Im Kern wird es künftig zum einen um Kooperation zwischen Staaten mit unterschiedlichen Interessen, zum anderen aber auch um die Erkenntnis und Umsetzung des gemeinsamen Interesses gehen. Daß dabei für die völkerrechtliche Ausgestaltung der Verträge neue Konzepte - bei der Ausgestaltung der Entscheidungsverfahren, des Stimmrechts in den zuständigen Institutionen, bei der Finanzierung und der Implementierung der vereinbarten Vorhaben - entwickelt werden mußten, entspricht der neuartigen Natur der globalen Umweltprobleme. Die bestehenden Unsicherheiten bei der Frage der gegenseitigen Abstimmung zwischen einzelnen Institutionen und der Anwendung

---

[28] Vgl. zur bisherigen im internationalen Umweltrecht gängigen Terminologie in diesem Kontext auch die Formulierungen "common interest" und "common concern of mankind"; hierzu U. Beyerlin, "State Community Interest and Institution-Building in International Environmental Law", *ZaöRV* 56 (1996), 602. - Ein gefestigter Sprachgebrauch hat sich noch nicht herausgebildet, ebensowenig wie eine rechtsfolgenorientierte systematische Aufarbeitung der Begriffe. Der Begriff des "gemeinsamen Erbes" sollte m. E. weniger als bisher auf Nutzungsfragen und mehr auf die Herkunft des Guts und die Verantwortung der Staatengemeinschaft bezogen werden. Hierzu auch allgemein A. Boyle, "The Rio Convention on Biological Diversity", in: M. Bowman/ C. Redgwell (Hrsg.), *International Law and the Conservation of Biological Diversity*, 1996, 33. 40.

der vereinbarten Konzepte ("common but differentiated responsibility", "agreed incremental costs", "new and additional finances") zeigen, daß es sich bisher nur um erste tastende Versuche zur rechtlichen Bewältigung der bestehenden globalen Umweltprobleme handelt.

Materiell zögern die Industriestaaten (insbesondere die Vereinigten Staaten) noch, die globalen Umweltfragen wirklich im Sinne des Schutzes eines gemeinsamen Erbes der Menschheit zu betrachten; ihre Behandlung der Finanzfragen läßt keinen anderen Schluß zu. Andererseits sind auch Bewußtsein und Akzeptanz dieser Themen in der dritten Welt noch wenig ausgeprägt; der Stand der Debatte um die Artenvielfalt zeigt dies noch deutlicher als die Auseinandersetzungen um die Klimafragen. Im Wandel befinden sich im Bereich der globalen Umweltpolitik auch die institutionellen Fragen. So stellt sich die GEF als eine Brücke zwischen den Organisationsprinzipien der Einrichtungen von Bretton Woods einerseits und der Vereinten Nationen andererseits dar; die Weltbank ihrerseits kooperiert neuerdings im Umweltbereich in einem Maße mit Nichtregierungsorganisationen, das vor kurzem noch undenkbar gewesen wäre.

Denken und Handeln in nationalstaatlichen Kategorien stoßen sich am Anliegen zum Schutz der globalen Umwelt. Konsequent wird eine erste völkerrechtliche Bilanz nach zehn Jahren globaler Umweltpolitik insbesondere konstatieren müssen, daß sich im konzeptionellen, im materiellen und im institutionellen Bereich Ansätze für zwischenstaatliche Kooperationsformen zeigen, die dem klassischen Völkerrecht fremd waren. Überraschen kann dies nicht: die herkömmlichen Strukturen waren nicht darauf ausgerichtet, Problemfelder mit echt globaler Dimension zu erfassen. Dieser Befund spiegelt keine Euphorie in Richtung auf eine Auflösung staatlicher Organisations- und Handlungsformen; seine praktische Akzeptanz wird vielmehr von der Empirie angemahnt.

Lithuanian-Russian Boundary Agreement of October 1997: To Be or Not To Be?

Erik Franckx and Ann Pauwels

On 24 October 1997 Russia signed its first border agreement with a former Soviet Republic. The present article intends to focus on this historic agreement, which is special in more than one respect.

It is for instance remarkable that it was exactly with Lithuania, the former Soviet republic chosen by Moscow in January 1991 to serve as a signal function for all others to undercut separatist tendencies by means of the attack on the Vilnius television station,[1] that such an important agreement was concluded.[2] Another special characteristic about this agreement can be found in the fact that more than two months after signature its content is still kept secret. Its future, moreover, appears to be heavily mortgaged at present.

After having described the *prolegomenae*, the present article intends to give a general description of this agreement based on the limited information made available by the press. The third chapter will then speculate on the future of the Lithuanian-Russian boundary agreement, based this time on tangible documents which appear to be highly relevant in this particular case. By means of conclusions, a first appreciation of this unusual agreement will finally be ventured.

---

1 Leaving 14 people dead and 110 wounded. See A. Brown/M. Kaser/G. Smith (eds), *The Cambridge Encyclopedia of Russia and the Former Soviet Union*, 1994, 139.

2 As emphasized by *Izvestiia*, 24 October 1997, 3, col. 1. No bilateral agreements of any significance had moreover been concluded between both states during the four preceding years. See *Izvestiia*, 21 October 1997, 1, col. 1.

As to the question which motivated the choice of a border agreement as a topic of discussion for inclusion in the present *liber amicorum*, the answer has to be found in the link which exists between this agreement and the law of the sea, an area of law in which Professor Jaenicke has certainly excelled. Even though this border agreement relates primarily to land, its choke points proved to be water-related as will be seen below. Due to the limited extension of the deadline granted by the editors, it was possible to have the middle of December 1997 as *status iuris* for the present article.

I. The Past

With the secession of the three Baltic states in 1990 and the subsequent collapse of the former Soviet Union in 1991, the territorial situation changed substantially in the eastern Baltic Sea area. New states emerged and new interstate borders were created. Russia, which claims to be the continuing state of the former Soviet Union,[3] on the other hand lost a substantial part of its territory and kept only two outlets to the Baltic Sea, namely the Leningrad area and the Kaliningrad region, of which the latter, from a strategic point of view, has by far the better location.

Because of the very complicated geographical position of the Kaliningrad region - it is an enclave between Poland and Lithuania -, Russia had a clear interest in defining its borders in this area. This submission applied especially with respect to Lithuania, since only an administrative boundary had been in existence there during the Soviet era.

In order to avoid repetition of what has already been written elsewhere, two periods will be distinguished in this historical part, with as arbitrary *caesura* the month of June 1996.

---

[3] See Circular of the Ministry of Foreign Affairs of the Russian Federation, Note of 13 January 1992, as referred to and stressed by the President of the Russian Association of International Law. See A. Kolodkin, "Russia and International Law: New Approaches", *R. B. D. I.* 26 (1992) 553.

1. Prior to June 1996[4]

The negotiations on the delimitation of the border between Lithuania and Russia began in July 1993. Pending the conclusion of this border treaty, the former Soviet administrative border separating Lithuania from the Kaliningrad region provisionally remained the Russian-Lithuanian border.[5]

During the first three years of negotiations fourteen rounds of talks were held on a regular basis.

Over this period Lithuania and Russia had agreed upon the demarcation of about 90 percent of their common mainland border. However, during this period no agreement could be reached on the border in the Vistytis Lake, the mouth or delta of the Nemunas River and the Kursiu Lagoon.[6] Another point of disagreement was the sea border in the Baltic Sea. Especially the delimitation of the continental shelf and economic zone, of crucial importance for the determination of the appurtenance of the so-called D-6 oilfield, seemed an obstacle difficult to overcome. Plans for the exploitation of these oil resources by Russian companies undoubtedly urged Russia to speed up the negotiations.

With the upcoming Presidential elections in Russia in June 1996, no new proposals were put forward in the negotiations and the above-mentioned issues remained unsettled. Because of these elections a three months pause occurred in the talks, the first since the negotiations started in July 1993.

---

[4] This part is primarily based on E. Franckx, "Maritime Delimitation in the Eastern Baltic Sea: Internet and Scientific Research" (in Dutch), in P. De Meyere/E. Franckx/J. Henkaerts/K. Malfliet (eds), *Oost-Europa in Europa, Essays in Honour of Frits Gorlé*, 280 and 283 et seq.; E. Franckx, *Maritime Boundaries in the Baltic*. Will be published in the proceedings of the conference "Boundaries and Energy: Problems and Prospects" organized by the International Boundaries Research Unit of the University of Durham, United Kingdom, on 18-19 July 1996. See also E. Franckx, "Maritime Boundaries in the Baltic Sea: Past, Present and Future," *Maritime Briefing* 2 (1996) 25 pp. and "Baltic Sea Update, Report Number 10-14", in: J. Charney/L. Alexander (eds), *Regional update for a first supplement to the book International Maritime Boundaries*, 2 Vols., 21388 pp., planned for 1998. For further references the reader should consult these articles.

[5] As agreed upon by means of the Agreement on the Bases of Interstate Relations of 29 July 1991 between Lithuania and the former Soviet Union.

[6] See Annex 1.

2. From June 1996 onwards[7]

After the Russian Presidential elections, which had caused a suspension of the negotiations for about three months,[8] talks were resumed. The next - the fifteenth - round of negotiations on the delimitation of the border between Lithuania and the Russian enclave of Kaliningrad was held in Vilnius, on 30-31 July 1996.[9] The Lithuanian delegation was headed by the Foreign Ministry Secretary, R. Sidlauskas, the Russian one by the former Russian ambassador in Vienna (Austria), V. Popov.

The Lithuanian government had reacted favorably on the outcome of the Russian Presidential elections and hoped that it would influence the border negotiations in a positive way. President A. Brazauskas of Lithuania even urged President B. El'tsin to resolve as quickly as possible outstanding bilateral issues such as the demarcation of the border between the two countries. The head of the Lithuanian negotiation team for his part expressed the hope that the Russian delegation would come with new proposals which could mark the beginning of a period of productive talks in order to settle the demarcation of the remaining 10 percent of the border.[10]

---

[7] The remaining part of the article relies to a large extent on press releases by the Baltic News Service (hereinafter cited as BNS), as accessible on Internet at "gopher://jods.latnet.lv:70/11%5CNEWS%20of%20Latvia%5CBaltic%20-News%20Service" on 15 December 1997. In order for the reader to be able to retrace the original source more easily, the name of the city, day and hour of the press release are normally provided. In the rare occasions that confusion was still possible, the title of the press release has been added between parentheses.

[8] BNS, see note 7, Vilnius, 30 July 1996, 13.00 h. and Open Media Research Institute (hereinafter cited as OMRI; as accessible on Internet at "http://www.omri.cz" on 15 December 1997), "Lithuania, Russia continue border talks" *Daily Digest II*, No. 147, 31 July 1996. This daily digest ceased publication on 28 March 1997.

[9] International Boundary Research Unit-International Boundary News Database (hereinafter cited as IBRU; as accessible on Internet at "http://www-ibru.dur.ac.uk/database/data.html" on 15 December 1997), Lithuanian Radio, Vilnius, 30 July 1996.

[10] BNS, see note 7, Vilnius, 17 July 1996, 19.00 h.; Vilnius, 30 July 1996, 13.00 h. and Vilnius, 31 July 1996, 16.00 h.

But although Lithuania had high hopes at the beginning of this round, no substantial progress was achieved. In fact, the parties failed to reach an agreement on any of the outstanding issues.[11]

During the month of August the Lithuanian President attempted to speed up the ongoing border talks by suggesting that the time was ripe for him to visit Russia. According to the President, a meeting between the heads of state would facilitate the resolution of the delimitation of their land and sea borders.[12]

Initially, no clear response was given to this request. And even though later on during the month of September a high-ranking Russian diplomat reported to the press about a forthcoming official visit of President A. Brazauskas to Moscow, the latter's office reacted in total surprise.[13] Later that year it became clear that Russia did invite President A. Brazauskas to come to Moscow for an official visit, but that the Lithuanians were not eager to accept this offer as long as there was no agreement reached on the outstanding border issues. As a matter of fact, the conclusion of the negotiations on the border treaty would become a precondition for the visit of President A. Brazauskas to Moscow.[14] This toughening of the Lithuanian position might well be related to the fact that the Russian press reported the conclusion of an agreement between the Kaliningrad region and the Russian oil-concern Lukoil late October 1996 in order to explore and exploit the onshore as well as offshore resources of that region.[15]

As far as the border negotiations as such were concerned, no significant developments occurred during the following months and as a consequence no concrete progress was made in the delimitation debate.

With the appointment of yet another new Russian chief of delegation, A. Obukhov, the sixteenth round of regular negotiations, which was held in Moscow on 12-13 November 1996, was followed attentively. At first, Lithuania had mixed feelings about his appointment. It feared that the new Russian chief, due to his family related problems, would be a strong defender of the Russian national interests, hardly willing to make

---

[11] BNS, *ibid.*, Vilnius, 31 July 1996, 19.00 h.

[12] BNS, *ibid.*, Vilnius, 20 August 1996, 16.00 h.

[13] BNS, *ibid.*, Moscow-Vilnius, 12 September 1996, 21.00 h. The visit of A. Brazauskas to Moscow was qualified as belonging to the realm of fantasy.

[14] BNS, *ibid.*, Vilnius, 4 December 1996, 16.00 h.

[15] *Finansovye Izvestiia*, 22 October 1996, 2, cols. 3 et seq.

any concessions at all.[16] But during the course of the negotiations the Lithuanian delegation reviewed its opinion and even declared that the new chief of the Russian team gave the impression of a very businesslike person who might speed up the discussions.[17]

At the start of this sixteenth round it was decided to divide the negotiators up into two groups. One group would try to find a compromise for the outstanding mainland border issues, while the other group would deal with the Baltic Sea boundary.[18] After the end of this round, the two sides had a positive impression about this new working method, most probably because the round itself proved to be rather successful. The two sides had agreed to organize meetings of specialists in separate areas between the formal, regular rounds of negotiations in order to accelerate the drafting of the border treaty. They also decided to visit the disputed sections of the mainland border in order to seek compromises.

As far as the delimitation of the sea border was concerned, it was for the first time that the two countries discussed the delimitation of their economic zones and the continental shelves on the basis of the same, or at least comparable, arguments. Russia was also reported to have shown a certain willingness to slightly change small sections of the former administrative border on the condition that adequate territorial compensation would be forthcoming.[19] No further concrete information was given on this subject, however.

The delegations were quite satisfied with these results afterwards. If everything went according to plan, they said, an agreement lay within reach within the near future, meaning that only two or three more rounds would be necessary for the finalization of the border agreement.

---

[16] The son of A. Obukhov was arrested during the summer of 1996 for alleged collaboration with Western secret services. Ambassador Obukhov was recalled thereafter from his post in Denmark and was appointed head of the Russian delegation negotiating the border agreement with Lithuania. In order to save his career in the Russian diplomatic service, Lithuania feared that ambassador A. Obukhov would be a strong defender of the Russian national interests. BNS, see note 7, Vilnius-Moscow, 11 November 1996, 19.00 h.

[17] BNS, see note 7, Moscow, 13 November 1996, 13.00 h. and OMRI, see note 8, *Daily Digest II*, No. 220, 13 November 1996.

[18] BNS, *ibid.*, Moscow, 13 November 1996, 13.00 h.

[19] IBRU, see note 9, 14 November 1996 (Itar-Tass News Agency, Moscow).

The next round of talks was scheduled to take place at the beginning of January 1997.[20]

As was agreed, the chiefs of the Russian and Lithuanian border negotiating teams, along with groups of experts, inspected on 3-5 December 1996 the disputed sections of the mainland border.[21] In the wake of these visits the chief of the Russian negotiating team met with the Lithuanian President. Both parties confirmed their optimistic prognoses that the negotiations would soon be completed and were in favor of speeding up the border talks.[22]

The next working meeting between the two parties took place on 16 January 1997 in Moscow to discuss the preparations for the coming round of formal negotiations which was rescheduled for the end of January or for the beginning of February in Vilnius. Apparently this working meeting did not proceed as planned because the parties agreed to arrange another working meeting to reconcile their positions before a formal round of negotiations would take place late February. No further comments were made by either party afterwards. Later on it became clear that at this occasion the Lithuanian delegation had submitted views on certain aspects of the border delimitation which apparently were unacceptable for Russia.[23]

The fact that the Russian ambassador to Lithuania, K. Mozel, was received by the Lithuanian Prime Minister, G. Vagnorius, on 28 January 1997, to discuss and develop new ways of speeding up the negotiations, also seemed to be an indication that the previous working meeting had not yielded the expected results.[24]

During the following two months no mention was made of negotiations. Whether this really meant that no talks were held in the mean time, is doubtful. On the contrary, it rather gave the impression than an information stop was decided by the parties in order to create a climate which would give the opposing parties the necessary room to work out a comprehensive settlement.

---

[20] BNS, see note 7, Vilnius, 14 November 1996, 16.00 h.

[21] IBRU, see note 9, 3 December 1996 (ELTA News Agency, Vilnius).

[22] BNS, see note 7, Vilnius, 5 December 1996, 21.00 h. and Moscow, 11 December 1996, 19.00 h.

[23] BNS, *ibid.*, Moscow, 17 January 1997, 13.00 h. and Vilnius, 10 July 1997, 13.00 h.

[24] BNS, *ibid.*, Vilnius, 28 January 1997, 21.00 h.

Only at the occasion of the next official round of negotiations, which took place on 16 April 1997, was a statement made. In this statement the heads of delegation declared that in exchanging their opinions on the exclusive economic zone and the division of the continental shelf, the two countries' negotiating positions had become closer. Once again, however, the exact content of their positions was not revealed.[25]

By the beginning of May 1997, the information stop on the border demarcation issue had apparently been lifted, at least as far as information on the date and place of the negotiations was concerned.

During that month of May the intensity of negotiations reached a clear crescendo pattern. Meetings at the level of vice-ministers of foreign affairs and chiefs of the border negotiating teams were held in Vilnius as well as in Moscow in order to bring the positions of the parties closer together. Although no final solution was arrived at, substantial progress was made and a final breakthrough seemed to lay within reach in the near future. The parties agreed to start with the mapping of the border[26] and to continue to coordinate these drafts at the level of experts.[27]

In the same month the Lithuanian President put new pressure on the negotiations by declaring during his visit to the disputed border area along Vistytis Lake that he had no intention of conceding this lake to Russia[28] and by confirming that the conclusion of the negotiations on the border treaty was a precondition for his visit to Moscow.[29]

During the following three months the negotiations, which took place on a monthly basis, proved to be even more successful. At a meeting, which was held in Vilnius on 19 June 1997, the Russian team set forth its position in response to the border draft, proposed by the Lithuanian delegation last January.[30]

---

[25] BNS, *ibid.*, Moscow, 16 April 1997, 13.00 h.

[26] OMRI, see note 8, *RFE/RL Newsline*, 16 May 1997, Vol. 1, No. 32, Part II.

[27] BNS, see note 7, Vilnius, 6 May 1997, 19.00 h.; Vilnius, 14 May 1997, 19.00 h. and Moscow, 15 May 1997, 19.00 h.

[28] Speaking to local inhabitants, he suggested that the lake should be divided equally. OMRI, see note 8, *RFE/RL Newsline*, 21 May 1997, Vol. 1, No. 35, Part II.

[29] BNS, see note 7, Vilnius, 19 May 1997, 19.00 h. and Vilnius-Moscow, 21 May 1997, 16.00 h.

[30] BNS, *ibid.*, Vilnius, 19 June 1997, 16.00 h. and Vilnius, 10 July 1997, 13.00 h.

At their next meeting, which was held hardly a month later in Moscow, the parties tried further to reconcile their positions and to negotiate compromise formula.[31] After the meeting organized in Moscow on 20 August 1997, the Lithuanian delegation was quite optimistic about the further course of the negotiations and expressed the hope that the border treaty might be signed in October 1997.[32] Both delegations refused to provide further details on the talks, however. Apparently, although most of the outstanding issues had been regulated, the parties still had to overcome some obstacles.

A few weeks later, on 8 September 1997, the Lithuanian ambassador to Russia, R. Kozyrovicius, confirmed these optimistic prognoses by announcing the news that the border treaty would be ready for signing by mid-October.[33] This would finally clear the way for the official meeting of President A. Brazauskas with his Russian counterpart, B. El'tsin. And indeed, on 17 October the negotiating text received its finishing touches.[34] The Lithuanian President's spokesman announced that the official visit of A. Brazauskas to Moscow was set for 23 October 1997.[35]

This schedule was strictly adhered to, for on 23 October 1997 A. Brazauskas and B. El'tsin did meet in Moscow. During the second day of this high-level meeting both Presidents moreover successfully completed the main point on their agenda, namely the signing of the Lithuanian-Russian border agreement.[36] As it turned out later, one should rather speak of agreements, in the plural form, for two different documents were apparently drawn up at that moment: One on the land border and another one on the maritime boundary.[37] On 24 October

---

31 BNS, *ibid.*, Vilnius, 10 July 1997, 13.00 h.

32 BNS, *ibid.*, Vilnius, 20 August 1997, 21.00 h. and Moscow, 21 August 1997, 19.00 h.

33 BNS, *ibid.*, Vilnius, 8 September 1997, 13.00 h.

34 OMRI, see note 8, *RFE/RL Newsline*, 20 October 1997, Vol. 1, No. 142, Part II.

35 BNS, see note 7, Vilnius, 30 September 1997, 16.00 h.

36 BNS, *ibid.*, Moscow, 24 October 1997, 19.00 h.; OMRI, see note 8, *RFE/RL Newsline*, 27 October 1997, Vol. 1, No. 147, Part I. See also *Russia Today* (as accessible on Internet at "http://www.russiatoday.com/rtoday/news" on 15 December 1997), Moscow, 27 October 1997.

37 BNS, see note 7, Vilnius, 12 December 1997, 21.00 h. For convenience, these agreements will be cited as 1997 Agreements.

1997, therefore, four years of negotiation found their culmination in the signing of these historic agreements.

II. The Present

When writing about a newly concluded international maritime boundary, the text of the latter is usually enclosed as annex in order to acquaint the reader with the primary source, i.e. the agreement itself, of which preferably the authentic text or at least a translation is reproduced. No such annex, however, will be found attached to the present article for the simple reason that no such document was available at the time of writing. As already alluded to above, the 1997 Agreements are still kept secret. Indeed, both parties will only reveal the exact content of that document at the time of ratification,[38] involving the Lithuanian[39] and Russian[40] parliament, even though the Lithuanian foreign policy advisor had first publicly stated that the details of the 1997 Agreements would be announced at the time of signature according to the press.[41]

Both sides at present categorically continue to refuse to lift a corner of the veil,[42] a policy which, by the way, has characterized these negotia-

---

[38] BNS, *ibid.*, Vilnius, 27 October 1997, 19.00 h. As repeated by the head of the Lithuanian delegation later on. See BNS, *ibid.*, Vilnius, 14 November 1997, 19.00 h.

[39] According to Art. 138 of the Lithuanian Constitution of 25 October 1992, the Seimas ratifies or denounces certain international treaties, of which the first category listed concerns the realignment of the State borders. See *Constitution of the Republic of Lithuania 1992*, 1993, Publishing House of the Seimas, 105 et seq. Also accessible on Internet at "http://www.uni - wuerzburg.de/law/lh00000_.html" on 15 December 1997. As already provided by the Law on International Treaties of the Republic of Lithuania of 21 May 1991, Arts 7-8. See especially Art. 7 (2)(7). As accessible on Internet at "http://www.uni-wuerzburg.de:80/law/lh02000_.html" on 15 December 1997.

[40] According to Art. 106 of the Constitution of 12 December 1993, a federal law is needed, adopted by the State Duma as well as the Federation Council, for the ratification and denunciation of international treaties of the Russian Federation. As accessible on Internet at "http://www.uni-wuerzburg.de/law/rs00000_.html" on 15 December 1997.

[41] BNS, see note 7, Vilnius, 17 September 1997, 16.00 h.

[42] In order to appreciate the strictness with which this information-stop is being implemented at present, members of delegations have apparently even

tions since the very beginning when compared with the corresponding state practice of Estonia and Latvia.[43] Even though 17 rounds of negotiations, spread over four years,[44] proved to be necessary to arrive at a mutually acceptable text, this policy of secrecy concerning the content of the negotiations, which characterized the early period of this process, has been strictly upheld during the more recent negotiations.[45]

As a consequence, not much can be said about the actual content of these recent 1997 Agreements. Well-informed sources moreover indicate that the agreements themselves are rather succinct, but that many maps and charts have been attached to them. The few elements which the press revealed about the conduct of the negotiations on the one hand, and furthermore ventured to suggest as substantial elements contained in these 1997 Agreements on the other, can be summarized as follows.

As far as the procedure is concerned, it must be realized that negotiations on the state boundary between Lithuania and Russia were characterized by the fact that about 90 percent of this boundary proved relatively easy to coordinate by the parties. Only very specific problems remained outstanding towards the end, namely Vistytis Lake in the most southern segment of the boundary, and the Nemunas River and the sea boundary in the north, including the disputed boundary in the Kursiu Lagoon.[46] Or as stressed by the Russian newspaper *Izvestiia*: Both sides settled the land border rather quickly, but got stuck on the water boundaries.[47]

As far as the content is concerned, only very general indications can be found with respect to the three above mentioned sections.[48] In Vistytis Lake the administrative boundary of the former Soviet period ran close to the Lithuanian shore of the lake, attributing only two percent of its

---

been threatened with penal sanctions in case information is leaked to the press. It is worth a note that from the discussions in the State Duma, it can be inferred that even the Kaliningrad local authorities are ignorant on the exact content of that document. See BNS, *ibid.*, Kaliningrad, 26 November 1997, 21.00 h.

43 Franckx, "Maritime Delimitation ...", see note 4, 310 et seq.

44 Negotiations started in July 1993, as mentioned *sub* I (1). The 1997 Agreements were signed on 24 October 1997, as mentioned *sub* I (2) *in fine*.

45 See for instance BNS, see note 7, Moscow, 21 August 1997, 19.00 h.

46 As already mentioned *sub* I (1). See also for instance BNS, see note 7, Vilnius, 31 July 1996, 16.00 h.

47 *Izvestiia*, 24 October 1997, 3, col. 2.

48 See for instance BNS, see note 7, Vilnius, 30 July 1997, 13.00 h.

surface to the Lithuanian SSR.[49] After first having accepted that both countries would have access to the lake, Russia apparently changed its position later on.[50] The final outcome of this point of divergence is that Lithuania obtains about 20 percent of the lake, or about 400 hectares.[51] An agreement in principle has moreover apparently been arrived at[52] concerning a possible long-term lease by Lithuania of another 500 hectares of the lake, which could eventually make about 50 percent of lake available to this country for recreational use in the future.[53]

With respect to the Nemunas River, the apple of discord appears to have been the navigable waters of the mouth of the river as well as further upstream.[54] The mouth of this river, close to Cape Vente on the Lithuanian side, is a rather unstable area. No indication is to be found in the press, however, on exactly how the parties managed to defuse this particular controversy.

Finally, with respect to the sea boundary, it is suggested by the press that Lithuania gave up its claims with respect to "a promising oil deposit in an undelimitated section of the Baltic Sea shelf not far from the coastal resort of Nida".[55] As already mentioned elsewhere,[56] the presence of this potential off-shore oil-field in the vicinity of the terminal point of the land boundary, the so-called D-6 field, proved to represent a major stumbling bloc for the parties. In the supposition that Lithuania did renounce any claims to this particular area,[57] this would seem to represent a far-reaching concession especially in light of the particular

---

49 As mentioned by the head of the Lithuanian delegation. BNS, see note 7, Vilnius, 27 October 1997, 19.00 h.

50 BNS, *ibid.*, Vilnius, 30 July 1997, 13.00 h.

51 BNS, *ibid.*, Vilnius, 27 October 1997, 19.00 h.

52 BNS, ibid., Vilnius, 14 November 1997, 19.00 h.

53 BNS, *ibid.*, Vilnius, 27 October 1997, 19.00 h.

54 BNS, *ibid.*, Vilnius, 30 July 1997, 13.00 h.

55 BNS, *ibid.*, Vilnius, 17 September 1997, 16.00 h.

56 Franckx, "Maritime Delimitation ...", see note 4, 280 and 283. See also *sub* I (1).

57 In later press reports it can be read: "Russia's mass media regularly report that the oil deposit D-6 near Nida has been given to Russia, since Lithuania, according to Sidlauskas, has no claims on the site." See BNS, see note 7, Vilnius, 27 October 1997, 19.00 h. As also suggested in the Russian press, see *Izvestiia*, 24 October 1997, 3, col. 3.

negotiating history relating to this part of the boundary. Even though the particular gains and losses of the parties were not revealed by either side, foremost since the accompanying charts have not been disclosed by the parties involved, the Russian newspaper *Izvestiia* infers from unofficial sources that the *quid pro quo* for Lithuania in this area was a two kilometer sea corridor linking Lithuanian waters with the middle of the Baltic Sea, i.e. providing Lithuania with a sea boundary with Sweden.[58] A quick look on a map of the region will suffice to understand that the mostly concave Lithuanian landmass, enclosed as it is between the Latvian coastline in the north and the Kaliningrad one in the south, would not normally generate a maritime zone reaching the middle of the Baltic Sea in that area if an equidistance line were to be construed.

With respect to Kursiu Lagoon, once again no concrete indications can be found in the press reports as to how parties were able to solve this particular problem. Besides navigational issues, fisheries appear to have been a priority concern in this area for Lithuania. Indeed, this country witnessed a drastic decrease in its catches in this area. From about 2000 tons caught in all by the Lithuanian side during the former Soviet period, only about 500/600 tons remain at present.[59] This can partially be explained by the fact that the most productive part of Kursiu Lagoon is today located in front of the Russian shoreline which, contrary to the situation before the Lithuanian independence, is closed for Lithuanian fishermen.[60]

III. The Future

To venture comments about the future is by definition a hazardous undertaking. Nevertheless, with respect to a treaty where not much can be

---

[58] *Izvestiia*, 24 October 1997, 3, col. 3. This information was neither confirmed nor denied by the Lithuanian Minister of Foreign Affairs according to the same source (*ibid.*, col. 4).

[59] E. Franckx, *Report Prepared for the Government of Lithuania on the Elaboration of Appropriate Fisheries Legislation* (Food and Agriculture Organization), 10 note 24 (preliminary version, May 21, 1995).

[60] *Ibid.* And *vice versa*, also Russian fishermen are no longer tolerated on the Lithuanian side of the Lagoon. See for instance the arrest of a Russian fishing vessel on 19 October 1997 by Lithuanian authorities. BNS, see note 7, Klaipeda, 20 October 1997, 19.00 h.

said about the present, to have a closer look at the future might be a second best alternative. Especially with respect to the case at hand, this particular approach seems meaningful, since clear signals have been given as to the most likely future course to be followed by these 1997 Agreements.

This explains why an annex was nevertheless attached to the present article, even though, for reasons mentioned above,[61] the text of the 1997 Agreements themselves could not be reproduced. It concerns a Decree of the State Duma of the Federal Assembly of the Russian Federation, dated 26 September 1997, by means of which an Appeal was addressed to the President of this country urging him not to sign the 1997 Agreements.[62] Since this text has clear implications for the future of the latter agreement, a brief analysis of this Appeal describing its impact on the 1997 Agreements will first be given, followed by a comparison with another maritime boundary treaty entered into by the former Soviet Union under very much similar circumstances, in order to form a realistic assessment concerning the future viability of these 1997 Agreements.

1. The Appeal of 26 September 1997[63]

In the lower house of the Russian Federal Assembly, where the communist forces still have a strong foothold, the boundary negotiations with Lithuania did not pass unnoticed. When it became clear that a high-level meeting of the Presidents of both republics was scheduled to take place during the month of October, with as major point on the agenda the signing of a border agreement, the State Duma reacted promptly. By means of a direct appeal to B. El'tsin, the danger of a possible loss of Russian juridical rights with respect to the Klaipeda or

[61] See note 38 and accompanying text.

[62] Decree on the Appeal of the State Duma of the Federal Assembly of the Russian Federation "to the President of the Russian Federation concerning the intended signature of the treaty on the state boundary between the Russian Federation and the Republic of Lithuania", *Code of Laws of the Russian Federation*, 20 October 1997, No. 42, item 4736. An unofficial English translation of this text is reproduced as Annex 2. The text of the appeal itself, hereinafter cited as 1997 Appeal, was appended to this Decree and forms an integral part of it.

[63] 1997 Appeal, see above. All further references with respect to the 1997 Appeal will be to its different paragraphs.

Memel territory, in case the agreement in question were to be signed, is focused upon. The Decree was supported by a rare occasion of quasi-unanimity in the State Duma, with 299 deputies, all blocs confused with the exception of Iabloko, voting in favor.[64]

Without having to go into the intricacies of the statute of Memel territory,[65] the argument is advanced in this 1997 Appeal that Lithuania, totally in conformity with the position taken by Estonia and Latvia, considers its incorporation in the Soviet Union null and void.[66] Lithuania, as a consequence, is not a successor state of the Soviet Union, but simply returned to the situation *ante quo*, i.e. between the two world wars. If this line of reasoning is followed, then logically also the transfer in May 1950 of the Klaipeda territory into the Lithuanian SSR has to be considered null and void.

Besides legal argumentation, this text provides a nice mixture of moral considerations, indirect pressures, perceived dangers, outright threats, as well as an inclination to compromise. An amalgam of different persuasion techniques is used, in other words, concocted together in a short, but strong statement, reminding us of the illustrious examples to be found in classical Latin and Greek literature.

Structurized on the basis of the above-mentioned scheme, the substance of this 1997 Appeal can be summarized as follows. According to the drafters Russia has, besides a legal right, also a moral right to back up its claim with respect to the Klaipeda territory taken into account the high number of Soviet soldiers who perished in that region at the end of World War II.[67] Indirect pressure can be found in the reference to the lingering dispute over the Kuril Islands.[68] Public opinion in Russia sim-

---

[64] BNS, see note 7, Moscow, 24 November 1997, 19.00 h.

[65] For recent appraisals, see for instance A. Gureckas, "Lithuania's Boundaries and Territorial Claims Between Lithuania and Neighboring States", *N. Y. L. Sch. J. Int'l & Comp. L.*, 12 (1991) 107 (137 et seq.) or C. Whomersley, "The International Legal Status of Gdansk, Klaipeda and the Former East Prussia", *ICLQ*, 42 (1993) 919 (923 et seq.).

[66] Because it was based on the Secret Additional Protocol to the so-called Molotov-Ribbentrop Pact, 23 August 1939, Germany-USSR, art. 1, as available on http://www.historyplace.com/worldwar2/timeline/pact.htm on 22 December 1997. Art. 4 of that protocol obliged the parties to treat its content as strictly secret.

[67] 1997 Appeal, see note 62, para. 6.

[68] *Ibid.*

ply does not accept the giving away of Russian territory, and it does not very much like either that fellow compatriots are being dragged before Lithuanian courts.[69] Perceived dangers relate in the first place to a possible future Lithuanian membership of NATO,[70] but also to the further enclavement of the Kaliningrad region, which this agreement would certainly result in, unless the latter is directly linked to a full-fledged transit regime agreement, comparable to former situation governing West Berlin.[71] A direct threat, even though couched in smooth diplomatic language, is to be found in the statement that the State Duma "will undoubtedly take these circumstances into consideration in case the said agreement is submitted ... for ratification".[72] The threatening character of this phrase will be highlighted later on when the present day implications of this 1997 Appeal will be addressed. Finally, the State Duma offers the President to sit down at the negotiating table, side by side, in order to try to find a compromise solution.[73]

Apparently the primary aim of this 1997 Appeal, i.e. that the President should not sign the 1997 Agreements, was not achieved since both heads of state did sign that agreement on 24 October 1997, as originally planned.[74] In fact, it became already obvious immediately after its adoption that its chances for success were minimal.[75] Why then attach

---

[69] *Ibid.*, para. 7.

[70] *Ibid.*, paras. 4, 8 and 9.

[71] *Ibid.*, para. 11.

[72] *Ibid.*, para. 10.

[73] *Ibid.*, para. 12.

[74] See note 36 and accompanying text. Apart from a small demonstration in front of the Foreign Ministry building in Moscow during the week preceding the visit, attended by about 40 people of the Working Russia Party (BNS, see note 7, Moscow, 16 October 1997, 19.00 h.), and a picket-line in front of the Lithuanian embassy in Moscow on the day of the signature itself by half that number of people belonging to that same party (BNS, *ibid.*, Moscow, 24 October 1997, 21.00 h.), the deal did not rise much public interest.

[75] As clearly stated by the Lithuanian parliamentary opposition leader V. Landsbergis only a few days after the Russian Duma had adopted the Decree containing the 1997 Appeal, the fate of this internal Russian power struggle would soon become clear, depending on whether the preparations for the planned meeting between the two heads of state would either continue or be canceled. See BNS, see note 7, Vilnius, 29 September 1997, 16.00 h. The very next day, the exact date of the planned meeting was agreed upon between the parties. See BNS, *ibid.*, Vilnius, 30 September 1997, 16.00 h.

so much attention to the text of an appeal which the President himself did not only neglect, but clearly acted against because opposing the basic premise on which that appeal was founded, namely the supposed Russian juridical rights with respect to the Klaipeda territory.[76] It is in the direct threat, mentioned above,[77] that the actual importance of this 1997 Appeal has to be found. Inserted as *ultimum remedium*, this paragraph was included in case all the other attempts to persuade the President would fail. Since this was exactly what happened, it is this phrase which should retain our attention at present.

The paragraph in question,[78] even though drafted in diplomatic language, contains a real threat, heavily mortgaging the future of the 1997 Agreements. Indeed, according to the new Russian Constitution, international treaties can only become effective after ratification by the State Duma.[79] The fact that the Chairman of this State Duma, G. Seleznev, is member of the Russian Communist Party which initiated this 1997 Appeal, and was moreover personally entrusted by the Decree to convey the message to the President, already indicates the moral weight intended to be carried by this Decree. If G. Seleznev's meeting with President A. Brazauskas at the occasion of the latter's visit to Moscow still conveyed a rather nuanced message,[80] the Vice-Chairman of that same State Duma, S. Baburin, expressed a totally different message at the same time: "The prospects are nil for the ratification of the Lithuanian-

---

[76] A view clearly aired in the Soviet press. See *Finansovye Izvestiia*, 28 October 1997, 1, col. 2, where it is stated that, because of the satisfactory way in which Lithuania has regulated the situation of the Russian speaking population, this country received a boundary treaty "in spite of the opposition of a number of Russian parliamentarians, who consider the Lithuanian possession of the Klaipeda territory disputable". B. El'tsin, moreover, dismissed this move as "legal nihilism". See BNS, see note 7, Moscow, 24 October 1997, 13.00 h.

[77] See note 72 and accompanying text.

[78] 1997 Appeal, see note 62, para. 10.

[79] According to the Russian constitutional system, the President signs international treaties of the Russian Federation and signs their instruments of ratification (art. 86), but a federal law is needed, adopted by the State Duma and the Federation Council, for their ratification and denunciation (art. 106). See note 40.

[80] BNS, see note 7, Moscow, 24 October 1997, 13.00 and 21.00 h. The friendly relations of most Russian lawmakers with neighboring countries was stressed. Press reports of that meeting only spoke about "some differences" which still existed in the Duma in this respect.

Russian state border treaty".[81] Aiming at the fact that A. Brazauskas, who decided not to run for a second term, will soon vacate the Lithuanian Presidential residence, S. Baburin continued with the following rhetorical question: "So what is the sense in receiving Brazauskas so ceremoniously in Moscow for the signing of such a disputed treaty?"[82]

The position of the Kaliningrad region Governor lies apparently somewhere between the views of the Russian President on the one hand, and those of the State Duma on the other. Reacting to the Duma's 1997 Appeal and the further preparations for the summit later that month, the newly appointed Governor of the Kaliningrad region, L. Gorbenko,[83] early November first seemed to support the State Duma's position.[84] A few days later, however, he nuanced his position by emphasizing that he did not approve the move to reclaim the Klaipeda territory.[85] After the signing of the 1997 Agreements, L. Gorbenko played the card of the non-ratification. Even though he agreed with the major solutions sanctioned by this agreement and approved B. El'tsin's signing of that document,[86] he foresaw no immediate ratification in the foreseeable future.[87] But here too, the Legislature does not appear on the same line as the Executive Branch. Early November, the Communist Party passed a resolution calling for a referendum on this very topic.[88] On 17 November, the deputies of the Kaliningrad city council appealed to the State Duma with a request not to ratify the 1997 Agreements.[89] This idea was favorably received by the State Duma as indicated by a Russian member

---

[81] BNS, *ibid.*, Moscow, 24 October 1997, 21.00 h. S. Baburin is the leader of the pro-communist People's bloc.

[82] *Ibid.* Later on S. Baburin has spoken out on several occasions against the 1997 Agreements. As mentioned in BNS, *ibid.*, Moscow, 24 November 1997, 19.00 h.

[83] BNS, *ibid.*, Kaliningrad, 28 November 1997, 21.00 h. Part of his election campaign was apparently based on the policy "we will not give up a single foot of our native land", *ibid.*

[84] BNS, *ibid.*, Kaliningrad, 9 October 1997, 19.00 h.

[85] BNS, *ibid.*, Kaliningrad, 15 October 1997, 13.00 h.

[86] BNS, *ibid.*, Kaliningrad, 28 November 1997, 21.00 h.

[87] *Ibid.* See also quote, see note 98.

[88] BNS, see note 7, Kaliningrad, 6 November 1997, 16.00 h.

[89] BNS, *ibid.*, Vilnius, 19 November 1997, 13.00 h. The Russian embassy in Vilnius refused to comment on this appeal. BNS, *ibid.*, Vilnius, 19 November 1997, 13.00 h.

of parliament representing the Kaliningrad region, who furthermore urged the Kaliningrad region Duma to take more initiatives as well as a firmer stand in this respect.[90]

What one will most likely end up with, therefore, appears to be a treaty backed by the Executive Branch, but boycotted by the Legislative Branch. Or in legal terms, a treaty duly signed by two heads of state, but whose entry into force in the foreseeable future looks very unlikely at best, if not impossible, because of fierce opposition existing in the body responsible for its ratification.

International law is not altogether silent on this matter, for the Vienna Convention on the Law of Treaties entrusts upon states signing a treaty the obligation not to defeat the object and purpose of that treaty prior to its entry into force. This obligation ends either when the intention is made clear not to become a party to the treaty in question, in which case the treaty itself will never become operative, or at the time that the treaty does enter into force, in which case the states become legally bound by the content of that document.[91] It is rather doubtful whether this particular provision reflects customary international law.[92] Having duly acceded to the 1969 Vienna Convention, Lithuania[93] as well as Russia[94] are nevertheless legally bound by this particular obligation with respect to the 1997 Agreements.[95] The exact scope of this obligation not to defeat the object and purpose of a treaty is not always easy to assess. Border agreements do not form an exception to the latter submission.

---

[90] BNS, *ibid.*, Kaliningrad, 26 November 1997, 21.00 h.

[91] Vienna Convention on the Law of Treaties, 23 May 1969, Art. 18, *UNTS* Vol. 1155 No. 18232. Hereinafter cited as 1969 Vienna Convention.

[92] I. Sinclair, *The Vienna Convention on the Law of Treaties*, 1984, 13 and 43.

[93] Lithuania acceded to the 1969 Vienna Convention, see note 91, on 15 January 1992. Information accessible on Internet at "http://www.un.org/Depts/Treaty/final/ts2/newfiles/part_boo/xxiiiboo/xxiii_1.html" on 15 December 1997. *Status iuris* 12 December 1997.

[94] Russia acceded on 29 April 1986. The reservation and declaration made by this country are not relevant here. See *ibid.*

[95] Vienna Convention, see note 91, Art. 4. According to this article, the convention only applies to treaties which are concluded by states after the entry into force of that convention with regard to such states.

State practice, especially in the field of boundary delimitation, might therefore be helpful to better understand the peculiar situation created by these 1997 Agreements between Lithuania and Russia. If that state practice moreover relates to one of the parties to the 1997 Agreements, a reliable point of reference seems to have been found.

2. United States-U.S.S.R. 1990 Maritime Boundary Agreement[96]

It is not the intention of this article to analyze the substantive delimitation provisions of this 1990 Agreement, no matter how novel some of them might be when considered from an international maritime delimitation point of view. Others have already done this.[97] Only procedural aspects will be dwelled upon, for great resemblances appear to be present when compared with the 1997 Agreements, which might shed some light on the latter's future.

First of all, the fact can be stressed that, more than seven years after its signature, the Russian Duma still has not ratified this 1990 Agreement. The present state of affairs points in the same direction with respect to the 1997 Agreements.[98]

Secondly, the State Duma has apparently also voted a text during the month of February 1997 by means of which it aired its opposition to this 1990 Agreement.[99] The Annex to the present article illustrates once again a clear resemblance with the 1997 Agreements.

---

[96] Maritime Boundary Agreement, 1 June 1990, Union of the Soviet Socialist Republics-United States *ILM* 29 (1990), 941 et seq. Hereinafter cited as 1990 Agreement.

[97] For a scientific analysis made by a member of the U.S. State Department who participated in the negotiations leading up to this 1990 Agreement, see E. Verville, "United States-Soviet Union (Report Number 1-6)", in: J. Charney/L. Alexander (eds), *International Maritime Boundaries*, 1993, Vol. 1, 447 et seq. For a comment written by an outsider, see for instance A. Elferink, *The Law of Maritime Boundary Delimitation: A Case Study of the Russian Federation*, 1994, 255 et seq.

[98] See notes 78-82 and accompanying text. Or to use the words of the Governor of the Kaliningrad region, L. Gorbenko: "This process could take ten or even one hundred years". BNS, see note 7, Kaliningrad, 28 November 1997, 21.00 h.

[99] As mentioned in *Izvestiia*, 30 August 1997, 1, 3, col. 2.

Thirdly, the exact juridical status of the 1990 Agreement is at present a very topical issue, since it received newspaper coverage during the last couple of months in both countries involved, i.e. Russia[100] as well as the United States.[101] Even a full-fledged article on this topic has seen the light of day most recently.[102] The many references found in the present article to press reports indicate that the same can be said about the 1997 Agreements.

Fourthly, both agreements concern areas where disputed territorial claims do exist. With respect to the 1990 Agreement, it concerns five Arctic islands[103] and one island of the Aleutian chain.[104] As far as the 1997 Agreements are concerned, the Russian claim to Klaipeda has already been mentioned.[105] But also Kaliningrad itself, i.e. former Königsberg, is not devoid of external territorial claims.[106]

Besides resemblances, it must be admitted, some differences have to be noted as well. A first element to be mentioned in this respect appears to be of a temporary nature only. Contrary to the 1997 Agreements, the 1990 Agreement obtained the ratification of one of the parties. It did indeed pass the American Senate, where it already received the required advice and consent on 16 September 1991.[107] It is too early to comment on the Lithuanian position in this respect, but good reasons exist to believe that the Lithuanian Seimas will not have fundamental problems with the ratification of these 1997 Agreements promoted by the Ministry of Foreign Affairs.[108] First of all, neither the present Chairman of

---

[100] *Izvestiia*, 30 August 1997, 1, cols. 1 et seq. and 3, cols. 1 et seq. Lead front page article under the title: "Russia might lose yet another Alaska".

[101] "Russians set to go on the offensive in US fish dispute", *Journal of Commerce*, 4 September 1997. See also "Russians won't back sea boundary", *Fairbanks Daily News-Miner*, 9 March 1997.

[102] C. Olson/M. Seidenberg/R. Selle, "U.S.-Russia Maritime Boundary Give-away", *Orbis*, 42 (1998), 74 et seq.

[103] Bennett, Henrietta, Herald, Jeannette and Wrangell island.

[104] Copper island.

[105] See notes 65 and 67 and accompanying text.

[106] For recent analyzes of this issue, see for instance once again Gureckas, see note 65, 112 et seq. and Whomersley, *ibid.*, 924 et seq.

[107] Verville, see note 97, 448.

[108] BNS, see note 7, "Vilnius Hopes for Rapid Ratification of Border Treaty", Vilnius, 19 November 1997, 13.00 h.

the Lithuanian parliament, V. Landsbergis, an important figure of the Lithuanian opposition,[109] nor the chairman of the oppositional Lithuanian Democratic Labor Party[110] do appear to militate against the 1997 Agreements. Secondly, one may presume that the *quid pro quo* which Lithuania will most probably be able to rely upon if the relevant press reports can be relied upon, namely the two kilometer corridor to the Swedish economic zone and continental shelf,[111] is an element which this country will certainly want to advance in its lingering maritime boundary negotiations with Latvia.[112] Obviously, ratification by the Lithuanian Seimas will only strengthen this line of argument. It is therefore submitted that this discrepancy will most probably only be of a temporary nature.

A second distinguishing feature relates to the fact that the 1990 Agreement has been provisionally applied ever since the 15th day following its signature on 1 June 1990. This was arrived at by means of an exchange of notes which took place on the same day between the two acting Ministers of Foreign Affairs at that time, namely J. Baker and E. Shevardnadze, who signed the respective documents.[113] No such exchange of notes apparently took place between Lithuania and Russia at the time of signature, as can be inferred from the appeal of the Lithua-

---

[109] On the contrary, V. Landsbergis appears to be satisfied with the final outcome. See BNS, see note 7, Vilnius, 20 October 1997, 19.00 h.

[110] BNS, *ibid.*, Vilnius, 27 October 1997, 19.00 h. Also C. Jursenas outright supports the 1997 Agreements.

[111] See note 58 and accompanying text.

[112] The head of the Lithuanian boundary negotiating team with Russia already stated a few days after the signing of the 1997 Agreements that, if Latvia is also guided by the principles contained in the 1982 United Nations Convention on the Law of the Sea, then Lithuania would have a sea border with Sweden. See BNS, see note 7, Vilnius, 27 October 1997, 19.00 h. It is therefore understandable that a secret extraordinary meeting of the Latvian National Security Council was convened around the same time, which unidentified sources report to have focused on these 1997 Agreements. See Latvian National News Agency, 24 October 1997 (report from the newspaper *The Independent*), as available on "gopher://jods.latnet.lv:70/11%5CNEWS%20of%20Latvia%5-CLETA%20News%20Agency" on 15 December 1997.

[113] As reproduced in Verville, see note 97, 454. The exact wording of the commitment involved is the following: "[P]ending the entry into force of that Agreement, the two Governments agree to abide by the terms of that Agreement as of June 15, 1990".

nian Foreign Ministry later on towards Russian border guards to be more tolerant with respect to areas which will be transferred to Lithuanian jurisdiction once the border treaty becomes operative.[114] Whether this difference will be of a temporary nature only, is not immediately clear at present. The press reported that the head of the Lithuanian delegation "submitted a proposal" to Moscow in that respect, but by the middle of November no answer had yet been received.[115]

Finally, there is an element which is difficult to categorize according to the above followed structure, and that is the element of secrecy. On the one hand it could be fitted under the heading "differences", for the text of the 1990 Agreement was made public at the time of signature, whereas the 1997 Agreements will have to wait for ratification for their content to be revealed by the parties. On the other hand, however, there appears to be some resemblance as well, for the exchange of notes accompanying the 1990 Agreement and securing the latter's provisional application,[116] was kept secret by the American Executive until after the advice and consent of the Senate was duly obtained.[117]

IV. Conclusions

The time has come to try to answer the question raised in the title of the present article, namely: Will the 1997 Agreements have concrete effect in the near future, or will they not?

---

[114] BNS, see note 7, Vilnius, 14 November 1997, 19.00 h.

[115] *Ibid.* It is not clear whether this proposal concerns a full-fledged provisional application of the 1997 Agreements, but the heading of the article certainly points in that direction: "Lithuania asks Russia to respect new border before ratification."

[116] See note 113 and accompanying text.

[117] Apparently, the existence of this exchange of notes between the two Ministers of Foreign Affairs was not announced at the time of signing, was not mentioned in the President's transmittal of the treaty agreement to the Senate, nor in the State Department's testimony at the Senate Foreign Relations Committee, and did not come up in the committee report, nor during the Senate floor debate. All this despite the fact that the exchange of notes took place on the very same day that the 1990 Agreement was signed. See Olson/Seidenberg/-Selle, see note 102, 85.

As far as ratification is concerned, it is submitted that under present day conditions it appears doubtful that the 1997 Agreements have a real chance of passing the Russian State Duma. Unless major political changes do occur in Russia, there are no reasons to believe this opposition will wane in the near future. One is even tempted to add, on the contrary. The unrest aired by means of a front page lead article in *Izvestiia* last summer under the significant title "Russia might lose yet another Alaska",[118] in which the negative aspects for the Russian side of the 1990 Agreement were highlighted,[119] clearly indicates that Russian parliamentarians toughened their stand in similar cases.[120] An article in the Russian newspaper *Izvestiia* during the second half of December 1997 concluded with respect to the 1997 Agreements that for the time being the radicals are setting the fashion in both parliaments.[121]

Will then the provisional application of the 1997 Agreements be able to remedy the situation? An initiative in that direction has apparently been taken by Lithuania not so long ago.[122] But once again, under present day circumstances it appears highly unlikely that this solution will ever be implemented in practice by the parties involved. Serious doubts have indeed to be raised from an international law point of view if the parties were to opt for such a course of action. Even though the 1990 Agreement may at first sight serve as a precedent in this respect, the element of secrecy appears to constitute a crucial distinguishing factor. Contrary to the 1990 Agreement, where only the exchange of notes was temporarily kept secret but not the text of the agreement itself,[123] the text of

---

118 *Izvestiia*, 30 August 1997, 1, cols. 1 et seq. and 3, cols. 1 et seq. As already mentioned, see note 100.

119 *Ibid.*, 3, cols. 2 et seq.

120 *Ibid.*, col. 6.

121 *Izvestiia*, 18 December 1997, 3, col. 1, 5. It must be added however that Lithuanian members of parliament visiting their Russian colleagues in Moscow around the middle of December were rather optimistic, but reported nevertheless that further negotiations, be it concerning the context rather than the text of the 1997 Agreements, would be necessary. See BNS, see note 7, Moscow, 10 December 1997, 13.00 h. and Vilnius, 11 December 1997, 21.00 h.

122 See note 115 and accompanying text.

123 And even then United States opponents to the 1990 Agreement find in this, be it limited, element of secrecy surrounding the latter agreement (see notes 116-117 and accompanying text) an usurpation of power by the Executive Power to the detriment of the Legislative Power. The fact that the former has implemented a boundary agreement in practice for seven years now without

the 1997 Agreements has still not been revealed by the parties. It is difficult to imagine, from a contemporary international law point of view, that states would officially declare to be implementing a secret treaty, even if it were only on a provisional basis. Secret agreements have indeed been outlawed by international law ever since the League of Nations.[124] The United Nations Charter, subscribed by both parties involved, pursues a similar goal.[125] It is indeed difficult to understand how Lithuania would be able to rely on this document vis-à-vis Latvia within the framework of its ongoing maritime boundary negotiations with that country,[126] if the content of that document is to remain unknown to the other party. And even if the content were to be transmitted on a strictly confidential bases to Latvia in the framework of these negotiations, would the latter country also not lose its clean hands if it were to give legal force to the provisions of that secret agreement?

What remains, therefore, is Art. 18 of the 1969 Vienna Convention.[127] But this commitment not to defeat the object and the purpose of the agreement prior to its entry into force is a far cry from actually implementing the concrete delimitation provisions of these 1997 Agreements. It is moreover clear from the reaction of the head of the Lithuanian negotiating team,[128] as well as from the personal initiative recently taken

---

ever revealing or justifying itself for the concrete actions taken under this exchange of notes, is an element difficult to accept by the opponents to this 1990 Agreement. See Olson/Seidenberg/Selle, see note 102, 86.

[124] Covenant of the League of Nations, Art. 18.

[125] Charter of the United Nations, Art. 102. As worked out later on by the Vienna Convention, see note 91, Art. 80, to which, once again, Lithuania (see note 93) and Russia (see note 94) are both legally bound. It must be admitted that Art. 80 of the latter document only requires publication for treaties concluded within the framework of that convention after their entry into force. No mention is made in this respect about the provisional application of treaties, as provided by Art. 25 of that same convention.

[126] Something which this country apparently aspires. See note 112 and accompanying text.

[127] See note 91 and accompanying text. As already mentioned above (see note 125 and further references to be found there), both Lithuania and Russia are legally bound by this provision.

[128] R. Sidlauskas is obviously referring to this particular commitment of parties to international agreements when he states that: "[I]nternational Conventions urge countries not to undertake actions which violate the spirit of treaties

by him,[129] that the mere application of Art. 18 is not deemed to be sufficient. As matters now stand, this obligation would merely seem to imply a restriction of the *marge de manoeuvre* of the Lithuanian team in its negotiations with Latvia. Lithuania would for instance not be allowed to conclude an agreement with Latvia which would render the implementation of their agreement with Russia impossible. But to infer from this impossibility that Latvia would be legally bound by the content of the 1997 Agreements with Russia, even in the supposition the latter was made public, is a totally different matter. Lithuania always retains the option, until ratification, to renounce its Art. 18 obligations by simply informing Russia that it will not become a party to that particular treaty.[130] Viewed from this perspective, nothing appears to prevent Latvia and Lithuania, awaiting the entry into force of the 1997 Agreements, from concluding an agreement which would run contrary to the provisions of the signed 1997 Agreements, as long as Lithuania would make its intention clear to Russia not to become a party to the latter agreement.

Finally, supposing that the 1997 Agreements do enter into force some day, all parties involved seem to agree that the lingering territorial claims, referred to above,[131] will definitively be settled. This opinion has been aired not only by A. Brazauskas[132] and B. El'tsin,[133] the signers of these agreements, but is in fact also accepted by the opponents of the 1997 Agreements.[134] It was even suggested in the Russian press that the entry into force of the 1997 Agreements could well be the only way in which these different territorial claims will ever be settled.[135]

---

which have been signed, even if they have not been fully ratified." BNS, see note 7, Vilnius, 14 November 1997, 19.00 h.

[129] As already mentioned, see note 115 and accompanying text.

[130] As already mentioned, see note 91 and accompanying text.

[131] See notes 105-106 and accompanying text.

[132] BNS, see note 7, Vilnius, 6 May 1997, 19.00 h. This argument was repeated before the Russian press at the time of signature. See *Izvestiia*, 21 October 1997, 1, 3, col. 1, 1 and *Izvestiia*, 24 October 1997, 3, cols 1 et seq.

[133] *Finansovye Izvestiia*, 28 October 1997, 1, col. 3.

[134] See for instance Annex 2, para. 1. See also the opinion of the activists of "Trudovaia Rossiia", according to whom the 1997 Agreements would "anchor in law great territorial concessions by Russia - the transfer of the Klaipeda region to Lithuania". See BNS, see note 7, Moscow, 16 October 1997, 19.00 h.

[135] *Izvestiia*, 18 December 1997, 3, col. 5.

If a comparison is once again made with the 1990 Agreement, where similar territorial claims are present,[136] the United States State Department has apparently been blowing hot and cold at the same time. On the one hand, the State Department affirmed that they had scrupulously looked into the matter before signing the 1990 Agreement, but that they had not found evidence of such United States claims.[137] When testifying before the Senate that same Department, however, stressed the fact that, being a maritime boundary agreement, the 1990 Agreement does not recognize Soviet sovereignty over the islands in question.[138] It is submitted that it is rather difficult to attach much practical significance to the latter point of view. On the contrary, the fear of the opponents of the 1990 Agreement that, once ratified by both countries, the latter agreement will definitively settle the matter to the advantage of the Russian Federation, seems to be fully justified.[139]

But if all the former conclusions remain to a large extent mere speculations, it appears appropriate to conclude with something of a more concrete and verifiable nature. Whether or not the 1997 Agreements will ever enter into force, they already now constitute a clear exposition of the new Russian policy with respect to the three former Soviet Baltic Republics. Instead of treating these countries as one homogenous group, Moscow rather intends to treat each and every one of them from now on according to their own merits.[140] Or as clearly indicated by the *Finansovye Izvestiia* newspaper paraphrasing B. El'tsin: Because Lithuania has completely solved the problem of the Russian speaking population on its territory, a very sensitive issue to the Russian Federation, that country received a boundary treaty in return.[141] Estonia and Latvia, where the fate of the Russian speaking population is still a sore point in

---

136 See notes 103-104 and accompanying text.

137 *Oceans Policy News*, June, 1990, 3.

138 Olson/Seidenberg/Selle, see note 102, 86.

139 A conclusion already drawn by one of the authors of the present article a few years back. See E. Franckx, *Maritime Claims in the Arctic: Canadian and Russian Perspectives*, 1993, 144. See also further reference to be found there.

140 See "Russia and the Baltic States", *Report of the Council for Foreign and Defense Policy*, an advisory body to B. El'tsin, of which the main points were reprinted in *Rossiiskaia Gazeta*, 5 November 1997, 1, cols. 2 et seq. See also the "Editorial" *St. Petersburg Times* (as accessible on Internet at "http://www.spb.ru/times" on 15 December 1997), 27 October-2 November 1997.

141 *Finansovye Izvestiia*, 28 October 1997, 1, col. 3.

their respective relations with Russia, will therefore have to wait in line for better times to come.

Postscriptum

At the time the present article was about to be submitted to the editors, a totally unexpected event happened, which even caught the two parties involved completely off-guard. On 12 December 1997, the Lithuanian newspaper *Respublica* suddenly published the text of the land border agreement, including copies of the signatures of both Presidents. The same newspaper moreover promised to publish the continental shelf and exclusive economic zone boundary agreement the very next day.[142]

On the responsibility of this information leak to the press, different versions exist. Certain is that this leak was immediately denied by the Lithuanian Executive.[143] According to the Baltic News Service the leak in question had apparently been caused by a member of the Foreign Affairs Committee of the Lithuanian Seimas.[144] The Russian press, on the other hand, attributed this unfortunate event to the Lithuanian Ministry of Foreign Affairs.[145] According to the latter source this deliberate leak has to be framed in the deliberate campaign of Lithuanian nationalists to undermine the 1997 Agreements.

The result of this particular occurrence is that the main legal obstacle preventing the 1997 Agreements from being implemented provisionally, namely their secret character, has been cleared. Even though the source of the leak to the press remains somewhat mysterious, the authenticity of the documents reprinted in the *Respublica* newspaper no longer appears to be questioned.[146]

---

[142] BNS, see note 7, "Newspaper publishes confidential Lithuanian-Russian border treaty", Vilnius, 12 December 1997, 21.00 h. The authors have not yet been able to obtain a copy of these 1997 Agreements.

[143] *Ibid.* A spokesman of the President's office even insinuated that the leak might as well have originated in Moscow.

[144] BNS, see note 7, "Lithuania-Russia border deal leaked from Seimas-official", Vilnius, 12 December 1997, 21.00 h.

[145] *Izvestiia*, 18 December 1997, 3, col. 3.

[146] The Chairman of the Foreign Affairs Committee of the Lithuanian Seimas, M. Laurinkus, did not deny the authenticity of the documents which were

On the other hand, it is submitted that this recent development can not really be expected to ease the further ratification process. A story to be continued in other words.

Annex 1:

published. See BNS, see note 7, "Lithuania-Russia border deal leaked from Seimas-official", Vilnius, 12 December 1997, 21.00 h. In this respect the reaction of the Lithuanian head of delegation is a most curious one. He is reported to have stated to the press that since he did not have the text of the 1997 Agreements, it was difficult for him to verify the authenticity of the text which had appeared in *Respublica*. BNS, *ibid.*, "Newspaper publishes confidential Lithuanian-Russian border treaty", Vilnius, 12 December 1997, 21.00 h. Fact is that official sources of both parties still refuse to disseminate the authentic text of the 1997 Agreements.

Annex 2:

State Duma of the Federal Assembly
of the Russian Federation

Decree
of 26 September 1997, N° 1758-II GD

on the Appeal of the State Duma of the Federal Assembly
of the Russian Federation "to the President of the Russian Federation
concerning the intended signature of the treaty
on the state boundary between the Russian Federation
and the Republic of Lithuania"[147]

The State Duma of the Federal Assembly of the Russian Federation decrees:

1. To adopt the Appeal of the State Duma of the Federal Assembly of the Russian Federation "to the President of the Russian Federation concerning the intended signature of the treaty on the state boundary between the Russian Federation and the Republic of Lithuania".

2. To entrust the Chairman of the State Duma of the Federal Assembly of the Russian Federation, G.N. Seleznev, with the sending of the mentioned Appeal to the President of the Russian Federation B.N. El'tsin.

3. To publish the present Decree and the mentioned Appeal in "*Rossiiskaia Gazeta*".

4. The present Decree enters into force on the day of its adoption.

The Chairman of the State Duma of the Russian Federation
G.N. Seleznev

[147] *Code of Laws of the Russian Federation*, 20 October 1997, No. 42, item 4736. Unofficial translation by E. Franckx of text included in the Russian legal database *Consultant*. The text of the 1997 Appeal also appeared in *Rossiiskaia Gazeta*, 4 October 1997, 3.

State Duma of the Federal Assembly
of the Russian Federation
Appeal
of 26 September 1997
to the President of the Russian Federation
concerning the intended signature of the treaty
on the state boundary between the Russian Federation
and the Republic of Lithuania

Dear Boris Nikolaevitch

According to press reports an official visit to Moscow of the President of the Lithuanian Republic, A. Brazauskas, is to take place in October 1997. At the occasion of that visit a treaty on the state border is intended to be signed between the Russian Federation and the Republic of Lithuania. The signing of that document will mean a loss of Russian juridical rights with respect to the Memel (Klaipeda) territory.

As is generally known, in accordance with the decision of the Potsdam Conference of 1945, the Memel territory passed to the Union SSR. Subsequently, in May 1950, it was transferred to the administrative control of the Lithuanian SSR.

The authorities of the Republic of Lithuania do not recognize the entry of Lithuania as member of the Union SSR in August 1940 and deny juridical value to all acts taken in the Union SSR with respect to Lithuania after that date. Consequently, the present border between the Russian Federation and the Republic of Lithuania, according to the former administrative border between the RSFSR and the Lithuanian SSR, has a temporary character. The President of the Republic of Lithuania, A. Brazauskas, admitted in an interview on the Lithuanian television of 7 March 1990: "After the war no official documents exist concerning the joining of the Klaipeda territory to the territory of Lithuania."

The conclusion of an agreement on the state boundary between the Russian Federation and the Republic of Lithuania on the basis of the existing draft agreement would result in the deterioration of the position of the Kaliningrad region which is not connected via a land corridor to the territory of Russia. The position of the Kaliningrad region may even further deteriorate if Poland and Lithuania join NATO.

Some well-known Lithuanian politicians continue to openly claim the Kaliningrad region. The President of the Seimas of the Republic of Lithuania, V. Landsbergis, at the occasion of his recent visit to the

United States of America once again made the statement that the Kaliningrad region is "Lithuania Minor".

The political consequences of a renunciation by Russia of its rights to the Klaipeda territory are completely comparable to the consequences of the handing over to Japan of the Kuril Islands, currently under discussion. The signing of the agreement on the state border between the Russian Federation and the Republic of Lithuania will give rise in society to new accusations at the address of the leaders of the Russian Federation concerning the giving away of territories. Russia has not only the juridical, but also the moral right to raise the question of the state sovereignty of the Klaipeda territory, for in 1945 in the battles for East Prussia, of which the Memel (Klaipeda) territory formed part, about 130.000 Soviet soldiers lost their lives.

The position in Lithuania of our compatriots is also not that simple, even though the situation there is not so acute as in Latvia and Estonia. The discrimination of the population whose mother tongue is Russian remains and foremost with respect to political rights, job placement, and education in the Russian language. In Vilnius there are presently two political legal proceedings running against citizens of the Russian Federation.

Lithuania energetically and openly strives for NATO membership. With the assistance of the United States of America an air control center was already established in Vilnius, equipped in accordance with NATO standards, which might become a real requisite for the use of the former Soviet military airfields in Lithuania by NATO military air forces. It is quite possible that also the port of Klaipeda will be used by NATO naval forces against Russia.

The State Duma of the Federal Assembly of the Russian Federation has grounds to assume that the signing by the President of the Russian Federation and the President of the Republic of Lithuania of the agreement on the state border between the Russian Federation and the Republic of Lithuania will be considered by NATO as the removal of one of the last hurdles on the road towards Lithuanian NATO membership.

The State Duma will undoubtedly take these circumstances into consideration in case the said agreement is submitted to the State Duma for ratification.

It is significant that Lithuania actively strives for the conclusion of an agreement on the state border between the Russian Federation and the Republic of Lithuania, but avoids thereby to discuss the question of an agreement on the transit of Russian passengers, including military personnel, and goods to the Kaliningrad region through the territory of the

Republic of Lithuania. These two questions must absolutely be included in one package. Russia needs such a weighty and large-scale agreement like the one which secured the transit of the three states to West Berlin. At present the Russian Federation pays for the transit through Lithuania about 700 million US dollars a year. The object of the negotiations might also be other variants for solving this problem in a constructive way, guaranteeing the safeguarding of the interests of the Russian Federation.

The State Duma is of the opinion that in the present situation there is no practical necessity for hurrying the signing of the controversial agreement on the state border between the Russian Federation and the Republic of Lithuania. With respect to that question the President of the Russian Federation and the State Duma might work out a common position which meets the interests of the Russian Federation.

Drawing Your attention to the fact that a totally reasonable seeking of regulating the relation with Lithuania might turn out to be a heavy political cost in this case, the State Duma expresses the hope for Your suspended approach of this problem so seriously affecting the long-term state interests of Russia.

Unilateral Interpretation of Security Council Resolutions - a Threat to Collective Security?

Jochen Abr. Frowein

I. Interpretation of Security Council Resolutions

After the historical changes of 1989/90 the Security Council has moved into the center of United Nations activities and has adopted the role which was designed for it in 1945. The number of resolutions based on Chapter VII, almost negligible until 1990, is now very impressive indeed[1]. According to Article 24 of the Charter members have conferred on the Security Council "primary responsibility for the maintenance of international peace and security" and they have agreed that in carrying out its duties under this responsibility the Security Council acts on their behalf. While that provision was more or less a dead letter until 1990 it shows its overwhelming importance for public international law nowadays. Security Council Resolutions under Chapter VII are binding for every member state. According to Article 25 the members of the United Nations "agree to accept and carry out the decisions of the Security Council in accordance with the present Charter". Under Article 41 the Council may impose economic boycotts and take all other decisions for peaceful solution of international conflicts with binding force. Under Article 42 the Council may use military means[2].

---

[1] Until 1990, the Security Council had adopted 11 resolutions with express reference to Chapter VII or one of its articles. Until March 1998, this number has risen to 147.

[2] J.A. Frowein, "On Article 41" and "On Article 42", in: B. Simma et al. (eds), *The Charter of the United Nations*, 1994, 621 et seq., 628 et seq.

It is not surprising that with this far-reaching power of decision the interpretation of the Security Council resolutions acquires primary importance. Legal certainty which plays such a prominent role in national law is of equal importance in the international sphere. This is particularly so where the issue arises what sort of obligations flow from a Security Council resolution for all member States and primarily for the state against whom the Security Council was acting. Where the Council authorises the use of force against a member state this issue of legal certainty may touch upon the question of existence of a sovereign state.

When the United Nations Security Council, for the very first time, authorised the use of armed force it did so in an extremely narrowly defined way. In Resolution 221 of 9 April 1966, the Security Council called upon the government of the United Kingdom, "to prevent by use of force if necessary" the arrival at Beira in Mozambique of vessels reasonably believed to be carrying oil destined for Rhodesia. It empowered the United Kingdom to arrest and detain the tanker known as the Joanna V upon her departure from Beira in the event her oil cargo is discharged there[3]. On the basis of that resolution the United Kingdom introduced a Navy control system along the coast of Mozambique. Force was used in some instances[4]. It was clear that all those concerned knew exactly what was authorised by the Security Council.

The interpretation of treaties is one of the eternal issues of international law. The Vienna Convention on the Law of Treaties has opted for the generally recognised rule that treaties shall be interpreted in good faith in accordance with the ordinary meaning to be given to the terms of the treaty in their context and in the light of its object and purpose. Adding the well-known subjective element article 31 para. 4 indicates that a special meaning shall be given to a term if it is established that the parties so intended. In the same way article 31 para. 3 attaches great importance to the practice of the parties which may shed light on their understanding[5].

---

3 J.A. Frowein, "On Article 39", see note 2, 605 et seq. (615 et seq.); "On Article 42", *ibid.*, 633 et seq.

4 C. Rousseau, "Chronique des faits internationaux", *RGDIP* 71 (1967), 472 et seq.; Frowein, see note 3.

5 R. Bernhardt, "Interpretation in International Law", in: id. (ed.), *Encyclopedia of Public International Law*, Vol. II, 1995, 1416 et seq.

It should not be automatically assumed that Security Council resolutions be interpreted in all respect in the same way as treaties[6]. It is certainly correct, that, as for the interpretation of all legal instruments the rule enshrined in article 31 para. 1 of the Vienna Convention is also applicable here. The resolution must be interpreted in good faith in accordance with the ordinary meaning to be given to the terms of the resolution in their context and in the light of its object and purpose. However, much more care must be exercised when the importance of practice under a specific resolution is to be evaluated. The resolution is not based on the common will of all those concerned. It is based on the common will of the majority of the members of the Security Council, including the permanent members, at least by abstention. This means that States against whom the Security Council exercises its power under Chapter VII have not contributed to the formulation of the resolution. As far as they are concerned the resolution has the same sort of objective existence as laws or administrative acts in a specific legal system. Therefore, the objective view of the neutral observer as addressee must be the most important aspect for the interpretation. Subjective intentions of some members of the Security Council, particularly intentions covered by the formulation or hidden in specific wording can, at least in principle, not be seen as in any way decisive. The recent events concerning the interpretation of Security Council resolutions related to Iraq seem to be of special importance in that context.

II. Resolution 678 and the Liberation of Kuwait

On 2 August 1990 Iraqi military forces crossed the border into the Sheikhdom of Kuwait and were able to occupy its territory within a few days. Kuwaiti forces offered some resistance but were easily overcome. The Sheikh of Kuwait and the Government fled to Saudi-Arabia and called for international help against the aggression. Iraq proclaimed Kuwait to be a province of Iraq, basing this act on some historical claims. The international community reacted quickly. On 2 August 1990, the United Nations Security Council adopted its first resolution on the conflict (Res. 660) determining that there existed a breach of international peace and security as regards the Iraqi invasion of Kuwait.

---

[6] See, in general, M.C. Wood, "The Interpretation of Security Council Resolutions", *Max Planck Yearbook of United Nations Law* Vol. 2 (1998), 73 et seq.

The invasion was condemned and the Security Council, acting under Arts. 39 and 40 of the United Nations Charter, demanded that Iraq withdraw immediately and unconditionally all forces to the positions in which they were located on 1 August 1990. The Security Council also called upon Iraq and Kuwait to begin immediately intensive negotiations for the resolution of their differences. On 6 August 1990 the Security Council adopted Resolution 661 deciding under Chapter VII of the Charter a complete boycott on all commodities and products originating from Iraq or Kuwait and on dealings with Iraq. On 9 August 1990 the Security Council by Resolution 662 decided that an annexation of Kuwait by Iraq had no legal validity and was considered null and void. On 25 August 1990, Resolution 665, again based on Chapter VII[7], called upon those member States cooperating with the Government of Kuwait to use such measures commensurate to the specific circumstances as might be necessary under the authority of the Security Council to halt all inward and outward maritime shipping in order to inspect and verify their cargos and destinations and to ensure a strict implementation of the provisions related to such shipping[8].

Since all these measures did not have any consequence concerning the position taken by Iraq and since negotiations which were held by the United Nations Secretary-General with Iraqi ministers did not lead to any meaningful result, the Security Council adopted on 29 November 1990 the famous Resolution 678 which reads in paras 2 and 3:

> "2. Authorizes Member States co-operating with the Government of Kuwait, unless Iraq on or before 15 January 1991 fully implements ... the foregoing resolutions, to use all necessary means to uphold and implement resolution 660 (1990) and all subsequent relevant resolutions and to restore international peace and security in the area; 3. Requests all States to provide appropriate support for the actions undertaken in pursuance of paragraph 2 of the present resolution."

At the time the resolution was adopted by the Security Council it was clear that the United States, the United Kingdom, France, Saudi Arabia and several other States were willing to intervene by military force to liberate Kuwait. The military operations started on 17 January 1991,

---

7 Although Res. 665 (1990) does not contain an express reference to Chapter VII, its basis is clear from the wording; cf. M. Weller, "The Kuwait Crisis: A Survey of Some Legal Issues", *AJICL/RADIC* 3 (1991), 1 et seq. (22 et seq.).

8 Compare C. Warbrick, "The Invasion of Kuwait by Iraq", *ICLQ* 40 (1991), 482 et seq.; Weller, see note 7, 15 et seq.

and were ended on 28 February 1991. On 3 April 1991 the Security Council adopted Resolution 687 demanding that Iraq and Kuwait respect the inviolability of the international boundary and regulating the details of the cease-fire. Iraq formally accepted these provisions[9].

The language used by Resolution 678 gave rise to some difficulties concerning its interpretation. When the Security Council authorized member States of the United Nations cooperating with the Government of Kuwait to use all necessary means to uphold and implement the earlier resolutions and to restore international peace and security in the area it was clear that this referred to military action. However, it was not clear what the final goal of the military intervention would be. The resolution did not formally refer to the liberation of Kuwait. It is well-known that there were tendencies, particularly in the United States, which favoured the occupation of Baghdad[10]. The resolution did not limit the use of armed force to the territory of Kuwait but authorized such use of force as was necessary to restore the independence of Kuwait. That could only mean that Iraq's military resistance had to be overcome. This was in fact achieved, also by bombing military installations at Baghdad in a considerable manner[11]. The second goal "to restore international peace and security in the area," formally used in the resolution to clarify what should be achieved is much less easy to define as to its scope. When is peace and security restored? Should that mean that military force could be used to change the Government of Iraq? That would seem possible as long as the Government of Iraq created a threat to peace and security, for instance by upholding a claim to Kuwait. But a proper interpretation of Resolution 678 could not have justified, it is submitted, an invasion of Baghdad where that was not necessary to overcome the resis-

---

[9] Letter from the Permanent Representative of Iraq to the United Nations addressed to the President of the Security Council, April 10, 1991, Doc. S/22480 of 11 April 1991; on Res. 687 of 3 April 1991 and further developments see T. Eitel, "The Escape and Parole of the Imprisoned God of War", *GYIL* 35 (1992), 170 et seq. (187 et seq.); B. Graefrath, "Iraqi Reparations and the Security Council", *ZaöRV* 55 (1995), 1 et seq. (3 et seq.).

[10] Cf. L. Freedman, "The Theory of Limited War", in: A. Danchev/D. Keohane, *International Perspectives on the Gulf Conflict 1990-91*, 1994, 201 et seq. (211 et seq.).

[11] *Keesing's Record of World Events*, January 1991, 37934 et seq., February 1991, 37982 et seq.

tance of Iraq. This seems to have been the final evaluation by most members of the Security Council[12].

However, an additional problem of interpretation arose in the context of the resolution. The Security Council did not make it clear whether its resolution was based on Article 42 of the Charter which empowers the Council to use military force. It seems that especially the United States wanted to preserve Article 51, the right to self-defence as a title for possible military action[13]. This would leave the United States free to decide on the specific implementation of her contribution to the collective self-defence. The system of the Charter is clearly based on the idea that collective self-defence terminates with the taking of measures by the Security Council as foreseen by the second part of the first sentence of Article 51. This sentence expressly underlines that measures of self-defence are possible until the Security Council has taken measures necessary to maintain international peace and security. The better view in law, therefore, would seem to be that the Security Council Resolution 678, based in fact on Article 42 of the Charter, terminated the phase where Article 51 could automatically apply. However, since the most important power contributing to the action wanted to preserve its rights under Article 51 this was of course a very important fact. It is clear that the control of the military action was not at all in the hands of the Security Council. The Council held no meeting on the issue between 29 November 1990, when Resolution 678 was adopted, and 14 February 1991 when it held informal consultations to discuss the political aspects of the end of the hostilities[14].

---

[12] Cf. Doc. S/PV.2977 of 14 February to 26 February 1991 and especially UK: "We are not seeking ... to decide who governs that country.", 72 et seq. The US position remained unclear after a statement of US President Bush on 15 February 1991 in which he invited the Iraqi people to force Saddam Hussein to step aside; cf. Freedman, see note 10, 213; Doc. S/PV.2977 of 16 February 1991, US: "President Bush's statement speaks clearly for itself", 202.

[13] See O. Schachter, "United Nations Law in the Gulf Conflict", *AJIL* 85 (1991), 452 et seq. (458 et seq.); T. Franck/F. Patel, "UN Police Action in Lieu of War: 'The Older Order Changeth'", *AJIL* 85 (1991), 63 et seq.

[14] Doc. S/PV.2977 of 14 February 1991. The Council members met in private on 28 January 1991 but decided not to discuss the situation (US Policy Information and Texts, 30 January 1991, 12), and in public on 13 February 1991 when they decided to hold a private meeting the next day (Doc. S/PV.2977 of 13 February 1991). On the role of the UN during the military operations see J. Verhoeven, "Etats alliés ou Nations unies? L'O.N.U. face au conflit entre l'Irak

It is probably correct that it was particularly the democratic opposition in the United States against extending the Gulf War, which limited military action to the liberation of Kuwait and the overcoming of the Iraqi resistance[15]. This shows how dangerous the imprecise formulation of Security Council resolutions authorising military force can be under different circumstances.

III. Resolution 688 as Basis for Military Action?

In the aftermath of the hostilities there developed severe clashes between the Kurdish population in the north of Iraq and Iraqi security forces as well as between Muslims belonging to the Shiite faith in southern Iraq and the security forces. When it became clear that Iraq's forces were about to suppress the insurrections with heavy arms, international action developed in a rather unprecedented manner. On 5 April 1991 the Security Council adopted Resolution 688 in which the Council declared itself gravely concerned by the repression of the Iraqi civilian population in many parts of Iraq, including most recently in Kurdish populated areas which led to a "massive flow of refugees towards and across international frontiers and to cross border incursions threatening international peace and security in the region."

The Council condemned the repression of the Iraqi civilian population and formally established a threat to international peace and security in the region. It demanded that Iraq, as a contribution to removing the threat to international peace and security, immediately end this repression and expressed the hope in the same context that an open dialogue would take place to ensure that the human and political rights of all Iraqi citizens are respected. It also insisted that Iraq allow immediate access by international humanitarian organizations to all those in need of assistance in all parts of Iraq and to make available all necessary fa-

---

et le Koweit", in: *AFDI* 36 (1990), 145 et seq. (179 et seq.); Eitel, see note 9, 183 et seq.

15 On other reasons for limited war objectives, especially the perceived difficulties of building a post-Saddam order in Iraq, the possible casualties and the opposition of the Soviet Union and China, cf. Freedman, see note 10; R.K. Herrmann, "US Policy in the Conflict", in: Danchev/Keohane, see note 10, 106 et seq. (127).

cilities for their operations. It appealed to all member States and to all humanitarian organizations to contribute to these relief actions[16].

The resolution is not formally based on Chapter VII of the United Nations Charter. While it uses the wording of Article 39 it does not, unlike all the other comparable resolutions concerning Iraq, mention either Chapter VII or any of the articles of that Chapter. Similarly it does not authorize in any direct manner military action or action against the territorial integrity of Iraq. On the basis of this resolution the Secretary-General sent a representative to Baghdad who negotiated a memorandum of understanding which was signed on 18 April 1991 according to which the government of the Republic of Iraq agreed to cooperate with the United Nations to have a humanitarian presence in Iraq organized by the United Nations[17]. In an Annex to that Memorandum of Understanding of 18 May 1991 it was clarified that a number of armed United Nations personnel should be stationed in the area[18]. However, exactly one day before the original memorandum had been concluded, on 17 April 1991 the United States, the United Kingdom and France had already begun to move armed forces into northern Iraq from Turkey with the declared aim of setting up camps to secure the safety of Kurdish refugees and of coordinating relief supplies. Under the name "Operation Provide Comfort" the allied intervention force established a triangular zone at the border in the north of Iraq. This was declared to be a security zone under the protection of the allied troops and non-accessible to Iraqi forces[19]. The Kurdish refugees were brought from the mountain slopes into this area where they were supplied with food and

---

[16] See P. Malanczuk, "The Kurdish Crisis and Allied Intervention in the Aftermath of the Gulf War", *EJIL* 2 (1991), 114 et seq. (119); H. Freudenschuß, "Article 39 of the UN Charter Revisited: Threats to the Peace and the Recent Practice of the UN Security Council", *AJPIL* 46 (1993), 1 et seq. (6).

[17] Letter from the Permanent Representative of Iraq to the Secretary-General, Doc. S/22513 of 22 April 1991, reproduced in: *ILM* 30 (1991), 860 et seq.

[18] Letter from the Secretary-General to the President of the Security Council, Doc. S/22663 of 31 May 1991, reproduced in: *ILM* 30 (1991), 862; see S.D. Murphy, *Humanitarian Intervention*, 1996, 174 et seq.; O. Ramsbotham/T. Woodhouse, *Humanitarian Intervention in Contemporary Conflict*, 1996, 80 et seq.

[19] Malanczuk, see note 16, 120 et seq.; L. Freedman/D. Boren, "'Safe Havens' for Kurds in post-war Iraq", in: N.S. Rodley, *To Loose the Bands of Wickedness*, 1992, 43 et seq. (48 et seq.).

tents. The occupation of almost 10 000 square kilometres of Iraqi territory by more than 20 000 soldiers from various countries including the United States, the United Kingdom, France, the Netherlands, Spain, Italy and Australia, lasted about three months. The operation guaranteed about 450 000 Kurdish refugees a safe return home. The last Turkish border camp was closed on June 3, 1991. The troops withdrew in mid-July 1991[20]. Iraq did not take military action against the intervention forces but protested against the measures taken by the allied forces[21].

The lawfulness of this intervention under public international law is far from clear. Resolution 688 cannot be used as an authorization because it did not in any way mention the use of military force against Iraq. One might argue that the move was a sort of humanitarian intervention tolerated by the United Nations Security Council because of the immediate threat to life and personal integrity of high numbers of the minority groups concerned[22]. However, one must also admit that this explanation encounters real difficulties. It seems that the final wording of Resolution 688 was the maximum to be tolerated by China and Russia at the time[23]. It is not easy to accept that military action clearly not authorized by the Council should be seen as not prohibited because it was already envisaged by some of the permanent members of the Council when the resolution was negotiated. This shows the danger of unclear wording in resolutions in a dramatic way.

In this context the allied powers also proclaimed flight prohibition zones for Iraqi military aircraft in the northern and southern areas of Iraq. In April 1991 military actions by Iraq north of the 36th parallel, particularly by aircraft, were prohibited by the United States[24]. An air exclusion zone in southern Iraq was officially proclaimed on 26 August

---

[20] J.A. Frowein, "Gulf Conflict (1990/1991)", in: Bernhardt (ed.), see note 5, 643 et seq. (646 et seq.).

[21] Letter from the Minister for Foreign Affairs of Iraq addressed to the Secretary-General, Doc. S/22513 of 21April 1991: "... [T]he Government of Iraq is opposed to this measure, since it would constitute a serious, unjustifiable and unfounded attack on the sovereignty and territorial integrity of Iraq."

[22] See statement of A. Aust, Legal Counsellor, U.K. Foreign and Commonwealth Office, reproduced in: Murphy, see note 18, 188; cf. Eitel, see note 9, 188 seq.

[23] Malanczuk, see note 16, 129; Murphy, see note 18, 186 et seq.; but see also Freudenschuß, see note 16, 10.

[24] *Keesing's Record of World Events*, April 1991, 38127.

1992 by France, Russia, the United Kingdom and the United States[25]. In December 1992, United States fighters shot down an Iraqi airforce plane which had crossed into the southern zone[26]. In January 1993, United States, British and French planes attacked Iraqi anti-aircraft missile launch sites in the southern zone as well as installations near Baghdad. The city of Baghdad was again attacked by United States cruise missiles. The justification given for this action was that Iraq had not complied with the United Nations resolutions. The United States and the United Kingdom expressly referred to the no-fly zones and Resolution 688[27].

However, it is quite clear from the wording of Resolution 688 that the flight control zones find no legal justification in this resolution. It is certainly of great importance to clarify whether military action with far-reaching consequences as air control and flight exclusion zones have or have not a justification in resolutions by the Security Council. The fact that Iraq has violated many rules of international law should not automatically entitle other States to disregard international law vis-à-vis Iraq.

IV. Resolution 678 as Basis for further Action in 1998?

In January and February 1998 the United States took the view that it could still come back to Resolution 678, even by unilateral action, should Iraq not comply with its obligations to grant access for United Nations inspectors to all its weapon production or storage facilities[28].

---

[25] *Keesing's Record of World Events*, August 1992, 39068 et seq.

[26] *Keesing's Record of World Events*, December 1992, 39247.

[27] *Keesing's Record of World Events*, January 1993, 39291 et seq.; Statement by the UK Secretary of State for Defence, 13 January 1993, reproduced in: M. Weller (ed.), *Iraq and Kuwait: The Hostilities and their Aftermath*, 1993, 738; US Press Statement, 13 January 1993, *ibid.*, 739. France justified this action rather by reference to an Iraqi violation of Res. 687, as established by the Security Council on 11 January 1993; see Press statement issued by the Ministry of Foreign Affairs of France, 14 January 1993, *ibid.*, 744.

[28] See US State Department Press Briefing, 17 February 1998: "... Let's bear in mind that this action, if it's necessary, is an action authorized by the United Nations Security Council, pursuant to Resolution 687, and underlying that, Resolution 678. ..."; US White House Press Briefing, 17 February 1998: "... And under United Nations Security Council Resolution 687, we've been given - all

The obligations for Iraq in that context are laid down in a very detailed manner in Resolution 687 which stipulates the conditions for a cease-fire. This resolution affirms all thirteen resolutions adopted during the conflict and it adds the formula "except as expressly changed below to achieve the goals of this resolution, including a formal cease-fire." The last sentence of Resolution 687 which is para. 34 then declares that the Security Council "Decides to remain seized of the matter and to take such further steps as may be required for the implementation of the present resolution and to secure peace and security in the region."

The legal question of interpretation arising from that context is whether Resolution 687 confirms that it is the Security Council which will decide on further measures against Iraq. It is submitted that it is impossible, on the basis of a proper legal interpretation, to reach any other result. The last sentence of Resolution 687 is perfectly clear in the sense that it is only the Security Council which will from now on take action to implement the present resolution and to secure peace and security in the area. This is confirmed by an Indian declaration in the Council debate preceding the adoption of Resolution 687. According to that statement India had reached agreement with the sponsors of the draft that even in case of boundary violations between Iraq and Kuwait the Security Council would have to adopt the necessary measures[29]. It would not be compatible with a bona-fide interpretation of that resolution to come to the conclusion that States, including member States of the Security Council, could also unilaterally enforce Resolution 687 by military action[30].

---

member nations have been given authority by the world community to act in furtherance of relevant U.N. Security Council resolutions."

[29] Doc. S/PV.2981, 3 April 1991, 72 et seq.: "As regards operative paragraph 34 of the draft resolution, it is India's understanding that it does not confer authority on any country to take a unilateral action under any of the previous resolutions of the Council. Rather, the sponsors have explained to us that in case of any threat or actual violation of the boundary in future the Security Council will meet to take, as appropriate, all necessary measures ...".

[30] As noted above (note 27), already in January 1993 there were attempts to justify unilateral military action as enforcement of Res. 687 especially by France, while the US and the UK mainly referred to Res. 688. Russia as well as the UN Secretary-General stressed the French view; see statement by the Russian Foreign Ministry, 14 January 1993, reproduced in Weller, see note 27, 744 et seq.; statement by the UN Secretary-General, 14 January 1993, *ibid.*, 741 et seq.

Many resolutions concerning Iraq also reaffirm the commitment of all member States to the sovereignty and territorial integrity of Iraq[31]. That must mean that it is impossible to unilaterally disregard the territorial integrity of Iraq by military action. One may read the formal confirmation of the territorial integrity of Iraq to show that the Security Council had no intention to question the existing territory of the State of Iraq. However, territorial integrity is a term of art in international law. The Security Council, when utilising this formula, cannot be unaware of the fact that Article 2 para. 4 of the Charter prohibits the use of force against the "territorial integrity" of any state. Therefore, a state particularly concerned by resolutions of the Security Council adopted under Chapter VII must be able to rely on the clear wording of that guarantee of territorial integrity. Iraq would be able to argue that the Security Council has confirmed the territorial integrity against any use of force and only the Council itself, by a specific decision taken under Chapter VII, may authorize the disregard of territorial integrity through the use of force.

V. Security Council Practice in Other Cases

It seems quite significant that the Security Council, in its later resolutions authorizing the use of force, used rather precise language. In Resolution 794 of 3 December 1992 the Security Council authorized "Member States ... to use all necessary means to establish as soon as possible a secure environment for humanitarian relief operations in Somalia." It added the authorization for the Secretary-General and the member States concerned to make the necessary arrangements for the unified command and control of the forces involved and it requested the Secretary-General and the member States to establish appropriate mechanisms for coordination between the United Nations and their military forces. Although it was clear that military means should be used to establish a secure environment, it was not clear to what extent force should be used to force the different factions operating in Somalia to deliver their arms to the intervening forces. In fact, this led to a dispute between the Secretary-General and the United States[32].

---

[31] E.g., Resolutions 687 (1991), 949 (1994), 986 (1995), 1060 (1996), 1111 (1997), 1134 (1997), 1143 (1997), 1154 (1998).

[32] Cf. Murphy, see note 18, 226 et seq.

Concerning Yugoslavia the Security Council several times authorized the use of force[33]. In Resolution 770 of 13 August 1992 the Security Council authorized member States to take all measures necessary to facilitate the delivery of humanitarian assistance throughout Bosnia and Herzegovina. This clearly included the use of force. In Resolution 787 of 16 November 1992 the Council authorized the use of force to hold all inward and outward maritime shipping in order to inspect and verify their cargos and destinations. In Resolution 816 of 31 March 1993 the flight prohibition which had already been established was connected with an authorization to use force. According to that resolution all necessary measures in the air space of the Republic of Bosnia and Herzegovina, in the event of further violations, should be taken to ensure compliance with the ban on flights and proportionate to the specific circumstances and the nature of the flights. On the basis of this resolution military aircraft violating the flight prohibition were shot down[34]. In Resolution 836 of 4 June 1993 the Council authorized member States to take all necessary measures through the use of air power in and around the safe areas in the Republic of Bosnia and Herzegovina to support UNPROFOR in the performance of its mandate. In the same way the Security Council authorized the use of force in Resolution 929 of 21 June 1994 concerning Rwanda making it quite clear what sort of action could be taken on the basis of this resolution[35]. In Resolution 940 of 31 July 1994 it again authorized the use of force against Haiti in a limited way[36].

---

[33] See, in general, M. Weller, "Peace-Keeping and Peace-Enforcement in the Republic of Bosnia and Herzegovina", *ZaöRV* 56 (1996), 70 et seq. (96 et seq.).

[34] Cf. Ramsbotham/Woodhouse, see note 18, 186.

[35] Cf. F. Böhmer, *Die Ermächtigung zu militärischer Gewaltanwendung durch den Sicherheitsrat*, 1997, 42 et seq.; F. Ouguergouz, "La tragédie rwandaise du printemps 1994: quelques considérations sur les premières réactions de l'Organisation des Nations Unies", *RGDIP* 100 (1996), 149 et seq.

[36] Cf. Böhmer, see note 35, 46 et seq.; Murphy, see note 18, 260 et seq.; for criticism on the unlimited duration of the action cf. N.D. White and Ö. Ülgen, "The Security Council and the Decentralised Military Option: Constitutionality and Function", *NILR* 44 (1997), 378 et seq. (409), also with comments on the limitations in the Resolutions 1080 as to Zaire and 1101 as to Albania, 398 et seq.

VI. Resolution 1154 of 2 March 1998

The issue dealt with here became extremely crucial with the adoption of Resolution 1154 on 2 March 1998. This resolution ended the crisis which had developed concerning the inspection of specific Iraqi installations. The United States and the United Kingdom had threatened to use unilaterally military force to overcome the Iraqi resistance. The resolution was adopted under Chapter VII of the United Charter. It endorses the Memorandum of Understanding signed by the Deputy Prime Minister of Iraq and the Secretary-General on 23 February 1998 in which Iraq commits herself to grant access for the inspection of all sites concerned. The resolution stresses that compliance by the government of Iraq with its obligations is necessary for the implementation of Resolution 687 (1991) and that any violation would have "severest consequences for Iraq." In the final para. 5 the Council decides, "in accordance with its responsibility under the Charter, to remain actively seized of the matter, in order to ensure implementation of this resolution, and to secure peace and security in the area."

It is clear from the background that the indication of "severest consequences for Iraq" could include the use of military force. To overcome the resistance of Iraq and to make sure that the threat caused to peace by her production of arms of mass destruction this use of force is envisaged as a possibility in the resolution. However, para. 5 makes it quite clear, as far as legal interpretation goes, that only the Security Council could authorise such military force. Otherwise the specific provisions according to which the Council remains actively seized of the matter and that it is the Council which may take measures in order to ensure implementation of the resolution cannot be understood. This is further clarified, it is submitted, by the reference to the "responsibility of the Council under the Charter" and by the formula that it is the Council which secures peace and security in the area.

This interpretation is clearly confirmed by statements made during the discussion of the resolution. The representative of Costa Rica underlined the clear and unequivocal message to the Baghdad regime contained in the resolution concerning the very severe consequences "that the Security Council is determined to consider and adopt under Chapter VII of the Charter in the event that Iraq fails to comply with the terms of the memorandum of understanding and the relevant Security Council resolutions, especially Resolution 687 of April 1991."[37] The

[37] Doc. S/PV.3858 of 2 March 1998, 5.

representative also indicated that the resolution does not prejudge the actions of the Security Council but that it simply describes the scope of its competence under the Charter and warns the government of Iraq "in the precise terms of the prerogatives and competences set out in Chapter VII of the Charter."[38] Nobody contradicted the statements made by the representative of Costa Rica. Indeed other members of the Council made similar statements.

Of the permanent members China made it quite clear that the adoption of this resolution "will in no way mean that the Security Council is automatically authorising any state to use force against Iraq."[39] France stressed that it is the objective to underscore the prerogatives of the Security Council in a way that excludes any question of automaticity. It then added: "The Council is justified in debating certain measures because of their gravity. It is the Security Council that must evaluate the behaviour of a country, if necessary to determine any possible violations, and to take the appropriate decisions."[40] This must mean that according to France it is only the Security Council which may be able to take further decisions. This was also confirmed by the Russian delegate who said: "No one can ignore the resolution adopted today and attempt to act by bypassing the Security Council."[41]

It is most interesting that nevertheless the President of the United States clearly stated that the United States keeps, also under the resolution, the right to unilaterally apply military force should Iraq not comply with the resolution[42]. The President underlined that the United States would not act without consultation with the Security Council but he stated: "We believe that the resolution gives us the authority to take whatever actions are necessary, but of course we would consult." Since it is the use of military force which is at issue the lack of consensus concerning the meaning of words in the resolution seems really dramatic.

---

[38] *Ibid.*

[39] *Ibid.*, 14.

[40] *Ibid.*, 15.

[41] *Ibid.*, 18.

[42] *International Herald Tribune*, 12 March 1998, 1.

VII. Conclusion

An old rule of interpretation of international treaties, frequently invoked before the Vienna Convention on the Law of Treaties, was the rule according to which treaties must be interpreted as respecting the sovereignty of States as far as possible[43]. The idea behind that rule was that States may not be presumed to have given up their sovereign rights in a treaty. The Vienna Convention did not include such a rule. In fact, the International Law Commission was of the opinion that the starting point must always be the intention of the parties as expressed by the specific language of the treaty. This is in line with the nature of a treaty as an instrument in which the consensus among the parties has been expressed.

It is quite different with Security Council resolutions, particularly from the point of view of the state against whom enforcement measures are being taken. Such a resolution is the legal basis for the most severe encroachment upon the sovereignty of a member of the United Nations. It is submitted, therefore, that for the interpretation of such a resolution the old rule according to which limitations of sovereignty may not be lightly assumed is fully justified. Only where the use of force against a sovereign state is clearly authorized by a resolution this is in fact lawful under United Nations law.

It is well-known that the Security Council is a sort of standing diplomatic conference among all its members, particularly the permanent members. It is also clear that the veto position of the permanent members gives them a predominant position in the negotiating process for resolutions. The system of the United Nations Charter is based on the need to reach a majority including the permanent members of the Security Council for any use of enforcement measures. The only justification to use military force without prior authorization by the Council is to be found in Article 51 of the Charter. As soon as a plausible case for the repetition of the Iraqi aggression against one of its neighbours would exist the issue of self-defence would arise. What should be seen as excluded, however, is the use of unilateral force by any member of the Council to implement Resolution 678 or Resolution 1154.

---

[43] Cf. PCIJ, Case Relating to the Territorial Jurisdiction of the International Commission of the River Oder, Series A, No. 23, 26; S. Sur, *L'interprétation en droit international public*, 1974, 121 et seq.; Bernhardt, see note 5, 1419 et seq.

Enforcement of the Law in Non-International Conflicts[1]

Leslie C. Green

Günther Jaenicke has devoted his life to the study and promotion of International Law and his work has covered virtually every aspect of this branch of the law. Among the topics in which he has shown particular interest have been the law of armed conflict and international humanitarian law. Having known him and his work for almost forty years, it is with pleasure that I contribute to this Festschrift to mark his 85th birthday.

In accordance with well-established international customary law the domestic affairs of a state are purely its own concern. Any disturbance, however grave, arising within its territory has been considered as being the sole concern of the state itself. Moreover, intervention by another state has been regarded as an unfriendly act and, if extended to rebels, might even amount to a *casus belli*. This principle was elevated into black letter by the Covenant of the League of Nations which provided that the institution had no power to intervene in a matter which, "by international law", was "solely" within the domestic jurisdiction of the state[2]. Confirming this, but widening the limitation, the Charter of the United Nations precludes intervention in matters which are "essentially within the domestic jurisdiction", unless there is a threat to international peace and security[3].

---

[1] Based on a paper presented at the 1996 International Law Weekend of the American Branch of the International Law Association.

[2] Article 15 para. 8.

[3] Article 2 para. 7.

Although this well-established rule was recognized by the classical writers on international law, we find Grotius asserting that if an unruly prince so ill-treated his subjects that they were driven to rise up against him, a neighbouring prince could, or even should intervene on behalf of the oppressed[4], thus providing an indirect way of enforcing the law in a domestic conflict, even though it might be felt that this would afford a convenient cover for predatory action. Even in the nineteenth century, "humanitarian" intervention on behalf of co-religionists struggling for the right to worship in their own fashion was often put forward, and generally accepted as a legitimate ground for intervention in an internal conflict[5].

However, even a century and a half before Grotius, there had taken place a trial which has sometimes been described as the first of international war crimes processes[6]. In 1474, Peter of Hagenbach was tried by a tribunal made up of the representatives of a number of Hanseatic cities for offences which would today be described as crimes against humanity. His activities were directed primarily against the civilian population of territories seeking to overthrow their ruler, the Duke of Anjou, that is to say during a non-international conflict. His plea that he was acting on the orders of his prince was rejected since his offences were considered "contrary to the laws of God and of man."

Perhaps more significant from the point of view of enforcing the law during a non-international conflict was the trial of Wirz during the American Civil War[7]. He was charged with a number of offences against Federal prisoners held in the Confederate camp at Andersonville, of which he was in command. Had they been committed during an international armed conflict, they would have been regarded as war crimes or crimes against humanity. The principles embodied in the summing up of the Judge Advocate foretell the modern understanding

---

[4] H. Grotius, *De Jure Belli ac Pacis*, 1625, Lib. II, Cap. XX, s. XL.

[5] See, e.g., L.C. Green, "International Law and the Control of Barbarism", in: R.St. John Macdonald et al., *The International Law and Policy of Human Welfare*, 1978, 239; id., "The Role of Law in Establishing Norms of International Behaviour", *Isr. Y. B. Hum. Rts.* 17 (1987), 149 et seq.

[6] See G. Schwarzenberger, *International Law*, Vol. 2, *The Law of Armed Conflict*, 1968, Ch. 39.

[7] The Andersonville Trial (1865) - H.R. Exec. Doc. No. 23, 40th Cong., 2d Sess., 1867-1868, Vol. 8.

of the limitations attaching to the defence of superior orders as well as the fundamentals of the concept of command responsibility[8].

While there was general acceptance of the view that there should be no interference in matters within the domestic jurisdiction, and thus no participation in a territory in which a non-international conflict was taking place, it was nevertheless accepted that third parties enjoyed a right to intervene in an internal conflict if the conflict had serious effects on their own interests. Thus, during the Spanish Civil War, when unidentified submarines in the Mediterranean were sinking merchant shipping not belonging to the parties to the conflict, for the main part carrying supplies to the legitimate government, a number of powers including Egypt, France, the Soviet Union and the United Kingdom, entered into the Nyon Agreement[9], whereby they undertook to take offensive action against submarines in the Mediterranean which had attacked or were thought likely to attack such merchant shipping. But this action was not intended to enforce the law against the parties to the conflict, but against "neutral" third states interfering with legitimate neutral commercial activities.

However, while it was recognized that in certain circumstances a third state might have or claim the right to intervene on behalf of rebels in a civil war, this did not mean that the law of war became applicable. Grotius said[10]:

> "A public war, according to the law of nations, is a war between different peoples. ... It is essential to the nature of a public war that it should have the support of the sovereign power."

This view, that war must be supported by a sovereign power, was confirmed by the Institut de Droit International in the Oxford Manual of 1880[11], Article 1 of which provided that

> "The state of war does not admit of acts of violence, save between the armed forces of belligerent States."

---

[8] See, e.g., L.C. Green, "Command Responsibility in International Humanitarian Law", *Transnat'l L.& Contemp. Probs.* 5 (1995), 320; W.H. Parks, "Command Responsibility for War Crimes", *Mil. L. Rev.* 62 (1973), 1.

[9] *LNTS* Vol. 181 No. 4184; D. Schindler/J. Toman, *The Laws of Armed Conflicts*, 1988, 887.

[10] See note 4, Lib. III, Cap. III, ss. 1, 4.

[11] Schindler/Toman, see note 9, 35.

More importantly, perhaps, Convention IV respecting the Laws and Customs of War on Land of 1907[12] confirms this by providing that:

> "The provisions contained in the Regulations [annexed to the Convention] ... do not apply except between Contracting Powers, and then only if all the belligerents are parties to the Convention,"

and since only states can become parties to the Convention, it is clear that the Convention and its Regulations do not apply to a conflict not amounting to a war between states. Moreover, Article 1 of the Regulations, states that "the laws, rights and duties of war" apply to armies, but also to militias and volunteer corps, which have to meet conditions that can only be satisfied under the auspices of a state.

While states were concerned with establishing regulations for the conduct of war as between themselves, this did not mean that they were completely oblivious of what occurred during a civil war, and would frequently issue statements calling upon the parties to exercise some measures of restraint in their conduct of hostilities. However, as has been indicated, this did not extend to bringing such conflicts under the umbrella of international law.

It might be suggested that the first exercise in this direction is to be found in the so called Genocide Convention of 1948[13]. By this, a new crime in international law was created, which the parties to the Convention undertook to prevent and punish, committing themselves to enact legislation to make this possible. Genocide, which can be committed in both peace and war, embraces a number of specified crimes intended "to destroy, in whole or in part, a national, ethnical, racial or religious group, as such."

It is true that in time of war each belligerent is seeking to "destroy in whole or in part" an identifiable national group. But this type of activity, so long as it is conducted in accordance with the laws and customs of war, is considered legitimate. It is directed to reducing the power of the enemy to an extent that will compel him to sue for peace, and, regardless of public opinion or propaganda, is not intended to destroy or annihilate any specific part of the enemy's citizenry. In time of peace, except when one is faced with a system like that existing in Germany during the Hitler regime and the application of the Nuremberg Laws or while Pol Pot was in power in Kampuchea, genocide is most likely to be

---

[12] *Ibid.*, 63.

[13] UNTS Vol. 78 No. 1021.

directed by a governmental authority against an identifiable group seeking to overthrow that authority, perhaps by way of a civil war.

Should genocide actually occur, the method of law enforcement as envisaged by the Convention is weak in the extreme. Until such time as an international tribunal possessed of jurisdiction for this purpose is created, genocide is only punishable in the courts of the country in which it has been committed[14]. This means that if committed during a civil war, the only entities possessed of jurisdiction would be the governmental authority and, to the extent that it has established any courts, the authority in charge of the activities of the revolutionary forces. From a practical point of view, it would follow that vengeance is likely to be more important than justice, and each side would only be concerned with the activities of its opponent.

Moreover, it has to be noted that genocide is not the sort of offence that can be committed by private enterprise. Since it is directed at the destruction of a group as such it requires some measure of organization and direction in pursuit of a policy decided upon by a political authority. To be effective it must have been ordered, colluded in, connived at or acquiesced in by that authority.

From a practical point of view, it is most likely that if genocide has been committed it will be punished by a holding power only when the offender is a member of the opposing forces. If he should be a supporter of the holding power, he will probably be a senior governmental representative or military officer in the highest echelons of command. It is almost impossible to imagine a scenario in which that power would surrender him for trial by the other party, and as has become clear in the case of the Bosnian Serbs not even to an international tribunal possessing jurisdiction[15], and equally improbable that it would be prepared to bring him to trial in its own courts. For example, during the civil war in Pakistan which resulted in the secession of East Pakistan and the establishment of Bangladesh, it was alleged that Pakistani forces had indulged in genocide. Assuming this allegation to have been true, it would, in accordance with the Convention, have required the persons responsible to be tried in Pakistani courts, for at the time of the alleged crime Bangladesh did not exist but was part of Pakistan. Since such a policy could only have been initiated at the highest levels, this would have meant that the Pakistani politician or senior commander responsible for instituting

---

14 Article 6.

15 See below.

the genocide would have had to be tried, probably on instructions of the President, in whose name the policy would almost certainly have been initiated, in a Pakistani court. It is highly unlikely that such a prosecution policy would ever have been initiated.

In 1949 the four Geneva Conventions relating to humanitarian law in armed conflict were adopted[16]. Once again it is clear from Article 2 common to all four Conventions that they are intended to apply in an inter-state situation to:

> "... all cases of declared war or of any other armed conflict which may arise between two or more of the High Contracting Parties, even if the state of war is not recognized by one of them.
>
> The Convention shall also apply to all cases of partial or total occupation of the territory of a High Contracting Party, even if the said occupation meets with no armed resistance.
>
> Although one of the Powers in conflict may not be a party to the present Convention, the Powers who are parties thereto shall remain bound by it in their mutual relations. They shall furthermore be bound by the Convention in relation to the said Power, if the latter accepts and applies the provisions thereof."

Having thus indicated that the Convention is to apply in an international conflict, the Convention goes on to show that the parties thereto were aware of the existence of non-international conflicts, which were becoming increasingly common with the termination of World War II and demands by colonial territories for independence, which were invariably made through the medium of armed resistance, particularly in the Far East where the Japanese occupying authority had often conferred on the territory the semblance of independence, though under Imperial authority. Such conflicts were conducted with extreme measures by both the revolting party and the imperial authority, which often regarded their opponents as "terrorists" or traitors susceptible to the criminal law in its most absolute form.

Conscious of this reality, the parties to the Convention adopted Article 3 common to the four Conventions, thus for the first time introducing into documents concerned with regulating conduct in an armed conflict some measure of legal obligation, even though the conflict was

---

[16] I (Wounded and Sick in Armed Forces in the Field); II (Wounded, Sick and Shipwrecked); III (Treatment of Prisoners of War); IV (Protection of Civilian Persons in Time of War), Schindler/Toman, see note 9, 373-556.

non-international and as such not amenable to the ordinary rules relating to war.

By this Article, in the event

> "of an armed conflict not of an international character occurring in the territory of one of the High Contracting Parties, each Party to the conflict shall be bound to apply, as a minimum ... [to] persons taking no active part in the hostilities, including members of armed forces who have laid down their arms and those placed hors de combat by sickness, wounds, detention, or any other cause ... [certain minimum rights to ensure that they] shall in all circumstances be treated humanely, without any adverse distinction founded on race, colour, religion or faith, sex, birth or wealth, or any other similar criteria."

While Convention I - for the Amelioration of the Condition of Wounded and Sick in Armed Forces in the Field - and Convention II - for the Amelioration of the Wounded, Sick, and Shipwrecked - do not impose any direct obligation upon the parties to enact legislation to ensure that the Conventions become part of the national law - although most countries have done this - they do obligate the parties to inform one another of "the laws and regulations which they may adopt to ensure the[ir] application."[17] The same obligation is imposed in the case of Convention III - relative to the Treatment of Prisoners of War, and Convention IV - relative to the Protection of Civilian Persons in Time of War, but in these instances[18] there is the further obligation

> "to enact any legislation necessary to provide effective penal sanctions for persons committing or ordering to be committed, any of the grave breaches of the present Convention defined in the following Article."

The definition of "grave breaches" does not overlap that of the minimal rights embodied in Article 3. However, to the extent that these are included it would appear that, even in a non-international conflict occurring in the territory of one of the parties, the legislation would operate to penalize such breaches. However, the situation is not so straightforward as it would seem. In its final paragraph, Article 3 states that

> "the application of the preceding provisions [- that is to say those enumerating the application of the Article -] shall not affect the legal status of the Parties to the conflict."

---

17 Arts. 48, 49 resp.

18 Arts. 129, 146 resp.

Since the legal status of the parties is not altered in any way, the governing authority of the territory in which the conflict is being waged remains entitled to treat its opponents as terrorists or traitors and to subject them to the full rigours of the law as provided in the national legislation, even though this might be less humanitarian than is envisaged in Article 3.

To some extent, however, the situation has been affected by developments in the field of human rights and the recognition of "crimes against humanity". Despite the adoption of the Universal Declaration of Human Rights and the two Conventions relating thereto, and their description as an International Bill of Rights, these instruments do not in fact confer any enforceable rights on the individual, nor do they provide any method of enforcement or punishment in the event of their breach. However, as a result of their constant reiteration in United Nations documents and assertions of their significance by both states and writers, together with reference to them in judgments of the World Court, it may be said that they amount to *opinio juris ac necessitatis* and represent either international customary law or general principles of law recognized by civilized nations[19].

More significant from the point of view of law enforcement in non-international conflicts is the law relating to crimes against humanity. This was introduced into international law by the Agreement establishing the International Tribunal for the trial of the major war criminals of the European Axis[20]. By Article 6 lit.(c) of its Statute, the Tribunal was granted jurisdiction over

> "Crimes against humanity: namely, murder, extermination, enslavement, deportation, and other inhuman acts committed against any civilian population, before or during the war, or persecutions on political, racial or religious grounds in execution of or in connection with any crime within the jurisdiction of the Tribunal, whether or not in violation of the domestic law of the country where perpetrated."

This definition was adopted to deal with a specific situation, namely, the treatment of civilian populations in countries occupied by Germany and to some extent the atrocity known as the Holocaust. It was not of general application. It only applied to civilians and only covered such acts so long as they were committed "in connection with any crime within

---

19 See Article 38, Statute of the International Court of Justice.

20 *UNTS* Vol. 82 No. 251.

the jurisdiction of the Tribunal", that is to say crimes against peace or war crimes in the traditional meaning of that term. No new offence in international law was created thereby[21].

Although as a technical term "crimes against humanity" are narrowly defined, as indicated, it has become common for statesmen, writers and the public alike to extend the use of this rubric to apply to a variety of situations which are considered revolting to the public conscience and which, as such, should be condemned and, if possible, punished. The current view may be expressed in terms used by the Commissions of Experts established pursuant to the Resolutions of the Security Council which resulted in establishment of the ad hoc tribunals for the former Yugoslavia and Rwanda[22].

For our purpose it is sufficient to cite the Interim Report of the Rwanda Commission[23]:

> "If the normative content of 'crimes against humanity' had remained frozen in its Nuremberg form, then it could not possibly apply to the situation in Rwanda ... because there was not a 'war' in the classic sense of an inter-State or international armed conflict.
>
> However, the normative content of 'crimes against humanity' - originally employed by the Nuremberg Tribunal for its own specific purposes in connection with the Second World War - has undergone substantial evolution since the end of World War II.
>
> First, even the Nuremberg Tribunal itself had established that 'crimes against humanity' covered certain acts perpetrated against civilians [- this was not determined by the Tribunal in its Judgment, but laid down by the London Charter in defining these crimes and placing them under the jurisdiction of the Tribunal -], including those with the same nationality as the perpetrator. Indeed, 'crimes against humanity' as a normative concept finds its very origins in 'principles of humanity' first invoked in the early 1800s by a State to denounce another State's human rights violations of its own citizens[24]. Thus, 'crimes against humanity' as a juridical category was conceived early on to apply to individuals regardless as to whether or not the criminal act was perpetrated during a state of armed con-

21 See, e.g., E. Schwelb, "Crimes Against Humanity", *BYIL* 23 (1946), 178 et seq., 205.

22 See below.

23 UN Doc. S/1994/1125 of 4 October 1994, paras. 113-118.

24 Grotius, see note 4.

flict or not and regardless of the nationality of the perpetrator or victim.

Secondly, the content and legal status of the norm since Nuremberg has been broadened and expanded through certain international human rights instruments adopted by the United Nations since 1945. In particular, the Genocide Convention of 1948 affirms the legal validity of some of the normative content of 'crimes against humanity' as conceived in Article 6 (c) of the Nuremberg Charter, but does not overtake it. The International Convention on the Suppression and Punishment of the Crime of Apartheid[25] ... refers in Article 1 to apartheid as a 'crime against humanity'.

Thirdly, the Commission of Experts on [crimes in] the former Yugoslavia has stated[26] that it considered crimes against humanity to be 'gross violations of fundamental rules of humanitarian and human rights law committed by persons demonstrably linked to a party to the conflict, as part of an official policy based on discrimination against an identifiable group of persons, irrespective of war and the nationality of the victim.'

This view finds support in the writings of publicists [- although there is a tendency among them to consider that many of the crimes against humanity committed in a non-international conflict do not need to be discriminatory and directed at any particular group of persons[27]].

The Commission of Experts on Rwanda considers that 'crimes against humanity' are gross violations of fundamental rules of humanitarian and human rights law committed by persons demonstra-

---

[25] *ILM* 13 (1974), 50 et seq. it should be noted that not all the major powers have ratified this instrument.

[26] This quotation seems to have been taken from the Interim Report since this wording does not appear in the Commission's Final Report, UN Doc. S/1994/674, of 27 May 1994, but it forms a summary of paras. 84-86 of that Report.

[27] In the Israeli case of Melinki v. Chief Military Prosecutor, arising from the incident at Kafr Qassem. 1959, reprinted and translated as "Kafr Qassem: A Civilian Massacre", *Pal. Y. B. Int'l L.* 2 (1985), 69, the Israeli courts made much of the fact that the illegal order was directed at a particularly defined group. Although the charges were brought under Israeli criminal law, they could , as may be seen from the language used by the court, just as easily have been treated as crimes against humanity arising in a conflict that did not amount to war.

bly linked to a party to the conflict as part of an official policy based on discrimination against an identifiable group of persons, irrespective of war and the nationality of the victim ...".

It would appear that by introducing the concept of organized discrimination against an identifiable group the two Commissions were seeking to make it clear that genocide, which is essentially such a discriminatory offence, is in fact a crime against humanity - and this it was hardly necessary to do. However, the philosophy underlying the approach of both Commissions is probably correct in their attempt to bring the concept of "crimes against humanity" in line with current thought. If this is so, then there would be little difficulty - providing the necessary tribunal exists - to assert that such offences committed during a non-international conflict are liable to criminal prosecution. In view of the generally accepted principle that war crimes are amenable to universal jurisdiction and a somewhat similar approach existing with regard to crimes against humanity it is probable that such offences could be tried in any state in which an offender was discovered. In fact, this has been the attitude adopted by Germany and the Netherlands in regard to persons accused of crimes against humanity in the former Yugoslavia and by Tanzania as regards Rwanda[28].

Of most importance with regard to specific legislation regarding non-international conflicts are the provisions of Protocols I and II of 1977[29] annexed to the 1949 Geneva Conventions.

Protocol I effects a great change to the classical law relating to non-international conflicts, so long as those conflicts may be described as directed towards self-determination.

Most of the countries coming into existence after 1945 had been colonies of European powers. As such they had emotional sympathy with other entities seeking to throw off imperial rule. In addition, many independence movements in the remaining colonial territories were leftist in political sympathy and thereby received ideological support from members of the Soviet bloc. Moreover, the imperial and colonial powers, under pressure from the United States and strong feelings expressed by many of their own nationals, had a guilty feeling about continuing to

---

[28] See below.

[29] Protocol I - Relating to the Protection of Victims of International Armed Conflicts; Protocol II - Relating to the Protection of Victims of Non-International Armed Conflicts.

rule peoples of a different ethnic character than themselves, particularly when those people constituted the majority in the territory concerned.

Under influence of these forces, pressure was applied to elevate those non-international conflicts which might be described, at least by these sympathisers, as wars of national independence, into conflicts of international concern to be governed by the same laws and regulations as any other international armed conflict.

As a result, Protocol I of 1977 was drafted to include a provision dealing with this type of non-international conflict. Article 1 para. 3, provides that the Protocol will apply to all situations referred to in Article 2 common to the four Geneva Conventions, that is to say,

> "all cases of declared war or of any other armed conflict which may arise between two or more of the High Contracting Parties, even if the state of war is not recognized by one of them. The Convention shall also apply to all cases of partial or total occupation of the territory of a High Contracting Party, even if the said occupation meets with no armed resistance ..."

Had the Conventions and Protocol been left in this form, no change would have been effected in the traditional law. However, para. 4 of Article 1 of the Protocol goes on to provide:

> "The situations referred to in the preceding paragraph include armed conflicts in which peoples are fighting against colonial domination and alien occupation and against racist regimes in the exercise of their right of self-determination as enshrined in the Charter of the United Nations[30] and the Declaration on Principles of International Law Concerning Friendly Relations and Co-operation among States in accordance with the Charter of the United Nations[31]."

However, not all conflicts in which one of the parties claims to be fighting a war in exercise of its right to self-determination fall within the new concept. In the practice of the United Nations, it applies only to those which are waged by a movement describing itself as a "national liberation movement" recognized as such by the regional arrangement, if any, in the area in which the movement is waging its conflict. This would suggest that conflicts taking place in, for example, Latin America, regardless of the extent of the popular support they may receive, are not

---

[30] Article 1, "The Purposes of the United Nations are: ... (2) To develop friendly relations among nations based on respect for the principle of equal rights and self-determination of peoples, ...".

[31] A/RES/2625 (XXV) of 13 October 1970.

considered as being waged by such a movement for self-determination and thus not covered by the provision since they are not recognized as national liberation movements by the Organization of American States, and the same is true of, for example, the Irish Republican Army seeking to overthrow British rule in Northern Ireland since this movement is not accepted by the Council of Europe or the North Atlantic Treaty Organization other than as a group of terrorists. The same is true, for example, of the struggle by the people of Chechenia seeking to break away from Russia; by the Kurds to separate from their various rulers; or by the Sikhs to establish a state of Kalistan separate from India, even though each of these claims to be waging a war of national liberation in pursuit of its right to self-determination.

Even though the Protocol indicates that the Geneva Conventions as supplemented by the Protocol will operate automatically in such a conflict, this is not in fact the case. By Article 96 para. 3:

> "The authority representing a people engaged against a High Contracting Party in an armed conflict of the type referred to in Article 1, paragraph 4, may undertake to apply the Conventions and this Protocol in relation to the conflict by means of a unilateral declaration addressed to the depositary. Such declaration shall, upon receipt by the depositary, have in relation to that conflict the following effects: (a) the Conventions and this Protocol are brought into force for the said authority as a Party to the conflict with immediate effect; (b) the said authority assumes the same rights and obligations as those which have been assumed by a High Contracting Party to the Conventions and this Protocol; and (c) the Conventions and this Protocol are equally binding upon all Parties to the conflict."

This wording implies that the Protocol becomes binding upon the movement's adverse party as soon as the declaration of accession is received by the Swiss government as depositary, even before the power against which the conflict is being waged has become aware of that accession. It is submitted however, that until it has received notice from Switzerland or by some other means, that power cannot be accused of any breach of the Conventions or Protocol against members of the movement making the declaration. Nor can it be claimed to operate against a power which has refused to recognize the movement as being one possessed of the competence to make such a declaration, particularly since the declaration would have no effect upon the application of Article 3 common to the four Conventions providing that the provisions of that Article, which govern all non-international conflicts, do "not affect the legal status of the Parties to the conflict." In such circumstances, for the movement's adverse party the legal situation remains the same, and there is no legal obligation upon governing authorities to treat the members of the movement other than as terrorists or traitors.

This attitude tends to find some measure of confirmation in Article 4 of Protocol I, 1977 since

> "The application of the Convention and of this Protocol ... shall not affect the legal status of the Parties to the conflict. ...",

although even in these circumstances both parties would continue to be bound by the minimum conditions of humanitarian law, leaving it open for the partisans of either, if the opportunity should arose, to be prosecuted and punished for crimes against humanity. This is particularly true in view of the fact that, at present, the former narrow concept of crimes against humanity as established by the Agreement on the Trial of War Criminals[32] and followed in the Judgment of the Nuremberg Tribunal has been widened to cover virtually all acts which might be construed as being contrary to the conscience of mankind[33].

If all the requirements of Article 96 of Protocol I, 1977 are satisfied, the effect of the declaration is that both the national liberation movement and its opponent become bound by all the terms of the Conventions and the Protocol including those relating to grave breaches. Moreover, since a conflict in the name of self-determination waged by a national liberation movement is now considered to have the same status as an international armed conflict, the customary laws and regulations relating to an international conflict would apply, so that both parties would also become subject to the traditional law with regard to the suppression and punishment of war crimes. The commanding authorities of the national liberation movement, together with those of the governing authority against which the conflict is being waged would be liable to all the rules relating to command responsibility including the provisions of Articles 86 and 87 of the Protocol concerning failure to act and the duty of commanders.

As has been seen, Article 1 para. 4 of Protocol I is limited in its applicability. With the reduction in the number of what has been traditionally regarded as colonial possessions, the number of instances in which this

---

[32] Article 6 lit.(c), see note 20.

[33] See, e.g., L.C. Green, "Command Responsibility in International Humanitarian Law", *Transnat.'l L.& Contemp. Probs.* 5 (1995), 320 et seq. (347-349).

provision of the Protocol may become relevant is diminishing. What is likely to happen in the future is a proliferation of situations which would formerly have been regarded as revolutions or civil wars, and already there have been numerous situations tending to confirm that this is the scenario we may look forward to.

The members of the international community are, and since 1945 have been fully aware of this future, and, at the Geneva Conference which was responsible for updating the 1949 Conventions and which produced the 1977 Protocols, sought to extend the scope of the international law regulating conflict - or at least that part of it relating to the protection of non-combatants and constituting humanitarian law - to those conflicts which would not fall within the purview of Protocol I, Article 1 para. 4, and which, since they would almost certainly be ideological in character were likely to be fought with even more intensity and cruelty than is an international conflict.

The means selected to achieve this was Protocol II[34]. However, conscious of the variety of disputes that might arise within the territory of a state, the states participating in the Conference were determined to ensure that the Protocol would apply only to the gravest of such conflicts, in which the existence of the government or the territorial integrity of the country concerned was likely to be endangered. This was achieved by raising the threshold for Protocol II so that it would not apply[35]

> "to situations of internal disturbances and tensions, such as riots, isolated and sporadic acts of violence and other acts of a similar nature, as not being armed conflicts"

even though the national forces might be involved in the restoration of order.

Instead, the threshold selected is, in fact, higher than that required for Protocol I to govern a non-international conflict conducted in the name of self-determination for the purposes of Article 1 para. 4 of that instrument.

In accordance with Article 1 para. 1 of Protocol II,

> "This Protocol ... shall apply to all armed conflicts which are not covered by Article 1 of ... (Protocol I) and which take place in the territory of a High Contracting Party between its armed forces and dissident armed forces or other organized armed groups which, un-

---

34 Protocol II, see note 29.

35 Article 1 para. 2.

> der responsible command, exercise such control over a part of its territory as to enable them to carry out sustained and concerted military operations and to implement this Protocol."

Two points need to be commented upon immediately. First, for Protocol II to become relevant the dissidents must be in control of some part of the national territory. By way of contrast, in accordance with Article 1 para. 4 of Protocol I, there is no need for the national liberation movement concerned to be in control of any part of the national territory. This means, as was the case with both the South West Africa Peoples Organization (SWAPO) and the African National Congress (ANC), operations could be conducted from outside the territory of the authority against which the Organization was conducting its hostilities.

Second, the Article in defining the Protocol's field of operation implies that there are methods for its implementation. However, the Protocol is completely silent on the issue of enforcement. Moreover, there is no provision relating to breaches or their punishment, nor is there any suggestion that the parties to the conflict must take steps to insure that the humanitarian principles embodied therein are in fact adhered to; nor is there any suggestion, as there is in Protocol I, that anything in the nature of command responsibility arises, even though the dissident forces are to be "under responsible command."

Furthermore, the Article in Protocol II relating to the legal status of the parties involved is more extensive in preserving the sovereignty of the governing authority than is the similar provision in Protocol I. By Article 3:

> "1. Nothing in this Protocol shall be invoked for the purpose of affecting the sovereignty of a State or the responsibility of the government, by all legitimate means, to maintain or re-establish law and order in the State or to defend the national unity and territorial integrity of the State.
>
> 2. Nothing in this Protocol shall be invoked as a justification for intervening, directly or indirectly, for any reason whatever, in the armed conflict or in the internal or external affairs of the High Contracting Party in the territory of which that conflict occurs."

Prima facie, this is merely a confirmation of the traditional view that whatever occurs within the territory of a state is solely domestic in character and of no concern to third parties. Moreover, by stating that the local authority may resort to all "legitimate" means to maintain its position, without any indication of what is meant by legitimacy, it leaves it open to that authority to employ any means, within its powers under national law to achieve this purpose. Moreover, since the Protocol is an international agreement between states it only confers rights upon the parties thereto. This means that in the event of the government infringing its obligations under the Protocol it would only be another party to that instrument which would have the right to protest. Any such protest could, within the terms of the Article, be considered an unwarranted intervention and could, in any case, only be legally enforced through the normal media relating to breach of treaty. In this connection it should be borne in mind that, as the ICJ has had occasion to point out[36], while a state may have the competence to bring an action, it can only succeed if it has itself suffered some damage as a result of the breach.

While it may be that there is no clear legal obligation created by Protocol II to ensure its observance or enforcement, it should be noted that almost all members of the United Nations are parties to human rights instruments or have declared their adherence to the principles embodied in such documents, sufficient for there to be a general understanding that these principles now amount to customary law and probably constitute *jus cogens*[37]. Consequently, there are certain obligations binding on the parties even in a non-international armed conflict regardless of the terms of Protocol II. Moreover, since Protocol II is additional to the 1949 Conventions, to which virtually every independent state has become a party, the minimum rights embodied in Article 3 common to those Conventions operate regardless of the terms of Protocol II. Also, Protocol II is little more than a reaffirmation of the basic principles of humanitarian law which are binding on all states, military authorities and civilian populations alike, breach of which would in most instances amount to crimes against humanity. To the extent that they do constitute such crimes the offenders, regardless of rank, status, or nationality, would be amenable to trial by any state in whose territory they might find themselves, and this is especially so in the light of the modern interpretation of crimes against humanity as expounded earlier herein.

Perhaps more important than any of the arguments presented so far is the fact that, regardless of the reservation of sovereignty and the guarantee of non-intervention embodied in Article 3 of Protocol II, there remains the overriding power of the Security Council under Article 2

---

[36] South West Africa, Second Phase, *ICJ Reports* 1966, 6 et seq.

[37] See, for example, T. Meron, *Human Rights and Humanitarian Norms as Customary Law*, 1991.

para. 7[38], as well as Chapter VII of the Charter[39]. This means that if a non-international conflict is regarded by the majority of the members of the Council, including the five possessing the power of veto, as a threat to international peace because of the existence of that conflict, the Council has the power to take such action as it considers requisite, including a resort to armed force, in order to terminate the situation. One of the grounds for so doing may well be that as a result of the continuance of the conflict, because of sympathy the dissidents or the governing authority may enjoy in neighbouring territories, there may be outside intervention either of an official character or by way of "volunteers". The ground for such intervention may be expressed in terms of ethnic sympathy or by asserting a fundamental interest in the preservation of human rights such as to permit measures of humanitarian intervention, similar in character to those which were invoked during the nineteenth century in the name of religious toleration. Moreover, with the new significance accorded to human rights and their observance in modern international law, there is strong ground to believe that such intervention might be tolerated, as it has been in some parts of the African continent. After all, the intervention would only be considered illegal if it were directed against the "territorial integrity or political independence"[40] of the state or was in any other manner inconsistent with the purposes of the United Nations. The only legal way in which it could be determined that the intervention was in breach of the provision would be by decision of the Security Council and this body may well decide that, in view of the significance of human rights, including the right of self-determination, the intervention was clearly consistent with the purposes of the United Nations, among which is "respect for the principle of equal rights and self-determination of peoples"[41].

Since the Security Council has had such fears, in a variety of instances it has authorized the despatch of contingents contributed by various United Nations members to act as peace-keepers or interposition forces, though without any authority to intervene in the actual conflict, but

---

[38] "Nothing contained in the present Charter shall authorize the United Nations to intervene in matters which are essentially within the domestic jurisdiction of any state ...; but this principle shall not prejudice the application of enforcement measures under Chapter VII."

[39] "Action with Respect to Threats to the Peace, Breaches of the Peace, and Acts of Aggression."

[40] Charter, Article 2 para. 4.

[41] Charter, Article 1 para. 2.

with the object of keeping the contestants apart. Such action has resulted in sending peace-keepers to, among others, Cyprus, the Middle East, Cambodia and Somalia. The rules of engagement drawn up by the United Nations in these instances have allowed for the use of mortal or disabling fire in protection of the personnel themselves or, in exceptional circumstances, of their equipment. It has not, however, authorized action to protect locals when such persons have been subjected to atrocities even in the presence of United Nations peace-keepers. This is not to say that individual peace-keepers have not, on their own initiative, decided to act to protect locals, while, in the case of Somalia, the United States, whose personnel were not strictly part of the United Nations force, went so far as to attempt to seek out and arrest one of the tribal leaders involved in the conflict. However, this endeavour failed and a number of United States personnel were killed. As a result, the United States withdrew its contingent, but took no steps to secure the arrest or surrender of those responsible.

More significant perhaps has been the reaction of the Security Council to events consequent upon the dissolution of the Socialist Republic of Yugoslavia and the outbreak of the civil war in Rwanda following the "mysterious" death of that country's president in an air crash.

In the case of Yugoslavia, the federation broke up into its constituent parts with the various elements securing international recognition as independent states, while Serbia/Montenegro remained as the former Yugoslavia. Conflict soon broke out between Serbia and Croatia, Serbia and Bosnia Hercegovina, and Croatia and Bosnia Hercegovina. While these conflicts subsisted they amounted to international armed conflicts and were subject to the normal rules pertaining to such conflicts. In Bosnia Hercegovina, however, dissident ethnic/national groups made up of local Serbs and Croats took up arms against the Bosnian government either seeking to establish an independent state of their own within Bosnia or with the intention of seceding and adhering to Serbia or Croatia as the case might be. In addition, dissident Muslim groups also took up arms against the legal government which was largely Muslim. These conflicts were non-international in character, even though the military leaders in most cases had been officers in the former Yugoslav Army and in the earlier stages of the conflicts received support from the Croat and particularly the Serbian government. While such outside assistance was tendered it might have been difficult to differentiate which breaches of the law were committed in the course of an international conflict and thus amounted to war crimes, and those which were perpetrated during a non-international conflict, although it might have remained possible to allocate responsibility to individual offenders in the light of the forces to which they belonged. Once the assistance from Croatia or Serbia ceased, the conflicts reverted to their status as internal or non-international conflicts, and it might have been presumed that the traditional law with regard to such conflicts would prevail, even though various Muslim countries were known to be supplying material and "volunteers" to the Bosnian government. However, the former Yugoslavia had ratified the Geneva Conventions as well as the Protocols, and both Croatia and Bosnia announced their adherence thereto. To that extent, therefore, the conflicts were subject to the provisions of these instruments, fully in the case of the international conflicts involved and, to the extent outlined above, to the non-international conflicts in Bosnia as well.

As regards Rwanda no similar problem as to classification arose. There it was a straightforward case of one ethnic group, the majority, the Tutsi, taking up arms against the ruling minority ethnic group, the Hutus. In the course of the conflict extensive atrocities were committed, especially by forces and officials owing allegiance to the overthrown Hutu administration.

In Bosnia Hercegovina the warring parties, and particularly the Serbs, pursued a policy of "ethnic cleansing" which involved the expulsion of non-Serbs from their homes and from the territory under Serb control. In many cases this resulted in mass deaths, while evidence was accumulating that massacres were being perpetrated against expelled Muslims as a matter of policy. Regardless of these deaths, it cannot be ignored that such a policy would cause, in the terminology of the Genocide Convention, "serious bodily or mental harm to members of the group[s]" affected. Similarly, in Rwanda extensive massacres of Tutsi by Hutus and vice versa ensued, including raids on refugee camps in neighbouring countries. These outrages clearly fell within the rubric of genocide and were international crimes in accordance with the Genocide Convention to which both Yugoslavia and Rwanda were parties. However, in the absence of any existing international tribunal with jurisdiction over this crime, the offenders were only amenable to trial by the authorities of the territory in which their offences had been committed. The possibility of such trials taking place, other than of captured personnel and then more on the basis of vengeance than justice[42], were unlikely in the extreme.

---

[42] In fact, Rwanda announced that it intended to bring thousands of Hutu to trial.

Faced with increasing evidence of atrocities on a grand scale and pressure from public opinion, the Secretary-General of the United Nations, acting in accordance with instructions from the Security Council, established commissions of investigation to seek out evidence of genocide, war crimes and crimes against humanity in both the former Yugoslavia and Rwanda. In the light of their reports he proposed to the Council that ad hoc tribunals be established to try offenders and submitted a draft statute for each of two separate bodies.

The first problem to be considered stems from the contention that, since the Charter is silent on this matter, it was beyond the powers of the Security Council to establish such a tribunal, and this contention formed much of the plea to the jurisdiction presented in connection with the first prosecution, that of D. Tadic. It was fully argued in both the chamber of first instance and before the Appeals Chamber. For our purpose, it is merely necessary to look at the decision of the latter in so far as it concerns the authority of the Council vis-à-vis a non-international conflict. In the view of the Tribunal[43]:

> "... an armed conflict (or a series of armed conflicts) has been taking place in the territory of the former Yugoslavia since long before the decision of the Security Council to establish this Tribunal[44].If it is considered an international armed conflict, there is no doubt that it falls within the literal sense of the words 'breach of the peace' (between the parties or, at the very least, as a 'threat to the peace' of others).
>
> But even if it were considered merely as an 'internal armed conflict', it would still constitute a 'threat to the peace' according to the settled practice of the Security Council [- the constitutionality of which it was beyond the competence of the Tribunal to investigate -] and the common understanding of the United Nations membership in general. Indeed, the practice of the Security Council is rich with cases of civil or internal strife which it classified as a 'threat to the peace' and dealt with under Chapter VII, with the encouragement or even at the behest of the General Assembly, such as the Congo crisis at the beginning of the 1960s and, more recently, Liberia and Somalia. It can thus be said that there is a common understanding, manifested by the 'subsequent practice' of the membership of the United Nations at large, that the 'threat to the peace' of

---

43 The Prosecutor v. D. Tadic, *ILM* 35 (1996), 32, para. 30.

44 ILM 32 (1993), 1203; the Secretary-General's Report on Aspects of Establishing the Tribunal is at 1159.

> Article 39 may include, as one of its species, internal armed conflicts ...".

It may be suggested that here we have an example of a specially created international tribunal deciding that the organ of the United Nations which established it has a jurisdiction which is not apparent from the actual text of the Charter by construing the acquiescence of the membership as being equivalent to *opinio juris ac necessitatis*, perhaps even amounting to a de facto amendment of the Charter. In some ways this is reminiscent of the holding by the International Military Tribunal at Nuremberg[45] that aggressive war had been rendered criminal by the Pact of Paris, 1928[46], when it had no option to declare otherwise since the Agreement on the Trial of War Criminals, its constituent instrument, expressly stated that wars in breach of treaty amounted to aggression and hence a crime against peace.

The Appeals Chamber then continued, upholding the power of the Council to establish the Tribunal, although there is no provision in the Charter envisaging the creation of such an institution[47]:

> "As with the determination of the existence of a threat to the peace, a breach of the peace or an act of aggression, the Security Council has a very wide margin of discretion under Article 39 to choose the appropriate course of action and to evaluate the suitability of the measures chosen, as well as their potential contribution to the restoration or maintenance of peace. ...
>
> In its Resolution 827 of 25 May 1993 the Security Council considers that 'in the particular circumstances of the former Yugoslavia', the establishment of the International Tribunal 'would contribute to the restoration and maintenance of peace', and indicates that, in establishing it, the Security Council was acting under Chapter VII. However, it did not specify a particular Article as a basis for this action. ...
>
> The establishment of an international criminal tribunal is not expressly mentioned among the enforcement measures provided for in Chapter VII, and more particularly in Articles 41 and 42[48].

---

[45] H.M.S.O. Cmd. 6964 (1946), 38 et seq., 39-41.

[46] Kellogg-Briand Pact, *LNTS* Vol. 94, 57 et seq.

[47] Judgment, paras. 32-40.

[48] These are the Articles indicating the measures that the Security Council may decide are necessary to deal with the particular threat, breach or act of aggression.

Obviously, the establishment of the International Tribunal is not a matter under Article 42, as these are measures of a military nature, implying the use of armed force. Nor can it be considered a 'provisional measure' under Article 40. These are measures intended to act as a 'holding operation', producing a 'stand-still' or a 'cooling-off' effect, 'without prejudice to the rights, claims or position of the parties concerned'. They are akin to emergency police action rather than to the activity of a judicial organ dispensing justice according to law. Moreover, not being enforcement action, according to the language of Article 40 itself, such provisional measures are subject to the Charter limitation of Article 2 para. 7[49], and the question of their mandatory or recommendatory character is subject to great controversy, all of which renders inappropriate the classification of the International Tribunal under these measures.

Prima facie, the International Tribunal matches perfectly the description in Article 41 of 'measures not involving the use of armed force'. The measures set out in that Article are merely illustrative *examples* which obviously do not exclude other measures. All the Article requires is that they do not involve 'the use of armed force'. It is a negative definition.

Logically, if the Organization can undertake measures which have to be implemented through the intermediary of its members, it can a fortiori undertake measures which it can implement directly via its organs, if it happens to have the resources to do so. It is only for want of such resources that the United Nations has to act through its members. But it is of the essence of 'collective measures' that they are collectively undertaken. Action by member states on behalf of the Organization is but a poor substitute *faute de mieux*, or a 'second best' for want of the first. This is also the pattern of Article 42 on measures involving the use of armed force.

In sum, the establishment of the International Tribunal falls squarely within the powers of the Security Council under Article 41.

The argument that the Security Council, not being endowed with judicial powers, cannot establish a subsidiary organ possessed of such powers is untenable: it results from a fundamental misunderstanding of the constitutional set-up of the Charter.

---

[49] "Nothing contained in the present Charter shall authorize the United Nations to intervene in matters which are essentially within the domestic jurisdiction of any state ..., but this principle shall not prejudice the application of enforcement measures under Chapter VII."

> Plainly, the Security Council is not a judicial organ and is not provided with judicial powers (though it may incidentally perform certain quasi-judicial activities such as effecting determinations or findings). The principal function of the Security Council is the maintenance of international peace and security, in the discharge of which the Security Council exercises both decision-making and executive powers.
>
> The establishment of the International Tribunal by the Security Council does not signify, however, that the Security Council has delegated to it some of its own functions or the exercise of some of its own powers. Nor does it mean, in reverse, that the Security Council was usurping for itself part of a judicial function which does not belong to it but to other organs of the United Nations according to the Charter. The Security Council of the United Nations has resorted to the establishment of a judicial organ in the form of an international criminal tribunal as an instrument for the exercise of its own principal function of maintenance of international peace and security, i.e., as a measure contributing to the restoration of peace in the former Yugoslavia.
>
> ... Article 39 leaves the choice of means and their evaluation to the Security Council, which enjoys wide discretionary powers in this regard, and it could not have been otherwise, as such a choice involves political evaluation of highly complex and dynamic situations.
>
> It would be a total misconception of what are the criteria of legality and validity in law to test the legality of such measures ex post facto by their success or failure to achieve their ends (in the present case, the restoration of peace in the former Yugoslavia, in quest of which the establishment of the International Tribunal is but one of many measures adopted by the Security Council).
>
> For the aforementioned reasons, the Appeals Chamber considers that the International Tribunal has been lawfully established as a measure under Chapter VII of the Charter."

It might be argued that this somewhat extensive interpretation of the powers of the Security Council, endowing it with a competence not found in the Charter, and in fact probably intentionally omitted therefrom in view of the establishment of the ICJ as "the principal judicial organ of the United Nations"[50], and particularly in view of the known unwillingness of states to establish a criminal tribunal with power to

---

[50] Article 92.

determine the legality or otherwise of state actions, runs counter to the long-accepted view, confirmed by the Permanent Court of International Justice, in the Wimbledon Case[51], that powers not expressly surrendered by states cannot be construed as having been so surrendered.

As to suggestions that the Tribunal has not been properly established by law, the Appeal Chamber held[52]:

> "... This Chamber is satisfied that the principle that a tribunal must be established by law ... is a general principle of law imposing an international obligation which applies to the administration of criminal justice in a municipal setting. It follows from this principle that it is incumbent on all States to organize their system of criminal justice in such a way as to ensure that all individuals are guaranteed the right to have a criminal charge determined by a tribunal established by law. This does not entail however that, by contrast, an international criminal court could be set up at the mere whim of a group of governments [- not even by a verbal agreement so as to affect only their own nationals? -]. Such a court ought to be rooted in the rule of law and offer all guarantees embodied in the relevant international instruments[53]. Then the court may be said to be 'established by law'.
>
> ... It is clear that the legislative, executive and judicial division of powers which is largely followed in most municipal systems does not apply to the international setting nor, more specifically, to the setting of an international organization such as the United Nations. Among the principal organs of the United Nations, the divisions between judicial, executive and legislative functions are not clear cut. Regarding the judicial function, the International Court of Justice is clearly the 'principal organ'. There is, however, no legislature, in the technical sense of the term, in the United Nations system and, more generally, no Parliament in the world community. That is to say, there exists no corporate organ formally empowered to enact laws directly binding on international legal subjects.
>
> It is clearly impossible to classify the organs of the United Nations into the ... divisions which exist in the national law of States. ... Consequently the separation of powers element of the requirement that a tribunal be 'established by law' finds no application in an international setting. ...

---

[51] 1923, Ser. A, No. 1, 1 Hudson, *World Court Reports*, 1934, 163.

[52] Judgment, paras. 41-47.

[53] E.g., the various international conventions on human rights.

> A second possible interpretation is that the words 'established by law' refer to establishment of international courts by a body, though not a Parliament, which has a limited power to make binding decisions. In our view, one such body is the Security Council when, acting under Chapter VII of the United Nations Charter, it makes decisions binding by virtue of Article 25 of the Charter[54].
>
> ... It does not follow from the fact that the United Nations has no legislature that the Security Council is not empowered to set up this International Tribunal if it is acting pursuant to an authority found within its constitution. ... [W]e are of the view that the Security Council was endowed with the power to create this International Tribunal as a measure under Chapter VII in the light of its determination that there exists a threat to the peace.
>
> ... For a Tribunal such as this one to be established according to the rule of law, it must be established in accordance with the proper international standards; it must provide guarantees of fairness, justice and even-handedness, in full conformity with internationally recognized human rights instruments.
>
> ... The important consideration in determining whether a tribunal has been 'established by law' is not whether it was pre-established or established for a specific purpose or situation; what is important is that it be set up by a competent organ in keeping with the relevant legal procedure, and that it observes the requirements of procedural fairness. ..."

This would indicate that a tribunal established by executive decree by a revolutionary authority before a proper legislative body had been created, with the sole purpose of trying the president of the overthrown administration, would be considered as having been "established by law", provided it conducted itself in accordance with acknowledged principles of justice. This raises the interesting question whether the tribunal that was envisaged by Article 227 of the Treaty of Versailles[55] to try Wilhelm II satisfied all these conditions, since it was implied that the mere constitution of the tribunal would assure

> "him the guarantees essential to the right of defence ... (and as in) its decision the tribunal will be guided by the highest motives of inter-

---

[54] "The Members of the United Nations agree to accept and carry out the decisions of the Security Council in accordance with the present Charter."

[55] 1919, 225 Consolidated Treaty Series 189, Article 227.

national policy, with a view to vindicating the solemnity of international undertakings and the validity of international morality."

Finally, in affirming the power of the Security Council to establish the tribunal and thus its own legitimacy, the Appeals Chamber pointed out:

"An examination of the Statute of the International Tribunal[56] and of the Rules of Procedure and Evidence[57] adopted pursuant to that Statute leads to the conclusion that it has been established in accordance with the rule of law. The fair trial guarantees in Article 14 of the International Covenant on Civil and Political Rights[58] have been adopted almost verbatim in Article 21 of the Statute. Other fair trial guarantees appear in the Statute and the Rules of Procedure and Evidence. For example, Article 13 para. 1 of the Statute ensures the high moral character, impartiality, integrity and competence of the Judges of the International Tribunal, while various other provisions in the Rules ensure equality of arms and fair trial.

In conclusion, the Appeals Chamber finds that the International Tribunal has been established in accordance with the appropriate procedures under the United Nations Charter and provides all the necessary safeguards of a fair trial. It is thus 'established by law'."

It really matters little whether one agrees with the Tribunal's interpretation of Chapter VII of the Charter and the powers of the Security Council thereunder, together with its own constitutionality as a result of that interpretation. As the Tribunal pointed out, the General Assembly has confirmed its existence and no member of the United Nations has contested it. In fact, some have accepted and given effect to the principle embodied in the Statute[59], that while there is concurrent jurisdiction as between the Tribunal and national courts the former enjoys primacy. Thus, for example, Germany extradited Tadic to stand trial before the Tribunal for Yugoslavia, even though by German law those accused of crimes against humanity and found on German soil are amenable to criminal prosecution in Germany. In fact, Germany amended its legislation to make this possible. Tanzania acted in a similar fashion

---

[56] *ILM* 32 (1993), 1192.

[57] *ILM* 33 (1994), 484.

[58] *UNTS* Vol. 999 No. 14668.

[59] Yugoslavia, Article 9 para. 2; Rwanda, Article 8 para. 2.

with regard to Akayesu making him available to the Tribunal for Rwanda[60].

As to the constitutionality of the Rwanda Tribunal and its competence to try those charged with offences while engaged in a non-international conflict, it suffices to point out that the Statute establishing the International Tribunal for Rwanda is a virtual reproduction of that for the former Yugoslavia. Moreover, the Appeals Chamber of the Rwanda Tribunal is the same as that for the former Yugoslavia, so that it may be presumed that the findings with regard to constitutionality vis-à-vis the Yugoslav Tribunal and outlined here would apply, *mutatis mutandis*, to the Rwanda Tribunal also. Furthermore, it should be borne in mind that in this case there were no problems relating to classification of the conflict since there was no suggestion that any aspect of it might constitute an international conflict.

Having thus examined the issues relating to the establishment of the two Tribunals and the competence to try persons accused of offences committed during a non-international conflict, we may turn our attention to the offences over which the Tribunals were given jurisdiction.

In so far as the International Tribunal for the former Yugoslavia is concerned, it has jurisdiction over violations of the laws or customs of war, grave breaches of the Geneva Conventions, genocide, and crimes against humanity. Its competence with regard to the laws and customs of war relates to those incidents which were perpetrated during the international conflicts occurring in the former Yugoslavia. The Rwanda Tribunal, reflecting the fact that the conflict in that territory was purely of a non-international character, does not possess any jurisdiction over violations of the laws or customs of war.

Article 3 of the Statute of the Yugoslav Tribunal indicates that violations of the laws or customs of war

> "shall include, but not be limited to:
>
> (a) employment of poisonous weapons or other weapons calculated to cause unnecessary suffering;
>
> (b) wanton destruction of cities, towns or villages, or devastation not justified by military necessity;
>
> (c) attack or bombardment, by whatever means, of undefended towns, villages, dwellings, or buildings;

---

60 See below.

(d) seizure of, destruction or wilful damage done to institutions dedicated to religion, charity and education, the arts and sciences, historic monuments and works of art and science;

(e) plunder of public or private property."

With the exception of the last two items listed, it is submitted that this enumeration, together with a number of other breaches of the laws and customs of war though not particularized, would, for the main part, constitute crimes against humanity. It is perhaps unfortunate, therefore, that the Statute even refers to these laws and customs. Had it remained silent in this regard, many of the problems relating to constitutionality and competence would have been avoided, for, in the light of the new approach to crimes against humanity it cannot be questioned that these offences are now considered to be subject to universal jurisdiction.

As to the crime of genocide, while, as we have seen, the Convention only provides for trial by local courts pending the creation of an international tribunal possessed of the necessary jurisdiction, the International Tribunal, though ad hoc and created for a limited purpose, would have satisfied the Convention requirement that an international tribunal possessing the necessary jurisdiction be established. Moreover, it may well be argued that genocide is in fact the gravest of all crimes against humanity and, therefore, it might well have sufficed to grant the Tribunal jurisdiction over this type of crime alone. However, in view of the extensive "ethnic cleansing" that took place in the former Yugoslavia and the massacres, openly inter-tribal, perpetrated in Rwanda[61], it was probably considered useful, especially in the light of popular reaction, to indicate that genocide was so horrendous a crime as to warrant specific condemnation over and above any that might attach to crimes against humanity in general.

The two Statutes, in conformity with established rules concerning international conflict, and extended by the Statutes to those of a non-international character as well, confirmed that the status of an accused would not provide immunity[62] and that individual responsibility would also attach to anyone planning, instigating, ordering, or aiding and abetting in the planning or preparation of any of the crimes within the

---

[61] During the trial for genocide of Jean-Marie Akayesu counsel for the defence cited the killing of at least one million - the prosecution claimed that 800000 of these were Tutsi, while counsel contended that "800000 Hutus and 200000 moderate Tutsi had been killed in the 1994 massacres rather than the other way round", The Times (London), 27 September 1996.

[62] Yugoslavia, Article 7 para. 2; Rwanda, Article 6 para. 2.

Tribunal's jurisdiction, as well as to any superior who knew or had reason to know that a subordinate was about to commit any of the crimes within the Tribunal's jurisdiction and who failed to take the necessary and reasonable measures to prevent such acts or to punish the perpetrators thereof[63]. At the same time, in accordance with the established principle relating to the trial of this type of crime, the Statutes expressly provided for the non-applicability of a plea of superior orders as a defence[64].

Regardless of any debate as to the competence of the Yugoslav Tribunal, it has to be noted that it had no option but to try those charged with crimes against humanity allegedly committed during those conflicts in the territory of the former Yugoslavia which were non-international. Article 5 of the Statute dealing with crimes against humanity expressly states that the Tribunal possesses

> "the power to prosecute persons responsible for the following crimes when committed in armed conflict, whether international or internal in character, and directed against any civilian population ...".

In addition, as regards its competence in general, Article 1 provides that it

> "shall have the power to prosecute persons responsible for serious violations of international humanitarian law committed in the territory of the former Yugoslavia since 1991..."

and international humanitarian law includes grave breaches of the Geneva Conventions and Protocol I, war crimes in the traditional sense, genocide and crimes against humanity.

From the earliest days of their operations, both Tribunals have had recourse to the principles of command responsibility just mentioned.

The Yugoslav Tribunal, in its Indictment of M. Martic, R. Karadzic and R. Mladic clearly rested many of the charges on orders given by these individuals.

Martic, a Croatian national and "president of the self-proclaimed Republic of Serbian Krajina", gave orders to attack three Croatian cities, the victims being "civilians protected by the laws and customs of war".

Karadzic, a Serbian,

> "has acted and been dealt with internationally as the president of the Bosnian Serb administration in Pale. In that capacity, he has, inter

63 Article 7 para. 1 and 3; Article 6 para. 1 and 3, resp.

64 Yugoslavia, Article 7 para. 4; Rwanda, Article 6 para. 4.

alia, participated in international negotiations and has personally made agreements on such matters as cease-fires and humanitarian relief that have been implemented."

Despite his participation in such matters, he has received no international recognition, nor has such recognition been extended to the Bosnian Serb administration.

Mladic, formerly a corps commander in the Yugoslav People's Army, assumed command of the Bosnian Serb army, and in this capacity negotiated cease-fire and prisoner exchange arrangements; agreements relating to the opening of Sarajevo airport; agreements concerning access for humanitarian aid convoys; and the like. All these agreements were implemented indicating his power of control.

Both Karadzic and Mladic were charged with genocide; crimes against humanity; shelling, unlawful confinement of civilians, and destruction of sacred sites, specified in the Statute as violations of the laws or customs of war. The individual counts against them[65] were based on command responsibility, including such terms as

> "by their acts and omissions; facilities [wherein atrocities were alleged to have been committed] were staffed and operated by military and police personnel and their agents, under the control of ...; under the control and direction of ...; knew or had reason to know that subordinates ... were about to kill or cause serious physical or mental harm to Bosnian Muslims and Bosnian Croats with the intent to destroy them ..; individually and in concert with others planned, instigated, ordered or otherwise aided and abetted in the planning or execution ...".

They were further charged with the seizure of a number of United Nations peace-keepers and holding them as hostages, a procedure which would not have been indulged in at the command of a petty commander, but must have been decided upon as a result of policy decided upon at higher levels.

Similarly with the Rwanda Tribunal, the first to be accused was the former mayor of Taba, J.-M. Akayesu, who had fled to Tanzania and been returned to stand trial by the International Tribunal. He was charged with genocide, murder and crimes against humanity arising from the massacre of Tutsi within that region. The charges against him included personal killings, but he was also alleged to have given the or-

---

65 All extracts concerning these two accused have been taken from the Indictments.

ders which led to the massacre; to have exhorted the Hutu militia to kill Tutsi, and to have ordered the murder and mutilation of pregnant women. Overall, he was charged with prime responsibility for what had happened[66], although at his trial the defence counsel claimed that the numbers of deaths related rather to Hutu than Tutsi[67].

Regardless of the two ad hoc International Tribunals that have been established to deal with particular conflicts and which will therefore eventually become *functus officio*, it may probably be said that it is now well established that crimes committed during a non-international armed conflict which amount to crimes against humanity are, like war crimes committed during an international armed conflict, subject to universal jurisdiction, and therefore amenable to trial in any country in which an offender may be found.

Recognition of the principle of universal jurisdiction as regards crimes against humanity committed during a non-international conflict has been confirmed in regard to the "dirty war" in Argentina. Judge B. Garzon in Madrid, in hearing a case brought by a Spanish woman whose husband and two sons were tortured and "disappeared" during the "troubles" in Argentina, ruled that, regardless of the Argentine amnesty which lacks any validity outside that country, he has jurisdiction over cases of torture and murder committed against Spanish citizens in Argentina during the period of civil disturbance. In his view these acts amounted to crimes against humanity and were subject to universal jurisdiction and any warrant for arrest of the offenders that he might issue he considered to be entitled to international recognition and enforceable universally. Similarly, in relation to the same period of unrest in Argentina, France has sentenced Captain A. Astiz of the Argentine Navy to life imprisonment for killing two French nuns in 1977. However, it should be noted that A. Pierini, Argentina's Under-Secretary for Human Rights has indicated that the Argentine Government would not cooperate with such proceedings in any way, since "a foreign court has no jurisdiction over events that took place on Argentine soil."[68] However, this does not mean that, should any of the persons named by third countries for events during the Argentine "dirty war" be found outside Argentina, the "host" country will not cooperate and give effect to an indictment or warrant for arrest.

---

66 *New York Times*, 27 September 1996.

67 See note 61 above.

68 *New York Times*, 24 October 1996.

Moreover, in so far as the two ad hoc tribunals are concerned, once either of them has agreed that an Indictment may be issued, that Indictment is universally valid and a named accused is liable to arrest wherever he may be found and then handed over to the tribunal for trial[69]. Thus, it has become impossible, at least in the case of these two tribunals, for any named offender to claim asylum.

As to crimes which come within the purview of the Convention definition of genocide, the lacuna in the Convention with regard to jurisdiction may be filled by acknowledging that genocide is a crime against humanity and, as such, regardless of its nomenclature under the Convention[70], clearly subject to universal jurisdiction.

Where war crimes are concerned, it is probably best when a mixed situation exists, involving both international and non-international conflicts, to ignore this concept completely and lodge charges in accordance with the law concerning crimes against humanity and, if desired, alleging genocide. This avoids controversy relating to the application of the law of armed conflict, or at least those aspects of it which have traditionally been regarded as applicable only in an international conflict amounting to war, while at the same time ensuring that the law forbidding a variety of outrageous acts which, had they been committed during an international conflict would have amounted to war crimes or grave breaches, even though they have been committed during a non-international conflict. Also, that this law is fully applicable and that all offenders, whether superiors or subordinates, are amenable to trial.

In addition to the judicial processes outlined here for ensuring compliance with the law during a non-international conflict, events in Iraq after the conclusion of the Gulf War of 1991 between Iraq and the Coalition forces, as well as in Bosnia show that when circumstances relating to a continuance of hostilities or denial of human rights are involved, the world community, or groups of states acting on their own or in the name of an international organization, may decide that, for humanitarian reasons, it has become necessary to resort to measures which would

---

69 Yugoslavia, Arts. 19 para. 2 and 29; Rwanda, Arts. 18 para. 2 and 28.

70 In the case of Eichmann (Att. Gen. of the Government of Israel v. A. Eichmann, 1961/2. *ILR* 36 (1968), 5 et seq. District Court, 277, Supreme Court) the Israeli authorities did not prosecute him for genocide as such, since the Convention, with its international definition, was adopted after he had committed his crimes. Instead, he was charged with a series of crimes which amounted to genocide in the ordinary meaning of that term as generally understood by the time of the trial.

normally, or under a strict interpretation of the domestic jurisdiction reservation in Article 2 para. 7, or Article 2 para. 4[71] of the Charter, be condemned as unwarranted intervention in the domestic affairs of the state against which such measures are applied.

As to the conflict in Bosnia Hercegovina, by the General Framework Agreement for Peace in Bosnia and Hercegovina drawn up in Paris[72], the peace-keeping force in that country under United Nations auspices was replaced by an Implementation Force (IFOR) deployed under NATO (North Atlantic Treaty Organization) auspices. The task of this Force was to ensure that the various parties would comply with the cease-fire arrangements that had been agreed upon and proceed to supervise an election for a democratic administration representing the various interests. The IFOR contingents were not given power to intervene on behalf of the various ethnic groups, even when violence was being resorted to in their presence, although in some cases protective intervention did in fact take place on the authority of a local IFOR commander. More significantly, the IFOR command determined that, in accordance with the terms of the Paris Agreement, it was not within their competence to arrest persons who had been indicted by the Tribunal for the former Yugoslavia, unless such persons were "accidentally" come upon. Participating in discussions with such persons concerning the application of the Paris Agreement was not considered sufficient basis for arresting them.

From what has been said, it is clear that the law is enforceable against those who commit offences during a non-international conflict without having to rely on the creation of any special ad hoc tribunal, whether by the Security Council of the United Nations or through the medium of a specially created tribunal, and even before the establishment of any permanent international criminal court.

As to the significance of the jurisprudence of the two ad hoc International Tribunals, since their creation has been acquiesced in by the world community at large, it is now well established that any jurisdictional or constitutional problems that might have existed when these were created, they are no longer in point. The findings with regard to creation and jurisdiction are now fully established and beyond question.

---

71 "All Members shall refrain in their international relations from the threat or use of force against the territorial integrity or political independence of any state, or in any other manner inconsistent with the Purposes of the United Nations."

72 *ILM* 35 (1996), 75 et seq.

Should it prove necessary, therefore, for similar tribunals to be established in the future, such disputes would be avoided.

The jurisprudence established by the Tribunals in regard to breaches of the law in either international or non-international conflicts should constitute as much of a precedent as does the Judgment of the International Military Tribunal at Nuremberg. In fact, since the two tribunals were created by the United Nations and not by victorious combatants with jurisdiction only over named enemies, their decisions as coming from a less "biased" court - even though it is generally acknowledged that the Nuremberg Tribunal applied the principles of the rule of law and of justice - might even be accorded greater respect than is given to Nuremberg. Furthermore, the events in both Iraq and Bosnia show that, when humanitarian considerations warrant it, intervention on behalf of an international organization, or perhaps even by a leading power, may become acceptable even in a non-international conflict.

What is now clearly established is that means exist to enforce the law in respect of offences arising during non-international conflicts as much as in international armed conflicts, and this despite any traditional views regarding the non-application of international law to such conflicts or the silence of Protocol II in regard to breaches or enforcement. No longer can it be maintained, at least when atrocities amounting to genocide or crimes against humanity are committed, that non-international conflicts are within the domestic jurisdiction of the state within whose territory the conflict is being conducted and as such outside the scope of international legal concern.

Intervention in the Domestic Affairs on Humanitarian Grounds and International Law

José Luís Jesus

I. Introduction

The topic of intervention in the domestic affairs of States has been the subject of an animated debate for quite some time. This debate seems to have gained a new impetus lately as a result of the transformation that the world has been undergoing in the last few years.

The changes that we have been facing in the most recent times have led to the resurgence of many dormant conflicts, most of them of an internal character. In most regions, especially in Africa and in Europe, age-old ethnic rivalries and, in some cases, the reclaiming of fair and free participation in the political process have turned into open conflicts, creating regional instability, spreading death and destruction and spawning millions of refugees and displaced persons.

On the other hand, as the world becomes more interdependent, decisions of one State, or the internal situation prevailing in it, tend to produce effects way beyond the national borders, affecting the stability and the livelihood of the neighbouring countries or threatening international peace and security[1].

These developments seem to strengthen the belief that the world is becoming an even more unified "global village" in which boundaries between domestic and international affairs often become blurred, making it difficult, in many instances, to ascertain where the domestic affairs of a State finish and the international domain begins.

---

1 K. Zemanek, "Interdependence", in: R. Bernhardt (ed.), *EPIL* II (1995), 1021 et seq.

The United Nations Charter itself, recognizing that in the modern world there are not many issues in which one State alone is interested, establishes in its Article 2 para. 7 a very fluid line between matters that fall within the UN purview and those that are "essentially within the domestic jurisdiction" of States.

II. Domestic Jurisdiction v. International Sphere

How is it possible then to identify a given matter as falling within the domestic affairs of sovereign States?

Traditionally, there seems to exist a well established principle of international law, in accordance with which States escape outside interference, over a range of core issues, generally seen as matters of national concern[2].

These normally include matters such as the determination of the political, economic and social system of government, the definition of the constitutional framework; the distribution and the relationship amongst the three branches of the government; the relationship between the citizens and their government.

Nevertheless there is a constant tension between a dwindling national jurisdiction and an increasing international sphere that makes it impossible to lay down a permanent definition of the limits of this "domestic jurisdiction".

Past experience seems to confirm however that the question of whether an issue is essentially a domestic one or allows for an international treatment is determined by the reaction of the world to a given situa-

---

[2] Keynote address by Jan Eliasson, UN Relief Assistance coordinator, made in the Cater Centre Atlanta on 17 February 1993. See also N. Ouchakov, "La competence Interne des Etats", *RdC* 141 (1974), 5 (49); H. Lauterpacht, "The International Protection of Human Rights", *RdC* 70 (1947),5 (27); Resolution of the Institute of International Law, Annuaire de l'Institut 45 (1945) ii, 292, 299; Nationality Decrees in Tunisia and Morocco (1923), PCIJ Ser. B No. 4, 24. See also M. Schröder, "Non-Intervention, Principle of", in: R. Bernhardt (ed.), *EPIL* III (1997), 619 et seq.; A. Verdross, "Le Principe de la Non-Intervention dans les affaires relevant de la competence national d'un Etat de l'article 2 (7) de la Charte de Nations Unies", *Melanges offerts à Charles Rousseau*, 1974, 264 et seq.; B. Lillich, "Economic Coercion and the International Legal Order", *Int'l Aff.* 52 (1952), 358 et seq.

tion, at a given historical moment. Thus, an issue traditionally considered "essentially within the domestic jurisdiction" can suddenly come under the international scrutiny, depending on the prevailing international perceptions of the moment thereon.

This observation seems to explain the current fast-changing international perceptions on intervention in the domestic affairs of States as a reaction to the devastating humanitarian situation prevailing in many conflict areas.

III. The Terms of the Humanitarian Crisis

Indeed, the world has lately been facing a humanitarian crisis of great proportion. The various armed conflicts being waged in different parts of the world have produced 17 million refugees and 24 million displaced persons[3].

On the other hand, there has been a systematic and persistent violation of international humanitarian law. Mass rape, ethnic cleansing, indiscriminate killings, torture, deliberate shelling of civilian targets and starvation have been pursued constantly in the armed conflict of Bosnia and Hercegovina.

In Somalia, the warring factions deliberately impeded the delivery of humanitarian relief to the population in need, using starvation as a weapon to attain advantage in their quest for power, resulting in a tragic loss of hundreds of thousands of deaths, only to be stopped by massive outside military intervention.

In Iraqi Kurdistan, thousands of Kurds were massacred at the hands of the Iraqi governmental forces or killed as they were fleeing from repression in the aftermath of the Gulf War.

In this age of fast communication, these and other atrocities taking place in different countries have been broadcast simultaneously to all corners of the globe.

The stark images of atrocities and of suffering of the civilian population have been entering daily the homes of millions of people around the world, giving them a first hand knowledge of the prevailing precarious

---

[3] Statement by the French President, made on 5 October 1987, quoted in M. Torrelli, "From Humanitarian Assistance to Intervention on Humanitarian Grounds", *International Revue of the Red Cross*, May/June 1992, 229.

humanitarian situation. As a result the peoples of the world have gone through witnessing this ordeal from deep sadness, outrage and indignation to calls for stern action.

Faced with these serious and systematic violations of humanitarian values, the issue of humanitarian intervention has therefore gained lately a new dimension. In effect, the preponderant view now prevailing seems to indicate that the humanitarian needs and the observance of fundamental human rights know no national boundaries and therefore should no longer be disregarded on account of State's sovereignty, for as it has been stated, "As suffering can be experienced by any individual it is universal".[4]

Indeed, there seems to exist a growing perception at the national, as well as at the international level that we must "temper reasons of State with more humane considerations".[5] This perception seems to have encouraged the recent Security Council decisions to intervene in some situations of armed conflicts for humanitarian reasons.

Nonetheless, the ongoing debate on the legitimacy of intervention raises a number of pertinent questions that we might wish to explore here today:

IV. Questions Raised by Intervention

a) Does international law, as it has evolved in this century, recognise a right of humanitarian assistance?

b) If there is a right of humanitarian assistance can it be exercised without the previous consent of the State concerned?

c) Is there today a right of humanitarian intervention and, if so, is this right consistent with international law and the United Nations Charter?

d) If there is a right to intervene for humanitarian reasons, either to provide much needed humanitarian assistance and/or to stop major violations of fundamental human rights, who should be recognized the right to intervene? Individual States, the United Nations and/or regional organisations? Who should carry out the intervention?

---

[4] *Ibid.*

[5] *Ibid.*

e) Which measure should be taken to prevent intervention on humanitarian grounds from being used as a device for major powers to attain their own national political and military gains?

f) How much suffering is enough to justify intervention on humanitarian grounds?

g) What are the limits, if any, in time and space, for humanitarian intervention to be justifiable?

h) Can humanitarian intervention have as a goal not only to provide humanitarian assistance but also promote the solution of conflicts?

i) Can it be validly argued that the recent cases of intervention on humanitarian grounds in Somalia, Liberia, Bosnia and Iraq offer enough evidence of the emergence of an international custom to justify the right of intervention in future similar cases?

j) Is intervention compatible with the attribute of sovereignty?

V. Intervention and International Law[6]

Let us attempt to frame some elements of the answers to these different questions. To start with, do these new perceptions find legitimacy in international law and State practice, as they have evolved in this century?

Before focusing our attention on the legal value and the political support that the current trends command, it would probably be relevant to go through a brief historical review of humanitarian intervention in international law, jurisprudence and State practice.

In the past, when waging war was an attribute of State sovereignty and it had not yet been outlawed by international law, intervention was seen as a measure short of war. The assumption was that if a State could legally wage war, it could therefore intervene in a more limited way, including on humanitarian grounds. Intervention by a State in the internal affairs of another State seemed then to have been warranted when its own citizens or the citizens of the State subjected to intervention were allegedly mistreated in a way inconsistent with civilized behavior.

As international law evolved later on to rule out the right of States to wage war or to use force in international relations, there was a change in

---

[6] U. Beyerlin, "Humanitarian Intervention", in: R. Bernhardt (ed.), *EPIL* II (1995), 926 et seq.

the attitude of the international players in the sense of not recognising intervention in the domestic affairs of States.

This non-intervention approach seems to have prevailed for the whole of this century. Indeed, many instruments of a universal or regional character, produced in this century, indicated clearly that intervention by States in the domestic affairs of another State would not be tolerated.

Early in this century, two important instruments, the Covenant of the League of Nations and the Kellogg/Briand Pact set a trend, by being clearly unfavourable to a right of intervention. While the former forbade the "resort to war", the latter treaty drawn after the ravages of World War I was the first major international legal instrument to outlaw war, by solemnly declaring the condemnation of war and the renunciation of it "as an instrument of national policy"[7], and at the same time stating that the settlement or solution of all disputes or conflicts "shall never be sought , except by pacific means"[8].

Building on the non-interventionist trend set earlier, the 1928 Convention on the Duties and Rights of States in the Event of Civil Strife expressly prohibited intervention and so did the 1933 Montevideo Convention on the Rights and Duties of States which also explicitly stated that "no State has the right to intervene in the internal affairs of another".

The 1936 Buenos Aires Additional Protocol declared the inadmissibility of "any party to intervene directly or indirectly or for whatever reason in the internal affairs of any of the contracting parties".

With the advent of the United Nations, it became quite clear from its Charter that no State intervention was allowed, since the use of force or the threat of it was banned, exception being made only in cases of legitimate individual or collective self-defence and enforcement action decided by the Security Council under Chapter VII.[9]

With the wave of independence in the 60's and 70's, and the emergence on the world scene of many new sovereign States, eager to assert their newly gained sovereignty, the non-interventionist approach seems to have been further strengthened.

---

[7] Article 1 of the Treaty Providing for the Renunciation of War - Paris, 27 August 1928.

[8] Article 2, *ibid.*

[9] Arts. 2 para. 4,51 and 42.

The input of these new States was felt in the adoption of the 1965 Declaration on the Inadmissibility of Intervention in the Domestic Affairs of States and the Protection of their Independence and Sovereignty which stated that "No State may use or encourage the use of economic, political or any other type of measures to coerce another State, in order to obtain from it the subordination of the exercise of its sovereign right or to secure from it advantages of any kind". This provision was to be confirmed later on in 1970 by the Declaration on Principles of International Law concerning Friendly Relations and Cooperation Among States.[10]

Consistent with the mores of the day, at least on two occasions, the principle of non-intervention was also upheld by the world's highest international judicial body, the ICJ. In 1949 it upheld the view in the Corfu Channel Case that "the alleged right of intervention ... cannot find a place in international law".[11] The Court would confirm this view later on when it stated, in the Nicaragua Case, that "In view of the generally accepted formulation, the principle of non-intervention forbids all States to intervene directly or indirectly in the internal or external affairs of other States".[12]

On the other hand, the non-intervention approach of the abovementioned instruments seems to have influenced the conduct of States, since State practice on intervention all along this century has not been overwhelming, so as to have created an international custom of intervention.

This brief review of international law, jurisprudence and practice that prevailed over the last decades seems to indicate that, for long into this century, intervention has not been overwhelmingly entertained, not even for humanitarian reasons. "Where even if the State acted unjustly or genocidly against its own people, the prevailing wisdom was that this was not an affair for outside powers".[13]

On occasions, when interventions did occur, some were justified on the grounds of a major principle on which the Charter is based, namely the

---

[10] Para. a.

[11] Corfu Channel Case, *ICJ Reports* 1949, 4 et seq.

[12] Military and Paramilitary Activities in and against Nicaragua, *ICJ Reports* 1984, 169 et seq.

[13] T. Weiss/J. Chopra, "Sovereignty Under Siege - From Intervention to Humanitarian Space", in: *Paper presented at the Conference on National Sovereignty and International Intervention*, Dartmouth College, May 1992, 4.

protection of human rights. Nevertheless the preponderant view was that "military intervention in the territory of another State, however laudable its motives, was in violation of the prohibition of force laid down in Article 2 (4) of the Charter".[14]

This view, however, seems to be in quick process of change. As the nations of the world switch overwhelmingly to a stronger commitment to human rights protection, there seems to be a fundamental change in the international public opinion in favour of intervention on humanitarian grounds. The support shown for the most recent interventions in Northern Iraq, in Somalia, Liberia and in Yugoslavia bears witness to this change in the international perceptions.

VI. Current Trends

As this century draws to a close, it has become ever more clear that humanitarian issues that traditionally fell under the exclusive sovereign grip of States can no longer be left to the whims of States, for they affect as well other States or the international community as a whole.

In the "global village" in which we live there is a growing perception that the peoples of the world are part and parcel of the same population, whose dignity knows no boundaries and whose humanitarian needs become a global problem. As stated in General Assembly Resolution 43/131, "the abandonment of the victims of natural disasters and similar emergency situations without humanitarian assistance constitutes a threat to human life and an offence to human dignity".[15]

Thus, there seems to be a clear shift in the attitudes of peoples and nations of the world. This attitude is a result of shared views in the international community that people in distress and in dire need have the right of access to humanitarian assistance and that all States should take immediate steps to facilitate that access, as expressed by decisions taken in the last few years by the General Assembly, as well as by the Security Council.[16]

---

[14] C. Greenwood, "Is there a Right of Humanitarian Intervention", in: *The World Today*, February 1993, 34.

[15] A/RES/43/131 of 8 December 1988.

[16] S/RES/688(1991) of 5 April 1991.

Particularly relevant to this conclusion is Resolution 43/131, adopted by the UN General Assembly which "urges States in proximity to areas of natural disasters and similar emergency situations, particularly in the cases of regions that are difficult to reach, to participate closely with the affected countries in international efforts with a view to facilitating to the extent possible the transit of humanitarian assistance".[17]

More recently, in 1990, the General Assembly, in an effort to streamline and promote better coordination of UN agencies in the provision of humanitarian assistance, adopted a resolution which calls for the establishment of humanitarian corridors.[18]

These resolutions of the General Assembly which embody the feelings of the whole international community seem to build on the right of humanitarian assistance that has been recognized by the 1949 Geneva Conventions, although its exercise has been predicated on the consent by the State concerned.[19]

In addition, the Security Council has lately, and on different occasions, asserted the right of humanitarian access, such as in the case of Bosnia, Iraq and Somalia, demanding, rather than requesting, "immediate and unimpeded access of the affected population to humanitarian assistance".[20]

A customary right of access to basic humanitarian needs mentioned in the Universal Declaration of Human Rights seems to have been formed which imposes a corresponding obligation on States.

Such access, with or without permission of the State concerned, cannot today be construed as intervention in the internal affairs of States.

The ICJ itself has declared that "there can be no doubt that the provision of strictly humanitarian aid to persons or forces in another country, whatever their political affiliations or objectives, cannot be regarded as

---

[17] A/RES/43/131 of 8 December 1988, *ibid.*

[18] A/RES/45/182 of 21 December 1990; Diss. Op. Judge Jessup, South West Africa, *ICJ Reports* 1966, 441; J.A. Frowein, "The Internal and the External Effects of Resolutions by International Organizations", *ZaöRV* 49 (1989), 778 et seq. (789); R. Higgins, *The Development of International Law through the Political Organs of the United Nations*, 1963, 5.

[19] Article 70 para. 2 Protocol I- Additional to the Geneva Conventions of 12 August 1949 of 1977.

[20] S/RES/820(1993) of 17 April 1993, para. 5.

unlawful intervention, or as in any other way contrary to international law".[21]

From the above it seems that the issue is no longer whether the provision of strictly humanitarian aid to those in need is an intervention in the domestic affairs of sovereign States. At issue here is whether, in the face of the opposition of States to allow access to humanitarian assistance, contrary to their obligation to do so, force can, as a matter of law and policy, be used on humanitarian grounds.

This brings us to the issue of whether there is a right or a duty of humanitarian intervention and what is its source.

In this connection, it might be of some relevance to mention here the Presidential Statement that encapsulated the deliberations of the summit meeting of the Security Council, of January 1992, convened to consider measures to strengthen the role of the United Nations in the field of international peace and security in a new world order. This Statement recognised humanitarian sources of instability as a threat to peace and security, when it mentioned that "... the non-military sources of instability in the economic, humanitarian and ecological fields have become threats to peace and security".[22]

This was the first time that the Security Council, meeting at the highest level, considered by unanimity, humanitarian sources of instability as a threat against peace and security.

Since then, the Council has gone from pronouncement to action and, on some occasions, has intervened under Chapter VII, authorizing Member States to use "all available means ... to establish ... a secure environment for humanitarian relief operations".[23]

Likewise the Council has blessed the regional action taken by the West African Nations (ECOWAS) to intervene in Liberia with a military force (ECOMOG), primarily on humanitarian grounds.

These measures taken or legitimized by the Council seem to corroborate the claim that intervention for humanitarian reasons in the domestic affairs of sovereign States, within the framework of the United Nations or regional organizations concerned is justifiable.

Some questions have been raised as to whether the Kurds case is one of humanitarian intervention or, instead, an action taken by the allied

---

[21] See note 12.

[22] UN Doc.S/24111.

[23] S/RES/814 (1993) of 26 March 1993.

forces, within the context of the armed hostilities against Iraq. Others question the uncertainty and, indeed, the precedent setting validity of such cases, although recognizing "the frequency with which such operations are accepted and welcomed"[24] by the international community.

On the other hand an argument has been made that most of these interventions have taken place under Chapter VII and it is this fact alone that confers legality to them.

Note should be taken however of the fact that in the case of Liberia, ECOWAS intervention, although highly praised inside and outside Africa, was not based on a decision of the Council, let alone on a decision under Chapter VII. The Liberian case can perhaps only be justified on the basis of an international custom that has evolved to intervene for humanitarian reasons.

This possibility raises the question whether the conduct of nations in acquiescing to humanitarian intervention has been general enough, over a sufficiently extended period of time, so as to give rise to a customary norm of intervention.

The perceived changes in the attitude of the international community in not only accepting, but also in actively advocating and promoting humanitarian intervention in certain circumstances might indicate that, in a short period of time, a custom has been or is in a process of being developed, on the basis of which humanitarian intervention is justifiable whenever, for lack of an effective government, a country slides into anarchy, thus jeopardizing seriously the lives, security and well-being of the people.

Indeed, there seems to be a generally accepted view nowadays that the international community should not allow people whose country is plunged into chaos, like in Somalia and in Liberia, to be killed massively and indiscriminately or to starve to death.

The same view seems to apply, although to a lesser extent, to unprotected people or to groups of an ethnic nature or other groups that have been exposed to massive, systematic and very serious human rights abuses by their government.

In both situations, any intervention carried out exclusively to protect and save lives and to provide humanitarian assistance to such people or groups seems currently justifiable in the eyes of the peoples of the world, as witnessed during the peak of the ordeal endured by the people of Somalia, Liberia, Bosnia or even the Iraqi Kurds to name a few.

---

[24] Torrelli, see note 3.

This view seems to come across clearly and unequivocally, not only from governments, but also from the people of the world at large and from non-governmental organizations. Indeed, in some cases, the international community and the United Nations have even been accused of insensitivity and inaction.

No doubt there are still discordant voices, arguing against intervention no matter what. For some of these discordant voices humanitarian intervention could be used as a device for major powers to attain their own national political or military gains. Undoubtedly, they seem to score a strong point here. Nevertheless, this concern, however legitimate it might be, should not provide an excuse or a pretext to condone the mass killings or starvation of the people.

To take care of this point it appears that if intervention on humanitarian grounds is warranted, then it is important to find a balance between the interest of the international community to protect the affected population and to save lives and the interest not to interfere unnecessarily in the affairs of a sovereign State or against its political independence or territorial integrity.

This can be achieved by confining the objectives of the intervention to strict humanitarian goals, a task that can be objectively accomplished if the intervention is carried out by the United Nations (or by States under its authority and coordination) or by regional organizations.

While the support for humanitarian intervention carried out by (or undertaken by States under the mandate, authority and instructions of) the United Nations or by the concerned regional organization seems to be overwhelming, intervention by individual States still seems to draw strong international criticism and opposition, since individual States, acting uncontrolled and on their own, can take advantage of the situation for their own selfish national interests.

But even when the principle of intervention on humanitarian grounds is accepted, the question that needs to be answered is how much suffering is enough to justify intervention? How many killings have to take place or how deep and widespread should starvation be to justify intervention?

It would seem that this question cannot be answered in abstract. Every situation has to be seen in its own context. Certainly, the seriousness and the gravity of the humanitarian situation has to be one that seriously threatens the lives and the well-being of the population as a whole, as in the case of Somalia, or a part of it, as in the case of the Iraqi Kurds to prompt and justify outside intervention.

Intervention is such an intrusion in the internal affairs of a State that it can only be contemplated and justifiable in very special humanitarian circumstances. These circumstances should be such that the non-intervention in a given conflict area would have the humanitarian situation deteriorated to a point of irreversible damage that would have caused grave and tragic consequences for the lives and fundamental human rights of the affected population or a part of it.

It should therefore be limited in time and space, as might be required to attain its purported humanitarian goals. The presence of the intervening force in the territory of the State should not therefore be maintained beyond the geographical area where humanitarian aid is needed nor should it be extended beyond the time that is needed to eliminate or substantially minimize the negative impact of the humanitarian crisis.

The issue of strict limits being put on time and space of the intervention leads us to the question of whether humanitarian intervention can have as a goal, not only to provide humanitarian assistance, but also to promote and assist in the solution of conflicts in some special cases.

To answer this question, we might wish to look at each situation on a case-by-case basis. While humanitarian intervention should have as a goal the provision of humanitarian assistance, in certain situations, in which the governmental institutions have been totally torn apart, as in the case of Somalia or even as in the case of Liberia, part of the goal to be achieved with the intervention might encompass, apart from humanitarian concerns, the promotion and, indeed, the assistance, in the solution of the internal conflict.

There seems to be a good reason to do so, for, in these anarchical situations, unless one is able to put in place a minimum of functioning governmental institutions to help bring about and restore a minimum of social order and normalcy, the intervention cannot possibly attain its humanitarian goals.

The case of Somalia is perhaps the best one to illustrate this point. The UN intervention in Somalia, which is taking place under Chapter VII, was given, by the Council, the mandate, *inter alia*, "to provide humanitarian and other assistance" and "to assist ... in the restoration and in the maintenance of peace, stability and law and order", as well as "to create conditions under which the Somali civil society may have a role, at every level, in the process of political reconciliation ..."[25].

---

[25] S/RES/814 (1993) of 26 March 1993.

The special case of the UN intervention in Somalia also seems to offer an important opportunity to analyse the relationship between intervention and sovereignty, since intervention in the internal affairs of States is a concept that is coterminous with that of national sovereignty.[26]

Ever since the concept of sovereignty made its appearance and was first formulated, at the same time with the formation of the nation-State in the Middle Aged Europe, it has been the subject of heated debates, theoretical dissertations and, certainly the reason for many wars. "Man has endowed nation-State with a quality that it shares with no other human association - the attribute of sovereignty".[27]

In the words of the French political thinker Jean Bodin who is credited with having presented the first systematic presentation of the concept, sovereignty is the "State's supreme authority over citizens and subjects". Nation-States as they were born less than 400 years ago were said to be sovereign in terms of there being a government that had supreme decision-making authority within the boundaries of the national territory and acknowledged no higher authority outside those boundaries.

Thus, any act of another State that was attempted against the supreme nature of the decision-making authority within its territory was construed as intervention in the domestic affairs of the State and, therefore, a violation of sovereignty.

Although basically this is still the case, there are nonetheless very important derogations and reevaluations of the concept of sovereignty introduced by a somewhat rich history of the inter-States relations over the last four centuries.

Indeed, as the Westphalian concept[28] of the political organization of the globe gradually transforms into a different form of world political organization based on regional integration and the building of a universal cooperative organization of States, the absoluteness and indivisibility of sovereignty, the very essence of it, in the words of Bodin, cannot and, indeed, has not resisted the test of times.

As a result, there are today areas of activities that in the past were undoubtedly the exclusive preserve of national jurisdiction but are today under the scrutiny or the guidance of the international community, due to the global or regional implications of such activities.

---

[26] H. Lauterpacht, *International Law and Human Rights*, 1950, 32.

[27] J.G. Stoessinger, *The Might of Nations*, 1979.

[28] F. Pearson/M. Rochester, *International Relations-The Global Condition in the late Twentieth Century*, 1984.

Sovereignty seems to have thus gone through a reevaluation over the years to allow for the intrusion of outside interference whenever a fundamental global interest of the international community or a region, be it an interest of a humanitarian nature or otherwise, is at stake.

Thus, faced with the devastation and the chaotic situation of indiscriminate killings or the widespread starvation, as in the case of Somalia, humanitarian intervention seems to have become justifiable, for sovereignty cannot be used as a sword to kill the people whose lives, property and well-being it is meant to protect in the first place.

In so far as the humanitarian intervention is carried out under certain conditions and assumptions, as a collective action undertaken within a confined time and space, and abides by the stated humanitarian goals and does not endanger or attempt to interfere, influence, act against or put in question the political independence and the territorial integrity of the State concerned, nor does it attempt to influence or act in favour of any party to the political conflict, it should be seen as not incompatible with the sovereignty of such state.

VII. Conclusions

In summary, the principle of the non-intervention in the domestic affairs of sovereign States continues to be strongly supported by and rooted in the applicable international law and is a main pillar of international relations.

However, the latest developments related to the reaction of the international community to the precarious humanitarian situation prevailing in different parts of the world, as well as the actions taken or legitimized by the United Nations in responding to some of these humanitarian situations, seem to point in the direction of a derogation of this principle to allow for intervention on humanitarian grounds, in very special and well defined circumstances, as a collective action.

Therefore, I venture to say that, having in mind the latest international reaction against the wanton violations of and systematic disregard for humanitarian values that have been witnessed over the last few years in various conflict areas, intervention for humanitarian reasons, in certain well defined circumstances, seems to be justifiable, both in terms of law and on policy considerations.

However, taking into account the need to find a balance between intervention and the State sovereignty, intervention might be justifiable if carried out only within the following framework:

1. It should be undertaken by the United Nations (or on its mandate and under its authority and coordination) and/or by the regional organization to which the State concerned belongs, so as to secure the international control and legitimacy.

2. When carried out by a regional organization concerned it should be preceded by consultations with the United Nations Security Council.

3. It should be undertaken whenever - in cases of anarchy where there is a total lack of governmental institutions - the seriousness and the gravity of the humanitarian situation is such that the lives and the well-being of the population as a whole are threatened; Intervention becomes a far more sensitive and a less practical proposition in case where the country is still controlled by a government, although the live and well-being of the population or a part of it might be seriously threatened or might have been exposed to systematic and massive abuses by their own government. I sense that the world is not yet prepared to support intervention in this case.

4. It should be proportionate in the sense that it should not cause more damage and harm than that caused by the situation it intends to correct.

5. It should not, in any way, interfere, influence, act against or put in question the political independence and territorial integrity of the State concerned and, at the same time, it should follow a strict neutrality approach in the sense that it should not attempt to take sides on the internal political conflict.

6. It should be limited in time and space as might be required to attain its purported goals.

7. In situations of anarchy, where there is a total lack of government and no other governmental institutions are in place, it might also prove to be necessary to include in its objectives the promotion of and the assistance in the political harmonization of the country, without taking sides in the political conflict.

Some Thoughts on the Legal Status of the People's Republic of China Relating to the International Covenant on Civil and Political Rights

Eckart Klein

I. Problems

On 1 July 1997 the People's Republic of China (PRC) resumed the exercise of sovereignty over Hong Kong. After a period of more than 100 years the British rule over this territory of approximately 5.5 million inhabitants had come to an end[1].

The relevant provisions for the restoration of Hong Kong to the PRC are contained in the Joint Declaration of the Government of the United Kingdom of Great Britain and Northern Ireland and the Government of the People's Republic of China on the Question of Hong Kong[2]. Upon resuming the exercise of sovereignty, the PRC established the Hong Kong Special Administrative Region (HKSAR) which, according to the declaration, will enjoy a high degree of autonomy, except in foreign and defence affairs[3].

---

[1] For the history see A.D. Hughes, "Hong Kong", in: R. Bernhardt (ed.), *EPIL* 2 (1995), 870 et seq.

[2] The Declaration (*ILM* 23 (1984), 1366) was initialled on 26 September 1984, signed on 19 December 1984, ratified on 27 May 1985 and entered into force at the same date.

[3] Cf. G. Ress, "The Legal Status of Hong Kong after 1997", *ZaöRV* 46 (1986) 647 et seq. (667).

One of the questions which had to be clarified was whether the International Covenant on Civil and Political Rights (Covenant) would still be applicable after that date. The United Kingdom, already in 1976, had extended the Covenant to Hong Kong and had, according to article 40 of the Covenant, submitted several reports on the dependent territory. The discussion of the last two reports, the fourth periodic report (1995) and a special report (1996)[4], focused mainly on the issue of the continuing applicability of the Covenant to Hong Kong. Three questions arose: How, if at all, can this result be legally explained given the fact that the PRC neither has acceded to or ratified nor even signed the Covenant? Who, if the first question can be answered in a satisfying way, has to comply with the obligation to submit reports on the measures which give effect to the rights recognized in the Covenant and on the progress made in the enjoyment of those rights (article 40 Covenant)? Lastly, in which way has the legal relationship of the PRC to the Covenant to be assessed?

The following remarks will comment on these problems; they are gratefully dedicated to a leading scholar who has always stressed the necessity of reaching reasonable solutions, notwithstanding his delight in intellectual brilliance.

II. The Survival of the Covenant

1. The first question draws us into the nearly impenetrable depths of State succession. The possible objection that our case does not fall within the category of succession, because no transfer but only a resumption of sovereignty has taken place[5], is not convincing. The decisive criterion for the applicability of the rules of State succession, whatever they are, is that the international responsibility of a State for a ter-

---

[4] Doc. CCPR/C/95/Add. 5 of 7 August 1995; CCPR/C/117 of 13 August 1996.

[5] This is the language of the Joint Declaration; one might, however, have doubts as far as some parts of the territory are concerned; cf. Ress, see note 3, 658.

ritory is replaced by the international responsibility of another State[6]. Such a replacement evidently has happened.

2. There is a growing tendency to see multilateral human rights treaties as part of the group of dispositive treaties which continue to apply after succession[7]. The rights and obligations based on those treaties do not cease because of the lapse of the former State having exercised its power on the territory. The parallel, however, does not fit completely. Human rights treaties are not rooted in a territory but rather in the population of a certain territory[8]. Or to put it differently: The close attachment of human rights treaties to a territory is effected by the human beings living there; it is for their sake that the rights have to be ensured.

This view is, of course, not undisputed[9]. But it makes sense. Human rights treaties do not only oblige the States parties towards each other, but guarantee subjective rights to individuals (and, as the case may be, to collectivities)[10], sometimes even adding procedural mechanisms of protection. Having thus received an international legal position of their own, the mere change of territorial sovereignty (or of the responsibility for the international relations of territory) cannot deprive the human beings concerned of their entitlements. Human rights have considerably changed public international law[11]. The idea of human rights, founded upon the perception of human autonomy and dignity, presupposes the individual as a holder of rights. This position, once created, is no longer

---

[6] See article 2 (1) of the Vienna Convention on Succession of States in Respect of Treaties of 1978, *ILM* 17 (1978), 1488; K. Hailbronner, in: W. Graf Vitzthum (ed.), *Völkerrecht*, 1997, Rdnr. 158 f.

[7] See R. Mullerson, "The Continuity and Succession of States by Reference to the Former USSR and Yugoslavia", *ICLQ* 42 (1993), 473 et seq. (489); F. Pocar, "Enhancing the Universal Application of Human Rights Standards and Instruments", A/CONF. 157/PC/60/Add. 4 of 8 April 1993.

[8] See R. Wolfrum, "Contribution to Discussion", in: U. Fastenrath/ Th. Schweisfurth/C.T. Ebenroth, *Das Recht der Staatensukzession (The Law of State Succession)*, 1996, 347 et seq.; N. Jayavickrama, "Human Rights in Hong Kong: The Continued Applicability of the International Covenants", *HKLJ* 1995, 171 et seq. (176).

[9] Cf., e.g., the different voices raised during the discussion of the problem in: Fastenrath/Schweisfurth/Ebenroth, see note 8.

[10] One may point to the right to self-determination which is attributed to the peoples.

[11] E. Klein, *Menschenrechte. Stille Revolution des Völkerrechts und Auswirkungen auf die innerstaatliche Rechtsanwendung*, 1997, 23 et seq.

dependent on the persistence of the same State authority over the territory concerned. Rather, the human rights, based on customary international law or on treaty law, demand respect from any State exercising its power there. Interstate relationships do not any longer fully and exclusively explain the international legal scene.

The Human Rights Committee (HRC), on several occasions, in particular after the breakdown of the Communist rule in Eastern Europe, has taken this view[12]. The United Nations Commission on Human Rights has backed this opinion[13]. Lately, when the Democratic People's Republic of Korea announced its withdrawal from the Covenant, the Committee, in its General Comment on Issues Relating to the Continuity of Obligations to the International Covenant on Civil and Political Rights, held that the Covenant is not subject to denunciation or withdrawal[14]. Among other reasons based on the law of treaties, the Committee additionally expressed the following view: "The rights enshrined in the Covenant belong to the people living in the territory of the State party. The Human Rights Committee has consistently taken the view, as evidenced by its longstanding practice, that once the people are accorded the protection of the rights under the Covenant, such protection devolves with territory and continues to belong to them, notwithstanding change in Government of the State party, including dismemberment in more than one State or State succession or any subsequent action of the State party designed to divest them of the rights guaranteed by the Covenant." Directly dealing with the situation of Hong Kong, the Chairman made a Statement on behalf of the HRC relating to the consideration of the fourth United Kingdom's report regarding Hong Kong which reads in its first paragraph as follows: "The Human Rights Committee - dealing with cases of dismemberment of States parties to the International Covenant on Civil and Political Rights - has taken the view that human rights treaties devolve with territory, and that States continue to be bound by the obligations under the Covenant entered by the predecessor State. Once the people living in a territory find themselves under the protection of the International

---

[12] See CCPR/C/SR. 1178/Add. 1; CCPR/C/SR. 1200; CCPR/C/SR. 1201; CCPR/C/SR. 1202.

[13] UN Commission on Human Rights, "Succession of States in Respect of International Human Rights Treaties", Report of the Secretary-General, Doc. E/CN. 4/1995/80 of 28 November 1994.

[14] General Comment No. 26 (61), CCPR/C/21/Ref. 1/Add. 8, adopted at the 61st Session (29 October 1997).

Covenant on Civil and Political Rights, such protection cannot be denied to them by virtue of the mere dismemberment of that territory or its coming within the jurisdiction of another State or of more than one State."[15]

3. In view of the fact that the opinion held by the HRC and others is not out of dispute it is important to have still another line of reasoning. The already mentioned Joint Declaration of the United Kingdom and the PRC (1984), an international treaty and registered as such with the United Nations Secretariat under article 102 of the United Nations Charter, unambiguously spells out: "The laws currently in force in Hong Kong will remain basically unchanged."[16] More specificly with regard to the Covenant itself it is stated in Annex I ("Elaboration by the Government of the People's Republic of China of its Basic Policies Regarding Hong Kong") Sec. XIII: "The provisions of the International Covenant on Civil and Political Rights and the International Covenant on Economic, Social and Cultural Rights as applied to Hong Kong shall remain in force."[17]

Based on this wording, the Committee, through its Chairman, added to its Statement cited above the following remarks:

> "The existence and contents of the Joint Declaration of the Government of the United Kingdom of Great Britain and Northern Ireland and the Government of the People's Republic of China on the Question of Hong Kong make it unnecessary for the Committee to rely solely on the foregoing jurisprudence as far as Hong Kong is concerned. In this regard, the Committee points out that the parties to the Joint Declaration have agreed that all provisions of the Covenant as applied to Hong Kong shall remain in force after 1 July 1997. These provisions include reporting procedures under art. 40. As the reporting requirements under art. 40 of the International Covenant on Civil and Political Rights will continue to apply, the Human Rights Committee considers that it is competent to receive and review reports that must be submitted in relation to Hong Kong."[18]

Actually, the following conclusions can be drawn from the text of the Joint Declaration: No distinctions between different parts of the Cove-

---

15 CCPR/C/79/Add. 57, Annex of 9 November 1995.

16 Sec. 3 (3) cl. 2 Joint Declaration.

17 The Declaration and its Annexes are equally binding, Sec. 8 cl. 2 Joint Declaration.

18 See note 15.

nant have been made. Thus the PRC has accepted that not only the substantive human rights guarantees, contained in Parts I to III, remain in force but also the other parts, in particular Part IV dealing with the establishment of the HRC and its competences to receive, to request and to examine reports on the human rights situation in any territory where the Covenant is in force.

The Covenant remains in force "as applied to Hong Kong". The applicability of the Covenant to the territory (or the people) of Hong Kong did not undergo any change on 1 July 1997. This means that, on the one side, no new restrictions on the human rights guarantees not provided for by the Covenant itself have entered into force and that, on the other side, the declarations and reservations which have been made by the United Kingdom relating to Hong Kong[19] have not ceased to exist. It will be solely up to the discretion of the Government of the PRC to withdraw the reservations and declarations.

The understanding that the Covenant as applied will remain in force is laid down in a bilateral treaty. As far as this treaty is concerned only the United Kingdom is entitled to ask the PRC for compliance[20]. On the other hand, as has been pointed out, the residents of Hong Kong have maintained their legal position nothwithstanding the Joint Declaration. But the Declaration is indicative that the PRC recognizes this result, and has thus an indirect bearing on the people.

This conclusion is confirmed by "The Basic Law of the Hong Kong Special Administrative Region of the People's Republic of China", which was adopted on 4 April 1990 by the Seventh National People's Congress of the PRC at its third session. According to article 39 para. 1 of the Basic Law "The provisions of the International Covenant on Civil and Political Rights, the International Covenant on Economic, Social and Cultural Rights, and international labour conventions as applied to Hong Kong shall remain in force and shall be implemented through the laws of the Hong Kong Special Administrative Region." The implementing laws must not, not even domestically, limit the

---

[19] For references see CCPR/C/2/Rev. 4 of 24 August 1994.

[20] "The Joint Declaration is another example of a treaty providing for an objective territorial régime", Ress, see note 3, 680; see further R. Mushkat, "Hong Kong and Succession of Treaties", *ICLQ* 46 (1997), 181 et seq. (194). See for this type of treaty E. Klein, *Statusverträge im Völkerrecht (Treaties Providing for Objective Territorial Régimes)*, 1980, *passim*. From this characteristic does not immediately follow that the treaty provision concerning the Covenants has an effect *erga omnes*.

Covenant rights to a further extent than is provided for by the Covenant itself. This results from article 39 para. 2 of the Basic Law: "The rights and freedoms enjoyed by Hong Kong residents shall not be restricted unless as prescribed by law. Such restrictions shall not contravene the provisions of the preceding paragraph of this Article."

Seen in the whole context of "Chapter III: Fundamental Rights and Duties of the Residents", it becomes very clear that the individuals are entitled to claim the respect of the rights and freedoms safeguarded by the laws of the HKSAR. It is clear as well that the failure to implement the rights and freedoms enshrined in the Covenant as applied on 30 June 1997 would violate the Covenant whose continuing applicability has been firmly established.

This appraisal, founded on public international law, is valid notwithstanding the time limitation contained in Sec. 3 (12) of the Joint Declaration. According to this provision the basic policies of the PRC regarding Hong Kong, the elaboration of them in Annex I and their stipulation in the Basic Law "will remain unchanged for 50 years". Herewith the PRC is obliged on the basis of the bilateral agreement to implement the Covenant rights through the laws of the HKSAR for 50 years, but the provision cannot modify the commitments originating from other sources of public international law.

III. Who Has to Report?

If the entire Covenant including the provision on the reporting system remains in force for the residents of the HKSAR, the question who will have to comply with the reporting obligations, the PCR or the HKSAR, must be answered.

Several provisions of the Joint Declaration (Sec. 3 (10), Annex I sec. XI) as well as the Basic Law (arts. 150-157) prove the capacity of the HKSAR to appear on the international plane. It is therefore by no means excluded from the outset that the obligation to report falls upon the HKSAR[21]. But it has to be taken into account that the Region's capacity to act internationally is derived from the sovereign will of the PRC to which Hong Kong was restored with effect of 1 July 1997, even

[21] See to this point Mushkat, see note 20, 193. - The President of the United States has signed even before 1 July 1997 a new Agreement for the Surrender of Fugitive Offenders; see J.D. Wilets, "Note", *AJIL* 91 (1997), 537 et seq.

if the grant of this autonomy is part of the undertakings contained in the Joint Declaration. Under the circumstances it seems reasonable to argue that the PRC itself is primarily responsible to perform all duties under the Covenant, but that, according to the partition of powers between the Central People's Government and the HKSAR, the latter should act as the competent organ of the PRC as far as its own measures are relevant for the enjoyment of the Covenant rights for the Region's residents. Since foreign and defence affairs are the responsibilities of the Central People's Government[22], the corresponding responsibilities for the respect of human rights in this regard rest upon the Central People's Government itself. The question is important, because in time of public emergency States parties may, to a certain extent, take measures derogating from their obligations under the Covenant[23]. In any such case it remains to be examined whether the measures taken went too far or even affected non-derogable rights. The Central People's Government could of course empower the HKSAR to report also on the Central Government's behalf.

The Chairman's Statement reflects this difficult situation, declaring that the HRC "is ready ... to co-operate fully with the parties to the Joint Declaration to work out the necessary modalities to achieve these objectives."[24]

IV. Has the PRC Become a State Party?

We have found that the Covenant remains in force for the HKSAR, which is an integral, though fairly autonomous part of the PRC, and that the reporting obligations must be fulfilled. According to article 40 of the Covenant it is incumbent on the States parties to submit reports for consideration of the HRC. Has, after all, the PRC become a State party to the Covenant?

It is obvious that the PRC neither has ratified nor acceded to the Covenant. Has it become a State party by ratifying the Joint Declaration or by the rules of State succession?

---

22 Sec. 3 (2) Joint Declaration.

23 Article 4 CCPR.

24 See note 15.

The Joint Declaration affirms that the Covenant remains in force, but this international commitment cannot, as such, be equated with the acceptance of a legal position in relation to another treaty (Covenant). It is certainly possible that a State could agree with another State to comply with some or all provisions of a certain treaty without being willing to become bound towards the States parties of that treaty. In the case of the Joint Declaration this approach is evidenced by its Annex I Sec. XI: "International agreements to which the People's Republic of China is not a party but which are implemented in Hong Kong may remain implemented [and, actually, have to be implemented as far as the two Covenants are concerned, cf. Annex I sec. XIII] in the Hong Kong Special Administrative Region."[25] This indicates that the PRC is well aware of the fact that international treaties may need further compliance with regard to the Region without, however, accepting the view that this would automatically lead to a change of the general legal status of the PRC itself in relation to those treaties.

However, the PRC might have acquired the position of a State party through the rules on succession of States in respect of treaties. As human rights treaties survive the fact of State succession, remaining in force for the successor State, this State also legally succeeds the former power, i. e. it follows the former power as a party to the treaty. This, at least, is the general effect of treaty succession. It would not necessarily mean that the "inherited treaty" would spread out to the whole territory of the successor State, beyond the territorial limits to which the treaty already had applied. It is true that, generally, a treaty is binding upon each party in respect of its entire territory[26], but this principle, which is supported by the concept of the moving treaty frontiers rule[27], is not a strict legal norm and may be modified. Therefore the territorially restricted membership of a State in the community of States parties is conceivable.

It is another question whether the rules on State succession in respect of treaties do actually oblige the successor State to assume the formal position of a State party, or whether public international law is satisfied if

---

[25] Cf. also article 153 Basic Law (Hong Kong).

[26] See article 29 of the Vienna Convention on the Law of Treaties of 23 May 1969; cf. further article 50 CCPR.

[27] Cf. E. Klein, "Treaties, Effect of Territorial Changes", in: R. Bernhardt (ed.), *EPIL* Instalment 7 (1984), 473 et seq. See also the reasons given by Mushkat, see note 20, 192, against the applicability of the "moving treaty frontiers rule" in the Hong Kong case.

the successor State performs all duties prescribed by the treaty. The difference has a practical impact, which can easily be demonstrated with regard to the Covenant.

Only nationals of States parties are eligible for membership in the HRC, and correspondingly, only States parties are entitled to nominate candidates[28]. Only the States parties may convene at the headquarters of the United Nations to elect the members of the Committee[29]. Only States parties to the Covenant may propose an amendment and file it with the Secretary-General of the United Nations[30]. Thus important rights depend on the formal status of a State party.

One could maintain that there is not such an idea as the formal status of a State party, arguing that being bound by a treaty means being a State party, even if the effects of this position are restricted to a certain area. But why should public international law force upon a State a position it does not like if the State is willing to comply with the obligations emerging from the treaty? There is no need to ask for more than for performing the duties[31].

It is true that the whole Covenant starts from the assumption that the States which are bound by it are States parties. This term is used not only with respect to the election of Committee members or the proposal of amendments but also with regard to the material human rights guarantees[32] and the reporting obligation (article 40) as well.

It is obvious that the wording of the Covenant like other treaties reflects the usual way of becoming a party to a treaty and not the possibility of legal succession. If a succession to a treaty has happened the provisions of that treaty must be interpreted in the light of this event[33]. A successor State therefore has to comply with the treaty obligations notwithstanding the fact that the relevant provisions of the treaty address only States parties. On the other hand, the successor State should

---

[28] See arts. 28-29 CCPR.

[29] See article 30 CCPR.

[30] See article 51 CCPR.

[31] Cf. R. Higgins, *Problems and Process. International Law and How to Use It*, 1995, 128, who points to the necessity "to secure the generality of human rights of all in Hong Kong".

[32] See e.g., arts. 2-5, 13, 22, 23 CCPR.

[33] That means that a functional approach has to be taken in the interpretation of the said notion.

not be pressed into the status of a State party as far as this does not affect its obligations and corresponds to its will. One should, however, by no means exclude the possibility that the successor State will opt for the position to be a formal party of the treaty, though restricted to the territory in question[34]. Such a move would always be desirable and should be encouraged. But there is no cogent need for it from the point of view of public international law.

V. The Practical Solution

In the light of the foregoing remarks it might be interesting to quote from a recent letter of the Permanent Mission of the PRC to the United Nations addressed to the Secretary-General:

> "On behalf of the Chinese Government, I have the honor to inform you that in accordance with the relevant provisions of the Sino-British Joint Declaration and the Basic Law of the Hong Kong Special Administrative Region, the provisions of the International Covenant on Civil and Political Rights and the International Covenant on Economic, Social and Cultural Rights as applied to the Hong Kong Special Administrative Region (HKSAR) shall remain in force and be implemented through the law of the HKSAR. At present, China is not yet a signatory State to the two Covenants. However, in order to fully reflect the principle of 'one country, two systems', the Chinese Government will, in the light of the relevant provisions of the two Covenants, entrust its Permanent Mission to the United Nations with transmitting the implementation report of the two Covenants by the HKSAR to the corresponding treaty bodies, so that the treaty bodies and the international community at large can have a better understanding of the human rights situation in the HKSAR."[35]

In a statement, the Spokesman for the Secretary-General commented on this letter as follows:

> "Although China itself is not a State Party to these covenants, under the 'one country, two systems' principle, China will transmit the

---

[34] Of course there are no objections at all against an accession of the PRC to the Covenant (article 48 para. 3), which then would apply to the whole territory of this State. Such an act would certainly be the best solution.

[35] The letter is dated 25 November 1997 (English translation).

> implementation reports on the two covenants for the Hong Kong Special Administrative Region to the corresponding treaty bodies, a function previously carried out by the United Kingdom.
>
> The Secretary-General is pleased with this policy decision by China and is sure that the citizens of Hong Kong will be equally pleased."[36]

It remains to be hoped that the peculiar status that the PRC has adopted with regard to the Covenant will very soon develop to full membership in the circle of States parties.

---

[36] Statement of 26 November 1997.

Überlegungen zum völkerrechtlichen Schutz des Süßwassers

Juliane Kokott

Einführung

Nach zahlreichen und noch heute interessierenden Aufsätzen zum allgemeinen Völkerrecht,[1] zum öffentlichen Recht[2] und zum Recht der Europäischen Gemeinschaften in ihren Anfängen[3] hat sich der Jubilar immer mehr dem Seerecht zugewendet. Durch zahlreiche Aufsätze, die schon früh auch den Meeresumweltschutz[4] betrafen, und durch seine beratende Präsenz auf den Seerechtskonferenzen der Vereinten Nationen hat er die Entwicklung des modernen Seerechts mitgeprägt. Als Krönung dieser Entwicklung kann man die Errichtung des Seegerichtshofs der Vereinten Nationen im Jahre 1996 betrachten.[5]

---

1 Nur als ein Beispiel: G. Jaenickes "Ausführungen zur Frage des internationalen Ordre Public" in: *Berichte der Deutschen Gesellschaft für Völkerrecht* 7 (1965), 77 haben die Erörterungen der Deutschen Völkerrechtsgesellschaft im Jahre 1997 wesentlich geprägt. Vgl. *Berichte der Deutschen Gesellschaft für Völkerrecht*, 37 (1998) (im Erscheinen).

2 Vgl. z.B. G. Jaenicke, "Gefährdungshaftung im öffentlichen Recht", *VVDStRL* 20 (1963), 135.

3 Vgl. nur z.B. G. Jaenicke, "Der übernationale Charakter der Europäischen Wirtschaftsgemeinschaft", *ZaöRV* 19 (1958), 153.

4 G. Jaenicke, "International Maritime Law and the Control of Marine Pollution", *Law & State* (Biannual Collection of Recent German Contributions to these Fields) 4 (1971), 91.

5 Dazu schon G. Jaenicke, "Der Internationale Seegerichtshof", in: R. Wolfrum (Hrsg.), *Charta der Vereinten Nationen, Kommentar* (1991), 151;

Im Vergleich hierzu steckt die Entwicklung eines internationalen (globalen) Süßwasserrechts noch in den Anfängen.[6] Anläßlich des Inkrafttretens der ersten universellen internationalen Konvention über Süßwasser, die in manchen Bestimmungen den Einfluß des Seerechtsübereinkommens und der Rechtsprechung des Internationalen Gerichtshofs zum Seerecht spüren läßt,[7] möchte ich dem Jubilar einige Gedanken zu diesem sich entwickelnden Völkerrechtsgebiet widmen. Dabei kann ich auf meine Arbeit als stellvertretende Vorsitzende des Wissenschaftlichen Beirats der Bundesregierung Globale Umweltveränderungen zurückgreifen, der der Bundesregierung in seinem Jahresgutachten 1997 empfohlen hat, sich für eine "Weltwassercharta" einzusetzen.[8]

Die Aktualität des Themas Süßwasser zeigt sich auch darin, daß der Generalsekretär der Vereinten Nationen 1997 einen Globalen Konsensus im Hinblick auf den Umgang mit Süßwasser forderte.[9] Die aktuelle Dringlichkeit der Süßwasserproblematik wird in der Abschlußerklärung der letztjährigen Sondersitzung der Generalversammlung der Vereinten Nationen zum Thema "Umwelt und Entwicklung" ("Earth Summit + 5") hervorgehoben, in der es heißt: "... this calls for the highest priority to be given to the serious freshwater problems facing many regions,

ders., "The International Tribunal for the Law of the Sea", in: R. Wolfrum (Hrsg.), *United Nations - Law, Policies and Practice*, 1995, 805.

[6] Vgl. hierzu z.B. C. Bourne, *The International Law Association's Contribution to International Water Resources Law*, 155; S. McCaffrey, "An Assessment of the Work of the International Law Commission", *Natural Resources Journal* 36 (1996), 297; ders., "Water, Politics and International Law", in: P. Gleick (ed.), *Water in Crisis. A guide to the World's Freshwater Resources*, 1993, 92; B. Süß/W. Adler, "Neue Entwicklungen im Internationalen Wasserrecht", *Zeitschrift für Wasserrecht* 34 (1995), 197; P. Wouters, "An Assessment of Recent Developments in International Watercourse Law through the Prism of the Substantive Rules Governing Use Allocation", *N. Res. J.* 36 (1996), 417.

[7] Vgl. z.B. Art. 22 der Konvention und Art. 196 Seerechtsübereinkommen (betr. die Einführung fremder oder neuer Arten); Art. 23 Konvention und Art. 192, 194 Seerechtsübereinkommen (Schutz der marinen Umwelt).

[8] Wissenschaftlicher Beirat Globale Umweltveränderungen, *Jahresgutachten* 1997, "Welt im Wandel, Wege zu einem nachhaltigen Umgang mit Süßwasser", 1997, 371.

[9] UN-Doc. E/CN.17/1887/9, §§ 100, 177.

especially in the developing world."[10] Die Kommission für nachhaltige Entwicklung wird sich demzufolge auf ihrer 6. Sitzung (1998) mit der globalen Strategiefähigkeit der Süßwasserproblematik beschäftigen. Ob damit der vom Generalsekretär der Vereinten Nationen geforderte Globale Konsensus näherrückt, bleibt abzuwarten. Ob die weltweite Einigkeit über die hervorragende Bedeutung des Süßwassers für den Menschen in konzertierte Maßnahmen umgesetzt werden kann, wird von weiteren Bemühungen um dieses Thema, nicht zuletzt auch durch die Wissenschaft, abhängen.

I. Süßwasser als Völkerrechtsproblem

Zweifelhaft könnte sein, ob Süßwasser überhaupt ein geeigneter Gegenstand allgemeiner völkerrechtlicher Regelungen sein kann. Zwar hat es seit jeher völkerrechtliche Verträge zwischen benachbarten Staaten über die Nutzung grenzüberschreitender Gewässer gegeben. Dies belegt aber nur die Existenz regionalen vertraglichen Völkerrechts über Süßwasser, wohingegen hier die Frage universeller vertraglicher und gewohnheitsrechtlicher völkerrechtlicher Regelungen betreffend Süßwasser ansteht.

Der Generalsekretär kam in dem 1997 vorgelegten und gemeinsam mit den UN-Sonderorganisationen erstellten "Comprehensive Assessment of the Freshwater Resources of the World" zu dem Schluß, es sei illusorisch zu glauben, daß durch irgend etwas unterhalb der Schwelle eines weltweiten Einsatzes ("global commitment") ausreichende Mittel zur Nachhaltigkeit bereitgestellt würden. Gerade weil Wasserkrisen zum Teil sehr drastisch sein können, habe die ganze Welt ein Interesse, sie zu verhindern.[11]

---

[10] Paragraph 34 des Abschlußdokuments der 19. Sondersitzung der Generalversammlung der Vereinten Nationen zum Thema "Umwelt und Entwicklung": Programme for the further Implementation of Agenda 21 adopted by the Special Session of the General Assembly 23-27 June 1997. Das Abschlußdokument liegt zur Zeit nur in einer voramtlichen Version (unedited advance copy) auf dem *Internet* vor: gopher://gopher.un.org:70/00/ga/docs/S-19/plenary/ES5.TXT.

[11] *Ibid.*

1. Umweltschutz als globales Problem

Völkerrechtlich ansetzen kann man auch am Grundsatz der nachhaltigen Nutzung endlicher Ressourcen. Das Prinzip der Nachhaltigkeit verbietet grundsätzlich den Verbrauch nicht regenerierbarer Ressourcen zu Lasten künftiger Generationen; es impliziert den Grundsatz der intergenerationellen Gerechtigkeit. Dieses neuartige Anwendungsfeld völkerrechtlicher Prinzipien nicht nur zwischen Staaten, sondern auch zwischen Generationen macht potentiell auch jedes rein innerstaatliche umweltschädigende Verhalten völkerrechtlich relevant. Insofern schließt die Regionalität von Süßgewässern Süßwasser als Gegenstand des Völkerrechts nicht aus.

Des weiteren, so der Generalsekretär der Vereinten Nationen, seien die Folgen von Wasserkrisen so drastisch, daß die Welt ein Interesse an deren Regelung haben müsse. Dies impliziert Anklänge an das Konzept sog. "common concerns" der Menschheit, das bislang allerdings insbesondere auf das von Ursachen und Folgen per se globale Klimaproblem angewendet wird.[12] Im modernen öffentlichen Völkerrecht entwickeln sich gerade in den Bereichen des Umwelt- und Menschenrechtsschutzes aber immer mehr Gebiete, die in diesem Sinne einer gemeinsamen Sorge ("common concern") der Staatengemeinschaft unterliegen, so daß jeder einzelne Staat hier auch bei rein innerstaatlichen oder regionalen Sachverhalten gewisse universelle Mindeststandards beachten muß.

2. Süßwasser und Menschenrechte[13]

Ein weiterer wichtiger Faktor, der Süßwasser international relevant macht, ist dessen Nahrungsmittelfunktion, direkt als Trinkwasser und indirekt zur Bewässerung. Dies impliziert menschenrechtliche Aspekte, selbst wenn man kein allgemein anerkanntes und durchsetzbares wirtschaftliches oder soziales Menschenrecht auf Nahrung oder Trinkwasser anerkennen sollte.

Die Konvention ist vorsichtig, indem sie den grundsätzlichen Gleichrang aller Nutzungsfunktionen statuiert.[14] Die Grundregel, wonach

---

[12] Vgl. F. Biermann, "'Common Concern of Humankind': The Emergence of a New Concept of International Environmental Law", *AVR* 34 (1996), 426.

[13] Hierzu auch unten, III.3.

keine Nutzung einen inhärenten Vorrang vor anderen Nutzungen hat, ist jedoch vor dem Hintergrund des im herkömmlichen Völkerrecht hohen Rangs des Schutzes der Schiffahrt auf internationalen Gewässern zu sehen, obwohl diese an sich nicht Gegenstand der Konvention ist. Die "kein-Vorrang"-Regel soll Flexibilität bei einer ausgewogenen Nutzungsaufteilung und in diesem Rahmen die Berücksichtigung der immer drängender werdenden grundlegenden menschlichen Bedürfnisse nach Süßwasser als Nahrungsmittel ermöglichen.[15]

Immerhin legt auch Art. 10 Abs. 2 fest, daß im Falle eines Konfliktes zwischen den Nutzungen eines internationalen Wasserlaufes dieser unter Bezugnahme auf Art. 5 (ausgewogene und vernünftige Nutzungsaufteilung) und Art. 7 (Schädigungsverbot) zu lösen ist, und zwar unter besonderer Berücksichtigung der lebenswichtigen menschlichen Bedürfnisse. Die Bestimmung ist im Zusammenhang mit Art. 6 Abs. 1 über die bei einer ausgewogenen und vernünftigen Nutzung zu beachtenden Faktoren zu sehen, wonach dabei die sozialen und wirtschaftlichen Bedürfnisse des betreffenden Wasserlaufstaates zu berücksichtigen sind. Nach dem vom Vorsitzenden der Arbeitsgruppe protokollierten "Statement of Understanding" zu Art. 10 kommt bei der Bestimmung der dort genannten "lebenswichtigen menschlichen Bedürfnisse" der Bereitstellung von genügend Wasser für den Erhalt menschlichen Lebens besondere Beachtung zu. Dies umfasse sowohl Trinkwasser als auch für die Nahrungsmittelproduktion benötigtes Wasser zur Vermeidung des Hungertodes.[16] Auf diese Weise läßt sich der Konvention doch eine gewisse Berücksichtigung des besonderen Ranges der Trink- und Nahrungsmittelfunktion des Wassers und somit seines mit dem Recht auf Leben zusammenhängenden, universell menschenrechtlichen Aspektes entnehmen.

Die Berücksichtigung der unmittelbaren menschlichen Bedürfnisse im Hinblick auf das Süßwasser kommt auch darin zum Ausdruck, daß Art. 19 der Konvention betreffend die dringende Durchführung geplanter Maßnahmen unter den ausnahmsweise eine sofortige Durchfüh-

---

[14] Art. 10 Abs. 1 der Konvention, United Nations: Convention on the Law of the Non-Navigational Uses of International Watercourses, Adopted by the General Assembly and Opened to Signature, May 21, 1997, *ILM* 36 (1997), 700 (707).

[15] Vgl. auch ILC, "The Law of Non-Navigational Uses of International Watercourses - Extracts from the Report of the International Law Commission" -, *Environmental Law & Policy* 24 (1994) 335, 347.

[16] Vgl. Statement of Understanding zur Konvention, siehe Anm. 14, 718.

rung rechtfertigenden Umständen den Schutz der "öffentlichen Gesundheit, der öffentlichen Sicherheit und anderer gleich gewichtiger Interessen" nennt. Zum Schutz der Bevölkerung kann danach ausnahmsweise von den sonst vorgesehenen Verhandlungs- und Konsultationsphasen sowie von der Einhaltung einer Frist zur Reaktion auf eine Notifikation einer geplanten Maßnahme abgesehen werden.

Die - auch in der Konvention über die nicht-schiffahrtliche Nutzung internationaler Wasserläufe anklingenden - menschenrechtlichen Aspekte des Süßwassers sind geeignet, es zum Gegenstand internationaler normativer Vorgaben zu machen.

3. Konfliktverhütung als globales Anliegen

Schließlich drohen neu auftretende oder sich verschärfende Wasserkrisen in internationale Konflikte zu münden. Beispiel für auf Grund von Süßwasserknappheit drohende internationale Konflikte finden sich insbesondere im Nahen Osten.[17] Die Verhütung internationaler bewaffneter Konflikte gehört neben dem Schutz der Menschenrechte und zunehmend auch dem Umweltschutz zu den wichtigsten Anliegen der Staatengemeinschaft. Die zahlreichen Vorschriften der Konvention über Kooperation, Konsultation, gegenseitige Information sowie die in der Konvention enthaltenen Hinweise auf die Möglichkeit, regionale Mechanismen oder Kommissionen zu errichten, sind auch in diesem Lichte der Konfliktverhütung zu sehen.

Hinsichtlich der Konfliktverhütung bzw. -beilegung verweist die Konvention über die nicht-schiffahrtliche Nutzung internationaler Wasserläufe von 1997 auf die herkömmlichen, unabhängig von der Konvention in Betracht kommenden Mittel der Streitschlichtung: Verhandlung, gute Dienste, Vermittlung oder Anrufung des Internationalen Gerichtshofs. Als eigenen Mechanismus sieht der Konventionstext selbst lediglich die Konstituierung einer dreiköpfigen "Fact-finding"-Kommission vor. Dieses dreiköpfige Gremium besteht aus je einem von den Parteien benannten Mitglied und einem von diesen beiden ernannten Mitgliedern kooptierten Präsidenten. Weigert sich eine Partei, ein Mitglied zu er-

[17] Siehe auch J. Dellapenna, "Treaties as Instruments for Managing Internationally-Shared Water Resources: Restricted Sovereignty vs. Community of Property", *Case W. Res. J. Int'l L.* 26 (1994), 27; S. McCaffrey, "Water, Politics, and International Law", in: Gleick (ed.), siehe Anm. 6, 92 (Selected international controversies over shared water resources).

nennen, so kann die andere betroffene Partei vom Generalsekretär der Vereinten Nationen verlangen, daß er eine Person, die nicht die Staatsangehörigkeit einer der Streitparteien hat, ernennt. Diese vom Generalsekretär ernannte Person konstituiert dann interessanterweise eine "einköpfige Kommission". Der Annex zur Konvention von 1997 sieht weitergehend die Errichtung eines dreiköpfigen Schiedsgerichts vor. Ernennt eine der Parteien keinen Schiedsrichter, so fällt diese Aufgabe dem Präsidenten des Internationalen Gerichtshofs auf Ersuchen der anderen Partei zu.[18] Anders als die 1992 in Helsinki angenommene Konvention zum Schutz und der Nutzung internationaler Wasserläufe[19] legt die Konvention von 1997 aber nicht ausdrücklich fest, daß der Annex integraler Bestandteil der Konvention ist, so daß Art und Umfang der Bindungswirkung des Annexes nicht völlig geklärt sind.

Annex IV der soeben erwähnten Helsinki Konvention - zum Vergleich - enthält ausführliche Bestimmungen über ein Schiedsverfahren. Auf dessen Grundlage errichtete Schiedsgerichte bestehen aus je einem vom klagenden und vom beklagten Staat ernannten Schiedsrichter sowie einem von diesen beiden Richtern kooptierten Schiedsrichter. Wie auch hinsichtlich der Sekretariatsfunktionen zeigt sich beim Schiedsverfahren die Anbindung des durch die Helsinki Konvention errichteten Mechanismus an die Wirtschaftskommission der Vereinten Nationen für Europa. Ernennt eine der Parteien keinen Schiedsrichter, so kann der Geschäftsführende Sekretär der Wirtschaftskommission für Europa diesen ernennen.[20]

Aus den genannten, vielfältigen Gründen versucht die Konvention über die nicht-schiffahrtliche Nutzung internationaler Wasserläufe von 1997 universelle Minimalstandards hinsichtlich des Süßwassers festzulegen. Wie aber können solche Standards angesichts der stark regionalen Prägung von Süßwasserproblemen aussehen? Und inwieweit sind universelle Standards hier überhaupt möglich? Diesen Fragen soll im folgenden nachgegangen werden.

---

18 Art. 4 Abs. 2 des Annexes zur Konvention von 1997, siehe Anm. 14, 717.

19 Art. 20 der Helsinki Konvention, United Nations: Convention on the Protection and Use of Transboundary Watercourses and International Lakes, *ILM* 31 (1992), 1312 (1323).

20 Vgl. Annex IV, Ziff. 3. und 4. der Helsinki Konvention, *ibid.*

II. Die UN-Konvention über die nicht-schiffahrtliche Nutzung internationaler Wasserläufe[21]

Das Dilemma, allgemeine Regeln trotz der regionalen Unterschiedlichkeit der Wasserprobleme zu schaffen, prägt die 1997 zur Unterzeichnung aufgelegte Konvention über die nicht-schiffahrtliche Nutzung internationaler Wasserläufe. Das wird insbesondere an den Regelungen der Konvention über deren Verhältnis zu anderen Verträgen deutlich. Davor ist jedoch noch auf den Regelungsgegenstand der UN-Konvention über die nicht-schiffahrtliche Nutzung internationaler Wasserläufe einzugehen.

1. Regelungsgegenstand

Begrüßenswert ist, daß die Konvention den gegenüber dem Begriff "Fluß" weiteren Begriff des internationalen Wasserlaufs zu Grunde legt. Ein internationaler Wasserlauf ist nach Art. 2 a) der Konvention ein System von Oberflächen- und Grundgewässern, die wegen ihrer natürlichen Verbundenheit ein einheitliches System bilden und normalerweise einen gemeinsamen Abfluß haben. Diese umfassende Betrachtungsweise folgt den naturwissenschaftlichen Erkenntnissen über die Interdependenz einzelner hydrologischer Komponenten und ist einer isolierten Betrachtungsweise grundsätzlich überlegen. Die Konvention geht allerdings bedauerlicherweise nicht so weit, den noch umfassenderen Begriff des hydrographischen Beckens zu Grunde zu legen.[22]

---

[21] United Nations Convention, siehe Anm. 14. Zum Hintergrund der von der Völkerrechtskommission der Vereinten Nationen ausgearbeiteten Konvention siehe R. Hayton, "Observations on the International Law Commission's Draft Rules on the Non-Navigational Uses of International Watercourses: Articles 1-4", *Colo. J. Envtl. L. & Pol'y* 3 (1992), 31; S. McCaffrey, "Background and Overview of the International Law Commission's Study of the Non-Navigational Uses of International Watercourses", *ibid.*, 17; S. McCaffrey/ M. Sinjela, The 1997 United Nations Convention on International Watercourses, *AJIL* 92 (1998).

[22] Zu diesem weiteren Begriff L. Teclaff, "Evolution of the River Basin Concept in National and International Water Law", *N. Res. J.* 36 (1996), 359. Das Abkommen über den Mekong legt den Begriff des hydrographischen Bekkens zu Grunde, Cambodia-Laos-Thailand-Vietnam: Agreement on the Coop-

Die Konvention über die nicht-schiffahrtliche Nutzung internationaler Wasserläufe bezieht sich wie die Helsinki Konvention auf den Schutz der Ökosysteme internationaler Wasserläufe. Die Völkerrechtskommission ging dabei davon aus, daß "Ökosystem" ein naturwissenschaftlich und juristisch besser definierter Begriff als etwa der der Umwelt ist. Ein Ökosystem bestehe aus wechselseitig abhängigen und in sich ausgewogenen Komponenten und könne durch menschliche Einwirkungen in seiner Gesamtheit beeinträchtigt werden.[23] Der Erhalt der Ökosysteme ist wesentlicher Bestandteil einer Politik der nachhaltigen Entwicklung.

Nicht in den Anwendungsbereich der Konvention fallen abgeschlossene, das heißt nicht mit Oberflächengewässern in Austausch stehende Grundgewässer. Dies ist um so mehr zu bemängeln, als sich die Bedeutung der Grundgewässer wegen des technologischen Fortschritts und regionalen Bevölkerungswachstums weiter erheblich steigern wird. Dementsprechend hatte die Völkerrechtskommission der Vereinten Nationen den Staaten in einer gesonderten Resolution empfohlen, die in ihrem allgemeinen Entwurf entwickelten Grundsätze auch in Streitfällen über geschlossene Grundwasservorkommen anzuwenden.[24]

2. Verhältnis zu anderen Verträgen

Artikel 3 der Konvention enthält eine interessante und im Völkerrecht eher ungewöhnliche Regelung zum Verhältnis der Konvention zu anderen Verträgen. Dabei wird zwischen - im Verhältnis zur Konvention - früheren und späteren Verträgen unterschieden.

a) Ausschaltung der "lex posterior"-Regel (Art. 3 Abs. 1)

Normalerweise gilt im Völkerrecht, ähnlich wie im innerstaatlichen Recht, daß jüngere Regelungen ältere derogieren. Dies entspricht der Vermutung, daß der Gesetzgeber oder die Vertragsstaaten durch Erlaß einer jüngeren, anderweitigen Regelung implizit ältere Regelungen über den selben Gegenstand abändern oder unter Umständen sogar aufheben

---

eration for the Sustainable Development of the Mekong River Basin, April 5, 1995, *ILM* 34 (1995), 864.

[23] Vgl. ILC, siehe Anm. 15, 351.

[24] GAOR, 49th sess., Supp. 10; siehe auch ILC, siehe Anm. 15.

wollen. Dieser Grundsatz wird durch Art. 3 Abs. 1 der Konvention über die nicht-schiffahrtliche Nutzung internationaler Wasserläufe für deren Anwendungsbereich außer Kraft gesetzt. Diese Vorschrift besagt, daß mangels einer gegenteiligen Vereinbarung nichts in der Konvention die Rechte oder Pflichten eines Wasserlaufstaates aus einer zum Zeitpunkt seines Beitritts geltenden Vereinbarung berührt.[25] In Art. 3 Abs. 2 wird den betreffenden Konventionsstaaten lediglich anheimgestellt, nötigenfalls zu erwägen, derartige ältere Verträge mit den grundlegenden Prinzipien der Konvention zu harmonisieren.[26]

Die beiden genannten Vorschriften relativieren die Geltungskraft der Konvention stark. Üblich sind Vertragsvorschriften, wonach die Parteien eines späteren Vertrages sich bemühen, ihre Verträge mit *Dritt*staaten mit den Bestimmungen des jüngeren Vertrages zu harmonisieren. Art. 3 Abs. 1 und 2 der Konvention enthalten dagegen noch nicht einmal eine Bemühenspflicht. Indem Art. 3 Abs. 2 zudem lediglich erlaubt ("may"), die Harmonisierung anderweitiger Vereinbarungen mit den "grundlegenden Prinzipien" der Konvention "zu erwägen", könnte man im Umkehrschluß sogar zu dem erstaunlichen Ergebnis kommen, daß die Vertragsstaaten eine Harmonisierung anderweitiger Vereinbarungen mit Bestimmungen der Konvention, die keine grundlegenden Prinzipien enthalten, noch nicht einmal erwägen dürfen. Dies kann nicht gemeint sein.

Daß die Bestimmungen für anderweitige Vereinbarungen unter Konventionsstaaten, und nicht etwa mit Drittstaaten, gelten, ergibt sich aus dem Gebrauch des Terminus "Wasserlaufstaaten". Diese werden in Art. 2 c) der Konvention definiert als Konventionsparteien, in deren Territorium sich ein Teil eines internationalen Wasserlaufs befindet.[27]

---

[25] Art. 1 Abs. 1 der UN-Konvention über die nicht-schiffahrtliche Nutzung internationaler Wasserläufe, siehe Anm. 14, lautet: "In the absence of an agreement to the contrary, nothing in the present Convention shall affect the rights or obligations of a watercourse State arising from agreements in force for it on the date on which it became a party to the present Convention."

[26] Art. 3 Abs. 2 der UN-Konvention über die nicht-schiffahrtliche Nutzung internationaler Wasserläufe, siehe Anm. 14, lautet: "Notwithstanding the provisions of paragraph 1, parties to agreements referred to in paragraph 1 may, where necessary, consider harmonizing such agreements with the basic principles of the present Convention."

[27] Art. 2 c) der UN-Konvention über die nicht-schiffahrtliche Nutzung internationaler Wasserläufe, siehe Anm. 14, lautet: "'Watercourse State' means a State Party to the present Convention in whose territory part of an internatio-

Die entsprechende Regelung der 1992 in Helsinki angenommenen Konvention über den Schutz und die Nutzung internationaler Wasserläufe erscheint einleuchtender. Danach passen die Uferstaaten ältere Verträge an, soweit dies nötig ist, um Widersprüche mit den grundlegenden Prinzipien der Konvention zu beseitigen.[28]

b) Anpassung der Konventionsvorschriften durch spätere Verträge (Art. 3 Abs. 3)

Das Dilemma universell gültiger Regelungen für regionale Vertragsgegenstände wird besonders deutlich in Art. 3 Abs. 3, wonach die Wasserlaufstaaten "Wasserlaufabkommen" abschließen können, die die Vorschriften der UN-Konvention über die nicht-schiffahrtliche Nutzung internationaler Wasserläufe auf die Besonderheiten und Gebräuche eines speziellen internationalen Wasserlaufes oder eines Teiles davon "anwenden und [diesen] anpassen". Damit wird klargestellt, daß die Vorschriften der Konvention jederzeit durch Gruppen von Staaten abgeändert werden können. Dies ist bemerkenswert. Denn regelmäßig können multilaterale Verträge nur unter Beteiligung und mit Zustimmung aller Vertragsparteien abgeändert werden. Die UN-Konvention über die nicht-schiffahrtliche Nutzung internationaler Wasserläufe ermöglicht hingegen, daß sich unter ihrem Dach in verschiedenen Regionen der Welt unterschiedliche Vertragssubsysteme bilden, für deren Parteien die Vorschriften der Konvention nur in modifizierter Form oder vielleicht auch gar nicht gelten.

In diesem Zusammenhang stellt sich die Frage, ob es irgendwelche Grenzen der "Anpassung" von Konventionsvorschriften im Sinne des Art. 3 Abs. 3 gibt, oder ob "Anpassung" in diesem Sinne auch das Abbedingen der Geltung einzelner und ggf. wie vieler Konventionsvorschriften zwischen mehreren Staaten beinhaltet. Für eine extensive Anpassungsmöglichkeit und Abdingbarkeit der Vertragsvorschriften läßt sich Art. 3 Abs. 2 heranziehen. Diese Bestimmung betrifft zwar nur ältere anderweitige Verträge zwischen den Konventionsparteien. Wenn aber Art. 3 Abs. 2 lediglich die Möglichkeit vorsieht, daß die betreffenden Staaten erwägen mögen, ihre anderweitigen Verträge den grundle-

---

nal watercourse is situated, or a Party that is a regional economic integration organization, in the territory of one or more of whose Member States part of an international watercourse is situated."

[28] Art. 9 Abs. 1 der Helsinki Konvention, siehe Anm. 19, 1318 f.

genden Prinzipien der Konvention anzupassen, weist das darauf hin, daß die Konvention selbst der Beachtung sogar ihrer grundlegenden Prinzipien keine besonders große Bedeutung zumißt. Eine sich aus dem allgemeinen Völkerrecht ergebende Grenze für anderweitige Abkommen stellt aber jedenfalls das ius cogens dar, welches zum Beispiel massive Umweltverschmutzungen verbietet.[29] Zweifelhaft ist auch, ob in anderweitigen Abkommen das Prinzip der nachhaltigen Nutzung ausgeschlossen werden könnte. Dieses Prinzip gehört zwar nicht zum anerkannten völkerrechtlichen ius cogens. Zweifel an seiner Abdingbarkeit ergeben sich trotzdem, weil seine vertragliche Abbedingung zu Lasten auch künftiger Generationen ginge, die keinerlei Möglichkeit haben, irgendeinen Einfluß hiergegen auszuüben. Des weiteren gehört das Prinzip der Nachhaltigkeit zu den Fundamentalprinzipien umweltrechtlicher Verträge; hinsichtlich ihrer "basic principles" stellt die Konvention allerdings, wie schon erwähnt, den Konventionsstaaten lediglich anheim, eine Anpassung ihrer anderweitigen Verträge zu erwägen.

Jedenfalls relativiert die - abgesehen von den soeben angesprochenen Grenzen - weitestgehende Möglichkeit der "Anpassung" der Konventionsvorschriften die universelle und einheitliche Geltung des Konventionsregimes stark. Dies ist um so bemerkenswerter, als die Konvention zum Teil auch dem Schutze der Umwelt dient. Umweltschutz- und Menschenrechtskonventionen dienen der Errichtung objektiver Regime und unterliegen deshalb normalerweise gerade nicht der Disposition einzelner Vertragsparteien.

Die Anpassungsmöglichkeit nach Art. 3 Abs. 3 der UN-Konvention über die nicht-schiffahrtliche Nutzung internationaler Wasserläufe ist durch die Besonderheiten des Süßwassers als Gegenstand des Völkerrechts bedingt. Wegen der regionalen Verortung des Süßwassers haben Abweichungen von den Konventionsbestimmungen im Rahmen von Vertragssubsystemen unter dem allgemeinen Dach der Konvention regelmäßig keine Auswirkungen auf nicht an diesen Subsystemen beteiligte Staaten. Gerade auch im Hinblick auf die angesichts des Regelungsgegenstandes zum Teil unvermeidliche Weite der in der Konvention enthaltenen Prinzipien ist eine Konkretisierung in regionalen "Wasserlaufabkommen" vielmehr sachdienlich und wünschenswert.

---

[29] Vgl. J.A. Frowein, "Jus Cogens", in: R. Bernhardt (ed.), *EPIL* 7 (1984), 327 (329).

c) Charakter der Konvention

Die vorausgehenden Erwägungen beleuchten den hohen Grad der Disponibilität der Konventionsvorschriften sowie ihre Funktion als Dach, Rahmen ("framework")[30] oder Vorbild ("model rules") für anderweitige Vereinbarungen. Es stellt sich allerdings die Frage, welchen Sinn das Konventionsdach bei einer grenzenlosen "Anpassungsmöglichkeit" der Konventionsvorschriften durch anderweitige Vereinbarungen noch haben könnte. Dieser liegt in ihrer subsidiären Geltung und darin, daß er solche anderweitigen Vereinbarungen über Süßwasser fördern und erleichtern soll, ohne die Stabilität bestehender Wasserlaufabkommen in Frage zu stellen.

Subsidiäre Geltung. Bei Fehlen solcher die Konventionsvorschriften anwendender, konkretisierender oder anpassender Wasserlaufabkommen im Sinne des Art. 3 Abs. 3 gelten die Bestimmungen der Konvention. Dies könnte nur dann anders sein, wenn es sich bei der Konvention über die nicht-schiffahrtliche Nutzung internationaler Wasserläufe lediglich um ein Rahmenabkommen ohne unmittelbar als solche anwendbare Vorschriften handeln würde. Daß bei Fehlen spezieller Wasserlaufabkommen die Konventionsbestimmungen anzuwenden sind, läßt sich aber Art. 3 Abs. 6 entnehmen. Diese Bestimmung stellt klar, daß dann, wenn mehrere, aber nicht alle Anliegerstaaten eines bestimmten internationalen Wasserlaufs solche spezielleren Abkommen abgeschlossen haben, die Rechte und Pflichten der nicht teilnehmenden Staaten aus der Konvention unberührt bleiben. Fraglich bleibt allerdings, ob sich angesichts der Weite der in der Konvention niedergelegten Prinzipien allzu oft Lösungen für konkrete Streitfälle aus der Anwendung der Konventionsbestimmungen herleiten lassen.

Förderung anderweitiger Süßwasserabkommen. Insgesamt ergibt sich aus den Vorschriften der Konvention über die nicht-schiffahrtliche Nutzung internationaler Wasserläufe, die deren Verhältnis zu anderen Verträgen betreffen, daß die Konvention weniger selbst regeln als die Konventionsstaaten zur Regelung ihrer Süßwasserprobleme durch anderweitige Vereinbarungen fördern will. Dies ergibt sich aus den bereits behandelten Art. 3 Abs. 1 bis 3 sowie aus Art. 4 Abs. 1, der den nicht abschließenden Charakter der Konvention zum Ausdruck bringt. Diese Bestimmung betont, daß jeder Wasserlaufstaat berechtigt ist, an den Verhandlungen zum Abschluß jedes den ganzen internationalen Was-

---

[30] So die Präambel der Konvention, United Nations: Convention on the Law of the Non-Navigational Uses of International Watercourses, siehe Anm. 14, 703.

serlauf betreffenden Wasserlaufabkommens teilzunehmen und diesem Abkommen beizutreten sowie an allen sachdienlichen Konsultationen teilzunehmen. Aber auch angesichts dieser einer Rahmenkonvention[31] impliziten Anlegung auf Ausfüllung durch konkretisierende anderweitige Regelungen bleibt erstaunlich, daß die Konventionsstaaten lediglich nötigenfalls erwägen mögen, ihre früheren Abkommen mit den grundlegenden Prinzipien der Konvention zu harmonisieren (Art. 3 Abs. 2), und daß einzelne Konventionsstaaten die Vertragsbestimmungen durch Vereinbarungen "anpassen" können.

3. Die wesentlichen Prinzipien der Konvention

In Übereinstimmung mit der Entwicklung des Völkergewohnheitsrechts kodifiziert die UN-Konvention über die nicht-schiffahrtliche Nutzung internationaler Wasserläufe im wesentlichen folgende konkretisierungsbedürftige Prinzipien: das Prinzip der ausgewogenen ("equitable"), vernünftigen Nutzung, die Verpflichtung, keinen erheblichen ("significant") Schaden zu verursachen, allgemeine Pflichten zur Kooperation und gegenseitigen Information sowie gewisse Umweltschutzaspekte.

a) Das Prinzip der ausgewogenen ("equitable"), vernünftigen Nutzungsaufteilung

Ausgewogene ("equitable") und vernünftige Nutzung. Das Prinzip der vernünftigen und ausgewogenen Nutzungsaufteilung[32] ergibt sich aus Art. 5 Abs. 1 und 2. Aus Abs. 1 folgt, daß eine ausgewogene und vernünftige Nutzungsaufteilung auch das Prinzip der Nachhaltigkeit und gewisse Schutzmaßnahmen für den Wasserlauf beinhaltet. Darunter fallen zum Beispiel Maßnahmen zum Erhalt und zur Sicherheit des Wasserlaufs sowie zur Abwehr wasserbedingter Krankheiten und technisch-hydrologische Schutzmaßnahmen zum Hochwasserschutz, gegen Verschmutzung und Erosion, zur Milderung von Trockenheiten und zur Kontrolle der Versalzung. Hieraus ergibt sich zumindest, daß all diese

---

31 *Ibid.*

32 Vgl. ausführlich X. Fuentes, "The Criteria for the Equitable Utilization of International Rivers", *BYIL* 67 (1996), 337.

Maßnahmen ansonsten zulässige Nutzungen des Wasserlaufes durch eine oder mehrere Konventionsparteien einschränken können.[33]

Art. 5 Abs. 2 beinhaltet das Prinzip der ausgewogenen Partizipation. Dies beruht auf der Vorstellung, daß eine ausgewogene Nutzungsaufteilung nur durch eine Kooperation der Wasserlaufstaaten durch Partizipation auf einer ausgewogenen ("equitable") und vernünftigen Basis erreicht werden kann. Nach dieser Konzeption hängt die ausgewogene Partizipation eng mit der ausgewogenen Nutzungsaufteilung zusammen. Nur so können maximale Vorteile für alle Wasserlaufstaaten erreicht werden.[34] Art. 5 Abs. 2 gibt deshalb den durch die Konvention gebundenen Wasserlaufstaaten ein Recht auf die Kooperation anderer konventionsgebundener Wasserlaufstaaten. Dieses Recht ist natürlich um so effektiver, je mehr es durch weitere Wasserlaufabkommen konkretisiert wird. Aber mangels derartiger Abkommen ergibt sich eine allgemeine Kooperationspflicht bereits aus Art. 5 Abs. 2. Dementsprechend enthält Art. 5 Abs. 2 S. 2 eine Pflicht zur Kooperation zum Schutz und der Entwicklung des Wasserlaufs, die in Art. 8 noch ausgeführt wird.[35]

b) Das Prinzip der Vermeidung erheblicher Schäden ("No Significant Harm Rule")

Nach Art. 7 Abs. 1 werden die Wasserlaufstaaten bei der Nutzung eines internationalen Wasserlaufs auf ihren Hoheitsgebieten alle angemessenen Maßnahmen ergreifen, um anderen Wasserlaufstaaten keinen erheblichen Schaden zuzufügen. Der Schadensbegriff ist hier weit zu fassen. Er bezieht sich nicht etwa nur auf Umweltschäden, sondern auf Beeinträchtigungen sämtlicher Nutzungen des Wasserlaufes durch andere Wasserlaufstaaten.

Fraglich ist, ob das Prinzip der Vermeidung erheblicher Schäden ein Handlungs- oder Erfolgsunrecht der Staaten betrifft. Der Entwurf der

---

[33] Vgl. ILC, siehe Anm. 15, 335 ff.

[34] Siehe auch unten, 3.d).

[35] Siehe unten, 3.d).

Völkerrechtskommission beinhaltete eine bloße Sorgfaltspflicht.[36] Der in die Konvention aufgenommene Artikel ist mit "Verpflichtung, keinen erheblichen Schaden zu verursachen" überschrieben, was für ein Erfolgsunrecht, wonach die bloße Verursachung ausreicht, sprechen könnte. Nach Art. 7 Abs. 1 hingegen müssen die Staaten alle sachdienlichen Maßnahmen ergreifen, damit sie anderen Staaten keinen erheblichen Schaden zufügen, was lediglich für eine Pflicht zur Beachtung gewisser Sorgfaltsstandards, also für Handlungsunrecht, sprechen könnte. In diesem Sinne verlangte der Entwurf der Völkerrechtskommission nur, daß die Wasserlaufstaaten bei der Nutzung eines internationalen Wasserlaufs die gebotene Sorgfalt ("due diligence") anwenden, um anderen Wasserlaufstaaten keinen erheblichen Schaden zuzufügen. Wenn trotz Beachtung der gebotenen Sorgfalt einem anderen Staat erheblicher Schaden entstand, konsultierte der Schädigerstaat nach dem Entwurf der Völkerrechtskommission lediglich den beeinträchtigten Staat über den Umfang, in dem eine solche (schadensverursachende) Nutzung ausgewogen und vernünftig sei sowie die Frage von ad-hoc-Anpassungen der Nutzung im Sinne einer Schadensverhinderung oder -minderung

[36] Art. 7 der Konvention in der Fassung der Völkerrechtskommission lautete:

"Obligation not to cause significant harm. 1. Watercourse States shall exercise due diligence to utilize an international watercourse in such a way as not to cause significant harm to other watercourse States.

2. Where, despite the exercise of due diligence, significant harm is caused to another watercourse State, the State whose use causes the harm shall, in the absence of agreement to such use, consult with the State suffering such harm over:

(a) the extent to which such use is equitable and reasonable taking into account the factors listed in article 6;

(b) the questions of ad hoc adjustments to its utilisation, designed to eliminate or mitigate any such harm caused and, where appropriate, the question of compensation."

Demgegenüber lautet die schließlich in die Konvention aufgenommene Fassung des Art. 7:

"Obligation not to cause significant harm. 1. Watercourse States shall, in utilizing an international watercourse in their territories, take all appropriate measures to prevent the causing of significant harm to other watercourse States.

2. Where significant harm nevertheless is caused to another watercourse State, the States whose use causes such harm shall, in the absence of agreement to such use, take all appropriate measures, having due regard for the provisions of articles 5 and 6, in consultation with the affected State, to eliminate or mitigate such harm and, where appropriate, to discuss the question of compensation."

und, wenn angemessen, die Entschädigungsfrage. Die Zahlung einer Entschädigung war dabei nicht etwa im Sinne von Schadensersatz zu verstehen, sondern als Abwägungsfaktor im Rahmen einer ausgewogenen ("equitable") Nutzungsaufteilung.[37]

Die schließlich von den Staaten angenomme Fassung der "no significant harm rule" geht über eine derartige Sorgfaltspflicht hinaus. Art. 7 Abs. 2 verlangt, daß dann, wenn einem anderen Vertragsstaat trotz Ergreifens der angemessenen Präventionsmaßnahmen erheblicher Schaden entstanden ist, der Verursacherstaat die angemessenen Maßnahmen unter Konsultation mit dem beeinträchtigten Staat ergreift, um den Schaden zu beheben oder zu mildern, und, sofern angemessen, die Frage einer Entschädigung zu diskutieren. Diese an die bloße Schadensverursachung anknüpfenden Verpflichtungen des Verursacherstaates zur Schadensbehebung oder -minderung indizieren, daß entgegen dem lediglich ein Handlungsunrecht statuierenden Entwurf der Völkerrechtskommission[38] Art. 7 der Konvention nun davon ausgeht, daß die Verursachung eines erheblichen Schadens ein Erfolgsunrecht darstellt: Auch der trotz ordnungsgemäßen Verhaltens, das heißt Ergreifen der angemessenen Präventionsmaßnahmen, entstandene Schaden löst eine Schadensbeseitigungs- oder -minderungspflicht aus. Diese Schadensbeseitigung oder -minderung hat zwar in Konsultation mit dem beeinträchtigten Staat stattzufinden. Anders als nach dem Entwurf der Völkerrechtskommission erschöpft sich die an die Schadensverursachung anknüpfende Verpflichtung des Schädigerstaates aber nicht in Konsultationen.

Die Konvention knüpft also ausdrücklich die internationale Verantwortlichkeit an die Nutzung eines internationalen Wasserlaufes im Hoheitsgebiet des Schädigerstaates und schränkt damit dessen Territorialhoheit ein. Hier geht die Konvention durch die Statuierung einer Erfolgshaftung über das geltende Völkergewohnheitsrecht und über das in anderen Umweltschutzbestimmungen internationaler Konventionen Übliche hinaus. Die im Rahmen der ECE verhandelte und 1992 in Helsinki angenommene Konvention über internationale Wasserläufe statuiert hinsichtlich der Verantwortlichkeit der Staaten zum Beispiel nur, daß die Konventionsparteien angemessene internationale Bemühungen zur Erarbeitung von Regeln, Kriterien und Verfahren im Bereich der

---

[37] Vgl. auch ILC, siehe Anm. 15, 344.

[38] *Ibid.*, 343.

Verantwortlichkeit und Haftung unterstützen werden.[39] Vergleichbare Umweltschutzbestimmungen völkerrechtlicher Verträge enthalten regelmäßig nur eine Verpflichtung der Staaten, angemessene Maßnahmen zur Schadensprävention zu ergreifen, statuieren aber keine internationale Verantwortlichkeit.[40]

Zwar gilt auch gewohnheitsrechtlich die Verpflichtung der Staaten, ihr Territorium nicht in einer Weise zu nutzen, daß anderen Staaten erheblicher Schaden entsteht. Aber die Konvention prägt durch die ausdrückliche Statuierung einer völkerrechtlichen Verantwortlichkeit des Schädigerstaates die Abwägung zwischen erlaubter, das heißt ausgewogener und vernünftiger Nutzung des eigenen Staatsgebietes und dem Schädigungsverbot zugunsten des geschädigten Staates. Außerdem ist eine bloße Erfolgshaftung ohne jedes Verschuldenselement im allgemeinen Völkerrecht nicht anerkannt.[41]

---

[39] Art. 7, United Nations: Convention on the Protection and Use of Transboundary Watercourses and International Lakes, siehe Anm. 19, 1318.

[40] Vgl. Art. 194 Abs. 1 des Seerechtsübereinkommens der Vereinten Nationen von 1982, in Kraft getreten 1994, in: P. Birnie/A. Boyle (eds), *Basic Documents on International Law and the Environment,* 1996, 153 (154); Art. 1 der in London angenommenen Convention on the Prevention of Marine Pollutions by Dumping of Wastes and Other Matter von 1972, in Kraft getreten am 30. August 1975, *ibid.*, 174 (175); Art. 2 der Wiener Konvention zum Schutz der Ozonschicht von 1985, in Kraft getreten am 22. September 1988, *ibid.*, 211 (213); Art. 2 Abs. 1 der in Helsinki angenommenen Convention on the Protection and Use of Transboundary Watercourses von 1992, in Kraft getreten am 6. Oktober 1996, *ibid.* 345 (347). Relativ zurückhaltend auch noch Art. 8, Cambodia-Laos-Thailand-Vietnam: Agreement on the Cooperation for the Sustainable Development of the Mekong River Basin, siehe Anm. 22, 870, der lautet: "State Responsibility for Damages. Where harmful effects cause substantial damage to one or more riparians from the use of and/or discharge to waters of the Mekong River by any riparian State, the party(ies) concerned shall determine all relevant factors, the cause, extent of damage and responsibility for damages caused by that State in conformity with the principles of international law relating to state responsibility, and to address and resolve all issues, differences and disputes in an amicable and timely manner by peaceful means as provided in Articles 34 and 35 of this Agreement, and in conformity with the Charter of the United Nations."

[41] Siehe hierzu auch die Ausführungen der Völkerrechtskommission mit Nachweisen u. a. auf den Korfu Kanal Fall, ILC, siehe Anm. 15, 340.

c) Verhältnis der Prinzipien der Vermeidung erheblicher Schäden und der ausgewogenen und vernünftigen Nutzungsaufteilung

Aus dem Vorangegangenen ergibt sich, daß die Konvention dem Verbot der Verursachung eines erheblichen Schadens gegenüber einem anderen Wasserlaufstaat den Vorrang vor dem Grundsatz einer ausgewogenen und vernünftigen Nutzungsaufteilung einräumt. Dies ist zu begrüßen, soweit es sich bei dem Schaden um einen Umweltschaden handelt.

Der Schadensbegriff des Art. 7 der Konvention über die nicht-schiffahrtliche Nutzung internationaler Wasserläufe ist jedoch, wie schon erwähnt, weit und bezieht sich auch auf alle Arten der Beeinträchtigung wirtschaftlicher Tätigkeiten in Bezug auf den Wasserlauf. Insoweit ist der generelle Vorrang der "no significant harm rule" unter Umweltschutzgesichtspunkten nicht begrüßenswert. Eine unter Umweltschutzgesichtspunkten vernünftige und ausgewogene Nutzungsaufteilung könnte nämlich durchaus dazu führen, daß ein Staat bisherige umweltschädliche Nutzungen aufzugeben hat. Diese letztgenannte Forderung könnte dann aber angesichts des weiten Schadensbegriffs, der sich auf Beeinträchtigungen sämtlicher Nutzungen eines Wasserlaufs durch einen anderen Wasserlaufstaat bezieht, als Verstoß gegen das Verbot, anderen Wasserlaufstaaten erheblichen Schaden zuzufügen, gesehen werden.

Auch im Hinblick auf das Verhältnis der beiden Prinzipien der ausgewogenen und vernünftigen Nutzungsaufteilung und des Verbots, anderen Wasserlaufstaaten erheblichen Schaden zuzufügen, gibt die Konvention über die nicht-schiffahrtliche Nutzung internationaler Wasserläufe aber keine letztverbindliche Antwort, da die Prinzipien der Konvention in regionalen Wasserlaufabkommen "angepaßt" werden können. Das Verhältnis der beiden genannten Regeln könnte also in konkretisierenden Wasserabkommen geändert werden. In Betracht kommt eine "Anpassung" des Verhältnisses der genannten Prinzipien im Lichte des sich fortentwickelnden Völkergewohnheitsrechts. Dabei käme zweifellos dem im modernen Völkerrecht immer wichtiger werdenden Umweltschutz wachsende Bedeutung zu. Umweltschutzgesichtspunkten aber wird im Zweifel besser durch das Prinzip einer ausgewogenen Nutzungsaufteilung als durch die "no significant harm rule" Rechnung getragen.[42] Dies ergibt sich auch daraus, daß das Verbot der Verursachung erheblicher Schäden ältere, oft schädliche Nutzungsformen gegenüber neuen Nutzungsformen, die Umweltbelangen tendenziell eher

---

[42] A.A. z.B. P. Patronos, *Der konzeptionelle Ansatz im Umweltvölkerrecht* (1997), 84 f.

Rechnung tragen, privilegiert.[43] Die hier befürwortete "Anpassung" des Art. 7 Abs. 2 der Konvention durch regionale Wasserlaufabkommen ginge dahin, der "no significant harm rule" nur dann Vorrang vor dem Grundsatz der ausgewogenen und vernünftigen Nutzungsaufteilung einzuräumen, sofern der zu verhindernde Schaden in einem (erheblichen?) Umweltschaden besteht.[44]

d) Kooperationsverpflichtungen, Partizipations- und Konsultationsrechte

Darüber hinaus statuiert die Konvention an zahlreichen Stellen eine Pflicht der Konventionsstaaten zur Kooperation, wie man sie regelmäßig in Abkommen betreffend die gemeinsame Nutzung einer gemeinsamen Ressource ("common heritage" oder "common concern good") findet.[45] Schon die Präambel betont die Bedeutung internationaler Kooperation und des Prinzips der guten Nachbarschaft auf diesem Gebiet.[46] Art. 5 enthält im Rahmen des Prinzips der ausgewogenen und vernünftigen Nutzungsaufteilung den Grundsatz der ausgewogenen und vernünftigen Partizipation an der Nutzung, Entwicklung und dem Schutz eines internationalen Wasserlaufs, welche eine Verpflichtung zur Kooperation zum Schutz und der Entwicklung des Wasserlaufs bein-

---

[43] Siehe auch Dellapenna, siehe Anm. 17, 39 f.

[44] Siehe auch Kommentar der Schweiz, in: General Assembly, 51th Sess., "Convention on the Law of the Non-Navigational Uses of International Watercourses, Draft Articles on the Law of the Non-Navigational Uses of International Watercourses", *Report of the Secretary General*, Doc. A/51/275, 6 August 1996, 46 f.; ebenso A. Utton, "Which Rule Should Prevail in International Water Disputes: That of Reasonableness or that of No Harm?", *N. Res. J.* 36 (1996), 635.

[45] Vgl. Arts. VII, VIII, IX Antarctic Treaty, 1959, *ILM* 19 (1980), 860; Art. 6 Protocol Environmental Protection to the Antarctic Treaty, 1991, *ILM* 30 (1991), 1464; Art. 6 Final Act and Convention on the Regulation of Antarctic Mineral Resource Activities, 1988, *ILM* 27 (1988), 859; Arts. IX, X, XI Treaty on Principles Governing the Activities of States in the Exploration and Use of Outer Space, Including the Moon and other Celestial Bodies, 1967, *ILM* 6 (1967), 386; Art. 15 Agreement Governing the Activities of States on the Moon and other Celestial Bodies, 1979, *ILM* 18 (1979), 1434. Zu Kooperationspflichten im Umweltvölkerrecht siehe auch P. Okowa, "Procedural Obligations in International Environmental Agreements", *BYIL* 67 (1996), 275 (302 ff.).

[46] Abschnitt 6 der Präambel, United Nations: Convention on the Law of the Non-Navigational Uses of International Watercourses, siehe Anm. 14, 700.

haltet. In diesem Kontext werden sich die Staaten nötigenfalls in einem Geiste der Kooperation konsultieren.[47]

Nach Art. 8 der Konvention sollen die Staaten kooperieren, und zwar auf der Grundlage der souveränen Gleichheit, territorialen Integrität, zum gegenseitigen Nutzen und nach Treu und Glauben mit dem Ziel, eine optimale Nutzungsaufteilung und angemessenen Schutz eines internationalen Wasserlaufs zu erreichen. Im Übereinklang mit dem Anliegen der Konvention, den Abschluß regionaler konkretisierender Abkommen zu fördern, stellt Art. 8 Abs. 2 dann klar, daß die Wasserlaufstaaten zur Bestimmung der Art und Weise einer solchen Kooperation die Errichtung gemeinsamer Mechanismen oder Kommissionen erwägen mögen, soweit sie dies für notwendig halten, um die Kooperation im Hinblick auf relevante Maßnahmen und Verfahren im Lichte der Erfahrungen zu erleichtern, die durch Kooperation im Rahmen existierender gemeinsamer Mechanismen und Kommissionen in verschiedenen Regionen gemacht wurden.

Abkommen über Süßwasser sehen regelmäßig eine derartige Kooperation im Rahmen bilateraler Kommissionen vor. Die Vereinigten Staaten haben zum Beispiel eine Reihe solcher Abkommen mit den Nachbarstaaten Mexiko und Kanada abgeschlossen.[48] Im Rahmen der so errichteten bilateralen Kommissionen werden Fragen betreffend den internationalen Wasserlauf oder die Seen an der kanadischen Grenze auf der Grundlage der Offenheit, Kooperation und des gegenseitigen Einvernehmens gelöst. Umweltschutzabkommen, und besonders solche betreffend internationale Wasserläufe, sehen regelmäßig eine Kooperation der Vertragsparteien im Rahmen bi- oder multilateraler Gremien vor.[49]

---

[47] Art. 6 Abs. 2 der Konvention, *ibid*.

[48] Nachweise bei W. Heintschel v. Heinegg, "Internationales öffentliches Umweltrecht", in: K. Ipsen, *Völkerrecht* (1990), 812; siehe A. Szekeley, "Transboundary Resources: A View From Mexiko", in: A. Ulton/L. Teclaff (eds), *Transboundary Resources Law*, 1987, 211 ff.; siehe auch C. Hinds, *Umweltrechtliche Einschränkungen der Souveränität - Völkerrechtliche Präventionspflichten zur Verhinderung von Umweltschäden*, 1997, 57 ff. (Das Great Lakes-Regime).

[49] Vgl. Art. 9 Helsinki Konvention, United Nations: Convention on the Protection and Use of Transboundary Watercourses and International Lakes, siehe Anm. 19, 1319 f.; Art. IV ff., Treaty between the Government of the Republic of India and the Government of the People's Republic of Bangladesh on Sharing of the Ganga/Ganges Waters at Farakka, Done at Delhi, December 12, 1996, *ILM* 36 (1997), 519, (524 f.); Art. 9 ff., Treaty between his Majesty's Go-

Fest steht, daß Wasserlaufstaaten auch ohne die "Erlaubnis" oder Ermunterung in Art. 8 Abs. 2 ohne weiteres derartige regionale, bi- oder multinationale Mechanismen oder Kommissionen errichten können. Deshalb fragt sich, worin der Sinn des Art. 8 Abs. 2 der Konvention liegt. Selbst wenn es sich um eine bloße Ermunterung, derartige Mechanismen oder Kommissionen einzurichten, handeln sollte, ist die Vorschrift doch sehr zurückhaltend formuliert: Die Staaten mögen die Errichtung erwägen, soweit sie es für notwendig erachten. Auch an dieser Bestimmung wird das zum Teil übertrieben wirkende Anliegen der Konvention deutlich, eine Präjudizierung der Staaten durch universelle Vorgaben auf jeden Fall zu vermeiden.

Zu Kooperationspflichten im weiteren Sinne sind auch die in der Konvention enthaltenen Verpflichtungen zum Datenaustausch und zur gegenseitigen Konsultation[50] sowie die ausführliche Regelung über die Notifikation geplanter Maßnahmen[51] zu zählen. Eine Verpflichtung zum Eintreten in Konsultationen statuiert die Konvention von 1997 in zwei Fällen: auf Verlangen jedes Staates, der vernünftige Gründe zu der Annahme hat, daß er erhebliche Nachteile auf Grund von Installationen am internationalen Wasserlauf hat[52] und hinsichtlich des "Management" des Wasserlaufs. "Management" bedeutet dabei die Planung der nachhaltigen Entwicklung eines internationalen Wasserlaufs und die Durchsetzung angenommener Pläne sowie die sonstige Förderung der ratio-

---

vernment of Nepal and the Government of India Concerning the Integrated Development of the Mahakali River Including Sarada Barrage, Tanakpur Barrage and Pancheshwar Project, *ILM* 36 (1997), 529, (540 ff.); siehe ferner Ziff. 2.3. der Israel-Jordan-Palestine Liberation Organization, "Declaration on Cooperation on Water-Related Matters", *ILM* 36 (1997), 761 (767); Belgium (Brussel's Capital, Flanders, Wallonia Regional Governments)-France-Netherlands: Agreements on the Protection of the Rivers Meuse and Scheldt, April 26, 1994, *ILM* 34 (1995), 851; Art. 11 ff., Cambodia-Laos-Thailand-Vietnam: Agreement on the Cooperation for the Sustainable Development of the Mekong River Basin, siehe Anm. 22, 871 ; ein weiteres aktuelles Beispiel für eine bilaterale Kommission im Umweltbereich - nicht auf Süßwasser beschränkt - findet sich in Art. 8 ff., Canada-Chile: Agreement on Environmental Cooperation, February 6, 1997, *ILM* 36 (1997), 1193 (1199 f.)

[50] Vgl. Art. 11, 24, 26 Abs. 2, 30 der Konvention, United Nations: Convention on the Law of the Non-Navigational Uses of International Watercourses, siehe Anm. 14, 700.

[51] Art. 11 ff. und 28 Abs. 2 der Konvention, *ibid.*

[52] Art. 26 Abs. 2 der Konvention, *ibid.*

nalen und optimalen Nutzung, des Schutzes und der Kontrolle des Wasserlaufs.[53]

Die Helsinki Konvention von 1992 statuiert demgegenüber ganz allgemein eine Konsultationspflicht auf Verlangen jeder Vertragspartei. Darüber hinaus haben solche Konsultationen im Rahmen der auf der Grundlage von Art. 9 der Helsinki Konvention errichteten gemeinsamen Gremien stattzufinden, sofern solche existieren. Insofern ist die Helsinki Konvention in diesem Punkt wegen der Allgemeinheit der Konsultationspflicht zugleich weitergehend und im Hinblick auf die Art und Weise der Konsultation im Rahmen gemeinsamer Gremien konkreter als die Konvention von 1997. Nach der Konvention von Helsinki errichten die Uferstaaten in Durchführungsabkommen zu der Konvention gemeinsame Gremien, denen die Konvention (nicht abschließend) konkrete Aufgaben zuweist, wie zum Beispiel Daten- und Informationsaustausch, Förderung der Kooperation, die Erarbeitung von Grenzwerten und von gemeinsamen Kontrollprogrammen betreffend die Wasserqualität und Wassermenge.[54]

Weitergehend in einem wichtigen Bereich ist die Helsinki Konvention auch, was die Einhaltung gewisser Standards, insbesondere zum Schutz der Wasserqualität, betrifft, indem sie Verfahren für eine gemeinsame Überwachung und Erfolgskontrolle ("joint monitoring and assessment") vorsieht.[55]

Die Konvention über die nicht-schiffahrtliche Nutzung internationaler Wasserwege von 1997 ist dagegen ausführlich in Bezug auf die Notifikation, ein Bereich zu dem die Konvention von Helsinki schweigt. Der Grund mag darin liegen, daß die Konvention von Helsinki von einem so hohen Kooperationsgrad unter den Konventionsstaaten ausgeht, daß für eine Regelung von Notifikationspflichten kein Bedürfnis gesehen wurde. Nach der Konvention von 1997 kann der notifizierte Staat dem notifizierenden Staat innerhalb einer Sechs-Monats-Frist mit Begründung mitteilen, daß eine geplante Maßnahme gegen das Prinzip der ausgewogenen und vernünftigen Nutzungsaufteilung oder das Prinzip der Vermeidung erheblicher Schäden verstößt.[56] Die betreffenden Staaten müs-

---

[53] Vgl. Art. 24 der Konvention, *ibid.*

[54] Art. 9 Abs. 2 der Helsinki Konvention, United Nations: Convention on the Protection and Use of Transboundary Watercourses and International Lakes, siehe Anm. 19, 1319.

[55] Vgl. Art. 11 und 12 der Konvention, *ibid.*, 1320 f.

[56] Art. 15 der Konvention, *ibid.*

sen dann in Konsultationen und nötigenfalls in Verhandlungen eintreten, um eine ausgewogene Lösung zu erreichen.[57] Die Konsultationen und Verhandlungen sind auf der Grundlage zu führen, daß jeder Staat nach Treu und Glauben die Rechte und legitimen Interessen des anderen Staates vernünftig zu berücksichtigen hat.[58] Die Helsinki Konvention von 1992 sieht statt dessen bei allen kritischen Situationen mit grenzüberschreitender Auswirkung eine Informationspflicht sowie, wo angebracht, die Errichtung und den Betrieb koordinierter oder gemeinsamer Kommunikations-, Warn- und Alarmsysteme, eine Beistandspflicht und eine allgemeine Pflicht zur Information der Öffentlichkeit vor.[59]

Zwar erfüllen nach der Konvention von 1997 die Wasserlaufstaaten in Fällen, in denen es schwerwiegende Hindernisse gegen direkte Kontakte zwischen den Wasserlaufstaaten gibt, ihre sich aus der Konvention ergebenden Kooperationsverpflichtungen, einschließlich Daten- und Informationsaustausch, Notifikation, Kommunikation, Konsultationen und Verhandlungen, durch beliebige, von ihnen akzeptierte indirekte Verfahren.[60] Diese indirekten Verfahren kommen aber vornehmlich bei Spannungen zwischen den beteiligten Staaten in Betracht, was auch die Stellung des entsprechenden Artikels unmittelbar nach der Bestimmung über internationale Wasserläufe und Installationen im bewaffneten Konflikt indiziert. Deshalb laufen die von der Konvention von 1997 angesprochenen indirekten Verfahren auf die Einschaltung dritter, vermittelnder Staaten und Institutionen hinaus,[61] nicht auf die Einschaltung gemeinsamer (und insofern auch nicht "indirekter") Gremien, wie sie in der Helsinki Konvention vorgesehen sind.

Die große Bedeutung der Kooperationspflichten in der Konvention über die nicht-schiffahrtliche Nutzung internationaler Wasserläufe ist wesentlich durch das Prinzip der ausgewogenen Nutzungsaufteilung bzw. das Prinzip der "equity" bedingt.[62] Was ausgewogen oder "equitable" ist, kann nur durch Abwägung unter Beteiligung der Betroffenen festgestellt werden. Denn den für die Ausgewogenheit maßgeblichen, in Art. 6 (nicht abschließend) aufgeführten Faktoren können aus der Sicht der einzelnen Staaten sehr unterschiedliche Gewichte zu-

---

[57] Art. 17 Abs. 1 der Konvention, *ibid.*

[58] Art. 17 Abs. 2 der Konvention, *ibid.*

[59] Vgl. Art. 14 bis 16 der Konvention, *ibid.*, 1321 f.

[60] Art. 30 der Konvention, *ibid.*

[61] Siehe auch ILC, siehe Anm. 15, 358.

[62] Siehe auch oben, 3. a).

kommen. Folglich kann ohne Kooperation, gegenseitige Information, Abstimmung und Konsultation bei der Abwägung schwerlich ein - für alle Beteiligten - ausgewogenes Ergebnis erzielt werden. Dementsprechend haben Kooperationspflichten einschließlich Pflichten zur gegenseitigen Information und zum Datenaustausch im Völkerrecht immer da eine besonders große Bedeutung, wo es um eine ausgewogene Nutzung einer gemeinsamen Ressource geht.

e) *Nachhaltigkeit und Umweltschutzaspekte*

aa) Nachhaltigkeit im Süßwasserrecht

Das Prinzip der nachhaltigen Nutzung bedeutet grundsätzlich eine Nutzung in den Grenzen der Regenerierbarkeit. Dementsprechend drücken die Konventionsstaaten in der Präambel die Überzeugung aus, daß eine Rahmenkonvention die Nutzung, Entwicklung, Erhaltung, das "Management" und den Schutz internationaler Wasserläufe und die Förderung ihrer optimalen und nachhaltigen Nutzung für gegenwärtige und zukünftige Generationen sichern werde.[63] Deutlicher ist hier noch die 1992 in Helsinki angenommene Konvention zum Schutz und zur Nutzung internationaler Wasserläufe. Diese sieht im Konventionstext selbst das Prinzip vor, daß mit Wasserressourcen so zu haushalten ist, daß die Bedürfnisse der gegenwärtigen Generationen befriedigt werden, ohne daß die Fähigkeit zukünftiger Generationen, ihre eigenen Bedürfnisse zu befriedigen, kompromittiert wird.[64] Das Prinzip der Nachhaltigkeit schließt massive Verschmutzungen, die irreparable Schäden mit sich bringen, aus.

bb) Nachhaltige und optimale Nutzung

Die Konvention über die nicht-schiffahrtliche Nutzung internationaler Wasserläufe formuliert flexibel: Die Wasserlaufstaaten sollen einen internationalen Wasserlauf so nutzen und entwickeln, daß eine optimale und nachhaltige Nutzung desselben und der sich daraus ergebenden

---

[63] Abschnitt 5 der Präambel, United Nations: Convention on the Law of the Non-Navigational Uses of International Watercourses, siehe Anm. 14, 700.

[64] Art. 2 Abs. 5 der Helsinki Konvention, United Nations: Convention on the Protection and Use of Transboundary Watercourses and International Lakes, siehe Anm. 19, 1316.

Vorteile erreicht wird, und zwar unter Berücksichtigung der Interessen der Wasserlaufstaaten und im Einklang mit dem angemessenen Schutz des Wasserlaufs.[65] Außerdem wurde der Terminus "nachhaltig" erst am Ende der Verhandlungen in Art. 5 aufgenommen und steht neben dem Konzept der "optimalen" Nutzung, die man auch als wirtschaftlich optimale Nutzung interpretieren könnte und die damit ein Gegengewicht zur nachhaltigen Nutzung bilden würde.

Gemäß den Kommentaren der Völkerrechtskommission, deren Entwurf die Konvention insoweit entspricht, bedeutet das Ziel einer optimalen Nutzung des Wasserlaufs und der sich daraus ergebenden Vorteile jedoch nicht eine "maximale" Nutzung, die technologisch effizienteste Nutzung oder die in Geld ausgedrückt wertvollste und noch weniger kurzfristige Gewinnmaximierung auf Kosten langfristiger Verluste. Das Ziel einer optimalen Nutzung bedeutet auch nicht, daß der Staat, der in der Lage ist, die wirtschaftlich, im Hinblick auf Abfallvermeidung oder sonstwie effizienteste Nutzung vorzunehmen, einen irgendwie höherrangigen Nutzungsanspruch hat. Vielmehr bedeutet das Ziel der optimalen Nutzung die Erreichung der größtmöglichen Vorteile für alle Wasserlaufstaaten und die bestmögliche Befriedigung all ihrer Bedürfnisse unter Minimierung von Schäden oder unbefriedigten Bedürfnissen eines jeden von ihnen.[66]

Das Prinzip der Nachhaltigkeit erscheint nochmals in Art. 24 Abs. 2 a). Danach bedeutet das einer Konsultationspflicht unterliegende "Management" eines internationalen Wasserlaufs u.a. die Planung der nachhaltigen Entwicklung desselben.

In Übereinstimmung mit dem Prinzip der Nachhaltigkeit ist die Entwicklung und das "Management" der Wasserressourcen dabei integriert zu planen, unter Berücksichtigung lang- und kurzfristiger Planungserfordernisse. Ein derartiges Wasser-"Management" und eine derartige

---

[65] Art. 5 Abs. 1 der UN-Konvention über die nicht-schiffahrtliche Nutzung internationaler Wasserläufe, siehe Anm. 14, lautet: "Watercourse States shall in their respective territories utilize an international watercourse in an equitable and reasonable manner. In particular, an international watercourse shall be used and developed by watercourse States with a view to attaining optimal and sustainable utilization thereof and benefits therefrom, taking into account the interests of the watercourse States concerned, consistent with adequate protection of the watercourse."

[66] Vgl. hierzu G. Haffner, "The Optimum Utilization Principle and the Non-Navigational Uses of Drainage Basins", *AJPIL* 45 (1993), 113 (124).

Entwicklung sollten dabei Umwelterwägungen, wirtschaftliche und soziale Erwägungen berücksichtigen.[67]

Insgesamt ergibt sich aus Art. 5 Abs. 1 auch unter Rückgriff auf die Kommentierung der Völkerrechtskommission wenig Konkretes. Es steht lediglich fest, daß die Nachhaltigkeit und damit Umweltschutzaspekte mit in die auf eine optimale Nutzung abzielende Abwägung einzustellende Gesichtspunkte sind. Immerhin geht die Konvention aber mit der Forderung nach einer optimalen und nachhaltigen Nutzungsaufteilung über die Kodifizierung von geltendem Gewohnheitsrecht hinaus.

cc) Vermeidung erheblicher (Umwelt-) Schäden

Mehrere Bestimmungen des IV. Teils über den Schutz, Erhalt und das "Management" internationaler Wasserläufe konkretisieren lediglich die völkergewohnheitsrechtlich anerkannte und von der Konvention an anderer Stelle schon kodifizierte "no significant harm rule". In diesem Sinne sieht Art. 21 Abs. 2 vor, daß die Wasserlaufstaaten einzeln, oder, wo angebracht, zusammen, eine Verschmutzung eines internationalen Wasserlaufs verhindern, vermindern und kontrollieren, welche anderen Wasserlaufstaaten oder deren Umwelt einen erheblichen Schaden zufügt, einschließlich einer Schädigung der menschlichen Gesundheit oder Sicherheit und einschließlich einer Beeinträchtigung des Gebrauchs des Wassers zu jedem beliebigen vorteilhaften Zweck oder der lebenden Ressourcen eines Wasserlaufs.

Daß Verschmutzungen eines internationalen Wasserlaufs zu "verhindern, vermindern oder zu kontrollieren" sind, trägt dem unterschiedlichen Zustand internationaler Wasserläufe Rechnung. Der Gebrauch der Termini "vermindern" oder "kontrollieren" indiziert, daß die Staaten nicht etwa verpflichtet sind, bestehende Verschmutzungen sofort zu beseitigen, sondern vielmehr gewillt sind, diese unter Umständen, sofern dies mit den anderen Prinzipien der Konvention, insbesondere dem der ausgewogenen und vernünftigen Nutzung, vereinbar ist, zu tolerieren.[68]

Bemerkenswert ist, daß nur solche Verschmutzungen zu verhindern, vermindern oder kontrollieren sind, die anderen Wasserlaufstaaten oder ihrer Umwelt einen erheblichen Schaden zufügen. Schäden unterhalb

---

[67] Vgl. ILC, siehe Anm. 15, 341.

[68] Vgl. auch ILC, *ibid.*, 352.

dieser Schwelle bleiben unberücksichtigt. Damit spart die Konvention von 1997 den wichtigen Bereich der Summationsbelastungen aus dem Anwendungsbereich des Verhinderungs- und Minimierungsgebotes aus. Dabei handelt es sich um u.U. erhebliche Beeinträchtigungen, die durch in verschiedenen Staaten getätigte und - isoliert betrachtet unerhebliche - kumulative Emissionen in ein Gewässer verursacht werden können. Dies fällt deshalb ins Gewicht, weil weltweit allein dreizehn der bedeutenderen Flüsse von mehr als fünf Anrainern geteilt werden.[69] Zwar steht dem Unteranrainerstaat die Möglichkeit offen, eine Lösung unter Berufung auf den Grundsatz der ausgewogenen und vernünftigen Nutzungsaufteilung anzustreben. Aber eine deutlich verbesserte Position gegenüber den anderen Wasserlaufstaaten ergäbe sich für den betroffenen Staat, wenn im Hinblick auf Summationsschäden eine schon unter der Erheblichkeitsschwelle ansetzende Verhinderungs- oder Minimierungspflicht vorgesehen worden wäre.

Immerhin nennt Art. 21 Abs. 2 ausdrücklich auch die Umwelt der Staaten und stellt in einer nicht abschließenden Aufzählung klar, daß ein solcher erheblicher Schaden auch an den lebendigen Ressourcen eines Wasserlaufes, also dessen Tier- und Pflanzenwelt, bestehen kann. Hierin liegt eine umweltrechtliche Konkretisierung der "no significant harm rule".

Statt der Beachtung der "no significant harm rule" ergreifen die Parteien des Seerechtsübereinkommens der Vereinten Nationen "alle notwendigen Maßnahmen, damit die ihren Hoheitsbefugnissen oder ihrer Kontrolle unterstehenden Tätigkeiten so durchgeführt werden, daß anderen Staaten und ihrer Umwelt [überhaupt] kein Schaden durch Verschmutzung zugefügt wird". Ähnlich zielt das Abkommen zur nachhaltigen Entwicklung des Mekong-Beckens auf die Verhinderung, Minimierung und Abmilderung jeglicher Umweltschäden ab, knüpft aber nur an die Verursachung erheblicher Schäden Konsequenzen.[70] Die Beschränkung

---

[69] Vgl. P. Gleick (ed.), *Water in Crisis, A Guide to the World's Freshwater Resources* (1993), 438.

[70] Die entsprechenden Vorschriften dieses Abkommen lauten: "The parties agree ... Artikel 7. Prevention and Cessation of Harmful Effects. To make every effort to avoid, minimize and mitigate harmful effects that might occur to the environment, especially the water quantity and quality, the aquatic (eco-system) conditions, and ecological balance of the river system, from the development and use of the Mekong River Basin water resources or discharge of wastes and return flows. Where one or more States is notified with proper and valid evidence that it is causing substantial damage to one or more riparians from the use of and/or discharge of water of the Mekong River, that State or States shall

auf die Vermeidung "erheblicher" Schäden[71] in der Konvention über die nicht-schiffahrtliche Nutzung internationaler Wasserläufe ist wohl darauf zurückzuführen, daß im Rahmen des internationalen Süßwasserrechts die Abwägung des Verbots der Schädigung anderer Staaten mit dem Recht auf ausgewogene und vernünftige Nutzung des Wasserlaufs auf dem eigenen Staatsgebiet, das heißt mit der Souveränität des Schädigerstaates, mehr Bedeutung hat als im Seerecht.

Dementsprechend geht Art. 23 der Konvention betreffend den Schutz und den Erhalt der marinen Umwelt über den Ansatz der "no significant harm"-Regel hinaus. Er verpflichtet die Wasserlaufstaaten, alle Maßnahmen in Bezug auf einen internationalen Wasserlauf zu ergreifen, die notwendig sind, um die marine Umwelt einschließlich Buchten zu schützen und zu erhalten. Über das allgemeine Völkerrecht geht die Konvention aber auch in diesem Punkte nicht hinaus, weil gerade in Bezug auf die marine Umwelt allgemeine Standards, u.a. im UN-Seerechtsübereinkommen,[72] anerkannt sind. Auf diese allgemein anerkannten internationalen Regeln und Standards nimmt Art. 23 denn auch ausdrücklich Bezug.

---

cease immediately the alleged cause of harm until such cause of harm is determined in accordance with Article 8.

Article 8. State Responsibility for Damages. Where harmful effects cause substantial damage to one or more riparians from the use of and/or discharge to waters of the Mekong River by any riparian State, the party(ies) concerned shall determine all relative factors, the cause, extent of damage and responsibility for damages caused by that State in conformity with the principles of international law relating to state responsibility, and to address and resolve all issues, differences and disputes in an amicable and timely manner by peaceful means as provided in Articles 34 and 35 of this Agreement, and in conformity with the Charter of the United Nations." Cambodia-Laos-Thailand-Vietnam: Agreement on the Cooperation for the Sustainable Development of the Mekong River Basin, siehe Anm. 22, 870.

[71] Kritisch hierzu der Kommentar von Finnland zum Entwurf der Völkerrechtskommission, in: General Assembly, 51th Sess., Convention on the Law of the Non-Navigational Uses of International Watercourses, Draft Articles on the Law of the Non-Navigational Uses of International Watercourses, *Report of the Secretary General*, siehe Anm. 44, 60.

[72] Art. 192 und 194 Seerechtsübereinkommen der Vereinten Nationen.

dd) Vorsorgegrundsatz

Die Konvention über die nicht-schiffahrtliche Nutzung internationaler Wasserläufe enthält nur einen versteckten Hinweis auf das im Umweltvölkerrecht mittlerweile anerkannte Vorsorgeprinzip.[73] Demgegenüber erklärt die Helsinki Konvention das Vorsorgeprinzip ausdrücklich zum maßgebenden Prinzip. Art. 22 der Konvention über die nicht-schiffahrtliche Nutzung internationaler Wasserläufe enthält die Verpflichtung der Staaten, alle notwendigen Maßnahmen zu ergreifen, um die Einführung fremder oder neuer Arten in einen internationalen Wasserlauf zu verhindern, die dessen Ökosystem schaden können und dadurch zu erheblichen Schäden bei anderen Wasserlaufstaaten führen können. Der Gebrauch des Wortes "können" ("may") indiziert, daß hier das Vorsorgeprinzip zu Grunde liegt.[74]

Die Helsinki Konvention definiert das Vorsorgeprinzip im internationalen Umweltrecht dahingehend, daß Maßnahmen zur Verhinderung der potentiellen grenzüberschreitenden Wirkung der Freilassung gefährlicher Substanzen nicht aus dem Grund verschoben werden dürfen, daß die wissenschaftliche Forschung eine Kausalbeziehung zwischen diesen Substanzen auf der einen Seite und der potentiellen grenzüberschreitenden Wirkung auf der anderen Seite nicht voll bewiesen hat.[75] Diese Definition läßt sich auf die Konvention von 1997 übertragen mit der Maßgabe, daß sich der nicht voll zu erbringende Kausalitätsbeweis im Rahmen des Art. 22 auf die Schädigung der Ökosysteme bezieht.

ee) (Umwelt-) Schäden als Handlungs- oder Erfolgsunrecht?

Gemäß Art. 7 Abs. 2 der Konvention trifft den Verursacherstaat auch bei pflichtgemäßem Verhalten eine Beseitigungs- oder Minderungs-

---

[73] Dazu P. Birnie/A. Boyle, *International Law & the Environment*, 1995, 95 ff.

[74] Siehe auch ILC, siehe Anm. 15, 353.

[75] Art. 2 Abs. 5 a) der Helsinki Konvention lautet: "The precautionary principle, by virtue of which action to avoid the potential transboundary impact of the release of hazardous substances shall not be postponed on the ground that scientific research has not fully proved a causal link between those substances, on the one hand, and the potential transboundary impact on the other hand". United Nations: Convention on the Protection and Use of Transboundary Watercourses and International Lakes, siehe Anm. 19, 1316.

pflicht,[76] die an die bloße Verursachung anknüpft. Handelt es sich bei einem anderen Staat erwachsenden erheblichen Schäden im Sinne des Art. 7 Abs. 2 um Umweltschäden, trifft den Verursacherstaat also eine Erfolgshaftung für Umweltschäden.

Nach der Formulierung des Art. 22 der Konvention über die nicht-schiffahrtliche Nutzung internationaler Wasserläufe betreffend die Einführung fremder oder neuer Arten scheint es sich demgegenüber um eine Handlungs- bzw. Sorgfaltsverpflichtung zu handeln. Das würde bedeuten, daß dann, wenn ein Staat alle "notwendigen Maßnahmen" ergreift und es dennoch zur Einführung einer schädlichen Art kommt, dies dem verursachenden Staat nicht als Unrecht zuzurechnen wäre.[77] Andererseits könnte Art. 22 der Konvention eine weitere Ausprägung der allgemein in Art. 7 Abs. 2 niedergelegten "no significant harm rule" sein. Angesichts der besonderen Schwierigkeiten, den durch die Einführung fremder oder neuer Arten verursachten Schaden zu beseitigen oder zu mindern, wird man aber wohl davon ausgehen können, daß Art. 22 nicht nur eine Konkretisierung der allgemeinen "no significant harm"-Regel mit an die bloße Verursachung anknüpfender Beseitigungs- oder Minderungspflicht ist. Vielmehr kann davon ausgegangen werden, daß Art. 22 betreffend die Einführung fremder oder neuer Arten lediglich eine Sorgfaltspflicht der Staaten beinhaltet, bei deren Beachtung der bloße Verursacher von Schäden nicht belangt werden kann.[78] Dieses Ergebnis resultiert daraus, daß Art. 22 - anders als Art. 7 Abs. 2 - keine Regelung für trotz Ergreifens der erforderlichen Maßnahmen entstandene Schäden aufstellt.

ff) Schlußbemerkung zum Thema Umweltschutz und die Konvention über die nicht-schiffahrtliche Nutzung internationaler Wasserläufe

Als Kontrastprogramm zu den zu flexiblen Regelungen der Konvention über die nicht-schiffahrtliche Nutzung internationaler Wasserläufe sei auf die israelisch-jordanisch-palästinensische Erklärung zur Kooperation in wasserbezogenen Angelegenheiten verwiesen. Diese ist allerdings noch nicht einmal rechtsverbindlich und ist noch dazu als regionale Erklärung nicht mit einem universellen Rahmenabkommen vergleichbar.

---

[76] Siehe oben, 3.b).

[77] Siehe auch ILC, siehe Anm. 15, 353.

[78] *Ibid.*

Sie zeigt aber, wie weit man auf dem Gebiet des internationalen Süßwasserschutzes gehen kann.

Die israelisch-jordanisch-palästinensische Erklärung zur Kooperation in wasserbezogenen Angelegenheiten verlangt von allen "Parteien" Qualitätsstandards für die unterschiedlichen Nutzungen des Wassers, macht die Wassererhaltung zur Sorge aller, und fordert Durchsetzungsbefugnisse für die zuständigen Behörden zur Vermeidung der Wasserverschmutzung und der Verminderung negativer Umwelteinflüsse auf Kosten der Verschmutzer/Verursacher.[79] Des weiteren verbietet diese Erklärung im Sinne der Verhinderung von Wasserverschwendung die kostenlose Abgabe von Wasser[80] und gebietet ein staatliches Wassermanagement.[81]

Der Ansatz der Konvention über die nicht-schiffahrtliche Nutzung internationaler Wasserläufe erscheint demgegenüber defizitär. Daran ist festzuhalten, obwohl in einer Rahmenkonvention ihrer Natur gemäß keine sehr konkreten Regelungen erwartet werden können.

---

[79] Ziff. 5 der Erklärung lautet: "Water quality standards for various water uses have been adopted by each of the Core Parties; water preservation is an overriding concern, and enforcement powers exist in the hands of competent authorities to prevent water pollution, and to mitigate any negative environmental impacts on them at the expense of the polluters." Israel-Jordan-Palestine Liberation Organization: "Declaration on Cooperation on Water-Related Matters", siehe Anm. 49, 766.

[80] Ziff. 8 der Erklärung, *ibid.*, lautet: "Water Charges. Water is not supplied free of charge in any of the Core Parties. Tariff structures, taking into account different extents of cost recovery, apply to domestic, industrial and agricultural sectors. These tariffs are periodically reviewed and adjusted."

[81] Ziff. 2 der Erklärung, *ibid.*, lautet: "Ownership and Administration of Water Resources. All water resources of each party are publicly owned and/or centrally controlled. They are used for the benefit of their respective societies. The Core Parties promote public participation in water resources management. Well-drilling, water production and supply are allowed only by permit or licence. A Central Water Authority/Government Agency exists in each of the Core Parties, and exercises effective control over water resources."

4. Schlußfolgerungen zur Konvention über die nicht-schiffahrtliche Nutzung internationaler Wasserläufe im Vergleich zur Helsinki Konvention zum Schutz und zur Nutzung internationaler Wasserläufe von 1992

Die Konvention über die nicht-schiffahrtliche Nutzung internationaler Wasserläufe bringt in keinem Bereich wirkliche Neuerungen. Sie ist geprägt von dem Dilemma, daß Süßwasser wegen seiner regionalen Besonderheiten nur schwerlich universellen völkerrechtlichen Regelungen unterworfen werden kann. Die wachsende Bedeutung des Süßwassers als Gegenstand des Völkerrechts kann aber als Kennzeichen eines neuen Völkerrechts gesehen werden, welches sich zunehmend auch mit regionalen und innerstaatlichen Themen befaßt. Zu derartigen nicht notwendigerweise einen grenzüberschreitenden und in diesem Sinne internationalen Bezug aufweisenden Themen gehören die Menschenrechte und der Umweltschutz. Umweltschutzbelange haben nur marginal in die Konvention über die nicht-schiffahrtliche Nutzung internationaler Wasserläufe Eingang gefunden, deren primäres und ursprüngliches Anliegen die ausgewogene und vernünftige Nutzungsaufteilung und dadurch letztlich auch die Verhütung internationaler Konflikte bleibt.

Fraglich ist, wie das allgemeine Zurückbleiben der jüngeren Konvention über die nicht-schiffahrtliche Nutzung internationaler Wasserläufe von 1997 hinter der Helsinki Konvention von 1992 zu erklären ist. Da beide Konventionen internationale Wasserläufe betreffen, stellt die Schwierigkeit von Süßwasser als Gegenstand des Völkerrechts keine Erklärung dar. Eine wesentliche Rolle spielt sicher die größere Homogenität der an der Konvention von 1992 beteiligten europäischen Staaten. Möglicherweise hat auch der lange Kodifikationsprozeß und der lange Vorlauf der Konvention von 1997 in der Völkerrechtskommission Auswirkungen dahingehend gehabt, daß die neueren Entwicklungen im sich sehr schnell fortentwickelnden Völkerumweltrecht nur begrenzt berücksichtigt werden konnten.

III. Globaler Konsens oder Wassercharta?

1. Keine abschließende Regelung des Themas Süßwasser durch die Helsinki Konvention und die Konvention über die nicht-schiffahrtliche Nutzung internationaler Wasserläufe

Die beiden neuen internationalen Konventionen über Süßwasser lassen Raum für das Postulat eines vom Generalsekretär der Vereinten Nationen geforderten Globalen Konsenses oder einer vom Wissenschaftlichen Beirat der Bundesregierung Globale Umweltveränderungen ventilierten "Weltwassercharta". Die behandelten Konventionen tragen den immer wichtiger werdenden Aspekten des Süßwassers als sich verknappender endlicher und lebenswichtiger Ressource nur am Rande Rechnung. Die in Bezug auf den Schutz des Wassers weitergehende Helsinki Konvention von 1992 ist darüber hinaus regional begrenzt, indem sie nur den Mitgliedstaaten der Wirtschaftskommission für Europa sowie Staaten mit Konsultativstatus bei dieser Kommission zur Unterzeichnung offensteht.[82] Die 1997 unterzeichnete Konvention über die nicht-schiffahrtliche Nutzung internationaler Wasserläufe kodifiziert im wesentlichen Völkergewohnheitsrecht. Dabei wurden neuere Entwicklungen insbesondere im Umweltvölkerrecht - bedingt durch den Kodifizierungsprozeß durch die Völkerrechtskommission unter Rückgriff auf Staatenkommentare - nur sehr zurückhaltend aufgenommen.

Ein Globaler Konsens oder eine "Weltwassercharta" soll hingegen im Blick auf die Zukunft zu einer besseren Beachtung des Nachhaltigkeitsprinzips im Umgang mit Süßwasser führen. Die Bedeutung dieses Prinzips nimmt im Anschluß an die Konferenz der Vereinten Nationen für Umwelt weiter zu.

2. Charakter eines Globalen Konsenses oder einer "Weltwassercharta"

a) Keine Rechtsverbindlichkeit

Der Beirat empfiehlt "eine völkerrechtlich nicht bindende Erklärung eines weltweiten Konsenses über Grundsätze zu einem Menschenrecht auf Wasser, welche von den unterzeichnenden Staaten, zwischenstaatlichen Organisationen und nicht-staatlichen Verbänden anerkannt wird."

---

82 Art. 23 der Helsinki Konvention, siehe Anm. 19, 1324 f.

Der KSZE - nunmehr OSZE - -Prozeß hat gezeigt, welch große Bedeutung völkerrechtlich nicht bindenden Dokumenten zukommen kann. So wie der KSZE-Prozeß zum Beginn der Entwicklung eines starken Menschenrechtsbewußtseins in den ehemaligen Ostblockstaaten führte, könnte ein Globaler Konsens oder eine "Weltwassercharta" ein wesentlicher Schritt auf dem Wege zu einem nachhaltigeren Umgang mit dieser hervorragend wichtigen Ressource sein.

b) Unterzeichnung nicht nur durch Staaten

Alle Staaten, zwischenstaatlichen Organisationen und nicht-staatlichen Verbände, einschließlich der Wirtschaftsunternehmen, sollen aufgerufen werden, die "'Weltwassercharta' zu zeichnen und deren Grundsätze in ihre Programme und Aktionspläne zur Umsetzung des Menschenrechts auf Wasser zu integrieren". Auch wenn eine "Weltwassercharta" kein völkerrechtlich bindendes Dokument sein soll, so scheint es doch zunächst außergewöhnlich, daß nicht-staatliche Verbände einschließlich der Wirtschaftsunternehmen zur Zeichnung aufgerufen sind. Denn zum einen würde es sich bei einem Globalen Konsens über Süßwasser oder einer Weltwassercharta um ein internationales Dokument in dem Sinne handeln, daß die Weltgemeinschaft, nicht nur ein einzelner oder einzelne Staaten je für sich, betroffen werden. Zum anderen steht die Proklamierung von rechtlich nicht verbindlichen Grundsätzen oder "soft law" oft am Beginn der Entwicklung letztendlich doch in völkerrechtliche Verbindlichkeit erwachsender Grundsätze. Schließlich wird ein in einer "Weltwassercharta" oder in einem Globalen Konsens über Süßwasser zu verankerndes Recht auf Süßwasser durch völkerrechtliche Dokumente wie die Allgemeine Menschenrechtserklärung von 1948 und den Internationalen Pakt über wirtschaftliche, soziale und kulturelle Rechte abgestützt.

Daß eine "Weltwassercharta" oder ein Globaler Konsens über Süßwasser auch nicht-staatlichen Akteuren zur Zeichnung offenstehen soll, entspricht aber der Tendenz des modernen Völkerrechts. Danach kommt nicht-staatlichen Akteuren ein immer größeres Gewicht zu. So wird zum Beispiel zunehmend eine Völkerrechtssubjektivität nichtstaatlicher Organisationen diskutiert,[83] was auf deren wachsenden Ein-

---

[83] Siehe z.B. D. Otto, "Nongovernmental Organizations in the United Nations System: The Emerging Role of International Civil Society", *Hum. Rts. Q.* 18 (1996), 107 ff.; B. Dunér, "The Fight for Greater NGO Participation in the UN", *Sec. Dialogue*, 28 (1997), 301 ff.

fluß bei der Entstehung und Durchsetzung von Völkerrecht, letzteres insbesondere im Bereich der Menschenrechte und des Umweltschutzes, zurückzuführen ist. Weiterhin ist auf die lokale Agenda 21 hinzuweisen, die auch von Gemeinden gezeichnet werden kann. All dies weist darauf hin, daß sich die Periode eines ganz entscheidend zwischenstaatlich geprägten Völkerrechts dem Ende nähert. Das moderne Völkerrecht scheint sich vielmehr in Richtung auf ein Völkerrecht einer "Zivilgesellschaft" ("civic society") und von Weltverfassungsgrundsätzen im Sinne von "global Governance" zu entwickeln. Dies erinnert an das alte Konzept eines ius inter gentium, welches ebenfalls kein strikt zwischenstaatliches Recht war.[84] Die Zeichnung durch nicht-staatliche Akteure gewährleistet dabei eine größere Effektivität bei der Durchsetzung der Normen, was ebenfalls am Beispiel der Agenda 21 beobachtet werden kann. Gerade ein effektiver Umweltschutz und der effektive Schutz der Menschenrechte kommen nicht ohne eine Einbindung auch Privater aus, was die neuerliche Errichtung internationaler Strafgerichtshöfe, die Individuen aburteilen, zeigt. Vor diesem Hintergrund liegt es sogar nahe, daß eine "Weltwassercharta" auch Privaten zur Zeichnung offenstehen soll.

Festzuhalten bleibt, daß die Einbindung Privater durchaus modernen Tendenzen der Völkerrechtsentwicklung entspricht. Weiterhin hätte die angesprochene "Weltwassercharta" als solche keinen bindenden Effekt. Die in einem Globalen Konsens über Süßwasser oder einer "Weltwassercharta" niedergelegten Grundsätze könnten aber rechtsverbindlich sein, sofern sie lediglich allgemeines Völkerrecht konkretisieren. Dieser Frage soll im folgenden nachgegangen werden.

3. Ein Menschenrecht auf Nahrung/Süßwasser?

Der Wissenschaftliche Beirat Globale Umweltveränderungen hat der Bundesregierung die Unterstützung eines globalen Verhaltenskodexes zur Umsetzung eines Rechts auf Wasser vorgeschlagen.[85] Damit wird an den auch in der Konvention von 1997 anklingenden menschenrechtli-

---

[84] Vgl. auch A. Verdross/B. Simma, *Universelles Völkerrecht*, 1984, 1.

[85] Wissenschaftlicher Beirat der Bundesregierung Globale Umweltveränderungen, "Welt im Wandel, Wege zu einem nachhaltigen Umgang mit Süßwasser", *Jahresgutachten* (1997), 371 ff.

chen Aspekt[86] des Süßwasser-"Management" angeknüpft, welches die Grundlage allen Lebens und insbesondere auch der menschlichen Ernährung ist, direkt als Trinkwasser und indirekt als Voraussetzung der Nahrungsmittelproduktion in der Landwirtschaft.

Als Bestandteil eines Rechts auf Nahrung wird ein Recht auf Süßwasser auch in der Allgemeinen Menschenrechtserklärung von 1948 proklamiert, deren Art. 25 lautet: "Jeder Mensch hat Anspruch auf eine Lebenshaltung, die seine und seiner Familie Gesundheit und Wohlbefinden einschließlich Nahrung, ... gewährleistet". Zwar ist die Allgemeine Menschenrechtserklärung als solche nicht rechtsverbindlich, sie wird aber überwiegend als Ausdruck des geltenden Völkergewohnheitsrechts betrachtet.[87] Nach der hier vertretenen Auffassung kann das zwar nicht generell für alle darin proklamierten wirtschaftlichen, sozialen und kulturellen Rechte gelten. Unter den wirtschaftlichen, sozialen und kulturellen Rechten nimmt aber jedenfalls ein Recht auf das lebensnotwendige Trinkwasser den höchsten Rang ein.

Des weiteren erkennen die 135[88] Parteien des Internationalen Paktes über wirtschaftliche, soziale und kulturelle Rechte "das Recht eines jeden auf einen angemessenen Lebensstandard für sich und seine Familie an, einschließlich ausreichender Ernährung ...". Zwar ist ein solches wirtschaftliches und soziales Menschenrecht - anders als viele bürgerliche und politische Menschenrechte - nicht ohne weiteres vor innerstaatlichen oder internationalen Gerichten oder gerichtsähnlichen Instanzen einklagbar. Die Staaten sind aber verpflichtet, die geeigneten Schritte zu unternehmen, um die Verwirklichung dieses Rechts zu gewährleisten.[89] "In Anerkennung des grundlegenden Rechts eines jeden, vor Hunger geschützt zu sein" werden die Vertragsstaaten die erforderlichen Maßnahmen durchführen, u.a. zur Verbesserung der Methoden der Erzeugung und Verteilung von Nahrungsmitteln (ein-schließlich Wasser) durch volle Nutzung der technischen und wissenschaftlichen Erkenntnisse "sowie durch die Entwicklung oder Reform landwirt-

---

[86] Siehe auch S. McCaffrey, "A Human Right to Water: Domestic and International Implications", *Geo. Int'l Envtl L. Rev.* 5 (1992), 1, (12); E. Benvenisti, "Collective Action in the Utilization of Shared Freshwater: The Challenges of International Water Resources Law", *AJIL* 90 (1996), 384 (407) m. Nachw.

[87] Vgl. J.C. Salcedo, "Human Rights, Universal Declaration" (1948), in: R. Bernhardt (ed.), *EPIL* 8 (1985), 303 (306 f.)

[88] Ratifikationsstand am 1.1.1997. Vgl. J.-B. Marie, "International Instruments Relating to Human Rights", *HRLJ* 18 (1997), 79, (84).

[89] Art. 11 Abs. 1 IPwirtR.

schaftlicher Systeme mit dem Ziel einer möglichst wirksamen Erschließung und Nutzung der natürlichen Hilfsquellen". In diesem Sinne empfiehlt der Beirat in seinem Wassergutachten konkret die Förderung wassersparender Techniken und regional geeigneter, wenig Wasser benötigender Pflanzen in wasserarmen Gebieten.

Dem umschriebenen Auftrag des Internationalen Paktes über wirtschaftliche, soziale und kulturelle Rechte sind die Staaten bislang noch nicht hinreichend nachgekommen. Ein Globaler Konsens oder eine "Weltwassercharta" könnte einen wesentlichen Schritt im Rahmen der Umsetzung des Art. 11 IPwirtR darstellen.

Nach dem Vorschlag des Wissenschaftlichen Beirates Globale Umweltveränderungen bedeutet das Recht auf Wasser, "daß jeder Mensch zu jeder Zeit und in ausreichender Menge physischen und wirtschaftlichen Zugang zu Wasser in angemessener Qualität hat, um seinen Grundbedarf zur Ernährung und zur Hygiene zu decken." Damit in Einklang erkennt auch die israelisch-jordanisch-palästinensische Erklärung über die Zusammenarbeit in wasserbezogenen Angelegenheiten dem häuslichen Verbrauch die höchste Priorität bei der Zuteilung der knappen Ressource Wasser zu.[90] Die Gewährleistung eines Rechts auf Wasser wird in der "Weltwassercharta" als grundsätzliche Aufgabe des Staates definiert, wobei jeder Staat das Höchstmaß seiner verfügbaren Mittel einsetzen muß, um ein Recht auf Wasser für alle Menschen unter seiner Rechtshoheit zu gewährleisten.[91] Wie viele neuere Konventionen enthält auch der Vorschlag einer völkerrechtlich nicht verbindlichen "Weltwassercharta" eine - allerdings wegen der damit verbundenen Kosten - wenig konkrete Pflicht zur Unterstützung der Entwicklungsländer.[92] Danach ist die Unterstützung von Staaten, die ein Recht auf Wasser für Menschen unter ihrer Rechtshoheit nicht gewährleisten können, Aufgabe der internationalen Gemeinschaft. "Alle Staaten und zwischenstaatli-

---

[90] Ziff. 3, Israel-Jordan-Palestine Liberation Organization: "Declaration on Cooperation on Water-Related Matters", siehe Anm. 49, 766.

[91] Vgl. Art. 2 Ziff. 1 und 2 des Globalen Verhaltenskodexes zur Umsetzung des Rechts auf Wasser ("Weltwassercharta"), Wissenschaftlicher Beirat der Bundesregierung Globale Umweltveränderungen, "Welt im Wandel, Wege zu einem nachhaltigen Umgang mit Süßwasser", *Jahresgutachten* (1997), 371.

[92] Ebenfalls wenig konkret Art. 3 Abs. 2, 4 Abs. 1, 2, 3 und 7, Framework Convention on Climate Change, May 9, 1992, *ILM* 31 (1992), 849 (854 ff. und 860 f.); siehe ferner Ziff. 5.2. der Israel-Jordan-Palestine Liberation Organization: "Declaration on Cooperation on Water-Related Matters", siehe Anm. 49, 768.

chen Organisationen sind, nach Maßgabe ihrer individuellen Möglichkeiten, aufgerufen, den unter Wasserkrisen leidenden Staaten zu helfen, um das Recht auf Wasser"[93] umzusetzen. Des weiteren darf der Zugang zu Wasser nicht als Zwangsmittel zur Erreichung politischer oder militärischer Ziele eingesetzt werden.[94] Schließlich enthält die vorgeschlagene "Weltwassercharta" eine Umweltschutzklausel, die im Gegensatz zur "no significant harm rule",[95] auf den Ausschluß von Schäden gegenüber Menschen ausgerichtet ist.

Angesichts der Garantie eines Rechts auf Nahrung, worunter in erster Linie ausreichend Trinkwasser zu subsumieren ist, in der Allgemeinen Menschenrechtserklärung und im Internationalen Pakt über wirtschaftliche, soziale und kulturelle Rechte und der vorsichtigen Ausformulierung dieses Rechts in der vom Beirat vorgeschlagenen "Weltwassercharta" ist davon auszugehen, daß es hierbei nicht um die Anerkennung neuer Rechte geht. Allenfalls die Bestimmung über die Verschmutzung von Süßwässern scheint relativ weit zu gehen, indem sie den Staaten aufgibt, Wasser unter ihrer Rechtshoheit so zu schützen, daß Schäden gegenüber Menschen ausgeschlossen und gegenüber Tieren und Ökosystemen so weit wie möglich vermieden werden. Im allgemeinen Völkerrecht erfolgt der Schutz vor Verschmutzungen bislang lediglich über die Regel, wonach einem anderen Staat dadurch kein erheblicher Schaden verursacht werden darf.[96] Außerdem werden grundsätzlich Tiere und Ökosysteme als solche nicht geschützt.

Im wesentlichen formulieren die oben wiedergegebenen Grundsätze einer "Weltwassercharta" also lediglich den gegenwärtigen Stand eines Rechts auf Wasser ausführlicher. Die weitere Verbreitung und Propagierung dieser Grundsätze im Wege einer "Weltwassercharta" könnte dazu beitragen, daß die Staaten ihrer Verpflichtung, den grundlegenden Bedürfnisse des Menschen, insbesondere nach Nahrung bzw. Trinkwasser, zu entsprechen, besser nachkommen (Art. 25 der Allgemeinen Menschenrechtserklärung; Art. 11 IPwirtR).

---

93 Art. 2 Ziff. 3 des Globalen Verhaltenskodexes zur Umsetzung des Rechts auf Wasser ("Weltwassercharta"), Wissenschaftlicher Beirat der Bundesregierung Globale Umweltveränderungen, "Welt im Wandel, Wege zu einem nachhaltigen Umgang mit Süßwasser", *Jahresgutachten* (1997), 371.

94 Art. 2 Ziff. 4, *ibid.*

95 Siehe dazu oben, 3.b).

96 Siehe oben, 3.b).

4. Umsetzung

Die "Weltwassercharta" verlangt, daß die unterzeichnenden Staaten bestehende physische und wirtschaftliche Zugangsmöglichkeiten der Menschen unter ihrer Rechtshoheit zu ausreichendem sauberen Trinkwasser nicht einschränken werden. Des weiteren erkennen die unterzeichnenden Staaten die Umsetzung des Rechts auf Wasser als eine nationale Aufgabe von großer Priorität an und werden, unter Einsatz des Höchstmaßes ihrer Möglichkeiten, dafür Sorge tragen, daß alle Menschen unter ihrer Rechtshoheit, die noch keinen Zugang zu ausreichendem sauberen Wasser haben, diesen baldmöglichst erhalten.[97] Auch diese Regeln, die sich lediglich auf die Gewährleistung von "ausreichendem sauberen Trinkwasser" beziehen, gehen nicht über die aus einem Recht auf Nahrung abzuleitenden, ohnehin völkerrechtlich anerkannten Garantien hinaus.

Die "Weltwassercharta" fordert weiter, daß alle staatlichen Maßnahmen zur Umsetzung eines Rechts auf Wasser "unter einem Höchstmaß an Beteiligung der betroffenen Menschen und der lokalen und regionalen Gebietskörperschaften erfolgen". Ähnlich fördern nach der israelisch-jordanisch-palästinensischen Erklärung über die Zusammenarbeit in wasserbezogenen Angelegenheiten die "Parteien" die öffentliche Beteiligung am "Management" der Wasserressourcen.[98] Einen die Beteiligung der Betroffenen oder gar der Öffentlichkeit gebietenden Satz enthält das geltende Völkerrecht jedoch noch nicht. Immerhin ist aber ein verfahrensrechtlich zu verstehendes Umweltgrundrecht zumindest in statu nascendi. Danach sind die Betroffenen an den zur Errichtung umweltrelevanter Vorhaben führenden Verfahren zu beteiligen, und ihnen stehen Rechtmittel zu.[99] Sogar die Konvention über die nicht-schiffahrtliche Nutzung internationaler Wasserläufe enthält einen zumindest in dieser Richtung deutbaren Ansatz, in dem sie Personen, die auf Grund von Tätigkeiten im Zusammenhang mit einem internationalen Wasserlauf einen erheblichen grenzüberschreitenden Schaden erleiden, ohne Diskriminierung nach Staatsangehörigkeit, Wohnsitz oder Ort der Schädi-

---

[97] Art. 3 Ziff. 1 und 2 des Globalen Verhaltenskodexes zur Umsetzung des Rechts auf Wasser ("Weltwassercharta"), Wissenschaftlicher Beirat der Bundesregierung Globale Umweltveränderungen, "Welt im Wandel, Wege zu einem nachhaltigen Umgang mit Süßwasser", *Jahresgutachten* (1997), 372.

[98] Ziff. 2, Israel-Jordan-Palestine Liberation Organization: "Declaration on Cooperation on Water-Related Matters", siehe Anm. 49, 766.

[99] Vgl. Birnie/Boyle, siehe Anm. 73, 194 ff.

gung Rechtsschutz gemäß dem innerstaatlichen Rechtssystem des Schädiger-Staates zuerkennt.[100] Aus den vorgenannten Gründen entspricht die Norm der "Weltwassercharta", wonach Maßnahmen zur Umsetzung eines Rechts auf Wasser unter Beteiligung der Betroffenen umzusetzen sind, einer Tendenz des modernen Völkerrechts.

Über das geltende Völkerrecht hinaus geht, jedenfalls wegen ihrer Konkretheit, die 20%-Klausel. Danach werden die Industrieländer weitere Mittel zur Gewährleistung des Rechts auf Wasser in Entwicklungsländern zur Verfügung stellen und dabei 20 v. H. ihrer in der Entwicklungszusammenarbeit verwandten Mittel zur Förderung der sozialen Sicherheit verwenden. Hierbei werden sie der Grundversorgung mit Wasser und Nahrung einen besonderen Stellenwert einräumen.[101] Die 20%-Klausel taucht auch im Rahmen der innerstaatlichen Umsetzung eines Rechts auf Wasser auf, aber dort nur als Ziel: Diejenigen unterzeichnenden Staaten, in denen eine Grundversorgung mit Nahrung und Wasser nicht gewährleistet ist, erkennen als Ziel an, mindestens 20 v. H. ihres Staatshaushalts für die soziale Sicherheit zu verwenden und hierbei der Grundversorgung der Menschen unter ihrer Rechtshoheit mit Wasser besondere Beachtung zu schenken.

Im Bereich internationaler Mechanismen schlägt der Beirat in Übereinklang mit der menschenrechtlichen Relevanz des Süßwassers vor, den Hohen Kommissar der Vereinten Nationen für Menschenrechte einzuladen, die Umsetzung der "Weltwassercharta" als ihr ständiges Sekretariat zu koordinieren und zu überwachen.

IV. Schlußbemerkungen

Aufgrund des Inkrafttretens der Konvention über die nichtschiffahrtliche Nutzung internationaler Wasserläufe und weiterer bedeutender regionaler Abkommen[102] sowie durch das auch dem Umwelt-

---

[100] Art. 32 der Konvention, siehe Anm. 14, 713.

[101] Art. 4 Ziff. 3 des Globalen Verhaltenskodexes zur Umsetzung des Rechts auf Wasser ("Weltwassercharta"), Wissenschaftlicher Beirat der Bundesregierung Globale Umweltveränderungen, "Welt im Wandel, Wege zu einem nachhaltigen Umgang mit Süßwasser", *Jahresgutachten* (1997), 373.

[102] Vgl. z.B. Treaty between the Government of the Republic of India and the Government of the People's Republic of Bangladesh on Sharing of the Gan-

schutz Rechnung tragende Urteil des IGH zum Gabcíkovo-Staudamm Projekt[103] ist die Bedeutung des Süßwassers als Regelungsgegenstand des Völkerrechts in den Jahren 1996/97 erheblich gestiegen. Die neuen Konventionen sind aber noch weitgehend vom alten zwischenstaatlichen Völkerrecht geprägt. Hauptgegenstand der Konvention über die nicht-schiffahrtliche Nutzung internationaler Wasserläufe ist die ausgewogene und vernünftige Nutzungsaufteilung internationaler Wasserläufe zwischen den Staaten sowie das Prinzip, daß kein Staat einem anderen Wasserlaufstaat erheblichen Schaden zufügen darf.

Angesichts der seit der Konferenz der Vereinten Nationen über Umwelt und Entwicklung von Rio im Jahre 1992 noch stärker wachsenden Bedeutung des Umweltrechts wäre zu erwarten gewesen, daß eine 1997 unterzeichnete universelle Konvention über die nicht-schiffahrtliche Nutzung internationaler Wasserläufe diesem Gesichtspunkt stärkere Beachtung zukommen läßt.[104] Dies gilt, obwohl die Konvention nur ein Rahmenabkommen darstellt. Allgemein berücksichtigen mehrere neuere regionale Verträge Umweltschutzgesichtspunkte zum Teil wenig oder gar nicht.[105] Die - rechtlich nicht verbindliche - Erklärung über Kooperation in wasserbezogenen Angelegenheiten Israels, Jordaniens und der PLO[106] geht hier - soweit ersichtlich - ungewöhnlich weit, indem sie

---

ga/Ganges Waters at Farakka, Done at Delhi, December 12, 1996, *ILM* 36 (1997), 519.

[103] ICJ, Case Concerning Gabcíkovo-Nagymaros Project (Hungary/-Slovakia), Judgement of 25 September 1997 - zum Grundsatz der nachhaltigen Entwicklung, siehe Ziff. 140 sowie Sep. Op. of Vice-President Weeramantry.

[104] Siehe auch der Kommentar von Ungarn zum Entwurf der Völkerrechtskommission, in: General Assembly, 51th Sess., Convention on the Law of the Non-Navigational Uses of International Watercourses, Draft Articles on the Law of the Non-Navigational Uses of International Watercourses, *Report of the Secretary General*, siehe Anm. 44, 61.

[105] Treaty between the Government of the Republic of India and the Government of the People's Republic of Bangladesh on Sharing of the Ganga/Ganges Waters at Farakka, siehe Anm. 49, 519. Im Hinblick auf den Umweltschutz zurückhaltend auch Belgium (Brussel's Capital, Flanders, Wallonia Regional Governments)-France-Netherlands: Agreements on the Protection of the Rivers Meuse and Scheldt, siehe Anm. 49, 851. Siehe aber Cambodia-Laos-Thailand-Vietnam: Agreement on the Cooperation for the Sustainable Development of the Mekong River Basin, siehe Anm. 22, 864.

[106] Israel-Jordan-Palestine Liberation Organization: Declaration on Cooperation on Water-Related Matters, siehe Anm. 49, 761.

den Knappheits-, Nahrungsmittel- und Umweltaspekten des Süßwassers hinreichend und konkret Rechnung trägt. Diese Erklärung stimmt in mehreren Punkten mit der vom Wissenschaftlichen Beirat der Bundesregierung Globale Umweltveränderungen angeregten "Weltwassercharta" überein.

Insgesamt ist im Bereich Süßwasser also noch ein Regelungsdefizit festzustellen. Des weiteren gibt es keine universellen völkerrechtlichen Verträge, die die vitale Bedeutung des Süßwassers als Nahrungsmittel, also im menschenrechtlichen Kontext, hinreichend in Rechnung stellen.

Der vom Wissenschaftlichen Beirat der Bundesregierung Globale Umweltveränderungen entworfene Globale Verhaltenskodex zur Umsetzung des Rechts auf Wasser ("Weltwassercharta") soll einen Anreiz bilden, weitere Schritte im Hinblick auf die sich aufgrund des Bevölkerungswachstums noch verschärfende Situation unter besonderer Berücksichtigung der Nahrungsfunktion und den Schutz des Süßwassers zu unternehmen. Dabei ist darauf hinzuweisen, daß der Beirat in seiner "Weltwassercharta" größtenteils nur ohnehin geltendes allgemeines Völkerrecht ausformuliert.

The Iran-United States Claims Tribunal in The Hague – Some Reflections on a Unique Institution of International Dispute Settlement Moving towards the End of its Work

Peter Malanczuk

1. Introduction

Among the many fields in which Günther Jaenicke has made an outstanding contribution in both theory and practice are international economic law and international dispute settlement. Therefore, it is appropriate to honour Professor Jaenicke at this occasion by submitting some thoughts on the relevance of the work of the Iran-United States Claims Tribunal for these fields. At an early stage of the work of the Tribunal, Richard B. Lillich characterized the Iran-United States Claims Tribunal as the most significant body in arbitral history.[1] Now that the Tribunal, after almost 17 years of existence, seems to be coming towards the end of its work, with only a few cases left to decide or to settle, it may be the right moment to reconsider this assessment with some more hindsight. It must also be admitted that the present author, having been involved in the work of the Tribunal for a number of years, also has some personal interest in the topic.[2]

---

[1] R.B. Lillich (ed.), *The Iran-United States Claims Tribunal 1981-1983*, 1984.

[2] The present author was legal assistant to the President of the Tribunal, Professor Karl-Heinz Böckstiegel, and to Professor Bengt Broms, Chairman of Chamber One, from 1986-1989, and continued to work with Professor Böckstiegel on the finalization of cases concerning the expropriation of American oil companies for some years thereafter.

Much has been written on the Tribunal in general as well as on more specific aspects of its work.[3] Among the most recent literature, the extremely valuable survey of the jurisprudence of the Tribunal by Judge George H. Aldrich, one of the American members of the Tribunal from the very beginning, and the extensive study by Charles N. Brower and Jason D. Brueschke, should be specially mentioned.[4] As to many details concerning the establishment, operation and case law of the Tribunal reference can be made to the existing publications. The following is therefore restricted to a rather basic outline of the most important features of the Tribunal to provide the reader with the necessary background (2.). It then addresses the output of the Tribunal (3.). Finally, an attempt is made to briefly evaluate the work of the Tribunal (4.).

---

[3] See, for example, N.G. Ziadé, "Selective Bibliography on the Iran-United States Claims Tribunal", *ICSID Review – Foreign Invest. L. J.* 2 (1987), 534 et seq.; B. Maiwald, *Das Iran-United States Claims Tribunal*, 1987; K.-H. Böckstiegel, "Zur Bedeutung des Iran-United States Claims Tribunal für die Entwicklung des internationalen Rechts", in: H.J. Hirsch et al. (eds), *Festschrift der Rechtswissenschaftlichen Fakultät zur 600-Jahr-Feier der Universität Köln*, 1988, 610 et seq.; C.N. Brower, "The Iran-United States Claims Tribunal After Seven Years: A Retrospective View from the Inside", *Arbitration Journal*, No. 34 (December 1988), 16 et seq.; N. Wühler, "Zur Bedeutung des Iran-United States Claims Tribunal für die Rechtsfortbildung", in: K.-H. Böckstiegel (ed.) *Rechtsfortbildung durch internationale Schiedsgerichtsbarkeit*, 1989, 94 et seq.; K.-H. Böckstiegel, "Zur Praxis der internationalen Streiterledigung. Überlegungen am Ende der Tätigkeit als Präsident des Iran-United States Claims Tribunal", in: G. Ress (ed.), *Wissenschaftliches Kolloquium zum Völkerrecht, Europarecht und Verfassungsrecht anläßlich des 75. Geburtstages von Professor Dr. Günther Jaenicke (Universität des Saarlandes. Vorträge, Reden und Berichte aus dem Europa-Institut/Nr. 166)*, 1989, 5 et seq.; R. Khan, *The Iran-United States Claims Tribunal*, 1990; C.N. Brower, "The Iran-United States Claims Tribunal", *RdC* 224 (1990), 123 et seq.; J.A. Westberg, *International Transactions and Claims Involving Government Parties - Case Law of the Iran-United States Claims Tribunal*, 1991; A. Avanessian, *The Iran-United States Claims Tribunal in Action*, 1993; W. Mapp, *The Iran-United States Claims Tribunal: The First Ten Years 1981-1991*, 1993; A. Mouri, "Striking a Balance between the Finality of Awards and the Right to a Fair Judgment: What is the Contribution of the Iran-US Claims Tribunal", *FYBIL* 4 (1993), 1 et seq.; A. Mouri, "Aspects of the Iran-United States Claims Tribunal", *AsYIL* 2 (1994), 61 et seq.; P. Malanczuk, *Akehurst's Modern International Law*, 7th ed. 1997, reprint 1998, 259 et seq., (262, 267, 276, 296 et seq.); further literature is cited below.

[4] G.H. Aldrich, *The Jurisprudence of the Iran-United States Claims Tribunal – An Analysis of the Decisions of the Tribunal*, 1996; C.N. Brower/J.D. Brueschke, *The Iran-United States Claims Tribunal*, 1997.

2. Background

The Tribunal was created by the Algiers Declarations[5] in 1981 as part of the solution to the Tehran hostages crisis[6] mediated by the Algerian Government: on 19 January 1981, the last day of office of President Carter, Iran released the fifty-two hostages held at the American embassy in Tehran, and the United States transferred about US$ 8 billion from the Iranian assets it had frozen[7] to trust accounts held by Algeria at the Bank of England. The Iran-United States Claims Tribunal was established to settle the numerous claims which each of the two state parties and its nationals had against the other state, ranging from a few thousand dollars in some cases to almost US$ 12 billion in the largest case (the *Foreign Military Sales* case brought by Iran against the United States).[8] More than 3,800 cases were filed, with the total of the financial amounts involved estimated to be in the vicinity of some US$ 50 billion.

As an unprecedented mechanism in inter-state claims settlement procedures, a special "Security Account" holding US$ 1 billion was created at a subsidiary of the Dutch Central Bank to pay for awards rendered by the Tribunal against Iran, with the additional obligation for Iran to replenish the account, once it fell below US$ 500 million.[9] Iran repeatedly abided by this obligation, making use, *inter alia*, of the interest that accrued to the Security Account on a separate account, in conformity

---

[5] Declaration of the Government of the Democratic and Popular Republic of Algeria (General Declaration); Declaration of the Government of the Democratic and Popular Republic of Algeria concerning the Settlement of Claims by the Government of the United States of America and the Government of the Islamic Republic of Iran (Claims Settlement Declaration); Undertakings of the Government of the United States of America and the Government of the Islamic Republic of Iran with respect to the Declaration of the Government of the Democratic and Popular Republic of Algeria (Undertakings), *ILM* 20 (1981), 224 et seq. See S.A. Riesenfeld, "United States-Iran Agreement of January 19, 1981 (Hostages and Financial Arrangements)", in: R. Bernhardt (ed.), *EPIL* 8 (1985), 522.

[6] See *Tehran Hostages* case, Order, *ICJ Report* 1979, 7 et seq.; Judgment, *ICJ Report* 1980, 3 et seq.; Malanczuk, see note 3, 259 et seq.; 126 et seq.

[7] See Executive Order No. 12170 (14 November 1979), Federal Register 65729 (1979). Assets of Iran in all subsidiaries of American banks abroad were also frozen.

[8] Case No. B1.

[9] Para. 7 of the General Declaration.

with a decision of the Tribunal.[10] In view of the political difficulty of transferring money from Iran directly into the Account, another method used to fill it up was to divert parts of Iranian assets frozen elsewhere, for example in London, which had to be released according to the Tribunal. In politically sensitive cases there were sometimes also complicated diplomatic moves to influence the Algerian Central Bank, in the name of which the Security Account was established in Holland, concerning its required signature for payments out of the Security Account. In the 1990s Iran started to refuse replenishment of the Security Account and the United States filed *Case No. A28* requesting the Tribunal to order Iran to do so.[11]

The Security Account is not available for Awards rendered in favour of Iran. Thus, if an American party who has lost the case refuses to pay an Award of the Tribunal, Iran must seek to enforce it. In one such case the US Government supported Iran before American courts with the argument that there is an international treaty obligation arising from the Algiers Accords to enforce Tribunal Awards also in the United States.[12] Probably, this support was also motivated by the consideration that it was useful for American claimants to have a clear precedent if the Security Account should be empty at some stage in the future.

The jurisdiction of the Tribunal to give final and binding decisions covers four areas:

1. Claims of nationals of the United States against Iran and claims of nationals of Iran against the United States, and any counterclaim which arises out of the same contract, transaction or occurrence that constitutes the subject matter of that national's claim, if such claims and counterclaims are outstanding on the date of this Agreement, whether or not filed with any court, and arise out of debts, contracts (including

---

[10] See the Decision of the Full Tribunal in *Islamic Republic of Iran* v. *United States of America*, DEC 12-A1-FT (Issue I).

[11] See Aldrich, see note 4.

[12] In *Gould Marketing* the US Ninth Circuit Court of Appeal found that awards of the Tribunal are enforceable in the United States under the Federal Arbitration Act and the 1958 New York Convention on the Recognition and Enforcement of Foreign Arbitral Awards, International Arbitration Law Review 3 November 1989, 18011. In *Gould Marketing, Inc.* v. *Ministry of Defense of the Islamic Republic of Iran*, Award No. 136-49/50-2 (29 June 1984), reprinted in *Iran-US CTR* 6 (1984-II), 272, the Tribunal had ordered Gould to pay almost US$ 3 million, plus interest, to the Ministry which Gould refused. See Iran-US CTR, *AJIL* 84 (1990), 556 et seq. (Report by D.J. Bederman).

transactions which are the subject of letters of credit or bank guarantees), expropriations or other measures affecting property rights;[13]

2. Official claims of the United States and Iran against each other arising out of contractual arrangements between them for the purchase and sale of goods and services;[14]

3. Disputes on whether the United States has met its obligations undertaken in connection with the return of the property of the family of the former Shah of Iran, Reza Pahlevi;[15] and

4. Other disputes concerning the interpretation or application of the Algiers Accords.[16]

Matters that were expressly excluded from the Tribunal's jurisdiction were claims related to the seizure of the American embassy in Tehran and injury to US nationals or their property as a result of popular movements in the course of the Islamic Revolution which were not acts of the Government of Iran, and claims arising out of contracts that specifically provided for the sole jurisdiction of the Iranian courts.[17]

With regard to the substantive law to be applied, the Tribunal was given a rather broad scope of discretion:

> "The Tribunal shall decide all cases on the basis of respect for law, applying such choice of law rules and principles of commercial and international law as the Tribunal determines to be applicable, taking into account relevant usages of the trade, contract provisions and changed circumstances."[18]

The constitution of the Tribunal and its procedural rules were laid down in the "Tribunal Rules",[19] a specially adapted version of the UNCITRAL Arbitration Rules which the United Nations had negotiated in

---

13 Claims Settlement Declaration, Article II (1).

14 Article II (2).

15 General Declaration, para. 16.

16 Para. 17. See J.R. Crook, "Applicable Law in International Arbitration: The Iran-US Claims Tribunal Experience", *AJIL* 83 (1989), 278 et seq.

17 Paras. 8 and 11.

18 Claims Settlement Declaration, Article V.

19 For the provisional and final text adopted in March 1982 and May 1983 see *Iran-US CTR* 2 (1983-I), 405, amended once in 1984, *Iran-US CTR* 7 (1984-III), 317.

1976 as a model for conducting international commercial arbitration[20] and now found the first large (and successful) test in practice.[21] The adaptation of the UNCITRAL Rules was necessary because they are designed for the ad hoc arbitration of single cases, while the Tribunal, although not a permanent body, is a semi-institutionalized form of arbitration that was endowed with a large case load requiring procedural coordination.

The Tribunal consists of nine members, three Iranians, three Americans and three from third states. The President of the Tribunal is selected from the third-party arbitrators. Most cases are decided by Chambers of three arbitrators. The "Full Tribunal" of all nine members only decides on the international law disputes between the parties and in some particularly important cases, such as the complex *Foreign Military Sales* case (Case No. B1) between the two governments. It does not operate as an appeal body with regard to the decisions of the individual Chambers. The awards of the Tribunal are final and binding. Under the UNCITRAL Rules an important provision is made for the appointment by the Secretary General of the Permanent Court of Arbitration of an Appointing Authority for the Tribunal.[22] The Chief Judge of The Netherlands Supreme Court, Charles Moons, was appointed in his personal capacity as the Appointing Authority to rule on challenges to arbitrators (of which there were quite a number in the history of the Tribunal) and to appoint third-country arbitrators and the president when the party-appointed arbitrators fail to agree. The expenses of the Tribunal are shared equally between the two governments.

The Tribunal was created under unique circumstances, considering the diverse ideological premises of the parties, their political and military confrontation, and the volume of the economic interests at issue, and

---

[20] *ILM* 15 (1976), 701 et seq.

[21] See K.-H. Böckstiegel, "Applying the UNCITRAL Rules: The Experience of the Iran-United States Claims Tribunal", *International Tax and Business Lawyer* 4 (1986), 266 et seq.; J.J. van Hof, *Commentary on the UNCITRAL Arbitration Rules. The Application by the Iran-US Claims Tribunal*, 1991; S.A. Bakers/M.D. Davis, *The UNCITRAL Arbitration Rules in Practice - The Experience of the Iran-United States Claims Tribunal*, 1992; I. Dore, *The UNCITRAL Framework for Arbitration in Contemporary Perspective*, 1993; D.D. Caron/M. Pellonpää, *The UNCITRAL Arbitration Rules as Interpreted and Applied: Selected Problems in Light of the Practice of the Iran-United States Claims Tribunal*, 1995.

[22] Article 6.

this was often reflected in the difficulties of its operation in practice. The Tribunal even had to interrupt its work for a longer period, following an unprecedented event in the history of international arbitration when, in 1984, two Iranian arbitrators physically attacked a Swedish arbitrator.[23] A vivid personal account of the "traumatic events of 1984" has been recently published by an eyewitness, Judge George H. Aldrich. In view of the scarcity of documented information on what actually happened in the so-called "Mangård incident", his account deserves to be quoted at some length. The incident is also characteristic for the degree and kind of difficulties the Tribunal had to face in its earlier phase. At that time, the Iranian members of the Tribunal and the Agent of the Government of Iran, according to Judge Aldrich,

> "were very unhappy that presiding members could be appointed without their consent or, indeed, could remain in office once they became dissatisfied with them. They disliked Judges Mangård and Riphagen intensely, and they demonstrated their feelings on many occasions, yet they had not been successful in inducing them to resign. Moreover, their efforts to persuade the Central Bank of Algeria to refuse to authorize payment from the Security Account of certain Awards (e.g., to dual nationals or when the Iranian judge refused to sign the Award) had proved unavailing, and their efforts to attack some Awards in Dutch courts had been abandoned after the Second Chamber of the Dutch Parliament had passed legislation in early 1984 that would have limited considerably the bases for any such challenges. The Iranian rhetoric in deliberations had become increasingly insulting – particularly in the heated Full Tribunal deliberations on the dual national issue in *Case No. A18.* On 9 April 1984, The Secretary General of the Tribunal received a telephone threat that 'Lagergren and his people had only a few days'. Nevertheless, the Tribunal, the American Government, and, I believe, the Iranian Government were astonished at the length to which Judges Kashani and Shafeiei were prepared to go in an effort to bring down the Tribunal structure.
>
> The Full Tribunal was scheduled to hold an administrative meeting on the morning of 3 September 1984. As Judge Mangård walked toward the meeting room, he was accosted by Judges Kashani and Shafeiei, who tried to push him toward the front door and out of the building. When I arrived at the bottom of the stairs, I heard and saw

---

[23] The so-called "Mangård incident"; see the Documents Arising From the Episode of 3 September 1984, *Iran-US CTR* 7 (1984-III), 281.

> the melée and hurried to investigate. The American agent (John Crook) and one of the Iranian legal assistants (Moshen Aghahosseini) were trying to move Kashani away. I asked Shafeiei, who had apparently just stopped hitting Mangård, what was going on, and he just looked embarrassed, so I pushed through the crowd of onlookers and yanked Kashani's hand off Mangård's tie, as Mangård's face was turning blue. The Tribunal guard called the police, and they escorted Judge Mangård to his apartment."[24]

After citing from a diary which Judge Aldrich kept on Tribunal events concerning a revealing conversation he had with Judge Kashani, the author continues:

> "On 5 September 1984, President Lagergren issued Presidential Order No. 27 in which he determined that 'a situation exists in which the conduct of arbitration in an appropriate manner is, for the time being, not feasible' and postponed all proceedings. The President also sent a letter to all members of the Tribunal and the two agents in which he said the use of violence was 'utterly alien to the spirit of arbitration' and that 'such an incident should not have occurred, and must not be allowed to recur'.
>
> Nevertheless, Judge Kashani remained obdurate. On 7 September, the *New York Times* quoted him as saying: 'If Mangård ever dares to enter the tribunal chamber again, either his corpse or my corpse will leave it rolling down the stairs.' My efforts to persuade Judge Shafeiei to distance himself from Kashani were also unavailing, although his language was much more civil."[25]

Later, following a challenge to Judges Kashani ands Shafeiei submitted by the United States to the Appointing Authority, Iran finally recalled Kashani and Shafeiei and replaced them by two new Iranian members, Judges Hamid Bahrami Ahmadi and Seyed Mohsen Mostafavi Tafreshi in November 1984. This incident did not stop the settlement process for which a Special Chamber was established to issue Awards on Agreed Terms, but it did disrupt the proceedings of the Tribunal for about half a year.

On the whole, however, in spite of the continuing disruption of diplomatic relations and the confrontation between Iran and the United States outside of the Tribunal, it was later able, under some cumbersome security arrangements and supported at the height of its activities by a

---

[24] Aldrich, see note 4, 24 et seq.

[25] *Ibid.*, 26.

large staff of up to 100 persons, to develop a professional working atmosphere leading to a large body of decisions. Even in the autumn of 1987, by when Iran and the United States were in direct military engagement with each other in the Gulf during the war between Iraq and Iran,[26] there was a large oral hearing in the Peace Palace in The Hague concerning a claim by Iran for the delivery of military equipment held back by the United States, with generals and other high-ranking military officers in uniform represented on both sides, which the Tribunal managed to conduct quietly.

The Tribunal also continued its business while the two Governments engaged in legal battles before the International Court of Justice in the *Airbus* case and in the *Oil Platforms* case. In the *Airbus* case, during the war between Iraq and Iran (1980-88), on 3 July 1988, the US warship *Vincennes* in an engagement with Iranian gunboats in the Persian Gulf, believing it was being attacked from the air, shot down the civilian Iran Air Flight 655, killing 290 passengers from six countries and crew members. Although the United States did not admit its liability under international law, it later offered to pay *ex gratia* compensation (which means without recognizing any legal obligation to do so) to the families of the victims (US$ 250,000 per full-time wage-earning victim, and US$ 100,000 for each of all the other victims).[27] Iran, however, declined to accept the offer and in 1989 filed an application for compensation in the International Court of Justice.[28] On 22 February 1996, Iran and the United States settled Iran's claims concerning the downing of Iran Air Flight 655 in connection with the settlement of other Iranian claims against the United States concerning certain banking matters, filed before the Iran-United States Claims Tribunal and the case before the ICJ was terminated.[29] Under the terms of the settlement agreement, the survivors of each Iranian victim are paid US$ 300,000 (for wage-earning victims) or US$ 150,000 (for non-wage-earning victims).[30]

The *Oil Platforms* case concerns the U.S. Navy's attack on and destruction of three offshore oil production complexes, owned and operated

---

26 I.F. Dekker/H.H.G. Post, *The Gulf War of 1980-1988*, 1992.

27 *AJIL* 83 (1989), 912 et seq. See also ICAO Resolution and Report Concerning the Destruction of Iran Air Bus, 3 July 1988, *ILM* 28 (1989), 896 et seq.

28 ICJ, *ILM* 28 (1989), 842; Aerial Incident of 3 July 1988 (*Iran v. USA*) Case, Order of 13 December 1989, *ICJ Report* 1989, 132, *ILM* 29 (1990), 123.

29 *ICJ Communiqué*, No. 96/6 of 23 February 1996.

30 See *ILM* 35 (1996), 553; *AJIL* 90 (1996), 278.

for commercial purposes by the National Iranian Oil Company in the Persian Gulf, on 19 October 1987 and 18 April 1988. On 2 November 1992, the Islamic Republic of Iran filed an application instituting proceedings against the United States before the ICJ alleging that these actions of the United States were in fundamental breach of various provisions of the 1955 Treaty of Amity between Iran and the United States and in breach of international law, requiring the United States to make reparation. On 12 December 1996, the Court dismissed the preliminary objection raised by the United States and held that it had jurisdiction to deal with the merits of the case.[31] In an Order of 10 March 1998, the ICJ then declared a counterclaim admissible that had been filed by the United States which contends that "in attacking vessels, laying mines in the Gulf and otherwise engaging in military actions in 1987-1988 that were dangerous and detrimental to maritime commerce," the Islamic Republic of Iran breached its obligations under the Treaty of Amity and is under an obligation to make full reparation to the United States.[32] At the time of writing, the case is still pending before the ICJ, but it is remarkable that it has not shown to have any negative effect on the work of the Iran-United States Claims Tribunal.

3. Output of the Tribunal

The success of the Iran-United States Claims Tribunal is demonstrated by the number of cases, most of which had been filed by US nationals and companies, that have so far been brought to a decision or a settlement. As of 22 January 1998,[33] the Tribunal had issued 584 Awards and 81 Interlocutory and Interim Awards, terminated 877 cases by Order or Decision, and filed 129 Decisions in 136 cases. The total number of cases finalized was 3,918. As regards Oral Proceedings, the Tribunal had held 468 Hearings or Pre-hearing Conferences.

---

[31] Case concerning *Oil Platforms* (*Islamic Republic of Iran* v. *United States of America*), Preliminary Objection, Judgement, International Court of Justice, 12 December 1996; see *AJIL* 91 (1997), 518 et seq. (Report by P.H.F. Bekker).

[32] Case concerning *Oil Platforms* (*Islamic Republic of Iran* v. *United States of America*), Counter-Claim, Order of 10 March 1998, General List No. 90, with Separate Opinions of Judges Oda and Higgins and a Dissenting Opinion of Judge *ad hoc* Rigaux.

[33] See Iran-United States Claims Tribunal Communiqué No. 98/1 of 22 January 1998.

However, it must be taken into account that 2,388 so-called "small claims" of less than US$ 250,000 had been terminated by an Award on Agreed Terms in 1990[34] on the basis of a settlement agreement reached between the two governments, under which Iran accepted to pay the lump sum[35] of US$ 105 million.[36] These claims were settled internally in the United States by the US Foreign Claims Settlement Commission (FCSC), which also dealt with US Government claims against Iran for the repayment of fifteen loans made as part of a long-term economic development programme.[37] In the end, of the about 3,100 claims before it, the FCSC (which completed its work in February 1995) issued 1,066 awards to 1,075 claimants in the total amount of US$ 41,570,936.31, plus US$ 44,984,859.31 in interest. The Commission dismissed 578 claims, either because the claimants so requested or because they could not be located. The rest of 1,422 claims were denied. It is quite likely that the proportion of the relevant claims dismissed, or only recognized partially, would have been much higher if the Tribunal would have had to adjudicate upon them. But it is also clear that an efficient handling of these "small claims" in reasonable time would not have been feasible under the existing structure and procedure of the Tribunal. Be that as it may, it is noticeable that it even took the FCSC, a national body and not an international arbitral institution with all its inherent complications, almost five years to deal with some 3,100 claims before it.

Moreover, about 250 other Awards mentioned in the Tribunal's statistics were also Awards on Agreed Terms or Partial Awards on Agreed Terms, recording settlements by the parties. It must be borne in mind, that it is one of the important functions of the Tribunal, like any other arbitral body, to encourage the settlement of disputes among the parties themselves, rather than having to decide on them. Obviously, however, such settlements and the Awards recording them are practically of very little, if any, significance for the development of the law. The matter is different with regard to the awards issued by the FCSC on the basis of the

---

[34] Award on Agreed Terms No. 483-CLTDs/86/B38/B76/B77-FT, filed 22 June 1990.

[35] See R.B. Lillich, "Lump Sum Agreements", in: R. Bernhardt (ed.), *EPIL* 8 (1985), 367-72.

[36] See *AJIL* 84 (1990), 891 et seq. for details.

[37] See R.B. Lillich/D.J. Bederman, "Jurisprudence of the Foreign Claims Settlement Commission: Iran Claims", *AJIL* 91 (1997), 436 et seq.

settlement reached with Iran, which has been mentioned above, because of the legal criteria that have been applied by the Commission.[38]

The total amount awarded to US parties and paid out of the Security Account was US$ 2,140,348,092.43 plus the dollar equivalents of £ 303,196, DM 297,051 and Rials 97,132,598 (excluding interest). Of that amount, US$ 1,645,798,745.76 and the US$ equivalents of £ 303,196 and DM 297,051 were paid on the basis of Awards on Agreed Terms and Partial Awards on Agreed Terms. The total amount (excluding interest) awarded to Iran and Iranian parties (not payable out of the Security Account) was US$ 1,010,986,783.51 and the dollar equivalent of Rials 7,977,343. More than US$ 500 million of this total amount was paid to Iran on the basis of a Tribunal award ordering the return of frozen Iranian assets held at the New York Federal Reserve Bank.[39] A further amount of US$ 477,101,970.27 and the US$ equivalent of Rials 423,911 were also based on Awards on Agreed Terms. Moreover, in the *Foreign Military Sales* case, the Tribunal by Order filed on 21 September 1990 terminated arbitral proceedings with regard to an Iranian request for interim measures and attached settlement agreement pursuant to which the United States was obliged to pay US$ 200,000,000 into the Security Account. With this compromise the United States secured that the money it had to transfer would at least be available for the future payment of Awards in favour of successful American claimants.

As to substance, the decisions of the Tribunal cover the entire range of international commercial transactions and foreign investment and important aspects of public international law and arbitral procedure, although not always in a coherent way. To give an illustration, the legal issues that the Tribunal has addressed include, for example, the nationality of claims of individuals and corporations,[40] claims of dual nationals,[41] the

---

[38] *Ibid.*

[39] Award No. 306-A15 (I:G)-FT.

[40] *Flexi-Van Leasing Inc. v. Islamic Republic of Iran*, Order of 15 December 1982; *General Motors Corporation v. Government of the Islamic Republic of Iran*, Order of 18 January 1983; confirmed by the Full Tribunal in *Islamic Republic of Iran v. United States of America*, DEC 45-A20-FT, *Iran-US CTR* 11 (1986-II), 271. See also C. Staker, "Diplomatic Protection of Private Business Companies: Determining Corporate Personality for International Law Purposes", *BYIL* 61 (1990), 155 et seq.

[41] See Case No. A/18 (6 April 1984), *Iran-US CTR* 5 (1984-I), 251 (261 et seq.); P.E. Mahoney, "The Standing of Dual Nations Before the Iran-United States Claims Tribunal", *Va. J. Intl. L.* 24 (1984), 695; P. McGarvey-Rosendahl,

meaning of "controlled entities", indirect claims, the admissibility of counterclaims, interim measures of relief,[42] choice of law, formation and validity of international contracts, interpretation of contracts, breach of contract, termination of contracts, *force majeure*, *clausula rebus sic stantibus*, damages for breach of contract, lost profits, bank guarantees and standby letters of credit, currency conversion rates, exchange controls,[43] unjust enrichment, export licences, taxes and social security levies, interest, costs, prescription, treaty interpretation,[44] state responsibility, expulsion of aliens,[45] expropriation of foreign property, standard of compensation and valuation,[46] and, as has been noted above, almost any conceivable aspect of the procedure of international arbitration under the amended version of the UNCITRAL rules.

This broad range of legal issues reflects the "mixed nature" of the Tribunal and it has given rise to some controversy on whether it is public

---

"A New Approach to Dual Nationality" *Hous. J. Int'l L.* 11 (1986), 305; D.J. Bederman, *Saghi v. Islamic Republic of Iran*, AWD 544-298-2, Iran-United States Claims Tribunal, January 22, 1993, *AJIL* 87 (1993), 447 et seq.; D.J. Bederman, "Nationality of Individual Claimants before the Iran-United States Claims Tribunal", *ICLQ* 42 (1993), 119 et seq.; D.J. Bederman, "Historic Analogues of the UN Compensation Commission", in R.B. Lillich (ed.), *The United Nations Compensation Commission: Thirteenth Sokol Colloquium*, 1995, 257 et seq.; D.S. Mathias, "The Weighing of Evidence in a Dual National Case at the Iran-United States Claims Tribunal", *NYIL* 26 (1995), 171 et seq.

42 See D.D. Caron, "Interim Measures of Protection: Theory and Practice in Light of the Iran-United States Claims Tribunal", *ZaöRV* 46 (1986), 465 et seq.

43 See A. Mouri, "Treatment of the Rules of the International Law of Money by the Iran-US Claims Tribunal", *AsYIL* 3 (1993), 71 et seq.

44 See K.-H. Böckstiegel, "Zur Auslegung völkerrechtlicher Verträge durch das Iran-United States Claims Tribunal", in: T. Stein (ed.), *Festschrift für Karl Doehring*, 1985, 119 et seq.

45 See Malanczuk, see note 3, 262 with references.

46 See M. Fitzmaurice/M. Pellonpää, "Taking of Property in the Practice of the Iran-United States Claims Tribunal", *NYIL* 19 (1988), 53 et seq.; J.A. Westberg, "Applicable Law, Expropriatory Takings and Compensation in Cases of Expropriation: ICSID and Iran-United States Claims Tribunal Case Law Compared", *ICSID Rev.* 8 (1993), 1 et seq.; A. Mouri, *The International Law of Expropriation as Reflected in the Work of the Iran-United States Claims Tribunal*, 1994; G.H. Aldrich, "What Constitutes a Compensable Taking: The Decisions of the Iran-United States Claims Tribunal", *AJIL* 88 (1994), 585 et seq.; Aldrich, see note 4, 171 et seq.

or private.[47] Dr. Allahyar Mouri, in a recent highly instructive article on the matter, arrives at the following conclusion:

> "... the main problem is that the nature of the Tribunal can [not] be properly identified, neither through its awards and decisions nor, consequently, through the interpretation of commentators and other fora. Its interpretation of its own nature and that of its awards, the latitude of its jurisdiction and extent of its power would suggest that the Tribunal is a combination of a number of different creatures, and yet none of them. At times it acts not only like a lion that rules the land but like an eagle that controls the sky. Yet in other instances it acts like neither of these beings. It can neither roar nor fly. Those who venture to face this twentieth century griffin never know whether they have to tackle an eagle or a lion, neither or both."[48]

In fact, the Tribunal has been operating both as an international tribunal deciding on state responsibility, for example, in expropriation and expulsion cases, and as a body to determine the private law obligations relevant to the disputes before it.[49] The Tribunal itself has been content to merely note the following in this respect:

> "While this Tribunal is clearly an international Tribunal established by treaty and while some of its cases involve disputes between the two Governments and involve the interpretation and application of public international law, most disputes (including all of those brought by dual nationals) involve a private party on one side and a Government or Government-controlled entity on the other, and many involve primarily issues of municipal law and general principles of law. In such cases it is the rights of the claimant, not of his nation, that are to be determined by the Tribunal. This should be contrasted with the situation of espousal of claims in international law ..."[50].

At any rate, whatever its "true nature", the Tribunal is a prime example for the blurring in practice of the distinction between public and private law on the international level with regard to economic transactions.

---

[47] See D.D. Caron, "The Nature of the Iran-United States Claims Tribunal and the Evolving Structure of International Law", *AJIL* 84 (1990), 104 et seq.

[48] A. Mouri, "Iran-United States Claims Tribunal: The Birth of a Twentieth Century Griffin", *FYBIL* 7 (1996), 180 et seq., (243).

[49] See G. Hanessian, "'General Principles of Law' in the Iran-US Claims Tribunal", *Colum. J. Transnat'l L.* 27 (1989), 307 et seq. (350 et seq.).

[50] See Case No. A/18, see note 41.

There is an old dispute since the writings of Georg Erler[51] and Georg Schwarzenberger[52] on whether the subject of international economic law should include relevant national law and private international law aspects or be limited to the field of public international law. This matter is beyond the scope of the present article,[53] but it must be admitted that the experience of the Iran-United States Claims Tribunal supports the view of those who advocate an integrated approach in the study of the law governing international economic relations.[54]

4. Evaluation

The fact that the Tribunal still exists and has been able to function under such delicate circumstances is in itself quite surprising. Now the work of the Tribunal is nearing its end. It has only a few cases left, such as some Iranian Government claims against the United States Government and a number of disputes between the two Governments concerning the interpretation of and compliance with the Algiers Accords. In 1996, however, Iran filed an interesting new Case No. A30 on "United States Intervention in Iranian Affairs" concerning, *inter alia*, the controversial 1996 US Iran-Libya Sanctions Act.[55] The United States filed its State-

---

51 G. Erler, "Wirtschaftsrecht, Internationales", in: K. Strupp/H.-J. Schlochauer, *Wörterbuch des Völkerrechts*, Bd. III, 1960/62, 862; see also G. Erler, *Grundprobleme des internationalen Wirtschaftsrechts*, 1956, 9 et seq., 17 et seq.

52 G. Schwarzenberger, *Economic World Order?*, 1970, 4. See also his earlier Hague Academy Lecture in *RdC* 117 (1966), 7.

53 For a discussion see P. Malanczuk, *"Globalization": Challenges to International Economic Law and the Settlement of International Disputes*, Inaugural Lecture, Erasmus University Rotterdam, 1998 [forthcoming].

54 For such an integrated approach see, for example, E.-U. Petersmann, "International Economic Theory and International Economic Law: on the Tasks of a Legal Theory of International Economic Order", in: R.St.J. Macdonald/D.M. Johnston, *The Structure and Process of International Law*, 1983, 251; M. Herdegen, *Internationales Wirtschaftsrecht*, 2nd ed. 1995, 3 et seq.

55 Statement of Claim, filed 12 August 1996. On the international legal dispute on this Act and other US economic sanctions in general see W. Meng, "Wirtschaftssanktionen und staatliche Jurisdiktion – Grauzonen im Völkerrecht", *ZaöRV* 57 (1997), 269 et seq.

ment of Defense a year later[56] and the case is still pending at the time of writing.

Some of the senior staff of the Tribunal have moved on to new tasks at the United Nations Compensation Commission for Claims Against Iraq in Geneva (a body which is not arbitral or judicial in nature, and which was imposed by the UN Security Council upon Iraq after the invasion of Kuwait).[57] But it is difficult to predict how long the Tribunal will continue to exist. Since its inception in 1981, every year the expectation has been repeated that the Tribunal would not last longer than two to three more years and it has proved to be wrong. Now another three to five years, perhaps with a reduced structure of the Tribunal, might be an educated guess, but surely it is no more than a guess. However, the heydays of one of the most remarkable institutions in the history of international dispute settlement are certainly over.

Although there will always be criticism as regards specific issues and cases,[58] for example, concerning the alleged slowness of the Tribunal, it can be said that the Tribunal has largely done justice to the parties before it. It may also ultimately contribute to the normalization of relations between the two countries. At any rate, it has assisted in defusing an explosive political situation and provided the two alienated Governments with a point of direct diplomatic contact. Perhaps it is so, in the words of George Aldrich, "that the work of the Iran-United States Claims Tribunal will be seen as an encouragement of more frequent use of international tribunals for compulsory settlement of legal disputes

---

[56] Statement of Defense of the United States, filed 8 August 1997.

[57] See R.B. Lillich (ed.), *The United Nations Compensation Commission*, 1995; P. Malanczuk, "International Business and New Rules of State Responsibility? – The Law Applied by the United Nations (Security Council) Compensation Commission for Claims against Iraq", in: K.-H. Böckstiegel (ed.), *Perspectives of Air Law, Space Law and International Business Law for the Next Century*, 1996, 117 et seq.; Malanczuk, see note 3, 398 et seq. with further references.

[58] There are, of course, some much more critical voices as to the general contribution of the Tribunal to the development of the law, as correctly observed by M. Kamminga, "Staatsaansprakelijkheid jegens individuen: beginselen en procedures, Preadvies", *Meded. v. d. Nederl. Veren. v. Int'l Recht* 115 (1997), 15. See, for example, D.L. Jones, "The Iran-United States Claims Tribunal: Private Rights and State Responsibility", *Va. J. Int'l. L.* 24 (1983-84), 259 et seq.; C.D. Gray, *Judicial Remedies in International Law*, 1987, 181 et seq.

between States and between States and private parties."[59] The question is, of course, whether the work of the Tribunal could have effectively proceeded without the peculiar mechanism of the Security Account that was born out of a rather unique historical situation and built upon a large amount of frozen financial assets. Generally speaking, states still remain reluctant to accept compulsory dispute settlement mechanisms on the international level.[60]

Returning to Richard B. Lillich's assessment of the Tribunal, to which reference was made at the beginning of this contribution, it is a good conclusion to cite from his introductory remarks at the Second Joint Conference of the American Society of International Law and the Nederlandse Vereiniging voor Internationaal Recht in The Hague in 1993. As Chairman of the Panel on "The Iran-US Claims Tribunal: Its Contribution to International Law and Practice" he stated the following:

> "Some of you may recall that in certain remarks I made to the American Society of International Law – remarks that have been quoted both out of context and [in]correctly in writings in recent years – I said the Iran-US Claims Tribunal is the largest and most important international arbitration to date, and it surely will influence the development of international law well into the coming century. This is a statement that has been criticized in some writings about the Tribunal, but it is a statement that I certainly would subscribe to today. Indeed, I would underscore it because all of us working in the field appreciate the fact that the decisions of the Tribunal are having a significant impact on every aspect not only of claims adjudication, but of international arbitration in general ..."[61].

One could say that in this statement Richard Lillich, as he usually did, simply adhered to the Latin maxim *propter scandalum evitandum veritas non est omittenda*. The present writer shares this view.[62] The most

---

[59] See Aldrich, see note 4, 43.

[60] See Malanczuk, see note 3, chapter 18, "Peaceful settlement of disputes between states", 273 et seq.; P. Malanczuk, "Streitbeilegung, einvernehmliche", in: I. Seidl-Hohenveldern (ed.), *Lexikon des Rechts - Völkerrecht*, 2nd ed. 1998 [forthcoming].

[61] The American Society of International Law/Nederlandse Vereniging voor Internationaal Recht, *Contemporary International Law Issues: Opportunities at a Time of Momentous Change, Proceedings of the second Joint Conference held in The Hague, The Netherlands, July 22-24, 1993.*

[62] See Malanczuk, see note 3, 298.

long-lasting impact of the Tribunal's work is likely to flow from the many hundred contentious cases it has decided and the persuasive value of its jurisprudence beyond the specific cases that were at issue. The published decisions of the Tribunal,[63] now approaching thirty volumes, constitute an invaluable collection of materials and jurisprudence on issues of public international law, international commercial law and the procedure of international arbitration, which as a source for the development of the law will not be so easily surpassed in the future. They are a gold mine that is still to be fully discovered by international courts and tribunals in the future.

---

63 *Iran-United States Claims Tribunal Reports* (since 1983, first published by Grotius, now by Cambridge University Press). The latest volume 28 (400 pp.), edited by R. Pogany, with E. Lauterpacht as Consulting Editor, has appeared in 1996.

Beitragszahlungsmoral der Mitgliedstaaten internationaler Organisationen im UNO-System

Wolfgang Münch

I. Allgemeiner Überblick

1. Die Mitgliedstaaten der Vereinten Nationen (UNO) bekennen sich in zahlreichen, im Konsens gefaßten Resolutionen immer wieder zur Beitragszahlungspflicht ("in full", "on time" und "without conditions" - so in jüngerer Vergangenheit A/RES/52/12B vom 19. Dezember 1997, para. 19, in dem budgetrelevante Reformvorschläge des UNO-Generalsekretärs aus seinem Grundsatzpapier vom 14. Juli 1997[1] gebilligt wurden; ähnlich auch A/RES/52/215B vom 22. Dezember 1997, para. 1, in der die ab 1998 geltende UNO-Beitragsskala festgelegt wurde[2] und A/RES/52/220 vom 22 Dezember 1997, Part II-para. 21, zum UNO-Haushalt für das Biennium 1998-1999). Aber schon bei einem flüchtigen Blick auf den Finanzstatus der UNO wird rasch deutlich, daß ganz und gar kein Konsens darüber besteht, die feierlichen Resolutionsworte auch ernst zu nehmen. Am 31. Dezember 1997 waren 66,3% der Pflichtbeiträge zum regulären UNO-Haushalt im Veranschlagungszeitraum 1997 (d.h. US-$ 736,8 Mio) eingezahlt; zwar belief sich der Gesamtbetrag der Zahlungseingänge zum regulären Haushalt im Laufe von 1997 auf US-$ 1.148,1 Mio, davon entfielen jedoch US-$ 411,3 Mio auf aus der Zeit vor 1997 aufgetürmte Altschulden. UNO-Finanzregel 5.6 legt fest, daß Zahlungen auf Beitragsschulden in der chronologischen

---

1 Doc. A/51/950 Renewing the United Nations: A Programme for Reform.

2 Hierzu W. Koschorreck, "Beitragsfestsetzung weder gerecht noch transparent", *VN* 46 (1998), 33 ff.

Reihenfolge ihrer Entstehung anzurechnen sind; die am längsten offenstehende Schuld wird zuerst getilgt. 17 Mitgliedstaaten haben innerhalb von 1997 keinen Cent zum regulären Budget beigesteuert, 50 blieben der UNO Beträge schuldig, die den Jahresbeitrag für 1997 überstiegen, 35 schuldeten Beträge in einer Größenordnung in exakter Höhe oder unterhalb des Jahresbeitrags für 1997 und nur 100, etwas mehr als die Hälfte der Mitgliedstaaten, waren zum Abschluß von 1997 in finanzpolitischer Hinsicht beim regulären Budget in eine weiße Weste gekleidet.[3] Zum Stichtag 31. Dezember 1996 stellte sich der UNO-Finanzstatus ähnlich dar: 66,4% der Pflichtbeiträge zum regulären Budget waren eingegangen, ein Jahr zuvor waren es 66,3%. Im Grundsatz ähnlich, wenn auch von Fall zu Fall differenziert, ist das Erscheinungsbild beim Zahlungsverhalten der Mitgliedstaaten bei den außerhalb des regulären Budgets finanzierten UNO-Friedensmaßnahmen. Der Gesamtbetrag der nicht bezahlten Beitragsschulden auf sämtliche UNO-Friedensmaßnahmen belief sich am 31. Dezember 1997 auf US-$ 1.574 Mio. Die dritte Art der pflichtfinanzierten UNO-Aktivitäten, die Tätigkeiten des 1993 errichteten Internationalen Strafgerichts zur Verfolgung der Verantwortlichen für die seit 1991 im Hoheitsgebiet des ehemaligen Jugoslawien begangenen schweren Verstöße gegen das humanitäre Völkerrecht und des eineinhalb Jahre später geschaffenen Ruanda-Tribunals, leiden ebenfalls unter schleppenden Beitragszahlungen. Der Gesamtbetrag der zum 31. Dezember 1997 aufgelaufenen Zahlungsrückstände belief sich im Fall des Jugoslawien-Tribunals auf US-$ 9,2 Mio (Beitragsanforderungen für 1997: US-$ 22,5 Mio) und im Falle des Ruanda-Tribunals auf US-$ 5,0 Mio (Beitragsanforderungen für 1997: US-$ 12,7 Mio). Der Finanzstatus der beiden Tribunale sieht noch etwas schlechter aus als derjenige des regulären UNO-Haushalts; hier standen Beitragsanforderungen in Höhe von US-$ 1.111 Mio für 1997 Gesamtrückstände im Betrag von US-$ 474 Mio gegenüber.

Neben dem pflichtfinanzierten Aktionsfeld der UNO bestehen die freiwillig finanzierten Fonds und Programme der UNO, die entweder finanziell vollständig (z.B. UNDP, UNFPA, UNICEF, WFP) oder fast vollständig (z.B. UNHCR, UNEP, UNRWA) vom regulären UNO-Budget unabhängige Nebenorgane der Generalversammlung oder des Wirtschafts- und Sozialrates bilden. Sie stützen ihre Aktivitäten auf Beitragszusagen ("pledged contributions") der Geberländer. Auch sie

---

[3] Als "blütenweiß" kann man nur die relativ kleine Zahl derer qualifizieren, die ihren Beitrag zum Finanzjahr 1997 auch fristgerecht, d.h. innerhalb von 30 Tagen nach Eingang der Zahlungsaufforderung, überwiesen haben (UNO-Finanzregel 5.4 Satz 1).

sind wegen der rechtlichen Unverbindlichkeit der - regelmäßig in Landeswährung abgegebenen - Zusagen und wegen möglicher Wechselkursschwankungen in ihrer Finanzplanung mit Unsicherheitsfaktoren konfrontiert. Die freiwillig finanzierten Fonds und Programme sind - auch wenn dies nur ein schwacher Trost ist - nicht dem Schicksal des andauernden Bruchs rechtlicher Verpflichtungen durch Mitgliedstaaten ausgesetzt. Allerdings besteht in der Zusagefreudigkeit der meisten Geberländer wegen der überall vorhandenen Sparzwänge eine deutlich rückläufige Tendenz.

2. Ein differenzierteres Bild zum cash flow ergibt ein summarischer Blick auf die anderen Teilnehmerorganisationen des UNO-Systems.

Für die Bretton-Woods-Institutionen (IBRD, IMF und IDA) stellt sich das Problem unzuverlässiger Beitragszahlung nicht, da sie ihre Mittel selbst erwirtschaften.[4] Der Internationale Fonds für landwirtschaftliche Entwicklung (IFAD) hängt ebenfalls nicht von jährlichen Pflichtbeitragszahlungen ab; er finanziert sich durch Wiederauffüllungsrunden. Hierbei handelt es sich um über mehrere Jahre sich erstreckende, nach Länderkategorien gestaffelte Pflichtzahlungen, über die in Verhandlungen Einigung erzielt wurde.[5]

Von großer Bedeutung für die Ausführung ihrer Mandate ist hingegen die Erfüllung der Beitragszahlungspflicht durch die Mitgliedstaaten bei der Internationalen Atomenergieagentur (IAEA) und bei den übrigen, nicht zu den Bretton-Woods-Institutionen zählenden Sonderorganisationen . Um eine wenigstens grobe, über einen Mehrjahreszeitraum reichende Vergleichbarkeit herzustellen soll - dem Beispiel Hüfners folgend[6] - nachstehend zwischen der IAEA und fünf großen Sonderorganisationen einerseits, der Ernährungs- und Landwirtschaftsorganisation (FAO), der Internationalen Arbeitsorganisation (ILO), der Organisation für Erziehung, Wissenschaft und Kultur (UNESCO), der Organisation für industrielle Entwicklung (UNIDO) und der Weltgesundheitsorganisation (WHO) und andererseits den sonstigen kleineren Sonderorganisationen, der Internationalen Zivilluftfahrtorganisation (ICAO), der Internationalen Seeschiffahrtsorganisation (IMO), der Internationalen Fernmeldeunion (ITU), dem Weltpostverein (UPU), der Weltor-

---

[4] Näheres hierzu bei K. Hüfner, *Die Vereinten Nationen und ihre Sonderorganisationen*; Teil 3B - Sonderorganisationen - Gesamtdarstellungen - Alternative Finanzierungsmöglichkeiten, DGVN-Texte 46, 1997, 143 ff.

[5] Hüfner, siehe Anm. 4, 182 ff.

[6] Siehe Anm. 4, 15 f.

ganisation für geistiges Eigentum (WIPO) und der Weltorganisation für Meteorologie (WMO) unterschieden werden. Eine solche Unterteilung bietet sich an im Hinblick auf die stärker politisch geprägten Mandate der großen Organisationen im Kontrast zu den eher als technisch zu bezeichnenden Aufgabenstellungen der kleineren Organisationen, darüber hinaus in Ansehung der jeweiligen Budgetvolumina und insbesondere der unterschiedlichen Strukturen der Beitragsskalen. Während IAEA und die großen Fünf sich weitgehend an der UNO-Beitragsskala orientieren, folgen die kleineren Organisationen entweder nur partiell der UNO-Beitragsskala (IMO z.B. stellt in erster Linie auf die bei Lloyd's registrierte Schiffstonnage ab) oder sie wenden Beitragsklassensysteme mit Selbsteinstufungen durch ihre Mitgliedstaaten an (ITU, UPU, WIPO)[7]. Eine vergleichende Darstellung der Zahlungsmoral im Zeitraum von 1971 bis 1995 bei Hüfner zeigt, daß jeweils zur Jahresmitte (Stichtag: 30. Juni) bei den großen Organisationen im ungünstigsten Falle rund 30% und im günstigsten Falle etwa 60% der Pflichtbeiträge eingegangen waren. Ein auf den ersten Blick hervorragendes Ergebnis erzielte die ILO zum 30. Juni 1978 mit einer Quote von 76,71%, zu erklären durch den vorherigen Austritt der Vereinigten Staaten aus der ILO. Bei den kleineren Organisationen ergibt sich insgesamt ein deutlich besseres Gesamtbild in punkto Zahlungsmoral. Abgesehen von der ICAO bildete im gleichen Bezugszeitraum und zum gleichen Stichtag eine Zahlungsquote von weniger als 40% nur die Ausnahme. Spitzenreiter im erfolgreichen Einkassieren der Pflichtbeiträge sind ITU und UPU mit konstanten Quoten von mehr als 90% oder zwischen 80% und 90% ab der zweiten Hälfte der 80er Jahre. Die WIPO, eine der wenigen auf Wachstum eingestellten Organisationen des UNO-Systems, erreichte in den letzten Jahre Quoten in Höhe von mehr als 70%. Dies ist erfreulich, hat allerdings gar keine großen Auswirkungen auf ihren Handlungsspielraum, da weit unter 20% ihres Haushalts aus Pflichtbeiträgen der Mitgliedstaaten finanziert sind. Der ganz überwiegende Teil ihrer Einnahmen stammt aus Gebühren, die für die Registrierung von Patenten und Warenzeichen zu entrichten sind. Die Organisation zeichnet sich durch eine derart finanzielle Solidität aus, daß sie auf die Erhebung staatlicher Pflichtbeiträge verzichten könnte. Einem Teil ihrer Mitgliedstaaten verursacht dieser Gedanke aber eher Mißbehagen. Sie befürchten, daß ihnen mit dem Verlust des Finanzhebels ein wichtiges Steuerungsinstrument verlorenginge. Bis auf weiteres dürfte daher eine

[7] Die Klassifizierung der UNIDO als einer der großen Fünf ist zwar vom Budgetvolumen her nicht ganz gerechtfertigt, wohl aber unter dem Aspekt der anderen hier angewandten Differenzierungskriterien.

Grundfinanzierung durch staatliche Pflichtbeiträge erfolgen. Positiv fällt schließlich auch die IMO auf, die in den vergangenen Jahren zum Stichtag 30. Juni eine Zahlungsquote von immerhin 60% bis 70% erreicht hat.[8]

II. Motive für eine schlechte Zahlungsmoral

1. Es erklärt sich aus sich selbst heraus, daß säumige Mitgliedstaaten den Administrationen der Organisationen, insbesondere den Finanzabteilungen - zurückhaltend ausgedrückt - "das Leben schwer machen" und gleichzeitig die korrekten Beitragszahler düpieren. Die Suche nach den Motiven und Ursachen für das organisationsunfreundliche Verhalten führt zu folgenden Beobachtungen: Ein Teil der Spät- und Extremspätzahler trägt wirtschaftliche Schwierigkeiten vor. Von der Hand zu weisen sind sie im allgemeinen nicht, aber wirklich überzeugen können sie oftmals auch nicht. Mehr als die Hälfte der UNO-Mitgliedstaaten zahlte bis 1997 lediglich den Mindestbeitrag in Höhe von 0,01% der Beitragsskala. Im Haushaltsjahr 1997 entsprach dies US-$ 106.508. Durch A/RES/52/215 A vom 22. Dezember 1997 ist der Mindestbeitrag zum regulären UNO-Budget auf 0,001% abgesenkt worden. Das war bislang der Mindestbeitrag der Mitgliedstaaten der sog. Kategorie D ("least developed countries") für die Haushalte der Friedensoperationen, dieser sinkt jetzt noch einmal um einen Dezimalpunkt auf 0,0001%. Wenn man die Größenordnung der Mindestbeiträge

---

[8] Gesamtübersicht bei Hüfner, siehe Anm. 4, 24 f.; detaillierte Angaben zum Zahlungsverhalten der Mitgliedstaaten der Organisationen im UNO-System für die Jahre 1994-1995 sind außerdem enthalten im Statistischen Bericht des ACC- Doc. A/51/505 vom 18. Oktober 1996; zum 31. Dezember 1997 ergab sich folgende Gesamtsituation bei den Zahlungsquoten:

FAO: 96,16%; IAEA: 90,56%; ICAO: 79,51%; ILO: 63,58%; IMO: 92,12%; ITU: 94,20%;

UNESCO: 84,21%; UNIDO: 83,66%; UPU: 91,68%; WHO: 78,27%; WIPO: 87,68%;

WMO: 66,41%; zur rechtlichen Seite der Problematik von Zahlungsverweigerungen bzw. -verzögerungen siehe C. Tomuschat, "Die Beitragsverweigerung in internationalen Organisationen", in: W. Flume (Hrsg.), *Internationales Recht und Wirtschaftsordnung*, Festschrift für F.A. Mann, 1977, 439 ff; I. Seidl-Hohenveldern, "Die mißliche Finanzlage der Vereinten Nationen", in: A. Weber (Hrsg.), *Währung und Wirtschaft - Das Geld im Recht*, Festschrift für Hugo J. Hahn, 1997, 555 ff.

in Relation setzt zu den Kosten für die Anmietung von Missionsräumen und den Betrieb ständiger Missionen in Städten wie New York, Genf oder Wien (zur Illustration: der monatliche Mietzins pro Quadratmeter Bürofläche in Genf lag im Jahre 1997 bei Grundstücken in einer attraktiven Gegend, z.B. in der Nähe des Palais des Nations, in einer Bandbreite zwischen 300 und 600 Schweizer Franken), kann man nicht selten feststellen, daß die Unterhaltung einer Mission an einem UNO-Hauptquartier einen erheblich größeren Ausgabefaktor im Einzelplan eines Außenministeriums darstellt als der Mindestbeitrag zu den pflichtfinanzierten UNO-Aktivitäten. Bedenkt man außerdem die Vorteile, die viele Staaten aus dem gesamten UNO-System als Empfängerländer der großen Fonds wie UNDP oder UNICEF ziehen, so verliert das - im Grundsatz sicher nicht zu bestreitende - Argument der durch wirtschaftliche Probleme verursachten Liquiditätsenge etwas an Überzeugungskraft. Wegen der oftmals zu laschen Sanktionsmechanismen bzw. ihrer nicht immer strikten Anwendung gegen Spätzahler bringt das Hinausschieben der Zahlungen tatsächlich einen finanziellen Nutzen, wenn auch nur aus einem kurzsichtig-egoistischen Blickwinkel. Zum einen kann ein Mitgliedstaat so die staatliche Kreditaufnahme geringfügig senken (nur sehr wenige Mitgliedstaaten der UNO wie etwa das Fürstentum Liechtenstein sind in der glücklichen Lage eines ausgeglichenen staatlichen Haushalts ohne Kreditaufnahme), zum anderen wirkt sich die Zahlungsverzögerung schonend auf Devisenreserven aus, da Pflichtbeiträge ganz überwiegend in gefragten Währungen wie US-$ oder Schweizer Franken zu leisten sind. Der letztgenannte Punkt kann außerdem zu der Spekulation verleiten, durch Hinausschieben der Beitragszahlung noch einmal Geld zu sparen, wenn eine Kursentwicklung zugunsten der eigenen Landeswährung gegenüber US-$ oder Schweizer Franken eintreten sollte. So wird die Mitgliedschaft in einer internationalen Organisation vielleicht „noch ein bißchen billiger“.

Gelegentlich argumentieren UNO-Mitgliedstaaten, ihr Haushaltsjahr stimme nicht mit dem Kalenderjahr, dem Finanzjahr der UNO, überein und deshalb könnten sie nicht oder jedenfalls nicht vollständig schon zum Fälligkeitszeitpunkt, sondern erst später ihrer Beitragspflicht nachkommen. Es mag jedem einzelnen überlassen bleiben, welchen Stellenwert er einer derartigen Entschuldigung zumißt. Es bleibt der Verdacht, daß der Hinweis auf das nationale Haushaltsjahr eher unter der Rubrik „Ausreden“ seinen Platz findet. Aus der Mitgliedschaft in einer internationalen Organisation erwächst die Pflicht, Vorsorge im nationalen Haushalt in bezug auf die Fähigkeit zur Beitragszahlung zu treffen.

2. Neben der Fallgruppe der aus ökonomischen Gründen erfolgenden Zahlungsverzögerungen gibt es die politisch motivierten Zahlungsverweigerungen, teilweise durch rechtliche Erwägungen sekundiert[9], teilweise nicht. Sie richten sich gegen politische Trends jeglicher Art, gegen einzelne politische Entscheidungen (z.B. Personalentscheidungen), gegen Defizite im Management einer Organisation und andere Phänomene, die dem Zahlungsverweigerer mißfallen, oder sie werden eingesetzt, um politischen Forderungen Nachdruck zu verleihen. Umgekehrt kann eine einigermaßen korrekte Beitragszahlung seitens eines eher zur Unzuverlässigkeit neigenden Staates interpretiert werden als Anerkennung der politischen Wichtigkeit der Organisation und/oder der Zufriedenheit mit ihrem Management. Nach dem Verfasser vorliegenden Informationen waren die Vereinigten Staaten zum 30. Juni 1997 *au courant* mit ihren Zahlungen an die IMO und hatten bei UPU, ICAO und IAEA nur relativ kleine Rückstände, erheblich größere hingegen bei ILO, FAO und WHO und natürlich bei der UNO, wohl kein zufälliges Zahlenbild.

Wollte man auf rechtliche Argumente eingehen, die zur Begründung einer Zahlungsverweigerung, insbesondere von US-Stimmen, vorgebracht werden, so käme man rasch zu der Grundsatzfrage über das Rangverhältnis von Völkerrecht und nationalem Recht. Auf Ausführungen hierzu soll im Rahmen dieses Beitrags verzichtet werden. Es gibt auch das politische Argument, der durch das Zurückbehalten von Pflichtbeiträgen entstehende Druck mache die Administration einer Organisation erfinderisch, zwinge zu Reformen, beflügele "lean management", trage dazu bei, sich von "dead wood" beim Personal zu trennen, Beitragsverweigerungen seien angezeigt als wirksame Maßnahme der Mitgliedstaaten gegen "mismanagement" und "waste of money". Dem mag man mehr oder weniger oder gar nicht zustimmen, je nach politischer Überzeugung. Feststeht, daß das Beitreiben von Außenständen einen enormen Arbeitsaufwand verursacht. Hierzu schrieb 1986 das deutsche Mitglied der Joint Inspection Unit, Inspektor Schumm:

> "... And yet, this whole time-consuming exercise is wasteful and uncalled for. If Member States respected their statutory obligations, the collection machine (as far as assessed contributions are concerned) could be dismantled, reduced in size, or at the very least, staff could

[9] So z. B. die Sowjetunion und einige andere Staaten bei der Frage der Finanzierung der UNO-Friedensoperationen UNEF I und ONUC, nähere Ausführungen hierzu bei C. Tomuschat, "Art. 19", in: B. Simma, *The Charter of the United Nations*, 1994, Mn. 6.

> turn their attention to more productive, appealing and worthwhile work. This task, which staff members carry out perseveringly and with resignation, produces nothing or very little, for there is no clear evidence that these praise-worthy efforts evoke earlier payments by governments. Still, should secretariats be lax in their efforts to persuade Member States to pay up, they are likely to be admonished for 'not doing their job', when what they are doing so, is in reality, terribly inefficient from an economic, human and managerial standpoint. At a time when the United Nations system is accused, in many quarters, of administrative inefficiency, we have here a first-class example of Member States contributing towards that inefficiency. Clearly, the solution lies in this instance, in the hands of defaulting Member States."[10]

Diese Aussage ist nach wie vor gültig, unabhängig davon, ob Nichtzahlungen bzw. Zahlungsverzögerungen wirtschaftlich, politisch oder kombiniert aus beidem motiviert sind.

III. Folgen einer schlechten Zahlungsmoral

1. Je nach Zahlungsmoral der Mitgliedstaaten leiden die Organisationen unter Einnahmeausfällen und den damit verbundenen Folgen. Lediglich die WIPO wird wegen des geringen Anteils staatlicher Pflichtbeiträge vor erheblichen Erschütterungen bewahrt. Vergleichsweise gut gestellt sind auch diejenigen Organisationen, bei denen kein unzuverlässiger Mitgliedstaat einen großen Anteil in der Beitragsskala zu tragen hat oder bei denen überhaupt kein Mitglied mehr als 10% der Pflichtbeiträge beisteuert. Die Versuchung, den Finanzhebel zur Durchsetzung politischer Forderungen zu gebrauchen, wird dadurch gebremst oder kann sich jedenfalls nicht so schmerzhaft für die Organisation auswirken. ITU und UPU wurden unter I. als Organisationen mit weit überdurchschnittlichem Erfolg beim Einkassieren der Pflichtbeiträge erwähnt. Die Hauptbeitragszahler - dies sind in beiden Fällen die Vereinigten Staaten, Japan, Frankreich und Deutschland, bei UPU außerdem noch Großbritannien - tragen jeweils Beitragsanteile von weniger als 10%: bei ITU 8,16% und bei UPU nur 5,49%[11]. Selbst wenn diese Organisationen

---

[10] Cash Management in the United Nations and four Specialized Agencies (FAO, ILO, UNESCO, WHO), Doc. JIU/REP/86/6, para. 26.

[11] Doc. A/51/505 vom 18. Oktober 1996.

politisch motivierten Zahlungsverweigerungen eines Hauptbeitragszahlers ausgesetzt wären, so hätte dies niemals so gravierende Folgen wie das Verhalten der Vereinigten Staaten gegenüber der UNO, die 25% ihrer Pflichtbeiträge beim regulären Budget und über 31% bei Friedensmaßnahmen von diesem einen Mitgliedstaat eintreiben müssen[12]. Daraus darf allerdings nicht der Schluß gezogen werden, daß Organisationen ohne die Mitgliedschaft der Vereinigten Staaten automatisch mit einem besseren "cash flow" ausgestattet sind. UNESCO und UNIDO schneiden beim Einkassieren der Pflichtbeiträge weder auffällig gut noch schlecht ab. Die UNIDO ist zur Zeit in besonderem Maße gebeutelt durch das Problem der von den Vereinigten Staaten zum Zeitpunkt des Wirksamwerdens ihres Austritts aus der Organisation (31. Dezember 1996) hinterlassenen Beitragsschulden in Höhe von mehr als US-$ 60 Mio.[13]

2. Die Finanzchefs der unter Einnahmeausfällen leidenden Organisationen müssen sich vielerlei Tricks einfallen lassen, damit die mandatierten Programme und der laufende Geschäftsbetrieb ohne allzu starke Reibungsverluste ausgeführt werden können. Hier ein paar klassische Kunstgriffe:

- *Errichtung von Haushaltspolstern*: im Budgetentwurf werden, für Delegierte nicht ohne weiteres erkennbar, einzelne Titel "aufgebläht"; bei Billigung eines geschickt aufgeplusterten Budgetentwurfs entstehen so Reserven, die Einnahmeausfälle teilweise kompensieren können. Dieser Trick funktioniert insbesondere bei neuen, kostenmäßig schwierig zu überschauenden Aktivitäten einer Organisation. Er wurde vom UNO-Sekretariat mit einigem Erfolg angewandt in der Zeit des starken Anwachsens der UNO-Friedensmissionen gegen Ende der 80er Jahre. Opfer des Tricks sind die korrekten Beitragszahler, die stärker zur Kasse gebeten werden, als eigentlich nötig wäre, wenn alle ihren Zahlungspflichten pünktlich nachkämen.

---

[12] Zur UNO-Beitragsskala siehe W. Koschorreck, "Zahlungsfähigkeit versus Zahlungsbereitschaft", *VN* 45 (1997), 161 ff.

[13] Zur Problematik der Beitreibung der US-Schulden und zu den vom Sekretariat der Organisation erwogenen Lösungsmöglichkeiten (u.a. Emission einer Schuldverschreibung durch die Vereinigten Staaten, Einholung eines Rechtsgutachtens des Internationalen Gerichtshofs nach Artikel 96 Abs. 2 UNO-Charta, Einleitung eines Schiedsverfahrens, Klage gegen die Vereinigten Staaten vor nationalen Gerichten) siehe UNIDO-Doc. IDB. 18/18 vom 6. November 1997.

- *"external borrowing"*: ein weiteres auf der Einnahmeseite des Haushalts angesiedeltes Mittel ist die externe Kreditaufnahme, das sog. "external borrowing". Der UNO ist dies gestattet, sofern die Kreditaufnahme bei den Mitgliedstaaten, nicht auf dem Kapitalmarkt, erfolgt (A/RES/52/224 vom 22 Dezember 1997, para. 6). Gebrauch gemacht hat sie von dieser Möglichkeit ein einziges Mal im Zusammenhang mit der schweren Finanzkrise zu Beginn der 60er Jahre, die aus dem Streit über die Finanzierung des Blauhelmeinsatzes im Kongo entstand. Die UNO legte seinerzeit eine US-$ 200 Mio Anleihe auf, die 1989 vollständig zurückgezahlt war; Zinssatz: 2% p.a. Auch einigen Sonderorganisationen ist die externe Kreditaufnahme gestattet, sie wird allerdings - zum Glück - nur wenig angewandt, in den letzten Jahren in nicht sehr großem Umfange von FAO und UNESCO. Opfer sind auch hier wiederum die korrekten Beitragszahler. Kredite auf dem Kapitalmarkt sind nicht gratis zu erlangen. Die zusätzlichen Zinslasten müssen auch von denjenigen mitgetragen werden, die keine Mitverantwortung an der finanziellen Misere einer Organisation trifft.

- *"internal borrowing"*: neben der externen Kreditaufnahme gibt es auch "internal borrowing". Es handelt sich dabei um den Zugriff auf von der Organisation administrierte Gelder, die nicht aus eingenommenen Pflichtbeiträgen zu dem unter Beitragsausfällen leidenden Haushalt stammen. Anschauliches Beispiel ist die gängige Praxis des UNO-Sekretariats, Lücken beim regulären Budget durch Ausleihungen bei den separaten Konten der Friedensmaßnahmen zu stopfen. Sind beim regulären Budget genug Gelder eingegangen, wird das zuvor angezapfte Konto einer Friedensoperation wieder glattgestellt. "Internal borrowing" entspricht nicht dem Geist der UNO-Finanzregeln (sie schweigen hierzu, da sie unterstellen, alle Mitgliedstaaten verhielten sich der UNO gegenüber korrekt) und hat auch seinen Preis; der Organisation entgehen Zinseinnahmen, die sie andernfalls erzielen könnte. Dem Generalsekretär bleibt aber keine andere Wahl als immer wieder auf diesen, erstmals durch A/RES/1341 (XIII) vom 13 Dezember 1958 autorisierten Notbehelf zu rekurrieren. Auch andere Organisationen im UNO-System - ausgenommen UPU, ITU und IAEA - halten sich zumindest die Option für "internal borrowing" offen. Allerdings spielt es dort schon vom Volumen her eine deutlich geringere Rolle als bei der UNO, da den Sonderorganisationen keine so großen cash-Reserven wie der UNO (bedingt durch die Vielzahl der Friedensmissionen) außerhalb ihres regulären Budgets zur Verfügung stehen.

- *Ausschöpfen der Reserven*: der für die Überbrückung kurzfristiger Liquiditätsengpässe geschaffene Betriebsmittelfonds ("Working Capital

Fund") der UNO von US-$ 100 Mio ist ständig ausgeschöpft und konnte wegen der unter I. skizzierten Beitragszahlungsmoral schon seit Jahren nicht mehr glattgestellt werden.

Ein weiteres anschauliches Beispiel aus jüngerer Zeit ist die Errichtung des aus Haushaltsresten abgeschlossener Friedensmaßnahmen gebildeten Reservefonds zur Friedenssicherung, der den UNO-Generalsekretär in den Stand setzen sollte, in der Anfangsphase einer neuen Friedensoperation rasch handeln zu können. Kaum war der Fonds mit Wirkung zum 1. Januar 1993 mit einem Volumen von US-$ 150 Mio, davon rund 60 Mio in cash tatsächlich verfügbar, errichtet (A/RES/47/217 vom 23. Dezember 1992), war er zum Ende von 1993 auch schon wieder weitgehend leergefegt.[14] Opfer waren erneut die korrekten Beitragszahler. Sie hätten nach den UNO-Finanzregeln auf der Auskehr der tatsächlich vorhandenen Haushaltsüberschüsse insistieren können. Durch ihren Verzicht auf die Geltendmachung dieses Anspruchs haben sie der UNO letztlich eine Spende gegeben, mit der das Ausbleiben von Pflichtzahlungen abgefedert wurde.

- *Hinausschieben der Zahlung fälliger Schulden*: dies ist der geradezu klassische Ausweg, mit dem sich jeder Schuldner Luft zu schaffen versucht. Die UNO beschreitet ihn, wenn immer er sich ohne großes Risiko anbietet. Besonders betroffen sind in diesem Zusammenhang die Truppen- und Materialsteller der Friedenseinsätze, die auf die Erstattung ihrer Kosten so lange warten müssen, bis die UNO-Kassenlage Zahlungen erlaubt. Die UNO schuldete zum 31. Dezember 1997 allen Truppenstellern zusammen insgesamt US-$ 884 Mio. Hauptgläubiger war hierbei Frankreich mit Kostenerstattungsansprüchen in Höhe von US-$ 127 Mio. Bei einem Truppensteller, der als unzuverlässiger Beitragszahler in Erscheinung tritt, besteht insoweit weniger Anlaß für Mitleid. Aber diejenigen, die sich stets korrekt verhalten, werden durch die Verzögerung der Kostenerstattung quasi "noch einmal gestraft".

Fazit: Alle Notbehelfe gehen zu Lasten der Organisation und direkt oder indirekt zu Lasten der die Beitragspflicht korrekt erfüllenden Mitgliedstaaten.

---

[14] Hierzu im einzelnen W. Münch/A. Plaga, "Verwaltung und Haushalt", *VN* 41 (1993), 58 f. und *VN* 42 (1994), 107.

IV. Maßnahmen zur Förderung der Zahlungsmoral

Die oben kurz umrissene, recht lamentable Beitragszahlungsmoral ist nicht neu und hat die Sekretariate der Organisationen, die Mitgliedstaaten sowie Rechts-, Wirtschafts- und Politikwissenschaft dazu veranlaßt, über Mechanismen zu ihrer Verbesserung nachzudenken. Drei Hauptansatzpunkte kommen dabei in Betracht:

1. Politische Hebel

Die schärfste Waffe bei fortdauernder Nichterfüllung der Beitragszahlungspflicht ist der Hinauswurf aus der Organisation, so wie es die Statuten privatrechtlich organisierter Vereine im Regelfalle vorsehen. Im UNO-System existiert eine solche Sanktion nicht, allerdings in abgeschwächter Form bei der dem UNO-System nahestehenden Welt-Tourismus Organisation (WTO).[15] Art. 34 des WTO-Statuts ermöglicht die Suspendierung der Mitgliedschaft durch Zwei-Drittel-Mehrheitsbeschluß des gesetzgebenden Organs der Organisation. Nach einer 1987 beschlossenen Resolution der Generalversammlung der WTO (RES/217 [VII]) kann hiervon Gebrauch gemacht werden, wenn ein Mitgliedstaat Rückstände über vier Finanzjahre aufgetürmt hat und mit dem Generalsekretär nicht innerhalb eines Jahres nach dem Feststellungszeitpunkt seiner Rückstände eine Umschuldungsvereinbarung getroffen hat. Diese Sanktion wird seit 1987 praktiziert, hat sich aber nur eingeschränkt als wirkungsvoll erwiesen; ob sie sich auch für das UNO-System eignet, ist eher zweifelhaft. Sie konfligiert mit dem Ziel der möglichst umfassenden Universalität der Organisationen des UNO-Systems (Beispiel: der Fernsprechverkehr soll universell sichergestellt sein, selbst zwischen kriegführenden Staaten).

Bis auf den Ausnahmefall der UPU sehen alle Verfassungen der Organisationen des UNO-Systems die Sanktion des Verlusts des (aktiven) Wahlrechts im gesetzgebenden Organ vor. Artikel 19 der UNO-Charta reflektiert die schlechten Erfahrungen des Völkerbundes in Sachen Zahlungsmoral. Weder dessen Satzung noch nachgeordnete Normen

---

[15] Die WTO hat Konsultativstatus beim Wirtschafts- und Sozialrat der UNO sowie bei ICAO, IMO und UNESCO.

enthielten irgendwelche Sanktionen.[16] Nach Artikel 19 und den parallelen Vorschriften der Mehrheit der Verfassungen der Sonderorganisationen (abgesehen von der UPU - aber auch hier sind Überlegungen im Gange, die Konstitution entsprechend zu ergänzen) und der IAEA erfolgt der Verlust des Wahlrechts automatisch nach dem Erreichen eines bestimmten Schwellenwertes an Rückständen. Bei ICAO, IMO und WHO muß hingegen erst ein konstitutiver Beschluß zum Verlust des Wahlrechts gefaßt werden. Der Schwellenwert liegt überwiegend bei Rückständen in Höhe von zwei vollen vorangegangenen Kalenderjahren (oder mehr), bei ICAO müssen die Rückstände drei Jahre umfassen, bei IMO genügt ein Jahr. Im Falle der UNO wird der Schwellenwert nach der Praxis des UNO-Sekretariats errechnet durch Addition der Schulden auf alle pflichtfinanzierten Budgets (regulärer Haushalt, Haushalte der Friedensmaßnahmen und Haushalte der Tribunale). Artikel 19 und die parallelen Sanktionsregeln der Sonderorganisationen gestatten eine

---

[16] R. Schmidt/W. Koschorreck, "Art. 17", in: Simma, siehe Anm. 9, Mn. 2 m.w.N.

Der einschlägige Artikel 21 der Finanzordnung des Völkerbunds lautete wie folgt:

(1) As soon as possible after the Assembly has adopted the Budget and the total amount voted has been apportioned among the Members of the League in the manner prescribed by the Covenant, the Secretary-General shall transmit all relevant documents to the Members of the League and request them to remit their contributions as soon as possible after the beginning of the financial year for which they are due, and, in any case, to give notice when payment may be anticipated.

(2) If payment has not been made, and notice as to the anticipated date of payment has not been given by the first day of April following, the Secretary-General shall repeat his request. He shall again repeat his request at the end of three months, and at the end of a further three months, if such notice has still not been given and if payment of the contribution has not in the meantime been made.

(3) If, when notice is given, the date proposed is too late to meet the needs of the League, the Secretary-General shall explain the position to the Member concerned. If no payment is made on the date proposed by the Member of the League or afterwards agreed upon, the Secretary-General shall be guided as to the action to be taken by the rule of paragraph 2.

(4) At the first session of the Council held after each of the dates mentioned in paragraph 2, the Secretary-General shall present to the Council a statement on the general financial position and on the steps which he has taken. A similar statement shall annually be presented to the Assembly. The Assembly will take such action as it may deem proper.

Wiederherstellung des Wahlrechts, wenn der Zahlungsverzug auf von dem betreffenden Mitgliedstaat nicht zu vertretende Umstände ("beyond the control of the Member") zurückzuführen ist. Die UNO-Generalversammlung verweist solche Fälle zur Beratung an den Beitragsausschuß, der der Generalversammlung nach Geschäftsordnungsregel 160 hierzu ein Votum vorzulegen hat. Auf der Basis dieses Votums fällt die Generalversammlung dann entweder eine für den betroffenen Staat positive Entscheidung (so in jüngerer Zeit im Falle der Komoren, Liberias und Tadschikistans - Decision A/51/454B vom 15. September 1997) oder sie unterbleibt (in jüngerer Zeit in den Fällen der Dominikanischen Republik und Iraks[17]); das Wahlrecht kann dann nur durch Abbau der Rückstände wiedererlangt werden. Bei nahezu allen Sonderorganisationen, nicht hingegen bei der UNO und bei der IAEA (im Industrial Development Board der UNIDO wird zur Zeit hierüber verhandelt), kann ein Mitgliedstaat den Verlust des Wahlrechts durch den Abschluß eines Umschuldungsabkommens über die von ihm geschuldeten Rückstände abwenden. Insbesondere bei FAO, UNESCO, ICAO und UPU bestehen derartige Umschuldungsabkommen, die den betroffenen Mitgliedstaaten eine Streckung der Bedienung ihrer Altschulden zum Teil über Jahrzehnte gestatten. Wird das Abkommen durch den Schuldner nicht eingehalten, tritt die Rechtsfolge des Wahlrechtsverlusts wieder ein.

In der Anwendungspraxis der den Wahlrechtsverlust regelnden Normen sind zwei Schwachpunkte zu beobachten:

Der Schwellenwert wird ermittelt zum Stichtag des 1. Januar des laufenden Jahres. Nur die *vor* diesem Zeitpunkt aufgelaufenen Schulden gehen in die Berechnung ein. Im Falle der UNO wird diese Praxis ausgelöst durch Finanzregel 5.4 Satz 2: "As of 1 January of the following calendar year, the unpaid balance of such contributions and advances shall be considered to be one year in arrears." Die Finanzregeln der meisten Sonderorganisationen folgen insoweit dem UNO-Beispiel (bemerkenswerter Ausnahmefall ist die WHO: nach Finanzregel 5.6 sind Beiträge rückständig, wenn sie nicht bis zum 31. Dezember des Jahres gezahlt sind, in dem sie fällig wurden). Durch den Berechnungsmodus der Rückstände können es sich Mitgliedstaaten *de facto* mehr als zwei Jahre, fast bis zum vollendeten dritten Jahr leisten, der Organisation ohne Konsequenzen Beiträge schuldig zu bleiben. Außerdem spielt für manche der Verlust des Wahlrechts keine so große Rolle, solange keine ih-

---

[17] Siehe hierzu den Bericht des Beitragsausschusses der Generalversammlung Doc. A/50/11 (Suppl. Nr. 11) vom 11. Juli 1995, paras. 58-67.

nen wichtig erscheinenden Wahlen anstehen. Im Falle der UNO fällt auf, daß die als Dokument der Generalversammlung publizierte Liste der von Artikel 19 erfaßten Staaten von Anfang des Jahres bis in den Spätsommer *peu à peu* kleiner wird und mit dem Beginn der nächsten Generalversammlung im Herbst dann innerhalb kurzer Zeit auf wenige Staaten zusammenschrumpft. Erst wenn wieder Wahlen anstehen, wird gezahlt, aber möglichst gerade nur so viel, daß die Zahlung über den Schwellenwert des Artikel 19 hinweghebt. Wenn die verbleibenden Schulden nur noch zwei Jahresbeiträge zu sämtlichen auf Pflichtfinanzierungsbasis gestützten Budgets minus ein US-$ umfassen, ist die Hürde des Artikel 19 überwunden.

Nicht selten tendieren die Legislativorgane internationaler Organisationen zu einer recht großzügigen Handhabung der Wiederherstellung des Wahlrechts. Gelegentlich werden Sanktionsregeln - der Verfasser hat dies als UNO-Delegierter selbst miterlebt - im allgemeinen Einvernehmen sogar stillschweigend ignoriert. Für eine laxe Haltung lassen sich einfache Gründe anführen. Ein Staat, der auf der strikten Anwendung von Sanktionsregeln besteht, steigert dadurch nicht unbedingt seine Popularität bei einer Reihe anderer Staaten. Da man zum Erreichen eigener politischer Ziele in den, oft sehr mühsam und auf Konsensbasis ablaufenden, Entscheidungsprozessen der Legislativorgane internationaler Organisationen immer auf Verbündete angewiesen ist, liegt es nahe, sich bei der Anwendung von Sanktionsregeln eher nachsichtig zu verhalten. Ein Staat kann sogar ein unmittelbares Interesse daran haben, daß einem säumigen Mitgliedstaat das Wahlrecht wieder eingeräumt wird. Führt er einen schwierigen Wahlkampf um die Mitgliedschaft in einem wichtigen Unterorgan des Legislativorgans oder um einen hohen Posten für einen eigenen Staatsangehörigen in der Organisation, so würde er ein politisches Eigentor schießen, wenn ihm wegen seiner rigorosen Haltung in der Wahlrechtsfrage ausgerechnet die Stimmen unterstützungswilliger, aber vom Wahlrecht ausgeschlossener Staaten entgingen und er deswegen die Wahl knapp verliert.

Dennoch kann man sagen, daß sich der Verlust des Wahlrechts bei der UNO als relativ wirksame Sanktion bewährt hat, da es von der Mehrheit der Staatengemeinschaft als Peinlichkeit empfunden wird, wenn man auf der Liste der Ausgeschlossenen erscheint und der Präsident der Generalversammlung vor Abstimmungen die Namen der betroffenen Staaten verliest. Daher empfiehlt sich eine zurückhaltende Anwendung der Ausnahmebestimmungen. Ob Artikel 19 in der Praxis auch auf eine Supermacht konsequent angewandt werden könnte, liegt im Bereich des

Spekulativen. Die Erfahrungen der UNO-Finanzkrise aus den 60er Jahren geben eher zu Skepsis Anlaß.[18]

Bei einigen Sonderorganisationen bestehen folgende weiteren Sanktionen:

FAO: Verlust des passiven Wahlrechts zum FAO-Rat (Regel XXII.5 der Allgemeinen Regeln der Organisation):

> No Member Nation shall be eligible for election to the Council if it is in arrears in payment of its financial contributions to the Organization in an amount equal to or exceeding the contributions due from it for two preceeding calendar years.

IMO: Verlust des passiven Wahlrechts zum IMO-Rat bei einjährigen Rückständen, die nicht durch ein Umschuldungsabkommen mit der IMO geregelt sind (Regel 56ter der Geschäftsordnung der IMO-Versammlung):

> Any Member seeking election to the Council shall have discharged its obligations to the Organization or shall have committed itself at least one month before the Assembly to a schedule of payment submitted to the Secretary-General to do so and shall have complied with the terms of any previously agreed schedule of payment. Should any Member not meet these terms, that Member shall not be eligible to seek election at that Assembly.

WMO: Verlust der Wählbarkeit in den Exekutivrat und zu sonstigen Wahlämtern; Einstellung der kostenlosen Belieferung mit WMO-Publikationen (Res. 37 Cg/XI des Weltmeteorologiekongresses von 1991, in Kraft getreten am 23. Mai 1991).

Der WHO-Exekutivrat erörtert zur Zeit im Rahmen einer Revision der WHO-Konstitution, Artikel 7 der Konstitution wie folgt zu fassen:

> (a) (1) If a Member fails to meet its financial obligations to the Organization, the Health Assembly may, on such conditions as it thinks proper:
>
> (i) suspend the voting privileges to which the Member is entitled;
>
> (ii) exclude such Members from eligibility for election to be entitled to designate a person to serve on the Executive Board; and
>
> (iii) exclude the representatives of such Members from eligibility for election as an officer of the Health Assembly.

[18] Hierzu Tomuschat, siehe Anm. 9, Mn. 6 ff.

> (2) The Health Assembly may also prohibit the Organization from entering into or renewing any arrangement involving payment for services provided by any Member State which persistently fails to meet its financial obligations without due cause.
>
> (3) The Health Assembly shall have the authority to restore such rights and privileges.
>
> (b) In other exceptional circumstances, the Health Assembly may suspend the voting privileges and nonessential services to which a Member is entitled. The Health Assembly shall have the authority to restore such voting privileges and services.[19]

Der Gedanke, entgeltpflichtige Leistungen von notorischen Schlechtzahlern nicht mehr in Anspruch zu nehmen (oder auch die im Entwurf für einen neuen Artikel 7 der WHO-Konstitution nicht vorgesehene, aber naheliegende Fallkonstellation, Schlechtzahlern keine unentgeltlichen Leistungen mehr seitens der Organisation zur Verfügung zu stellen) sowie ein Stop der kostenlosen Versorgung mit Publikationen als Reaktion auf gravierende Beitragsschulden eines Mitgliedstaates verdienen eine tiefergehende Überlegung und im Grundsatz - *mutatis mutandis* - Nachahmung. Ein Mitgliedstaat, der sich einer internationalen Organisation gegenüber fortgesetzt massiv unkorrekt verhält, soll spüren, daß seine Pflichtverletzungen für ihn negative Folgen haben. Allerdings ist Vorsicht angezeigt, wenn die Verhängung dieser Art von Sanktionen das Mandat einer Organisation beeinträchtigen könnte und sie selbst "mitbestraft" würde.

Die *ratio* für den Verlust des passiven Wahlrechts liegt auf der Hand: Wer nicht zahlt, dessen Möglichkeiten zur Einflußnahme auf Entscheidungen der Legislativorgane soll reduziert werden. Hier ist aber zu bedenken, daß in manchen Fällen die Mitgliedschaft bestimmter Länder im Rat einer Organisation wichtiger sein kann als der mit dem Sanktionshebel verfolgte Zweck. Angenommen, die ICAO könnte sich dieser Sanktion bedienen, wäre es dann sinnvoll, wenn die Vereinigten Staaten als Mitgliedstaat mit hochintensivem nationalen und internationalen Flugverkehr im Falle (bei der ICAO zur Zeit nicht bestehender) hoher Zahlungsrückstände dem ICAO-Rat nicht angehören könnten?

---

[19] WHO-Doc. EB 101/7 vom 14. November 1997; nach Artikel 73 der WHO-Konstitution treten Änderungen der Konstitution in Kraft, wenn sie mit Zwei-Drittel-Mehrheit der Weltgesundheits-Versammlung beschlossen wurden (hier bisher nicht der Fall) und von zwei Dritteln der Mitgliedstaaten in nationales Recht umgesetzt wurden. Die Erfahrung zeigt, daß sich solche Verfahren bei der WHO über Jahrzehnte erstrecken können.

Schränkt man das passive Wahlrecht zu Expertengremien ein (WMO-Fall), so nimmt man in Kauf, daß persönlich hochqualifizierte Kandidaten deshalb nicht gewählt werden können, weil sie nicht die "richtige Staatsangehörigkeit haben". In den Expertengremien der UNO auf den Gebieten des Finanz- und Prüfungswesens haben schon zahlreiche Individuen wertvolle Arbeit geleistet, deren Herkunftsländer nicht gerade als vorbildliche Beitragszahler aufgefallen sind. Deshalb empfiehlt sich nicht unbedingt, die Sanktion des Verlusts des passiven Wahlrechts allzu stark ausdehnen. Den Mitgliedstaaten bleibt es so überlassen, ob und inwieweit sie das Zahlungsverhalten eines sich zur Wahl stellenden oder einen Experten zur Wahl vorschlagenden Landes in ihrer Wahlentscheidung ins Kalkül ziehen.

2. Administrativ-technische Hebel

ITU (seit ihrer Gründung) und UPU (seit der Beschlußfassung auf dem Achten Weltpostkongreß in Stockholm im Jahre 1924) erheben Strafzinsen bei ausbleibender Zahlung der Pflichtbeiträge. Der Zinssatz beträgt in beiden Fällen 3% während der ersten sechs Monate an Säumigkeit und 6% ab dem siebten Monat. Verzugszinsen in Höhe von 5% werden erhoben, wenn Rechnungen für die Lieferung von Publikationen sechs Monate nach Fälligkeit nicht gezahlt sind. Innerhalb des UNO-Systems gibt es sonst keine Organisation, der die Erhebung von Strafzinsen ermöglicht ist.[20] ITU und UPU wenden diesen Hebel mit Erfolg an; Strafzinsen werden dort seit jeher akzeptiert. Es ist verständlich, daß sich Chefs anderer Organisationen gern auch eines solchen Instruments bedienten, wenn sie könnten. Vorstöße in diese Richtung früherer UNO-Generalsekretäre sind jedoch stets im Sande verlaufen. So sehr die Erhebung von Strafzinsen dem Gebot der Gerechtigkeit entspräche, auf die UNO und die übrigen Organisationen des Systems, denen diese Sanktion nicht schon von alters zur Verfügung steht, läßt sich das Strafzinskonzept nicht anwenden. Allen Organisationen fehlt die Möglichkeit, etwaige Zinsansprüche notfalls zu vollstrecken. Nichtzahlungswillige oder - fähige Mitgliedstaaten würden neben der Hauptschuld auch die Zinsschuld ungeniert offenstehen lassen. Den Organisationen wäre liquiditätsmäßig kein Dienst erwiesen. Der einzige Vorteil bestünde

[20] Außerhalb des UNO-Systems können u.a. der Europarat (siehe Artikel 12 der Finanzregeln) und die Internationale Walfangkommission (siehe Artikel F.1 der Finanzregeln) Strafzinsen erheben.

darin, daß der den Stimmrechtsverlust im Legislativorgan auslösende Schwellenwert schneller erreicht würde. Die Bundesrepublik Deutschland hat deshalb in den Diskussionen im 5. Hauptausschuß der UNO-Generalversammlung und im Kreise der EU-Partner, die dem Gedanken der Erhebung von Strafzinsen wohlwollend gegenüberstehen, eher eine skeptische Haltung eingenommen. Sie unterstützt jedoch die Forderung zur Erhebung von Strafzinsen bei besonders hartnäckigen Nichtzahlern, und zwar denjenigen, auf die die Sanktion des Stimmrechtsverlusts schon anwendbar ist.[21] Es sollte nicht übersehen werden, daß Strafzinsen für die Organisationen auch Risiken in sich bergen. Mitgliedstaaten mit schlechter Beitragszahlungsmoral würden von einem gegen sie wirkenden psychologischen Druckmittel befreit. Sie könnten in der öffentlichen Diskussion darauf hinweisen, daß die Zahlung von Zinsen ihr Verhalten vielleicht nicht unbedingt rechtfertige, aber doch in einem anderen Licht erscheinen lasse. Anlaß für ein schlechtes Gewissen bestünde dann nicht mehr. Außerdem könnten Gläubigerstaaten der UNO, insbesondere die Truppensteller zu Friedensmissionen, auf die Idee kommen, nunmehr auch von der UNO Zinsen für die retardierte Erstattung ihrer Kosten zu verlangen. Aus der Sicht der betroffenen Staaten wäre dies nur konsequent, im Interesse der Organisation läge es auf keinen Fall.

Ungeachtet aller akademischen Überlegungen über Angemessenheit und etwaigen Nutzen der Erhebung von Strafzinsen sollte nicht übersehen werden, daß die Aussicht auf Einführung dieses Konzepts in der Realität gegen Null tendiert. Kaum ein Mitgliedstaat, der zusätzliche Zahlungsverbindlichkeiten auf sich zukommen sieht, insbesondere die Großschuldner nicht, würde ein solches Konzept unterstützen, wenn es "wirklich ernst wird", wenn also die Diskussion in den Legislativorganen aus dem Stadium der Unverbindlichkeit heraustr äte und auf eine positive Beschlußfassung zuliefe. Da nach der gängigen Praxis der UNO und zahlreicher Sonderorganisationen Entscheidungen in Haushalts- und Finanzangelegenheiten, zumal wenn sie von grundsätzlicher Bedeutung sind, nur im Konsens getroffen werden, ist mit einer Strafzinsen befürwortenden Beschlußfassung nicht so bald zu rechnen.

Einige Sonderorganisationen haben den umgekehrten Ansatz zur Hebung der Beitragszahlungsmoral gewählt: sie gewähren einen *discount* bei pünktlichen Zahlungseingängen. Im Falle der FAO beträgt er seit

---

[21] Antwort der Bundesregierung auf die Große Anfrage der Fraktion der SPD "Reform der Vereinten Nationen", BT-Drucksache 13/6773 vom 15. Januar 1997.

dem 1. Januar 1993 0,83%, wenn die Pflichtbeiträge bis zum 31. März des laufenden Jahres vollständig gezahlt werden. Bei der ILO werden Mitgliedstaaten, die ihre Pflichtbeiträge bis zum Jahresende vollständig gezahlt haben, anteilsmäßig 60% der Zinserträge der Organisation und 50% der Erträge aus Devisentermingeschäften gutgeschrieben. Eine auffällige Verbesserung der Beitragszahlungsmoral ist dadurch nicht erkennbar geworden.[22] Schwachpunkt der positiven Zahlungsanreizsysteme ist die Finanzierung. Gerechterweise müßte sie ausschließlich zu Lasten der Langsamzahler erfolgen, d.h. durch von ihnen zu erbringende zusätzliche Zahlungen (im Ergebnis: Strafzinsen). Werden sie hingegen aus Mitteln des allgemeinen Budgets finanziert, wird der Belohnungscharakter des *discount* wieder verwässert. Die korrekten Zahler haben ihn dann mitfinanziert.

Ein vernünftiger Ansatz zur Herstellung größerer Gerechtigkeit wäre die Suspendierung der Auskehr von Haushalts- und Kassenüberschüssen an säumige Mitgliedstaaten. Nach den UNO-Finanzregeln (4.3.; 4.4; 5.2(d)) und den entsprechenden Regeln der Sonderorganisationen stehen Haushaltsüberschüsse den Mitgliedstaaten zu, wobei sie in der Praxis nur dann ausgekehrt werden können, wenn es sich um "echte Kasse" handelt, nicht um reine Buchüberschüsse. Die Finanzregeln differenzieren hierbei nicht zwischen korrekten und weniger korrekten Beitragszahlern. Deshalb geht der Segen etwaiger Haushaltsüberschüsse auf *alle* Mitgliedstaaten anteilsmäßig nieder (in der Praxis durch Verrechnung bei der nächsten Beitragsanforderung), selbst wenn ein Mitgliedstaat im Extremfall überhaupt nichts in der betreffenden Finanzperiode gezahlt hat, so grotesk und für die korrekten Zahler provozierend dies auch sein mag. Die Finanzregeln der UNESCO (4.3; 4.4) vermindern einen derartigen Abstaubereffekt. Sie verpflichten die Organisation zumindest, Überschußanteile rückständiger Beitragszahler so lange nicht auszukehren, bis die Rückstände aus der Finanzperiode beglichen sind, in der der Überschuß entstanden ist. Das UNESCO-Modell verdient Nachahmung, da es die Mitgliedstaaten gerechter behandelt und darüber hinaus den *cash flow* einer Organisation günstig beeinflußt. Es könnte noch weiterentwickelt und verschärft werden, etwa durch Einführung einer Ausschlußfrist. Sollten Rückstände bis zu einem festzulegenden Stichtag nicht endgültig beglichen sein, würde der Anspruch des Rückständigen auf Auskehr seines Anteils verfallen und der Überschuß würde sich in ein "asset" der Organisation verwandeln. Dies wäre dann eine Einnahme des Typs "miscellaneous income", die zur Finanzierung des Haus-

---

[22] Hüfner, siehe Anm. 4, 30, 41.

halts eingesetzt werden könnte. Man könnte noch einen Schritt weitergehen: die Verteilung des Überschusses könnte von vornherein auf diejenigen Mitgliedstaaten beschränkt werden, die im Entstehungszeitraum des Überschusses ihren finanziellen Verpflichtungen vollständig nachgekommen sind. Schließlich haben sie und nicht die säumigen wesentliche Voraussetzungen dafür geschaffen, daß ein Überschuß überhaupt entstehen konnte.[23]

Seit der starken Zunahme der UNO-Friedensmaßnahmen und dem damit einhergehenden Bedeutungszuwachs der UNO als Einkäufer von Waren und Dienstleistungen ist die Idee entwickelt worden, bei der Vergabe von Aufträgen zwischen Anbietern aus Mitgliedstaaten mit gutem und weniger gutem Zahlungsprofil zu differenzieren. Bei Angeboten von gleicher Qualität sollte dasjenige bevorzugt werden, das von einem Anbieter aus einem Mitgliedstaat ohne Beitragsrückstände abgegeben wurde. Eine solche Forderung ist gut zu verstehen: wer die UNO finanziell im Stich läßt, dessen Volkswirtschaft soll nicht von ihr durch "big business" auch noch profitieren, insbesondere nicht, wenn er als Sitzstaat eines Hauptquartiers der Organisation ohnehin schon viele Vorteile von ihr hat. Ob die Zahlungsmoral eines Mitgliedstaates einen hinreichenden Grund darstellt, ihn beim Beschaffungswesen zu diskriminieren, bedarf einer sorgfältigen rechtlichen Prüfung. Den Mitgliedstaaten wäre zu empfehlen, im Rahmen der zur Zeit von der Generalversammlung diskutierten Reform des UNO-Beschaffungswesens hierzu Regeln aufzustellen.[24] Praktische Gründe dürften aber beim Einkaufsbedarf an den Sitzen der Hauptquartiere einer "Bestrafung" des Gastlandes enge Grenzen setzen. Bei den "field operations"-bezogenen Beschaffungen könnten Entscheidungen zum Nachteil säumiger Zahler eine Signalwirkung entfalten. Dennoch ist auch hier Vorsicht angezeigt; es kommt in hohem Maße auf die Einzelumstände an, insbesondere auf die Einhaltung des bei Friedens- und humanitären Einsätzen so typi-

---

[23] Beachtung verdient in diesem Zusammenhang die seit 1996 zu beobachtende Praxis der UNO-Generalversammlung, bei den Haushalten der UNO-Friedensmaßnahmen die Anteile säumiger Mitgliedstaaten an etwaigen Haushaltsüberschüssen aus einer vorangegangenen Haushaltsperiode nicht bei neuen Beitragsanforderungen abzuziehen, sondern zum Abbau der Rückstände einzusetzen.

[24] Vgl. hierzu die Berichte des Generalsekretärs Doc. A/C.5/51/9 vom 29. November 1996 und Doc. A/52/534 vom 27. Oktober 1997 und den Bericht des Amtes für interne Aufsichtsdienste der Vereinten Nationen (OIOS), veröffentlicht als Doc. A/52/813 vom 5. März 1998 und A/RES/52/226 A vom 31. März 1998.

schen Gebots zum raschen Handeln. Können dringend zum Überleben erforderliche Dinge am schnellsten aus dem Mitgliedstaat X in das Einsatzgebiet in Y transportiert werde, wird man die Beschaffung dieser Dinge nicht deshalb in X unterlassen, weil dieser Mitgliedstaat ein unzuverlässiger Beitragszahler ist.

Als weitere Idee kam in den vergangenen Jahren in die Diskussion, die UNO möge bei ihrer Personalrekrutierung Bewerbern aus Herkunftsländern mit guter Zahlungsmoral bei gleicher Qualifikation gegenüber Bewerbern aus säumigen Ländern Präferenz einräumen. Personalentscheidungen sind nach Artikel 101 der Charta die Prärogative des Generalsekretärs. Abs. 3 nennt als Einstellungskriterien "the highest standards of efficiency, competence and integrity". Dabei soll die Rekrutierung auf einer möglichst breiten geographischen Basis stattfinden.[25] Über das Zahlungsverhalten der Herkunftsländer der Bewerber für freie Stellen sagen UNO-Charta und UNO-Personalregeln (4.1-4.6) nichts. Es liegt an den Mitgliedstaaten, bei der Handhabung der "equal geographical distribution" dem Generalsekretär mehr Spielraum zu geben. Die gegenwärtig angewandte mathematische Formel stellt auf die Kriterien der Mitgliedschaft, der Beiträge und der Bevölkerung ab. Sie könnte um ein weiteres Element ergänzt werden. Ohne klare Vorgaben durch die Mitgliedstaaten wird ein Generalsekretär aber kaum ein so heißes Eisen anfassen.

3. Moralischer Druck

So bleibt nach allem noch die intensive Ausübung moralischen Drucks, etwa

- das Verkünden eingehender Beitragszahlungen durch den Sprecher des Generalsekretärs beim Presse-briefing,
- die Weitergabe von Schuldnerlisten an die Medien.

Auch manche amüsanten, zum Teil aus Frustration erwachsenen Vorschläge sind schon in Delegiertenkreisen zirkuliert. Hier ein paar Kostproben:

- das Rederecht in der UNO-Generalversammlung müßte eingeschränkt werden können;

---

[25] Näheres hierzu im Bericht der Joint Inspection Unit, "Comparison of Methods of Calculating Equitable Geographical Distribution within the United Nations Common System", Doc. JIU/REP/96/7.

- der Präsident der Generalversammlung müßte einen säumigen Mitgliedstaat jedes Mal an seine Rückstände erinnern, bevor er dessen Delegation das Wort erteilt;
- die Flaggen der Säumigen vor dem UNO-Hauptquartier in New York müßten je nach Höhe der Rückstände heruntergesetzt, im Extremfall ganz heruntergeholt werden

Vielleicht fühlen sich Satiriker zur Entwicklung weiterer Ideen animiert.

Auf jeden Fall verstärkt moralischer Druck die wenigen Mittel, die den Organisationen zur Beitreibung ihrer Außenstände zur Verfügung stehen. In Verbindung mit dem Image des "Head of Organization" und der von ihm/ihr ausstrahlenden Autorität kann er dem *cash flow* der Organisation ein wenig oder sogar eine Menge nachhelfen.

V. Schlußbemerkung

Das - im UNO-System singuläre - Beispiel der WIPO zeigt, daß einer internationalen Organisation eine große Sorge abgenommen ist, wenn sie von Pflichtbeitragszahlungen ihrer Mitgliedstaaten unabhängig ist. Deshalb sind immer wieder gedankliche Vorstöße unternommen worden, internationale Organisationen, insbesondere die UNO, auf eine alternative bzw. eine breitere Finanzierungsgrundlage zu stellen. Kühne Vorschläge gehen so weit, auf die UNO eine begrenzte Steuerhoheit zu übertragen, so etwa Piel mit dem Modell einer internationalen Luftsicherheitssteuer.[26] Gewiß drängen sich hiergegen gravierende Bedenken, UNO-politischer, finanzpolitischer und rechtlicher Art auf.[27] Dennoch verdienen sie Anerkennung. Mut zum innovativen Denken ist Teil des "*being* Prepared for a Changing World", des Schlußakkords, mit dem der UNO-Generalsekretär seine Reformvorschläge vom 14. Juli 1997 ausklingen läßt.

---

[26] A.H. Piel, Finanzierungsproblematik der Vereinten Nationen und pragmatische Lösungsperspektiven unter Berücksichtigung einer alternativen Finanzierungsstrategie für den ordentlichen Haushalt, 1996.

[27] L. Koch, "Literaturhinweise", *VN* 46 (1998), 25 f.

Die Rolle internationaler Gerichte im Friedensprozeß in Bosnien und Herzegowina nach dem Abkommen von Dayton

Karin Oellers-Frahm

I. Vorbemerkung

Das Jahr 1999 gibt nicht nur Anlaß, einen besonderen Geburtstag des Völkerrechtslehrers und -experten Professor Günther Jaenicke zu feiern, sondern es ist auch, allerdings ein weit älteres, Jubiläumsjahr der grundlegenden Regeln über die internationale Streitbeilegung, die auf die Friedenskonferenzen von 1899 und 1907 in Den Haag zurückgehen. Da der mit diesem Band geehrte Jubilar selbst aktiv in die gerichtliche Beilegung internationaler Streitigkeiten involviert war, soll der folgende Beitrag an diese Tätigkeit anknüpfen, mit dem die Verfasserin dem Jubilar als Völkerrechtler und Mensch ihre Wertschätzung ausdrücken möchte.

II. Einleitung

Der erschütternde Krieg in einem europäischen Staat, Jugoslawien, der im Jahre 1991 die Folge des Ausbruchs unterschwellig schwelender ethnischer Konflikte war, hat wieder einmal deutlich gemacht, daß die Stärkung der Mittel der friedlichen Streitbeilegung ein ganz vordringliches Anliegen der Völkergemeinschaft sein muß und daß auch 100 Jahre nach der Annahme der grundlegenden Prinzipien der friedlichen Streitbeilegung deren Hauptanliegen, die Vermeidung von Kriegen, bedauerlicherweise nicht verwirklicht werden konnte. Vielmehr wurde gerade in dem jugoslawischen Konflikt die gerichtliche Streitbeilegung erst eingesetzt, als es der Völkerrechtsgemeinschaft gelungen war, die Streitparteien davon zu überzeugen, daß weitere militärische Maßnahmen beendet und der Friedensprozeß eingeleitet werden müßte.

Das "Peace Agreement" für Bosnien und Herzegowina, am 21. November 1995 in Dayton (Ohio) paraphiert und am 14. Dezember 1995 in Paris ratifiziert[1], hat zwar wenigstens den bewaffneten Konflikt beendet, aber bei weitem noch nicht den Frieden in die betroffenen Gebiete gebracht[2]. Gerade in ethnischen Konflikten ist bekanntlich der Übergang vom "Krieg" zum "Frieden" das schwierigste Element; der Abschluß eines "Friedensabkommens" ist nur der Beginn einer heiklen Phase, die jederzeit wieder zum Aufleben des Konflikts führen kann. Frieden im Sinne dieser Abkommen bezeichnet einen dynamischen Prozeß, in dem versucht wird, mit internationaler Hilfe den destruktiven Konflikt in Formen konstruktiver, nicht militärischer und produktiver Zusammenarbeit der Konfliktparteien umzuwandeln[3]. Daher ist der Begriff "Frieden" nicht der völlig treffende Ausdruck, um die Situation nach dem aktuellen Konflikt zu beschreiben, da keineswegs ein statischer, friedlicher Zustand erreicht ist, sondern ein mühsamer, stets gefährdeter und Jahre, wenn nicht Jahrzehnte dauernder Prozeß der Friedensschaffung begonnen wird. Nicht von ungefähr wird daher vom "kalten Frieden"[4] gesprochen, was deutlich macht, daß die heutigen, meist ethnisch begründeten größeren Konflikte nicht durch Waffenstillstandsabkommen oder Friedensabkommen schnell beendet werden können, sondern daß die internationale Gemeinschaft sich in einem langwierigen Prozeß der Friedensschaffung engagieren muß.

---

1 UN Doc. A/50/790, S/1995/999 vom 30. November 1995, abgedruckt auch in *ILM* 35 (1996), 89 ff.; im Folgenden wird der Einfachheit halber nur vom "Dayton-Abkommen" gesprochen.

2 Im vorliegenden Zusammenhang kann auf das in seiner Art einzigartige Vertragswerk nicht näher eingegangen werden; es sei daher verwiesen auf die Arbeit von H. Schneider, *Friede für Bosnien-Herzegowina, Ein Vertragswerk als Herausforderung für Europa*, 1996.

3 Vgl. M. Lucas, "The Code, Early Warning, and Conflict Prevention", in: G. de Nooy (ed.), *Cooperative Security, The OSCE, and its Code of Conduct*, 1996, 57 ff.

4 Vgl. O. Hoischen, "Ohne Druck geht es nicht", in: *FAZ* vom 11. Dezember 1997, 16 in einem Kommentar zur Bosnien-Konferenz auf dem Petersberg in Bonn; vgl. auch Lucas, siehe Anm. 3, 59.

Gerade in ethnischen Konflikten ist der im neueren Völkerrecht häufig verwendete Begriff des "positiven" Friedens von Bedeutung[5], der nicht nur auf die Abwesenheit des Einsatzes von Waffengewalt setzt, sondern das Herbeiführen und die Erhaltung des Friedens aktiv in dem betroffenen Gebiet voraussetzt, was untrennbar mit den drei Komponenten: Beachtung der Menschenrechte und Grundfreiheiten, Bestehen einer demokratischen und rechtsstaatlichen Ordnung sowie einem effektiven Minderheitenschutz verbunden ist. Durch einen positiven Entwicklungsprozeß soll hierbei das innerstaatliche Gefüge im demokratischen Sinne so stark gefestigt werden, daß der erneute Ausbruch eines Konflikts vermieden wird; der Grundgedanke dieses Friedensbegriffs ist der, daß innerer Frieden, der in demokratischen Staatssystemen, die die Menschenrechte beachten, am besten gewährleistet ist, auch den äußeren Frieden am wirksamsten garantieren kann, da bei Verwirklichung dieser Bedingungen die Voraussetzungen für Gewaltanwendung entfallen; ein Gedanke, der gerade im Bereich ethnisch begründeter Konflikte durchaus überzeugt[6]. Der Hochkommissar der OSZE[7] für nationale Minderheiten hat dies in seinem Bericht von 1994[8] deutlich zum Ausdruck gebracht, indem er betonte, daß erstens

> "the protection of persons belonging to minorities has to be seen as essentially in the interest of the state and of the majority. Stability and security are as a rule best served by ensuring that persons belonging to national minorities can effectively enjoy their rights. If the state shows loyalty to persons belonging to minorities, it can expect loyalty in return from those persons who will have a stake in the stability and well-being of that state"

---

[5] J. Bortloff, *Die Organisation für Sicherheit und Zusammenarbeit in Europa*, 1996, 304 ff.

[6] Vgl. hierzu auch C. Peck, *The United Nations as a Dispute Settlement System*, 1996, 74 ff.

[7] Die OSZE hat in besonderem Maße den Gedanken, daß die Erhaltung des Friedens wesentlich von der innerstaatlichen demokratischen Struktur und der Beachtung der Menschenrechte abhängt, zu verdeutlichen versucht, angefangen mit dem Kopenhagener Dokument von 1990, das diesen Gedanken in seiner Präambel zum Ausdruck bringt und dann explizit in Ziffer 21 Satz 1 und 2 der Gipfelerklärung von Helsinki, die Bestandteil des Helsinki-Dokuments von 1992 ist. Fundstelle der Dokumente in T. Schweisfurth, K. Oellers-Frahm (eds), *KSZE*, Beck-Texte, 1993.

[8] M. van der Stoel, *The Role of the CSCE High Commissioner on National Minorities in CSCE Preventive Diplomacy*, 1994, 46.

und zweitens

> "that solutions should be sought as much as possible within the framework of the state itself".

Der letztgenannte Aspekt hat, sicher nicht zuletzt durch den Einfluß der OSZE, deutliche Ausformung im Abkommen von Dayton gefunden. Hier wurde nämlich die Einbindung der Streitparteien, allerdings unter internationaler Hilfestellung, in die Herstellung demokratischer Strukturen zu einem wesentlichen Faktor des Friedensprozesses gemacht und der Gedanke der internationalen (Schieds-)Gerichtsbarkeit unter Einbeziehung der Streitparteien in die Richterbank wurde zur Regelung der durch das Abkommen nicht abschließend geregelten Konfliktpunkte und der Durchsetzung der Menschenrechte genutzt. Daher soll im folgenden an zwei im Dayton-Abkommen geschaffenen internationalen Streitbeilegungsorganen, dem Schiedsgericht für den Bereich Brcko und der Menschenrechtskommission, untersucht werden, ob und wie weit die Nutzung der internationalen Schieds- bzw. Gerichtsbarkeit zur Durchsetzung und Sicherung des Friedensprozesses, insbesondere der Klärung von Fragen, für die im Friedensabkommen keine Einigung erzielt werden konnte, tauglich ist und inwieweit hierdurch die innerstaatliche Einstellung zum Friedensprozeß gefördert werden kann.

III. Das Schiedsgericht für den Bereich Brcko

Der enge Korridor um die Stadt Brcko war bei der Ziehung der Grenze zwischen der Föderation Bosnien und Herzegowina (im Folgenden "Föderation") und der Republik Srpska (im Folgenden RS) als Untergliederungen des Staates Bosnien und Herzegowina im Abkommen von Dayton offen geblieben. Er stellt eine äußerst wichtige Verbindung zwischen den beiden großen Gebietsteilen der RS dar, ist aber auch als Verbindung nach Osten für die Föderation unverzichtbar; daher verwundert es nicht, daß über diesen Grenzabschnitt in Dayton keine Einigung erzielt werden konnte. Da das gesamte Abkommen nicht zustande gekommen wäre, wenn darin die Kontrolle über den Korridor von Brcko der einen oder anderen Seite zuerkannt worden wäre, verständigte man sich darauf, die Entscheidung einem Schiedsgericht zu übertragen[9] in der Hoffnung, daß das Problem dieses für beide Seiten besonders wich-

---

[9] Annex 2 Art. V des Dayton Abkommens, UN Doc. S/1995/999 vom 14. Dezember 1995.

tigen Teils der Grenzziehung auf diese Weise entschärft werden könnte. Die Kompetenz des Schiedsgerichts war nur dahin gehend umschrieben, daß es sich um "binding arbitration of the disputed portion of the Inter-Entity Boundary Line in the Brcko area" handeln sollte, also die Schließung der noch offenen Grenzlinie im Bereich Brcko, sie besagte aber zu Recht nichts darüber, ob nur entweder einer der Parteien die Kontrolle zugesprochen werden konnte oder ob auch eine Kompromißlösung gefunden werden konnte; deutlich war jedenfalls, daß das Schiedsgericht den noch offenen Teil der Grenze ziehen sollte. Das Schiedsgericht sollte aus einem von jeder Partei innerhalb einer bestimmten Frist benannten Schiedsrichter bestehen, die beide gemeinsam, wiederum innerhalb einer bestimmten Frist, den Obmann benennen sollten. Für den Fall, daß keine Einigung zustande käme, sollte der Präsident des Internationalen Gerichtshofs die Bestellung des Obmanns vornehmen. Diese Regel der Ersatzbestellung, die häufig in Schiedsverfahren vorgesehen ist, soll eine Blockade der schiedsrichterlichen Lösung vermeiden, stellt aber bereits eine Einschränkung des Grundgedankens der Schiedsgerichtsbarkeit dar, deren Erfolg, wie der der internationalen Gerichtsbarkeit überhaupt, von der Kooperation der beteiligten Parteien getragen wird. Wirkt eine Partei bereits an der Bestellung des Schiedsgerichts nicht mit, so ist dies als Anzeichen einer ablehnenden Haltung der schiedsrichterlichen Beilegung der Streitigkeit schlechthin zu betrachten, eine Haltung, die sich allerdings im Laufe des so immerhin zustande gekommenen Verfahrens im günstigen Fall noch ändern kann.

1. Bestellung des Schiedsgerichts und Verfahren

Die Bestellung des Schiedsgerichts für den Bezirk Brcko war bedauerlicherweise ein Beispiel dafür, daß die mangelnde Kooperation an der Bestellung der Schiedsrichter die Blockadehaltung gegenüber der schiedsrichterlichen Streitbeilegung insgesamt zum Ausdruck brachte. Die von den Parteien benannten Richter Popovic für die RS und Sadikovic für die Föderation konnten sich nicht auf einen Obmann einigen; der Präsident des IGH bestellte daraufhin den Amerikaner Robert B. Owen als Obmann. Das Verfahren des Gerichts sollte sich gemäß dem Abkommen von Dayton nach den UNCITRAL-Regeln[10] und "relevant legal

---

[10] Die UNCITRAL-Regeln wurden im Rahmen des Weltbankübereinkommens für Investitionsstreitigkeiten (International Centre for Settlement of Investment Disputes, ICSID) ausgearbeitet und werden häufig als Verfahrens-

and equitable principles" richten, was eine Abweichung von den UNCITRAL-Regeln zuließ. Eine solche Abweichung war so ziemlich das einzige, auf das sich die Parteien verständigen konnten: bereits in Dayton, also noch bevor das Schiedsgericht konstituiert war, einigten sie sich darauf, daß in Abweichung von Art. 31 der UNCITRAL-Regeln die Entscheidung des vorsitzenden Schiedsrichters verbindlich sein sollte, wenn eine Mehrheitsentscheidung nicht zustande käme, ein negatives Signal für das Wirken des Gerichts!

Das Verfahren gestaltete sich dann auch sehr schwierig; der serbische Richter nahm an der ersten Sitzung des Gerichts nicht teil, in der Fragen des weiteren Verfahrens behandelt werden sollten. Das Gericht konnte demgemäß nur die Vorstellungen der Föderation berücksichtigen. In dieser Sitzung wurden u.a. die Fristen für die Schriftsätze der Parteien festgelegt, die je zwei Schriftsätze umfassen sollten. Im ersten Schriftsatz sollten die üblichen Angaben und Stellungnahmen gemacht werden und im zweiten Schriftsatz sollten die Parteien einen konkreten Vorschlag für die wirtschaftliche und politische Struktur des Bereichs Brcko in Übereinstimmung mit den Vorgaben des Dayton-Abkommens vorlegen. Während die Föderation pünktlich ihren ersten Schriftsatz einreichte, blieb die serbische Seite wiederum untätig, so daß eine Sonderkonferenz in Wien einberufen wurde, um die Blockade des Verfahrens zu lösen. Zu dieser Konferenz erschien nun wiederum nicht der serbische Richter, sondern eine Delegation politischer Beamter, die als Grund für die Boykottierung des Gerichts dessen angebliche Unzuständigkeit anführten: Art. V, Anhang 2 des Dayton-Abkommens sei so zu verstehen, daß ein Schiedsspruch nur dann erfolgen solle, wenn der strittige Teil der Grenze auf einer dem Anhang 2 beigefügten Karte angegeben sei. Art. V Abs. 1, Anhang 2 lautet:

> "The Parties agree to binding arbitration of the disputed portion of the Inter-Entity Boundary Line in the Brcko area indicated on the map attached to the Appendix."

Der Anhang enthielt eine Karte des gesamten Gebiets der Republik Bosnien und Herzegowina, auf dieser war aber der streitige Grenzteil nicht besonders markiert. Da nach den UNCITRAL-Regeln Fragen der Zuständigkeit bis zur Entscheidung der Hauptsache aufgeschoben werden können, forderte der Präsident des Schiedsgerichts die RS dringend auf, an dem Verfahren teilzunehmen. Einen ersten Schritt tat die RS dann, indem sie ein Treffen mit dem Präsidenten des Gerichts und den

---

regeln von *ad hoc* Schiedsgerichten herangezogen. Text in: K. Oellers-Frahm/N. Wühler, *Dispute Settlement in Public International Law*, 1984, 602 ff.

Bevollmächtigten der Parteien beantragte; sie kündigte ihre Mitarbeit schließlich an unter der Bedingung, daß der im Dayton-Abkommen festgelegte Termin für den Erlaß des Schiedsspruchs verschoben würde. Schließlich reichte die RS im November 1996 einen "Emergency Request for an Expedited Interim Award" gem. Art. 32 der UNCITRAL-Regeln ein, um vorab die Frage der Zuständigkeit zu klären, was das Gericht aber ablehnte, allerdings verlängerte es die Frist für den Erlaß des Schiedsspruchs um zwei Monate. Im Dezember 1996 teilte der Präsident der RS dem Gericht schriftlich mit, daß sie nicht an dem Verfahren teilnehmen werde und die Entscheidung zurücknehme, mit der sie ihren Schiedsrichter benannt habe, weil sie ein faires Verfahren nicht für gewährleistet hielte und weil der Präsident des Gerichts "intends to use the arbitration process strictly as a stroke screen for the imposition of a pre-ordained, unjust decision all to the harm of the legitimate and vital interests of the Republika Srpska"[11]. Auf die Ermahnung des Präsidenten des Gerichts hin, daß dieses Verhalten eine Verletzung des Abkommens von Dayton darstelle, wurde schließlich für Januar eine Anhörung vereinbart, zu der tatsächlich alle drei Richter erschienen und auch beide Seiten vertreten waren. Die Anhörung dauerte neun Tage und umfaßte die Darstellung beider Seiten, die Anhörung von Zeugen und die Schlußanträge der Parteien. Daraufhin legte die serbische Seite auch den zweiten Schriftsatz mit den konkreten Vorschlägen vor. Die Beratungen des Gerichts fanden dann erfreulicherweise doch unter Beteiligung aller drei Richter statt, so daß man hätte annehmen können, daß nach all den Schwierigkeiten das Verfahren doch noch zu einen angemessenen Ende führen werde. Im letzten Moment weigerten sich die Richter beider Parteien dann aber, den Schiedsspruch zu unterzeichnen, so daß die bereits in Dayton festgelegte Situation eintrat, daß es ein Schiedsspruch wurde, der allein vom Obmann des Gerichts getragen wurde.

2. Ursachen für die Behinderung des Verfahrens

Die im Bereich internationaler Schiedsgerichtsbarkeit außergewöhnliche Behinderung des Verfahrens durch nicht nur eine Partei, sondern auch durch deren Richter, wirft die Frage auf, ob die Verwendung der Schiedsgerichtsbarkeit für die Lösung eines offenbar mit gerichtlichen Mitteln nicht lösbaren Konflikts überhaupt sinnvoll ist und ob nicht

---

[11] Ziffer 21 des Schiedsspruchs vom 14. Februar 1997, UN Doc. S/1997/126, abgedruckt in: *ILM*, 36 (1997) 396 ff.

damit der Schiedsgerichtsbarkeit als solcher ein schlechter Dienst erwiesen wird. Wenn eine Seite dem Gericht so starkes - berechtigtes oder unberechtigtes - Mißtrauen entgegenbringt, wie dies aus dem Brief der RS an den Präsidenten des Gerichts hervorgeht, so sind die Chancen für eine Beilegung des Streits äußerst gering: selbst in dem Fall, in dem das Gericht zu einer von der Mehrheit der Richter getragenen Entscheidung kommt, ist es fraglich, ob dem Spruch Folge geleistet wird und damit der Rechtsfrieden nicht mehr geschädigt wird als es ohne den Schiedsspruch der Fall wäre. Die Tatsache, daß die von den Parteien ernannten Schiedsrichter sich nicht auf einen Obmann einigen konnten, also auf eine Person, die das Vertrauen in seine Unabhängigkeit durch beide Parteien genießt, war angesichts der Besonderheit des Falls ein deutliches Indiz für weitere Hindernisse der Streitbeilegung. Denn das Schiedsgericht war hier mit einem der extrem seltenen Fälle befaßt worden, in dem die politische Komponente des Streits in einem solchen Maße überwiegt, daß eine Drittpartei eine Rechtsfrieden stiftende Regelung nicht treffen kann[12]. Dies gilt insbesondere in einem Fall, in dem die Entscheidung, wie hier, kaum in Anwendung von ausformulierten Rechtsregeln zu finden ist, sondern unter Anwendung der "relevant legal and equitable principles", was den Ermessensspielraum des Gerichts stark erweitert, wenn auch grundsätzlich nicht über rechtliche Erwägungen hinaus in den Bereich der Entscheidung *ex aequo et bono* hin ausdehnt, aber bei dem bereits vorhandenen Mißtrauen der gerichtlichen Streitbeilegung gegenüber wesentlich problematischer ist als es ein Schiedsspruch wäre, der auf der Grundlage unbestrittener, klarer Rechtsregeln gefunden werden kann.

---

[12] Siehe T. Sugihara, "The Judicial Function of the International Court of Justice with Respect to Disputes Involving Highly Political Issues", in: A. S. Muller, D. Raic, J. M. Thuranszky (eds), *The International Court of Justice. Its Future Role after Fifty Years*, 1997, 117 ff., (132). Der Autor hat in seiner Untersuchung zwei Situationen herausgearbeitet, in denen zumindest Erwägungen des "judicial restraint" erforderlich sind. Das ist einmal der Fall, in dem rechtliche, auf den Streitfall anwendbare Regeln noch nicht bestehen oder unzureichend sind, so daß der Fall als in den politischen Bereich fallend angesehen werden muß. Der zweite Fall ist der, in dem die politischen Faktoren einer Streitigkeit so vorherrschend sind, daß die rechtliche Prüfung des Falles durch ein Gericht als eine Überschreitung von dessen Funktionen anzusehen ist, denn die politisch bedeutendsten Fälle implizieren in der Regel, so wie im vorliegenden Fall Brcko, die Forderung einer Änderung der bestehenden Rechtslage und das ist grundsätzlich nicht die Aufgabe von Gerichten.

Im vorliegenden Fall hatte es jedoch einen Hoffnungsschimmer dafür gegeben, daß das Verfahren doch noch ordnungsgemäß durchgeführt werden könnte, da beide Parteien und alle Richter an der neun tägigen Anhörung und an der Beratung teilnahmen. Für die überraschende Tatsache, daß sich beide nationale Richter schließlich weigerten, den Spruch zu unterzeichnen, hat es keine offizielle Erklärung gegeben. Es ist daher zu vermuten, daß diese Haltung auf den Inhalt der Entscheidung zurückzuführen ist, den diese Richter, deren Beteiligung an der Ausarbeitung des Spruchs im übrigen auch nicht erkennbar ist, letztlich nicht mit tragen wollten. Diese Vermutung wird dadurch gestützt, daß das Schiedsgericht die ihm übertragene Aufgabe nicht erfüllt, sondern die eigentliche Entscheidung für ein weiteres Jahr aufschiebt, in dessen Verlauf eine vorläufige Regelung gilt, die eher als ein politisches Ergebnis, denn als ein schiedsrichterlicher Spruch anzusehen ist, obwohl ihr damit keineswegs abgesprochen werden soll, daß sie unter den gegebenen Umständen eine sinnvolle und für den Übergang durchaus geeignete Lösung darstellt.

3. Der Schiedsspruch[13]

Der Schiedsspruch geht zunächst in der üblichen Form vor, indem der Hintergrund des Streits dargelegt wird, die Lage vor dem Krieg und die Entwicklung seit dem Krieg, sowie die daraus entstandenen Rechtsfragen, insbesondere die bezüglich der Anerkennung oder Nichtanerkennung von widerrechtlich erlangtem Besitz über bestimmte Gebiete. Es wird das Parteivorbringen ausführlich dargestellt, bevor die rechtlichen Erwägungen dazu angestellt werden. Das Vorbringen der Föderation, das sich primär auf das Prinzip der Nichtanerkennung widerrechtlich erlangten territorialen Besitzes stützte, wird zurückgewiesen mit der Begründung, daß dieser Bereich im Abkommen von Dayton bereits im Wege gegenseitigen Übereinkommens abschließend geregelt sei, so daß dieses Prinzip nicht mehr zur Anwendung kommen kann. Das leuchtet auch durchaus ein, weil bedauerlicherweise klar geworden war, daß in Anwendung dieses Prinzips überhaupt keine Friedensregelung hätte abgeschlossen werden können. Ebenso wird der Anspruch der Föderation Bosnien und Herzegowina, der die Zuerkennung des Korridors an die Föderation aus historischen Titeln herleitete, zurückgewiesen, da eine

---

13 Der Spruch ist abgedruckt in: *ILM* 36 (1997), 396 ff.

dies stützende vorrangige Verbindung der jetzigen Föderation zu dem strittigen Gebiet nicht belegt werden konnte.

Die Anträge der RS stützten sich allein auf die im Abkommen von Dayton niedergelegten Vorgaben. Die RS brachte insbesondere vor, daß die Teilung des Gebiets des Staates Bosnien und Herzegowina auf die beiden Untergliederungen das Verhältnis 49% zu 51% verbindlich festlege; da die RS aber ohnehin schon weniger als 49% erhalte, sei eine weitere Verringerung nicht mit dem Abkommen vereinbar. Dem stimmt das Gericht nicht zu, da die 49%-51%-Regelung nicht Bestandteil des Abkommens selbst ist, sondern in den "Pre-Agreements" zum Dayton-Abkommen niedergelegt ist[14], auf die das Dayton-Abkommen nur in seinem Vorspruch Bezug nimmt, so daß dieser Regelung die Verbindlichkeit abgesprochen werden muß. Mit dieser rechtlich durchaus zutreffenden Zurückweisung des Vorbringens beider Parteien wird aber deutlich, daß es sich bei der Entscheidung des Streits dann nicht mehr um Fragen handelte, die in Anwendung bestehender Rechtsregeln geklärt werden konnten: die wesentliche Regel bezüglich der Nichtanerkennung widerrechtlich erlangten territorialen Besitzes konnte keine Anwendung finden, da sie durch die Einigung der Parteien im Dayton-Abkommen überlagert war, der Rechtsanspruch aus historischem Titel konnte nicht durchdringen, weil die Voraussetzungen für die Anerkennung eines historischen Titels nicht gegeben waren; auch die prozentuale Aufteilung des Landes war weder ein verbindlicher noch ein unbedingter Bestandteil des Dayton-Abkommens. Damit wurde die Aufgabe des Schiedsgerichts also nahezu unmöglich: die Parteien waren sich keinen Schritt näher gekommen, gerade darauf hatte man aber offensichtlich bei der Lösung mit der schiedsrichterlichen Beilegung im Gebiet Brcko gebaut, was insbesondere dadurch belegt wird, daß beide Parteien in ihrem zweiten Schriftsatz konkrete Vorschläge zur Regelung des Konflikts machen sollten. Rechtsregeln, die für diese besondere Situation nach Annahme des Dayton-Abkommens anwendbar wären, gab es nicht, da ja die gesamte Konstruktion des Staates Bosnien und Herzegowina mit den beiden Gebietsteilen Föderation Bosnien und Herzegowina und Republik Serbien auf politischen Entscheidungen basierte, die notgedrungen mit Blick auf die konkrete Situation in Abweichung insbesondere des Prinzips der Nichtanerkennung rechtswidrig erworbenen Gebiets gefaßt werden mußten. Daher nimmt der Schiedsspruch

[14] Diese Absprachen wurden am 8. September in Genf und am 26. September 1995 in New York getroffen. Zu den Vorläufern des Dayton-Abkommens insgesamt siehe P. C. Szasz, "The Protection of Human Rights Through the Dayton/Paris Peace Agreement on Bosnia", *AJIL* 90 (1996), 301 ff.

an dieser Stelle eine Wendung, die möglicherweise der Grund dafür sein kann, daß die beiden nationalen Richter den Spruch letztlich nicht mit tragen wollten. Es wird nämlich nunmehr geprüft, inwieweit die Beachtung der im Dayton-Abkommen niedergelegten übrigen Regeln, insbesondere Rückkehr der Flüchtlinge und völlige Freizügigkeit von Personen und Gütern, in dem strittigen Gebiet befolgt und für die Zukunft gewährleistet werden können, eine Frage, die allenfalls äußerst entfernt mit der dem Schiedsgericht übertragenen Aufgabe zu tun hat. Diese Frage konnte das Gericht nur dahin gehend beantworten, daß die Durchführung dieser Vorgaben nicht erfüllt werden würde, da die RS sich in ihren Schriftsätzen bereits deutlich geäußert hatte: sie wollte nicht-serbischen, also bosnischen Flüchtlingen nicht die Rückkehr in ihre Häuser in der RS gestatten, sondern nur Schadensersatz leisten, ebenso sollte die Freizügigkeit von Personen und Gütern wesentlich beschränkt werden. Angesichts dieser Tatsache stellt das Gericht dann fest, "that it would be either inconsistent with the legal principles established in the GFAP [Dayton-Abkommen], or in the general public interest, to enter an award that permits the RS to achieve its stated goals of inhibiting freedom of movement in the area and blocking entirely the rights of former residents of Brcko to return to their homes and other property" (§ 85 des Schiedsspruchs). Zwar wäre es möglich, angesichts dieses Verhaltens die Grenze in Anwendung der im Dayton-Abkommen niedergelegten Rechtsprinzipien, Rückkehr der Flüchtlinge, Freizügigkeit, so zu ziehen, daß alle Verkehrswege und die Stadt Brcko sowie der Hafen und die Brücken in das Gebiet der Föderation eingliedert würden, aber das stände im Widerspruch zu Erwägungen der Billigkeit (equity), die es erlauben, durch weniger radikale Maßnahmen dasselbe Ziel zu erreichen. Da die im Dayton-Abkommen niedergelegten Rechtsprinzipien nicht zwingend erfordern, das Gebiet der einen oder anderen Seite zuzusprechen, wird eine Lösung auf der Grundlage der Billigkeit gesucht, die in Art. V Abs. 3, Anhang 2 zur Entscheidung der Frage ebenfalls herangezogen werden sollten (§ 87 des Schiedsspruchs). Allerdings war, nach Anhang 2, Aufgabe des Gerichts die Ziehung der Grenzlinie in dem noch offenen Bereich, das hätte bedeutet, daß eine eindeutige territoriale Zuordnung hätte erfolgen müssen, die allerdings nicht nur zugunsten einer der Parteien ausfallen mußte. Daß die Parteien - noch - nicht bereit waren, eine solche Lösung zu akzeptieren, hatte sich mehr als deutlich gezeigt und so war der Gedanke, daß das eigentlich erstrebte Ziel, nämlich ein gesicherter Frieden in dem Gebiet, nicht erreicht werden konnte, Ausgangspunkt für die Lösung, die das Gericht dann findet. Diese Lösung ist also fraglos eine Konzession an die politische Realität und nicht eine auf der Grundlage der einschlägigen

Rechtsregeln beruhende Entscheidung des Streitfalls, was nicht besagen soll, daß die Entscheidung nicht akzeptabel ist, sondern nur ihre Qualität als Schiedsspruch in Frage stellt. Das Gericht, genauer wohl der Obmann, deutet eine politische Lösung der Frage an, die eine Aufteilung durch die Ziehung einer Grenze zu vermeiden sucht. Das Gericht schiebt zunächst einmal eine endgültige Entscheidung zur Sache hinaus und trifft eine Übergangsregelung, wonach für ein Jahr durch internationale Überwachung die Einhaltung des Dayton-Abkommens gesichert werden soll. Hierzu wird als wichtigstes Organ der sog. Brcko-Supervisor eingesetzt, dessen Aufgaben im Schiedsspruch detailliert dargelegt werden. Da die Aufgabe des Gerichts damit aber noch nicht abgeschlossen ist, eine Grenzziehung nicht erfolgt ist, regelt der Spruch auch das weitere Verfahren. Er eröffnet den Parteien die Fortführung des Verfahrens durch Stellung erneuter Anträge zwischen dem 1. Dezember 1997 und dem 15. Januar 1998, über die dann bis zum 15. März 1998 entschieden werden würde, eine Entscheidung, die als Teil des bereits ergangenen Schiedsspruchs anzusehen wäre. Als Rechtsgrundlage für dieses weitere Verfahren stützt sich der Spruch auf Art. 15 der UNCITRAL-Regeln[15], was äußerst problematisch erscheint, da dieser den Ablauf des Verfahrens und das Vorbringen von Parteianträgen während des Verfahrens betrifft, nicht aber eine Interimsentscheidung, auf deren Grundlage dann später, in einer zweiten Phase, eine endgültige Lösung gesucht werden kann. Das Gericht gibt dann auch im Tenor einen Hinweis darauf, wie eine endgültige Lösung aussehen könnte, indem es die Sorge äußert, daß das streitige Gebiet so kontrolliert werden könnte, daß eine zufriedenstellende Durchführung des Dayton-Abkommens

---

[15] Art. 15 der UNCITRAL-Regeln lautet: "1. Subject to these Rules, the arbitral tribunal may conduct the arbitration in such a manner as it considers appropriate, provided that the parties are treated with equality and that at any stage of the proceedings each party is given a full opportunity of presenting his case. 2. If either party so requests at any stage of the proceedings, the arbitral tribunal shall hold hearings for the presentation of evidence by witnesses, including expert witnesses, or for oral argument. In the absence of such a request, the arbitral tribunal shall decide whether to hold such hearings or whether the proceedings shall be conducted on the basis of documents and other materials. 3. All documents or information supplied to the arbitral tribunal by one party shall at the same time be communicated by that party to the other party." Diese Vorschrift findet sich in dem Abschnitt über das Verfahren, und ist die erste der allgemeinen Regeln, die das Verfahren bestimmen, sie betrifft also die Frage der Anhörung während des Hauptverfahrens vor dem Erlaß der Entscheidung, und paßt daher in der vom Brcko-Schiedsgericht verwendeten Weise nicht, da hier ja die verbindliche und endgültige Entscheidung schon getroffen war.

und die Entwicklung einer repräsentativen lokalen demokratischen Regierung verhindert werden, und daß dann, bei Antrag auf Änderung des Schiedsspruchs entschieden werden müsse, daß die Stadt Brcko ein besonderer Distrikt von Bosnien und Herzegowina werden solle, in dem ausschließlich die Gesetze von Bosnien und Herzegowina sowie die von den lokalen Behörden erlassenen Gesetze gelten[16]. Um die Entwicklung zu verfolgen, sollen dem Gericht alle im Zusammenhang mit der Durchführung des Spruchs ergangenen Berichte, insbesondere die des "Brcko-Supervisors" übermittelt werden.

Die zweite Entscheidung, die am 15. März 1998 ergangen ist, kommt aber wiederum nicht zur Sachentscheidung, sondern verlängert das vorläufige Regime des 1. Schiedsspruchs bis Ende 1998/Anfang 1999. Die Entscheidung, die dann ergehen soll, wird der Befolgung des Dayton-Abkommens durch beide Parteien im Laufe des Jahres 1998 vorrangige Bedeutung einräumen (UN Doc. S/1998/248).

4. Bewertung der Nutzung der Schiedsgerichtsbarkeit für die Regelung der Grenzziehung im Bereich Brcko

Damit hat das Gericht fraglos eine politisch kluge, und dem Friedensprozeß förderliche Entscheidung getroffen, nicht aber sein Mandat nach Annex 2 des Dayton-Abkommens erfüllt, sondern eher eine Änderung des Abkommens im Sinne einer gemeinsamen Verwaltung des strittigen Gebiets an Stelle einer klaren Grenzziehung vorgeschlagen, denn die Regelung der Streitfrage ist offen geblieben, eine endgültige Klärung hängt ausschließlich davon ab, ob die Parteien überhaupt weitere Anträge stellen, denn der vorliegende Spruch wird ausdrücklich als abschließend und verbindlich (§ 104), nicht etwa als vorläufig bezeichnet.

---

[16] § 104, II, B. der Entscheidung lautet im Original: "The Tribunal hereby gives notice (1) of its concern that matters in the relevant area may be so controlled as to prevent satisfactory compliance with the Dayton Accords and the development of representative democratic local government, and (2) that in the event of a request for modification of this Award, the tribunal may at that point conclude, in the light of the then-current situation, that to correct the situation, the Town of Brcko must become a special district of Bosnia and Herzegovina in which district the laws of Bosnia and Herzegovina and those promulgated by local authorities will be exclusively applicable".

Mit Blick auf die Ausgangsfrage, nämlich die, ob die Schiedsgerichtsbarkeit als Mittel zur Befriedung im ehemaligen Jugoslawien effektiv sein konnte, ist festzustellen, daß das Schiedsverfahren für den Bereich Brcko dem Friedensprozeß in dem betreffenden Gebiet, in dem neuen Staat Bosnien und Herzegowina, fraglos förderlich war, daß dieses Ziel aber erreicht wurde, indem gerade nicht die dem Schiedsgericht gestellte Aufgabe erfüllt wurde, sondern indem das Gericht eine politische Lösung fand. Eine solche Lösung hätte aber besser von den Verhandlungspartnern des Abkommens von Dayton getroffen werden sollen, indem mit internationaler Hilfe erst einmal versucht würde, Ruhe in die Beziehungen der Parteien zu bringen, einen *status quo* zu schaffen, und daß dann eine - politische - Lösung gefunden werden könnte, die den Ansprüchen beider Parteien gerecht wird, nämlich eine Art gemeinsame Verwaltung des streitigen Gebiets. Wenn es die wesentliche Aufgabe eines Schiedsgerichts ist, zur Herstellung oder Wahrung des Friedens beizutragen, dann hat das Brcko-Schiedsgericht diese Aufgabe erfüllt; wenn es aber, was wohl eher zutrifft, Aufgabe eines Schiedsgerichts ist, die Lösung einer bestimmten ihm vorgelegten Streitfrage in Anwendung des geltenden Rechts zu finden, dann hat das Brcko-Schiedsgericht diese Aufgabe nicht erfüllt, aber auch nicht erfüllen können, ohne den labilen Zustand des Friedens zu gefährden. Damit ist der Institution Schiedsgerichtsbarkeit in diesem Fall kein Dienst erwiesen worden, sondern sie wurde benutzt, um das Scheitern des Friedensabkommens zu verhindern. Ob in diesem Fall möglicherweise die Einschaltung eines Vermittlers sinnvoller gewesen wäre, scheint eine berechtigte Frage, da Schlichtung als solche nicht unbedingt in Anwendung von Rechtsregeln erfolgt. Damit hätte sich eine Regelung, wie die des Schiedsgerichts, finden lassen, ohne Kritik an der Vorgehensweise aus systematischen Gründen des gewählten Streitbeilegungsverfahrens hervorzurufen, denn als Abhilfe gegen das drohende Scheitern des Friedensabkommens wegen der politisch nicht zu erreichenden Einigung im Dayton-Abkommen, wäre dieses Mittel der friedlichen Beilegung von Streitigkeiten aufgrund seiner speziellen Merkmale angemessener gewesen. Zwar ist die Entscheidung einer Schlichtungskommission nicht verbindlich, da aber ohne Mitwirkung der Parteien eine Lösung nicht gefunden wird, ist die Frage der Verbindlichkeit nicht ausschlaggebend, zumal auch keine Garantie für die Befolgung eines verbindlichen Schiedsspruchs besteht.

IV. Die Menschenrechtskommission für Bosnien-Herzegowina

Das Abkommen von Dayton hatte, wie schon betont, insbesondere der Frage der Beachtung der Menschenrechte große Bedeutung beigemessen. Da die Verletzung der Menschenrechte einer der wesentlichen Aspekte des vierjährigen Konflikts gewesen war, war es naheliegend, daß Maßnahmen zum Schutz der Menschenrechte einen vorrangigen Aspekt im Friedensabkommen bilden mußten. So ist insbesondere in Art. II Abs. 2 der Verfassung[17] bestimmt, daß die in der EMRK und ihren Zusatzprotokollen niedergelegten Menschenrechte in Bosnien und Herzegowina direkt anwendbar sind mit Rang über den Gesetzen. Zudem wird in Abs. 7 dieses Artikels auf eine umfangreiche Aufzählung von weiteren 15 internationalen Menschenrechtsinstrumenten verwiesen, die in Anhang I zur Verfassung genannt sind, denen Bosnien und Herzegowina beitreten soll, wenn es nicht schon Partei ist. Der Schutz der Grundrechte im Wege eines der deutschen Individualbeschwerde vergleichbaren Verfahrens wird gemäß Art. II Abs. 1 der Verfassung jedoch nicht etwa dem Verfassungsgericht übertragen, sondern einer "Menschenrechtskommission", die in Annex 6 des Abkommens näher geregelt ist. Das Verfassungsgericht kann zwar im Verfahren der inzidenten Normenkontrolle die Vereinbarkeit von Gesetzen nicht nur mit der Verfassung, sondern insbesondere auch mit der EMRK überprüfen, die Zuständigkeit schließt aber keine Individualbeschwerden ein, obwohl die Zusammensetzung auch dieses Gerichts internationale Beteiligung einschließt und damit interne Machtspiele der Richter je nach ethnischer Zugehörigkeit ausschließt[18].

---

[17] Die Verfassung von Bosnien und Herzegowina ist in Annex 4 des Dayton-Abkommens niedergelegt; sie wurde von den Vertragsparteien des Abkommens, nicht vom Volk als der verfassunggebenden Gewalt angenommen, was aber unter den gegebenen Umständen die einzige Möglichkeit war, einen Verfassungstext zu verabschieden; vgl. hierzu auch Schneider, siehe Anm. 2, 40, 41.

[18] Von den neun Mitgliedern des Verfassungsgerichts werden vier von der Abgeordnetenkammer der Föderation Bosnien und Herzegowina und zwei von der Kammer der Republik Serbien bestellt; die restlichen drei werden vom Präsidenten des Europäischen Gerichtshofs für Menschenrechte nach Konsultation mit den Präsidenten benannt. Diese drei Richter müssen eine andere Nationalität als die von Bosnien und Herzegowina oder seiner Nachbarstaaten haben. Die Einbeziehung der internationalen Komponente in die Richterbank des Verfassungsgerichts ist zunächst für einen Zeitraum von fünf Jahren geplant,

1. Die Menschenrechtskommission für Bosnien und Herzegowina

Gemäß Annex 6 des Abkommens, der "Agreement on Human Rights" überschrieben ist, ist der Schutz der Menschenrechte, zunächst auf fünf Jahre befristet, einer Menschenrechtskommission übertragen worden, die zwei Organe umfaßt: das Büro des Ombudsman und die Menschenrechtskammer[19]. Die Ombudsperson[20] hat die Aufgabe, Menschenrechtsverletzungen auf eigene Initiative oder auf Antrag von Individuen, Gruppen von Individuen oder Nicht-Regierungsorganisationen oder der Parteien hin zu untersuchen und sich um Abhilfe zu bemühen. Das Büro des Ombudsman hat aber keine rechtsprechende Funktion; wenn die von ihm gemachten Vorschläge nicht zur Behebung der Verletzung führen, ist er befugt, die Sache vor die Menschenrechtskammer zu bringen, die ein echtes Gericht ist und die außer vom Ombudsman auch von jeder Partei des Abkommens, jeder Nicht-Regierungsorganisation, jedem Individuum oder Gruppe von Individuen mit Beschwerden wegen Verletzung der eigenen Rechte oder der von verschwundenen oder verstorbenen Personen befaßt werden kann. Die Menschenrechtskammer besteht aus vierzehn Mitgliedern, die in ihrer Zusammensetzung eine Mischung aus nationalem und internationalem Gericht darstellt. Nach Art. VII des Annex 6 zum Dayton-Abkommen bestellt die Föderation vier, die RS zwei Mitglieder der Kommission, während die übrigen acht, also in jedem Fall die Mehrheit, vom Ministerkomitee des Europarats nach Konsultation mit den Parteien bestellt werden; diese acht Mitglieder müssen eine andere Nationalität als die Bosnien und Herzegowinas oder der Nachbarstaaten haben. Die Amtszeit beträgt fünf Jahre. Die Kammer entscheidet nach Maßgabe von Art. VIII, Annex 6 darüber, welche Fälle sie behandeln will, wobei Voraussetzung für die Befassung die Erschöpfung nationaler effektiver Rechtsmittel ist, die Nichtanhängigkeit vor anderen internationalen Menschenrechtsgremien und die Vereinbarkeit mit den im Abkommen vorgegebenen Voraussetzungen. Die Menschenrechtskommission ist somit als Substitut für die Straßburger Organe speziell für Bosnien und Herzegowina zu betrachten, das die Voraussetzungen zum Beitritt zum Europarat und damit zu den Menschenrechtsorganen der EMRK, insbesondere ein demokratisches,

---

kann aber problemlos verlängert werden. Zur Beurteilung der internationalen Komponente gerade im Verfassungsgericht vgl. Schneider, siehe Anm. 2, 53ff.

[19] Vgl. näher hierzu Szasz, siehe Anm. 14, 308 ff.

[20] Das Verfahren des Büro des Ombudsman, der in Ombudsperson umbenannt wurde, ist in einer ausführlichen Verfahrensordnung geregelt.

auf Achtung der Menschenrechte gestütztes System, nicht erfüllte[21]. Die Schaffung der Menschenrechtskommission sollte dazu dienen, Verletzungen der EMRK durch ein unabhängiges, internationales Gericht festzustellen und dadurch denselben Schutz und dieselbe Gewährleistung der Menschenrechte sicherzustellen, wie sie durch die Organe der EMRK, die Kommission und den Gerichtshof für Menschenrechte für die Mitgliedstaaten, die sich den Verfahren unterworfen haben, gewährleistet wird. Demgemäß ist es nicht verwunderlich, daß das Verfahren, das in der am 13. Dezember 1996 erlassenen detaillierten Verfahrensordnung[22] niedergelegt ist, in den wesentlichen Punkten der Verfahrensordnung des Europäischen Gerichtshofs für Menschenrechte angepaßt ist. Die Kammer soll danach grundsätzlich in "panels" von sieben Mitgliedern sitzen, das Plenum kann dann mit der Überprüfung der Entscheidungen befaßt werden[23]; es soll zunächst eine gütliche Einigung gesucht werden (Art. IX, Annex 6 und Regel 44) und insbesondere wichtig ist, daß auch hier ein gesondertes Zulässigkeitsverfahren mit einer abschließenden Entscheidung stattfindet, wie dies im Bereich der EMRK bisher noch vor der Kommission erfolgt (Regel 47 ff.); erst im Hauptverfahren wird dann die Frage der Verletzung der Menschenrechte geprüft. Wiedergutmachungsmaßnahmen sowie gegebenenfalls Schadensersatz sollten in der Entscheidung bereits geregelt werden, können aber auch einer gesonderten Entscheidung vorbehalten werden. Im Unterschied zum Verfahren nach der EMRK ist ein Überprüfungsverfahren vorgesehen, das sowohl eine Überprüfung der Frage der Zulässigkeit bzw. der Rückweisung oder Streichung nach Zulassung gemäß Art. VIII Abs. 2, Annex 6 des Abkommens betreffen kann als auch die Entscheidung zur Hauptsache. Der Antrag wird an das "panel" gerichtet, das diesen Fall nicht behandelt hatte, das entscheidet, ob eine Überprüfung stattfinden soll, eine Möglichkeit, die leerläuft, wenn, wie bisher, alle Fälle im Plenum entschieden werden; allerdings kann man die Ansicht vertreten, daß bei einer Entscheidung durch das Plenum die durch die Überprüfung erstrebte Beurteilung durch das gesamte Gremium ohnehin überflüssig wird.

---

[21] Vgl. Szasz, siehe Anm. 14, 306.

[22] Eine offizielle Fundstelle der Verfahrensordnung ist bisher nicht bekannt, sie ist jedoch über die internet-homepage der Universität Göttingen abrufbar.

[23] Allerdings hat bisher in allen Fällen das Plenum entschieden, so daß sich die Frage stellt, ob unter diesen Umständen überhaupt ein Antrag auf Überprüfung gestellt werden kann, was aber wohl zu verneinen ist, da ja bereits eine Entscheidung des Plenums vorliegt.

2. Verfahren vor der Menschenrechtskammer

Obwohl sich beide Seiten im Dayton-Abkommen auf die Einsetzung der Menschenrechtskammer geeinigt hatten, und obwohl die Mitglieder die für die höchsten Richterämter erforderlichen Qualifikationen aufweisen sollten, also vor allem Unabhängigkeit und Unparteilichkeit, wurde die Tätigkeit der Kammer in fast allen Fällen bisher aus eindeutig politischen Motiven heraus erschwert, wenn auch eine Blockade wie beim Schiedsverfahren für den Bereich Brcko nicht entstand, da dies aufgrund der Zusammensetzung der Richterbank nicht möglich war. Zumindest die Zulässigkeitsphase war regelmäßig dadurch gekennzeichnet, daß die Richter der Partei, der die Menschenrechtsverletzungen angelastet wurden, nicht teilnahmen, auch das Abstimmungsverhalten der nationalen Richter war in mehreren Fällen den nationalen Interessen angepaßt, die Unparteilichkeit und Unabhängigkeit der Richter also durchaus fragwürdig. Dennoch ist im Unterschied zum Schiedsverfahren für den Bereich Brcko die Tätigkeit der Menschenrechtskammer als ein wichtiger Beitrag zur Durchsetzung der Menschenrechte und damit zur Durchführung des Dayton-Abkommens zu bewerten, auch wenn die Zahl der Fälle naturgemäß bisher[24] nicht sehr hoch ist und die Art der geltend gemachten Verletzungen in ihrer Schwere unterschiedlich ist. Ein kurzer, nur auf wesentliche Punkte beschränkter Überblick über die Tätigkeit der Menschenrechtskammer soll die Probleme, mit denen sie konfrontiert war, erläutern, um eine Bewertung ihrer Effektivität ermöglichen[25].

a.) Die Mehrzahl der bisher eingeleiteten und z.T. auch schon entschiedenen Fälle betrifft Fragen des Wohneigentums[26], die aufgrund einer

---

[24] Zeitpunkt der Abfassung des Artikels war aus organisatorischen Gründen bereits Dezember 1997.

[25] Die Entscheidungen der Menschenrechtskammer sind soweit ersichtlich bisher nur über die Internet-Homepage der Universität Göttingen abrufbar, daher muß hier auf nähere Angaben zur Fundstelle verzichtet, und auf diese Homepage verwiesen werden.

[26] Fall 03/96, Branko Medan gegen (1) Bosnien und Herzegowina und (2) gegen die Föderation Bosnien und Herzegowina, 08/96, Stjepan Bastianovic gegen (1) Bosnien und Herzegowina und (2) gegen die Föderation Bosnien und Herzegowina; 09/96, Radoslav Markovic gegen (1) Bosnien und Herzegowina und (2) gegen die Föderation Bosnien und Herzegowina; CH/96/18 "A. C." gegen die Föderation Bosnien und Herzegowina; CH/96/2, Milovoje Bulatovic gegen (1) Bosnien und Herzegowina und (2) gegen die Föderation Bosnien und

widersprüchlichen Gesetzgebung in vielen Fällen zu schwerwiegenden Problemen für die Betroffenen Anlaß gab sowie Fragen der Enteignung von Wohneigentum[27]. Bei der ersten Kategorie von Fällen handelte es sich im wesentlichen jeweils um den Kauf von Sozialwohnungen der Jugoslawischen Volksarmee (JNA), die den Bewohnern nach langjähriger Miete zum Kauf angeboten worden waren. Die Kaufverträge waren jedoch durch ein Gesetz annulliert worden, das kurz nach Inkrafttreten des Dayton-Abkommens verabschiedet worden war. Die zivilrechtlichen Klagen der Beschwerdeführer waren ebenfalls durch Gesetz ausgesetzt worden, so daß ein innerstaatliches, effektives Rechtsmittel nicht gegeben war, obwohl dies theoretisch eine Fallkonstellation war, in der auch das Verfassungsgericht im Wege der inzidenten Normenkontrolle mit der Überprüfung der fraglichen Gesetze hätte befaßt werden können. Da aber durch Gesetz gerade auch die anhängigen gerichtlichen Verfahren suspendiert worden waren, war auch das Rechtsmittel der inzidenten Normenkontrolle durch das Verfassungsgericht entfallen.

Die Kläger rügten im wesentlichen eine Verletzung ihres Rechts auf Eigentum (Art. 1 1. Zusatzprotokoll zur EMRK) sowie eine Reihe damit verbundener Verletzungen anderer Rechte. Die drei bereits zur Sache entschiedenen Fälle[28] waren, wie die anderen Fälle dieser Kategorie auch, von der Ombudsperson eingebracht und für zulässig erklärt worden; in allen Fällen war in der Zulässigkeitsphase die Teilnahme der beklagten Partei(en) entweder nicht gegeben[29] oder aber sie beschränkte sich auf Briefe des Justizministers, die sachlich unzureichend waren[30]. Die Entscheidung in den drei genannten Fällen warf zunächst die Frage auf, ob die Föderation oder der Staat Bosnien und Herzegowina für die Verletzung verantwortlich waren. Die Gesetzgebung, die rückwirkend den Kauf der Wohnungen annullierte, war durch den Staat ergangen; andrerseits lag gemäß dem Abkommen von Dayton die Zuständigkeit für Wohnraumpolitik bei den Kantonen und Distrikten, so daß die Föderation jegliche Verantwortlichkeit zurückwies. Die Kammer befand jedoch, daß die Föderation dennoch verantwortlich sei, weil nach der

---

Herzegowina; CH/96/23 Fatima Kalincevic gegen (1) Bosnien und Herzegowina und (2) die Föderation Bosnien und Herzegowina.

[27] Fall CH/96/17, Mehmed Blentic gegen die Republik Serbien, und Fall CH/96/28, "M. J." gegen die Republik Serbien.

[28] Fall CH/96/3, 8 und 9.

[29] Fall Medan und Bastijanovic; "A. C." und Kalincevic.

[30] Fall Bukativic und Fall Markovic.

Verfassung des Staates Bosnien und Herzegowina die Wohnraumpolitik nicht in den Zuständigkeitsbereich des Staates fällt, das aber heißt, daß sie in die Zuständigkeit der Untergliederungen fällt[31], die damit, wenn auch nicht für die Gesetzgebung, so doch für deren Anwendung auf ihrem Gebiet zuständig sind. Auch das Argument einer eigenständigen Verantwortlichkeit der Kantone und Distrikte überzeugt die Kammer nicht, da das Abkommen von Menschenrechtsverletzungen durch die Parteien spricht, was deren Funktionäre und Organe, also auch territoriale Untergliederungen, einschließt[32]; zudem sei nicht eindeutig, ob die Fragen dieser Streitfälle in der Tat in die Zuständigkeit der Kantone fallen. Trotz einiger Unklarheiten darüber, ob alle drei Kläger bereits Eigentum erworben hatten, bejaht die Kammer diese Frage und kommt zu dem Ergebnis, daß eine Verletzung des Rechts auf Eigentum durch die Föderation vorliegt, da die rückwirkende Annullierung der Verträge auch nicht als eine nach dem Protokoll gerechtfertigte Maßnahme anzusehen ist. Damit ist zunächst die Verantwortlichkeit der Föderation festgestellt; geprüft wird dann auch die des Staates Bosnien und Herzegowina, die ebenfalls bejaht wird, da das Gesetz zur rückwirkenden Annullierung der Kaufverträge vom Staat erlassen worden war. Das Urteil stellt die Verantwortlichkeit beider Beklagter jeweils mit einer Gegenstimme fest und verpflichtet die Föderation zur Rückgabe des Eigentums, zur Aufhebung der Blockade der anhängigen Zivilgerichtsverfahren und zur Berichterstattung über die vorgenommenen Maßnahmen innerhalb von zwei Monaten; weitere Maßnahmen behält die Kammer sich vor, bis sie über das Vorgehen der Föderation unterrichtet ist. Leider ist über die der Entscheidung geleistete oder nicht geleistete Folge nichts bekannt.

Die anderen beiden Fälle, die den Entzug von Wohneigentum betrafen, sind ebenfalls beide bereits zur Hauptsache entschieden. Hier war Beklagter die RS, die die Kläger, jeweils bosnischer ethnischer Zugehörigkeit, aus ihren eigenen Häusern in Banja Luka vertrieben hatte. Die gegen die Vertreibung vor den innerstaatlichen Gerichten eingelegten Rechtsmittel waren in beiden Fällen sogar erfolgreich gewesen, jedoch scheiterte die Durchsetzung der Urteile an mangelnder Kooperation der Polizei. Weitere gerichtliche Schritte hatten der Sache nach immer Erfolg, aber die Durchsetzung konnte nicht erreicht werden, so daß die

---

31 Art. II Abs. 3 (a) der Verfassung bestimmt: "All governmental functions and powers not expressly assigned in this Constitution to the institutions of Bosnia and Herzegovina shall be those of the Entities".

32 Anhang 6, Art. II Abs. 2 des Abkommens.

Ombudsperson die Menschenrechtskammer wegen Verletzung von Art. 8 EMRK, Art. 1, 1. Zusatzprotokoll und Art. 6 EMRK befaßte. Die Kammer stellt eine Verletzung von Art. 8 EMRK fest, da die Parteien positive Verpflichtungen treffen, die Menschenrechte zu gewährleisten, was eine effektive Möglichkeit der Durchsetzung der Gerichtsentscheidungen einschließt. Ebenfalls wird eine Verletzung von Art. 1, 1. Zusatzprotokoll, und von Art. 6 Abs. 1 EMRK festgestellt und die RS verpflichtet, wirksame Maßnahmen zur Gewährleistung der Rechte der Kläger zu treffen, auch hier wiederum wird nach zwei Monaten ein Bericht über die ergriffenen Maßnahmen verlangt und das weitere Verfahren vorbehalten. Obwohl beide Fälle weitgehend parallel lagen, erging die Entscheidung nicht mit gleichen Mehrheiten. Im Fall "M. J." gab es zu den einzelnen Entscheidungspunkten jeweils eine bzw. zwei Gegenstimmen, der Fall Blentic hingegen ist bisher der einzige, der einstimmig erging und der daher ein positiver Markstein auf dem Wege der unabhängigen und unparteilichen Rechtsfindung ist, wie sie das Dayton Abkommen zur Gewährleistung der Menschenrechte in der Menschenrechtskammer verwirklichen wollte. Auch wenn es hier nicht um so gravierende Fälle ging wie im folgenden Abschnitt, so ist doch die Haltung der nationalen Richter, die in der Zulässigkeitsphase das Verfahren weitgehend blockierten, positiv zu bewerten, da ihr Votum in der Hauptsache als sachlich begründet anzusehen ist und die übliche politisch begründete Position, nämlich der Dissent der nationalen Richter der beklagten Partei, aufgegeben wurde; denn es ist in der Tat kein rechtliches Argument erkennbar, mit dem die Verhinderung der Durchsetzung eines gut fundierten Gerichtsurteils gerechtfertigt werden könnte.

b.) Zwei Fälle, mit denen sich die Kammer befassen mußte, betrafen das Verschwinden von Personen[33], Art. 5 EMRK; beide Fälle sind bereits zur Hauptsache entschieden und haben wesentliche Fragen der Zuständigkeit des Gerichts und der Beweiswürdigung geklärt. In beiden Fällen handelte es sich um katholische Priester, deren Verbleib geklärt werden sollte. Beide waren vor Abschluß des Abkommens von Dayton verschwunden, so daß die Frage der Zuständigkeit *ratione temporis* auftrat, die von der Kammer dahin gehend entschieden wurde, daß sie zwar nur für Verletzungen von Menschenrechten nach dem 14. Dezember 1995 zuständig sei, daß aber eine vor diesem Zeitpunkt begonnene und sich darüber hinaus erstreckende Verletzung in ihre Zuständigkeit fällt, wo-

---

[33] Fall 01/96, Josip, Bozana and Tomislav Matanovic against The Republika Srpska und Fall 15/96, Ratko Grgic against The Republika Srpska.

bei die Ereignisse vor dem 14. Dezember 1995 nur als Fakten verwertet, nicht aber mehr abgeurteilt werden können. Allerdings ist diese generelle Aussage im Fall Grgic relativiert worden; der Priester war bereits seit 1992 verschwunden, so daß es fraglich schien, ob ohne konkrete Beweise davon auszugehen sei, daß die Festnahme des Betroffenen auch noch über den 14. Dezember 1995 hinaus, also drei Jahre, andauerte. Die Tatsache, daß die beklagte RS sich im Zulässigkeitsverfahren nicht einließ, wertete das Gericht dahin gehend, daß zumindest die Klage nicht offensichtlich unbegründet war. Allerdings folgte es dann nicht dem Antrag der Klägerin, der deutschen Sektion der Internationalen Gesellschaft für Menschenrechte, die eine Umkehr der Beweislast gefordert hatte; die Kammer wies die Klage daher ab, da auf Grund der mangelhaften Beweislage nicht davon auszugehen sei, daß der Priester noch in der Gewalt der RS sei; diese Auffassung wird in dem dissentierenden Votum der zwei von der Föderation bestellten Richter Markotic und Juka stark kritisiert, die insbesondere der Ombudsperson vorwarfen, nicht genügend über den Verbleib von Grgic recherchiert zu haben.

In dem Fall Matanovic, in dem es ebenfalls um das Verschwinden eines Priesters und seiner Eltern ging, das sich allerdings erst wenige Monate vor Abschluß des Dayton-Abkommens ereignet hatte, kam die Kammer zu einer Verletzung der EMRK, obwohl auch hier die Beweislage schwierig war. Die RS, die an der Zulassungsentscheidung nicht teilgenommen hatte, hatte sich im Hauptsacheverfahren dahin gehend eingelassen, daß die betroffenen Personen ausgereist seien und hatte auch Zeugen beigebracht, die dies angeblich gesehen hatten. Dagegen standen Beweise, die für den Aufenthalt der Betroffenen in der RS sprachen, da diese mehrmals auf einer Liste für den Austausch von Gefangenen aufgeführt waren. Die Kammer hielt diese Beweise für glaubwürdiger als die der im übrigen auch erst sehr spät beigebrachten Augenzeugen, die zudem Polizeibeamte der beklagten Partei waren.

In diesem Fall war auch die Frage der Zurechenbarkeit der Tat zur RS fraglich, da es nicht selten war, daß Personen in sog. inoffiziellen Gefängnissen in Privathäusern festgehalten wurden und damit weitgehend der Aufsicht des Staates entzogen waren; ein solcher Fall war hier anscheinend gegeben. Die Kammer stellte aber zu Recht fest, daß es Sache der RS gewesen sei, den Verbleib der betroffenen Personen nachzuweisen und ordnet zunächst nur an, daß die RS intensive Untersuchungen über den Verbleib der Personen anstellt und gegebenenfalls ihre Freilassung sicherstellt; über diese Aktivitäten ist der Kammer Bericht zu erstatten, die sich weitere Verfügungen, etwa über Schadensersatz, vorbehält.

Da dies der erste von der Kammer entschiedene Fall war, ist das Vorbringen der Sondervoten bezeichnend für die Stimmung in der Kammer: die beiden serbischen Richter Pajic und Popovic bestreiten die Zuständigkeit der Kammer für alle Fälle, in denen die Ursache der Beschwerde in Tatsachen liegt, die vor dem 14. Dezember 1995 stattgefunden haben; damit würden gerade alle die Fälle, in denen Personen verschwunden sind, aus der Zuständigkeit des Kammer herausfallen und nicht verfolgt werden können, ein sicher unakzeptables Ergebnis. Der zweite Einwand der dissentierenden Kammermitglieder gibt einen Eindruck darüber, wie die Einstellung zu der Tätigkeit der Kammer zu bewerten ist: die beiden serbischen Mitglieder der Kammer beklagen den Ausgang einiger von der Kammer im Wege der üblichen Abstimmung gefundenen Ergebnisse, da diese Ergebnisse gefunden wurden durch "outvoting of the members of the Human Rights Chamber from the Republika Srpska and in our opinion it is in deep contradiction to the principle of material truth. That leads to the conclusion that, on the basis of an incorrectly and incompletely established situation, this decision was made to the disadvantage of the respondent Party, namely the Republika Srpska"[34].

c) Der bisher interessanteste Fall ist der Fall Damianovic gegen die Föderation Bosnien und Herzegowina[35], der die Frage der im Krieg verhängten Vollstreckung der Todesstrafe in Friedenszeiten betrifft. Dieser Fall war von der Schwester des Betroffenen eingereicht worden, da dieser im Gefängnis saß. Er war von einem Militärdistriktgericht 1993 wegen Völkermord und Verbrechen gegen die Menschlichkeit gegenüber zwei Brüdern und einer dritten Person nach Art. 141 und 142 des jugoslawischen Strafgesetzbuchs zum Tode verurteilt worden auf Grund eines Geständnisses, das aber angeblich unter Folter erzwungen worden war. Diese Strafe war vom High Court of Sarajewo bestätigt worden. Nach Recherchen des Anwalts des Verurteilten lebten aber die beiden angeblich ermordeten Brüder noch und der Tod der dritten Person war inzwischen zwei anderen, bereits angeklagten Personen angelastet worden. Daher war die Wiederaufnahme des Falles beim High Court of Sarajewo beantragt worden, der die Frage zur Prüfung an das Untergericht zurückverwiesen hatte. Die einschlägigen Vorschriften der EMRK, deren Verletzung hier in Frage stand, waren das Verbot der Todesstrafe, 6. Zusatzprotokoll, und die Gerichtsqualität des Militärgerichts gemäß

---

[34] § 6 des Votums.

[35] Fall 39/96, Entscheidung über die Zulässigkeit vom 11. April 1997, zur Hauptsache am 5. September 1997.

Art. 2 Abs. 1 EMRK, die von der Kammer, das sei hier nur am Rande erwähnt, verneint wurde. Obwohl das Wiederaufnahmeverfahren noch vor dem Kantonalgericht anhängig war, hatte die Kammer die Klage zugelassen, denn die Föderation hatte sich im Verfahren zur Zulässigkeit nicht eingelassen und die Nichterschöpfung der nationalen Rechtsmittel nicht gerügt. Ihr Versuch, dies im Verfahren zur Hauptsache nachzuholen, wurde zurückgewiesen, da alle Fragen der Zulässigkeit abschließend in der ersten Phase des Verfahrens entschieden werden und nur in außergewöhnlichen Fällen im Hauptsacheverfahren noch berücksichtigt werden können[36]. Als wegweisend für weitere Fälle können die Ausführungen zur Vollstreckung der Todesstrafe angesehen werden. Das 6. Zusatzprotokoll ist für die Föderation am 14. Dezember 1995 direkt anwendbar geworden, so daß die Vollstreckung der Todesstrafe nur unter den eng auszulegenden Bestimmungen des Art. 2 ZP zulässig wäre, die ausdrücklich in besonderen nationalen Vorschriften betreffend Kriegszeiten oder drohenden Krieg niedergelegt sein müssen. Dies aber trifft weder für Art. 141 noch Art. 142 des jugoslawischen Strafgesetzbuches zu, denn diese beziehen sich nicht ausdrücklich auf Krieg oder drohenden Krieg. Außerdem sind diese beiden Vorschriften des Strafgesetzbuches nicht mehr in Kraft, da nach der im Dayton-Abkommen niedergelegten Verfassung von Bosnien und Herzegowina nur solche vorkonstitutionellen Gesetze in Kraft bleiben, die mit der Verfassung in Einklang stehen, und das ist angesichts der vorrangigen Geltung der EMRK und ihrer Zusatzprotokolle für diese Bestimmungen nicht der Fall, da sie die Verhängung der Todesstrafe auch in Friedenszeiten vorsehen. Damit ist grundsätzlich geklärt, daß in all den Fällen, in denen die Todesstrafe verhängt, aber noch nicht vollstreckt worden ist, selbst wenn es für Kriegsverbrechen während des Krieges geschah, nicht mehr vollstreckt werden kann, da dies einen Verstoß gegen die Verfassung bedeuten würde. Noch klarer äußern sich die Mitglieder Nowak und Möller in ihrem Sondervotum und im Ergebnis gleich auch die Mitglieder Masenko-Mavi und Rona Aybay, die hervorheben, daß selbst wenn die Todesstrafe gemäß Art. 2, 6. ZP hätte verhängt werden dürfen, sie jedenfalls inzwischen wegen des Inkrafttretens der neuen Verfassung nicht mehr vollstreckt werden könnte. Damit ist zugleich ein nicht unerhebliches Problem gelöst, das sich im Zusammenhang mit dem Internationalen Strafgericht für Jugoslawien stellte, das nämlich nicht die Todesstrafe verhängen kann, so daß Personen, die vor nationalen Ge-

---

[36] Die Kammer bezieht sich hier auf die entsprechenden Fälle des Europäischen Gerichtshofs für Menschenrechte De Wilde u.a. gegen Belgien (Series A, No. 12, §§ 53 - 59) und Artico gegen Italien (Series A, No. 37, §§ 24 -28).

richten wegen Kriegsverbrechen verfolgt wurden, eine schwerere Strafe zu erwarten hatten als die, die an das internationale Gericht überstellt wurden. Diese Kammerentscheidung schließt eine derartige Ungleichbehandlung nunmehr aus.

V. Abschließende Bewertung

Die Einsetzung von international besetzten Gerichten und Schiedsgerichten zur Herstellung des Friedens in Bosnien und Herzegowina durch das Abkommen von Dayton hat sich im Ergebnis bewährt. Zwar ist das zur Klärung der noch offenen Grenzfrage bei Brcko eingesetzte Schiedsgericht eher in Gestalt eines Vermittlers tätig geworden, es hat jedoch, und das scheint augenblicklich noch vorrangig, dazu beigetragen, diese strittige Frage bisher wenigstens weitgehend friedlich zu handhaben. Die Schwierigkeiten, auf die dieses Gericht bei dem Versuch gestoßen ist, seinen Auftrag durchzuführen, machen allerdings deutlich, daß es Situationen gibt, in denen die gerichtliche Streitbeilegung nicht als das geeignete Mittel angesehen werden kann und in denen die Übertragung der Lösung derartiger Aufgaben an ein Gericht nicht nur für die Institution internationale Gerichtsbarkeit durchaus abträglich sein kann, sondern auch die möglichen Ergebnisse einem Rechtsfrieden nicht näherkommen. Ob in diesem Fall eine andere Besetzung des Schiedsgerichts, nämlich mit einer "internationalen" Mehrheit, mehr Erfolg gehabt hätte, ist schwer abzuschätzen. Zwar hätte in diesem Fall ein Schiedsspruch ganz sicher gefällt werden können, aber ob er beachtet worden wäre, bzw. ob er zur Beilegung der Streitfrage geführt hätte, darf bezweifelt werden. In einer politisch so heiklen Frage wie der Grenzziehung im Gebiet Brcko war die Einigung auf eine Lösung im Wege der Schiedsgerichtsbarkeit als politischer Kompromiß zu verstehen, der sich bis in das Verfahren und die Entscheidung hinein fortgesetzt hat und voraussichtlich zu einer - faktischen - Änderung der im Abkommen ursprünglich angestrebten Lösung einer geschlossenen Grenzlinie zwischen den Teilstaaten Bosnien und Hezegowinas führen wird. Die Verwendung der Schiedsgerichtsbarkeit als geeignetes Mittel darf hier trotz des erreichten und bisher insgesamt nur unwesentlich verletzten Kompromisses als äußerst problematisch bewertet werden, die die alte Erkenntnis bestätigt, daß nicht alle Streitfragen einer gerichtlichen Beilegung zugänglich sind und daß selbst eine allumfassende internationale obligatorische Gerichtsbarkeit Frieden nicht garantieren könnte[37].

Diese Feststellung läßt auch die Anwendung von Annex 5 des Dayton-Abkommens als wenig realistisch erscheinen. Annex 5 ist überschrieben "Agreement on Arbitration"; die Föderation und die RS haben darin vereinbart, die folgend aufgeführten Verpflichtungen der in Genf am 8. September 1995 angenommenen "Agreed Basic Principles" zu beachten, nämlich einmal gemäß Paragraph 2. 4 c) "to engage in binding arbitration to resolve disputes between them" und gemäß Paragraph 3.5 "The design and implementation of a system of arbitration for the solution of disputes between the two entities". Angesichts der Erfahrungen mit der Einsetzung und der Kooperation im Schiedsgericht für den Brcko-Korridor scheint eine Umsetzung und Anwendung dieser durch die Aufnahme in das Dayton-Abkommen verbindlich gewordenen Verpflichtungen allenfalls langfristig möglich, und auch dies muß wohl eher skeptisch bewertet werden. Immerhin fällt jedoch ein weiter Bereich der möglichen Streitigkeiten zwischen den Teilstaaten RS und der Föderation in die Zuständigkeit des Verfassungsgerichts, obwohl hier die Formulierung unscharf und offen ist[38] ebenso wie die Zuständigkeitsabgrenzung zwischen der Schiedsgerichtsbarkeit und dem Verfassungsgericht.

Als bisher erfolgreich und weiter Erfolg versprechend kann man hingegen die Regelung im Bereich der Menschenrechte bezeichnen. Die Menschenrechtskommission hat bereits jetzt in den wenigen Fällen, die sie in der kurzen Zeit ihres Bestehens entscheiden konnte, grundlegende Fragen geklärt und den Prozeß der Implementierung der Menschen-

---

[37] Vgl. hierzu näher R. Y. Jennings, "The Proper Work and Purposes of the International Court of Justice", in: Muller/Raic/Thuranszky, siehe Anm. 12, 33 ff., (41 und 45).

[38] Artikel VI der Verfassung in Anhang 4 des Abkommens bestimmt in Absatz 3a) "The Constitutional Court shall have exclusive jurisdiction to decide any dispute that arises under this Constitution between the Entities ... including but not limited to ...". Diese Vorschrift läßt das Verhältnis zu Anhang 5 insgesamt etwas unklar, muß aber wohl so ausgelegt werden, daß nur solche Streitigkeiten zwischen den Teilstaaten der Schiedsgerichtsbarkeit nach Anhang 5 zu unterwerfen sind, die nicht in die Zuständigkeit des Verfassungsgerichts fallen; über Streitigkeiten, welche der Gerichtsbarkeiten zuständig ist, wird wohl im Zweifel das Verfassungsgericht entscheiden, das aufgrund seiner Zusammensetzung aus vier durch die Föderation und zwei durch die RS sowie drei durch den Präsidenten des Europäischen Gerichtshofs für Menschenrechte bestellte auswärtige Mitglieder nicht durch eine Partei blockiert werden kann.

rechte auf eine solide und vielversprechende Basis gestellt, obwohl über die den Entscheidungen geleistete Folge bisher nichts bekannt ist. Die zögernde Haltung der nationalen Richter ist im Schwinden begriffen, denn anders als im Fall des Schiedsgerichts für Brcko, in dem nach der Überlagerung des insbesondere einschlägigen Rechtsprinzips der Nichtanerkennung von widerrechtlich erlangtem territorialem Besitz nur noch nach "relevant equitable principles" entschieden werden konnte, kann hier positives Recht zur Anwendung kommen. Darüber hinaus kann sich die Kammer auf die ständige Rechtsprechung der Organe der EMRK berufen, die den Standard vorgeben, der in Europa als durchsetzbar angesehen wird und dem sich kein europäischer Staat auf Dauer entziehen kann, wenn er sich nicht in eine absolute Außenseiterposition bringen will, eine Rolle, die sich ein im Wiederaufbau befindlicher Staat nicht leisten kann. So ist gerade in diesem für das Entstehen eines dauerhaften Friedens unverzichtbaren Bereich der Achtung und Durchsetzung der Menschenrechte ein bedeutender Ansatz gegeben, auch wenn noch keineswegs absehbar ist, - und das wäre ja erst der eigentliche Erfolg -, ob die Wahrung der Menschenrechte wie vorgesehen nach fünf Jahren in die Hände des Staates gelegt werden kann bzw. ob der Staat Bosnien und Herzegowina dann bereits die Voraussetzungen erfüllt, um Mitglied im Europarat zu werden und sich damit den Straßburger Organen unterwerfen kann, um den jetzt bestehenden Sonderweg der Durchsetzung der EMRK zu beenden. Die Haltung der "nationalen" Richter sowohl im Brcko-Schiedsgericht als auch in der Menschenrechtskommission lassen eher vermuten, daß die internationale Beteiligung noch für geraume Zeit erforderlich sein wird, um den Friedensprozeß zu stärken, und das nicht nur im Bereich der Beachtung der Menschenrechte durch ein internationales Element im Verfassungsgericht und in der Menschenrechtskommission, sondern mehr noch in den anderen durch das Dayton-Abkommen geschaffenen Organen, ohne die der ohnehin labile Frieden gar nicht aufrecht zu erhalten wäre. Der in Dayton verwirklichte Gedanke, daß gerade in Situationen wie denen in Bosnien und Herzegowina bei der Sicherung des Friedens auf das Prinzip der Supranationalität gesetzt werden muß, ist nicht neu[39], er hat aber zur Folge, daß die von der Staatengemeinschaft übernommene Mitverantwortung eine erhebliche Belastung mit sich bringt, aus der sie sich nicht zurückziehen kann, ohne das gesamte Werk zu gefährden. Daher ist jeder Fortschritt, der erzielt wird, von Bedeutung und solche Fortschritte der Haltung im Staate Bosnien und Herzegowina müssen durch

---

[39] Bereits R.N. Coudenhove-Kalergi hat diesen Gedanken bis ins 17. Jahrhundert zurück verfolgt: *Paneuropa,* 136.

konsequente Anwendung der Verpflichtungen des Dayton-Abkommens entwickelt werden und sind an den Verhaltensweisen der staatlichen Organe abzulesen. In diesem Sinne ist die Erfahrung im Brcko-Schiedsgericht als negativ einzustufen, die in der Menschenrechtskammer als eher erfolgversprechend, ohne daß, auch nur beschränkt auf diesen engen Bereich der internationalen Elements in der Gerichtsbarkeit, die Prognose zu wagen wäre, daß innerhalb der vorgesehen Frist von fünf Jahren wenigstens in diesem Teilbereich die internationale Komponente entbehrlich würde.

On Unfulfilled Duties: The Obligation to Make Reparation in Cases of Violation of Human Rights

Felipe H. Paolillo

I. The Duty of Making Reparation

The duty of making reparation to the victims of violations of human rights seems to have become one of the permanent items on the agenda of the Commission on Human Rights (CHR), that has been dealing with the matter without interruption for several years now. In the relevant resolutions the CHR has been calling upon the international community to pay due attention to the "right to restitution, compensation and rehabilitation for victims of violations of human rights".[1]

The true intention here is not merely that States should show a formal or academic interest in the problem of reparation to the victims in case of human rights violations; rather, what the CHR demands - in a highly indirect style, to be sure - is that States shall, in these cases, effectively fulfil their obligations deriving from the basic principle of law according to which the author of an unlawful act shall make compensation for the harmful consequences arising from that act.

In making its plea, the CHR invoked "internationally proclaimed human rights principles", but the obligation to make reparation is grounded, in fact, on a wider and more general basis, since it is derived from a fundamental principle of law, long enshrined in the international corpus iuris and confirmed time and again by numerous decisions of

---

1 CHR, *Resolutions* 1994/35 of 4 March 1994; 1995/34 of 3 March 1995; 1996/35 of 19 April 1996; 1997/29 of 11 April 1997.

international courts and tribunals, according to which reparation is due for any injury resulting from an unlawful act.

The classical formulation of the principle is to be found in the judgement of the Permanent Court of International Justice in the Chorzow Factories case, which has become an almost unavoidable reference in any context where international responsibility for wrongful acts is in question. There it is stated that: "... it is a principle of international law, and even a general conception of law, that any breach of an engagement involves an obligation to make reparation".[2]

In addition to deriving from a fundamental principle of law, the obligation to make reparation has been stated explicitly, albeit with variations in terminology and scope, in many human rights treaties and conventions and in acts of international organizations having to do with the protection of human rights.

Although the Universal Declaration of Human Rights constitutes the basic text consecrating the fundamental rights and freedoms of the human person, it contains no provision referring specifically to the obligation to make reparation that come into being whenever such rights and freedoms are violated; however, it does proclaim, in a very general fashion, that any victim of such violations has the right "to an effective remedy by the competent national tribunals" (Article 8).

The same right has also been affirmed in the texts of the International Covenant on Civil and Political Rights (Article 2 para. 3 lit. a) and the International Convention on the Elimination of All Forms of Racial Discrimination (Article 6). In addition, these two instruments are explicit in laying down the obligation to make reparation. In the first, the obligation is referred to in connection with the violation of a person's right to freedom (unlawful arrest or detention (Article 9 para. 5)); and miscarriage of justice in case of conviction of a person for a criminal offence (Article 14 para. 6). Under the second, States are obliged to ensure that persons under their jurisdiction shall have the right to seek just and adequate reparation or satisfaction for any damage suffered as a result of discriminatory acts (Article 6).

Other international instruments regulating the protection of human rights, either universal or regional in scope, contain similar provisions. At the universal level, for example, the Convention Against Torture and Other Cruel, Inhuman or Degrading Treatment or Punishment contains a provision to the effect that all States shall guarantee that victims of

---

2 Permanent Court of International Justice (PCIJ), *Series A*, No. 17, 29.

acts of torture shall receive reparation, "including the means for as full rehabilitation as possible" (Article 14 para. 1); while the Convention on the Rights of the Child calls for the physical and psychological rehabilitation and social reintegration of any child that has been victim of any form of abandonment, exploitation or abuse; torture or other form of cruel, inhuman or degrading treatment; or armed conflict (Article 39).

At the regional level, the European Convention for the Protection of Human Rights and Fundamental Freedoms lays down in Article 50 that where any Contracting Party adopts any decision or measure that is totally or partially in conflict with the obligations arising under the Convention, the Court shall grant the injured party "just satisfaction". The same Convention affirms the right to "reparation" for any person that has been subject to detention or internment under conditions contrary to the provisions of Article 5. The American Convention on Human Rights (hereinafter "the American Convention") makes the Inter-American Court of Human Rights competent for ruling that the consequences of a breach of a right or freedom protected by the Convention be remedied, and that "fair compensation" be paid to the injured party (Article 63 para. 1)[3]. It also proclaims the right of any person to receive compensation whenever he has been sentenced as a result of judicial error (Article 10), or if he has been deprived of his property (Article 21).

II. Failure to Make Reparation

In its resolutions concerning the right to reparation, the CHR takes it for granted that in the realm of the protection of human rights the principle is fully in force whereby any person responsible for a violation of these rights shall be under the obligation of making reparation. If the CHR has found it necessary to reiterate the principle and to draw the attention of the international community to it, it is because it considers that "the matter has received insufficient attention" and must be dealt

---

3 In the Aloeboetoe et al. case, the Court held that Article 63 para. 1 of the American Convention was a codification of customary international law. For comments on this finding see S. Davidson, "Remedies for violations of the American Convention on Human Rights", *ICLQ* 44 (1995), 405.

with in a systematic and thorough way at the national and international levels.[4]

The CHR's concern is fully justified when one examines the reports that States have transmitted to the Human Rights Committee under Article 40 of the International Covenant on Civil and Political Rights as well as the communications that the Committee receives under the Optional Protocol to the Covenant. These reports and communications reveal a very low level of compliance with the obligation to make reparation in cases where States' responsibility for violations has been established. Every year, besides the relatively small number of States that call for no observations as regards their compliance with their obligations, the reports list States that have been declared responsible for violations yet have made not the slightest attempt to make reparation.

For example, at its 55th, 56th and 57th Sessions (October 1995-July 1996), the Committee had before it reports from ten countries transmitted under Article 40 of the Convention. Five of these reports brought out clearly the disregard of the countries concerned for their obligation to make reparation; to them, the reports submitted by at least two other governments should be added, where the absence of any reference to this obligation warrants the conclusion that they have failed to comply.[5] The previous period (52nd, 53rd and 54th Sessions - October 1994-July 1995) presents a gloomier picture: of the 15 countries reporting to the Committee, only four elicit no comment as regards compliance with the obligation to make reparation.[6]

Furthermore, other cases of violations came to light in the course of the consideration, by the Committee, of the communications submitted in accordance with the Optional Protocol, that have shown that the recommendations made to the State in question to the effect that it should offer adequate compensation or bring in legislation so that the payment of such compensation may be possible, have not been followed. In its report to the 51st Session of the General Assembly, the Committee states that only a third of the replies received regarding the measures suggested by the Committee "can be considered satisfactory, in that they display a willingness, on the part of the State party, to implement

---

4 CHR *Resolutions* 1994/35, 1995/34, 1996/35 and 1997/29, preambular paragraph.

5 General Assembly, 51st Session, Suppl. 40.

6 *Id.*, 50th Session, Suppl. 40.

the Committee's views or to offer the applicant an appropriate remedy".[7]

In view of the high percentage of cases examined where the Committee has found that the States concerned have not complied with the obligation to make compensation or to undertake some other form of reparation, the statement that the matter has received "insufficient attention", and the call upon the international community to afford due attention seem to be excessively bland formulas adopted by CHR in referring to a regrettably frequent failure to implement.

III. Why Non-Compliance?

1. Persistence of Authoritarian Governments

In the case of countries where governments are still in power that disregard their people's rights, any hope that victims may receive some form of reparation is illusory. Indeed, it does not seem reasonable to expect that the government admits its responsibility and adopts measures for compensating the victims of human rights violations while in the country conditions inimical to human rights persist and such rights continue to be violated by the government, or with its complicity or tolerance.

Accordingly, whenever the Human Rights Committee finds that serious violations of human rights continue to be committed in a given country, it places the force of its authority on issuing orders or making recommendations to the effect that the violations should cease, and refrains from making any reference to the obligation on the part of the State responsible to make reparation because, under the prevailing circumstances, such reference would be pointless. A recommendation designed to ensure that the victims of violations shall be accorded the reparation due to them could only have prospects of implementation at some later time, once the country's political situation had become normal.[8]

---

7 *Id.*, 51st Session, Suppl. 40.

8 *Ibid.*, para. 292 et seq.

2. Difficulty in Identifying the Authors

However, even in the situation of countries where the respect for human rights has been re-established, attempts to ensure that the victims of past violations shall obtain any form of reparation are frequently frustrated by the negative attitude or downright refusal of governments to bring in the necessary measures making it possible to identify the perpetrators of these violations and, in so doing, assign responsibilities. The Committee has accordingly stated that impunity being derived from the fact that the relevant investigations have not been carried out is incompatible with the provisions of the International Covenant on Civil and Political Rights, and has appealed to the country concerned to take action and ensure that the perpetrators shall be identified, brought to judgement and punished, and that the victims of violations shall be indemnified.[9]

3. Amnesties

In other cases, the impunity of perpetrators is the result not so much of failure to act on the part of the State organs but of the granting of amnesties or the declaration by governments of the impunity of the authors of the violations. By exonerating military, police and civil agents of the State for acts constituting violations of human rights, governments make it practically impossible for the victims to identify the perpetrators and institute proceedings for compensation with any likelihood of success.[10]

The competent international organizations have several times declared national laws or acts granting amnesty incompatible with the conventions for the protection of human rights. For the Human Rights Committee, laws granting amnesty violate the International Covenant on Civil and Political Rights because by absolving its agents of their criminal responsibility, the State thereby absolves them of all forms of responsibility.[11] In these cases, the Committee recommendations are directed to pointing out the illegality of such laws or to obtaining from

---

9 *Ibid.*, paras. 209 and 241; 284 and 298; 313 and 325; 354.

10 *Ibid.*, para. 347.

11 *General Comment* 20 (44).

the State its consent to amending or repealing them.[12] The Committee has also requested the State to order the investigation of violations, to bring those responsible to justice and see that the victim and his family are paid compensation "notwithstanding any domestic amnesty legislation to the contrary".[13]

Nevertheless, the granting of amnesty does not always lead automatically to the total exoneration of the authors, who can still be held liable before civil courts for the violations they have committed. For example, Uruguay's Law Declaring the Expiration of the State's Punitive Authority leaves the way open for civil proceedings whereby victims may obtain compensation from the State - as in fact they have sometimes been able to do. Despite this, the Inter-American Commission on Human Rights found that the Expiration Law was incompatible with the American Declaration of the Rights and Duties of Man (Article XVIII) and with the American Convention on Human Rights (Arts. 1, 8 and 25). In coming to this conclusion, the Inter-American Commission held that, by bringing to an end the criminal cases of human rights violations, the Uruguayan State prevented the completion of the judicial investigation into alleged crimes and the identification of the perpetrators, thereby making it impossible to bring a civil action for compensation.[14]

4. Statutes of Limitations Applied to Claims for Reparation

States have also invoked the extinctive prescription in order not to allow actions to be brought for reparation for human rights violations. The reports of the Human Rights Committee record the replies received from many States within the framework of the procedures established by the Optional Protocol to the International Covenant on Civil and Political Rights, where a refusal to make reparation has often been justified by the allegation that victims failed to lodge compensation claims "within the statutory deadlines".[15]

In national legal systems it is a general principle of law that the lapse of time can have the effect of extinguishing certain rights, so that these

---

[12] General Assembly, 51st Session, Suppl. 40 para. 358.

[13] *Ibid.*, para. 422.

[14] Inter-American Commission on Human Rights, Decision of 4 October 1991.

[15] General Assembly, 51st Session, Suppl. 40 para. 427.

cannot be claimed in a court of law. This principle also applies to international legal relations about which the same arguments justifying prescription in internal legal matters can be adduced - namely to secure the stability and certainty of transactions; to ensure that existing situations shall not become a source of conflict. International case law provides several examples of claims being disallowed because the judge considered that the action had been extinguished by prescription.[16]

International instruments identifying and defining human rights lay down no time-limit beyond which a claim for compensation for the violation of these rights becomes extinguished. On the other hand, the international courts and tribunals are under no obligation to apply national rules establishing statutes of limitations to a person's rights when these rights are internationally protected. As the Mixed Claims Commission United States Venezuela ruled in the Spader case: "It is doubtless true that municipal statutes of limitation cannot operate to bar an international claim."[17]

Moreover, the arguments normally put forward for justifying resort to extinctive prescription - stability, certainty - lose any cogency when one is dealing with the entitlement of the victims of human rights violations to compensation. To invoke prescription, here, in addition to being fundamentally in conflict with equity, may have quite the opposite effect and prove to be the source of social insecurity and political instability.

While prescription may be allowed in many matters under general principles accepted by international law, this does not seem to be sufficiently grounded in the case of human rights. The classic doctrine that prescription can be applied in international law was largely based on international case law relating to the use and possession of goods or claims of economic nature involving material loss or damage.[18]

With the values at stake in any violation of human rights, one instinctively hesitates to accept the idea at its face value that the mere lapse of

---

[16] See B. Cheng, *General Principles of Law as applied by International Courts and Tribunals*, 1953.

[17] *R.I.A.A.*, Vol. IX, 224.

[18] Thus, in the frequently cited Gentini Case between Italy and Venezuela, one question requiring solution was "whether the general principles of prescription should be applied *to claims for money damages* as between nations". The arbitrator's answer was affirmative, stating that "all arguments in favour [of the application of prescription] as between individuals exist equally as well when the case of a national is taken up by his government against another". *R.I.A.A.*, Vol. X, 556 and 558.

time can automatically deprive victims of human rights violations or their families of their entitlement to compensation for the harm they have sustained. The moral nature of the value protected in most human rights should be sufficient to justify the establishment of a general rule, in the international legal system, similar to that embodied in the Convention on the Non-Applicability of Statutory Limitations to War Crimes and Crimes against Humanity, according to which the right to claim reparation for human rights violations shall not be extinguished through the mere passage of time.

The reasoning put forward by the General Claims Commission Mexico United States as regards the rule that personal actions become extinguished with the death of an entitled person could apply to invoking prescription in claims for reparation for human rights violations:

> "It would be a strange and unfortunate decision which would have the effect of precluding an international tribunal from making a final pronouncement upon the merits of any [...] controversy, because some rule of a particular system of local jurisprudence puts certain limitations on rights of actions under domestic law ... . The unfortunate delays incident to the redress of wrong by international arbitration are notorious ... . A decision of this kind would seem to put a premium on such delays which would be conducive to the nullification of just claims."[19]

In his excellent study on the right to reparation for victims of human rights violations, the Special Rapporteur, Theo van Boven, stated the opinion that what should prevail is the principle that claims for compensation for such violations are not subject to prescription.[20]

The Draft Basic Principles and Guidelines on the Right to Reparation prepared by Theo van Boven at the request of the Sub-commission on Prevention of Discrimination and Protection of Minorities[21] take their inspiration, in part, from this approach. However, the Draft does not state, as a general rule, that prescription may not be invoked in any

---

[19] *R.I.A.A.*, Vol. IV, 456.

[20] CHR, Sub-commission on Prevention of Discrimination and Protection of Minorities: "Review of Further Developments in Fields with which the Sub-commission has been concerned. Study concerning the right to restitution, compensation and rehabilitation for victims of gross violations of human rights and fundamental freedoms", Doc. E/CN.4/Sub.2/1993/8 para. 135.

[21] "Basic Principles and Guidelines on the Right to Reparation for Victims of [gross] violations of Human Rights", Doc. E/CN.4/1997/104, 3, Appendix.

claim arising from violations of human rights, but that the non-prescription principle operates only as an exception, with regard to civil claims for reparation.

The Draft in effect, in stating that "statutes of limitations shall not apply in respect of periods during which no effective remedies exist for violations of human rights or international humanitarian law" (para. 9, first clause), assumes that prescription is applicable as far as effective remedies are available. In this manner the Draft goes along with the trend in international jurisprudence favouring a restrictive application of prescription whenever the entitled person is unable to act or is in a disadvantaged or dependent position when it comes to claiming his rights.[22] The second clause of para. 9 provides that the statute of limitations shall not apply to "civil claims relating to reparations for gross violations of human rights and international humanitarian law". It will be noted that the wording refers only to civil claims for reparation, with the implication that prescription can be invoked against any other type of claim.

In the latest version of the document there is a further limitation on the rule that the statute of limitations may not be invoked, in that civil claims may be immune from prescription only if they concern "gross" violations of human rights or of humanitarian law. This adjective "gross" qualifies all violations of human rights throughout the text of the Basic Principles and Guidelines; and members of the Subcommission Working Group and other members of the Subcommission took exception to it.[23] Clearly, in the matter of violations of human rights the word "gross" raises the serious problem of determining which violations can be so considered and which not. Furthermore, the distinction as to whether a violation is gross or otherwise loses any justification when one is dealing with the right to claim reparation. Why should the right to compensation of the victim of a violation not considered "gross" be time-barred, whereas that of the victim of a "gross" violation is not?[24]

---

[22] See: Cayuga Indians Claim, Great Britain v. United States, *R.I.A.A.*, Vol. VI, 173 and 189.

[23] Doc. E/CN.4/Sub.2/1996/16, paras. 10 et seq.

[24] In view of the objections raised by several members of the Subcommission to keeping this qualifier in the text, the Special Rapporteur said he would have no difficulty in removing the word "gross", Doc. E/CN.4/Sub.2/-1996/16, para. 26).

5. Absence of Specific Legislation

A number of States have reported that they had no legislation for the processing of claims for compensation of victims of violations of human rights. The Human Rights Committee accordingly has recommended that the vacuum be filled by the enacting of adequate laws. In view of the fact that the Committee's recommendations have not always been followed by States, the Committee usually reiterates its conclusions, adding its concern over the failure to comply, or recommends that *ex gratia* compensations be paid.[25] In the absence of national laws providing for the payment of compensation in cases of human rights violations, some governments have made *ex gratia* payments or other forms of reparation, likewise *ex gratia*.[26]

In Latin America several governments have in recent years - and as part of their programmes for institutional normalization and national reconciliation upon the restoration of democracy - introduced special legislation dealing specifically with violations of human rights and designed, *inter alia*, to establish criteria and procedures for making reparation to the victims of such violations.[27]

Argentina, for instance, has adopted a series of laws and decrees providing for the payment of pensions to the families of the *desaparecidos* or for the formalization of payment agreements reached with the victims of violations or their families. The country's reparation policy was initiated in 1986 with the enactment of Law 23.446 of 30 October 1986, granting pensions to persons who had disappeared against their will prior to 10 December 1983. Subsequent laws and decrees, among which Laws 24.411 of 28 December 1994 and 24.436 of 11 January 1995, and Decrees 70/91 and 2151/91 may be cited, extended the range of entitled persons or laid down criteria for calculating the benefits.

Chile has adopted a policy of compensating families of victims of human rights violations resulting in the death of a person, and of providing compensation and assistance to Chilean nationals who were obliged to leave the country during the time of the *de facto* government. Supreme Decree No. 355 of 25 April 1990 set up the National Truth and Reconciliation Commission to investigate the facts relating to detained per-

---

25 General Assembly, 51st Session, Suppl. 40 paras. 109, 126 and 132.

26 *Ibid.*, paras. 431 and 432.

27 Commission on Human Rights, Doc. E/CN.4/1996/29 and Add. 1, 2 and 3.

sons that had disappeared, persons who were executed or whose death resulted from torture, or persons who were abducted or attacked under political pretext during the period of the military regime, when such facts might entail the responsibility of the State for acts committed by its agents or by persons in its service.[28]

In Uruguay, Law 15.848 of 22 December 1986 declared extinguished the State's punitive authority with respect to crimes committed by members of the military and the police during the *de facto* government, but left untouched the possibility of continuing administrative investigations undertaken to clarify facts having to do with persons detained in the course of military or police operations and persons who had disappeared, as well as with minors presumed to have been abducted in similar circumstances. In this way, the impunity accorded by the law to the responsible agents did not deprive the victims of violations from the right to institute civil proceedings in order to claim regress. In fact, democratic governments elected after the *de facto* government period entered into payment agreements with some of the victims whose right to be compensated had been recognized by the Human Rights Committee.

Brazil, too, has introduced legislation regulating the machinery for making reparation to victims of violations of human rights. The most important text here is Law 9140 of 5 December 1995 setting forth procedures and conditions to declare *desaparecidos* as dead and regulating the right of their relatives to receive compensation.

---

[28] It was not the purpose of the National Commission to settle claims but to transmit to the Government its conclusions in the light of the investigations it had made. The Commission proposed a series of measures designed to provide material compensation and moral rehabilitation for victims or their families; and, in the light of these recommendations, the Government enacted Law 19123 of 31 January 1992 which created the National Compensation and Reconciliation Corporation. The latter's terms of reference are, *inter alia*, to assist families of victims of violations by awarding a series of special benefits such as pensions or lump sums. The amount of monthly pensions and of the lump sums is determined by the Corporation. Provision is also made for according other kinds of benefits such as free medical assistance and education allowances.

IV. Forms of Reparation

As seen in Section I, conventions and other international instruments dealing with human rights are not very explicit as regards the ways in which reparation should be made or the procedures or conditions of the execution of the obligation. These instruments limit themselves to affirming the duty to make reparation, without going into detail as regards the criteria that States should follow in determining the form of the reparation or in deciding the amount of the indemnity or compensation or on time-limits and forms of implementation.

The obligation to make reparation arising from a violation of human rights can be implemented in one or other of several ways. Human rights conventions providing specifically the obligation to make reparation have employed, indistinctly, terms traditionally used by legal writers and in case law ("reparation", "compensation", "indemnity", "rehabilitation", "restitution", "satisfaction"); these terms are frequently accompanied by such adjectives as "just", "just and adequate", "fair", "compensatory". None of these terms has been defined in the various instruments, and their use in a given case seems to conform to no uniform criterion, thus constituting a potential source of problems when it comes to interpreting and enforcing the legislative texts in which they occur.[29]

1. Restitution in Kind

Restitution in kind is in principle the procedure for making reparation that is best geared to attaining the objective pursued by the regime of international responsibility for unlawful acts, namely, the "re-establishment of the situation which existed before the wrongful act was committed"[30]. In the Chorzow Factories case, the Permanent Court of International Justice points to restitution as the basic method of repara-

---

[29] For example, Article 63 para. 1 of the American Convention in the Spanish version seems to indicate that compensation (*indemnización*) is not a form of reparation (*reparación*) but a concept distinct from and independent of it. Even so, the Inter-American Court has held that reparation is a generic concept comprehensive of compensation. See Inter-American Court of Human Rights, Case of Velásquez Rodríguez, *Series C*, No. 7, 1990, paras. 32 et seq.

[30] International Law Commission, Draft Articles on State Responsibility, *Report on the work of its 48th Session*, 1996, Article 43.

tion, and only if this is not possible, reparation can be made by the "payment of a sum corresponding to the value which a restitution in kind would bear"[31]. Article 44 of the draft articles on State responsibility prepared by the International Law Commission states that compensation for the damage caused by an internationally wrongful act must be paid "if and to the extent that the damage is not made good by restitution in kind".

However, when cases of violation of human rights are being considered it is often impossible to resort to this method. Only the violation of certain rights, such as the right to own property, can be remedied by means of restitution in kind. Where fundamental human rights, such as the right to life, to physical integrity or to liberty are concerned, the objective of reparation cannot be to "wipe out all the consequences of the illegal act and re-establish the situation which would, in all probability, have existed if that act had not been committed"[32]. In view of the nature of the rights violated and of the damage caused, any restitution in kind is, in many cases, of impossible realization[33], or can be made only in certain restricted categories of violations[34], either this method is understood as the re-establishment of the *status quo ante*, i.e., the re-establishment of the situation that existed before the violation

---

[31] PCIJ, *Series A*, No. 17, 47.

[32] *Ibid.*

[33] In the Velásquez Rodríguez and Godínez Cruz cases the Inter-American Court held that in view of the nature of the rights that had been violated (the victims had been abducted by government agents and certainly assassinated), the remedy must inevitably be made in the form of money compensation, *Series C*, No. 7 para. 189.

[34] As an example of *restitutio in integrum* in a case of violation of human rights, the case of the former President of Peru, Dr. Alan Garcia Perez, has been cited. Here the Inter-American Commission on Human Rights found that the Government of Peru had violated the right to personal liberty and security of Dr. Alan Garcia, the right to privacy of Dr. Alan Garcia and his wife, and the right to protection to be accorded to the children of the former President (Arts. 7, 11 and 19 of the American Convention). The Commission recommended that the Government of Peru adopt the necessary measures in order to re-establish the *status quo ante* and restore the exercise of the claimant's rights that had been violated, and to make good the consequences deriving from the violation of the human rights of the claimant and his family. OAS, Inter-American Commission on Human Rights, *Annual Report*, 1994, 115.

was committed, or is understood as the establishment of the situation that would have existed if the violation had not been committed[35].

In any event, whenever restitution in kind seems to be a feasible method of making reparation for the violation of certain human rights, it must be applied under the second interpretation, since the mere re-establishment of the *status quo ante* would, in many cases, be insufficient to make good the harm done to the victim or his family. This is because in the case, for instance, of a person unlawfully deprived of his freedom for a long time, with the mere act of his release no reparation is made for all the harm suffered by him, who has lived cut off from his family and his milieu, and has been prevented from doing his work and engaging in other activities appropriate to a normal way of life. In this case, release would be no more than a "cessation of wrongful conduct", which would need to be supplemented by other forms of reparation with a view to "making good" the harm suffered by the victim of the violation[36].

2. Satisfaction

Even more unlikely to succeed as a way to make reparation in cases of human rights violations is any recourse for satisfaction. Nevertheless, this form of reparation may serve as a complement to the indemnity awarded to the victim or his family. In a recent case, where the claimants requested, *inter alia*, that the President of the State responsible apologize publicly to the group that had suffered harm, the Inter-American Court agreed to place certain obligations on the Government - the reopening of a school and the provision of a dispensary for the injured group - which do not exactly constitute the payment of compensation but could be seen as a way of making satisfaction[37].

---

[35] On this point see: ILC, *Report on the work of its 45th Session*, 1993, Vol. II, Part II, commentary on Article 7, Draft articles of part 2 of the draft on State Responsibility.

[36] *Ibid.*, 63.

[37] Inter-American Court, Aloeboetoe Case para. 96.

3. Compensation

"Compensation" is the concept most frequently used in conventions and other international instruments alluding to obligations deriving from the violation of the rules for the protection of human rights, which is understandable because it is the form of reparation that is most frequently used in this realm. Indeed, it is sometimes the only one possible.

As it has been said before, the modes how compensation will be paid, when and under what conditions are not specified in such instruments. The specific aspects of compensation are supposed to be made clear in each particular case by the international bodies whose task it is to examine claims for violations. However, the pronouncements of non-jurisdictional bodies having competence in human rights matters have generally been - as was to be expected of institutions of this kind - equally laconic regarding the precise content of the obligation to compensate and the form in which such obligation shall be fulfilled.

The Human Rights Committee, for example, having considered the reports submitted by States pursuant the Optional Protocol and found that there had been a violation of human rights recognized by the Covenant on Civil and Political Rights, has recommended the States responsible to take a series of measures, among them the payment of compensation to victims or their families, but has not gone into detail as to the amount of the compensation or the criteria on which it should be calculated or, again, the manner in which the State shall acquit itself of this obligation. At the most, the Committee has in certain cases referred to "an adequate and just reparation" or "an indemnity for the physical and psychological harm".

The Inter-American Commission, too, has been sparing with indications in this matter, notwithstanding the fact that the provisions governing its competence and functions are not only sufficiently ample and general as to empower it to determine the criteria on the basis of which compensation should be calculated and paid, but also require the Commission to prescribe "a period within which the State is to take the measures that are incumbent upon it to remedy the situation examined"[38].

In practice, in most of the numerous cases where it has found a State responsible for violations of human rights, the Inter-American Commis-

---

[38] American Convention, Article 51 para. 2; Rules of Procedure of the Commission, Article 44 para. 3.

sion has recommended that the victim of a violation or his family be paid a "compensatory indemnity". Only exceptionally does the Commission add qualifiers to this expression such as "just" or "adequate according to the law"[39]. In a few cases, the Inter-American Commission has been more precise, as when it recommended that the government responsible "reimburse those concerned the amounts owing to them in the form of compensation for damages, and for the duration of the usufruct of their property"[40], or "compensate each of the claimants for the economic and professional harm resulting from the violation of their human rights, pursuant to arts. 8 and 23 of the American Convention"[41]. However, in all cases the calculation of the indemnity and the form and timing of payment are left to the State responsible, who will comply with the obligation to compensate in accordance with its national legislation.

Jurisdictional organs are generally more specific in this matter. When the courts or tribunals impose the obligation to compensate on the responsible State, they usually indicate the criteria on which calculations are to be made. Where the jurisdiction of the Inter-American Court for imposing the payment of an indemnity is concerned, the American Convention has only one general provision, according to which the part of the judgement that stipulates compensatory damages "may be executed in the country concerned in accordance with domestic procedure governing the execution of judgements against the State" (Article 68 para. 2). The Rules of Procedure of the Court provide no more than that "finding for damages is one of the elements making up the content of the judgement" (Article 45 para. 1 lit. k).

The Velásquez Rodríguez case provided the Inter-American Court with the occasion for pronouncing on the criteria for calculating the indemnity to be paid to the family of a *desaparecido*. The Court excluded, for the calculation of the indemnity, the use of certain criteria that are used in life insurance matters. It ruled that what must apply is the most favourable treatment contemplated by the laws of the responsible State for family members in the event of an accidental death; it decided that the loss of profits should be paid, calculated on the basis of the earnings that the victim would have received at the likely date of his death due to natural causes; it agreed to payment for proven moral damages and, in-

---

39 OAS, *Annual Report of the Inter-American Commission on Human Rights*, 1993, 399; 1994, 55.

40 *Ibid.*, 1993, 390.

41 OAS, *Annual Report ...*, see note 39, 1994, 71.

directly, accepted that expenses sustained in investigating the whereabouts of the victim must be reimbursed and the defraying of the legal costs. In this case, however, the Court did not find in favour of the payment of the later costs because they had not been claimed and demonstrated in time[42]. The Court further identified persons entitled to receive compensation and prescribed the form in which the Government of the responsible State was to make the relevant payment[43].

V. Monitoring of Compliance with the Duty to Make Reparation

International proceedings for the protection of human rights do not necessarily come to an end with the issuing of the judgement or with the findings of the competent international organization to the effect that a State is responsible and therefore is bound to comply with the obligations arising out of such responsibility, among them the obligation to make reparation. The courts or other competent bodies do not close the cases when they have given their decision on the matter but continue to exercise vigilance over compliance with that decision.

The Human Rights Committee, for instance, in considering communications submitted to it under the Optional Protocol to the International Covenant on Civil and Political Rights, has requested States that have been found responsible of human rights violations to report on the implementation of its recommendations and conclusions. The cases examined by the Committee reappear when it reviews the reports States must submit periodically in accordance with article 40 of the Covenant on Civil and Political Rights.

The Committee has recently adopted additional procedures which not only enable it to follow up compliance by governments with its pro-

---

42 In the Aloeboetoe case the Inter-American Court ruled that the claimants should be repaid the expenses incurred in locating the remains of the *desaparecidos*. *Ibid.* para. 94.

43 Inter-American Court, *Series C*: "Resolutions and judgements", No. 7, paras. 40 et seq. The question as to identifying those entitled to be paid compensation arose before the Court in a particularly complex manner in the Aloeboetoe case. There, the victims, members of the Saramaca tribe, lived in relative isolation in a remote part of Surinam. Not only did they practise polygamy, but they kept no records of marriages, births or deaths. Davidson, see note 3.

nouncements, but also operate as a means of putting pressure on States, in particular those that delay or refuse compliance with its recommendations. At its 39th Session (1990), the Committee set up a procedure to determine to what extent the measures it has approved pursuant to Article 5 para. 4 of the Optional Protocol are observed by the States concerned. The post of the Special Rapporteur to follow up cases once the Committee has reached its conclusions was created[44].

The Special Rapporteur is empowered to approach the States party and to request information on compliance of the recommendations made by the Committee in all cases where there has been found a breach of the Covenant on Civil and Political Rights. At first, that information was examined by the Committee in closed meetings. Later, however, it was decided to make the monitoring activities public hoping that this might not only have the effect of adding weight to the Committee's conclusions, but also that of inducing States to comply with them and in this way secure the satisfaction of the interests of the victims of violations[45].

From 1993 on, the Committee's annual reports to the General Assembly have included a section in which those States that co-operate with the Special Rapporteur in the follow-up activities - as well as those failing to co-operate - are identified. Moreover, in order to give more publicity to the conduct of States with respect to the Committee's conclusions and in this way exert greater pressure on those States adopting an uncooperative stance, it was decided to issue press releases designed to disseminate information on both the positive and the negative factors regarding the follow-up activities of the Committee and of the Special Rapporteur[46].

Inter-American institutions competent in human rights affairs keep petitions and communications regarding the violation of human rights in their agendas, even after they have adopted a decision, in order to verify compliance with the measures prescribed. Where the Inter-American Commission is concerned, such a duty is assigned to it by Article 51 of the American Convention in the case of petitions or communications where a friendly settlement has not been achieved (Article 48 para. 1 lit. f) or where the case has not been submitted by the State concerned or the Commission to the Inter-American Court. In these instances, the

---

44 The functions of the Special Rapporteur are described in Doc. A/45/40, Annex XI.

45 General Assembly, 51th session, Suppl. 40 para. 438.

46 *Ibid.*, para. 437.

Commission may give an opinion and state its conclusions on the matter, and make the relevant recommendations, specifying a time-limit within which the State must take the incumbent measures in order to remedy the situation examined (Article 51 paras. 1 and 2). Once the time-limit has expired, the Commission is required to verify whether or not the State in question has taken adequate measures (which may include the obligation to pay compensation) and to decide whether or not it will make its report public (Article 51 para. 3).

The Inter-American Court has followed different procedures in substantially similar cases. In one case, having found that the defendant State was responsible for the violation of human rights, the Court required the State to pay a "fair compensation" to the victim, decided that the form and the amount of the compensation would be determined by the Court, and for this purpose left the procedure open[47].

In a similar case, the Court decided that the form and the amount of the compensation would be determined by agreement between the Inter-American Commission and the Government of the State responsible within six months from the date of the decision. Failing such agreement, the Court would be the competent organ to decide[48]. Upon expiration of the six months period, the parties reached an agreement only as regards the identification of those who were entitled to receive compensation. The Court accordingly proceeded to determine its amount and the form of payment[49].

In both cases the Inter-American Court decided to maintain the process of compliance by the State with the decision under its supervision adding that the process shall be deemed to have concluded only after the Government had complied fully with it[50].

It is likely that in future, within the context of the systems for the international protection of human rights, new machinery similar to or more elaborate than those procedures here described will be devised for supervising compliance with the obligations imposed by tribunals or other competent international organizations on States responsible for human rights violations. Unquestionably, whether by reason of the publicity given to the conduct of States or due to the unremitting action of the competent organizations, the machinery for monitoring that has been

---

47 Inter-American Court, *Series* C, No. 5 para. 203.

48 Inter-American Court, *Series* C, No. 4 para. 194.

49 Inter-American Court, *Series* C, No. 7 paras. 40 and 59.

50 *Ibid.*

put into operation recently and that may be established in future, may be able to exert on States that fail or refuse to comply a pressure sufficiently strong to induce them to have greater respect for human rights and a higher level of compliance with the decisions of the international organizations in charge of securing such compliance.

How to Constitutionalize the United Nations? Lessons from the "International Economic Law Revolution"

Ernst-Ulrich Petersmann[1]

Professor Jaenicke has impressed lawyers all over the world not only by his encyclopedic knowledge of the constitutional problems of national, European and international public law. No less impressive is his simultaneous interest in the complex problems of international economic relations and international economic law, whose systemic importance for the needed reforms of the "classical international law of coexistence" is too often neglected by traditional international lawyers. In the context of our joint work in the International Law Association's *Committee on Legal Aspects of a new International Economic Order*, we edited a book on *Adjudication of International Trade Disputes in International and National Economic Law*, in which he analyzed the contribution of the Permanent Court of International Justice and of the International Court of Justice to dispute settlement in, and the development of, international trade law.[2] This contribution in honour of Professor Jaenicke takes the opposite perspective of discussing some lessons to be learnt from the ongoing "international economic law revolution" for the needed reforms of UN law.

---

1 Part of this contribution builds on a longer Article of mine on "How to Reform the UN System? Constitutionalism, International Law and International Organizations", *LJIL* 10 (1997), 421 et seq.

2 G. Jaenicke, "International Trade Conflicts Before the Permanent Court of International Justice and the International Court of Justice", in: E.U. Petersmann/G. Jaenicke (eds), *Adjudication of International Trade Disputes in International and National Economic Law*, 1992, 43 et seq.

I. The Changing Structure of International Law: How to "Constitutionalize" the UN?

The European doctrine of international law was elaborated in the 17th century (e.g. by writers such as Grotius and Pufendorf) at the same time as the theory of the sovereign state was developed by T. Hobbes. Hobbes inferred from the state of nature, which he described as "a war of every man against every man"[3], the need for a social contract among individuals to set up an absolute monarchy with unlimited powers as a means of overcoming the anarchy in the state of nature and of securing peaceful order. Yet, for the international relations among states, Hobbes did not seek to bring the international anarchy to an end by similar means, such as a social contract among sovereign rulers and by setting-up an international *Leviathan* for ordering relations among states. Hobbes perceived the international anarchy among states, resulting from the absence of an overarching power, as less dangerous than the "Hobbesian war" among individuals within states. As Hobbes expected the sovereign rulers not to act in an unnecessarily aggressive manner, he focused on well-ordered *internal sovereignty* of states without envisaging international covenants among sovereign rulers or other restraints on their absolute sovereignty and foreign policies. Following this complacent view of international relations, political theory after Hobbes remained primarily state theory, and constitutional law focused essentially on the internal abuses of power and the rights of citizens within states.

History has proven the Hobbesian confidence in the prudent exercise of absolute powers to be over-optimistic. In the successive English, American, French and other revolutions and wars of liberation, citizens paid a high price for the progressive constitutionalization and democratization of national public laws and institutions not only in Europe and North America but also in many developing countries following their decolonization. Public international law doctrine, however, continues to rest on Hobbesian premises of national sovereignty, power politics and self-help. In addition to "Hobbesian rules of expediency" on intergovernmental relations and the coordination of state sovereignties, international law also includes an increasing number of "Grotian rules of equity and justice", for instance for the "global commons". In the regional context, European integration law and the human rights conventions in the context of the Council of Europe even succeeded in progressively

---

[3] T. Hobbes, *Leviathan*, 1651 (reprint 1993), 76.

"constitutionalizing" and "democratizing" *foreign policy powers* by means of international law, thereby complementing and reinforcing the constitutionalization and democratization of *domestic policy powers* within constitutional democracies. Yet, on the world-wide level of UN law, the need for constitutionalizing foreign policy powers remains largely ignored. Without more effective international legal restraints on abuses of foreign policy powers and on the risks of war, also internal peace and protection of human rights remain fragile in many countries.

In contrast to the Hobbesian view of law and order based on commands of the sovereign, the Grotian tradition of international law derived rules for individuals as well as for states from philosophical premises (such as the Epicurean assumption of self-interested individuals and from the needs of mankind) and from analogies between individuals and states. The dependence of national and international peace on complementary national and international constitutional rules was, however, elaborated only later in Kantian legal theory. More than 200 years ago, in his "philosophical sketch" on "Perpetual Peace"[4], *Immanuel Kant* proposed three constitutional principles for the promotion of peace among states. *First*, "the civil constitution of every state shall be republican" and must be based on principles of freedom and legal equality of all citizens subject to a representative system of common legislation and separation of powers. *Second*, "the right of nations shall be based on a federation of free states" which, similar to the constitutional contract among individuals, would protect the equal rights of constitutional democracies and form a gradually expanding alliance likely to prevent war. *Third*, the "cosmopolitan rights" of foreigners in their transnational relations with foreign states must be protected. According to Kant, the mutual self-interest in international commerce "sooner or later takes hold of every people, and it cannot exist side by side with war."[5]

Since the fall of the Berlin Wall in 1989 and the end of the Cold War international system, the three Kantian conditions for "perpetual peace" appear to be more widely accepted in international relations than ever before:

- The increasing number and membership of world-wide and regional human rights conventions have led to the widely held view that the majority of the human rights codified in the 1948 Universal Declaration

---

[4] See H. Reiss (ed.), *Kant - Political Writings*, 1991, 93 et seq.

[5] I. Kant, "Perpetual Peace", in: Reiss, see note 4, 114.

of Human Rights have become customary law binding on all states.[6] The human rights to self-determination, freedom of expression, and to a participatory electoral process and representative government, have led to the emergence of a right to democratic governance.[7]

- The number and membership of international agreements and international organizations among democracies - such as the European Union (EU), the Council of Europe, the Organization for Cooperation and Security in Europe (OCSE), and NATO - are likewise steadily expanding. As predicted by Kant, these international agreements contributed not only to the protection of freedom and legal equality within states but also among constitutional democracies and beyond. US President Clinton's "State of Union Address" of 1994 affirmed the Kantian insight that "democracies don't attack each other"[8], and made "liberal democratic peace" and "democratic enlargement" to centerpieces of US foreign policy. Article J.1 of the 1992 Treaty on European Union likewise defines the "objectives of the common foreign and security policy" in terms of, inter alia, "to develop and consolidate democracy and the rule of law, and respect for human rights and fundamental freedoms". Already prior to 1992, the European Community (EC) had begun to include "human rights clauses" and "democracy clauses" in international cooperation agreements concluded by the EC so as to promote human rights and democracy in international relations.

-The world-wide trends towards deregulation, market economies, protection of private property rights, international trade and investments have reinforced the liberal peace and the acceptance, for instance in European integration law and in the 1994 Agreement Establishing the World Trade Organization (WTO), of international safeguards of individual rights (such as the intellectual property rights protected in WTO law) and of compulsory international adjudication as a means of rule-oriented rather than power-oriented dispute settlements.

In the Preamble of the 1945 UN Charter, "We The Peoples of the United Nations" reaffirm their "faith in fundamental human rights, in the dignity and worth of the human person, in the equal rights of men

---

6 Cf. H. Hannum, "Human Rights", in: C.C. Joyner (ed.), *The United Nations and International Law*, 1997, 131 et seq.

7 Cf. T.M. Franck, "The Emerging Right to Democratic Governance", *AJIL* 86 (1992), 46 et seq.

8 On the absence of war between democracies and the Kantian explanation of this "democratic peace" see M.E. Brown et al. (eds), *Debating the Democratic Peace*, 1996

and women and of nations large and small", with the determination "to promote social progress and better standards of life in larger freedom." But the UN Charter neither lists nor effectively protects human rights. The various UN human rights conventions lack effective international dispute settlement and enforcement proceedings. The majority of UN member states continue to be respresented by undemocratic governments. Chapters XI to XIII regarding non-self-governing territories are inconsistent with the human rights of individual and collective self-determination. The "principle of the sovereign equality" of states (Article 2 para. 1) is also not respected in the composition of the Security Council, which grants privileged membership and veto powers to the major victor countries of World War II. Without compulsory international adjudication, the Charter can neither ensure the rule of international law nor secure its goal of "pacific settlement of disputes" (Chapters VI and XIV). Due to the paralysis of the Security Council during the Cold War period and its inadequate structures, the UN has also been unable in most conflicts to realize its peace-keeping, peace-making and peace-enforcement tasks. In the economic and social field, it was thanks to the GATT, the WTO and the IMF, rather than to the UN and its Economic and Social Council, that a coherent liberal legal framework for an efficient world-wide division of labour could be achieved. The non-transparent complexity, inadequate democratic legitimacy and ineffective bureaucracy of the UN have undermined confidence in the existing UN structures.

The post-cold-war period has led to an increasing number of proposals for reforming the UN bureaucracy, its budgetary problems, and the composition of the Security Council. The positive contribution of the UN Security Council to the containment of certain acts of aggression and threats to the peace during the 1990s - notably the UN economic and military sanctions against Iraq since the Gulf War, and the UN Security Council actions for reestablishing peace and democracy in Haiti - gave also rise to hopes that the UN, liberated from the shackles of the East-West divide, might now operate effectively in the way its founding fathers had intended. Yet, the military operations against Iraq and in Haiti took place under the command of the US rather than the UN. The UN also failed in preventing or settling the new intra-state conflicts, such as civil war and genocide in Rwanda, Congo, Somalia, Angola, the former Yugoslavia and Afghanistan. Without more convincing strategies for preventing conflicts and for protecting human rights and democratic peace, pessimism about a revival of the UN and about its peace-making role continues to prevail. The revolutionary strengthening of human rights, democracies and liberal peace throughout Europe - notably through European integration law, the extension of the rule of law principles and human rights guarantees of the Council of Europe to now 40 states in Europe, the transformation of the "CSCE" into the new "OSCE", and the extension of NATO to Eastern European democracies - and the far-reaching reforms of the international economic order through the 1994 WTO Agreement were achieved outside the UN framework.

II. Need for a Constitutional Theory of International Organizations

The relative success of European integration law (e.g. with enhancing freedom, non-discrimination, rule of law, judicial protection of human rights, economic welfare and liberal peace among the 40 member countries of the Council of Europe), as well as of the world-wide integration law in the context of the WTO (e.g. as regards promoting freedom, non-discrimination, rule of law and quasi-judicial settlement of international disputes), raise a number of basic questions. For instance: Why were "regionalism" and "functionalism" apparently more successful than "globalism"? Is it realistic to aim at reforming the UN even though the latter has never been able to fulfil its functions, and the numerous past proposals for reforming the UN have essentially failed? Can one render the UN more effective through mere reforms of the jungle of "UN programmes" and of the organisational structures of the UN, as recently proposed by UN Secretary General Kofi Annan? Is it desirable and feasible to extend democratic principles to the UN? To what extent must these democratic principles for a transnational "cosmopolitan democracy" differ from, and be interlocked with, those of the classical "city democracy" (e.g. in Athens) and national representative democracies?[9] Does it require a new world-wide crisis for mustering sufficient support for a new world organization, just as it was possible only in the aftermath of World Wars I and II to establish the League of Nations and the UN? Why was the UN successful in certain areas (such as promotion of human rights conventions, protection of refugees, decolonization, codification of international law) but failed in other fields? Why remains the number of UN interventions (including both "preventive

---

[9] See e.g. D. Archibugi/D. Held (eds), *Cosmopolitan Democracy. An Agenda for a New World Order*, 1995.

diplomacy", peace-keeping and peace-making operations) so modest compared with the number of armed conflicts in the world?

1. The Lack of Theories for Reforming the UN

Neither the UN member states nor the UN itself have so far submitted proposals for an overall reform of the UN system. This is not surprising because many governments (such as the veto powers in the Security Council and the UN representatives of non-democracies) and the UN bureaucracies themselves have self-interests in preserving the existing structures. But how can one explain the lack of convincing academic blueprints for making the UN more responsive to the general citizen interests in protection of human rights, democracy, economic efficiency and liberal peace?

According to "*realist*" *political theories* of international relations, states remain key actors in world affairs. International organizations are mere instruments of, and arenas for, the pursuit of national foreign policies; their activities are viewed as "power politics in disguise" and as unimportant compared with "national power" and "state interests" as the major determinants of foreign policies. "International anarchy", national self-help and power-oriented "Machiavellian breaches" of law[10] tend to be viewed positively as long as the world is neither democratic nor ruled by law. Because of allegedly "systematic failure of international organization", "realist" political science theories suspect international organizations as "important sources of disorder"[11] and advise against strengthening of the UN.

Functional and neo-functional political theories focus on "low politics" and transnational cooperation among self-interested citizens so as to promote "deeds, not words", attitude changes, depoliticized "engrenage" (Jean Monnet) and "spill-overs" to interdependent other pol-

---

[10] See N. Machiavelli, *The Prince* (1988 edition by Q. Skinner and R. Price), 61: "a prudent ruler cannot keep his word, nor should he, where such fidelity would damage him, and when the reasons that made him promise are no longer relevant."

[11] G.M. Gallarotti, "The Limits of International Organization: Systematic Failure in the Management of International Relations", in: P.F. Diehl (ed.), *The Politics of Global Governance. International Organizations in an Interdependent World*, 1997, 375, (381, 401).

icy areas. They emphasize the advantages of international cooperation in a transnational "civil society", of the modern communication networks in our "global village", and of transferring powers to international organizations whose institutional and legal framework will depend on their respective tasks ("form follows function"). Yet, functional theories have so far concentrated on regional integration in Europe and sectoral integration efforts without addressing the global task of UN reforms.

Neoclassical economists tend to assume that governments maximize social welfare and that the price system is the most important tool for enhancing efficiency and consumer welfare. The *new institutional economics* also analyzes the organization of firms and other institutional techniques for reducing the production and transaction costs for private goods and services. But only few economists have examined whether, and under what conditions, international organizations are necessary for the supply of "international public goods" in view of the dramatic "external effects" and scope for "economies of scale" in international relations.[12] *Public choice economists* tend to criticize international organizations as being undemocratic and wasteful from the point of view of citizens' interests.[13] Because of their methodological individualism (i.e. their premise that both private and public choices are made by individuals which tend to maximize their self-interests), public choice economists deny the existence of "national" or "international interests" and warn against abuses of national and international policy-making processes by "rent-seeking" interest groups and bureaucracies whose self-interests differ from the general citizen interests. *Constitutional economics* recognizes that the "Hobbesian jungle" of *bellum omnium contra omnes* calls for constitutional rules also at the international level for the joint supply of "public goods" and agreed constitutional restraints on Pareto-inferior actions.[14] Yet, most constitutional economists focus on social contracts among individuals rather than on constitutional rules among states. An economic theory on renegotiating and redesigning the "rules of the game" of the UN system so as to better

---

12 See notably C. Kindleberger, "International Public Goods without International Government", *American Economic Review* 76 (1986), 1.

13 See notably R. Vaubel/T.D. Willet (eds), *The Political Economy of International Organizations. A Public Choice Approach*, 1991.

14 Cf. C.K. Rowley (ed.), "Constitutional Political Economy", *Public Choice* 90 (1997); B.S. Frey, "The public choice of international organizations", in: D.C. Mueller (ed.), *Perspectives on Public Choice*, 1997, 106 et seq.

protect general citizen interests against abuses of political power does not exist.

International lawyers emphasize that "almost all nations observe almost all principles of international law and almost all of their obligations almost all of the time."[15] This statement, even though unduly optimistic with regard to the frequent violations of international human rights guarantees outside Europe and North Amercia, seems accurate for the law of most international organizations. Legal analyses of international organizations tend to describe and compare the legal rules, procedures and institutions on the assumption that governments maximize the "public interest".[16] But, even if their declared objective is to contribute to improvements in practice and to examine the interrelationships between the functions and the institutional structure of international organizations[17], they rarely take into account economic theories about "market failures", "government failures", "constitutional failures" and the resulting regulatory tasks and problems.[18] There is no legal theory in sight on how general citizen interests might best be promoted through reforms of the UN, and on how the UN could be "democratized".

The lack of theories on how to reform the UN entails that we also lack convincing answers to many of the reform problems. For instance: What are the legitimate functions of the UN? Should a new UN have "global governance responsibility" for the whole UN system including the Bretton Woods institutions and the WTO? Are there alternative decentralized means of coordinating the UN, its Specialized Agencies, regional organizations and nation states? How can the UN protect human rights more effectively? Which institutions and powers should the UN have? Should individual citizens and parliamentary assemblies have direct participatory rights in a reformed UN? Should non-democracies be admitted to a new UN? How to coordinate the UN Charter with the comprehensive "UN law" agreed upon over the past 50 years (e.g. the

---

15 L. Henkin, *International Law: Politics and Values*, 1995, 47.

16 See e.g. C.F. Amerasinghe, *Principles of the Institutional Law of International Organizations*, 1996.

17 See e.g. H.G. Schermers/N.M. Blokker, *International Institutional Law*, 1995, 7; N.D. White, *The Law of International Organisations*, 1996.

18 Cf. e.g. E.U. Petersmann, *Constitutional Functions and Constitutional Problems of International Economic Law*, 1991; J.P. Trachtman, "The Theory of the Firm and the Theory of the International Economic Organization: Toward Comparative Institutional Analysis", *Nw. J. Int'l L. & Bus.* 17 (1997), 470 et seq.

UN human rights conventions)? Is a "collective security" system realistic which "combines belief in an eternal alliance between the major powers with the conviction that they will always have the ability to do battle over problems which do not affect their own vital interests"?[19] Or should a collective security system be founded on "Kantian peace" as in the NATO? How to improve peace-keeping and peace-making in intrastate conflicts? What could a new UN learn from the experiences with European integration? How to prevent that proposals for amending and "democratizing" the UN Charter pursuant to its Arts. 108 or 109 will be vetoed and blocked by non-democracies?

2. Why a Constitutional Approach to UN Reform is Necessary

The occasion of the 50th anniversary of the UN in 1995 prompted a number of new proposals for reforming the UN system, in addition to the already long list of reports and recommendations made over the past years.[20] Most of these proposals either attribute the failings of the UN to bad management, and call for reforms "tinkering with organizational charts, shifting financial envelopes, reordering bureaucratic priorities, downsizing headquarters and field operations, streamlining managerial and administrative procedures, or oiling the intergovernmental machine".[21] Or they make bold suggestions for a new "world constitution" with new institutions (such as a global security council competent in both security and economic matters), new security arrangements (such as a volunteer army at the disposal of the Security Council) and a new financial system (such as world-wide taxation for the financing of a new "world central bank" politically controlled by a new "world parliament"); yet, such "Wilsonian idealism" remains utopian as long as it does not explain why governments should accept such proposals and how they could be put into practice.

---

[19] M. Bertrand, *The United Nations. Past, Present and Future*, 1997, 150.

[20] For a survey see V.Y. Ghebali, "United Nations Reform Proposals Since the End of the Cold War: An Overview", in: M. Bertrand/D. Warner (eds), *A New Charter for a World-wide Organization?*, 1997, 79 et seq.; Bertrand, see note 19; Archibugi/Held, see note 9, 121 et seq.

[21] W.A. Knight, "Beyond the UN System? Critical Perspectives on Global Governance and Multilateral Evolution", *Global Governance* 1995, 229 et seq. (252).

a) International Organizations as a Fourth Branch of Government

The need for greater democratic legitimation and parliamentary control of international law and organizations is evident if international organizations are seen as a "fourth branch" of government for the collective supply of "international public goods" which states cannot supply individually. Access to foreign markets, monetary stability, protection of property rights abroad, the "global commons", a civilized international society and international peace, for instance, cannot be guaranteed unilaterally without reciprocal guarantees by other states. Today, most countries therefore participate in thousands of international treaties and in hundreds of international organizations so as to protect the rights and interests of their citizens across frontiers. International rules and organizations have become indispensable foreign policy instruments for all countries. From a citizens' perspective, international guarantees of freedom, non-discrimination and rule of law (e.g. in human rights conventions, GATT/WTO law and IMF law) serve "constitutional functions" for extending and protecting individual freedom and non-discrimination across frontiers[22]; international organizations operate like a "fourth branch of government" for collective international rule-making, rule-enforcement and policy-coordination in a globally integrated world. Yet, even though constitutional democracy requires that citizens can participate in rule-making and in the exercise of policy powers, citizen participation in international law and organizations remains weak. No wonder that intergovernmental rule-making in international organizations is often criticized by citizens and parliaments for its lack of transparency and democratic legitimacy, and for its often one-sided focus on special producer interests rather than general consumer interests.

b) Modes of Constitutionalizing International Organizations

From the perspective of constitutional democracies, there are essentially two ways of improving the democratic legitimacy of international law and organizations: *First*, by strengthening *democratic procedures*, such as parliamentary control over foreign policy-making and, as provided for in the Swiss Constitution (Article 89), popular referenda over the conclusion of important international agreements as well as over accession to important international organizations. The creation of parlia-

---

[22] See Petersmann, see note 18.

mentary assemblies at the *international* level, as in the EU and the Council of Europe, may, however, be difficult to justify in *world-wide* organizations like the UN in view of their large number of non-democratic member states. *Second*, by strengthening the *human and democratic rights* of the citizens as the ultimate source of democracy and constitutional legitimacy. Both, democratic procedures and human rights, derive their value from what the UN Charter proclaims as the "faith in the dignity and worth of the human person" (Preamble). This "categorical imperative" - that human beings must always be treated as moral and legal subjects, worthy of respect, rather than as mere legal objects of paternalistic governments - asserts universal validity; it justifies the Kantian "constitutional imperative" that individual self-determination (freedom), equality and due process must be the moral basis and objective of both national and international law.

Most national constitutions - even if they acknowledge (like Article 1 of the German Basic Law) "inviolable and inalienable human rights as the basis of every community, of peace and justice in the world" (Article 1 para. 2), and list basic rights that "bind the legislature, the executive and the judiciary as directly enforceable law" (Article 1 para. 3), whose protection "shall be the duty of all state authority" (Article 1 para. 1) - deal with *international relations* in only a few procedural and general provisions (e.g. on war powers, treaty-making procedures and general conduct of international affairs). It is so far only in EC law as well as in regional human rights law that the Kantian insight - that "the problem of establishing a perfect civil constitution is subordinate to the problem of a law-governed *external relationship* with other states, and cannot be solved unless the latter is also solved" - has led to an explicit meshing of national and international constitutionalism.[23] In his draft treaty for "Perpetual Peace" (1795), Kant emphasized that rule of law among individuals as well as among states required that "all men who can at all influence one another must adhere to some kind of civil constitution" based on the following three complementary kinds of national and international constitutional rules:

> "(1) a constitution based on the civil rights of individuals within a nation (*ius civitatis*);
>
> (2) a constitution based on the international rights of states in their relationships with one another (*ius gentium*);

---

[23] Cf. E.U. Petersmann, "The Foreign Policy Constitution of the European Union: A Kantian Perspective", in: U. Immenga/W. Möschel/D. Reuter (eds), *Festschrift für E.J. Mestmäcker*, 1996, 433 et seq.

(3) a constitution based on cosmopolitan right, in so far as individuals and states, coexisting in an external relationship of mutual influence, may be regarded as citizens of a universal state of mankind (*ius cosmopoliticum*).

This classification, with respect to the idea of a perpetual peace, is not arbitrary, but necessary. For if even one of the parties were able to influence the others physically and yet itself remained in a state of nature, there would be a risk of war, which it is precisely the aim of the above Articles to avoid."[24]

In world-wide international law, including the UN Charter, these constitutional interrelationships between the "rights and duties of states", and the "rights and duties of their citizens", are not yet adequately reflected.[25] The UN Charter, for instance, is state-centered; by recognizing the "sovereign equality" of states regardless of whether the government in power respects the human rights of its citizens, it lends legitimacy also to dictatorships and undermines the democratic legitimacy of UN law. A new UN Charter should therefore follow the example of the EU and the Council of Europe and require member states to accept, and comply with, human rights conventions, the principles of democracy, rule of law and international adjudication.

c) *Integration through Participation: The Role of Individual Rights*

In accordance with the long-standing recommendations by economists (e.g. A. Smith) and philosophers (e.g. D. Hume, I. Kant) that the mutual benefits of liberal trade offer important incentives for overcoming "Hobbesian wars" (*bellum omnium contra omnes*), international trade law has served as an "integration motor" in the formation of federal states, regional integration law and world-wide integration for more than a century. Notably in post-war Europe, functional integration of "low politics" (such as coal, steel, agricultural and trade policies), based on the self-interests of subnational and supranational actors, has enabled more than half a century of peaceful international cooperation with far-reaching "attitude changes" and "spill-overs" into "high politics" (such as the common foreign and security policy of the EU). The world-wide

---

24 Kant, see note 5, 98.

25 Cf. E.U. Petersmann, "Rights and Duties of States and Rights and Duties of their Citizens", in: U. Beyerlin/M. Bothe/R. Hofmann/E.U. Petersmann (eds), *Festschrift für R. Bernhardt*, 1995, 1087 et seq.

legal and dispute settlement system of the 1994 WTO Agreement, with its guarantees of individual rights (notably intellectual property rights) and compulsory international and national adjudication of disputes, has likewise set important precedents for the needed adjustment of worldwide organizations to the modern globalization, deregulation and democratization of national economies and politics.[26]

The role of individual rights for "integration through participation" is most visible in regional integration law. In the EC, the judicial interpretation and protection of the liberal trade and common market rules in the EC Treaty as individual "market freedoms" enabled the EC citizens to enforce the "single market" against protectionist government regulations and "rent-seeking" interest groups. The simultaneous judicial enforcement, through national and European courts, of the human rights guarantees in the European Convention on Human Rights, as well as in EC law, likewise strengthened the fundamental rights, rule of law and "civil society" across Europe. Such "rights-based" strategies for constructing and enforcing EC law and European constitutional law from the ground up, for instance through individual litigants and courts, have important advantages over the traditional "power-oriented" approaches of foreign policies and international law:

a) *First*, recognition of the moral principle that values (e.g. the "public interest" to be promoted by governments and international organizations) can only be derived from the individual and from the human rights of the citizens, reduces the current contradiction between the individualist premises of constitutional democracies and the statist conceptualization of international law. Recognition of the dignity of the individual human being as the highest *per-se*-value, and of individuals as legal subjects - e.g. of international guarantees of freedom and non-discrimination in EC law, GATT/WTO law and a new UN Charter -, would increase the democratic legitimacy of international rules and their political acceptability in parliamentary ratification procedures and popular referenda on international treaties. The rejection of the Maastricht Treaty on the EU in the Danish referendum, for instance, and its weak popular support in other EC member countries, have rightly prompted most proposals for the revision of the Maastricht Treaty to emphasize the need for making the EU more relevant to its citizens, for instance by extending the rights of the more than 370 million "citizens of the Union" (Article 8 TEC) and of their directly elected European

---

[26] Cf. E.U. Petersmann, *The GATT/WTO Dispute Settlement System. International Law, International Organizations and Dispute Settlement*, 1997.

Parliament.[27] The Treaty of Amsterdam, signed in October 1997, reinforces the protection of the fundamental rights of the "citizens of the Union", and further develops "the Union as an area of freedom, security and justice, in which the free movement of persons is assured in conjunction with appropriate measures with respect to external border controls, immigration, asylum and the prevention and combatting of crime" (Article B).

b) *Second*, national and international guarantees of freedom, non-discrimination and rule of law are legally more effective if they are construed to serve the same purpose (i.e. to protect freedom and non-discrimination of the citizens across frontiers) and to complement each other (according to the "plywood principle"). If protection of the individual human being is the highest constitutional value, interpretation of international guarantees of freedom and non-discrimination as individual rights puts an additional constitutional restraint on abuses of power and reflects and reinforces the constitutional *per-se*-value of human dignity. The practical experience with European integration confirms the importance of enabling self-interested citizens, as well as national and international judges, to act as guardians of the rule of law by enforcing international guarantees of freedom and non-discrimination ratified by national parliaments: Many of the "leading cases" of the EC Court, and also of the European Court of Human Rights, were initiated by private litigants and national courts (notably under the procedure for "preliminary rulings" pursuant to Article 177 TEC). The private and judicial defence of the "market freedoms" and fundamental rights of EC law against protectionist governments and against "rent-seeking" interest groups served obvious "democratic functions" by protecting the freedoms and other rights of EC citizens, as they had been agreed upon in the national parliaments when they ratified the EC Treaties. The scope for protectionist abuses of discretionary government powers was thus effectively limited for the benefit of domestic citizens. Political science[28]

---

[27] For a survey of these reform proposals see E.U. Petersmann, "Proposals for a New Constitution for the European Union: Building-Blocks for a Constitutional Theory and Constitutional Law of the EU", *CML Rev.* 31 (1995), 1123 et seq.

[28] For a political science explanation of the role of individual litigants and national courts in constructing the EC legal system see e.g.: A.M. Burley/W. Mattli, "Europe before the Court: A Political Theory of Legal Integration", *IO* 1993, 41 et seq.

and the economic theory of property rights[29] offer additional explanations for why the effectiveness of both "economic markets" and "political markets" (democracy) are a function of the effectiveness of the protection of the individual rights of the citizens. Constitutional theory - for example the Lockean "resistance theory", as reflected in Article 19 para. 4 of the German Basic Law ("Should any person's rights be violated by public authority, recourse to the court shall be open to him") - gives additional legal justifications of individual rights: If governments do not honour their self-imposed international guarantees of freedom and non-discrimination, even though the latter have been ratified by national parliaments and are designed to protect the freedom and non-discrimination of domestic citizens across frontiers, the citizens must have effective legal remedies against breaches of the "constitutional contract". Human rights therefore also include rights to effective legal remedies.

c) A *third* advantage of rights-based "grass-roots strategies", apart from the above-mentioned human rights values and arguments of democratic legitimacy and legal effectiveness, has been emphasized in Kantian constitutional theory: peace and rule of law can be secured at home and abroad only in the context of national and international constitutional guarantees of freedom, non-discrimination and fair procedures. Historical experience (e.g. in Europe) and political science have confirmed Kant's legal and political arguments that arbitrary government at home risks to induce aggression also in *foreign* policies: stable democracies appear to have hardly ever waged war on each other; most international conflicts since World War II were triggered by governmental suppression of fundamental rights of citizens; constitutionalism and free trade within the EC, EEA and EFTA have enabled an unprecedented period of peace and prosperity among the member states.[30] Hence, a rights-

---

[29] Economists argue that the proper assignment of individual rights is a prerequisite for the avoidance of "market failures" such as adverse "external effects". Economic rights offer decentralized incentives for "internalizing externalities". They also enable individuals to fully develop their human potential and promote individual material welfare, which is a prerequisite for fully enjoying civil, political and other liberties.

[30] On the Kantian theory of international law, according to which national and international law must be based on human rights and constitutionalism promotes rule-oriented cooperation and peace not only at home but also abroad, and on the empirical confirmation of the Kantian assumption of the interrelationship between international peace and constitutional democracy in recent peace research studies, see e.g.: E.U. Petersmann, "Constitutionalism and

based constitutional conception of international law is likely to promote not only human rights and the effectiveness of the rule of law and economic welfare, but also national and international peace.

III. The 'Uruguay Round Strategy' as a Model for Reforming the UN?

Reforms of the UN system are not only necessary for strengthening human rights, democracy, rule of law and international peace. There are also new structural developments, like regional integration law, which require adjustments of the UN system. For instance: The replacement of national EC member currencies by the "Euro" in the context of the European Monetary Union as of 1999 will require a full EC membership in the IMF; for national EC member governments will no longer be capable of fulfilling autonomously their IMF obligations, or to decide on the common monetary policy and on the "Euro" without full participation of the European Central Bank and other EC organs in IMF decision-making processes. Yet, Article II of the IMF Agreement limits IMF membership to countries without permitting a full EC membership, as in WTO law. Hence, just as the common commercial policy required a common legal-institutional framework (i.e. the EC's customs union law as defined in Article XXIV of GATT) and full participation of the EC in GATT and the WTO, a truly common monetary policy of the EU will require a full IMF membership. Similarly, the EU's objective of "a common foreign and security policy ... covering all areas of foreign and security ... in accordance with the principles of the UN Charter" (Article J.1 of the Treaty on the European Union [TEU]) can hardly be achieved without a UN membership of the EU. Yet, Article 4 of the UN Charter, like Article II of the IMF Agreement, limits membership to states and, unlike Article XXIV of the GATT and Article XI of the WTO Agreement, does not permit membership of the EC.

How can the UN system be adjusted to these and other structural changes resulting from the democratization and deregulation of nation states and, in Europe, from the supra-national integration of their transnational policies? Hardly any of the past proposals for reforming the

---

International Organizations", *Nw. J. Int'l L. & Bus.* 17 (1997), 398 et seq.; F.R. Teson, "The Kantian Theory of International Law", *Colum. L. Rev* 92 (1992), 53 et seq., (74 et seq.).

UN indicates how such reforms could actually be brought about in view of the voting requirements in the amendment provisions of Arts. 108 and 109 of the UN Charter. The remainder of this essay focuses on the need for developing a practical "negotiation strategy" that could circumvent the obstacles in Arts. 108 and 109. The main argument of this last section is that "UN reformers" can learn a lot from past experiences with the replacement of the outdated "GATT 1947" by the 1994 WTO Agreement. There are also important lessons from other areas of the "international economic law revolution", notably from the "mutation of the old international legal order" by the "constitutionalization" of European integration law.[31] A *caveat* is called for: It is *not* the objective of this short essay to address, let alone elaborate another blueprint for, the needed specific reforms of the UN system, e.g. regarding collective security, disarmament, economic, social and environmental cooperation. This last section focuses rather on strategy and procedures. Yet, in discussions on the substantive principles for constitutionalizing international organizations like the UN, it should not be overlooked that the substantive principles of WTO law rest on the same principles as the UN Charter and UN human rights conventions, namely: to protect freedom, non-discrimination and rule of law at home and abroad.[32]

1. "GATTing the UN"? Lessons from the WTO

Thanks to the progressive "greening of the GATT" through the GATT "Working Group on Environmental Measures and International Trade" since 1991, and the "GATTing of the greens" since the UN Conference on Environment and Development in 1992, the Uruguay Round negotiations led to the incorporation of a large number of environmental rules into WTO law. The 1994 Uruguay Round Decision on "Trade and Environment" expressed a new world-wide consensus that "(t)here should not be, nor need be any policy contradiction between upholding and safeguarding an open, non-discriminatory and equitable multilateral trading system on the one hand, and acting for the protection of the environment, and the promotion of sustainable development on the

---

[31] Cf. J.H. Weiler/J.P. Trachtman, "European Constitutionalism and its Discontents", *Nw. J. Int'l L. & Bus.* 17 (1997), 354 et seq. (393).

[32] See Petersmann, see note 18, chapter VII.

other".[33] In addition to the increasing coordination of environmental UN and WTO activities, the 1996 Singapore Ministerial WTO Declaration requires UNCTAD and the WTO to coordinate also their respective economic activities more closely. Even beyond this increasing coordination of UN and WTO activities, the negotiation methods of the "Uruguay Round" for transforming the limited "GATT 1947" for trade in goods into a global integration agreement covering "goods trade", "services trade", trade-related investments and intellectual property rights, offer important lessons for the needed reforms of the UN.

Following the non-ratification of the 1948 Havana Charter for an International Trade Organization, the "GATT 1947" was applied on the basis of the 1947 "Protocol of Provisional Application" for 48 years until its termination by the end of 1995. Similar to many challenges to the UN system over the past 50 years, the GATT legal system was, however, progressively undermined and fragmented by a number of practices such as: "waivers" (e.g. in 1955 for US import restrictions on agriculture) and "pragmatic departures" from basic GATT principles (e.g. for the EEC's agricultural protectionism and trade preferences); protectionist *inter-se* agreements and "voluntary export restraints" (e.g. for cotton trade, textiles, steel products); "free-riding" by many less-developed countries which undertook hardly any trade liberalization commitments (e.g. Nigeria had one single tariff binding on stockfish); non-ratification of agreed amendments of GATT by the required number of GATT contracting parties; denial of international legal personality of GATT and of adequate GATT institutions and staff (e.g. no Legal Division in the GATT Secretariat until 1983); power-oriented "blocking" and non-implementation of certain GATT dispute settlement findings; the "GATT à la carte" resulting from the acceptance of the 1979 Tokyo Round Agreements by only a limited number of mainly developed GATT member countries. The 1986-1994 Uruguay Round negotiations and the 1994 WTO Agreement succeeded in overcoming these structural deficiencies by means of the following methods:[34]

---

[33] For the text of this decision, and the GATT/WTO provisions and discussions on the "interface problems" of trade and environment, see E. U. Petersmann, *International and European Trade and Environmental Law after the Uruguay Round*, 1995, 40 et seq. (99 et seq.).

[34] For a survey and analysis of the Uruguay Round negotiations see E.U. Petersmann, "The Transformation of the World Trading System through the 1994 Agreement Establishing the WTO", *EJIL* 6 (1995), 161 et seq.

a) "No Free-riding": Replacement of the "GATT 1947" by the WTO - Lessons for the UN

The 1973-1979 Tokyo Round of multilateral trade negotiations in GATT led to the adoption of 9 multilateral agreements on the liberalization of technical barriers to trade, government procurement, subsidies, countervailing and anti-dumping duties, import licensing, customs valuation and other non-tariff trade barriers. But most of these agreements were accepted by less than one fourth of the 128 contracting parties of GATT 1947. Since GATT's most-favoured-nation obligation required to extend the benefits from the Tokyo Round Agreements unconditionally to all other GATT contracting parties, notably developing countries saw little incentive to accept the obligations of these agreements. The WTO Agreement overcame this legal fragmentation and "free-riding" by integrating the agreements resulting from GATT's multilateral trade negotiations into the WTO Agreement, and by requiring that acceptance of the WTO Agreement "shall apply to this Agreement and the Multilateral Trade Agreements annexed hereto" (Arts. XIV and XI WTO). The political pressure to accept the WTO Agreement was further increased by the Decision of 8 December 1994[35] to terminate the GATT 1947 by the end of 1995, and to dispense WTO member countries from their most-favoured-nation obligation under Article I of GATT 1947 so that the trade benefits under the WTO Agreement could be limited to WTO member countries. Acceptance of the WTO Agreement thereby became the only way for countries to remain inside the GATT/WTO world trade and legal system and not to lose their GATT rights of access to foreign markets.

Since the voting requirements in Arts. 108 and 109 make a "democratization of the UN" by means of amendments of the UN Charter practically impossible, the 1945 UN Charter should be replaced by a new Charter. As in the Uruguay Round, the Western democracies could invite all UN member states to negotiate a legally stronger and more democratic, new UN Charter. Following such negotiations and a transitional period of pragmatic coexistence of the "old" and "new" UN, they could threaten to withdraw from the old UN Charter, or to withhold "UN benefits" (such as assistance from UN Specialized Agencies), vis-à-vis countries that are unwilling to undertake the "new" UN obligations. As in the transition from GATT to the WTO, the "new UN" could take over staff and institutional infrastructures from the old UN

---

[35] The text is reproduced e.g. in: *The WTO Dispute Settlement Procedures*, WTO 1995, 78.

to the extent they have proven successful. In order to avoid "free-riding", the benefits of the new Charter (e.g. the new collective security system and development aid system) could - as under the WTO Agreement - be limited to members of the new Charter so as to set incentives for joining the new UN. Just as hardly any country can afford the welfare losses from remaining outside the WTO world trade and legal system, most governments may find it necessary for their political survival to sooner or later join the new UN and enjoy the benefits of more effective world-wide legal guarantees of peaceful international cooperation.

b) "Reciprocal Package Deals": a "Single Agreement Approach" -Lessons for the UN

The WTO Agreement integrates some 30 multilateral agreements on trade in goods, services, trade-related investments and intellectual property rights into one single framework agreement with common institutions and integrated dispute settlement, surveillance and enforcement rules. It was due to this "package deal" that countries with export interests in one area of the Uruguay Round results (e.g. agricultural and textiles trade) could overcome the protectionist pressures from their import-competing producers in other areas and accept liberalization commitments across the board (e.g. world-wide minimum standards for the protection of intellectual property rights which developing countries had declined for a long time in "single subject negotiations" within the World Intellectual Property Organization).

A new UN Charter should likewise reduce the "public choice" problems of "single subject negotiations" by integrating into one single agreement multiple commitments for the collective supply of "public goods" (e.g. collective security, development aid, protection of the environment, human rights, compulsory adjudication of international disputes), which some countries might consider politically acceptable only on the basis of international reciprocity and as part of a comprehensive package deal. Just as the various component agreements of WTO law (e.g. GATT and GATS) supplement and reinforce each other, world-wide agreement on legal reforms in the field of foreign policy (such as acceptance of mandatory jurisdiction of the International Court of Justice) will often depend on simultaneous reforms in related foreign policy areas (such as acceptance of human rights conventions as an incentive for interpreting the new "UN law" in a more democratic manner for the benefit of "We The Peoples" and individual citizens). The historical experience with European integration, and also with WTO law, confirms that the necessary transformation of "power-oriented" into "rule-oriented" foreign policies, and the needed depoliticization of traditional foreign "high politics", require a much broader "UN integration law" that is not limited to government executives but also involves national parliaments, courts and individual citzens and promotes transnational "integration through citizen participation".

c) "Incorporation Method": "Meshing International Regimes" in a New UN Charter

Compared to the GATT 1947, the WTO Agreement regulates numerous additional policy problems, such as (phyto)sanitary standards, environmental policy problems, trade in services, trade-related investments, intellectual property rights, methods of international treaty interpretation and new dispute settlement procedures, including arbitration and appellate review of panel reports. Similar to the references in "GATT 1947" e.g. to UN Charter provisions, Articles of the IMF Agreement, or to international commodity agreements, the WTO Agreement refers to numerous other world-wide agreements, for instance on the protection of the environment, liberalization of trade in services, intellectual property rights, and the Vienna Convention on the Law of Treaties. This "meshing of multilateral regimes", such as the references to "relevant international standards" in multilateral environmental agreements and the incorporation of provisions from existing intellectual property rights conventions into the WTO Agreement, offer important legal and political advantages.[36]

A similar "incorporation method" and "meshing of international regimes" could facilitate negotiations on a new UN Charter. For instance, a new UN security system could follow the model of the EU Treaty by building not only explicitly on existing regional security arrangements, such as NATO and the WEU; it should also go beyond repressive countermeasures to acts of aggression and, following the Kantian concept of "democratic peace", enhance conflict-prevention through more effective enforcement of UN human rights conventions. To this effect, the existing UN conventions on the protection of human rights and

---

[36] Cf. E.U. Petersmann/J. Chakarian, "Meshing Multilateral Regimes: WTO Law, Multilateral Environmental Agreements and Dispute Settlement", in: D. Leebron (ed.), *The Multilateral Trade Regime in the 21st Century: Structural Issues*, 1997.

refugees could be made an integral part of a new UN Charter, similar to the incorporation of the existing intellectual property rights conventions into the TRIPS and WTO Agreements. Alternatively, just as states acceding to the Council of Europe are required to accept the European Convention on Human Rights, membership in a new UN could be made conditional on acceptance of these and other UN conventions.

Similar to EU law and WTO law, a new UN Charter should also incorporate basic principles of international environmental law and refer to "relevant international standards" of multilateral environmental agreements. In view of the increasing scarcity of certain environmental resources, and the risk of increasing conflicts over access to their use (such as clean water), a strengthening of international environmental law and of UN dispute settlement mechanisms in this field assume legal significance far beyond the area of environmental policy. This could also help to change the fact that, notwithstanding the establishment of a chamber for international environmental law in the International Court of Justice in 1993, most international environmental disputes continue to be settled outside the UN system, for instance through their frequent submission to WTO dispute settlement panels and through the regional dispute settlement systems of the EC and NAFTA.

d) "Conditionality" of Membership: Additional Incentives for the Supply of Public Goods

Under the old GATT, due to the obligation in GATT Article I para. 1 of unconditional most-favoured-nation treatment, over two-thirds of GATT contracting parties benefited from the trade liberalization commitments undertaken by less than one-third of GATT members without engaging in reciprocal trade liberalization. The WTO Agreement replaced this "GATT à la carte" by a "single undertaking" based on "conditionality": The "prisoners' dilemma", which had prompted many less-developed GATT contracting parties to maintain their welfare-reducing trade restrictions and not to participate in GATT Rounds on reciprocal trade liberalization because GATT's most-favoured-nation clause enabled them to "free-ride", was overcome by limiting the benefits from the GATT and Uruguay Round Agreements to WTO member countries. Moreover, the WTO Agreement confines membership to countries "for which Schedules of Concessions and Commitments are annexed to GATT 1994 and for which Schedules of Specific Commitments are annexed to GATS" (Arts. XI, XIV). Hence, unlike the GATT 1947 which was an agreement on the use of efficient trade policy instruments (i.e. tariffs and production subsidies rather than non-tariff trade barriers) without imposing trade liberalization commitments on countries that did not bind their tariffs voluntarily, membership in the WTO is conditional on substantial trade liberalization and on protection of individual rights (e.g. intellectual property rights, rights of due process in the administration of trade restrictions, and rights of access to domestic courts).

Negotiations on a new UN Charter will be confronted with similar "prisoners' dilemmas" in the collective supply of international public goods. Economic and political theory teach that, in order to limit the scope for free-riding and set incentives for participating in the supply of public goods, the latter should be transformed into "club goods" limited to "club members". Similar to the WTO Agreement, the benefits of a new UN Charter should therefore be limited to member countries as an incentive for joining the new UN. For instance, developing countries willing to accept new UN Charter obligations for the protection of human rights, democracy, compulsory third-party adjudication and for protection of the environment should, in exchange, be entitled to more favourable development aid for "democracy-building" with the active support by the UN system. Such conditionality would also have obvious economic advantages, as emphasized in the 1997 "World Development Report" published by the World Bank: In countries with liberal policies, legal stability and "good governance", real income per head grew much quicker over the past 30 years than in countries that did not protect fundamental rights. Economic growth and a liberal legal framework are likely to facilitate peaceful change also in other policy areas.

e) Credibility and Enforceability: Need for Compulsory Adjudication and Enforcement Systems

Rules do not enforce themselves. Unilateral self-help risks triggering power politics and legal disintegration. If a "post-Clausewitzian civil society" should ever emerge, adjudication and rule-oriented dispute settlements must replace military conflicts as policy instruments. The "right to an effective remedy by the competent national tribunals for acts violating the fundamental rights" has long since been recognized as a human right (e.g. in Article 8 of the 1948 Universal Declaration on Human Rights). The apparent failures in the implementation of many UN Charter objectives - such as the contrast between the Charter obligations in the field of human rights and the frequent reality of dictatorial governments and human rights violations in UN member states, or between the UN Charter objective regarding the International Court of Justice as "the principal judicial organ of the United Nations" (Article 92) and the acceptance of its compulsory jurisdiction by only less than a third of UN member states - have greatly undermined the credibility and effectiveness of the UN system. Unfortunately, also the various UN human rights conventions lack effective dispute settlement and enforcement mechanisms.

A new UN Charter should follow the example of WTO law and EC law and provide not only for compulsory third-party adjudication among governments. It should also take human rights more seriously by strengthening the access of individual citizens to domestic courts and to international judicial protection of human rights.[37] The examples of direct access of European citizens to the EC Court of Justice and to the European Court of Human Rights, and of trans-national arbitration between governments and investors in the context of the International Center for the Settlement of Investment Disputes (ICSID), show that - if there are sufficient incentives (such as World Bank aid conditional on acceptance of the jurisdiction of ICSID) and political pressures (such as acceptance of the European Convention on Human Rights as a political condition for membership in the Council of Europe) - governments may be willing to accept judicial settlement of disputes not only at home, but also in their international relations. European integration law, and the large number of WTO requirements of access to domestic courts, confirm that enabling national courts and individual citizens to interpret and enforce domestic laws in conformity with international treaty obligations ratified by national parliaments may offer the best method of rendering international law more effective.

f) "Carrots and Sticks": Need for Transitional Arrangements

The above-mentioned proposals for a new UN Charter are bound to be no less controversial than the proposals made in 1986 for reforming the old GATT 1947 through the Uruguay Round negotiations. They are likely to be rejected by non-democracies and corrupt governments not interested in the promotion of human rights, independent courts, or in the protection of the environment. Even more so than in the transition from GATT 1947 to the WTO, there will thus be a need for transitional

---

[37] For a critical comparison of the compulsory WTO dispute settlement system with the UN dispute settlement system, especially the ICJ see Petersmann, see note 26, 57 et seq.

arrangements and for a temporary coexistence between the "UN 1945" and a new UN Charter. For instance, membership in a new UN could be limited to democracies which accept the UN human rights conventions, parliamentary representation of "We The Peoples" at the national and international level, compulsory third-party adjudication, and a new collective security system aimed at "democratic peace". But the relations with non-democracies should remain governed by the existing UN Charter, at least during a transitional period in which the incentives for joining the new UN could be progressively increased.

Just as the EC has prompted most European states to apply for membership in the EC and in the European Convention on Human Rights, and the WTO legal guarantees for liberal market access rights and mandatory dispute settlement were no obstacles to the increasingly universal membership in the WTO, there is no shortage of possible incentives for joining a new UN. For instance: If the OECD countries would link access to new development aid to membership in the new UN, use their voting majorities in the World Bank Group and IMF for concentrating international financial and monetary aid on member countries of the new UN, and limit the advantages of a new collective security system to democracies which protect fundamental rights, most governments are likely to recognize sooner or later that protection of fundamental rights, rule of law, democracy and a new UN would enhance the interests of their citizens as well as the legitimacy of governments.

2. How to Promote the Needed Constitutionalization of the UN? Lessons from International Integration Law

European integration law can, in several respects, serve as a model for the needed reforms of UN law. It differs from the classical "international law of coexistence" up to World War II, and from the postwar "international law of cooperation" in the context of the UN system, by its greater reliance on constitutional law principles, such as fundamental rights, compulsory adjudication, citizen representation by parliamenty assemblies, and stricter horizontal and vertical separation of powers. The WTO Agreement, as a global integration agreement aimed at the world-wide liberalization of market access barriers for goods, services and investments of private citizens, likewise goes far beyond the UN Charter and the IMF Agreement, for instance in respect of the WTO guarantees of private market access, rights of due process, and judicial protection e.g. of private intellectual property rights. Compared to the disintegrated previous "GATT à la carte" system, the "Uruguay Round" achieved not only a world-wide legal integration and liberalization of the world trading system with compulsory dispute settlement and enforcement mechanisms. The WTO Agreement, similar to EC law in Europe, is also likely to become "the key to the promotion and reinforcement of democracy and democratic institutions in the decades to come".[38]

a) Need for Constitutionalizing the UN through a Global Integration Agreement

Historically, the experience of "constitutional failures" (such as World Wars I and II, colonialism, communism) has operated as a major driving force in the development of national and international law. Following World War II, and again after decolonization and the breakdown of communism, new national constitutions were introduced all over the world in order to protect human rights and democracy more effectively through constitutional limitations on collective decision-making. At the international level, the peace conferences following the periodic European wars (e.g. in 1648, 1815, 1919 and 1945) likewise achieved consensus on international legal reforms, on which governments could not agree prior to the wars. The UN Charter has enhanced the modern *renaissance* of constitutionalism through its commitments to human rights and decolonization. But the inadequacies of the UN Charter, notably in the areas of "collective security" and "democracy-building", have also made evident the need for a more effective "security constitution"[39] and "foreign policy constitution"[40] based on stricter constitutional restraints on foreign policy powers. In the EU, for instance, it has proven impos-

[38] Former GATT and WTO Director-General P. Sutherland, "Global Trade - The Next Challenge", *Swiss Review of International Economic Relations* 49 (1994), 7 et seq., (8). On the "constitutional dimensions" of the modern "international economic law revolution" see more generally the 24 contributions to: M. Hilf/E.U. Petersmann, *National Constitutions and International Economic Law*, 1993.

[39] On the need of a more effective "national security constitution" even in the USA see e.g. H.H. Koh, *The National Security Constitution. Sharing Power after the Iran-Contra Affair*, 1990.

[40] Cf. E.U. Petersmann, "The External Powers of the Community and the Union: Proposals for Protecting the Interests of EU Citizens", in: J.A. Winter et al. (eds), *Reforming the Treaty on European Union*, 1996, 265 et seq.

sible to achieve a "common foreign and security policy" (cf. Article J TEU) without applying the "Community methods" of rules-based policies, majority decisions and judicial protection of individual rights in the foreign policy area; "power-oriented" foreign policies by the EU are likely to lack legitimacy, political consensus and to cause legal disintegration, as illustrated by the EC's neo-colonial "banana trade restrictions" which were found in two GATT dispute settlement proceedings and five WTO dispute settlement proceedings, as well as in court proceedings before German tax and administrative courts, to violate the international GATT obligations of the EC and EC member states.[41]

The WTO is the first world-wide "third generation organization" based on world-wide guarantees of freedom, non-discrimination and rule of law enforceable through compulsory third-party adjudication. In order to protect freedom, non-discrimination and rule of law more effectively also in other foreign policy areas, the progressive "constitutionalization" of international law and international organizations needs to be extended to the UN, the IMF and other world-wide institutions (like UNEP). The experience with "constitutionalizing" foreign policy powers through WTO law and EC law suggests that international law and international organizations (as the two most important instruments of peaceful foreign policies) cannot be effectively constitutionalized without overcoming the state-centered conception of international law ("primacy of state sovereignty") and without democratic "integration through participation of citizens" based on international guarantees of individual rights and their judicial protection. As explained in Kantian legal theory, human rights and democratic representation must be recognized as the basis of both national and international law[42]; and constitutionalism must be applied to *foreign policy powers* no less than to domestic policy powers so as to ensure that national as well as international law protect the citizens' freedom and legal equality under the rule of law. The law of international organizations, which had no place in

---

[41] Cf. Petersmann, see note 27, 1164 et seq.; U. Everling, "Will Europe Slip on Bananas? The Bananas Judgment of the Court of Justice and National Courts", *CML Rev.* 32 (1996), 401 et seq.; E.U. Petersmann, "Darf die EG das Völkerrecht ignorieren?", *EuZW* 8 (1997), 325 et seq.

[42] On the universality of human rights, which Kant derived from his moral "categorical imperative" ("Act in such a way that you always treat humanity, whether in your own person or in the person of any other, never simply as a means, but always at the same time as an end"), cf. Teson, see note 30, 62 et seq.

Kant's legal theory[43], must become a central part of a modern constitutional theory of international law.

b) New Challenges to Constitutional Theory

The problems of "international constitutionalism" differ considerably from those of ancient, medieval and national constitutionalism, which emerged in the political struggle against abuses of power in the Greek city states, the Roman republics, in medieval feudalism, the Italian city republics during the Renaissance, and in the fight over royal absolutism in the new nation-states that emerged during the 16th century. *National constitutionalism* displays a number of common constitutional techniques (like the *lex superior* approach, separation of powers, human rights, objective constitutional principles of necessity and proportionality) and common constitutional problems of modern welfare states (like the political, economic, social and due process rights of individuals, the powers of government, the allocation of legislative, executive and judicial powers, protection of minorities, the nature of the state, the process of constitutional change). But the constitutional institutions and "checks and balances" tend to vary from country to country according to its particular constitutional traditions, historical experiences and value preferences.

International constitutionalism, and the exercise of political power in international organizations, involve many new challenges to traditional constitutional theories, especially if they analyze governments as trust relationships that, for instance according to Locke, were forfeited if the government did not respect the fundamental rights of the citizens. For example, if national and international organizations are viewed as creations by men and women to serve their needs: How to ensure democratic participation and democratic control in international organizations which, regrettably, are often less transparent and less open to private information than national organizations? Without a single "people", without an integrated "public opinion", and without a "polit-

---

[43] Kant derived the value of the state from the (horizontal) social contract concluded by its citizens, and the value of the government from the (vertical) agency contract with the citizens (cf. the references by Teson, see note 30, 70 et seq.). From this constitutional perspective, also international organizations can assert democratic legitimacy only to the extent they have been empowered democratically by free citizens (or their representatives) and treat individual citizens as ends in themselves, not merely as a means.

ical party system" at the international level: Are the national traditions of democratic legitimation and representation (such as popular votes, referenda and national parliaments) adequate for regional and world-wide organizations? Or does the necessary democratic legitimation of intergovernmental rule-making and policy-making require new constitutional contract theories, representation theories or participatory theories? What are the legal relationships between "parliamentary sovereignty" (e.g. in England), or "popular sovereignty" (e.g. in the USA), and national and international human rights guarantees of "individual sovereignty"?[44] Should the choice among the different models of democracy - such as "monist democracy" (based on parliamentary sovereignty), "dualist democracy" (based on a two-track system of higher law-making by "We The Peoples" and normal law-making by parliaments), and "rights-based democracy" (based on fundamental rights guarantees as in the German Basic Law of 1949)[45] - be left to each individual country (as in the Council of Europe)? Or does the world-wide experience of constitutional failures, and the resultant risks of e.g. additional world wars and further destruction of the environment, suggest that international human rights guarantees should have constitutional

---

44 Already A.V. Dicey's famous "Introduction to the Study of the Law of the Constitution" (1885) was criticized as contradictory because it did not explain how "parliamentary sovereignty" and "rule of law" could be reconciled. US constitutional law is based on popular sovereignty: "In contrast to some other modern constitutions, we Americans hold that our rights are ultimately to be defined by the People acting through the higher lawmaking system, not by some group of philosopher-judges engaged in a deep inquiry into the nature of human rights. We are democrats first, though not democrats of the monistic persuasion" (as in democracies based on "parliamentary sovereignty"), cf. B. Ackerman, "Constitutional Politics, Constitutional Law", *Yale L. J.* 98 (1989), 453 (471). Yet, also Ackerman recognizes the potential dangers of "dualist democracies": "I myself would support a political movement that sought to lead the People of the United States to enact a modern Bill of Rights, and entrench it in the West German way against subsequent revision by some future American majority caught up in an awful neo-Nazi paroxysm" (471).

45 The different constitutional concepts are explained by Ackerman, see note 44, in the following terms: "For the dualist, constitutional protection of rights depends on a prior democratic affirmation on the higher lawmaking track ... The dualist's Constitution is democratic first, rights-protecting second. For the committed foundationalist, this priority is reversed. The Constitution is first and foremost concerned with the protection of the right Rights; it is only after these rights-constraints have been satisfied that We the People are constitutionally authorized to work their will" (468).

status vis-à-vis both national and international government powers (as the fundamental rights guarantees in EC law)?

"International constitutionalism" requires adjustments to our often too introverted constitutional theories focusing on nation states. But it must build on the constitutional experiences of the past. For instance, more than 400 years ago, in his draft constitution for a new Florentine Republic, D. Gianotti already explained the need for specific constitutional restraints on foreign policy powers and the both initiating and executive roles of government in legislation and foreign policy[46]; as emphasized by Riklin, since governments have always been more than a mere "executive", and parliaments were never limited to "legislation", Gianotti's conception of government functions and of separation of powers was more realistic than the "classic" distinction between legislation, execution and judiciary.[47] Also Kant's explanation, more than 200 years ago in his draft treaty for "Perpetual Peace", of the need for mutually complementary national and international constitutional rules is of fundamental importance for redesigning international order.[48] Madi-

---

[46] Following the political overthrow of the last Florentine Republic by the Medicis, D. Gianotti elaborated a new draft constitution in exile (cf. D. Gianotti, *Republica Fiorentina. A critical edition and introduction by G. Silvano*, 1990), in which he emphasized the need for separation of powers based on the distinction of four state functions (elections, foreign and security policy, legislation, judicial review) and three decision-making phases (initiation of proposals, deliberation and decision, execution). In contrast to Locke's distinction between three government functions (legislation, execution, foreign policy), the now prevailing theories (notably by Montesquieu, Madison and Kant) distinguish between legislative, executive and judicial government powers without specifically addressing foreign policy powers. But this separation of powers rested on the understanding (e.g. by C. Montesquieu, *De l'Esprit Des Lois*, 1748, Livre XI, Chapitre VI) that the Executive would implement its foreign policy powers in conformity with international law. This constitutional function of international law is often ignored by politicians and rent-seekers benefitting from foreign policy discretion and from the ideology of the primacy of foreign policy.

[47] A. Riklin, "Introduction" to: A. Riklin/D. Höchli (eds), D. Gianotti - *Die Republik Florenz* (1534), 1997, 73.

[48] Kant's booklet on "Perpetual Peace", presented in 1795 as a draft treaty consisting of nine Articles with a supplement and an annex, differed from earlier projects (e.g. by Abbé de Saint Pierre in 1713) by linking the reforms of international law proposed in Kant's six "preliminary Articles" to reforms of domestic constitutional laws proposed in Kant's three "definitive Articles". As shown by Kant's detailed commentary on the draft treaty, the underlying as-

son's arguments for constitutional "checks and balances", and his warning against the prevalence of self-interested "factions" (i.e. special interest groups) in policy-making processes[49], are no less important for the institutional design of *international* organizations, especially if they are conceived as a "fourth branch of government" for the collective supply of international public goods which neither citizens nor individual governments can secure without international cooperation. Territorial separation of powers through federalism, confederations, regionalization and decentralization may be further reinforced by functional international organizations.

c) "Public Interest", "Community Interest" and Private Rights: Need for Solving the "Lockean Dilemma" for the Benefit of the Citizens

Constitutional law presumes that representative democratic governments are mandated to pursue the "public interest" of all the citizens in both domestic and foreign policies. This general interest is legally defined not only through domestic law, such as the equal fundamental rights of the citizens and other constitutional rules. Also international treaties ratified by national parliaments must be construed for the benefit of all the citizens. The 1994 WTO Agreement, for instance, recognizes in several provisions that restrictions on freedom of trade must be justified in terms of the "public interest"[50], and that WTO law is designed to protect also "private rights".[51] The foreign trade regulations of the EC likewise specify that import restrictions may be introduced only if they are called for by the "Community interest", which shall be determined through "an appreciation of all the various interests taken as a

---

sumption was that representative constitutional government, separation of powers, protection of individual rights and a "covenant of peace" among independent republican states would promote a gradual convergence of national interests and the "primacy of domestic policy" also in international relations.

[49] Cf. A. Hamilton/J. Madison/J. Jay, *The Federalist Papers*, 1788, Chapter II.C.

[50] Cf. e.g. Article 3 of the WTO Agreement on Safeguards, in: *The Results of the Uruguay Round of Multilateral Trade Negotiations. The Legal Texts*, GATT 1994, 316.

[51] Cf. e.g. the preamble to the TRIPS Agreement ("Recognizing that intellectual property rights are private rights") and the numerous WTO provisions on private access to judicial review (e.g. in Article 42 of the TRIPS Agreement), in: *The Results of the Uruguay Round*, see note 51, 366, 388.

whole, including the interests of the domestic industry and users and consumers".[52]

How should these and other "public interest requirements" (e.g. in human rights conventions) be construed, for instance in international and national dispute settlement proceedings? In the field of foreign trade law, EC and US courts have favoured state-centered interpretations, often to the effect that the "public interest" is whatever the government claims it to be.[53] Such power-oriented determinations of the "public interest" seem to reflect a Hobbesian view that the "social contract" implies a ceding of individual rights to rulers with unlimited discretion and government powers. From a liberal constitutional rights perspective, however, many of the goals that are claimed to be in the "national interest" or "Community interest" are morally dubious and difficult to reconcile with rights-based interpretations, even if governments are accorded a "margin of appreciation".

According to the rights-based Lockean concept of government, the constitutional contract serves the purpose of establishing governments with limited powers to protect the natural rights of the citizens, such as freedom, equality and property, which the citizens retain as inalienable rights (as explicitly recognized in the Ninth and Tenth Amendments to the US Constitution). From this Lockean perspective, the "public interest" to be promoted by governments is the sum of the individual interests of all domestic citizens, as protected by their equal rights and democratic decision-making procedures. Government executives, including the EC Commission and the EC Council, may therefore have no democratic mandate to violate international guarantees of freedom (e.g. in GATT and WTO law) which have been ratified by national parliaments so as to protect the *general interests* of domestic citizens (such as their consumer interest in liberal trade). In contrast to the supremacy of fundamental rights for *domestic* policy-making within constitutional

---

[52] Moreover, a determination "shall only be made where all parties have been given the opportunity to make their views known", cf. e.g. Article 21 of Council Regulation (EC) No. 3283/94 of 22 December 1994 on protection against dumped imports from countries not members of the European Community, O.J. EC L/349 (1994), 1, (20).

[53] For a criticism see E.U. Petersmann, "Constitutional Principles Governing the EEC's Commercial Policy", in: M. Maresceau (ed.), *The European Community's Commercial Policy after 1992: The Legal Dimension*, 1993, 21 et seq. (50 et seq.); K.J. Kuilwijk, *The European Court of Justice and the GATT Dilemma: Public Interest versus Individual Rights?*, 1996.

democracies, Locke admitted, however, that *foreign policy powers* (which he called the "federative power") are "much less capable to be directed by antecedent, standing, positive laws, ... and so must necessarily be left to the prudence and wisdom of those whose hands it is in, to be managed for the public good":

> "What is to be done in reference to foreigners, depending much upon their actions, and the variations of designs and interests, must be left in great part to the prudence of those who have this power committed to them, to be managed by the best of their skill, for the advantage of the Commonwealth".[54]

This lack of effective legal restraints on foreign policy powers, and the optimistic reliance on the "prudence and wisdom" of politicians, appears to have been influenced by the particular constitutional traditions in England (such as the "royal prerogative" for foreign policy, parliamentary sovereignty and a dualist legal system); but it entailed a dilemma in Locke's constitutional theory. This was aggravated by Locke's view that the domestic executive powers and the foreign policy powers "are hardly to be separated, and placed ... in the hands of distinct persons", because "both of them requiring the force of the society for their exercise, it is almost impracticable to place (them) ... in distinct, and not subordinate hands, or ... in persons that might act separately, ... which would be apt sometime or other to cause disorder and ruine".[55]

Locke considered an "executive prerogative" as inevitable because legislators can neither anticipate nor regulate all circumstances which may call for action. Locke did not examine the constitutional problems of limiting foreign policy discretion through international law, or of transfering regulatory powers to international organizations. In the German Constitutional Court's judgment of 12 October 1993 on the Maastricht Treaty, for instance, the Court emphasized that the parliamentary assent by the German legislative bodies to the TEU covered only a limited transfer of powers: "If the peoples of the individual States (as is true at present) convey democratic legitimation via the national parliaments, then limits are imposed, by the principle of democracy, on an extension of the functions and powers of the European Communities".[56] In another dispute concerning the EC's banana market regula-

---

54 J. Locke, *Two Treatises of Civil Government*, 1690, Vol. II, chapter 12.

55 *Ibid.*

56 Cf. the English translation of the judgment *ILM* 33 (1994), 388 et seq. (395).

tions, the administrative court of Frankfurt requested the German Constitutional Court in 1996 to decide whether it was compatible with German constitutional law and with the German parliamentary assent to the EC Treaties that the EC Council, which nowhere in EC law has been empowered to violate international law and the international treaty obligations of EC member states, restricted the freedom of trade of German citizens in clear violation of the international GATT obligations ratified not only by the EC but also by national parliaments in EC member states.[57] As many EC Treaty provisions (e.g. Arts. 228-234) emphasize that both the EC and its member states must comply with international agreements concluded by the EC, several German administrative, civil and tax courts held in 1995/96 that obvious violations of the international GATT guarantees of freedom and non-discrimination, as confirmed in GATT and WTO dispute settlement proceedings, might not be legally valid in Germany.[58]

d) Need for Redefining the Legitimate Functions of International Law and International Organizations in terms of the Equal Rights of the Citizens

International constitutionalism requires a rethinking of our power-oriented concepts and paternalistic theories of international law and foreign policy which, for instance, accept dictators as valid state representatives, treat individuals as mere objects of the law (rather than as legal subjects and sources of democratic legitimacy), assert national powers to violate self-imposed international legal commitments, and often acclaim such violations of international law as "realism". Constitutional theory presumes that rational individuals would conclude a social contract for setting up governments with limited powers for the supply of public goods. This constitutional assumption holds true for both national as well as international organizations. If governments derive their legitimacy from the consent by their citizens and from serving their interests as defined by their equal individual rights, also *international* organizations cannot assert more legitimacy than the governments which established the international organization. The legitimacy of international law and international organizations thus depends, from a consti-

---

57 Administrative court Frankfurt am Main, Decision of 24 October 1996, Cases 1 E 798/95 (V) and 1 E 2949/93 (V).

58 Cf. Petersmann, see note 41.

tutional citizens' perspective, on their democratic function to protect the equal rights and common interests of domestic citizens through the supply of public goods which neither citizens nor individual governments can secure without international law and international organizations.

Kant's draft treaty for "Perpetual Peace" proposed an international alliance limited to democratic republics that respect human rights. Even though "perpetual peace" would be secured only when all states become democratic and join the alliance, the establishment of such a liberal alliance was seen as an important step towards "perpetual peace". This appears true also from a power-oriented perspective; for democracies, even though they have rarely initiated the use of military force against each other, have retaliated forcefully against aggression from non-democracies and have tended to win their defensive wars against foreign aggressors. Apart from such self-defense, Kant did not call for "just wars" or "humanitarian interventions" vis-à-vis non-democracies.[59] The idea discussed in this essay - namely, to transform the existing UN into a transitional organization for the relations mainly with non-democracies, and to replace it by a new UN for the relations among democracies - serves similar purposes: to strengthen human rights, democracy, rule of law and peace, and thereby also individual and social welfare, through the "constitutionalization" of international law among democracies; and to strengthen thereby also peace in relation to non-democracies. The underlying concept of "integration at different speeds", by means of "dual membership in overlapping organizations," has been widely used e.g. in GATT/WTO law (such as GATT Article XXIV on free trade areas and customs unions, and GATS Article V on economic integration agreements) and regional integration law (such as Article 233 of the EC Treaty regarding sub-regional integration

---

[59] Kant's fifth "preliminary article" for the treaty on "Perpetual Peace" provided that "no nation shall forcibly interfere with the constitution and government of another", cf. Kant, see note 5, 96. According to Teson, see note 30, "a reading more consistent with the rest of Kant's views, however, is that the non-intervention principle is dependent upon compliance with the First Definitive Article. Internal legitimacy is what gives states the shield of sovereignty against foreign intervention. Since morally autonomous citizens hold rights to liberty, the states and governments that democratically represent them have a right to be politically independent and should be shielded by international law from foreign intervention" ... "Sovereignty is to be respected only when it is justly exercised" (92).

agreements and the new "flexible integration clause" in the 1997 Treaty of Amsterdam).

Kant's proposals for an alliance among democracies appear largely consistent also with the evolution of European integration law. By limiting membership in the EC and in the Council of Europe to democracies, European law has broken with the power-oriented tradition of treating international law as a prerogative of state rulers. The democratic representativeness and legitimacy of governments remain subject to international scrutiny in both the EC and the Council of Europe. In accordance with Kantian legal theory, both the EC Treaty and the 11th Protocol to the European Convention on Human Rights prescribe compulsory adjudication of disputes over fundamental rights. The EC Court of Justice has overcome the statist paradigm by construing EC law as

> "a new legal order of international law ... the subjects of which comprise not only Member States but also their nationals ... Community law therefore not only imposes obligations on individuals but is also intended to confer upon them rights ... These rights arise not only where they are expressly granted by the Treaty but also by reason of obligations which the Treaty imposes in a clearly defined way upon individuals as well as upon Member States and upon the institutions of the Community" ... "The vigilance of individuals concerned to protect their rights amounts to an effective supervision in addition to the supervision entrusted by Articles 169 and 170 to the diligence of the Commission and of the Member States".[60]

A rights-based new UN Charter could likewise strengthen the democratic legitimacy and effectiveness of UN law. For instance, the effectiveness of the UN Covenants on Civil and Political Rights, and on Economic, Social and Cultural Rights, still remains very limited. Incorporating UN human rights conventions into a new UN Charter, and promoting "democracy-building" through the World Bank Group, could promote not only their world-wide ratification and judicial protection. It could also enhance the rule-orientation of foreign policies, especially where foreign policy objectives are defined in terms of "respect for human rights and fundamental freedoms" (as in Article J.1 of the TEU). Just as international guarantees of liberal trade have contributed to the insight (notably in European integration law) that individual liberty needs to be legally and judicially protected in the economic sphere against abuses of public and private power no less effectively than in the political sphere, world-wide UN Charter guarantees

---

60 Case 26/62, Van Gend en Loos, [1963] *ECR* 1.

of human rights, democracy and judicial protection could operate as an important "second line" of constitutional entrenchment of human rights in domestic laws. The difficulties with "foreign policy coordination" - not only on the world-wide level in the UN but also in the regional context of the EU's "common foreign and security policy" and e.g. asylum and immigration policies (cf. Article K.1 of the TEU) - confirm the basic experience in regional integration that both "market integration" as well as "policy integration" depend on agreed international rules, minimum standards and procedures for "policy coordination". Rules-based *foreign policies* require much more detailed substantive rules and procedures for foreign policy coordination than are currently to be found in UN law.

3. Seizing the New Opportunity for Reforming the UN System

According to the French Declaration of the Rights of Man and Citizen (1789), "Every society in which the guarantee of rights is not assured or the separation of powers not determined has no constitution at all". The 1945 UN Charter ensures neither respect for human rights nor separation of powers. If democracy is government by the people of the people for the people, as *A. Lincoln* pointed out in his Gettysburg speech (1863), the exercise of political power by UN organs on behalf of "We The Peoples" lacks democratic legitimacy and often appears "unjust" (if "justice" requires, as explained in Aristotle's Nicomachean Ethics, treating equal persons equally and unequals unequally in proportion to their relative differences). While these and other imperfections of the existing UN system appear obvious from a constitutional perspective, they are "normal" from the point of view of the prevailing power-oriented and state-centered perception of international law. The main purpose of this contribution is to stimulate a more "realistic discussion"[61] on the needed reforms of the UN system, and on the principles

[61] My claim of "realism" is based on the fact that the proposed "Uruguay Round strategy" for reforming international institutions is not only rule-oriented but also power-oriented (notably with regard to free-riders and non-democracies) so as to make peaceful liberal order possible in a decentralized world where human rights and democracy have received quasi-universal legal recognition often only in response to external political and economic pressures from Western democracies. I am aware that "realist" political scientists may criticize my proposals for going "beyond anarchy" (including Kantian peaceful anarchy in the context of an informal "Federation of Republican States") for

and negotiation strategies for such reforms. The focus has been on two problems that have been neglected in previous proposals for reforming the UN system:

- *First*, the need for a "constitutional approach" extending the principles of constitutional democracy to international organizations as a "fourth branch" of government in a globally integrated world; while constitutionalism offers the most effective method discovered so far to protect the equal rights of citizens against abuses of government powers at home and abroad, human rights and democracy are the only universally recognized values on which a stronger UN system can be built.

- *Second*, the "negotiation strategy" applied in the Uruguay Round as a possible model for overcoming the "public choice" problems of reforming world-wide agreements on the collective supply of "public goods", like the UN Charter.

In contrast to constitutionalism, which reflects the political wisdom of more than 2.500 years, the universal recognition of human rights and democracy is a recent phenomenon of the 1990s. It is true that this universal legal recognition was often brought about, as previously in Europe and North America, through external pressures and civil resistance against authoritarian governments. Yet, it creates a new historical opportunity of constitutionalizing the UN system so as to better protect the equal rights of the citizens through world-wide safeguards of human rights and "democratic peace". Designing and negotiating a new UN Charter will raise numerous other legal and political difficulties that are not dealt with in this contribution. It will also require a stronger "constitutionalization" of foreign policies at the national level so as to protect the transnational exercise of individual rights more effectively. The modern integration of citizens and democracies through global markets and world-wide law and organizations entail new challenges to individual and collective self-determination, which differ from the constitutional problems of the ancient "city-republics" and democratic nation-states of the past and call for extending the constitutional protection of human rights to the global order.[62]

Constitutionalizing the UN system will, finally, not come about without a cosmopolitan "constitutional attitude", which respects the diver-

---

being too "idealistic". Yet, the UN human rights conventions and also the Uruguay Round have demonstrated that the Western conception of equal freedoms and individual rights can be effectively globalized.

62 Cf. D. Held, *Democracy and the Global Order*, 1995.

gent national constitutional experiences but overcomes the too state-centered and too power-oriented traditions of international diplomacy. This will be difficult also for the USA, without whose political and intellectual leadership the UN system cannot be reformed, as well as for France and the United Kingdom which will have to give up their privileged status in the UN Security Council if a truly "common foreign and security policy" of the EU should ever emerge. Constitutionalizing the UN system will require the wisdom of *Ulysses* (when he approached the island of the Sirenes) that it is only by "tying one's arm to the mast" - i.e. by limiting one's freedom through national and international constitutional guarantees - that the constitutional ideals of the English, American and French revolutions of the past may be progressively extended to international relations in our modern "global village". UN diplomats and visionaries of utopian UN reforms, who may feel offended by the recommendation to learn from the "international economic law revolution" in EC and WTO law which they often seem to neglect, should recall what economists and philosophers have emphasized for more than 200 years and what seems to have been confirmed by EC law and GATT/WTO law: that "nature also unites nations which the concept of cosmopolitan right would not have protected from violence and war, and does so by means of their mutual self-interest. For the *spirit of commerce* sooner or later takes hold of every people, and it cannot exist side by side with war."[63]

---

[63] Kant, see note 5, at 114.

From Dispute Resolution to Dispute Avoidance: Some Thoughts on Collective Management of Treaty Performance

M.C.W. Pinto

It was the Third United Nations Conference on the Law of the Sea that first enabled me to meet Professor Jaenicke. Through a common interest in possibilities for international cooperation in mining the deep ocean floor, I became acquainted with his work and that of the Institut für Ausländisches und Internationales Wirtschaftsrecht which he directed with such vision, objectivity and rigorous adherence to the highest research standards. Another shared interest, the evolution of international dispute settlement mechanisms, suggested the modest contribution that follows.

I. Introduction

1. The great challenge that confronts contemporary international law is how to bring about the observance of its rules by States which perceive themselves as "sovereign" and "equal", each of them refusing to recognize any external legislative, judicial or enforcement authority. Whether such rules are the product of commitments that have been negotiated and freely undertaken by treaty, or the result of the general consensus referred to as "customary" international law, attitudes derived from "sovereignty" and "equality" seem to permit, if not encourage, each State to pursue its own subjectively evaluated interests - or more accurately, those of its current political leadership - when, in a particular instance, there is a need to determine the scope and content of those rules. The tendency for non-observance of rules among these "sovereign

equals" is thus inevitable. It is compounded by the uncertainties inherent in the context of rules that are not, as yet, adequately informed by generally accepted socio-ethical convictions as to what constitutes the "general good" that they are intended to protect. These uncertainties generate the undesirable consequence, that the relative *power* of a State - the capacity to project itself beyond its borders and to ensure that the conduct of others will serve its interests - is likely to be of preponderant significance both in determining the existence of rules of international law, and in procuring their observance.

2. Three categories of method for securing compliance with treaty-based undertakings may be distinguished as 1.) enforced compliance, 2.) dispute resolution and 3.) collective performance management. Each may be found appropriate for dealing with a class of incidents which might occur in the course of implementing complex treaty provisions. When all three are provided for in a treaty, they represent a continuum of measures from which States may choose in maintaining or restoring contractual harmony and unity of purpose. They do not, however, represent a hierarchy of measures, connected in a spiral toward judicial settlement unless the treaty so provides, and may thus be applied as discrete methods whenever considered appropriate. The three categories of method came into existence according to a certain chronology, reflecting an evolution in the ways States viewed themselves and each other, conceived the scope of inter-governmental collaboration, and estimated the relative benefits of hegemony as compared with cooperation. These developments may be thought of as representing a trend, however gradual, toward a more even-handed approach to States regardless of size and power, and a concern to *promote performance* of treaty commitments rather than to *apportion responsibility* for non-performance.

3. *Enforced compliance* could well be regarded as the earliest method still in use for dealing with non-observance of the rules, since under it may be subsumed a range of coercive actions taken by States over centuries unilaterally, or in concert, following a *political consensus* that such action was in the "public interest". In such cases, it would appear irrelevant whether the State whose conduct is in question, disagrees that it has failed to comply with its treaty obligations, or concedes that it is in breach of the treaty, but claims that the breach is legally justified. In the opinion of the enforcing States, the situation resulting from non-compliance creates an unacceptable level of risk to their interests, and must be ended forthwith. Recent examples of enforced compliance with treaty obligations might be found in actions taken after investigation and due deliberation by the Council of the League of Nations pursuant

to articles 15, 16 or 17 of the Covenant, or by the Security Council of the United Nations pursuant to Chapter VII of the Charter, which did eventually result in the maintenance or restoration of international peace and security; or again, measures taken by the Conference of the Organization for the Prohibition of Chemical Weapons (OPCW) to restrict or suspend a State Party's rights and privileges until it undertakes the necessary action to conform with its obligations under the OPCW Convention, as well as "collective measures by States Parties" to that Convention in cases where serious damage to the object and purpose of the Convention may result from actions prohibited under it[1].

II. Dispute Resolution

3. A second method for dealing with non-observance of treaty-based undertakings is by incorporating in the treaty mechanisms for the resolution of existing or prospective disputes, a *dispute* having been described by the PCIJ as:

> "a disagreement on a point of law or fact, a conflict of legal views or of interests between two persons"[2].

Thus, recourse to dispute resolution mechanisms would be considered only if there were to be actual *disagreement* between treaty partners as to the nature, scope or duration of that commitment, or as to the man-

---

1 Convention on the Prohibition of the Development, Production, Stockpiling and Use of Chemical Weapons and on their Destruction, article XII - *ILM* 32 (1993), 800 et seq.

2 *Mavrommatis Palestine Concessions Case (Jurisdiction) (1924)* PCIJ Ser. A No. 2, 11, quoted with approval *inter alia* in the *South West Africa Case (Preliminary Objections)*, ICJ Reports 1962, 319 et seq.(328). According to one authority: "A dispute may be defined as a specific disagreement concerning a matter of fact, law or policy in which a claim or assertion of one party is met with refusal, counter-claim or denial by another. In the broadest sense, an international dispute can be said to exist whenever such a disagreement involves government institutions, juristic persons (corporations) or private individuals in different parts of the world." J.G. Merrills, *International Dispute Settlement*, 2nd edition, 1991, 1.

The UN Charter distinguishes a "dispute", which it *requires* a party to it to submit to specified settlement procedures, from a "situation" which might lead to international friction or give rise to a dispute. With respect to the latter, the prescribed procedures are *optional*.

ner of its implementation, whether such disagreement actually existed being an issue to be determined by the body which had assumed jurisdiction to decide the case. Dispute resolution by reference to third parties gained currency among the countries of the west, which had inherited the great corpus of legal rules and administrative methods systematized by Rome. As the law was administered between human beings, so it was thought, should it be administered between States as collectivities of human beings. The analogy was readily adopted by the early writers on international law, schooled in Roman and (by then) Christian traditions, because each such collectivity was embodied in, and represented by a single human being, its Prince. Familiar with the administration of justice through the application of publicized rules by a system of courts, personal litigation offered the obvious model for those seeking to maintain order with justice in the world of States. Representatives of the initiators of the great international, essentially western, conferences of the nineteenth and early twentieth centuries used the term *Powers* in formal references to their principals in the treaties they concluded. As their history had shown, *disputes* among *Powers* led to "friction" and "friction", eventually, to *war*. To the statesmen of the time, the most urgent need was to prevent that disastrous progression, and reference of a dispute to an objective third party seemed the most reliable way to resolve it.

1. Impartial Third-Party Dispute Resolution and the Avoidance of War

4. Thus, the Hague Convention for the Pacific Settlement of International Disputes of 1899 and its revision of 1907, urge the contracting Powers "before an appeal to arms", to have recourse to the "pacific" methods they provide for the settlement of differences, viz. good offices, mediation, commissions of inquiry (to "facilitate a solution of these differences by elucidating the facts"), and finally, to the adversarial and quasi-judicial procedure of arbitration. Although these Conventions have been justly acclaimed, and the Permanent Court of Arbitration which they established, is soon to celebrate its centenary, their purpose of "obviating ... recourse to force in the relations between States" has remained unfulfilled. While the parties to these Conventions (today numbering together some 90 States) proclaimed a "solidarity uniting the members of the society of civilized nations", the reality was better expressed in their self-description as "independent Powers".

5. In the belief that there existed a "*society* of civilized nations" that could, and should, follow rules similar to those applied within a society of human beings, the efforts of statesmen continued in the direction of devising ever more complete systems of arbitral/judicial dispute settlement as the means of preventing recourse to armed conflict. In general, recourse to such systems implied that (i) the dispute would come before a tribunal or court consisting of legal experts, constituted with a view to ensuring impartial application of *rules of law* to the *facts of the case*; (ii) the facts of the case would be determined by procedures that were "adversarial", and the loss would lie where it fell unless responsibility for it were shifted by the application of those rules of law; (iii) the aim of the tribunal or court would be to assess *damage*, apportion *responsibility* and determine the scope of *reparations* called for; (iv) the process could be initiated only by an entity which had the right to appear and be heard in the dispute (*locus standi*), in principle the injured party; (v) the process would conclude with a definite *decision, award or judgment* addressed exclusively to the parties, and which they have bound themselves in advance to *abide by and implement*, and which would thus be *enforceable* through supplementary national or international judicial systems.

6. However, to most States these systems were fraught with disadvantages of one kind or another. To States which, in general, favoured them, it appeared that the relative efficiency of the human model on which they were based, could not be transposed to the inter-State plane without being adversely affected by the absence there of any equivalent of a State's domestic enforcement jurisdiction, organization and equipment. The application of such systems required the *consent* of the Powers, and then, as now, the primacy accorded to the imperatives of domestic policy tended to prevent a Power from consenting in advance to third-party dispute resolution; or, if it did so, to ensure that such consent was so qualified by exclusionary clauses (e.g. generally relating to issues that could be brought under the rubrics "honour", "vital interests" or "domestic jurisdiction") as to allow the Power concerned virtual freedom of action, and even the freedom to withdraw completely at its discretion from commitment to a method of settlement, while remaining within the scope of its overall contractual obligations.

7. Most States have shown a wariness concerning submission of disputes to arbitration and judicial resolution. To them an approach that focused on the *facts of the case* to the exclusion of its political context, would be unduly narrow, and unlikely to produce an outcome that could be accepted as just. Another ground for hesitation is the prospect of the ap-

plication to the dispute of rules that are of uncertain scope, or capable of multiple interpretations. On the political plane, submission of a dispute to the finality of arbitral or judicial decision could threaten the exercise of sovereignty by placing the outcome in possibly unsympathetic hands. Moreover, the adversarial nature of the procedure is seen as confrontational, and likely to have a negative effect on relations between parties to the dispute. While international courts and tribunals would be mindful of these apprehensions, and might have ways to offset some of them, what they perceive as legal imperatives may preclude them from achieving that end.

8. The next decades saw repeated efforts, both regional and international, to establish multilateral mechanisms and procedures for the "pacific" settlement of disputes aimed at avoiding war, including the treaty establishing a Central American Court of Justice in 1907, articles 13 and 14 of the Covenant of the League of Nations and the Protocol providing for establishment of the PCIJ, containing in article 36 the "Optional Clause", the closest approximation to the international lawyer's ideal of "compulsory jurisdiction", over disputing Powers; the League's failed "Geneva Protocol for the Pacific Settlement of International Disputes" (1925) which, having garnered some support for a system of compulsory arbitration, may represent the apogee of such aspirations; the General Treaty for the Renunciation of War (1928); the Geneva General Act for the Pacific Settlement of International Disputes 1928, and its 1949 revision; and Chapter VI of the United Nations Charter and the Statute of the ICJ, the latter once more featuring the "Optional Clause". A concise contemporary observation on the "Geneva Protocol" seems to apply equally to many similar initiatives of the time:

> "The Protocol may be defined in one sentence as being an attempt to promote disarmament by creating security, to create security by outlawing war, to enforce the outlawry of war by uniting the world against the would-be aggressor, and to base this union of mutual protection upon the fundamental principle of compulsory arbitration"[3].

9. These initiatives were accompanied by efforts to promote confidence in the substantive rules of international law to be applied, by clarifying, developing and, where possible, codifying them. Thus, the rules for determining the responsibility of a State for damage caused to aliens

---

[3] W.E. Rappard, *International Relations as Viewed from Geneva*, 1925, 156, quoted in: C. Eagleton, *International Government*, 3rd edition, 1957, 484.

within its territory, or caused beyond its borders by agencies subject to its jurisdiction and control, became the focus of studies, first by non-official groups like the *Institut de Droit International* and the *International Law Association*, and subsequently also at the inter-governmental level by the League's Committee of Experts for the Gradual and Progressive Codification of International Law (1924), and the United Nations' *International Law Commission* (1947).

2. Dispute Resolution by Non-Binding Methods: Relevance of Political Context

10. Several factors contributed eventually to shifting the focus away from the twin ideas (1.) that the avoidance of war was the most urgent of objectives, and (2.) that the existence of dispute settlement mechanisms in the adversarial mode would necessarily reduce international friction and prevent war. First, the human and material cost of waging war on a grand scale had grown exponentially since advances in technology had greatly enhanced the destructive capacity and reach of weaponry. War, as an option, seemed to be receding beyond the reach even of the Powers themselves, let alone less well-endowed States. Second, the tragic course of the first half of the twentieth century showed that the existence of such mechanisms had failed to prevent two world wars which had occurred barely two decades apart, while localized conflicts had become a common feature of international life. Not only did the evidence indicate that when an international dispute was deemed to involve "honour", "vital interests" or "domestic jurisdiction" - and could thus generate the "friction" that could lead to war - it was unlikely that the parties would invite a third party, however "objective" to decide the matter for them; but also that there was good reason to doubt that the unsuccessful party, being "sovereign", would comply with any such decision.

11. Perhaps the factor of crucial significance, was the spread among a rapidly expanding "population" of States, of a new approach: while it was obviously important to prevent war, armed conflict was essentially a "symptom" with its roots in fundamental social and economic contradictions. This approach seemed to suggest that if war was to be averted greater attention should be paid to determining and removing the underlying causes of the disputes that led to such conflicts. Those causes might be determined by examining disputes in depth in their respective contexts, taking account of all the surrounding circumstances. For such

purposes, it seemed that the relatively rigid rules, procedures and standards applied by international tribunals modelled on national courts of law, which confined enquiry to the *case*, largely ignoring its context and any inherent inequities, and applying law to determine the issues, might not always be appropriate. While most governments might subscribe to that view, it was given particular emphasis by two emerging groups of States. First, there was the large number of States freed from colonial associations shortly before or after the end of World War II. Asserting what the Powers themselves had long proclaimed as the birthright of every State - sovereign equality - each of them felt at liberty to question the validity of dispute resolution according to rules of international law which they had taken no part in formulating, to which they had not given formal consent, and which, in their view, had operated in the past to protect and strengthen exploitative colonial relationships. A second group of "socialist" States, led by the Soviet Union, sought similarly either to select the rules of international law that they would apply, or to wipe the legal slate clean. They tended to support radical interpretations of concepts like "sovereign equality" and "equal rights and self-determination of peoples", in order to enlist the legitimacy of legal principle in defence of their infant regimes against foreign counter-revolutionary activity, or as part of a strategy for the propagation of communist ideology world-wide.

12. Greatly outnumbering the Powers, but unable to match their economic capacities and political influence, the views of these two groups of States, while often not identical with each other, did combine to influence third party dispute resolution away from the strict application of the rules as formulated by the Powers, and in the direction of a *case-in-context* approach. All claimed the *rights* recognized by international law as associated with the principle of "sovereign equality". However, as to the assumption or performance of *responsibilities* under international law, they declared that a differential approach should apply: Centuries of exploitation by the Powers had had such adverse effects on their capabilities and natural resources, that fairness entitled them to relief in the performance of their obligations, and preferential treatment in their efforts to develop their economies. The socialist claim to differential treatment was more concisely stated, being based on the premise that States with "different economic and social systems" were entitled to be treated in ways which took account of such differences. Eventually the declared aims of the "developing countries" went beyond merely securing relief from the adverse effects of earlier exploitation, to attempting to establish through international law, a "new international economic order" designed to prevent exploitation in the future. Their

objective was to have international law reviewed and revised piece-meal at international conferences at which their numerical superiority would ensure the adoption of new rules that would instal and protect an order

> "based on equity, sovereign equality, inter-dependence, common interest and co-operation among all States, irrespective of their economic and social systems which shall correct inequalities make it possible to eliminate the widening gap between the developed and the developing countries and ensure steadily accelerating economic and social development and peace and justice for present and future generations ..."[4].

13. As to dispute settlement mechanisms, whereas the Powers had made proposals, at least from the first Hague Conference, for the establishment of an international judicial institution, and successive World Courts had even been given a limited form of compulsory jurisdiction over legal disputes, the politically weaker countries, later distinguished as "developing" and "socialist", took a position at the other extreme of the policy spectrum. They tended to reject the tendency to judicial methods, and to favour essentially consensual and non-binding systems: consultation, negotiation, enquiry, mediation and conciliation. The seemingly universal concept of "sovereign equality" was the basis of the widely-held conviction that a government's policy was to be considered paramount and legally unassailable, as representing its people's highest good. It followed that actions in pursuit of that policy could not be contradicted or negated by an award or judicial decree issued by a foreign entity, however "objective", without the express consent of the highest level of government; and that even in the rare cases of consent to such procedures, a government would be entitled to greater deference than a non-governmental party, as well as to special consideration in a range of matters, including the production and evaluation of evidence. Moreover, while governments would, in common with other parties, be expected to comply with the award or judgment of a tribunal, they would nevertheless enjoy strict immunity from execution.

14. The effect of these developments was to foster a tendency that existed to some degree in all governments, but to the majority seemed imperative, viz. to shun arbitration and judicial settlement with their adversarial trappings, and to choose, if a situation should so require, the "softer" forms of third-party dispute resolution which did not lead to binding decisions and could not be interpreted as involving the diminu-

---

[4] Preamble to the Declaration on the Establishment of a New International Economic Order, UNGA Res. 3201 (S-VI), adopted 1 May 1974.

tion of a State's sovereignty. In the opinion of some scholars, the softest of these forms was the "commission of inquiry", provision for which was made in the Hague Convention of 1899[5], and expanded in the Hague Convention of 1907[6]. Of this process the League of Nations Committee of Experts for the Codification of International Law wrote:

> "In most cases the enquiry may be expected to end the dispute without creating any abiding bitterness between the two States concerned. Neither party has reason to regard itself as victor or vanquished; neither has had to bow to the peremptory dictates of a judicial sentence. The Commission merely submits its report and the parties concerned are free to draw their conclusions therefrom and to order their actions accordingly"[7].

What the Committee of Experts may have seen as the chief virtue of this procedure was that, if the commission's conclusions were to be accepted, the dispute could be "eliminated ... without any judgement, which might wound the susceptibilities of the responsible State, having been pronounced". Given a more neutral title - "fact-finding" - perhaps intended to minimize "invasive" implications, the utility of the process has at least since 1964 been repeatedly canvassed within the United Nations General Assembly and elsewhere[8].

15. The virtues "inquiry" including, especially, the avoidance of action "which might wound the susceptibilities of the responsible State", are shared with another mode of settlement, conciliation, which developed

---

[5] Arts. 9-14, *AJIL* 1 (1907), Suppl. 107.

[6] Arts. 9-36, *AJIL* 2 (1908), Suppl. 43. Commissions of Inquiry were intended to "facilitate a solution of (disputes of an international nature involving neither honour nor vital interests) by elucidating the facts by means of an impartial and conscientious investigation". (Article 9).

[7] Report of the Sub-Committee (Guerrero, Rapporteur, and Wang Chung Hui) on "Responsibility of States for damage done in their territories to the person or property of foreigners", reprinted in: *AJIL* 20 (1926), Supplement (Special Numbers), 199.

[8] E.g. Declaration on Fact-finding by the United Nations in the Field of the Maintenance of International Peace and Security, A/RES/46/59 of 9 December 1991; and the Optional Rules on Fact-finding Commissions of Inquiry issued by the International Bureau of the Permanent Court of Arbitration in 1997.

from it[9]. Thus, when commenting on the efficacy of commissions of *inquiry*, the Committee of Experts observed:

> "We should not forget the immense service which was rendered to the cause of peace by *this method of conciliation* in the Dogger Bank affair between Russia and Great Britain ..." (Emphasis added)[10].

However, the functions of a conciliation commission go beyond those of a commission of inquiry. Having elucidated the facts, a conciliation commission is generally empowered, after hearing the parties and endeavouring to bring them to an agreement, to make a report containing proposals for a settlement. Notwithstanding efforts to fit it into procedural moulds, a conciliation commission enjoys a wide discretion as to its methods. Its conclusions are not necessarily rule-based and may take due account of the political context of the dispute. Its report would have no binding force and the parties are under no obligation to accept the commission's proposals. Neither the Hague Convention of 1899, nor that of 1907 made provision for a procedure called "conciliation". Nor was conciliation mentioned in the Covenant of the League of Nations, which required reference of "any dispute likely to lead to a rupture", to "arbitration or enquiry by the Council"; and eventually, after amendment to take account of creation of the PCIJ, to "judicial settlement" as well (article 12). Provisions on conciliation were, however, included in bilateral agreements after World War I (e.g. the "Locarno Treaties", 1925) and in the Geneva General Act 1928/1949. It was not until 1962 that the International Bureau of the Permanent Court of Arbitration first issued a set of optional rules for a "conciliation procedure, or the conciliation procedure followed, in case of non-conciliation, by the arbitral procedure" intended for application in resolving disputes between States and private companies, a category of dispute for which international settlement mechanisms were being sought with increasing frequency. In 1996 the International Bureau issued *Optional Conciliation Rules* intended for use in inter-State disputes "where the parties seek an amicable settlement of their differences".

16. As conciliation was neither adversarial in its methods, nor led to a binding judgment, its effects were seen as only minimally "invasive". Its popularity among States' representatives fearful of being held responsible for yielding control over the outcome of a dispute, and placing sovereignty at risk, led to its inclusion in many international instruments as

---

9 As to these origins, see Eagleton, see note 3, 227 et seq.

10 Report of the Sub-Committee referred to, see note 7.

(1.) a preliminary procedure to be applied in attempting to resolve all disputes, with provision for arbitration or judicial settlement only if the conciliation effort were to fail; (2.) the method of choice for resolving disputes characterized as, or determined to be, "non-legal"; (3.) the method of choice for resolving every kind of dispute; or (4.) the residual method for resolving a dispute, if the parties to the dispute did not agree to submit the dispute to arbitration or judicial settlement.

III. Collective Performance Management

17. The development of collective management systems to *avoid the occurrence of disputes* has, to a large extent been the result of recognition that among treaty parties with varying degrees of performance capability defaults are likely to occur, and that States would, in the foreseeable future, be reluctant to submit disagreements concerning them to the adversarial procedures and binding decisions of international courts and tribunals. The need for such systems occurred and evolved naturally in the context of implementing multilateral agreements concluded to establish and administer regimes comprising complex regulatory arrangements. Their aim is to bring about adherence to contractual commitments, while minimizing friction among States interacting continuously at different levels, and ultimately to achieve the objects and purposes of such agreements, so as to secure benefits for, and fulfil the expectations of, all of the parties to them.

18. Agreements establishing regimes share certain characteristics. The parent agreement aims at *universal participation* as being a feature of particular importance for the achievement of its object and purpose. Its provisions must therefore be able to accommodate and encourage participation by *States with widely different levels of capability* (scientific, technological, financial) to comply with a range of treaty commitments. Correspondingly, its provisions must not be such as to drive a party to adopt a course of action within the reach of all States irrespective of relative political power, viz. *denunciation or withdrawal.* The basis of the desire to secure universal participation would be that the activity governed by the regime is such that non-compliance with it could cause damage that is likely to be subtle, complex, cumulative, wide-spread, delayed in its manifestation and long-lasting, thus presenting extraordinary difficulties of proof of causal connection, extent of damage, and appropriate reparation. The agreement would provide for the constitution of various organs (*organization*) with specific functions. These

would include a plenary, essentially deliberative, organ (an "assembly") and an executive council, vested with high levels of authority to adopt and administer not merely internal rules, but also the broad range of rules, standards and practices of which the regime is composed. One or more organs composed of scientific and technical experts would render advice to the political organ/s responsible for administering the regime, and thus competent to take decisions or make recommendations on issues concerning compliance with its provisions. The organization must maintain a secretariat with a high degree of scientific and technical training and experience, as well as the necessary legal and administrative skills.

19. Collective performance management may be thought of as comprising three categories of supervisory procedures: (1.) *adherence promotion*, or procedures aimed at securing ratification, approval or other type of acceptance by parties to the parent treaty, of rules or standards, recommendations or conventions, adopted by competent organs in implementation of a regime; (2.) *complaint processing*, or procedures for dealing with allegations of non-compliance (default) in ways which avoid conduct that could lead to disagreements and thus to disputes, and (3.) *assisted compliance*, or collective measures that are an outcome of complaint processing, aimed at enabling a party to avoid, or bring to an end, conduct that would amount to default. All three categories of procedures were pioneered by the ILO, with the aim of having internationally approved labour standards adopted and implemented worldwide. They have since been emulated and developed by other organizations, most recently those dealing with environment protection, similarly concerned to promote universal compliance with regulatory measures of a technical character.

1. Adherence Promotion

20. A model for adherence promotion procedures is provided by those of the ILO established nearly a century ago. Under it, member governments commit themselves to bring conventions and recommendations prescribing labour standards before their competent national authorities within specified time limits, with a view to procuring the enactment of legislation that would enable national judicial and enforcement authorities to give effect to those standards. If a convention were to be accepted by the authorities, ratification would be compulsory. A member government is required to notify the organisation of conventions and rec-

ommendations that are not accepted by the national authorities. Moreover, member governments undertake to report at regular intervals on their implementation of ratified conventions, and on action taken in relation to recommendations and unratified conventions. These reports are to be examined by a Committee of Experts which presents its findings to the Governing Body, which in turn places them before the General Conference for such action as it may deem necessary[11].

21. The adherence promotion procedures pioneered by ILO provide a distinguished and valuable precedent which, if followed, could substantially enhance the effectiveness of treaties[12], particularly those establishing regimes of a technical character where a high degree of legislative competence is vested in the administering organization. Treaties establishing other specialized agencies of the United Nations empowered to adopt conventions and regulatory measures have provided for adherence promotion techniques that comprise (a.) application to all members upon adoption by a specified organ, (b.) subject only to rejection or reservation, notified by a member within a specified period, and subsequent regular reporting thereon. The efficacy of such techniques demonstrated in two organizations[13], the WHO and the ICAO may, in part, be attributed to recognition by the membership of the dire consequences that could attend non-compliance with the regulatory measures prescribed.

---

[11] ILO Constitution, arts. 19-23, *AJIL* 31 (1937), Suppl. 67.

[12] As one authority has observed: "General conventions frequently contain no provision, or no satisfactory provision; for any organized international supervision over the measures taken to give effect to the obligations assumed, with the result that, the responsibility for such measures being left entirely to the uncontrolled discretion of the parties or not subject to any continuing review of recognized impartiality, the degree of application secured is frequently very unsatisfactory." C.W. Jenks, *A New World of Law*, 1969, 178; and see by the same author "Les Instruments Internationaux à Caractère Collectif", *RdC* 69 (1939), 498 et seq.

[13] WHO Constitution, arts. 19-23 and 61-65- UNTS Vol. 14 No. 221; ICAO Convention, arts. 37-8, 54(l), 55, 90- UNTS Vol. 15 No. 102.

2. Complaint Processing

22. Procedures for processing complaints of non-compliance (default) by members, pioneered by ILO[14], and provided for by, *inter alia*, ICAO[15], have been developed by organizations administering regimes for protection of the environment. The aims of such a procedure would include that of *preventing injury/damage* through non-compliance, reflecting, in part, what has recently become known as the "precautionary principle"; and *preventing "disagreement on a matter of fact or law"*, which is the essence of a dispute. One commentator succinctly describes the operation of the *Montreal Protocol's* Implementation Committee in the following terms:

> "... the Committee sees its role as helping to avoid disputes, to seek solutions, and to promote focused discussion about non-compliance issues rather than as a judicial enforcement system ... the Committee has had to balance its desire to tailor its recommendations and solutions to the situations of individual Parties, with the need to apply the legal commitments of the Protocol evenly to all Parties. Tailoring allows the Committee to be most effective in promoting specific solutions, but it runs the risk that the Non-compliance Procedure becomes a vehicle for creating a 'designer treaty' rather than one based on even-handed rule of law ... But the point is that the Committee sees the Non-compliance Procedure as a solution-oriented rather than enforcement-oriented mechanism. The Procedure is an extension of focussed diplomacy rather than adjudication. But the solutions it recommends are constrained by the need to follow strictly the legal content and spirit of the Protocol"[16].

---

[14] ILO Constitution, see note 11, arts. 26-28.

[15] ICAO Convention, see note 13, arts. 54 lit. j and k, 84-85, 87-88 as well as ICAO Rules for Settlement of Differences, 1957, (Chapter V - Complaints); and compare WHO Constitution, see note 13, article 75, whereby any "question" may be settled by the Health Assembly.

[16] D.G. Victor, "The Montreal Protocol's Non-compliance Procedure", *Österreichische außenpolitische Dokumentation (Special Issue)* in: W. Lang (ed.), *The Ozone Treaties and their Influence on the Building of International Environmental Regimes*, 1996, 67.

23. Features of the procedure would include

(i) initiation by complaint by a Member State (contractual partner)[17] of *actual or prospective default*;

(ii) deliberation on the complaint at one or more levels by *political organs* of limited (committee, council) or universal (General Assembly, Meeting/Conference of Parties) Membership[18] that,

(a) would adopt a *case-in-context approach* which may take into account extenuating circumstances[19] (not restricted to the legally admissible) of a political nature, e.g. the character of the actual/prospective defaulter as a "developing country" or a "country in transition", and, in the case of the former, be based on acknowledgement that implementation of control measures by the developing countries will depend on effective implementation by the industrialized countries of provisions on financial cooperation and technology transfer;

(b) would be consultative, informative *(fact-finding and conciliatory)* and *inquisitorial* rather than adversarial, would assume the willing-

---

[17] However, one author notes that under the Basel Convention an alleged treaty violation was brought to the attention of the Secretariat by a body other than the injured State or other party to the treaty, viz. a non-governmental organization (Greenpeace), and led to an amicable solution to the problem. I. Rummel-Bulska, "Implementation Control: Non-compliance Procedure and Dispute Settlement: From Montreal to Basel", in: Lang, see note 16, 51.

[18] On reporting and deliberation on non-compliance by a designated organ: *Montreal Protocol on Substances that Deplete the Ozone Layer, ILM* 26 (1987), 1550 et seq.- arts. 7, 8, 9 para. 3, 12 and Annex IV; *Basel Convention on the Control of Transboundary Movements of Hazardous Wastes and their Disposal, ILM* 28 (1989), 649 et seq.- arts. 12, 13, 19; *Protocol on Environmental Protection to the Antarctic Treaty, ILM* 30 (1991), 1461 et seq.- article 13; *Framework Convention on Climate Change, ILM* 32 (1993), 849 et seq., arts. 7 para. 2 lit. i, 10-13; *Convention on Biological Diversity, ILM* 31 (1992), 818 et seq.- arts. 23 para.4 lit. a and g, 26; *Protocol (to Convention on Long-range Transboundary Air Pollution) on Further Reduction of Sulphur Emissions, ILM* 33 (1994), 1540 et seq.- arts. 5, 8; *Convention to Combat Desertification in those Countries Experiencing Serious Drought and/or Desertification, ILM* 33 (1994), 1328 et seq.- arts. 26, 27; *International Tropical Timber Agreement*, UNCTAD Doc.TD/Timber/11- arts. 30-34.

[19] Protocol on Further Reduction of Sulphur Emissions- article 7 para. 2; Montreal Protocol- article 5; Framework Convention on Climate Change- arts. 4 para. 7-10, 7 para. 2 lit. b, 13.

ness/intention to perform, and be aimed essentially at determining *capability* to do so[20];

(c) would keep in view the need to *preserve harmony* as the basis for continued cooperation among the membership in the aftermath of the process;

(d) would be motivated, in part, by what has become known as the principle of "common but differentiated responsibilities";

(e) would conclude with a consensus as to "appropriate action to be taken";

(f) would be intended to *mobilize peer pressure* directed at securing performance of (compliance with) specific treaty commitments, as being required by the aim and purpose of the basic agreement which brought about those commitments.

3. Assisted Compliance

24. Procedures for *assisted compliance* developed in environment protection treaties[21], are an expression of both the "precautionary princi-

---

[20] "Non-compliance procedures are designed to be less adversarial than dispute resolution procedures. The experience from the short history of the Montreal Protocol's Non-compliance Procedure suggests that Parties will be willing to use such procedures often. In contrast, dispute resolution procedures, which are intrinsically more adversarial and often an elaborate component of multilateral environmental treaties, have never been used ... A logical conclusion from these stark differences is that non-compliance procedures are effective *because* they are non-adversarial. That conclusion is clearly true, but it is easy to overstate the point when drawing lessons for other regimes." Victor, see note 16, 69. Described as an "iterative process" of "justificatory discourse" among participants in a regime aimed at bringing about compliance with its rules, these procedures are comprehensively treated in the recent work of A. and A.H. Chayes, *The New Sovereignty: Compliance with International Regulatory Agreements*, 1995, 25, 110.

[21] Commenting on the origins of these procedures, one author notes: "With a more constructive approach based on a recognition that non-compliance is frequently the consequence, not of malice or greed, but rather of technical, administrative or economic problems, a regime that worked with, rather than against, Parties in difficulty was sought." P. Széll, "Implementation Control: Non-compliance Procedure and Dispute Settlement in the Ozone Regime", in: Lang, see note 16, 46.

ple" and the principle of "common but differentiated responsibilities". Such procedures could include the following features:

(i) they would follow a finding arrived at through political deliberation, that an actual/prospective default is not caused by a lack of willingness or resolve, but of some lack of *capability to perform* (comply with) a treaty commitment, and is likely to be based on a consensus of a *political* appreciation of the problems involved;

(ii) such findings will have taken into account the technical information, provided by the membership, as well as interpretation and advice from technical expert organs, aided by a technical secretariat;

(iii) implementation of a finding would be accomplished through access to a range of incentives ("carrots") and disincentives ("sticks"), e.g. *carrots*: technical assistance, technology transfer, information transfer and training, arranged by the organization or at a bilateral level, as well as grant of finance available from a Fund (created and replenished on a voluntary or obligatory basis), or bilateral sources, in any case subject to monitored observance of terms and conditions designed to promote performance; and "*sticks*": withholding of access to a Fund, warnings (cautions) and coercive measures , e.g. suspension of membership[22];

(iv) provision for "carrots" (incentives, the costs of which would be underwritten by the industrialized countries) is the result of:

(a) an appreciation that *prevention* of injury/damage e.g. to, or through, the environment would be less costly than *reparation*, the burden of which would, as a practical matter, inevitably have to be borne in large measure by the industrialized countries;

(b) in the case of damage to the environment, acknowledgement by the industrialized countries that they are responsible for certain negative aspects of the environmental status quo, and their willingness to lead the effort to protect and preserve the environment; and possibly,

(c) humanitarian considerations.

---

[22] *Montreal Protocol*, see note 18- Annexes IV and V. For a description of the operation of these procedures under the Montreal Protocol, see Victor, see note 16, 76-79. Other environmental treaties provide for assisting compliance in appropriate cases, e.g. *Framework Convention on Climate Change*, see note 18- arts. 4 para. 3-10, 10, 11, 13; *Convention on Biological Diversity*, see note 18- arts. 20 para. 1, 23 para. 4 lit. g.

4. Basic Reporting and Deliberative Procedures for Collective Performance Management

25. Basic reporting and deliberative procedures associated with collective performance management include:

(i) timely transmission to the relevant political organs responsible for deciding upon such measures, of up-to-date relevant country-specific data, through providing in the treaty for a system of (a) *regular*, and (b) *special* reporting by all members, concerning implementation of their treaty obligations;

(ii) the effectiveness of the process would be enhanced by publication or circulation of such reports among the membership, and by authorizing a technical secretariat to seek clarification or supplementary information, negative conclusions being drawn from a member's failure to respond, or to respond candidly;

(iii) the obligation on the political organs to deliberate such data could include responsibility to place before the membership recommendations formulated within the organization;

(iv) a member to whom a recommendation was addressed would be required to implement that recommendation within a specified time, and to report thereon, appropriate conclusions being drawn from non-observance of those commitments; and

(v) provided an actual or prospective default is found not to be deliberate, and to be due to reasons beyond the control of the State concerned, mobilizing technical and financial assistance to a member, with a view to minimizing the effects of, or eliminating, such reasons.

IV. Relationship of Collective Performance Management to Dispute Resolution

26. Deliberation by the political organ/s and the application of a range of "carrots" and "sticks" marks the limit of the area of operation of constitutionally provided collective performance management measures. Where such measures have failed to secure compliance, a situation of *disagreement* could develop (e.g. issues could arise concerning *unwillingness* to perform commitments, rather than some form of excusable incapability to perform them) for which *dispute resolution* mechanisms would be appropriate, and arbitration or judicial settlement the methods of choice when a definitive and final outcome is deemed necessary.

Accordingly, provisions on *dispute resolution*, including mechanisms in the adversarial mode, are included in treaty regimes as devices of last resort, to be employed when circumstances so require[23].

27. Where a treaty regime makes provision for both *collective performance management* and *dispute resolution* could, or should the former be allowed to influence the latter? If the current practice relating to the fact-finding and conciliation modes of dispute resolution were to serve as a guide, the answer would seem to be in the negative: such practice would normally require that any documents and other evidence, records or recommendations of a Commission of Inquiry, or Conciliation Commission be kept *confidential*, and not be made available, e.g. in a subsequent proceeding, except in specified circumstances, or with the express consent of the parties to the dispute[24]. Thus, the records and

---

[23] Montreal Protocol, article 11, applicable also in respect of any protocol except as otherwise provided (negotiation, good offices, arbitration/ICJ, with residual obligation to submit to compulsory conciliation resulting in the rendering of "a final and recommendatory award ..."; *Convention on Long-range Transboundary Air Pollution, ILM* 18 (1979), 1442 et seq.- article 13 ("negotiation or by any other method acceptable ..."); *Framework Convention on Climate Change*, see note 18- article 14 (negotiation, etc. arbitration/ICJ, with residual conciliation obligation similar to Montreal Protocol); *Basel Convention on the Control of Transboundary Movements of Hazardous Wastes*, see note 18- article 20 (negotiation, etc. ICJ/arbitration under Annex VI); *Convention on Biological Diversity*, see note 18, article 27 (negotiation, etc., arbitration/ICJ with residual obligation to submit to conciliation under Annex II). Earlier conventions with collective performance management provisions, e.g. the ILO and ICAO Constitutions, see note 11 and 13 respectively, also include dispute settlement provisions (recourse to the ICJ by way of appeal, ILO- arts. 29-34, ICAO- arts. 84-88).

[24] The recently adopted (1996), *Optional Conciliation Rules of the Permanent Court of Arbitration* read, in relevant part, as follows:

"Article 14

Unless the parties agree otherwise, or the disclosure is required in connection with judicial proceedings pursuant to article 16 hereof, the Conciliator and the parties shall keep confidential all matters relating to the conciliation proceedings. Confidentiality extends also to the settlement agreement, except where its disclosure is necessary for purposes of implementation and enforcement.

Article 19

The parties and the conciliator undertake that, unless the parties agree otherwise, the conciliator will not act as an arbitrator or as a representative or counsel of a party in any arbitral or judicial proceedings in respect of a dispute that

recommendations of, say, an "Implementation Committee", and the *participation of persons* associated with decision-making during the Committee's *complaint processing* and *assisted compliance* procedures, should not be allowed to influence a subsequent arbitral/judicial proceeding relating to the same subject matter. Both the autonomy of the arbitral/judicial process, aimed *inter alia* at achieving strict impartiality, *and* the candor called for in such a Committee's "pre-judicial" collective performance management processes, seem to support a principle maintaining the confidentiality of the latter. On the other hand, there seems no reason to preclude the use/participation in the political deliberations associated with collective supervision decisions, of material or persons associated with *previous arbitral or judicial proceedings* concerning the same subject matter.

28. Could considerations similar to those which would preclude collective performance management measures from influencing subsequent arbitral/judicial proceedings, indicate that, for instance, complaint processing should not continue in parallel with arbitral/judicial proceedings? Based on the analogy between conciliation and complaint processing, the parties ought to undertake not to initiate arbitral/judicial proceedings unless the performance management procedures failed to produce the desired result, i.e. a satisfactory level of compliance with treaty commitments[25]. However, bilateral efforts (i.e. initiatives not involving

---

is the subject of the conciliation proceedings. The parties also undertake that they will not present the conciliator as a witness in any such proceedings."

The recently adopted (1997) PCA *Optional Rules for Fact-finding Commissions of Inquiry* read, in relevant part, as follows:

"Article 14

2. Unless the parties have agreed otherwise, the report of the Commission shall not be binding on the parties.

Article 15

The report shall be signed by the sole Commission or the President of the Commission ... Individual opinions may be attached to the report. The report shall state in detail the facts established by the Commission, and the reason why certain facts may not be considered as having been established. Unless the parties agree to make it public, the report shall remain confidential."

[25] Compare the PCA Optional Conciliation Rules: "Article 16

The parties undertake not to initiate, during the conciliation proceedings, any arbitral or judicial proceedings in respect of a dispute that is the subject of the conciliation proceedings, except that a party may initiate arbitral or judicial

the organization) between the parties, analogous to negotiations, could be pursued in an effort to reach a settlement even while arbitral/judicial proceedings continued.

29. International law rules, both substantive and procedural, relating to liability and State responsibility, to apply in cases where damage could be subtle, complex, cumulative, widespread, delayed, etc. (e.g. in cases of damage to or through the environment), are still evolving. These include rules relating to attribution of liability/responsibility, collection and evaluation of highly technical data, *locus standi* especially in relation to protection of 'global commons', various forms of judicial assistance and class actions. In such cases, a finding of the liability of an operator, of an employer, of an entire industry or a Fund maintained by it, of insurance mechanisms, including underwriters, may not lead to a wholly just or even practical result, in that adequate reparation may be beyond their respective or combined resources. Even attribution of responsibility to one or more States may not (depending upon their economic capacities) ensure adequate reparation, even assuming their acceptance of the finding, and a willingness to comply with it.

30. In such catastrophic situations, responsibility for damage as determined by a court or tribunal may be only one of the factors to be considered in determining the means by which as many of the innocent injured as possible are compensated. As in the case of war damage, to exact compensation from a State or other entity, held responsible say, for causing environmental damage, to the point of bringing about its virtual legal extinction may not always be in the interest of the public at large: such a course could, *inter alia*, discourage investment in reconstruction, and have a general adverse effect on innovation and enterprise, and thus on overall recovery. In such cases, assessment of compensable damage and apportionment of responsibility for/contribution to reparations may not be based wholly on liability or responsibility, and may require the intervention of both political and judicial organs in determining a scheme of collective settlement.

---

proceedings where, in its opinion, such proceedings are necessary for preserving its rights."

Gedanken zur Anerkennungserklärung

Dietrich Rauschning

I. Aktuelles Interesse an der völkerrechtlichen Anerkennung

Anerkennung wird jüngst wieder als einer der schwierigsten Gegenstände des Völkerrechts bezeichnet.[1] Der Umfang der Ausführungen zur Anerkennung nimmt in den völkerrechtlichen Lehrbüchern erheblich zu. Die Verweigerung der Anerkennung für die Transkei und die südafrikanischen Homelands, für Süd-Rhodesien und für das türkisch besetzte Nord-Zypern hat wieder die Aufmerksamkeit auf das Problem der Anerkennung im Völkerrecht gelenkt.[2] In jüngerer Zeit hat sich das Fachschrifttum erneut der Anerkennung zugewandt, als durch die Auflösung der Sowjetunion und der Sozialistischen Föderation Jugoslawien deren frühere Gliedstaaten souverän wurden.[3] Schon die Wahl

---

[1] P. Malanczuk, *Akehurst's Modern Introduction to International Law*, 7. Aufl., 1997, 82 ff.

[2] J. Dugard, *Recognition and the United Nations*, 1987, 30 f.; G. Erasmus, "The Non-Recognition of South Africa's Homelands: The Effect of National Policies", in: W. Fürst u.a. (Hrsg.), Festschrift für Wolfgang Zeidler, Bd. 2, 1987, 1919 ff.; K. Ginther, "Das Anerkennungsverbot der Homelands", *GYIL* 23 (1980), 323 ff.; E. Klein, "Die Anerkennungspolitik der Vereinten Nationen gegenüber den in die Unabhängigkeit entlassenen südafrikanischen *homelands*", *ZaöRV* 39 (1979), 469 ff.

[3] S. Hille, *Völkerrechtliche Probleme der Staatenanerkennung bei den ehemaligen jugoslawischen Teilrepubliken*, 1996, 19 ff.; P. Hilpold, "Die Anerkennung der Neustaaten auf dem Balkan", *AVR* 31 (1993), 387 ff.; M. Leder, *Das Selbstbestimmungsrecht der Völker - Recht oder Ziel?*, 1996, 77 ff.; A.V. Lowe/C. Warbrick, "Recognition of States", *ICLQ* 41 (1992), 473 ff. und Vol. 42 (1993), 433 ff.; S. Oeter, "Selbstbestimmungsrecht im Wandel", *ZaöRV*

der Titel oder Untertitel zeigt, daß die Abhandlungen sich auch besonders auf den Streit über die deklaratorische oder die konstitutive Theorie der Anerkennung richten.

Wenn über Anerkennung nachgedacht und geschrieben wird, ist es ratsam, sich die kritischen Bemerkungen und Fragen von Ian Brownlie aus dem Jahre 1982 zu vergegenwärtigen.[4] Er geht von der These aus, daß sich die Völkerrechtstheorie zur Anerkennung gleichsam wie die Nebelbank an einem windstillen Tag zwischen den Beobachter und den Untersuchungsgegenstand geschoben habe. Sie lenke den Juristen von der Anwendung der üblichen Methoden rechtlicher Untersuchung ab. Nach seiner Betrachtung fordert er dazu auf, jedes "Anerkennungsproblem" gewissenhaft in seinem rechtlichen Zusammenhang und mit seinen tatsächlichen Vorfragen zu untersuchen. Hierzu seien einige Überlegungen, eingebettet jeweils in den Beispielsfall der Anerkennung Kroatiens 1991/92, niedergeschrieben.

II. Die Erklärung der Anerkennung als Staat

Gegenstand der Überlegungen ist die Anerkennung von seiten eines Staates. Wenn auch aus entsprechendem staatlichen Handeln auf eine konkludente oder implizierte Anerkennung geschlossen werden kann, werden doch die Probleme grundsätzlich an der Anerkennung in Gestalt einer Erklärung des anerkennenden Staates behandelt. Im Vordergrund steht die Anerkennung eines neu entstandenen Staates. So mag es hilfreich sein, den Text einer Anerkennungserklärung, beispielshalber des Schreibens des Bundespräsidenten an den Präsidenten der Republik Kroatien, das der deutsche Generalkonsul in Zagreb am 23. Dezember 1991 übermittelt hat, wiederzugeben:

---

52 (1992), 741 ff.; R. Rich, "Recognition of States: The Collapse of Yugoslavia and the Soviet Union", *EJIL* 4 (1993), 36 ff.; C. Simmler, "Kehrt die Staatengemeinschaft zur Lehre von der konstitutiven Anerkennung zurück?", in: I. Seidl-Hohenveldern u. H.J. Schrötter (Hrsg.), *Vereinte Nationen, Menschenrechte und Sicherheitspolitik - Völkerrechtliche Fragen zu internationalen Konfliktbegrenzungen*, 1994, 75 ff.; D. Türk, "Recognition of States: A Comment", *EJIL* 4 (1993), 66 ff.; M. Weller, "Current Developments", *AJIL* 86 (1992), 569 ff.

[4] I. Brownlie, "Recognition in Theory and Practice", *BYIL* 53 (1982), 197 ff. (197).

"Seiner Exzellenz dem Präsidenten der Republik Kroatien

Herrn Franjo Tudjman, Zagreb

Herr Präsident,

ich beehre mich, Ihnen mitzuteilen, daß die Bundesrepublik Deutschland die Republik Kroatien als unabhängigen Staat anerkennt. Das deutsche Volk begrüßt Kroatien als neues Mitglied der Gemeinschaft der unabhängigen Staaten der Welt.

In freier Selbstbestimmung hat Ihr Land in einem demokratischen und rechtsstaatlichen Verfahren den Weg in die Unabhängigkeit eingeschlagen. Die Republik Kroatien wird die Menschenrechte und die Rechte der Minderheiten umfassend garantieren. Es bekennt sich zu den Verpflichtungen aus der Satzung der Vereinten Nationen, der Schlußakte von Helsinki und der Charta von Paris für ein neues Europa. Hierzu gehört auch der Rechtsgrundsatz, daß Streitfragen nicht mehr durch Gewalt gelöst werden dürfen.

Die Bundesrepublik Deutschland wird sich weiterhin für die Fortführung und einen erfolgreichen Abschluß der Friedenskonferenz über Jugoslawien einsetzen. Wir zählen dabei auf die weitere konstruktive Mitarbeit Kroatiens.

Die Bundesrepublik Deutschland ist bereit, mit der Republik Kroatien diplomatische Beziehungen aufzunehmen. Dabei wird es das Bestreben der Regierung der Bundesrepublik Deutschland sein, diese Beziehungen mit dem Geist der Freundschaft und der Zusammenarbeit zu erfüllen. Darüber hinaus wird sie sich mit besonderem Nachdruck für eine europäische Einbindung Kroatiens einsetzen, damit Ihr Land möglichst schnell die Schrecken des Krieges, der hoffentlich bald beendet sein wird, überwinden kann.

Im Namen des deutschen Volkes und im eigenen Namen wünsche ich Ihnen, Herr Präsident, und der Bevölkerung Kroatiens Glück und Erfolg.

Genehmigen Sie, Herr Präsident, den Ausdruck meiner ausgezeichneten Hochachtung".

Diese Anerkennungsnote entspricht vom Text her der deutschen Anerkennungspraxis, die schon Friedrich Klein in der Festschrift für Herbert Kraus 1964 behandelt hat.[5]

---

[5] F. Klein, "Zur Praxis der Anerkennung neuer Staaten durch die Bundesrepublik Deutschland", in: Göttinger Arbeitskreis (Hrsg.), Festschrift für Herbert Kraus, 1964, 191 ff.

III. Inhalt der Anerkennungserklärung

In dem als typisches Beispiel behandelten Anerkennungsschreiben enthält der erste Absatz die eigentliche Anerkennungserklärung. Die Absätze zwei und drei drücken in respektvolle Feststellungen gekleidete politische Erwartungen Deutschlands an Kroatien aus. Der vierte Absatz enthält das Angebot der Aufnahme diplomatischer Beziehungen und eine politische Absichtserklärung Deutschlands.

Die Anerkennungserklärung selbst lautet, daß Deutschland Kroatien als unabhängigen Staat anerkennt. Zur Auslegung des Erklärungsinhalts mag die Feststellung in Art. 14 der Charta of American States[6], die wohl das allgemeine Verständnis der Anerkennung eines Staates wiedergibt, herangezogen werden:

> "Art. 14. Recognition implies that the State granting it accepts the personality of the new State, with all the rights and duties that international law prescribes for the two States."

Zunächst erklärt der anerkennende Staat dem anzuerkennenden, daß er ihn als Rechtspersönlichkeit des Völkerrechts, als Völkerrechtssubjekt der Klasse "Staat", ansieht. Da die rechtliche Existenz eines Staates im Völkerrecht vom Vorliegen einer Reihe von Voraussetzungen abhängt, wird mit der Erklärung auch dem anzuerkennenden Staat bekanntgegeben, daß nach Beurteilung durch den anerkennenden Staat diese Voraussetzungen vorliegen und der neue Staat so unter völkerrechtlichen Maßstäben entstanden ist.

Jeder Staat - Völkerrechtssubjekt der Klasse "Staat" - ist von Völkerrechts wegen Inhaber der grundlegenden Rechte eines Staates, wie sie im Völkergewohnheitsrecht begründet und vor allem in der UN Charta, insbesondere in Artikel 2, festgestellt sind; sie mögen in der Declaration on Principles of International Law Concerning Friendly Relations and Co-operation among States in Accordance with the Charter of the United Nations[7] reflektiert sein. Mit der Anerkennungserklärung verpflichtet sich der anerkennende Staat, die Rechte des anzuerkennenden

---

[6] Die Charta wurde ursprünglich in Bogotà am 30.4.1948 festgestellt. Text bei F. Berber, *Völkerrecht*, Dokumentensammlung, Band 1, 1967, 678 ff.; UNTS 119 No.1609. Der Artikel hatte damals die Zählung 10. Die neue Fassung ist aus dem internet abgerufen, der Artikel trägt jetzt die Nummer 14, ist aber inhaltlich nicht verändert.

[7] A/RES/2625 (XXV) vom 24 Oktober 1970, abgedruckt in: D. Rauschning/K. Wiesbrock/M. Lailach, *Key Resolutions of the United Nations General Assembly 1946-1996*, 1997, 3-6.

Staates zu respektieren. Diese mit der Anerkennungserklärung bestätigte Pflicht kommt im letzten Satzteil von Art. 14 der Charta der Organisation Amerikanischer Staaten zum Ausdruck.

IV. Völkerrechtliche Wirkung der Anerkennungserklärung

Die Anerkennungserklärung ist eine Willenserklärung des anerkennenden gegenüber dem anzuerkennenden Staat, eine einseitige und einseitig verpflichtende. Sie kann unmittelbare Rechtswirkungen nur zwischen diesen beiden Staaten entfalten. Selbst wenn, wie im Beispielsfall, die politische Willensbildung sich in den Beratungen der Europäischen Politischen Zusammenarbeit nach Art. 30 der Einheitlichen Europäischen Akte vollzog, werden die Anerkennungserklärungen einzeln von den Staaten abgegeben. Sie bestimmen unmittelbar nur das Verhältnis zwischen Erklärendem und Erklärungsempfänger.[8] Die Anerkennungserklärung ist kein Akt der Staatengemeinschaft, die Anerkennungserklärungen waren im Beispielsfall auch nicht gebündelt etwa in der Aufnahme Kroatiens in die Vereinten Nationen am 22. Mai 1992.[9] Die Vereinten Nationen haben nicht die Kompetenz, einen Staat mit einem Akt der sogenannten kollektiven Anerkennung anzuerkennen. Das wurde schon 1950 in einem Memorandum des Generalsekretärs an den Sicherheitsrat klargestellt.[10]

In diesem bilateralen Verhältnis schafft die Anerkennung zunächst Klarheit und Rechtssicherheit: Ob die Voraussetzungen für das Entstehen eines neuen Staates vorliegen, mag von den einzelnen Staaten als Mitgliedern der Völkerrechtsgemeinschaft unterschiedlich beurteilt werden; es gibt kein zentrales Organ der Staatengemeinschaft zur authentischen Feststellung der Staatsqualität. Im Verhältnis zwischen Erklärendem und Neustaat wird mit der Anerkennung verbindlich festgestellt, daß der Staat für das Völkerrecht wirksam entstanden ist. Der Er-

---

[8] So Art. 14 der Charta of the Organisation of American States, oben bei Anm. 6 wörtlich wiedergegeben.

[9] Durch die A/RES/46/238 vom 22 Mai 1992 von der Vollversammlung, die auf Vorschlag des Sicherheitsrats vom 18. Mai 1992 erging.

[10] Memorandum on the Legal Aspects of the Problem of Representation in the United Nations, UN Doc. S/1466 vom März 1950. Wiedergegeben bei Q. Wright, "Some Thoughts about Recognition", *AJIL* 44 (1950), 548 ff. (548 f.).

klärende ist an diese Feststellung gebunden. Die Anerkennungserklärung ist rechtsbegründend in dem Sinne, daß sie dem Erklärungsempfänger einen völkerrechtlichen Anspruch gegen den Erklärenden gibt, dessen Völkerrechtssubjektivität in der Klasse "Staat" nicht zu bestreiten und im Völkerrecht begründete Rechte, die jedem Staat wegen seines Staatseins zukommen, dem Anerkannten zu gewähren. Sie ist rechtsgestaltend insoweit, als der anerkennende Staat Ansprüche, die mit dem Staatsein des Neustaates unvereinbar sind, nach einer Anerkennung nicht mehr geltend machen kann. So kann beispielshalber der Staat, von dem der neue Staat sezediert ist, nach seiner Anerkennungserklärung nicht mehr geltend machen, die Sezession sei, weil unter völkerrechtswidrigen Umständen geschehen, ungültig. Aber auch ein Drittstaat kann nach seiner Anerkennung des sezedierten Staates beispielshalber nicht mehr geltend machen, eine völkerrechtswidrige gewaltsame Unterstützung der Sezession habe das Entstehen des Neustaates rechtlich verhindert.

Mit diesen rechtsbegründenden und rechtsgestaltenden oder gegebenenfalls auch rechtsvernichtenden Folgen wirkt die Anerkennungserklärung konstitutiv. Soweit die Theorie der konstitutiven Wirkung der Anerkennung als Staat - es gibt keine einheitliche konstitutive Theorie - allerdings wirklich annimmt, das Staatsein des anzuerkennenden Staates hänge im Völkerrecht von Erklärungen zur Anerkennung anderer Staaten ab, dann findet das in den Anerkennungserklärungen selbst keine Stütze.

V. Merkmale der Existenz von Staaten als Grundlage der Anerkennungserklärung

In der völkerrechtlichen Literatur wird die verfrühte Anerkennung als völkerrechtliches Delikt diskutiert, aber auch die verspätete Anerkennung soll eine Verletzung des Völkerrechts darstellen.[11] Auch wird die bedingte Anerkennung kritisiert.[12] Grundlage dieser Überlegungen ist die Auffassung, daß ein Neustaat erst bei Vorliegen der Staatskriterien

---

[11] Ti-Chiang Chen, *The International Law of Recognition*, 1951, 54 ff.; G. Dahm, *Völkerrecht*, Bd. 1, 1958, 137 f.; so jetzt auch: G. Dahm/J. Delbrück/- R. Wolfrum, *Völkerrecht*, Bd. I/1, 2. Aufl. , 1989, 200 f.

[12] Hille, siehe Anm. 3, 19 f.; H. Lauterpacht, *Recognition in International Law*, 1947, 31; Oeter, siehe Anm. 3, 770 f.; Rich, siehe Anm. 3, 55.

anerkannt werden dürfe, daß dann aber der Neustaat auch anerkannt werden müsse. Entscheidend ist dafür der Inhalt des Katalogs der Staatsmerkmale.

Eine authentische Festsetzung der Staatsmerkmale gibt es nicht. Der Vorschlag von Jessup, daß die Vereinten Nationen in einem Vertrag oder doch in einer Deklaration feststellen sollten "certain definite criteria for determining whether an entity has the necessary attributes of statehood"[13], ist nicht Wirklichkeit geworden. Über wesentliche äußere Erfordernisse besteht Einigkeit: Art. 1 der Konvention über die Rechte und Pflichten der Staaten, unterzeichnet auf der 7. Panamerikanischen Konferenz am 26. Dezember 1933 in Montevideo,[14] zählt die üblichen Merkmale, nämlich ständige Bevölkerung, abgegrenztes Gebiet, Regierung (Government) und die Fähigkeit zu Beziehungen mit anderen Staaten auf. Wenn ein Gebilde eines dieser Merkmale deutlich nicht aufweist, kann es negativ betrachtet nicht als Staat angesehen werden; aber ob positiv ein Staat vorliegt, kann anhand dieser weiten Begriffe noch nicht entschieden werden. Zusätzliche notwendige Qualifizierungen sind erforderlich, und sie können auch als nähere Bestimmungen der Staatselemente verstanden werden.

Für die Annahme eines abgegrenzten Gebietes mag gefordert werden, daß die Grenzen des neuen Staats rechtlich unumstritten sind. Die meisten erörterten Qualifizierungen sind dem Begriff der Regierung (Government) zuzuordnen. Die Regierung muß zunächst effektiv sein. Da es um die Anerkennung als unabhängigen, souveränen, Staat geht, wird unbestritten zur Voraussetzung gemacht, daß die Regierung nicht von einem anderen Staat abhängig ist; die Regierung muß eigenständig sein, es darf sich nicht um eine verdeckte Fremdherrschaft handeln.[15] Dafür ist das Bild des Marionettenstaates geprägt worden, und der japa-

---

13 Siehe P.C. Jessup, *Modern Law of Nations*, 1948, Reprint 1968, 46 ff. Aufgenommen in die amerikanischen Ausführungen zur Anerkennung Israels, wiedergegeben in: M.M. Whiteman, *Digest of International Law,* Vol. 2, 1963, 12; siehe dazu auch Dugard, siehe Anm. 2, 41 f.

14 Abgedruckt in: G. Gretschaninow, *Garantiepakte, Bündnisse, Abkommen über politische Zusammenarbeit, Nichtangriffs- und Neutralitätsverträge der Nachkriegszeit*, 1936, 376 ff.

15 Cheng, siehe Anm. 11, 429; J.A. Frowein, "Recognition", *EPIL* 10 (1987), 340 f., (342); Lauterpacht, siehe Anm. 12, 46 f.; E. Menzel, *Völkerrecht,* 1962, 137; I. von Münch, *Völkerrecht in programmierter Form*, 2. Aufl., 1982, 120.

nische Versuch, Manschukuo als eigenen Staat zu präsentieren, steht als Beispiel dafür.[16]

Ein weiteres Erfordernis der effektiven Staatsgewalt, ausgeübt durch die Regierung, stellt auch die Stabilität oder vermutete Dauerhaftigkeit dar.[17] Und je nach der vorgestellten Fallkonstellation mag ein anderes Kriterium erheblich sein. Versuchte Formulierungen eines Kriterien-Katalogs decken so auch nicht alle Erfordernisse ab, sondern setzen manche Merkmale, die in dem Fall unerheblich erscheinen, schlicht voraus.

Als ein Beispiel für einen solchen "Staatsreifekatalog" sei erneut auf die Kriterien verwiesen, die die Ständige Mandatskommission des Völkerbundes 1931 für die Entscheidung, das Mandat über den Irak zu beenden, zusammengestellt hat:

> "There are, however, certain conditions the presence of which will in any case indicate the ability of a political community to stand alone and maintain its own existence as an independent State. ...
>
> a) It must have a settled Government and an administration capable of maintaining the regular operation of essential Government services;
>
> b) It must be capable of maintaining its territorial integrity and political independence;
>
> c) It must be able to maintain the public peace throughout the whole territory;
>
> d) It must have at its disposal adequate financial resources to provide regularly for normal Government requirements;
>
> d) It must possess laws and a judicial organization which will afford equal and regular justice to all."[18]

Daß diese Maßstäbe insbesondere bei der Dekolonisierung Afrikas nicht zugrunde gelegt wurden, zeigt sich deutlich an der Resolution der

---

[16] Lauterpacht, siehe Anm. 12, 47.

[17] J. Crawford, *The Creation of States in International Law*, 1979, 71 f.; Hille, siehe Anm. 3, 13; A. Verdross/B. Simma, *Universelles Völkerrecht*, 3. Aufl., 1984, § 383.

[18] Commission Permanente des Mandats, Procès-Verbal, 20e Session 1931, 228 f.; wiedergegeben bei Menzel, siehe Anm. 15, § 137, deutsche Fassung bei D. Rauschning, "Das Ende des Treuhandsystems der Vereinten Nationen durch die Staatwerdung der ihm unterstellten Gebiete", *Jahrbuch für Internationales Recht*, Bd. 12 (1965), 158 ff. (179).

UN Vollversammlung zur Beendigung der Treuhandschaft über Ruanda und Burundi vom 27. Juni 1962.[19] Sie stellt unter Ziffer 2 das Ende der Treuhandschaft auf den 1. Juli 1962 fest, "on which date Rwanda and Burundi shall emerge as two independent and sovereign States", und sie ermächtigt unter Ziffer 5 den UN Generalsekretär, Mittel einzusetzen "not exceeding $ 2 Million for the purpose of such emergency measures as may be required to ensure the continuation of essential services in the two countries ...". Die Staaten waren 1962 offensichtlich der Auffassung, daß der Befund, Ruanda sei ein unabhängiger Staat, unter anderem auch ohne ein selbstgetragenes Funktionieren der notwendigen Dienste festgestellt werden könne.[20] Das Beispiel zeigt, daß trotz der allgemeinen Einigkeit über die für einen unabhängigen Staat notwendigen Merkmale in der knappen Form von Art. 1 der Montevideo-Konvention die Maßstäbe in der Völkerrechtsgemeinschaft anhand von gegebenenfalls typischen Einzelfällen weiter konkretisierungsbedürftig sind. Und danach obliegt es den Staaten dann, diese Regeln konkret anzuwenden und jeweils zu beurteilen, ob diese Kriterien durch den neu entstandenen Staat erfüllt werden.

VI. Verletzung eines Rechts des neuentstandenen Staates durch Vorenthalten der Anerkennung?

Die Anerkennungserklärung ist oben umschrieben worden als die verbindliche Erklärung eines Staates gegenüber einem neuen Staat, daß er die Merkmale als durch den neuen Staat erfüllt ansieht, daß er aus Umständen der Staatsentstehung keine Argumente gegen die staatliche Existenz erheben kann und daß er die mit der Staatlichkeit des Erklärungsempfängers im Völkerrecht verbundenen Positionen gewähren und respektieren werde. Wenn von einer Völkerrechtsverletzung durch Vorenthalten der Anerkennung gesprochen wird, dann ist regelmäßig nicht das Vorenthalten der Anerkennungserklärung gemeint, sondern ein Verletzen der im Völkerrecht begründeten Positionen eines effektiv be-

---

[19] A/RES/1746 (XVI) vom 27 Juni 1962, abgedruckt in: Rauschning/Wiesbrock/Lailach, siehe Anm. 7, 179 f.

[20] Zum Abgehen von den Staatskriterien im Zuge der Dekolonisierung, siehe: Dugard, siehe Anm. 2, 68 ff.; vgl. auch Rauschning, siehe Anm. 18, 181.

stehenden Staates.[21] Wenn man das Respektieren dieser Rechtspositionen gegenüber einem neuen Staat als Anerkennung bezeichnet und sich die Wirkung der Anerkennung darin erschöpfen würde, könnte dieser Formulierung gefolgt werden. Wenn aber mit Anerkennung jene oben beschriebenen Rechtswirkungen der verbindlichen Feststellung, des Verzichts auf allfällige Einwendungen bzw. entgegenstehende Rechtspositionen und das Versprechen der Respektierung der Rechte verbunden sind, dann läßt sich nicht begründen, daß die Vorenthaltung der Anerkennungserklärung Rechte des anzuerkennenden Staates verletzen könnte. Es gibt kein Recht auf die verbindliche Feststellung, kein Recht auf den Verzicht auf Rechtspositionen und kein Recht auf eine Verpflichtungserklärung zur Respektierung.

Dieses Ergebnis beruht auf der Unterscheidung und Trennung zwischen der Anerkennungserklärung und dem tatsächlichen Verhalten gegenüber dem neuen Staat. Der Formulierung in § 202 Abs. 1 des amerikanischen Restatement of the Law[22] von 1986 ist zuzustimmen:

> "§ 202 Recognition or Acceptance of the States
>
> (1) A State is not required to accord formal recognition to any other state but is required to treat as a state an entity meeting the requirements of § 201, except as provided in Subsection 2".

In § 201 stehen die Staatskriterien, § 202 Abs. 2 betrifft das Verbot, durch Gewaltanwendung entstandene Staaten anzuerkennen.

Ein um Anerkennung als Staat werbendes Gebilde kann nicht nur deshalb durch das Vorenthalten einer Anerkennungserklärung in seinem Recht nicht verletzt werden, weil es gerade auf die Abgabe der Erklärung keinen Anspruch hat, sondern es scheint auch äußerst fraglich, ob es davon abgesehen einen Anspruch auf eine bestimmte Beurteilung, nämlich als Staat, hat. Für die Beurteilung, ob die Staatskriterien erfüllt sind, muß der beurteilende Staat zunächst feststellen, welche Kriterien er der Beurteilung zugrunde legen will. Die Völkerrechtsregeln über die Anforderungen zum Entstehen eines Staates sind zumindest unfertig und offen. In der beschränkten Zahl der Staaten als Vollmitglieder der Völkerrechtsgemeinschaft sind die Fälle des Entstehens eines Staates nicht so zahlreich, daß für alle Zweifel an der Entstehung von Staaten sich typische Regeln gebildet haben können. Es ist die Aufgabe des be-

---

[21] Dahm, siehe Anm. 11, 137; Dahm/Delbrück/Wolfrum, siehe Anm. 11, 201.

[22] Restatement of the Law, Third, *The Foreign Relations Law of the United States, Vol. 1*, §§ 1-888, 1986, 77 ff.

urteilenden Staates, anhand des gesicherten Regelbestandes gegebenenfalls das Recht fortzuentwickeln. Das Ignorieren gefestigter Teilregelungen würde eine Rechtsverletzung darstellen, aber schon im Stadium der Aufbereitung des rechtlichen Maßstabes bleibt dem beurteilenden Staat ein Erkenntnisspielraum.

Auch bei Anwendung eines einwandfrei festgestellten Maßstabes ist ein Recht des um Anerkennung werbenden Staates auf ein bestimmtes - und positives - Ergebnis der Beurteilung nicht erkennbar. Das mag an zwei Beispielen verdeutlicht werden:

Erforderlich ist eine effektive, und das heißt auch gefestigte und stabile Staatsgewalt (Regierung, Government). Die Lebensfähigkeit des Staatsgebildes muß gegeben sein. Angesichts der tatsächlichen Lage in Ruanda im Jahre 1962 hätte ein Staat auch zu einer negativen Beurteilung kommen können. Er hätte den Staatsreifekatalog der ständigen Mandatskommission heranziehen und feststellen können, daß allein die mangelnden finanziellen Mittel die positive Beurteilung als Staat nicht rechtfertigen (Buchstabe d des Katalogs). Angesichts der Spannungen zwischen den Bevölkerungsgruppen wäre auch die Auffassung, daß Ruanda nicht fähig sei, den öffentlichen Frieden in seinem gesamten Gebiet zu sichern, durchaus vertretbar gewesen. Hätte man diesem Staat vorwerfen können, daß er sich auf die Staatskriterien der Mandatskommission stützt, um die Lebensfähigkeit für eine absehbare Zeit zu beurteilen, und könnte man rückblickend sagen, daß eine negative Prognose völkerrechtswidrig gewesen wäre?

Als zweites Beispiel sei die Anerkennung der DDR gewählt. Für das Entstehen eines neuen Staates ist die Eigenständigkeit seiner Staatsgewalt erforderlich. Auch wenn man für eine recht frühe Zeit annimmt, daß die Organe der DDR nicht im einzelnen von der Sowjetunion gesteuert wurden,[23] so ließ sich die Eigenständigkeit der Staatsgewalt doch damit bezweifeln, daß die Existenz des Regimes von der Anwesenheit der sowjetischen Truppen abhängig war. Das dürfte für die Vorgänge am 17. Juni 1953 historisch erwiesen sein, denn das Regime wurde nur durch das Eingreifen der Sowjettruppen vor der eigenen Bevölkerung gerettet. Danach ist ein entsprechender verlustreicher Versuch in der DDR nicht wiederholt worden. Der Bevölkerung wurde beim Niederschlagen des Aufstands in Ungarn 1956 vor Augen geführt, daß die Sowjetunion in ihrem Machtbereich eine Änderung des Regimes mit militärischer Gewalt verhindert. Truppen des Warschauer Pakts sicherten im August 1961 die Errichtung der Berliner Mauer gegenüber der deut-

---

23 Siehe dazu R. Schuster, *Deutschlands staatliche Existenz*, 1963, 52 ff. (65).

schen Bevölkerung, was darauf hinweist, daß das Regime sich der Durchsetzungsfähigkeit gegenüber der Bevölkerung nicht sicher war. Ein weiteres Signal war der Einmarsch in die CSSR zur Unterdrückung des Prager Frühlings 1968. Die Disziplin der deutschen Bevölkerung angesichts dieser Signale hat verlustreiche Tests der Eigenständigkeit vermieden. Beurteilende Staaten konnten nur das Gedankenexperiment vornehmen, ob das Regime der DDR das dauerhafte Abziehen und sichere Fernbleiben der sowjetischen Truppen überstehen würde.[24] Auch das Ergebnis einer Beurteilung durch einen unbeteiligten Staat, daß die Eigenständigkeit nicht gegeben ist, wäre vertretbar gewesen. Vertretbar wäre auch gewesen, daß die Staatsqualität nicht akzeptiert wird, solange der Sezessionsprozeß der DDR nicht abgeschlossen war.[25] Es hat sich gezeigt, daß das Herrschaftssystem der DDR ohne den Schutz der Roten Armee keinen Bestand hatte, und der nicht abgeschlossene Vorgang der Sezession ist 1990 abgebrochen worden.[26] Könnte man nun nach dem Urteil der Geschichte die Prognose eines Staates über die ungesicherte Existenz der DDR als eine Rechtsverletzung ansehen?

Nach diesen Erwägungen läßt sich feststellen, daß ein neu entstehender Staat keinen völkerrechtlichen Anspruch gegenüber einem anderen Staat darauf hat, daß dieser ihm gegenüber eine förmliche Anerkennungserklärung abgibt. Zudem hat ein Staat bei der Beurteilung dessen, ob ein Gebilde jetzt und mit Aussicht auf Dauer als neu entstandener Staat anzusehen ist, einen erheblichen Erkenntnisspielraum. Beim Vorenthalten von aus dem Völkerrecht fließenden Rechten gegenüber einem Neustaat wird man von einem völkerrechtlichen Delikt nur in eindeutigen Fällen sprechen können, also dann, wenn die negative Beurteilung und damit die Vorenthaltung des konkreten Rechts als rechtsmißbräulich zu bezeichnen ist.

---

[24] Siehe D. Rauschning, *Rechtsstellung Deutschlands*, 2. Aufl., 1989, XXIII f.

[25] G. Ress, *Die Rechtslage Deutschlands nach dem Grundlagenvertrag vom 21. Dezember 1972*, 1978, 214 ff.; D. Rauschning, "Der Fortbestand des Deutschen Staates und die Verträge von Bonn und Paris", in: *Deutschlandvertrag, westliches Bündnis und Wiedervereinigung*, 1985, 40 f.; D. Rauschning, "Die Wiedervereinigung vor dem Hintergrund der Rechtslage Deutschlands", *JuS* 31 (1991), 977 ff., (978).

[26] Rauschning, *JuS* 31 (1991), siehe Anm. 25, 981.

VII. Verletzung des Völkerrechts durch vorzeitige Anerkennung

Die vorzeitige oder verfrühte Anerkennung eines selbständig werdenden Staatsteils als Staat wird verbreitet in der Literatur als Völkerrechtsverletzung angesehen.[27] Auch für diesen Komplex ist eine genauere Betrachtung hilfreich.

Zunächst ist festzustellen, daß durch die Anerkennung eines unabhängig gewordenen Staates ein anderer Staat nur im Falle der Sezession in seinen Rechten verletzt sein kann. Voraussetzung der völkerrechtlichen Verletzung ist also, daß der Staat, von dem sich der Neustaat abgespalten hat, weiterhin besteht. Bei der Anerkennung Israels 1948 konnte ein Recht des bisher die Staatsgewalt ausübenden Staates nicht verletzt werden, weil das Vereinigte Königreich als Verwaltungsmacht über Palästina nach dem Mandatsystem des Völkerbunds das Mandat für beendet erklärt hatte.[28] Im Falle der Anerkennung Kroatiens kommt eine Rechtsverletzung dann nicht in Betracht, wenn die Sozialistische Föderative Republik Jugoslawien zu bestehen aufgehört hatte. Das kommt im Gutachten Nr. 1 der Badinter-Komission[29] zum Ausdruck, wenn dort festgestellt wird, daß die Sozialistische Föderative Republik Jugoslawien sich im Prozeß der Auflösung befindet. Auch die Vereinten Nationen gehen davon aus, [30] daß die Föderative Republik Jugoslawien (Serbien und Montenegro) nicht die Sozialistische Föderative Republik Jugoslawien als identisch fortsetzt, so daß diese untergegangen ist.

Für den - hier nicht angenommenen - Sezessionsfall ist weiterhin zu fragen, welche Rechte des Staates, von dem sezediert wird (Altstaat), durch die Erklärung über die Anerkennung des sezedierenden als Staat verletzt werden können. Rechtlich betrifft, wie oben gezeigt, die Erklärung der Anerkennung nur das Verhältnis zwischen dem anerkennenden und dem anzuerkennenden Staat. Die Bekanntgabe allein der Beurteilung, es

---

[27] Dahm, siehe Anm. 11, 136; Dahm/Delbrück/Wolfrum, siehe Anm. 11, 200; L. Oppenheim/H. Lauterpacht, *International Law, A Treatise*, Vol. I - Peace, 1948, 128 f.; Restatement, siehe Anm. 22, § 202, Comment, 79.

[28] Palestine Act 1948, 11 u. 12, Geo.6 c.27, Halsbury's Statutes, 2. Aufl., Bd. 6, 623.

[29] *ILM* 31 (1992), 1494 ff.

[30] S/Res/777(1992) vom 19 September 1992 in: internet: gopher://gopher.-undp.org:70/00/undocs/scd/scouncil/s92/52, und A/RES/ 47/1 vom 22. September 1992, abgedruckt in: Rauschning/Wiesbrock/Lailach, siehe Anm. 7, 197.

handele sich um einen Staat, greift in die Rechte des Altstaats nicht ein, denn es besteht kein Recht auf einen Beurteilungsinhalt. Auch der Verzicht auf allfällige Einwendungen gegenüber der Gültigkeit der Staatsbildung, der in der Anerkennungserklärung liegt, verletzt nicht Rechte des Altstaats. Wenn schließlich der anerkennende Staat dem anerkannten Staat Rechte, die das Völkerrecht mit dem Staatsein verbindet, gewährt, dann ist im Einzelfall zu prüfen, durch welche Gewährungen Rechte des Altstaats verletzt werden. Die Gewährung von Immunität gegenüber dem Neustaat verletzt beispielsweise nicht Rechte des alten Staats, auch nicht das Zulassen, daß der Neustaat in dem anerkennenden Staat Bewohner seines Gebiets, die sich dort aufhalten, betreut. Andererseits würde das Einrichten eines Konsulats im Gebiet des Neustaats als Hoheitsausübung Rechte des Altstaats verletzen können. Akte in Konsequenz der Anerkennung mögen Rechte des Altstaats verletzen können, doch lassen sich kaum Beispielsfälle dafür bilden, daß die beschränkten rechtlichen Wirkungen der Anerkennungserklärung selbst Rechte des Altstaats verletzten.

Die Anerkennungserklärung hat gewiß die politische Wirkung, daß sie die Position des Neustaats international und in einer Rückwirkung auch innerstaatlich stützt. Es ist aber äußerst zweifelhaft, ob wegen dieser politischen Wirkung eine für vorzeitig angesehene Anerkennungserklärung als Verletzung des Interventionsverbots völkerrechtswidrig wäre. Zur Umschreibung des Interventionsverbots können die Sätze im dritten Prinzip der im Konsensus angenommenen Declaration on Principles of International Law Concerning Friendly Relations and Co-operation among States in Accordance with the Charter of the United Nations[31] herangezogen werden. Der entsprechende Satz lautet:

> "No State or group of States has the right to intervene directly or indirectly, for any reasons whatever, in the internal or external affairs of any other State. Consequently, armed intervention and all other forms of interference or attempted threats against the personality of the State or against its political, economic and cultural elements, are in violation of international law."

Unter das völkerrechtliche Interventionsverbot dürften danach außer der Intervention mit Waffengewalt ähnlich bedeutsame, mit einem Zwang verbundene Akte fallen. Allein die politische Stärkung durch eine Anerkennungserklärung dürfte dafür nicht ausreichen.

---

[31] A/RES/2625 (XXV) vom 24. Oktober 1970, abgedruckt in: Rauschning/Wiesbrock/Lailach, siehe Anm. 7, 3.

Materiell verfrüht ist eine Anerkennungserklärung dann, wenn zur Zeit ihrer Abgabe die Voraussetzungen für die Neuentstehung eines Staates nicht vorliegen. Es wurde aber schon darauf hingewiesen, daß die völkerrechtlichen Normen über die Voraussetzungen für die Neuentstehung von Staaten[32] nicht eindeutig feststehen und zum anderen deren Anwendung durch die der Völkerrechtsgemeinschaft angehörenden Staaten mit einem erheblichen Erkenntnisspielraum verbunden ist. Zur Verdeutlichung mag wieder das Beispiel Ruanda herangezogen werden: Die Anerkennung Ruandas im Sommer 1962 traf nicht auf ein Gebilde, das zu dem Zeitpunkt alle Voraussetzungen für die Neuentstehung eines Staates aufwies. Die Staaten erkannten Ruanda aufgrund einer positiven Prognose an. Waren aber die Anerkennungen im materiellen Sinne frühzeitig?

Diskutiert wird in jüngerer Zeit die Anerkennung Kroatiens als vorzeitig.[33] Kurzgefaßt kann als Sachverhalt davon ausgegangen werden, daß zur Zeit der Anerkennung beim Jahreswechsel 1991/92 die kroatische Staatsorganisation mit der Zentrale in der Hauptstadt Zagreb in zwei Dritteln des Staatsgebietes die effektive Staatsgewalt ausübte, ohne daß dort eine faktische Herrschaftsgewalt der früheren jugoslawischen föderativen Staatsmacht mit der Zentrale in Belgrad bestand. Rund ein Drittel des Gebiets des früheren Gliedstaats Kroatien wurden beherrscht von ihre Unabhängigkeit erklärenden serbischen Bevölkerungsteilen (Kraina und Teile Slavoniens), die über Streitkräfte verfügten und die von der jugoslawischen Nationalarmee unterstützt wurden.[34] Der frühere Gliedstaat Kroatien verfügte über ein im April und Mai 1990 gewähltes Parlament[35] und eine daraus hervorgegangene Regierung und einen direkt gewählten Staatspräsidenten.[36] Nach entsprechenden Entscheidungen des Parlaments hatte ein Referendum vom 19. Mai 1991 eine Mehrheit von 93% für die Unabhängigkeit ergeben.[37]

---

32 Es sei darauf hingewiesen, daß die Anforderungen an das Neuentstehen eines Völkerrechtssubjekts der Klasse Staat schärfer sind als Anforderungen an die Fortexistenz als Staat: Ein einmal entstandener Staat besteht fort, bis ein eindeutiger Untergangstatbestand vorliegt, wie z.B. die Eingliederung in einen anderen Staat.

33 Hilpold, siehe Anm. 3, 405; Oeter, siehe Anm. 3, 766.

34 *AdG* 61 (1991), 36202 ff.

35 *AdG* 60 (1990), 34495 f.

36 Wahl am 30. Mai 1990, *AdG*, 60 (1990), 34557 f.

37 *AdG* 61 (1991), 35794 ff.

Daraufhin hatte Kroatien am 25. Juni 1991 eine Erklärung über Souveränität und Unabhängigkeit abgegeben. Die Wirkung der Unabhängigkeitserklärung war als Ergebnis der internationalen Verhandlungen über Jugoslawien am 1./7. Juli 1991 für drei Monate ausgesetzt worden.[38] Danach bestand Kroatien auf seiner Unabhängigkeit.

Die Vorzeitigkeit der Anerkennung gegenüber Jugoslawien kann unter zwei Gesichtspunkten diskutiert werden: Zum einen stellt sich die Frage, ob zum Zeitpunkt der Anerkennung der Prozeß der Sezession - vorausgesetzt der Zentralstaat Jugoslawien habe noch bestanden - schon abgeschlossen war. Eine von Staatenpraxis gestützte Völkerrechtsnorm dahingehend, daß eine Anerkennung vor dem endgültigen Abschluß des Sezessionsvorgangs rechtswidrig sei, läßt sich nicht nachweisen. Als Beispiel sei auf die Anerkennung der DDR als Staat hingewiesen. Aus verschiedenen Gründen ist der Vorgang der Sezession der DDR von Deutschland niemals abgeschlossen worden, und nach der geschichtlichen Entwicklung wurde der Prozeß der Sezession 1990 erfolglos abgebrochen.[39] Die Bundesrepublik Deutschland hat die Anerkennung der DDR über lange Zeit als unfreundlichen Akt angesehen und im Rahmen der als Hallstein-Doktrin bezeichneten Politik als Antwort die diplomatischen Beziehungen zu dem anerkennenden Staat abgebrochen.[40]

Ob der Sezessionsvorgang so weit fortgeschritten ist, daß er irreversibel ist, unterliegt der Beurteilung durch den anerkennenden Staat. Die Staaten, die Kroatien um die Jahreswende 1991/92 anerkannten, waren zu der Überzeugung gekommen, daß eine Einigung zur Fortsetzung des föderalen Verbandes in Jugoslawien nicht mehr zu erreichen sei - das Scheitern aller Lösungspläne und die Nichteinhaltung der mindestens 14 geschlossenen Waffenstillstandsabkommen stützte diese Annahme. Sie gingen weiterhin davon aus, daß der Bundesstaat Jugoslawien auch nicht durch Waffengewalt wieder hergestellt werden konnte. Es kann auch nach dem weiteren historischen Verlauf nicht festgestellt werden, daß diese Prognose unzutreffend war.

Zum anderen stellt sich die Frage, ob zur Voraussetzung für die Entstehung eines neuen Staates zählt, daß er gesicherte Grenzen hat. In diesem Sinne gehört es zur erforderlichen Effektivität, daß der neu entstehende

---

[38] *AdG* 61 (1991), 35794 ff. (35799).

[39] Siehe Anm. 25 und 26.

[40] Siehe W.G. Grewe, *Deutsche Außenpolitik der Nachkriegszeit*, 1960, 161 f.; W.G. Grewe, "Hallstein-Doktrin", *Staatslexikon*, 6. Aufl., 10. Bd., 1970, Sp. 266 f.; Ress, siehe Anm. 25, 273; Rauschning, siehe Anm. 24, XXIV.

Staat nur in dem Gebiet sich etabliert und so auch anerkannt werden kann, in dem er effektiv die Hoheitsgewalt ausübt. Eine Stütze dieser Auffassung findet sich in der Montevideo-Konvention,[41] in deren Art. 1 unter Buchstabe b) "a defined territory" verlangt wird. Dieser Ausdruck hat auch Aufnahme in § 201 des amerikanischen Restatement gefunden.[42] Im Kommentar dazu, der für die Auffassung auf dem amerikanischen Kontinent repräsentativ sein mag, heißt es dazu, daß ein Gebilde die territoriale Voraussetzung für die Staatlichkeit erfüllen mag, selbst wenn seine Grenzen nicht endgültig festgesetzt oder umstritten sind oder wenn ein Teil seines Gebiets von einem anderen Staat in Anspruch genommen wird.[43] So genügt es, daß ein unbestrittenes Kerngebiet vorliegt.[44] Schon vom völkerrechtlichen Maßstab her läßt sich folglich nicht begründen, daß eine Anerkennung verfrüht ist, wenn sie vor der Regelung von Grenz- und Gebietsfragen ausgesprochen wird. Ein unbestrittenes Kerngebiet Kroatiens bestand zur Zeit der Anerkennungserklärung. Daß Gebietsteile wie die Kraina und Slavonien von serbischen Bevölkerungsgruppen mit dem Ziel der Abtrennung von Kroatien beherrscht wurden, entzieht Kroatien nicht die für die Entstehung als Staat erforderliche territoriale Grundlage.

Unter dem Gesichtspunkt der Effektivität kann sich ein neuer Staat regelmäßig nur soweit etablieren, als er effektiv die Herrschaftsgewalt ausübt. Das Selbständigwerden der Gliedstaaten des früheren jugoslawischen Bundesstaats unterscheidet sich aber von dem Normalfall. Die selbständig gewordenen Gliedstaaten des früheren Jugoslawien errichteten nicht neu eine Staatsorganisation zur Ausübung von Staatsgewalt, sondern machten sich als bestehende staatliche Organisationen in Gestalt von Gliedstaaten selbständig gegenüber der früheren Zentralgewalt. In dem Gliedstaat Kroatien vollzog sich die Willensbildung durch Volksabstimmung, Parlamentsbeschluß und Unabhängigkeitserklärung. Der frühere Gliedstaat Kroatien wurde selbständig, und zwar mit seinem ihm auch als Gliedstaat früher zukommenden Gebiet. Es geht nicht um die Organisation einer neuen Staatlichkeit, deren Herrschaftsgebiet sich ausdehnt, sondern um die Statuserhöhung des früheren Gliedstaats Kroatien zum unabhängigen Staat. Die Badinter-Kommission hat in ihrem dritten Gutachten vom 11. Januar 1992 dementsprechend festge-

---

[41] Siehe Anm. 14.

[42] Restatement, siehe Anm. 22, 72.

[43] Restatement, siehe Anm. 22, 73.

[44] Verdross/Simma, siehe Anm. 17, 380, Anm. 11.

stellt, daß beim Selbständigwerden der Gliedstaaten deren Grenzen unverändert zu achten seien.[45]

In dem Beispielsfall Kroatien läßt sich somit nicht begründen, daß die Anerkennung als unabhängiger Staat um den Jahreswechsel 1991/92 verfrüht und völkerrechtswidrig sei.

VIII. Das Setzen politischer Vorbedingungen für die Anerkennungserkärung

Es ist nahezu unbestritten, daß ein neu entstehender Staat gegenüber einem anderen Staat kein Recht auf die Abgabe einer Anerkennungserklärung hat. Die Anerkennung als Staat stellt für den neu entstandenen Staat einen politischen Vorteil dar. Ob ein Staat diesen Vorteil einem neuen Staat gewähren will, liegt im Rahmen der aufgezeigten weiten völkerrechtlichen Grenzen in seiner politischen Entscheidung.

In der Praxis entscheiden sich Staaten dazu, eine Anerkennungserklärung nicht abzugeben, wenn sie die politische und rechtliche Bestätigungswirkung der Anerkennungserklärung vermeiden wollen. In den meisten Fällen der Staatenpraxis läßt sich nicht eindeutig feststellen, ob es sich lediglich um politische Mißbilligung oder um eine Anwendung der völkerrechtlichen Regeln über die Voraussetzung der Anerkennung handelt. Versagt wurde die Anerkennung als Staat beispielsweise dem sich unabhängig erklärenden Regime in Südrhodesien, den südafrikanischen Homelands und auch dem durch die türkische Besetzung gestützten Nordzypern.[46] Wegen der Legitimitätsmängel oder, im Fall Nordzyperns wegen der Begründung der Herrschaft durch völkerrechtswidrige militärische Gewalt, hat in diesen Fällen der Sicherheitsrat die Staaten aufgefordert, diese Gebilde nicht als Staat anzuerkennen.[47] Hier wird die Nichtanerkennung gerade auch als politisches Mittel gegen eine Verfestigung von Folgen der Gewalt oder einer Verletzung des

---

[45] *ILM* 31 (1992), 1499.

[46] Siehe die in Anm. 2 angeführte Literatur.

[47] Siehe die Resolutionen des Sicherheitsrates S/RES/216 (1965) vom 12. November 1965 gegen Süd-Rhodesien, abgedruckt bei K. Wellens, *Resolutions and Statements of the United Nations Security Council (1946-1989)*, 1990, 82; S/RES/402 (1976) vom 22. Dezember 1976 betreffend Transkei, bei Wellens, 130; S/RES/541 (1983) vom 18. November 1983 betreffend Nordzypern, bei Wellens, 309.

Selbstbestimmungsrechts eingesetzt. Zu einem solchen Schritt sind die Staaten nicht nur auf Anweisung des Sicherheitsrats, sondern auch nach eigener Entscheidung berechtigt.

Die Einbeziehung dieser Gesichtspunkte in die Entscheidung über die Abgabe einer Anerkennungserklärung hat aber durchaus auch einen Zusammenhang mit der Prüfung an den völkerrechtlichen Maßstäben. Wenn eine gewisse Dauerhaftigkeit einer Staatsbildung als Voraussetzung der Staatsbildung angesehen wird, dann können die genannten Gesichtpunkte in die Beurteilung durchaus einbezogen werden. Die Annahme, daß eine Staatsbildung entgegen dem Selbstbestimmungsrecht, unter prinzipieller Verletzung der Menschenrechte, unter Mißachtung von Minderheitenrechten oder aufgrund der Anwendung militärischer Gewalt nicht von Dauer sein wird, erscheint gut vertretbar. Unter der Herrschaft des Gewaltverbots erleidet das Effektivitätsprinzip auch dahin eine Modifizierung, daß die Änderung eines rechtswidrigen Zustandes nicht mehr notwendig in kurzer Frist erreicht werden muß.

Diese Gedanken gelten auch für die im Rahmen der Europäischen Politischen Zusammenarbeit formulierten Richtlinien für die Anerkennung der neu entstandenen Staaten in Osteuropa und in der Sowjetunion vom 16. Dezember 1991 und ihre Anwendung, zum Beispiel auf Kroatien.[48] In den Richtlinien wird als Maßstab zunächst auf die Prinzipien der Schlußakte von Helsinki und der Charta von Paris verwiesen. Als gemeinsamer Standpunkt werden als Vorbedingung für die Anerkennung genannt der Respekt für die Grundsätze der UN Charta und die in der Helsinki-Akte und der Charta von Paris begründeten Verpflichtungen insbesondere zur Herrschaft des Rechts, zur Demokratie und zu den Menschenrechten; weiterhin müssen die Rechte der ethnischen und nationalen Gruppen und Minderheiten im Einklang mit den Verpflichtungen im Rahmen der OSZE garantiert werden. Auch sind zu respektieren die Unverletzlichkeit aller Grenzen, die nur auf friedliche Weise und einvernehmlich geändert werden können. Schließlich wird vorausgesetzt, die Übernahme aller relevanten Verpflichtungen in Bezug auf Abrüstung und Nichtverbreitung von Atomwaffen und schließlich die Verpflichtung, alle aus dem Auseinanderbrechen Jugoslawiens entstehenden Probleme einvernehmlich zu lösen. Zunächst ist zu betonen, daß es sich nicht um Bedingungen der Anerkennung handelt; die Anerkennungserklärung selbst ist, wie oben durch den wiedergegebenen Text belegt, unbedingt. Bei den Vorbedingungen handelt es sich um Be-

---

48 Beschlüsse der EG-Außenminister zur Anerkennung neuer Staaten, abgedruckt in: *Bulletin der Bundesregierung* 1991, Nr. 144, 1173 ff.

standteile einer für den Raum Jugoslawiens angestrebten Friedensordnung, die von den um Anerkennung werbenden Staaten erfüllt oder wenigstens zugesichert werden müssen. Dies kann als politischer Druck mit der Drohung, sonst die Anerkennung zu verweigern, betrachtet werden; zugleich bilden die Voraussetzungen aber Gesichtpunkte, von denen Prognosen über die Dauerhaftigkeit und über die selbständige Existenz der früheren Gliedstaaten als unabhängige Staaten abhängen mögen.

IX. Anerkennungserklärung zwischen Völkerrecht und Außenpolitik

Über die Anerkennung im Völkerrecht hat vor nunmehr 27 Jahren Rudolf Bindschedler den Bericht auf der Tagung der Deutschen Gesellschaft für Völkerrecht erstattet.[49] Er hat eingangs die Frage aufgeworfen, ob sich angesichts der Fülle der Literatur eine Abhandlung zur Anerkennung wirklich lohne, dann darauf hingewiesen, daß eine Reihe von Meinungsverschiedenheiten hauptsächlich die völkerrechtliche Lehre und weniger die Staatenpraxis berühren, und schließlich festgestellt, daß die rechtliche Bedeutung der Anerkennung in den meisten Fällen praktisch gering sei.

An seine Bemerkungen, mit denen er Völkerrechtswissenschaft mit seiner praktischen Erfahrung als Jurist des Eidgenössischen Politischen Departments verband, wird man bei den Gedanken über die Anerkennung erinnert. Eine an den Forderungen von Brownlie[50] ausgerichtete, von den Tatsachen ausgehende juristische Untersuchung der Erklärung zur Anerkennung legt das Ergebnis nahe, daß der völkerrechtliche Dogmenstreit praktisch nicht relevant ist. Auch wird man Bindschedler darin zustimmen können, daß die praktische rechtliche Bedeutung der einzelnen Anerkennungserklärung gering ist. Ebenso zeigt sich, daß das Völkerrecht den über die Abgabe einer Anerkennungserklärung entscheidenden Staaten einen erheblichen Spielraum läßt.

Mit diesem Ergebnis zur rechtlichen Bedeutung der Anerkennungserklärung und zum weiten rechtlichen Spielraum der Staaten bei der Entscheidung über die Abgabe einer solchen Erklärung wird nicht in Frage

---

[49] R.L. Bindschedler, "Die Anerkennung im Völkerrecht", in: *Berichte der Dt. Ges. f. Völkerrecht*, Bd. 4 (1961), 1-27.

[50] Siehe Anm. 4.

gestellt, daß die Erklärung oder ihr Vorenthalten erhebliche politische Wirkungen zeigen kann; das wird bei der Betrachtung des verhältnismäßig einfachen Beispiels Kroatiens deutlich. Die Anerkennungserklärungen der Europäischen Staaten gewannen ihr politisches Gewicht durch ihre Bündelung. Die Staaten gaben ihrer Beurteilung Ausdruck, daß es sich bei den bewaffneten Auseinandersetzungen zwischen den kroatischen Streitkräften und der früheren jugoslawischen Volksarmee um einen internationalen Waffengang handelte. Aufgrund ihrer Anerkennungserklärung machten die europäischen Staaten geltend, daß das völkerrechtliche Gewaltverbot zur Anwendung komme und daß die Zuständigkeit der Staatengemeinschaft und insbesondere der Vereinten Nationen zur Lösung des Konflikts gegeben sei. Die Bekanntgabe der rechtlichen Beurteilung in Gestalt der Anerkennungserklärung bildete so die Grundlage für das eminent politische Bemühen, die Gewaltausübung einzudämmen und zu beenden und schließlich den Konflikt zu lösen.

State Succession: Some Recent Practical Legal Problems

Sir Arthur Watts

I. Introductory

In this contribution to a work which honours the achievements of Professor Dr. Günther Jaenicke, I wish to acknowledge in particular his work as an eminent practitioner of international law, both as adviser to Governments and as counsel before the ICJ. And I have chosen to do this in relation to State succession, precisely because it is a subject which in recent years has been a matter of very topical concern to the practitioner of international law.

It is not, however, my intention to cover the whole of this subject, nor to approach it in a theoretical or analytical way. My aim is much more limited. I propose to be both selective and practical, and simply to consider a few recent examples in which issues of State succession have been referred to settlement by judicial or arbitral tribunals, or through mediation. This may serve to illustrate how State succession problems arise in practice, what legal difficulties may have to be faced, and how, in particular circumstances, they may be resolved.

Nevertheless, some introductory observations about the subject in general may be helpful as background. The rules of international law as to the various issues which arise in the context of State succession are not at all precise, clear, comprehensive or well-established. Some can safely be regarded as generally accepted rules of customary international law, but many can not; and of those which can be regarded as rules of customary international law some are of such generality that they are of little practical help in the solution of particular problems.

In these circumstances the only safe course for States involved in a succession situation is to settle their succession problems by agreement. In doing this they have a largely free hand, since none of the rules of international law directly in issue is *ius cogens*: being, rather, *ius dispositivum* it is law from which they can depart in whatever way they consider, by agreement, suits their particular circumstances. It is, consequently, never easy to determine whether some agreement between States for the resolution of succession issues is a reflection of some rule of general international law or is a *lex specialis* agreed for their particular case - a possibility which is especially open in relation to State succession when occasions for a succession of States are relatively infrequent, and usually involve characteristics unique to the particular case. Special agreements are thus both a cause of, and a consequence of, the uncertainty of much of international law in this area.

This uncertainty has been only partly alleviated by the two Vienna Conventions on aspects of State succession - the Convention on Succession of States in Respect of Treaties - 1978[1], and the Convention on Succession of States in Respect of Property, Archives and Debts - 1983[2]. Both Conventions were based on preparatory work by the ILC, and as usual the Commission's Commentaries on its final draft Articles[3], and the successive reports of its Special Rapporteurs, are an invaluable source of relevant material. But that material not infrequently illustrates the wide variety of solutions adopted in State practice rather than a broadly consistent uniformity of approach, leaving the Commission to base parts of its proposals on considerations of basic principle as much as on practice and precedent. The two Conventions have not been among the more successful treaties to be based on the Commission's work, in part at least because work on them was developed in the midst of the international community's preoccupation with decolonisation and its consequences, which concerns had largely abated by the time the Conventions were concluded, leaving them as relics of a battle largely over. The Treaties Convention entered into force only in 1996 when the fifteenth instrument of ratification or accession was deposited, while the other one had by 9 April 1998 only been ratified or acceded to by five States and is thus still a long way from receiving the fifteen ratifications or accessions needed for its entry into force. For various reasons,

---

1 *ILM* 17 (1978), 1488 et seq.

2 *ILM* 22 (1983), 298 et seq.

3 See, respectively, *ILCYB* 1974, Vol. 2, Part 1, 174 et seq., and *ILCYB* 1981, Vol. 2, Part 2, 20 et seq.

therefore, it is debatable to what extent, if at all, the provisions of those Conventions can be regarded as articulating rules of customary international law.

In any event, those two Conventions are far from a comprehensive treatment of the topic of State succession. Thus, for example, State debts are dealt with only in so far as they are debts owed to other States or international persons, leaving a State's debts to private commercial creditors unprovided for; the Conventions do not deal with the effects of a succession of States on citizenship (a matter now under separate consideration by the ILC); nor do they make provision for various private law matters, such as contracts concluded by a State, acquired rights of individuals[4], civil wrongs committed by or against the State in its relations with private persons, and the continuation (or otherwise) of local law.

Uncertainty of the law relating to State succession is perhaps inherent in the complexity of the factual situations with which the law has to deal, for it comprises two variables - the subject-matter in respect of which questions of succession arise, and the nature of the succession itself. The variable subject matter is usually discussed in terms of such categories as treaties, membership of international organisations, State property (both movable and immovable, and including archives), boundaries (which delimit State territory, which is State property *par excellence*), fiscal property and debts, local laws, private rights, contracts with the State, torts committed by or against the State, outstanding claims for damages, and nationality. Those categories are not exhaustive, but merely illustrative of those topics which frequently recur. They are also mainly a matter of convenience, sometimes concealing within their terms difficult problems of characterisation, such as the meaning of "movable property" or of "tort".

As to the kind of succession which has taken place, this raises a question which is primarily one of political fact (although the facts have to be assessed in the light of certain relevant legal considerations). As a general proposition, a succession of States takes place when one State replaces another in the responsibility for the international relations of territory[5]. Such a succession may, however, occur in a number of different ways.

---

[4] The ILC considered the topic of acquired rights to be "extremely controversial", and preferred to deal only with certain specific elements, namely public property and public debts: see *ILCYB* 1969, Vol.2, 228 et seq.

[5] See Article 2 of the Vienna Convention of 1978, and Article 2 of the Vienna Convention of 1983.

These are frequently considered as involving merger, absorption, dismemberment, secession and independence. *Merger* involves two (or more) States combining to form a single new State, both (or all) the previous States ceasing to exist. Recent examples are the merger of Syria and Egypt in 1958 to form the United Arab Republic, and the merger in 1990 of the Yemen Arab Republic and the Peoples Democratic Republic of Yemen to form the Republic of Yemen. *Absorption* involves one State being wholly absorbed by another, so that the former ceases to exist, while the latter continues to exist but territorially enlarged: a recent example was the accession by the former German Democratic Republic into the Federal Republic of Germany. *Dismemberment* occurs when a State breaks up and ceases to exist, with its component parts either becoming separate new States (as with the disappearance of Czechoslovakia on 31 December 1992 and the emergence as the new States of the Slovak Republic and the Czech Republic on 1 January 1993), or some parts becoming new States and others becoming part of other (usually neighbouring) States, or all parts becoming part of other States: in all these situations, the key element is the disappearance of the original State. *Secession* involves part of a State breaking away and forming a new State, or joining another existing State, but leaving the first State still in existence although territorially truncated, as happened in 1971-1972 when the Eastern part of Pakistan broke away to form the new State of Bangladesh, and as happens when territory is ceded by one State to another. *Independence* is in many respects a form of secession, but in the past fifty years it has acquired distinct characteristics of its own under the influence of the principle of self-determination and the political impetus towards decolonisation.

Although these five categories are frequently cited as the typical situations of succession, they are labels of convenience rather than technical terms with clearly defined meanings. The two Vienna Conventions on State Succession[6] adopt somewhat different categories, namely succession in respect of part only of a State's territory, newly independent States, two or more States uniting to form one successor State, one or more parts of a State separating to form one or more States, and State dissolves and ceases to exist[7], but in substance the categories covered are the same as those covered by the more traditional terminology. In any event, what matters is that it is the circumstances of any particular

---

6 See notes 1 and 2 above.

7 This last category was included in the Vienna Convention of 1983, but not in the Convention of 1978.

events which alone determine whether in fact the situation is properly to be regarded as one involving a succession of States, and it is those circumstances, rather than whatever label might be attached to them, which determine the consequences which follow for questions of succession.

The rules of international law relating to State succession involve various combinations of the two sets of variables. Thus there can be no assumption that a legal conclusion as to the succession by a new State to its predecessor's treaties is the same in a case of dismemberment as it is in a case of merger, nor that even within the framework of a merger the same conclusion is to be reached in relation to treaties as in relation to outstanding claims for damages. Each situation has to be considered in the light of its particular circumstances. Two questions have always to be asked - what kind of succession of States has taken place and, does that kind of succession give rise to a succession in law in relation to the particular matter in question? The first question is essentially one of political fact, while the second is essentially a question of international law.

Against this general background, let us now consider some recent developments in which questions of State succession have arisen in practice.

II. The International Court of Justice

The ICJ has not often had to consider questions of State succession in any detail, although it has occasionally had to do so indirectly and in passing[8]. But in two recent cases the Court has had to address such questions directly. In the *Case Concerning Application of the Convention on the Prevention and Punishment of the Crime of Genocide*[9], Bosnia-Herzegovina instituted proceedings on 20 March 1993 against the Federal Republic of Yugoslavia (FRY). Bosnia-Herzegovina relied *inter alia* on Article IX of the Convention on the Prevention and Punishment of the Crime of Genocide 1948 as the basis for the Court's jurisdiction.

---

[8] Thus in any case involving States which were formally dependent territories of one kind or another, questions arising as to the continued effect of treaties concluded by the former colonial power implicitly raise questions of State succession. Similarly with cases involving pre-independence boundaries.

[9] ICJ Reports 1996, 4 et seq.

That article allowed "Disputes between the Contracting Parties relating to the interpretation, application or fulfilment of the present Convention, including those relating to the responsibility of a State for genocide or for any of the other acts enumerated in Article III, [to] be submitted to the ICJ at the request of any of the parties to the dispute." By a series of preliminary objections the FRY denied the competence of the Court under that Article, and in particular by the third objection raised questions of State succession - namely Bosnia-Herzegovina's succession to the Genocide Convention.

The former Yugoslav State - the Socialist Federal Republic of Yugoslavia (SFRY) - had signed and on 29 August 1950 ratified the Genocide Convention. Upon the establishment of the FRY (comprising principally Serbia and Montenegro) by the adoption of a new constitution on 27 April 1992, the FRY made a formal declaration that, as the continuation of the SFRY[10], it remained bound by the latter's treaties. For its part Bosnia-Herzegovina had, on 29 December 1992, communicated to the Secretary-General of the UN, as depositary of the Genocide Convention, a Notice of Succession, in which it asserted that it "wishes to succeed to" the Convention, with effect from the date on which it became independent, namely 6 March 1992. The Secretary-General communicated this "notification of succession" to the parties to the Genocide Convention.

The Court had little difficulty in concluding - indeed it found that it had not been contested - that the FRY was a party to the Genocide Convention and thus bound by its provisions on the date when the Application had been filed. As regards Bosnia-Herzegovina, the Court noted that it became a member of the UN following Security Council and General Assembly decisions on 22 May 1992, and that therefore, under Article XI of the Convention, Bosnia-Herzegovina was from the time of its membership eligible to be a party to the Convention. The Court then held that "It is clear ... that Bosnia and Herzegovina could become a party to the Convention through the mechanism of State succession"[11], as indeed the UN Secretary-General had concluded. But there was a difference between the parties as to whether the Genocide Convention was of such a nature that a rule of automatic succession applied[12]. The Court did not find it necessary to decide this issue. In its

[10] On this controversial issue of continuity, see below, 411-412, 416-417.

[11] At para. 20.

[12] At para. 21.

view Bosnia-Herzegovina had become a party to the Convention by the date of the filing of the Application, either through automatically becoming a party on the date of its accession to independence on 6 March 1992[13], or as a result, whether or not retroactive[14], of its Notice of Succession of 29 December 1992[15]. The Court accordingly dismissed the FRY's third preliminary objection (by 14 votes to 1).

A subsidiary issue of State succession also arose, concerning the FRY's succession to the obligations of the Kingdom of the Serbs, Croats and Slovenes under certain provisions for the protection of minorities in the Treaty of Saint-Germain-en-Laye of 1919. While rejecting Bosnia-Herzegovina's argument that that Treaty established a yet further basis for the Court's jurisdiction, the Court was prepared to contemplate the possibility that the FRY might now be bound by "the 1919 Treaty as successor to the Kingdom of the Serbs, Croats and Slovenes". But the Court concluded that even if that were so, the FRY's "obligations under that Treaty would be limited to its present territory"[16].

The second recent Case before the ICJ was that between Hungary and Slovakia concerning the *Gabčíkovo/Nagymaros Project*[17]. That project, for a complex system of dams on the river Danube, was initiated by a Treaty concluded in 1977 between Hungary and Czechoslovakia. But at the end of 1992 Czechoslovakia ceased to exist, and as from 1 January 1993 the two separate States of the Czech Republic and the Slovak Republic came into existence. Hungary argued that, with the disappearance of one of the parties - namely, Czechoslovakia - the Treaty ceased thereafter to be in force. For its part Slovakia argued that the Treaty remained in force between itself, as the successor State, and Hungary.

The Court upheld Slovakia's conclusion[18]. In doing so, the Court had to consider an argument that Article 34 of the 1978 Vienna Convention reflected the state of customary international law: para. 1 of that Article provides that:

---

[13] Yet at that date Bosnia and Herzegovina was not a member of the UN, and thus not eligible to be a party.

[14] See preceding note.

[15] At para. 23.

[16] At para. 38.

[17] ICJ Reports 1997, not yet published but available under http://www.icj-cij.org.

[18] At paras. 117-124.

> "When a part or parts of the territory of a State separate to form one or more States, whether or not the predecessor State continues to exist:
>
> (a) any treaty in force at the date of succession of States in respect of the entire territory of the predecessor State continues in force in respect of each successor State so formed;
>
> (b) any treaty in force at the date of succession of States in respect only of that part of the territory of the predecessor State which has become a successor State continues in force in respect of that successor State alone."

This provision thus suggested a rule of automatic succession in the case of dissolution of a State where the predecessor State had ceased to exist. The Court declined to take a position on the question whether Article 34 represented customary international law.

It did so because it was able to hold that another provision of the Vienna Convention did reflect a rule of customary international law, and that that rule was decisive for the case before the Court. This was Article 12, which provides that treaties of a territorial or localized character are not affected by a succession of States. After examining the 1977 Treaty the Court concluded that it "must be regarded as establishing a territorial régime within the meaning of Article 12 ... It created rights and obligations 'attaching to' the parts of the Danube to which it relates". Thus, the Court concluded, it was not affected by the succession of States, and became binding on Slovakia on 1 January 1993.

While the Court devoted just over three pages of its Judgment to this aspect of State succession, it should be noted that later it devoted just 7 lines to another important, and not uncontroversial, aspect of that topic. Hungary and Slovakia had agreed in the preamble to the special agreement referring the case to the Court that Slovakia was "the sole successor State [of Czechoslovakia] in respect of rights and obligations relating to the Gabčíkovo-Nagymaros Project". This meant, said the Court - and given that the Court had found that both Hungary and Slovakia had committed wrongful acts - that Slovakia may thus be liable to pay compensation not only for its own wrongful conduct *but also for that of Czechoslovakia*, and was entitled to be compensated for the damage sustained *by Czechoslovakia* as well as by itself as a result of Hungary's wrongful acts[19]. In other words, there can be - and was in this case - State succession in relation to the consequences of the internationally

---

[19] At para. 151.

wrongful acts of a defunct State and in relation to injuries suffered by it as a result of other State's wrongful acts.

III. Former Yugoslavia

Recent events in Central and Eastern Europe have involved various instances of State succession, such as the accession of the German Democratic Republic to the Federal Republic of Germany, the re-emergence into full independent statehood of the Baltic States, the dissolution of the Soviet Union, and the separation of Czechoslovakia into the separate Czech and Slovak Republics. In large part questions of State succession arising in those contexts have been satisfactorily resolved. The same cannot be said of the situation which has arisen with the break-up of the former Yugoslavia.

The broad outline of events surrounding the break-up of former Yugoslavia (formally, the Socialist Federal Republic of Yugoslavia, or SFRY) is well-enough known. First Slovenia and Croatia (in June 1991), and then successively Macedonia and Bosnia and Herzegovnia (at various dates between November 1991 and March 1992), asserted their independence. Of the former Republics constituting the SFRY only Serbia and Montenegro (with the autonomous provinces of Kosovo and Vojvodina) were left, and they reconstituted themselves as the Federal Republic of Yugoslavia (FRY) in April 1992. This process was accompanied by some limited resort to armed force between Slovenia and Yugoslavia/Serbia in the summer of 1991, a somewhat more extensive armed conflict between Croatia and Yugoslavia/Serbia in 1991 and 1992 and less intensively thereafter until 1995, and a major outbreak of fighting in Bosnia and Herzegovina lasting until the Dayton Peace Agreement was initialled in November 1995 and formally concluded in Paris in December 1995[20].

International talks aimed at resolving the consequences of that break-up began with the EC Conference on Yugoslavia in 1991[21], which was replaced by the UN/EC International Conference on Former Yugoslavia (ICFY) which met in London in August 1992[22]. The Statement of Principles adopted by the latter Conference endorsed the principle that a fi-

[20] *ILM* 35 (1996), 75 et seq.

[21] See *ILM* 31 (1992), 1421 et seq.

[22] See *ILM* 31 (1992), 1527 et seq.

nal settlement of all questions of succession to the former SFRY must be reached by consensus or arbitration[23]. The Conference established various working groups to assist with this task, including a Succession Issues Working Group[24]. Much useful work was done, although in its later stages its work was rendered less valuable by the non-participation of the FRY: work within the ICFY framework petered out in late 1994 and early 1995. With the conclusion of the Dayton Peace Agreement at the end of 1995[25] and the suspension of sanctions pursuant to Security Council Resolution 1022 of 22 November 1995, a further Conference was held in London. This confirmed the appointment of a High Representative[26] to oversee the civilian implementation of the peace settlement, and while it brought ICFY to an end and replaced it with a Peace Implementation Council[27], it decided that the ICFY working group on State succession would continue its work[28]: as part of the structure for civilian implementation of the peace settlement, responsibility for this part of the former ICFY's functions fell to the High Representative. In March 1996 the High Representative appointed a Special Negotiator for Succession Issues[29] - effectively, an international mediator - to undertake this work. Despite numerous meetings, and the preparation by the Special Negotiator of successive drafts of a framework for the settlement of succession issues[30], only limited progress has been made up to 1 December 1997.

---

[23] Principle (ix): *ibid.*, 1534.

[24] *Ibid.*, 1535. See for further details, M. Skrk, "Slovene Views on the Succession of States", *Journal of International Relations* 3 (1996), 14 et seq., (22-25).

[25] See note 20 above.

[26] This was first Mr. Carl Bildt (until mid-1997), and then Mr. Carlos Westendorp. Article 1 of Annex 10 to the General Framework Agreement initialled at Dayton had provided for a High Representative to be designated. The designation of Mr. Bildt as High Representative was agreed by the Security Council in para. 26 of its Resolution 1031 (1995) of 15 December 1995.

[27] See paras. 20, 21 and 22(b) of the Conclusions of the Conference: *ILM* 35 (1996), at 228-229.

[28] Conclusions, para. 21: *ibid.*

[29] Namely, the present writer.

[30] In July 1996, and in May, July and November 1997.

Nevertheless, settlements in limited areas have been reached outside that mediation process[31]. One of the first such settlements concerned the SFRY's membership in the European Bank for Reconstruction and Development (EBRD). On 9 September the Bank's Board of Governors adopted a decision[32] regarding "Membership of Countries previously forming part of Yugoslavia". Like many other international financial institutions, membership of the EBRD involved each member State holding shares in the Banks capital: the SFRY held 12,800 shares. Faced with the break-up of Yugoslavia the Bank's Board of Governors concluded that "The ... SFRY has been dissolved and no longer exists and therefore, has ceased to be a member of the (Bank)", that "None of the countries resulting from the dissolution of the SFRY could be regarded as the continuation of the SFRY or the sole successor to its membership in the Bank", that "Each of those countries ... is in principle potentially eligible for membership in the Bank ... and may apply for such membership", and that "The aggregate number of shares to be subscribed by the countries previously forming part of the SFRY will not exceed the subscribed capital stock held by the former SFRY and can be made available by dividing such subscribed capital stock between them as the Board of Governors may determine".

The Board went on to set out the basis on which the countries formerly forming part of the SFRY could apply for membership of the Bank, involving a provisional allocation to each country becoming a member of 100 shares, pending a definite reallocation by the Board of Governors of the subscribed capital stock held by the former SFRY. Slovenia, Croatia and Macedonia took up that provisional allocation, and became members of the Bank. In May 1995 the Board of Governors made a definitive reallocation of the former SFRY's shares, informed by the proportionate distribution which had earlier been adopted by the IMF, resulting in an additional allocation of the shares to Slovenia, Croatia and Macedonia of, respectively, 1,998, 3,546 and 591 shares[33]. Bosnia and Herzegovina had not taken up its initial provisional allocation of 100 shares, but in April 1996 was allocated its full definitive proportion of

---

[31] Other areas in which matters have to some extent been settled by action taken outside the mediation process, and which are not discussed here, include succession to treaties, and citizenship.

[32] Resolution No. 30.

[33] Resolution No. 53 of 31 May 1995, on the Re-allocation of the shares of the former Yugoslavia.

1,690 shares, and duly became a member of the Bank[34]. The Bank retains 4,675 shares which are yet unallocated but which are reserved for the FRY.

Two months after the first decision of the EBRD the International Monetary Fund (IMF) took a similar decision regarding the former SFRY's assets and liabilities with the Fund, and membership in the Fund. On 14 December 1992 the Executive Board of the IMF concluded that the SFRY had ceased to exist and had therefore ceased to be a member of the IMF, and decided that the 5 ex-Yugoslav States "are the successors to the assets and liabilities of the SFRY in the IMF, and has determined that their respective shares in such assets and liabilities are as follows"[35], namely Bosnia and Herzegovina 13.2%, Croatia 28.49%, Macedonia 5.4%, Slovenia 16.39%, and FRY 36.52%. This proportionate allocation was based on various factors calculated by the IMF, such as the percentage of contributions over a period to the Federal budget, the percentage share in the social product, the percentage contribtion to export earnings, and population and territorial percentages. The resulting IMF percentages are commonly referred to as the "IMF key".

In addition to its distribution of assets and liabilities the IMF's decision also addressed the question of membership in the IMF. It provided that "Each successor may formally succeed to the membership of the SFRY in the IMF when [certain] conditions have been met": four conditions were stipulated, to which was added a rider that the IMF would take into account all relevant factors, giving particular attention to the effect of sanctions imposed by the Security Council. Once membership becomes effective "the successor will be considered to have been a member without interruption since the dissolution of the SFRY and to have continued, for its share, the membership of the SFRY in the IMF". The FRY has not yet been regarded as meeting the conditions for membership: all the other 4 States have, and are currently members of the IMF. It is noteworthy that the IMF, in treating all 5 States as equally successor States to the SFRY, has treated them also as successors to the SFRY's membership rather than having to become members of the IMF as new member States: this seems primarily due to certain special features of the IMF's financial operations[36].

---

[34] Resolution No. 56 of 4 April 1996.

[35] IMF Press Release 92/92, 15 December 1992. See generally P.R. Williams, "State Succession and the International Financial Institutions", *ICLQ* 43 (1994), 776 et seq., esp. 793-804.

[36] See below, 412-413, as to the position in the U.N.

Similar special features have affected the position regarding the International Bank for Reconstruction and Development[37]. It is a condition for membership of the Bank that a State be also a member of the IMF; accordingly, the IMF's actions in relation to membership have, in many respects, a controlling effect for membership of the Bank. In practice, the Bank adopted a decision in February 1993[38] which largely followed the Fund's approach to the question of membership, although in the Bank's case it secured the agreement of successor States regarding the allocations of their assets (following the IMF key) and liabilities[39] in the Bank before issuing its decision on succession to membership. The FRY, not yet being a member of the IMF, is equally not yet a member of the Bank, but the four other States have become members in continuation of the former membership of the SFRY and without having to go through new admission procedures.

The Bank for International Settlements (BIS) is another significant institution, although not inter-governmental. Membership is open to the central banks of certain States, and those central banks hold shares in the capital of the BIS and have deposits of gold and other assets with it. The National Bank of Yugoslavia[40] (i.e. the central bank of the former SFRY) held 8,000 membership shares in the BIS, and had substantial deposits of assets with the BIS. The possible distribution of those shares and assets falls to be considered within the framework of the discussions on succession issues, but as an interim measure pending a comprehensive solution of the status of the 8,000 shares, the BIS, on 12 May 1997, invited the central banks of Bosnia and Herzegovina, Croatia, Macedonia and Slovenia to subscribe a nominal number of new shares, so as thereby to become members of the BIS[41]. These new shares will be cancelled once a comprehensive solution is reached with respect to the old Yugoslav issue of shares in the capital of the BIS; and subscription of those new shares was stated not to affect the legal status of or prejudice any decision with respect to the division of that issue.

---

[37] See I.F.I. Shihata "Matters of State Succession in the Practice of the World Bank", *Development and International Co-operation* 12 (1996), 7 et seq., (14-17, 20-21, and 24-25).

[38] World Bank Press Release No. 93/S43 (26 February 1993).

[39] Shihata, see note 37, at 24-25.

[40] See note 77.

[41] BIS Press Communiqué, 12 May 1997.

Another area in which succession issues have been resolved, at least partially, concerns the SFRY's external debt. This debt falls principally into two categories, namely the repayment of loans from, or guaranteed by, foreign States, and the repayment of loans from commercial banks[42]. The creditors are organised respectively through what are known as the 'Paris Club' (comprising 15 creditor governments) and the 'London Club' (comprising over 100 commercial banks). Although it might at first sight seem strange that any State would attach priority of assuming a share in a predecessor's debts to external creditors, in fact the ex-Yugoslav successor States needed to do so as a precondition for gaining access to the international finance which was needed for their economic re-construction and development. Accordingly, in 1996-97 Slovenia, Croatia and Macedonia reached separate agreements with both the Paris and London Club creditors to assume their shares of the SFRY's external debt, and Bosnia-Herzegovina did so with the London Club creditors (negotiations with the Paris Club have still to be concluded). The underlying principle of the settlements reached was that the repayment of those loans which had been allocated to the finance of a particular project would be assumed by the State in which the final beneficiary was located, while other, unallocated, debts would be assumed by the States in proportions which were the same as or very close to the IMF key.

While such matters were being settled piecemeal, the disposition of the SFRY's other liabilities and the bulk of the SFRY's assets remained unsettled. Many, of course, were located in the territory of the former SFRY, and these, at least on a provisional basis and from a practical point of view, were under the control of the State in which they were located. External assets, however, were protected by the freezing of former-Yugoslav assets pursuant to the sanctions imposed by Security Council Resolution 757 (1992) of 30 May 1992. Although sanctions were in principle suspended by Security Council Resolution 1022 (1995) of 22 November 1995, the effect in practice of paras. 5 and 6 of that Resolution (which were unaffected by Security Council Resolution 1074 (1996) of 1 October 1996, which indeed reaffirmed the earlier resolution in its second preambular paragraph) was that assets abroad in respect of which there were outstanding claims remained frozen: such

---

[42] These commercial loans had been re-organised in the New Financial Agreement (NFA) concluded in 1988 between the creditor banks on the one hand and the central banks of the SFRY and its constituent Republics on the other. The NFA included a clause whereby the various Yugoslav central banks assumed joint and several liability for the debt.

outstanding claims included claims by successor States to assets to which they claimed some total or partial entitlement.

To turn then to the question of what, precisely, is the entitlement of the five States as a matter of State succession, it is necessary to recall that the train of events outlined earlier laid the basis for two problems which have complicated the succession negotiations. First, it is clear that there was not a single succession date for all the successor States. There are various ways in which the historical events can be interpreted, but the most obvious would seem to be to treat the various States as having succession dates based on the dates on which their independent existence was established or proclaimed[43]. Yet even that apparently straightforward approach has its difficulties: the historical facts surrounding the attainment of independence are in some cases less clear than the formal dates of independence would suggest; in any event, some States did not cease to be part of the unified internal monetary system of the SFRY until some months after the date of their formal independence; the adoption of several different dates of succession would greatly complicate problems of valuation and distribution; and the successive dates of independence open up an awkward residual question about what the situation was immediately after the independence date of Bosnia and Herzegovina on 6 March 1992 - was what was left still the SFRY (although territorially much reduced by a series of secessions), or had the SFRY already by then ceased to exist so that all that then was left were the former republics of Serbia and Montenegro (both of ambiguous international status), or was there just something of a seven-week statal vacuum until the establishment of the FRY on 27 April 1992.

This residual question is closely connected with the second major problem to which the train of historical events gave rise. Is the FRY the legal continuation of the former SFRY (although territorially reduced and with a new name and constitution), with the other four States treated as having separated from it at their various dates; or is the FRY a State distinct from the SFRY and as such simply another successor State alongside the other four. The former view is strongly maintained by the FRY, while the other four States equally strongly maintain the latter view. This difference of views is of fundamental importance for the solution to problems of succession, as well as being of great political im-

[43] Those dates are: Slovenia, 25 June 1991; Croatia, 8 October 1991; Macedonia, 17 November 1991; Bosnia and Herzegovina, 6 March 1992. The FRY as presently constituted was established on 27 April 1992.

portance for the States concerned in their relations *inter se*[44] as well as with the rest of the international community.

So far, neither the problem of succession dates nor that of continuity versus succession has been resolved as part of the succession negotiations. In other contexts, however, there have been, as we shall see, developments on both issues, with inevitable implications for the succession negotiations.

This is particularly so in relation to the question of continuity from SFRY to FRY. Generally, there has been no inclination on the part of the international community as a whole to regard the FRY as the continuation of the SFRY. The matter arises particularly in the context of membership of international organisations and, given the United Nations' primacy in that field, in relation to membership of that organisation[45]. In the preamble to Security Council Resolution 757 of 30 May 1992, the Council noted "that the claim by the Federal Republic of Yugoslavia (Serbia and Montenegro) to continue automatically the membership of the former Socialist Federal Republic of Yugoslavia in the United Nations has not been generally accepted". Building on this

---

44 It may be noted that the bilateral agreements which Macedonia, Croatia and Bosnia and Herzegovina separately concluded with the FRY normalising their relations each contained a provision reciprocally acknowledging the parties' continuity. So far as concerned the acknowledgement of the continuity of the FRY, the provisions in question were as follows (in informal translation). "Having in mind the fact that Serbia and Montenegro had existed as independent states before the new Yugoslavia was formed, and taking into account the fact that Yugoslavia had continued the international legal subjectivity of these countries, the Republic of Macedonia respects the State continuity of the Federal Republic of Yugoslavia". (FRY-Macedonia Agreement, 8 April 1996); "Starting from the historical fact that Serbia and Montenegro existed as independent States prior to the creation of Yugoslavia, and bearing in mind the fact that Yugoslavia extended the international legal status of these States, the Republic of Croatia acknowledges the existence of the continuity of statehood of the Federal Republic of Yugoslavia" (FRY-Croatia Agreement, August 1996); "Bosnia-Herzegovina accepts the continuity of the State of the Federal Republic of Yugoslavia" (FRY-Bosnia Herzegovina Joint Declaration, 3 October 1996.) On a careful reading these various texts are somewhat ambiguous as to whether the FRY is being acknowledged as the continuation of the SFRY or as the continuation of the former States of Serbia and Montenegro.

45 See in particular M.C. Wood, "Participation of Former Yugoslav States in the United Nations and in Multilateral Treaties", *Max Planck UNYB* Vol. 1, 1997, 231 et seq.

statement, which it expressly recalled in Resolution 777 of 19 September 1992, the Council in that Resolution considered that "the state formerly known as the Socialist Federal Republic of Yugoslavia has ceased to exist", and further "considered" (but this time as an operative provision, and not just in the preamble) that the FRY "cannot continue automatically" the membership of the former SFRY in the UN; it accordingly recommended to the General Assembly "that it decide that the Federal Republic of Yugoslavia (Serbia and Montenegro) should apply for membership in the United Nations and that it shall not participate in the work of the General Assembly" - a recommendation which the Assembly followed in Resolution 47/1 of 19 September 1992. It has, however, already been noted[46] that in the rather special circumstances of the IMF and World Bank all five States emerging from the break-up of the SFRY are apparently treated by the IMF as equally its successor States: the point of most significance, perhaps, is that the FRY is in this respect given no special priority.

Of the many outstanding problems of substance, one in particular is perhaps special to the situation in former Yugoslavia and merits a brief mention. State succession concerns, essentially the allocation between successor States (or between them and the continuing predecessor State) of the assets and liabilities of the predecessor State as they stood at the date of succession. This assumes that it is possible to identify the assets which belong to that State, and to distinguish them from non-State assets. In relation to the SFRY this assumption is doubly difficult to make. In the first place there is inevitably the problem, which is not specific to the FRY but arises with any federal State, as to what constitutes "the State" whose assets are to be taken into account, and to what extent assets of constituent units of the federation form part of those State assets.

Secondly, and specific to the SFRY, is the problem of property ownership. As Article 8 of the Vienna Convention on Succession of States to State Property, Archives and Debts 1983 recognises, whether property has the character of State property depends upon it being owned by the State according to its internal law[47]. Strictly and formally, under the Constitution of the SFRY, there is considerable doubt whether any category of "State property" or "property belonging to the State" existed.

---

[46] See above, at 408.

[47] That Article reads: "For the purposes of the articles in the present Part, 'State property of the predecessor State' means property, rights and interests which, at the date of the succession of States, were, according to the internal law of the predecessor State, owned by that State".

Instead, property was held in "social ownership", which replaced ownership by the State with ownership by society as a whole. In a sense one might accordingly conclude either that there was *no* State property which could be the subject of any State succession, or alternatively, equating society with the State, that *all* property was State property. Both alternatives lead to absurd results, and must therefore be discarded. There remains the necessity of finding some criteria which, in the circumstances of the SFRY, can serve to identify an analogue of "State property" which is appropriate to the succession negotiations. That search continues.

All of these general problems have been inherent in the situation from the very beginning. At a very early stage in the international discussions which followed the break-up of Yugoslavia it was realised that a way of resolving crucial disputed legal issues had to be found. The initial Conference on Yugoslavia in 1991 accordingly established an Arbitration Commission[48], known (after the name of its first Chairman) as the 'Badinter Commission'; this Commission was continued in being when that initial Conference was replaced by the International Conference on Former Yugoslavia[49]. Despite its title, this Arbitration Commission was not an arbitral tribunal of the usual kind, either in its composition or its procedures[50], and its Opinions need to be read in full awareness of its unusual features. In particular, as it made clear in its *Reactions of the*

---

[48] See *ILM* 31 (1992), 1488. See generally on this Arbitration Commission, M.C.R. Craven, "The European Community Arbitration Commission on Yugoslavia", *BYIL* 66 (1995), 333 et seq.

[49] See para. 5 of the Work Programme adopted at the London Conference, August 1992: *ILM* 31 (1992), at 1536. See also *ILM* 32 (1993), 1572.

[50] It should also be noted that the FRY only participated fully in the work of the Commission in relation to *Opinions Nos 1, 2 and 3. Opinions Nos 4-7* concerned matters not involving the FRY; and in the context of *Opinions Nos 8-10* the FRY, by letter of 8 June 1992, challenged the competence of the Commission - a challenge which was rejected by the Commission in its *Interlocutory Decision* of 4 July 1992. Subsequently, by letter dated 30 April 1993 the FRY again challenged the competence of the Commission, and again that challenge was rejected: *Reactions of Members of the Arbitration Commission of the International Conference on the Former Yugoslavia to the Statement made by the Federal Republic of Yugoslavia Government on its Competence*, 26 May 1993 (*ILR* 96 (1994), 713). The FRY stated, on 2 July 1993, that it "considers the opinions of the so-called Badinter Commission and the decisions and acts of other subjects based thereupon, null and non-binding for the Federal Republic of Yugoslavia": *ILR* 96 (1994), 717-718. The FRY accordingly did not participate in relation to *Opinions Nos. 11-15*.

Members of the Arbitration Commission of the International Conference on the Former Yugoslavia to the Statement made by the Federal Republic of Yugoslavia Government on its Competence[51], it was in practice[52] essentially an advisory body set up to answer such questions as might be put to it by the Conference, and consequently its Opinions were essentially advice to the Conference Chairman rather than decisions binding upon the former Yugoslav parties which might be affected. Nevertheless, its 15 substantive Opinions (together with an *Interlocutory Decision* and the just-mentioned *Reactions*) dealt with some important legal issues, and constitute a valuable contribution to the law in the areas with which it dealt, particularly questions of State succession.

Several Opinions concerned the question of statehood, and in particular the timing of the break-up of the SFRY and of the emergence of the successor States. As regards the former, one possibility might have been to date the SFRY's disintegration from 25 June 1991 when Slovenia and Croatia declared their independence, since thereafter the SFRY's federal structure ceased to function in accordance with its constitution, but the Commission did not follow that course[53]. In *Opinion No. 1*[54], given on 29 November 1991, the Commission concluded that the SFRY was "in the process of dissolution" (i.e. it had not already dissolved). By the time of its *Opinion No. 8*[55], given on 4 July 1992, it concluded that the process of dissolution was "now complete" and that the SFRY no longer existed[56]. Since the SFRY clearly ceased to exist even before that

---

51 *ILR* 96 (1994), 713.

52 It did have a possible contentious jurisdiction, but this was never invoked.

53 But see the observations of the Commission in para. 2 of *Opinion No. 8*: *ILR* 92 (1993), 199, 201.

54 *ILR* 92 (1993), 162.

55 *ILR* 92 (1993), 199.

56 But in *Opinion No. 11*, given on 16 July 1992 (*ILR* 96 (1994), 719), the Commission appears to have slightly adapted its conclusions given in these two earlier *Opinions*, by saying that the process of disintegration "lasted some time, starting, in the Commission's view, on 29 November 1991, when the Commission issued *Opinion No. 1*, and ending on 4 July 1992, when it issued *Opinion No. 8*". As noted in the text, the Commission did not say in *Opinion No. 1* that the process of disintegration started on the day on which that *Opinion* was given (indeed, the facts recited in that *Opinion* show that the process had begun well before then), nor did it say in *Opinion No. 8* that the date of that *Opinion*

last date (since the FRY came into existence on 27 April 1992), all this suggests that the SFRY's existence came to an end at sometime between 29 November 1991 and 27 April 1992 - but precisely when is unclear.

In *Opinion No. 10*[57], also given on 4 July 1992, the Commission advised that the FRY was "a new State and could not be the sole successor[58] to the SFRY"; and in *Opinion No. 9*[59], of the same date, it observed that new States had been created on the territory of the SFRY and had replaced it, and that "all" were successor States to the former SFRY.

As to the date when the succession occurred, the Commission, in *Opinion No. 11*[60], had to confront the historical circumstances in which the disintegration of the SFRY took place. It noted that there had to be different dates for the different States, and that for each of them the relevant date was "that on which they became States". It then concluded that the relevant dates were 8 October 1991 for Croatia and Slovenia[61], 17 November 1991 for Macedonia, and 6 March 1992 for Bosnia and Herzegovina. Since the FRY had not made any 'declaration of independence' (as it maintained its continuity with the former SFRY), the Commission adopted 27 April 1992 as the relevant date for the FRY[62],

---

was the date on which the process came to an end, only that the process "is now complete", so leaving open the question when that completion occurred. Even in *Opinion No. 11* itself, the Commission would appear to have acknowledged this, for it said, with reference to 27 April 1992, that it was the date on which international agencies began referring to 'the former SFRY', thereby "affirming that the process of dissolution of the [SFRY] had been completed" - that is, several weeks before the date of *Opinion No. 8*.

[57] *ILR* 92 (1993), 206.

[58] It should be noted that the issue is not so much whether the FRY is the sole successor of the SFRY, but rather whether it is the continuation of that former State: the FRY does not deny that the other four States are successor States, but regards their status as successor States as different from the FRY's own status in that respect.

[59] *ILR* 92 (1993), 203.

[60] *ILR* 96 (1994), 719.

[61] But Slovenia has adopted as its independence date 25 June 1991, the date when it declared its independence, rather than the date advised by the Commission, which was the date when, following a referendum, the suspension of Slovenia's declaration of independence ceased to have effect.

[62] In its Judgment of 11 July 1996 in the *Bosnia (Genocide)* Case, the ICJ also dated the FRY's existence from 27 April 1992: ICJ Reports 1996, 14 et seq., (19), para. 17.

that being the date of the adoption of the Constitution of the FRY as currently constituted: but in doing so the Commission did not advert to the problem of the statal vacuum between 6 March and 27 April 1992[63], but it did note that having different dates could cause practical problems in the succession process; while the dates it gave were in its view the dates on which State property, assets and miscellaneous rights, archives, debts and various obligations of the former SFRY passed to the successor States, it noted that the States concerned could agree otherwise, as by resolving the difficulties which might ensue by entering into agreements which would permit an equitable outcome.

As to the law applicable to matters of State succession, the Commission right from the start[64] regarded State succession as a phenomenon "governed by the principles of international law", from which the two Vienna Conventions of 1978 and 1983 had "drawn inspiration" - an observation which, it may be noted, was something less than saying that those two Conventions embodied rules or principles of international law. The Commission added that in compliance with the principles of international law "the outcome of succession should be equitable"; and it acknowledged that the relevant rules were not rules of *ius cogens*, for it said that "the States concerned [were] free to settle terms and conditions by agreement". The Commission regarded it as "incumbent upon the Republics to settle such problems of State succession as may arise from this process [i.e. of dissolution of the SFRY] in keeping with the principles and rules of international law ...". In *Opinion No. 9*[65], of 4 July 1992, the Commission somewhat strengthened its previous view of the relationship between the two Vienna Conventions and general international law: it referred to "the principles of international law embodied in the [two] Vienna Conventions". Importantly, but ambiguously, that sentence continued "... which all the Republics have agreed should be the foundation of discussions between them on the succession of States at the Conference for Peace in Yugoslavia": the ambiguity lies in the uncertainty as to what "which" refers back to - the principles of international law, or the two Vienna Conventions, or (to pick up yet a further ambiguity) to those principles of international law which are embodied in the Vienna Conventions but ignoring all those provisions of the Conventions which do not embody principles of international law - a reading which, in turn, begs some very important questions. But

---

63 See above, at 411.

64 See *Opinion No. 1, ILR* 92 (1993), 162.

65 *ILR* 92 (1993), 203.

at least the Commission was clear that "The chief concern is that the solution adopted should lead to an equitable outcome, with the States concerned agreeing procedures ...". The Commission's conclusion was that "the successor States to the SFRY must together settle all aspects of the succession by agreement; in the resulting negotiations, the successor States must try to achieve an equitable solution by drawing on the principles embodied in the 1978 and 1983 Vienna Conventions and, where appropriate, general international law; furthermore, full account must be taken of the principle of equality of rights and duties between States in respect of international law; ...[66]; property of the SFRY located in third countries must be divided equitably between the successor States; the SFRY's assets and debts must likewise be shared equitably between the successor States;" and, in conclusion, all disputes relating to succession to the SFRY which cannot be settled by agreement must be peacefully settled in line with UN Charter principles, seeking solutions by means of inquiry, mediation, conciliation, arbitration or judicial settlement.

Having established the need for the States concerned to negotiate a settlement, the Commission considered in *Opinion No. 12* what the position would be if one of them refused to cooperate. Recalling its earlier reference in *Opinion No. 9* to "the few well-established principles of international law applicable to State succession", the Commission stated that "The fundamental rule is that States must achieve an equitable result by negotiation and agreement". This was a "fundamental obligation" for the States, and if one or more of them was in breach of it that would make them internationally liable, and in particular leave them open to lawful non-forcible countermeasures. The other States would have to consult with each other and achieve, by agreement, a comprehensive equitable result reserving the rights of the non-cooperating State or States. Third States would not, of course, be bound by any such agreement, but they could choose to give effect to them, and even in the absence of an agreement they could take action to safeguard the interests of the successor States: and third States would be *required* to do so if a competent international organisation took a decision binding on them.

In *Opinion No. 13*[67] the Commission repeated its earlier conclusion that "there are few well-established principles of international law that apply

---

[66] The omitted passage concerned the SFRY's membership of international organizations.

[67] *ILR* 96 (1994), 727.

to State succession". The application of those principles had "largely to be determined case by case, depending on the circumstances proper to each form of succession", but at least the two Vienna Conventions "offer some guidance". Two findings in particular are of general importance. First, the Commission noted that "while equity has some part to play in the division of State property, archives and debts between successor States, [the relevant Articles of the 1983 Vienna Convention] do not require that each category of assets or liabilities be divided in equitable proportions but only that the overall outcome be an equitable division". Second, the Commission distinguished between the law of State succession and the law of State responsibility (*in casu*, regarding war reparations): in principle, war reparations were a separate matter, although the "possibility cannot be excluded in particular of setting off assets and liabilities to be transferred under the rules of State succession on the one hand against war damages on the other".

In the Commission's *Opinion No. 14*[68] it sought to deal with the troublesome question of the definition of "State property" in relation to the SFRY. One of the working groups established by the ICFY had, in February 1993, drawn up a Draft Single Inventory of the Assets and Liabilities of the SFRY as at 31 December 1990. The Commission was asked, in the light of that Inventory, what were the assets and liabilities to be divided between the successor States in the framework of the succession process. Since, as the Commission had earlier noted[69], the first principle applicable to State succession was that the successor States should consult and agree a settlement of all questions of succession, the Commission concluded that assets and liabilities listed in the Inventory and upon which the successor States had reached agreement should be divided between them. The practical effect of this principle, unexceptional in itself, is much diminished by the fact that many items in that Inventory were subject to reservations by one or more (and sometimes all) of the five States.

The overwhelming bulk of property was in the "non-agreed" category. On this the Commission confined itself to determining the general principles to be applied[70]. The first of these was the "well-established rule of State succession that immovable property situated on the territory of a successor State passes exclusively to that State ... [The] principle of the

[68] *ILR* 96 (1994), 729.

[69] *Opinion No. 9*, *ILR* 92 (1993), 203.

[70] The Commission considered that it did not have sufficient information on which to base a decision as to each asset and liability listed in the Inventory.

locus in quo implies that there is no need to determine the previous owner of the property: public property passes to the successor State on whose territory it is situated". The principle is sound, but the dismissal of any need to identify the previous owner does scant justice to the difficulties inherent in determining whether property *was* "public property" of the SFRY.

Turning to other State property, debts and archives, the Commission invoked the "commonly agreed principle" found in several provisions of the 1983 Vienna Convention that such items are to be divided "if, at the date of succession, they belonged to the SFRY". The Commission added (as it had in relation to immovable property) that "the question of the origin and initial financing of the property, debts and archives, or of any loans or contributions made in respect of them, is irrelevant." This addition, it should be noted, is the Commission's view, not in terms reflected in the Vienna Convention. And it addresses a somewhat separate point: given that under the SFRY Constitution of 1974 the concept of 'property owned by (or belonging to) the SFRY' could be given no clear meaning, what alternative or analogous criterion - and in particular that of central financing (espoused by the FRY) - was appropriate? While clearly dismissing the 'central financing' criterion, the Commission gave no reasons, nor any alternative, and appears to have assumed that the concept of State property had a self-evident meaning.

Yet the Commission acknowledged the need to refer to the domestic law of the SFRY in operation at the date of succession, notably the SFRY's 1974 Constitution[71]. It drew attention to two particular problems in this context. The first was that the SFRY was a federal State. On this the Commission stated that "there is no doubt" that the 1974 Constitution transferred to the constituent republics ownership of many items of property: with all respect to the Commission, this again does less than justice to the problems associated in the SFRY with the notion of a transfer of "ownership", and ignores the role which other laws could have had in transferring to the republics attributes of ownership of many items of property. Nevertheless, the Commission's broad conclusion seems in principle right: indeed, it is logically self-evident - in so far as property belonged to a republic it did not belong to the SFRY and was therefore not an object of State succession.

The second particular element of the SFRY's internal law briefly adverted to by the Commission was the concept of "social property". The

[71] Note the definition of "State property" in Article 8 of the 1983 Vienna Convention, and cited at note 47 above.

Commission was of the view that such property was held "for the most part" by bodies linked exclusively to a single republic: their property, debts and archives were *not* subject to division as part of State succession, but were subject to the sovereign powers of the successor State in question. If other bodies operated "social ownership" either at the federal level or in two or more republics, their property, debts and archives *were subject* to division as part of State succession *if* they exercised "public prerogatives on behalf of the SFRY or of individual republics" - if not, they should be considered as private-sector enterprises to which State succession does not apply. Again, the Commission's approach, at the level of broad principle, seems sound: but at the practical level it leaves many issues unresolved and, generally, may not fully accord the concept of "social ownership" the pervasive role which it had in the SFRY under its 1974 Constitution.

Overall, the Opinions of the Badinter Commission are, despite its somewhat ambiguous status, a remarkable contribution to the law of State succession, as it applied to the particularly difficult circumstances of the break-up of the SFRY. Its principled approach established a generally sound framework; but its role precluded it from tackling the many questions arising when principles have to be applied to particular circumstances. As so often, the devil is in the detail.

By contrast, litigation in national courts is concerned with the particular facts of particular cases, within the framework of particular national legal systems. Broad principles of international law tend to play a lesser role. Several cases arising out of the break-up of the SFRY have come before national courts in a number of countries.

Thus a US District Court in October 1995 gave judgment in a case concerning the ownership of an apartment on Park Avenue, New York[72]. The apartment was, until 1992, occupied by successive Permanent Representatives of the SFRY to the United Nations, the last of whom, Mr. Silovic, vacated the apartment in 1992. As a result of the conflict in former Yugoslavia and the ensuing sanctions, the apartment became "blocked property" under US law.

The Federal Republic of Yugoslavia sought temporary possession of the apartment pending a decision on the question of ownership, and also sought a declaratory judgment that it was entitled to sole ownership and

---

[72] *Federal Republic of Yugoslavia v. Park 71st Corporation and Darko Silovic, Republic of Slovenia and Others intervening*, US District Court, Southern District of New York, 95 CIV 3659 (AGS), 27 October 1995 (slip opinion). To be reported in due course in *ILR*.

possession of the apartment, on the grounds that it was the continuation of the SFRY: during the proceedings the FRY conceded that the ultimate issue of ownership presented a non-justiciable political question. Mr. Silovic (the former Permanent Representative) contended that the FRY lacked standing to sue and that the issue raised a non-justiciable political question. The US Government submitted a statement of interest expressing its view that the action should be dismissed on 'political question' grounds. The four intervening parties - Slovenia, Croatia, Bosnia and Herzegovina, and Macedonia - while each claiming an interest in the apartment, put forward a variety of arguments in support of their (not identical) positions.

The Court did not go into any of the interesting international law arguments advanced by the various parties. Rather, it simply dismissed the FRY's action in its entirety "on the grounds that the issues to be decided are non-justiciable political questions". Relying on *Can v United States*[73], the Court endorsed that judgment's conclusion that issues of State succession, competing claims to the property of a former State, and the allocation of the former State's property among successors, were all matters which fell within the "political question" exception to the Court's competence (at least where the property in question has been blocked, which was the situation both in *Can* and in the present case).

The Austrian Supreme Court on 17 December 1996 and 28 January 1997 delivered judgments in two cases concerning financial assets, respectively *Republic of Croatia et al v. G Bank AG der Sparkassen* and *Republic of Croatia et al v. C Bankverein*[74]. The two judgments were essentially identical. They concerned investments of, and assets deposited by, the National Bank of Yugoslavia with various Austrian banks before the break-up of Yugoslavia. With the suspension of sanctions in November 1995[75] and the taking of equivalent action by the Austrian authorities, FRY assets in Austria were potentially unfrozen. To prevent the FRY or its National Bank unilaterally disposing of the assets now in question, Croatia and Macedonia (and their respective National Banks) sought interim injunctions preventing the Austrian banks from making payments or disposing of the assets unless *all* the successor States or their National Banks consented. On appeal, the Supreme Court granted

[73] 14 F.3d 160 (2nd Circuit 1994).

[74] Judgments of 17 December 1996, 4 Ob 2304/96v (slip opinion), and of 28 January 1997, 1 Ob 2304/96v (slip opinion). To be reported in due course in *ILR*; the Judgment of 28 January 1997 is reported in *ILM* 36 (1997), 1520.

[75] Security Council Resolution 1022 (1995) of 22 November 1995.

the injunctions sought by the two States, but not those sought by their National Banks. In reaching this conclusion the Court noted the language of Article 8 of the 1983 Vienna Convention[76], and regarded it as intended to formulate customary international law. In the light of that Article the Court examined the position of the NBY according to the internal law of the SFRY at the time of the break-up of that State[77], and concluded that the assets of the NBY "formed part of State property of the SFRY according to international law". As to the nature of the break-up of the SFRY the Court rejected the argument that the FRY was the legal continuation of the SFRY, and held instead that the situation involved the dismemberment of the SFRY, which had ceased to exist and had been replaced territorially by five successor States. This meant, the Court went on, that movable property of the former State was, under customary international law, to be distributed equitably among the successor States, which accordingly had an entitlement to distribution based on international law. All the successor States thus having joint ownership rights in the assets now in question, any disposition of those assets by only one of them would infringe the rights of the others, and as there was a risk of such unilateral disposal of the assets to the prejudice of the claims of Croatia and Macedonia, the injunctions requested by them[78] would be granted.

Shortly after these decisions of the Austrian Supreme Court, the Court of Appeal in Paris delivered judgment, on 27 February 1997, in *Federal Republic of Yugoslavia and National Bank of Yugoslavia v. Banque Commerciale pour l'Europe du Nord et al.*[79] - another case involving Yugoslav financial assets. The former[80] National Bank of Yugoslavia had

---

[76] See note 47 above.

[77] I.e. the Court examined the position of the NBY under its Statute. The FRY, in 1993, reconstituted the NBY under a new Statute, although the name of the Bank remained the same. There are differing views about the legal significance of these events, in particular whether the NBY (1993) is a new Bank legally distinct from the NBY (1989) which has ceased to exist, or whether it is the continuation of that Bank. In relation to the status of the NBY see also *Opinion No. 15* given on 13 August 1993 by the 'Badinter Commission': *ILR* 96 (1994), 733.

[78] Since their respective National Banks had not established to the Court's satisfaction that they were also entitled to part of the assets in question, the Court rejected their request for injunctions.

[79] Typescript available to author: to be reported in due course in *ILR*.

[80] See note 77 above.

certain accounts in its name at Crédit Lyonnais. Another bank sought the release to it of funds from that account in settlement of debts allegedly owed to it. Slovenia, acting as a successor State (and joined by Croatia, Bosnia and Herzegovina, and Macedonia), sought injunctions preventing the disposal of any funds which belonged to the SFRY or its central bank (the NBY) pending a settlement of the outstanding succession issues: Slovenia also sought information about those accounts. The FRY and NBY intervened on the basis that they were, respectively, the continuation of the former SFRY and former NBY, and that accordingly the accounts had never ceased to belong to a sovereign State, and that therefore they benefited from immunity from the jurisdiction of French courts. The Court of first instance granted Slovenia's request for an interim injunction and for certain details about the accounts; the FRY and NBY appealed. The Court of Appeal concluded that questions of State succession were governed by principles of public international law, and that the international consensus was that the FRY was not the continuation of the SFRY but that that State had disappeared and been replaced by the new States which were all successor States: accordingly the assets of that dissolved State and its central bank, also no longer in existence, did not benefit from jurisdictional immunity. The Court continued by noting that the successor States undoubtedly had rights to the assets of the former SFRY and its central bank, and that to allow the release of funds to the bank in question would result in harm, no doubt irreversible, to the interests of those States: accordingly, and consistently with the safeguarding of the claims of successor States by Security Council Resolution 1022 (1995), the Court upheld the interim injunction granted by the lower Court. The Court also upheld the lower Court's order to the banks to disclose details of transactions involving accounts of the SFRY or its central bank, the NBY.

The last judgment to be noted is that delivered by the District Court of Nicosia, Cyprus, in *Republic of Slovenia v. Beogradska Banka D.D.*[81] Various sums of money had allegedly been deposited with the defendant Bank by the National Bank (NBY)[82] of the former SFRY. The plaintiff, Slovenia, sought (i) an order requiring the defendant Bank to render an account of the assets deposited with it by the NBY up to and including 26 June 1991, (ii) a declaration that the assets were held by the Bank on trust for the benefit of Slovenia, and (iii) a judgment for the sum of DM 976,000,000 as money held by the Bank for the benefit of Slovenia. The

---

[81] Typescript available to author: to be published in due course in *ILR*.

[82] See note 77 above.

arguments presented to the Court raised many of the now-familiar issues of State succession, but none was directly addressed by the Court.

The Court adopted a different approach. It appears to have treated as conclusive the statement in Court by an official of the Ministry of Foreign Affairs that the SFRY no longer existed, that Slovenia was a successor State, and that Cyprus had taken no position on the question whether the FRY was the continuation of the former Yugoslavia (SFRY): but on this last point the Court appears to have regarded Cyprus as nevertheless bound, by virtue of Article 25 of the UN Charter, by Security Council Resolutions 757, 777 and 1022 in which the Council rejected the view that the FRY was the continuation of the SFRY. The point was, however, not treated by the Court as material to the issue before it, since it concerned the basis on which the FRY came to exist, rather than the fact of its current existence as a State. As to that fact the Court noted that even Slovenia admitted that the FRY was a State, and it therefore concluded that the case clearly concerned an inter-State dispute, since even on the plaintiff's arguments it involved two successor States claiming assets of the SFRY or its organs, and involved amounts deposited in accounts with the respondent Bank maintained by the NBY - accounts of which the FRY and NBY had possession and control. Being satisfied that the claim of the FRY to the money in the accounts was neither illusory nor manifestly defective[83], the Court concluded that the proceedings should be stayed. The Court also rejected the argument that the case fell within the exception to the rule on State immunity which existed in relation to the administration of a trust: the necessary fiduciary relationship did not exist.

A further case is still in course of being litigated, once again in the United States. This case is *Jugobanka AD Belgrade v. U.C.F. International Trading Inc.* It concerns an attempt by Jugobanka to get repayment of some unpaid loans. Defendants argue that the funds from which the loans were made were assets of the former SFRY, that therefore all 5 successor States have claims to those assets, and that therefore to let Jugobanka collect the loans would (since Jugobanka is alleged to be an FRY agency) mean letting one only of the successor States get the assets. A "Statement of Interest" was filed by the State Department on 29 September 1997. Interestingly, this time the State Department expressed the view that the case did *not* raise a "political question" (the

---

[83] The Court relied on language used by the Judicial Committee of the Privy Council in *Juan Ismael v. Government of Indonesia* [1955] AC 72.

opposite of what it said in the Park Avenue apartment case[84]), so an interesting decision on the merits may lie ahead if the Court acts on the State Department's view.

---

84 Above, at note 72.

Intervention in the Proceedings before the International Court of Justice and the International Tribunal for the Law of the Sea

Rüdiger Wolfrum

I. Introduction

Günther Jaenicke was heavily involved in the drafting of the provisions on the settlement of disputes in the United Nations Convention on the Law of the Sea. These provisions had, at least in part, to cover new ground. They opened the possibility for the Tribunal to further develop the system of dispute settlement through its own Rules. This contribution will show whether or to what extent the Tribunal has made use of the possibilities thus provided.

Most systems for an international settlement of disputes provide for the possibility of intervention by third States in the proceedings before the relevant court or tribunal.[1] Nevertheless, this procedure[2] has, so far, not

---

1 See article 84 Hague Convention on the Pacific Settlement of International Disputes of 1907; arts. 62 and 63 Statute of the International Court of Justice; arts. 36 and 37 Geneva General Act for the Pacific Settlement of International Disputes of 1928 and 1949; arts. 32 and 33 European Convention for the Peaceful Settlement of Disputes of 1957; article 37 of the Protocol of the Court of Justice of the European Economic Community of 1957 as amended in 1989; article 47 of the Treaty Instituting the Benelux Economic Union of 1958; article 40 of the Treaty for East African Co-operation of 1967; article 21 of the Protocol on the Community Court of Justice of the Community of West African States of 1991; arts. 31 and 32 of the Statute of the International Tribunal for the Law of the Sea, Annex VI to the United Nations Convention on the Law of the Sea of 1982. Further rules to that extent exist in many other international agreements of a more technical nature.

been exercised frequently. There is a tendency, in particular by the International Court of Justice, to view narrowly such a possibility. This restrictive approach is based upon the concept of party autonomy in international adjudication. According to this principle, States may, within the framework of Chapter VI of the United Nations Charter, decide freely how to settle their disputes. Intervention is seen by those who favor a restrictive approach as an interference of a third party into the dispute of two or more States likely to endanger the peaceful settlement of such dispute. It has been argued that third parties should initiate a separate dispute settlement procedure rather than attempt to have their interests protected within the framework of a procedure amongst other States. However, the procedure of intervention has its merits as demonstrated by its increasing relevance in national law. An intervention may promote the efficiency of adjudication by making two or more parallel proceedings unnecessary.[3] Apart from that one has to acknowledge that international disputes rarely fit into a bilateral pattern. There may be, and to an increasing degree there are, other States having an interest in the interpretation of a particular norm of international law. Account has further to be taken of the fact that potential intervenors may enrich the information of the Court or Tribunal and thus contribute to the inter-

---

[2] As to its development and application see S. Rosenne, *Intervention in the International Court of Justice*, 1993; see further C.M. Chinkin, "Third Party Intervention Before the International Court of Justice", *AJIL* 80 (1986), 1 et seq.; T.O. Elias, "The Limits of the Right to Intervention in a case before the International Court of Justice", in: R. Bernhardt (ed.), *Festschrift für Hermann Mosler*, 1983, 159 et seq.; E. Jiménez de Aréchaga, "Intervention under Article 62 of the Statute of the International Court of Justice", *ibid.*, 453 et seq.; S. Oda, "Intervention in the International Court of Justice, Arts 62 and 63 of the Statute", *ibid.*, 629 et seq.; K. Oellers-Frahm, "Überlegungen anläßlich der Zulassung der Intervention Nicaraguas im Streit zwischen El Salvador und Honduras", *ZaöRV* 50 (1990), 795 et seq.

[3] See Separate Opinion of Judge Mbaye, case Concerning the Continental Shelf (Libyan Arab Jamahiriya/Malta), Application by Italy for Permission to Intervene, ICJ Reports 1984, 3 et seq. (35) and Dissenting Opinion of Judge Oda, ICJ Reports 1984, 90.

pretation of a point of international law[4] and, in particular, of an international agreement to which they are Parties. To that extent interventions may take on the function of *amici curiae* briefs in particular since neither the Rules of the International Court of Justice[5] nor those of the Tribunal provide for such a possibility in contentious cases, whereas such a possibility is enshrined in the Rules of Procedure and Evidence of the International Criminal Tribunal for the former Yugoslavia.[6] Given the development of international law and the growing legal interdependence of States it is questionable whether a restrictive approach towards interventions should prevail. Such an approach, namely that the general interest of a State in the interpretation of an agreement to which it is a party may also warrant protection, has been recognized by the Draft Convention on the Regulation of Antarctic Mineral Resource Activities,[7] whose Annex on dispute settlement provides that "any Party which believes that it has a legal interest, whether general or individual, which may be substantially affected by the award of an Arbitral Tribunal, may, unless the Arbitral Tribunal decides otherwise, intervene in the proceedings."

With its rules on settlement of disputes in respect of the International Tribunal for the Law of the Sea, the United Nations Convention on the Law of the Sea is one of the most recent international agreements to provide for the right to intervene in proceedings before an international tribunal. Although the relevant provisions, in general, have been drafted along the lines of arts. 62 and 63 of the Statute of the International Court of Justice they are not fully identical with the latter. Furthermore, the International Tribunal for the Law of the Sea has meanwhile drafted its Rules and in doing so has taken account of the Rules of the International Court of Justice as well as the judicial practice of the latter. It is the purpose of this contribution to establish to what extent the Tribunal was able to resolve the one or the other question raised by the

---

4 This argument has been put forward by Italy in its application to intervene in the case Concerning the Continental Shelf (Libyan Arab Jamahiriya/Malta), ICJ Reports 1984, 3 et seq. (25), on the grounds that the criterion for intervention was not whether it was useful or even necessary for the Court but whether Article 62 of the Statute of the International Court of Justice was satisfied.

5 According to article 66 of the Statute the Court may call upon an *amicus curiae* when it renders an advisory opinion.

6 As revised 20 October and 12 November 1997.

7 *ILM* 30 (1991), 190.

Statute of the Court or, respectively, its Rules, and whether it was ready to open further the right to intervene in the proceedings, as compared to the system followed by the Court.

II. Intervention in the Proceedings before the International Court of Justice

The Statute of the International Court of Justice provides for two different types of interventions, namely the intervention in the case where the decision in question may affect an interest of a legal nature of the State seeking to intervene - occasionally termed "discretionary intervention"[8] - (article 62 of the Statute[9]) and the intervention in cases where the construction of a convention is in question - "intervention as of right" (article 63 of the Statute[10]). The two provisions are supplemented by arts. 81-85 of the 1978 Rules of the Court.

Article 63 of the Statute of the Court provides for intervention as of right by other parties to a convention whose construction is at issue before the Court. This provision was developed from the 1907 Convention for the Pacific Settlement of International Disputes.[11] It permits

---

[8] Critical as to this term C.M. Chinkin, "Third-Party Intervention Before the International Court of Justice", *AJIL* 80 (1986), 1 (2).

[9] Article 62 of the Statute of the International Court of Justice reads in its present form:

1. Should a state consider that it has an interest of a legal nature which may be affected by the decision in the case, it may submit a request to the Court to be permitted to intervene.

2. It shall be for the Court to decide upon this request.

[10] Article 63 reads in its present form:

1. Whenever the construction of a convention to which states other than those concerned in the case are parties is in question, the Registrar shall notify all such States forthwith.

2. Every state so notified has the right to intervene in the proceedings; but if it uses this right, the construction given by the judgment will be equally binding upon it.

[11] As to the legislative history of article 63 of the Statute of the International Court of Justice see S. Rosenne, "Some Reflections on Intervention in the National Court of Justice", *NILR* 34 (1987), 14 et seq. and 19 et seq.

States Parties[12] to intervene in cases on the interpretation of a treaty. To this end the Registrar of the Court is required to notify the States Parties of the pending case. The practice of the Court as to when the Parties are informed and whether the decision to inform is taken by the Registrar alone or whether the Court is to be involved is not fully consistent. If a State Party intervenes on the basis of article 63 of the Statute of the Court the interpretation given by the Court will be binding upon the intervenor in accordance with article 63 para. 2 of the Statute. Apart from that, article 59 of the Statute applies, which means that non-intervening Parties to the convention at issue would not be bound by the judgment. However, it is doubtful whether in reality article 59 of the Statute is able to protect the rights of such other Parties to the convention. To invoke this procedure, it is necessary that the relevant treaty be in force, also with respect to the intending intervenor.[13]

The judicial practice of the Court indicates that it does not consider every intervention of a State Party to be legitimate under article 63 of the Statute although the wording of the provision seems to indicate the contrary. The provision is based upon the premise that the interest of the potential intervenor is assumed through its participation in a convention whose construction is at issue before the Court. In the Haya de la Torre Case,[14] Cuba claimed it was intervening under article 63 of the Statute with respect to the 1928 Havanna Convention on Asylum, to which Cuba was a State Party. The Court, however, held that this was not a genuine intervention but rather an attempt to reopen an earlier case.[15] This reasoning is based upon the assumption that the Court has a right to scrutinize the application made by a State Party under article 63 of the Statute. However, it is not clear what considerations allow the Court to reject an application for intervention under article 63 of the Statute.

---

[12] Rosenne, see note 11, 37, points out that the term States Parties in accordance with article 2 para. 1 g of the Vienna Convention on the Law of Treaties means States which have consented to be bound by a treaty and for which the treaty is in force.

[13] Rosenne, see note 11, 37, points out that in the Reservation to the Convention for the Prevention and Punishment of Genocide Case the treaty itself was not in force when the proceedings commenced and that, accordingly, Article 63 of the Statute of the International Court of Justice was applied by analogy.

[14] ICJ Reports 1951, 71 et seq.

[15] ICJ Reports 1951, 77 et seq.

Article 62 of the Statute allows a State that believes it has an interest of a legal nature that may be affected by the Court's decision in a case between two or more other parties to request permission to intervene. The possibility to intervene in the proceedings as provided for in article 62 of the Statute of the Court was first introduced in the Statute of the Permanent Court of International Justice. In the preparatory work leading to the Statute of the Permanent Court of International Justice it was decided that the right to intervene in proceedings should be broadened. An Advisory Committee of Jurists appointed by the League of Nations suggested that a State with a genuine or legal interest in a particular dispute, as opposed to a political interest, would be able to request permission to intervene.[16] The text finally adopted[17] constituted a compromise between those who wanted to broaden the right to intervene and those who held that intervention should be based upon some legitimate legal ground. The words "... an interest of a legal nature ..." were meant to serve as the required qualification.

The wording of article 62 of the Statute contains several restrictions; further ones derive from the nature of intervention as incidental proceedings.[18] Due to the latter, intervention is only possible if proceedings in a case exist, that is to say the preliminary objections have been rejected and the proceedings have not been dismissed. For the same reason it is necessary that there exist a sufficiently close connection between the case and the proceedings. To enable the Court to assess such a connection the applicant for intervention has to identify, in accordance with article 81 para. 2 b of the Rules of the Court, the precise object of

---

[16] Oda, see note 2, 630 et seq.; R.St. Macdonald/V. Hughes, "Intervention Before the International Court of Justice", *Afr. J. Int'l & Comp. L.* 5 (1993), 1 et seq. (3).

[17] Article 62 of the Statute of the Permanent Court of International Justice read as formulated by the Assembly of the League of Nations: "Should a State consider that it has an interest of a legal nature which may be affected by the decision in the case, it may submit a request to the Court to be permitted to intervene as a third party. It will be for the Court to decide upon the request."

[18] Intervention has already been qualified by the Court in the Haya de la Torre case as being incidental to the proceedings of a case (ICJ Reports 1951, 71 et seq. (76). Although the dictum referred to an intervention under article 63 of the Statute, it is nevertheless valid for an intervention under article 62.

the intervention. The relevant connection may exist as to the *petitum* or the *causa petendi*.[19]

Additionally, the wording of article 62 provides for some qualifications. Accordingly, the applicant for intervention has to indicate that the decision in the case may affect an interest of his of a legal nature. The notion "interest of a legal nature" has received no further specification neither in the Statute nor in the Rules.[20] The reference to this notion was meant to exclude merely political interests.[21] However, whether the notion equals a legal right[22] is doubtful.[23] Nevertheless, the practice of the Court seems to go in this direction.

According to the wording of article 62 of the Statute, the potential intervenor is not under an obligation to prove that the interest of a legal nature exists. What is necessary, but also required, is merely that the applicant proves *prima facie* that such right might exist. The practice of the Court seems to indicate that it has enforced the obligations of the applicant in this regard. Obviously the Court believes that there exists a relationship between the formulation of the claimant's application and the specificity of proof which the potential intervenor is required to provide.

Article 81 para. 2 b of the Rules of the Court requires the intended intervenor to indicate the objective pursued by the intervention. This criterion has occupied a position of quite some relevance in the jurisdictional practice of the Court. The application for intervention of Malta as well as of Italy were rejected on this very ground.

---

[19] K. Günther, "Zulässigkeit und Grenzen der Intervention bei Streitigkeiten vor dem IGH", *GYIL* 34 (1991), 254 et seq. (266); G. Morelli, "Note sull' intervento nel processo internazionale", *Rivista di Diritto Internazionale* 65 (1982), 805 et seq. (809).

[20] Already W.M. Farag, *L'intervention devant la Cour Permanente de Justice*, 1927, 59, qualified this expression as a "monstre presque indéfinissable".

[21] W. Fritzemeyer, *Die Intervention vor dem Internationalen Gerichtshof*, 1984, 113; Günther, see note 19, 266; G. Guyomar, *Commentaire du règlement de la Cour International de la Justice adopté le 14 Avril 1978*, 1983, 378; B. Schenck Graf Stauffenberg, *Statut et règlement de la Cour permanente de Justice internationale*, 1934, 436.

[22] Elias, see note 2, 160.

[23] Günther, see note 19, 267, with reference to the legal history of the provision.

The most significant controversy concerning the application of article 62 of the Statute centers around the question whether, between the intended intervenor and the parties, there has to exist a jurisdictional link. According to article 81 para. 2 c of the Rules, the intending intervenor has to specify "any basis of jurisdiction which is claimed to exist as between the State applying to intervene and the parties to the case". The majority of authors hold that the requirement of such a jurisdictional link constitutes an unwritten precondition for an intervention.[24] The supporting arguments point out that the intending intervenor, when bringing a case against one of the parties independently, has to meet the requirements of article 36 of the Statute, which provides for the jurisdictional link between the parties to a case, and that the possibility to intervene did not abolish this requirement. In this context the principle of consent is invoked which forms the basis of international adjudication. Further reference is made to the principles of reciprocity and of the equality of rights and obligations. Both are part of the basis for international adjudication and may only be safeguarded if a jurisdictional link exists. This issue has only been fully dealt with in the judgment on the Land, Island and Maritime Frontier Dispute (El Salvador/-Honduras).[25]

Comparing article 62 of the Statute of the Permanent Court of International Justice and the equivalent provision of the Statute of the International Court of Justice (ICJ),[26] one major difference becomes evident. Whereas, under the Statute of the Permanent Court of International Justice, the intervening State intervenes "as a third party", it does not do so under the Statute of the International Court of Justice. These words were deleted from the provision when, in 1945, a committee of jurists prepared a draft statute for the International Court of Justice.[27] In assessing such a change, it should be noted that the 1920 French version of the Statute of the Permanent Court of International Justice did not contain these words and that, accordingly, the present version of article 62 of the Statute of the International Court of Justice reflects the French version of Article 62 of the Statute of the Permanent Court of Interna-

---

24 K. Oellers-Frahm, "Die Intervention nach Art. 62 des Statuts des Internationalen Gerichtshofs", *ZaöRV* 41 (1985), 579 (585); Chinkin, see note 2, 524; Fritzemeyer, see note 21, 102; Jiménez de Aréchaga, see note 2, 465; Morelli, see note 19, 813; Rosenne, see note 11, 79 (84).

25 ICJ Reports 1990, 92 et seq. (133 et seq.).

26 As to their legislative history see Oda, see note 2, 639 et seq.

27 Macdonald/Hughes, see note 16, 4; Oda, see note 2, 638 et seq.

tional Justice. The report on the draft statute of the International Court of Justice to the San Francisco Conference stated that the deletion of the words "as a third party" were not intended to change the meaning of article 62 of the Statute.[28] A Chamber of the International Court of Justice has taken a position in this respect in its Judgment of 13 September 1990 in the case Concerning the Land, Island and Maritime Frontier Dispute (El Salvador/Honduras), on the Application by Nicaragua for Permission to Intervene.[29] It stated that a State intervening under article 62 of the Statute does not become a party to the proceedings, and does not acquire the rights, or become subject to the obligations, which attach to the status of a party under the Statute and the Rules of the Court.

The status of the intervening State also gave rise to a discussion when the International Tribunal for the Law of the Sea adopted its Rules. This controversy is not just of an academic nature. If the intervening State is to be regarded as a party to the dispute, one has to consider whether it has the right to appoint an *ad hoc* judge and whether proceedings may be declared to have ended only with its consent. The majority of authors seemed to be inclined to consider an intervening State as a party.[30] Others favored a distinction between party and non-party intervention.[31]

The jurisdictional practice of the International Court of Justice concerning interventions is sparse and has slightly increased only recently.

The leading interpretation of the scope of the possibility to intervene in proceedings was given by the Permanent Court of International Justice in the Wimbledon case. In this case the Court stated that the intervention pursuant to article 62 of the Statute must be based on an interest of a legal nature advanced by the intervening party, and that the Court should only admit such intervention, if, in its opinion, the existence of

---

[28] Documents of the United Nations Conference on International Organization, Vol. 14, 1945, 676.

[29] ICJ Reports 1990, 92 et seq. (135/136); see also Land, Island and Maritime Frontier Dispute (El Salvador/Honduras: Nicaragua intervening), Judgment of 11 September 1992, ICJ Reports 1992, 351 (609/610).

[30] Morelli, see note 19, 805 et seq.; Elias, see note 2, 167; Jiménez de Aréchaga, see note 2, 454.

[31] Separate Opinion of Judge Oda, ICJ Reports 1981, 23 et seq.; Oda, see note 2, 640 et seq.; Chinkin, see note 2, 527.

this interest is sufficiently stated.[32] As far as the intervention based on article 63 was concerned, the Court held that when the object of the suit before the Court was the interpretation of an international convention, any State party had the right to intervene in proceedings instituted by others. The Court considered it unnecessary to draw a clear borderline between interventions according to arts. 62 and 63 of the Statute since it considered that Poland had applied for permission to intervene under the latter provision. This is equally the case for the intervention of Cuba in the dispute between Colombia and Peru in the Haya de la Torre case decided by the International Court of Justice.[33] In its decision on the admissibility of the intervention, the Court developed a limitation to the intervention in accordance with article 63 of the Statute by observing that every intervention is incidental to the proceedings in a case and it followed, therefore, that a declaration filed as an intervention only acquired that character in law if it actually related to the subject matter of the pending proceedings.

In the Nuclear Test case[34] the International Court of Justice was called upon to deal with an intervention based upon article 62 of the Statute but the majority of the Court felt it unnecessary to do so. However, several separate or dissenting opinions stated that an intervenor under article 62 of the Statute should establish a jurisdictional link between itself and the parties to the main case.[35] One judge held that it was an oversight by the reviewers of the Statute of the Court of 1922 that they did not specify the relevance of article 36 to the formulation of article 62 of the Statute. He further held that this was particularly relevant where the intervenor, as in this case, wanted to intervene on the side of a particular party or parties to the dispute with respect to a mutual concern.[36]

---

[32] PCIJ Series A No. 1, 9 (13).

[33] Judgment of 13 June 1951, ICJ Reports 1951, 71 et seq.

[34] Judgment, ICJ Reports 1974, 252 et seq.

[35] Judges Gros, Betréu, Onyeama, Ignacio-Punto, ICJ Reports 1973, 6.

[36] A further case where the International Court of Justice might have had the opportunity to deal with an intervention under article 62 of the Statute was the Monetary Gold Removed from Rome in 1943 case (Judgment, ICJ Reports 1954, 19 et seq.), however, Albania did not submit a request to be permitted to intervene.

Both the application by Malta for permission to intervene in the case Concerning the Continental Shelf (Tunisia/Libyan Arab Jamahiriya)[37] and that of Italy in the case Concerning the Continental Shelf (Libyan Arab Jamahiryia/Malta)[38] were rejected. In the case Concerning the Continental Shelf (Tunisia/ Libyan Jamahiriya) the Court ruled against Malta because it considered that Malta did not put foward any interest of a legal nature of its own that was directly at issue as between Tunisia and Libya. The Court considered that Malta was only concerned about the implications that the reasons for the judgment could have in a potential delimitation case concerning the delimitation of the continental shelf of Malta.[39] The Court in effect found that the very character of the intervention for which Malta sought permission showed that the interest of a legal nature invoked by Malta could not be considered as one which might be affected by the decision in the case within the meaning of article 62 of the Statute.[40] The Court held that the mere preoccupation with the principles of law that might be stated in the judgment was insufficient. Although it is true that such interest could be shared by many States, the Court did not adequately take into consideration the subjective phrasing of article 62 of the Statute according to which it is up to the State concerned to decide whether it had a valid interest.[41] The application of Italy established its interest in clear terms. Italy wanted to ensure "respect for its sovereign rights over certain areas of the continental shelf".[42] The Court, however, held that it would be unavoidable "that the Court will be called upon to recognize those rights and make finding ... on disputes between Italy and one or both parties."[43]

The first case in which the International Court of Justice permitted an intervention under article 62 of its Statute was the Land, Island and Maritime Frontier Dispute (El Salvador/Honduras).[44] In its judgment the adjudicating Chamber of the International Court of Justice found

---

37 Case Concerning the Continental Shelf (Tunisia/Libyan Arab Jamahiriya), ICJ Reports 1982, 18 et seq.

38 See note 4.

39 Application by Malta for Permission to Intervene, Judgment, ICJ Reports 1981, 3 et seq. (12), para. 19.

40 Application by Malta , see above, 3 et seq. (19), para. 33.

41 Chinkin, see note 2, 10.

42 ICJ Reports 1984, 10 et seq. (12).

43 ICJ Reports 1984, 21, para. 33; critical Chinkin, see note 2.

44 See note 29.

that the Republic of Nicaragua had shown that it had an interest of a legal nature which could have been affected by parts of the judgment of the Chamber on the merits in the case.[45] As far as the jurisdictional link is concerned, whose existence has been held by some to be essential,[46] the Chamber stated that since the Statute of the International Court of Justice provided for the right of third States to intervene the competence of the Court in the matter of intervention, unlike its competence to hear and determine the dispute, was not derived from the consent given by the parties by becoming parties to the Court's Statute.[47] It further stated that since the parties had accepted the Statute which provided for the possibility of intervention of third States the Court had the competence to permit an intervention opposed by one or both of the parties to the dispute.[48]

Concerning the status of the intervening State the Chamber of the Court emphasized that by intervention the intervenor did not become a party to the dispute. It further stated that to find otherwise would breach the fundamental principle of consensual jurisdiction. The purpose of the intervention was not to enable third States to tack on a new case, to become a party, and to have its own claims adjudicated. That would be, in the view of the Chamber, a new case, and the consent of the parties to enable the Court to adjudicate the dispute would be required.[49] In its judgment concerning the intervention of Malta the Court seemed still to be more inclined to consider the intervenor as a party.[50] The judgment of the Chamber has been criticized for unduly narrowing the intervention under article 62 of the Statute and for rendering the position of the intervenor close to that of an *amicus curiae*.[51]

---

45 As to the factual background of the case see Macdonald/Hughes, see note 16, 11 et seq.

46 Separate opinion of Judge Jiménez de Aréchaga, Application by Italy for Permission to Intervene in the case Concerning the Continental Shelf (Libyan Arab Jamahiriya/Malta), see note 4, 55.

47 See ICJ Reports 1990, 133, paras. 95 and 96.

48 See ICJ Reports 1990, 133, para. 96.

49 See note 29, 135, para. 102; Land Island and Maritime Frontier Dispute (El Salvador/Honduras: Nicaragua intervening), ICJ Reports 1992, 351 et seq. (609 et seq.), para. 421.

50 See note 4, 18 et seq.

51 Oellers-Frahm, see note 2.

Arts. 62 and 63 of the Statute of the International Court of Justice raise several questions. Both provisions provide for the possibility of intervention by States or by States Parties with respect to a Convention whose construction is at issue. However, the question arises as to whether States have to be a party to the Statute. Given the nearly universal accession to the Statute of the International Court of Justice the question seems to be rather academic; however, with respect to the International Tribunal for the Law of the Sea it is not. According to Rosenne[52] article 35 of the Statute and article 41 of the Rules of the International Court of Justice cover this case, which means that the potential intervenor has to deposit a declaration by which it accepts the jurisdiction of the Court. Another question is when and based on which arguments the Court may reject an application for intervention under article 63 of the Statute. Further questions concern the interpretation and application of article 62 of the Statute, namely the degree to which the intending intervenor has to prove the possible violation of an interest of a legal nature, the necessity for a jurisdictional link and the status of the intervenor.

III. Intervention according to the Statute and the Rules of the International Tribunal for the Law of the Sea

The Statute of the Tribunal provides for two different possibilities to intervene[53] in terms which are similar to those of the Statute of the International Court of Justice.

---

[52] See note 11, 82.

[53] Article 31 which is the equivalent to article 62 of the Statute of the Court provides:

1. Should a State Party consider that it has an interest of a legal nature which may be affected by the decision in any dispute, it may submit a request to the Tribunal to be permitted to intervene.

2. It shall be for the Tribunal to decide upon the request.

3. If a request to intervene is granted, the decision of the Tribunal in respect of the dispute shall be binding upon the intervening State Party in so far as it relates to matters in respect of which that State Party intervened.

Article 32 of the Statute of the Tribunal reads:

1. Whenever the interpretation and application of this Convention is in question, the Registrar shall notify all States Parties forthwith.

The most striking difference rests in para. 3 of article 31 of the Statute of the Tribunal since there is no equivalent in the Statute of the Court. According to this provision the decision of the Tribunal shall be binding upon the intervening State Party as far as the matter is concerned for which it had intervened. This deviates also from the practice of the Court. In the Judgment on the Land, Island and Maritime Frontier Dispute (El Salvador/Honduras: Nicaragua intervening) of 11 September 1992 the Chamber of the International Court of Justice has stated "... that a State permitted to intervene under article 62 of the Statute, but which does not acquire the status of a party to the case, is not bound by the Judgment given in the proceedings in which it has intervened ...".[54] The justification for that approach rests in the principle of procedural economy. Issues brought to the Tribunal under the procedure of intervention and decided upon cannot under the principle of *res judicata* be raised again before the Tribunal. Hence the status of an intervenor is clearly different from that of an *amicus curiae*. However, the binding character of the decision upon the intervenor cannot be viewed in isolation. The question remains whether the intervenor has the status of a party to the dispute if the request for intervention has been admitted. This is answered by article 103 para. 4 of the Rules of the Tribunal, which states that the intervening State party is not entitled to choose a judge ad hoc and that it is not entitled to object to an agreement of the parties to the dispute to discontinue the proceedings.[55] This provision makes it quite clear that the intervenor has not become a party to the dispute after his application for intervention has been granted. The same applies according to article 104 of the Rules for the intervention under article 32 of the Tribunal. In deciding which status to give to intervenors the Tribunal was free. No limitation in this regard can be derived from the Statute. The decision of the Tribunal not to treat intervenors as parties to the dispute although they are bound by that part of the decision

2. Whenever pursuant to article 21 or 22 of this Annex the interpretation or application of an international agreement is in question, the Registrar shall notify all parties to the agreement.

3. Every party referred to in paragraphs 1 and 2 has the right to intervene in the proceedings; if it uses this right, the interpretation given by the judgment will be equally binding upon it.

[54] See note 29, 609, para. 423.

[55] The draft Rules of the Tribunal prepared by the Preparatory Commission for the International Seabed Authority and for the International Tribunal for the Law of the Sea (in Doc. LOS/PCN/152 (Vol. I), 28 April 1995, 6) did not contain such a clause.

which relates to the *causa* of the intervention may have implications which are not easily assessed. Through its approach the Tribunal was successful in limiting any proliferation of ad hoc judges, a policy also pursued in other places. However, it is questionable whether a State Party may consider the Rules as an encouragement to intervene since the decisions or judgments are as binding upon it as if it were a party, although it does not have the power of a party to influence their outcome.

Article 32 para. 1 of the Statute of the Tribunal speaks of "the interpretation or application of this Convention" rather than of the "construction of a convention". This clause contains a reference to article 288 of the Convention and makes it clear that the possibility to intervene in proceedings related to the United Nations Convention on the Law of the Sea is open to the States Parties to the Convention. Given the wide participation in the Convention the scope for possible interventions is quite large. A comparison of article 32 of the Statute of the Tribunal with the wording of article 63 of the Statute of the Court further demonstrates that article 33 para. 2 of the Statute of the Tribunal has no equivalent. This paragraph is a reflection of the fact that the Statute of the Tribunal does not describe its jurisdiction in a comprehensive manner. As article 21 of the Statute of the Tribunal prescribes further agreements - article 21 speaks of agreements rather than international agreements - this may broaden the jurisdiction of the Tribunal. Since such agreements may include the participation of non-state entities they too will have the right to intervene when the interpretation or application of the relevant agreement is in question. This has been emphasized in the Rules.[56]

The Rules of the Tribunal, as far as the interest of a legal nature is concerned, do not deviate from the approach of the Court. They, too, use the ambiguous term "interest of a legal nature"[57] without clearly indicating what has to be proven by the intending intervenor. In this respect the Tribunal will face the same problems as the Court. The same is true in respect of the objective pursued by the intervention. Here, again, the wording of the Rules of the Tribunal has been copied.[58]

However, the Tribunal decided against requiring the intending intervenor to specify the jurisdictional link between itself and the parties to the

---

[56] Article 100 of the Rules refers explicitly to non-state entities.

[57] Article 99 para. 2 a.

[58] Article 99 para. 2 b.

dispute. Article 99 para. 3 of the Rules of the Tribunal even states that the "permission to intervene under the terms of article 31 of the Statute may be granted irrespective of the choice made by the applicant under article 287 of the Convention." This is a clear indication that the Tribunal has decided against considering a jurisdictional link as being the unwritten precondition for intervention under article 31 of the Statute. It further omitted the clause contained in article 97 para. 2 c of the Draft Rules prepared by the Preparatory Commission, according to which the intending intervenor had to specify the "basis of jurisdiction which is claimed to exist as between the State Party applying to intervene and the parties to the case".[59] Thus, the Tribunal follows the reasoning of the judgment of the Court in the Land, Island and Maritime Frontier Dispute of 11 September 1992.[60] This should put an end to this "vexed question" whether a valid jurisdictional link is required.[61]

Finally, the Rules of the Tribunal do not give any indication as to what extent the Tribunal may scrutinize the application for intervention under article 32 of the Statute. Again the wording has, in this respect, been copied from the Rules of the Court. Although it would have been preferable if the Tribunal had taken the opportunity to shed some light on this issue, it has left this for decision in future judgments.

Summarizing, one may state that the International Tribunal for the Law the Sea has used the possibility to progressively develop the procedure governing the intervention into international proceedings with caution. To the extent it deviated from the Rules of the International Court of Justice it did so by making use of new developments in the Court. In particular the judgments of the International Court of Justice on the Land, Island and Maritime Frontier Dispute (El Salvador/Honduras) have obviously inspired the Tribunal. The procedure of intervention will gain further shape in the practice of the Tribunal. Only there it will become evident whether the Tribunal regards interventions as a useful mechanism or, rather, something which may render the settlement of disputes between parties more complicated. This will also give an indication as to whether the Tribunal emphasises the bilateral nature of disputes or acknowledges that, due to the growing legal interdependence of States, every dispute has to be considered from the point of view of multilateralism.

---

[59] See note 55.

[60] See note 29, 609 et seq.

[61] See note 37, 28, para. 45.

II. Seerecht

The Icelandic Fisheries Cases - Professor Jaenicke as Agent and Counsel before the International Court of Justice

David H. Anderson[1]

Professor Dr. G. Jaenicke is famous among international lawyers for his many significant contributions to international law, especially the law of the sea. To give only the main examples, he has published many learned articles and monographs on the latter topic,[2] and he acted for many years as a delegate of the Federal Republic of Germany to the Third United Nations Conference on the Law of the Sea and the subsequent Preparatory Commission for the International Seabed Authority and the International Tribunal for the Law of the Sea. Most significantly, he acted as the Agent for the German Government in two leading cases before the International Court of Justice to do with different aspects of the law of the sea. He is widely regarded as the architect of Germany's achievement in the North Sea Continental Shelf Cases.[3] The impact of his largely successful argument on the law of maritime boundaries remains considerable even after the passage of thirty years. In contrast,

---

1 The views expressed are personal and should not be taken as expressions of official policy.

2 Notably, in English, "The Legal Status of the international sea-bed - The controversy about the legality of national legislation on deep sea mining", in: R. Bernhardt, W.K. Geck, G. Jaenicke, H. Steinberger (eds), *Völkerrecht als Rechtsordnung, internationale Gerichtsbarkeit, Menschenrechte - Festschrift für Hermann Mosler*, 1983, 429 et seq; "The Role of Proportionality in the Delimitation of Maritime Zones", in: A. Bos/H. Siblesz (eds), *Realism in Law-Making - Essays in Honour of Willem Riphagen*, 1986, 51 et seq.

3 *ICJ Reports* 1969, 3 et seq.

the Fisheries Jurisdiction Case[4] brought by the Federal Republic against Iceland (and the similar case brought by the British Government[5]) made relatively little impact, both at the time of the judgment and subsequently. The decisions of the Court in favour of the Federal Republic of Germany and the United Kingdom were quickly overtaken by developments in the rules of customary law on the limits of national jurisdiction and then by the adoption of the UN Convention on the Law of the Sea in 1982. As a result, the cases have attracted relatively little interest on the part of commentators.[6] Nonetheless, the cases retain their relevance in a number of respects, both procedural and substantive, which this note will seek to elucidate. In particular, the role played by Professor Jaenicke as Agent and Counsel, as well as unofficial mentor, will be brought out.

I. The Cases Recalled

The dispute between Iceland, on the one hand, and the Federal Republic of Germany and the United Kingdom, on the other, arose in the summer of 1971 when a newly-elected Government in Reykjavik decided to extend its exclusive fishery limit from 12 to 50 nautical miles. At that time, other states in the North Atlantic had fishery limits which did not exceed 12 miles. Iceland gave notice of the extension to the German and British Governments, as required by two agreements concluded in similar terms by Iceland in 1961.[7] The two Governments were faced with an awkward problem. Iceland was an ally in NATO, yet it proposed to inflict severe losses on fishermen from the two states who regularly fished between the 12 and 50 mile lines drawn from Iceland. These fishermen had few if any alternative fishing opportunities open to

---

[4] *ICJ Reports* 1973, 49 et seq.

[5] *ICJ Reports* 1973, 3 et seq.

[6] O. Rojahn, "Die Fischereigrenze Islands vom 1. September 1972 im Lichte maritimer Abgrenzungsprinzipien des Internationalen Gerichtshofes", *AVR* 16 (1973), 39 et seq.; R.R. Churchill, "The Fisheries Jurisdiction Cases: The Contribution of the International Court of Justice to the Debate on Coastal States' Fishery Rights", *ICLQ* 24 (1975), 82 et seq.

[7] Exchange of Notes between Iceland and the Federal Republic of Germany (FRG) of 19 July 1961 (*ICJ Pleadings*, Vol. II, 13); Exchange of Notes between Iceland and the UK of 11 March 1961 (*ICJ Pleadings*, Vol. II, 13).

them and many jobs on shore depended upon the handling of fish caught by the vessels concerned.

In April and May 1972, following fruitless negotiations with the Icelandic Government, first the UK and then Germany instituted proceedings before the Court, invoking the terms of the two agreements[8] and Article 36 para. 1 of the Statute. For Germany, Professor Jaenicke was appointed Agent and Counsel; for the UK, Mr. Henry Steel, one of the Legal Counsellors in the Foreign and Commonwealth Office, was appointed Agent. Iceland did not appoint an Agent, however, and adopted instead the unusual course of sending a series of messages to the Registrar objecting to the Court's jurisdiction. In July 1972, both Applicants sought interim measures of protection. During hearings on these requests, the respective contentions were advanced first by the Attorney General and then by Professor Jaenicke. Iceland did not appear to respond in either case, a pattern repeated during subsequent hearings in other phases of the cases. The Court by a majority of 14 to 1 ordered interim measures on 17 August 1972.[9]

By an Order adopted the next day, the Court by a narrow majority of 9 to 6 decided to determine first the question of its jurisdiction before addressing the merits.[10] The minority included Judge Jiminez de Arechaga who favoured following the more normal course of taking up the merits in the absence of an objection submitted in accordance with the Statute and the Rules of Court. Memorials on the question of jurisdiction were submitted quickly by both Germany and the UK, but not by Iceland. Oral proceedings were held in the two separate cases on 5 and 8 January 1973. In its judgments of 2 February 1973, the Court was virtually unanimous in upholding its jurisdiction in both cases under the terms of the two agreements of 1961.[11] Memorials on the merits were submitted by the United Kingdom and by Germany in the summer of 1973, but yet again Iceland did not respond with a Counter-Memorial in either case. In March 1974, the Court held hearings in the two cases, one after the other. Once again, Iceland was not represented. The Court gave two

---

[8] Both agreements provided that in the event of a dispute about a future Icelandic extension of fishery limits "the matter shall, at the request of either party, be referred to the International Court of Justice."

[9] *ICJ Reports* 1972, 12 et seq. (UK) and *ICJ Reports* 1972, 30 et seq. (FRG).

[10] *ICJ Reports* 1972, 181 et seq. (UK) and *ICJ Reports* 1972, 188 et seq. (FRG).

[11] *ICJ Reports* 1973, 3 et seq. (UK) and *ICJ Reports* 1973, 493 et seq. (FRG).

judgments in broadly similar terms on 25 July 1974. To sum up, in the short space of 27 months, the Court made (and renewed) an Order indicating interim measures and gave two judgments in each case (jurisdiction and then the merits).

II. Professor Jaenicke's Role

In 1972, when the case was instituted by application, Professor Jaenicke held the position of Professor of International Law at the University of Frankfurt am Main. He was appointed to be both the Agent and the Counsel of the Government of the Federal Republic. As Agent, he was responsible for the day to day official correspondence with the Registrar of the Hague Court, at that time Mr. S. Aquarone, concerning the conduct of the proceedings in the case. These tasks required, no doubt, frequent consultation with Dr. Dedo von Schenck, then the *Völkerrechtsberater* to the Auswärtiges Amt, and his team. The latter included Dr. C.A. Fleischhauer, now a judge of the International Court, and two well-known experts on fisheries issues, Drs. Mocklinhoff and Booss. It was in Dr. von Schenck's office that the writer, then legal adviser to the British Embassy in Bonn, first met Professor Jaenicke during the summer of 1972 in order to coordinate the approaches of the German and British governments towards the handling of the dispute with Iceland in general and the cases in the Hague in particular. Having returned to the Foreign and Commonwealth Office in London, the writer was appointed to be the British Agent in the case in 1973. From then on, the two Agents, despite their differences in years, academic distinction and experience of the Court, were able to cooperate closely and without any difficulty in handling the phase of the cases on the merits.

In retrospect, Professor Jaenicke's position could not have been an easy one. From the German perspective, the United Kingdom's case was always one place ahead of Germany's on the Court's List. In the North Sea Cases, Professor Jaenicke took on the combined forces of Denmark and the Netherlands, whereas in the Icelandic Case the respondent was absent and the British team went first on each occasion. Since there was nothing but silence from the respondent's side of the Chamber, Professor Jaenicke was quickly called upon to present the German point of view. He chose to do so without repeating or echoing too closely the immediately preceding argument advanced on behalf of the United Kingdom. To have followed the United Kingdom's line of argument too closely may easily have bored the judges, and may even have run the risk of giving the impression that two major states were somehow bullying a smaller one. At the same time, there was an ever-present danger of seeming to depart from the broad lines of the previous speaker and thereby giving the impression that there were differences between the two applicants on legal issues. These dangers were illustrated by some of the questions posed by the judges, especially one by Judge Jiminez de Arechaga.[12] Professor Jaenicke adopted the approach of complementing, rather than repeating, the British argument with discourses of his own. An especially effective example of this complementary approach was Professor Jaenicke's decision to call an expert witness to give evidence about the state of the fish stocks and migratory patterns in the North Atlantic. Dr. Meyer from the German fisheries research institute was able to demonstrate Germany's concern for the conservation of the stocks, as well as Iceland's uneven record in that respect.[13] His account of the fate of the Atlanto-Scandinavian herring, which fell from an estimated stock of fourteen million tonnes in 1964 to a single lava in 1971 despite the efforts of five research vessels to find more of them, had several judges sitting on the edges of their seats. Judge Dillard alluded to the evidence in his separate opinion.[14] Calling Dr. Meyer was the decision of an experienced advocate before the Court.

On more substantive issues, Professor Jaenicke placed the emphasis in the Memorial on the non-opposability of the claim against Germany and its fishing vessels, making this the primary submission. In the United Kingdom's Memorial, in contrast, the primary submission was that the claim was contrary to international law, with non-opposability of the claim against the United Kingdom and its fishing vessels as a second submission. During the course of the hearings, the United Kingdom was brought, in response to a question from Judge Dillard, to indicate that a ruling on the first submission was not necessary if the Court ruled upon the second submission.[15]

The German Agent was not brought to make a similar concession, having adopted the less extensive plea of non-opposability from the outset. In the event, five judges indicated in a joint separate opinion that they had been able to join the majority only on the basis that there was no finding upon the compatibility of the claim with general international

---

[12] *ICJ Pleadings*, Vol. II, 358.

[13] *ICJ Pleadings*, Vol. II, 312-338.

[14] *ICJ Reports* 1974, 3 et seq. (54).

[15] *ICJ Pleadings*, Vol. I, 487-488.

law.[16] At the same time, four other members of the Bench considered that the Court's jurisdiction was confined to that question of compatibility and did not extend to the question of opposability. On balance, this outcome showed the wisdom of Professor Jaenicke's stance, which by itself may not have highlighted the existence of those two possible pleas.

Only five years before the hearings on the merits, the Court had decided the North Sea Cases, including the important findings regarding the formation of rules of customary international law and the role of equitable principles. Several members of the Bench in 1969 remained judges in 1974. Professor Jaenicke was able to cite in the Icelandic Case *dicta* from the North Sea Cases and to do so with unique authority. In arguing that in 1974 no new rule of law had come into being on the subject of fishery limits going beyond 12 miles from the baselines, he was able to cite the Court's finding that state practice had to include "that of States whose interests are specially affected" and be extensive and virtually uniform.[17] In the judgment of the Court in July 1974, the Court did not cite the North Sea Cases on this point. However, it was clearly considered during the deliberations because the joint separate opinion of the five judges, as well as that of Judge de Castro, refer to it expressly and at some length. Professor Jaenicke was also able to invoke the decision in the North Sea Cases to the effect that the parties were under an obligation to seek a negotiated solution to their differences. The German Memorial concluded with the words "... the Court may be disposed, and this would be within its judicial functions ..., to give the Parties some guidance on the principles which the parties should take into account in their negotiations for the most equitable management of the fishery resources in the waters ... around Iceland".[18] The Court accepted this invitation to follow the North Sea Cases and to lay down some equitable principles for future negotiations over access to the fisheries around Iceland. In doing so, the Court cited its own previous decision in the North Sea Cases.[19]

---

16 *ICJ Reports* 1974, 3 et seq. (45) (UK) and *ICJ Reports* 1974, 175 et seq. (217) (FRG).

17 *ICJ Pleadings*, Vol. II, 295 quoting *ICJ Reports* 1969, 3 et seq. (43).

18 Memorial, Part IV, para. 149, *ICJ Pleadings*, Vol. II.

19 *ICJ Reports* 1974, 3 et seq. (32-33) (UK) and *ICJ Reports* 1974, 175 et seq. (201-202) (FRG).

This brief review of some facets of the role played by Professor Jaenicke as Agent and Counsel in the case show clearly that his influence upon the outcome was an important one. His softer line over the Icelandic claim, coupled with his unique standing *vis-a-vis* the North Sea Cases, probably benefited not only the German but also the British cause.

III. The Impact of the Cases

1. The Impact of the Case on the Third UN Conference on the Law of the Sea

The Court's decisions in the two cases were read in The Hague by the President of the Court on 25 July 1974. Although not represented, the Icelandic Government in Reykjavik somehow still managed to issue a statement rejecting the verdicts even before the UK Agent had left the Peace Palace, following a courtesy call upon President Lachs. On that day, the nine-week long, first business session of the Third UN Conference on the Law of the Sea reached exactly its mid-point. In the four weeks preceding the judgment, general debates had been held in the Second Committee in Caracas. As a member of the UK delegation, the present writer had counted over 100 delegations declaring, on the record, their support for the concept of the Exclusive Economic Zone extending to a maximum distance of 200 nautical miles from the baselines of the coastal state. These delegations included some which could not hope to benefit from this extension of limits for clear geographical reasons. In other words, on the eve of the judgment a dynamic process had begun in the Conference which led quickly, over the space of three and a half years, to the general acceptance of a new fishery limit and a new legal regime. Although, as its decision affirms, the Court could not "render judgment *sub specie legis ferendae*, or anticipate the law before the legislator (*sic*) has laid it down",[20] the Conference as some kind of legislative body had already, as it were, given the Bill for the 200 mile limit its First Reading, in the days immediately preceding the reading of

---

20 *ICJ Reports* 1974, 3 et seq. (23-24) (UK) and *ICJ Reports* 1974, 175 et seq. (192) (FRG).

the decision.[21] (To pursue the analogy, the appearance of the Informal Single Negotiating Text marked the Second Reading, whilst the detailed work carried out in the Working Group of the Second Committee on what became Part V of the Convention can be likened to the Committee Stage of the Bill.)

The Court's decision had little impact on the further work of the Conference concerning fisheries issues. The concept of historic rights was roundly rejected by the delegations from developing states on the grounds that only rich industrialised countries stood to benefit from it, and then often at the expense of small or poor coastal states. The concept of preferential rights for coastal states was seen in the same light: the demand was for an *exclusive* economic zone, even though some qualifications were to be admitted in Article 62 para. 3 of the resulting Convention. The movement towards the 200 mile limit appeared to be unstoppable: many delegations which entertained doubts about its effects for both national and global interests were willing to contemplate the concept of the Exclusive Economic Zone provided it formed part of a "package" at the Conference. These delegations saw a difference between unilateral action anticipating the outcome of the negotiations, on the one hand, and action to give effect in national law and practice to an internationally agreed set of limits for the territorial sea, the contiguous zone, the EEZ and the continental shelf, on the other. Thus it was that the Fisheries Jurisdiction Cases came, somewhat surprisingly perhaps, to have a lesser impact on the work of the Conference than that of the North Sea Cases. The Court's decision there led to a prolonged confrontation between a group of states favouring the use of equitable principles in boundary-making and other states supporting the approach in Article 6 of the Convention on the Continental Shelf.

2. The Impact of the Cases upon the Parties

Turning to the impact for Germany and the United Kingdom, once again the outcome in The Hague produced no discernible effect on the Government in Reykjavik. Some further negotiations were held, but they did not take the form or have the content indicated in the Court's judgment. The Interim Agreement concluded by the United Kingdom

---

[21] The general extension of limits to 200 miles in the North Atlantic took place on 1 January 1977. States such as the United States, which extended slightly later, ceased to protest, pending their extension.

and Iceland in 1973 for two years expired in 1975 without further agreement. Indeed, in 1975 Iceland introduced a unilateral 200 mile limit, replacing the claim to 50 miles which had led to the initial dispute in 1972. In 1976, Iceland and the United Kingdom signed an agreement lasting for six months, allowing a limited degree of access to Icelandic waters. Following the Resolution adopted by the European Council at the Hague in November 1976, the British Government introduced legislation creating a 200 mile limit around the British coasts and took other steps to ease the economic and social pain felt in the fishing communities affected by the loss of access to the Icelandic grounds. Germany was unable to reach agreement with Iceland at any stage of the dispute, before or after the judgment.

IV. Some Procedural Aspects of the Cases

1. Article 53 of the Statute

Given the refusal of Iceland to participate in the proceedings, the Court had to apply Article 53 of its Statute concerning non-appearance. Whilst Article 53 was cited by both applicants, in practice, both Germany and the United Kingdom submitted Memorials, first on jurisdiction and then on the merits, which would very probably have been couched in the same terms had it been known that the respondent would submit a Counter-Memorial. In other words, neither Government in invoking Article 53 called upon the Court simply to decide in its favour without more ado. Both were conscious of para. 2, according to which the Court had to be satisfied that the claims of the applicants were "well founded in fact and law". For its part, the Court went to great lengths to demonstrate that it had considered the Icelandic point of view as set out in letters and statements communicated to the Court through different means. The two judgments on the question of jurisdiction include several quotations, making different points, from a letter written on 29 May 1972 by the Foreign Minister of Iceland to the Registrar. The two judgments on the merits expressed the Court's regret that Iceland had not appeared, but went on to confirm that the Court had taken cognisance of "various communications addressed to it by the Government of Iceland",[22] even though they were not submitted in accordance with the procedures set out in the Court's Statute and Rules.

The Court can be said to have acted most fairly in its handling of the cases, especially at the stage of the merits. Following its decision on the question of its jurisdiction, the Court was faced with a difficult situation: a member of the Council of Europe, committed as such to the rule of law, was refusing to accept the judgment of 1973 holding that the two agreements of 1961 were not only binding but also conferred on the Court jurisdiction over the merits. Nonetheless, the Court proceeded to consider Iceland's case fully, even in the absence of an appearance on the merits. At the same time, the absence of the respondent did nothing to make the position of the two applicants more difficult, but it would be idle at this time to speculate over the likely result had Iceland been present in Court in 1974.

2. The Question of the German Judge *ad hoc* and the Issue of Joinder

A second procedural issue of lasting interest is the Court's handling of the two cases. The cases were dealt with together in the sense that all the stages were conducted in close time proximity and in tandem. The two Applications were filed one after the other and this pattern remained until the end when the two judgments, given on the same day, contained many common paragraphs. The respondent was the same and many of the facts were common to the two cases. At the time, the Court had a member of United Kingdom nationality, but not of German or Icelandic nationality. Shortly before the hearing on jurisdiction, Professor Jaenicke wrote to the Registrar informing him that Germany had chosen Dr. H. Mosler as judge ad hoc for the case of the Federal Republic of Germany v Iceland. This choice was said to have been made in accordance with Article 31 para. 3 of the Statute which provides, in that situation, that "*chacune de ces parties peut procéder à la désignation d'un juge* ...".[23] Iceland did not follow suit in either of the two cases, no doubt in view of its general stance towards the litigation. The Court deliberated upon Professor Jaenicke's letter and, in a reply sent on 4 January 1973, the Registrar informed the German Agent that the

---

[22] *ICJ Reports* 1974, 3 et seq. (9) (UK) and *ICJ Reports* 1974, 175 et seq. (181) (FRG).

[23] *ICJ Pleadings*, Vol. II, 403, letter of 31 October 1972.

Court "was unable to find that the appointment of a judge *ad hoc* by the Federal Republic of Germany in this phase of the case would be admissible".[24] In its decision on jurisdiction, the Court included the following explanation: "the Court, taking account the proceedings instituted against Iceland by the United Kingdom ... and the composition of the Court in that case which includes a judge of United Kingdom nationality, decided by eight votes to five that there was ... a common interest in the sense of Article 31 paragraph 5, of the Statute which justified the refusal of the request ...".[25] The view of the five dissenters was not made known: possibly, they considered that Article 31 paragraph 5, when read in its context, was concerned with "several parties in the same interest" in a *single* case, not in two distinct cases. At a later stage in the proceedings, Professor Jaenicke enquired of the Registrar whether the Court considered that the "common interest" of the two applicants continued to exist[26]. The Court deferred its decision on this renewed enquiry until the Memorials on the merits had been received, whereupon it requested the comments of the two Agents on the question of joinder[27]. After consultations between the two governments, both Agents expressed the wish to keep the cases separate in view of the existence of some factual differences between the cases. By nine votes to five, the Court decided not to join them, taking into account differences in the positions and the submissions of the two governments, as well as their wishes. However, in the event, Germany did not choose a judge *ad hoc* for the merits phase, possibly in view of Iceland's continued failure to take any step in the case.

V. Questions of Substantive Law

1. Treaty Law

The Icelandic Fisheries Cases are perhaps cited more often on points of treaty law than the law of the sea. The decision on jurisdiction was given less than four years after the adoption of the Vienna Convention on the Law of Treaties in 1969. The Court considered several articles

---

24 *ICJ Pleadings*, Vol. II, 421.

25 *ICJ Reports* 1973, 49 et seq. (51, para. 7).

26 *ICJ Pleadings*, Vol. II, 455.

27 Letter of 17 August 1973.

from Part V of the Convention concerning the invalidity, termination and suspension of the operation of treaties. Some of these provisions had been controversial at the Vienna Conference and in certain respects they represented progressive development of the law in 1969. The Court's decision on jurisdiction addressed directly Article 52 (Coercion of a state by the threat or use of force) and at greater length Article 62 (Fundamental change of circumstances). In each instance, the Court applied the article without discussing the questions of the status of the Convention or its applicability as between the parties. It found that Article 62 "may in many respects be considered as a codification of existing customary law on the subject of the termination of a treaty relationship on account of change of circumstances".[28] This rather bold approach to the Convention may simply have reflected the fact that several judges on the Bench for this phase of the case had worked on the topic in a former capacity, for example in the International Law Commission, or had attended the Conference. Be that as it may, the Court's approach clearly helped the Vienna Convention to gain credence and standing in its early years.

2. High Seas Freedoms and the "Reasonable Regard" Test

In regard to the law of the sea, the decisions on the merits are of lasting value on three issues: the "reasonable regard" test for qualifications on freedoms of the high seas; the concept of the fishery zone as a *tertium genus* between the territorial sea and the high seas, and, perhaps most importantly, the stress on the duty to conserve stocks. In many other respects, most notably the concept of preferential rights of states in a situation of special dependence on coastal fisheries, the findings were quickly overtaken by developments in customary law. These changes in the law came about as a result of state practice, based to a certain extent upon the early Negotiating Texts in the UN Conference on the Law of the Sea-practice in which Germany, Iceland and the United Kingdom all participated.

The "reasonable regard" test first appeared in Article 2 of the Convention on the High Seas of 1958, which was stated in its preamble to be a codification instrument. The test did not, however, appear in the draft article 27 on freedom of the high seas drafted by the International Law

[28] *ICJ Reports* 1973, 3 et seq. (18) (UK).

Commission. The Commentary on the draft article included the proposition that "States are bound to refrain from any acts which might adversely affect the use of the high seas by nationals of other states."[29] The Geneva Conference considered the issue in the context of weapon tests and scientific research work on the high seas, rather than fisheries. The Conference decided to include in Article 2 of the Convention on the High Seas the provision that freedoms were to be "exercised by all States with reasonable regard to the interests of other States in their exercise of the freedom of the high seas". This "principle", as "enshrined in Article 2 of the Geneva Convention," was endorsed by the Court in paras. 68 (UK) and 60 (FRG) of the judgments, in the context of fishing. This conventional and judicial qualification of high seas freedoms by the "reasonable regard" test was to prove helpful in resisting calls made during the Third UN Conference for the abolition of the whole concept of freedoms of the high seas. The test was slightly reworded as one of paying "*due* regard" in Article 87 para. 2 of the UN Convention on the Law of the Sea (the term used in the Court's decision), but without altering the sense.

3. The Concept of the Fishery Zone

In its judgment, the Court found that the concept of the fishery zone, described as the area in which a coastal state could claim exclusive fishery jurisdiction beyond its territorial sea, had crystallised as customary law arising out of the general consensus revealed at the Second UN Conference on the Law of the Sea.[30] The Court's analysis of how, despite the failure of the Second Conference, new rules of customary law had evolved was much briefer than its review of the same processes in the North Sea Cases, where of course the Court found that Article 6 of the Convention on the Continental Shelf had not generated a new customary rule.[31] In the Icelandic Cases, the Court went on to describe the fishery zone as "a *tertium genus* between the territorial sea and the high seas," even though the waters of such a zone retained the status of high seas for purposes other than fishing. This finding came at a time in the

---

[29] *ILCYB* 1956, Vol. II, 278.

[30] *ICJ Reports* 1974, 3 et seq. (23) (UK) and *ICJ Reports* 1974, 175 et seq. (192) (FRG).

[31] Compare, for example, the citation in the case cited in note 17.

Third Conference when the question of the nature and character of the Exclusive Economic Zone (EEZ) remained controversial. Delegations were posing the question: Should the EEZ form part of the high seas, notably for navigational purposes, or should it fall within national jurisdiction? The outcome of those discussions is now to be found in Arts. 55, 58 and 86 of the Convention. In simple terms, these provisions make clear that whilst the EEZ is subject to a specific legal regime which is not that of the high seas, at the same time certain "high seas" freedoms, including that of navigation, are enjoyed by all states in the EEZ. Indeed, many of the articles contained in Part VII (High Seas) apply also in the EEZ by virtue of para. 2 of Article 58. Given the Court's decision in 1974 that the fishery zone was a *tertium genus*, then the EEZ as articulated in the Convention amounts *a fortiori* to a separate *genus*. The concept of the fishery zone, retaining the character of the waters as high seas (minus the freedom of fishing), still exists in the legislation of several states today (including some parties to the Convention, without being mentioned therein). In terms of the Convention, this concept can now best be classified in many ways as a subspecies of the *genus* which is the EEZ, rather than as a completely separate concept. For example, the fisheries articles in Part V are relevant to the conservation of stocks in both EEZs and fishery zones, and Article 73 is relevant to the delimitation of all such zones.

4. The Legal Duty to Conserve Fish Stocks

The judgment on the merits contains a valuable *dictum* about conservation: "It is one of the advances in maritime international law, resulting from the intensification of fishing, that the former *laissez faire* treatment of the living resources of the sea in the high seas has been replaced by a recognition of the duty to have due (*sic*) regard to the rights of other states and the needs of conservation for the benefit of all".[32] This finding reinforced developments in conventional law, beginning with the Geneva Convention on Fishing and the Conservation of the Living Resources of the High Seas, developments which have continued with the later adoption of the provisions in Part V and Part VII, Section 2 of the UN Convention, as well as the FAO Agreement on Compliance with

---

[32] *ICJ Reports* 1974, 3 et seq. (31) (UK) and *ICJ Reports* 1974, 175 et seq. (200) (FRG).

Internationally Agreed Conservation Measures and the UN Agreement on Straddling Fish Stocks and Highly Migratory Fish Stocks.

VI. Some Differences between the Two Cases

1. The Modus Vivendi

The United Kingdom was able to reach an Interim Agreement[33] with Iceland in 1973, that is to say, in the midst of the proceedings in the Hague. The Agreement was expressed to be without prejudice to the legal positions or rights of either Government and to run for two years. The UK Agent did not fail to communicate a copy of the agreed text to the Registrar and the new situation thereby created attracted the attention of the judges. The question arose as to whether there remained a dispute at the time of the hearing on the merits, a query which was duly posed to the UK Agent, whose affirmative response was cited (seemingly with approval) by the Court in para. 39 of the judgment. The Court went on to find that the Agreement did not prevent it from giving judgment on the underlying and still unresolved dispute. In a valuable passage, it was pointed out that on the alternative view (favoured by a dissenting minority of the judges) "the inevitable result would be to discourage the making of interim arrangements in future disputes with the object of reducing friction and avoiding risk to peace and security".[34] The Icelandic dispute led to clashes at sea and at one stage Iceland made a complaint to the Security Council. Thus, the Court's judicial endorsement of the *modus vivendi* as an available instrument for the handling of dangerous disputes can only have encouraged negotiators in other instances, whether or not litigation was involved, to consider the feasibility of concluding an arrangement "without prejudice" to positions in the dispute of the two parties concerned.[35]

---

[33] *ICJ Pleadings*, Vol. II, 459.

[34] *ICJ Reports* 1974, 3 et seq. (20, para. 41).

[35] These issues were explored by the present writer in greater detail in "Strategies for Dispute Resolution: Negotiating Joint Agreements", in: G.H. Blake (ed.), *Boundaries and Energy: Problems and Prospects*, forthcoming 1997, being the proceedings of a conference held by the International Boundaries Research Unit, Durham University, in 1996.

2. The Claims concerning Harassment by the Icelandic Coastguard

The conclusion of the Interim Agreement led the United Kingdom to withdraw its claims for compensation for damage caused to certain British registered fishing vessels as a result of the cutting of trawl warps and similar harassment by Icelandic coastguard vessels. Germany had made similar claims in respect of German vessels' losses. In the absence of an equivalent agreement, these claims were maintained in the final submission. The Court, having upheld the German case on the merits, could have followed an approach similar to that used in the Corfu Channel Case[36] and held separate proceedings on the question of compensation. The Court did indicate that Germany could have requested both a general declaration to the effect that compensation was due and a subsequent phase in the proceedings to assess the amount of the compensation. Instead, in the absence of such a two-part request, the Court held simply that the documents before it did not contain sufficient evidence of each incident to enable it to accede to the submission. Accordingly, the Court did not pass on the complaints made against the coastguard.

In a declaration, Judge Dillard expressed his reservation about this finding by the majority (of which he was part) on the grounds that the Court had misconstrued the German request. In Judge Dillard's view the submission was nothing more than a request for a finding of unlawful conduct engaging the responsibility of Iceland and not a claim for compensation in respect of all damage suffered in the various incidents. He added: "That Iceland's acts of harassment and interference ... were unlawful hardly admits of doubt."[37] There was much force in these views.

In the UN Convention of 1982, the law governing the work of coastguards and similar police authorities at sea is dealt with only obliquely and incompletely. Of particular relevance here are Arts. 73 para. 3 and 230, which in general terms exclude imprisonment and other forms of corporal punishment in respect of fisheries and pollution offences. In practice, those provisions, coupled with the obligation to release arrested vessels promptly upon the posting of a reasonable financial security, restrict the range of available penalties to monetary ones such as fines, to confiscation orders (e.g., catch and fishing gear), and to administrative sanctions such as the withdrawal of licences. These provisions,

---

[36] *ICJ Reports* 1949, 4 et seq. (35).

[37] *ICJ Reports* 1974, 175 et seq. (207-208).

viewed broadly, are fully consistent with pre-existing rules of customary law, derived from the *I'm Alone*[38] and *Red Crusader Cases*,[39] to the effect that life-threatening force should not be used in making an arrest for a suspected smuggling or fishery offence. (The same principles of customary law would apply equally to a pollution offence.) If the result of a successful prosecution must be no more than a fine, however large, both logic and international standards for the protection of fundamental rights (e.g. the rights to life, and to a fair trial before a court on criminal charges) require that human life and limb should not be deliberately or heedlessly endangered by the coastguards in making the initial arrest. The degree of force must be reasonable, never excessive. The Convention does not, however, lay down expressly what are the lawful and the unlawful procedures for effecting an arrest at sea. In other words, it does not codify customary law on the exercise of fisheries jurisdiction in its entirety, nor contain a complete statement of enforcement jurisdiction in the matter of pollution offences. Reports are not infrequent of resort by coastguard vessels to gunfire, often causing injury and death, in efforts to arrest suspected poachers and the like. The Court has not decided issues of this kind, although some aspects of them were raised in the German and British claims. Such issues could well arise for decision in future cases before the Court or other tribunals of competent jurisdiction under the terms of the Convention.

VII. The Dissenting Opinions

The decision on the merits was given by 10 votes to 4. The majority was made up of President Lachs and Judges Forster, Bengzon, Dillard, de Castro, Morozov, Jiminez de Arechaga, Sir H. Waldock, Nagendra Singh and Ruda. The four dissenters were Judges Gros, Petren, Onyeama and Ignacio-Pinto. Judge Gros considered "that Iceland's claim to establish an exclusive fishing zone over the superjacent waters of the continental shelf is contrary to the rules of international law ...".[40] Judge Petren considered "that the measure decided by Iceland was without foundation in international law" and that "its application to British fishing vessels ... constituted an infringement of international law

[38] *Annual Digest of Public International Law* 7 (1933-1934), 205 et seq.

[39] *ILR* 35 (1967), 485 et seq.

[40] *ICJ Reports* 1974, 3 et seq. (126).

vis-a-vis the United Kingdom."[41] Judge Onyeama considered that the "unilateral extension to a 50 mile limit by Iceland ... is contrary to international law."[42] Judge Ignacio-Pinto believed the Court would have strengthened its authority if it had given a positive reply to the claim that the Icelandic 50 mile limit had no foundation in international law.[43] Taken like this, it might appear that the judges were unanimous. Clearly, the four dissenting judges were opposed to the Icelandic claim to a 50 mile limit, and perhaps more strongly so than the majority! Why then did the four judges dissent? Their common view was succinctly expressed by Judge Petren: "the only question upon which the 1961 agreement entitles the court to adjudicate is whether a measure whereby Iceland extends its zone of exclusive fisheries jurisdiction beyond a distance of 12 nautical miles from the baselines of its territorial sea is well founded in international law."[44] Since the Court had not answered that question and had decided instead that the Icelandic claim was not opposable to the two applicants, the four judges concluded that the majority had exceeded the jurisdiction conferred upon the Court by the agreements of 1961. This conclusion led the four judges to vote against the entire judgment.

The majority of judges on the Bench decided that this conclusion was "too narrow an interpretation of the compromissory clause ...". To them, it was "evident that the dispute between the parties include(d) disagreements as to the extent and scope of their respective rights in the fishery resources and the adequacy of measures to conserve them." Those elements were therefore part of the dispute within the Court's jurisdiction.[45] They could also perhaps have pointed to the consideration that the finding of non-opposability (which the majority decided upon in point (1) of the *dispositif*) was a *lesser* one than the finding of illegality which the minority affirmed was within the Court's jurisdiction and would presumably have supported had it been in the *dispositif*. In many respects, such a broader finding incorporates, in a sense, the narrower

---

[41] *ICJ Reports* 1974, 3 et seq. (162).

[42] *ICJ Reports* 1974, 3 et seq. (171).

[43] *ICJ Reports* 1974, 3 et seq. (36).

[44] *ICJ Reports* 1974, 3 et seq. (150).

[45] *ICJ Reports* 1974, 3 et seq. (21) (UK) and *ICJ Reports* 1974, 175 et seq. (190) (FRG).

one of opposability.[46] The result whereby a clause in a bilateral agreement confers jurisdiction to make a general finding *erga omnes* but confers no jurisdiction to make a finding confined to the bilateral relationship between the two states concerned appears to be inherently unlikely, and probably unintended by the parties at the time of signature. For all these reasons, a sound jurisdictional rationale for dissenting from point (1) and the consequential point (2) of the Court's *dispositif* is not easy to make out. In other words, the dissenting opinions lacked cogency.

VIII. Concluding Remarks

Professor Jaenicke headed a small, but effective team for the case. As Agent and Counsel, he was the sole advocate for Germany before the Court. His courtesy and patience in explaining the German position were apparent, as were his great learning and his experience of the law and practice of the Court. It was an honour in 1973 to be asked to appear alongside him as a fellow Agent and to learn so much. It is a pleasure to have this opportunity to recall his outstanding contributions to the law of the sea, and to salute a scholar, a diplomatist, an advocate and a gentleman.

---

[46] This link was noted by the Court in para. 13 of its Order of 17 August 1972 on the United Kingdom's request for Interim Measures of Protection (ICJ Reports 1972, 12 (15) in the following terms: "Whereas ... the Government of the United Kingdom ..., by asking the Court to adjudge that the extension of fisheries jurisdiction by Iceland is invalid, is in fact requesting the Court to declare that the contemplated measures of exclusion of foreign fishing vessels cannot be opposed by Iceland to fishing vessels registered in the United Kingdom."

Some Considerations on Harmonization of Pre-existing 200 Mile Territorial Sea Claims in Latin America with Part V of the United Nations Convention on the Law of the Sea

Hugo Caminos

I. Introduction

The question of harmonization of national laws with the United Nations Convention on the Law of the Sea is related to the wider question of compliance by States with their treaty obligations or their obligations under customary international law.

What is the meaning of harmonization in this context? Harmonization of national legislation has been defined as "the process by which a State aligns its laws and regulations with applicable international law, be it contained in an international legal instrument of a general scope in force to which it has become a party or that finds its source in custom"[1].

The United Nations Convention on the Law of the Sea (hereinafter "the Convention") constitutes a comprehensive reformation of the public international law of the sea, both in form and in substance. It was not, however, written on a clean slate. Rather, it was heavily influenced by prior developments, including not only earlier international efforts at codification but national claims and legislation as well. It was to be expected that, even where national laws influenced the Convention, there

---

1 A. de Marffy-Mantuano, "Harmonisation du droit interne et du droit de la mer: Quel droit applicable?", in: *Espaces et Ressources Maritimes*, No. 5, 1991, 41. D.M. Walker, *The Oxford Companion to Law*, 1980, 555.

would inevitably be inconsistencies in terminology or substance, or both.

This is particularly true of the 200 mile exclusive economic zone. While the concept originated in Latin America, it was manifested in different ways in different laws and instruments. Some called it a maritime zone (*zona marítima*). Others called it a territorial sea. Still others proposed the term patrimonial sea. Each viewed the balance of rights and duties differently.

Article 309 of the Convention prohibits reservations or exceptions to the Convention. In this connection it should be recalled that the Vienna Convention on the Law of Treaties defines a reservation as "a unilateral statement, however phrased or named, made by a State, when signing, ratifying, accepting, approving or acceding to a treaty, whereby it purports to exclude or to modify the legal effect of certain provisions of the treaty in their application to that state." Article 310 of the Law of the Sea Convention provides that the prohibition on reservations or exceptions does not preclude a State, when signing, ratifying or acceding to the Convention, "from making declarations or statements, however phrased or named, with a view, *inter alia*, to the harmonization of its laws and regulations with the provisions of the Convention, provided that such declarations or statements do not purport to exclude or modify the legal effects of the provisions of this Convention in their application to that State". In other words, the declarations or statements may not constitute reservations as defined in the Vienna Convention.

In an article on the Ninth Session of the Third United Nations Conference on the Law of the Sea[2], Oxman explains why prohibition of reservations to the Convention was in the interest of all states participating in the Conference including maritime powers. "A major maritime power - he says - could hardly be expected to agree to permitting reservations, for example, in derogation of basic navigational freedoms such as the transit passage through straits." He observes that "this conservative approach to the question of reservations emerged together with a liberal view regarding declarations or statements that are not properly regarded as true reservations under international law." Thus, as provided in Article 310, they are permitted "so long as they do not purport to exclude or modify the legal effect of the provisions of this Convention in their application to that State Party."

---

[2] B.H. Oxman, "The Third United Nations Conference on the Law of the Sea: the Ninth Session", *AJIL* 75 (1981), 247 et seq.

The University of Virginia Commentary recalls that the question of harmonization of national laws was first raised at the Third United Nations Conference on the Law of the Sea during the Caracas session in 1974, by the Philippines. A Philippine proposal at that session excluded historic waters held by any State as its territorial sea from the application of the maximum limit for the breadth of the territorial sea. But it went even further by declaring that a State which, prior to the approval of the Convention, had already established a territorial sea with a breadth more than the maximum provided in the Convention should not be subject to the limit provided therein[3]. Later Ecuador advanced similar proposals regarding the exclusive economic zone.

The purpose of these proposals was to allow claims for a territorial sea extending beyond 12 miles to coexist with the regime of the exclusive economic zone. In this respect, the three informal proposals presented by Ecuador, providing the following three variations to attain that purpose, are illustrative: (a) national legislation enacted prior to the adoption of the Convention with respect to areas beyond 12 miles and not exceeding 200 miles shall be considered compatible with the Convention in so far as the regimes applicable in accordance with this legislation are in conformity with the obligations by States in accordance with the Convention; (b) legislation enacted prior to the adoption of the Convention with respect to zones extending beyond 12 miles - it does not mention 200 miles - shall remain applicable to the extent that it does not affect the rights and obligations of all States in accordance with the Convention; (c) a proposal similar to (b) providing that prior legislation may continue to be applied to the extent that it does not affect the rights and obligations of all States under the Convention.[4] None of these proposals were adopted by the Third United Nations Conference on the Law of the Sea.

Today the maximum 12 mile territorial sea, claimed by 120 States, is part of customary law. As Treves affirms, after analyzing State practice, "it

---

[3] Doc. A/CONF.62/C.2/L.24/Rev.1. III Official Records, 202; See M.H. Nordquist (ed.), *United Nations Convention on the Law of the Sea 1982. A Commentary.* 1989, Vol. V, 225.

[4] Three informal Ecuadorian proposals were presented in 1977 and 1978 (2). For the text of these proposals see: R. Platzöder (ed.), *Third United Nations Conference on the Law of the Sea Documents*, Article 67 bis (RSNT II), Vol. IV, 470; C.2/Informal Meeting 10: 27 April 1978. New article 54 bis. Safeguard clause, Vol. V, 18; C.2/Informal Meeting/29. 3 May 1978. New article 54 bis. Safeguard clause, *ibid.*, 38.

seems difficult for us to escape from the conclusion that territorial seas exceeding 12 miles, on the condition that coastal States claim rights corresponding to those provided by international law in the territorial sea, are in violation of international law."[5]

According to the University of Virginia Commentary "the expression 'harmonization of its laws and regulations with the provisions of the Convention' in article 310, taken in the context of the factors and objectives which led to taking the proposals of the Philippines and Ecuador as a point of departure, seems to suggest that the thrust of the article is not so much toward national legislation in the abstract (or not exclusively in that direction) as it is toward the application of national legislation in light of the obligations undertaken by participation in the Convention. Such an approach would match the generally high level of abstraction characteristic of many of the relevant provisions of the Convention."[6] Nevertheless, following an Australian objection to a declaration of the Philippines, recorded upon signing and confirmed upon ratification of the Convention, stating that by asserting that the Convention shall not affect the sovereign rights of the Philippines arising from its Constitution, its domestic legislation and any treaties to which it is a party, the Philippines "does not consider that it is obliged to harmonize its laws with the provisions of the Convention", the Philippines in a new declaration stated that its Government "intends to harmonize its domestic legislation with the Convention". Furthermore, it expressed the wishes of the Government of the Philippines "to assure the Australian Government and the States parties to the Convention that the Philippines will abide by the provisions of the said Convention".[7]

As of today 123 States are Parties to the Convention and 44 of them have made declarations under article 310. A number of these, as, for example, those dealing with the prior consent or notification for the passage of warships through the territorial sea, or the carrying out of mili-

---

[5] Académie de Droit International, "Codification du droit international et pratique des Etats dans le droit de la mer", *RdC* 223 (1990), 74 et seq. The 120 States claiming 12 mile territorial seas are listed in: J. Ashley Roach/Robert W. Smith, *United States Responses to Excessive Maritime Claims*, 2nd ed. 1996, 149-150.

[6] See note 3, 227.

[7] United Nations, *The Law of the Sea: Declarations and Statements with respect to the United Nations Convention on the Law of the Sea and to the Agreement relating to the implementation of Part XI of the United Nations Convention on the Law of the Sea of December 1982*, 1997, 40, 47 and 55.

tary exercises or manoeuvres in the exclusive economic zone or the concept of archipelagic waters, have been objected to by other States in their declarations, on the ground of incompatibility with the provisions of the Convention. Some declarations make a general objection to those declarations or statements excluding or modifying the legal effect of the provisions of the Convention.

The declaration made by Tunisia under article 310 makes an express reference to the question of harmonization. It "declares that its legislation currently in force does not conflict with the provisions of the Convention. However, laws and regulations will be adopted as soon as possible to ensure closer harmony between the provisions of the Convention and the requirements for completing Tunisian legislation in the maritime sphere".[8] The declaration distinguishes between the existing legislation - which is deemed not to be in conflict with the Convention, a concept close to that of compatibility - and the adoption of complementary laws and regulations "to ensure closer harmony" with the Convention. Harmonization requires legislative action by States in order to align their domestic legislation with the norms of the Convention.

In fact, as stated in the University of Virginia Commentary, one has to agree that "on close examination some of these declarations and views are expressed in the nature of reservations and of objections to reservations, or would be so if they were made on the occasion of the State's becoming bound by the Convention".[9] The truth is that "the legal effect of these declarations and statements, or of objections to them is not clear".[10]

This might be the reason why the United Nations General Assembly, since 1993, has been appealing to States to harmonize their national legislation with the provisions of the Convention. The successive resolutions of the General Assembly reveal an increasing uneasiness concerning declarations and statements under article 310. One of the preambular paragraphs of the first of these resolutions emphasizes "the need for States to ensure consistent application of the Convention, as well as the need for harmonization of national legislation with the provisions of the Convention". Operative para. 9 "calls upon States to observe the provisions of the Convention when enacting their national legislation".[11]

---

[8] See note 3, 44.

[9] *Ibid.*, 227-228.

[10] *Ibid.*, 228, footnote 7.

[11] A/RES/48/28 of 9 December 1993.

Operative para. 8 of the resolution adopted in 1994 "calls upon States to harmonize their national legislation with the provisions of the Convention and to ensure consistent application of those provisions."[12] The same wording is found in operative para. 2 of the resolution adopted in 1995.[13]

The 1995 resolution touches upon not only on the question of harmonization but also calls upon States to ensure the consistent application of the provisions of the Convention "and to ensure also that any declarations or statements that they have made or make when signing, ratifying or acceding are in conformity with the Convention."[14]

Finally, the 1997 resolution the General Assembly goes even further. Not only it does reiterate in its operative para. 2 the request made in the 1996 resolution, but it also "calls upon States ... to withdraw any of their declarations or statements that are not in conformity" with the Convention.[15]

II. States Parties and the Fulfilment of their Obligations under the Convention

Article 300 provides that "States Parties shall fulfil in good faith the obligations assumed under this Convention and shall exercise the rights, jurisdiction and freedoms recognized in it in a manner which would not constitute an abuse of rights".

This provision is in line with arts. 26 and 27 of the Vienna Convention on the Law of Treaties. The former endorses the norm *pacta sunt servanda*, and the latter codifies a fundamental rule of international law: "A party may not invoke the provisions of its internal law as justification for its failure to perform a treaty".

Treaty obligations are obligations of the State, "and the failure of an organ of the state, such as a Parliament or a court, to give effect to the in-

---

[12] A/RES/49/28 of 6 December 1994.

[13] A/RES/50/23 of 5 December 1995.

[14] A/RES/51/34 of 9 December 1996.

[15] A/RES/52/26 of 26 November 1997.

ternational obligation of the state can not be invoked by it as a justification for failure to meet its international obligations".[16]

Citing distinguished publicists, Brownlie states that "Arising from the nature of treaty obligations and from customary law, there is a general duty to bring internal law into conformity with obligations under international law. However, in general a failure to bring about such conformity is not in itself a breach of international law and a breach arises only when the state concerned fails to observe its obligations on a specific occasion."[17] Although we can agree with Brownlie's statement, it is valid as he points out, "in general". In my view, where the characteristics of the legal instrument involved so require, States Parties to it are under the obligation to harmonize their legislation with the provisions of the treaty. In this respect we may recall that the Permanent Court of International Justice regarded as "self evident" the principle that "a state which has contracted valid international obligations is bound to make in its legislation such modifications as may be necessary to ensure the fulfilment of the obligations undertaken".[18]

These obligations are not confined to treaty law. As Treves has pointed out "no state can invoke domestic law in order not to abide to international law, in particular treaty law but also customary law".[19]

The Convention, which has been properly described as "a Constitution for the Oceans" is one of those legal instruments requiring harmonization of the national laws of States Parties with its provisions. This is particularly true with regard to the regime of the exclusive economic zone, a new legal concept that emerged from the negotiations at the Third United Nations Conference on the Law of the Sea and one of the pillars of the Convention, which is part of general international law. The International Court of Justice declared in 1985 that in its view "it is incontestable that ... the exclusive economic zone, with its rule on enti-

---

[16] R. Jennings (ed.), *Oppenheim's International Law*, 9th ed., Vol. I, 1992, 85.

[17] I. Brownlie, *Principles of Public International Law*, 4th ed., 1990, 36.

[18] Advisory Opinion on the Exchange of Greek and Turkish Populations, (1925), PCIJ Ser. B, No. 10, 20.

[19] R. Wolfrum (ed.), *Law of the Sea at the Crossroads: The Continuing Search for a Universally Accepted Regime. Proceedings of an Interdisciplinary Symposium of the Kiel Institute of International Law, July 10 to 14, 1990*, 1990, 161.

tlement by reason of distance, is shown by the practice of States to have become a part of customary law".[20]

However, "it is one thing to say that the exclusive economic zone is now part of general customary law; it is another thing to decide whether some of the detailed rules of Part V of the Convention are binding on non-parties".[21]

In fact, State practice as developed by national laws proclaiming 200 mile exclusive economic zones - 91 States - or fisheries zones - 19 States - is almost confined to the sovereign rights for the purposes of exploring, exploiting, conserving and managing the natural resources of the zone; and to the jurisdiction over artificial islands, marine scientific research and the protection of the marine environment, as stipulated in article 56 para. 1 of the Convention. In this respect, notwithstanding the differences in these laws regarding the applicable regime to the categories of rights, in respect of the basic concept of the zone, "there is at the level of national legislation a consensus that can be qualified, without fear of exaggeration, as absolute".[22]

III. The Latin American States, the Convention and the Exclusive Economic Zone

Out of the 20 Latin American States, 13 are Parties to the Convention and 7 have not become Parties as yet. The Latin American States Parties to the Convention are: Argentina, Bolivia, Brazil, Chile, Costa Rica, Cuba, Guatemala, Haiti, Honduras, Mexico, Panama, Paraguay and Uruguay. Non-Parties are Colombia, Dominican Republic, Ecuador, El Salvador, Nicaragua, Peru and Venezuela.

When the Third United Nations Conference initiated its sessions an important group of Latin American countries claimed a 200 mile territorial sea.

During negotiations at the Conference, 23 States claiming a territorial sea exceeding 12 miles constituted the territorialist group most of which also belonged to the larger group of coastal States. Sixteen of those

---

[20] Case concerning the Continental Shelf (Libyan Arab Jamahiriya/Malta), ICJ Reports 1985, 33.

[21] See note 16, 789.

[22] Francisco Orrego Vicuña, in: Wolfrum (ed.), see note 19, 353.

countries were African, six Latin American and one Asian. Out of this group, sixteen States have become Parties to the Convention.[23]

The countries still having legislation claiming a territorial sea of 200 miles are: Congo, Ecuador, El Salvador, Liberia, Libyan Arab Jamahiriya, Nicaragua, Panama, Peru, Sierra Leone and Somalia. Sierra Leone and Somalia, both Parties to the Convention, have not yet harmonized their domestic laws with the Convention.

However, some of the Latin American States in this list seem to be reexamining their ocean policies. Two of them, El Salvador and Nicaragua, are signatories to the Convention although they have not yet ratified it. Panama ratified the Convention on 1 July 1996 and is engaged in the process of harmonizing its legislation with the provisions of the Convention. In its declaration under article 310 Panama declared "that, in the exercise of its sovereign and territorial rights and in compliance with its duties, it will act in a manner compatible with the provisions of the Convention."[24]

Commenting on the position of El Salvador, a study published by the United Nations states that "successive constitutions of El Salvador have referred to the sovereignty over adjacent maritime areas, generally following a territorialist approach, albeit admitting the distinction between the territorial sea and other areas. Since the signature of the Convention, however, the distinction between the territorial sea and the exclusive economic zone has become paramount and the traditional territorialist approach has been de-emphasized in practice".[25]

Nicaragua claims a 200 mile "adjacent" sea with all the characteristics of a territorial sea, allowing for innocent passage in the forms and condi-

---

[23] The members of this group were: *Benin, *Brazil, *Cape Verde, Congo, *Democratic Yemen, Ecuador, El Salvador, *Equatorial Guinea, Gabon, *Guinea, *Guinea-Bissau, Libyan Arab Jamahiriya, Madagascar, *Mauritania, *Mozambique, *Panama, Peru, *Sao Tome and Principe, *Senegal, *Sierra Leone, *Somalia, *Togo and *Uruguay. Other States claiming breadths exceeding 12 miles are: Angola (20 miles), *Cameroon (50 miles), *Nigeria (30 miles), Syrian Arab Republic (35 miles) and *Togo (30 miles), (States marked with an asterisk are Parties to the Convention).

[24] By its Law No. 31 of February 1967 Panama established a 200 mile territorial sea. In its declaration at the time of ratifying the Convention, Panama also restated its claim of the Gulf of Panama as historic bay which it had claimed in its Law No. 9 of January 30, 1956.

[25] United Nations, *The Law of the Sea. Practice of States at the time of entry into force of the United Nations Convention on the Law of the Sea*, 1994, 171.

tions determined by its laws and treaties[26]. However, according to the United Nations study "the signing of the Convention and the political developments that have taken place in that country have greatly mitigated the territorialist approach in practice"[27]. In fact, when signing the Convention, Nicaragua declared "that such adjustments of its domestic law as may be required to harmonize it with the Convention will follow from the process of constitutional change initiated by the revolutionary State of Nicaragua."[28]

A seminar held in Nicaragua in 1995 under the auspices of the Ministry for Foreign Affairs to discuss the pros and cons of ratifying the Convention shows that the Government is giving serious consideration to becoming a Party to the Convention. Although no formal conclusion was adopted, in its closing remarks the Secretary General of the Ministry mentioned the reasons why ratification could be in the interest of his country.[29]

Three Latin American States non-Parties to the Convention, Colombia, Dominican Republic and Venezuela, have enacted legislation establishing a 12 mile territorial sea and a 200 mile exclusive economic zone.

Ecuador and Peru remain the only territorialist countries in Latin America which have so far given no indication of their intention to change their ocean policies adopted several decades ago.[30] This represents a noticeable decline of the territorialist approach in the region.

In a speech delivered in 1992[31], I referred to the internal legislation in both countries. The situation has not changed. Ecuador and Peru are members - together with Chile and Colombia - of the Permanent

---

[26] Nicaragua Act No. 205 of 19 December 1979.

[27] See note 25, 171.

[28] See note 7, 14.

[29] Fondo Cultural del Ministerio de Relaciones Exteriores, "La Convención sobre el Derecho del Mar y la politica Maritima de Nicaragua". *Actas des Seminario. La Convención de las Naciones Unidas sobre el Derecho del Mar y la Politica Maritima de Nicaragua*, 27-28 de Noviembre de 1995, 1996.

[30] Peru's claim for a 200 mile territorial sea dates back to its Supreme Decree of 1 August 1947. Ecuador enacted its Decree Law No. 1542 on 11 November 1966.

[31] H. Caminos, "Latin America and the Law of the Sea: Past, Present and Future." in: E.L. Miles/T. Treves (eds), *The Law of the Sea: New Discoveries, Proceedings. The Law of the Sea Institute Twenty-sixth Annual Conference.* Genoa, Italy, 22-25 June 1992, 82-86.

Commission for the South Pacific and since Chile is a Party to the Convention and Colombia, though not a Party, has adopted legislation on the territorial sea and the exclusive economic zone on the lines of the Convention, the Commission is not representative of a territorialist position of the countries of the Pacific coast of the continent.

I shall only add one comment concerning the Peruvian situation. In a speech made by Ambassador Arias-Schreiber during the 1992 Conference of this Institute, he explained why Peru still refrains from acceding to the Convention. He stated that although it is generally believed that "the only reason is the difference ... between, on the one hand, the unitarian regime of full sovereignty ... in the Peruvian Constitution from the coast to 200 miles and, on the other hand, the duality of a territorial sea with a maximum limit of 12 miles and an Exclusive Economic Zone from that distance up to 200 miles, where the coastal state is entitled to exercise sovereign rights and jurisdiction for specific, though very important purposes ... the difficulty in question appears more nominal than substantial, and it might be overcome through a formula that would maintain unchanged the Constitution and relevant laws of Peru, provided that they would be applied in a manner compatible with the norms of the Convention."[32]

In principle, one may agree with the view that to accede to the Convention it would not be necessary for Peru to embark on the process of amending the Constitution. However, as I expressed in my above referred speech, it seems that domestic legislation would be necessary in order to define the term "maritime domain", used in the Peruvian Constitution when dealing with the 200 mile adjacent sea, in conformity with the Convention. The idea of the application of the national laws "in a manner compatible with the norms of the Convention", as an acceptable pattern of compliance with the Convention, which was embodied in the informal proposals by Ecuador which we mentioned before, was not adopted in the Third United Nations Conference on the Law of the Sea.

The laws enacted, both by States Parties and non-Parties to the Convention in the region, define the general characteristics of the exclusive economic zone and the sovereign rights and jurisdiction of the coastal States in the zone, and keep silent on the duties of coastal States stipulated in Part V of the Convention.

In addition, as has been pointed out, some coastal States in the region "have shown a tendency to interpret the meaning of some provisions of

---

32 *Ibid.*, 445.

the Convention or fill its gaps in such a manner as to reinforce their control over the zone, in particular in matters with respect to which the relevant provisions of the Convention are too general or ambiguous."[33] This is a matter of concern for the naval powers which fear that this kind of domestic laws may upset the complex balance embodied in Part V and that they could be invoked by coastal States to increase their rights and jurisdiction in the zone. In other words, the naval powers see in this tendency a revival of the "creeping jurisdiction" that may lead to the "territorialization" of the exclusive economic zone.

The declarations made by some States of the region under article 310 have also caused concern to the maritime powers, in particular those touching upon specific aspects of the regime of the zone, such as those concerning its legal status, residual rights, military activities and installations and structures.

As a result of these different forms in the domestic laws and in the interpretative declarations under article 310, there is a lack of uniformity in the region, specially in regard to certain rights and jurisdiction in the exclusive economic zone. In dealing with the laws and declarations under article 310, in particular from those States Parties to the Convention which had pre-existing 200 mile claims, we shall refer to some of the differences which have met with objections from other States.

However, as stated earlier, the current trend shows a clear decline of the territorialist approach in the region. In fact, countries like Argentina, Brazil and Uruguay which had in the past claimed 200 mile sea areas under their sovereignty or jurisdiction are now Parties to the Convention and have, with the exception of Uruguay, incorporated the concept of exclusive economic zone in their laws. The "rolling back" or clarification of their previous claims in their legislation by these States may have an impact on the development of a uniform legal regime for the oceans in Latin America.

Argentina enacted Act No. 23.968 on 14 August 1991, even before ratifying the Convention on 1 December 1995, repealing its 1966 law that extended its sovereignty to the seas contiguous to the Argentine territory up to 200 miles. The new Act in general follows the line of the Convention but omits any reference to the rights of other States in the zone. In reference to installations and structures, Article 9 of the Act provides that Argentina "shall retain the exclusive right to construct, authorize and regulate the construction, operation and use of all kinds

---

[33] F.H. Paolillo, "The Exclusive Economic Zone in Latin American Practice and Legislation", *Ocean Development and International Law* 26 (1995), 107.

of installations and structures, over which it shall have exclusive jurisdiction, with respect also to matters relating to its fiscal, customs, sanitary and immigrations laws and regulations."[34] This provision touches upon a potential area of conflict between coastal States and other States. Dealing with this question would go beyond the limits of this paper. For our purposes it will suffice to say that some coastal States maintain - as Argentina does - that Part V confers upon them "the exclusive right to construct and to authorize and regulate the construction, operation and use" of artificial islands, installations and structures. Other States, on the contrary, hold the view that the said exclusive right applies to artificial islands and with respect to installations and structures, it only applies to those "for the purposes provided for in article 56 and other economic purposes" - as stated in article 60 para. 1 (b) - and to those "which may interfere with the exercise of the rights of the coastal State in the zone".

The position of Argentina on this question is not unique. As a United Nations study on the practice of States at the time of entry into force of the Convention concludes, "it would appear ... that in Latin America and the Caribbean, as elsewhere in the world, there is a trend to extend coastal State jurisdiction on this point by not exactly following the distinction made in article 60 ... among various types of man-made islands and structures. Such approach would bring under coastal State jurisdiction all kinds of devices placed in the exclusive economic zone, including those for military purposes."[35]

Furthermore, in its declaration under article 310, when ratifying the Convention, Argentina referred to other points related to the exclusive economic zone: (a) the question of conservation measures concerning living resources of the same stock or stocks of associated species occurring both within the zone and in an area of the high seas adjacent thereto; (b) the need to regulate the transit by sea of vessels carrying highly radioactive substances; and (c) the need to supplement and reinforce the measures to prevent, control and minimize the effects of the pollution of the sea by noxious and potentially dangerous substances and highly active radioactive substances.[36]

---

[34] The text of Act. 23.968 can be found in: United Nations, *Law of the Sea Bulletin* No. 20, March 1992, 20-22. The text of Law 17.094 of 29 December 1996 can be found in *ILM* 6 (1967), 663-664.

[35] See note 25, 181-182.

[36] For the complete text of the Argentine Declaration see note 7, 19-21. Netherlands objected in its declaration under Article 310 upon ratification, to

Brazil, a Party to the Convention, also adopted legislation "rolling back" its claim - under its Decree-Law of 25 March 1970 - of a 200 mile territorial sea.[37]

Although in dealing with the exclusive economic zone the new Brazilian legislation is along the lines of the Convention it claims, as the Argentine legislation does, the exclusive right to regulate "the establishment, operation and use of all types of artificial islands, installations and structures" (article 8 of Law No. 8617). Furthermore, in article 9 it states that "military exercises and manoeuvres, in particular those involving the use of weapons or explosives, may only be carried out by other states with the consent of the Brazilian Government". Both points are also contained in Brazil's interpretative declaration of 22 December 1998 when it ratified the Convention.[38]

Upon depositing its instrument of ratification on 13 January 1995, Italy made, under Article 310, an opposite interpretation declaration. It stated that "the rights and jurisdiction of the coastal State in such zone (the exclusive economic zone) do not include the right to obtain notification of military exercises or manoeuvres or to authorize them. Moreover, the rights of the coastal States to build and to authorize the construction, operation and the use of installations and structures in the exclusive economic zone and on the continental shelf is limited only to the categories of such installations and strucutres as listed in article 60 of the Convention."[39]

Since we are dealing with harmonization of laws it is worth observing that in its declaration under article 310 upon signature of the Convention in 1982, Brazil stated that its Government "understands that the régime which is applied in practice in maritime areas adjacent to the coast of Brazil is compatible with the provisions of the Convention."[40] How-

---

any restriction of the freedom of navigation of nuclear powered ships or ships carrying nuclear or hazardous waste in the exclusive economic zone (*ibid.*, 35).

[37] The text of Brazilian Law No. 8617 of 4 January 1993, on the territorial sea, the contiguous zone, the exclusive economic zone and the continental shelf, may be found in: United Nations, *Law of the Sea Bulletin* No. 23, June 1993, 17-21. The text of the 1970 Decree-Law, may be found in: *ILM* 10 (1971), 1224-1225.

[38] See note 7, 22.

[39] *Ibid.*, 31. Germany objected to Brazil's interpretation installations and structures (*ibid.*, 29) and Netherlands (*ibid.*, 35) objected to both Brazilian interpretations.

[40] See note 7, 4.

ever, in 1993, as we have seen, Brazil adopted Law No. 8617 which in its article 16 provided that Decree Law No. 1098 of 1970 - establishing a 200 mile territorial sea - "and other provisions to the contrary are hereby revoked."[41]

Uruguay, a member of the territorialist group during the Third United Nations Conference on the Law of the Sea negotiations, ratified the Convention on 10 December 1992. In 1969 by Decree of the Executive, Uruguay had extended its sovereignty to a territorial sea of 200 miles and applied the regime of innocent passage in the twelve miles adjacent to its coast freedom of navigation and overflight were not affected beyond that distance.[42]

Upon signature of the Convention in 1982, Uruguay made a declaration under Article 310 in which it stated, *inter alia*, that "the provisions of the Convention concerning the territorial sea and the exclusive economic zone are compatible with the main purposes and principles underlying Uruguayan legislation in respect of Uruguay's sovereignty and jurisdiction over the sea adjacent to its coast and over its bed and subsoil up to a limit of 200 miles". The full text of the declaration was confirmed at the time of ratification in 1994.[43]

Commenting on this declaration, Paolillo explains that the peculiarity of the Uruguayan territorial sea, not affecting freedom of navigation and overflight, may have prompted his country "to make its declaration which could be intended to stress the compatibility of its particular territorialist claim with the provisions of Part V". However, he concludes that "anyway, Uruguay having ratified the Convention, the provisions of Part V will prevail over its national legislation".[44]

In other points of its declaration, Uruguay states its interpretation of some fundamental aspects of the legal status of the exclusive economic zone. According to the declaration, the zone is a "*sui generis*" zone of national jurisdiction different from the territorial and ... it is not part of the high seas". On the question of residual rights and obligations in the zone, Uruguay interprets that "regulation of the uses and activities not provided for expressly in the Convention relating to the rights of sovereignty and to the jurisdiction of the coastal State ... falls within the

---

[41] See note 37, first part, 21.

[42] United Nations, *Law of the Sea, National Claims to Maritime Jurisdiction*, 1992, 138.

[43] See note 7, 44.

[44] See note 33, 109.

competence of that State, provided that such regulation does not prevent enjoyment of the freedom of international communication which is recognized to other States".[45]

The Uruguayan declaration also interprets that the enjoyment of the freedoms of communication in the exclusive economic zone "excludes any non-peaceful use without the consent of the coastal State - for instance, military exercises or other activities which may affect the rights or interests of that State."[46] On the question of installations and structures the terms of the declaration are more explicit than those in the Brazilian law and declaration. It states that the Convention "does not empower any State to build, operate or utilize installations or structures in the exclusive economic zone of another State, neither those referred to in the Convention nor any other kind, without the consent of the coastal State".[47]

According to the United Nations study referred to above, Chile "has never been a part of the territorialist group as some mistaken interpretations of the 1947 Proclamation had assumed".[48] The position of Chile is quite clear. In 1986 it amended the Civil Code with regard maritime spaces, adopting a 12 mile territorial sea and a 200 mile exclusive economic zone.[49] In 1996, Chile became a Party to the Convention.

In its declaration under article 310 made upon ratification, Chile reiterated the declaration made when signing the Convention "as regards the *sui generis* legal character and the definition of the exclusive economic zone".[50] In that declaration Chile stated that the legal character of the zone is "distinct from that of the territorial sea and the high seas. It is a zone under national jurisdiction, over which the coastal State exercises economic sovereignty and in which third States enjoy freedom of navigation and overflight and the freedoms inherent in international communication. The Convention defines it as a maritime space under the ju-

---

[45] See note 7, 44. This interpretation on the residual rights in the exclusive economic zone were objected to by Germany (*ibid.*, 29), Italy (*ibid.*, 31) and The Netherlands (*ibid.*, 36).

[46] *Ibid.*, 45.

[47] *Ibid.*

[48] See note 25, 170.

[49] Chilean Law 18.565 of 13 October 1986 may be found in: United Nations, *Law of the Sea Bulletin*, No. 9, 1987, 1-2.

[50] The Declaration of Chile upon ratification on 7 June 1996 may be found in: United Nations, *Law of the Sea Bulletin*, No. 35, 1997, 9-11.

risdiction of the coastal State, bound to the latter's territorial sovereignty and actual territory, on terms similar to those governing other maritime spaces, namely the territorial sea and the continental shelf."[51]

It has been observed that in the national law of Haiti, the territorial sea and the exclusive economic zone "seem to have merged".[52] In this context, reference is made to the "Declaration of the Haitian Government of 6 April 1977 establishing the boundary of the territorial waters of the Republic of Haiti at 12 nautical miles and that of its Economic Zone at 200 nautical miles". This document states "that the administration, management and the exploitation of the exclusive economic zone are within the exclusive and sovereign competence of the Haitian authorities, reaffirms ... its sovereign and exclusive jurisdiction over the waters washing the coasts of the Republic" and, finally, declares that Haiti "exercises exclusive sovereignty over the air space above its territory and above its jurisdictional waters up to the boundaries established above". However, two days later the Declaration was superseded by a Presidential Decree. This Decree No. 38 of 8 April 1977 makes a clear distinction between sovereignty and sovereign rights and jurisdiction in the territorial sea and in the exclusive economic zone of Haiti, respectively.[53] Thus, it rolls back to a 12 mile territorial sea and a 200 mile exclusive economic zone. Haiti signed the Convention in 1982 and ratified it on 31 July 1996.

IV. Conclusion

Notwithstanding the varied forms in their legislation, most of the Latin American States have gone a long way towards harmonization of their national laws with the Convention. To a certain extent, lack of uniformity may be attributed to the fact that some of these laws were adopted in the 1970's, borrowing the language of various informal texts prepared at that time during negotiations in the Third United Nations Conference on the Law of the Sea. Universality in the region will of course be achieved when all these countries become Parties to the Convention and this may be achieved in a not too distant future.

---

51 For the Declaration of Chile upon signature see note 7, 6.

52 See note 33, 110.

53 United Nations, *The Law of the Sea. National Legislation on the Exclusive Economic Zone*, 1993, 128.

A significant step in this direction was the ratification of the Convention by some former territorialist States and the adoption of new legislation by Argentina and Brazil repealing their pre-existing claims in both cases through laws adopted by their democratically elected Congresses, not by executive decree.

Some of the national laws and declarations under article 310 which met with objections deal with certain issues in the Convention which may be open to different interpretations. To cite Paolillo again on this question "it should not be surprising, then, that coastal States tend to respond to the questions that the Convention left unanswered or with respect to which participants at the Conference were forced to resort to 'constructive ambiguity', by developing a practice that better meets their national interests".[54]

But, in fact, the Convention did not leave these questions unanswered. Its response to these delicate issues is found in the self-contained system for the settlement of disputes concerning interpretation or application of the Convention, included in Part XV. Disputes between States Parties involving conflicting interpretations of the Convention - as those regarding the rights of coastal States and other States in the exclusive economic zone - can be settled in conformity with the Convention and other rules of international law not incompatible with the Convention. This is one of the reasons that makes it essential, in order to enhance the rule of law in the oceans, that the Convention, with its machinery for the peaceful settlement of disputes, be universally accepted.

---

[54] See note 33, 107-108. Treves observes that these various differences evidence the strength of the tendencies to take away, either by means of interpretation of the Convention or by intervening in the practice, matters from the "grey zone" of article 59. (See note 5, first part, 217).

National Interest in Multilateral Negotiations: Finland at the Third United Nations Conference on the Law of the Sea

Kari Hakapää[1]

I. The Pattern of Policy

It has been the long-standing policy of Finland to promote the role of international law in the settlement of international disputes. While such a statement nears a platitude (which state would speak otherwise?), it also offers a truthful picture of a small country's endeavors to manage under the pressures of international politics.

In the same line, Finland was active in supporting the negotiating process resulting in the adoption of the United Nations Convention on the Law of the Sea in 1982.[2] Extensive national preparation preceded the work of the Law of the Sea Conference (UNCLOS III, 1973-1982), and Finnish Delegations representing various branches of national administration participated in all its sessions.

While the objective of the Conference was to establish a new maritime order to respond to the contemporary needs of the international community, the purely national interest of Finland was of a more qualified

---

[1] The author was a member of the Finnish Delegation to the Third United Nations Conference on the Law of the Sea from 1974 to 1981. In the context, he had the privilege to benefit from the knowledge and experience of Professor Jaenicke as one of the senior experts among other Delegations. The views expressed in this article are those of the author and do not have any official standing. The article refers to facts and events as of November 1997.

[2] For the text of the Convention, see *SopS* (*Finnish Treaty Series*) 49-50 (1996); also *ILM* 21 (1982), 1261 et seq.

nature. In fact, in the general debate opening the substantive work of UNCLOS III in Caracas in 1974, the Finnish Delegation joined the others in recognizing the importance of the moment but also indicated that Finnish interests in the field were best served by effective regional cooperation within the Baltic Sea area.[3]

The main interest for Finland lay in its own region, of obvious importance for both its national security and its economic and environmental well-being. Beyond the Baltic Sea, the Finnish concern was primarily limited to issues of navigation relating to ships flying its flag. There had been only occasional off-Baltic fishing by Finnish fishermen, and it was hardly predictable that Finland or Finnish companies would directly engage in deep seabed mining activities (although there were good prospects for Finnish participation in the development of relevant technology and know-how).

At the beginning of the Conference, Finland also considered that the situation in the Baltic Sea area "was satisfactorily regulated under existing treaty provisions".[4] This statement was, in particular, a reference to the 1958 Geneva Conventions, to the Baltic Sea Fishery Convention of 1973, and the Baltic Sea Environmental Protection Convention of 1974. The last two continue to provide a solid basis for Baltic cooperation (with a new version of the 1974 Convention having been adopted in 1992[5]). The 1958 Conventions have now, in essence, been replaced by the 1982 Convention which, in respect to Finland, entered into force on 21 July 1996.

At the Conference, the Finnish activity was mainly focused on questions of immediate national concern. While manifest in view of policy objectives, this also resulted from pressures of conference diplomacy. For a small delegation, definition of priorities is crucial to achieving expected goals. Work economy requires concentration on the essential and

---

[3] For an earlier discussion of Finland and the 1982 Convention, see K. Hakapää, "Finland and the New United Nations Convention on the Law of the Sea", in: K. Buure-Hägglund, H.E.S. Mattila and K. Kilpeläinen (eds), *The Finnish National Reports to the XIIIth Congress of the International Academy of Comparative Law*, 1990, 81 et seq.

[4] See *Third United Nations Conference on the Law of the Sea, Official Records* 1, 129. For Finland and the Baltic Sea, see K. Hakapää, "National Interests and Policies of Finland in the Baltic Sea: A Law of the Sea Perspective", in: R. Platzöder and Ph. Verlaan (eds), *The Baltic Sea: New Developments in National Policies and International Cooperation*, 1996, 387 et seq.

[5] Not yet in force.

warns against distracting one's attention too much to issues of a more general nature.

Also a somewhat personal factor may be noted here. The Finnish approach to multilateral negotiations has usually favored procedural efficiency. At UNCLOS III, too, it was not the habit of the Finnish Delegation to get involved in lengthy debates in issues remote to the more specific national interest.

Moreover, even other considerations may have affected the Finnish position. This seemed to be the case, in particular, as to delimitation of maritime zones between States with opposite or adjacent coasts. While Finland no doubt had interest in the matter with some (though minor) disagreement pending on the delimitation of its own coastal zones, it did not take an active stand on the issue.

The main reason for this, however, was obvious: a member of the Finnish Delegation[6] was appointed the Chairman of the Conference organ ("Negotiating Group 7") specifically dealing with the matter. Under such circumstances, it had hardly been wise for Finland to compromise the Chairman's position by strong national arguments on an issue notorious for raising heated emotions among the Delegations.

In a broader context, the role of Finland at UNCLOS III was also determined by its policy of neutrality. In essence, this meant reserved policies in terms of the east-west confrontation. In the law of the sea framework, however, this did not cause too much difficulty. Many of the issues involved - navigation, fishing, environmental protection etc. - took an appearance not primarily reflecting the feuds of the "cold war". In fact, often (especially as far as navigational freedoms were concerned) the goals of the Soviet Union and the United States coincided, thus leaving more room for a country like Finland to look after its own interests without constant balancing between super power positions.

The foremost concern of the Finnish Government related to navigational activities off its coast. In addition, Finland was an active member of the Group of Land-locked and Geographically Disadvantaged States arguing (although with only limited success) for better opportunities for marine resource activities than what was readily admitted by their "coastal" counterparts. Notable interest was also placed on the protection and preservation of the marine environment as well as in the regulation of the conduct of marine scientific research.

---

6 Judge E.J. Manner.

In the main, Finnish activity was focused on the specifics of broader topics admitted for consideration by the Conference organs. On one point, though, the Finnish Delegation also made an effort to influence the formulation of a whole set of provisions envisaged to introduce a new regulatory regime to the Convention. This effort, directly relating to Finland's geographical location, dealt with what now appears in the Convention under the title of "Enclosed or Semi-enclosed Seas".

The end result, however, remained modest. It soon proved clear that States other than riparians were not willing to submit themselves to regional regulation of activities in these areas. And, even as between the riparians, difficulties prevailed on reaching common solutions. Consequently, the relevant provisions of the Convention only include some encouragement to the States bordering an enclosed or semi-enclosed sea to cooperate with each other in the fields of fisheries, environmental protection and scientific research.

In the following, the Finnish positions on two issues of particular national interest, maritime security (in view of navigational freedoms) and the protection and preservation of the marine environment, are studied in some more detail.

II. Maritime Security

Perhaps the most prominent national issue for Finland at UNCLOS III related to the regime of "international straits". Here the proposed rules on "transit passage" threatened to alter the long-standing status of the Ahvenanrauma Strait leading from the Baltic Sea to the Gulf of Bothnia bordered by Finland and Sweden.

For quite some time, the prevailing regime of navigation in the Strait had been that of innocent passage. The arrangement was based on the 1921 Convention Relating to the Non-Fortification and Neutralization of the Aaland Islands.[7] The Convention i.a. limits the presence of foreign warships in the Åland "zone" but also allows them in the Åland (Finnish) territorial waters the right of innocent passage as usual.

The regime of transit passage envisaged at UNCLOS III to be adopted for straits which are used for international navigation between parts of the high seas and/or exclusive economic zones would have notably

---

[7] *SopS* 1 (1922); in English sources, the islands are variably referred to as Aaland, Aland or Åland (in Swedish) Islands.

changed the established regime. In the Ahvenanrauma Strait, as elsewhere in similar straits, the new regime would have secured freedom of transit more liberal than what the case was in the traditional regime of innocent passage. In particular, submarines had been entitled to navigate under the surface and passage rights had also been extended to foreign aircraft in the air space over the Strait.

The Finnish (and Swedish) concerns were shared by other straits' States in similar situations. This notably facilitated the Finnish endeavors to reach a satisfactory solution. Finally, intensive negotiations resulted in the adoption of Article 35(c) to the 1982 Convention. According to the Article, nothing in the Convention's Part III dealing with straits used for international navigation affects "the legal régime in straits in which passage is regulated in whole or in part by long-standing international conventions in force specifically relating to such straits".

In view of the informal discussions leading to the adoption of the provision, the straits covered include the Danish Straits, the Turkish Straits, the Strait of Magellan and the Ahvenanrauma Strait which, however, perhaps due to its somewhat out-of-the-way location, is occasionally omitted in related commentaries.

It is undisputed that both the Finnish and Swedish Delegations were convinced of the applicability of Article 35(c) to the Ahvenanrauma Strait. They also confirmed this in declarations made upon the signature of the Law of the Sea Convention and reiterated their declarations at the time of ratification. According to the Finnish declaration,

> "it is the understanding of the Government of Finland that the exception from the transit passage régime in straits provided for in article 35(c) of the Convention is applicable between Finland (the Aland Islands) and Sweden. Since in that strait the passage is regulated in part by a longstanding international convention in force, the present legal régime in that strait will remain unchanged after the entry into force of the Convention".

The "longstanding international convention", of course, was the 1921 Convention.

It is to be admitted that the relevance of the 1921 Convention in this context is subject to some interpretation. There should be no doubt that the document meets the criterion of "a long-standing international convention in force"[8] but in geographical terms the fairway used in the Ah-

---

[8] On this point, see A. Rosas, "The Åland Islands as a Demilitarised and Neutralised Zone", in: L. Hannikainen and F. Horn (eds), *Autonomy and De-*

venanrauma Strait is located within the Swedish territorial sea beyond the Åland Zone as determined in the Convention.

Thus, in the Ahvenanrauma case that "long-standing international convention in force" does not directly apply to traffic through the strait but covers only a part of the strait falling within the internal waters of one of the riparians, i.e. Finland. This circumstance may cause some confusion but from the Finnish (and Swedish) point of view it is taken care of by the reference in Article 35(c) to straits in which passage is regulated "in whole or in part" by the long-standing conventions. As the 1921 Convention covers part of the Ahvenanrauma Strait, it may qualify as a convention specified in Article 35(c) and, accordingly, secure the exclusion of "transit passage" from the Ahvenanrauma Strait.

Although occasionally questioned, this interpretation, affirmed in the declarations made upon the signature and reiterated upon the ratification of the 1982 Convention, has not been protested against by other States and should validly exclude the Strait from any forthcoming application of the regime of transit passage.

Some concern to the Finnish Delegation was also caused by the right of warships (and other government ships operated for non-commercial purposes) to "innocent passage" in the territorial sea. At the time, Finnish (as well as e.g. Swedish) legislation required from a foreign warship (or other government vessel) prior notification of its entry into the territorial sea. Finland and Sweden did not (like certain other States) claim for a right of prior authorization clearly not in compliance with the very idea of "innocent passage", but they considered that coastal States should be entitled to know in advance whether foreign warships are about to enter their territorial seas.

The matter, however, proved controversial. Several maritime States argued at the Conference, and also continued to do so afterwards, that even a mere requirement of prior notification is incompatible with the regime of innocent passage. Facing such response, both Finland and Sweden found it necessary to record their identical interpretations on this point in declarations made upon the signature of the 1982 Convention. According to the Finnish declaration,

> "[a]s regards those parts of the Convention which deal with innocent passage through the territorial sea, it is the intention of the Government of Finland to continue to apply the present régime to

---

militarisation in International Law: The Åland Islands in a Changing Europe, 1997, 23 et seq. (25-29).

> the passage of foreign warships and other government-owned vessels used for non-commercial purposes through the Finnish territorial sea, that régime being fully compatible with the Convention."

While support for this position could be drawn from the argument that a system of prior notification (as distinct from prior authorization) does not physically "hamper the innocent passage of foreign ships through the territorial sea"[9], it is to be admitted that the argument could not be based on any express language in the relevant conventional law.

In the following years, Finland and Sweden had repeatedly to defend their position on the face of maritime criticism. Finally, first Sweden and then also Finland abandoned their respective legislation so that presently no prior notification is required from foreign warships for the entry into their territorial seas. In consequence, also the declarations made on this point upon the signature of the 1982 Convention were not reiterated upon ratification.

On an after-note, however, it may be observed that in another context recent developments have pointed towards a wider acceptance of prior notification regimes. "Ship Reporting Systems" and "Vessel Traffic Services" have been adopted requiring foreign vessels in coastal waters to supply the coastal State information of their name, location, destination etc. There may also be discerned a trend (although perhaps not as yet a "generally accepted" one) towards recognizing a coastal right to request from foreign ships with hazardous cargoes like nuclear materials prior notification of their entry into the territorial sea. In the light of such developments, prior notification of the entry of foreign warships might neither be seen as drastically interfering with navigational freedoms.

III. Environmental Protection

Part XII of the 1982 Convention deals with the Protection and Preservation of the Marine Environment. The need for effective environmental policies had secured global recognition in the 1972 Stockholm Conference on the Human Environment. On a regional level, the adoption of the Baltic Sea Environmental Protection Convention in 1974 paved the way for further regulatory projects in different parts of the world.

---

[9] See Article 24 para. 1 of the 1982 Convention.

At UNCLOS III, the Finnish Delegation had the opportunity to introduce the new Baltic Sea Convention to the global audience. The reception was encouraging but obviously regional arrangements were not simply to be transferred to the global context.

The main objectives of the UNCLOS work related, on the one hand, to the establishment of framework obligations for environmental regulation and, on the other hand, to the determination of the jurisdictional limits of protective measures.

The material obligations did not cause particular difficulty but a consensus was reached at a rather early stage of the Conference on a set of provisions generally committing States to the establishment both on the national and the international level of further rules and regulations for the "prevention, reduction and control" of the pollution of the marine environment.

Especially as to vessel-source pollution, the jurisdictional issues, however, proved more controversial. Here, a balance had to be achieved between the interests of the parties involved: the flag States, coastal States and port States.

Under such pattern of discussion, Finland had apparent difficulties in orientation. With its long coastline it had an immediate interest in minimizing pollution caused by vessel traffic off its coasts. On the other hand, Finland was also a maritime State with an appreciable merchant fleet flying its flag. The Finnish shipping community was apprehensive of extensive coastal State powers threatening the passage rights of Finnish ships in foreign waters.

A particular source of concern dealt with the coastal powers to prescribe over the design, construction, manning or equipment of foreign vessels in innocent passage in the territorial sea. Most maritime States feared that coastal competence over these matters would lead to a "mosaic" of national regulations requiring foreign vessels to meet standards varying from one country to another. Such proliferation of national regulations was considered inevitably to cause much hardship to international navigation.

A celebrated example was that of the oil route from the Arabian/ Persian Gulf to Western Europe. It was pointed out that to make the voyage, tankers normally transit the territorial sea of a number of coastal States; if each State imposed upon the passing ships different requirements regarding construction, equipment etc., transit would be greatly hampered, if not totally obstructed. This, again, would result in considerable loss of time and excessive costs of shipping as the vessels would have to use routes off foreign territorial seas (the maximum limit of which was to be fixed at 12 rather than the earlier common 3 nautical miles). Accordingly, such matters should be subject only to international regulation.[10]

Despite coastal opposition, the maritime approach prevailed on this point. There is now in the 1982 Convention Article 21(2) according to which coastal laws and regulations relating to innocent passage through the territorial sea "shall not apply to the design, construction, manning or equipment of foreign ships unless they are giving effect to generally accepted international rules or standards". This provision also met with the wishes of the Finnish shipping community.

While Finland was generally identified as one of the "maritime States", on occasion it forwarded views rather "coastal" in nature. This was the case, for instance, regarding the definition of "innocent passage" in the context of vessel-source pollution.

The provision finally adopted to the 1982 Convention strongly reflects "maritime" thinking. In terms of vessel-source pollution, a ship's passage may turn non-innocent only if the ship engages in an "act of wilful and serious pollution contrary to this Convention".[11] Only actual infliction of pollution is of relevance here, and even then the question shall be of both *wilful* and *serious* releases. Where pollution is caused wilfully but is not serious or where it is serious but not caused wilfully, the vessel remains in innocent passage.

The definition falls subject to criticism. To require both wilful action and serious effects of pollution leaves the definition very narrow. Yet, in practice the question may be of vessels posing the coastal State with a threat of pollution or actually inflicting serious but not *wilfully* caused pollution. In such cases, however, the vessel could still enjoy the privilege of innocent passage (even if that would not mean total exclusion of coastal enforcement).

At UNCLOS III, Finland was one of the Delegations regretting this outcome of the negotiations. Rather, the definition should have covered both serious threats of pollution and actual (whether wilful or not) infliction of serious pollution. However, in the end, consensus could only be reached on the above mentioned formulation.

---

[10] See K. Hakapää, *Marine Pollution in International Law. Material Obligations and Jurisdiction with Special Reference to the Third United Nations Conference on the Law of the Sea*, 1981, 189 et seq.

[11] See Article 19 para. 2 (h).

As a whole, Part XII of the 1982 Convention would seem to provide a jurisdictional regime fairly well balanced between the interests of coastal and maritime States. This applies, in particular, to coastal powers over the exclusive economic zone, being narrow in terms of prescription and broader in terms of enforcement. Sometimes, however, consensus-seeking lead to formulations in obvious need of clarification. The primary example is Article 211(6) on coastal rights of prescription over the so-called "special areas" within the exclusive economic zones. One may assume that none of the participating delegations could be sure of the "correct" reading of the paragraph in all its details. Such an outcome, however, seemed for many to make the paragraph easier to adopt.

Some effort was taken by the Finnish Delegation in elaborating further rules on the responsibility and liability related to the protection and preservation of the marine environment. The task, however, proved overly ambitious, and the provisions, finally adopted to the Convention (Article 235), only request States to cooperate in the implementation and further development of relevant rules.

Recognizing the difficulties for UNCLOS III to produce substantive law on the issue, the Finnish Delegation proposed a Resolution to be adopted by the Conference, directed to the UN General Assembly to convene a further Diplomatic Conference for the establishment "with respect to marine pollution incidents, an international convention on the criteria and procedures for the determination of liability, the assessment of damage, the payment of compensation and the settlement of related disputes". It was also suggested that the Conference be convened "after the entry into force of the present Convention and within [ten] years from the signing of the Final Act of the Third United Nations Conference on the Law of the Sea".[12]

The proposal received support from different quarters but could not secure full consensus. In particular, many of the western States were not prepared in this way to commit themselves to participation in a future Conference.

IV. Postscript

Finland was among the 130 Delegations that supported the draft Convention when it was put to vote at UNCLOS III in 1982. Finland's rati-

[12] Third Committee (Informal meeting), MP/30, 10 April 1979.

fication of the 1982 Convention was, however, delayed because of the difficulties of the major industrialized States to go along with the deep seabed regime adopted to the Convention. In a situation where the Convention could not secure the support of the major industrial powers, Finland, like many others, refrained from ratification and preferred to wait for further developments in State positions. The adoption of the Agreement on the Implementation of Part XI of the Law of the Sea Convention[13] in 1994 then paved the way also for Finnish ratification.

For quite some time after the adoption of the Convention, it did not seem to have much effect on Finland's maritime policies. In particular, Finland did not hasten to introduce into its legislation much of the new normative elements presented in the Convention. Finland retained the four nautical mile breadth of its territorial sea and did not take any measures to establish an exclusive economic zone of its own.

Recently, however, new developments have taken place. In 1995 Finland extended its territorial sea to 12 nautical miles. There are, however, some exceptions to the rule, resulting from treaty arrangements and geographical circumstances. In the Gulf of Finland, it has been agreed between Finland and Estonia that the outer limits of their territorial seas may not reach closer than three nautical miles from the median line between their coasts. Accordingly, a channel of free passage is retained in the Gulf of Finland from the Baltic Sea proper to Russian waters.

Also, governmental preparations are under way for the establishment of an exclusive economic zone. The matter has not been an urgent one. As far as fishing is concerned, the Finnish interests have been secured by a fishery zone wherein Finland has assumed exclusive fishing rights, nowadays subject to the European Community's Common Fisheries Policy.

On the seabed, Finland has applied established coastal rights over its continental shelf. Upon the ratification of the 1958 Continental Shelf Convention, Finland introduced specific legislation for its implementation. This legislation, the Continental Shelf Act of 1965, is still in force but should be repealed in the context of the foreseen establishment of an exclusive economic zone.

Main interest may here relate to the conduct of non-resource-oriented marine scientific research, i.e. whether or not the consent regime of the 1982 Convention will be applied also to the Finnish conditions. Pres-

[13] See *SopS* 49-50 (1996) (in force: 28 July 1996); also *ILM* 33 (1994), 1313 et seq.

ently, research on the continental shelf is subject to coastal consent as provided for in the 1958 Convention but in the Finnish fishery zone foreign vessels engaged in marine scientific research are only expected to notify Finnish authorities of their activity.

Upon ratification, Finland also expressed its view on the various fora offered by the Convention for the binding settlement of disputes relating to its interpretation or application. Finland's choices were the International Court of Justice and the new International Tribunal for the Law of the Sea. Accordingly, once established, support was given to the new Tribunal although in the course of the Conference negotiations Finland had hosted some doubts over unnecessary proliferation of dispute settlement procedures.

From a Finnish point of view, the UNCLOS process ended with a satisfactory note. As a result, it was easy for Finland to welcome the adoption of the Law of the Sea Convention. At the closing session of the Conference, however, it was also pointed out by the Finnish Delegation that "[t]he final test of the Convention's acceptability will come only when States are faced with the decisions of whether or not to ratify it".[14] For Finland, itself, it took some 14 years to effect ratification. The delay, however, was not so much due to difficulties with the new Convention as with the reluctance of others to come along. After the universal support given to the 1994 Agreement, Finnish ratification was soon to follow, and the Convention was fully incorporated into Finnish legislation.

---

[14] *Third United Nations Conference on the Law of the Sea, Official Records* 17, 43.

Deep Seabed Mining and the Protection of the Marine Environment

Joachim Koch

I. Existing Provisions on the Protection of the Marine Environment from Activities in the Area

1. UN Convention on the Law of the Sea

The United Nations Convention on the Law of the Sea of 10 December 1982 (Convention, LOSC) and the Agreement of 28 July 1994 relating to the Implementation of Part XI of the Convention (Agreement) do not contain any elaborate provisions on the protection and preservation of the marine environment from activities in the Area. They provide only general provisions.

Article 145 LOSC stipulates, without going into any details, that the International Seabed Authority (Authority) shall adopt appropriate rules, regulations and procedures to ensure the effective protection of the marine environment from harmful effects which may arise from activities in the Area. The protection shall not only relate to the marine environment but also to the coastline, the ecological balance of the marine environment and the flora and fauna of the marine environment. The same obligations are imposed on the Authority by article 209 para. 1 LOSC as well as by article 17 paras. 1(b) (xii) and 2 (f) of Annex III to the Convention. The organ of the Authority that has at first to deal with the protection of the environment from activities in the Area is the Legal and Technical Commission. According to article 165 paras. 2 (d)-(f) LOSC it shall propose relevant rules, regulations and procedures to the Council. The Council which is the most important organ in the process of the development of such rules, regulations and procedures has to discuss the proposals of the LTC (cf. article 162 para.

2.(o)(ii) LOSC) and to recommend by consensus (cf. article 161 para. 8(d) LOSC) the result of its deliberations to the Assembly for final approval by a two-thirds majority (cf. article 159 para. 9 LOSC).

The Agreement has nothing changed in this respect. It stipulates in Section I para. 5, of the Annex only that the Authority shall concentrate between the entry into force of the Convention and the approval of the first plan of work for exploitation, inter alia, on the timely elaboration and adoption of rules, regulations and procedures relating to the protection and preservation of the marine environment. There is sufficient time to carry out that task. The Group of Technical Experts to the General Committee of the Preparatory Commission for the International seabed Authority and the International Tribunal for the Law of the Sea (PrepCom) has examined in January 1994 the time when commercial deep seabed mining might be expected to commence. In its report[1] it came to the conclusion that it is unlikely that commercial deep seabed mining will take place until 2010 and that an assessment of the time when commercial production from deep seabed mining may be expected to commence can be made with further precision only when in the future large-scale feasibility studies and deep-sea tests for a sustained period are undertaken. When the registered pioneer investors (India, Japan, Russia, France, China, South Korea and the East European consortium IOM) of which the plans of work for exploration have been "approved" by the Council on 27 August 1997 will proceed to such activities is completely uncertain and depends on the development of the markets for the metals contained in polymetallic nodules. Therefore the organs of the Authority are for the foreseeable future under no time pressure to elaborate and adopt rules, regulations and procedures for the protection of the marine environment from exploitation activities. It has also to be taken into account that the actual knowledge of the environment of the deep sea and the seabed and the effects of activities in the Area on this environment is still limited and that a lot of research has to be done in order to gain sufficient reliable knowledge of this environment. Adequate knowledge will be available only after a pilot mining operation on a real scale and lasting for at least one year has been undertaken. This requires that those who sign a contract with the Authority in the near future for the exploration of polymetallic nodule deposits have to undertake research during the exploration period in order to gather the necessary knowledge on environmental baselines against which the effects of deep seabed mining on the marine environ-

---

1 Doc. L0S/PCN/BUR/R.32 of 1 February 1994, paras. 55-57.

ment can be assessed. A further possibility to gain such knowledge may be the research carried out by public and private research institutions on the role of the deep sea for the climate and on the geology of the subsoil of the deep seabed and on the plankton and seafloor communities.

Article 209 para. 2 LOSC obliges States also to adopt laws and regulations to prevent, reduce and control pollution of the marine environment from activities in the Area undertaken by vessels, installations, structures and other devices flying their flag or of the registry or operating under their authority. The requirements of such laws and regulations shall be no less effective than the rules, regulations and procedures adopted by the Authority. The question arises whether it is necessary and appropriate to follow a double track approach. Is it really required for the efficient protection of the marine environment from activities in the Area to have two kinds of legal provisions, i.e. international and national? There are no obvious reasons for the assumption that such a double track approach could ameliorate and enhance the protection of the marine environment from activities in the Area. On the contrary such a double track approach could lead to inconsistencies or even to contradictory regulations which could create difficulties for the contractors concerned and even to disputes between the Authority, sponsoring States, flag States and contractors. Therefore, it would be preferable to rely only on the rules, regulations and procedures approved by the Authority. If a sponsoring State holds the view that the rules regulations and procedures of the Authority do not provide sufficient protection for the marine environment from activities in the Area it should first try to get these rules, regulations and procedures improved by submitting relevant proposals to the Authority. Only in case such proposals do not get the necessary majorities in the organs of the Authority the sponsoring State should consider to adopt additional national rules. But in that case it has to take into account that, if the requirements of the national rules are much higher than the requirements of the international rules and much more costly to implement, the contractor may decide to leave the country and to operate under the sponsorship of another State which is satisfied with the international rules, regulations and procedures. In view of this it seems to be advisable to concentrate all efforts on the development of international rules, regulations and procedures on the protection of the environment from activities in the Area that are effective and satisfactory to all.

2. London Dumping Convention, MARPOL

There are no other international instruments which could provide guidance for the establishment of standards for the protection of the marine environment from activities in the Area. The Convention on the Prevention of Marine Pollution by Dumping of Wastes and Other Matter of 29 December 1972 (London Dumping Convention) is not applicable to deep seabed mining. Its article III para. (c) expressly excludes the disposal of waste or other matter directly arising from or related to the exploration, exploitation and associated off-shore processing of seabed mineral resources from the application of this Convention. The 1996 Protocol to the London Dumping Convention did not change the substance of this provision (cf. article 1 para. 4.3).

Article 9 para. 2 of the International Convention of the Prevention of Pollution from ships of 1973/78 (MARPOL) states also that this Convention does not prejudice the codification and development of the law of the sea by the Third UN Conference on the Law of the Sea. But it has to be noted that ships of Member States of this convention engaged in deep seabed mining operations have to comply with the requirements of this convention. Insofar it contributes to the protection of the marine environment from serious harm which may arise from ships engaged in prospecting, exploration or exploitation of polymetallic nodules. As not all members of the UN Law of the Sea Convention are members of MARPOL the Authority should consider to prescribe that all ships engaged in deep seabed mining activities have to comply with the requirements of the latter convention.

3. Elaboration of New Rules and Regulations

In view of this situation, the Authority is faced with the task to elaborate the legal provisions necessary for ensuring the protection of the marine environment from activities in the Area without specific guidance. The only guidance to be followed is the general aim set by the Convention. The path leading to the achievement of this aim has to be charted by the Authority itself. But this can be done in a step by step procedure in line with the requirements of the development of deep seabed mining. Therefore, the actual draft of the mining code[2] deals

---

[2] Doc. ISBA/4/C/4 and Add. 1-12 of 20 March 1998.

only with the stages of prospecting and exploration and leaves aside, in accordance with Section 1 para. 15 of the Annex to the Agreement, provisions on exploitation.

The present task of the Authority to elaborate and adopt regulations for prospecting and exploration should not be too difficult and should not raise major differences between the members of the Authority. One has to bear in mind that prospecting and exploration, with the exception of testing collector systems and pilot mining operations, are similar to scientific research which normally does not pose the danger of causing serious harm to the marine environment. It should also be taken into account that prospecting and exploration of polymetallic nodules does not require drilling and that there is no danger comparable to the outbreak of oil and gas which can be brought under control only with great difficulties and which requires some time before the occurrence of serious harm to the marine environment can be stopped. Prospecting, exploration and even the exploitation of polymetallic nodules can be interrupted immediately by ceasing to supply energy to the equipment used for the activities in cases these activities cause serious harm to the marine environment.

II. Development of New Regulations on the Protection of the Marine Environment from Activities in the Area

1. Draft Mining Code prepared by the UN Law of the Sea Office

The first step in this process had been undertaken by the Division for Ocean Affairs and the Law of the Sea of the UN-Secretariat (UN Law of the Sea Office). It elaborated a draft for part VIII of the mining code dealing with the protection and preservation of the marine environment from activities in the Area[3] and presented it to special Commission 3 (SC 3) of PrepCom. SC 3 discussed the draft during three sessions in 1990 and 1991.[4] The chairman of SC 3 provided a preliminary redraft intended to facilitate further consultations which should provide the basis for a further revision of the draft.[5] SC 3 never discussed this prelimi-

---

[3] Doc. LOS/PCN/SCN.3/WP.6/Add. 5 of 8 February 1990.

[4] Reports on the discussions of SC 3 on this subject are contained in Doc. LOS/PCN/L. 79, L. 84 and L. 89.

[5] Doc. LOS/PCN/SCN.3/WP.6/Add. 5/Rev. 1 of 27 August 1991.

nary redraft because it had no time for a second reading of the draft mining code. Both papers were transmitted to the Authority as part of the Final Report of PrepCom[6] and should, according to Section 1 para. 16 of the Annex to the Agreement, be taken into account by the Authority in the adoption of the mining code.

a)

The most important provision of this draft was the definition of serious harm to the marine environment in article 2 para. 2. According to this definition "serious harm to the marine environment" means

> "any effect from activities in the Area on the living and non-living components of the marine environment and associated ecosystems beyond that which is negligible or which has been assessed and judged to be acceptable by the Authority pursuant to these regulations and the relevant rules and regulations adopted by the Authority and which represent:
>
> a.) significant adverse changes in the living or non-living components of the marine and atmospheric environment;
>
> b.) significant adverse changes in the ecosystem diversity, productivity and stability of the biological communities within the environment; or
>
> c.) loss of scientific or economic values which is unreasonable in relation to the benefit derived from the activity in question".

This definition does not allow to determine directly and precisely whether an effect of activities in the Area on the marine environment constitutes a serious harm to the marine environment or not. It contains only general elements which have to be concretized before a judgement can be made whether an effect of activities in the Area on the marine environment has to be qualified as serious harm to the marine environment. In the decision-making process two kinds of elements play a role, i.e. objective and subjective elements. The objective elements consist of the various components of the living and non-living constituents of the marine environment, their size, the interdependencies existing between them, the effects of changes of particular elements, the ability of nature to cope with such effects and the time needed for such processes. The subjective element is the judgement on the question whether the scope

---

6 Doc. LOS/PCN/153 (Vol. XIII) of 30 June 1995.

of the effects of activities on the marine environment in relation to the size of the affected environmental components and whether the time needed by nature to cope with those effects and to establish again a balance among the various affected components of the marine environment can be tolerated or not. The extreme limits for such judgements are on one side that no effects on the marine environment can be tolerated and on the other side that each effect can be tolerated. But these extremes are not acceptable. The dividing line between tolerable and intolerable effects lies somewhere between both extremes. The determination whether an effect of activities in the Area on the marine environment constitutes a serious harm to the marine environment is not a "mathematical" deduction but a discretionary judgement on the acceptability of such effects on the marine environment. Consequently, there will be always different views on where the dividing line between the tolerable and intolerable effects of activities in the Area on the marine environment has to be drawn. That is no disaster as long as the participants in the debate on this problem show the necessary responsibility and refrain from taking and defending extreme positions. They have to take into account that each human activity has inevitably effects on the environment and that therefore the only question is up to which limits effects in the environment can be tolerated without causing changes in the marine environment which lead to considerable destruction of components of the marine environment and to the emergence of a "desert". In order to have, as far as possible, an objective basis for such judgements it is necessary to get a clear picture of the living and non-living components of the marine environment and the existing interdependencies between these components. This knowledge can only be obtained by research. Only when we have a sufficiently extensive knowledge of the marine environment of the deep sea and the deep seabed it will be possible to elaborate more concrete regulations. Therefore, the mandate foreseen for the Legal and Technical Commission and the Council in article 105 para. 3, of the draft to develop and adopt rules and regulations which elaborate the standards contained in the definition of "serious harm to the marine environment" is another absolutely necessary cornerstone for the construction of the legal framework.

These two provisions constitute the basic elements for an evolutionary approach for the elaboration and adoption of rules and regulations required for an effective protection of the marine environment from activities in the Area. They allow the Authority to proceed in line with the increasing knowledge on the marine environment of the deep sea and the deep seabed gained by research, prospecting and exploration and to build up the necessary regulatory framework step by step.

b)

The draft provided by the UN Law of the Sea Office contains in article 104 para. 1, the general provision that States have the obligation to protect and preserve the marine environment from activities in the Area. This provision is based on article 192 LOSC. Such a general obligation for States is superfluous in the context of the mining code. It is already contained in the Convention and does not need to be repeated.

But it is important to impose on contractors an obligation to protect the marine environment from serious harm arising out of their activities in the Area and to reduce other effects on the marine environment to the maximum extent possible by using the best available technology and as far as economically reasonable. A step in this direction has been made in article 111 para. (b), of the draft which stipulates that each contract shall contain provisions on the protection and preservation of the marine environment from activities in the Area including, inter alia, requirements to avoid serious harm to the marine environment that may arise from activities in the Area and to minimize to the fullest extent possible the risk of serious harm to the marine environment. That is only an indirect obligation. As the activities of contractors in the Area may be the cause of serious harm to the marine environment the contractors should be obliged unequivocally to protect the marine environment from serious harm and to take the necessary measures to prevent the occurrence of serious harm.

c)

It is not sufficient to oblige contractors to protect the marine environment and to prohibit causing serious harm to the marine environment. If this obligation shall not remain a dead letter it is necessary to have the capability and possibility to monitor the effects of activities in the Area on the marine environment in order to be able to detect offenses against the obligation to avoid serious harm to the marine environment. In this respect two provisions of the draft are pertinent.

The first one is expressed in article 105 para. 2 (b), which makes the carrying out of activities in the Area dependent on the existence of the capacity to monitor the key environmental parameters and ecosystem components so as to identify whether the effects of activities in the Area are within the limits set by the regulations and standards to be adopted by the Authority or whether they go beyond these limits and have to be qualified as serious harm to the marine environment. The second one is article 111 para. (a), which stipulates that each contract shall contain a plan to monitor the effects of the contractor's activities in the Area on the marine environment and an obligation to report thereon.

These obligations can be fulfilled only if the necessary instruments for detecting and measuring the effects of activities in the Area on the components of the marine environment are available and if there is sufficient knowledge on the basis against which these effects can be measured. This requires the establishment of environmental baselines. Therefore, the mining code should contain an obligation for the contractor to collect in the course of exploration data on the status quo of the components of the marine environment in the exploration area before the testing of collector systems, a pilot mining operation or exploitation start. A relevant provision is contained in article 109 para. 1(a), of the draft which deals with the environmental impact statement. According to this provision, the environmental impact statement shall contain data establishing an environmental baseline against which to assess the likely effects of the proposed activities on the marine environment. Here again it is only an indirect obligation. It would be preferable to have in the mining code a clear obligation for the contractor to collect the data which are required for the establishment of the environmental baselines against which the occurrence of effects from activities in the Area on the marine environment can be detected. It is not necessary that contractors themselves collect all these data in the course of their exploration activities. If such data are already available as a result of research on the environment of the deep sea, the seabed and its subsoil undertaken by public or private research institutions these data can be used by contractors. The same applies to data obtained by other prospectors and contractors in the course of their prospecting and exploration activities and which are applicable to the site in question.

In order to provide prospectors and contractors with clear guidance on the environmental baselines that have to be established the Authority should adopt guidelines which clearly define the components of the marine environment on which data have to be obtained and submitted to the Authority. This will probably not be possible in one step but will require several steps in line with the growing knowledge on the environment of the deep sea, the deep seabed and its subsoil. It will take some time before a complete picture is available. This does not pose any problem because the testing of collector systems, a pilot mining operation and exploitation activities which are the main source for causing dangers for the marine environment are still far away in the future.

d)

The instrument which enables the Authority to examine carefully in advance the environmental effects of the planned activities is provided by the environmental impact statement. It is prescribed by article 103. This article describes the data and information the environmental impact statement should contain in order to enable the Legal and Technical Commission and the Council to assess whether the planned activities will cause serious harm to the marine environment or not and which measures the contractor has to take to prevent the occurrence of serious harm. As it is necessary for the Authority to know what happens in the course of activities the contractor has to report regularly on the effects of his activities on the marine environment. In case serious harm occurs an ad-hoc report is necessary. The relevant obligations are contained in arts. 113 and 114 of the draft.

e)

The reporting is not sufficient to verify whether the contractor complies with his obligations with regard to the protection of the marine environment against serious harm arising from the contractor's activities. For that verification inspections are required from time to time.

Article 115 contains the obligation for the contractor to permit the Authority to send its inspectors on board of vessels and installations used by the contractor to carry out activities in the Area. According to para. 1 the task of the inspectors should be to monitor the effects of the contractor's activities on the marine environment. This cannot be the task of the inspectors. It is a task for the contractors. The task of the inspectors should be to examine whether the contractor monitors the effects of his activities on the marine environment in accordance with the monitoring program agreed upon in the plan of work.

In addition, article 117 obliges the sponsoring State to inspect its contractor's activities at regular intervals to be determined by the Council. This provision is a consequence of article 139 para. 1 LOSC. This article imposes the obligation on States Parties to ensure that activities in the Area shall be carried out in conformity with Part XI LOSC. If a State Party fails to carry out its obligations under Part XI LOSC and damage is caused by that failure the State Party shall be liable according to article 139 para. 2 LOSC. In addition, article 153 para. 3 LOSC obliges States Parties to assist the Authority by taking all measures necessary to ensure compliance with the terms and conditions of contracts in accordance with article 139 LOSC. Sponsoring states are only in a position to comply with these provisions if they too have a right to carry out inspections. This right can be provided by national legislation. But then there could be parallel inspections by the Authority and the relevant sponsoring State. That is not necessary and causes costs which could be avoided. Therefore, it seems advisable to foresee in the mining code for sponsoring States the right to carry out inspections, too. But additionally, the Authority and the sponsoring States should be obliged to agree on a solution which avoids parallel inspections by the Authority and the relevant sponsoring State and limits the liability of the partner who does not carry out inspections.

f)

There is always the danger that in the course of the contractors' activities incidents occur which have resulted or are about to result in serious harm to the marine environment. In order to prevent serious harm arising from such incidents or to minimize it, contingency plans should be established foreseeing appropriate measures for dealing effectively with such incidents and their consequences. Provision has also to be made to enable the Council to decide on emergency measures the contractor has to take in order to contain and minimize the serious harm. The relevant provisions are contained in arts. 112 and 119 of the draft.

g)

From these comments on the draft for part VIII of the mining code elaborated by the UN Law of the Sea Office the conclusion can be drawn that this draft provided an excellent starting point for the development of a comprehensive set of rules and regulations on the protection of the marine environment from serious harm which may be caused by activities in the Area. It defined the framework within which future rules and regulations should be developed in order to establish concrete standards for the determination which effects of activities in the Area on the marine environment are acceptable and which are unacceptable and have to be avoided under any circumstances. It contained also other elements necessary for a complete and effective set of regulations for this area on matters such as submission of environmental impact statements, annual reports, reports on serious harm to the marine environment caused by activities in the Area, contingency plans, emergency measures, inspection, liability and penalties.

2. Informal Consultations of the UN Secretary-General

In the Informal Consultations of the UN Secretary-General on outstanding issues relating to deep seabed mining provisions of the Convention the Russian Delegation mentioned the protection of the environment as an outstanding issue. In the course of the Informal Consultations it was agreed that this was not a controversial issue and that it was not necessary to deal with this issue when seeking solutions for the outstanding issues[7]. For that reason, there is no section on the protection of the marine environment from activities in the Area in the Annex to the Agreement.

3. Draft Mining Code prepared by the Secretariat of the Authority

A further step in the development of rules, regulations and procedures on the protection of the marine environment from activities in the Area is now made by the Authority. After the establishment of its organs had been completed in August 1996 the Secretariat started work on the mining code. The draft that had been discussed by PrepCom[8] had to be revised thoroughly. One reason for that was the adoption of the Agreement by the UN General Assembly on 28 July 1994. The other reason is that the prospects for deep seabed mining had changed remarkably since the adoption of the Convention in 1982. This is acknowledged in the Agreement. Section 1 para. 15, of the Annex to the Agreement defers the adoption of rules, regulations and procedures dealing with exploitation to a later stage and allows the Authority to restrict the mining code at the present stage to prospecting and exploration. The Secretariat elaborated a new draft taking into account the draft discussed by PrepCom. It presented this draft which deals only with prospecting and exploration in March 1997 to the Legal and Technical

---

[7] Summary of Informal Consultations conducted by the Secretary-General on the Law of the Sea during 1990 and 1991 of 31 January 1992.

[8] Doc. LOS/PCN/SCN.3/WP.6 and Add. 1-8.

Commission.[9] The Legal and Technical Commission had intensive discussions on this draft during its session from 17-27 March 1997 and produced a revised version of the draft at the end of that session.[10] The Secretariat presented to the Legal and Technical Commission at its next session from 18-22 August 1997 a further revision which incorporated a draft model contract into the draft.[11] This draft was again discussed by the Legal and Technical Commission during its August session. The results of these discussions were incorporated into the draft and a revised version distributed.[12] The Legal and Technical Commission finished its deliberations on the draft at the end of the first week of the session from 16-27 March 1998 and presented its final recommendations to the Council on 23 March 1998.[13] The Council started its deliberations on the draft mining code thereafter. The provisions of this draft on the protection of the marine environment from activities in the Area are much shorter than the provisions of part VIII of the draft mining code discussed by PrepCom. This is due to the fact that this draft deals only with prospecting and exploration whereas the former draft also dealt with exploitation. The provisions of the actual draft differ partly from the provisions of the PrepCom draft and partly they are identical.

a)

The key provision of the draft submitted by the Legal and Technical Commission to the Council on the protection and preservation of the marine environment from serious harm which may arise from activities in the Area is regulation 28.

In contrast to previous drafts, it starts in para. 1 with an unequivocal obligation of contractors "to ensure the effective protection of the marine environment from serious harm which may arise from its activities in the Area and to take precautionary measures to anticipate, prevent or minimize any adverse impacts on the marine environment as far as reasonably possible using the best available technology". This provision distinguishes between serious harm to and other effects on the Marine

---

[9] Doc. ISBA/3/LTC/WP.1 of 7 March 1997.

[10] Doc. ISBA/3/LTC/WP.1/Rev. 1 of 27 March 1997.

[11] Doc. ISBA/3/LTC/WP.1/Rev. 2 of 18 August 1997.

[12] Doc. ISBA/3/LTC/WP.1/Rev. 3 of 27 August 1997.

[13] Doc. ISBA/4/C/4 and Add. 1-12 of 20 March 1998.

environment. It stipulates that serious harm to the marine environment has to be avoided under any circumstances whereas other effects of activities in the Area should be prevented or minimized as far as reasonably possible though they are tolerable. It should be expressed more clearly that "reasonably" includes economic and financial aspects. Prevention or minimization of effects below the level of serious harm should only be required if the results that may be achieved by such additional measures are proportionate to the costs the contractor has to bear and that they don't constitute an excessive burden to the contractor.

b)

Para. 2 obliges the Authority to "establish and keep under periodic review environmental regulations and procedures to ensure the protection and preservation of the marine environment". This is a clear indication that the Authority has not yet fulfilled its legislative task with regard to the protection of the marine environment with the adoption of the mining code but that it has to elaborate and adopt further rules and regulations in this area when additional knowledge on the marine environment becomes available through research and exploration. This indication of an evolutionary process is an important element of the mining code. The PrepCom draft contained this element in article 105 para. 2, but it was missing in the previous drafts of the Authority. Para. 2 contains another element which is completely new compared to the previous drafts. It is the authorization for the Legal and Technical Commission to issue guidelines listing exploration activities which may be considered to have no potential for causing harmful effects on the marine environment. Such a list would facilitate the elaboration of environmental impact assessments for exploration activities as well as the examination of applications for plans of work for exploration. In addition it would be superfluous to monitor the effects of such activities on the marine environment.

The question which organ of the Authority should decide on such a list has to be discussed. It has to be taken into account that the Legal and Technical Commission is only an advisory body composed of independent experts and has, according to the Convention, no power to take final decisions. This power is only entrusted to the Council and the Assembly. Therefore, one of these organs should get the competence to decide on relevant guidelines.

c)

Another element in para. 2 is the obligation for the Authority to develop procedures and guidelines for the establishment of environmental baselines against which to assess the likely effects of activities in the Area of the marine environment. This provision has to be seen together with regulation 15 para. (d), which prescribes that the applicant has to submit a programme for oceonographic and baseline studies together with the application for a plan of work, as well as regulation 28 para. 3, which requires the contractor to establish environmental baselines and to monitor and report on the effects of its exploration activities on the marine environment. The present text of these provisions does not say anything with regard to the sequence of these obligations. But it is important that the logical sequence is observed.

The first step has to be that research on the components of the marine environment of the deep sea and the seabed as well as on the interdependencies existing between these components is carried out to the extent the necessary knowledge is not yet available. The next step is to elaborate and adopt provisions that give a clear indication which environmental baselines the contractor has to establish in order to enable it to monitor the effects of its activities on the marine environment. Only thereafter the contractor should be obliged to establish the environmental baselines for the exploration/exploitation area. On their basis the contractor should develop a monitoring programme upon which the Authority has to agree. Only then the monitoring should start. It is absolutely necessary to observe this sequence also in the mining code. That monitoring of exploration activities right from the start is not possible does not seem to pose a problem because many exploration activities are similar to scientific research which normally does not cause serious harm to the marine environment. This is confirmed by the recommendation of the Legal and Technical Commission to elaborate and adopt a list of exploration activities which may be considered to have no potential for causing serious harm to the marine environment.

However, this judgement is not valid for the testing of collector systems and of equipment to transport polymetallic nodules to the surface as well as for pilot mining operations. Before these activities are undertaken environmental baselines should exist and the monitoring of the effects of such activities on the marine environment should be feasible. This has not been taken into account in the formulation of regulation 15 para. (d), and regulation 28 para. 3. These regulations should differentiate between exploration activities which normally don't cause serious harm to the marine environment and activities which may cause serious harm to the marine environment. In the first case monitoring of the effects of such activities on the marine environment does not seem necessary whereas in the second case monitoring is required. The carrying out of such activities should be dependent on the submission of an environmental impact statement as foreseen in Section 5 para. 5.4 of Annex 4 to the draft mining code and a decision by the Council that the planned activities can go ahead. As the establishment of environmental baselines is an important obligation in the first part of the exploration stage the Authority should tackle this subject in the near future and establish guidelines determining for which components of the marine environment baselines have to be established. This should be a priority item for the workshop on environmental questions the Authority is authorized to organize and convene in 1998 by the budget for that year[14].

It should be borne in mind that a pilot mining operation will certainly yield new knowledge on the effects of deep seabed mining on the marine environment. Therefore, the Authority has to be prepared to review the provisions on the protection of the marine environment from activities in the Area between the end of the first pilot mining operation and the start of exploitation.

d)

Other provisions relevant for the protection of the marine environment are contained in regulations 29 and 30.

Regulation 29 addresses only procedural questions in case a coastal state has clear grounds for believing that an activity in the Area is likely to cause serious harm to the marine environment under its jurisdiction or sovereignty. The coastal state may notify the Secretary-General and request him to take action within his competence to prevent such serious harm. The Secretary-General shall notify the contractor and his sponsoring State and inform the Legal and Technical Commission and the Council. He shall transmit any response by the contractor to the coastal State as well as to the Legal and Technical Commission and the Council. The Council may, if necessary, take action which may consist of emergency measures as authorized by regulation 30. Para. 5 of this regulation authorizes the Secretary-General also to take immediate emergency measures of a temporary nature as long as the Council has not acted.

---

[14] Doc. ISBA/3/A/5, para. 19(d), and Doc. ISBA/3/A/L.5.

This provision goes beyond article 162 para. 2. (w) LOSC which gives the competence to issue emergency measures solely to the Council. That may be too restrictive because it will take some time until the Council can meet and take decisions. It has, in addition, to wait for the recommendations of the Legal and Technical Commission (cf. article 165 para. 2. (k) LOSC), so that precious time may be lost. In view of this, it seems advisable to authorize the Secretary-General to issue temporary emergency measures. But making the duration of the validity of such emergency measures dependent on action by the Council may have the result that they may remain in force for a prolonged period if the Council is unable or unwilling to agree on emergency measures. Therefore, the duration of the validity of emergency measures issued by the Secretary-General should be limited and should not go beyond one month.

e)

Section 13 of Annex 4 of the draft mining code does not contain any provision on inspection by the sponsoring State. Such a provision was contained in article 117 of the PrepCom draft. It has to be discussed how to deal with the problem of inspections by the Authority and the relevant sponsoring states (cf. para. II. 1. e.) above).

f)

For an efficient protection of the marine environment from activities in the Area the Authority and the sponsoring States have to dispose of means to enforce the obligations contractors have agreed to with regard to the protection of the marine environment.

The sponsoring States have to adopt national legislation enabling them to enforce that their contractors fulfill the relevant obligations.

The basis for enforcement measures the Authority may take is article 18 of Annex III LOSC which is taken up in section 20 of annex 4 to the draft mining code. It authorizes the Authority to suspend or terminate the rights under the contract if the contractor has conducted his activities in such a way as to result in serious, persistent and wilful violations of the fundamental terms of the contract, Part XI LOSC, the Agreement and the mining code, or if the contractor has failed to comply with a final binding decision of the dispute settlement body applicable to him. For other violations of the contract the Authority may impose on the contractor monetary penalties proportionate to the seriousness of the violation. The conditions for suspension or termination of the contract leave certain room to the Authority to exercise discretion. But they limit this room sufficiently clear so that the Authority has no power to act arbitrarily. With regard to the provisions enabling the Authority to impose monetary penalties exist certain objections. There is no framework which sets limits for the determination of the monetary penalties. The indication that they should be proportionate to the seriousness of the violation is too general and gives not sufficient guidance for the determination of the amount of the monetary penalty to be imposed on contractors. In order to remedy this, the Authority should establish a list of possible offenses and indicate for each offense a framework for the amounts of the monetary penalties which may be imposed on contractors. By this a clear picture is given on the consequences for contractors of not fulfilling their obligations.

III. Future Tasks of the Authority

The adoption of the mining code for prospecting and exploration of polymetallic nodules presents only a first step in the process of developing rules, regulations and standards on the protection of the marine environment from activities in the Area. Since knowledge on the effects of deep seabed mining on the marine environment is still limited and the mining technology not yet known the Authority has to pursue two aims during the period until deep seabed mining becomes economically viable:

1. To see that the necessary knowledge on the effects of deep seabed mining on the marine environment is obtained through research, prospecting, exploration and finally a pilot mining operation. This knowledge must be made available to the Authority, to science and the public.
2. To develop on the basis of this knowledge rules, regulations and standards which represent a complete and coherent legal system for the protection of the marine environment from activities in the Area.

The first aim has to be pursued with priority because the development of further legal provisions is dependent on the availability of more knowledge on the environment of the deep sea, the deep seabed and its subsoil and on the effects of deep seabed mining on this environment. In order to avoid repetition of research done previously, the Authority should put together an inventory of the results and the knowledge already obtained. This should be done in cooperation with those who have carried out research on the effects of deep seabed mining on the marine environment in the past. A second step should be to identify the gaps in our knowledge and to determine which research has to be undertaken in the future. In order to avoid unnecessary double work the Authority should try to reach an understanding of the interested research institutions which research will be carried out by whom.

Only when sufficient knowledge is available the other task of developing further rules, regulations and standards should be tackled. As a pilot mining operation and the exploitation of polymetallic nodules is still far away the Authority has the time necessary for a careful work.

Cases on Equitable Maritime Delimitation Pending before the International Court of Justice

Barbara Kwiatkowska

I. Introductory Remarks

It is some three decades ago that by acting as an Agent of the winning party, the Federal Republic of Germany, in the famous *North Sea Continental Shelf (FRG/Denmark; FRG/Netherlands)* cases, Professor Günther Jaenicke contributed importantly to the precedential exposition by the International Court of Justice (ICJ) of the concept of equity as part of the international law applicable to maritime boundary delimitation. He was assisted in this prominent task by the then Professor Shigeru Oda of Japan as counsel for the FRG, who subsequently became a Member of the Court to which he has belonged since 1976.[1] Professor Jaenicke also served as an Agent for the Federal Republic in the pair of 1972-1974 *Fisheries Jurisdiction (UK v Iceland* and *FRG v Iceland)* cases, in which one of the counsels was another eminent German lawyer, Carl-August Fleischhauer, who, after serving as the Legal Adviser at the Bonn Foreign Office and as the United Nations Legal Counsel, joined the Court in 1994.[2] Significantly, equity *infra legem* as

---

[1] Cf. B. Kwiatkowska, "Judge Shigeru Oda's Opinions in law-of-the-sea cases: equitable maritime boundary delimitation", *GYIL* 36 (1993), 225 et seq. (227).

[2] See *ICJ Communiqué* No. 94/7. Cf. B. Kwiatkowska, "Equitable maritime boundary delimitation, as exemplified in the work of the International Court of Justice during the Presidency of Sir Robert Yewdall Jennings and beyond", *ODILA* 28 (1997), 91 et seq. (93).

expounded in the 1969 *North Sea* Judgment played an important role in the pair of 1974 *Fisheries Jurisdiction (Merits)* Judgments in the context of the international fisheries regime.[3]

Professor Günther Jaenicke had, moreover, the privilege of contributing to further crystallization of the Court's doctrine of application of equity to maritime boundary delimitation through his service as counsel for Canada in the 1982-1984 *Canada/USA Delimitation of the Maritime Boundary in the Gulf of Maine Area* case and as counsel for Libya in the 1982-1985 *Libya/Malta Continental Shelf* case. He shared with us his perceptions of this experience in a number of illuminating works,[4] including those dealing with the complex dispute settlement system which evolved as a result of the Third United Nations Conference on the Law of the Sea (UNCLOS III).[5]

In view of Professor Jaenicke's particular interest and experience in equitable maritime delimitation and dispute settlement in the law of the sea, and given the existence of comprehensive analyses of the decisions rendered so far by the ICJ and several Arbitral Tribunals undertaken elsewhere, it appeared appropriate to focus in this essay in his honor on the two maritime delimitation cases which are presently pending before the Court: the *Maritime Delimitation and Territorial Questions Between Qatar and Bahrain* and the *Cameroon v Nigeria Land and Maritime Boundary* cases.

The three procedural decisions rendered so far by the Court in these two cases, i.e. two Judgments on Jurisdiction and Admissibility (1994 and 1995) in the *Qatar/Bahrain* case and an Order on Provisional Measures (1996) in the *Cameroon v Nigeria* case, were all handed down during the triennial term of office of Judge Mohammed Bedjaoui of Algeria as President and Judge Stephen M. Schwebel of the United States as Vice-President of the Court (1994-1997). During the current triennium of the Presidency of Judge Schwebel and Vice-Presidency of Judge

---

[3] *ICJ Reports* 1974, 3 et seq. (33, 34), 175 et seq. (202, 205); See also Separate Opinions of Judges Dillard and de Castro, *ibid.*, 63-66, 99, 103-104, and Dissenting Opinion of Judge Gros, *ibid.*, 146.

[4] See, e.g., G. Jaenicke, "The Role of Proportionality in the Delimitation of Maritime Zones", in: A. Bos/H. Siblesz (eds), *Realism in Law-Making - Essays in Honour of Willem Riphagen*, 1986, 51 et seq.

[5] See, e.g., G. Jaenicke, "Dispute Settlement under the Convention on the Law of the Sea", *ZaöRV* 43 (1983), 813 et seq.

Christopher G. Weeramantry of Sri Lanka (1997-2000),[6] the *Qatar/-Bahrain* case is pending in the phase of Merits, whereas the *Cameroon v Nigeria* case is pending in the phase of Jurisdiction and Admissibility. Another law of the sea case par excellence which is presently pending in the phase of Jurisdiction is *Spain v Canada Fisheries Jurisdiction (The Estai)* case.[7]

The period of Judge Bedjaoui's Presidency of the Court (1994-1997) coincided with arguably the most important stage in the history of the development of international law of the sea. Not only did the milestone UN Montego Bay Convention on the Law of the Sea of 10 December 1982 enter into force on 16 November 1994, but also major progress towards its universalization has been initiated with the adoption of the Agreement of 28 July 1994 Relating to the Implementation of the Convention's Part XI.[8] The year 1996 witnessed establishment of the 21-Member International Tribunal for the Law of the Sea (ITLOS) in Hamburg, Germany, under the pioneering Presidency of Judge Thomas

---

[6] On election by the Court on 6 February 1997 of Judge Stephen M. Schwebel (United States) as its President and Judge Christopher G. Weeramantry (Sri Lanka) as its Vice-President, until 5 February 2000, see *ICJ Communiqué* No. 97/2; Judge Schwebel became the first Member with the nationality of a super-power who was re-elected on 6 November 1996 for a second nine-year term which expires on 5 February 2006; See *ICJ Communiqué* No. 96/29; the Registrar of the Court remains since 19 February 1987 Dr. Eduardo Valencia-Ospina (Colombia), whose second seven-year term of office expires on 19 February 2001; See *ICJ Communiqué* No. 94/6.

[7] *ICJ Reports* 1995, 87. By an Order of 8 May 1996, the Court decided not to authorize the filing of a Reply and a Rejoinder by the applicant and respondent respectively on the question of the Court's jurisdiction. See *ICJ Reports* 1996, 58, decided by 15 votes to two. In favour: President Bedjaoui, Vice-President Schwebel, Judges Oda, Guillaume, Shahabuddeen, Weeramantry, Ranjeva, Herczegh, Shi, Fleischhauer, Koroma, Ferrari Bravo, Higgins, Parra-Aranguren, and Judge *ad hoc* Lalonde (designated by Canada); Against: Judge Vereshchetin and Judge *ad hoc* Torres Bernárdez (designated by Spain); Registrar Valencia-Ospina. See also *ICJ Communiqué* No. 97/17.

[8] For the 1982 UN Montego Bay Convention, see *ILM* 21 (1982), 1245, and for the 1994 UN Agreement on Part XI (UNGA Resolution 48/263), see *ILM* 33 (1994), 1309. For the US President's Transmittal, see *ILM* 34 (1995), 1393; for the status of the Convention and the Agreement, as of 12 June 1996, see *UN/DOALOS Law of the Sea Bulletin* (1996 No. 31), 1 et seq. (11). Algeria ratified the Convention and the Agreement on 11 June 1996, making thereupon two declarations, *ibid.*, 7. See *infra* note 30.

A. Mensah of Ghana and Vice-Presidency of Judge Rüdiger Wolfrum of Germany.[9] While the result of the establishment of ITLOS is still awaited, the most that can be anticipated at present is that, as President Stephen M. Schwebel remarked, a large part of the traditional docket of the ICJ, particularly that involving equitable maritime delimitation, may eventually be removed to the ITLOS.[10]

The two cases covered by this essay differ regarding the Court's jurisdiction, which in the *Qatar/Bahrain* case rested on the bilateral compromissory clause under Article 36(1) of the ICJ Statute, whereas in the *Cameroon v Nigeria* case jurisdiction was grounded on the Optional Clause under Article 36(2) of the Statute. The *Qatar/Bahrain* case exemplifies, in particular, reliance on the "framework agreement" as a method of conferring jurisdiction on the Court, which is distinct from a *compromis* (Special Agreement).[11] The Optional Clause was adhered to by Cameroon shortly prior to its instituting of the case against Nigeria.[12] The reliance on the Optional Clause in the *Cameroon v Nigeria* case follows the precedent established to this effect in the *Denmark v Norway Maritime Delimitation in the Area Between Greenland and Jan Mayen* case, exemplifying the rule that the Court can effect delimitation on a unilateral request, provided that it has jurisdiction to do so. The milestone and almost unanimous 1993 *Denmark v Norway (Jan Mayen)* Judgment[13] was subsequently fully implemented by the Denmark/Norway Oslo Agreement Concerning the Boundary Between the Fishery

---

9 The first ITLOS Registrar became an experienced senior official of the UN Secretariat, Kumar Chitty of Sri Lanka. See UN Doc. SPLOS/14, Part III: Establishment of the ITLOS, 5-9 (1996); "UNCLOS: International Tribunal Starts Work", *Envtl. Pol'y & L.* 27 (1997), 2 et seq.

10 S. M. Schwebel, *Justice in International Law - Selected Writings of Judge Stephen M. Schwebel*, "Chapter 2: Relations Between the International Court of Justice and the United Nations", 1994, 14 et seq. (18); Cf. S. Rosenne, "Establishing the International Tribunal for the Law of the Sea", *AJIL* 89 (1995), 806 et seq.

11 See S. Rosenne, "The Qatar/Bahrain Case. What is a treaty? A framework agreement and the seizing of the Court", *LJIL* 8 (1995), 161 et seq. (171-176).

12 *ICJ Yearbook 1994-1995*, 84 [Cameroon], 106 [Nigeria].

13 *ICJ Reports* 1993, 38, decided by 14 votes to one. In favor: President Sir Robert Jennings, Vice-President Oda, Judges Ago, Schwebel, Bedjaoui, Ni, Evensen, Tarassov, Guillaume, Shahabuddeen, Aguilar Maedsley, Weeramantry, Ranjeva, Ajibola; Against: Judge *ad hoc* Fisher (designated by Denmark); Registrar Valencia-Ospina.

Zones in the Area, which entered into force on the day of signature, 18 December 1995.[14]

The *Qatar/Bahrain* and *Cameroon v Nigeria* cases share the common characteristic of combining the issues of maritime boundary delimitation with certain territorial and sovereignty questions. In each instance, maritime delimitation involves a single boundary line, to be drawn in the Persian Gulf and the Gulf of Guinea respectively. The *Cameroon v Nigeria* case was intertwined with considerable ongoing political conflict between the two parties, whereas the *Qatar/Bahrain* case should be seen in the context of a sensitive geopolitical situation and security co-operation in the Persian Gulf. In its Reply of 5 June 1994 on Establishment of a Nuclear-Weapon-Free Zone in the Middle East, Qatar listed "recognition of international boundaries" amongst the basic principles governing security relations in the region.[15] Since December 1994, the stability of a key ally of the United States in the Gulf - Bahrain, which is ruled by Sunni Muslims - has been affected by waves of political unrest among Shiite Muslims (forming three-fourths of Bahrain's citizens), allegedly directed by Iran.[16] While 40% of the world's exported oil is shipped from the Persian Gulf, Bahrain is the administrative headquarters for the US Navy's Fifth Fleet, which is enforcing trade sanctions against Iraq and monitoring Iranian naval movements. In its Final Communiqué at the Cairo Summit of 23 June 1996, the Arab League called on Iran to respect the sovereignty of Bahrain with a view of ensuring peace and stability in the region.[17]

The particular sensitivity of regional security in the Persian Gulf in the context of the 1980-1988 Gulf War is reflected by two cases instituted by Iran against the United States: the *Iran v USA Oil Platforms* case which is presently pending in the phase of Merits and the *Iran v USA Aerial Incident of 3 July 1988* case which was discontinued in 1996. In a Dissenting Opinion appended by Vice-President Stephen M. Schwebel

---

[14] UN/DOLAOS Law of the Sea Bulletin 31 (1996), 59-61.

[15] Establishment of a Nuclear-Weapon-Free Zone in the Region of the Middle East - Report of the Secretary-General, UN Doc. A/49/324, 8 (1994).

[16] See "Bahrain's Unrest Worries Neighbours and U.S.", *International Herald Tribune (IHT)* of 28 March 1996, 7; "Bahrain Foils Coup Plot and Accuses Iran", *IHT* of 4 June 1996, 6; "Bahrain Court Sentences 8 for Wave of Arson and Sabotage", *IHT* of 19 June 1996, 12; "America Doesn't Need a Big Permanent Presence in the Gulf", *IHT* of 5 July 1996, 6.

[17] *ILM* 35 (1996), 1280 et seq. (1285). See also *infra* notes 80 and 82.

to the 1996 *Legality of the Threat or Use of Nuclear Weapons* Advisory Opinion (UNGA Request), the evidence relating to the effective threat of the use of nuclear weapons, which took place on the eve of "Desert Storm" during the 1990-1991 Gulf War, was, moreover, found to be "a striking illustration of a circumstance in which the perceived threat of the use of nuclear weapons was not only eminently lawful but intensely desirable".[18] Accordingly, this evidence provided one of important grounds relied upon by Vice-President Schwebel in support of his forceful and undeniably logical view that, in extreme circumstances of self-defense and state survival, "the threat of the use of nuclear weapons - as long as they remain weapons unproscribed by international law - may be both lawful and rational".[19]

II. Maritime Delimitation and Territorial Questions Between Qatar and Bahrain Case (General List No. 84)

After the mediation by King Fahd of Saudi Arabia failed to lead to the desired outcome, the Maritime Delimitation and Territorial Questions Between Qatar and Bahrain case was instituted against Bahrain by means of an Application relying on Article 36(1) of the ICJ Statute filed by Qatar in the Court's Registry on 8 July 1991.

The Application requested the Court to adjudge and declare that the disputed sovereignty over the Hawar Islands and sovereign rights over the shoals of Dibal and Qit'at Jaradah in the Persian Gulf belong in both instances to Qatar. The dispute over the Hawar Islands arose during the 1930s against the background of exploration for oil in the Gulf, with Qatar continuously asserting the invalidity of a British determination of 11 July 1939 that the Islands belonged to Bahrain rather than to Qatar. The question of sovereign rights over the shoals is, according to the 1991 Qatar Application, interlinked with the maritime delimitation effected between the two states by Britain on 23 December 1947. In particular, Britain drew a median (equidistant) line, which "divides in

---

[18] *Nuclear Weapons* Dissenting Opinion (UNGA Request) of Vice-President Schwebel, *ICJ Reports* 1996, 311 et seq. (323), reprinted in: *ILM* 35 (1996), 809 et seq. (840-842).

[19] *Ibid.* (Schwebel); *ILM* 35 (1996), 842. For discussion of Vice-President Schwebel's views, see R.A. Falk, "Nuclear Weapons, International Law and the World Court: A Historic Encounter", *AJIL* 91 (1997), 64 et seq. (69, 72).

accordance with equitable principles" the sea-bed between Qatar and Bahrain, with two exceptions. One of exceptions was that the line gave effect to the 1939 British decision that the Hawar Islands belonged to Bahrain. The other exception was that Britain recognized "sovereign rights" of Bahrain in the areas of the Dibal and Jaradah shoals lying east of that line on the Qatar side. Qatar agrees with Britain that Dibal and Qit'at Jaradah are shoals and not islands (possessing territorial waters), but continues to claim that such sovereign rights as exist over both these shoals belong to Qatar and not Bahrain. It is also understood that when Britain had worked in 1947 on the Qatar/Bahrain equidistance delimitation, it had discounted the special case of Bahrain's claim to the historic (ruined) town of Zubarah.

Bahrain, which did not accept the 1947 delimitation made by Britain by means of equidistance, with the exception of Hawar Islands and both shoals referred to above, proclaimed in 1964 a new line delimiting the Qatar/Bahrain sea-bed boundary in Bahrain's favour. While rejecting the two exceptions, Qatar, on its part, did not oppose the British boundary line which was based on the configuration of the coastlines of Qatar and Bahrain and determined in accordance with equitable principles. In its 1991 Application, Qatar requested the Court: "With due regard to the line dividing the sea-bed of the two States as described in the British decision of 23 December 1947, to draw in accordance with international law a single maritime boundary between the maritime areas of sea-bed, subsoil and superjacent waters appertaining respectively to the State of Qatar and the State of Bahrain". Bahrain is an archipelagic state whose archipelagic baselines, had it claimed archipelagic status under the 1982 Montego Bay Convention (Part IV), would produce the acceptable water-to-land ratio of 1.2:1, assuming that the Hawar Islands were part of Bahrain.[20]

The 1991 Application of Qatar founded the jurisdiction of the Court upon two Qatar/Bahrain agreements stated to have been concluded in December 1987 and December 1990, with the subject and scope of the commitment to jurisdiction having been determined, according to Qatar, by a formula proposed by Bahrain to Qatar on 26 October 1988, and accepted by Qatar in December 1990. Bahrain contested the basis of jurisdiction invoked by Qatar, maintaining that the Minutes signed at

---

[20] See B. Kwiatkowska/E.R. Agoes, "Archipelagic Waters: An Assessment of National Legislation", in: R. Wolfrum (ed.), *Law of the Sea at the Crossroads: The Continuing Search for a Universally Accepted Régime*, 1991, 107 et seq. (110).

Doha on 25 December 1990 by the Foreign Ministers of Bahrain, Qatar, and Saudi Arabia, which Qatar considered to be an agreement, did not constitute a legally binding instrument. In Bahrain's view, the combined provisions of the Minutes and the Letters exchanged by each state with the King of Saudi Arabia accepting the Court's jurisdiction did not enable Qatar to seize the Court unilaterally. The text proposed by Bahrain on 26 October 1988, and referred to in the 1990 Doha Minutes as the "Bahraini formula", read as follow:

> Question
>
> The Parties request the Court to decide any matter of territorial right or other title or interest which may be a matter of difference between them; and to draw a single maritime boundary between their respective maritime areas of seabed, subsoil and superjacent waters.

The Court rendered two *Qatar v Bahrain (Jurisdiction and Admissibility)* Judgments. In its first, almost unanimous Judgment delivered on 1 July 1994, the Court handed down five decisions, all of them carried by the same fifteen votes (including those of President Mohammed Bedjaoui and Vice-President Stephen M. Schwebel) to one, with the vote against being that of Judge Shigeru Oda.[21] The Court found that Qatar and Bahrain had entered into international agreements by which they had undertaken to submit to the Court the whole of the dispute between them, as circumscribed by the "Bahraini formula". The agreements, which the Court found as conferring jurisdiction upon it, included the Exchanges of Letters between the King of Saudi Arabia and the Amir of Qatar of 19 and 21 December 1987, and between the King of Saudi Arabia and the Amir of Bahrain of 19 and 26 December 1987, and the Minutes signed at Doha on 25 December 1990. The Court therefore decided to afford Qatar and Bahrain the opportunity to submit the whole of the dispute to the Court and fixed 30 November 1994 as the time-limit by which the parties could, jointly or separately, take action to that end. Any other matters were reserved by the Court for subsequent decision.

---

[21] *ICJ Reports* 1994, 112 et seq. (126-127), decided by 15 votes to one. In favour (of all five decisions): President Bedjaoui, Vice-President Schwebel, Judges Sir Robert Jennings, Tarassov, Guillaume, Shahabuddeen, Aguilar Mawdsley, Weeramantry, Ranjeva, Herczegh, Shi, Fleischhauer, Koroma, and Judges *ad hoc* Valticos (designated by Bahrain), Ruda (designated by Qatar); Against: Judge Oda; Registrar Valencia-Ospina.

Vice-President Stephen M. Schwebel, who considered the content of all the Court's holding to be "unobjectionable", also found, in his illuminating Separate Opinion, the Court's Judgment to be "novel - and disquieting".[22] This is because, contrary to the previous jurisprudence of the Court, the 1994 *Qatar v Bahrain* Judgment failed to dispose of the submissions of the parties, and instead reserved for a future time an entire decision as to whether the Court had jurisdiction. It was questionable, in the Vice-President's view, whether the judicial function was served by such an innovation, however desirable it was that Qatar and Bahrain realize their commitment to submit their dispute to the Court. According to Ambassador Shabtai Rosenne, the Court apparently took the view that at that stage of the case it was not acting within the context of Article 79 of the Rules of Court, which was not mentioned anywhere in the 1994 Judgment or in any of the Opinions except that of Vice-President Schwebel.[23]

Although President Mohammed Bedjaoui did not append any opinion to the *Qatar v Bahrain* Judgment, he expressly referred to the Judgment in his elegant Statement made subsequently at the 49th UNGA on 13 October 1994. He stressed that the Court, by the nature of the law it applies, by the role it fulfils and by its composition, is "able to withstand blind applications of the law" and that international law remains, "in essence, a flexible and open law", having due regard for equity *infra legem*.[24] The President went on to ascertain that: "As a body integrated into the system for the maintenance of peace that was established under the Charter, the Court never loses sight of that ultimate objective. It follows that the important approach recently made by the Court to the Parties in the case concerning *Maritime Delimitation and Territorial Questions between Qatar and Bahrain* provides indisputable evidence of the dynamic and responsible judicial policy applied by the Court,

---

[22] *Ibid.* (Schwebel), 130-131.

[23] Rosenne, see note 11, at 178. For agreement with Vice-President Schwebel's views, see also I. Pingel-Lenuzza, "Remarques sur la procédure dans l'affaire de la *délimitation maritime et des questions territoriales entre Qatar et Bahreïn*", *RGDIP* 100 (1996), 179 et seq. (192-193).

[24] Statement of President Bedjaoui of 13 October 1994 at the 49th UNGA, Doc. A/49/PV.29th Meeting-13 October 1994, 1, 4, reprinted in: *ICJ Yearbook* 1994-1995, 207 et seq.

and prompted by its constant concern to hear and determine cases in the interest of peace".[25]

In Ambassador Rosenne's view, although the remark made in the 1994 *Qatar v Bahrain* Dissenting Opinion of Judge Shigeru Oda that the Court had "opted for the role of conciliator"[26] seemed to be a fair characterization of the Court's action, he also thought that by so acting the Court did not go beyond its powers as set out in the Statute.[27] He considered the 1994 *Qatar v Bahrain* Judgment to be a timely innovation, especially as regards cases where the jurisdiction rests on a "framework agreement" as distinct from a *compromis*. Special attention is merited by Rosenne's cautious conclusion that the Judgment "is justified by the long history of the attempts to reach an agreed solution of the differences between two neighbouring countries, or an agreed form of reference to the Court. It is not a precedent for other types of disputes as to whether the Court has jurisdiction".[28] The wisdom of this view was confirmed when in the 1995 *New Zealand v France Nuclear Tests (Request for an Examination of the Situation)* Order, the Court did not respond to New Zealand's appeal to its inherent powers as used for the purposes of the unusual decision taken in its 1994 *Qatar v Bahrain* Judgment.[29]

---

[25] *Ibid.* Cf. M. Bedjaoui, "La place de la Cour internationale de justice dans le systeme general de maintien de la paix institue par la Charte des Nations Unies", *AJICL/RADIC* 8 (1996), 541 et seq. (545); It is in this context that President Bedjaoui went on to comment upon the composition of the Court as a "World Court", and to state that: "The Court takes its decisions on the basis of law, following a most meticulous examination of each case, without failing to take account of the '*meta-juridical factor*' ('*données méta-juridiques*'), the expectations of the Parties and the imperative requirements of justice and peace" (emphasis added). Cf. also *Qatar v Bahrain (Jurisdiction and Admissibility)* Dissenting Opinion of Judge Shahabuddeen, *ICJ Reports* 1995, 51-52.

[26] *ICJ Reports* 1994, 133 et seq. (149) (Oda). Cf. E. Lauterpacht, "'Partial' Judgments and the Inherent Jurisdiction of the International Court of Justice", in: V. Lowe and M. Fitzmaurice (eds), *Fifty Years of the International Court of Justice - Essays in Honour of Sir Robert Jennings*, 1996, 465 et seq.

[27] Rosenne, see note 11, at 178-179.

[28] *Ibid.*, 182.

[29] Cf. B. Kwiatkowska, "*New Zealand v France Nuclear Tests* Case: The 'Little Big' Order of the International Court of Justice of 22 September 1995", *FYBIL* 6 (1995), 1 et seq. (77, 117-118).

In accordance with the *Qatar v Bahrain* Judgment, Qatar filed in the ICJ Registry on 30 November 1994 an Act to comply with paragraphs (3) and (4) of the Judgment's operative paragraph 41. Qatar referred to "the absence of an agreement between the Parties to act jointly" and stated that it was thereby submitting to the Court the whole of the dispute between Qatar and Bahrain, as circumscribed by the "Bahraini formula" quoted above. In Qatar's view, the following subjects fell within the Court's jurisdiction: "1. The Hawar Islands, including the island of Janan; 2. Fasht al Dibal and Qit'at Jaradah; 3. The archipelagic baselines; 4. Zubarah; 5. The areas for fishing for pearls and for fishing for swimming fish and any other matters connected with maritime boundaries". In furtherance of its Application, Qatar requested the Court to adjudge and declare that Bahrain had no sovereignty or other territorial right over the island of Janan or over Zubarah, and that any claim by Bahrain concerning archipelagic baselines and areas for fishing for pearls and swimming fish would be irrelevant for the purpose of maritime delimitation in the present case.

On 30 November 1994, Bahrain submitted to the Court a report on the attempt by the parties to implement the 1994 *Qatar v Bahrain* Judgment. In that report, Bahrain understood this Judgment as confirming that the submission to the Court of "the whole of the dispute" must be "consensual in character, that is, a matter of agreement between the Parties". On 5 December 1994, Bahrain further submitted observations on the Qatari Act, stating that the Act, even when considered in the light of the Judgment, could not create that jurisdiction or effect a valid submission in the absence of Bahrain's consent.

In its second *Qatar v Bahrain (Jurisdiction and Admissibility)* Judgment, delivered on 15 February 1995, the Court found by ten votes (including that of President Mohammed Bedjaoui[30]) to five (including those of Vice-President Stephen M. Schwebel and Judge Shigeru Oda) that it had jurisdiction to adjudicate upon the dispute submitted to it between Qatar and Bahrain, and that the Application of Qatar as for-

---

[30] Cf. President Bedjaoui's view quoted in main text accompanying see notes 24-25. Note that upon ratification in 1996 of the 1982 UN Montego Bay Convention, Algeria stated in its Declaration 1 (Article 287) that, "in order to submit a dispute to the ICJ, prior agreement between *all* the parties concerned is necessary in each case" (emphasis added). See *supra* note 8.

mulated on 30 November 1994 was admissible.[31] Bahrain chose not to be represented at the reading of this Judgment.

In the context of the manner in which the Court was to be seized of the *Qatar/Bahrain* case, the critical issue was that of interpretation of the 1990 Doha Minutes, as already reflected in the 1994 Judgment. While contesting the Court's jurisdiction to deal with the 1991 Application of Qatar, Bahrain emphasized that a preliminary version of the Doha Minutes provided that "either of the two parties" should be entitled to seise the Court, and that, on the insistence of Bahrain, this text was modified to permit of such seizing only by "the two parties" (in Arabic "*al-tarafan*").[32] In his insightful comment on the 1994 *Qatar v Bahrain* Judgment, Ambassador Rosenne remarked: "The point at issue was whether the Arabic word translated *parties*, in the Arabic dual and not the plural form, means *either party*, or *both parties jointly*. The word in question, *al-tarafan* ..., certainly means *the two parties*, but that does not answer the legal question of interpretation which, as is normal, depends on the intention of the parties and not on pure grammar. *Grammatici certant et adhuc sub iudice est!*"[33] The implication of the whole 1994 Judgment was, in Rosenne's view, that "the proper seizing of the Court required action by *both* parties, even if not necessarily joint action".[34]

Significantly, Vice-President Stephen M. Schwebel opened his 1995 *Qatar v Bahrain* Dissenting Opinion, which could be regarded as a masterpiece on treaty interpretation, by remarking that, in the law of treaties, "the primary object of interpretation, namely, the revealing of the intention of the parties", is in the words of that late, great judge and authority on the law of treaties, Sir Hersch Lauterpacht, paramount:

> "The intention of the parties - express or implied - is the law. Any considerations - of effectiveness or otherwise - which tend to transform the ascertainable intention of the parties into a factor of secon-

---

[31] *ICJ Reports* 1995, 6 et seq. (26), decided by 10 votes to 5. In favour: President Bedjaoui, Judges Sir Robert Jennings, Guillaume, Aguilar Mawdsley, Weeramantry, Ranjeva, Herczegh, Shi, Fleischhauer, and Judge *ad hoc* Torres Bernárdez (designated by Qatar); Against: Vice-President Schwebel, Judges Oda, Shahabuddeen, Koroma, and Judge *ad hoc* Valticos (designated by Bahrain); Registrar Valencia-Ospina.

[32] *ICJ Reports* 1994, 120.

[33] Rosenne, see note 11, at 167-168 n. 13.

[34] *Ibid.*, 167 (emphasis added).

dary importance are inimical to the true purpose of interpretation". (H. Lauterpacht, Restrictive Interpretation and the Principle of Effectiveness in the Interpretation of Treaties, 26 *British Yearbook of International Law* 73 (1949).

"The intention of the parties", in law, refers to the *common intention of both parties.* It does not refer to the singular intention of each party which is unshared by the other. To speak of "the" intention of "the parties" as meaning the diverse intentions of each party would be oxymoronic.[35]

Vice-President Schwebel considered that, since the terms of the treaty at issue, the 1990 Doha Minutes, in particular its expression of "*al-tarafan*", were "quintessentially unclear" and "inherently ambiguous",[36] the Court was bound to weigh the *travaux préparatoires* of its text, which in fact had been the principal focus of the argument of the parties. The Vice-President was the only member of the Court to analyze more closely in his Dissenting Opinion preparatory work from the perspective of Articles 31 and 32 of the 1969 UN Vienna Convention on the Law of Treaties, and to raise the question whether "confirmation" by supplementary means of interpretation (the *travaux*) under Article 32 may permit the "undermining" of the "ordinary" or "clear" meaning of the text of a treaty arrived at by the application of Article 31.[37] He devoted subsequently to this critical question his essay entitled "May Preparatory Work Be Used to Correct Rather Than Confirm the 'Clear' Meaning of a Treaty Provision?", pointing out that if, as Article 31 itself prescribes, a treaty is to be interpreted "in good faith" surely the provision of Article 32 respecting recourse to preparatory work must be understood to be meaningful rather than meaningless.[38] In Vice-President Schwebel's view, if the *travaux préparatoires* may be invoked to correct the ordinary meaning otherwise deduced (if not to inform and influence the interpretation of the treaty from the outset), it and the provision of Article 32 are accorded a meaningful place. He notes, in both his Dissenting Opinion and his essay, that what little there is regarding pre-

---

[35] *ICJ Reports* 1995, 27 (Schwebel).

[36] *Ibid.* (Schwebel), 37.

[37] *Ibid.* (Schwebel), 28 et seq.

[38] S.M. Schwebel, "May Preparatory Work Be Used to Correct Rather Than Confirm the 'Clear' Meaning of a Treaty Provision?", in: J. Makarczyk (ed.), *Theory of International Law at the Threshold of the 21st Century - Essays in Honour of Krzysztof Skubiszewski*, 1996, 541 et seq.

paratory work in the Vienna Convention itself (including the views of the ILC Special Rapporteur, Sir Humphrey Waldock) supports the approach to which he adheres.

In his *Qatar v Bahrain* Dissenting Opinion, Vice-President Schwebel found persuasive Bahrain's interpretation that alteration in the text of the phrase "either party" into that of "the two parties" ("*al-tarafan*") demonstrated that its intention was to exclude unilateral recourse to the Court.[39] In his view, an explanation as the Court offered in support of its position that the *travaux préparatoires* did not provide it with conclusive supplementary elements for interpretation of the Doha Minutes was unconvincing.[40] The Court, despite the compelling character of the *travaux*, gave it inconclusive weight. In effect it set aside the preparatory work either because it vitiated rather than confirmed the Court's interpretation, or because its construction of the treaty's text was, in the Court's view, so clear that reliance upon the preparatory work was unnecessary.

According to Vice-President Schwebel, the Court's construction of the Doha Minutes for such reasons was at odds with the rules of interpretation prescribed by the Vienna Convention on the Law of Treaties. This construction did not comport with a good faith interpretation of the treaty's terms "in the light of its object and purpose" because the object and purpose of both parties to the treaty was not to authorize unilateral recourse to the Court. The Court's construction, moreover, did not implement the Vienna Convention's provisions for recourse to the preparatory work because, far from confirming the meaning arrived at by the Court's interpretation, the preparatory work vitiated it. Furthermore, the Court's failure to determine the meaning of the treaty in the light of its *travaux préparatoires* resulted, if not in an unreasonable interpretation of the treaty itself, in an interpretation of the preparatory work which was "manifestly ... unreasonable".[41] What the text and context of the 1990 Doha Minutes left so unclear was, however, according to Vice-President Schwebel, crystal clear when those Minutes were analyzed with the assistance of the *travaux préparatoires*, which "of itself is not ambiguous; on the contrary, a reasonable evaluation of it

---

[39] *ICJ Reports* 1995, 34 et seq. (Schwebel).

[40] *Ibid.* (Schwebel), 35; citing *ibid.* (Judgment), 21 et seq. See also *ibid.* (Shahabuddeen), 56 et seq., (Koroma), 69 et seq., and (Valticos), 75 et seq.

[41] *Ibid.* (Schwebel), 36.

sustains only the position of Bahrain".[42] The Vice-President concluded that these considerations have special force where the treaty at issue is one that is construed to confer jurisdiction on the Court. Where the preparatory work of a treaty demonstrates - as it does in the *Qatar v Bahrain* case - the lack of a common intention of the parties to confer jurisdiction on the Court, the Court is not entitled to base its jurisdiction on that treaty.[43]

For the reasons already set out in his 1994 Dissenting Opinion and partly repeated in his 1995 Dissenting Opinion, Judge Shigeru Oda was of the view that neither the 1987 Exchanges of Letters nor the 1990 Doha Minutes fell within the category of "treaties and conventions in force" specially providing for certain matters to be referred to the Court for a decision by means of a unilateral Application under Article 36(1) of the ICJ Statute.[44] In his opinion, the Court was not empowered to exercise jurisdiction unless the relevant Qatar/Bahrain disputes were jointly referred to the Court by a *compromis*, which had not been done in this case.[45] Even if the Doha Minutes could constitute a basis on which the Court could be seised of the dispute, Judge Oda believed that there seemed to be nothing in the 1995 *Qatar v Bahrain* Judgment to show that the amended or additional submissions of Qatar filed on 30 November 1994 in fact comprised "the whole of the dispute", as compared to the opposite position apparently taken by Bahrain (which has not had an opportunity to give any official expression to its views on this point).[46]

While sharing, in his perceptive Dissenting Opinion, conclusions of other dissenters that the Court lacked jurisdiction to entertain the Application of Qatar and that this Application was inadmissible, Judge *ad hoc* Nicolas Valticos found the 1995 Judgment debatable also on the ground that, albeit with undeniable skill, the Court has circumvented the obstacle constituted by the lack of real consent of the parties. He admitted that, in so doing, the Court "may well have provided an op-

---

[42] *Ibid.* (Schwebel), 38-39. For agreement with Vice-President Schwebel's views, see M.D. Evans, "Case concerning maritime delimitation and territorial questions between Qatar and Bahrain, jurisdiction and admissibility", *ICLQ* 44 (1995), 691 et seq. (696).

[43] *ICJ Reports* 1995, 39 (Schwebel).

[44] *Ibid.* (Oda), 40 et seq., 43 et seq.

[45] Cf. *ibid.* (Shahabuddeen), 52 et seq.

[46] *Ibid.* (Oda), 49 et seq.

portunity for the prevention of a conflict in danger of breaking out in an already very sensitive region",[47] and that the Court's decision satisfied not only Qatar but also Bahrain (at least as regards the subject of the dispute). But Judge *ad hoc* Valticos wondered whether these advantages were enough to offset what he considered to be the weakness of the absence of actual consent by one of the parties and the inadequacy of the seizing.

On the whole, one could support the view of Malcolm D. Evans, who found it difficult to avoid agreeing with Vice-President Stephen M. Schwebel when, in his 1994 Separate Opinion, he described the first Court's Judgment as "novel - and disquieting", and noted that the Vice-President's description might also perhaps be extended to the 1995 *Qatar v Bahrain* Judgment.[48] It may be the majority's position which will shape the future attitudes as to various aspects of the jurisdiction of the Court and the law of treaties, and which might retain the value of "the dynamic and responsible judicial policy" ascribed to it by President Mohammed Bedjaoui.[49] While the criticism that the Court's approach to jurisdictional issues may be seen as falling within the scope of the President's concept of being "meta-juridical" should be viewed with caution,[50] the most important controversy will most likely centre on the Court's treatment of the *travaux préparatoires* to the 1990 Doha Minutes. In this context, it might likewise be that the constructive approach adhered to by Vice-President Schwebel, in his 1995 *Qatar v Bahrain* Dissenting Opinion, in support of permitting the *travaux* under Article 32 of the Vienna Convention to correct rather than confirm the text of (especially bilateral) treaties, might yet receive due attention in the future jurisprudence of the Court.

---

[47] *Ibid.* (Valticos), 77 et seq. Cf. main text accompanying see notes 15-19.

[48] Evans, see note 42, at 697, citing *ICJ Reports* 1994, 130 (Schwebel); see note 22.

[49] See main text accompanying *supra* notes 24-25.

[50] For such criticism, see especially that by two current Counsel of Bahrain, E. Lauterpacht, "The Juridical and the Meta-Juridical in International Law", in: Makarczyk (ed.), see note 38, 215-223, 233-234, who perhaps reads more into President Bedjaoui's Statement, see notes 24-25, than it contains; Lauterpacht, see note 26, at 483 et seq.; and P. Weil, "Compétence et saisine: un nouvel aspect du principe de la juridiction consensuelle", in: Makarczyk (ed.), see note 38, 833 et seq.

In accordance with the Court's Order of 1 February 1996,[51] Qatar and Bahrain each filed a Memorial by 30 September 1996. By an Order of 30 October 1996, President Bedjaoui fixed 31 December 1997 as the time-limit for the filing by each of the parties of a Counter-Memorial and by an Order of 30 March 1998, the Court directed the submission, by each of the parties, of a Reply on the merits by 30 March 1999.[52]

III. Cameroon v Nigeria Land and Maritime Boundary Case (General List No. 94)

The pending *Cameroon v Nigeria Land and Maritime Boundary* case is the second case instituted by Cameroon (formerly a German colony), which previously brought to the Court the first "decolonization" case relating to the African Continent, the famous *Cameroon v United Kingdom Northern Cameroons* case (Nigeria not having been impleaded).[53] As President Mohammed Bedjaoui pointed out, the recent institution before the Court of the important *Cameroon v Nigeria* and *Botswana/Namibia Kasikili/Sedudu Island*[54] cases "once again bears witness to the faith of the African continent in international justice".[55]

After the 1981-1985 *Tunisia/Libya* and the 1984-1985 *Libya/Malta Continental Shelf* and the discontinued *Guinea-Bissau v Senegal Maritime Delimitation* cases, the *Cameroon v Nigeria* case became the

[51] *ICJ Reports* 1996, 6. Present: President Bedjaoui, Vice-President Schwebel, and Judges Oda, Guillaume, Shahabuddeen, Weeramantry, Ranjeva, Herczegh, Shi, Fleischhauer, Koroma, Vereshchetin, Ferrari Bravo, Higgins; Registrar Valencia-Ospina.

[52] *ICJ Reports* 1996 (in press); *ICJ Communiqué* No. 96/30; *ICJ Reports* 1998 (in press); *ICJ Communiqué* No. 98/12.

[53] *ICJ Reports* 1963, 15.

[54] *Botswana/Namibia* Order of 24 June 1996, *ICJ Reports* 1996, 63; Present: President Bedjaoui, Vice-President Schwebel, and Judges Oda, Guillaume, Shahabuddeen, Weeramantry, Ranjeva, Herczegh, Shi, Fleischhauer, Koroma, Vereshchetin, Ferrari Bravo, Higgins, Parra-Aranguren; Registrar Valencia-Ospina.

[55] Statement of President Bedjaoui of 13 October 1994 at the 49th UNGA, Doc. A/49/PV.29, see note 24, at 1, reprinted in: *ICJ Yearbook 1994-1995*, 207 et seq.; Bedjaoui, see note 25, at 541.

fourth maritime delimitation case involving African states.[56] As in the *Guinea-Bissau v Senegal* case, the parties to the new *Cameroon v Nigeria* case do not qualify for obtaining assistance from the United Nations Secretary-General's Trust Fund.[57] This is because the Fund can be used only for expenses incurred in connection with cases instituted by means of a Special Agreement (*compromis*). The first instance of such a use (by Chad) occurred in the *Libya/Chad Territorial Dispute* case. The Trust Fund has repeatedly been commended by President Bedjaoui in the context of true justice requiring that "all should be equal before the Court, not just *de jure* but also *de facto*".[58] While calling upon the potential contributors to increase the Trust Fund's resources and the potential users to take full advantage of these resources, President Bedjaoui stressed that, "such a system of judicial cooperative action would, if confirmed and extended, be an unquestionable sign of great maturity in the community of States".[59]

The *Land and Maritime Boundary* case was instituted against Nigeria by means of an Application relying on Article 36(2) of the ICJ Statute[60] and filed by Cameroon in the Registry on 29 March 1994 in respect of a dispute relating "essentially to the question of sovereignty over the Bakassi Peninsula" and also involving the maritime delimitation between the two states in the Gulf of Guinea. It was followed by an Additional Application filed by Cameroon in the Registry on 6 June 1994 in respect of a further dispute relating "essentially to the question of sovereignty over a part of the territory of Cameroon in the area of Lake Chad". In its *Cameroon v Nigeria* Order of 16 June 1994, the Court

[56] On the common background shared by the African maritime and land boundary cases, see the *Libya/Chad Territorial Dispute* Separate Opinion of Judge Ajibola, *ICJ Reports* 1994, 51 et seq. 52; *Cameroon v Nigeria* Verbatim Record of Pleadings, CR 96/2, 33 (Counsel P. Bamela Engo, 5 March 1996).

[57] Secretary-General's Trust Fund to Assist States in the Settlement of Disputes Through the International Court of Justice - Report of the Secretary-General, UN Doc. A/47/444 (1992).

[58] Statement of President Bedjaoui of 13 October 1994 at the 49th UNGA, Doc. A/49/PV.29, see note 24, at 5, reprinted in: *ICJ Yearbook 1994-1995*, 207 et seq. (214).

[59] *Ibid.*; M. Bedjaoui, "Opening Address of 16 April 1996", in: R. Lee/C. Peck (eds), *Increasing the Effectiveness of the Court, Proceedings of An ICJ/UNITAR Colloquium to Celebrate the 50th Anniversary of the International Court of Justice, Peace Palace, The Hague, 16-18 April 1996*, 1997, 16.

[60] See note 12.

saw no objection to treating Cameroon's Additional Application as an amendment to its initial Application, so that the Court could deal with the whole complex as one case.[61]

As Cameroon's Application indicates, in accordance with the Final Act of the Berlin Conference of 26 June 1885, Britain and Germany concluded the Agreement of London of 11 March 1913 and the Agreement of Obokum of 12 April 1913, by which the frontier was delimited between Cameroon and Nigeria from Yola to the sea (with Bakasi Peninsula remaining German territory), and which regulated navigation on the Cross River. Pursuant to the relevant provisions of the Treaty of Peace of Versailles of 28 June 1919, and then of the United Nations Charter, Cameroon was placed respectively under the mandate and trusteeship systems, the mandatory powers and thereafter the administering trusteeship authorities being France and Britain. These two regimes embodied international recognition of the Cameroon/Nigeria frontier and Cameroonian sovereignty over the Bakasi Peninsula.

Upon independence in 1960, both Cameroon and Nigeria subscribed, according to the Cameroon's 1994 Application, to the principle of respect for frontiers inherited from colonization laid down in the Cairo Resolution 16(I) of the Assembly of the Organization of African Unity (OAU) of 21 July 1961.[62] Nevertheless, Nigeria has frequently disputed the frontier, and on 1 June 1975 Cameroon and Nigeria succeeded in adopting the Maroua Declaration, which confirmed Cameroonian title to the Bakassi Peninsula, but the validity of which has been questioned by Nigeria. The Maroua Declaration extended (not by equidistance) the delimitation of the territorial waters boundary between the two states seaward beyond the limits established by their Yaounda Declaration of 4 April 1971, which divided only the estuary waters and islands of the Cross River and associated territorial sea. Subsequently, Cameroon/Nigeria frontier incidents continued. After invasion by Nigeria on 21 December 1993 of the Cameroonian localities of Jabane and Diamond Island in the Bakassi Peninsula, Cameroon requested on 28 February 1994 an urgent meeting of the UN Security Council and brought

---

[61] *ICJ Reports* 1994, 105. Present: President Bedjaoui, Vice-President Schwebel, and Judges Oda, Sir Robert Jennings, Tarassov, Guillaume, Shahabuddeen, Aguilar Mawdsley, Weeramantry, Ranjeva, Herczegh, Shi, Fleischhauer, Koroma; Registrar Valencia-Ospina.

[62] Cf. *Tunisia/Libya (Merits)* Judgment, *ICJ Reports* 1982, 66; *Burkina Faso/Mali* Judgment, *ICJ Reports* 1986, 567; *Libya/Chad* Judgment, *ICJ Reports* 1994, 38, and Separate Opinion of Judge Ajibola, *ibid.*, 83-92.

the matter before the OAU Committee for Conflict Management and Resolution.[63] In his identical Letters to both parties of 29 March 1994, the Security Council President welcomed the fact that the dispute had been referred to the ICJ and encouraged the parties to pursue their efforts for a peaceful resolution of the dispute.[64]

In its Application, Cameroon requested the Court to adjudge and declare as follows: that sovereignty over the Peninsula of Bakassi is Cameroonian; that Nigeria has violated the fundamental principle of respect for frontiers inherited from colonization (*uti possidetis juris*); that by using force against Cameroon and by militarily occupying the Peninsula, Nigeria has violated its obligations under international law; that Nigeria has the express duty of putting an end to its military presence in Cameroonian territory and effecting an immediate and unconditional withdrawal of its troops from the Peninsula; and that these internationally unlawful acts involve the responsibility of Nigeria and its duty of compensation for the damage inflicted upon Cameroon. With respect to the Cameroon/Nigeria maritime boundary, in order to prevent any dispute arising between the two states thereon, Cameroon requested the Court "to proceed to prolong the course of its maritime boundary with the Federal Republic of Nigeria up to the limit of the maritime zones which international law places under their respective jurisdictions". This prolongation applies beyond the line fixed by the two states in their 1975 Maroua Declaration. In its Additional Application, apart from other submissions, Cameroon requested the Court "to specify definitively the frontier ... from Lake Chad to the sea".

After Cameroon filed its Memorial and Nigeria filed certain Preliminary Objections to the jurisdiction of the Court and the admissibility of Cameroon's claims, an Order of President Mohammed Bedjaoui of 10 January 1996 noted that, by virtue of Article 79(3) of the Rules of Court, the proceedings on the Merits were suspended and fixed 15 May 1996 as the time-limit for presentation by Cameroon of a written statement on Nigerian Objections.[65]

On 8 February 1996, Cameroon transmitted to the Court the text of a Communiqué published in the wake of an armed incident that had occurred on 3 February in the Bakassi Peninsula. This was followed by Cameroon's Request of 10 February for the Indication of Provisional

---

63 UN Docs S/1994/228 and 351. For Nigeria's response, see S/1994/258.

64 UN Doc. S/1994/519.

65 *ICJ Reports* 1996, 3.

Measures under Article 41 of the ICJ Statute and Article 73 of the Rules of Court. The Request stressed the "urgency and gravity of the situation" and specified the circumstances of attack launched on 3 February, adding that the means employed indicated the intention of Nigeria to continue the conquest of the Peninsula. Following the mediation efforts of President Eyadema of Togo, which involved discussions held at Kara, Togo, between Foreign Ministers of Cameroon, Nigeria, and Togo, a Communiqué announcing the cessation of all hostilities was issued on 17 February 1996. In his Letters of 29 February, the Security Council President called upon Cameroon and Nigeria to respect the ceasefire of 17 February, to refrain from further violence, and to return their forces to the positions they occupied before the dispute was referred to the ICJ. Both parties were also urged to cooperate fully with a Fact-Finding Mission into the Bakassi Peninsula which was proposed by the UN Secretary-General Boutros-Ghali. Appeals to both parties were, moreover, made by the OAU Secretary-General Ahmed Salim and by Ambassadors of the European Union.[66]

On 15 March 1996, the Court, under the Presidency of Judge Mohammed Bedjaoui, issued the *Cameroon v Nigeria (Provisional Measures)* Order.[67] The Court was of the view that the Preliminary Objections raised by Nigeria were not such as to exclude the Court's *prima facie* jurisdiction to indicate provisional measures, and that in the light of these Objections, the consolidated Application of Cameroon did not appear *prima facie* to be inadmissible. The Kara Communiqué of 17 February 1996 did not, in the Court's opinion, deprive the Court of the rights and duties pertaining to it in the present case, as the rights at issue were sovereign rights which were claimed by the parties over territory and also concerned persons. The Court recited its precedential assertion made in the 1932 *Legal Status of the Southeastern Territory of Greenland (Interim Measures)* Order, and reiterated in the 1986 *Burkina Faso/Mali Frontier Dispute (Provisional Measures)* Order, that incidents likely to aggravate or extend a dispute "cannot in any event, or to any degree, affect the existence or value of the sovereign rights claimed by [either of

---

[66] See also "Europe Cool to U.S. Plan for Nigeria Sanctions", *IHT* of 13 March 1996, 2.

[67] *ICJ Reports* 1996, 13. The Court was composed of: President Bedjaoui, Vice-President Schwebel, Judges Oda, Guillaume, Shahabuddeen, Weeramantry, Ranjeva, Herczegh, Shi, Fleischhauer, Koroma, Vereshchetin, Ferrari Bravo, Higgins, Parra-Aranguren, and Judges *ad hoc* Mbaye (designated by Cameroon) and Bola Ajibola (designated by Nigeria); Registrar Valencia-Ospina.

the Parties] over the territory in question, were these rights to be duly recognized by the Court in [a] future judgment on the merits of the dispute".[68]

The *Cameroon v Nigeria* Order also reaffirmed the finding of the *Burkina Faso/Mali* Chamber (presided over by Judge Mohammed Bedjaoui) that, independently of the Requests for the Indication of Provisional Measures submitted by the parties to preserve specific rights, the Court possesses by virtue of Article 41 of the Statute the power to indicate provisional measures with a view to preventing the aggravation or extension of the dispute whenever it considers that circumstances so require.[69] The Court went on to assert that the killing of persons had caused "irreparable damage" to the rights that the parties may have over the Peninsula of Bakassi, that persons in the disputed area (and as a consequence, the rights of the parties) were exposed to "serious risk of further irreparable damage", that armed actions within this area could jeopardize the existence of evidence relevant to the present case, and that there was a risk that events likely to aggravate or extend the dispute could occur again, thus rendering any settlement of that dispute more difficult. The Court also referred to the Letters of the President of the Security Council of 29 February 1996, which urged the parties to cooperate with a fact-finding mission of the UN Secretary-General.

President Mohammed Bedjaoui[70] and Vice-President Stephen M. Schwebel[71] voted in favour of all provisional measures indicated by the Court. A measure was indicated unanimously that both parties should ensure that no action of any kind, and particularly no action by their armed forces, is taken which might prejudice the rights of others in respect of whatever Judgment the Court may render in the *Cameroon v Nigeria* case, or which might aggravate or extend the dispute before it. Three provisional measures, which were all indicated by the same sixteen votes to one (that of Judge *ad hoc* Bola Ajibola), requires that both parties should: observe the agreement reached by the Foreign Ministers

---

[68] *Ibid.*, 22, citing [*Southeastern Greenland*] PCIJ Series A/B No. 48, 284 et seq. (285), and [Burkina *Faso/Mali*] *ICJ Reports* 1986, 3 et seq. (9). The *Burkina Faso/Mali* Chamber, which indicated its Provisional Measures unanimously, was composed of Judge Bedjaoui as the Chamber's President, Judges Lachs, Ruda, and Judges *ad hoc* Luchaire, Abi-Saab.

[69] *ICJ Reports* 1996, 22-23, citing [*Burkina Faso/Mali*] *ICJ Reports* 1986, 9.

[70] Cf. main text accompanying note 69.

[71] See note 72 and main text accompanying notes 75-76.

in Kara on 17 February 1996 for the cessation of all hostilities in the Peninsula of Bakassi; take all necessary steps to conserve evidence relevant to the present case within the disputed area; and lend every assistance to the fact-finding mission which the UN Secretary-General has proposed to send to the Peninsula. The fifth measure, requiring that both parties should ensure that the presence of any armed forces in the Bakassi Peninsula does not extend beyond the positions in which they were situated prior to 3 February 1996, was indicated by twelve votes[72] to five.[73]

Although Judge Shigeru Oda was somewhat concerned in his Declaration with the Court's concept of "irreparable damage" as including loss of life in the disputed area,[74] the *Cameroon v Nigeria (Provisional Measures)* Order could perhaps for this reason be regarded as a new important instance of what Vice-President Stephen M. Schwebel perceived as the "considerable and constructive" influence of the Court on the evolution of the international law of human rights.[75] The 1996 Order thus appears to have met Vice-President Schwebel's expectation that the Court will continue to contribute to the progressive development of this branch of law.[76]

After the Court issued its *Cameroon v Nigeria* Order, the UN Secretary-General reported on 24 May 1996 to the Security Council about the results of the consultations undertaken by his Special Envoy, Lakhdar Brahimi, who was informed that Cameroon would abide by any decision taken by the Court and would welcome a UN fact-finding mission.[77] Nigeria indicated its preference for a bilateral solution to the dispute and recognized that a mission could help in that regard. In his Letter of 29 May 1996, the President of the Security Council requested

---

72 Cf. *Cameroon v Nigeria* Verbatim Record of Pleadings, CR 96/3, 71 (Question of Vice-President Schwebel to both parties, 6 March 1996), and CR 96/4, 109 (Reply by Counsel Brownlie of Nigeria).

73 The five votes against were those of Judges Shahabuddeen, Weeramantry, Shi and Vereshchetin, and Judge *ad hoc* Ajibola. For the Court's composition, see note 67.

74 *ICJ Reports* 1996, 26-27 (Oda).

75 Schwebel, *Justice in International Law*, see note 10, "Chapter 9: Human Rights in the World Court", 146-168.

76 *Ibid.*, 168.

77 Report of the Secretary-General on the Work of the Organization, UN Doc. A/51/1, 106.

the Secretary-General to continue to keep the Council informed of the measures taken to monitor the situation in the Bakassi Peninsula.[78] The Oral Hearings in *Cameroon v Nigeria (Jurisdiction and Admissibility)* case were held on 2-11 March 1998, and the Court's Judgment is expected within three to four months.

IV. Some Possible New Cases Concerning Maritime Delimitation

During the Presidency of Judge Mohammed Bedjaoui (1994-1997), there were several instances of ongoing tensions in which the parties expressed an intention to bring the respective disputes concerning maritime delimitation and various territorial questions to the Court, though the actions have not yet materialized. The most prominent of these instances is the Turkish/Greek dispute over the continental shelf delimitation and sovereignty over Aegean islands which has continued after the 1976/1978 *Greece v Turkey Aegean Continental Shelf* case, coming to a crisis in 1987, 1991 and 1995-1996. In a follow-up to the latest incident related to Imia (Kardak) Island, including intervention by President Bill Clinton in January/February 1996, the United States and the European Union have reportedly endorsed a Greek suggestion that the two states seek a ruling from the ICJ, with Turkey having opposed the idea.[79] Were this idea to materialize, it is clear as a result of the 1978 *Aegean Sea (Jurisdiction)* Judgment (which upheld Turkey's Preliminary Objection) that this would have to be on the basis of a joint submission to the Court by Greece and Turkey.

Recourse to the ICJ was also suggested in 1994-1996 by the United Arab Emirates (UAE) in the Iran/UAE (Abu Musa, Greater Tunb and

---

[78] *Ibid.*, 122-123; *CARICOM Press Release* No. 28 of 20 May 1996; UNGA Resolution 51/109 on Situation of Human Rights in Nigeria of 12 December 1996, adopted by a vote of 92:19:55.

[79] See B. Kwiatkowska, "The International Court of Justice and the law of the sea - some reflections", *International Journal of Marine and Coastal Law* 11 (1996), 491 et seq. (530); N. Kadritzke, "Athènes et Ankara se disputent la mer Egée", *Le Monde Diplomatique* (Octobre 1996), 14-15; Ch. Maechling, "The Aegean Sea: A Crisis Waiting to Happen", *Proceedings* (March 1997, U.S. Naval Institute), 71 et seq.

Lesser Tunb Islands)[80] dispute and in 1996 by Japan in the South Korea/Japan (Takeshima/Tokdo Islands)[81] dispute, even though in the latter case, such recourse seems improbable. With respect to the former dispute, pursuit of a peaceful settlement by means including a reference to the ICJ was urged on 23 June 1996 by the Arab League.[82] Whether the Abu Musa dispute is brought to the Court may depend on the settlement which will be reached in the future *Qatar/Bahrain (Merits)* Judgment.

In October 1996, Indonesia and Malaysia reportedly agreed to submit jointly to the ICJ their dispute concerning sovereignty over two tiny islands, Pulau Sipadan and Pulau Ligitan, located in the Celebes Sea.[83] As of October 1997, the initiation of the proceedings before the Court depended on ratification by the two states of their Special Agreement (*compromis*), which was meanwhile concluded in pursuance of Article 36(1) of the ICJ Statute.[84] In the context of the issue of sovereignty over maritime island territory, the question of the regime applicable to an archipelagic state, including archipelagic baselines, would obtain a particular prominence in that case. Given Indonesia's reliance on cartographic evidence, the case would contribute to determining the impor-

---

[80] UAE Letters of 26 August 1996, and 2 January and 12 February 1997 to the Secretary-General, UN Docs S/1996/692, S/1997/8 and S/1997/122; Iran Letter of 28 May 1997, Doc. S/1997/411.

[81] "Japan Rules Out Force Over Disputed Islands", *IHT* of 14 February 1996, 4, and 21 February, 4; "Korean Plan for Isles Risks Japanese Anger", *IHT* of 23 February, 4, and 14 March 1996, 4.

[82] *ILM* 35 (1996), 1285-1286, see note 17.

[83] "Indonesia and Malaysia To Seek Ruling on Islands", *IHT* of 8 October 1996, 7.

[84] Given previous reluctance of Southeast Asian states to third-party adjudication, Indonesia and Malaysia at no time adhered to the Optional Clause under Article 36(2) of the ICJ Statute. On the dispute, see R. Haller-Trost, "The Territorial Dispute Between Indonesia and Malaysia over Pulau Sipadan and Pulau Ligitan in the Celebes Sea: A Study in International Law", *IBRU Boundary & Territory Briefing* 2 (1995/2); and B. Kwiatkowska, "*Indonesia/Malaysia Sovereignty over Pulau Sipadan and Pulau Ligitan* Case: Some Comments on a Study by Mrs. R. Haller-Trost, with Particular Reference to the Issue of Cartographic Evidence and Succession to Colonial Archives", A paper presented at the SEAPOL International Conference on "Ocean Governance and System Compliance in the Asia-Pacific Context", Rayong, Thailand, 9-11 December 1997.

tance of colonial maps as documentary evidence of territorial title and the critical issue of succession to colonial archives.[85] This would notably manifold the first Southeast Asian case concerning *Temple of Preah Vihear (Cambodia v Thailand)*, in which it was the French "Annex I map", which was principally relied upon by Cambodia in support of its claim to sovereignty over the Temple, as upheld by the 1962 *Temple of Preah Vihear (Merits)* Judgment.[86]

Settlement outside the jurisdiction of the ICJ, in particular within the context of inter-state arbitration has been opted for (with France's mediation) in the *Eritrea/Yemen Zuqar and Hanish Islands* case, which involved questions of sovereignty over the islands located in the Red Sea and maritime boundary delimitation.[87] Significantly, the *Eritrea/Yemen* Arbitral Tribunal is presided over by the former ICJ President, Sir Robert Jennings, and it also comprises two present Members of the Court, Judges Rosalyn Higgins and Stephen M. Schwebel. Moreover, within the "extra-judicial activities" of the Court, President Mohammed Bedjaoui appointed Robert Owen (United States) in July 1996 as the President of Arbitral Tribunal which handed down the *Brcko Area (Federation of Bosnia and Herzegovina/Republika Srpska)* Award on 14 February 1997.[88]

V. Concluding Remarks

In continuation of the magnificent jurisprudence of the Court beginning with the 1969 *North Sea Continental Shelf* Judgement, the *Qatar/Bahrain (Merits)* case and - if it proceeds to the Merits (as is likely) - the *Cameroon v Nigeria* case are expected to entail a significant

---

[85] Cf. S. Rosenne, "Decolonisation in the International Court of Justice", *AJICL/RADIC* 8 (1996), 564 et seq. (573-576).

[86] *ICJ Reports* 1962, 6.

[87] UN Doc. A/51/1, see note 77, at 108; *ILM* 35 (1996), 1286-1287, see note 17; J.-L. Peninou, "Conflict autour des Iles Hanish", *Le Monde Diplomatique* (Juin 1996), 24; D.J. Dzurek, "*Eritrea/Yemen* Dispute over the Hanish Islands", *IBRU Boundary and Security Bulletin* 4 (1996/1), 70 et seq.

[88] See General Framework Agreement for Peace in Bosnia and Herzegovina of 21 November 1995, Annex 2: Agreement on Inter-Entity Boundary Line and Related Issues, Article V (*Brcko Area* Arbitration), UN Doc. A/50/790-S/1995/999, 49. For the text of Award, see *ILM* 36 (1997), 396 et seq.

restatement and further crystallization of the Court's doctrine of application of equity to maritime boundary delimitation. Settlements in both cases will undoubtedly benefit from the increased consistency of the Court's doctrine as manifested in the 1993 *Denmark v Norway (Jan Mayen)* Judgment, which marked a notable advance in the accomodation of the operation of equity with by now crystallized principles and rules of the new law of the sea.[89] This progress in the jurisprudence will be reinforced by settlements reached within the jurisdiction of other courts and tribunals, such as the *Eritrea/Yemen* Arbitral Tribunal[90] and, in the more distant future, the ITLOS.[91]

In the context of equitable maritime boundary delimitation, the Court's Judgments, including its Opinions, significantly contributed to the development of legal regimes of virtually all maritime spaces and ocean uses under the contemporary law of the sea. Consequently, the Court's former President, Sir Robert Jennings considers that the maritime delimitation cases, which have given a new and lasting direction to the law of the sea in general, provide examples of the major impact of the Court upon the global system of international law and relations.[92] Similarly, in view of the current President Stephen M. Schwebel: "That the Court has made significant contributions to the development of international law - the law of the sea in particular - is unquestioned".[93]

According to President Schwebel, there is every sign that the present strong flow of cases to the ICJ will be maintained.[94] The extent to

---

89 See note 13; Kwiatkowska, see note 2, at 101 et seq.

90 See note 87.

91 See note 9.

92 R.Y. Jennings, "The International Court of Justice after fifty years", *AJIL* 89 (1995), 493 et seq. Cf. Kwiatkowska, see note 79, 499-504, 531-532.

93 S.M. Schwebel, "The Performance and Prospects of the International Court of Justice", in: K.-H. Böckstiegel (ed.), *Perspectives on Air Law, Space Law and International Business Law for the Next Century*, 1995, 291 et seq. (295); S.M. Schwebel, "Fifty Years of the World Court: A Critical Appraisal", in *Proceedings of the 90th Annual Meeting of the American Society of International Law*, 1996, 339 et seq. (345).

94 *Ibid.* The then newly elected President Schwebel, see note 6, also expressed this view in a Lecture on "Current Problems and Prospects of the International Court of Justice" which he delivered at the Faculty of Law, University of Stockholm, Sweden, on 21 February 1997, as reported by P. Ahlin, "An Increasingly Attractive Court" (in Swedish), *Dagens Nyheter* of 25 February

which this flow - especially regarding cases on maritime delimitation or fisheries[95] - might in future decrease to the advantage of ITLOS (including its Chambers) is at present a matter of speculation.[96] But there are sound grounds to believe that the future functioning of ITLOS will preserve the consistency of the ICJ's pronouncements concerning the law of the sea, and that constructive links between the two courts - as envisaged by President Stephen M. Schwebel and ITLOS President Thomas A. Mensah - will continue to benefit further development of this important branch of international law in the years to come.

1997, 2A. See also Statement of President Schwebel of 27 October 1997 at the 52nd UNGA, Doc. A/52/PV. 36th Meeting - 27 October 1997, 1-5.

[95] For *Spain v Canada Fisheries Jurisdiction* case, see note 7.

[96] Cf. view of President Schwebel referred to in main text accompanying note 10.

Freigabeklage und vorläufige Maßnahmen vor dem Internationalen Seegerichtshof: Die Fälle M/V "SAIGA" (Nr. 1) und (Nr. 2)

Rainer Lagoni

I. Einleitung

Mit dem Urteil vom 4. Dezember 1997 zur sofortigen Freigabe des in St. Vincent und den Grenadinen registrierten Tankers M/V "SAIGA", der seit dem 28. Oktober 1997 von guineischen Behörden in Conakry festgehalten worden war, hat der Internationale Seegerichtshof (ISGH) seinen *Case No. 1* entschieden[1]. Damit ist Teil XV des Seerechtsübereinkommens (SRÜ)[2] über die Beilegung von Streitigkeiten zum ersten Mal wirksam geworden. Da die obligatorische Streitbeilegung wesentlich dazu beiträgt, daß man das Übereinkommen als "Verfassung der Meere" bezeichnet[3], ist mit einem Anhauch von Emphase zu vermerken: Das Herz des Seerechtsübereinkommens schlägt.

---

[1] International Tribunal for the Law of the Sea, The M/V "SAIGA" (Saint Vincent and the Grenadines v. Guinea). Judgment of 4 December 1997. Vor der Veröffentlichung in einer amtlichen Entscheidungssammlung des Gerichtshofs, siehe im Internet unter der Homepage des ISGH: Oceans and the Law of the Sea, http://www.un.org/depts/los/. Auch in: *ILM* 37 (1998), 360-397.

[2] Seerechtsübereinkommen der Vereinten Nationen vom 19. Dezember 1982 (BGBl. 1994 II, 1799) sowie Übereinkommen zur Durchführung des Teils XI des Seerechtsübereinkommens (BGBl. 1994 II, 2566).

[3] Vgl. T.B. Koh, "A Constitution for the Oceans", in: United Nations, *The Law of the Sea, United Nations Convention on the Law of the Sea with Index and Final Act of the Third United Nations Conference on the Law of the Sea*, 1983, XXXIII.

Bekanntlich ist der ISGH nach Art. 287 SRÜ zwar nur eine von vier Streitbeilegungsinstitutionen, zwischen denen die Vertragsstaaten des Seerechtsübereinkommens wählen können. Aber das Verfahren zur sofortigen Freigabe von Schiffen und Besatzungen nach Art. 292 SRÜ ist eines der drei Verfahren[4], für die der ISGH international ausschließlich zuständig ist, sofern sich die Parteien nicht auf einen anderen Gerichtshof oder ein Gericht geeinigt haben. So konnte es kaum überraschen, daß der erste Fall des ISGH eine Freigabe nach Art. 292 SRÜ betraf, ist doch das Festhalten ausländischer Schiffe durchaus nicht selten. Freigabefälle dürften in der Rechtsprechung des Gerichtshofs auch zukünftig eine nicht unbedeutende Rolle spielen.

Das erste Verfahren eines neuen Gerichtshofs - der maritime Vergleich ist hier gewiß nicht unangebracht - ähnelt der Jungfernfahrt eines Schiffes: Ausfahrt und glückliche Heimkehr werden beachtet, Erfolg und Mißerfolg abgewogen, Lehren aus den Erfahrungen gezogen. Das Freigabeurteil im M/V "SAIGA" (Nr. 1)-Fall verdient aber nicht nur die Aufmerksamkeit der Flaggen- bzw. Küstenstaaten. Für die Schiffahrtsindustrie ist mit der Freigabeklage nach Art. 292 SRÜ die Erwartung eines schnellen und effizienten Verfahrens gegen das längere Festhalten von Schiffen und Mannschaften verbunden, so daß eine Zurückweisung der ersten Freigabeklage gewiß die in den ISGH gesetzten Erwartungen gedämpft hätte. Der Gerichtshof hat die Erwartungen jedoch innerhalb von drei Wochen auf höchstem Niveau erfüllt - zweifellos eine beachtliche Leistung des mit 21 Richtern besetzten internationalen Spruchkörpers[5]. Sein erster Fall ist für den ISGH also nicht zum Eisberg der "Titanic" geworden - um noch einmal das Bild der Jungfernfahrt zu bemühen.

Indes bietet das M/V "SAIGA" (Nr. 1)-Urteil der Seerechtswissenschaft reichlich Stoff für analytische und weiterführende Betrachtungen. So zeigt bereits die knappe das Urteil tragende Mehrheit von 12:9 Rich-

---

[4] Die beiden anderen sind die Zuständigkeiten der Kammer für Meeresbodenstreitigkeiten (Art. 287 Abs. 2, Art. 187 SRÜ) und die Zuständigkeit des ISGH für vorläufige Maßnahmen bis zur Bildung eines in der Hauptsache zuständigen Schiedsgerichts (Art. 290 Abs. 5 SRÜ).

[5] Der ISGH hatte Guinea auf Antrag von St. Vincent und den Grenadinen vergeblich aufgefordert, sich zu einer Verweisung des Falles an die nach Art. 15 Abs. 3 ISGH-Statut (Anlage VI des SRÜ) errichtete *Chamber of Summary Procedure* zu äußern. Die Ironie der Geschichte will es, daß sich die Mehrzahl dieser aus 5 Mitgliedern bestehenden Kammer für abgekürzte Verfahren später unter den vom Urteil abweichenden Richtern befand.

tern[6], daß der ISGH in seinem ersten Fall tief gespalten war. Und auch die Minderheit der neun abweichenden Richter sprach durchaus nicht mit einer Stimme, denn neben einer von ihnen unterstützten Meinung von fünf Richtern[7] machten Präsident *Mensah*, Vizepräsident *Wolfrum* gemeinsam mit Richter *Yamamoto* sowie Richter *Anderson* außerdem von ihrem Recht eines Sondervotums Gebrauch. Es war eben ein "*messy case*", wie von Beteiligten allenthalben zu vernehmen war.

Zudem wurde der Streit um die M/V "SAIGA" auch nach dem Freigabeurteil vom 4. Dezember 1997 fortgesetzt: Die Streitparteien konnten sich zunächst über gewisse Einzelheiten der im Urteil vorgesehenen Sicherheitsleistung nicht einigen, und das Schiff wurde weiterhin in Conakry festgehalten. Der Kapitän wurde am 17. Dezember 1997 von einem erstinstanzlichen Gericht in Conakry zu einer Geldstrafe von etwa 15 Mio. US$ verurteilt, für die der Flaggenstaat zivilrechtlich haften sollte; ferner wurde die Beschlagnahme der M/V "SAIGA" angeordnet. Daraufhin erhob St. Vincent und die Grenadinen am 22. Dezember 1997 in mehreren Punkten Klage gegen Guinea und beantragte am 13. Januar 1998 beim ISGH vorläufige Maßnahmen[8], unter anderem zur Freigabe des Schiffes und des weiterhin festgehaltenen Kapitäns. Dieser wurde am 3. Februar 1998 in der Berufung von der *Cour d'Appel* in Conakry zu einer Freiheitsstrafe von 6 Monaten verurteilt. Allerdings gaben die guineischen Behörden das Schiff gemäß dem Freigabeurteil vom 4. Dezember 1997 Anfang März schließlich doch frei, so daß die M/V "SAIGA" am 4. März 1998 Dakar, Senegal, anlaufen konnte. Auch das Urteil gegen den Kapitän wurde suspendiert, er konnte Guinea verlassen. Die als *Case No.* 2 registrierte Anordnung vorläufiger Maßnahmen des ISGH vom 11. März 1998[9] beschränkte sich deshalb vor allem dar-

---

[6] Die Mehrheit bildeten folgende Richter: Richter Zhao, Caminos, Marotta Rangel, Yankov, Kolodkin, Bamela-Engo, Akl, Warioba, Laing, Treves, Marsit, Eiriksson.

[7] Richter Park, Nelson, Chandrasekhara Rao, Vukas, Ndiaye.

[8] Für das Verfahren war ursprünglich ein Schiedsgericht nach Art. 287 Abs. 1 c) und Anlage VII SRÜ vorgesehen, so daß sich zunächst eine Zuständigkeit des ISGH für vorläufige Maßnahmen nach Art. 290 Abs. 5 SRÜ ergab. Diese wurde aufgrund einer Anordnung des ISGH vom gleichen Tage rückwirkend in eine Zuständigkeit nach Art. 290 Abs. 1 SRÜ umgewandelt, als die Parteien am 20. Februar 1998 vereinbarten, auch die Hauptsache dem ISGH zu unterbreiten.

[9] International Tribunal for the Law of the Sea, The M/V "SAIGA" (No.2) (Saint Vincent and the Grenadines v. Guinea). Request for provisional mea-

auf, Guinea vorerst gerichtliche oder administrative Maßnahmen gegen das Schiff, dessen Kapitän und Besatzung oder seine Eigentümer oder Betreiber im Zusammenhang mit den Ereignissen zu untersagen, die zu dem Aufbringen und Festhalten der M/V "SAIGA" und der nachfolgenden Strafverfolgung und Verurteilung ihres Kapitäns geführt hatten.

Hier soll allerdings keine Analyse des Freigabeurteils bzw. der Anordnung vorläufiger Maßnahmen auf ihre Schlüssigkeit und Überzeugungskraft unternommen werden[10]. Vielmehr bilden die beiden ersten Entscheidungen des Gerichtshofs den Ausgangspunkt für grundsätzliche materiell- und verfahrensrechtliche Überlegungen zur sofortigen Freigabe nach Art. 292 SRÜ und zu den vorläufigen Maßnahmen, einschließlich der Einordnung dieser Verfahren in das Streitbeilegungssystem des Seerechtsübereinkommens. In diesem Sinne erste Lehren aus der Rechtsprechung des ISGH zu ziehen und sie dem verehrten Kollegen und geschätzten Freund *Günther Jaenicke* zum 85. Geburtstag zu widmen, ist das Ziel dieses Beitrags.

II. Die Freigabeklage nach Art. 292 SRÜ

1. Verfahrensfragen

a) Zur Zulässigkeit der Klage

Die Lehren aus dem M/V "SAIGA" (Nr. 1)-Fall beginnen im Grundsätzlichen: In Übereinstimmung mit seiner Verfahrensordnung (VerfO)[11] hat der ISGH in seinem Urteil vom 4. Dezember 1997 die Selbständigkeit und Unabhängigkeit des Freigabeverfahrens nach Art. 292

---

sures. Order of 11 March 1998. Die Richter Vukas und Warioba gaben dazu Erklärungen ab, der Richter Laing unterbreitete ein Sondervotum.

[10] Vgl. dazu R. Lagoni, "Die Freigabe des Tankers M/V 'SAIGA' - die erste Entscheidung des Internationalen Seegerichtshofs", *Schriften des Deutschen Vereins für Internationales Seerecht*, Heft 90 (1998), *passim*.

[11] Rules of the Tribunal adopted on 28 October 1997 (ITLOS/8), Section E, Prompt Release of Vessels and Crews, Arts. 110-114. Der Entwurf der VerfO hatte das Freigabeverfahren noch als Nebenverfahren (*incidental proceedings*) behandelt, vgl. Final Draft Rules of the Tribunal, Working Paper by the Secretariat (LOS/PCN/ SCN.4/WP.16/Add.1, 19 January 1994).

SRÜ bestätigt[12]. Demnach unterscheiden sich die Voraussetzungen für die Zulässigkeit eines solchen Verfahrens nicht von jenen einer anderen selbständigen Klage vor einem internationalen Gerichtshof. Der Rechtsweg zum ISGH steht den Vertragsstaaten des Seerechtsübereinkommens nach Art. 20 ISGH-Statut für Freigabeverfahren zwischen ihnen offen; der Gerichtshof ist nach Art. 21 ISGH-Statut für Freigabeklagen nach Art. 292 SRÜ zuständig. Als besondere Zulässigkeitsvoraussetzung muß der Freigabeklage nach Art. 111 VerfO eine Zusammenfassung der Tatsachen und Rechtsgründe beigefügt werden, auf denen der Klagantrag beruht. Indem der Gerichtshof nach Art. 111 Abs. 5 VerfO jederzeit weitere Informationen verlangen kann, wird deutlich, daß er die besonderen Zulässigkeitsvoraussetzungen der Klage von Amts wegen prüft. Desgleichen ist anzunehmen, daß der Präsident die Parteien auf Zweifel hinsichtlich des Rechtswegs bzw. der Zuständigkeit des ISGH hinweisen würde, damit ggf. die heilende Wirkung einer *ad hoc* Zuständigkeitsvereinbarung nach Art. 21 ISGH-Statut eintreten kann.

b) Der Beurteilungsmaßstab

Die Autonomie des Freigabeverfahrens bestimmt auch den vom Gericht bei der Würdigung des Klägervortrags anzulegenden Maßstab. Hier liegt allerdings ein besonders problematischer Punkt in der Argumentation des Freigabeurteils vom 4. Dezember 1997. Die Mehrheit der Richter qualifizierte das Freigabeverfahren nämlich in zweierlei Hinsicht: Zum einen soll der Gerichtshof bei seiner Würdigung der für die Freigabe erforderlichen materiellen Rechtslage dem Gebot der Zurückhaltung unterliegen, weil über das Festhalten des Schiffes auch in einem weiteren Verfahren der Parteien nach Art. 287 SRÜ entschieden und dabei die Sache anders beurteilt werden könne. Zum anderen weist das Urteil auf den eiligen Charakter des Freigabeverfahrens hin. Aus diesen beiden Besonderheiten des Verfahrens folge, daß es für die Würdigung des Parteivortrages durch den Gerichtshof angemessen sei, wenn dieser das tatsächliche Vorbringen als vertretbar oder von hinreichend glaubhafter Beschaffenheit ansehe[13]. Im übrigen sei dieser Maßstab besonders angemessen, weil der ISGH nach Art. 292 Abs. 1 SRÜ lediglich über "Behauptungen" des Klägers zu urteilen habe, wonach gewisse Bestimmungen des Seerechtsübereinkommens berührt seien, sowie über Ein-

---

[12] Judgment, siehe Anm. 1, para. 50; ebenso Richter Anderson, Diss. op., para. 10 f.

[13] Judgment, siehe Anm. 1, para. 51.

wendungen des festhaltenden Staates, die auf dessen eigener Einschätzung der Rechtsvorschriften beruhen, die seinen Handlungen zugrunde lagen.

Die abweichenden Richter haben dem Urteil in diesem Punkt scharf widersprochen[14]. Nach ihrer Auffassung hat der Gerichtshof in dem selbständigen Freigabeverfahren nach Art. 292 SRÜ nicht lediglich darüber zu entscheiden, ob der Klagantrag vertretbar und plausibel, sondern ob er begründet ist, - zweifellos eine berechtigte Kritik. Außerdem ist Vizepräsident *Wolfrum* und Richter *Yamamoto* beizupflichten, daß der Maßstab der Vertretbarkeit und Plausibilität des Klägervortrags zwar für die Zulässigkeit des Klagantrags genügt, nicht aber für die Begründetheit der Klage nach Art. 113 Abs. 1 VerfO[15]. Während man für die Zulässigkeit vom Kläger gewöhnlich nicht mehr als eine vertretbare und plausible Darlegung der sein Klagebegehren stützenden Tatsachen verlangen kann, geht es in der Begründetheit des Freigabeverfahrens darum, ob die behaupteten Tatsachen bewiesen werden können, wenn sie bestritten sind. In diesem Sinne weist Präsident *Mensah* in seiner abweichenden Meinung zutreffend darauf hin, daß der Gerichtshof die Freigabe nicht aufgrund einer bloßen Behauptung des Klägers anordnen kann[16]. Die eine Freigabe begründenden Tatsachen müssen im Streitfall bewiesen sein. Für das Freigabeverfahren nach Art. 292 SRÜ stellt sich also generell die doppelte Frage, welche Tatsachen der Kläger darzulegen hat, und wer im Streitfall die Beweislast für sie trägt.

c) Zur Darlegungs- und Beweislast

Der Kläger hat für die Schlüssigkeit seiner Klage das Aufbringen und Festhalten des Schiffes durch den Küstenstaat und den Ablauf der in Art. 292 Abs. 1 SRÜ genannten Frist darzulegen. Diese Tatsachen waren hinsichtlich der M/V "SAIGA" unstreitig.

Indes dürfte es in der Praxis nicht gerade selten sein, wie schon der M/V "SAIGA" (Nr. 1)-Fall zeigt, daß der Kläger die Freigabe nach Art. 292 SRÜ verlangt, während sich der beklagte Hafenstaat demgegenüber auf

---

[14] Vgl. die Diss. ops. der Richter Park et. al., siehe Anm. 7, para. 8; Präsident Mensah, para. 7; Vizepräsident Wolfrum und Richter Yamamoto, para. 6; Richter Anderson, para. 5.

[15] Vizepräsident Wolfrum und Richter Yamamoto, Diss. op., para. 5.

[16] Präsident Mensah, Diss. op., para. 7; ähnlich Richter Park et al., siehe Anm. 7, Diss. op., para. 9.

einen Grund beruft, der ihn zum Festhalten des Schiffes berechtigt, weil er nicht von Art. 292 erfaßt wird. Dabei macht es keinen Unterschied, ob er sich auf einen zusätzlichen (kumulativen)[17] oder, wie hier, auf einen alternativen Grund zum Festhalten stützt. Auch in dieser Lage ist nämlich zwischen Fragen der Auslegung und Anwendung von Rechtsnormen einerseits und Beweisfragen andrerseits zu unterscheiden. Indem der Kläger im M/V "SAIGA" (Nr. 1)-Fall die Ansicht vertreten hat, das Schiff sei nach Art. 73 SRÜ aufgebracht und festgehalten worden, hat er nach der hier vertretenen Auffassung lediglich eine für ihn günstige Rechtsansicht über die Anwendbarkeit des Art. 73 SRÜ auf den vorliegenden Fall vorgetragen. Dieser Vortrag gehört nicht zu den Tatsachenbehauptungen und bedarf demnach keines Beweises. Statt dessen hätte der beklagte Küstenstaat darlegen und beweisen müssen, daß er die M/V "SAIGA" aufgrund seines innerstaatlichen Zollrechts aufgebracht und festgehalten hat. Diese tatsächliche Einwendung war gegenüber der Freigabeklage für ihn günstig, weil das Seerechtsübereinkommen bei einem Festhalten aufgrund von nationalen Zollvorschriften keinen Freigabeanspruch vorsieht.

In diesem Zusammenhang sei daran erinnert, daß etwa der IGH normalerweise gegenüber einer Entscheidung aufgrund der Beweislastverteilung zurückhaltend ist und statt dessen eine vollständige Aufklärung der rechtlichen und tatsächlichen Lage vorzieht. Letztlich bürdet der Gerichtshof aber doch der Partei, die sich auf eine für sie günstige Tatsache beruft, die Beweislast für den Fall auf, daß diese Tatsache in der Verhandlung nicht abschließend geklärt werden kann[18]. Ferner ist anzunehmen, daß der ISGH, der an die innerstaatlichen Rechtsnormen der am Verfahren beteiligten Staaten nicht gebunden ist[19], diese im Zweifelsfall, wie vor internationalen Gerichten üblich[20], ähnlich den von den

---

[17] Vgl. R. Lagoni, "The Prompt Release of Vessels and Crews before the International Tribunal for the Law of the Sea", *The International Journal of Marine and Coastal Law* 11(1996), 159 ff.; J.H. Lindemann, *Untersuchung, Festhalten und sofortige Freigabe ausländischer Seehandelsschiffe*, 1997, 357 ff.

[18] Vgl. Richter Lauterpacht, Sep. op., in: Norwegian Loans Case, ICJ Reports 1957, 9 ff. (39) ; Temple of Preah Vihear, ICJ Reports 1962, 6 ff. (15-16). Vgl. auch S. Rosenne, *Practice and Procedure of the International Court*, 2. Aufl. 1985, 580; D.V. Sandifer, *Evidence before International Tribunals*, 1975, 127.

[19] Vgl. Art. 293 SRÜ, Art. 23 ISGH-Statut.

[20] StIGH im Mavrommatis Jerusalem Concession Case, PCIJ, Ser. A No. 5, 29-30 [1925]; Case of Brazilian Loans, PCIJ, Ser. A No. 21, 124 [1929].

Parteien darzulegenden und ggf. zu beweisenden Tatsachen zu behandeln hat. Dies alles um so mehr, als in dem auf eine eilige Entscheidung angelegten Freigabeverfahren nach Art. 292 SRÜ eine aufwendige und zeitraubende Ermittlung der oft unübersichtlichen innerstaatlichen Rechtslage des Küstenstaates seitens des Gerichtshofs nicht selten auf Schwierigkeiten treffen dürfte.

Die Mehrzahl der abweichenden Richter wählte in der Frage der Darlegungs- und Beweislast jedoch einen anderen Weg. Nach ihrer Meinung mußte der Kläger nach Art. 113 Abs. 1 VerfO zur Überzeugung des Gerichtshofs darlegen, daß die M/V "SAIGA" tatsächlich aus einem Grunde festgehalten worden sei, der einer Vorschrift des Seerechtsübereinkommens (hier Art. 73) unterliege, welche der Küstenstaat allerdings verletzt habe[21]. Mit anderen Worten, der Flaggenstaat hätte Beweis für die für ihn günstige Tatsache antreten sollen, daß das Schiff aufgrund von Fischereivorschriften Guineas festgehalten worden ist. Diese Meinung mißt jedoch dem Umstand zu wenig Gewicht bei, daß es sich bei diesen Tatsachen um auf guineischem Recht beruhende Maßnahmen der guineischen Behörden handelte. Der Flaggenstaat hatte keinen Einfluß auf sie und erhielt erst im nachhinein mittelbar Kenntnis von den einschlägigen innerstaatlichen Rechtsgrundlagen Guineas. Ihm als Kläger die Darlegungs- und Beweislast für vollständig in der Rechtssphäre des Beklagten liegende Tatsachen aufzubürden, deren Beweis ihm kaum möglich wäre, ließe sich schwerlich mit dem Prinzip der Chancengleichheit im Prozeß vereinbaren. Daher wäre in dieser Lage m. E. eine Umkehr der Beweislast geboten. Mit anderen Worten, Guinea als beklagter Küstenstaat hätte darlegen und beweisen müssen, daß die M/V "SAIGA" nicht aufgrund seiner Fischerei-, sondern seiner Zollvorschriften aufgebracht und festgehalten worden ist.

Da sich die von den abweichenden Richtern in diesem Zusammenhang vertretene Auffassung von der Darlegungs- und Beweislast allerdings nicht aus dem Wortlaut der zur Begründung herangezogenen Art. 292 Abs. 1 SRÜ und Art. 113 Abs. 1 VerfO ergibt, postulierten sie mehrheitlich, der Kläger hätte zur Begründung seiner Klage eine "direkte

---

[21] Richter Park et al., siehe Anm. 7, Diss. op., paras. 8-11; Präsident Mensah, Diss. op., para. 7: "I agree with them that it must be established that the arrest was in fact for a reason covered by the provision of the Convention which the flag state alleges has not been complied with."

Verbindung"[22] zwischen dem Festhalten des Schiffes und den Art. 73 SRÜ zuzuordnenden Maßnahmen des Küstenstaates darlegen müssen. Mit diesem denkwürdigen Postulat sind nicht etwa Fragen der Kausalität gemeint, sondern es handelt sich um eine dogmatische Hilfskonstruktion ohne eindeutigen Rückhalt im positiven Recht. Gegen sie bestehen ähnliche Zweifel wie zuvor: Dem Kläger wird mit dem Erfordernis einer "direkten Verbindung" der Nachweis aufgebürdet, daß die M/V "SAIGA" aufgrund von Fischereivorschriften Guineas aufgebracht und festgehalten worden ist. Dies ist ihm den Umständen nach kaum möglich gewesen.

Hingegen findet die hier vertretene Auffassung von der Verteilung der Darlegungs- und Beweislast in Freigabeklagen auch in materiellrechtlichen Überlegungen ihre Bestätigung: Ein Küstenstaat, der ein ausländisches Schiff aufbringt und festhält, muß dafür völkerrechtliche Rechtfertigungsgründe haben, denn diese Maßnahmen berühren die Schifffahrtsfreiheit und das Flaggenrecht. Dies gilt auch für Fischereifahrzeuge. Dementsprechend muß er das Vorliegen dieser Gründe in einem Streitverfahren auch darlegen und beweisen. Entsprechendes ist anzunehmen, wenn er sich gegenüber dem Freigabeverlangen auf völkerrechtliche oder innerstaatliche Gründe beruft, die eine Fortsetzung des Festhaltens rechtfertigen. Eine unverhältnismäßige Benachteiligung des Küstenstaates durch eine solche Beweislastverteilung ist nicht ersichtlich.

Demnach lauten also die einfachen Lehren hinsichtlich des in einem Freigabeverfahren nach Art. 292 SRÜ vom ISGH anzuwendenden Beurteilungsmaßstabs sowie der Verteilung von Darlegungs- und Beweislast: Für die Zulässigkeitsvoraussetzungen des Verfahrens genügen Vertretbarkeit und Plausibilität des Tatsachenvortrags, während in der Begründetheit die streitigen Tatsachen bewiesen werden müssen. Dabei sind die in internationalen Streitverfahren üblichen allgemeinen Regeln anzuwenden, wonach in diesen Fällen der Küstenstaat die Gründe für das Aufbringen und fortgesetzte Festhalten des Schiffes darzulegen und zu beweisen hat.

---

[22] Richter Park et al., siehe Anm. 7, Diss. op., paras. 8-9 ("*direct connection*"), 11 ("*a link*"); ähnlich Vizepräsident Wolfrum und Richter Yamamoto, Diss. op., para. 12.

2. Materiellrechtliche Freigabeansprüche

a) Rechtsnatur der Ansprüche

Ohne dies ausdrücklich zu erwähnen, geht das Freigabeurteil zutreffend davon aus, daß eine Freigabeklage nach Art. 292 Abs. 1 SRÜ jedenfalls dann begründet ist, wenn sie auf einer materiellrechtlichen Freigabevorschrift des Seerechtsübereinkommens beruht. Daraus erklärt sich das offensichtliche Bemühen des Urteils, das Bebunkern der Fischereifahrzeuge in der ausschließlichen Wirtschaftszone (AWZ) von Guinea durch die M/V "SAIGA", ungeachtet des Vortrags des Küstenstaates, jedenfalls "für die Zwecke dieses Verfahrens"[23] als fischereibezogenes Verhalten zu charakterisieren und es damit unter Art. 73 SRÜ zu subsumieren.

Anerkannte Freigabevorschriften finden sich in Art. 73 Abs. 2, Art. 220 Abs. 7 und Art. 226 Abs. 1 SRÜ[24]. Jede von ihnen begründet für den Küstenstaat eine materiellrechtliche Freigabepflicht vertraglicher Natur[25], der jeweils ein materiellrechtlicher Freigabeanspruch des Flaggenstaates entspricht. Da die Freigabeklage nach Art. 292 SRÜ also nur das Instrument zur Durchsetzung der Freigabeansprüche des Seerechtsübereinkommens bildet, kann prozessual mit ihr nicht mehr erreicht werden, als diese Ansprüche materiellrechtlich gewähren.

Dabei kommt es für das Freigabeverfahren nach Art. 292 SRÜ nicht auf die Rechtsform des Festhaltens[26], sondern nur auf dessen hoheitliche Natur und unmittelbare Wirkung an. Auch ist es für ein Verfahren, dessen Gegenstand allein in der sofortigen Freigabe des festgehaltenen Schiffes besteht, ohne Belang, ob der Küstenstaat beim Festhalten des

---

[23] Judgment, para. 71; siehe dazu auch paras. 56-59, 69-72.

[24] Vgl. D. Anderson, "Investigation, Detention and Release of Vessels under the UN Convention on the Law of the Sea of 1982 and other International Agreements", *The International Journal of Marine and Coastal Law* 11 (1996), 165 ff. (170-175); T. Treves," The Proceedings Concerning Prompt Release of Vessels and Crews before the International Tribunal for the Law of the Sea", *The International Journal of Marine and Coastal Law* 11 (1996), 179 ff. (182-185); Lagoni, siehe Anm. 17, 153 ff.; Lindemann, siehe Anm. 17, 333 ff.

[25] Dabei ist irrelevant, daß Art. 73 Abs. 2 und Art. 226 Abs. 1 SRÜ von "freigeben" bzw. "Freigabe" sprechen, während Art. 220 Abs. 7 SRÜ den Ausdruck "Weiterfahrt" verwendet.

[26] Art. 73 Abs. 2 SRÜ spricht im englischen Wortlaut untechnisch von "arrested vessels", ohne den Arrest im eigentlichen Sinne zu meinen.

Schiffes im Einklang mit dem Völkerrecht oder im Widerspruch zu ihm gehandelt hat. Insofern ist in den abweichenden Meinungen zu Recht gerügt worden, daß das Urteil die Frage der Rechtmäßigkeit des Aufbringens und Festhaltens der M/V "SAIGA" durch die Behörden des Küstenstaates überhaupt erörtert hat[27].

Im Seerechtsübereinkommen *nicht* vorgesehene Freigabeansprüche können folglich nicht nach Art. 292 SRÜ eingeklagt werden. So enthält das Seerechtsübereinkommen beispielsweise keinen Freigabeanspruch für Schiffe, die wegen illegaler Fischerei in einem fremden Küstenmeer festgehalten worden sind, denn Art. 73 SRÜ gilt nur für die ausschließliche Wirtschaftszone. Dementsprechend sind nicht-vertragliche Freigabeansprüche wegen völkerrechtswidrigen Festhaltens von Schiffen auf der Grundlage der internationalen Verantwortlichkeit des Küstenstaates für sein völkerrechtswidriges Verhalten sowie Freigabeansprüche nach dem innerstaatlichen Recht des Küstenstaates gleichfalls nicht nach Art. 292 SRÜ einklagbar.

b) Umfang der Freigabe: Schiff, Besatzung, Ladung

Die einzelnen Freigabeansprüche haben offenbar einen unterschiedlichen Umfang. Denn die materiellrechtlichen Freigabevorschriften nennen zwar übereinstimmend die Freigabe des Schiffes, aber nur Art. 73 SRÜ erwähnt auch die Freigabe der Besatzung, wohingegen Art. 292 SRÜ wiederum von der Freigabe "des Schiffes oder seiner Besatzung" spricht.

Die Freigabe der *Besatzung* (Kapitän, Schiffsoffiziere und Besatzungsmitglieder) konnte in Art. 73 Abs. 2 SRÜ in der Tat ohne weiteres mitgeregelt werden, weil der Verstoß gegen Fischereivorschriften in der ausschließlichen Wirtschaftszone nach Art. 73 Abs. 3 SRÜ grundsätzlich nicht mit Haft, sondern nur mit einer Geldstrafe bestraft werden darf. Dies ist freilich im Falle einer Freigabe nach Art. 220 Abs. 7 SRÜ bzw. Art. 226 Abs. 1 SRÜ auch nicht anders. Denn der Küstenstaat darf nach Art. 230 Abs. 2 SRÜ nur bei einer vorsätzlichen schweren Verschmutzungshandlung im Küstenmeer (für welches das Seerechtsübereinkommen, wie erwähnt, keine Freigaberegelung enthält) auch Haftstrafen verhängen, während bei einer Meeresverschmutzung durch Schiffe in der ausschließlichen Wirtschaftszone nach Art. 230 Abs. 1

---

27 So vor allem Präsident Mensah, Diss. op., paras. 21-23; Richter Anderson, Diss. op., para. 9; vgl. dazu Judgment, para. 72.

SRÜ wiederum nur Geldstrafen fällig sind. Jedoch ist zu beachten, daß im Einzelfall der Freigabeanspruch hinsichtlich solcher Besatzungsmitglieder zurücktritt, denen gegenüber der Küstenstaat einen vom Seerechtsübereinkommen unberührten Strafanspruch hat. Ein Beispiel wäre etwa die Anklage gegen ein Besatzungsmitglied wegen Schmuggels[28].

Demnach besteht in den Fällen der Art. 220 Abs. 7, 226 Abs. 1 SRÜ, welche die Besatzung nicht besonders erwähnen, ebenfalls ein Anspruch auf Freigabe der Besatzung. Dies kann ggfs. auch ein isolierter Anspruch sein, der nach Art. 292 SRÜ geltend zu machen ist, etwa wenn der Küstenstaat das Schiff freigibt, aber die Besatzung oder einzelne Besatzungsmitglieder festhält. Für diese Auffassung sprechen humanitäre und wirtschaftliche Überlegungen. Festgehaltene Besatzungsmitglieder werden in ihrer Bewegungsfreiheit eingeschränkt, obwohl sie als Arbeitnehmer oftmals keinen Einfluß auf die Verhältnisse haben, die zum Festhalten des Schiffes geführt haben. Das Schiff läßt sich nicht ohne Besatzung betreiben. Der wirtschaftliche Schaden, der dem Reeder oder Betreiber entsteht, beruht zu einem nicht geringen Teil auf der Heuer für die festgehaltenen oder vom Festhalten des Schiffes betroffenen Besatzungsmitglieder.

Schließlich bestätigt der Fall der M/V "SAIGA", deren Kapitän, Offiziere und meisten Besatzungsmitglieder Ukrainer waren, daß die Staatsangehörigkeit der Besatzungsmitglieder bei der Freigabeklage nach Art. 292 SRÜ keine Rolle spielt. Der Freigabeanspruch und die Klage knüpfen ausschließlich an die Flaggenhoheit an. Folglich muß der Flaggenstaat die Freigabe auch solcher Besatzungsmitglieder erfolgreich verlangen können, welche die Staatsangehörigkeit des festhaltenden Staates besitzen. Umgekehrt kann der Heimatstaat eines festgehaltenen Besatzungsmitgliedes dessen Freigabe nicht nach Art. 292 SRÜ vom Küstenstaat verlangen[29]. Er kann lediglich aufgrund seiner Personalhoheit auf dem üblichen Weg des diplomatischen Schutzes vorgehen.

Ähnlich verhält es sich mit der in den Freigabevorschriften des Seerechtsübereinkommens überhaupt nicht erwähnten *Ladung* von Handelsschiffen. Ungeachtet der Tatsache, daß sie regelmäßig nicht dem Reeder oder Betreiber gehört, unterliegt sie an Bord eines Schiffes der Flaggenhoheit des Flaggenstaates. Dieser hat nach Art. 90 SRÜ das Recht, auf Hoher See Schiffe insbesondere auch zum Zweck des La-

---

28 Darauf weist zutreffend Richter Anderson hin, vgl. Diss. op., para. 13. Dem steht nicht entgegen, daß Guinea den wegen Zollvergehens verurteilten Kapitän der M/V "SAIGA" gemäß dem Freigabeurteil hat ausreisen lassen.

29 Ebenso Treves, siehe Anm. 24, 182; Lindemann, siehe Anm. 17, 346.

dungstransports fahren zu lassen. Man wird also annehmen können, daß der Freigabeanspruch bei Handelsschiffen die Freigabe der Ladung einschließt. Demnach müßte nach Art. 292 SRÜ eine isolierte Freigabeklage auch in bezug auf die Ladung zulässig sein, etwa wenn der Küstenstaat Schiff und Besatzung freigibt, die Ladung aber zurückhält - ein Szenario, das man keineswegs als unrealistisch abtun sollte.

Das M/V "SAIGA" (Nr. 1)-Urteil[30] hat die Einbeziehung der Gasöl-Ladung des Tankers in den Freigabeanspruch auch anerkannt, indem es feststellt, daß Guinea gegebenenfalls die beschlagnahmte Ladung der "SAIGA" zurückzugeben oder ihren Handelswert in US Dollar zum Zeitpunkt des Urteils zu erstatten habe. Zudem macht die dabei vorgenommene Berücksichtigung des Wertes der von den guineischen Zollbehörden beschlagnahmten Ladung auf die Sicherheitsleistung nur dann einen Sinn, wenn der Freigabeanspruch auch die Ladung einschließt.

Allerdings ist die Lage eine andere, wenn ein Fischereifahrzeug wegen eines Verstoßes gegen küstenstaatliche Fischereivorschriften in der ausschließlichen Wirtschaftszone aufgebracht und festgehalten worden ist. Der Freigabeanspruch nach Art. 73 Abs. 2 SRÜ erfaßt nach der hier vertretenen Auffassung nicht den *Fang*, da dieser in erster Linie Produkt der Ressourcennutzung und nicht Transportgut ist. Ist der Fang unter Verletzung der souveränen Rechte des Küstenstaates hinsichtlich der lebenden Ressourcen in seiner AWZ (Art. 56 Abs. 1 SRÜ) gewonnen worden, unterliegt er nach innerstaatlichem Recht regelmäßig der Beschlagnahme und Einziehung, ohne daß ein völkerrechtlicher Freigabeanspruch besteht.

c) Freigabe im Falle der Nacheile

Im M/V "SAIGA" (Nr. 1)-Fall berief Guinea sich darauf, daß seine Zollbehörden beim Aufbringen der SAIGA in der ausschließlichen Wirtschaftszone von Sierra Leone nach Art. 111 SRÜ im Wege der Nacheile gehandelt hätten[31]. Der Küstenstaat vertrat dabei allerdings nicht die Ansicht, die Nacheile schließe *per se* eine Freigabe aus[32]. Das Freigabeurteil vermied jedoch die Frage, ob eine Freigabeklage auch dann begründet sein kann, wenn ein Schiff im Wege der Nacheile gestoppt und anschließend festgehalten worden ist, indem es feststellte,

---

[30] Judgment, para. 84.

[31] Vgl. Judgment, para. 36.

[32] So aber wohl Treves, siehe Anm. 24, 185.

daß die für eine Nacheile vorgetragenen Argumente den Umständen nach nicht vertretbar seien[33]. Diese Frage ergibt sich deswegen, weil Art. 111 SRÜ seinem Wortlaut nach die Freigabe des verfolgten Schiffes selbst nicht regelt und demnach keine Freigabevorschrift des Seerechtsübereinkommens ist. Es ist aber anzunehmen, daß eine Freigabeklage nach Art. 292 SRÜ auch für ein im Wege der Nacheile gestopptes Schiff erhoben werden kann, das nach dem Stoppen aus einem Grunde festgehalten wird, für den das Seerechtsübereinkommen eine Freigabe vorsieht. Denn Art. 111 SRÜ ist eine Jurisdiktionsnorm, die dem Küstenstaat eine erweiterte Befugnis zum Stoppen des Schiffes auf Hoher See oder in einer fremden AWZ gewährt, jedoch den materiellrechtlichen Grund für das weitere Festhalten des Schiffes und die entsprechenden Freigabeansprüche der Art. 73, 220 und 226 SRÜ nicht berührt. Mit anderen Worten, Art. 111 SRÜ sagt lediglich etwas darüber ob ein Schiff gestoppt und untersucht werden darf, nicht aber, ob es sofort wieder freigelassen werden muß.

3. Die angemessene Kaution oder andere finanzielle Sicherheit

a) Die Bedeutung der Sicherheitsleistung für das Freigabeverfahren

Obwohl sich in Freigabeklagen nach Art. 292 SRÜ neben der Frage, ob überhaupt ein Freigabeanspruch besteht, die Interessengegensätze besonders deutlich bei der Sicherheitsleistung gegenüberstehen, enthalten das Seerechtsübereinkommen und die Verfahrensordnung des ISGH nur wenige Regelungen für die Sicherheitsleistung. Immerhin befindet man sich hier in einigen Punkten auf sicherem völkerrechtlichen Grund:

Erstens, im Freigabeverfahren nach Art. 292 SRÜ kann die Sicherheit in einer anderen Währung als der des Küstenstaates festgelegt werden[34]. Eine Sicherheit in US Dollar, wie in der Schiffahrt üblich, bietet sich nicht nur wegen der Inflation in vielen Ländern, sondern insbesondere auch bei internationalen Bankgarantien an.

---

33 Judgment, para. 61; dazu weist Richter Anderson, Diss. op., para. 11, zutreffend darauf hin, daß dies eine Frage des Verfahrens in der Sache ist.

34 Vgl. Judgment, paras. 84-85.

Zweitens bildet die Leistung einer Sicherheit keine Zulässigkeitsvoraussetzung für die Freigabeklage[35]. Die Klage nach Art. 292 SRÜ kann also auch dann erhoben werden, wenn ein an sich sofort freizugebendes Schiff nicht freigegeben worden ist, weil sich die Parteien nicht über die Sicherheitsleistung einigen konnten oder weil eine Sicherheitsleistung nicht gefordert worden ist oder nicht erbracht werden konnte, da der Küstenstaat nicht auf ihren Empfang eingerichtet war[36].

Drittens gehört die angemessene Kaution oder andere finanzielle Sicherheit nach Auffassung des ISGH zum Tatbestand der materiellrechtlichen Freigabeansprüche[37]. Das hat weitreichende Konsequenzen. Der Kläger muß sich bei der Erhebung der Freigabeklage in seiner Darlegung der Tatsachen zu den Einzelheiten einer Sicherheitsleistung äußern (Art. 111 Abs. 2 c) und d) VerfO). Kommt der Gerichtshof zu dem Ergebnis, daß der übrige Vortrag des Klägers wohlbegründet ist, entscheidet er nach Art. 113 Abs. 2 VerfO in einem gesonderten Punkt der Begründetheit über die Sicherheitsleistung.

Der ISGH ist bei seiner Entscheidung an Vereinbarungen der Parteien über die Sicherheitsleistung gebunden[38]. Eine Entscheidung im eigentlichen Sinne liegt also nur dann vor, wenn die Parteien vor dem Gerichtshof über sie gestritten haben. Eine von den Parteien vereinbarte Sicherheitsleistung vermerkt er lediglich in seinem Urteil. Ist, wie im Fall der M/V "SAIGA" (Nr.1), eine Sicherheitsleistung noch gar nicht gefordert worden, bestimmt er sie ebenfalls in seinem Urteil. Da also kein Bescheidungsurteil gegen den Küstenstaat ergeht, ist dieser gut beraten, die Sicherheitsleistung vorher selbst zu bestimmen oder jedenfalls seine diesbezüglichen Vorstellungen in das Verfahren einzubringen. Umgekehrt muß der Kläger die Sicherheitsleistung bestreiten, wenn sie ihm unangemessen erscheint.

Die Entscheidung über die Sicherheitsleistung ist nach dem Gesagten derjenigen über die Freigabe nachgeordnet und setzt deren positiven Ausgang voraus. Hat der ISGH die beantragte Freigabe abgelehnt, er-

---

[35] Judgment, para. 76. Die Klage ist also auch zulässig, wenn der Kläger noch keine Sicherheit geleistet hat.

[36] Judgment, para. 78. Jeder Vertragsstaat des SRÜ hat sich nach den Vorgaben der Art. 73, 220 und 226 SRÜ zu richten und kann sich gegenüber völkerrechtlichen Verpflichtungen nicht auf sein innerstaatliches Recht berufen.

[37] Judgment, para. 76.

[38] Das gilt entgegen Art. 113 Abs. 3 VerfO wohl nicht nur für den Ort und die Art und Weise der Sicherheitsleistung, sondern auch für ihre Höhe.

übrigt sich eine Entscheidung über die Sicherheitsleistung[39]. Umgekehrt kann ein isolierter Streit über die Sicherheitsleistung dem Gerichtshof nicht nach Art. 292 SRÜ unterbreitet werden, wenn das Schiff bereits vor der Anhängigkeit des Verfahrens freigegeben worden ist, denn in dem Verfahren soll "nur die Frage der Freigabe behandelt" werden (Art. 292 Abs. 3 Satz 1 SRÜ).

b) Zur Angemessenheit der Sicherheitsleistung

Der ISGH sah sich im M/V "SAIGA"(Nr. 1)-Fall "angesichts der Natur des Freigabeverfahrens"[40] gezwungen, eine "angemessene Kaution oder andere finanzielle Sicherheit" festzusetzen. Das in Art. 292 Abs. 1 SRÜ vorgegebene Gebot einer solchen Sicherheit ist wortgleich in Art. 113 Abs. 1 VerfO übernommen worden. Der Gerichtshof wies daher den Antrag des Klägers zurück, keine Sicherheit oder nur eine symbolische Kaution festzusetzen. Nun hatte der Küstenstaat in diesem Fall aber überhaupt noch keine Sicherheitsleistung gefordert, so daß offen bleibt, ob der ISGH in einem Streit über die Angemessenheit einer Sicherheitsleistung auch einen symbolischen Betrag den Umständen nach für angemessen erklären kann. Man wird dies nicht generell ausschließen können.

Im übrigen unterliegt das Gebot der "angemessenen Kaution oder sonstigen finanziellen Sicherheit" im Streitfall einer uneingeschränkten Überprüfung durch den ISGH. Er entscheidet insbesondere darüber, ob eine geforderte Sicherheitsleistung "angemessen" ist, indem er sie in seinem Urteil bestätigt oder neu bestimmt. Das Urteil hat insofern einen gestaltenden Charakter. Daß die Parteien über Betrag, Natur und Form der Sicherheitsleitung trefflich streiten können, ist nicht zu übersehen. Da das gesamte Freigabeverfahren unter dem Gebot der Eile steht, liegt hier eine Annäherung der Standpunkte der Parteien oder zumindest eine Klärung der Rahmenbedingungen weitgehend in der Hand des Gerichtshofs.

Eine Entscheidung über die Sicherheitsleistung muß nach Art. 113 Abs. 2 VerfO ihren Betrag, ihre Natur und ihre Form berücksichtigen. Dazu stellt das Urteil klar, daß das Kriterium der Angemessenheit diese drei Elemente erfaßt und daß sie bei einer "Gesamtabwägung angemes-

---

39 Anders Lindemann, siehe Anm. 17, 339 f.

40 Judgment, para. 81.

sen sein müssen"[41]. Allerdings wird nicht geklärt, welche Faktoren bei dieser Gesamtabwägung außerdem zu berücksichtigen sind, denn Betrag, Natur und Form der Sicherheit können wohl kaum für sich alleine gegeneinander abgewogen werden. Vielmehr ist anzunehmen, daß sie in einen Gesamtrahmen sämtlicher Gesichtspunkte gestellt werden, die unter Berücksichtigung von Treu und Glauben (Art. 300 SRÜ) für die Interessen der Streitparteien von Bedeutung sind[42].

In jedem Fall zu berücksichtigen ist sicherlich der Zweck der Sicherheitsleistung. Diese soll, auf einen einfachen Nenner gebracht, den Küstenstaat in die Lage versetzen, finanzielle Ansprüche sowie voraussichtliche Geldstrafen oder -bußen nach der Freigabe des Schiffes aus der Sicherheitsleistung zu befriedigen, wenn die Verfahren in den innerstaatlichen Instanzen gemäß Art. 292 Abs. 3 SRÜ dafür die Voraussetzungen bieten. Im übrigen hat der ISGH die Entscheidung über die Sicherheitsleistung unter Berücksichtigung aller Umstände nach pflichtgemäßem Ermessen zu treffen.

Bei der Beurteilung der Angemessenheit darf der Gerichtshof aber auch nicht die Interessen des Flaggenstaates außer Betracht lassen[43]. So würde beispielsweise eine, gemessen an internationalen Standards, offensichtlich unverhältnismäßige Geldstrafe, wie Guinea sie während des Freigabeverfahrens gegen den Kapitän der M/V "SAIGA" verhängt hat, als rechtsmißbräuchlich unbeachtet bleiben müssen. Zu den Umständen gehören auch die wirtschaftlichen Zusammenhänge, ohne daß dabei der Wert von Schiff und Ladung[44] oder die beschränkte Reederhaftung[45] für die Sicherheit in jedem Fall eine Obergrenze bilden müssen.

---

[41] Judgment, para. 82: "The overall balance of the amount, form and nature of the bond or financial security must be reasonable."

[42] Ähnlich Lindemann, siehe Anm. 17, 340 f.

[43] Ebenso Lindemann, siehe Anm. 17, 341.

[44] Eine Wertbegrenzung wurde in der Vorbereitungskommission für die Internationale Meeresbodenbehörde und den Internationalen Seegerichtshof erörtert, aber nicht in den Entwurf einer Verfahrensordnung aufgenommen, vgl. die Dokumente bei Lindemann, siehe Anm. 17, 342 Fn. 764. Für sie trat u.a. Deutschland ein, vgl. P. Seidel, "Zuständigkeit und Verfahren des Internationalen Seegerichtshofs in Angelegenheiten der Schiffahrt", *Schriften des Deutschen Vereins für Internationales Seerecht*, Heft 56 (1986), 4 ff., 22; weiterhin wird sie vertreten von M.B. Berenbrok/P. Nussbaum, "Zum Inkrafttreten des Seerechtsübereinkommens der Vereinten Nationen", *RIW* 40 (1994), 910 ff., 917.

[45] Ebenso Lindemann, siehe Anm. 17, 343.

c) Zum Hinterlegungsort der Sicherheit

Nach dem Freigabeurteil sollte die Sicherheit in Form eines Akkreditivs oder einer Bankgarantie oder in irgendeiner anderen von den Parteien vereinbarten Form bei dem festhaltenden Staat hinterlegt werden[46]. Diese Anordnung enthielt jedoch zwei Sprengsätze in bezug auf die Durchsetzung der Entscheidung: Zum einen konnte nicht ausgeschlossen werden, daß sich die Parteien nicht über die Form der Sicherheitsleistung einigen würden. Zum anderen hat der ISGH mit der Anordnung ihrer Hinterlegung beim Beklagten die Kontrolle über die Einzelheiten der Sicherheitsleistung aus der Hand gegeben. So konnte es kaum überraschen, daß sich die Parteien erst am 25. Januar 1998 nach längeren Verhandlungen über bestimmte Einzelheiten der von ihnen vereinbaren Bankgarantie einigen konnten, - und zwar nachdem der Flaggenstaat am 5. Januar 1998 einen Antrag auf vorläufige Maßnahmen nach Art. 290 SRÜ zur Freigabe des weiterhin festgehaltenen Schiffes und seiner Besatzung gestellt hatte.

Die doppelte Lehre aus dem Freigabeurteil in bezug auf die Sicherheitsleistung liegt auf der Hand: Es empfiehlt sich für den ISGH, die Modalitäten der Sicherheitsleistung im Einvernehmen mit den Parteien so genau wie möglich schon im Freigabeverfahren selbst zu bestimmen. Außerdem sollte die Möglichkeit einer Hinterlegung der Sicherheit beim festhaltenden Staat durch eine Änderung des Art. 113 Abs. 3 Satz 1 VerfO nur dann bestehen, wenn sich die Parteien auf diesen Hinterlegungsort geeinigt haben. Bei Uneinigkeit der Parteien sollte die Sicherheit beim Gerichtshof hinterlegt werden, der dann nach Art. 114 VerfO darüber verfügt.

4. Rechtsnatur und Einordnung des Freigabeverfahrens nach Art. 292 SRÜ

a) Sonderfall des diplomatischen Schutzes

Das Freigabeurteil und die abweichenden Meinungen haben die Unabhängigkeit und Besonderheit des Freigabeverfahrens betont, seine Eilbedürftigkeit anerkannt, den Streitgegenstand auf die Frage der Freigabe beschränkt und ohne weiteres veranschaulicht, daß die Freigabeklage auch namens des Flaggenstaates erhoben werden kann. Somit bewegt

[46] Das Urteil verweist auf Art. 113 Abs. 3 VerfO; vgl. Judgment, para. 85, und den Tenor, para. 86, No. (5).

sich das Urteil im Rahmen der Vorgaben des Art. 292 SRÜ und der einschlägigen Vorschriften der Verfahrensordnung.

Stellt man vor diesem Hintergrund die Frage nach seiner rechtlichen Natur, so ergibt sich folgendes noch unvollendete Bild: Im Seerechtsübereinkommen bilden die materiellrechtlichen Freigabeansprüche des Flaggenstaates zusammen mit der Freigabeklage nach Art. 292 SRÜ ein Gegengewicht gegen die Erweiterung küstenstaatlicher Befugnisse in der ausschließlichen Wirtschaftszone (Art. 73 SRÜ) und im Bereich des Umweltschutzes (Art. 220, 226 SRÜ). Die Freigabeklage soll einen schnellen und effektiven Rechtsschutz zur Durchsetzung der im Seerechtsübereinkommen vorgesehenen materiellrechtlichen Freigabeansprüche gegenüber den erweiterten küstenstaatlichen Befugnissen bieten[47]. Der eigentliche Schlüssel für eine dogmatische Einordnung des Freigabeverfahrens liegt also im Schutzzweck dieser materiellrechtlichen Freigabeansprüche. Sie sollen ganz allgemein Schutz gewähren gegen Beeinträchtigungen des Rechts jedes Staates, Schiffe unter seiner Flagge fahren zu lassen (Art. 90 SRÜ). Das Verfahren der sofortigen Freigabe kann dabei als eine Konkretisierung des von den Vertragsstaaten des Seerechtsübereinkommens nach Art. 300 SRÜ zu berücksichtigenden Übermaßverbots gegen küstenstaatliche Beeinträchtigungen der Schiffahrtsfreiheit gesehen werden.

Für diese völkerrechtlich eher herkömmliche Betrachtungsweise spricht jedenfalls, daß der Flaggenstaat Träger der materiellrechtlichen Freigabeansprüche und damit nach Art. 292 Abs. 2 SRÜ Partei der Freigabeklage ist. Die in dem gleichen Absatz erwähnte Möglichkeit einer Klageerhebung "im Namen" des Flaggenstaates bildet danach lediglich einen Sonderfall der Prozeßvollmacht[48], der auf einem Kompromiß zwischen Befürwortern und Gegnern von Individualrechten auf der III. Seerechtskonferenz beruht[49]. Indes kann diese Sicht nicht völlig überzeugen, denn das Recht zur Schiffahrt auf der Hohen See findet räumlich in fremden Häfen keine Anwendung und betrifft auch nicht die Fischerei in der AWZ. Das Recht eines festgehaltenen Schiffes zur

---

47 Ebenso Vizepräsident Wolfrum und Richter Yamamoto, Diss. op., para. 9.

48 Vgl. B. Oxman, "Observations on Vessel Release under the United Nations Convention on the Law of the Sea", *The International Journal of Marine and Coastal Law* 11(1996), 211 ff.; Lagoni, siehe Anm. 17, 161 f.; Lindemann, siehe Anm. 17, 325.

49 Siehe dazu M.H. Nordquist/S. Rosenne/L.B. Sohn (Hrsg.), *United Nations Convention on the Law of the Sea 1982. A Commentary*, Vol. 5, 1989, Article 292, 292.3-292.9.

Weiterfahrt (Art. 220 Abs. 7 SRÜ) und die sofortige Freigabe festgehaltener Fischereifahrzeuge (Art. 73 Abs. 2 SRÜ) lassen sich auf diese Weise also nicht begründen.

Vor allem aber mißt die herkömmliche Sicht den privaten Rechten und Interessen des Reeders bzw. Betreibers und den wirtschaftlichen Interessen des Flaggenstaates zu wenig Gewicht bei. Während die hoheitlichen Rechte des Flaggenstaates in der internationalen Schiffahrtspraxis eine eher geringe Rolle spielen, besteht der Zweck der Freigabeansprüche des Seerechtsübereinkommens jedenfalls auch im Schutz der wirtschaftlichen Interessen der Betroffenen gegen übermäßige Beeinträchtigungen seitens des Küstenstaates. Die Schiffahrt bildet für den Flaggenstaat nicht nur einen hoheitlichen Aufgabenbereich, sondern regelmäßig auch einen wichtigen Zweig der privaten Verkehrswirtschaft. In einem Staat mit sog. offenem Register, wie St. Vincent und die Grenadinen, tritt freilich die verkehrswirtschaftliche Bedeutung der Schiffahrt oft hinter anderen volkswirtschaftlichen bzw. einem fiskalischen Interessen an der Registrierung zurück, was jedoch dem wirtschaftlichen Zweck der Freigabeansprüche keinen Abbruch tut. Dementsprechend soll das Freigabeverfahren nach einer Auffassung einen Sonderfall des auf die Freigabe beschränkten diplomatischen Schutzes bilden[50], bei dem eine vorherige Erschöpfung des nationalen Rechtswegs vertraglich ausgeschlossen ist[51]. Diese Auffassung beläßt es bei der privatrechtlichen Natur der Rechte der Reeder und Betreiber, gewährt ihnen mit der Freigabeklage aber einen besonderen völkerrechtlichen Schutz und vermag insofern einleuchtend zu erklären, warum die Klage auch "im Namen" des Flaggenstaates erhoben werden kann.

Indes geht auch diese Auffassung nicht so weit, in der erwähnten Regelung des Art. 292 Abs. 2 SRÜ mehr als eine Regelung der Prozeßvollmacht zu sehen und ihr ein durch die Zustimmung des Flaggenstaates bedingtes, im übrigen aber selbständiges Recht der Prozeßführungsbefugnis "im Namen" des Flaggenstaates zu entnehmen. Diesen Schritt tut jedoch *Oxman* mit der attraktiven Begründung, andernfalls wäre die genannte Vorschrift überflüssig, die Überflüssigkeit einer Regelung

---

[50] So schon Treves, siehe Anm. 24, 180; ebenso Lindemann, siehe Anm. 17, 345 m.w.N.

[51] Die Unanwendbarkeit des Art. 295 SRÜ zeigte sich auch im M/V "SAIGA" (Nr.1)-Fall und wird im Freigabeverfahren nach Art. 292 SRÜ nicht bezweifelt, vgl. Treves, siehe Anm. 24, 180 f. m.w.N.; Lagoni, siehe Anm. 17, 152; Lindemann, siehe Anm. 17, 345.

könne aber nicht vermutet werden[52]. Seine Argumentation setzt allerdings voraus, daß die materiellrechtlichen Freigabeansprüche nicht nur dem Flaggenstaat zustehen, sondern zugleich auch subjektive völkerrechtliche Ansprüche der Reeder bzw. Betreiber sind. Solche Ansprüche Privater können im Schiffahrtsbereich zwar ohne weiteres bilateral vereinbart werden[53] und sind regional dem Recht der EU[54] bekannt. Außerdem entsprechen sie durchaus der internationalen Bedeutung des Verkehrsträgers Schiffahrt. Ob der ISGH allerdings einen so weitreichenden Schritt zur Entwicklung des modernen Seerechts tun würde, brauchte er im "SAIGA"-Fall noch nicht zu entscheiden. Verwehrt ist ihm dies nicht, da es sich dabei um eine Frage der Reichweite der Freigabeansprüche und einer Auslegung des Art. 292 Abs. 2 SRÜ handelt, - man darf also in Zukunft gespannt sein.

b) Abgrenzung zu anderen Verfahren

Schließlich stellt sich auch die Frage einer Einordnung des Freigabeverfahrens in die völkerrechtlichen Streitbeilegungsverfahren im allgemeinen und des Streitbeilegungssystems des Seerechtsübereinkommens im besonderen. Dazu ist schon frühzeitig erkannt und pointiert kritisiert worden, daß der ISGH im Freigabeverfahren nach Art. 292 SRÜ auch Gesichtspunkte berücksichtigen muß, über die später möglicherweise andere Gerichte erneut zu entscheiden haben[55], so daß nicht einmal das Verfahren vor der innerstaatlichen Instanz unberührt bleiben könne. Diese Kritik übersieht jedoch, daß der Streitgegenstand des Freigabeverfahrens "nur die Frage der Freigabe" ist (Art. 292 Abs. 3 S. 1, 1. HS SRÜ), so daß es sich bei der Berücksichtigung materiellrechtlicher Gesichtspunkte im Freigabeverfahren um Inzidentprüfungen ohne Präjudizwirkung für andere Verfahren handelt, während "die Sache selbst,

---

52 Oxman, siehe Anm. 48, 211 f.; im Ergebnis ähnlich schon T. Eitel, "The Law of the Sea Tribunal", *ZaöRV* 55 (1995), 455.

53 Ähnlich wie etwa auch das Recht auf Hafenzugang in modernen Seeverkehrsübereinkommen als subjektives Recht ausgestaltet sein kann, vgl. etwa Art. 2 Abs. 1 des deutsch-brasilianischen Vertrages über den Seeverkehr vom 4.4.1979 (BGBl. 1980 II, 697 ff.); Art. 2 Abs. 1 des deutsch-chinesischen Abkommens über den Seeverkehr vom 9.5.1995 (BGBl. 1996 II, 1450).

54 VO (EWG) Nr. 4055/86 des Rates vom 22.12.1986, Art. 1.

55 So S. Oda, "Dispute Settlement Prospects in the Law of the Sea", *ICLQ* 44 (1995), 866.

deren Gegenstand das Schiff, sein Eigentümer oder seine Besatzung ist" (*ibid.*, 2. HS) durch das Freigabeverfahren nicht berührt wird. Für die Zwecke anderer Verfahren tritt im Falle einer Freigabe zudem die Sicherheitsleistung an die Stelle des Schiffes, seiner Besatzung und Ladung. Der Streit wird sachlich also nicht gegenstandslos.

Weniger eindeutig ist hingegen die Frage zu beantworten, welche Folgen es für das Freigabeverfahren hat, wenn der Küstenstaat das Schiff während des anhängigen Verfahrens gemäß Art. 292 Abs. 3 Satz 2 SRÜ freigibt. Aus dem M/V "SAIGA" (Nr. 1)-Fall lassen sich dazu keine Lehren ziehen. Man wird wohl verschiedene Situationen unterscheiden müssen: Eine bedingungslose Freigabe ohne Sicherheitsleistung läßt den Streitgegenstand entfallen und macht das Freigabeverfahren gegenstandslos. Demnach wäre ein isolierter Streit über die Höhe einer bereits erbrachten Sicherheitsleistung nach der Freigabe des Schiffes im Verfahren nach Art. 292 SRÜ grundsätzlich nicht möglich, sondern würde in ein Verfahren zur Sache (*on the merits*) gehören. Hat der Küstenstaat das Schiff jedoch nach Erhebung der Freigabeklage vorbehaltlich der Entscheidung des ISGH über die Sicherheitsleistung freigegeben, was durchaus dem Zweck des Freigabeverfahrens entspricht, kann das Freigabeverfahren mit der Entscheidung des Gerichtshofs über eine angemessene Sicherheitsleistung enden.

Ein Freigabeurteil bindet die Parteien (Art. 296 SRÜ) und ist für den ISGH *res iudicata*. Ein erneutes Freigabeurteil in der gleichen Sache, etwa wenn der Küstenstaat dem ergangenen Urteil nicht nachkommt, ist demnach ausgeschlossen. Im übrigen bietet die Abgrenzung des Freigabeverfahrens zu einem gleichzeitigen oder späteren Verfahren über einen anderen Streitgegenstand keine besonderen Probleme. Insbesondere die auch von den abweichenden Richtern betonte Tatsache, daß es für die Freigabeklage nicht darauf ankommt, ob der Küstenstaat das Schiff völkerrechtmäßig oder völkerrechtswidrig festgehalten hat[56], zeigt, daß die Freigabeklage nach Art. 292 SRÜ kein vertraglicher Fall einer auf Schadenersatz gerichteten Klage wegen Staatenverantwortlichkeit ist. Auch ein völkerrechtswidrig festgehaltenes Schiff muß sofort freigegeben werden, wenn ein Freigabeanspruch vorliegt, ohne daß die Freigabe mögliche Schadenersatzansprüche wegen völkerrechtswidrigen Festhaltens präjudiziert.

Anders wäre die Rechtslage freilich, wenn man jedes völkerrechtswidrige Festhalten eines Schiffes als Grundlage für einen materiellrechtlichen

---

[56] Vgl. Richter Park et al., siehe Anm. 7, Diss. op., para. 20; siehe auch die in Anm. 27 zitierten Auffassungen.

Freigabeanspruch verstehen wollte, der nach Art. 292 SRÜ eingeklagt werden könnte. Im Falle einer derartigen "unbeschränkten Auslegung"[57] der Freigabeansprüche, wie sie vom Kläger im M/V "SAIGA" (Nr. 1)-Fall angeregt worden war, würde der Freigabeanspruch nicht auf dem Seerechtsübereinkommen, sondern auf einer gewohnheitsrechtlichen *restitutio ad integrum* wegen der Verletzung einer Völkerrechtsnorm beruhen und umfangreiche Sacherörterungen voraussetzen. Der ISGH konnte diese Möglichkeit dahingestellt lassen, weil sich nach Ansicht der Mehrheit der Richter in diesem Fall mit Art. 73 Abs. 2 SRÜ eine vertragliche Freigaberegelung anbot[58].

Andere Unterschiede zu Verfahren in der Sache können sich etwa in bezug auf die Zuständigkeit des Gerichtshofs oder auf Verfahrensvoraussetzungen ergeben. So ist der ISGH nach Art. 292 i. V. m. Art. 73 Abs. 2 SRÜ auch dann für die sofortige Freigabe von Fischereifahrzeugen zuständig, wenn seine Zuständigkeit für den Fischereistreit in der Sache nach Art. 297 Abs. 3 a) SRÜ ausgeschlossen ist. Ferner ist daran zu erinnern, daß die Erschöpfung des nationalen Rechtswegs im Freigabeverfahren nach Art. 292 SRÜ nicht notwendig ist, während sie jedoch in einem Verfahren zur Sache nach Art. 295 SRÜ erforderlich sein kann. Als Konsequenz dieser Besonderheiten betonen Vizepräsident *Wolfrum* und Richter *Yamamoto* zu Recht die "restriktive Natur" und Einmaligkeit[59] des Freigabeverfahrens im Streitbeilegungssystem des Seerechtsübereinkommens.

---

[57] Sog. "*non-restrictive interpretation*", Judgment, paras. 53, 73. Die Auffassungen des Schrifttums gehen dazu auseinander, vgl. einerseits unterschiedlich weit: Treves, siehe Anm. 24, 186; Lagoni, siehe Anm. 17, 158; Lindemann, siehe Anm. 17, 347 f.; andrerseits restriktiv: Anderson, siehe Anm. 24, 168 f.

[58] Kritisch zu dieser Lösung Vizepräsident Wolfrum und Richter Yamamoto, Diss. op., para. 14.

[59] Diss. op., paras. 16-17: "*unique procedure*" und "*restrictive nature*".

III. Die Anordnung vorläufiger Maßnahmen nach Art. 290 Abs. 1 SRÜ

1. Die Abgrenzung zum Freigabeverfahren

Die notwendige Abgrenzung[60] der Freigabeklage (Art. 292 SRÜ) vom Verfahren zur Anordnung vorläufiger Maßnahmen (Art. 290 Abs. 1 bzw. Abs. 5 SRÜ) wirft hingegen Fragen auf, die hier nicht abschließend behandelt werden können. Bekanntlich kann der ISGH nach Art. 25 ISGH-Statut auch die Freigabe eines Schiffes, seiner Besatzung und Ladung als vorläufige Maßnahme anordnen[61]. Ein entsprechender Antrag scheint dem Flaggenstaat bei geringem zeitlichen Unterschied[62] sogar eine vorteilhafte Alternative zur Freigabeklage zu bieten, weil die für die Parteien verbindliche Anordnung der Freigabe als vorläufige Maßnahme auch ohne Sicherheitsleistung erfolgen kann. Allerdings hat Art. 290 SRÜ nicht automatisch die Freigabe zur Rechtsfolge[63], sondern gewährt dem ISGH einen weiten Beurteilungsspielraum in bezug auf die Anordnung und die Art und Weise der Maßnahmen. Der Gerichtshof darf die Freigabe nach Art. 290 SRÜ also auch gegen Sicherheitsleistung anordnen (Art. 89 Abs. 5 VerfO), und er kann sie jederzeit von Amts wegen oder auf Antrag überprüfen, verändern oder aufheben (Art. 290 Abs. 2 und 3 SRÜ; Art. 91 Abs. 2 VerfO). Als Nebenverfahren setzt die Anordnung vorläufiger Maßnahmen nach Art. 290 SRÜ die Anhängigkeit eines Hauptverfahrens voraus, das möglicherweise zusätzliche Kosten verursacht und im Falle einer Widerklage nicht ohne weiteres einseitig beendet werden kann. Im übrigen kann man wohl annehmen, daß der Präsident die Möglichkeit eines Antrags nach Art. 290 SRÜ mit den Parteien eines Freigabeverfahrens erörtern darf, wenn die Umstände dies nahelegen und keine Partei dadurch einen Vorteil erlangt. Eine dahingehende Pflicht ist jedoch nicht zu erkennen.

Als Alternative zur Freigabeklage bietet sich eine vorläufige Maßnahme zur Freigabe von Schiff und Besatzung natürlich vor allem in solchen Fällen an, in denen das Seerechtsübereinkommen keinen materiellrecht-

---

[60] Diese Notwendigkeit betonen unter Hinweis auf Richter Anderson auch Vizepräsident Wolfrum und Richter Yamamoto, Diss. op., para. 6.

[61] Darauf weist schon Oxman hin, siehe Anm. 48, 207 f.

[62] Die Verzögerung beträgt nur 4 Tage; vgl. Lagoni, siehe Anm. 17, 153.

[63] Die Endgültigkeit betonen vor allem Vizepräsident Wolfrum und Richter Yamamoto, Diss. op., para. 7. So auch schon Lagoni, siehe Anm. 17, 152.

lichen Freigabeanspruch enthält, Art. 292 SRÜ also keine Anwendung findet. Ist die Frage des Freigabeanspruchs zweifelhaft, etwa weil möglicherweise ein zusätzlicher Festhaltegrund vorliegt[64], stellt sich die Frage, ob ein Antrag auf Freigabe mittels einer vorläufigen Maßnahme nach Art. 290 SRÜ (ggf. hilfsweise) auch neben der anhängigen Freigabeklage nach Art. 292 SRÜ zulässig wäre. Die Verfahrensordnung des ISGH schließt eine derartige Kumulation beider Verfahren jedenfalls nicht aus, denn nach Art. 112 Abs. 1 VerfO soll der Gerichtshof die notwendigen Maßnahmen zur unverzüglichen Behandlung der Klage nach Art. 292 SRÜ und des Antrags auf vorläufige Maßnahmen ergreifen, ohne daß ein Vorrang des einen oder anderen Verfahrens vorgesehen ist[65].

Der vom ISGH als M/V "SAIGA" (Nr. 2)-Fall geführte Antrag auf vorläufige Maßnahmen bezweckte die Freigabe des weiterhin festgehaltenen Schiffes und seines Kapitäns[66] und betraf damit scheinbar eine bereits im Freigabeurteil vom 4. Dezember 1997 entschiedene Frage. Gleichwohl stand das Urteil einer Entscheidung über den Antrag nicht entgegen, denn die vorläufige Maßnahme diente zur Sicherung der Rechte des Flaggenstaates aus dem Freigabeurteil[67] und behandelte nicht erneut die Frage, ob ein materieller Freigabegrund und die weiteren Voraussetzungen des Art. 292 SRÜ vorlagen. Eine Freigabe in Vollzug des Urteils unterscheidet sich als Anordnungsgegenstand also von dem erledigten Streitgegenstand des Freigabeverfahrens.

2. Die Zuständigkeitsfrage

Die Anordnung im M/V "SAIGA" (Nr. 2)-Fall bestätigt die wichtige Regelung des Art. 290 Abs. 1 SRÜ, daß der ISGH für die Entscheidung über einen Antrag auf vorläufige Maßnahmen nur *prima facie* zuständig

---

[64] Siehe Anm. 17.

[65] Einen solchen Vorrang des Antrags auf vorläufige Maßnahmen vor anderen Verfahren des ISGH mit Ausnahme des Freigabeverfahrens sieht Art. 90 Abs. 1 VerfO vor.

[66] Order, siehe Anm. 9, para. 35.

[67] In diesem Sinne war der Antrag ursprünglich auch formuliert, vgl. Order, siehe Anm. 9, paras. 21, 23.

sein muß[68] und die endgültige Zuständigkeitsentscheidung in der Hauptsache nicht präjudiziert wird[69]. Dementsprechend konnte der ISGH die streitige Frage dahingestellt lassen, ob ihm nach Art. 297 Abs. 3 a) SRÜ die Zuständigkeit in der Hauptsache fehlt. Die Antwort wird eine genaue Bestimmung des Streitgegenstandes im M/V "SAIGA" (Nr. 3)-Fall erforderlich machen, wohingegen der ISGH seine Zuständigkeit für den Anordnungsgegenstand im M/V "SAIGA" (Nr. 2)-Fall nach dem ersten Anschein auf Art. 297 Abs. 1 SRÜ stützen konnte.

Entsprechendes läßt sich hinsichtlich der Erschöpfung der innerstaatlichen Rechtsmittel gemäß "den Erfordernissen des Völkerrechts" nach Art. 295 SRÜ annehmen[70].

3. Voraussetzungen für vorläufige Maßnahmen

Der M/V "SAIGA" (Nr. 2)-Fall bot keine Gelegenheit für eine vertiefte Auseinandersetzung des ISGH mit den materiellen Voraussetzungen für den Erlaß vorläufiger Maßnahmen nach dem hier einschlägigen Art. 290 Abs. 1 (erste Alternative), weil das auf Freigabe des Schiffes und seines Kapitäns gerichtete vordringliche Begehren des Flaggenstaates[71] noch vor der Entscheidung des Gerichtshofs erfüllt worden war und eine dahingehende Anordnung demnach "keinem Zweck mehr dienen würde"[72]. Gleichwohl hat Richter *Laing* diese Voraussetzungen in einem ausführlichen Sondervotum anhand der internationalen Rechtsprechung, insbesondere des IGH, und einschlägiger Literatur erörtert[73]. Ob der Gerichtshof diesen seiner Rechtsprechung vorauseilenden gelehrten Ausführungen folgen wird, bleibt abzuwarten. Festzuhalten ist

---

[68] Richter Laing zeigt in seinem Sondervotum, para. 10, Fn. 11, anhand der Rechtsprechung, daß auch der IGH diese Regel anwendet, obwohl Art. 41 IGH-Statut sie nicht erwähnt.

[69] Order, siehe Anm. 9, paras. 27-30, 46.

[70] Guinea hatte sich offenbar am Ende der mündlichen Verhandlung auf Art. 295 berufen; Richter Laing hielt diese Voraussetzung angesichts der eiligen und dringlichen Natur der vorläufigen Maßnahmen aber für ungeeignet, Sondervotum Laing, paras. 9, 42.

[71] Punkte 1 und 2 des Schlußantrags des Flaggenstaates vom 24. Februar 1998; Order, siehe Anm. 9, para. 23.

[72] Order, siehe Anm. 9, para. 40; vgl. zu den Ereignissen siehe Anm. 8.

[73] Sondervotum Laing, paras. 15-35.

jedenfalls, daß vorläufige Maßnahmen in eigener Sache (Art. 290 Abs. 1 SRÜ) zur Sicherung der Rechte jeder Streitpartei (erste Alternative) bzw. zur Verhinderung schwerer Schäden für die Meeresumwelt (zweite Alternative) nach dem Wortlaut der Vorschriften andere Voraussetzungen haben als vorläufige Maßnahmen in fremder Sache wegen der Dringlichkeit der Lage (Art. 290 Abs. 5 SRÜ). Zudem stimmt die im M/V "SAIGA" (Nr. 2)-Fall einschlägige erste Alternative des Art. 290 Abs. 1 SRÜ nicht mit den Voraussetzungen des Art. 41 Abs. 1 IGH-Statut überein[74].

4. *Die "vorläufige Empfehlung"*

Während er in seiner Anordnung einem Antrag des Flaggenstaates nachgekommen ist, indem er dem Küstenstaat vorläufig gerichtliche oder administrative Maßnahmen gegen die M/V "SAIGA", ihre Mannschaft, Eigentümer oder Betreiber untersagte[75], überraschte der ISGH in anderen Punkten seiner Entscheidung mit einer Empfehlung. Ihm war nämlich auch der Antrag unterbreitet worden, der Küstenstaat möge seine Zollgesetze während des schwebenden Verfahrens in der Hauptsache gegenüber Schiffen unter der Flagge von St. Vincent und den Grenadinen nicht außerhalb seiner Anschlußzone in seiner ausschließlichen Wirtschaftszone anwenden, dort die Bunkeraktivitäten dieser Schiffe nicht behindern und ihnen gegenüber keine Nacheile üben[76]. In diesen Punkten empfahl der Gerichtshof den Parteien, sich bis zur endgültigen Entscheidung um eine "Vereinbarung" (*arrangement)* zu bemühen und zu diesem Zweck sicherzustellen, daß ihre Verwaltungen bzw. Schiffe keine den Streit möglicherweise verstärkenden Maßnahmen ergreifen würden[77].

Die Nähe der Wortwahl dieser Anordnung zu den "vorläufigen Vereinbarungen" (*provisional arrangements*) für die Abgrenzung ausschließlicher Wirtschaftszonen (Art. 74 Abs. 3 SRÜ) bzw. des Festlandsockels (Art. 83 Abs. 3 SRÜ) mag nicht ganz zufällig sein, trägt aber nichts zur Auflösung dieses vom ISGH selbst geschaffenen Dilemmas einer ver-

---

[74] Vgl. zu Einzelheiten Nordquist/Rosenne/Sohn, siehe Anm. 49, Art. 290, 290.3-290.5.

[75] Order, siehe Anm. 9, para. 52, No. 1.

[76] Punkte 4-6 des Schlußantrags des Flaggenstaates, Order, siehe Anm. 9, para. 23.

[77] Order, siehe Anm. 9, para. 52, No. 2.

bindlichen Unverbindlichkeit bei. Nach innen offenbar ein Kompromiß zwischen unvereinbaren Auffassungen scheint die Formel von der "vorläufigen Empfehlung" nach außen zunächst eine salomonische Entscheidung zur Sicherung des Rechtsfriedens während des schwebenden Streites in der Hauptsache zu sein. Aber selbst wenn man berücksichtigt, daß die Parteien dem Gerichtshof über die Anwendung der einstweiligen Anordnung Bericht erstatten müssen[78], bleibt dies eine zweifelhafte Anordnung, denn eine Empfehlung ist gerade keine nach Art. 290 Abs. 6 SRÜ verbindliche Maßnahme und damit weniger, als das Völkergewohnheitsrecht den Parteien mit dem Verbot der Streitverschärfung *pendente lite* vorschreibt. Dies hat vor allem Richter *Vukas* in seiner Erklärung zur Anordnung moniert und dem Gerichtshof nicht ohne Grund vorgehalten, er habe mit der Empfehlung seine Befugnisse überschritten[79].

IV. Ausblick

Auch nach der Freigabe des Schiffes und seiner Besatzung findet die "SAIGA"-Saga vor dem ISGH ihre Fortsetzung, es sei denn, die Parteien finden sich zu einem Vergleich bereit. Letzteres wäre gut für den Rechtsfrieden, aber bedauerlich für die Seerechtswissenschaft. Denn im M/V "SAIGA" (Nr. 3)-Fall geht es *on the merits* zweifellos um sehr interessante Rechtsprobleme der Zulässigkeit, der Staatenverantwortlichkeit, des Spannungsverhältnisses von Rechten der Flaggen- und Küstenstaaten in der ausschließlichen Wirtschaftszone, der Nacheile und um anderes mehr. Heute, am Sonnabend vor Ostern 1998, dem Tag, an dem dieses Manuskript zu Ehren von *Günther Jaenicke* abgeschlossen ist, wären abschließende Worte über die ersten Fälle des ISGH freilich noch verfrüht. Und doch läßt sich schon jetzt resümieren, daß der ISGH von Anbeginn seiner Tätigkeit an das wichtige und neuartige Verfahren der sofortigen Freigabe von Schiffen und ihren Besatzungen in seiner Struktur und seiner Stellung im System der Streitbeilegung geklärt, erhellt und wirksam gemacht hat. Gleichzeitig könnte sich aber die Neuerung der Anordnung einer "vorläufigen Empfehlung" für die interna-

---

[78] Vgl. zum angeblichen Mangel an inhaltlicher Klarheit die Kritik in der Declaration of Judge Warioba, *passim*.

[79] Declaration of Judge Vukas, para. 3. Ebenfalls zweifelnd: Sep. op. of Judge Laing, para. 41.

tionale Streitbeilegung als Danaergeschenk erweisen, wenn sich ein Gericht oder Gerichtshof auf diese Weise aus seiner Pflicht zur bindenden Entscheidung stehlen kann.

Claims to the Continental Shelf Beyond the 200-mile Limit

L.D.M. Nelson

As an introduction to this article it may be useful to look at an aspect of the St Pierre and Miquelon award[1] which in fact has not been the subject of much discussion in the literature - the question of the delimitation of the continental shelf beyond 200 miles (referred to hereinafter as the outer continental shelf) between States with opposite or adjacent coasts. It would be remembered that France, basing its claim on article 76 para. 4(a)(ii), of the 1982 Convention (the so-called Hedberg formula)[2], had requested the Court to decide that the line of delimitation should be prolonged in order to delimit also the continental shelf of the parties beyond 200 miles.[3] Canada, for its part, did not accept the

---

1 For the Decision of the Court of Arbitration see *ILM* 31 (1992), 1145 et seq.

2 Article 76 para. 4 reads as follows:

"a) For the purposes of this Convention, the coastal State shall establish the outer edge of the continental margin wherever the margin extends beyond 200 nautical miles from the baselines from which the breadth of the territorial sea is measured, by either:

i) a line delineated in accordance with paragraph 7 by reference to the outermost fixed points at each of which the thickness of the sedimentary rocks is at least 1 per cent of the shortest distance from such point to the foot of the continental slope; or

ii) a line delineated in accordance with paragraph 7 by reference to fixed points not more than 60 nautical miles from the foot of the continental slope.

b) In the absence of evidence to the contrary, the foot of the continental slope shall be determined as the point of maximum change in the gradient at its base."

3 *ILM* 31 (1992), 1171, para. 75.

French assertion, arguing that although "the continental margin off Newfoundland generally extends beyond 200 nautical miles, the point at which France is making its extraordinary claim may, in fact, lie beyond the edge of that margin determined in accordance with Article 76 of the United Nations Convention on the Law of the Sea".[4]

In refusing to accept competence to delimit areas of continental shelf beyond the 200-mile limit the Tribunal stated, *inter alia:*

> "Any decision by this Court recognizing or rejecting any rights of the Parties over the continental shelf beyond 200 nautical miles, would constitute a pronouncement involving a delimitation, not 'between the Parties' but between each one of them and the international community, represented by organs entrusted with the administration and protection of the international seabed Area (the seabed beyond national jurisdiction) that has been declared to be the common heritage of mankind.
>
> This Court is not competent to carry out a delimitation which affects the rights of a Party which is not before it. In this connection the Court notes that in accordance with Article 76 para.8 and Annex II of the 1982 Convention on the Law of the Sea, a Commission is to be set up, under the title of 'Commission on the Limits of the Continental Shelf', to consider the claims and data submitted by coastal States and issue recommendations to them. In conformity with this provision, only 'the limits of the shelf established by a coastal State on the basis of these recommendations shall be final and binding'".[5]

This dictum was in a sense unnecessary. The mandate of the Tribunal under the 1989 Agreement establishing the Court of Arbitration[6] as interpreted by the Court itself was to establish "a single boundary line that would apply both to the seabed and the superjacent waters in the

---

4 Canadian Counter-Memorial, 35 (68).

5 *ILM* 31 (1992), 1172, paras. 78-79; Quéneudec calls this a bold application (*une audacieuse application*) of the idea of "the indispensable party" - the indispensable party in this case being "the international community, represented by organs entrusted with the administration and protection of the international Seabed area" (the Seabed beyond national jurisdiction). J.-P. Quéneudec, "La notion d'Etat intéressé en droit international", *Hague Recueil* 255 (1995), 343 et seq. (357). See also H. Ruiz-Fabri, "Sur la délimitation des espaces maritimes entre le Canada et la France, sentence arbitrale du 10 juin 1992", *R. G. D. I. P.* 97 (1993), 67 et seq. (103).

6 *ILM* 29 (1990), 2.

area subject to the delimitation".[7] Any delimitation beyond the 200-mile mark, being concerned only with the seabed, would fall outside this mandate. Moreover as the Court itself acknowledged the geological and geomorphological data in the relevant area were "not sufficiently known to permit the application of Article 76".[8] Nevertheless this dictum raises some significant questions concerning the roles of the International Seabed Authority, the Commission on the Limits of the Continental Shelf and international courts and tribunals in the delimitation of the outer continental shelf.

Two questions arise here: (i) the delimitation between a coastal State's outer continental shelf and the international seabed area (the Area), and (ii) the delimitation of the outer continental shelf between States with adjacent or opposite coasts. The latter can in certain cases be affected by the former. Let us now examine the roles of the institutions mentioned above with respect to these two types of delimitation.

I. The International Seabed Authority

The International Seabed Authority has not been given any right to participate in the determination of the common boundary between the international seabed area and the seabed areas falling under the national jurisdiction of coastal States.[9] Its only involvement in that process has to do with the receiving of charts and coordinates showing the outer limits of the continental shelf (article 84 para. 2); and it has not been granted any right to question those limits.[10] Lacharrière has cynically but cor-

---

[7] *ILM* 31 (1992), 1172 et seq., para. 82.

[8] See P. Weil, Dissenting Opinion, *ibid.*, 1215, para. 42 and the Decision, *ibid.*, 1172, para. 81.

[9] See F. H. Paolillo, "The Institutional Arrangements for the International Seabed and their Impact on the Evolution of International Organizations", *Hague Recueil* 188 (1984), 139 et seq. (190 et seq.); S. Mahmoudi, *The Law of Deep Seabed Mining*, 1987, 75 et seq.; A. Pardo, "Before and After", *Law & Contemp. Probs.* 46 (1983), 95 et seq. (103); A. Pardo, "The Convention on the Law of the Sea: A Preliminary Appraisal", *San Diego L. Rev.* 20 (1982/ 1983), 489 et seq. (499).

[10] An earlier version of the text had expressly given the Authority the power at least to register and publish such charts and coordinates. See Article 134 para. 2 of the Draft Convention, A/CONF.62/WP.10/Rev.3 of 22 September 1980, The changes to Article 134 resulted from the recommendations of the

rectly remarked that "not even the most ardent supporters of the common heritage principle were willing to give the Authority any power that might interfere with the right of coastal States to determine the extent of their continental shelf".[11] Of course it must be remembered that it was the nature of the deep seabed mining regime itself and not matters relating to the boundaries of the international seabed area which preoccupied the attention of States during most of the Conference negotiations.[12]

The Authority has the capacity to submit certain disputes with States Parties to the Seabed Disputes Chamber. These disputes must fall under Part XI and related Annexes (i.e. Annexes III and IV) and must be with respect to activities in the Area (article 187) - narrowly defined in the Convention as meaning "all activities of exploration for, and exploitation of, the resources of the Area". A dispute with respect to the common boundary between the outer limits of a coastal State's continental shelf and the international seabed area does not therefore fall under the jurisdiction of the Seabed Disputes Chamber. As a consequence the Authority cannot, it seems, possess any *locus standi* before the Chamber in such disputes.

It has been suggested that the Authority may have a cause of action alleging "a violation of Part XI" by a State which "having established non-binding limits, undertakes on its own exploration or exploitation activities in the part of the seabed which the Authority considers to be as pertaining to the Area".[13] It can be argued, however, that the dispute which gives rise to such a cause of action concerns essentially the

---

Drafting Committee, A/CONF.62/L.67/Add.16 of 5 August 1981. As a consequence of these changes, there is no provision in Part XI of the Convention dealing with the submission of such charts and coordinates.

11 G. de Lacharrière, "La réforme du droit de la mer et le rôle de la Conférence des Nations Unies", in: D. Bardonnet/M Virally (eds), *Le Nouveau Droit International de la Mer*, 1983, 16, cited in Paolillo, see note 9, 190-191.

12 Early in the Conference the question was, however, raised in a somewhat different context. Several States, especially the land-locked and geographically disadvantaged States argued that the concept of the continental shelf should be absorbed by the new legal concept of the exclusive economic zone. They saw continental shelf limits extending beyond the exclusive economic zone as an encroachment on the common heritage of mankind. See for example Austria, *Off Rec. Third UN Conference on the Law of the Sea*, II, 143, Singapore, *ibid.*, 151, Switzerland, *ibid.*, 157, Gambia, *ibid.*, 160, and Kenya, *ibid.*, 161.

13 Paolillo, see note 9, 191.

boundary between a coastal State's outer continental shelf and the international seabed area - a boundary which depends solely on the determination of the outer limits of the continental shelf. This is a matter to be dealt with not by the Authority but by the Commission on the Limits of the Continental Shelf.

It may be noted that the "Seabed Disputes Chamber shall give advisory opinions at the request of the Assembly or the Council on legal questions arising within the scope of their activities" (article 191). These "activities" of the organs of the Authority must necessarily be confined to matters relating to "activities in the Area", i.e. the exploration and exploitation of the resources of the international seabed area. If this line of reasoning is correct, the Seabed Disputes Chamber will not be able to give an advisory opinion on such delimitation issues. When certain specific requirements are met, the Assembly shall request an advisory opinion from the Seabed Disputes Chamber as to whether "a proposal before the Assembly on any matter" conforms with the terms of the Convention (article 159 para. 10). As the jurisdiction of the Chamber itself is restricted to matters relating to activities in the Area under Part XI and Annexes III and IV, here again the Chamber does not possess the competence to give an advisory opinion on matters concerning the delimitation between the outer continental shelves of coastal States and the international seabed area.

Only States Parties may intervene in a dispute before the Tribunal.[14] Certain international organizations can be treated as States Parties if they have given their consent to be bound by the Convention (article 1 para. 2(2), article 305 para. 1(f) and Annex IX), the prime example being the European Union. The Authority does not fall within this category of organizations. As a result it does not possess the right of intervention.[15]

---

[14] Article 31 of the Statute of the Tribunal.

[15] To the same effect see S. Rosenne, "The International Tribunal for the Law of the Sea and The International Court of Justice: Some Points of Difference", in: R. Platzöder/P. Verlaan (eds), *The Baltic Sea: New Developments in National Policies and International Cooperation*, 1996, 200 et seq. (211).

II. The Commission on the Limits of the Continental Shelf

The Commission on the Limits of the Continental Shelf is the institution most directly concerned with the business of establishing the outer limits of the continental shelf beyond 200 miles. In accordance with the terms of the Convention, "(T)he Commission shall consist of 21 members who shall be experts in the field of geology, geophysics or hydrography, elected by States Parties to this Convention from among their nationals, having due regard to the need to ensure equitable geographical representation, who shall serve in their personal capacities".[16] The Convention does not provide for the participation of legal experts in the Commission - a seemingly intentional omission.[17] The 21 members of the Commission were elected at the Sixth Meeting of the States Parties held in March 1997.[18]

Its function, *inter alia*, is to consider "the data and other material" submitted by coastal States concerning the outer limits of the continental shelf where those limits extend beyond 200 miles and to make recommendations on their establishment. These recommendations are to be submitted to the coastal State concerned and to the Secretary-General of the United Nations. (Annex II, article 6 para. 3). No mention is made here of the recommendations also being submitted to the Secretary-General of the Authority. "The limits of the shelf established by a coastal State on the basis of these recommendations shall be final and binding" (article 76 para. 8). What if the coastal State disagrees with the recommendations of the Commission? The Convention specifically

---

[16] Annex II, Article 2 para. 1.

[17] It has been observed "(T)hat the Commission is not a court, and legal expertise is not included among the express qualifications of its members". See B.H. Oxman, "Third United Nations Conference on the Law of the Sea: The Ninth Session (1980)", *AJIL* 75 (1981), 211 et seq. (230 et seq.); see also UN Division for Ocean Affairs and the Law of the Sea, Office of Legal Affairs, *Definition of the Continental Shelf: an examination of the relevant provisions of the United Nations Convention on the Law of the Sea*, 29, para. 87 (UN Sales No. E.93.V.16).

[18] See *Report of the Sixth Meeting of States Parties*, SPLOS/20 of 20 March 1997, 5 et seq., paras. 12 et seq. The Convention had provided for the establishment of the Commission within 18 months after the date of its entry into force (Annex II, Article 2 para. 2). However, a decision was taken by the States Parties to the Convention in 1995 to defer its establishment until March 1997, *Report of the Third Meeting of States Parties, SPLOS/5 of 22 February 1996, 7,* para. 20.

provides that in such a situation the coastal State shall, within a reasonable time, make a revised or new submission to the Commission (Annex II, article 8). The next step is not specified in the Convention and is therefore uncertain. Presumably this process can be continued until some accommodation is reached. It is certain however that the Commission has not been granted the power to submit any dispute concerning the outer limit of a coastal State's continental shelf to any court or tribunal. Questions regarding a possible appeals procedure and the relationship between the Commission with "the proposed dispute settlement procedures under the new Convention" were raised in the Evensen Group but the matter never seems to have gone further.[19]

1. The Commission and Delimitation Disputes

The Convention stipulates that "the actions of the Commission must not prejudice matters relating to the delimitation of boundaries between States with opposite or adjacent coasts".[20] The Commission therefore must be mindful of existing or potential outer continental shelf boundary disputes between opposite or adjacent coastal States.[21] A recommendation of the Commission, if made unmindful of actual or potential disputes, could in certain cases have important consequences on the delimitation of the outer continental shelf between coastal States. The St. Pierre and Miquelon case itself provides an example. A recommendation by the Commission supporting or denying the French claims to areas of continental shelf beyond 200 miles must have an effect perhaps decisive on the determination of the outer continental shelf boundary between

---

[19] Fourth Revision of the Evensen text on the Continental Shelf dated 6 May 1975 on which see S.N. Nandan/S. Rosenne, in: M.H. Nordquist (ed.), *United Nations Convention on the Law of the Sea 1982: a Commentary*, Vol. II, 1993, 850.

[20] See Annex II, Article 9. Article 76 para. 10 also provides that "the provisions of this article are without prejudice to the question of delimitation of the continental shelf between States with opposite or adjacent coasts". See also Article 134 para. 4.

[21] See "Commission on the Limits of the Continental Shelf: its functions and scientific and technical needs in assessing the submission of a coastal State", Doc. *SPLOS/CLCS/INF/1 of 10 June 1996*, 18, para. 70.

Canada and St. Pierre and Miquelon - a question which incidentally is still open.[22]

The Commission is now in the process of drafting rules of procedure precisely to deal with this problem. The aim is to find procedural solutions "in order to avoid exacerbating existing disputes or creating disputes where none existed".[23] Not surprisingly the Commission is encountering some difficulty in formulating the relevant procedural rule.[24]

This rule is not yet in its final form but some principles seem to be emerging. First the draft rule expressly recognises that it is States which "have the primary competence" with respect to disputes arising from the establishment of the outer limits of the continental shelf. Second, where there is a dispute "in the delimitation of the continental shelf between opposite or adjacent States", the coastal State making a submission must inform the Commission of the dispute and must en sure to the extent possible that the submission "will not prejudice matters relating to the delimitation of boundaries" between States. Third, by agreement two or more States are entitled to make joint or separate submissions. Fourth perhaps most importantly "(I)n cases where a land or maritime dispute exists, the Commission shall not examine and qualify a submission made by any of the States concerned in the dispute. However, the Commission may examine one or more submissions in the areas under dispute with the prior consent given by all States that are parties to such a dispute". Of course, there remains the basic duty of the Commission itself to ensure that its own actions do not prejudice matters relating to the delimitation of boundaries between States.[25]

---

[22] See Award, *ILM* 31 (1992), 1172, para. 80 and Weil, see note 8, 1215.

[23] *Report of the Seventh Meeting of States Parties, SPLOS/24 of 12 June 1997*, 9, para. 31.

[24] At its second session held in New York from 2-12 September 1997 the Commission decided that Annex I which contained provisions for dealing with a submission by a coastal State which may involve a delimitation dispute between States with opposite or adjacent coasts, or other unresolved land or maritime disputes, would only be adopted after its consideration by the Meeting of States Parties. "Oceans and the Law of the Sea: Law of the Sea", *Report of the Secretary-General*, Doc. A/52/487, of 20 October 1997, 18, para. 49.

[25] See Rules of Procedure of the Commission on the Limits of the Continental Shelf, CLCS/3/Rev.1 of 14 May 1998, Rule 44 and Annex I. At the eighth meeting of States parties it was agreed that the Commission itself would give its final approval of Annex I, taking into account any written comments and ob-

III. Third States

Another significant question arises. If a coastal State, party to the Convention on the Law of the Sea, simply disregards the recommendations of the Commission, can a third State party take any legal action in the matter? In other words does each State party possess a legal interest in the preservation of the integrity of the international seabed area, a right to take legal action in vindication of the public interest embodied in the principle of the common heritage of mankind - a kind of *actio popularis*?[26]

It is quite doubtful, at least to this writer, whether any State party has the right at present to challenge the outer continental shelf claims of coastal States "within the framework of the general dispute settlement procedures established in Part XV",[27] unless that State can show that its interests have been directly affected by these claims.[28] In short a State

---

servations which member States might wish to make on the provisions contained in Annex I, SPLOS/28 May 1998, 11, para. 45.

26 In an often quoted dictum the ICJ held that the *actio popularis* was alien to international law - "... the argument amounts to a plea that the court should allow the equivalent of an '*actio popularis*', or right resident in any member of a community to take legal action in vindication of a public interest. But although a right of this kind may be known to certain municipal systems of law, it is not known to international law as it stands at present". South West Africa, Judgment, *ICJ Reports* 1966, 47 (88).

27 See however L.C. Caflisch, "The Settlement of Disputes Relating to the Seabed", in: C.L. Rozakis/C.A. Stephanou (eds), *The New Law of the Sea*, 1983, 303 et seq. (324); E.D. Brown, *Seabed Energy and Minerals: the International Legal Regime, I: The Continental Shelf*, 1992, 32.

28 With reference to the *actio popularis* Keba Mbaye has stated that:
"... le vrai problème revient plutôt à se demander dans chaque cas si l'état a un intérêt à agir devant la Cour internationale de Justice, soit en raison d'un préjudice qu'il a subi, soit en raison de la violation du droit international à son égard, soit en raison de la violation du droit international en soi, dans certaines hypothèses de *jus cogens* même si cette notion est encore imprécise et discutée". K. Mbaye, "L'intérêt pour agir devant la CIJ", *Hague Recueil* 209 (1988), ii, 316 et seq. In this context it would be recalled that an attempt at the Conference to invest the principle of the common heritage of mankind with *jus cogens* status was unsuccessful. What remained of that attempt is reflected in Article 311 para. 6 which prohibits amendments to the basic principle relating to the common heritage of mankind set forth in Article 136, without going so far as to state expressly that the principle of the common heritage of mankind is a rule of

party, it seems, does not possess the right which in fact has not been provided either by the Convention or by any other international instrument to protect what may be described as a collective interest.[29] Such a collective interest can best be protected by the Authority itself or by the Commission but as we have already seen neither of these institutions has been accorded the power to mount this type of legal action. That is not to say that the Authority will not be free to exert political pressure on recalcitrant States.

IV. State Practice

Even before the entry into force of the Convention, thus before the establishment of the Commission on the Limits of the Continental Shelf, some coastal States have acted as if article 76, including its technical provisions, formed part of customary law. This is reflected both in unilateral claims and maritime boundary delimitation agreements.

1. Unilateral Claims

In 1985 Chile and Ecuador both made claims to areas of continental shelf beyond 200 miles. Chile declared that its sovereignty over the continental shelves of Easter Island and Sala y Gomez Island in the Pacific Ocean extended up to a distance of 350 nautical miles measured from the baselines from which their respective territorial seas were measured.[30] Chile's claim is based on article 76 para. 6, which stipulates *inter alia* that "(N)otwithstanding the provisions of para. 5, on submarine ridges, the outer limit of the continental shelf shall not exceed 350

---

jus cogens. S. Rosenne/L.B. Sohn in: M.H. Nordquist (ed.), *United Nations Convention on the Law of the Sea 1982: A Commentary*, Vol. V, 1989, 241 et seq.

29 It must be observed, however, that international law seems to be ineluctably moving towards the acceptance of this concept. As Brownlie correctly remarked "(T)here can be little doubt that there is an incremental progression towards an *actio popularis*". I. Brownlie, "General Course of Public International Law", *Hague Recueil* 255 (1995), 13 et seq. (88).

30 "Declaration of 15 September 1985, National Legislation on the Continental Shelf", *UN Publication*, 1989, 62.

nautical miles". Ecuador relied on the operation of the criterion in article 76 para. 5, delineating the limits of its continental shelf up to a distance of 100 miles from the 2,500 metre isobath in the seabed and subsoil located between its continental territorial sea and its insular territorial sea around the Galapagos Islands.[31] Both these claims drew protests from the United States on the grounds that article 76 para. 5, or article 76 para. 6, may, "only be invoked if the conditions ... precedent in article 76 (4) are fulfilled". In both cases the US protests made clear that these conditions cannot be fulfilled.[32]

The Federal Republic of Germany also protested these claims in similar terms. However it introduced two further points which are of some interest; (i) that the 1982 Convention on the Law of the Sea was not yet in force and (ii) that the Commission on the Limits of the Continental Shelf had not yet been established.[33]

On 9 May 1985 Iceland issued regulations concerning the delimitation of the Icelandic continental shelf to the west, south and east. These regulations which covered continental shelf areas beyond the 200-mile limit were stated to be based on article 76 of the 1982 Convention where applicable. For instance a certain segment of the limits of the continental shelf read as follows: "(S)egment FHG is defined by the 350 nautical mile distance limit from Iceland. The Continental Shelf boundary, if defined on the basis of the Foot of the Slope, extends beyond 350 nautical miles. But since in this area it lies on the Reykjanes submarine ridge, the boundary of the Continental Shelf is limited to the 350 nautical mile distance from Iceland by Article 76."[34] The United Kingdom on 16 June 1985 protested these regulations on the grounds that they had "no basis in international law" being "a misrepresentation of the United Nations Convention on the Law of the Sea, and of existing law".[35]

The Republic of Madagascar has also based its continental shelf claims partly on the distance *cum* bathymetry criterion contained in article 76

---

[31] Proclamation of 19 September 1985, *ibid.*, 82.

[32] See J.A. Roach/R.W. Smith, *United States Responses to Excessive Maritime Claims*, 1996, 206 et seq.

[33] T. Treves, "Codification du Droit International et Pratique des Etats dans le Droit de la Mer", *Hague Recueil* 223 (1990), 97 et seq.

[34] Regulation No. 196 of 9 May 1985 concerning the delimitation of the continental shelf to the west, south and east, "National Legislation on the Continental Shelf", *UN Publication*, 1989, 127 et seq. (128).

[35] Published: *BYIL* 56 (1985), 494.

para. 5. Its continental shelf can extend "to 100 nautical miles from the 2,500 metre isobath".[36] As far as is known no protest has been lodged against this claim.

2. Maritime Boundary Agreements

Some coastal States have concluded maritime boundary agreements covering seabed areas beyond the 200-mile limit. The following agreements are clear examples:

(i) Agreement on Maritime Delimitation between the Government of Australia and the Government of the French Republic (New Caledonia) (1982);[37]

(ii) Agreement on Maritime Delimitation between the Government of Australia and the Government of the French Republic (Heard/McDonald - Kerguelen Islands) (1982);[38]

(iii) Agreement between the Government of Solomon Islands and the Government of Australia Establishing Certain Sea and Seabed Boundaries (1988);[39]

(iv) Agreement between the Government of the United Kingdom of Great Britain and Northern Ireland and the Government of the Republic of Ireland concerning the Delimitation of Areas of the Continental Shelf between the Two Countries (1988);[40]

(v) Treaty between the Republic of Trinidad and Tobago and the Republic of Venezuela on the Delimitation of Marine and Submarine Areas (1990).[41]

All these agreements extend the delimitation lines beyond 200 miles and they seem to take account of the requirements of article 76. Take for instance these observations on the U.K.-Ireland Agreement:

---

[36] See "National Legislation on the Continental Shelf", see note 34, 151.

[37] "Reports and Documents", in: J.I. Charney/L.M. Alexander (eds), *International Maritime Boundaries*, Vol. I, 1993, 911 et seq.

[38] *Ibid.*, Vol. II, 1192 et seq.

[39] *Ibid.*, Vol. I, 983 et seq.

[40] *Ibid.*, Vol. II, 1774 et seq.

[41] *Ibid.*, Vol. I, 685 et seq.

> "Article 4 keeps open the question of the outer limits of the respective shelves. Point 94 was chosen according to the criterion of the foot of the slope plus 60 n.m.; Point 132 according to that of the 2500 meters isobath plus 100 n.m., thereby taking into account Article 76 of the UN Convention on the Law of the Sea."[42]

It has been observed that the 1990 Treaty between Trinidad and Tobago and Venezuela "may be the first agreement in the world whereas (*sic*) the edge of the margin was calculated on the basis of the thickness of the sedimentary rocks as equal to 1 per cent of the shortest distance from the slope".[43]

V. Some Observations

The Convention places an obligation on a coastal State to submit particulars of the outer limits of its continental shelf when it "intends to establish, in accordance with article 76, the outer limits of its continental shelf beyond 200 nautical miles" (Annex II, article 4). It seems reasonable to assume that, with the entry into force of the Convention and the establishment of the Commission on the Limits of the Continental Shelf, coastal States, parties to the Convention, which have already, in fact, made unilateral claims to the outer continental shelf and those, parties to the Convention, which have done so implicitly, so to speak, by concluding agreements establishing boundaries beyond the 200-mile mark are now under an obligation to submit information on the limits of their continental shelves beyond 200 miles to the Commission on the Limits of the Continental Shelf. (See Annex II, article 4.) Such submissions should be made as soon as possible but in any case within ten years of the entry into force of the Commission for that State. The Commission's task, as has already been noted, is to make recommendations on the establishment of the limits of the continental shelf and the limits as established by the coastal States on the basis of these recommendations will be final and binding *erga omnes*.

It is debatable whether non-parties are under a similar obligation[44]. There is probably no such obligation.[45] However as has been pointed

---

42 *Ibid.*, Vol. II, 1770.

43 *Ibid.*, Vol I, 681.

44 The fact that the term "a coastal State" is used in Annex II, Article 4 has led the Commission to seek clarification from the meeting of States Parties

out a non-party should be able to submit its data to the Commission for "confirmation".[46] Non-parties may well see some benefit to be derived from submitting information on the limits of their outer continental shelves to the Commission, especially if the institution, as seems is now the case, has the support of a widely accepted treaty. Such a form of co-operation will certainly be of benefit to the international maritime order. Of course the possibility exists that non-parties will be reluctant to submit such information to a Commission in whose composition they have played no part, as only States Parties are entitled to elect the members of the Commission. (Annex II, article 2 para. 3).

It should be remembered however, that besides making recommendations to coastal States on the establishment of their continental shelves the Commission has other functions which are of no less importance. It is also the business of the Commission to provide scientific and technical advice, if requested by the coastal State concerned during the preparation of the relevant data (Annex II, article 3 para. 1(b)). It will also in the nature of things provide useful guidance on the interpretation and application of the technical requirements to be found in article 76 which would surely influence the practice of both parties and non-parties.

---

whether the term "coastal State" as specified in Annex II, Article 4 included a non-State Party. This clarification was considered necessary for the application of rule 43 of the rules of procedure dealing with a submission by a coastal State. *Report of the Secretary-General*, see note 24, 18, para. 50.

[45] There is no reason to hold that this obligation represents in any way an exception to the general rule embodied in Article 34 of the Vienna Convention on the Law of Treaties which states that: "(A) treaty does not create either obligations or rights for a third State without its consent". McDorman makes the point that "it can be argued that a non-ratifying state is legally required to co-operate with the Commission on Limits in the establishment of that state's outer continental margin limitation ...". T.L. McDorman, "The Entry into Force of the 1982 LOS Convention and the Article 76 Outer Continental Shelf Regime", *The International Journal of Marine and Coastal Law*, 10 (1995), 165 et seq. (179 et seq.); generally see L. Lee, "The Law of the Sea Convention and Third States", *AJIL* 77 (1983), 541 et seq.

[46] See T.A. Clingan, Jr., "The Law of the sea in Prospective: Problems of States not Parties to the Law of the Sea Treaty", *GYIL* 30 (1987), 101 et seq. (112).

VI. International Tribunals

As has been seen, the role of the Commission of the Continental Shelf to make recommendations where there exists a land or maritime dispute between States with opposite or adjacent coasts is quite limited. As the rules now stand the Commission will simply be unable "to examine or qualify a submission made by any of the States concerned except with the prior consent of all the parties to the dispute". This fact in itself throws into relief the dispute settlement procedures contained in the Convention on the Law of the Sea. International tribunals are competent to deal with disputes relating to the boundary of the outer continental shelf between States with opposite or adjacent coasts despite the absence of "the indispensable party",[47] i.e. the international Seabed Authority or the Commission on the Limits of the continental Shelf; neither of which, as has been shown, has *locus standi* in such matters. It may be noted that under article 298 States can exclude certain types of disputes from the operation of section 2 of Part XV of the Convention, *inter alia,* "disputes concerning the interpretation or application of articles 15, 74 and 83 relating to sea boundary delimitations ...". Thus maritime boundary delimitation disputes concerning the outer continental shelf can be excluded from the compulsory dispute settlement proceedings set out in the Convention.

As has already been stated, non-parties to the Convention are not obliged to submit data and material concerning the outer limits of the continental shelf to the Commission on the Limits of the Continental Shelf, although they may be bound *qua* customary law by the technical provisions contained in article 76 paras. 4-6. Nothing, it seems to this writer, prevents international tribunals from dealing with disputes relating to the outer continental shelves between non-parties with adjacent or opposite coasts.

In any event tribunals called upon to delimit areas of the outer continental shelf will inevitably, especially in cases where the limits of the outer continental shelf are not based on the recommendations of the Commission, have to interpret and apply the technical provisions contained in article 76. This will certainly entail the examination of "a large volume of complex geodetic, bathymetric, seismic and possibly other

---

47 See above note 5 and accompanying text.

geophysical data"[48] - a task which perhaps only the Commission on the Limits of the Continental Shelf is equipped to carry out. These tribunals will be compelled to examine such difficult technical issues as the location of "the foot of the continental slope" and the application of the sedimentary thickness test contained in article 76 para. 4(a)(i).[49] Thus tribunals may once again be obliged "to accept the position that in order to decide" such cases, they "must first make a determination upon a disagreement between scientists of distinction as to the more plausibly correct interpretation of apparently incomplete scientific data".[50]

---

[48] "Commission on the Limits of the Continental Shelf: its functions and scientific and technical needs in assessing the submission of a coastal State", *SPLOS/CLCS/INF/1 of 10 June 1996*, 4, para. 7.

[49] With regard to these problems see P.A. Symonds and J.B. Willcox, "Definition of the Continental Margin using U.N. Convention on the Law of the Sea (Article 76), and its application to Australia", *Bureau of Mineral Resources, Geology and Geophysics (Australia) Record* No. 1988/38.

[50] Continental Shelf (Libyan Arab Jamahiriya v Malta), Judgment, *ICJ Reports* 1985, 36 (41).

Special Limitations on the Review of the Decisions of the International Sea-Bed Authority by the Sea-Bed Disputes Chamber of the International Tribunal for the Law of the Sea

Louis B. Sohn

This essay relates to a problem that caused some difficulties at the Third United Nations Law of the Sea Conference. As both Professor Jaenicke and I have participated in the group of legal experts appointed to deal with this problem, and both of us have helped in finding a solution for it, I was glad to have a chance to contribute this essay to a volume in his honor. His willingness to assist in reaching a consensus on this controversial topic was deeply appreciated by all of us.

In particular, the purpose of this essay is to explain the meaning of one of the most confusing provisions of the United Nations Convention on the Law of the Sea[1] - its article 189, which reads as follows:

article 189

Limitation on jurisdiction with regard to decisions of the Authority

> The Sea-Bed Disputes Chamber shall have no jurisdiction with regard to the exercise by the Authority of its discretionary powers in accordance with this Part; in no case shall it substitute its discretion for that of the Authority. Without prejudice to article 191, in exercising its jurisdiction pursuant to article 187, the Sea-Bed Dispute Chamber shall not pronounce itself on the question of whether any

---

[1] For the text of the Convention, see United Nations, *The Law of the Sea: United Nations Convention on the Law of the Sea* (UN Pub. E.83.V.5; 1983), 1 et seq.

> rules, regulations and procedures of the Authority are in conformity with this Convention, nor declare invalid any such rules, regulations and procedures. Its jurisdiction in this regard shall be confined to deciding claims that the application of any rules, regulations and procedures of the Authority in individual cases would be in conflict with the contractual obligations of the parties to the dispute or their obligations under this Convention, claims concerning excess of jurisdiction or misuse of power, and to claims for damages to be paid or other remedy to be given to the party concerned for the failure of the other party to comply with its contractual obligations or its obligations under this Convention.[2]

Even a casual reader can notice that there are two negative provisions in the first part of this article, and two positive ones in the second. How can they be reconciled? Can their origin be traced to some general principles of international law or to some generally accepted principles of law? The first part of this essay will trace the history of this article; the second one will try to find some precedents in the law of other international institutions, or in the constitutional law of various countries, that might have been transposed to international law.

I. A History of Article 189

A reader of the United Nations Convention on the Law of the Sea might be puzzled by the fact that some of the provisions on the settlement of disputes relating to mining the resources of the sea-bed are contained in Part XI of the Convention, while most other provisions on the subject are contained in Annex VI to the Convention. This discrepancy is the result of the fact that originally two separate tribunals were envisaged by two committees of the Conference, and only after several

---

[2] *Ibid.*, 69. The two articles cited in this provision deal respectively: with the jurisdiction of the Sea-Bed Disputes Chamber to render advisory opinions on request of the Sea-Bed Authority's Assembly or Council (article 191); and with its broad jurisdiction to consider disputes between States Parties, between a State Party and the Authority, between parties to a contract (they may be States Parties, the Authority or the international Enterprise, or state enterprises and natural or juridical persons if they possess the nationality of States Parties or are effectively controlled by them or their nationals, and have been sponsored by such States), or any group of the foregoing (article 187). No other international tribunal is accessible to such an extent to parties other than states.

years of difficult negotiations an agreement was reached to have only one International Tribunal for the Law of the Sea that would have a special chamber to deal with sea-bed disputes. The President of the Conference, Ambassador Hamilton Shirley Amerasinghe (Sri Lanka), decided to take charge of the preparation of the general provisions on dispute settlement which later became Part XV of the Convention, as well as of the various procedures for settling disputes which became Annexes V-VIII to the Convention. The Statute of the International Tribunal for the Law of the Sea became later Annex VI to the Convention, and the special Sea-Bed Dispute Chamber was established by Section 4 of that Annex.

It should not be surprising therefore that article 189 had also a complicated career. A working group which prepared during the first two sessions of the conference the drafts on which the President's first texts were based, did not consider at all the question of sea-bed disputes.[3] In 1975, during the third session of the Conference, the First Committee, which discussed sea-bed mining, presented at the end of that session an informal negotiating text on that subject, which contained a set of articles on an International Sea-Bed Authority that would include among its principal organs a tribunal.[4] Article 58 provided for the submission to that tribunal of complaints against the Authority:

article 58

1. Any State Party to this Convention which questions the legality of measures taken by the Council, or by any organ of the Council or the Assembly on grounds of a violation of this Convention, lack of jurisdiction, infringement of any fundamental rule of procedure or misuse of power, may bring the matter before the Tribunal.

2. The proceedings provided for in this article shall be instituted within one month of either the date of publication of the decision concerned, of its notification to the complainant, or of the date on which he became aware of it.

---

3 See L.B. Sohn, "Settlement of Disputes Arising out of the Law of the Sea Convention," *San Diego L. Rev.* 12 (1975), 495 et seq.; A.O. Adede, *The System for the Settlement of Disputes under the United Nations Convention on the Law of the Sea*,1987, 13 et seq.

4 UN Doc.A/CONF.62/WP.8 of 7 May 1975, reprinted in: *Third United Nations Conference on the Law of the Sea, Official Records*, 4, 137. Arts 32-34 and 57-63 dealt with the Tribunal, *ibid.*, 144, 147.

> 3. If the Tribunal considers the complaint well-founded, it shall declare the decision concerned to be void, and shall determine what measures shall be taken to redress any damage caused.

Para. 3, in particular, allowed voiding the measures of the Authority, a subject that later became controversial.

Soon thereafter the President of the Conference presented his first draft of a chapter on settlement of disputes, which also contained an elaborate statute of the Law of the Sea Tribunal with broad jurisdiction.[5] Article 18 para. 2 lit. a of that text would have allowed a State Party to exclude in its ratification document disputes "arising out of the exercise of discretionary rights by a coastal State pursuant to its regulatory and enforcement jurisdiction under the present Convention."[6] This reference was omitted from the President's next text, but a similar provision excluding a review of a different kind of "discretionary powers" may be found in the final text of article 189 of the Convention.

After some delegations had complained that the President's draft was prepared without the benefit of a general debate, arrangements were made for a thorough discussion of the major issues involved in settling disputes relating to the interpretation and application of the Convention. The discussion during the fourth session of the Conference, held in New York, lasted six days (5-12 April 1976). Delegates from seventy-two countries expressed a variety of views.[7] As a result of this debate, the President revised his draft in many respects; it became Part IV of the negotiating text.[8]

A revised text was also presented at that time by the chairman of the First Committee of the Conference, which was dealing with sea-bed issues, Mr. Paul Bamela Engo (Cameroon). That text included a series of articles relating to a tribunal for sea-bed disputes (arts. 33-39).[9] Article

---

[5] UN Doc.A/CONF.62/WP.9 of 21 July 1975; *Third United Nations Conference on the Law of the Sea, Official Records*, 5, 111. There were, however, no provisions relating to settlement of disputes relating to sea-bed mining.

[6] *Ibid.*, 115. See also under Section II.

[7] *Ibid.*, 8-54.

[8] UN Doc.A/CONF.62/WP.9/Rev.1 of 6 May 1976; *Third United Nations Conference on the Law of the Sea, Official Records*, 5, 185-201.

[9] UN Doc.A/CONF.62/WP.8/Rev.1/Part I of 6 May 1976; *Third United Nations Conference on the Law of the Sea, Official Records*, 5, 125, (135-136). These provisions follow quite closely the provisions contained in the 1957 Rome Treaty establishing the European Economic Community, UNTS Vol. 298

36 provided, in particular, for bringing to the Tribunal of certain complaints against the Authority or one of its organs not only by a State Party but also by a national of a State Party. It read as follows:

article 36

1. Any State Party which questions the legality of measures taken by any organ of the Council or of the Assembly on grounds of a violation of this Part of the Convention, lack of jurisdiction, infringement of any fundamental rule of procedure or misuse of power, may bring the matter before the Tribunal.

2. Any national of a State Party may, subject to the same conditions, bring a complaint to the Tribunal with regard to a decision directed to that person, or, in the case of a person conducting or seeking a contract to conduct activities in the Area, a decision which, although in form directed to another person, is of direct concern to that person.

3. In any dispute under this article involving persons other than States Parties the sponsoring State shall be given notice and an opportunity to participate in the proceedings. The Authority may request such participation when it is a party. The sponsoring State shall give serious consideration to any such request.

4. The proceedings provided for in this article shall be instituted within one month of either the date of publication of the decision concerned or its notification to the complainant, or of the date on which he became aware of it.

5. If the Tribunal considers the complaint well-founded, it shall declare the decision concerned to be void, and shall determine what measures shall be taken to redress any damage caused.

It contained also a detailed draft of a statute of the proposed Tribunal[10] that provided in article 29 an even stronger provision for executing decisions against the Authority:[11]

article 29
Decisions affecting the Authority

If the Tribunal decides that a measure taken, or a refusal or failure to act, by the Authority is illegal, the judgement shall determine as the

---

No. 4300, arts 173-174. The latter article allows the European Court of Justice to declare void an act of the Council or Commission of the Community.

10 *Ibid.*, 145.

11 *Ibid.*, 148.

> case may be, the extent to which and the date from which the measure in question is void and the measures to be taken to redress the situation. The Authority shall promptly and fully implement the decision of the Tribunal.

Both texts were considered by some delegations as going too far, and led to the negotiations which resulted finally in article 189 of the Convention.

During the fifth session of the Conference a proposal was made by the President of the Conference for the establishment of a Sea-Bed Disputes Chamber within the framework of the Law of the Sea Tribunal,[12] but he left to the First Committee the task of drafting detailed provisions with respect to jurisdiction of the chamber and related matters. The President made a special arrangement for conducting main consultations on dispute settlement in informal meetings of the plenary under his chairmanship. While no records were kept, a summary was presented by him from time to time.[13]

At the sixth session of the Conference in 1977, agreement was made for the preparation by the President, jointly with the chairmen of the three committees of an "informal composite negotiating text," combining the four parts of the draft Convention and supplementing them with several Annexes. The draft statute of the Law of the Sea Tribunal (Annex V) included in its Section 4 five basic provisions concerning the composition of the Sea-Bed Disputes Chamber, the access to it, the applicable law, the enforcement of decisions of the Chamber in the territories of States Parties "in the same manner as the judgments or orders of the highest court of the State Party where the enforcement is sought" (arts. 37-40).[14] On the other hand, Part XI of the main text of the draft, dealing with the sea-bed area, contained in its Section 6 the six articles on the settlement of sea-bed disputes (arts. 187-192). Among them was article 191 relating to the "[s]cope of jurisdiction with regard to decisions adopted by the Assembly or Council."[15] Its new text was as follows:

---

[12] UN Doc.A/CONF.62/WP.9/Rev.2 of 23 November 1976, *Third United Nations Conference on the Law of the Sea, Official Records*, 6, 144, (151) - (Article 15). See also Adede, see note 3, 136-37.

[13] See, e.g., *Third United Nations Conference on the Law of the Sea, Official Records*, 6, 22.

[14] UN Doc.A/CONF.62/WP.10 of 15 July 1977; *Third United Nations Conference on the Law of the Sea, Official Records*, 8, 58 (60-61).

[15] *Ibid.*, 22 (34).

article 191
Scope of jurisdiction with regard to decisions adopted by the Assembly or Council

> In exercising its jurisdiction pursuant to articles 187 and 189 the Sea-Bed Disputes Chamber of the Law of the Sea Tribunal shall not pronounce itself on the question whether any rules, regulations or procedures adopted by the Assembly or by the Council are in conformity with the provisions of the present Convention. Its jurisdiction with regard to such rules, regulations and procedures shall be confined to their application to individual cases. The Sea-Bed Disputes Chamber shall have no jurisdiction with regard to the exercise by the Assembly or by the Council or any of its organs of their discretionary powers under this Part of the present Convention; in no case shall it substitute its discretion for that of the Authority.

Its adoption was the result of a proposal made by the chairman of the First Committee, who emphasized the need to give the Tribunal jurisdiction to interpret and apply the part of the convention dealing with activities in the sea-bed area.[16] He pointed out that:

> A dispute may thus arise when it is claimed that any organ of the Assembly or the Council has acted wrongfully on the following grounds:
>
> (a) Violation of this part of the convention;
>
> (b) Lack of jurisdiction;
>
> (c) Infringement of any fundamental rule of procedure; and
>
> (d) Misuse of power.
>
> All the above grounds for challenging the actions of the organs of the Assembly or the Council clearly assume that where the convention itself or the Assembly and Council have delegated certain powers to be exercised in a certain manner, only the specific powers so delegated may be exercised, and also only in accordance with the manner prescribed. Failure to do so would give rise to a dispute. In this connection it is useful to have in mind that any of the above grounds for challenging the actions of the organs of the Authority may arise at various levels:
>
> (a) On the level of rejection or acceptance of an application;
>
> (b) On the level of award of contract; or

---

[16] UN Doc.A/CONF.62/C.1/L.21 of 11 June 1977; *Third United Nations Conference on the Law of the Sea, Official Records*, 7, 78 (83).

(c) On the levels of numerous issues related to actual performance under the terms of the contracts.

This statement made clear that the powers of the Assembly and Council were limited and that the Sea-Bed Disputes Chamber should have the duty to watch that they will not be abused, but the text presented by the Presidium of the Conference goes far beyond that point, as it seems to be more concerned with the Chamber abusing its power.

A request for a further discussion of the provisions on dispute settlement was raised at the beginning of the eighth session of the Conference in March 1979, and as a result a group of legal experts on the settlement of disputes was established by the chairman of the First Committee, under the direction of that Committee's vice-chairman, Mr. Wünsche (German Democratic Republic).[17] In his report, the group's chairman pointed out that a close scrutiny of article 191 resulted in proposals for several changes: the title of the article was changed to emphasize the "limitations" on the scope of the Chamber's jurisdiction; several provisions limit, in particular, the jurisdiction of the Chamber with respect to decisions of the Authority; for instance, the Chamber is not allowed to question the discretionary powers of the Authority, to declare invalid a rule, regulation or procedure approved by the Authority, or to substitute its discretion for that of the Authority. Any such action "would be tantamount to shifting the competence or jurisdiction of the Authority to the Chamber." According to the legal experts, "the Chamber should be confined to determining whether the application of the regulations or procedures to an individual case would conflict with contractual or conventional obligations." It should limit itself to "claims concerning lack of competence or misuse of power." On the other hand, the group of experts agreed to enlarge the jurisdiction of the Chamber, by adding a provision allowing the Chamber to determine "whether a remedy shall be given to a party who has suffered damage by virtue of an act of the other party in violation of its conventional or contractual obligations."[18] In addition, the chairman of the group prepared an excellent table of issues, listing both questions and succinct answers; for instance, "the Chamber cannot pronounce on the validity of rules, regulations or procedures, but has jurisdiction over their application," and it has no

---

[17] *Third United Nations Conference on the Law of the Sea, Official Records*, 11, 5, 51, 96.

[18] UN Doc. A/CONF.62/C.1/L.25, para. 9 of 26 April and 23 May 1979; *Third United Nations Conference on the Law of the Sea, Official Records*, 11, 109 (110).

right to "challenge of exercise of discretion."[19] Taking this discussion into account, the chairman of the group of legal experts prepared the following revised text of article 191:[20]

article 191

Limitation on jurisdiction with regard to decisions of the Authority

The Sea-Bed Disputes Chamber shall have no jurisdiction with regard to the exercise by the Authority of its discretionary powers in accordance with this part of the present Convention; in no case shall it substitute its discretion for that of the Authority. Without prejudice to article 190, in exercising its jurisdiction pursuant to article 187 *bis*, the Sea-Bed Disputes Chamber shall not pronounce itself on the question of whether any rules, regulations or procedures adopted by the Authority are in conformity with the provisions of the present Convention, nor declare any such rule, regulation or procedure invalid. Its jurisdiction shall be confined to determining whether the application of any rules, regulations or procedures to individual cases would be in conflict with the contractual and conventional obligations of the parties to the dispute, and to claims concerning lack of competence or misuse of power, as well as claims for damages to be paid or other remedy to be given to the party concerned for the failure of the other party to comply with its conventional or contractual obligations.

In the last hectic days of the Conference, when agreement had to be reached on the final text of the Convention, a few further changes were made in the text of the renumbered "limitation of jurisdiction" article, the most important of them being the strong emphasis on the restriction limiting the jurisdiction of the Chamber to "claims", thus cutting out any possible implication that the Chamber might be able to challenge the validity of the acts of the Authority. To make clear this difference, the last-minute changes made in this text are underlined in this final text:

article 189

Limitation on jurisdiction with regard to decisions of the Authority

The Sea-Bed Disputes Chamber shall have no jurisdiction with regard to the exercise by the Authority of its discretionary powers in accordance with this Part; in no case shall it substitute its discretion for that of the Authority. Without prejudice to *article 191*, in exer-

19 *Ibid.*, 111 (112), paras. II (d) 2 and II (e) (1).

20 *Ibid.*, 119.

> cising its jurisdiction pursuant to article 187, the Sea-Bed Disputes Chamber shall not pronounce itself on the question of whether any rules, regulations and procedures of the Authority are in conformity with this Convention, nor declare invalid any such rules, regulations and procedures. Its jurisdiction in this regard shall be confined to deciding claims that the application of any rules, regulations and procedures of the Authority in individual cases would be in conflict with the contractual obligations of the parties to the dispute or their obligations under this Convention, claims concerning excess of jurisdiction or misuse of power, and to claims for damages to be paid or other remedy to be given to the party concerned for the failure of the other party to comply with its contractual obligations or its obligations under this Convention.

The Chamber was clearly limited to claims for a compensation in case of a conflict between the Authority's non-discretionary powers and the rights of the complainant under either the Convention or a contract. Consequently, in deciding a case the Chamber will have to be careful not to overstep a thin line between what it can do and what it cannot do. A difficult but not impossible task.

II. Parallel Provisions in other Parts of the Convention

It should be noted that the United Nations Convention on the Law of the Sea contains also two provisions similar to article 189 in article 297 para. 2 and 3, which provide that a coastal State shall not be obliged to submit to dispute settlement any dispute relating to marine scientific research or fisheries which arises out of the exercise by the coastal State of a right of discretion in accordance with the provisions of the Convention relating to scientific research, or the exercise of a State's sovereign rights with respect to the living resources of the exclusive economic zone, including the exercise of its discretionary powers for determining certain fishery rules, except in cases where the coastal State has refused arbitrarily to make certain decisions required by the Convention. In addition, the submission of certain specified disputes to conciliation will be subject to the condition that the conciliation commission "shall not call into question the exercise by the coastal State of its discretion to withhold its consent for scientific research" in an area; and, in fishery cases, there is a clear injunction that "[in] no case shall the conciliation commission substitute its discretion for that of a coastal state." It is clear, therefore, that the provisions protecting the Sea-Bed Authority in the sea-bed area were drafted on parallel lines with the ones relating to scientific research and fisheries in the exclusive economic zone. While some details are different, the similarity is striking, although the powers of the Authority are far from being sovereign.

III. Precedents for Limitations of Judicial Review

1. The Court of Justice of the European Economic Communities

It was already noted that some of the phrasing of article 189 of the Convention was borrowed from the Treaty Establishing the European Economic Community.[21] The two tribunals share certain common restrictions. The Court of Justice of the European Communities can review the lawfulness of only certain acts of the Communities, namely "acts ... other than recommendations or opinions of the Council and the commission." It has jurisdiction in actions brought by a Member State, the Council or the Commission on grounds of lack of competence, infringement of an essential procedural requirement, of the treaty or any rule of law relating to its application, or misuse of powers. Even a natural or legal person may, under the same conditions, appeal against a decision addressed to him or "against a decision which although in the form of a regulation or a decision addressed to another person, is of direct and individual concern" to him.[22]

The rich jurisprudence of the European Court may be, therefore, of importance to the Sea-Bed Dispute Chamber when it considers the application of article 189; for instance, with respect to "abuse" or "misuse" of power; or the question whether the restriction applies, and to what extent, to subsidiary organs of the Council.

2. Other International Precedents

The approval of the Assembly of the Sea-Bed Authority is required for the budget of the Authority.[23] Can it refuse to pay, if the Assembly does

---

[21] See note 9.

[22] *Ibid.*, article 173.

[23] LOS Convention, see note 1, Article 160 para. 2 lit. h.

not like a decision of the Sea-Bed Chamber requiring payment of damages for a contractual obligation of the Authority? Or if the matter is referred to a meeting of States Parties can it refuse to comply?

The ICJ rendered an Advisory Opinion in the case relating to the Effect of Awards of Compensation Made by the United Nations Administrative Tribunal,[24] in which the Court was asked whether the General Assembly had the right to refuse to give effect to an award of compensation made by that Tribunal in favor of a staff member of the United Nations whose contract of service has been terminated without his assent. The answer of the Court was a resounding "no"; it rejected all the arguments for the right to refuse to pay. While the Tribunal was established by the General Assembly, "there is no legal ground upon which the General Assembly could proceed to review judgments already pronounced by the Tribunal."[25] The Court also rejected the argument based on analogy from domestic legislation that the General Assembly "is inherently incapable of creating a subordinate body competent to make decisions binding its creator." The Court pointed out that this contention "cannot be justified by analogy to national law, for it is a common practice in national legislatures to create courts with the capacity to render decisions legally binding on the legislatures which brought them into being."[26]

3. National Legislatures and the Courts

To make sure that the ICJ was correct in its assumptions it is necessary to check what is the prevalent trend: whether the national legislatures and courts are living in harmony or are in constant disagreement; and who prevails in case of a conflict - the legislature or the highest national court?

This issue was raised repeatedly during the legal expert group's discussion of article 189. Some experts considered it proper for a court to decide that a particular law or regulation violated the constitution and was therefore void. Others would reserve that function for a special consti-

---

[24] ICJ Reports 1954, 47 et seq.

[25] *Ibid*, 56. See also the rejection of additional arguments presented to justify the right to refuse payment, *ibid.*, 57, 58, 59.

[26] *Ibid.*, 61.

tutional court[27] or, in its absence, would permit a supreme court to exercise this function. Their main problem was, however, the contention that some constitutional provisions were less important than others, and that some constitutional provisions can be violated in order to achieve goals prescribed by "more important" constitutional provisions. Consequently, a court was entitled to declare only some legislation invalid but must refrain from such decision if the legislation had a higher goal. One of the examples presented to the group of experts was that of India, which departed from British practice and adopted a constitution supposedly based on the United States example, but much more voluminous and easily amendable. The Indian parliament insisted on the British principle of "parliamentary sovereignty," which was used to deny to the Indian Supreme Court - originally modeled on the United States Supreme Court, and frequently following U.S. precedents - the right to declare that a legislative act was unconstitutional. In addition, the Parliament insisted on a distinction between its legislative power and "constituent" power - its right to amend the Constitution, which it exercised frequently. It insisted that the Supreme Court cannot declare one of its constitutional amendments unconstitutional. On the other hand, the Supreme Court distinguished between constitutional amendments which were within the power of the Parliament to make, and amendments which attempted to deprive citizens of fundamental rights guaranteed by the Constitution.[28] The Constitution itself contained, in article 13 para. 1 and 2, a prohibition against making laws which violate human rights, and a declaration that laws so made were void.[29] Relying on this provision, the Supreme Court held in *I.C. Golak Noth v. Punjab*

---

27 For a recent review of the decisions of several European constitutional courts, protecting human rights against parliamentary interference, see J.H. Merriman, D.S. Clark and J.O. Haley, *The Civil Law Tradition: Europe, Latin America, and East Asia*, 1994, 757 et seq.

28 H.M. Seervai, *Constitutional Law of India*, 2nd edition, 1975, 54-58. This was the book recommended to the expert group by Indian experts. It dealt with most of the cases discussed here. A third edition, considerably different, has been published recently, but the views of the author on this topic have not changed. In any case, it is the 1975 edition which, together with some other books cited below, was used by the expert group to acquaint itself with the Indian legal system. There was abundant information in the book, but it was clear that some of the author's opinions were not generally acceptable.

29 *Ibid.*, 159-160. Part III of the Constitution which dealt with "fundamental rights", contained 26 articles defining seven such rights, including a right to constitutional remedies.

(1967) that the Parliament could not use its constitutional amendment power to limit fundamental rights.[30] The government, however, continued to insist that constitutional amendments were needed to comply with basic constitutional goals, and that, in particular, it was entitled to engage in drastic land reforms, to nationalize banks, and to deprive the princes of their Privy Purses, regardless of the fact that these special pensions were granted to them for allowing their territories to be incorporated in India.[31] The Supreme Court made an attempt to compromise in the *Kesavananda Bharata v. State of Kerala* Case[32] by allowing certain amendments affecting fundamental rights on the ground that they were implementing the Directives of State Policy (arts. 36-51) of the Constitution.[33] At the same time, the Court tried to protect judicial review by insisting that the parliament's amending power was limited, and that it was not permitted to destroy the constitution's "basic structure or framework," or its "essential features." On that basis, the court declared unconstitutional some of the attempted amendments.[34] The situation changed drastically after Mrs. Ghandi's government and party ran into difficulties in 1975 and declared a state of emergency on the pretext of "internal disturbances" that were threatening the security of India. Fundamental rights were suspended, parliamentary leaders of other parties were arrested, and press censorship was imposed. After a chief justice retired, despite the seniority rule, three senior justices were bypassed, and a judge more friendly to Mrs. Ghandi became the chief justice. The court compromised again; it upheld the government's emergency authority to jail political opponents without a court hearing or subsequent review. Mrs. Ghandi's authoritarian regime was, however, repudiated in the 1977 election, and the new coalition government provided new guarantees against future abuses of power, and recognized the authority of the Supreme Court to decide constitutional questions. As was noted by one commentator, the court, affected by constitutional storms, learned to adopt a dual strategy to assure its survival as a coordinate branch of government: "It protected judicial review by asserting

---

[30] *Ibid.*, 1512.

[31] *Ibid.*, 1513.

[32] *Ibid.*, 1513-19.

[33] *Ibid.*, 1026-44. Article 37, in particular, provided that these principles "shall not be enforceable by any court, but ... are nevertheless fundamental in the governance of the country and it shall be the duty of the State to apply these principles in making law," *ibid.*, 1026.

[34] *Ibid.*, 1520.

its special responsibility for defining what was constitutional. It practiced, [however,] self-restraint with respect not only to legislative but also to executive action."[35] It may be also noted that, despite Mrs. Ghandi's return in 1980, the Court was bold enough in the 1981 *Minerva Mills* Case to declare unconstitutional two parts of a 1977 constitutional amendment enacted by her prior regime that pretended not only to accord to the Parliament unlimited power to amend the Constitution, but also to abolish the Court's authority to review the constitutional validity of amendments.[36] The Court was especially opposed to legislative attempts to introduce constitutional amendments by a process that the Supreme Court considered illegal, and it succeeded in restricting them.

As these issues were hotly debated in India in the 1970s,[37] some of the Indian lawyers at the Law of the Sea Conference considered it necessary to raise the issue of limiting to some extent the power of the Sea-Bed Disputes Chamber to invalidate the regulatory decisions of the Authority on the ground of exceeding its discretionary powers. As several other experts raised similar objections, while others opposed them, a compromise article on the subject was agreed upon by the group of legal experts, and became finally article 189 of the Convention. Some restrictions were imposed on the Sea-Bed Disputes Chamber, but its right to consider three categories of claims was confirmed.

---

[35] L. I. Rudolph and S.H. Rudolph, "Judicial Review *versus* Parliamentary Sovereignty: The Struggle over Stateness in India," *Journal of Commonwealth and Comparative Politics* 19 (1981), 231 et seq. (244).

[36] *Minerva Mills v. Union of India*, 1981 Supreme Court Reports (S.C.R.), Vol. 1, 206. See also G.H. Gadbois, Jr., "The Institutionalization of the Supreme Court of India," in: J.R. Schmidhauer (ed.), *Comparative Judicial Systems: Challenging Frontiers in Conceptual and Empirical Analysis*, 1987, 111 et seq., (115-117), (126-128).

[37] See e.g., M.P. Duke, *Role of the Supreme Court in Indian Constitution*, 1987, 42-52, 114-32. See also U. Baxi, *The Crisis of the Indian Legal System*, 1980; V.S. Deshpande, *Judicial Review of Legislation*, 1977; M.P. Jain, *Indian Constitutional Law*, 1978; S.N. Roy, *Judicial Review and Fundamental Rights*, 1974. The issue remained still alive in the 1980s and 1990s; see S.P. Sathe, *Constitutional Amendments, 1950-1988: Law and Politics*, 1989, 29-51; M.C. Vandermay, "The Role of the Judiciary in India's Constitutional Democracy," *Hastings Int'l & Comp. L. Rev.* 20 (1996), 103 et seq., (118-119) and note 122; *Chandra Kumar v. Union of India*, 3 Supreme Court Cases (S.C.C.) 261 (1977).

Deep Seabed Mining

Howard Strauss[1]

In his introduction to the 1982 Convention on the Law of the Sea, Bernardo Zuleta, Under-Secretary-General and Special Representative of the Secretary-General for the Law of the Sea, listed sea-bed mining as one of the principal components of the Convention.[2]

The provisions concerning sea-bed mining were the most difficult to negotiate and what emerged was a reluctant compromise between developing and developed countries. The problem in drafting these articles was to anticipate the type of regime that would be required eventually to manage a sizeable mineral resource on the ocean floor. Given this history and economic and political developments in the 1980's and 90's, it is not surprising that their implementation has caused some teething problems and required innovative solutions. Perhaps the best example of these teething problems concerned the financial obligations of Registered Pioneer Investors (RPIs). This brief note discusses the evolution of these obligations.

The rules governing sea-bed mining were initially set out at Part XI of the Convention, Annex III thereto and Resolution II, adopted by the Third United Nations Conference on the Law of the Sea.[3] These rules

---

1 The views expressed are those of the author and not necessarily those of the Government of Canada.

2 *The Law of the Sea*, Official Text of the United Nations Convention on the Law of the Sea with Annexes and Index, United Nations (ed.), 1983, xxiv.

3 *The Law of the Sea*, Official Texts of the United Nations Convention on the Law of the Sea of 10 December 1982 and of the Agreement Relating to the Implementation of Part XI of the United Nations Convention on the Law of the Sea of 10 December 1982 with Index and excerpts from the Final Act of the Third United Nations Conference on the Law of the Sea, United Nations (ed.),

were adapted by the Preparatory Commission for the International Seabed Authority and for the International Tribunal of the Law of the Sea and then modified by the 1994 Agreement Relating to the Implementation of Part XI of the United Nations Convention on the Law of the Sea of 10 December 1982.

Article 7 of the Resolution[4] provides that the applicant for a plan of work for exploration and exploitation must pay a fee of 250.000 US$, a RPI must incur periodic expenditures as determined by the Preparatory Commission until approval of its plan of work for exploration and exploitation, and a RPI must pay an annual fee of one million US$ upon approval of its plan of work for exploration and exploitation. Further, article 8(a)[5] requires RPIs to apply to the Authority for approval of a plan of work for exploration and exploitation within six months of the entry into force of the Convention. Finally, article 12[6] requires RPIs to carry out exploration for the Authority, provide training for personnel designated by the Preparatory Commission, and undertake to perform the obligations prescribed in the Convention relating to the transfer of technology. Some of these obligations are also referred to in article 144 of the Convention[7] and article 5[8] and 13(3)[9] of Annex III.

The 1994 Agreement modified these obligations. RPIs now had until 15 November 1997, (three years after the Convention entered into force) to request approval of a plan of work for exploration (para. 6 (a) (ii) of Section I of the Annex)[10] and at least 15 years to submit a plan of work for exploitation (para. 9 of Section I of the Annex)[11]. Para. 6(a)(ii)[12] also provides that the 250.000 US$ paid on registration covers exploration as well. In addition, Section 5 of the Annex[13] reduced the obligations with

---

1997. Further references to the Convention, Annexes, Resolutions and 1994 Agrement will be to this text.

4 Law of the Sea Convention, see note 3, 201.

5 *Ibid.*, 201.

6 *Ibid.*, 203-204.

7 *Ibid.*, 69-70.

8 *Ibid.*, 147.

9 *Ibid.*, 153-154.

10 *Ibid.*, 220.

11 *Ibid.*, 221.

12 *Ibid.*, 220.

13 *Ibid.*, 227.

respect to transfer of technology to promoting technical and scientific cooperation.

The Preparatory Commission dealt with the other obligations of RPIs. The General Committee of the Preparatory Commission noted in 1994 that the Preparatory Commission had not determined amounts of periodic expenditure and had recognized that it was difficult at this stage to provide annual accounts of expenditure[14]. In addition, the General Committee decided to waive the annual fixed fees payable under Annex III, article 13 para. 3 and Resolution II, para. 7(b)[15]. Finally, the General Committee decided to defer the obligation of the RPIs to explore a mine site of the Authority until the Legal and Technical Commission (LTC) had determined that substantial exploration work was being carried out by any contractor[16].

In addition to these substantive issues there was also a related procedural issue. Paragraph 6(a)(ii), Section I, of the Annex to the 1994 Agreement[17] provides that RPIs may request approval of a plan of work and it lists the documents that are to be included in the plan of work. The paragraph goes on to say that the "plan of work shall be considered to be approved". This language suggests that a RPI which has submitted all necessary documents could send to the Authority a one sentence letter requesting approval of a plan of work and the Authority has no room to question it; the Authority can merely acknowledge receipt and confirm that the plan of work is approved.

There is, however, language that suggests that the Authority has somewhat more latitude. Paragraph 6(a)(ii)[18] itself goes on to say that the plan of work shall be in the form of a contract. One might argue that this calls for something more from the Authority than a pro forma reply to the RPI letter.

It was against this background that the LTC met for the first time in March, 1997, to begin addressing the substantive work of the Authority. The first issues before the Commission were the requests submitted by the RPIs for approval of plans of work for exploration and the preparation of a draft mining code.

---

[14] Doc. LOS/PCN/L.115/Rev.1, para. 15 of 8 September 1994.

[15] Doc. LOS/PCN/L.115/Rev.1, paras 16 and 17 of 8 September 1994.

[16] Doc. LOS/PCN/L.115/Rev.1, para. 17.

[17] Law of the Sea Convention, see note 3, 220.

[18] *Ibid.*, 220.

The treatment by the Authority of the plans of work reflected the procedural ambiguity outlined above. The RPIs submitted requests for approval of plans of work for exploration on 19 August . The LTC met on 21 August in closed session and considered the requests. The LTC then prepared a report and recommended the plans of work to the Council[19]. Council adopted a resolution noting that the plans of work are considered approved and requesting the Secretary-General to issue plans of work in the form of contracts[20].

As regards the mining code, the LTC worked hard at both the March and August sessions, and made considerable progress. The informal text, dated 25 August, circulated at the conclusion of the August session reflected the compromises discussed above[21]. Footnote 1[22] reflects the 30 month extension given to RPIs to request approval of a plan of work for exploration. Footnote 7[23] sets out the requirements to which such requests must conform, consistent with the 1994 Agreement. Footnote 4[24] recognizes that RPIs are considered to have met the financial and technical qualifications necessary for approval of a plan of work. Footnote 7[25] states that the 250.000 US$ paid pursuant to Resolution II, para. 7 (a) shall be deemed to be the fee referred to in regulation 16 (1) relating to the exploration phase. Footnote 8[26] limits the role of the LTC in relation to requests submitted by RPIs. Finally, footnote 9[27] reflects the restricted role of Council in relation to requests submitted by RPIs. Neither the draft mining code nor the annexed draft application and model contracts provide for the payments contemplated in paras (b) and (c) of article 7 of Resolution II[28], or transfer of technology and exploration of a mine site of the Authority as per article 12 of the resolution[29].

---

[19] Doc. ISBA/3/C/7, 22 August 1997.

[20] Doc. ISBA/3/C/L.5/Rev.1.

[21] No ISBA number; hereafter referred to as the August 25, 1997, Text.

[22] August 25, 1997 Text, 6.

[23] August 25, 1997, Text, 7.

[24] August 25, 1997, Text, 9.

[25] August 25, 1997, Text, 12.

[26] August 25, 1997, Text, 13-14.

[27] August 25, 1997, Text, 15.

[28] Law of the Sea Convention, see note 3, 201.

[29] *Ibid.*, 203-204.

Training as per article 15 of Annex III[30] is provided for in regulation 23[31] and Section 7[32] of the model contract.

With the approval of the plans of work for exploration submitted by RPIs, the unique regime created for RPIs comes largely to an end. The only hold-over appears to be Regulation 21 (3)[33] which provides that the contract negotiated take into account the schedule of relinquishment in accordance with the terms of registration as an RPI.

It should be noted, however, that there are remaining threads as regards potential applicants. Regulation 20 (4)[34] provides that the contracts awarded potential applicants be no less favourable than those agreed with any RPI.

---

30 *Ibid.*, 160.

31 August 25, 1997, Text, 23.

32 August 25, 1997, Text, 36.

33 August 25, 1997, Text, 17.

34 August 25, 1997, Text, 16.

"Compulsory" Conciliation in the U.N. Law of the Sea Convention

Tullio Treves

I. Conciliation in the System for the Settlement of Disputes of the U.N. Convention on the Law of the Sea

Two kinds of conciliation are envisaged in the dispute settlement system set out in Part XV of the United Nations Convention on the Law of the Sea of 10 December 1982 (the Convention). The first is one of the voluntary and non-binding procedures considered in Section 1 of Part XV. The second is a compulsory, although non binding, procedure which applies in some of the cases in which the compulsory means of settlement through submission to a court or tribunal whose decision is binding provided for in Section 2 of Part XV cannot apply.

Both kinds of conciliation envisaged in the Convention have precedents in international practice. In particular, compulsory conciliation as envisaged in the Convention belongs, although with original aspects, to a line of precedents in conventions for the codification and progressive development of international law starting with the Vienna Convention on the Law of Treaties of 1969[1].

---

[1] Vienna Convention on the Law of Treaties of 23 May 1969, Annex, in: U.N., *The Work of the International Law Commission*, 5th edition, 1996, 356 et seq.; Vienna Convention on the Representation of States in their Relations with International Organizations of a Universal Character, of 14 March 1975, article 85, *ibid.*, 392 et seq.; Vienna Convention on Succession of States in Respect to Treaties of 23 August 1978, Annex, *ibid.*, 425 et seq.; Vienna Convention on Succcession of States in Respect of State Property, Archives and Debts of 8 April 1983, Annex, *ibid.*, 447 et seq.; Vienna Convention on the Law of Treaties Between States and International Organizations and Between Interna-

In both cases the rules adopted by the Convention try to avoid the possibilities for blocking or slowing the procedure sometimes found in other treaties providing for conciliation, be it voluntary or compulsory. The rules in the Convention protect the initial common will of the parties from unilateral initiatives which might hamper the smooth development of the procedure. From this point of view the rules on conciliation of the Convention compare well with recent models emerging from practice, such as, as regards voluntary conciliation, the United Nations Model Rules for the Conciliation of Disputes between States of 1995[2], and, as regards compulsory conciliation, the Stockholm Convention on Conciliation and Arbitration Within the CSCE of 1992[3].

A comparison with these models also shows that voluntary and, especially, compulsory conciliation as set out in the Convention have some very interesting peculiarities. These emerge when one examines the procedural aspects and, even more so, the substantial conditions for resort to compulsory conciliation. The latter are in fact to be seen as integral parts of the overall regime of the exclusive economic zone and of delimitation of maritime areas.

II. Procedural Aspects Common to Voluntary and Compulsory Conciliation

Voluntary conciliation is envisaged in article 284 of the Convention. In its three initial paragraphs this article sets out the conventional character of the procedure, which will be deemed to be terminated if the invitiation by one party to submit the dispute to conciliation is not accepted by the other party or if there is no agreement on the procedure to be followed. Under para. 4 of article 284, however, once the parties have submitted the dispute to conciliation "the proceedings may be termi-

---

tional Organizations of 21 March 1986, Annex, *ibid.*, 464 et seq. For an overview, U. Villani, "Osservazioni sulla soluzione delle controversie nelle convenzioni di codificazione del diritto internazionale", *International Law at the Time of its Codification, Essays in Honour of Roberto Ago,* Vol. 3, 1987, 497 et seq.

[2] Adopted by A/RES/50/50 of 11 December 1995 on the basis of a draft prepared by the Special Committee on the Charter of the United Nations (hereinafter: U.N. Model Rules of 1995).

[3] Convention on Conciliation and Arbitration Within the CSCE of 15 December 1992, *ILM* 32 (1993), 551 et seq.

nated only in accordance with the agreed conciliation procedure". This rule, whose purpose is to protect the procedure from unilateral initiatives by either party, is not found in the recent United Nations Model Rules for the Conciliation of Disputes between States.

Annex V, Section 1, to the Convention sets out in detail the conciliation procedure mentioned in article 284 (even though parties may agree on a different procedure according to article 284 para. 1). The conciliation commission shall consist of five members. Each party may appoint two members of the commission "preferably" from a list of "persons enjoying the highest reputation for fairness, competence and integrity" drawn up on the basis of nominations by States parties[4]. The fifth member, which is to serve as chairman, is to be appointed jointly by the parties and must always be drawn from the list[5]. In case the party which is not instituting the proceedings does not appoint its conciliators within a short time limit, as well as in case the fifth conciliator is not appointed within another brief time limit, such appointments may be made by the Secretary-General of the United Nations upon the request of, in the first case, the party instituting the proceedings and, in the second case, either party[6]. The provision that each party shall appoint two and not one of the five conciliators (as for instance in the U.N. Model Rules of 1995) eliminates one possible obstacle to the procedure arising from disagreement as to which one of the three conciliators to be appointed jointly shall serve as chairman [7].

"The Commission shall hear the parties, examine their claims and objections, and make proposals to the parties with a view to reaching an amicable settlement" (article 6). This provision is close to the traditional model, as well as to the U. N. Model Rules of 1995[8]. Another rule conforming to the traditional model, and spelling out one of the essential aspects of conciliation, is article 7 para. 2 stating that: "The report of the

---

4 Annex V, Article 3, a, b, c.

5 Annex V, Article 3, d.

6 Annex V, Article 3, c, d, e.

7 See article 5 para. 3, of the U.N. Model Rules of 1995. The other main difference is that in the Model Rules the appointing authority is the Government of a third State chosen by agreement of the parties and, in case of disagreement, the President of the ICJ (arts. 4 and 5 paras. 2 and 30), and not the U.N. Secretary-General. This difference also shows the intention of eliminating possibilities of slowing down the procedure.

8 Article 3.

commission, including its conclusions and recommendations, shall not be binding upon the parties". This rule is implied, but not spelled out in the U.N. Model Rules of 1995.

According to article 7 para. 1, the commission "shall report within 12 months of its constitution". In its report the Commission shall "record any agreements reached and, failing agreement, its conclusions on all questions of fact or law relevant to the matter in dispute and such recommendations as the commission may deem appropriate for an amicable settlement". This provision, in requiring the conciliation commission's report to state its conclusions on all questions of fact and law, follows the precedent of a number of United Nations conventions for the codification and the progressive development of international law starting with the Vienna Convention on the Law of Treaties of 1969. It does not go as far as as the Vienna Convention on the Representation of States in their Relations with International Organization which explicitly states that "any party to the dispute may agree in writing that it will abide by the recommendations in the report so far as it is concerned"[9]. In light of the fact that, contrary to the other codification conventions[10], article 7 does not add to the description of the report that such report "shall have no other character than that of recommendations submitted for the consideration of the parties in order to facilitate an amicable settlement of the dispute", this provision seems to be, nonetheless, a considerable step in the direction of making the findings of the Commission - although not their legal effects - similar to those of an arbitral tribunal[11]. This provision entails that whenever the parties fail to agree with the proposals made under article 6 for an amicable settlement the commission discloses its views on the facts and on the law. Whether this has the effect of making the last recommendations for amicable settlement contained in the report, to be accepted within three months according to article 9, attractive for both parties or not, may depend on the circumstances of the case. The party that considers that the "conclusions on all questions of fact or law" are in its favor may be tempted to start proceedings for a binding settlement, if, of course, there is a court or tribunal competent to hear the case according to the Convention. It is to be noted that the Convention does not contain a provision, found in some treaties providing for conciliation, according

---

9 Convention of 14 March 1975, see note 1, article 85 para 7.

10 See note 1.

11 J.G. Merrills, *International Dispute Settlement*, 2nd edition, 1991, 165 (and see also at 68 and 231) speaks of "quasi-arbitration".

to which the opinion of the commission on points of law may not be invoked by the parties before any tribunal.[12]

III. Procedural Aspects Specific to Compulsory Conciliation

The provisions considered above are set out in Section 1 of Annex V to the Convention. Although designed for cases in which submission to conciliation is not compulsory, they also apply to cases in which such submission can be obtained at the request of one party. Article 14 of Annex V provides for such application "subject to Section 2 " of the said Annex, which concerns the last mentioned cases. Consequently, the general rules on conciliation apply to compulsory conciliation together with and subject to the specific procedural rules set out in article 11, 12 and 13 of Section 2 for this kind of conciliation. These three provisions give a precise procedural meaning to the notion of "compulsory" conciliation.

According to article 11:

> 1. Any party to a dispute which, in accordance with Part XV, Section 3, may be submitted to conciliation under this Section, may institute the proceedings by written notification addressed to the other party or parties to the dispute.
>
> 2. Any party to the dispute, notified under paragraph 1, shall be obliged to submit to such proceedings.

Article 12 adds that:

> The failure of a party or parties to the dispute to reply to notification of institution of proceedings or to submit to such proceedings shall not constitute a bar to the proceedings.

These provisions make it clear that, of the models of compulsory conciliation, the Convention has chosen not to follow that providing for the obligation of parties to submit their dispute to conciliation and to establish a conciliation commission for that purpose. In lieu of that inefficient "*pactum de contrahendo*" technique, the Convention has preferred to set out directly the right of one party to start the procedure

---

[12] Merrills, *ibid.*, 70-71; see also article 13(5) of the Treaty for Conciliation, Judicial Settlement and Arbitration between the United Kingdom and Switzerland, signed at London on 7 July 1965, UNTS Vol. 605, 205.

and the obligation of the other party to submit to it including in case such other party decides not to participate. The provision of article 11, concerning failure to participate, does not find a precedent in the provisions on compulsory conciliation in U.N. codification conventions[13]. The Stockholm Convention on Conciliation and Arbitration, adopted a decade after the Law of the Sea Convention, contains a provision that, although indirectly, sets out the same principle[14].

The last procedural rule in Section 2 of Annex V to the Convention introduces a further principle that protects the procedure from attempts to create obstacles to its functioning. Applying to compulsory conciliation the principle of *Kompetenz-Kompetenz* current in rules concerning international courts and tribunals[15], article 13 states:

> A disagreement as to whether a conciliation commission acting under this Section has competence shall be decided by the commission.

Even though not entirely without precedent[16], this rule is found rarely as regards conciliation proceedings[17].

---

[13] U. Villani, "A new conciliation procedure: The Vienna Convention on the Representation of States in their Relations with International Organizations of a Universal Character", *Italian Yearbook of International Law*, 4 (1975), 31 et seq., (39), argues, however, that the peculiar features of the procedure set up in article 85 of the Vienna Convention on Representation of States etc. of 14 March 1975, see note 1, are such as to allow for the possibility of proceeding in the absence of one of the parties.

[14] Article 25 para. 6: "A report shall also be drawn up which provides immediate notification to the CSCE through the Committee of Senior Officials of circumstances where a party fails to appear for conciliation or leaves a procedure after it has begun".

[15] Statute of the ICJ article 36 para 6. U.N. Convention on the Law of the Sea, article 288 para. 4.

[16] See article 28 of the Treaty of 1965 between the United Kingdom and Switzerland, see note 12.

[17] See the observations of Villani, see note 13, 40-41; and, of the same author, "Conciliazione internazionale", in: *Digesto delle discipline pubblicistiche*, 1998, 301 et seq., para. 7.

IV. The Function of Compulsory Conciliation in the Convention

Compulsory conciliation is provided for in two articles of the Convention: arts. 297 and 298. These articles concern, respectively "limitations" on and "optional exceptions" to, the applicability of the rules for the compulsory settlement of disputes by a court or tribunal whose judgment is binding set out in Section 2 of Part XV. Limitations are exceptions to compulsory jurisdiction applicable in all cases, even though parties may always submit by agreement the dispute to binding settlement procedures. Optional exceptions concern disputes which are, in principle, subject to binding settlement by a court or tribunal at the request of one party and which may, however, be excluded from such possibility of submission by a written declaration to be made by a State when signing ratifying or acceding to the Convention or at any time thereafter.

It is interesting to note that compulsory conciliation does not concern all limitations and all optional exceptions to compulsory jurisdiction set out in the Convention. Of the limitations set out in article 297, it only concerns those in respect of disputes relating to marine scientific research and fisheries. Of the three possible optional exceptions set out in article 298, it only concerns the exception for disputes concerning the interpretation or application of the articles in the Convention regarding delimitation of maritime zones between neighbouring States and those involving historic bays or titles.

This seems to indicate that compulsory conciliation was not introduced to meet the needs of the system for the settlement of disputes set out in the Convention. It was introduced to meet the needs of the compromise reached in the negotiations of the Third U.N. Conference on the Law of the Sea on the specific substantive issues to which it has been made applicable - namely, scientific research, fisheries and delimitation[18].

As regards disputes concerning marine scientific research and fisheries in the exclusive economic zone, unconditional applicability of the prin-

---

[18] On the connection between substantive and procedural rules of the Convention concerning marine scientific research and fisheries, Sh. Rosenne, "The Settlement of Disputes in the New Law of the Sea", *Revue Iranienne des Relations Internationales*, 11-12 (1978), 401 et seq. (425-426); W. Riphagen, "Dispute Settlement in the 1982 United Nations Convention on the Law of the Sea", in: C.L. Rozakis/C.A. Stephanou (eds), *The New Law of the Sea*, 1983, 281 et seq. (289-292).

ciple of compulsory jurisdiction appeared to a sizable group of States to be incompatible with the sovereign rights and jurisdiction recognized to the coastal State. To other States such applicability seemed necessary in order to avoid arbitrary exercise of these sovereign rights and jurisdiction[19]. The rules on the settlement of disputes became a part of the drawing of the very complicated borderline between the rights of the coastal State and of other States in the exclusive economic zone[20]. So it was stated in article 297 para. 1, that while in general disputes concerning the "exercise by a coastal State of its sovereign rights or jurisdiction provided for in [the] Convention" shall be excluded from compulsory settlement by a court or tribunal, they shall, however, be subject to such compulsory settlement in three specific cases. This rule corresponds to the recognition, in the substantive rules of arts. 56 and 58, of sovereign rights and jurisdiction of the coastal States as balanced by the recognition of some of the high seas freedoms of the other States in the exclusive economic zone. This general compromise was not found adequate as regards disputes concerning the interpretation or application of provisions on two important matters upon which the coastal State enjoys sovereign rights or jurisdiction according to the Convention, namely scientific research and fisheries. On these matters specific substantive rules complete the principle of arts. 56 and 58. The delicate balance reached in the negotiations leading to the adoption of these rules required a more detailed and complicated solution as far as the settlement of disputes was concerned. This is the solution found in article 297 paras. 2 and 3. Compulsory conciliation is an integral part of this solution.

Similarly, as regards delimitation and historic bays or titles, the substantive provisions adopted, in particular those in arts. 74 and 83 requiring an "equitable solution" for delimitation of the exclusive economic zone and of the continental shelf between States with opposite or adjacent coasts, are very difficult to apply without the intervention of a third

---

[19] See the discussions at the 41st to 43d meetings of the Third Committee of the Third U.N. Law of the Sea Conference, held on 21, 22 and 23 August 1979, in: *Third U.N. Conference of the Law of the Sea, Official Records*, 12, 37-51. The package was completed by article 294, which aims at protecting the coastal State from frivolous exercise of the right to set in motion compulsory jurisdiction in the cases mentioned in article 297, and by article 300, which states the principle of good faith and of avoiding abuse of rights.

[20] See the indications in M.H. Nordquist, Sh. Rosenne, L.B. Sohn, *United Nations Convention on the Law of the Sea 1982, A Commentary* (hereinafter: *Virginia Commentary*), V, 99.

party. Hence the decision that the disputes concerning the interpretation and application of these provisions would be submitted to compulsory settlement by a court or tribunal and that the optional exception upon which certain States insisted would not exclude third party settlement as compulsory conciliation would replace judicial or arbitral procedure whenever a State were to declare that it does not accept such procedures.

The fact that the three cases considered of compulsory conciliation are exceptions to an exception to a general rule on compulsory jurisdiction of courts and tribunals and that they have some relevant exceptions, throws light on the importance of the rule, mentioned above, of article 13 of Annex V, that gives to the conciliation commission the power to decide on disagreements as to its competence. Disagreements seem likely as to the characterization of disputes brought to conciliation in order to determine whether they are subject to conciliation or belong to matters excluded from it. It will be difficult to keep these questions of characterization of disputes separate from issues concerning the merits. For instance, in light of the provisions to be examined in the next paragraph, in order to state that it has jurisdiction, a conciliation commission may have to determine that a dispute concerns the interpretation of provisions on marine scientific research, that it arises out of the exercise by the coastal State of a right under article 246, but that this right cannot be classified as a "discretion". In light of the connections between questions, the solution of problems of classification will depend on the development of precise notions as to the subject of disputes and probably, and at least partly, on the way the issues are formulated by the party that brings the dispute to the conciliation commission[21].

V. Compulsory Conciliation concerning Disputes in respect of Marine Scientific Research and Fisheries

The settlement of disputes as regards the application or interpretation of the provisions in respect of marine scientific research is dealt with in ar-

---

[21] See the observations developed in considering the problems arising from the combination of arts. 297 and 298 as regards maritime boundaries by A.E. Boyle, "Dispute Settlement and the Law of the Sea Convention: Problems of Fragmentation of Jurisdiction", Int. & Comp. L. Q. 46 (1997), 37 et seq. (44-45).

ticle 297 para. 2, of the Convention. The principle is that compulsory jurisdiction of a court or tribunal applies, with two major exceptions. They concern, according to article 297 para. 2 (a) (i) the excercise by the coastal State "of a right or discretion in accordance with article 246" and (ii) "a decision by the coastal State to order suspension or cessation of a research project in accordance with article 253". Compulsory conciliation appears in the provision that follows as an exception to the exception, completed in turn by a further exception. Article 297 para. 2(b) states:

> A dispute arising from an allegation by the researching State that with regard to a specific project the coastal State is not exercising its rights under articles 246 and 253 in a manner compatible with this Convention shall be submitted, at the request of either party, to conciliation under Annex V, section 2, provided that the conciliation commission shall not call in question the exercise by the coastal State of its discretion to designate specific areas as referred to in article 246, paragraph 6, or of its discretion to withhold consent in accordance with article 246, paragraph 5.

Looking at the two provisions together, it appears that compulsory conciliation applies to all matters concerning decisions by the coastal State to order suspension or cessation of a research project under article 253, and the exercise of the right of the coastal State to regulate and authorize marine scientific research in the exclusive economic zone and on the continental shelf under article 246 para. 1. While we shall not dwell here on the question whether conciliation concerning the exercise of the coastal State's rights under article 246 applies to the determination of the existence of the conditions for such exercise[22], it must be underscored that on matters deemed as essential for the exercise in full of the sovereign rights and jurisdiction of the coastal State even compulsory conciliation has been excluded. These matters are, first, the refusal of consent (labeled as effected "at the discretion" of the coastal State, in contrast with the coastal State's obligation to grant consent "in normal circumstances" under para. 3 of article 246) for research projects involving natural resources, drilling, the use of explosives and the introduction of harmful substances, or the construction operation and use of artificial islands, installations and structures, or which contain inaccurate information or come from a State that has outstanding obligations

[22] See T. Treves, "Régime du consentement et nouveau régime juridique de la recherche scientifique marine", in: D. Bardonnet/M. Virally (eds), *Le nouveau droit international de la mer*, 1983, 269 et seq. (280-282).

from a prior research project[23]; and, second, the designation of areas of the continental shelf beyond the 200 mile limit for exploitation or detailed exploration, a designation that has the effect of excluding research by other States from the obligation for the coastal State not to use its discretion to withhold its consent for reasearch projects involving resources and the other activities mentioned above listed in para. 5 of article 246[24].

The structure and provisions of para. 3 of article 297, as regards disputes concerning the interpretation and application of provisions of the Convention with regard to fisheries[25], are similar, even though with some interesting differences.

As regards fisheries also, the general rule is compulsory jurisdiction of a court or tribunal, with very relevant exceptions which concern:

> any dispute relating to [the coastal State's] sovereign rights with respect to the living resources in the exclusive economic zone or their exercise, including [the coastal State's] discretionary powers for determining the allowable catch, its harvesting capacity, the allocation of surpluses to other States and the terms and conditions established in its conservation and management laws and regulations[26].

Also as regards fisheries disputes compulsory conciliation is an exception to the exception. It concerns three aspects of the exercise of the coastal State's sovereign rights, as it encompasses disputes in which it is alleged that:

> (i) a coastal State has manifestly failed to comply with its obligations to ensure through proper conservation and management measures that the maintenance of the living resources is not seriously endangered;
>
> (ii) a coastal State has arbitrarily refused to determine at the request of another State, the allowable catch and its capacity to harvest living resources whith respect to stocks which that other State is interested in fishing; or
>
> (iii) a coastal State has arbitrarily refused to allocate to any State, under arts. 62, 69 and 70, and under the terms and conditions estab-

---

23 Article 246 para. 5 of the Convention.

24 Article 246 para. 6 of the Convention.

25 See Sh. Rosenne, "Settlement of Fisheries Disputes in the Exclusive Economic Zone", *AJIL* 73 (1979) , 89 et seq.

26 Article 297 para. 3 (a).

> lished by the coastal State consistent with this Convention, the whole or part of the surplus it has declared to exist[27].

Contrary to what is provided in respect of marine scientific research disputes, there are no exceptions to the jurisdiction of the conciliation commission. It is provided, nonetheless, that:

> In no case shall the conciliation commission substitute its discretion to that of the coastal State[28].

This limitation does not seem to concern the proposals for an amicable settlement the Commission may make according to article 6 of Annex V before adopting its report. It concerns the scope of the recommendations for an amicable settlement proposed in the report the conciliation commission adopts in case the proposals made according to article 6 for amicable settlement are not accepted, as well, and especially, the scope of the "conclusions on all questions of fact or law" the commission may include in the report according to article 7 of Annex V[29]. While the report may go into the allegedly "manifest" or "arbitrary" behaviour of the coastal State by ascertaining the failure to comply with obligations under the Convention, it cannot go as deep as to indicate in which way such obligations have to be implemented. For instance, while the conciliation commission can ascertain the manifest failure of the coastal State to determine the allowable catch, it cannot indicate what should be the level of such allowable catch.

Another interesting difference with the rules on disputes concerning scientific research is the provision according to which:

> The report of the conciliation commission shall be communicated to the appropriate international organizations[30].

This provision seems to be conceived as a deterrent for the coastal State (and possibly for the other State party to the dispute) which envisages not to accept the proposals of the conciliation commission. Communication to the appropriate organization makes the report and the refusal to accept it public, and may entail a discussion. No State whishes to see its manifest or arbitrary failure to meet its treaty obligations exposed. A similar provision is included in the Stockholm Convention of 1992[31].

---

27 Article 297 para. 3 (b).

28 Article 297 para. 3 (c).

29 Riphagen, see note 18 , 292.

30 Article 297 para. 3 (d).

31 Article 25 para. 5.

Why there is no similar provision as regards disputes on marine scientific research is not clear. It may have to do with the fact that the international organizational framework concerning marine scientific research is less elaborated than that concerning fisheries, and, perhaps even more so, with the fact that disputes concerning marine scientific research may have security and political implications that are not frequent in fisheries disputes.

VI. Compulsory Conciliation concerning Disputes relating to Sea Boundary Delimitations and Historic Bays and Titles

Compulsory conciliation may apply as a third party method of settlement as regards one of the three categories of disputes which, according to article 298 of the Convention, States may exclude, by a specific declaration, from the scope of compulsory jurisdiction of a court or tribunal. This category relates, firstly, to "disputes concerning the interpretation or application of article 15, 74 and 83, relating to sea boundary delimitations ...". The articles mentioned concern, respectively, delimitation of the territorial sea, the exclusive economic zone, and the continental shelf, between States whose coasts are opposite or adjacent.

There are no other rules in the Convention concerning delimitation. One may think, however, of the possibility of delimitation problems concerning the contiguous zone, even though the functional character of the States' powers in this zone would permit their exercise in the same area by two different States, making delimitation not necessary. One may also think of delimitation of the zones, equivalent in width to the contiguous zone, in which the coastal States enjoy, according to article 303 of the Convention, the right to authorize the removal of archeological and historical objects[32]. The question may be raised as to whether disputes concerning delimitation of these zones are included in compulsory jurisdiction of a court or tribunal and whether, if this were to be the case, they may be excluded from such jurisdiction.

Secondly, this category relates to disputes "involving historic bays or titles". As compulsory jurisdiction under the Convention concerns disputes relating to the interpretation and application of the Convention

---

[32] On these problems, T. Treves, "Codification et pratique des Etats dans le droit de la mer", RdC 223, (1990), 9 et seq. (76-77); and *id.*, "Stato costiero e archeologia sottomarina", *Riv. Dir. Int.* 76 (1993), 698 et seq. (706-707).

(article 286), the optional exception certainly applies to the disputes relating to the interpretation and application of the provisions of the Convention mentioning historic bays or titles. These are article 10 para. 6, and article 15. The first excludes "the so-called 'historic' bays" from the application of the rules defining bays belonging to one State and regulating the drawing of straight baselines therein. The second states that the median line rule applying to delimitation of the territorial sea "does not apply ... where it is necessary by reason of *historic title* or other special circumstances" to delimit the territorial sea otherwise[33]. In the light of the above mentioned general limitation of compulsory jurisdiction to disputes concerning the interpretation and application of the Convention, it would be difficult to consider that there exists compulsory jurisdiction (and consequently the possibility of using the optional exception of article 298 para. 1(a)) as regards a dispute as to whether a bay or title is "historic". One can, however, envisage the possibility of invoking compulsory jurisdiction of a court or tribunal for applying provisions of the Convention different from those mentioned in waters included in historic bays or in connection to historic titles. In this case the scope of the optional exception might be seen as going beyond the narrow scope of arts. 10 para. 6, and 15.

A State party may declare that it does not accept any one or more of the procedures for compulsory settlement as regards the disputes included in the above described category, provided that, "where no agreement within a reasonable period of time is reached in negotiations between the parties", it shall at the request of any party to the dispute, accept submission of the matter to conciliation under Annex V Section 2.

This formulation is more convoluted than those found in article 297 paras. 2 and 3. It would seem, however, that it is equivalent and that no specific acceptance of conciliation at the request of another party to the dispute is required. In fact all the States making the declaration mentioned in article 298 para. 1, as regards the disputes in in subpara. (a) have not mentioned conciliation, with the exception of Tunisia which has reproduced the full text of article 298 para. 1.

The possibility given to States to declare that they do not accept *any one or more* of the compulsory procedures of Section 2 of Part XV opens the question of how to coordinate a declaration excluding one or more, but not all, of these procedures with the mechanism set out in article 287 for determining which court or tribunal is to exercise compulsory jurisdiction under the Convention. As well known, under arti-

---

[33] Emphasis supplied.

cle 287, these procedures are those of the International Tribunal for the Law of the Sea, of the ICJ, of an arbitral tribunal under Annex VII, and of a special arbitral Tribunal under Annex VIII. The mechanism for determining the competent court or tribunal is based on choice of the same mechanism by all parties to the dispute, and on the residual competence of an arbitral tribunal in accordance with Annex VII in case of different choices by the parties to the dispute, it being also presumed that a State party that has not made a choice has chosen arbitration under Annex VII. In light of these rules, the declaration under article 298 that a State does not accept all the procedures mentioned in article 287 has obviously the effect to exclude all forms of compulsory jurisdiction of a court or tribunal and, as regards disputes mentioned in article 298 para. 1(a), to establish the jurisdiction of the conciliation commission, provided the conditions required are met. If, however, the declaration does not concern all the procedures mentioned in article 287, compulsory jurisdiction may not be excluded in all cases and compulsory conciliation may not be established in all cases in which the declaration includes para. 1(a) of article 298. If the declaration excludes procedures before either the International Tribunal for the Law of the Sea, the ICJ or a special arbitral tribunal, or all of them, the residual jurisdiction of an arbitral tribunal constituted in accordance with Annex VII will remain. Compulsory jurisdiction will not be excluded and it will belong to such arbitral tribunal unless, notwithstanding the exclusion of one or two of the abovementioned three procedures, there is another procedure chosen by all parties to the dispute. If the procedure excluded in the declaration is the one before the arbitral tribunal to be established under Annex VII, compulsory jurisdiction will exist only if all the parties to the dispute have chosen one of the procedures not excluded. In this case it may happen that the exclusion of one procedure only (arbitration) entails the same effect than the exclusion of all, namely: exclusion of compulsory jurisdiction of a court or tribunal and the establishment of the jurisdiction of a conciliation commission within the limits of article 298 para. 1(a). The last mentioned case is that of Norway that, in the declaration made upon ratification, stated, pursuant to article 298, that: "it does not accept an arbitral tribunal constituted in accordance with Annex VII for any of the categories of disputes mentioned in article 298"[34]. The other States parties having made declarations pursuant to article 298 have declared that they do not accept any of the procedures mentioned in article 287.

---

[34] *Law of the Sea Bulletin*, No. 32, 1996, 10.

In order to establish the jurisdiction of the conciliation commission two further conditions must be met. The first is that the dispute "arises subsequent to the entry into force of th[e] Convention". It is well known that determining the "crucial moment" in a dispute is a difficult problem in international law. This was also recognized in the preparatory work of article 298[35]. In the present case it is complicated by the further problem as to whether "entry into force" means international entry into force of the convention (namely 16 November 1994) or its entry into force for the parties to the dispute[36]. The second condition is that the dispute is not one that "necessarily involves the concurrent consideration of any unsettled dispute concerning sovereignty or other rights over continental or insular land territory". This limitation may be interesting, if read *a contrario sensu*, as an argument to support the view that, when no declaration has been made according to article 298 para. 1 (a), a dispute on delimitation of a maritime area "necessarily" involving the concurrent consideration of a dispute concerning sovereignty or other rights over land can be brought to the court or tribunal having jurisdiction under article 287. As regards conciliation of such dispute, however, in order to make it compulsory, the dispute concerning rights on land must have already been settled[37].The last provision of subpara. 1(a) (iii) of article 298 states that:

---

[35] See the Third U.N. Conference of the Law of the Sea Conference's informal document N.G. 7/26 of 1979 in which Dr. Manner, the Chairman of Negotiating Group 7 stated: "According to international jurisprudence and rules of jurisdiction, there is a large discretionary element in the decisions about a the so-called crucial date of when a dispute arises". He also went on to forecast that: "a definition ... making a difference between disputes which have arisen before and after entry into force of the Convention is likely to render [it] open to various interpretations. This kind of uncertainty complicates the matter, by adding a procedural controversy to the basically substantive point at issue" (see *Virginia Commentary* V, 124).

[36] A text by the Chairman of Negotiating Group 7 of the Third U.N. Conference on the Law of the Sea which was later reproduced, with minor modifictions, in article 298 was criticized by the representative of Israel (Rosenne) because it "did not make it sufficiently clear that it related only to disputes arising after the entry into force of the Convention between the parties to the dispute". In his view "that limitation must be clearly enunciated". *Third United Nations Conference on the Law of the Sea, Official records,* 11, 61 (para. 54).

[37] Riphagen, see note 18, 293, observes that "the existence and possible solution of" any unsettled dispute concerning sovereignty or other rights over continental or insular territory" may well remain" unconsidered "in interpret-

> this subparagraph does not apply to any sea boundary dispute finally settled by an arrangement between the parties, or to any such dispute which is to be settled in accordance with a bilateral or multilateral agreement binding upon those parties.

This provision seems to mean that a declaration made according to article 298 para. 1(a), cannot be read as permitting to question a maritime boundary already agreed by the parties, or to make ineffective an agreement for the settlement of the maritime boundary dispute already binding upon the parties. Finally, article 298 para. 1(a) subpara. (ii) sets out rules whose aim is to strenghthen the autority of the report by the conciliation commission:

> after the conciliation commission has presented its report, which shall state the reasons on which it is based, the parties shall negotiate an agreement on the basis of that report; if these negotiations do not result in an agreement, the parties shall, by mutual consent, submit the question to one of the procedures provided for in section 2, unless the parties otherwise agree.

The provision does not go as far as to create an exception to the non-binding character of the report of the conciliation commission stated, as indicated, in article 7 para. 2 of Annex V. It introduces an obligation *de negotiando*, completed by an obligation *de contrahendo*. Neither of the two ensures that the parties will reach a settlement of their dispute. These obligations serve to exercise political pressure on the parties so that bad faith in negotiations will be exposed. Their presence may be a relevant consideration for States in deciding whether to make the declaration under article 298 para. 1(a).

---

ing Articles 15, 74 and 83 relating to sea boundaries limitations *at least* as regards *part* of that boundary". It would seem that the possibilities for the exercise of compulsory conciliation hinted at in these observations are compatible with the notion of "necessarily involving the concurrent consideration" of a dispute on rights on land set out in article 298 para. 1(a).

VII. The Importance and Effect of Compulsory Conciliation in the Convention

In a well known article on *Dispute Settlement under the Convention on the Law of the Sea*[38], the distinguished scholar to whom this modest contribution is dedicated, Professor Günther Jaenicke, stated that:

> I do not share the view that compulsory conciliation is so much inferior to compulsory judicial settlement. Although the findings of the Conciliation Commission are not legally binding on the Parties, they carry nevertheless the weight of an impartial judgment and cannot as such be lightly discarded by the party to the dispute.

It seems difficult to disagree with this concise statement, especially if one adds compulsory arbitration to compulsory judicial settlement to the comparison with compulsory conciliation. Moreover, it seems necessary to specify that the qualification of not "so much inferior" is referred in the context to the "findings" of fact and law of the conciliation commission.

The authority of the conciliation commission's report is reinforced because of the connection with the United Nations. The report must be deposited with the Secretary-General and the parties must notify the Secretary-General whether they intend to comply with it or reject it[39].

As regards fisheries disputes, such strengthenend position emerges also from the above mentioned obligation of notification to the competent international organization.

The importance of compulsory conciliation may, however, be as great as regards the preventive effect of this means of dispute settlement than it is in respect of its effect, once it has been followed, in settling specific disputes. The mere presence of compulsory conciliation in the Convention's system for the settlement of disputes, even without its effective use, may be useful for the resolution of disputes.

The active political, and not only legal, involvement conciliation requires from States may encourage parties to find solutions by direct negotiation in order not to expose their dispute to international public opinion. It may also encourage the parties to submit their dispute to arbitral or judicial settlement, where fewer political decisions are necessary once the decision to utilize such means of settlement is taken. The

---

38 *ZaöRV* 43 (1983), 813 et seq. (826).

39 Annex V, article 7. See the remarks by Villani, see note 1, 517.

parties could obtain the result of resorting to arbitral or judicial settlement by agreement or, as indicated, in the case of compulsory conciliation mentioned in article 298 para. 1(a), by not making the declaration provided for in that provision. The reasons why this option could become attractive is that, while the procedure before a conciliation commission is almost as technically complex and as politically burdensome as the procedure before a court or tribunal, it entails the further political hurdle of deciding, at the end, whether to follow the suggestions of the commission. In certain cases States may consider it preferable not to have to make this choice, and rather be bound to implement a decision taken by a judge or arbitrator.

The Law of the Sea Convention and the Law of Treaties

Budislav Vukas[*]

I. Introduction

1. As the United Nations Convention on the Law of the Sea (LOS Convention) is considered one of the most important, most complex and most extensive treaties ever concluded, it is not surprising that also from the point of view of the law of treaties it contains many interesting solutions.[1] Although some of them may be unusual, vague and/or confusing, they all have been adopted in the interest of achieving a successful result at the Third United Nations Conference on the Law of the Sea (UNCLOS III). Yet, these results were not satisfactory for all States. The most important proved to be the dissatisfaction of industrialized countries with the provisions on the exploration and exploitation of the international sea-bed area (Area) and, except Iceland, they desisted from ratifying the Convention. Thus, there was a danger that the Convention enters into force only on the basis of the ratifications of developing States. This would have prevented the correct application of the entire legal order of the oceans as conceived at UNCLOS III. Such an outcome after twenty years of United Nations activities in revising the law of the sea was disliked by both the developing as well as developed countries. Therefore, in 1990 they engaged in negotiations, which after four years resulted in the Agreement relating to the implementa-

---

[*] The present article expresses exclusively the views of the author.

[1] UNCLOS III, Official Records, Vol. XVII, 151 et seq., (Doc. A/CONF.-62/122).

tion of Part XI of the LOS Convention.[2] The adoption of the 1994 Agreement made possible the participation in the Convention of industrialized States. The Convention entered into force on 16 November 1994, and as of 1 April 1998 it has 125 States parties. The Agreement entered into force on 28 July 1996, and it has 86 parties.[3]

2. In this brief study dedicated to Professor Günther Jaenicke, one of the most distinguished founding fathers of the LOS Convention, we can not deal with all the interesting provisions of the LOS Convention relevant to the law of treaties, and mostly contained in art XVII - Final Provisions. All the topics usually treated at the end of an international treaty are contained in Part XVII. It contains interesting solutions the participants at UNCLOS III deemed appropriate for the "Charter of the Ocean" they drafted. An appropriate scrutiny of all the provisions on signature, ratification, accession, entry into force, reservations and exceptions, declarations and statements, amendments, denunciation, etc., would require a whole monograph. That is why we will limit our research to some of the outstanding features of the international instruments which are the result and consequence of UNCLOS III: The LOS Convention itself, the Final Act of UNCLOS III and the 1994 Agreement relating to the implementation of Part XI of the LOS Convention. Although these instruments do not possess the same legal nature, and are not adopted at the same time, they represent an integral whole.

II. Sources of the Law Treaties

3. Before dealing with any particular law-of-treaties question, it is indispensable to clarify which are the sources of the law of treaties applicable to the LOS Convention and the related instruments. In addition to customary international law and general principles of law, the only other possible sources are the two codification conventions: the 1969

---

[2] *Law of the Sea Bulletin*, Special Issue IV, Division for Ocean Affairs and the Law of the Sea, Office of Legal Affairs, 16 November 1994.

[3] Status of the LOS Convention of 10 December 1982 and the Agreement relating to the implementation of Part XI of the Convention, adopted by the General Assembly on 28 July 1994; information received from Internet: http://-www.un.org/Depts/los.

Vienna Convention on the Law of Treaties[4] and the 1986 Vienna Convention on the Law of Treaties between States and International Organizations or between International Organizations.[5] Customary international law has been developed primarily on the basis of and for inter-State treaties. However, as it has been proved in the course of the conclusion of the Vienna Conventions on the Law of Treaties , the majority of its rules are applicable also to treaties concluded between other subjects of international law. The 1969 Vienna Convention applies to "international agreements concluded between States in written form and governed by international law" (article 2 para. 1 lit. a), while the 1986 Convention applies to international agreements governed by international law and concluded in written form (i) between one or more States and one or more international organizations, or (ii) between international organizations (article 2 para. 1 lit. a). Both Conventions affirm that the rules of customary international law will continue to govern questions not regulated by their provisions.[6]

4. However, it has to be pointed out at the outset that the status of the two Vienna Conventions is not the same. The 1969 Convention entered into force on 27 January 1980, and there are 84 States parties (21 May 1998) to the Convention.[7] On the other hand, the 1986 Convention has not yet entered into force.[8] Therefore, on the basis of its article 4 - "Non-retroactivity of the present Convention", its application to all the mentioned relevant instruments on the law of the sea is excluded:

> "*Without prejudice to the application of any rules set forth in the present Convention* to which treaties between one or more States and one or more international organisations or between international organisations would be subject under international law *independently of the Convention, the Convention applies only to such treaties concluded after the entry into force of the present Convention* with regard to those States and those organisations" (emphasis added).

---

4 *UNTS* Vol. 1155 No. 18232.

5 *ILM* 25 (1986), 543.

6 Eighth preambular paragraph of the 1969 Convention; fifteenth preambular paragraph of the 1986 Convention.

7 http://www.un.org./Depts/Treaty.

8 *Ibid.*

Thus, the rules of the 1986 Convention are applicable to the already concluded treaties only in so far as they reflect customary international law.

While the direct application of the 1986 Convention is eliminated due to the fact that it is not yet in force, the applicability of the 1969 Convention has to be tested on the basis of the time of its entry into force and the subjects of international law which are parties for the mentioned law of the sea instruments.

III. Participation in UNCLOS III

5. Before the commencement of the Conference, the United Nations General Assembly invited only States to participate in UNCLOS III.[9] Interested inter-governmental and non-governmental organizations as well as the United Nations Council for Namibia were invited to participate in the Conference as observers[10] . In the course of the Conference some associated States and territories which only enjoyed full internal self-government recognized by the United Nations as well as national liberation movements were also invited to attend the sessions of the Conference.[11]

However, on March 6, 1980, the Conference decided to grant Namibia, represented by the UN Council for Namibia, the status of a participant in UNCLOS III.[12] On April 30, 1982, in the voting for the adoption of the Convention, not only States, but also Namibia took part. Furthermore, some of the entities participating in the Conference as observers have also been allowed to sign, ratify ("formally confirm", in the case of international organisations) or accede to the Convention. According to

---

[9] See para. 1 of A/RES/3067 (XXVIII) of 16 November 1973.

[10] See paras 8 and 9 of A/RES/3029 (XXVII) of 18 December 1972 and para. 8 of A/RES/3067 (XXVIII), see note 9.

[11] UNCLOS III, Official Records, Vol. I, 165 et seq.; A/RES/3334 (XXIX) of 17 December 1974. See also paras 10 and 11 of the Final Act of UNCLOS III, Doc. A/CONF.62/121 of 27 October 1982.

[12] The decision was taken upon A/RES/34/92 of 13 December 1975. *UNCLOS III, Official Records,* Vol. XIII, 4. See also para. 12 of the Final Act of UNCLOS III in: United Nations, *The Law of the Sea, Official Text of the United Nations Convention on the Law of the Sea with Index and Final Act of the Third United Nations Conference on the Law of the Sea,* 161.

article 305, the right to become party to the Convention has been granted to: Namibia (represented by the UN Council for Namibia); associated States and territories which enjoy full internal self-government and which have competence over the matters governed by the Convention, including the competence to enter into treaties in respect of those matters; international (inter-governmental) organizations to which its member States have transferred competence over matters governed by the Convention, including the competence to enter into treaties in respect of those matters.[13] Some of the entities belonging to these categories signed (UN Council for Namibia, Cook Islands, Niue, European Community) and the Cook Islands, Namibia and Tonga have even ratified the LOS Convention. The 1994 Agreement is open to all those categories of entities listed in the LOS Convention (article 3). Namibia is no more specially mentioned as in the meantime it became an independent State. For the time being, Cook Islands and Tonga are parties to the Agreement.

6. Taking into account all these facts, it is obvious that the LOS Convention as well as the 1994 Agreement are international agreements "concluded between States and other subjects of international law" to which, according to its article 3, the 1969 Vienna Convention on the Law of the Treaties, does not apply. However, the same article provides:

> "The fact that the present Convention does not apply to international agreements concluded between States and other subjects of international law ... shall not affect: (c) the application of the Convention to the relations of States as between themselves under international agreements to which other subjects of international law are parties".

Notwithstanding this possibility, the application of the 1969 Vienna Convention to the relations of States as between themselves in respect of the LOS Convention raises some doubts which are caused by article 4 of the Vienna Convention providing that "... the Convention applies only to treaties which are concluded by States after the entry into force of the present Convention with regard to such States".

The first problem of the interpretation of article 4 has been commented upon by several authors: is the Vienna Convention applicable only to treaties concluded exclusively by States with regard to which the Vienna Convention has entered into force? Has the phrase "such States" at the end of article 4 to be interpreted as meaning "*all* such States"? For

[13] Arts 305 para. 1, 306 and 307 of the LOS Convention and article 1 of Annex IX to the Convention (Participation by International Organizations).

O'Connel and Thirlway the Vienna Convention will govern those treaties which are concluded by States all of whom are bound by the Convention.[14] Contrary to this interpretation of article 4 as a general participation clause (*clausula si omnes*), Vierdag is of the opinion that "the Convention does not itself preclude its application to the treaties, only some of whose parties are parties to the Convention".[15] This view was expressed also by Blix, the representative of Sweden, a State co-sponsor of the proposal which subsequently became article 4 of the Convention.[16]

As it has already been said, article 3 lit. c permits the application of the Convention only to relations of some of the parties (States) to a treaty as between themselves, in the case of different subjects of international law being parties to the same treaty. It would, therefore, be inconsistent to adopt a general participation clause in the case when only States conclude a treaty, and not all of them are parties to the 1969 Vienna Convention. Such a clause would render the application of the Vienna Convention to multilateral treaties almost impossible. The participation in a treaty of only one State non-party to the Vienna Convention or the denunciation of the Convention by a former party would make the Vienna Convention inapplicable to a multilateral treaty. Vierdag is correct in claiming that such an interpretation of article 4 "could be qualified as 'unreasonable' under article 32 of the Convention, as they would be almost prejudicial to the object and purpose of the Convention".[17]

7. Independently of the doctrine which is concerned with the possible "general participation clause" interpretation, some delegates at the Conference on the Law of Treaties pointed to another vagueness in article 4: the restriction of the application of the Convention to "treaties which are concluded" after the entry into force of the Vienna Convention. Their worries were caused by the fact that "conclusion" under

---

[14] D.P. O'Connel, *International Law*, Vol. 1, 1970, 205; H. Thirlway, *International Customary Law and Codification*, 1972, 108.

[15] E.W. Vierdag, "The Law Governing Treaty Relations between Parties to the Vienna Convention on the Law of Treaties and States Not Party to the Convention", *AJIL* 76 (1982), 786. In the same sense: J. Sinclair, *The Vienna Convention on the Law of the Treaties*, 1983, 9; J. King Gamble Jr./ M. Frankowska, "The Significance of Signature to the 1982 Montego Bay Convention on the Law of the Sea", *ODILA* 14 (1984), 126.

[16] United Nations Conference on Law of the Treaties (UNCLT), Official Records, Second Session, (A/CONF.39/11/Add.1), 166 et seq.

[17] Vierdag, see note 15, 785.

Part II, section I of the Convention comprises several stages in establishing a treaty: from the drawing up and adoption of the text of a treaty to the consent to be bound by it. A State has "concluded" a treaty when it has passed all these stages and has consented to be bound by the treaty, *i.e.* when it becomes a "contracting State" or "party" in the sense of article 2 para. 1 lit. f and 2 para. 1 lit. g of the Convention.[18]

Pinto, the delegate of Ceylon pleaded: "It would be better to speak of the establishment of the text of a treaty as the point of reference for application of the Convention".[19] Since the notion of the "conclusion" of a treaty had not been defined in the Convention, for the Swiss delegate Bindschedler it remained ambiguous; he therefore suggested to replace this notion in article 4 by that of "signature" or "ratification".[20] There were no reactions from other delegations to these comments and warnings, and the term "concluded", without any further precision, remained in the final text.

The application of article 4 will not cause problems in cases where all the stages of the conclusion of a treaty were undertaken after the entry into force of the Vienna Convention. On the contrary, its application to acts already performed by a State before the entry of the Convention into force with regard to that State, would be a violation of the general rule on non-retroactivity of treaties, contained in article 28 of the Vienna Convention.

> "Unless a different intention appears from the treaty or is otherwise established, its provisions do not bind a party in relation to any act or fact which took place or any situation which ceased to exist before the date of the entry into force of the treaty with respect to that party".

The logical consequence of this principle should be the application of the 1969 Vienna Convention only in respect to those acts relating to the conclusion of a treaty performed by a State after the entry into force of the Convention with regard to this State. This conclusion is relevant in the case of the LOS Convention, as the Vienna Convention entered into force only on 27 January 1980 (only in respect of 35 States), *i.e.* in the course of the negotiations at UNCLOS III. At the time of adoption of the LOS Convention (30 April 1982), the Vienna Convention was in

---

[18] See P. Reuter, *Introduction au droit des traités*, 1972, 64-65.

[19] UNCLT, Official Records, Second Session, 319, para. 27. See also Pinto's intervention at 338, para. 6, *ibid.*

[20] *Ibid.* at 330, para. 10.

force only in respect of 42 participants in UNCLOS III; on the date the LOS Convention was opened for signature (10 December 1982), 43 States were bound by the Vienna Convention, and on the last day the LOS Convention was opened for signature (9 December 1984), the number of parties to the Vienna Convention increased to 44. At the moment of its entry into force (16 November 1994), 50 States parties to the LOS Convention were parties to the 1969 Vienna Convention, and at the end of 1997 (23 December), 62 States were party to both Conventions.[21] Any of these stages of the conclusion of the LOS Convention cannot be governed by the provisions of the Vienna Convention (relative to full powers, adoption and authentication, signature) in respect of any State which became party to the Vienna Convention after the completion of a particular stage of conclusion.

8. On the basis of the above analysis, our conclusion is that as far as the LOS Convention is concerned, the 1969 Vienna Convention is applicable to the relations of States parties to the Vienna Convention as between themselves. However, the Vienna Convention governs only the acts of a State performed in the conclusion of the LOS Convention after the entry into force of the Vienna Convention for this particular State. The facts that the 1969 Vienna Convention entered into force only in 1980 and that it still is not in force for the majority of the parties to the LOS Convention, considerably reduce its applicability even to the relations between States themselves.

9. The fact that only the 1969 Vienna Convention partially applies to the LOS Convention, does not mean that the results of the codification and progressive development of the law of treaties do not have a great significance for the relations between all the different subjects of international law - parties to the LOS Convention. The drafting of the 1986 Vienna Convention demonstrated that the international community does not hesitate to apply to treaties concluded by other subjects of international law rules originally developed in respect of treaties concluded between States, except in the case where the specific nature of these subjects requires the elaboration of special rules. Thus, the 1986 Vienna Convention is a replica of the 1969 Convention, with the changes and addenda required for the specific characteristics of international organizations. Moreover, many of the rules contained in the Vienna Conventions represent customary international law applicable to international agreements concluded between all the subjects of international law. This has been confirmed in article 3 lit. b of both Vienna

---

[21] See notes 3, 7 and 8.

Conventions, which confirm the applicability of some of the rules set forth in the Conventions on the basis of international law independently of these Conventions.

Having in mind the general applicability of the solutions contained in the 1969 Vienna Convention, even in the perspective of admitting the participation of other entities besides States, UNCLOS III abundantly used the solutions contained in this Convention while drafting the preamble and the final clauses of the LOS Convention. Thus, the following was said in the basic document on the subject, prepared by the Secretariat of the Conference:

> "References are made in the foot-notes to various provisions of the Vienna Convention on the Law of the Treaties, done at Vienna on 23 May 1969. That Convention is not yet in force ... but on many points it represents the views of States as to the existing law".[22]

The entry into force of the 1969 Vienna Convention only reinforces the opinion that the solution it embodies represents general customary international law.

IV. The Context of the LOS Convention

10. As already mentioned, the results of UNCLOS III are incorporated in two instruments: the LOS Convention and the Final Act of UNCLOS III. The first was adopted on 30 April 1982 and the second on 24 September 1982. Both instruments were opened for signature on 10 December 1982. The Final Act was signed by 144 entities entitled to become party to the Convention under its article 305, and five entities with observer status at the Conference. In the two years the Convention was opened for signature, it was signed by 159 States and other entities entitled to become party.[23] The text of the Convention comprises the preamble, the operative part and nine Annexes.[24] Article 318 of the Convention makes clear that these Annexes form its integral part.

---

[22] Doc. A/CONF.62/L.73 in: UNCLOS III, Official Records, Vol. VI, 125, para. 4. See also: B.H. Oxman, "The Third United Nations Conference on the Law of the Sea: The Eighth Session (1979)", *AJIL* 74 (1980), 33.

[23] United Nations, *Law of the Sea Bulletin*, 6 (1985), 5.

[24] Annex I: Highly Migratory Species; Annex II: Commission on the Limits of the Continental Shelf; Annex III: Basic Conditions of Prospecting, Exploration and Exploitation; Annex IV: Statute of the Enterprise; Annex V: Concilia-

Seven Annexes and an Appendix (listing the observers that participated at sessions of the Conference) are added to the Final Act.[25] Annex I itself comprises four resolutions.[26] These four resolutions, according to para. 42 of the Final Act, are "forming an integral whole" with the Convention; they were adopted already with the Convention itself, *i.e.* on 30 April 1982. The reason for this linkage was the fact that all these resolutions contain provisions in different ways complementing the system established by the Convention.

11. Resolution I annexed to the Final Act represented the definite decision of the Conference to establish the Preparatory Commission for the International Sea-Bed Authority and for the International Tribunal for the Law of the Sea. After its adoption, the only remaining condition for the commencement of the work of the Preparatory Commission was the signature or accession to the Convention by 50 States. Signatories to the Convention were members of the Commission, while signatories of the Final Act could only participate in the deliberations of the Commission as observers; they were not entitled to participate in the taking of decisions.[27]

---

tion; Annex VI: Statute of the International Tribunal for the Law of the Sea; Annex VII: Arbitration; Annex VIII: Special Arbitration; Annex IX: Participation by International Organizations.

[25] For the contents of Annex I to the Final Act see note 26; Annex II: Statement of Understanding concerning a specific method to be used in establishing the outer edge of the continental margin; Annex III: Tribute to Simón Bolívar the Liberator; Annex IV: Resolution expressing gratitude to the President; the Government and the officials of Venezuela; Annex V: Tribute to the Amphictyonic Congress of Panama, Annex VI: Resolution on development of national marine science, technology and ocean service infrastructures; Annex VII: Resolution expressing gratitude to the Prime Minister, Foreign Minister and Deputy Prime Minister, the Government and officials of Jamaica. Some U.N. publications do not reflect correctly the decision concerning the adoption of this resolution, taken at the 192nd meeting of the Plenary on 9 December 1982. UNCLOS III, Official Records, Vol. XVII, 132, para. 230; *ibid.*, 139 et seq. (Doc. A/CONF.62/121); *The Law of the Sea*, see note 12, 173-174.

[26] Resolution I: Establishment of the Preparatory Commission for the International Seabed Authority and for the International Tribunal for the Law of the Sea; Resoution II: Governing preparatory investment in pioneer activities relating to polymetallic nodules; Resolution III: (on the rights of non-self-governing territories); Resolution IV: (entitling national liberation movements which participated in UNCLOS III to sign the Final Act).

[27] Final Act, Resolution I, paras 1 and 2.

In accordance with the above provisions, the Preparatory Commission started its activities in 1983, and it remained in existence until "the conclusion of the first session of the Assembly".[28] Thus, its existence was ended in 1995, when the first session of the Assembly of the International Sea-Bed Authority was concluded.

The Preparatory Commission is referred to in the Convention itself and it is incorporated in the system of exploration and exploitation of the Area. "The rules, regulations and procedures drafted by the Preparatory Commission shall apply provisionally pending their formal adoption by the Authority ..." (article 308 para. 4).[29] On the other hand, the Authority and its organs shall act in accordance with resolution II "relating to the preparatory investment and with decisions of the Preparatory Commission taken pursuant to that resolution" (article 308 para. 5). This last quotation shows that the provisions of the Convention and resolution II really form "an integral whole" regarding the exploration and exploitation of the Area. This resolution not only complements the system established by the Convention, but in some respects it is considered even to have amended the Convention's provisions.[30] The application of resolution II begun after the establishment of the Preparatory Commission and the results achieved in the twelve years of its work can be considered as a normative addition to the Convention. For all its characteristics, it is not surprising what Tullio Treves concludes about resolution II:

> "bien qu'il ait été adopté en tant que résolution, il ne semble pas y avoir de doute que la nature juridique de ce document est celle d'un véritable accord international conclu en forme simplifiée. Cela ressort du contenu de la résolution no. 2 qui prévoit des droits et des obligations pour les Etats qui sont liés par elle".[31]

He finds an additional argument in favour of the obligatory nature of resolution II in its link with resolution I; this last instrument, as all others creating preparatory organs of international organizations, certainly is an international obligatory instrument.[32]

---

28 *Ibid.*, para. 13.

29 See also article 11 para. 3 lit. c of Annex IV to the Convention "Statute of the Enterprise".

30 See T. Treves, "La protection des investissements préparatoires et la résolution no. 2 de la Conférence sur le Droit de la mer", *AFDI* 28 (1982), 855.

31 *Ibid.*, 854.

32 *Ibid.*, 855.

In respect of both resolutions I and II, Daniel Vignes is also of the opinion that they contain "obligatory norms" and that they possess "the character of an international conventional act".[33]

12. Resolution III represents a decision of UNCLOS [III] that "provisions concerning rights and interests under the Convention shall be implemented for the benefit" of the peoples of territories which "have not attained full independence or other self-governing status recognized by the United Nations" and territories under "colonial domination". The interests and needs of peoples who have not attained full independence or other self-governing status are expressly mentioned in article 140 para. 1 of the Convention, defining the principle that the activities in the Area shall be carried out for the benefit of mankind as a whole. In accordance with resolution III, the interests and needs of the peoples of these territories should be also taken into account in the application of some other provisions of the Convention, *e.g.* in the distribution of the payments and contributions with respect to the exploitation of the continental shelf beyond 200 nautical miles (article 82 para. 4).

Be that as it may, it is obvious that resolution III also represents a permanent component of the international legal order established by the LOS Convention.

13. Resolution IV literally contains only the permission for national liberation movements, which participated in the Conference as observers, to sign the Final Act. The consequence of the signature is determined by the Convention itself: observers who have signed the Final Act and who are not entitled to become parties to the Convention "shall have the right to participate in the Authority as observers, in accordance with its rules, regulations and procedures" (article 156 para. 3). Moreover, they had the right to be observers in the Preparatory Commission (Final Act, Annex I, resolution I para. 2).

14. All these substantive and permanent links of the Convention and the four resolutions contained in Annex I to the Final Act, adopted together with the Convention, bring us to the conclusion that the provisions contained in these resolutions have not a value of mere recommendations or of any form of "soft law": they were conceived as obligatory rules for all the participants in UNCLOS III and the parties to the LOS Convention. Moreover, contrary to the Convention, whose application depended upon its entry into force, the application of the

33 D. Vignes "Notes sur la terminaison des travaux de la IIIème Conférence sur le droit de la mer et sur la portée des textes adoptés à Montego Bay le 10 décembre 1982", *AFDI* 28 (1982), 803.

major part of these resolutions did not depend on any event subsequent to their adoption on 30 April 1982 and the signature of the two instruments on 10 December 1982. Thus, all these resolutions are binding decisions for the participants in an international conference. In this "no man's land between the law of the treaties and the law relating to international conferences" (Johnson)[34], we venture to suggest that these four resolutions are to be considered international agreements. Although concluded in a specific, simplified form, they contain all the main elements required for international agreements: (a) they are concluded between subjects of international law; (b) they manifest that the intent of these subjects was to create legal rights and obligations; (c) they are governed by international law.[35] There is abundant authority in favour of the claim that the form given to the conclusions of international conferences is of no significance for determining whether a particular instrument constitutes in substance an international agreement or not.[36] A passage in the advisory opinion given by the Permanent Court of International Justice in the *Austro-German Customs Régime* case has been interpreted as supporting this view:

> "From the standpoint of the obligatory character of international engagements, it is well known that such engagements may be taken in the form of treaties, conventions, declarations, agreements, protocols or exchanges of notes".[37]

As far as the specific form of "resolution" is concerned, international practice also offers examples of its use in the conclusion of international agreements.[38]

15. The four resolutions contained in Annex I are not the only parts of the Final Act having a substantial link with the LOS Convention. An-

---

[34] D.H.N. Johnson, "The Conclusions of International Confernces", *BYIL* 35 (1964), 1.

[35] *Cf*: article 2 para. 1 lit. a of both Vienna Conventions. See also: Johnson, see note 34, 3-4 and 30-31; A.D. McNair, *The Law of Treaties*, 1961, 3-4; Ch. Rousseau, *Droit International Public*, Vol. I, 1970, 63; Reuter, see note 18, 39-45.

[36] Johnson, see note 34, 5. See also commentary of the International Law Commision (ILC) on its definition of the terms "treaty" and "treaty in simplified form", in: *ILCYB* 1962, Vol. II, 161-163; 1966, Vol. II, 188-189.

[37] *PCIJ, Series A/B,* No. 41, 47. See D.P. Myers, "The Names and Scope of Treaties", *AJIL* 51 (1957), 574.

[38] See G.H. Hackworth, *Digest of International Law,* Vol. V, 1943, 33-35.

nex II contains the Statement of Understanding concerning a specific method to be used in establishing the outer edge of the continental margin, which is a substantive addendum to article 76 of the Convention, and as such it must be taken into account by the Commission on the Limits of the Continental Shelf in its recommendations concerning the establishment of the outer edge of the continental margins in the southern part of the Bay of Bengal.[39] Therefore, although not adopted together with the Convention (as the four resolutions in Annex I to the Final Act), but five months later with the entire text of the Final Act, it is obvious that the Statement of Understanding also forms an "integral whole" with the LOS Convention. From the above conclusions concerning the four resolutions, it follows that the Statement of Understanding should also be considered an international agreement. John King Gamble Jr. and Maria Frankowska, who are of the opinion that the Final Act in general "has some characteristics of a treaty" and that it "created legal rights and obligations", in respect of the Statement of Understanding separately stress that it "has many of the characteristics of a treaty".[40]

16. Even not all the remaining parts of the Final Act are a mere report on the history of UNCLOS III. Annex VI comprises the Resolution on development of national marine science, technology and ocean service infrastructures. The Resolution embodies several recommendations of the Conference to all the Member States of the United Nations and to international organizations. The remaining four Annexes contain resolutions expressing gratitude, paying tribute to personalities, governments or historic events. However, one of the references to the events at UNCLOS III comprised in the Final Act deserves to be mentioned in the context of this article. Namely, para. 38 of the Final Act, refers to the decision taken in the informal plenary of the Conference at the resumed tenth session concerning the seats of the International Sea-Bed Authority and the International Tribunal for the Law of the Sea. As correctly stated in the Final Act, the informal plenary decided that its decision "should be incorporated in the revision of the draft of the Convention; and that the introductory note to that revision should record the requirements agreed upon when the decision concerning the two seats was taken (A/CONF. 62/L.78)". The requirements recorded in the introductory note to document A/CONF.62/L.78 are the following:

---

[39] See article 3 para. 1 lit. (a) of Annex II to the LOS Convention.

[40] King Gamble/ Frankowska, see note 15, 122, 138 and 141.

"It should be noted that the decision on the seats of the Authority and the Tribunal were taken by the informal plenary subject to the requirement that the States specified should have ratified the Convention by the time of its entry into force and should remain parties to it thereafter".[41]

It could be said that para. 38 of the Final Act merely refers to a decision of the participants in UNCLOS III, the results of which have been incorporated in the LOS Convention itself: article 156 para. 4 in relation to the seat of the Authority, and article 1 para. 2, of Annex VI to the Convention in relation to the seat of the Tribunal. However, by signing the Final Act, which contains reference to the decision on the seats, the signatories of the Final Act, once more confirmed the decision of the informal plenary in the form of a written international agreement. It has to be stressed that they consented to both elements of that decision: the choice of the seats (Jamaica/Hamburg) and "the requirement that the States specified should have ratified that Convention by the time of its entry into force and should remain parties to it thereafter". However, only the first part of the agreement - the names of the sites have been incorporated in the Convention.

17. The above overview brings us to the conclusion that the Final Act (including its Annexes) does not have a unique legal nature. It consists of different kinds of texts; (a) the report on UNCLOS III; (b) international agreements, mostly concluded in the form of resolutions; (c) expressions of gratitude and admiration; (d) recommendations to States and international organizations. The parts of the Final Act of UNCLOS III possessing the characteristics of conventional law are most relevant for the LOS Convention, as they "form an integral whole" with the Convention. As we have demonstrated above, so intrinsically linked with the Convention are not only the four resolutions contained in Annex I, which have been so qualified by the Final Act itself (para. 42).

However, not only the parts of the Final Act which can be considered conventional law are important for the interpretation or application of the LOS Convention. All the elements of the Final Act compose the "context" of the LOS Convention and they serve these purposes. Namely, according to article 31 para. 2, of the 1969 Vienna Convention on the Law of Treaties "the context for the purpose of the interpretation of a treaty shall comprise, in addition to the text, including its preamble and annexes: (a) any agreement relating to the treaty which was made

---

[41] Introductory note to Doc. A/CONF.62/L.78 in: UNCLOS III, Official Records, Vol. XV, 176.

between all the parties in connection with the conclusion of the treaty; (b) any instrument which was made by one or more parties in connection with the conclusion of the treaty and accepted by the other parties as an instrument related to the treaty".

V. Relation of the LOS Convention to Other Treaties

18. The relation of the LOS Convention to the rest of the law of the sea remains a complex problem even if we limit our analysis only to its relationship to other treaties in the field. Its initial relation to customary international law was determined by its drafters, who claimed that in the Convention they achieved "the codification and progressive development of the law of the sea" (seventh preambular paragraph). Thus, in their opinion, the Convention represents a codification of customary international law, to which new solutions have been added. It is clear that twenty years after the drafting of the Convention, which has already accumulated 125 ratifications/accessions, and has considerably influenced domestic law (not only of States parties), the majority of the rules that represented innovations at the time of UNCLOS III, can nowadays be considered general customary international law (*e.g.* the régime of achipelagic States, the transit passage régime, the rules on the protection and preservation of the maritime environment, etc.).

19. The general provisions on the relation of the LOS Convention "to other conventions and international agreements" are contained in article 311, included in its Part XVII (Final Provisions).[42] In fact, only paras 2-4 are of a general nature; others deal with the relation of the LOS Convention to particular treaties (para. 1), or with special questions (paras 5 and 6). Para. 5 confirms what is obvious from the preceding provisions in the Convention; the relation of specific parts/provisions of the Convention to other treaties in the field has been dealt with by other articles in the Convention:

> "This article does not affect international agreements expressly permitted or preserved by other articles of this Convention."

[42] For unknown reasons the provisions on the relation of the LOS Convention to other treaties use the terms "conventions", "agreements", and "international agreements", avoiding the generic term "treaties", used by the 1969 Vienna Convention (article 2 para. 1 lit. (a)).

Those other articles of the Convention are to be considered *lex specialis* in relation to paras 2-4 of article 311. One of such provisions is to be found in Part III dealing with straits used for international navigation.[43] Article 35 lit. c provides that nothing in this Part affects "the legal régime in straits in which passage is regulated in whole or in part by long-standing international conventions in force specifically relating to such straits".

20. A very important special provision on the relation of the LOS Convention to other conventions is contained in article 311 itself. Namely, its para. 1 provides that:

> "This Convention shall prevail, as between States Parties, over the Geneva Conventions on the Law of the Sea of 29 April 1958".

In respect of this relation three main views were expressed at UNCLOS III: (a) the new Convention should supersede the Geneva Conventions, as they are "outmoded and inadequate"; (b) changes should be adopted in the manner of application of the Geneva Conventions so as to avoid incompatibility with the new Convention and the need for abrogation of the Geneva Conventions; (c) co-existence along the lines of article 30 para. 4, of the 1969 Vienna Convention on the Law of Treaties should be allowed between the 1958 Conventions and the LOS Convention.[44]

The solution adopted in article 311 para. 1, is based on article 30 of the 1969 Vienna Convention concerning the application of successive treaties relating to the same subject-matter. However, it expressly deals only with the relations between States parties to the LOS Convention who are also party to the Geneva Conventions. The solution that the LOS Convention prevails over the Geneva Conventions is based on article 30 paras 3 and 4 of the Vienna Convention, according to which "the earlier treaty applies only to the extent that its provisions are compatible with those of the later treaty". Thus, if there is any contradiction between the provisions of the Geneva Conventions and the LOS Conventions, the later shall be applied. A problem may arise in explaining the applicability of a provision of the Geneva Conventions which has not been replaced by another rule in the LOS Convention. It is a question, for ex-

---

[43] See also: article 51 para. 1; article 74 para. 4; article 83. para. 4; arts 125, 197, 237 and 282.

[44] UNCLOS III, Informal Group paper-Doc. FC/7 (President's note, informal plenary on final clauses) of 9 August 1979, 2, para. 6. See also: N.S. Skourtos, "Legal Effects for Parties and Non-Parties: The impact of the Law of the Sea Convention", in: M.H. Nordquist/J.N. Moore (eds), *1994 Rhodes papers - Entry into Force of the Law of the Sea Convention*, 1995, 190-191.

ample, whether the non-existence in the LOS Convention of a rule on the delimitation of the contiguous zone between States with opposite or adjacent coasts renders article 24 para. 3, of the 1958 Convention on the Territorial Sea and the Contiguous Zone inapplicable as between States parties to the LOS Convention.[45] It has to be stressed that the necessity of delimiting the contiguous zones of neighbouring States has under the LOS Convention been reinforced by the coastal State's control in relation to the archeological and historical objects on the sea-bed within its contiguous zone (article 303 para. 2), and that there was no explicit and clear decision of UNCLOS III not to have a rule on the delimitation of the continguous zone.[46]

Although article 311 para. 1 does not mention the relations between States parties to both the LOS Convention and the Geneva Conventions, and States parties only to the Geneva Conventions, the rejection of the abrogation of the Geneva Conventions at UNCLOS III, and the text of para. 1 contain an implied answer to this problem. It has to be based on article 30 para. 4 lit. b of the 1969 Vienna Convention:

> "When the parties to the later treaty do not include all the parties to the earlier one: ... (b) as between a State party to both treaties and a State party to only one of the treaties, the treaty to which both States are parties governs their mutual rights and obligations".

Taking into account the impressive number of 125 States parties to the LOS Convention, it may seem that the applicability of the 1958 Geneva Conventions is not a very important issue, as none of the Geneva Conventions has more than 62 States parties. However, it is interesting to note that comparing the lists of States parties to the LOS Convention and the Geneva Conventions, we discover that there is a considerable number of States parties to each of the Geneva Conventions which are not parties to the LOS Convention. Thus, there are 18 States parties to the Convention on the Territorial Sea and the Contiguous Zone, 22 parties to the Convention on the High Seas, 13 parties to the Convention on Fishing and Conservation of the Living Resources of the High

[45] See T. Treves, "Réflexions sur quelques conséquences de l'entrée en vigueur de la Convention des Nations Unies sur le droit de la mer", *AFDI* 40 (1994), 852.

[46] See B. Vukas, "The LOS Convention and Sea Boundary Delimitation", *Essays on the New Law of the Sea, Prinosi za poredbeno proucavanje prava i medunarodno pravo,* 18 (1985) 21, 156-164.

Seas and 18 parties to the Convention on the Continental Shelf which have not become parties to the LOS Convention.[47]

The reasons for not becoming parties to the LOS Convention are not known in respect of all of the States parties to the Geneva Conventions. However, it is well known that some of them have problems in accepting various provisions of the LOS Convention. As this Convention is a unique instrument, covering the items dealt with by all the four Geneva Conventions, the problem a State may have with only some of the provisions of the LOS Convention, could prevent it to become party to this overall "Charter of the Oceans". This is why it could be expected, for a long time to come, that there will be States parties to one or more Geneva Convention, which will not become parties to the LOS Convention.

21. While in respect of the 1958 Geneva Conventions article 311 of the LOS Convention follows the principles of the 1969 Vienna Convention concerning the application of successive treaties relating to the same subject-matter (article 30), it claims priority of the LOS Convention in relation to all other agreements concluded by the States parties to this Convention. It pretends to play the role similar to the one of article 103 of the United Nations Charter. Namely, the promise that the rights and obligations of States parties which arise from other agreements shall not be altered, concerns only agreements "compatible with this Convention and which do not affect the enjoyment by other States Parties of their rights or the performance of their obligations under this Convention" (para. 2). The LOS Convention thus pretends to prevail over all other agreements in the field: rights and obligations of States parties to the LOS Convention arising from other agreements may be altered by the LOS Convention if they are not compatible with the Convention or they affect the rights or obligations of other States parties to the LOS Convention.[48] The practical consequence of this provision is the duty of States parties of the LOS Convention to apply all their conventional obligations in accordance with this Convention or, when this is not possible, not to apply them at all. Article 311 para. 2, does not distinguish agreements concluded exclusively among States parties to the LOS Convention and agreements between parties and States non party to the

---

[47] Multilateral Treaties Deposited with the Secretary General, Status as at 31 December 1996, 1997, Doc. ST/LEG.SER.E/15, 831-849 and information received form Internet: http/www.un.org/Depts/los.

[48] See Skourtos, see note 44, 141-142.

LOS Convention, it disregards the principle *pacta tertiis nec nocent nec prosunt* (article 34 of the 1969 Vienna Convention).

22. Similarly to the clumsy manner in which para. 2 establishes priority of the Convention over all other agreements, para. 6 tries to construct the *jus cogens* nature of the principle of "common heritage of mankind":

> "State Parties agree that there shall be no amendments to the basic principle relating to the common heritage of mankind set forth in article 136 and that they shall not be party to any agreement in derogation thereof".

While the second part of para. 6 is a valid obligation undertaken by the States parties, the first part, as a treaty provision, could have only a symbolic, political effect. Namely, by undertaking not to amend one of the principles/articles of the Convention, States parties cannot be prevented from doing the contrary in the future. As long as this duty remains only as a treaty provision, it can be amended by a common decision of the States parties. The impossibility of changing the principle set forth in article 136 would be realistic only if it could be characterized as a *peremptory norm of general international law.* However, the qualification of the principle of common heritage of mankind as *jus cogens* invokes the question of other principles being recognized as peremptory norms, such as the freedom of the high seas; the access of land-locked States to and from the sea; the reservation of the high seas for peaceful purposes, etc.

23. Contrary to the vague innovative paras 2 and 6, paras 3 and 4 of article 311 deal with the future agreements of States parties to the LOS Convention in accordance with the standard rules of the law of treaties. They permit to two or more States parties to the LOS Convention to conclude agreements modifying or suspending the operation of the LOS Convention, applicable solely to the relations between them, under the following conditions: (a) such agreements must not relate to provisions derogation from which is incompatible with the effective execution of the object and purposes of the LOS Convention; (b) such agreements shall not affect the application of the basic principles embodied in this Convention; (c) the provisions of such agreements must not affect the enjoyment by other States parties of their rights or the performance of their obligations under the Convention; (d) States parties intending to conclude such an agreement shall notify the other States parties through the depository of this Convention of their intention to conclude the agreement and of the modification or suspension for which it provides. The conditions set forth for the conclusion of the agreements envisaged

in article 311 paras 3 and 4 are based on article 41 of the 1969 Vienna Convention.

VI. The LOS Convention and the 1994 Agreement

24. From the point of view of the law of the treaties, the 1994 Agreement relating to the implementation of Part XI and its relation to the LOS Convention represents a somewhat strange finale of the codification and progressive development of the law of the sea in the frame of the United Nations.

As already mentioned, fearing the entry into force of the LOS Convention only for developing States, both developing and developed States accepted the idea of amending the results of UNCLOS III in a way which would make possible the participation in the LOS Convention also of developed States. In the course of the negotiations 1990-1994 on the amendments to the system adopted for the Area at UNCLOS III, several ideas were advanced concerning the mechanisms for the adoption of the final results of the negotiations. The main dilemma was whether formally to amend the Convention, or to find a way for the adoption of amendments without formally intervening in the text of Part XI.[49] This second option prevailed, and a title was given to the 1994 Agreement which does not state its exact purpose. Namely, the Agreement does not deal with the "implementation" of Part XI as it is formulated in the LOS Convention, but it mostly contains additions to the provisions of Part XI and rules which temporarily or permanently substitute those from Part XI. In fact, article 2 para. 1, of the Agreement reveals the essence of the relationship between the two treaties:

> "The provisions of this Agreement and Part XI shall be interpreted and applied together as a single instrument. *In the event of any inconsistency between this Agreement and Part XI, the provisions of this Agreement shall prevail*" (emphasis added).

The "inconsistencies" so conditionally and modestly mentioned in this provision were the main reason for concluding the Agreement. Thus, for example, the creation of a new organ of the Authority, the Finance

---

[49] See D.H. Anderson, "The Mechanisms for Adjusting Part XI and their Relation to the Implementation Agreement" in: Nordquist/ Moore, see note 44, 89-97.

Committee,[50] can not be qualified as a "possible inconsistency" between Part XI and the Agreement. This can also be said for the provision on the performance by the Secretariat of the functions of the Enterprise,[51] and the provision that "as a general rule, decision-making in the organs of the Authority should be by consensus".[52]

Taking into account all the provisions of the Agreement, the purpose of which is that all the States parties to the LOS Convention become parties to the Agreement, and which do not offer the possibility of becoming party of the Agreement without being party to the Convention (arts 4-7), it becomes clear that the relationship between the Convention and the Agreement corresponds to the one envisaged in article 30 para. 3, of the 1969 Vienna Convention concerning the application of successive treaties relating to the same subject-matter:

> "When all the parties to the earlier treaty are parties also to the later treaty but the earlier treaty is not terminate or suspended in operation under article 59, the earlier treaty applies only to the extent that its provisions are compatible with those of the later treaty".

25. Unfortunately, in this brief study we could not analyse the real impact of the provisions of the Agreement for Part XI. Only such a scrutiny could demonstrate to what an extent the provisions of the 1994 Agreement serve to the "implementation" of Part XI, and which of them represent real amendments to Part XI and Annexes III and IV to the Convention.

Yet, whatever conclusions we could reach in this respect, it can not be denied that it was only the adoption of the Agreement that made possible the universal participation in the LOS Convention and the establishment of the institutions it provides for: the International Sea-Bed Authority (in 1994), the International Tribunal for the Law of the Sea (in 1996) and the Commission on the Limits of the Continental Shelf (in 1997).

---

[50] Section 9 of the Annex to the Agreement.

[51] Para. 1, Section 3 of the Annex to the Agreement.

[52] Para. 2, Section 3 of the Annex to the Agreement.

III. Wirtschaftsvölkerrecht

Regional and Multilateral Investment Agreements: Development Dimensions

Kamal Hossain

I. Introduction

1.1 Regional and Multilateral Investment Agreements have shown directional changes over the last five decades within an evolving normative framework for international economic relations.

1.2 There were early efforts to formulate international principles concerning foreign direct investment ("FDI") in the Havana Charter of 1948. Its provisions on investments were initially proposed with a view to reaffirming the rights of investors to fair treatment and protection. In the text that emerged from the Havana Conference these rights were circumscribed with a number of qualifications. Dissatisfaction of major capital-exporting countries with these provisions was one of the reasons for the eventual failure of the Havana Charter to enter into effect. A comparable effort at the regional level, the Economic Agreement of Bogota of 1948, had the same fate.[1]

1.3 From the outset the separate concerns of capital-exporting and capital-importing (developing) countries were reflected in the negotiations leading up to the conclusion of regional and international investment agreements. The early part of the half-century after the end of World War II, concerns of both host countries, particularly developing ones, and foreign investors focused on FDI in natural resources and key industries. For many years for the newly-independent countries the

---

[1] This is based on a paper presented at an UNCTAD Experts Meeting, Geneva, 1-3 April 1998. - UNCTAD, *International Investment Instruments: A Compendium*, Vol. I, Multilateral Instruments, 1996, xx.

principal issue was regaining control over their natural wealth and their economy. The main objective was to protect themselves against foreign control over natural resources and key industries, which threatened to deprive them of economic benefits. This was manifest in nationalization or expropriation of foreign property, mainly in natural resources, which kept increasing, reaching its highest level in the early 1970s.[2]

1.4 The attitude of developing countries towards foreign direct investment during this period was mixed. The realization of the need for and possible benefits from FDI coexisted with a conviction that national controls and limitations on it were necessary to safeguard certain national interests. The landmark General Assembly Resolution 1803, adopted in 1962, which elaborated the principle of permanent sovereignty over natural wealth and resources is seen as a watershed in the effort to find common ground between developed and developing countries. On the one hand, it recognized the rights of people and nations over their natural resources, including their right to exercise control over investments in such resources and to nationalize them. On the other hand, it provided expressly that appropriate compensation should be paid for any taking of such investments and that agreements between foreign investors and governments should be observed in good faith.

1.5 Even in many developed countries, prevailing trends favoured national controls over FDI. The effort to establish a perceived international agreement for protection of foreign investment goes back to the early 60s with a Draft Convention on the Protection of Foreign Property being approved by the Organization for Economic Cooperation and Development (OECD) in 1967. But this was never opened for signature. Among the successful multilateral efforts was the World Bank-sponsored Convention which established the International Centre for Settlement of Invest Disputes (ICSID) in 1965. Regional efforts at liberalization among developed countries included the OECD Code of Conduct of Capital Movements in 1961 and regional efforts among developing countries included the Common Convention on Investments in the States of the Customs and Economic Union of Central Africa (1965) and the Agreement on Investment and Free Movement of Arab Capital among Arab Countries (1970) as well as the Cartagena Agreement on Andean Sub-regional Integration (1969).

1.6 The "Agreement of Arab Economy Unity" declared as its objective the consolidation of economic relations with a view to creating best

---

[2] N. Schrijver, *Sovereignty over Natural Resources, Balancing Rights and Duties*, 1997, 84 et seq.

conditions "for the advancement for their economy, for promoting their wealth and ensuring the welfare of their peoples". The Cartagena Agreement for Sub-regional Integration spelt out its objectives in arts 1 and 2 in the following terms:

"Article 1: The objectives of this Agreement are to promote the balanced and harmonious development of the member Countries under conditions of equality through integration and economic and social cooperation; accelerate their development and the generation of employment; facilitate their participation in the regional integration process, with a view to the gradual formation of a Latin American common market".

"Article 2: The balanced and harmonious development must lead to an equitable distribution of the benefits deriving from integration among the member Countries so as to reduce the existing differences among them. The results of this process must be evaluated periodically, taking into account, among other factors, the effects on the expansion of global exports of each country, the situation of its trade balance with the Subregion, the evolution of its gross territorial product, the generation of new employment and the formation of capital".

1.7 The Havana Charter had spelt out a normative framework which reflected some of the early concerns of developing countries. Article 12 para.1 provides as follows:

"1. The Members recognize that:

(a) international investment, both public and private, can be of great value in promoting economic development and reconstruction, and consequent social progress;

(b) the international flow of capital will be stimulated to the extent that Members afford nationals of other countries opportunities for investment and security for existing and future investments;

(c) without prejudice to existing international agreements to which Members are parties, a member has the right:

(i) to take any appropriate safeguards necessary to ensure that foreign investment is not used as a basis for interference in its internal affairs or national policies;

(ii) to determine whether and to what extent and upon what terms it will allow future foreign investment;

(iii) to prescribe and give effect on just terms to requirements as to the ownership of existing and future investments;

(iv) to prescribe and give effect to other reasonable requirements with respect to existing and future investments;

(d) the interests of Members whose nationals are in a position to provide capital for international investment and of members who desire to obtain the use of such capital to promote their economic development or reconstruction may be promoted if such members enter into bilateral or multilateral agreements relating to the opportunities and limitations which they are prepared to accept of the rights referred to in sub-paragraph (c)".

Clause 12 para.1 lit.(c) in spelling out permissible limitations reflected the concerns of capital-importing (developing) countries.

1.8 By the end of the 1970s and the early 1980s, a reverse trend had set in. The ability of developing countries to determine the agenda of international economic relations had decreased considerably. Their bargaining position had weakened, in part because of the slackening and eventual termination of the Cold War and partly under the impact of excessive indebtedness. The debt crisis had brought about a relative scarcity of financing and investment and made FDI more desirable: not only was it relatively more available but it did not burden the country with debt and it brought additional contributions to the host economy, in terms of know-how, technology skills and access to markets. The perception of the need for controlling FDI was thereby affected. In most developing countries, moreover, the process of gaining control over natural resources had considerably advanced since the immediate postwar period and was no longer a matter of prime concern. Interest therefore shifted to the need - and competition - for investment in other sectors.

1.9 All these developments had a significant impact on laws and policies for FDI. The past fifteen years have been a time of investment liberalization, promotion and protection[3]. Extensive - one might even say, radical - changes in policies have marked national investment laws. The screening requirements and other restrictions imposed earlier have been considerably softened or eliminated. Restrictions on the entry and operations of foreign affiliates have weakened considerably; investors are increasingly allowed freely to transfer their profits and capital out of the host country; the incidence of property takings has greatly decreased; and acceptance of international arbitration for resolving conflicts between investors and host governments is expanding.

---

[3] See note 1, xxvi et seq.

1.10 Changes in the approaches to FDI are not limited to the basic attitudes of fear or mistrust. Conceptual and policy-oriented changes are also taking place. International concern over both the treatment and the effects of FDI and the operations of foreign affiliates has increased over the years. The industries in which transnational corporations (TNCs) are active have changed, and the attitudes towards them have been correspondingly affected. In the first decades after World War II, as already noted, most discussions on FDI dealt by implication with the exploitation of petroleum and other natural resources. In recent years, concern has shifted to investments in manufacturing, services and high technology.

1.11 The process of liberalization with respect to FDI may be understood as consisting in major part of (a) the removal of restrictive, and thereby market-distorting, government measures; and (b) the application of certain positive standards of treatment, primarily directed at the elimination of discrimination against foreign investors. The two types of measures are closely interconnected, but it is useful for analytical purposes to keep them distinct. Restrictions and standards of treatment may apply to different phases or different aspects of an investment: to its entry and establishment, its ownership or its operations after entry.

1.12 Restrictions: Current developments must be seen against the background of the earlier restrictive trends. The rationale for the restrictions imposed on foreign affiliates, apart from the ubiquitous national security considerations, was the protection of the national economy from excessive foreign influence or domination and the support of local firms against foreign competitors deemed to be more powerful. The new directions of national and international FDI regulation reflect a reconsideration of the need for such restrictions, increased doubts as to the possibilities for their effective administration and an awareness of their impact on a country's position in the competition for FDI.

1.13 Standards of treatment: The most common standards are the "most-favoured-nation" standard and the national treatment standard. The former standard ensures equality of treatment as between investors from different (foreign) countries. The latter provides for no discrimination as between foreign and domestic investors. The two standards are relative (or "contingent"), in that they do not define expressly the content of the treatment they accord but establish it by reference to an existing legal regime: that of other aliens in one case and that of host state nationals in the other. The legal regime to which reference is made changes over time, and the changes apply to the beneficiaries of most-favoured-nation or national treatment, as well.

II. Foreign Investment Regulation: Towards a Multilateral Agreement on Investment ("MAI")

2.1 The OECD has produced a draft text of a multilateral agreement on investment. With regard to this exercise, a Resolution of the European Parliament notes that "... as a result of the huge increase in foreign direct investment ("FDI") in the nature of economic globalization, a multilateral agreement has become necessary in the area ... the draft multilateral agreement on investments ("MAI") reflects an imbalance between the rights and obligations of investors, guaranteeing the latter full rights and protection, while the signatory states are taking on burdensome obligations which might leave their populations unprotected ... the MAI must not only provide benefits to the industry and the countries of origin, but should also contribute to responsible development of the country of establishment by promoting technology, sustainable economic growth, employment, healthy social relations and protection of the environment"[4].

2.2 The unqualified anti-discrimination clauses, covering treatment of foreigners as compared with that given to nationals may not be acceptable to various developing countries which want to reserve the option of providing preferential treatment to certain regions and segments of society over others and over foreigners. This may also be the case with respect to developing countries' policies and laws on natural resource use, transfer of technology, workers' rights, indigenous peoples' rights and local social programs which may conflict with the MAI's international liberalization program. If small and medium-size developing countries do not join MAI, they may fear that their foreign investment chances will be marginalized. It is important, therefore, to underscore the need for maintenance of respect for the rights of developing countries to determine their own development policy and retain certain mechanisms to achieve national priorities in accordance with current international law.[5]

2.3 The 1992 World Bank Guidelines on Treatment of Foreign Investment: This instrument aimed to provide guidelines intended "to promote greater flow of FDI (which would) bring substantial benefits to bear on the world economy and on the economies of developing coun-

---

[4] Resolution of the European Parliament, A 4 - 0073/98.

[5] International Law Association, *Report of the International Committee on Legal Aspects of Sustainable Development*, 68th Conference, May 1998, 9-10.

tries in particular, in terms of improving the long term efficiency of the host country through great competition, transfer of capital, technology and managerial skills and enhancement of market access and in terms of the expansion of international trade". It is noteworthy that these guidelines cover general principles suggested to guide governmental behaviour towards foreign investment but unlike the United Nations Commission on Transnational Corporations (UNCTC) Draft Code of Conduct did not include rules of conduct on the part of the foreign investors.

III. The Need for Normative and Regulatory Elements to be Integrated in Regional and Multilateral Investment Agreements

3.1 In theory, economic liberalization and the concomitant deregulation are expected to promote efficiency and to reduce waste and the opportunities for corruption, since allocation of scarce foreign exchange and other resources is now to be determined by market forces and not be the arbitrary discretion of government officials. In practice, however, negative impacts of market forces have manifested themselves in a number of transitional economies. This is because of a significant time lag between deregulation and putting in place a regulatory framework, which would regulate the market, ensure a level playing field, prohibit restrictive and monopolistic trade practices, and ensure effective law enforcement. These are some of the legitimate concerns of developing countries. In the words of a seasoned observer from Brussels: "The rule of law cannot be replaced by market forces".

3.2 Multilateral and regional investment agreements while promoting economic liberalization often ignore the need for law and social policies to regulate the operations of the market. Developing countries thus face the emergence of a "free for all" environment. In the absence of efficient and properly regulated markets, uncontrolled freedom tends to degenerate into licence to maximize private profit by any means. Burgeoning corruption, fraudulent financial transactions involving banks and stock exchanges, and the emergence of powerful Mafia-type criminal syndicates are some of the disturbing manifestations[6].

3.3 Liberalization is accompanied by the development and spread of new technologies and communications systems. Together with the globalization of the world economy these have serious implications for development. They result in increasing marginalisation of those sections of the population, which do not have access to information technologies. These sections become a new under-class. The role of states is reduced, their sovereignty is eroded, as international capital and trade become less and less accountable to regulatory regimes. The weakening of the national regulatory systems has yet to be replaced by efficient and effective global mechanisms.

3.4 Too often, one could argue, governments, hierarchies and markets are considered as substitutes for each other. This is a false dichotomy. Today's economy requires a pluralism of organizational modes, each working in tandem with the other .To some extent the problem is one of reforming opinions and attitudes towards the role of governments. There is need for a new vocabulary to promote the image of government as a public good rather than as a necessary evil. And, just like the emerging managerial structure of twenty-first century firms, we need governments to be lean, flexible and anticipatory of change. The new paradigm of government should eschew negative or emotive sounding words such as "command", "intervention" and "regulation", and replace them by words such as "empower", "steer", "cooperative", "coordination" and "systemic"[7].

3.5 Developing countries' concerns would be served by a normative framework for sustainable development embodying principles and rules which would discipline market forces and make them respect human rights. This needs to be elaborated on the basis of the Rio Principles, on which a global consensus had been reached. Agenda 21, the program of action adopted at Rio, and the mandate of Principle 27 has committed states and people to cooperate in good faith and in a spirit of partnership to advance the development of international law in the field of sustainable development.

---

[6] K. Hossain, *Promoting Human Rights in the Global Market Place*, Dom Halder Camera Chair, Inaugural Lecture, Vrije Universiteit Amsterdam, 22 May 1997, 8-9.

[7] J. Dunning/K. Hamdawi, *The New Globalism and Developing Countries*, 1997, 4.

3.6 The Rio Declaration has been described "as an international instrument of general principles and obligations which was negotiated in detail by a large and representative number of delegations and must be taken to reflect - to the extent any international instrument can do so - the current consensus of values and priorities in environment and development". Its critical significance has been noted to be that it reflects "a major paradigm shift from international environmental law to a new and (yet to be defined) law of sustainable development". Principle 27 calls for "further development of international law in the field of sustainable development".

3.7 The new international law on sustainable development would thus comprise, not only of the rules of law which were hitherto understood to constitute "international environmental law", but must also integrate with it elements of what hitherto has been described as "international development law". Chapter 39 of Agenda 21 provides that further development of international law on sustainable development will have to pay "special attention" to "the delicate balance between environment and development concerns", and calls for effective participation by all countries concerned in reviewing both the past performance and effectiveness of existing international instruments and institutions as well as priorities for future law-making on sustainable development. This may include, in the language of Charter 39 "an examination of the feasibility of elaborating general rights and obligations of states, as appropriate, in the field of sustainable development". Multilateral and regional investment agreements must reflect those principles.

3.8 Some of the principles which could be reflected were identified by an ad hoc group of experts (at a U.N.-sponsored experts' meeting). This group identified five categories with a total of nineteen principles and concepts of international law for sustainable development.

These included:

A: Principles of interrelationship and integration

(1) interrelationship and integration of human rights, environment and development

B: Principles and concepts relating to environment and development

(2) Right to development

(3) Right to a healthy environment

(4) Eradication of poverty

(5) Equity

(6) Sovereignty over natural resources and responsibility not to cause damage to the environment of other States or to areas beyond national jurisdiction

(7) Sustainable use of natural resources

(8) Prevention of environmental harm

(9) Precautionary principle

C: Principles and concepts of international cooperation

(10) Duty to cooperate in the spirit of global partnership

(11) Common heritage of humankind

(12) Cooperation in a transboundary context

D: Principles and concepts of participation, decision-making and transparency

(13) Public participation

(14) Access to information

(15) Environmental impact assessment and informed decision-making

E: Principles and concepts of dispute avoidance and resolution monitoring and compliance

(16) Peaceful settlement of disputes in the field of environment and sustainable development

(17) Equal, expanded and effective access to judicial and administrative proceedings

(18) National implementation of international commitments

(19) Monitoring of compliance with international commitments.

IV. Recent Developments

4.1 The efforts concerning the development of a new international legal and institutional framework for FDI has entered a new era during the past five years. Its beginning is marked by the completion of the Uruguay Round of Multilateral Trade Negotiations and the establishment of the World Trade Organization (WTO), progress in the work on a new Multilateral Investment Agreement (MIA) in the OECD and, at the regional level, the establishment of the North American Free Trade Area (NAFTA), the signing of the European Energy Charter and the consideration of an investment code by the Asia Pacific Economic Cooperation forum (APEC).

4.2 International investment agreements can establish sets of legal obligations and rights for governments and firms. The balance of the rights and obligations, as between governments, on the one hand, and firms, on the other, has been a central issue about the provisions of international investment agreements. However, the discussion has shifted from an emphasis on firms' obligations and governments' rights to an emphasis on firms' rights and governments' obligations. The prospect of further negotiations within the framework of the agreement on Trade related Investment Measures (TRIMs) may refocus this discussion because the developing countries remain interested in the use of government policies to, among other things, curtail the restrictive business practices of firms and thus insure firms' compliance with certain obligations. The principal concern of international investment agreements in recent years has been the obligations of governments; in particular, the tendency has been to include elements that obligate Governments to liberalize their measures concerning the rights of firms.[8]

4.3 Earlier efforts to develop a multilateral agreement in the form of a Code of Conduct through the UNCTC focused more on firm behavior rather than government policies, and so, of course, did the OECD Guidelines for Multinational Enterprises. Some of those earlier concerns remain on the informal agenda of international investment agreements, particularly with regard to TNCs, transfer-pricing practices, restrictive business practices and employment practices.

4.4 The relationships of FDI issues to trade policy and other policy areas can be briefly summarized as involving two clusters - one dealing with environment, labour, and trade policy issues, and the other with policies concerning competition, industry targeting, technology and trade policy. An underlying theme in the first cluster is that FDI is viewed by some as a strategic alternative to trade - an alternative that often entails the shifting of production from countries with relatively effective environmental protection regimes to countries with more lax regimes. Further, in this view FDI typically involves a shift of employment from the home to the host economy, where wages and labour standards are often lower. Because of these assumed effects on the environment and employment, FDI is seen as undesirable and in need of

---

[8] TL. Brewer/S. Young, "Towards a Multilateral Framework for Foreign Direct Investment: issues and scenarios", *Transnat'l Corp.* 4 (1995) 1 et seq., (70-71).

control. A contrary view is that FDI typically increases exports and employment in the home country, and that TNCs attempt to escape stringent environmental regimes is not a common problem.

4.5 An underlying issue in the second cluster is that FDI is one element in a mix of international economic relationship that creates new and complex public policy problems concerning the roles of national governments and international organizations in regulating and/or subsidizing TNC activities. For instance, the proliferation of international strategic alliances among TNCs within several industries (such as motor vehicles and telecommunications) raises questions about the ability of national anti-trust authorities to regulate anti-competitive activities of these alliances; there are also questions about the conformity with international agreements, as well as the effectiveness of attempts to restrict international technology transfers through firm national identity criteria imposed on TNCs that would otherwise be potential recipients of government research-and-development subsidies. Governments are sometimes seen as unable to cope with these problems; new international agreements and the inclusion in regional and multilateral investment agreements provisions dealing with those concerns are therefore necessary to complement and/or restrict national policies in these areas.[9]

There are clearly perceived gaps in the existing regional and multilateral investment agreements with regard to the legitimate concerns of developing countries. The development dimensions of these agreements need to be reflected in the agenda of the on-going negotiations. A normative framework which gives due recognition to the right to development and the sustainable development imperatives underlying the Rio Principles, would help to mould more balanced, and therefore more effective, regional and multilateral investment agreements.

---

[9] *Ibid.*, 74.

Souveränität im Wettbewerb der Systeme

Karl M. Meessen

I. Systemwettbewerb als Staatsaufgabe

Für Unternehmen ist die Wahl des optimalen Produktionsstandorts zur Überlebensfrage im globalen Güter- und Dienstleistungswettbewerb geworden. Bestimmt wird die Standortwahl durch Produktions- und Vertriebskosten einerseits und Absatzmöglichkeiten andererseits. Die Arbeit kommt bekanntlich seltener zum Kapital als das Kapital zur Arbeit[1]. Viele Menschen befinden sich auf der Suche nach höher bezahlter Arbeit oder überhaupt einer Arbeit. Oft ohne Möglichkeit und meist ohne Bereitschaft zum grenzüberschreitenden Wohnsitzwechsel steuern sie ihre jeweiligen Regierungen in einen immer schärfer werdenden Wettbewerb um Investitionsstandorte hinein. Die Attraktivität von Investitionsstandorten ist teils durch natürliche Bedingungen vorgegeben, teils ist sie jedoch gestaltbar durch staatliche Politik[2].

Gegenstand staatlicher Gestaltung ist das System politischer, wirtschaftlicher und rechtlicher Rahmenbedingungen. Standortwettbewerb ist Systemwettbewerb[3]. Gestaltungsinstrument ist staatliche Rechtsetzung. Nicht nur die rechtlichen, sondern auch die politischen und wirtschaftlichen Rahmenbedingungen werden, soweit den Staaten eine be-

---

[1] P. Minford, "What Can Governments in Western Europe Do to Improve Locational Advantages", in: H. Siebert (Hrsg.), *Locational Competition in the World Economy*, 1995, 235 ff. (239 f.).

[2] S. Sinn, *Competition for Capital, On the Role of Governments in an Integrated World Economy*, 1993.

[3] M.E. Streit, "Systemwettbewerb und europäische Integration", in: F. Zimmermann u.a. (Hrsg.), *Ordnungspolitische Aspekte der europäischen Integration*, 1996, 11.

wußte Gestaltung überhaupt möglich ist, durch den Erlaß von Rechtsnormen gestaltet. Man spricht daher auch von institutionellem Wettbewerb, wobei unter Institutionen in der institutionenökonomischen Literatur - abweichend vom juristischen Sprachgebrauch - das Regelwerk verstanden wird, während im Verbund von Individuen auftretende private und öffentliche Akteure als Organisationen bezeichnet werden[4].

So findet Systemwettbewerb dadurch statt, daß privatrechtliche und prozeßrechtliche Normen über das Bestehen und die Durchsetzbarkeit von Eigentum, gewerblichen Schutzrechten und schuldrechtlichen Ansprüchen entscheiden und damit die Kosten wirtschaftlichen Handelns bestimmen. Normen des Wettbewerbsrechts einschließlich branchenbezogenen Regulierungs- und Deregulierungsrechts schaffen und erhalten die Funktionsfähigkeit von Güter- und Faktorenmärkten. Gesellschaftsrecht und Kapitalmarktrecht konstituieren wirtschaftliche Akteure und sorgen für ihre Finanzierung und Kontrolle. Das individuelle und kollektive Arbeitsrecht beeinflußt den Preis des Faktors Arbeit.

Auch außerhalb des Privatrechts sind die für die unternehmerische Standortwahl relevanten Bedingungen unmittelbar oder mittelbar rechtlicher Gestaltung zugänglich. Entscheidend ist das Verhältnis zwischen Abgabenlast und Angebot an öffentlichen Gütern. Die Produktion und Erhaltung öffentlicher Güter, wie z.B. Verkehrswege, Bildungseinrichtungen oder Umweltbedingungen, wird durch verfassungs- und verwaltungsrechtliche Normen gefördert oder behindert. Ebenso hängt die Qualität der Geld- und Fiskalpolitik von den institutionellen Rahmenbedingungen, z.B. der Errichtung einer politisch unabhängigen Zentralbank, und nicht etwa allein von den verantwortlichen Personen ab.

Systemwettbewerb ist keine Neuauflage von Colbertschem Merkantilismus. Colbertscher Merkantilismus ist nicht nur europarechtlich und weitgehend auch GATT-rechtlich untersagt. Vielmehr wirkt er vor allem - hierüber besteht 200 Jahre nach Adam Smith weitgehend Konsens - kontraproduktiv. Selbst die Erfolge der japanischen Wirtschaft beruhen nicht auf der Steuerung durch das sagenumwobene Ministry of International Trade and Industry (MITI). Sie sind trotz derartiger *administrative guidance* erzielt worden[5].

---

[4] D.C. North, *Institutions, Institutional Competition, Change and Economic Performance*, 1990, 4 f.

[5] R. Pomfret, "Strategic Trade and Industrial Policy as an Approach to Locational Competitiveness: What Lessons From Asia?", in: Siebert, siehe Anm. 1, 205.

"Japan Incorporated" wäre das falsche Stichwort. Staaten, die im Systemwettbewerb erfolgreich sein wollen, handeln nicht wie Unternehmen. Sie stellen lediglich den Rahmen für unternehmerisches Handeln zur Verfügung und unterwerfen sich der unternehmerischen Standortentscheidung. Auch betrifft der Systemwettbewerb nicht den Markt für Waren und Dienstleistungen, sondern den Markt für Produktionsstandorte. Angeboten wird der Zugang zu staatlich vorgehaltenen öffentlichen Gütern und sonstigen Systemleistungen. "Bezahlt" wird u.a. durch Löhne, die die lokale Nachfrage stimulieren und das Steueraufkommen erhöhen, sowie durch die Heranbildung von Humankapital und leistungsfördernden Industrieclustern[6].

Gewiß hat es einen grenzüberschreitenden Systemwettbewerb um Industrieansiedlung immer gegeben. Erst der weltweite Trend zur Liberalisierung, Privatisierung und Deregulierung in den letzten Jahren hat jedoch dazu geführt, daß die Standorte von Produktion, Vertrieb und Verwaltung unter Effizienzgesichtspunkten frei gewählt werden können. Auch bisher schon ließ sich die Wirtschaftsleistung der Staaten miteinander vergleichen und zwar anhand des Bruttosozialprodukts, der Handels- und Zahlungsbilanz, des Exportvolumens und dergleichen. In globalisierten Güter- und Kapitalmärkten bleibt es jedoch nicht beim statistischen Vergleich. Es kommt zur Interaktion. Erfolge und Mißerfolge im Standort- und Systemwettbewerb führen zu grenzüberschreitenden Verlagerungen von Volkseinkommen[7].

Systemwettbewerb ist nur als friedlicher Wettbewerb vorstellbar. Krieg wäre eine Form von Marktversagen. Freie Standortwahl setzt innere und äußere Sicherheit voraus. Ihre Erhaltung bleibt daher eine wichtige Staatsaufgabe, eine Aufgabe freilich, die derzeit recht erfolgreich wahrgenommen wird, so daß sich die vielfältigen Optionen im Systemwettbewerb in den Vordergrund des politischen Interesses schieben.

Das neue Paradigma des Wettbewerbs der Systeme bietet Anlaß, gegen Ende des 20. Jahrhunderts die Frage nach der Souveränität und damit zugleich nach der Zukunft des neuzeitlichen Staates aufzuwerfen. Dieser Frage soll dadurch nachgegangen werden, daß zunächst die Elemente des Begriffs staatlicher Souveränität aufgezeigt werden. Anschließend wird jedes dieser Elemente auf mögliche Folgen des erwähnten Funktionswandels untersucht. Das so gewonnene zeitgemäße Verständnis staatlicher Souveränität erlaubt einen abschließenden Aus-

---

[6] M. Porter, *The Competitive Advantage of Nations*, 1990, 148 f.

[7] G.C. Hufbauer/S. Stephenson, "Competitive Advantages in the World Economy", in: Siebert, siehe Anm. 1, 45.

blick auf das Verhältnis zwischen Systemwettbewerb und Harmonisierung.

II. Wandel staatlicher Souveränität

In den Wirren von Religions- und Bürgerkriegen gelang es zunächst in Frankreich und England, staatliche Macht zu konsolidieren[8]. Jean Bodin und Thomas Hobbes lieferten die Theorie zu den ersten beiden Staaten im neuzeitlichen Sinne. Vor allem im Vergleich mit religiösen Personalverbänden sprachen sie dem Territorialstaat die Eigenschaft höchster Gewalt zu[9]. Aus dem Bestehen mehrerer Territorialstaaten ergab sich zwingend die Gleichheit dieser jeweils höchsten Gewalten[10]. Entsprechend entwickelte sich das Völkerrecht als eine von den Staaten erzeugte und vornehmlich an die Staaten gerichtete horizontale Ordnung[11].

Beeinflußt der Wettbewerb der Systeme den Rang staatlicher Macht? Bestehen die realen Grundlagen souveräner Gleichheit im Wettbewerb der Systeme fort? Kann Völkerrecht im Wettbewerb der Systeme im wesentlichen noch als staatsbezogene Rechtsordnung verstanden werden? Im folgenden wird versucht, einige Gesichtspunkte zur Beantwortung dieser drei Fragen zusammenzutragen.

1. Rang staatlicher Gewalt

"(Der Staat) gilt als alleinige Quelle des 'Rechts' auf Gewaltsamkeit"[12]. Besitzt diese von Max Weber zu Beginn des Jahrhunderts formulierte These kurz vor seinem Ende noch gleiche Plausibilität? Im Wettbewerb

---

[8] S. Finer, *The History of Government*, Band 3, 1997, 1266 f.

[9] J. Bodin, *Six livres de la république*, 1590; T. Hobbes, *Leviathan or The Matter, Forme, & Power of a Common-Wealth Ecclesiasticall and Civill*, 1651.

[10] K.M. Meessen, "Sovereignty", in: R. Wolfrum (Hrsg.), *United Nations: Law, Policies and Practice*, 1995, 1193 et seq.

[11] I. Brownlie, *Principles of Public International Law*, 1990, 58 f.

[12] M. Weber, *Der rationale Staat als anstaltsmäßiger Herrschaftsverband mit dem Monopol legitimer Gewaltsamkeit, Politik als Beruf*, 1920, hier zitiert nach J. Winckelmann (Hrsg.), *Wirtschaft und Gesellschaft*, 1964, 1043.

der Systeme entscheiden Unternehmen durch ihre Standortwahl über Erfolg und Mißerfolg staatlicher Politik. Ermöglicht und aufrecht erhalten wird dieser Wettbewerb durch internationale und supranationale Organisationen. Der Vorrang staatlicher Gewalt ist daher sowohl anhand der Macht von Unternehmen als auch anhand der Macht internationaler und supranationaler Organisationen zu überprüfen.

a) Unternehmen

Auch im Wettbewerb der Systeme finden Unternehmen keinen staatsfreien Raum vor. Vielmehr bestehen vielfältige Abhängigkeiten: hinsichtlich der Rechtsform von staatlichem Gesellschafts- und Handelsrecht, hinsichtlich der Unternehmensstandorte von staatlichen Infrastrukturleistungen und Abgabenlasten und hinsichtlich der Märkte von staatlichen Wettbewerbsordnungen und *property right* Systemen.

Neu im Wettbewerb der Systeme ist, daß Kapitalimport gefördert und Kapitalexport kaum behindert wird. Die Unternehmen können daher die Staaten, zu denen sie in Beziehungen treten, frei wählen und mit minimalen Transaktionskosten gegeneinander austauschen. Theoretisch könnten die Staaten auf ihr Gewaltmonopol zurückgreifen und die Freiheit der Unternehmen notfalls auch unter Verletzung bestehender völkerrechtlicher Verpflichtungen wieder beschränken. Die Kosten sind jedoch hoch und träfen in erster Linie den aus dem System ausbrechenden Staat, während sie sich unter den übrigen verteilen würden. Carl Schmitt mochte im Jahre 1928 Souveränität vom Ausnahmezustand her bestimmen[13]. Dies war Denken in der Manier des Existentialismus. Auch war im Deutschland der 20er Jahre Ausnahmezustand schon beinahe die Regel. Heute jedenfalls muß der Machtvergleich zwischen Staaten und Unternehmen nicht vom theoretisch möglichen Rückgriff auf das Gewaltmonopol, sondern von dem neuen Regelfall freier Standortwahl ausgehen.

Auf dem Markt für Unternehmensstandorte können Unternehmen Staaten gegeneinander ausspielen. Insofern begrenzt der Wettbewerb der Systeme die Macht der Staaten. Viel stärker wird jedoch die Macht der Unternehmen im Konkurrenzkampf untereinander beschränkt. Für Unternehmen ist die Standortwahl nur Teil eines umfassenderen Wettbewerbs in den Produktmärkten. Hinzu kommt, daß Unternehmen auf dem Markt für Unternehmenskontrolle unter dem Druck von Aktionä-

---

[13] C. Schmitt, *Verfassungslehre*, 1928, 106 ff.

ren und vor allem institutionellen Anlegern stehen[14]. Für das Management bedeutet Zusammenschlüsse und Aufspaltungen Chance und Risiko zugleich. Jede Zweckentfremdung von Mitteln für ein Kräftemessen mit Staaten wäre ineffizient und würde sich in den Produktmärkten in Renditeeinbußen niederschlagen und könnte in dem Markt für Unternehmenskontrolle das eine Management der Kontrolle eines anderen ausliefern.

Die Gefahr besteht nicht darin, daß Unternehmen, wie man dies in den 70er Jahren befürchtete, staatliche Macht an sich reißen[15]. Eher könnte ein anderer Teil früherer Sorgen relevant werden, daß sich nämlich Unternehmen staatlicher Kontrolle, z.B. staatlichen Abgabenansprüchen durch Gewinnverlagerungen in ein paar *off-shore* Zentren, entziehen. Liberalisierung und Deregulierung mögen derartige Versuche begünstigen. Die Gefahr ist jedoch bekannt, und die Abhilfemöglichkeiten sind es ebenfalls[16]. Im Systemwettbewerb können Staaten mit der Höhe der Steuersätze gegeneinander konkurrieren[17]. Zur Bekämpfung von Steuerflucht und Steuerhinterziehung ist jedoch Zusammenarbeit geboten.

Letztlich wird man sich im Machtvergleich zwischen Staat und Unternehmen auf die Unterschiedlichkeit und damit schwere Vergleichbarkeit von Unternehmensfunktionen und Staatsfunktionen besinnen müssen. Unternehmen haben Gewinnerwartungen von Anteilseignern, Mitarbeitern und Management zu erfüllen. Staaten stehen gegenüber ihren Bürgern in der Pflicht, Recht und Ordnung, Erwerbsmöglichkeiten und soziale Sicherheit oder - in der Blickrichtung dieser Zeilen - optimale Standortbedingungen zu gewährleisten.

Die staatliche Souveränität ist durch den Systemwettbewerb nicht zugunsten von Unternehmen beschränkt worden. Allenfalls stellt sich am Horizont die Frage, ob nicht die Staaten durch übermäßige Privatisie-

---

14 F. Easterbrook/D. Fischel, *The Economic Structure of Corporate Law*, 1991; E. Schanze (Hrsg.), "The New Institutional Economics, Transformations in the Industrial Structure of Production", *JITE* 152 (1996), 1 ff.

15 R. Vernon, *Sovereignty at Bay*, 1971.

16 R.S.J. Martha, "Extraterritorial Taxation in International Law", in: K.M. Meessen (Hrsg.), *Extraterritoral Jurisdiction in Theory and Practice*, 1996, 19.

17 J. Edwards/M. Keen, "Tax Competition and Leviathan", *European Economic Review* 4 (1996), 113.

rung ihrer bisherigen Funktionen Steuerungsmöglichkeiten verlieren und damit letztlich an Integrationskraft Einbußen erleiden könnten[18].

b) Internationale und supranationale Organisationen

Der Wettbewerb der Systeme ist durch internationale und supranationale Organisationen eingeführt worden und wird heute durch derartige Organisationen aufrechterhalten und fortentwickelt.

Unter den drei großen gegen Ende des zweiten Weltkrieges konzipierten Projekten zur Ordnung der Weltwirtschaft im Frieden ist die Errichtung von Internationalem Währungsfonds und Weltbank rasch wirksam geworden. Der Währungsfonds hat ein marktwirtschaftliches System des Geldverkehrs aufgebaut und damit eine entscheidende Voraussetzung für die Freiheit des grenzüberschreitenden Kapitalverkehrs geschaffen, und die Weltbank gibt bis heute entscheidende Impulse für die wirtschaftliche Entwicklung unterprivilegierter Regionen der Welt. Durch ihre Auflagenpolitik haben beide Organisationen viel zur Liberalisierung und Deregulierung der Weltwirtschaft und damit zur Funktionsfähigkeit des Wettbewerbs der Systeme beigetragen[19].

Die 1944 ebenfalls geplante Internationale Handelsorganisation ist freilich erst mit 50 Jahren Verspätung im Jahre 1994 als Welthandelsorganisation errichtet worden. Vorangegangen waren Jahrzehnte, in denen im Rahmen der provisorischen Anwendung des Allgemeinen Zoll- und Handelsabkommens Tarife im Rhythmus mehrjähriger Verhandlungsrunden abgebaut und nichttarifäre Handelshemmnisse mit zunehmender Wirksamkeit untersagt wurden. Auf dieser Grundlage konnte aus dem ehemaligen Sekretariat einer Staatenkonferenz die Welthandelsorganisation als weitere mächtige internationale Organisation - mit erweiterten Aufgaben und obligatorischer Streitbeilegung - errichtet werden[20].

Sind die internationalen Wirtschaftsorganisationen, deren Exekutivfunktionen zur Zeit in der Hand eines Franzosen, eines US-

---

[18] R. Starr, "The Limits of Privatization", in: D. Gayle/J. Goodrich (Hrsg.) *Privatization and Deregulation in Global Perspective*, 1990, 112.

[19] K.M. Meessen, "IMF Conditionality and State Sovereignty", in: D.C. Dicke (Hrsg.), *Foreign Debts in the Present and a New International Economic Order*, 1986, 117.

[20] J. Croome, *Reshaping the World Trading System, A History of the Uruguay Round*, 1995.

Amerikaners und eines Italieners liegen, Konkurrent staatlicher Macht oder stellen sie lediglich eine neue Form indirekter staatlicher Machtausübung dar?

Für die Fortführung staatlicher Machtausübung mit anderen Mitteln sprechen die Entstehung im Wege der Delegation staatlicher Kompetenzen und - bei aller Anerkennung des Eigengewichtes der internationalen Bürokratie - die Praxis zwischenstaatlicher Steuerung derartiger Organisationen insbesondere durch die wirtschaftlich führenden Triadenmächte Europa - USA - Japan[21].

Wenn nicht internationale Organisationen, so könnten doch die in der Europäischen Union zusammengefaßten drei europäischen Gemeinschaften als supranationale Organisationen die Souveränität ihrer Mitgliedstaaten in Frage stellen.

Gewiß ist es ein Charakteristikum supranationaler Organisationen, rechtsetzende, vollziehende und rechtsprechende Gewalt im unmittelbaren Durchgriff auf die Bürger der Mitgliedstaaten und sonstige Betroffene auszuüben[22]. Gewiß ist ferner die Zahl der zur ausschließlichen oder gemeinsamen Wahrnehmung übertragenen Kompetenzen erheblich umfangreicher als diejenige internationaler Organisationen. Dennoch erscheinen die Mitgliedsstaaten der Europäischen Union auch einzeln mächtiger als vor dem Zusammenschluß. Entsprechend hoffen die sich um einen Beitritt bemühenden osteuropäischen Staaten ihre durch Auflösung des sowjetischen Hegemonialsystems wiedergewonnene Unabhängigkeit innerhalb der Europäischen Union eher noch verstärken zu können. Man kann von einem Integrationsparadox sprechen[23].

Das Integrationsparadox ist jedoch erklärbar. Übertragen wurden vor allem die Kompetenzen, deren Wahrnehmung auf staatlicher Ebene kontraproduktiv ist. Welchen wirtschaftlichen oder sonstigen Gewinn würde es bedeuten, wenn die Bundesrepublik gegenüber Frankreich und Italien tarifäre und nichttarifäre Handelsschranken errichten dürfte? Der Wohlstandsgewinn besteht ja gerade darin, daß in dem Positiv-Summen-Spiel der Handelsliberalisierung ein Binnenmarkt für den Wa-

---

[21] S. Strange, *The Retreat of the State, The Diffusion of Power in the World Economy*, 1996, 171.

[22] H.P. Ipsen, "Über Supranationalität", in: H. Ehmke (Hrsg.), *Festschrift für Ulrich Scheuner zum 70. Geburtstag*, 1973, 221.

[23] K.M. Meessen, "The Integrationist Paradox Case for the Introduction of a Single European Currency", in: K. Wellens (Hrsg.), *International Law: Theory and Practice, Liber amicorum Eric Suy*, 1998, 459.

ren- und Dienstleistungsverkehr sowie für den Verkehr mit den Faktoren Kapital und Arbeit geschaffen wurde. Die protektionistische Option ist wertlos.

Auch wenn der Eintritt in die dritte Stufe der mit einem weiteren Kompetenzverlust, nämlich demjenigen zur nationalen Gestaltung der Geldpolitik, verbunden sein wird, so dürfte auch dann das Integrationsparadox zum Tragen kommen: Geldpolitik im engen Verbund des Binnenmarktes national wahrzunehmen, verursacht nicht nur unnötige Transaktionskosten, sondern beeinträchtigt die Funktionsfähigkeit des Wettbewerbs der Systeme, während künftig der Wettbewerbsdruck durch Wechselkursänderungen weder abgefangen noch verschleiert werden kann.

Zwar haben Währungsfonds, Weltbank und Welthandelsorganisation überhaupt erst die Voraussetzungen für einen weltweiten Wettbewerb der Systeme geschaffen, damit sind jedoch zugleich Anreize zur Einschränkung dieses Wettbewerbs entstanden. Gemeint ist die Bildung von "Harmonisierungskartellen"[24].

Systemwettbewerb durch niedrigere und damit auch kostengünstigere Sozial- und Umweltstandards wird kurzerhand als Sozial- und Umweltdumping charakterisiert und mit Harmonisierungsforderungen verbunden. Gewiß gibt es gute Gründe, universell verfügbare Umweltgüter durch multilaterale Konventionen zu sichern oder sozialrechtliche Mindeststandards festzuschreiben. Jedoch entsteht mitunter der Eindruck, daß Staaten als überhöht empfundene eigene Standards im Banne von Gruppenmacht nicht mehr senken können und diese daher unter der politisch korrekten Flagge weiterer Harmonisierung anderen Staaten aufdrängen wollen.

Souveränität und Systemwettbewerb bedingen sich gegenseitig. Je funktionsfähiger der Systemwettbewerb ist, um so mehr Gelegenheit und Anlaß haben die Staaten, sich durch Ordnungspolitik und Infrastrukturpolitik zu behaupten. Auch die Umkehrung trifft zu: Beschränkungen des Systemwettbewerbs durch Harmonisierungskartelle schwächen die staatliche Souveränität.

Der Wettbewerb der Systeme dürfte daher insgesamt staatliche Souveränität gestärkt haben. Qualifizierend ist lediglich hinzuzufügen, daß der verschärfte Wettbewerbsdruck Vereinbarungen hervorruft, die den

---

[24] D. Kiwit/S. Voigt, *Grenzen des institutionellen Wettbewerbs*, Max-Planck-Institut zur Erforschung von Wirtschaftssystemen, Diskussionsbeitrag 5-97, 22.

Systemwettbewerb meist in der Form hamonisierten Rechts einschränken.

2. Souveräne Gleichheit

Die Zahl der Staaten nähert sich der Zahl 200. Entsprechend hat die Durchschnittsgröße souveräner Staaten gemessen an Fläche und - im Vergleich zur Zunahme der Weltbevölkerung - auch an Einwohnern abgenommen. Insbesondere gibt es Dutzende kleiner und kleinster Staaten mit zwei Millionen und weniger Einwohnern. Gerade in Europa sind Kleinstaaten teils wieder entstanden, so Estland, Lettland und Litauen, teils haben sich auf dem Gebiet der ehemaligen Sowjetunion und Jugoslawiens neue Kleinstaaten, so Slowenien, Mazedonien und Moldawien, gebildet.

Anders als noch im 19. Jahrhundert und in der ersten Hälfte des 20. Jahrhunderts besteht keine Scheu, sich den rauhen Winden staatlicher Selbständigkeit auszusetzen. Die optimale Größe von Staaten ist gesunken[25]. Einer der Gründe ist in der Demokratisierung und hiermit verbunden in einer doch etwas größeren Friedfertigkeit der Welt zu sehen. Mindestens ebenso bedeutsam ist jedoch, daß wirtschaftliche Isolierung nicht mehr als reale Gefahr empfunden wird. Die weltweite Arbeitsteilung gilt als unabänderliche Gegebenheit. Selbst für den Notfall wird Autarkie in der Grundversorgung nicht mehr vorbehalten.

Die geänderte politische Landkarte und die geänderte politische Zielvorstellung deuten daraufhin, daß rechtliche Gleichheit heute eher mehr als früher auf realer Gleichheit aufbauen kann.

Nur ein Staat ist gleicher als die anderen: Die militärische und wirtschaftliche Macht der Vereinigten Staaten übersteigt diejenige der nächststärksten Staaten der Welt bei weitem. Seit dem Ende des Kalten Krieges besteht die Gegenmacht allenfalls darin, daß einige Staaten in der Lage sind, ein nukleares Chaos hervorzurufen. Die technischen Möglichkeiten zur Auslösung des gemeinsamen Selbstmords mögen vorhanden sein. Sie bestimmen jedoch nicht die Realität der internatio-

---

[25] A. Alesina/E. Spolaore, "On the Number of Size of Nations", *Quarterly Journal of Economics*, 1997, 1029; A. Alesina/E. Spolaore/R. Wacziarg, "Economic Integration and Political Disintegration", in: National Bureau of Economic Research (Hrsg.), *Working Paper 6163*, 1997.

nalen Beziehungen. Auch Rußland und China haben sich dem Wettbewerb der Systeme verschrieben.

Wenn man nicht allein auf Machtpotentiale, sondern auf Wahrscheinlichkeiten ihrer Nutzung abstellt, so muß dies auch gegenüber den Vereinigten Staaten geschehen. Die Vereinigten Staaten haben eine beispiellose Fähigkeit und Bereitschaft zur Nichtausübung von Macht in diesem Jahrhundert unter Beweis gestellt, so etwa als sie sich nach den Weltkriegen von Europa zurückzogen und als sie weder das 1945 entstandene Atomwaffenmonopol noch spätere waffentechnologische Alleinstellungen nutzten.

Freilich haben die Vereinigten Staaten immer wieder - teils mit, teils ohne Erfolg - ihre wirtschaftliche Macht zur Erreichung politischer Ziele eingesetzt[26]. Dabei geht es nicht nur um die Verhängung von Embargos gegenüber Kuba und Nicaragua, Libyen und Iran, sondern auch um die sogenannte *Crow-Bar*-Diplomatie zur Ausbreitung amerikanischer Vorstellungen im Kartellrecht, im gewerblichen Rechtsschutz und in der Handelspolitik.

Der Hecht im Karpfenteich hat die anderen Fische nicht nur leben lassen, sondern versucht, Ordnung unter ihnen zu schaffen. Dennoch ist ein Spannungsverhältnis zur souveränen Gleichheit nicht zu leugnen. Jedoch darf man Systemreinheit in den internationalen Beziehungen nicht erwarten. Das laut Pufendorf einem Monstrum gleiche Deutschland hat ja auch die Errichtung der Nationalstaaten Frankreich und England um mehr als ein Jahrhundert überlebt. So dürfte auch der derzeitige Vorrang amerikanischer Macht das System souveräner Gleichheit nicht grundsätzlich in Frage stellen.

3. Staatsbezogenheit des Völkerrechts

Im Wettbewerb der Systeme hat sich die Rolle des Staates geändert. Territoriale Grenzen und personale Grenzen haben an Bedeutung verloren. Staaten sind "Leitungszentren" wirtschaftspolitischer Gestaltung, die weit über die Grenzen hinaus wirken, freilich aber auch vielfältigen Einflüssen von jenseits der Grenze ausgesetzt sind[27]. Unternehmen agieren unbehindert über Staatsgrenzen hinweg. Sie lassen sich kaum noch

---

26 D. Baldwin, *Economic Statecraft*, 1985.

27 K.M. Meessen, *Völkerrechtliche Grenzen des internationalen Kartellrechts*, 1975, 267 f.

Staaten zuordnen. Loyalitäten bestehen gegenüber Anteilseignern und Belegschaften, nicht mehr gegenüber der Regierung des Heimatstaats der Konzernmutter. Die völkerrechtliche Jurisdiktionsordnung kann in den Kategorien von Territoralität und Personalität nur noch ungenügend erfaßt werden. Der Wettbewerb der Systeme liefert jedoch keinen Grund, die Völkerechtssubjektivität von Staaten zu bezweifeln.

Staaten sind nicht nur als juristische Personen weiterhin geeignet, Träger völkerrechtlicher Rechten und Pflichten zu sein. Vielmehr verkörpert ihre Teilnahme am Wettbewerb der Systeme reale Verbandsmacht. Die politische Willensbildung erfolgt innerhalb von Staaten. Die drei staatlichen Gewalten sorgen für die Umsetzung des politischen Willen in Rechtsätze, deren Vollzug und gerichtliche Kontrolle.

Dieser Kern staatlicher Funktionen bestimmt das Bewußtsein der Menschen. Ein Rückfall in die übersteigerte Nationalstaatlichkeit des 19. Jahrhunderts und der ersten Hälfte des 20. Jahrhunderts ist nicht zu beobachten[28]. Staatlichkeit wird durchaus im Sinne des Wettbewerbs der Systeme funktional verstanden. Sie schließt Tendenzen zur Internationalisierung etwa durch die Entwicklung der Menschenrechte nicht aus, zumal der internationale Schutz nur subsidiär eingreift und auch so verstanden wird.

Der Systemwettbewerb steht an seinem Beginn. Nicht nur die Wirtschaft, sondern auch die öffentliche Meinung kommuniziert in alten und neuen Medien weltweit. Das heimische Publikum genügt nicht mehr zum Nachweis von politischer Akzeptanz. Wertvorstellungen entwickeln sich im globalen Rahmen. Die Entwicklung zu einer offenen Weltgesellschaft mag Änderungen mit sich bringen. Zur Zeit jedoch stellt der Systemwettbewerb die - relativierte - Staatsbezogenheit des Völkerrechts nicht in Frage.

III. Optimierung der Ordnung des Wettbewerbs der Systeme

Der Wettbewerb der Systeme wurde ermöglicht durch die weltweite Liberalisierung des Güter- und Kapitalverkehr, durch die Privatisierung staatlichen Industrievermögens, vor allem in den Transformationsstaaten und durch die zunächst auf die alten Industriestaaten beschränkte, inzwischen sich aber weltweite ausdehnende Deregulierung monopo-

---

[28] E. Hobsbawn, *Nations and Nationalism since 1780*, 1990, 163 f.

lartig verwalteter Industriezweige. Die hiermit verbundene Globalisierung der Märkte hat insgesamt zu einer Aufgabenverlagerung vom Staat auf die Gesellschaft geführt.

Bewirkt wurden Liberalisierung, Privatisierung und Deregulierung durch eine Übertragung von Koordinierungs- und Entscheidungskompetenzen auf internationale und supranationale Organisationen. Insofern haben die Staaten in zwei Richtungen Kompetenzen eingebüßt. Paradoxerweise ist die staatliche Souveränität durch den Übergang zum Wettbewerb der Systeme eher gestärkt wurden. Allerdings hat sich der Trend zur Harmonisierung auch auf Gegenstände erstreckt, die den Systemwettbewerb nicht fördern, sondern einschränken. Darüber hinaus muß damit gerechnet werden, daß die Staaten durch die Aufgabenverlagerung auf die Gesellschaft im Systemwettbewerb benötigte Steuerungsmöglichkeiten verlieren.

Insgesamt haben sich die Staaten auch unter geänderten Bedingungen als Strukturelemente internationaler Ordnung bewährt. Eine Schwächung der staatlichen Souveränität erscheint wenig sinnvoll, zumal sie im Bewußtsein der Menschen auch emotional verankert ist und damit einen Teil weltweiter politischer Kultur darstellt.

Wenn man aber Souveränität erhalten und stärken will, so empfiehlt es sich, zwischen Elementen der Rahmenordnung des Wettbewerbs der Systeme und Wettbewerbsparametern zu unterscheiden. Diese Rahmenordnung gilt es zu erhalten und durch weiteren Abbau von Handelsschranken vorzuentwickeln, während zu überlegen ist, ob nicht Sozialpolitik und Steuerpolitik zu den wichtigsten Wettbewerbsparametern gehören und daher von allzu weitgehenden Harmonisierungsschritten freigehalten werden sollten.

Das Wettbewerbsrecht selbst, also die Ordnung des Wettbewerbs in den Produktmärkten und in den Märkten für Unternehmenskontrolle, sichert einerseits den Wettbewerb der Systeme, denn der Zugang zu nationalen Märken kann auch durch private Vereinbarungen versperrt werden. Andererseits ist das Wettbewerbsrecht jedoch Parameter staatlichen Standort- oder Systemwettbewerbs. Ein Übermaß an Harmonisierung wäre insofern kontraproduktiv und würde wettbewerbsrechtlicher Innovation entgegenstehen[29]. Auch zur Erhaltung staatlicher Souveränität im Wettbewerb der Systeme erscheint es sinnvoll, nur das für

[29] K.M. Meessen, "Competition of Competition Laws", *Nw. J. Int'l L. & Bus.* 10 (1989), 17.

den Markteintritt wichtige Minimum an wettbewerbsrechtlichen Regeln zu harmonisieren, während im übrigen Gestaltung und Anwendung des Wettbewerbsrechts der souveränen Wahrnehmung durch die Staaten überlassen bleiben sollte.

Neue Weltwirtschaftsordnung - Welthandelsrecht - Nachhaltige Entwicklung - Ein Paradigmenwechsel in der International Law Association, angestoßen von Günther Jaenicke

Thomas Oppermann

1. Mit Günther Jaenicke in der International Law Association

Meine Bekanntschaft - ich darf inzwischen wohl sagen: Freundschaft - mit Günther Jaenicke hatte meist etwas mit der International Law Association (ILA) zu tun, jener 1873 in London gegründeten Vereinigung von Praktikern und Wissenschaftlern des Internationalen Rechts. Die ILA ist heute neben der American Society of International Law wohl zum vielseitigsten und lebendigsten Forum für die Erörterung grundsätzlicher und aktueller Fragen des Völkerrechts und des Internationalen Privatrechts geworden. Das hochgelehrte Institut de Droit International und andere noble Vereinigungen mögen mir diese Einschätzung nachsehen.

Zu der - leider! - bisher einzigen ILA-Nachkriegskonferenz in Deutschland, welche Energie und Weitblick Rolf Stödters 1960 nach Hamburg geholt hatten, war ich als Assistent Herbert Krügers zur Hilfe bei der Konferenzorganisation abgeordnet worden. Für den jungen Assessor war es eine faszinierende Chance, viele berühmte Namen des Internationalen Rechts unmittelbar zu erleben, die einem bisher nur vom Papier geläufig waren.

Eines Vormittags oblag mir die Protokollführung in einem der zahlreichen International Committees, in die sich die ILA-Konferenzwoche zwischen Eröffnungs- und Schlußsitzung aufteilt. Das Thema meines Committee ist dem Gedächtnis ziemlich entglitten. Es ging wohl um die Friedenswahrung der UNO im belgischen Kongo.[1] Deutlich sehe ich aber noch Georg Schwarzenberger als temperamentvollen Rapporteur vor mir. Manchen Widerständen im Auditorium zum Trotz steuerte er zielbewußt auf die Verabschiedung einer von ihm vorbereiteten Resolution zu. Während die meisten Diskutanten Schwarzenbergers Beredsamkeit und Autorität bald nichts mehr entgegenzusetzen hatten, bot ein schlanker Anfangvierziger in ruhig-gepflegtem sonoren Englisch in einigen Punkten bis zum Schluß Paroli, *suaviter in modo, fortiter in re*. Bis Schwarzenberger, dem die Argumente etwas ausgingen, schließlich ärgerlich abschloß: "Well, we shall attach your separate opinion to the text of the Resolution when it goes out to the UN-General Secretary!".

Das war mein erster, in gewissem Sinne bleibender Eindruck von Günther Jaenicke. Gentleman vom Scheitel bis zur Sohle, in Gespräch und Disput die Ruhe selbst, mit untrüglichem Instinkt Schwächen des Kontrahenten erkennend und in perfekter Verbindlichkeit für die eigene, möglichst konsensfähig gehaltene Position nutzend. Über Hamburg war ich 1960 formell ILA-Mitglied geworden. Ich verlor aber die Vereinigung und damit Günter Jaenicke in den 60er Jahren aus den Augen, als in der Europa-Abteilung des Bonner Wirtschaftsministeriums das Europäische Gemeinschaftsrecht zu meiner zentralen Beschäftigung wurde.[2]

Erst 1972 und 1976 besuchte ich als Tübinger Professor wieder die New Yorker und Madrider ILA-Konferenzen. Günther Jaenicke, mittlerweile Ordinarius in Frankfurt a.M., war Chef der deutschen ILA-Delegation geworden und vertrat zusammen mit Past-President Stödter mit Würde und Geschick die bundesdeutschen Belange bei diesen Mega-Treffen. Nicht zuletzt ging es öfter um das sensible Verhältnis zur seit 1968 entstandenen East-German Branch der ILA. Dank Günther Jaenicke, aber auch mit Hilfe seines DDR-Counterparts, des gewandten Sachsen Harry Wünsche, blieb die ILA von den *querelles allemandes* jener Jahre verschont. Dabei half, daß sich beide auf den UN-Seerechtsverhandlungen der 70er Jahre kennengelernt hatten.

---

1 ILA, Report of the 49th Conference, Hamburg 1960, (1961), 96 ff.

2 T. Oppermann, "Erinnerungen an die Europa-Abteilung des Bundeswirtschaftsministeriums in den sechziger Jahren", in: O. Due (Hrsg.), Festschrift für Ulrich Everling, 1995, 23 ff.

2. "Legal Aspects of a New International Economic Order" - Ein buntes ILA-Komitee mit Qualitäten

Seit Ende der 70er Jahre wurde meine Beziehung zu Günther Jaenicke enger und dabei wuchs die Hochachtung vor dem Menschen ebenso wie vor dem völkerrechtlichen *Professional.*

Auf ihrer Manila-Konferenz 1978 hob die ILA ein neues Groß-Komitee "Legal Aspects of a New International Economic Order (NIEO)" mit Aplomb aus der Taufe. Es war die Hohezeit der seit 1974 von der "automatischen Mehrheit" aus Dritter Welt und Ostblock in der UN-Generalversammlung erreichten internationalen Verhandlungen über die vor allem vom "Süden" angestrebte und so getaufte "Neue Weltwirtschaftsordnung" (NWWO) weltplanwirtschaftlicher Ausrichtung. Endlose Debatten in New York, das Ringen um die Internationale Seebergbaubehörde, jahrelanger Pariser Nord-Süd-Dialog, die Initiativen der UNCTAD zur internationalen Rohstoffbewirtschaftung und manches andere mehr charakterisierten den damaligen NWWO-Prozeß.[3] Lange schienen sich die marktwirtschaftlich orientierten Industriestaaten auf dem Rückzug zu befinden, bis die Fakten des realen Wirtschaftsgeschehens und Ronald Reagans entschlossene Ablehnung des ganzen Vorhabens 1981 in Cancun dem NIEO allmählich den Wind aus den Segeln nahmen.

1978 war das noch nicht abzusehen. Repräsentative Wissenschaftler, Wirtschaftspraktiker und Politiker aus den Entwicklungsländern und den kommunistischen Staaten sahen in der ILA eine geeignete Plattform, der "Neuen Weltwirtschaftsordnung" in Gestalt einer umfassend angelegten völkerrechtlichen Prinzipienerklärung unter Beteiligung westlicher Kollegen das passende juristische Gewand zu schneidern.

Die damalige Leitung der ILA mit dem philippinischen Präsidenten Enrique Syquia und Lord Wilberforce als Chairman des Executive Committee verschloß sich diesen Wünschen nicht. Bot sich doch auf diese Weise Gelegenheit, über eine hochaktuelle Thematik viele der jungen National Branches der ILA in der Dritten Welt in die Arbeit der Vereinigung zu integrieren. Außerdem hatte Ian Brownlie als einflußreicher Director of Studies der ILA durchaus eine Ader für den "Tiers-Mondismus".

Freilich war die Begeisterung für eine völkerrechtliche Legitimierung der NWWO in den Kreisen des Internationalen Rechts ebensowenig

---

[3] M. Bedjaoui, *Pour un Nouvel Ordre Économique International*, 1979.

allgemein wie in der hohen Politik.[4] Die American Branch der ILA unter Cecil Olmstead setzte bei Gründung des Committees den unbestimmten Artikel "a" (anstatt "the") NIEO im Titel durch. Damit sollte die Ergebnisoffenheit der Arbeiten und eine gewisse Distanz des Committees zu den politischen NWWO-Verhandlungen in New York und Paris betont werden. Im übrigen glänzten die großen Namen des US-Weltwirtschaftsrechts von John Jackson bis Robert Hudec und Alan Swan durch Nichtbeteiligung an dem aus ihrer Sicht zu politisierten und unprofessionellen Unternehmen. Eine Ausnahme machte der verständnisvollere Oscar Schachter aus New York. Er erschien zwar niemals zu den Sitzungen des Committees, inspirierte aber dessen Arbeit indirekt als eine Art großer Guru, der mit Initiative maßgeblicher Committee-Mitglieder mehrfach Fragenkataloge ausarbeitete, an denen sich die Arbeiten stark ausrichteten. Das Bemühen der Dritten Welt war offensichtlich, einen großen amerikanischen Namen auf ihrer Seite zu wissen. Ansonsten war die Stimme der USA im NIEO-Committee über den konzilianten Anwalt Nicholas Doman meist nur *moderato cantabile* vernehmbar. Gelegentlich kreuzte der junge Haudegen Peter Trooboff/ Washington auf.

Auch wer wie viele europäische Beteiligte dem gigantischen Theorem eines aus völkergewohnheitsrechtlichen Grundsätzen zusammengesetzten Weltplanwirtschaftsmodells mit allerlei einseitigen Rechtsansprüchen des Südens gegenüber dem Norden wenig abgewinnen konnte, erinnert sich heute nicht ohne Sympathie an die höchst disparate, aber in vielen Fällen qualifizierte Mannschaft des NIEO-Committees 1978-1992. Chairman war Dr. Kamal Hossain, Anwalt, akademischer Lehrer und ein ehemaliger Minister aus Bangladesh. Hossain war ein hochsensibler Kenner der Dogmatik des Internationalen Rechts, welches er sowohl in Oxford als auch zu Hause in Dacca bei Georg Dahm erlernt hatte.[5] Unvergeßlich bleibt mir seine Verehrung des großen deutschen Völkerrechtlers, den er Anfang der 60er Jahre anläßlich der Rückkehr Dahms nach Kiel bereits als Kranken persönlich zum Flughafen gebracht hatte. Es war in besonderem Maße Hossains Integrität und Verständnis für das Denken aus sehr unterschiedlichen Rechtskreisen zuzuschreiben, daß sich das NWWO-Komitee trotz aller tiefgehen-

---

4 B.O. Bryde/Ph. Kunig/T. Oppermann (Hrsg.), *Neuordnung der Weltwirtschaft?*, 1986.

5 K. Hossain/S.R. Chowdhury (Hrsg.), *Permanent Sovereignty over Natural Resources in International Law*, 1984.

den Gegensätze 1986 zum abschließenden Kompromiß der Seoul-Declaration durchrang.

Aus ganz anderem Holze war der Generalberichterstatter des Committees geschnitzt. Dr. Milan Bulajic war Mitglied des jugoslawischen Außenministeriums und Autor im Entwicklungsvölkerrecht.[6] Als Generalberichterstatter war er für die Texte des Committees verantwortlich. Die Fäden der Arbeit der verschiedenen Untergruppen liefen bei ihm zusammen. Montenegrinischer Tito-Kommunist und überzeugter Groß-Jugoslawe, war Bulajic gleichzeitig ein Schrank von einem Mann, dem man ungern allein im Dunkeln begegnete. Er hatte die reine Lehre des NIEO so in sich aufgesogen, wie sie 1974 in den großen Resolutionen der UN-Generalversammlung ausformuliert worden war.[7] Bulajics Bibel war vor allem die "Charta der ökonomischen Rechte und Pflichten der Völker" von 1974.[8] Diese als "Charta" verbrämte Mehrheitsempfehlung der Generalversammlung bedeutete für Bulajic praktisch geltendes Völkergewohnheitsrecht. Die 16 seinerzeitigen Gegenstimmen in New York, darunter diejenigen der größten Industriestaaten, galten ihm als vernachlässigenswerte Randerscheinungen einer weltweiten Quasi-Unanimität.[9] Wenn man Bulajic in Zorn versetzen wollte, brauchte man nur von der "So-called-Charter" zu reden. In den langjährigen Auseinandersetzungen, die ich mit ihm auszufechten hatte, mußte ich, bei aller äußerlichen Unähnlichkeit, immer wieder an Wjatscheslaw Molotow denken. Es bedeutete härtestes Brot zu beißen, an einem von Milan Bulajic formulierten Text etwas ändern zu wollen. Glaubte man sich endlich geeinigt zu haben, fiel er bei nächster Gelegenheit erst einmal wieder in einem unnachahmlichen Amalgam aus kommunistischer Härte und balkanischem Händlertrieb auf seinen alten unakzeptablen Text zurück. Einem kapitalistischen Westdeutschen mochte er wohl doppelt ungern etwas zugestehen. Zwar wurde man mit Dr. Bulajic auf diese Weise auch nach längerer Arbeit nicht warm. Er war aber eine starke Persönlichkeit und letztlich konnte man sich auf sein Wort verlassen.

---

[6] M. Bulajic, Principles of International Development Law, 1986.

[7] A/RES/ 3201 (S-IV) vom 1. Mai 1974 und A/RES/3202 (S-IV) vom 1. Mai 1974.

[8] A/RES/3281 (XXIX) vom 12. Dezember 1974.

[9] Vgl. demgegenüber C. Tomuschat, "Die Charta der wirtschaftlichen Rechte und Pflichten der Staaten, *ZaöRV* 36 (1976), 444 ff.

Inzwischen hat das Schicksal des alten Jugoslawiens Milan Bulajic eingeholt. Nachdem er auf der ILA-Konferenz in Kairo 1992 noch die Wiedergeburt Jugoslawiens in Gestalt der "Zweiten Föderation" Serbiens und Montenegros gepriesen hatte, konnte er bald darauf seine Funktionen in der ILA aus Gründen der internationalen Isolation von Serbien/Montenegro nicht weiter wahrnehmen.

Neben Hossain und Bulajic haben vor allem Subrata Roy Chowdhury und Pieter VerLoren van Themaat Verdienste um das Zustandekommen der Prinzipienerklärung von Seoul 1986 als hauptsächliches Werk des NIEO-Committees erworben. Einige Deutsche nicht zu vergessen, von denen später zu reden ist.

Chowdhury, bedeutender indischer Anwalt aus Kalkutta, u.a. Rechtskonsulent der Familie Gandhi sowie geschätzter internationalrechtlicher Autor,[10] war ähnlich wie Hossain einer der Brückenbauer zwischen dem plan- und marktwirtschaftlichen Flügel innerhalb des Committees. In der Seoul-Declaration setzte er wichtige Akzente beim schwierigen Kompromiß über die Formel zur internationalen Enteignungsentschädigung sowie beim "Recht auf Entwicklung" im Sinne eines Menschenrechtes der dritten Generation, hier im Bunde besonders mit den Niederländern. Anders als Bulajic war Chowdhury kompromißfähig. So ließ er letztlich die von ihm wie von allen Indern ungeliebte Section 11 der Seoul-Erklärung passieren, die wir von deutscher und amerikanischer Seite besonders auf unsere Fahnen geschrieben hatten. Hier wurde im Rahmen des der Dritten Welt teueren, aber nur politisch formulierten "Rechtes auf Wissens- und Technologietransfer" ein klarer Vorbehalt zugunsten der international anerkannten und ihrerseits weiter ausbaufähigen Rechte geistigen Eigentums eingefügt.[11] Dies geschah in Seoul 1986 ziemlich genau zur gleichen Zeit, wie in Punta del Este auf Betreiben vor allem der USA die "Trade-Related Intellectual Property Rights (TRIPS)" als eines der neuen Themen in das Mandat der GATT-Uruguay-Runde aufgenommen wurden.[12] Schon vor der großen Wende 1989-91 hatte sich der weltwirtschaftliche Wind zu drehen begonnen ...

---

[10] S.R. Chowdhury/E. Denters/P. de Waart (Hrsg.), *The Right to Development in International Law*, 1992.

[11] T. Oppermann, "Geistiges Eigentum - Ein 'Basic Human Right' des Allgemeinen Völkerrechts", in: A. Weber (Hrsg.), *Währung und Wirtschaft: das Geld im Recht, Festschrift für Prof. Dr. Hugo J. Hahn zum 70. Geburtstag*, 1997, 447 ff.

[12] Text der Minister-Erklärung von Punta del Este in: T. Oppermann/J. Molsberger (Hrsg.), *A new GATT for the Nineties and Europe '92*,

Chowdhurys Verläßlichkeit und Autorität wurde bei der Schlußabstimmung in Seoul sichtbar, als er seine indischen Kollegen zu Schweigen und Zustimmung brachte, obwohl diesen die in Section 11 zum Ausdruck kommende völkergewohnheitsrechtliche Anerkennung des Prinzips universellen Schutzes geistigen Eigentums offensichtlich ganz gegen den Strich ging. Chowdhurys plötzlicher Tod 1994 hat den Kreis der Weltwirtschaftsrechtler ärmer gemacht.

Imponierende Sachautorität strahlte Pieter VerLoren van Themaat aus. Der niederländische Professor, Generaldirektor der Brüsseler EWG-Kommission und späterer Generalanwalt am Europäischen Gerichtshof war mir schon aus der Bonn/Brüsseler Europazeit in den 60er Jahren als respekterheischende Persönlichkeit in Erinnerung.[13] In der Nähe des NIEO-Committees lernte ich VerLorens aus starken moralischen Vorstellungen gespeiste rechtliche Überzeugungskraft ebenso wie die hohe juristische Professionalität voll einzuschätzen. Obwohl als EG-Wettbewerbsrechtler über jeden marktwirtschaftlichen Zweifel erhaben, war van Themaat von der Berechtigung und Notwendigkeit wirtschaftlicher Hilfe des Nordens zur Entwicklung des Südens unter Einschluß von Umverteilungseffekten zutiefst überzeugt. So hatte er unproblematischen Zugang zur Idee zumindest "einer" NWWO und erwies sich damit im Committee als wichtiger Fürsprecher mancher Dritte-Welt-Vorstellungen gegenüber uns hartgesotteneren Weltmarktwirtschaftlern vor allem aus den USA und Deutschland. Für die Arbeit des Committees bedeutete VerLorens knorrig-unverwüstlicher Wille viel, die Dinge voranzutreiben und in überschaubarer Zeit zu Ende zu führen.

Für das Gelingen in Seoul 1986 war wahrscheinlich eine Zusammenkunft der kleinen "Prinzipien"-Untergruppe entscheidend, die VerLoren leitete und zu der er uns Anfang 1986 im Haag zusammenrief. Letztlich trafen wir uns nur zu viert im Kabinett von Richter Manfred Lachs am Internationalen Gerichtshof, außer diesem VerLoren, Bulajic und ich. Dem NIEO-Committee gehörten einige IGH-Richter an, darunter Lachs. Sie agierten meist als eine Art von Galionsfiguren. Bulajic holte sich manchmal Rat von Bedjaoui. Dieses Mal erwies sich die Einbeziehung von Lachs als Glücksfall. Der Altersautorität eines renommierten internationalen Richters, der immerhin nominell aus dem "Ostblock" stammte, vermochte sich auch Bulajic nicht zu entziehen.

1991, 42 ff. - Dazu R. Dolzer, "The Philosophy of the Declaration of Punta del Este", *ibid.*, 33 ff.

[13] P. VerLoren van Themaat, *The Changing Structure of International Economic Law*, 1981; vgl. auch oben Anm. 2.

Gemeinsam entwarfen wir die Präambel zur Seoul-Declaration, wobei Lachs und VerLoren einen ganzen Nachmittag und Abend in Ideen- und Formulierungsreichtum wetteiferten. Schlüssel zur späteren Annahme der Erklärung in Seoul wurde das im Haag gefundene Konzept, wonach die Erklärung gleichermaßen

> "Principles in the sense of generally recognized legal Principles as well as others that need acceptance by treaty or as customary international law in order to obtain binding force" (Später Präambel, 5. Absatz, Seoul-Erklärung)

enthalten sollte, d.h. sowohl anerkanntes Völkergewohnheitsrecht, als auch erst in möglicher Entstehung befindliche Prinzipien, die teilweise die Stufe von "soft law" erreicht haben mochten. Bald wurde von "Existing and Evolving Principles" gesprochen. Ferner wurde die von Günther Jaenicke schon früher entwickelte Idee übernommen, daß bestimmte Prinzipien wie z.B. "Common Heritage of Mankind" zwar als bekannte Rechtsfiguren zum anerkannten Begriffsarsenal des Internationalen Rechts gehören, ihre Geltung *in concreto* jedoch vertraglicher Festlegung bedarf.

Diese in der Präambel vorgenommenen Flexibilisierungen des operativen Teiles der Seoul-Declaration ermöglichten den Kompromiß über die folgende Aufzählung und Darstellung der einzelnen Völkerrechtsprinzipien der internationalen Wirtschaftsordnung. Dabei handelte es sich nur teilweise um dilatorische Formelkompromisse, die fortbestehenden Dissens zwischen Nord, Süd und Ost zudeckten. Wo irgend möglich, wurde durch die Art der Formulierung der einzelnen Prinzipien klargestellt, ob sie zum harten oder weichen Recht zu rechnen waren, ("Existing or Evolving") oder ob sie dem etablierten völkerrechtlichen Begriffsbestand angehörten, dessen sich vertragliche Gestaltung bedienen konnte. VerLoren, dessen Hartnäckigkeit derjenigen von Bulajic nicht nachstand, brachte die Präambel nach der Haager Sitzung in eine endgültige Form, an der in Seoul nur noch kleinere Retuschen vorgenommen wurden. Der Durchbruch war nach bald achtjährigen Verhandlungen geschafft. VerLoren wurde mit gutem Recht öfter als einer der "Väter" der Seoul-Erklärung angesprochen.

Es wären noch manch andere Namen aus dem farbigen Kreis der Mitglieder des NIEO-Committees (insgesamt über 40) erwähnenswert, die Wesentliches zum abschließenden Ergebnis beitrugen. Maurice Flory und M. Virally, den beiden bedeutenden Völkerrechtlern aus Frankreich,[14] verdankte die Seoul-Erklärung manch geschliffene Formulie-

---

[14] M. Flory, *Droit International de Developpement*, 1977.

rung, obwohl sie sich wie viele Franzosen in der anglisierten Sprachatmosphäre der heutigen ILA nicht sonderlich wohlzufühlen schienen. Ab und zu tauchte Giorgio Sacerdoti aus Mailand auf und sorgte sich um die angemessene Einbeziehung der finanziell-währungsmäßigen Aspekte. Regelmäßige, aber durchweg stumme Gäste waren die fernöstlichen Mitglieder des Committees (u.a. Keu-Cab Cho aus Korea, gelegentlich Richter Shigero Oda aus Japan). Man hatte den Eindruck, daß sie im ständigen Disput zwischen Norden, Süden und der kommunistischen Welt alle relevanten Gesichtspunkte soweit einbezogen sahen, daß ihnen eigenes Engagement entbehrlich erschien.

3. Der deutsche Beitrag zur Seoul-Erklärung der ILA 1986 - Gründung des deutschen Gesprächskreises für Internationales Wirtschaftsrecht 1983

Man darf mit Fug und Recht sagen, daß die Hauptlast zugunsten einer völkerrechtlichen und weltmarktwirtschaftlichen Ausbalancierung der Seouler Prinzipienerklärung bei den deutschen Mitgliedern des NIEO-Committees lag - Pieter VerLoren van Themaat nicht zu vergessen. Amerikanische Beteiligung von Gewicht gab es leider kaum. Die Beiträge von Peter Trooboff und in der Endphase von Cecil Olmstead blieben sporadisch. Schachters intelligente Fragenkataloge schwebten irgendwo über den Wolken. Die Niederländer, besonders der sehr aktive Paul de Waart, standen meist der Dritt-Welt-Sicht nahe. Die englischen Mitglieder (Richard Bentham und K. Ryan) waren regelmäßig abwesend.

Auch wir Deutschen bildeten keineswegs ein einheitliches Lager. Eine wichtige Stütze des Committees war Detlev Dicke, Schüler Ingo von Münchs aus Bochum und inzwischen Ordinarius in Fribourg/Schweiz. Er parlierte unter uns Deutschen meist in einem fürchterlichen Pseudo-Schwyzer-Dütsch. Dicke übernahm uneigennützig in Verbindung mit Bulajic die Sekretariatsgeschäfte des Committees und hielt unseren bunten Haufen organisatorisch zusammen. Gleichzeitig gab er in Fribourg eine verdienstvolle Schriftenreihe über wichtige Themen der Committee-Arbeit heraus.[15] In der Sache war Dicke kaum weniger

---

[15] *Progress and Undercurrents in Public International (PUPIL)*, vgl. z.B. den Band D.Chr. Dicke/E.-U. Petersmann (Hrsg.), *Foreign Trade in the Present and a New International Economic Order*, 1988.

Tiers-Mondist als die Niederländer. Mit Trauer vernahmen wir seinen plötzlichen allzu frühen Tod 1993.

Ganz wesentlich beeinflußte Ernst-Ulrich Petersmann die juristische Qualität der Arbeit des NIEO-Committees. Bereits in den 80er Jahren war Petersmann einer der anerkanntesten Experten des GATT-Rechts.[16] Er erkannte von Anfang an den Irrweg des plangläubigen NWWO-Konzeptes und sah schon damals in der Fortentwicklung des GATT den Kern der realen Weltwirtschaftsordnung. Wie wir anderen Deutschen hielt es Petersmann gleichwohl für richtig, die Dritte Welt in ihren weltwirtschaftlichen Wunschvorstellungen nicht alleine zu lassen, sondern gemeinsam nach einem Kompromiß zu suchen, in dem sich herkömmliche Völkerrechtsdogmatik und industriestaatliches Wirtschaftsdenken hinreichend wiederfanden. Petersmanns weltwirtschaftsrechtlicher Detailkenntnis hatte kaum jemand etwas entgegenzusetzen. So spiegelten sich bald auch die klassischen GATT-Grundsätze im Seouler Prinzipien-Katalog. Dabei behielt Petersmann die wohlverstandenen Interessen der Entwicklungsländer aus marktwirtschaftlichem Blickwinkel mit Verständnis und Sorgfalt im Auge.

Wichtige Beiträge lieferte gelegentlich Karl Matthias Meessen mittels seines scharfen analytischen Verstandes. In einer der letzten Abendsitzungen in Seoul 1986 bewahrte Meessen das ganze Unternehmen vor einem Scheitern in letzter Minute. Plötzlich war Cecil Olmstead noch einmal aufgetaucht. Dem mächtigen Vizepräsidenten der ILA und nüchternem New Yorker Wirtschaftsjuristen hatte die ganze "NWWO-Richtung" von Anfang an nicht gepaßt. Nachdem es nichts gefruchtet hatte, das Committee einfach zu ignorieren, versuchte Olmstead nunmehr in letzter Minute, die Erklärung mit heftiger Kritik an allen möglichen Zentralpunkten vom Tisch zu wischen - mit dem Begriff der NWWO angefangen bis zum Bekenntnis der Seoul-Erklärung zu "appropriate" statt "full" *compensation* bei internationaler Enteignung. In diesem gefährlichen Augenblick war es überraschend Meessen, der dem "lieben Cecil", wie er ihn pausenlos anredete, mit glasklaren Argumenten über die völkerrechtliche Tragfähigkeit der gefundenen Kompromisse aufklärte, bis Olmstead entmutigt aufgab.

Ich selbst hatte mich seit dem eigentlichen Start der Arbeit des NIEO-Committees auf der Belgrader ILA-Konferenz 1980 frühzeitig entschieden, die weniger dankbare Rolle zu übernehmen, wo immer möglich, den anfänglich stark dogmatisierten Ansatz im Sinne der UN-Charta der ökonomischen Rechte und Pflichten der Völker von 1974 durch

[16] Z.B. E.-U. Petersmann, *GATT Analytical Index*, 1985.

Gegenentwürfe weltmarktwirtschaftlicher Herkunft zu modifizieren. Außerdem lehnte ich mit anderen Mitgliedern die Vorstellung eines besonderen "Entwicklungsvölkerrechts" entschieden ab, soweit damit die Geltung der tragenden Grundsätze des allgemeinen internationalen Rechts in Frage gestellt werden sollte.[17] Seit meinen Jahren im Bonner Bundeswirtschaftsministeriums Ludwig Erhards und Karl Schillers 1960-1967 war ich von der Überzeugung der weltweiten Exportfähigkeit des Grundansatzes der sozialen Marktwirtschaft rettungslos infiziert. Es bereitete ein sportives Vergnügen, diese in Deutschland und Westeuropa bereits praktisch bewährte Sicht den NIEO-Theoremen aus der UN-Generalversammlung entgegenzusetzen. Solche Gefühle entschädigten für manchen Strauß, der vor allem mit Generalberichterstatter Bulajic auszufechten war. Dabei gestehe ich gerne ein, daß das eigene Verständnis für manche Anliegen der Dritten Welt wuchs, wenn sie mit der überzeugenden Intelligenz von Hossain oder Chowdhury vorgetragen wurden.

Im Grunde war mein Anliegen von der etwas konzilianter konzipierten GATT-Sicht Ernst-Ulrich Petersmanns gar nicht weit entfernt. Günther Jaenicke dachte auch nicht viel anders, hatte aber eine andere Rolle zu übernehmen, wie gleich zu zeigen sein wird.

Um uns in der internationalen Umgebung nicht als Einzelkämpfer zu verrennen, gründeten Jaenicke, Petersmann und ich zusammen mit anderen deutschen Kollegen wie Georg Ress, Werner Meng sowie mit Praktikern aus den Bonner Ministerien sowie von BDI und DIHT 1983 in Tübingen einen "Deutschen Gesprächskreis für Internationales Wirtschaftsrecht" als Untergliederung der German ILA-Branch. Der Kreis wuchs bald in offener, wechselnder Besetzung mit festem Kern auf 40-50 deutsche Kenner des Weltwirtschaftsrechts an und erörterte zunächst bis 1986 halbjährlich in Tübingen und Heidelberg wichtige Aspekte der Seoul-Erklärung. Diese sorgfältig vorbereiteten deutschen Positionen erleichterten es außerordentlich, im NIEO-Committee bei wichtigen Fragen (Internationale Enteignungsentschädigung, Recht auf Entwicklung, Wissenstransfer und geistiges Eigentum u.a.m.) Gehör zu finden.[18] Die Qualität unserer Beratungen in Heidelberg wurde durch regelmäßige Abendeinladungen des Ehepaares Jaenicke in ihr gastfreundliches Haus in Leimen gefördert. Inzwischen hat sich die anfängliche Aufgabe

---

[17] T. Oppermann, "Über die Grundlagen der heutigen Weltwirtschaftsordnung", in: Bryde/Kunig/Oppermann, siehe Anm. 4, 11 ff.

[18] T. Oppermann/E.-U. Petersmann (Hrsg.), *Reforming the International Economic Order. German Legal Comments*, 1987.

des Gesprächskreises Internationales Wirtschaftsrecht mit der Seoul-Erklärung 1986 erledigt. Der Kreis hat sich zu einer jährlichen Stätte des Austausches von weltwirtschaftsrechtlich interessierten Praktikern und Wissenschaftlern über grundsätzlich ergiebige und aktuelle Fragestellungen, vornehmlich mit Blick auf die Genfer WTO, entwickelt.

Im NIEO-Committee wurde Günther Jaenicke - um sich ihm *last but very not least* zuzuwenden - mit seiner besonderen Umsicht und Finesse allmählich eine Art *spiritus rector* nicht nur der deutschen Mitglieder, sondern des industriestaatlichen Flügels überhaupt, soweit man von einem solchen sprechen konnte. Jaenicke gelang es mit seiner Fähigkeit zur Zusammenschau scheinbar disparater Standpunkte und dem Einfallsreichtum für elegante Neuformulierungen öfter wichtigen Konsens zu stiften. Als ein gutes Beispiel sei noch einmal die bereits angesprochene Passage in Section 7 der Seoul-Declaration über das Prinzip des Common Heritage of Mankind (CHM) herausgegriffen. Absicht der Entwicklungsländer war es gewesen, das CHM-Prinzip schlicht und einfach zu einem völkergewohnheitsrechtlich allgemeingültig gewordenen Grundsatz zu erklären, das in einer krakenartigen Ausweitung quasi-automatisch auf alle dem Süden opportun erscheinenden Objekte von den Schätzen des Meeresbodens bis zum technologisch nützlichen Wissen Anwendung finden sollte. Erstes Nachdenken erzeugte bei den Committee-Mitgliedern aus der Dritten Welt die Anfrage, ob dann auch weltweit bedeutsame Bodenschätze wie Ölreserven als CHM zu behandeln seien. Für sie reklamierte der Süden bekanntlich in naivem *sacro egoismo* ebenso selbstverständlich den dem CHM konträr entgegengesetzten Grundsatz der "Permanent Sovereignty" des Lagerstaates über seine Bodenschätze.[19] Hier war es Jaenicke, der diese Widersprüchlichkeit mit der Formulierung

> "The concept of the common heritage of mankind as a basic principle has entered into the corpus of public international law, to be specified by inter-nationally agreed regimes for such areas, resources and values, the rational management of which is essential to mankind as a whole". (Section 7.1 der Seoul-Erklärung)

dahingehend überzeugend auflöste, daß es heute anerkannte und inhaltlich hinreichend bestimmte Rechtsfiguren des allgemeinen Völkerrechts gibt, die nicht von einer unsichtbaren Hand oder gar gemäß dem diffusen Mehrheitswillen der UN-Generalversammlung zur automatischen Anwendung gebracht werden, sondern daß es hierzu der ausdrücklichen vertraglichen Einigung zwischen den sachlich unmittelbar Betroffenen

---

[19] Siehe Anm. 5.

bedarf. Auch nach weiterem Nachdenken und Lektüre manchen bedruckten Papieres über das CHM-Prinzip[20] bin ich der Überzeugung, daß in der genial zusammenfassenden "Jaenicke-Formel" alles Wesentliche zum völkerrechtlichen Gehalt des "Gemeinsamen Erbes der Menschheit" gesagt wird.

Im Interesse der Zusammenführung divergierender Standpunkte hielt sich Jaenicke meistens aus dem Kampfgetümmel innerhalb des NIEO-Committees heraus. Dies entsprach auch seiner Rolle als Chef der deutschen ILA-Delegation. Mit seiner Befähigung, in entscheidenden Punkten den fruchtbaren Kompromiß vorzubereiten, hat Jaenicke wesentlich zur einmütigen Verabschiedung der Prinzipienerklärung in Seoul am 29./30. 8.1986 beigetragen.[21]

4. Die ILA-Seoul-Erklärung von 1986 als Vorbote der weltwirtschaftlichen Wende seit 1989

Es ist hier nicht der Ort, die "Declaration on the Progressive Development of Principles of Public International Law Relating to a New International Economic Order"[22] noch einmal inhaltlich zu würdigen. Das ist bereits an anderer Stelle geschehen.[23] Im Wesentlichen ist die Zeit über diesen bemerkenswerten Versuch hinweggegangen, Grundsätze des Entwicklungsvölkerrechts im Sinne der Dritten Welt mit denjenigen des klassischen Internationalen Rechts zusammenzuführen. Bei dem immer wieder dornigen Problem der internationalen Enteignungsentschädigung hat der Kompromiß in Section 5 der Seoul-Erklärung, "appropriate compensation" einzelfallorientiert so zu definieren, daß je nach den Einzelheiten des Sachverhaltes eine Vollentschädigung möglich blieb, die spätere Rechtsprechung des US-Iran -Claims-Tribunals unter

---

[20] Etwa B. Vukas, "Common Heritage of Mankind: A Legal Concept for the Survival of Humanity", in: M. Bulajic/D. Pindic/M. Marinkovic (Hrsg.), *The Charta of Economic Rights and Duties of States*, 1986, 209 ff.

[21] ILA, Report of the 62nd Conference, Seoul 1986, (1987), 1 ff.

[22] Text u.a. vgl. Anm. 21, 2 ff.

[23] T. Oppermann, "Die Seoul-Erklärung der ILA vom 29.-30. August 1986 über die fortschreitende Entwicklung von Völkerrechtsprinzipien einer neuen Weltwirtschaftsordnung", in: K.-H. Böckstiegel (Hrsg.), Völkerrecht, Recht der Internationalen Organisationen, Weltwirtschaftsrecht: Festschrift für Ignaz Seidl-Hohenveldern, 1988, 449 ff.

der Leitung von Karl-Heinz Böckstiegel beeinflußt.[24] Auf der Warschauer ILA-Konferenz 1988 unternahmen die Verantwortlichen des NIEO-Committees einen ersten Versuch, Einwirkungen der Seoul-Prinzipien auf die weltwirtschaftliche Praxis nachzuweisen.[25] Ein Jahr später änderten sich jedoch die weltpolitischen Voraussetzungen auch für das Internationale Wirtschaftsrecht grundlegend. Der weitgehende Zusammenbruch des Kommunismus in Europa und teilweise darüber hinaus 1989-1991 zog weltwirtschaftspolitisch über den Abschluß der GATT-Uruguay-Runde und die Gründung der WTO bis 1994 einen Siegeszug weltmarktwirtschaftlicher Vorstellungen nach sich.[26] Damit wurde nicht nur der Drittweltphilosophie einer neuen Weltwirtschaftsordnung im Sinne von 1974 endgültig der Boden entzogen, sondern auch Kompromissen nach Art der Seoul-Erklärung. Die überraschende politische Bestätigung vieler weltwirtschaftlicher Vorstellungen, für die wir uns über Jahre hinweg mit Mühen und begrenztem Erfolg völkerrechtstheoretisch in der ILA eingesetzt hatten, erfüllte wohl nicht nur mich mit tiefer Befriedigung.

Aber auch aus der Sicht der Entwicklungsländer dürfte die Arbeit eines guten Jahrzehntes im NIEO-Committee bei Lichte besehen sinnvoll geblieben sein. In der Rückschau erweist sich der bleibende Wert des langen weltwirtschaftsrechtlichen Disputes zwischen Nord und Süd in der ILA als eine Art Vorbereitung einflußreicher Repräsentanten aus den Entwicklungsländern und dem Ostblock auf den fundamentalen Wandel, welchen die neue Weltordnung ihnen aufzwang, die im Internationalen Wirtschaftsrecht in den 90er Jahren mit der Genfer Welthandelsorganisation (WTO) Gestalt annahm.[27]

Waren die Prinzipien der Seoul-Erklärung verglichen mit den Ergebnissen der GATT-Reform in Genf und Marrakesch 1993/94 für die Entwicklungsländer auch nur Vorboten dessen, was ihnen nun an alt-neuem Völkerrechtsdenken auferlegt wurde, so hatte der Dialog eines Jahrzehntes bereits viele Topoi nahegebracht, die nunmehr über das "neue GATT" der WTO ohne Umstände vertraglich zu ratifizieren und um-

---

[24] Iran-US Claims Tribunal, Case No. 317 ("Solo Tiles/Islamic Republic of Iran") vom 22. April 1987.

[25] ILA, Report of the 63rd Conference, Warsaw 1988, (1988), 764 ff.

[26] J.H. Jackson, *Restructuring the GATT-System*, 1990.

[27] J.H. Jackson, "From GATT to the WTO", in: T. Cottier (Hrsg.), *GATT-Uruguay-Round*, 1995, 29 ff.; R. Senti/P. Conlan, *WTO, Regulation of World Trade after the Uruguay-Round*, 1998.

zusetzen waren. Gleichzeitig sollte sich über die UNCED-Konferenz in Rio de Janeiro 1992 erweisen, daß nicht alles hinfällig geworden war, was die Dritte Welt seit den 70er Jahren weltwirtschaftlich bewegt hatte.

5. "International Trade Law" und "Legal Aspects of Sustainable Development" - Die neuen Aspekte des Weltwirtschaftsrechts in der ILA

Auf den Konferenzen in Queensland/Australien 1990 und in Kairo 1992 wurde offenbar, daß sich das ILA-NIEO-Committee überlebt hatte. Auch im Süden glaubte niemand mehr an das Konzept einer von den Vereinten Nationen gestalteten Weltplanwirtschaft. Das NIEO-Committee hatte mit der Seoul-Erklärung seine Arbeit getan und ein "Follow-up" war seit 1989 weltwirtschaftspolitisch sinnlos geworden. Jaenicke, Petersmann und ich, auch Meinhard Hilf aus Hamburg stieß hinzu, kamen zur Überzeugung, daß die Zeit reif sei für einen Paradigmenwechsel in der ILA in Gestalt der Gründung eines neuen Committees, das im Einklang mit der realen Entwicklung der Weltwirtschaftsorganisation stand. Wie von selbst fiel der Blick auf die seit 1986 laufende GATT-Uruguay-Runde, in der sich die Umrisse einer reformierten und erweiterten Welthandelsorganisation abzeichneten.

1986 hatte ich schon einmal ein Gespräch mit Ian Brownlie geführt, dem damaligen Director of Studies der ILA und ihm die Gründung eines International Economic Law-Committees nahezulegen gesucht. Brownlie blieb zögerlich. Zum einen wollte er dem von ihm mit Sympathie betrachteten NIEO-Committee nicht das Wasser abgraben. Außerdem hing Brownlie dem ILA-Prinzip an, möglichst nur zeitlich limitierte Ad-Hoc-Committees mit begrenztem Mandat zuzulassen. Der jahrzehntelange Erfolg des von F.A. Mann gegründeten und seit den 70er Jahren von Hugo J. Hahn geleiteten International Monetary Law-Committees ("Mocomila") hatte allerdings bereits gezeigt, daß diese an sich vernünftige Regel berechtigte Ausnahmen vertrug.[28]

1992 waren die Umstände günstiger geworden, das Welthandelsrecht in dem umfassenden Sinne, wie es in der seit 1986 laufenden GATT-Uruguay-Runde verstanden wurde, zum Arbeitsgegenstand eines neuen ILA-Committees zu machen. Als Chairman des Executive Council der ILA war Sir (bald Lord) Gordon Slynn Lord Wilberforce nachgefolgt.

---

[28] Zuletzt ILA, Report of the 67th Conference, Helsinki 1996, (1996), 537 ff.

Neuer Director of Studies wurde der zupackende, von Australien nach Cambridge/UK wechselnde James Crawford. Beide hatten den "wind of change" verspürt, der seit dem Ende der 80er Jahre in der Weltwirtschaft wehte. Günther Jaenicke fand bei beiden offene Ohren, als er unser Projekt eines International Trade Law (ITL)-Committees erläuterte. Es blieb das Problem, welchen neuen Aufgaben die sich bisher im NIEO-Committee vereinigte Gruppe vornehmlich aus den Entwicklungsländern um Hossain, Chowdhury und einigen Europäern sinnvollerweise widmen könnte.

Eine glückliche Koinzidenz wollte es, daß die Vereinten Nationen Anfang der 90er Jahre ihre Aktivitäten zugunsten des immer stärker in den Vordergrund tretenden internationalen Umweltschutzes mit dem weiterhin für den Süden zentralen Entwicklungsprinzip in der neuen Vision eines "Sustainable Development" (SD) verbanden.[29] Im Deutschen meist unglücklich mit "nachhaltiger" Entwicklung übersetzt, meint SD in Wahrheit in einem zukunftsträchtigen Sinne eine "(umwelt)verträgliche" Entwicklung, die nicht einseitig auf rasche Maximierung des Wachstums setzt, sondern das Schicksal künftiger Generationen in ihr Konzept einbezieht. Wie Hossain und Chowdhury rasch erkannten, eröffnete sich hier ein großes sinnvolles Feld völkerrechtstheoretischer Begleitung eines neuen Konferenz- und Vertragsprozesses der Vereinten Nationen. Erste Untersuchungsgegenstände konnten die Ergebnisse der UNCED-Rio-Konferenz 1992 werden ("Agenda 2000").[30] Organisatorisch legte sich damit die Umgründung des NIEO-Committees in eines über "Legal Aspects of Sustainable Development" nahe.

In diesem Augenblick wichtiger Neuerungen bewährte sich wieder einmal Günther Jaenickes hohe Kunst konziliianter Zielstrebigkeit. In einer Reihe von Kontakten vor und auf der ILA-Konferenz in Kairo 1992 bereitete er eine freundschaftliche *itio in partes* aus dem zu Ende gehenden NIEO-Committee vor. Die besonders an GATT/WTO interessierten Weltwirtschaftsrechtler sprachen sich auf einer von Günther Jaenicke geleiteten informellen Versammlung in Kairo für die Gründung eines International Trade Law-Committees (ITLC) aus. Es sollte sich vor allem den Entwicklungen in Genf bei und nach der Uruguay-Runde widmen. Der Executive Coucil der ILA genehmigte im Sommer 1992 diese Gründungsaktivität.

---

[29] M. Schröder, *Sustainable Development and Law*, 1996.

[30] U. Beyerlin, "Rio-Konferenz 1992", *ZaöRV* 54 (1994), 124 ff.

Hossain blieb Chairman des umgegründeten nunmehrigen Committees "Legal Aspects of Sustainable Development (SD)". Die Generalberichterstattung des SD-Committees ging bald von Bulajic auf den aktiven jungen Niederländer Nico Schrijver über. Dank Jaenickes überlegter Regie vollzog sich der "Auszug des Nordens" aus dem NIEO-Committee nicht im Sinne kühler Trennung oder gar Haders, sondern in der Einsicht, daß das gemeinsame Ziel aus zwei verschiedenen Blickwinkeln sinnvoll verfolgt werden könnte, nämlich Beiträge zur Förderung einer gleichzeitig marktwirtschaftlich und ökologisch-entwicklungspolitisch orientierten Weltwirtschaftsorganisation zu leisten. In unterschiedlicher Akzentuierung wollen seither beide Committees sowohl die weltwirtschaftlichen Anliegen der Industriestaaten als auch diejenigen der Entwicklungsländer im Auge behalten. Personell wurde diese Kooperation durch einige Doppelmitgliedschaften in beiden Committees bekräftigt. So trat Hossain in das ITL-Committee ein, während Jaenicke, Petersmann und ich im SD-Committee verblieben.

6. Eine erfolgversprechende Arbeitsteilung

Von den Aktivitäten der beiden neuen ILA-Gremien seit 1992 ist hier nur noch kurz zu berichten.[31] Die Fruchtbarkeit der Arbeitsteilung zwischen ITL- und SD-Committee hat sich bestätigt.

Die Konstituierung des International Trade Law-Committees vollzog sich 1992 in einer Schnelligkeit, die das starke Bedürfnis nach der Schaffung eines solchen internationalen Forums der Aussprache über das Welthandelsrecht erkennen ließ. Für den guten Start war die Bereitschaft John H. Jacksons wesentlich, als erstes US-Mitglied mitzuwirken. Die Beteiligung der weltweiten "Nr. 1" im GATT-Recht, der sich seinerzeit dem NIEO-Committee verweigert hatte, setzte ein deutliches positives Zeichen. Die Leitung des Committees, die ihm ohne weiteres gebührt hätte, mochte Jackson nicht übernehmen, u.a. deshalb, weil er jeden Anschein einer US-Dominanz im Committee vermeiden wollte. Auf diese Weise fiel mir die Chairmanship des ITLC zu. Ernst-Ulrich Petersmann, inzwischen außer seiner Tätigkeit im GATT-Rechtssekretariat auch Professor in St. Gallen, war mit seiner reichen Genfer

---

[31] Näher ILA, Report of the 66th Conference, Buenos Aires 1994, (1994), 111 ff., 243 ff.; ILA-Report of the 67th Conference, Helsinki 1996, (1996), 247 ff., 277 ff.

Erfahrung der geborene Generalberichterstatter. Auf Anregung Jacksons trat neben ihn der junge Chicago-Professor Frederick M. Abbott als zweiter Rapporteur mit Schwerpunkt für das immer wichtiger gewordene Gebiet der handelsbezogenen Aspekte geistigen Eigentums (WTO-TRIPS-Abkommen). Abbott setzte bald wichtige eigene Akzente und stellte gute Arbeitsverbindungen sowohl zur WTO als auch zur Genfer WIPO als den beiden für das geistige Eigentum relevanten Organisationen her. Bis zur ersten Arbeitssitzung des ITL-Committees in Genf 1993 hatte sich ein weltweit repräsentativer Kreis aus Praxis und Wissenschaft des Weltwirtschaftsrechts zusammengefunden: Aus Asien Mitsuo Matsushita/Tokyo und Justice Sabharwal vom indischen Supreme Court, Raoul Etcheverry/Buenos Aires und Paulo Borba Casella/Rio de Janeiro für Lateinamerika, Catrin Cutbush-Sabine kam aus Australien. Erste europäische Mitglieder waren Bill Cornish/ Cambridge, Thomas Cottier/Bern, Thiébaut Flory/Paris, Wolfgang Benedek/Graz und aus dem "neuen Osteuropa" Eugeniusz Piontek/ Warschau und S.N. Lebedev/Moskau. Zu meiner großen persönlichen Freude stieß aus Limerick/Irland meine frühere Tübinger Mitarbeiterin Patricia Conlan zu uns. Auf deutscher Seite war natürlich Günther Jaenicke erstes ITLC-Mitglied und mit seiner Autorität ein großer Gewinn. Er wurde vorzüglich ergänzt durch Meinhard Hilf/Hamburg und Peter Kunz-Hallstein mit seiner großen Erfahrung im geistigen Eigentum. Dies waren nur einige Namen der ersten Stunde. Inzwischen ist die Mitgliedschaft im ITL-Committee in Qualität wie Quantität weiter erheblich gewachsen. Die Grenze guter Arbeitsfähigkeit ist mittlerweile erreicht.

Als geeigneter Arbeitsstil des Committees stellte sich eine jährliche Sitzung heraus. Sie findet Dank der Gastlichkeit von WTO und WIPO in Genf sowie im jeweils folgenden Jahr auf den ILA-Vollkonferenzen statt (bisher Buenos Aires 1994, Helsinki 1996 und Taipei 1998).

Die Aktivitäten des ITL-Committees seit 1993 sind hier nicht im einzelnen darzustellen.[32] Die allgemeine Aufbruchstimmung, welche der Erfolg der Uruguay-Runde 1993/94 und die anschließende Etablierung der WTO seit 1995 mit sich brachten, begünstigte den Start. Arbeitsmethode des Committees ist es, aus dem überreichen Bukett der neu auftretenden weltwirtschaftlichen Fragestellungen einzelne Probleme zur näheren Untersuchung auszuwählen, die im Sinne der grundlegenden Zielsetzung der WTO besonders erörterungswürdig erscheinen, nämlich die Liberalisierung des Welthandels unter Wahrung wohler-

---

32 Siehe Anm. 31.

worbener Rechte und in Gestalt fortschreitender Stärkung der Rule of International Trade Law zu fördern. Hierzu rechneten bisher u.a. der Ausbau des WTO-Streitschlichtungssystems (DSU-Abkommen), im Dienstleistungshandel des GATS die Erörterung der umstrittenen "Cultural Exception", bei den TRIPS das ähnlich "heiße Eisen" weltweiter Zulassung sog. Paralleleinfuhren und die ersten Entwürfe für ein weltweites Wettbewerbsrecht.[33] Mittelfristig hat das ITLC begonnen, die zentrale Frage auszuloten, inwieweit ein internationaler Konsens über Qualität und Rang des WTO-Rechts im Verhältnis zum Domestic Law etwa der USA, der EU, Japans u.a. feststellbar ist ("Rule of International Trade Law").[34] Ehrgeizige Ziele wären in diesem Zusammenhang ein künftiges "Memorandum of Understanding" oder sogar eine Prinzipienerklärung, welche die weltweite *opinio iuris* zu dieser Kernfrage des Welthandelsrechts zusammenzufassen sucht.

Die regelmäßigen Fortschritte der Arbeiten im ITLC spiegeln sowohl die zweijährigen von Petersmann und Abbott verantworteten *Conference-Reports* als auch individuelle oder gemeinsame Publikationen aus dem ITLC.[35] Es sieht nicht danach aus, daß dem Committee in absehbarer Zeit sinnvolle Arbeit oder der Elan ausgehen könnte, regelmäßige Beiträge der International Scientific Community zu einem immer stärker "Rule-oriented International Trade Order" zu leisten.[36]

Erfreulicherweise hat das Committee "Legal Aspects of Sustainable Development" nach der Umgründung aus dem NIEO-Committee in Kairo 1992 seinerseits zu einem vielversprechenden Arbeitsprogramm gefunden. Durch seinen Chairman Kamal Hossain, den aktiven General Rapporteur Nico Schrijver und das Engagement vieler Mitglieder hat diese Gruppe neue fundamentale Fragen des "Südens" aufgegriffen. U.a. hat Konrad Ginther/Graz 1996 mit einem großen Colloquium über "Good governance" als konstitutionelle und administrative Voraussetzung nachhaltiger Entwicklung eine Grundfrage angestoßen, welche das

---

[33] Zum DSU insbesondere E.-U. Petersmann, *The GATT/WTO Dispute Settlement System*, 1997.

[34] Seit 1997 liegt ein erstes (unveröffentlichtes) Diskussionspapier von T. Cottier vor. Vgl. auch A. Ott, *GATT und WTO im Gemeinschaftsrecht*, 1997, 271 ff.

[35] Zuletzt E.-U. Petersmann (Hrsg.), *International Trade Law and the GATT/WTO Dispute Settlement System*, 1997 (mit Beiträgen einer größeren Zahl von ITLC-Mitgliedern).

[36] Im Sinne der bekannten Wortprägung von Jackson, siehe Anm. 26, 1 ff.

SD-Committee wohl länger beschäftigen wird.[37] In die "Good governance" dürften auch die bis 1994 erfolgten Bemühungen der asiatischen Mitglieder um Subrata R. Chowdhury zur weiteren dogmatischen Entfaltung des "Rechtes auf Entwicklung" einmünden, die mit dem unerwarteten Ableben dieses bedeutenden und noblen Juristen eine Unterbrechung erfuhren.[38]

Insgesamt steht der weltwirtschaftsrechtliche Paradigmenwechsel innerhalb der ILA von den Rechtsfragen einer Neuen Weltwirtschaftsordnung zur Zukunft der WTO und einer ökologisch orientierten Entwicklungspolitik unverkennbar in Parallele zur realen Entwicklung der internationalen Wirtschaftsordnung der beiden letzten Jahrzehnte. Nach langen Auseinandersetzungen und Irrwegen lernte ein repräsentativer Kreis von Praktikern und Wissenschaftlern des Weltwirtschaftsrechts in ständigem Disput voneinander, daß es in einer mehr und mehr auf der Grundlage liberaler, sozialer und rechtsstaatlicher Demokratie zusammenwachsenden Welt keinen Sonderweg des Internationalen Wirtschaftsrechts geben kann. Die Freiheit ist unteilbar und die Wirtschaftsfreiheit gehört national wie weltweit gesehen dazu. Freilich muß sie sich mancherorts erst durch die internationale Entwicklungsaktion real konstituieren.

Günther Jaenicke sind solche Einsichten wohl bereits seit der praktischen Verbandstätigkeit in Deutschland zu Beginn seiner Laufbahn in Fleisch und Blut übergegangen.[39] In seiner humanen Unvoreingenommenheit und Souveränität und ebenso mit seinen hohen Qualitäten in der Gestaltung des Völkerrechts hat Jaenicke wesentlich dazu beigetragen, daß in der International Law Association die unruhigen Zeiten der Konfrontation um "eine" Neue Weltwirtschaftsordnung durch die allgemeine Akzeptanz des Weltmarktwirtschaftsprinzips abgelöst worden sind. Dessen vernünftige und gerechte Umsetzung wirft freilich im einzelnen auch für die Zukunft Fragen genug auf. Ich fühle mich glücklich, seit zwanzig Jahren in diesen Zusammenhängen manche Stunde gemeinsamer Anstrengung mit Günther Jaenicke geteilt zu haben.

---

37 K. Ginther (Hrsg.), *Good Governance*, 1996.

38 Chowdhury/Denters/de Waart, siehe Anm. 10.

39 Später etwa in G. Jaenicke, "Havana Charta", in: R. Bernhardt (Hrsg.), *EPIL* 8 (1985), 260 ff.

Trade and Environment: New Issues Under International Law

Francisco Orrego Vicuña

I. Free Trade and the Environment

The relevance of free trade for economic development has been unequivocally evidenced by both the historical experience of all industrialized countries and by the contemporary achievements of a number of emerging economies. The multilateral trading system that has been gradually perfected along several decades is the cornerstone of the continuity and strengthening of international trade, and as such it must be preserved.

On the other hand, environmental protection is also a necessary and desirable social objective which leads to the improvement of the quality of life and is today an integral part of the network of social aspirations of many nations.

Both the objectives of free trade and the international mobility of capital and those of environmental preservation have been significantly advanced in the last two decades, but in most occasions the developments in one area have been entirely unrelated to those taking place in the other area. Given the fact that both fields involve shared objectives, such separation does not respond to a divergence in terms of the essential values pursued but simply to different views about how to achieve the necessary harmonization, about who and in which proportion should contribute the investments required to ensure environmental quality, and about which should be the powers of public institutions and the role of the private sector in this connection.

The need for a linkage between the two objectives noted has become a pressing issue since free trade and investments have to take into account environmental realities just as environmental measures must be respectful of economic freedom. These linkages are beginning to unfold as a consequence of the work of the GATT and the World Trade Organization (WTO),[1] the policies on financing pursued by the World Bank[2] and other organizations, and the arrangements worked out in the context of the North American Free Trade Agreement (NAFTA)[3] and other such trade compacts. However, pressures directed to restrain free trade or economic development so as to attain the objectives of an environmental paradigm are continuously exercised. Still more serious is the fact that occasionally these pressures respond to disguised protectionist measures and other efforts to restrict competition in international trade. These are the issues that have led to very different views about how to achieve the compatibility of the objectives pursued.

It follows that the consideration of reasonable legal alternatives to advance the process of compatibility between free trade, export competition and the environment has become a most important question in the present official and scholarly debate on the subject. A number of new issues of international law have emerged in these discussions. Some of the most pressing legal questions will be examined in this contribution, with particular emphasis on the harmonization of environmental standards and those solutions different from traditional State authority conceived to this effect.

II. International Competitiveness and the Environment

A significant problem that needs to be addressed at the outset is that concerning the extent of environmental protection measures in relation to the advantages of some countries in increasing their competitiveness in the exports sector or in their capacity to attract international invest-

---

[1] General Agreement on Tariffs and Trade, 30 October 1947, UNTS Vol. 55, No. 814; Agreement Establishing the World Trade Organization, 15 April 1994, in: *The Results of the Uruguay Round of Multilateral Trade Negotiations*, 1994, 5 et seq; S. Shaw, "Trade and Environment: The Post-Singapore WTO Agenda", *RECIEL* 6 (1997), 105 et seq.; M.J. Berthet, *El GATT y las perspectivas ambientales en el contexto de la liberación del comercio internacional*, 1993.

[2] World Bank, The World Bank and Environment, 1991.

[3] North American Free Trade Agreement, 8 December 1992, *ILM* 32 (1993), 289 et seq.

ments. Some discussions have assumed that free trade, particularly in the context of free trade agreements, could trigger the migration of industries toward those countries requiring less stringent environmental measures.[4] It is further argued that such countries would be creating artificial conditions favoring their competitiveness, a situation which in that view would justify the imposition of environmental standards or else the enactment of restrictions to exports.

It must be noted in this regard that empirical studies on this issue evidence that the international competitiveness of a country is not decisively linked to a lesser environmental standard and that there are a number of other factors influencing those competitive advantages, particularly in terms of labor conditions and level of taxes.[5] On these grounds the assumptions noted above are no longer tenable. First, migration is unlikely to happen and when it does it may respond to conditions entirely different from the environmental standards. Next, the lesser influence on environmental standards in competitiveness would not facilitate the creation of artificial conditions to this effect.

The cost of implementing environmental regulations is another factor that diminishes the influence of environmental standards in competitiveness. In fact, such costs are relatively low, having been estimated in the case of the United States to range from 1% to a maximum of 3% for the most regulated sectors.[6] In the case of developing economies this incidence may be more important since availability of capital will be less abundant and economies of scale will be reduced, but in any event this does not alter the fact that still the relevant environmental costs will be low. It should be noted further that the benefits of free trade, including the dismantling of customs duties and the elimination of other restrictions, will have a most positive effect on the environment, among other reasons because it will allow a greatly availability of means and a dimi-

---

4 R.H. Steinberg, "Trade-Environment Negotiations in the EU, NAFTA, and WTO: Regional Trajectories of Rule Development", *AJIL* 91 (1997), 231 et seq., 234-235.

5 J.M. Dean, "Trade and the Environment: a survey of the literature", in: P. Low (ed.), *World Bank Discussion Papers: International Trade and the Environment*, 1992, 15 et seq.

6 P. Low, "Trade Measures and Environmental Quality: the implications for Mexico's exports", in Low: (ed.), see note 5, 105 et seq.

nution of the costs to implement more stringent environmental standards.[7]

The concerns about a "race to the bottom" that would prompt countries to lower their environmental standards to attract investments and increase exports have not been justified in practice, although there shall always be cases of exception where this situation may have happened. Rather the opposite phenomenon would be more probable, since the increasing prestige of countries and corporations respectful of the environment will lead to more adequate environmental standards, thereby increasing competitive advantages in the markets most sensible to the matter.

It follows that regulatory unbalances are not so much the result of a country lowering its environmental standards in the context of free trade but of the decision of another country to excessively increase its regulations. As Lord Slynn remarked in the *Danish Bottles Case*, "[t]here has to be a balancing of interests between the free movement of goods and environmental protection, even if in achieving the balance the high standard of protection sought has to be reduced. The level of protection sought must be a reasonable level".[8] Otherwise there would be a restriction of competition that does not at all favor the objective of environmental protection. It is then possible to conclude that the harmonization of free trade and the environment has to be attained on a point of balance and not of imbalance.

This situation has found precise legal expressions in contemporary practice. The GATT Uruguay Round,[9] for example, assigned priority to the principle of non discrimination and to the concept that measures affecting trade should not be more restrictive than necessary, avoiding in

---

[7] WTO, Committee on Trade and Environment (CTE), *Environmental Benefits of Removing Trade Restrictions and Distortions*, Doc. WT/CTE/W/1, 15 February 1995.

[8] European Court of Justice, *Commission v. Denmark*, Case 302/86, 20 September 1988, *CMLR* 1 (1989), 408 et seq.; see also J. Cameron/ J. Robinson, "The Use of Trade Provisions in International Environmental Agreements and their Compatibility with the GATT", *Yb. Int'l Env. L.* 2 (1991), 3 et seq., at 26.

[9] GATT, The Results of the Uruguay Round of Multilateral Trade Negotiations: the legal texts, 1994, 486 et seq.

all circumstances the introduction of disguised protectionism.[10] Similar concepts have been embodied in UNCED Agenda 21. Also the criteria developed by OECD on trade and the environment underline the thought that these objectives must find support in each other as necessary conditions to attain sustainable development, and they recognize the importance of taking into account the policies designed for each of these matters and the needs of countries at different levels of development.[11]

Taking into consideration these criteria in the design of appropriate legal instruments solutions more balanced than some proposed in the current debate might be attained, and it will also become evident that the GATT/WTO rules and other instruments allow for positive approaches to the process of harmonization under way.

III. Incompatibility of Unilateral Measures with Free Trade

A particularly negative contemporary trend is the enactment and implementation of unilateral measures as the easiest option to attain the objectives of environmental protection.[12] This trend has become evident not only in respect of the environment but also in the context of other sensible questions touching on investments, trade and extraterritorial effects. Unilateral measures pursue the imposition of a given point of view resulting in that goods which are not up to the environmental standards applied in the importer country may be excluded from its markets. Even if in occasions these measures may respond to legitimate concerns, the sole fact of their unilateral character make them incompatible with the rules protecting free trade, unless they may be justified under a very specific exception. This is why such measures have never been accepted under the GATT/WTO dispute settlement panels and other mechanisms that have been seized of similar difficulties.

The fact that in not few occasions such unilateral measures seek forms of disguised protectionism directed to restrict the competition from im-

---

10 K.A. McCaskill, "Dangerous Liaisons: The World Trade Organization and the Environmental Agenda", in: Canada, Department of Foreign Affairs and International Trade, *Policy Staff Paper*, No. 94/14, June 1994, 12 et seq.

11 OECD, Trade and Environment Guidelines, 1993.

12 GATT, *Trade and the Environment*, 1992, 1 et seq.

ported goods is still more serious.[13] The argument has been made that because the exporter country does not apply similarly stringent standards it would be subsidizing its exports or engaging in a kind of "eco-dumping".[14] However, it is quite evident that this argument relies on an interpretation of subsidy which does not find support in the applicable international standards. The concept of dumping used in that argument is also at variance with the one normally accepted in commercial activities. A redefinition of dumping to this effect would require the generalized implementation of the Polluter Pays Principle in the productive sector, that is the internalization of environmental costs in the final cost of the goods in question, which is yet far from being a reality in both the international and domestic ambits.

A second aspect of this problem is still more complex since on occasions unilateral measures seek to apply the trade restrictions not only to goods but also to their process and production methods.[15] In addition to the fact that this approach touches upon the most sensible questions of national sovereignty there is the difficulty of defining the acceptability or unacceptability of a given production method. The prohibitions that affected the imports of tuna and tuna products from Mexico in the United States market, as the case that affected the European Community, originated in the incidental catch of dolphins that the fishing method entails and gave rise to a broad discussion and the consideration of the ensuing disputes in the GATT dispute settlement panels.[16] The concept of process and production methods has been extensively discussed in WTO and it is not one that has been retained either under the GATT or recent agreements such as the NAFTA. The efforts directed to enlarge the application of the concept to non-product-related process and production methods, in addition to those referring to product-

---

[13] OECD, Environment and Economics. A survey of OECD work, 1992.

[14] C.F. Knight, "Effects of National Environmental Regulation on International Trade and Investment-Selected Issues", *UCLA Pac. Basin L. J.* 10 (1991), 212 et seq.

[15] GATT, see note 12, Chapter 3, "Domestic environmental issues and world trade", 16 et seq.; OECD, *Summary Report of the Workshop on Trade and Environment: PPMs issues*, 1994, COM/ENV/TD (94), 62 et seq.

[16] GATT Dispute Settlement Panel Report, *United States-Restrictions on Imports of Tuna*, 3 September 1991, *ILM* 30 (1991), 1594 et seq.; GATT Dispute Settlement Panel Report, *United States-Restrictions on Imports of Tuna*, 16 June 1994, *ILM* 33 (1994), 842 et seq.

related methods, has made the matter still more difficult to handle in terms of advancing in the search for accommodation.

Unilateral measures have also found expression in a variety of eco-labelling schemes.[17] While these schemes appear at first sight justified in terms of consumer protection, on many occasions they involve an explicit or implicit discrimination in respect of imported products that has caused great concern among exporting economies. The fact that most such schemes are at present of a voluntary nature does not overcome the concerns of this becoming a generalized practice of a mandatory nature. Life-cycle analysis purporting to control environmental effects from the very origin to the very end of a product, and its connection with non-product-related process and production methods, has again made accommodation more difficult to reach and has raised serious objections about the compatibility of this approach with the WTO Agreement on Technical Barriers to Trade. Important questions of transparency in the design and implementation of such schemes have also been raised.[18]

Issues relating to packaging, disposal of wastes, recycling and taxes have also been addressed through environmental measures of this kind,[19] all of what has led to a continuing increase in the costs of exported goods. A similar situation can be found in the proposals to utilize Border Tax Adjustments for environmental purposes.[20]

Unilateral measures often result in confrontation as a consequence of the extraterritorial effects they pursue on occasions. Such extraterritorial effects have been strongly resisted in recent experiences, as evidenced by the reaction to the Helms-Burton and the d'Amato-Kennedy

---

17 K. Dawkins, "Ecolabelling: Information for consumer action or restrictive business practice?", in: R. Wolfrum (ed.), *Enforcing Environmental Standards. Economic mechanisms as viable means?*, Symposium, 5-7 July 1995, 1996, 501 et seq.

18 H. Ward, "Trade and Environment Issues in Voluntary Eco-labelling and Life Cycle Analysis", *RECIEL* 6 (1997), 139 et seq.

19 GATT, see note 12, Chapter 5: "Protection and the Environment", 32-35; United States Congress, Office of Technology Assessment, *Trade and the Environment. Conflicts and opportunities*, 1993, Chapter 4: "Effects of Environmental Regulations on Trade and Competitiveness", 59-69.

20 P. Demaret/R. Stewardson, "Border Tax Adjustment under GATT and EC Law and General Implications for Environmental Taxes", *JWT* 28 (1994), 5 et seq.

Acts enacted by the United States.[21] Reactions to similar initiatives in the environmental field have not been different and it is well known that the decisions of the GATT *Tuna-Dolphin* Panels did not uphold the extraterritorial effect of the measures as enacted nor their intent to modify the policies of other countries.[22]

It should not pass unnoticed that in occasions unilateral measures respond to political convenience associated to domestic issues and not to objective reasons. This often results in discriminatory measures which are incompatible with the basic principles of the international trading system. Even where restrictive measures are applied to domestic and imported products alike, the practical consequences are usually more adverse to the latter because of the lack of participation in the administrative procedures or because of the structure of the markets.

In view of these many inconveniences unilateral alternatives are not likely to prosper under international law. Legal loopholes may eventually facilitate the enactment of measures of this kind, but this does not alter the fact that they are in essence contrary to the stability of the international legal order. The WTO Committee on Trade and the Environment has made this point abundantly clear.[23]

IV. Trade Measures of Multilateral Environmental Agreements

Numerous international conventions have been adopted in the recent past for purposes of environmental protection thereby expressing the multilateral approach which is proper under international law. Some of these conventions include trade provisions which, it is feared, could at some point interfere with the rules of the multilateral trading system on free trade. Over twenty environmental conventions have included such trade provisions,[24] while under the Agreement on Technical Barriers to

---

[21] B. Stern, "Vers la mondialisation juridique? Les lois Helms-Burton et d'Amato-Kennedy", *RGDIP* 4 (1996), 979 et seq.

[22] GATT Dispute Settlement Panel Report (1994), see note 16.

[23] WTO, *Report of the WTO Committee on Trade and Environment*, 8 November 1996, Press/TE 014, 14 November 1996, paragraph 7.

[24] Cameron/Robinson, see note 8; for a listing of the most important environmental conventions containing trade provisions see T.J. Schoenbaum, "In-

Trade over 360 measures of an environmental nature have been notified.[25] None of such conventions or measures has been so far objected to.

From the point of view of the environmental criteria contained in these conventions, they have been grouped in three main categories. A first category is related to the trade of certain goods which have been the cause for environmental concerns, this being primarily the case of the Basel Convention on the Control of Transboundary Movements of Hazardous Wastes and their Disposal.[26] The trade measures envisaged by this Convention relate in essence to the prohibition of exporting or importing certain kinds of waste and the conditions that govern this trade, with particular reference to the prior informed consent of the country of destination. Measures affecting trade with third States, a role for the transit State and the absolute prohibition to export to some regions such as Antarctica are also embodied in this treaty.[27]

A second category relates to those conventions that in addition to goods govern some aspects of the process and production methods, this being the case of the Montreal Protocol on Substances that Deplete the Ozone Layer.[28] This Protocol prohibits trade on regulated substances with third States and provides for the possibility of prohibiting the import of goods produced with the utilization of regulated substances even if these are not contained in the final product, thereby evidencing its concern with the production methods employed. Other restrictions are envisaged in relation to technology transfer, financial assistance, insurance and other aspects.[29]

The third category is that of conventions which pursue the protection of the environment in itself, particularly in terms of the conservation of species, such as the Convention on the International Trade in Endan-

---

ternational Trade and Protection of the Environment: The Continuing Search for Reconciliation", *AJIL* 91 (1997), 268 et seq., footnote 86, at 281.

25 McCaskill, see note 10, at 12.

26 Convention on the Control of Transboundary Movements of Hazardous Wastes and their Disposal, 22 March 1989, *ILM* 28 (1989), 657 et seq.

27 K. Kummer, International Management of Hazardous Wastes, 1995.

28 Montreal Protocol on Substances that Deplete the Ozone Layer, 16 September 1987, *ILM* 26 (1987), 1550 et seq.

29 W. Lang, "Trade Restrictions as a Means of Enforcing Compliance with International Environmental Law: Montreal Protocol on Substances that Deplete the Ozone Layer", in: Wolfrum (ed.), see note 17, 265 et seq.

gered Species of Wild Fauna and Flora (CITES).[30] The rules established under CITES envisage the prohibition of trade in certain threatened species and the conditions for issuing export permits in other species, as well as trade with third States and the role of the transit State.[31]

The goals and objectives of these conventions are evidently legitimate in spite that doubts have been raised about the advantages or opportunity of some of the measures envisaged. The problem, however, lies in whether some of these measures are compatible with the free trade system of GATT, WTO and other agreements which seek an open and non-discriminatory trading arrangement.[32]

Many of these measures will not find a problem of compatibility with the GATT/WTO rules in spite that some can be considered as quantitative restrictions to trade barred under Article XI.1 of the GATT. Such measures can be justified either as an exception to the latter article or as an exception under the many situations envisaged in Article XX (b) and (g) and the variety of interpretations given to the chapeau of Article XX.[33]

Potential problems might arise, however, with such clauses involving an extraterritorial effect, entailing discrimination, relating to process and production methods or affecting the rights of States not parties to such conventions. This kind of trade measures might eventually be contrary to GATT/WTO regulations[34] or else might not have been foreseen. While the views of authors vary greatly in respect of the compatibility or incompatibility involved, the prospects for a non-restrictive interpretation of the rules have proven significant. Furthermore, as none of these conventions or measures has been questioned by the parties to GATT and the WTO, there is here a powerful indication of their views on the matter. The specific criteria for ensuring compatibility is beginning to unfold both in the framework of the GATT/WTO and of other

---

[30] Convention on the International Trade in Endangered Species of Wild Fauna and Flora (CITES), 3 March 1973, UNTS Vol. 993, 243 et seq.

[31] P. Birnie, "The Case of the Convention on Trade in Endangered Species", in: Wolfrum (ed.), see note 17, 233 et seq.

[32] E. Burack, Trade and Environment: in pursuit of sustainable development, 1994.

[33] A.E. Appleton, "GATT Article XX's Chapeau: A Disguised 'Necessary' Test?: The WTO Appellate Body's Ruling in *Unites States-Standards for Reformulated and Conventional Gasoline*", *RECIEL* 6 (1997), 131 et seq.

[34] McCaskill, see note 10, 12-13, 20-22.

trade agreements as a result of the recognition of the need for environmental protection.[35]

V. The Search for Compatibility Under the GATT and WTO

The basic rules of GATT seeking to preserve the freedom of international trade rely on well known principles: the most favored nation treatment (Article I), national treatment in respect of taxation and domestic regulations (Article III), elimination of quantitative restrictions (Article XI) and the general exceptions relating to the protection of human, animal or plant life or health and to the conservation of exhaustible natural resources (Article XX, (b), (g)). These principles and rigorous conditions ensuring non-discrimination are the essential legal elements of the international trading system. However, on occasions these are the very principles that will collide with the rules established under multilateral environmental agreements, thus prompting new efforts at harmonization in the framework of the current work programme of WTO and particularly its Committee on Trade and the Environment.[36]

The relationship between the provisions of the multilateral trading system and trade measures for environmental purposes is quite naturally a subject of priority in this work programme.[37] It must first be noted that the General Agreement[38] or some special agreements, such as the Agreement on Technical Barriers to Trade[39] and the Agreement on

---

[35] D. Robertson, International Compatibility of Trade and Environment Policies, 1994.

[36] GATT, see note 12, Chapter 2, "GATT Law and the Environment", 7-15; WTO, Committee on Trade and Environment, Approaches to the Relationship between the Provisions of the Multilateral Trading System and Trade Measures Pursuant to Multilateral Environmental Agreements, WT/CTE/W/4, 10 March 1995; and WTO, see note 23, paras. 5-31.

[37] J.H. Jackson, "World Trade Rules and Environmental Policies: Congruence or Conflict?", *Wash. & Lee L. Rev.* 49 (1992), 1227 et seq.

[38] General Agreement on Tariffs and Trade, see note 1.

[39] Agreement on Technical Barriers to Trade, 15 April 1994.

Sanitary and Phytosanitary Measures,[40] are not an obstacle for the adoption of appropriate environmental measures at the domestic level or even less in the framework of international conventions, nor do they result in such measures being less stringent.[41] The only requirements of the trading system are that such measures should not be discriminatory nor applied in a manner that could result in unnecessary restrictions to trade. In addition, as discussed above, the GATT/WTO system does not include the process and production methods nor does it accept that the rights of countries not parties to such environmental agreements be affected.

Some of the potential problems have been finding a solution in practice. This is particularly the case of the process and production methods envisaged by the Montreal Protocol where interested parties have agreed that the imposition of such a restriction would prove impossible at this stage, thus settling the potential problem of incompatibility with the GATT/WTO, at least for the time being.[42] On the other hand, to the extent that the multilateral environmental agreements attain a quasi-universal participation, which is precisely the case of the Montreal Protocol, the rights of third parties will not in fact be affected.[43]

All GATT members could thus be parties to this Protocol or other agreements since under international law and the law of treaties they are free to enter into more restrictive agreements governing their relationship in certain matters. Furthermore, these agreements will prevail over their earlier obligations or over obligations of a more general kind. The main issue affecting third States rights is that usually the conditions governing relations between the parties to the agreement are less stringent than those envisaged for other States, thus entailing in addition a problem of discrimination.[44] Since restrictive measures contrary to the rights of States under GATT and the WTO or which discriminate between States parties and non parties will not be acceptable, the only true solution in this respect lies in the establishment of positive incentives to encourage the participation of third States in such agreements.

---

[40] Agreement on the Application of Sanitary and Phytosanitary Measures, 15 April 1994.

[41] McCaskill, see note 10, 12.

[42] Conference of the Contracting Parties to the Montreal Protocol, Decision V/17, as cited by Lang, see note 29, 7.

[43] Lang, see note 29, 10.

[44] McCaskill, see note 10, 18-19.

VI. Proposals for an Accommodation of Trade and the Environment

The search for compatibility between the trading system and the multilateral environmental agreements has been pursued on two tracks. First, there has been an effort at interpretation made by some of the GATT/WTO Dispute Settlement Panels. This is, for example, the case of the second *Tuna-Dolphin* Decision which accepted limited forms of extraterritorial effects for unilateral measures provided they do not interfere with the policy of another country,[45] as has been recently the case of the Appellate Body decision in *United States-Standards for reformulated and conventional gasoline*, which has to some extent clarified the meaning of the chapeau to Article XX and the standards that govern the exceptions contained in that article, particularly letter (g).[46] The meaning of necessity, effectiveness, less trade restrictive and proportionality has begun to be clarified under the GATT practice and jurisprudence.[47]

The second track in the search for compatibility has led to a number of proposals aiming directly or indirectly to the amendment of the GATT. These proposals envisage: (i) the amendment of the GATT; (ii) the clarification of the exceptions of Article XX by means of an interpretation that will facilitate trade related environmental measures; (iii) the adoption of a general waiver establishing a broad exception for multilateral environmental agreements; (iv) a mechanism for specific waivers that would allow for case by case exceptions to be decided by WTO; and (v) the introduction of a new clause assigning priority to certain environmental conventions over the GATT as it has been done under the NAFTA.[48] Those proposals envisaging a general exception have come to

---

[45] GATT Dispute Settlement Panel Report (1994), see note 16.

[46] WTO, United States-Standards for Reformulated and Conventional Gasoline, 29 April 1996, ILM 35 (1996), 605 et seq.

[47] M. Montini, "The Nature and Function of the Necessity and Proportionality Principles in the Trade and Environment Context", *RECIEL* 6 (1997), 121 et seq.

[48] S. Charnovitz, "Exploring the Environmental Exceptions in GATT Article XX", *World Trade Materials* 3 (1991), 37 et seq.

be known as the *ex-ante* approach, while those that would require a case by case examination are generally known as the *ex-post* approach.[49] Some key proposals should be noted in this respect. That of the European Community[50] suggests as a first option the addition of a new paragraph to Article XX covering the provisions of a multilateral environmental convention that would comply with the terms of an Understanding to be adopted to this effect; and it suggests as a second option the amendment of Article XX (b) to include the exception of measures "necessary to protect human, animal, plant life or health *or the environment*", as well as measures adopted under multilateral agreements complying with the Understanding referred to above.[51] New Zealand proposed the adoption of an Understanding that distinguished between measures applied to parties or non-parties and between measures specifically mandated under multilateral conventions or measures not so mandated; these measures would have to be notified to the WTO, which would examine their effectiveness in achieving the environmental objective pursued, their least trade restrictive nature and the proportionality of the measure to the need for trade restriction.[52] Switzerland suggested a "coherence clause" that could lead to the examination of whether arbitrary discrimination was involved in the application of a given measure mandated under a convention, but this mechanism would not examine the legitimacy of the environmental objective or the necessity for such a measure; a list of multilateral environmental conventions benefiting from the coherence clause would be drawn up.[53] Other proposals suggested a differentiated WTO discipline for measures adopted under environmental conventions[54] or the adoption of guidelines for the

---

[49] D. Brack, "Reconciling the GATT and Multilateral Environmental Agreements with Trade Provisions: The Latest Debate", *RECIEL* 6 (1997), 112 et seq.

[50] WTO, CTE, *Non-paper by the European Community*, 19 February 1996; J. García Burgués/M. Insausti Muguruza, "Trade and Environment in the WTO: The European Community's Participation in the Committee on Trade and Environment", *RECIEL* 6 (1997), 163 et seq.

[51] WTO, see note 23, para. 17.

[52] WTO, CTE, *Submission by New Zealand*, Doc. WT/CTE/W/20, 15 February 1996; WTO, see note 23, para. 18.

[53] WTO, CTE, *Non-paper by Switzerland*, 20 May 1996; WTO, see note 23, para. 19.

[54] WTO, CTE, *Non-paper by the Republic of Korea*, 12 June 1996; WTO, see note 23, para. 20.

negotiation of trade related environmental measures.[55] Multi-year waivers or the reliance on the present case by case waiver system were also proposed during the work of the Committee on Trade and the Environment.[56]

Some of the alternatives proposed in terms of providing for an *ex-ante* approach entail serious practical or conceptual difficulties. A formal amendment, for example, is always difficult to achieve and it risks to prompt the discussion of a number of other unsettled issues. Other options pose serious conceptual problems. This is the case, for example, of a general waiver excepting the multilateral environmental agreements from GATT/WTO discipline, or of a clause assigning priority to such conventions, since this assumes the acceptance of a higher hierarchy of environmental rules over the rules governing trade. A situation of this kind would not be far from the recognition of a rule of *jus cogens* that would accept in practice the distinction made by the International Law Commission in Article 19 of the Draft Articles on State Responsibility between crimes and offenses;[57] in fact, the violation of a GATT/WTO rule would be a simple offense, even without consequences, while the violation of a multilateral environmental agreement would be tantamount to a crime under international law. Nothing seems to justify this distinction and it is most unlikely that States would be prepared to accept it.

The *ex-ante* approach also involves other difficult questions. One such question of importance is that a general exemption of environmental conventions from GATT/WTO rules would simultaneously involve the renunciation to the dispute settlement mechanisms available under WTO.

General criteria for allowing an exemption of environmental conventions from the GATT/WTO rules have also been proposed. These criteria would permit the resort to trade measures only when there are no other feasible alternatives to reach the proposed objective and when there is a direct relationship between such measures and the environ-

---

[55] WTO, CTE, *Proposal by Japan*, Doc. WT/CTE/W/31, 30 May 1996; WTO, see note 23, para. 21.

[56] WTO, CTE, *Non-Paper by Hong-Kong*, 22 July 1996; *Proposal from ASEAN*, Doc. WT/CTE/W/39, 24 July 1996; *Non-Paper by the Arab Republic of Egypt*, 18 June 1996; *Non-Paper by India*, 23 July 1996; WTO, see note 23, paras. 22-31.

[57] International Law Commission, "Draft Articles on State Responsibility", *Report*, UN Doc. A/51/10 (1996), 125 et seq.

ment. In any event such measures should be the least trade restrictive available and should respond to the requirements of necessity and non discrimination. No process and production methods would be allowed and all measures should be based on adequate scientific grounds.

Because of the difficulties of the *ex-ante* approach it appears to be more realistic to think in terms of clarifying the exceptions to GATT Article XX, a result that could be achieved by means of judicial or quasi-judicial interpretation or by means of the approval of a special waiver on a case by case basis. In any event it might be appropriate for the GATT/WTO to clarify the environmental extent of many of its provisions which today are subject to uncertainty. To this end a combination of the *ex-ante* and *ex-post* approaches might be appropriate. This is not so much a question of WTO judging on the convenience or inconvenience of environmental measures negotiated in other contexts, but rather a question of safeguarding the rights that the multilateral trading system ensures to the parties of GATT/WTO that do not participate in such other engagements. Among other legal considerations the GATT and WTO must respect the principle of common but differentiated responsibility established in UNCED and which allows to take into account the interests and special conditions of developing countries.[58] The point has also been made that the Polluter Pays Principle and other measures directed to the internalization of environmental costs should not distort international trade and investments.[59]

Various practical measures have been proposed to ensure a more effective harmonization of trade and the environment. First, there is a need to improve the coordination at the national level of the agencies dealing with trade and the environment, because on many occasions these agencies operate with different perspectives and priorities.[60] Second, the coordination and exchanges between the WTO and the multilateral environmental agreements could be greatly improved, particularly linking to the necessary extent the respective secretariats. Third, the enhanced participation of relevant non-governmental organizations has also been suggested as a means to make environmental issues more readily accessible.[61] And fourth, it is also conceivable to establish an environmental

---

[58] WTO, see note 23, para. 96; B. Chaytor/M. Wolkewitz, "Participation and Priorities: An Assessment of Developing Countries Concerns in the Trade/Environment Interface", *RECIEL* 6 (1997), 157 et seq.

[59] WTO, see note 23, para 97.

[60] WTO, see note 23, para. 174.

[61] WTO, see note 23, paras. 212-218.

ombudsman at the WTO, parallel to a trade ombudsman for the multilateral environmental agreements, thus providing a reciprocal awareness of the existing problems that need to be taken into account in each field.

VII. Settlement of Disputes and Other Issues Relating to Harmonization

Another aspect of particular importance that needs to be considered in the context of harmonization between trade and the environment is that relating to the settlement of disputes. It is quite common that parties to a dispute will be simultaneously parties to the GATT/WTO and to given multilateral environmental agreements, and it will not be quite certain whether the WTO dispute settlement mechanisms will interpret the applicable trade rules taking into account the environmental requirements accepted by the parties in the context of specialized agreements. In order to avoid potential discrepancies in this context, it has also been suggested that the procedures for the settlement of disputes under such systems should be equally harmonized[62] or that recourse should be made first to those procedures provided under the environmental conventions.[63] As mentioned above, both the judicial and quasi-judicial interpretation could play a particularly meaningful role in ensuring the compatibility between different normative systems.[64] The *Tuna-Dolphin* cases illustrate well this potential role, since after having the first case restricted the effect of measures to the domestic ambit the second decision accepted a limited extraterritorial effect in respect of nationals, even if it was found that the conditions for this latter effect were not given in view that process and production methods of another country were envisaged and the measures adopted sought to modify its policies.[65] Other national and international decisions have contributed to clarify some aspects of the relationship between trade and the envi-

---

62 United States Congress, Office of Technology Assessment, *Trade and Environment. Conflicts and Opportunities*, 1993, Appendix A, "Some Trade Disputes Pertinent to Trade/Environment Interactions", 81-90.

63 WTO, see note 23, para 37.

64 D. Gerardin/R. Stewardson, "Trade and Environment: Some Lessons from *Castlemaine Tooheys* (Australia) and *Danish Bottles* (European Community)", *ICLQ* 44 (1995), 41 et seq.

65 GATT Dispute Settlement Panel Report (1994), see note 16.

ronment. The role of expert advise has also been suggested in this context.

The relationship between environmental policies relevant to trade and environmental measures with significant trade effects and the provisions of the multilateral trading system has also been discussed in the Committee on Trade and the Environment.[66] Concerns have been expressed that such policies might entail a disguised protectionism, discriminate in respect of exporting countries or lead to the imposition of measures more restrictive than necessary.[67] As mentioned above, transparency, complete information and the participation of exporting economies in the decision-making procedures have been emphasized in the context of eco-labelling policies and other similar measures.

New issues relating to trade and the environment have also emerged recently. The exports of domestically prohibited goods has prompted a significant debate, having proposals ranged from the total prohibition of such exports to the requirements of notification and obtaining the consent of the importing or transit country as it is done under the Basel Convention.[68] Environmental aspects arising from the Agreement on Trade-Related Aspects of Intellectual Property Rights have also been considered in the work of WTO, particularly in order to harmonize these developments with the 1992 Convention on Biological Diversity.[69] A similar discussion has been undertaken in respect of the environmental effects of the General Agreement on Trade in Services (GATS), but no conflicting measures have been identified in this context.[70] Other major agreements noted above have also a close connection with the environment, but have not led to conflicting provisions. This is the case, for example, of the Agreement on Technical Barriers to Trade, which relies heavily on the application of international standards; of the

---

[66] WTO, see note 23, paras. 44-48.

[67] E. U. Petersmann, Trade and the Protection of the Environment after the Uruguay Round, in: Wolfrum (ed.), see note 17, 165 et seq.

[68] WTO, see note 23, paras. 123-131.

[69] WTO, see note 23, paras. 132-152; R. Wolfrum, "The Convention on the Protection of Biological Diversity: using State jurisdiction as a means of ensuring compliance", in: Wolfrum (ed.), see note 17, 373 et seq.; R.G. Tarasofsky, "The Relationship between the TRIPs Agreement and the Convention on Biological Diversity: Towards a Pragmatic Approach", *RECIEL* 6 (1997), 148 et seq.

[70] WTO, see note 23, paras. 153-158.

Agreement on Sanitary and Phytosanitary Measures, which emphasizes the utilization of scientific principles; and of the Agreement on Agriculture, that also contains various provisions of environmental importance.[71]

Although many of the ideas proposed have only recently been considered and explored, it is quite apparent that they offer an important potential for the harmonization of trade and the environment, as it has been noted in the conclusions of the Committee on Trade and the Environment.[72] A similar effort at harmonization is found in Chapter 2 of UNCED Agenda 21.

VIII. The Search for Balance in the Framework of NAFTA

While in the case of GATT and the WTO environmental perspectives are gradually being built into the trade objectives originally envisaged, in the case of the NAFTA trade and environmental perspectives were considered together since the outset,[73] thus providing for a significant experience in the matter. Two divergent trends had to be harmonized in this context: that which aimed at free trade without environmental or other interferences, and that which aimed at the attainment of environmental objectives over and above trade or economic considerations.

The approach of NAFTA is first to respect the environmental legislation and standards decided by each country, while seeking at the same time to ensure their compatibility.[74] To this end, in accordance with Chapter 9 of the Agreement the general standards relating to goods decided by each country should take into account international standards in force, thus providing for an harmonization criterion that will be available and acceptable for both parties in the trade relationship. The problem of unilateral measures enacted by the importing country or

---

[71] GATT, see note 9.

[72] WTO, see note 23, para. 174.

[73] P.L. Lallas, "NAFTA and Evolving Approaches to Identify and Address Indirect Environmental Impacts of International Trade", *Geo. Int'l. Envtl. L. Rev.* 5 (1993), 519 et seq.

[74] P. Low, "The International Location of Polluting Industries and the Harmonization of Environmental Standards", in H. Muñoz/R. Rosenberg (eds), *Difficult Liaison. Trade and the Environment in the Americas*, 1993, 21 et seq.

that of lowering standards that the exporting country could eventually decide are thereby avoided. Procedures for environmental impact assessment and the establishment of committees for the harmonization of standards are additionally provided for.

All of the above does not necessarily ensure that a given product might not be excluded from a NAFTA member's market, but this could probably happen only after an international standard in force has been violated by the country of origin and even then the matter has to be submitted to compulsory dispute settlement. Particularly important in this regard are the provisions of Chapter 19 of NAFTA on countervailing duties imposed on the argument of subsidization or dumping, which require a separate procedure for the settlement of disputes under which a national measure enacting such restrictions is subject to a review by an international panel. The potential effects of unilateral measures are thereby significantly reduced. The objective of increasing the levels of environmental protection are always envisaged as desirable, thus ensuring that harmonization will take place without diminishing the available levels of protection.

The national application of specific sanitary and phytosanitary standards is also envisaged in the light of Chapter 7 B of the NAFTA Agreement provided it does not result in an undue obstacle to international trade, thus also aiming at preventing that this matter might be used as a pretext for protectionist measures. The principle of applying the least restrictive trade measures developed in the context of the Uruguay GATT Round is also relevant in this matter. As an additional assurance directed to exclude arbitrary or unfounded decisions it is also provided that all standards in this field must be supported by scientific principles.

Another significant aspect of NAFTA is that it does not include process and production methods since it deals only with exported goods, thereby also settling the international debate on this other question. This does not affect the policy of not reducing environmental standards that might lead to environmental havens[75] and it does not have any incidence on the issues of State sovereignty. Article 1114 of the Agreement further recognizes the importance of not promoting investments by way of weakening national measures on health, security or the environment.

---

[75] R.B. Stewart, "The NAFTA: Trade, Competition, Environmental Protection", *Int'l Law.* 27 (1993), 751 et seq.

NAFTA has also importantly innovated on the question of burden of proof. Unlike the GATT/WTO where the party complained against must prove the compatibility of the measure adopted with the Agreement, in NAFTA these roles are reversed since it is the party bringing the complaint that must prove that the measure in question is incompatible with the Agreement. In addition, the party complained against has the strategic option of requiring that the dispute be submitted to the NAFTA or the GATT/WTO procedures. Although these mechanisms have been devised to protect the environment they have the disadvantage of indirectly encouraging or strengthening eventual unilateral measures that might be adopted. Furthermore, the assumption that NAFTA panels might be more sympathetic to environmental protection than those under GATT/WTO has yet to be demonstrated.

The environmental concerns of NAFTA are also evident in respect of the prevalence given in case of conflict to obligations under CITES, the Montreal Protocol and the Basel Convention over those of the Agreement. This normative hierarchy might become a rather serious legal problem in the light of what was discussed above in respect of similar options proposed for the GATT/WTO. In any event, this prevalence will only be available if it is a case of agreed measures under those conventions, the requirement of being least trade restrictive is met and the parties concerned are parties to both the convention in question and the NAFTA.

The side Agreement on the Environment[76] was negotiated to further strengthen the mechanisms for environmental protection, responding in essence to domestic political issues raised on the matter in the United States. It should be noted, however, that the Agreement pursues the effective implementation of national measures[77] and not the adoption of additional international standards; the Agreement is basically concerned with procedural issues, providing a framework for consultations and preventive negotiations before resort is made to the settlement of disputes or the eventual application of sanctions. In addition to the effective implementation of national legislation, the Environmental Agreement pursues the objective of public participation in the decision-making process. Some of its provisions are declaratory of intentions and

---

[76] C. Thomas/G.A. Tereposky, "The NAFTA and the Side Agreement on Environmental Cooperation", *JWT* 27 (1993), 5 et seq.

[77] F.M. Abbott, "From Theory to Practice: the Second Phase of the NAFTA Environmental Regime", in: Wolfrum (ed.), see note 17, 451 et seq.

not actually binding, such as the prohibition of exporting domestically prohibited goods.

The institutional structure of the Agreement provides for a Commission for Environmental Cooperation. A Council, a Secretariat and a Joint Public Advisory Committee provide for the flow of information, consultations and dispute settlement. The different stages involved in the handling of environmental matters clearly reveal that the objective of this Agreement is essentially to correct emerging problems and not of a punitive nature.

Although NAFTA has pursued the balance of trade and environmental regulations, the emphasis put on the latter objective has been considered many times as excessively restrictive of the freedom of trade, thus prompting an important debate about the convenience of the approach followed.

IX. In Search of a Consensual Harmonization of Environmental Standards

In addition to the harmonization of standards that takes place in the framework of international organizations and special conventions other modalities conducive to the same goal have been put into operation. These other modalities rely on a consensual process that privileges agreement and common interests in the search for negotiation and not imposition. These modalities have emerged as a consequence of the limits of State authority imposing standards and applying sanctions, which has many times resulted in the ineffective implementation of standards; these other alternatives based on consensus ensure a broader application of environmental standards.

It must also be noted that in recent international conventions and other proposals economic incentives are provided for in order to facilitate the acceptance of these instruments and their harmonization standards, establishing in particular funds for economic assistance and other financial incentives.[78] This approach largely responds to a view of international economic relations that has been largely surpassed. The real solution lies in the incentives linked to international trade since the possibility of benefiting from trade agreements and acceding to the principal markets

---

[78] P.H. Sand, "The Potential Impact of the Global Environment Facility of the World Bank, UNDP and UNEP", *ibid.*, 479 et seq.

of the world has been an important factor in perfecting the requirements of environmental protection. State financial assistance is in essence a reformulation of the options prevailing in the 1970's in which the influence of aid and trade on development were largely discussed; the aspiration to "trade, not aid" then expressed could very well apply today to the issues of trade and the environment. In addition, the financial restraints affecting today all governments and international organizations make that approach unrealistic. In this respect, international trade can be conceived as an incentive to environmental protection and not as the restrictive type of sanction that has prevailed thus far.

The level of harmonization that has been consensually attained in relation to international trade is much more important than what it may appear at first sight,[79] as the following principal expressions reveal.

1. Voluntary Implementation of Environmental Standards

There is first an important trend relying on the voluntary implementation of environmental standards established under international organizations and technical bodies, an approach which is largely left to the operation of market forces. The International Standards Organization (ISO), and particularly the standards ISO 9000 and 14000, and the European Community Eco-management and Audit System (EMAS) are two examples in this field. Important corporations in developing countries have also begun the necessary planning to implement the standards defined in this context.[80]

2. Protection Standards Agreed Between Exporter and Importer

The interaction between producers and importers has often led to the establishment of quality and environmental protection standards of the goods being internationally transacted since this is the most effective manner to ensure unimpeded access to consumer markets. Chilean exporters, for example, know in detail the international markets for the

---

[79] R.B. Stewart, "Environmental Regulation and International Competitiveness", *Yale L. J.* 102 (1993), 2040 et seq.

[80] Consejo Chileno para las Relaciones Internacionales, *Medio Ambiente y Economías Exportadoras*, 1993.

agro-business sector and the requirements associated to the exploitation of forests, fisheries, mining and other activities, having a strong process of adaptation to such requirements taken place not because of it being imposed but because of the commercial advantage in so doing. In this context, even the Polluter Pays Principle and its internalization of environmental costs has been applied in practice without the need of exporters being commanded to do so and in the absence of standards and rules to this effect.

3. Standards defined by Corporations

Individual corporations or industrial sectors as a whole have also enacted standards for environmental protection applicable to their activities. Some corporations having an important segment of the market require from their suppliers the implementation of environmental standards related to a broad international harmonization. In other cases, as it has happened with foreign investment projects in the Chilean mining sector, the corporation concerned will apply environmental protection standards more stringent than those required under domestic legislation or even than those required in their country of origin, a situation that reveals that a less stringent legislation does not necessarily result in affecting environmental protection.

4. Environmental Contracts and Covenants

This other approach leads to the enactment of standards and objectives concerning the environment in such conditions and modalities as agreed between public authorities and the industry. The experience of The Netherlands and other countries shows that negotiated agreements are more comprehensive and coherent than purely bureaucratic measures and are thus more effective than standards imposed by governments. This model has a particular potential in the international ambit.

5. Market Incentives

Several market incentives have been put into operation in national policies and in a more limited manner in international experiences.[81] Transferable emission permits, payment of fees, financial deposits as security, consumer information and other schemes should be particularly noted in this respect.

X. Implications of International Processes of Harmonization for the National Legal Orders

The agreements and international standards that have been discussed have important implications for the national legal orders. The first implication relates to a matter of substance. The many rules and standards that are every passing day being enacted in trade and environmental matters raise the problem of their implementation at the national level, either by means of the enactment of the appropriate legislation or in terms of their direct applicability.[82] Several conventions and decisions have provided for international monitoring in this matter, ranging from simple measures of periodical reporting to complex mechanisms of verification and supervision. International environmental impact assessment and the evolving rules on State responsibility and civil liability for environmental damage under international law are particularly significant in this context.

International standards also have important implications in respect of domestic procedures. In almost all the experiences relating to settlement of disputes international procedures have been established. Both the arrangements for dispute settlement under GATT/WTO and NAFTA confirm this trend to have disputes settled by international panels, arbitration and other means. In the case of NAFTA decisions relating to countervailing duties are governed by domestic law; the review of such decision, however, is not made by a national tribunal but by an international panel that will interpret and apply the domestic law of the coun-

---

81 R.B. Stewart, "Controlling Environmental Risks through Economic Incentives", *Colum. J. Envt'l. L.* 13 (1988), 153 et seq.

82 Laurence Boisson de Chazournes, "La mise en oeuvre du droit international dans le domaine de la protection de l'environnement: enjeux et défis", *RGDIP* 1 (1995), 37 et seq.

try concerned. It follows that the rules of international law are supplementing, or eventually substituting for, the domestic legal system in this matter, thus requiring of an important process of adaptation.

In spite of the complex interrelations between the law governing international trade and that governing the environment, there are numerous positive alternatives inspired in the compatibility of interests and conceiving international trade as an incentive for environmental protection. Environment and trade competition thus become, not antagonistic elements, but mutually supportive factors of development and social progress. This is what Edith Brown Weiss has rightly conceptualized as "sustainable competitiveness".[83]

[83] E. Brown Weiss, "Environment and Trade as Partners in Sustainable Development: A Commentary", *AJIL* 86 (1992), 728 et seq.

Praktische Möglichkeiten zur Verbesserung des völkerrechtlichen Investitionsschutzes

Harald Rieger

I. Einleitung

Der Investitionsschutz hat immer wieder im Vordergrund des wissenschaftlichen Interesses von Günther Jaenicke gestanden. Dies gilt nicht nur für den Schutz privater Investitionen in Drittstaaten; vielmehr hat sich Günther Jaenicke als langjähriger Rechtsberater der deutschen Delegation auf der Dritten UN-Seerechtskonferenz mit den Fragen des Investitionsschutzes in einer neuen, im Entstehen begriffenen Rechtsordnung jenseits der Grenzen nationaler Souveränität befaßt, nämlich dem Schutz von meeresbergbaulichen Investitionen zur Gewinnung von Rohstoffen auf dem Tiefseeboden. Die Auseinandersetzung um das Rechtsregime für einen Meeresbergbau auf dem Tiefseeboden, die den umstrittensten Gegenstand der Dritten UN-Seerechtskonferenz darstellte und das Zustandekommen einer Übereinkunft um mehr als ein Jahrzehnt verzögerte, ist kein Selbstzweck gewesen. Rückblickend betrachtet könnte man geneigt sein zu sagen, daß die Industriestaaten, und hier vor allem deren rohstoffgewinnende Industrie, sich in der wirtschaftlichen Bedeutung des Meeresbergbaus verschätzt haben: Bis heute ist kein kommerzielles Vorhaben dieser Art realisiert worden. Eine derartige Betrachtung greift aber zu kurz. Die Auseinandersetzung um das Meeresbodenregime wurde im Hinblick auf deren präjudizielle Wirkung für die in den siebziger Jahren bei Beginn der Seerechtskonferenz von den Entwicklungsländern propagierte sogenannte Neue Weltwirtschaftsordnung geführt. Die Industrieländer befürchteten, daß ein von der Staatengemeinschaft administriertes Rechtsregime für den Meeresbergbau Modellcharakter auch für die terrestrische Rohstoffgewinnung in den Entwicklungsländern haben könnte. Noch problematischer war in den Augen der Industriestaaten und deren Wirtschaft, daß das von den Entwicklungsländern auf der Seerechtskonferenz propagierte Rechtsregime für den Meeresboden durch dirigistische Maßnahmen in den Weltrohstoffmarkt eingreifen sollte, vor allem durch eine Produktionssteuerung zum Schutz terrestrischer Rohstoffreserven. Günther Jaenicke hat es in seiner langjährigen Beratertätigkeit immer wieder verstanden, zwischen den Interessen der Industriestaaten und ihrer Unternehmen einerseits und berechtigten Belangen der Völkerrechtsgemeinschaft insgesamt zu vermitteln. Als ehemaliger Direktor des Frankfurter Instituts für ausländisches und internationales Wirtschaftsrecht war er mit Fragen des Kartellrechts bestens vertraut, um einen Blick dafür zu haben, daß eine rein marktwirtschaftliche Lösung, nämlich die Überlassung des Meeresbergbaus an die internationalen privaten Rohstoffunternehmen, sehr wohl die Gefahr einer Verstärkung ohnehin bestehender marktbeherrschender Stellungen in sich barg. Da nur die großen, international operierenden Rohstoffunternehmen die finanzielle und technologische Basis für den Meeresbergbau hatten und zudem in der Vermarktung der vom Meeresboden zu gewinnenden Rohstoffe führend waren, mußte bei der Ausgestaltung des Regimes darauf Bedacht genommen werden, daß dieses kein "closed shop" wurde. Zum anderen mußten diese Unternehmen aber eine faire Chance gegenüber der zu schaffenden internationalen Meeresbergbaubehörde haben, wenn der Meeresbergbau überhaupt unter marktwirtschaftlichen Bedingungen in Gang kommen sollte. Nach jahrelangem Ringen ist dieser Kompromiß schließlich gelungen. Ursächlich hierfür waren geläuterte Ansichten über die Entwicklungsbedingungen für die Rohstoffgewinnung weltweit. Die Rohstoffgewinnung ist nicht Schatzgräbersuche, sondern eine unter internationalem Standortwettbewerb sich vollziehende marktwirtschaftliche Betätigung mit hohen kommerziellen Risiken. Nur das Land, das insgesamt angemessene Investitionsbedingungen bietet, kann einen Investor dazu veranlassen, eine Bergbauinvestition zu tätigen. Da Rohstoffe weltweit trotz aller Warnungen des Club of Rome nicht knapp, sondern nur schwer zu gewinnen sind, ist die Beschaffung von Risikokapital für den Bergbau das Kernproblem. Da diese Einsicht heute Allgemeingut ist, ist die Neue Weltwirtschaftsordnung kein Thema mehr.[1] Die Träume eines gegenüber dem terrestrischen Bergbau

---

1 T.W. Wälde trug auf der International Law Conference in Quatar, 1994 ein "Requiem for the New International Economic Order" vor, siehe T.W. Wälde, *Internationale Investitionen im Energiesektor der früheren Sowjetunion: Zwischen wirtschaftspolitischem und rechtlichem Anspruch und der chaotischen*

konkurrenzfähigen Meeresbergbaus sind allerdings auf absehbare Zeit ebenfalls verflogen. Das von Günther Jaenicke maßgeblich mitgestaltete Rechtsregime steht aber und harrt seiner Anwendung, wenn die wirtschaftlichen Verhältnisse dies zu späterem Zeitpunkt rechtfertigen. Schon jetzt ist als bleibendes Verdienst der Auseinandersetzung um das Meeresbergbauregime festzuhalten, daß jedenfalls auf dem Gebiet der Metalle dem Dirigismus einer Neuen Weltwirtschaftsordnung ein Riegel vorgeschoben wurde. Einbrüche dirigistischer Elemente in die Weltwirtschaftsordnung durch das Meeresbodenregime hätten nach allen Erfahrungen nicht nur langlebige, sondern auch teuere und letztlich ineffektive internationale Organisationen geschaffen. Insofern kann gesagt werden, daß die Bemühungen um das Meeresbodenregime auf der Dritten UN-Seerechtskonferenz trotz der scheinbar gegebenen wirtschaftlichen Irrelevanz der Rohstoffgewinnung vom Meeresboden keineswegs umsonst waren.

II. Investitionsschutz auf völkerrechtlicher Basis

Das Meeresbodenregime der Dritten UN-Seerechtskonvention hat den Vorzug, völkerrechtlich bindend zu sein. Es bietet durch die Dichte der Regelungen für die Tätigkeit der internationalen Meeresbodenbehörde wie auch durch die in der Konvention verankerte gerichtliche Kontrolle durch den internationalen Seegerichtshof ein hohes Maß an Investitionsschutz für den privaten Investor im Meeresbergbau. Dem gegenüber findet der private Investor in einem Drittstaat nicht immer äquivalente Bedingungen des Investitionsschutzes vor. Seine Investition unterliegt zunächst den innerstaatlichen Regelungen für ausländische Investitionen. Erst in den letzten zwei Jahrzehnten ist es gelungen, insbesondere den Entwicklungsländern die zentrale Bedeutung des Investitionsschutzes so vor Augen zu führen, daß völkerrechtliche Regelungen und Institutionen einen zusätzlichen und deutlich effektiveren Investitionsschutz gewährleisten. Hierzu sind in erster Linie die bilateralen Investitionsschutzabkommen zu nennen, wie sie etwa die Bundesrepublik Deutschland mit ihren Investitionsförderungsverträgen mit heute 109

Wirklichkeit jenseits des Kommunismus, (Vorträge, Reden und Berichte aus dem Europa-Institut der Universität des Saarlandes, Nr. 359), 1997, 49, Fußnote 109.

Staaten abgeschlossen hat.[2] Zum anderen sind multilaterale Investitionsschutzabkommen zu nennen, allen voran die Multilaterale Investitions-Garantie-Agentur (MIGA) sowie die Europäische Energiecharta.

Der Investitionsschutz auf völkerrechtlicher Grundlage ist über die Jahre laufend verfeinert worden.[3] Dies gilt sowohl für die Klassifizierung des Risikos wie die Art des Eingriffs. Illustriert an den deutschen Bundesgarantien für Kapitalanlagen im Ausland werden heute die folgenden Risiken für Kapitalanlagen in Drittländern unterschieden:

a) Verstaatlichung, Enteignung oder sonstige Eingriffe von Hoher Hand, die in ihren Auswirkungen einer Enteignung gleichzusetzen sind (Enteignungsfall);

b) Bruch von rechtsbeständigen Zusagen staatlicher oder staatlich gelenkter oder kontrollierter Stellen, soweit diese Zusagen das Anlageunternehmen berechtigen und in der Garantieerklärung aufgeführt sind (BZ-Fall);

c) Krieg oder sonstige bewaffnete Auseinandersetzungen, Revolution oder Aufruhr (Kriegsfall);

d) Zahlungsverbote oder Moratorien (Moratoriumsfall);

e) Unmöglichkeit der Konvertierung oder des Transfers von Beträgen, die zum Zwecke des Transfers in die Bundesrepublik bei einer zahlungsfähigen Bank eingezahlt worden sind (KT-Fall).

Unter Kapitalanlagen werden heute nicht mehr nur die klassischen Eigentumsrechte, wie Beteiligungen, beteiligungsähnliche Darlehen und Kapitalausstattungen von ausländischen Niederlassungen oder Betriebsstätten als Gegenstand des Investitionsschutzes angesehen, sondern im Gefolge der in der Energierohstoffgewinnung (Erdöl, Erdgas) üblich gewordenen Rohstoffbezugsrechte zusätzlich noch die sogenannten Service-Contracts.

Als am problematischsten hat sich die Frage erwiesen, welche Art von Eingriff Gegenstand des Investitionsschutzes aufgrund von Investiti-

---

[2] Siehe *Bundesgarantien für Kapitalanlagen im Ausland*, 1996, Jahresbericht, C & L Deutsche Revision AG Wirtschaftsprüfungsgesellschaft, Hamburg, Anhang 3.

[3] Siehe hierzu J. Karl, "Neue Entwicklungen beim internationalen Investitionsschutz", *RIW* 40 (1994), 809 ff.; Zu den an Bergbauinvestitionen zu stellenden Rechtsschutz vgl.: H. Rieger, "Dealing with Mining Investments: An Appraisal of Practical Needs and Theoretical Shortcomings", in: G. Jaenicke u.a. (Hrsg.), *International Mining Investment - Legal and Economical Perspectives*, 1988, 125 ff.

onsförderungsverträgen, Bundesgarantien oder multilateralen Garantien sein soll. Ausgangspunkt ist das anzuerkennende Prinzip, daß der Staat oder zwischenstaatliche Organisationen dem Investor allenfalls in bestimmten Grenzen das politische, keinesfalls aber das wirtschaftliche Risiko seiner Investition abnehmen sollen, und zwar auch nicht in Entwicklungsländern. So klar dieses Prinzip ist, so schwierig ist seine Anwendung im Einzelfall. In den Ländern, in denen mit den Instrumenten des Investitionsförderungsvertrages oder der multilateralen Garantie gearbeitet wird (hierzu zählen heute nicht mehr nur die klassischen Entwicklungsländer, sondern auch die Schwellenländer sowie die sogenannten Übergangsgesellschaften, also die Staaten des ehemaligen kommunistischen Einflußbereichs in Mittel- und Osteuropa sowie die Nachfolgestaaten der ehemaligen Sowjetunion), sind Staat und Wirtschaft nicht so fein säuberlich getrennt wie in den westlichen Industriestaaten (wo dies allerdings ebenfalls nur in durchaus abgestuftem Umfang zutrifft). Der Staat ist in diesen Ländern oft hoheitlich handelndes Völkerrechtssubjekt wie auch Geschäftspartner des Investors. Dies wird besonders deutlich in der heute - ebenfalls durchaus nicht nur in Entwicklungsländern - zunehmenden Kooperationsform des B.O.T.-Vertrages (*Build-Own-Operate-Transfer-Contract*). Typischerweise werden hier die Auftragnehmer für den Anlagenbau dazu veranlaßt, nicht nur eine bestimmte Infrastruktur- oder Industrieanlage zu bauen und, ggf. schlüsselfertig, dem Auftraggeber zu übergeben. Vielmehr wird der Auftragnehmer veranlaßt, selber eine, gegebenenfalls auch maßgebliche Beteiligung an der Anlage zu nehmen, also mit zu finanzieren, die Anlage in den ersten, z.B. zehn Jahren zu betreiben und sie sodann zu festgelegten Bedingungen an den Auftraggeber, meistens den Staat zu übertragen. Handelt es sich dabei etwa um ein Kraftwerk, so ist selbstverständlich für das wirtschaftliche Wohlergehen dieser Investition des Anlagenbauers der Stromtarif von Bedeutung, der nur unter staatlicher Mitwirkung zustande kommt und bezüglich den über die Jahre hinweg eintretenden Kostensteigerungen angepaßt werden kann. Die Reihe solcher politisch/wirtschaftlicher Risiken in der sogenannten "Grauzone" ließe sich beliebig erweitern: Der Staat reglementiert die Einfuhr wichtiger Ersatzteile, er setzt Mindestlöhne fest, die Gewerkschaften stehen, vor allem bei Arbeitskämpfen, unter staatlichem Einfluß, bei produzierenden Betrieben setzt der Staat Einfuhr- und Ausfuhrabgaben fest; last but not least erteilt er ggf. Zusagen bei Beginn der Investition, die für die Projektgesellschaft von entscheidender Bedeutung sein können. Folge von Eingriffen können bloße Ertragsschmälerungen sein, wohl aber auch Eingriffe in die Substanz, die ein Weiterbetreiben der Investition zu einem Verlustunternehmen machen würden: Ist der eintretende Konkurs dann ein gedecktes politisches Risiko?

Hierzu sagt das "Merkblatt für die Übernahme von Bundesgarantien für Kapitalanlagen im Ausland (Fassung November 1993)":

> "Der Garantieschutz (im Enteignungsfall) bezieht sich nicht nur auf die Entziehung des Eigentums. Er umfaßt vielmehr durchaus auch Beschränkungen des Eigentums, sofern sie in ihren Auswirkungen einer Eigentumsentziehung gleichkommen. Das gilt für hoheitliche Eingriffe ebenso wie bei Unterlassungen von Hoher Hand, sofern nachweislich eine Rechtspflicht zum Tätigwerden bestand. Allerdings werden die Voraussetzungen für eine Entschädigungspflicht nur beim Vorliegen eines hoheitlichen Verhaltens als erfüllt angesehen werden können, das die 'betriebliche Substanz' des Anlageunternehmens in einem solchen Maße stört, daß sein ungestörtes Funktionieren unterbunden oder entscheidend beeinträchtigt ist. Tatsächliche Umstände, wie z.B. Gewinnerwartungen und bestehende Rechtsregelungen, gehören nicht zur betrieblichen Substanz. Insoweit können deshalb auch Änderungen während der Garantielaufzeit, die sich ungünstig auf das Anlageunternehmen auswirken, regelmäßig keinen Enteignungsfall begründen.
>
> Der Garantieschutz im Fall von Zusagen erstreckt sich auf den Bruch rechtsbeständiger Zusagen staatlicher oder staatlich gelenkter bzw. kontrollierter Stellen. Der Begriff Zusage bezeichnet vertragliche oder einseitige individuelle Verpflichtungserklärungen, die dem Anlageunternehmen besondere, über die Zulassung zu allgemeinen gesetzlichen Förderungsprogrammen hinausgehende Vergünstigungen zusprechen. Der Garantieschutz setzt voraus, daß die Garantieerklärung die betreffende Zusage ausdrücklich bezeichnet. Die Entscheidung des Bundes, den Bruch einer Zusage des Anlagelandes zum Gegenstand der Deckung zu machen, hängt u.a. davon ab, daß diese Zusage dem politischen Bereich zuzurechnen ist und ihre Nichteinhaltung einen Ausgleichsanspruch gegen das Anlageland auslöst. Dies kann auch auf Zusagen privatrechtlich organisierter, jedoch staatlich gelenkter bzw. kontrollierter Stellen zutreffen. Zusagen kommerziellen Charakters bleiben außer Betracht. Im übrigen wird die Entscheidung des Bundes unter Berücksichtigung der Förderungswürdigkeit und des eventuellen Risikos getroffen."

Eine neue Qualität hat der Investitionsschutz durch die Errichtung der Multilateralen Investitions-Garantie-Agentur der Weltbank (MIGA) erhalten. Nachdem verschiedene Anläufe, auf EU-Ebene ein multilaterales Garantieinstrumentarium wenigstens für Rohstoffinvestitionen in

Entwicklungsländern zu schaffen, gescheitert waren, gab man den Bemühungen um eine unter dem Dach der Weltbank zu errichtenden multinationalen Garantieagentur zunächst kaum eine Chance. Insbesondere den deutschen Investoren, die mit dem deutschen Garantieinstrumentarium seit Jahrzehnten gut gefahren waren, wollte der Nutzen einer solchen Institution nicht einleuchten. Die Sorge war vor allem, daß die Stringenz der deutschen Investitionsförderungsverträge bezüglich der Schutzstandards, die die Bundesregierung in zähen Verhandlungen auch unter größten politischen Pressionen der Anlageländer im wesentlichen aufrechterhalten konnte, im Rahmen einer solchen multilateralen Investitionsagentur aufgeweicht werden könnten, etwa weil auch viele Entwicklungsländer zu den Zeichnern der MIGA-Konvention gehören sollten. Da amerikanische Investoren mit ihren innerstaatlichen Garantieinstrumentarien nicht immer glückliche Erfahrungen gemacht hatten und insbesondere das Bedürfnis sahen, bei Investitionen internationaler Konsortien eine einheitliche Kapitalanlagegarantie für alle Beteiligten gewähren zu können, kam es schließlich 1988 zur Gründung der MIGA, die inzwischen breite Akzeptanz gefunden hat.[4]

Hinsichtlich der zu schützenden Kapitalanlagen geht MIGA weiter als das deutsche Garantieinstrumentarium. Deckungsgegenstand sind nicht nur Kapitalanlagen, sondern auch Bankdarlehen, Gesellschafterdarlehen, Technical Assistance Agreements und Management Agreements, ja sogar Lizenzverträge. Hinsichtlich der Risiken besteht weitgehende Identität: Transfer-, Enteignungs-, Kriegs- sowie Aufruhrrisiken.

Hinsichtlich der Art des Eingriffs tragen die Garantiebedingungen der MIGA der jahrelangen Diskussion um die sogenannte "Grauzone" Rechnung, in den unter bestimmten Voraussetzungen sowohl die Einschränkung von Gesellschafterrechten wie auch Maßnahmen der sog. *creeping expropriation* ein versichertes Risiko sein können.

Es ist noch zu früh, um einen Vergleich zwischen dem Investitionsschutz der MIGA und dem traditionellen bilateralen Investitionsschutz, etwa nach Art der deutschen Investitionsförderungsverträge zu ziehen.[5] Ein solcher Vergleich wäre ohnehin unvollständig, wenn er nur in einem

---

[4] Der MIGA gehören inzwischen 141 Mitgliedsländer an. Bis Juni 1997 übernahm die MIGA insgesamt 293 Garantien im Zusammenhang mit Investitionen in 52 Entwicklungsländern. Die Höchsthaftungssumme aus diesen Garantien betrug 2,5 Mrd. US-$ (alle Angaben aus *MIGA Annual Report* 1997, 7).

[5] Eine erste Analyse hat T. Stern, *Die Multilaterale Investitions-Garantie-Agentur (MIGA)*, 1990, vorgelegt, zu der der Verf. in *Zeitschrift für die gesamte Versicherungswirtschaft*, 1990, 498 ff. Stellung genommen hat.

Vergleich der Garantiebedingungen bestünde. Maßgeblich ist vielmehr auch, wie die Garantiebedingungen im konkreten Schadensfall angewendet werden. Glücklicherweise bestehen hier in der deutschen Praxis relativ wenige, in der Praxis der MIGA bisher noch keinerlei praktische Erfahrungen. Schon jetzt kann aber gesagt werden, daß voraussichtlich signifikante Vorteile des Investitionsschutzes nach den MIGA-Bedingungen jedenfalls im konkreten Schadensfall nicht wahrscheinlich sind. Dagegen spricht die Tatsache, daß die Risikostreuung im deutschen System aufgrund der Vielzahl der gewährten Garantien und der äußerst geringen Anzahl der Schadensfälle auf absehbare Zeit günstiger sein wird als bei der MIGA.[6] Auch dürfte die Finanzierungsstruktur der MIGA, nach der nicht nur Industrieländer, sondern auch Entwicklungsländer Risikoträger sind, gegen Hoffnungen auf eine allzu opulente Schadensabwicklung sprechen. Dabei soll nicht verkannt werden, daß, was bei der Gründung der MIGA als besonderer Vorteil hervorgehoben wurde, die Tatsache der Beteiligung der Entwicklungsländer als Mitgliedsländer und Finanziers der MIGA unter Umständen einen mäßigenden Einfluß auf die Eingriffsbereitschaft bestimmter Anlageländer haben dürfte.

III. Unterstützende Maßnahmen für den Investitionsschutz durch internationale Finanzierungsinstitute

Betrachtet man das Bild des bilateralen und multilateralen Investitionsschutzes, so liegt der Schluß nahe, daß ein Investitionsschutz gegeben ist, der jedenfalls im Bereich des politischen Risikos allen Anforderungen genügt. Dies mag so sein, ist aber nicht die Sicht des Investors. Der Investor sieht in dem Garantieinstrumentarium vor allem das finanzielle Netz beim Absturz seines Investments im Anlageland in eine politische Katastrophe. Die Garantie soll durch die Entschädigung in einem solchen Fall das finanzielle Fiasko in Grenzen halten. Primäres Ziel des Investors ist jedoch die präventive Vermeidung dieses politischen Risikofalles. Er will primär nicht im Risikofall entschädigt werden, sondern, daß dieser Risikofall gar nicht erst eintritt.

---

[6] Ende 1996 bestanden 990 wirksame Garantien mit einer Höchsthaftung des Bundes von 11,3 Mrd. DM, Jahresbericht 1996, siehe Anm. 2, 7.

Auch das klassische Garantieinstrumentarium auf bilateraler und multilateraler Ebene trägt dem Rechnung. Im Vorfeld eines politischen Risikofalles gewährt das garantiegebende Land dem Investor diplomatische Unterstützung und bemüht sich, durch Kontakte auf politischer Ebene die Gefahrensituation zu entspannen oder ganz abzuwenden. Dasselbe dürfte für die Praxis einer mulitilateralen Garantieagentur gelten.

Gleichwohl gibt es in der Praxis von Auslandsinvestitionen außerhalb des völkerrechtlichen Schutzes gefahrenmindernde Instrumentarien, die, obwohl nicht primär investitionsschutzrechtlich motiviert, gleichwohl zu einer Verstärkung des praktischen Investitionsschutzes beitragen.

Diese zusätzlichen investitionsschutzrechtlichen Elemente geraten ins Blickfeld, wenn man sich vergegenwärtigt, daß die Kapitalanlage in aller Regel nur einen Teil der gesamten, mit der Investition zusammenhängende Transaktion darstellt. Jedenfalls größere industrielle Investitionen werden in der Regel nicht ausschließlich durch Eigenkapital, sondern zum überwiegenden Teil (ca. 60-70%) durch Fremdmittel finanziert. Bei der international seit etwa zwei Jahrzehnten im Vordringen befindlichen sogenannten Projektfinanzierung werden die Fremdmittel nicht dem Investor zur Finanzierung der Gesamtinvestition im Anlageland gewährt, sondern typischerweise dem Anlageunternehmen selbst, das die industrielle Investition durchführt. Der oder die Investoren aus dem Anlageland und einem oder mehreren Drittländern gründen eine Gesellschaft mit eigener Rechtspersönlichkeit im Anlageland, die sogenannte Projektgesellschaft. Diese Projektgesellschaft nimmt die Kapitalanlage der Investoren als Bar- oder Sacheinlage entgegen und bildet hieraus ihr Eigenkapital. Sie nimmt darüber hinaus, wenn man von der Sonderform der eigenkapitalersetzenden Darlehen durch die Gesellschafter einmal absieht, Fremdmittel in Form von Bankkrediten auf, und zwar häufig bei Finanzierungsinstitutionen im Heimatland der Investoren. Daneben werden häufig für die erforderliche Infrastruktur der industriellen Investition dem Anlageland oder einer politischen Untergliederung desselben sogenannte Infrastrukturkredite gewährt, und zwar meist in Form von Entwicklungshilfe, also zinsbegünstigt und von öffentlichen oder intergouvernementalen Darlehnsgebern, wie etwa der Weltbank, der Europäischen Investitionsbank (EIB) oder der European Bank for Reconstruction and Development (EBRD).

Für derartige Projekt- oder Infrastrukturdarlehen sind selbstverständlich Darlehensverträge abzuschließen, was dazu führt, daß die Darlehensgeber ihrerseits Risikoanalysen durchführen. Es liegt dabei auf der Hand, daß Risiken, die die Kapitalanlage des Investors betreffen, also etwa eine Enteignung, kriegerische Einwirkungen oder diskriminierende Eingriffe in der sogenannten grauen Zone, selbstverständlich auch die Sicherheit des Schuldendienstes gefährden. Dies ist evident bei der Projektfinanzierung, bei der - von Garantien der Investoren bis zur Fertigstellung der Anlage abgesehen - die Projektgesellschaft die alleinige Quelle der Rückzahlung und Verzinsung der gewährten Kredite ist. Aber auch Infrastrukturkredite sind bei Störungen im Projektverlauf tendenziell gefährdet, da das Anlageland in der Regel die Infrastrukturkredite nur dann verzinsen und zurückzahlen kann, wenn die Projektgesellschaft die vereinbarten Entgelte für die Nutzung der Infrastruktur entrichtet. Bei den B.O.T.-Modellen, deren ausschließlicher Gegenstand die Errichtung und der Betrieb von Infrastruktureinrichtungen, also etwa eines Kraftwerks oder einer mautpflichtigen Brücke, ist, entscheidet die ungestörte Nutzung dieser Einrichtungen und damit der *cash flow* aus den Nutzungsentgelten allein über das Schicksal der eingesetzten Fremdmittel. Durch die spezifische Form der Projektfinanzierung sitzen also die Eigenkapitalinvestoren praktisch im selben Boot wie die Kreditgeber. Beide haben ein Interesse daran, daß es nicht zu politischen Störungen im Projektverlauf kommt.

Um dies zu gewährleisten, sichern sich die kreditgebenden Banken durch entsprechende Klauseln im Darlehensvertrag soweit wie möglich ab. Zu erwähnen ist in diesem Zusammenhang, daß es bilaterale oder multilaterale Kreditgarantien zugunsten von Fremdmitteln nur in eingeschränktem Umfang gibt. Die Investitionsförderungsverträge decken primär politische Risiken von Kapitalanlagen ab, nicht Fremdmittelvergaben. Erst seit Beginn der wirtschaftlichen Kooperation mit den Übergangsgesellschaften Osteuropas deckt der Bund auch Projektdarlehen von deutschen Banken gegen politische Risiken im Rahmen der Kapitalanlagegarantien ab. Voraussetzung hierfür ist, daß die kreditgebende Bank nach den Darlehensbedingungen am wirtschaftlichen Risiko des Projekts teilnimmt und auf die wesentlichen Projektdaten Einfluß nehmen kann. Die MIGA sichert vorrangig Eigenkapitalinvestitionen, aber auch Bankdarlehen, Technical Assistance und Management Verträge gegen politische Risiken ab.[7]

Die Lage des kreditgebenden Finanzierungsinstituts ist allerdings insofern günstiger, als völkerrechtlich der Eingriff in Darlehensverträge anders als die Enteignung unter keinen Umständen legitimiert ist, und zwar auch nicht unter einschränkenden Bedingungen wie bei der Ent-

---

[7] *MIGA Annual Report 1997*, 11.

eignung ausländischen Eigentums.[8] Wird das Anlageunternehmen, also die Projektgesellschaft, zugunsten des Anlagelandes oder zugunsten von Staatsbürgern desselben enteignet, bleiben völkerrechtlich dessen Darlehensschulden unberührt. Zwar mag der Staat durch devisenkontrollrechtliche Maßnahmen in den Schuldendienst eingreifen oder sogar versuchen, durch Sondergesetz in die Vertragsbeziehung selbst zivilrechtlich einzugreifen. Dies dürfte in aller Regel kollisionsrechtlich aber jedenfalls dann ins Leere gehen, wenn der Darlehensvertrag nicht dem Recht des Anlagelandes untersteht.

Hinzu kommt, daß das darlehensgebende Institut jedenfalls bei der Projektfinanzierung im engeren Sinne, also nicht bei der Finanzierung projektbegleitender Infrastruktur wie etwa Straßen, Bahnlinien, etc. grundpfandrechtlich abgesichert ist, sich notfalls also durch die Verwertung von Sicherheiten wenigstens zum Teil schadlos halten kann. Dennoch kann nicht übersehen werden, daß in der Regel eine solche Verwertung von Sicherheiten nicht zur vollen Befriedigung der Forderungen aus dem Darlehensverhältnis führt. Bei der Finanzierung von Infrastrukturmaßnahmen dürfte der wirtschaftliche Nutzen aus der Verwertung von Sicherheiten noch fragwürdiger sein.

Trotz der unterschiedlichen Völkerrechtslage hinsichtlich des Schutzes von Kapitalanlagen und Darlehensforderungen gegenüber Maßnahmen des Anlagelandes stellt sich also für die kreditgebenden Banken die Frage, wie sie sich gegenüber politischen Eingriffen dieses Anlagelandes schützen können, sofern nicht, wie oben dargestellt, eine gesellschafterähnliche Stellung bei dem Projektunternehmen erreicht und damit eine Kapitalanlagegarantie des Bundes erlangt werden kann.

In erster Linie ist hier eine Garantie des Anlagelandes für den Schuldendienst zu nennen. Eine solche Garantie mag zwar je nach Bonität des Anlagelandes mehr oder weniger wert sein. Jedenfalls führt sie aber dazu, daß dem Anlageland die Konsequenzen eines politischen Eingriffs gegen die Projektgesellschaft für den eigenen Staatshaushalt deutlich vor Augen geführt werden, sowie dazu, daß jedenfalls im Fremdmittelbereich das Anlageland "die angerührte Suppe selbst auslöffeln" muß.

Wegen der oft zweifelhaften Natur einer solchen Staatsgarantie, auch hinsichtlich ihrer Vollstreckbarkeit, bemühen sich die Finanzierungsin-

---

[8] Nach herkömmlichem Verständnis setzt eine völkerrechtliche Zulässigkeit der Enteignung ausländischen Eigentums voraus: öffentliches Interesse, angemessene "prompte" Entschädigung, Nichtdiskriminierung und das Fehlen entgegenstehender völkerrechtlicher vertraglicher Verpflichtungen, vgl. etwa A. Verdross./B. Simma, *Universelles Völkerrecht*, 3. Aufl. 1984, §§ 1216, 1224.

stitute um weitere Regelungen, die die Risikoanfälligkeit des Schuldendienstes gegen politische Störungen minimieren, und zwar bereits im Vorfeld. Die Darlehensverträge sehen z.B. vor, daß die Verkaufserlöse aus Exporten des Projektunternehmens zunächst auf einem *off-shore*-Treuhandkonto anzusammeln sind, von wo aus zunächst die Fremdwährungsschulden des Projekts bedient werden. Darüber hinaus wird durch sog. *financial covenants* eine finanzielle Mindestausstattung der Projektgesellschaft vorgeschrieben. Schließlich enthalten die Darlehensverträge in der Regel Klauseln, wonach es einen sog. *event of default* darstellt, wenn das Projekt von einem politischen Risiko betroffen wird, das nach dem *reasonable judgement* der kreditgebenden Banken deren Gläubigerrechte (einschließlich Sicherheiten) wesentlich beeinträchtigt. Hierzu werden ausdrücklich das Enteignungs- und Kriegs- bzw. Aufruhrrisiko genannt.

Auch andere den Projektverlauf störende politische Maßnahmen, wie etwa die Verweigerung von Exportlizenzen, können einen *event of default* und damit den Mechanismus der Fälligstellung des Projektdarlehens auslösen. Flankierend wirken dabei Rechtswahlklauseln (Wahl eines geeigneten ausländischen Rechts)[9] sowie die Vereinbarung eines neutralen Gerichtsstands oder Schiedsgerichts.

Entscheidend für unseren Zusammenhang des Investitionsschutzes ist dabei, daß derartige Klauseln in ihrer Wirkung nicht nur die Interessen der kreditgebenden Bank schützen, also etwa, indem sie die Eintreibung der außenstehenden Darlehensforderungen erlauben, so lange "noch etwas zu holen ist". Vielmehr besteht die investitionsschützende Reflexwirkung auf die Kapitalanlage darin, daß das zu politischen Eingriffen tendierende Projektland damit rechnen muß, daß die kreditgebende Bank im Falle von politischen Eingriffen von derartigen Rechten Gebrauch macht. Erfolgt dies, kann das enteignende oder sonst in das Projekt eingreifende Projektland nicht damit rechnen, daß ihm nach Rückzug oder Vertreibung des Investors ein florierendes Anlageunternehmen in die Hand fällt. Vielmehr muß es erwarten, daß die kreditgebende Institution nicht nur die Darlehensforderung fällig stellt, sondern deren Eintreibung gerichtlich oder schiedsgerichtlich beginnt und nach Erhalt eines Titels in die ihm von dem Anlageunternehmen gestellten Sicherheiten hineinvollstreckt. Als Vorstufe wird z.T. vorgesehen, daß die Kreditgeber im Fall eines andauernden *events of default* die Leitung des

---

[9] Hierzu H. Harries, "Die Parteiautonomie in internationalen Kreditverträgen als Instrument der Vertragsgestaltung", in: F. Kübler u.a. (Hrsg.), *Festschrift für Theodor Heinsius zum 65. Geburtstag*, 1991, 201 ff.

Projektunternehmens einem von ihnen eingesetzten Beauftragten übertragen können.

Durch die üblichen sogenannten *cross-default*-Klauseln führen solche Maßnahmen dazu, daß auch alle anderen Kredite des Anlageunternehmens, also etwa Exportfinanzierungskredite, fälliggestellt werden können. Die Vollstreckungsmaßnahmen der Banken können sich in solchen Fällen nicht nur auf die Vermögenswerte des Anlageunternehmens in dem Anlageland selbst erstrecken (was das Projektland eventuell durch geeignete hoheitliche Maßnahmen vermeiden kann); vielmehr können solche Vollstreckungsmaßnahmen auch die auf dem *off-shore*-Treuhandkonto angesammelten Exporterlöse sowie Produkte des Anlageunternehmens erfassen und damit dem Anlageunternehmen die Möglichkeit zum Export sowie den Zufluß ausländischer Devisen nehmen.[10]

Betrachtet man die Bandbreite solcher Reaktionen von kreditgebenden Finanzierungsinstitutionen im Falle von politisch motivierten Eingriffen in die Projektgesellschaft, so kann man durchaus zu dem Schluß kommen, daß derartige Konsequenzen in der Praxis jedenfalls keinen geringeren faktischen Investitionsschutz auch im Interesse des Investors darstellen als die völkerrechtlichen Absicherungen der Kapitalanlage durch bilaterale oder multilaterale Schutzabkommen (was selbstverständlich nicht gegen die Notwendigkeit auch dieser Form des Investitionsschutzes spricht).

IV. Investitionsschutz durch Kapitalbeteiligung staatlicher oder staatsnaher Finanzierungsinstitutionen

Neben dem "faktischen" Investitionsschutz durch entsprechende Klauseln in den Darlehensverträgen im Rahmen der Projektfinanzierung spielen in der Praxis noch weitere "faktisch" wirkende Investitionsschutzmaßnahmen eine Rolle. Zu nennen ist hier vor allem die zusätzli-

---

[10] Vgl. zu dem komplexen Thema der Darlehenssicherheiten im Rahmen der Projektfinanzierung insbesondere H. Harries, "The Contract Law of Project Financing", in: *The Law of International Trade Finance* (*Studies im Transnational Economic Law*, Volume 6), 1989, 345 ff. (353); ders., "Sicherungsstrukturen der Projektfinanzierung", in: F. Nicklisch, (Hrsg.), *Partnerschaftliche Infrastrukturprojekte: Rechtsfragen der Projektentwicklung, Projektfinanzierung und Projektrealisierung im internationalen und nationalen Bereich* (Heidelberger Kolloquium Technologie und Recht 1995), 1996, 19 ff.

che Beteiligung staatlicher oder staatsnaher Institutionen am Eigenkapital des Projektunternehmens.[11] In Deutschland hat die DEG - Deutsche Investitions- und Entwicklungsgesellschaft mbH, Köln nicht nur die Möglichkeit, deutsche Investments in Entwicklungsländern und Übergangsgesellschaften durch Kredite oder Kreditgarantien zu unterstützen; vielmehr kann sie sich auch selbst mit Eigenkapital an solchen Investitionen beteiligen. Dies führt dazu, daß politische Eingriffe in die Projektgesellschaft zugleich auch das Investment dieser staatseigenen Institution beeinträchtigen und damit zu einem direkten Konflikt zwischen dem Anlageland und der Bundesrepublik führen. Aufgrund des breit gefächerten Tätigkeitsprogramms der DEG kann es dabei vorkommen, daß die DEG in dem Anlageland nicht nur in der betreffenden Projektgesellschaft, sondern auch in anderen Projekten engagiert ist. Es liegt auf der Hand, daß ein Vorgehen gegen eine Investition der DEG bei der Projektgesellschaft negative Auswirkungen auf die Tätigkeit der DEG auch in diesen anderen Projekten nach sich ziehen kann. Auch dies wird das Anlageland vor politischen Eingriffen in die Projektgesellschaft sorgfältig abwägen und möglicherweise nicht in Kauf nehmen wollen. Die Beteiligung der DEG an Projektgesellschaften hat also aus der Sicht des deutschen Investors eine überaus heilsame "Geländerfunktion", was aus der Sicht der DEG naturgemäß ein zweischneidiges Schwert ist. Gleichwohl sollte angesichts des Ansehens der DEG vor allem in den Entwicklungsländern der Wert einer solchen Kooperation zwischen der DEG und dem Investor nicht unterschätzt werden.

Eine mindestens ebenso stabilisierende Wirkung dürfte eine Beteiligung der Weltbank-Tochter IFC (International Finance Corporation) an dem Projektunternehmen haben. Es ist letztlich die Erkenntnis in die konfliktvermeidende Wirkung eines Zusammengehens von öffentlichen und privaten Investoren, die Günther Jaenicke auch im Gebiet des Meeresbergbaus dazu geführt haben, aus der Antinomie zwischen privatem Investor hier und Meeresbergbaubehörde dort herauszukommen durch die von ihm angeregte Bildung von Joint Ventures zwischen beiden Seiten zur Durchführung des Meeresbergbaus. Wie er in seinem wegweisenden Werk über diese Thematik[12] gemeinsam mit Schanze und Hauser nachgewiesen hat, ist die Interessenparallelität zwischen öffentlicher Hand und privatem Investor im Grunde genommen der wirksamste Investitionsschutz gegen politische Risiken.

---

[11] Siehe hierzu z.B. K. Backhaus u.a. (Hrsg.), *Projektfinanzierung*, 1990, 25.

[12] G. Jaenicke u.a., *A Joint Venture Agreement for Seabed Mining*, Studies in Transnational Law of Natural Resources, Vol. 5, 1981.

V. Zusammenfassung

Die Verzahnung zwischen Völkerrecht und privaten Investitionen ist in der zweiten Hälfte des jetzt zu Ende gehenden Jahrhunderts enorm gewachsen. Durch die grundlegende Entscheidung der westlichen Industriestaaten sowie im Rahmen der MIGA auch der Entwicklungsländer selbst, dem Investor in weitgehendem Umfang Schutz gegen politische Risiken im Anlageland zu gewähren, um ihn zu den dringend benötigten Auslandsinvestitionen zu ermutigen, hat zu einer immer stärkeren Ausweitung und Verfeinerung der völkerrechtlichen Schutzmaßnahmen geführt, und zwar nicht nur auf bilateraler, sondern auch auf multilateraler Ebene. Die Erfahrungen, die Privatinvestoren bezüglich Eingriffen in Kapitalanlagen machen mußten (weg von der schlichten Expropriation und hin zu unterhalb der Enteignungsschwelle liegenden, aber ähnlich wirkenden diskriminierenden Eingriffen) legten es nahe, nach zusätzlichen Möglichkeiten des praktischen Investitionsschutzes zu suchen. Hier bieten sich Regelungen in den Darlehensverträgen projektkreditgebender Banken an, die dazu führen, daß der politische Risikofall zugleich eine Gefährdung der monetären Interessen des Anlagelandes darstellt und daher auch aus dem wohlverstandenen Interesse dieses Landes besser nicht eintreten sollte. Eine weitere Option für den praktischen Investitionsschutz bietet die Beteiligung staatseigener Finanzierungsinstitutionen des Heimatstaates des Investors (z.B. der deutschen DEG) oder internationaler Finanzierungsinstitutionen wie der International Finance Corporation (IFC).

IV. Europarecht

Staatliche Handelsmonopole nach Art. 37 EGV im Bereich der Landwirtschaft

Ulrich Everling

I. Einleitung

Günther Jaenicke ist einer der Pioniere des Europarechts. Bereits vor mehr als 45 Jahren befaßte er sich mit der neuartigen Erscheinung im internationalen Recht, die mit der Montanunion Realität zu werden begann. Wenige Jahre später folgte unter anderem seine weit ausholende Studie über die gerade gegründete Europäische Wirtschaftsgemeinschaft, und wiederum einige Jahre später eine detaillierte Analyse der ersten Serie von Regelungen des Agrarmarktes, an der er das Verhältnis des Gemeinschaftsrechts zum nationalen Rechts exemplifizierte, so wie es dem damaligen Stand entsprach[1]. Später hat sich *Jaenicke* anderen Problemen zugewandt, doch dieser bedeutende Teil seines Lebenswerkes sollte in Erinnerung bleiben. Deshalb erscheint es als ein angemessener Beitrag zu seinen Ehren, den Kreis zu schließen und an die Anfänge seines wissenschaftlichen Weges nach dem Kriege anzuknüpfen.

Das soll in der Weise geschehen, daß ein seit Jahrzehnten nahezu vergessenes Problem der Agrarpolitik aufgegriffen wird, nämlich die Stellung

---

[1] G. Jaenicke, "Die Sicherung des übernationalen Charakters der Organe internationaler Organisationen", *ZaöRV* 14 (1951), 46 ff.; ders., "Die Europäische Gemeinschaft für Kohle und Stahl (Montanunion), Struktur und Funktionen ihrer Organe", *ZaöRV* 14 (1952), 727 ff.; ders., "Bundesstaat oder Staatenbund. Zur Rechtsform einer europäischen Staatengemeinschaft", *FS für Carl Bilfinger*, 1954, 71 ff.; ders., "Der übernationale Charakter der Europäischen Wirtschaftsgemeinschaft", *ZaöRV* 19 (1958), 153 ff.; ders., "Das Verhältnis zwischen Gemeinschaftsrecht und nationalem Recht in der Agrarmarktorganisation der Europäischen Wirtschaftsgemeinschaft" , *ZaöRV* 23 (1963), 485 ff.

staatlicher Handelsmonopole der Mitgliedstaaten im Bereich der Landwirtschaft. Staatliche Handelsmonopole sind in einer Gemeinschaft mit Binnenmarkt[2], die nach Art. 3b EGV dem "Grundsatz einer offenen Marktwirtschaft bei freiem Wettbewerb verpflichtet" ist, an sich Fremdkörper. Trotzdem läßt der EG-Vertrag sie in Art. 37 unter bestimmten Voraussetzungen zu. Er verfestigt ihren Bestand besonders im Bereich der Landwirtschaft, in dem das Wettbewerbsprinzip ohnedies unvollkommen verwirklicht ist. Ob diese Lösung angemessen ist, mag unterschiedlich beurteilt werden. Aber jedenfalls ist festzustellen, daß der Vertrag damit einen Ausgleich zwischen der auf Marktöffnung zielenden Gemeinschaftspolitik und dem nach wie vor bestehenden Gemeinwohlauftrag der Mitgliedstaaten anstrebt, so wie es der grundsätzlichen Tendenz der frühen Arbeiten *Jaenickes* entspricht.

Anlaß dazu, diese Frage unter besonderer Berücksichtigung des deutschen Branntweinmonopols aufzugreifen, bietet das Urteil des Gerichtshofs der EG zum schwedischen Branntweinmonopol für den Einzelhandel, durch das die bisherige Rechtsprechung bestätigt wurde[3]. Der Gerichtshof hat dieses Monopol als vertragskonform angesehen, aber ergänzende Regelungen über die Genehmigungspflicht der Ein- und Ausfuhr für unzulässig erklärt. Doch unangefochten ist diese Rechtsprechung nicht[4], und auch im Hinblick auf bevorstehende internationale Verhandlungen wird wieder die Frage nach Fortbestand der Handelsmonopole oder Rechtsvereinheitlichung gestellt.

Deshalb soll im folgenden untersucht werden, ob und in welchem Umfang der Bestand umgewandelter Handelsmonopole im Agrarbereich geschützt ist und welche Grenzen dem Gemeinschaftsgesetzgeber insoweit gesetzt sind.

---

2 Im folgenden wird im allgemeinen nicht von der Europäischen Union, sondern von der Europäischen Gemeinschaft gesprochen, da diese Träger der Rechtsordnung ist. Die Abhandlung beruht auf einem Gutachten für die Arbeitsgemeinschaft Deutscher Agraralkoholerzeuger und -bearbeiter.

3 Urteil vom 23.10.1997, Rs C-189/95, *Franzén*, *Slg*. I-5909 ff.; im gleichen Sinne bereits Urteil vom 14.12.1995, Rs C-387/93, *Banchero*, *Slg*. I-4663 ff., zum italienischen Tabakmonopol.

4 Siehe U. Ehricke, "Staatliche Handelsmonopole im Recht der EU - Art. 37 EG-Vertrag: Bestandsaufnahme und Perspektiven", *WuW* 47 (1997), 691 ff.

II. Die Anwendung des Art. 37 EGV in der Rechtsprechung des Gerichtshofs

Absatz 1 des Art. 37 EGV verlangt nicht die Abschaffung, sondern nur die Umformung der bei Vertragsschluß bestehenden Handelsmonopole. Der Gerichtshof hat das seit dem Urteil *Manghera* immer wieder bestätigt[5]. Bei der Umformung ist nach der Formulierung der Bestimmung "jede Diskriminierung in den Versorgungs- und Absatzbedingungen zwischen den Angehörigen der Mitgliedstaaten" zu beseitigen. Der Gerichtshof hat entschieden, daß danach vor allem alle Maßnahmen, die die Ein- oder Ausfuhr von Monopolwaren aus den anderen Mitgliedstaaten behindern, aufzuheben sind[6]. Wie sich aus der Standstill-Vorschrift in Absatz 2 des Art. 37 EGV ergibt, ist dabei Maßstab die Anwendung der Art. 30 ff. EGV in der weiten Auslegung des Gerichtshofs, also auch unter Anwendung der bekannten Rechtsprechung *Dassonville/Cassis de Dijon*[7]. Nach der Rechtsprechung gilt die Bestimmung seit dem Ende der Übergangszeit am 31.12.1969 mit unmittelbarer Wirkung, so daß sich die Importeure vor den nationalen Gerichten darauf berufen können[8].

Teilweise wurde angenommen, daß die Umformung der Handelsmonopole im Sinne des Art. 37 EGV in der praktischen Wirkung zu ihrer Be-

---

5 Urteil vom 3.2.1976, Rs 59/75, *Manghera*, *Slg.* 91 ff.; Urteil vom 17.2.1976, Rs 91/75, *Miritz*, *Slg.* 217 ff.; Urteil vom 20.10.1993, Rs C-46/90 und C-93/91, *Lagauche*, *Slg.* I-5267 ff.

6 Vgl. vor allem Urteil *Manghera*, siehe Anm. 5. Dazu J.-A. Jarsombeck, "Das deutsche Branntweinmonopol im Lichte der neueren Rechtsprechung des Gerichtshofs der Europäischen Gemeinschaften", *ZfZ* 52 (1976), 103 ff.

7 L. Allkemper/S. Jones, "Fragen zur Anwendung von Art. 36 und 37 des EWG-Vertrages", *EWS* 3 (1993), 130 ff. (134); H. Matthies/R. von Borries, in: E. Grabitz/M. Hilf (Hrsg.), *Kommentar zur Europäischen Union*, Bearb. 1996, Art. 37, Rz. 16. Streitig ist die Anwendung des Art. 36 EGV. Der Gerichtshof lehnt sie - offenbar wegen des Wortlauts - ohne weitere Begründung ab; Urteil vom 23.10.1997, Rs C-157/94, *Niederlande*, *Slg.* I-5699 ff., Rz. 24. Zur Problematik Ehricke, siehe Anm. 4, 702. Zur Anwendung der Art. 30 ff. EGV vgl. allgemein die Erläuterungen zu diesen Bestimmungen von Matthies/von Borries, *ibid.*, sowie von P.-C. Müller-Graff in: H. von der Groeben/J. Thiesing/C.-D. Ehlermann (Hrsg.), *Kommentar zum EWG-Vertrag*, 5. Aufl. 1997.

8 Urteil *Manghera* , siehe Anm. 5.

seitigung führe[9]. Der Gerichtshof hat jedoch entsprechend seiner Feststellung, daß die Bestimmung nur die Umformung der Monopole verlange, im Urteil *Hansen II* anders entschieden. Er geht davon aus, daß Absatz 1 UAbs. 2 des Art. 37 EGV, der auf den innergemeinschaftlichen Handel Bezug nimmt, keine abschließende Definition der Handelsmonopole enthält, so daß diese fortbestehen, soweit sie inländische Produkte betreffen, also den innergemeinschaftlichen Handel nicht beeinträchtigen[10]. Art. 37 ist demnach weiterhin auf derartige Einrichtungen anwendbar, soweit sich die Ausschließlichkeitsrechte auf Ankauf, Verarbeitung und Verkauf der inländischen Erzeugnisse beziehen[11].

Die Mitgliedstaaten haben aus dieser Rechtslage, soweit erforderlich, Folgerungen gezogen. So hat Frankreich das Branntweinmonopol ganz aufgehoben[12], Italien hat sein Tabakmonopol umgewandelt[13]. Die neu beigetretenen Staaten Schweden und Finnland haben sich im Rahmen der Beitrittsverhandlungen in Briefwechseln mit der Kommission verpflichtet, ihre Produktions-, Großhandels- und Einfuhrmonopole für Alkohol abzuschaffen, während sie ihre Einzelhandelsmonopole für den Verkauf der alkoholischen Getränke beibehalten können. Österreich hat sein Branntweinmonopol durch Erlaß eines neuen Alkoholsteuer- und Monopolgesetzes, das zum 1.1.1995 in Kraft trat, ebenso wie schon vorher die Bundesrepublik, den Erfordernissen des Art. 37 EGV ange-

---

9 So ausführlich R.-D. Theisen, *Die Stellung der staatlichen Handelsmonopole nach dem EWG-Vertrag unter besonderer Berücksichtigung des Tabakmarktes*, 114 ff.

10 Das verkennt Ehricke , siehe Anm. 4, 694 f., der behauptet, daß Einrichtungen nach Art. 37 Abs. 1 Satz 1 und 3 EGV umzuformen, solche nach Satz 2 aber abzuschaffen seien. Das ergibt keinen Sinn, denn die Sätze 2 und 3 sind als besonderer Unterabsatz Anwendungsfälle des Obersatzes im ersten Unterabsatz. Soweit die Kontrolle und Beeinflussung von innergemeinschaftlicher Ein- und Ausfuhr durch Umformung beseitigt sind, können die Einrichtungen bestehen bleiben.

11 Urteil vom 13.3.1979, Rs 91/78, *Hansen II*, *Slg.* 935 ff. (Rz. 8); ferner Urteil vom 13.3.1979, Rs 119/78, *Peureux II*, *Slg.* 975 ff.; neuerdings Urteil *Franzén* , siehe Anm. 3.

12 Siehe U. Guian, "Der europäische Binnenmarkt und die rechtliche Situation der französischen Monopole und öffentlichen Unternehmen", *GewArch* 39 (1993), 271 ff.

13 Vgl. die Sachdarstellung im Urteil vom 7.6.1983, Rs 78/82, *Italien*, *Slg.* 1955 ff., durch das die gegen den Fortbestand des Monopols gerichtete Vertragsverletzungsklage abgewiesen wurde.

paßt[14]. Die Anpassung des deutschen Branntweinmonopols war der wohl wichtigste Anwendungsfall der Bestimmung[15]. Sie bedarf daher näherer Erläuterung.

III. Die Umformung des Branntweinmonopols

Die Vorgeschichte des Branntweinmonopols ist häufig dargestellt worden[16], sie braucht hier im einzelnen nicht erläutert zu werden. Wichtig für die vorliegende Untersuchung ist vor allem die Feststellung, daß den Branntweinregelungen seit jeher zwei Motive zugrunde lagen. Einmal ging es darum, die Besteuerung des Alkohols als Einnahmequelle des Staates zu gewährleisten, was angesichts der weiten Streuung der Produktionsstätten und der relativ hohen Besteuerung des Alkohols besondere Vorkehrungen erforderte. Zum anderen sollten zugleich die ländlichen Brennereien und damit die mit ihr als Eigentümer oder Lieferanten verbundenen Landwirte gestützt und gefördert werden. Sonderregelungen bevorzugten besonders kleinere landwirtschaftliche Brennereien[17].

Diese zweite Funktion der steuerlichen Regelung wurde nach dem ersten Weltkrieg wegen der ständig zunehmenden wirtschaftlichen Krisen besonders bedeutsam. Sie prägte das Branntweinmonopolgesetz von 1922, das im Grundsatz, wenn auch vielfach geändert, noch heute gilt[18]. Nach Ablauf der Übergangszeit des EWG-Vertrages wurde es in drei Etappen gemäß Art. 37 EGV umgeformt. Dies geschah zunächst 1970

---

14 Siehe W. Albrecht, "Erweiterung der Europäischen Union zum 1. Januar 1995", *Die Branntweinwirtschaft*, 158 ff. Die Vereinbarkeit des schwedischen Einzelhandelsmonopols wurde vom Gerichtshof durch Urteil *Franzén*, siehe Anm. 3, bestätigt.

15 Albrecht, siehe Anm. 14.

16 Vgl. H.-J. Horn, *Das deutsche Branntweinmonopol unter EWG-Vertrag und Grundgesetz*, 1987; J. Vorsmann, *Rechtsfragen des deutschen Branntweinmonopolgesetzes vom 8.4.1922 (RGBl. I, 405 ff.) unter besonderer Berücksichtigung der §§ 81, 82, 82a Branntweinmonopolgesetz*, 1986.

17 H.-H. Herlemann, *Branntweinpolitik und Landwirtschaft*, 1952, 12 ff.

18 Gesetz vom 8.4.1922 über das Branntweinmonopol, *RGBl.* I, 405, bereinigte Fassung *BGBl.* III Nr. 612-7. Einzelheiten sind in zahlreichen Durchführungsverordnungen geregelt.

aufgrund einer Empfehlung der Kommission[19]. Als der Gerichtshof die Änderungen für nicht ausreichend erklärte[20], wurden 1976 und 1979 weitere Lockerungen der bisherigen Regelungen beschlossen[21].

Aufgrund dieser Änderungen hat das Branntweinmonopol nur noch einen begrenzten Anwendungsbereich, ist aber weiter durch seine ursprünglichen beiden Funktionen, nämlich die agrarpolitische und die abgabenrechtliche, geprägt[22]. Es erstreckt sich auf Alkohol, der im Monopolgebiet aus landwirtschaftlichen Produkten hergestellt ist. Dieser ist grundsätzlich - mit gewissen Ausnahmen für Alkohol aus Korn, Obst und Wein sowie für Kleinbrennereien - an die Bundesmonopolverwaltung, eine Bundesoberbehörde, abzuführen. Branntwein, der aus dem freien Verkehr von Mitgliedstaaten der EG eingeführt wird, ist ablieferungsfrei. Das Einfuhrmonopol erfaßt also nur noch die relativ unbedeutenden Einfuhren von Branntwein aus Drittstaaten.

Die Bundesmonopolverwaltung übernimmt den Alkohol zu Preisen, die diese nach den durchschnittlichen Produktionskosten der Brennereien festsetzt. Die Preise gelten mit gewissen Ausnahmen nur für die Produktion innerhalb bestimmter, als Brennrechte bezeichneter Kontingente, die den Brennereien zugeteilt sind. Darüber hinausgehende Produktion ist zulässig, wird aber mit einem sog. Überbrandabzug belegt, der so hoch festgesetzt ist, daß die Produktion unrentabel ist. Auf diese Weise wirken die Brennrechte in der Praxis ähnlich wie Produktionsquoten.

---

19 Gesetz vom 23.12.1970 über die Erhebung einer besonderen Ausgleichsabgabe auf eingeführten Branntwein, *BGBl.* 1970 I, 1878; Bekanntmachung der Bundesmonopolverwaltung vom 23.12.1970, *BAnz.* Nr. 243, 1.

20 Urteil vom 3.2.1976, Rs 59/75, *Manghera*, *Slg.* 91 ff.; Urteil vom 17.2.1976, Rs 45/75, *REWE*, *Slg.* 181 ff.; Urteil vom 17.2.1976, Rs 91/75, *Miritz*, *Slg.* 217 ff.

21 Gesetz vom 2.5.1976 zur Änderung des Gesetzes über das Branntweinmonopol, *BGBl.* 1976 I, 1145; Gesetz vom 13.11.1979 zur Änderung des Gesetzes über das Branntweinmonopol, *BGBl.* 1979 I, 1937.

22 Im einzelnen vgl. die Darstellungen bei H.-J. Horn und J. Vorsmann, siehe Anm. 16, sowie H.-J. Hoppe/J. Heinrich, *Kommentar zum Gesetz über das Branntweinmonopol vom 8. April 1922 und zu seinen Ausführungsbestimmungen*, Loseblatt; ferner W. Albrecht, "Ist die deutsche Agraralkoholerzeugung mit dem europäischen Binnenmarkt vereinbar?", *Die Branntweinwirtschaft 1993*, 143 ff.; M. Peters, *Verbrauchssteuerrecht*, 1989, 99 ff.; E. Scherping/D. Rusch, "Einführung in das Gesetz über das Branntweinmonopol", in: *Das Deutsche Bundesrecht*, Lfg. 1990, VII D 82, 47 ff.

Der übernommene Rohalkohol wird vom Monopol oder in dessen Auftrag von Dritten gereinigt und sodann an Weiterverarbeiter verkauft. Für bestimmte Vorbehaltsbereiche darf nur Branntwein aus landwirtschaftlichen Rohstoffen verwendet werden, nämlich vor allem für Trinkbranntweine, Heil-, Riech- und begrenzt auch Schönheitsmittel, ferner für Speiseessig. Die Abgabepreise an Weiterverarbeiter werden so festgesetzt, daß sie mit dem relativ billigen eingeführten Branntwein aus Großbrennereien anderer Mitgliedstaaten konkurrieren können. Er ist demgemäß erheblich niedriger als der Übernahmepreis. Die Differenz und die bei der Monopolverwaltung entstehenden Kosten werden aus dem Bundeshaushalt erstattet; der Zuschuß beträgt jährlich ca. 290-300 Mio. DM.

Diesem Haushaltsbeitrag steht jedoch die hohe Branntweinsteuer gegenüber, die im Preis an die Abnehmer weitergegeben wird. Sie wird in gleicher Höhe auch auf eingeführten Branntwein erhoben. Verminderte Sätze gelten für Alkohol aus Kleinbrennereien mit einer Produktion bis zu 4 hl, und zwar auch bei eingeführtem Branntwein. Insgesamt verschafft das Branntweinmonopol dem Bundeshaushalt Einnahmen von ca. 5 Mrd. DM jährlich, also fast den 17fachen Betrag des Haushaltszuschusses.

Die Regelung zeigt, daß sowohl agrarpolitischen und als auch finanzpolitischen Gesichtspunkten Rechnung getragen wird. Einerseits trägt das Branntweinmonopol erheblich zu einer ausgewogenen landwirtschaftlichen Struktur bei. Die ca. 820 landwirtschaftlichen Brennereien und ca. 30.000 Kleinbrennereien, deren Bestand es ermöglicht, verbessern die Wirtschaftlichkeit der meist kleineren landwirtschaftlichen Betriebe, mit denen sie verbunden sind, insbesondere da sie die beim Brennen anfallenden Rückstände als Futter verwerten können. Auch die zusätzlichen ca. 210 gewerblichen Brennereien von Agrarprodukten sind teilweise in Händen von Landwirten[23]. Die Sonderregelungen für sog. Abfindungsbrennereien und Stoffbesitzer tragen wesentlich zur Erhaltung des Obstbaus und damit der Kulturlandschaft im Süden und Südwesten Deutschlands bei.

Andererseits stellt das Monopol die Besteuerung des in den weit gestreuten Produktionsstätten hergestellten Branntweins sicher. Ohne das Monopol wäre für die Erhebung ein außerordentlicher Verwaltungsaufwand notwendig, und die Gefahr der Steuerhinterziehung wäre er-

---

[23] Die Zahlen beruhen auf Angaben der Arbeitsgemeinschaft Deutscher Alkoholerzeuger und -bearbeiter. Weitere Zahlenangaben bei Albrecht, siehe Anm. 22, 148.

heblich. Das Monopol erzielt, wie dargestellt, beträchtliche Steuereinnahmen, die durch den Haushaltszuschuß zum Verlustausgleich nur relativ gering vermindert werden. Es erfüllt alle Merkmale eines Finanzmonopols.

Die Ausgestaltung des Monopols entspricht aber auch den Anforderungen eines effektiven Wettbewerbs im Gemeinsamen Markt. Es erstreckt sich nur noch auf einen beschränkten Teil des Alkohols, nämlich solchen aus landwirtschaftlichen Produkten, der - abgesehen von geringen Drittlandseinfuhren - im Inland hergestellt ist. Nur 26% des deutschen Alkoholmarktes werden erfaßt, und der innergemeinschaftliche Warenverkehr wird nicht behindert. Es beschränkt den Wettbewerb nicht mehr, als zur Verwirklichung seiner Ziele erforderlich ist, und entspricht damit dem Prinzip der Verhältnismäßigkeit.

Demgemäß hat es der Gerichtshof in seinem Urteil *Hansen II* als mit dem Gemeinschaftsrecht vereinbar angesehen[24]. Er hat das umgewandelte deutsche Branntweinmonopol auch in der Folgezeit nach Art. 37 EGV beurteilt[25]. Der Wertung als Handelsmonopol steht auch nicht entgegen, daß das Branntweinmonopol zugleich als nationale, landwirtschaftliche Marktordnung gewürdigt werden muß, wie noch näher dargelegt wird.

IV. Das Verhältnis zu anderen Vertragsbestimmungen

Die Feststellung, daß die durch Art. 37 EGV erfaßten Einrichtungen auch nach ihrer Umwandlung als Handelsmonopole im Sinne dieser Bestimmung fortbestehen, soweit sie die Produktion oder Verteilung inländischer Erzeugnisse regeln, besitzt besondere Bedeutung für die Fra-

---

[24] Urteil vom 13.3.1979, Rs 91/78, *Hansen II*, *Slg.* 935 ff., Rz. 14. Siehe auch die Antwort der Kommission auf die schriftliche Anfrage des Abgeordneten Gijs de Vries im Europäischen Parlaments, *ABl.* 1991 Nr. C 248/35. Im veröffentlichten deutschen Text heißt es allerdings "nicht vereinbar", doch der gegenteilige französische Text ("n'est pas incompatible") dürfte angesichts des Hinweises auf das Urteil *Hansen II* allein Sinn geben; vgl. W. Albrecht, "Neuer Anlauf für eine EG-Alkoholmarktordnung", *Handbuch für Brennerei- und Alkoholwirtschaft*, 275 ff. (279). Kritisch D. Schroeder, "Das deutsche Branntweinmonopol und der Binnenmarkt", *EWS* 3 (1993), 96.

[25] Urteil vom 15.1.1985, Rs 253/83, *Kupferberg*, *Slg.* 157 ff.

ge, ob andere Bestimmungen des Vertrages auf sie angewendet werden können[26].

Die Anwendung dieser Bestimmungen darf nämlich nicht dazu führen, daß die gemäß Art. 37 umgewandelten und damit gebilligten Handelsmonopole als unzulässig angesehen werden. Im Urteil *Hansen II* hat der Gerichtshof demgemäß Art. 37 EGV als Sondervorschrift im Verhältnis zu den Art. 92 f. EGV bezeichnet und die seit der Anpassung im Jahre 1976 bestehende Preisregelung einschließlich der Zuschüsse des Bundeshaushaltes als vertragskonform angesehen[27]. Das folgerte der Gerichtshof aus den unterschiedlichen Zielsetzungen und Verfahren der Art. 92 f. und 37 EGV. Wenn der Wegfall des Einfuhrschutzes nicht durch Beihilfen kompensiert werden könnte, würde das Handelsmonopol praktisch beseitigt werden, was mit Art. 37 EGV nicht vereinbar wäre. Allerdings hat der Gerichtshof die Unterstützung nicht unbegrenzt zugelassen. Die nach Art. 37 Abs. 1 EGV gebotene Chancengleichheit wäre, wie er im Urteil *Hansen II* festgestellt hat, beeinträchtigt,

> "wenn der Verkaufspreis des Monopols für Branntwein inländischer Erzeugung nicht nur unter dem dem Erzeuger garantierten Übernahmepreis, sondern auch unter dem Preis vor Steuern von aus einem anderen Mitgliedstaat eingeführtem Branntwein vergleichbarer Qualität läge".

Demgemäß hat er es für unvereinbar mit Art. 37 EGV erklärt, den Verkaufpreis "anormal niedrig" festzusetzen[28].

Entsprechendes wie für die Anwendung der Beihilfevorschriften muß auch für die Beschränkungen des Niederlassungsrechts nach Art. 52 EGV und der Dienstleistungen nach Art. 59 EGV gelten, die sich für die Betätigung von Angehörigen und Unternehmen anderer Mitgliedstaaten durch das Handelsmonopol ergeben können. Art. 37 EGV geht auch diesen Regelungen als Sondervorschrift vor.

Ferner schließt Art. 37 EGV auch die Anwendung der Wettbewerbsregeln, insbesondere des Art. 86 EGV, als Sondervorschrift aus[29]. Selbst

---

[26] Zu den Abgrenzungsproblemen vgl. Matthies/von Borries, siehe Anm. 7, Art. 37, Rz. 5 ff.; V. Emmerich in: M. Dauses (Hrsg.), *Handbuch des EG-Wirtschaftsrechts*, Teil H II, Rz. 13.

[27] Urteil vom 13.3.1979, siehe Anm. 24, Rz. 10, 14; vgl. ferner Urteil vom 4.5.1988, Rs 30/97, *Bodson*, *Slg.* 2479 ff., Rz. 13; Urteil vom 13.12.1990, *Griechenland*, Rs C-347/88, *Slg.* I-4747 ff.

[28] Urteil *Hansen II* , siehe Anm. 24, Rz. 13 f.

wenn das anders wäre, würde die Bestimmung gegenüber dem Branntweinmonopol nicht eingreifen. Es ist schon zweifelhaft, ob dieses bei einem Marktanteil von lediglich ca. 26% des deutschen und 9% des europäischen Alkoholmarktes eine beherrschende Stellung auf dem Gemeinsamen Markt oder einem wesentlichen Teil desselben besitzt. Aber jedenfalls wird eine derartige Stellung nicht mißbräuchlich ausgenutzt, wenn das Branntweinmonopol die soeben wiedergegebenen Anforderungen des Urteils *Hansen II* beachtet und die Verkaufspreise nicht anormal niedrig festsetzt.

Daraus ergibt sich, daß Art. 37 EGV nicht nur wegen seines Diskriminierungsverbotes weiterhin von Bedeutung ist, sondern auch deshalb, weil er den Fortbestand nicht diskriminierender staatlicher Handelsmonopole zuläßt. Das hat sich auch durch die Verwirklichung des Binnenmarktes nicht geändert[30]. Artikel 7a EGV verweist für die Beseitigung der Handelsschranken zwischen den Mitgliedstaaten ausdrücklich auf die "Bestimmungen des Vertrages", läßt sie also unberührt und verlangt für ihre Beseitigung die Anwendung der vorgesehenen Verfahren.

V. Die Vorbehaltsklausel für landwirtschaftliche Handelsmonopole

Die Feststellung, daß die umgewandelten Handelsmonopole fortbestehen, bezieht sich zunächst nur auf die Anwendung unmittelbar geltender Vertragsbestimmungen, nicht aber auf Beschlüsse der Gemeinschaftsorgane zur Rechtsangleichung oder zur Errichtung einer Gemeinsamen Marktorganisation. Insofern gewinnt aber die Vorbehaltsklausel des Art. 37 Abs. 4 EGV, die staatliche Handelsmonopole für landwirtschaftliche Produkte betrifft, Bedeutung; bei ihnen sollen "gleichwertige Sicherheiten für die Beschäftigung und Lebenshaltung der betreffenden Erzeuger gewährleistet werden"[31].

In der Literatur wird meist die Ansicht vertreten, daß die Bestimmung mit der vollzogenen Umwandlung der Handelsmonopole gegenstands-

---

[29] Das verkennt Schroeder, siehe Anm. 24, 97.

[30] Wie Schroeder, siehe Anm. 24, 100 meint.

[31] Der durch das Branntweinmonopol erfaßte Äthylalkohol ist unstreitig landwirtschaftliches Produkt im Sinne des Vertrages. Anhang II des Vertrages wurde insoweit aufgrund der Ermächtigung in Art. 38 Abs. 3 EGV durch Verordnung Nr. 7a des Rates vom 18.12.1959, *ABl.* 1961 Nr. 7/71, geändert.

los geworden sei[32]. Das ist aber offensichtlich unzutreffend, denn sie fordert die Sicherung der im landwirtschaftlichen Bereich Betroffenen nicht nur bei der "Umformung", sondern bei der "Anwendung" des Artikels. Richtig ist zwar, daß die Klausel keine Maßnahmen rechtfertigt, die den innergemeinschaftlichen Handel beschränken, also eine Diskriminierung im Sinne des Absatzes 1 des Art. 37 EGV, darstellen[33]. Aber solange und soweit eine landwirtschaftliches staatliches Handelsmonopol wie das Branntweinmonopol diese Voraussetzung erfüllt, gilt die Vorbehaltsklausel; Eingriffe sind nur bei gleichwertigen Sicherheiten für die betreffenden Erzeuger zulässig.

Die Vorbehaltsklausel wird allerdings durch die Worte eingeschränkt, daß "die im Zeitablauf möglichen Anpassungen und erforderlichen Spezialisierungen zu berücksichtigen" sind. Die Kommission scheint ihr besonderen Wert zuzumessen, denn sie betonte in der Antwort auf eine schriftliche Anfrage im Europäischen Parlament, die deutsche Regierung habe "die besonderen Maßnahmen im Sinne des Artikels 37 Absatz 4 nicht eingeleitet"[34]. Welche "Maßnahmen" das sein könnten, ist nicht ersichtlich; die Kommission ist auch nicht mit entsprechenden Forderungen an die Bundesregierung herangetreten. Der Klausel liegt offenbar die Erwartung zugrunde, daß der Strukturwandel in der Gemeinschaft ihre Anwendung überflüssig machen würde[35]. Das ist aber nicht der Fall.

Daraus folgt, daß das Branntweinmonopol nur dann durch Rechtsangleichung aufgehoben werden kann, wenn die Beschäftigung und Lebenshaltung der betreffenden Erzeuger, also der mit Brennereien verbundenen Landwirte, nach Maßgabe des Art. 37 Abs. 4 EGV gewährleistet wird. Bevor darauf eingegangen wird, wie dieser Vorbehalt auszulegen ist, soll auf den Zusammenhang mit dem Kapitel Landwirtschaft eingegangen werden.

---

[32] So I. Hochbaum in: von der Groeben/Thiesing/Ehlermann, siehe Anm. 7, Art. 37, Rz. 70; H. Matthies/R. von Borries in: Grabitz/Hilf, siehe Anm. 7, Art. 37, Rz. 26. Für die Behauptung dieser Autoren, die Bestimmung sei auf die Übergangszeit beschränkt, gibt es keinerlei Anhalt.

[33] P.J.G. Kapteyn/P. VerLoren van Themaat/L. Gormley, *Introduction to the Law of the European Communities*, 1989, 409.

[34] Siehe Anm. 24.

[35] Die von der deutschen Fassung geringfügig abweichende französische Fassung ("... compte tenu du rythme des adaptions possibles et des spécialisations nécessaires") spricht ebenfalls nicht für eine Handlungsverpflichtung der Mitgliedstaaten.

VI. Anwendung des Kapitels Landwirtschaft auf staatliche Handelsmonopole

Zu prüfen ist vor allem, ob der Vorbehalt des Art. 37 Abs. 4 EGV für staatliche Handelsmonopole im Agrarbereich auch bei Maßnahmen auf Grund des Kapitels Landwirtschaft gilt. Das ist nicht ohne weiteres ersichtlich, denn während Art. 37 EGV und insbesondere sein Absatz 4 Spezialvorschrift gegenüber den allgemeinen Bestimmungen des Vertrages ist, gilt das nicht in gleicher Weise gegenüber dem Kapitel Landwirtschaft. Nach Art. 38 Abs. 2 EGV finden nämlich die Vorschriften für die Errichtung des Gemeinsamen Marktes auf landwirtschaftliche Erzeugnisse nur Anwendung, soweit in den Art. 39 bis 46 EGV nichts anderes bestimmt ist. Diese Vorschriften sind also Spezialvorschriften zum Kapitel Warenverkehr und damit auch zu Art. 37 EGV und gehen diesem vor.

Der Gerichtshof hat allerdings entschieden, daß aus dem Kapitel Landwirtschaft nicht die Berechtigung hergeleitet werden kann, den innergemeinschaftlichen Warenverkehr nach Ablauf der Übergangszeit auf Grund fortbestehender nationaler Marktordnungen durch Maßnahmen im Sinne des Art. 30 ff. EGV zu beschränken[36]. Er hat dies aus der Gesamtheit der Art. 38 ff. EGV, insbesondere aus der grundsätzlichen Geltung der Regeln des freien Warenverkehrs nach Art. 38 Abs. 2 EGV, aus der Forderung des Art. 38 Abs. 4 EGV, daß mit dem Funktionieren und der Entwicklung des Gemeinsamen Marktes für Agrarerzeugnisse die Gestaltung einer gemeinsamen Agrarpolitik einhergehen soll, sowie aus der Pflicht der Gemeinschaft nach Art. 40 Abs. 1 EGV, die gemeinsame Agrarpolitik schrittweise während der Übergangszeit zu entwikkeln, hergeleitet. Insbesondere hat er dies für die französische Schaffleischmarktordnung festgestellt und die Regierung für erforderliche Hilfsmaßnahmen auf nationale Beihilfen verwiesen[37].

Damit stellt der Gerichtshof praktisch dieselben Anforderungen an nationale Marktordnungen wie an staatliche Handelsmonopole, denn auch

---

[36] Urteil vom 10.12.1974, Rs 48/74, *Charmasson*, *Slg.* 1383 ff., Rz. 20; Urteil vom 20.4.1978, Rs 80 u. 81/77, *Ramel u.a.*, *Slg.* 927, Rz. 35 f.; vgl. allgemein zum Verhältnis zwischen den Art. 30 ff. und 38 ff. EGV: R. Boest, *Die Agrarmärkte im Recht der EWG*, 64 ff.; ferner J. Korte/T. van Rijn in: von der Groeben/Thiesing/Ehlermann, siehe Anm. 7, Art. 38, Rz. 22 f.; P. Gildorf/R. Priebe, in: Grabitz/Hilf, siehe Anm. 7, Bearb. 1994, Art. 38, Rz. 38 ff.

[37] Urteil vom 25.9.1979, Rs 232/78, *Frankreich*, *Slg.* 2729 ff. Dazu G. Meier, "Integrationskraft und Rechtsgemeinschaft", *RIW* 26 (1980), 39.

dort hat er innergemeinschaftliche Handelsschranken für vertragswidrig erklärt, aber nationale Beihilferegelungen zugelassen, wie dargelegt wurde[38]. Daraus folgt, daß unmittelbar geltende Bestimmungen des Kapitels Landwirtschaft die Fortgeltung des gemäß Art. 37 EGV umgewandelten Branntweinmonopols nicht in Frage stellen können. Für den Gemeinschaftsgesetzgeber ergeben sich daraus aber keine Schranken, wenn er die nationale Regelung durch eine Gemeinsame Marktorganisation ablösen will. Dann gilt nämlich die Regel des Art. 38 Abs. 2 EGV, nach der die Art. 38 ff. EGV als Spezialvorschriften denen über den Warenverkehr vorgehen. Wenn eine Marktordnung den Vorschriften der Art. 38 ff. EGV entspricht, kann ihr ein Vorbehalt aus Art. 37 Abs. 4 nicht entgegengehalten werden.

Art. 43 Abs. 3 lit. a EGV enthält aber eine Vorbehaltsklausel, die im Kern mit der des Art. 37 Abs. 4 EGV übereinstimmt. Danach muß eine gemeinsame Marktorganisation, die eine nationale Marktordnung gegen den Widerspruch des betreffenden Mitgliedstaates durch Mehrheitsbeschluß ablöst, "gleichwertige Sicherheiten für die Beschäftigung und Lebenshaltung der betreffenden Erzeuger biete(n)". Die Bestimmung ist allerdings insofern unklar formuliert, als ihr Verhältnis zum vorangehenden Absatz 2 des Art. 43 EGV mehrdeutig ist.

Nach dieser Vorschrift mußten Beschlüsse über die Gemeinsame Agrarpolitik während der beiden ersten Stufen der Übergangszeit einstimmig gefaßt werden, seit deren Ablauf, also seit 1967, reicht die qualifizierte Mehrheit aus. Wenn im folgenden Absatz dann gesagt wird, daß der Rat bei der Ablösung nationaler Marktordnungen mit qualifizierter Mehrheit beschließen kann, sofern bestimmte Voraussetzungen erfüllt sind, so stellt sich die Frage, ob sich diese Sonderregelung allein auf die Zeit bezieht, in der der Rat nur einstimmig beschließen konnte, oder ob es sich um eine allgemeine Voraussetzung für die Ablösung von nationalen Marktordnungen handelt.

Für die engere Auslegung kann angeführt werden, daß die Sonderregelung über Mehrheitsbeschlüsse bei der Ablösung nationaler Marktordnungen nur solange bedeutsam war, als nach der Grundregel des Art. 43 Abs. 2 EGV Einstimmigkeit gefordert wurde. Doch dagegen spricht, daß die Bestimmung nicht auf diese Zeit beschränkt wurde und daß der Vorbehalt auch für die nachfolgenden Beschlüsse bedeutsam war. Die Bestimmung wurde deshalb, soweit sie überhaupt beachtet wurde, meist als Sondervorschrift angesehen, durch die die Befugnis des Rates, nach Art. 43 Abs. 2 EGV mit Mehrheit zu beschließen und damit einen Mit-

---

[38] Vgl. oben bei Anm. 27.

gliedstaat zu überstimmen, ohne zeitliche Befristung unter bestimmten Voraussetzungen einschränkt[39].

Bisher hat die Bestimmung praktisch keine Rolle gespielt, weil in der Zeit, in der fast alle nationalen Marktordnungen durch eine gemeinschaftliche ersetzt wurden, aufgrund des sog. Luxemburger Protokolls[40] stets einstimmig beschlossen wurde[41], so daß die Mitgliedstaaten auf Sonderinteressen nicht ohne ihre Zustimmung verzichten mußten. Sie gewinnt aber nun nach der Änderung der Ratspraxis Bedeutung. Sie soll den Mitgliedstaaten die Sicherheit geben, daß sie bei der Schaffung gemeinsamer Marktordnungen nicht überstimmt werden können, wenn sich dadurch schwerwiegende Nachteile für die betroffenen Erzeuger ergeben, denen bisher eine nationale Marktordnung zugute kam.

Voraussetzung für die Anwendung der Vorbehaltsklausel ist das Bestehen einer einzelstaatlichen landwirtschaftlichen Marktordnung. Nach der Definition des Gerichtshofs handelt es sich dabei um

> "ein Bündel rechtlicher Mittel, das die Regulierung des Marktes der betreffenden Erzeugnisse hoheitlicher Aufsicht unterstellt, um durch die Steigerung der Produktivität und durch den bestmöglichen Einsatz der Produktionsfaktoren, insbesondere der Arbeitskräfte, eine angemessene Lebenshaltung für die Erzeuger, die Stabilisierung der Märkte, die Sicherheit der Versorgung und angemessene Verbraucherpreise zu gewährleisten"[42].

Es dürfte unbestritten sein, daß Einrichtungen wie das deutsche Branntweinmonopol oder das italienische Tabakmonopol diese Voraussetzungen erfüllen. Regelungen der einzelstaatlichen Marktordnungen dürfen allerdings nur noch fortbestehen, soweit sie keine Handelsbeschränkungen im Sinne der Art. 30 ff. EGV enthalten, wie dargelegt wurde, wobei etwaige Schutzmaßnahmen in Form von Beihilfen ge-

---

39 P. Gilsdorf/D. Booß, in: Grabitz/Hilf, siehe Anm. 7, Art. 43, Anm. 46.

40 Vgl. F. Fugmann in: Dauses, siehe Anm. 26, Teil A II, Rz. 173; M. Vasey, "Decisionmaking in the Agricultural Council and the Luxemburg Compromise", *CML Rev.* 25 (1988), 725 ff.; A. Taesdale, "The Life and Death of the Luxemburg Compromise", *J. Common Mkt. Stud.* 31 (1993), 567; K. Engel/W. Wessels (Hrsg.), *From Luxemburg to Maastricht*, 1992. Zum Ursprung vgl. R. Lahr, "Die Legende vom Luxemburger Kompromiß", *EA* 38 (1983), 223; R. Streinz, *Die Luxemburger Vereinbarung*, 1984.

41 J. Korte/T. van Rijn, in: von der Groeben/Thiesing/Ehlermann, siehe Anm. 7, Art. 43, Rz. 38.

42 Urteil *Charmasson*, siehe Anm. 36, Rz. 26.

troffen werden können[43]. Nur insoweit können sie deshalb auch im Rahmen des Art. 43 Abs. 3 EGV berücksichtigt werden. Das entspricht insoweit der Rechtsprechung des Gerichtshofs zu Art. 37 EGV.

Die Schutzfunktion des Art. 43 Abs. 3 EGV für nationale Marktordnungen ist demnach, wie bei den Handelsmonopolen, reduziert, doch der fortgeltende Kern, der dem des umgewandelten Handelsmonopols entspricht, fällt unter den Regelungsvorbehalt. Dieser ist sogar stärker formuliert als in Art. 37 Abs. 4 EGV. Während nach dieser Bestimmung die Belange der betreffenden Erzeuger gewährleistet werden "sollen" ("il convient d'assurer"), was immerhin einen gewissen Beurteilung zuläßt, enthält Art. 43 Abs. 3 EGV eine im Präsens formulierte Bedingung ("Sicherheiten ... bietet" - "offre ... des garanties"), die keinen Raum für Ermessen einräumt.

VII. Tragweite der Vorbehaltsklauseln

Damit stellt sich die Frage, welchen Inhalt der Vorbehalt der "gleichwertigen Sicherheiten für die Beschäftigung und Lebenshaltung der betreffenden Erzeuger" besitzt, der in beiden Bestimmungen gleichlautend formuliert ist. Dafür fehlen, soweit ersichtlich, offizielle Aussagen der Organe, insbesondere auch der Rechtsprechung des Gerichtshofs. Die Literatur beschränkt sich, soweit sie sich überhaupt äußert, auf wenig konkrete Aussagen derart, daß "gleichwertig" nicht eine in jeder Hinsicht gleiche Sicherheit erfordere[44].

Die Analyse dieser Klausel muß sich am Sinn der vertraglichen Regelung orientieren. Der Vertrag geht offenbar im Kapitel Landwirtschaft davon aus, daß die landwirtschaftlichen Erzeuger wegen der besonderen Produktionsbedingungen eines qualifizierten Schutzes bedürfen und daß dies durch die vorgesehenen gemeinsamen Marktorganisationen gemäß Art. 40 EGV geschehen soll. Dabei tritt das gemeinschaftliche System an die Stelle der unterschiedlichen nationalen Marktregulierungen, die den Landwirten bisher zugute kamen. Bei einem solchen Vorgehen ist es unausbleiblich, daß die nationalen Systeme mindestens in

---

[43] Oben bei Anm. 27.

[44] P. Gilsdorf/D. Booß in: Grabitz/Hilf, siehe Anm. 7, Art. 43, Rz. 50; ferner bereits H.-J. Glaesner in: E.Wohlfahrt/U.Everling/H.J. Glaesner/R. Sprung, *Die Europäische Wirtschaftsgemeinschaft, Kommentar zum Vertrag*, Art. 43, Anm. 6.

einigen Mitgliedstaaten durch neue Regelungen ersetzt werden, denn ohne Anpassungen ist eine Vereinheitlichung nicht möglich. Daraus folgt, daß die Vorbehaltsklausel des Art. 43 Abs. 3 EGV nicht als Garantie für die bisherigen nationalen Regelungen verstanden werden kann. Dieselbe Überlegung gilt bei einer etwaigen Angleichung des Rechts der staatlichen Handelsmonopole, denn Art. 37 Abs. 4 EGV gewährleistet nicht ihren Bestand sondern schützt die "betreffenden Erzeuger".

Die Vorbehaltsklauseln sind demnach materiell zu verstehen; die soziale Stellung der "betreffenden Erzeuger" muß im wesentlichen gewahrt werden. Wer als "betreffender Erzeuger", dessen "Beschäftigung und Lebenshaltung" durch die Vorbehaltsklauseln gesichert werden soll, anzusehen ist, erscheint zweifelhaft. Im Fall des Agraralkohols sind Erzeuger die Brennereien, und zwar sowohl die mit landwirtschaftlichen Betrieben verbundenen als auch die gewerblichen. Doch auf sie scheint die Formulierung nicht abzuzielen, denn von "Beschäftigung" und vor allem von "Lebenshaltung" kann nicht in Bezug auf Betriebe, sondern nur in Bezug auf natürliche Personen gesprochen werden.

Als solche Personen kommen in erster Linie die Inhaber der Brennereien, also die Landwirte, die sie betreiben oder an Betreibergenossenschaften beteiligt sind, sowie die in den Brennereien beschäftigten Arbeitnehmer in Betracht. Mittelbar profitieren auch die Erzeuger der Ausgangsstoffe von der bisherigen Regelung. Ihre Interessen dürften allerdings nur insoweit, als sie selbst eine Brennerei betreiben oder ihr durch ständige Lieferbeziehung verbunden sind, zu berücksichtigen sein.

Der Schutz dieser Personen kann aber nur dadurch gewährleistet werden, daß bei einer Ablösung des Branntweinmonopols durch eine Gemeinschaftsregelung der Fortbestand der Produktionsstätten, also der Brennereien im wesentlichen gewährleistet wird. Eine derartige Gewährleistung kann aber nicht als Bestandsgarantie für jede einzelne Produktionsstätte verstanden werden, sie kann sich vielmehr nur auf die Branche insgesamt beziehen. Diese unterliegt wie die gesamte Wirtschaft ständigem Strukturwandel aufgrund des technischen Fortschritts und der Änderung der Rahmenbedingungen. Die von der Vorbehaltsklausel geforderten Sicherheiten müssen demgemäß dahin verstanden werden, daß sie gut geführten Durchschnittsbetrieben, die sich dem Strukturwandel anpassen, den Fortbestand ermöglichen. Auch eine Garantie für eine gleichbleibende Zahl von Beschäftigten in den einzelnen Betrieben oder ihr Einkommen kann es nicht geben. Der Rationalisierungsdruck, der wegen des technischen Fortschritts in der gesamten

Wirtschaft besteht, muß sich auch auf durch den Vorbehalt geschützte Betriebe auswirken und kann Betreibern und Arbeitnehmern die Beschäftigung und Lebenshaltung nicht in jedem Einzelfall, sondern nur generell gewährleisten.

Mit dem Hinweis auf die bei den Brennereien wie in der gesamten Wirtschaft erforderlichen Rationalisierung wird zugleich auch dem Zusatz in beiden Bestimmungen Rechnung getragen, daß "die im Zeitablauf möglichen Anpassungen und erforderlichen Spezialisierungen zu berücksichtigen" sind. Diese Formulierung geht offenbar davon aus, daß sich die Unterschiede zwischen den Mitgliedstaaten im Laufe der Zeit ausgleichen werden. Gerade beim Alkoholmarkt hat sich diese Erwartung nicht erfüllt. Das ist auch nicht erstaunlich, denn in den Mitgliedstaaten bestehen ganz unterschiedliche Produktionsstrukturen, nämlich wenige Großbrennereien in den meisten Mitgliedstaaten, hunderte von Brennereien und Zehntausende von Kleinbrennereien in Deutschland, und sie verwenden auch unterschiedliche Rohstoffe, in Deutschland vor allem Kartoffeln, Getreide und Obst, in den anderen Mitgliedstaaten überwiegend Melasse. Unter diesen Umständen ist nicht ersichtlich, welche Anpassungen und Spezialisierungen im Zeitlauf möglich waren, und Maßnahmen der Bundesrepublik mußten und konnten entgegen der Ansicht der Kommission[45] insoweit nicht getroffen werden.

Aus alledem folgt, daß die gemäß Art. 37 EGV umgewandelten Handelsmonopol im Agrarbereich gegen das Votum des Vertreters des jeweiligen Mitgliedstaats im Rat nicht durch eine gemeinschaftliche Marktordnung abgelöst oder durch Rechtsangleichung aufgehoben werden können, wenn diese nicht dem Durchschnitt der vom Monopol erfaßten Produktionsstätten den Fortbestand mit einer Produktion und einem Ertrag ermöglicht, die der bisherigen Lage im wesentlichen entsprechen.

VIII. Schlußbemerkung

Gegenwärtig scheinen keine Pläne zu bestehen, gegen die noch bestehenden landwirtschaftlichen Handelsmonopole vorzugehen oder sie durch Marktordnungen abzulösen. Doch das könnte sich ändern, wenn die Frage des Außenschutzes gegenüber Einfuhren aus Drittländern

---

[45] Vgl. die oben in Anm. 24 angeführte Antwort auf die schriftliche Anfrage im Europäischen Parlament.

akut werden sollte. Dann wäre der Gemeinschaftsgesetzgeber aus den dargelegten Gründen gehindert, sich über die Schutzbedürfnisse der Landwirte hinwegzusetzen, deren Beschäftigung und Lebensstandard dadurch betroffen wäre. Damit erweisen sich die untersuchten Bestimmungen als ein Beispiel dafür, wie im Rahmen allgemeiner Regelungen Besonderheiten, die für eine begrenzte Gruppe von Wirtschaftsteilnehmern in einem Mitgliedstaat bestehen, berücksichtigt werden können.

Günther Jaenicke hat in seinen eingangs aufgeführten Aufsätzen die Ansicht vertreten, daß sich Differenzen zwischen nationalen und gemeinschaftlichen Regelungen im Zusammenwirken zur Konkordanz bringen lassen. Dieses Konzept konnte sich auf Dauer wegen der sprunghaften Zunahme der Gemeinschaftsregelungen, die alle Bereiche des öffentlichen Lebens und weite Teile des in den Mitgliedstaaten geltenden Rechts mehr oder weniger stark beeinflussen, nicht durchsetzen. Doch das dahinter stehende Anliegen, nämlich das ständige Bemühen um Konsens, Ausgleich und Konvergenz, bleibt nach wie vor eine Aufgabe der Gemeinschaftsorgane und der Mitglieder. Dafür bilden zahlreiche Bestimmungen im Vertrag eine Grundlage. Die hier behandelten Klauseln über die Behandlung von Handelsmonopolen im Bereich der Landwirtschaft sind dafür eindrucksvolle Beispiele.

Der Grundsatz der gegenseitigen Anerkennung im europäischen Binnenmarkt

Volkmar Götz

I. Anerkennung der Gleichwertigkeit nationaler Vorschriften und ihrer Anwendung

Die gegenseitige Anerkennung der Gleichwertigkeit nationaler Vorschriften im europäischen Binnenmarkt spielt naturgemäß in dem Bereich des binnenmarktrelevanten Wirtschaftsrechtes eine Rolle, der nicht europarechtlich vereinheitlicht oder harmonisiert ist und infolgedessen weiterhin durch nationales Recht geregelt wird. Dieser Bereich ist nach wie vor groß. Das Binnenmarktrecht - von dem wir hier nur den Warenverkehr und die Dienstleistungen näher ins Auge fassen - wird nur partiell europarechtlich harmonisiert. Die Europäische Gemeinschaft verfolgt seit der Binnenmarkt-Initiative von 1985 die "neue Strategie" einer Teil- oder Mindestharmonisierung[1]. Bestandteil dieser Konzeption ist es, die nicht harmonisierten Vorschriften einem Grundsatz der gegenseitigen Anerkennung zu unterwerfen, dessen Anwendung im Ergebnis darauf abzielt, trotz vollständig oder teilweise fehlender Harmonisierung des Wirtschaftsrechtes einen Zustand zu erreichen, welcher der Harmonisierung im Hinblick auf das Binnenmarktziel nicht nachsteht. Bei dem, was hierbei unter "gegenseitiger Anerkennung" verstanden wird, handelt es sich um eine Gleichwertigkeits-Anerkennung. Der Maßstab, an dem die Gleichwertigkeit gemessen wird, ist das nationale Recht des Bestimmungslandes, in dem Waren aus anderen Mitgliedstaaten der Gemeinschaft in Verkehr gebracht werden oder in das

---

[1] Vgl. U. Everling/W.-H. Roth (Hrsg.), *Mindestharmonisierung im Europäischen Binnenmarkt*, 1997.

hinein grenzüberschreitend Dienstleistungen erbracht werden. Gegenstand der gegenseitigen Anerkennung sind in erster Linie die "Vorschriften" des Herkunftslandes. Aber die gegenseitige Anerkennung ist nicht auf die Vorschriften begrenzt, sondern findet auch hinsichtlich ihrer Anwendung statt. Demgemäß bezieht sie sich auch auf Untersuchungen, Kontrollen, Beweise, Zulassungsakte und weitere Akte der Rechtsanwendung im Einzelfall.

1. Bedeutungsvarianten des Grundsatzes der gegenseitigen Anerkennung[2]

1980 stützte die Kommission auf der Grundlage des *Cassis de Dijon*-Urteils des Gerichtshofs[3] ihre neue Strategie zur Herstellung der Warenverkehrsfreiheit auf einen "Grundsatz", der allenthalben als der Grundsatz der gegenseitigen Anerkennung verstanden wurde: Jedes aus einem Mitgliedstaat eingeführte Erzeugnis ist grundsätzlich im Hoheitsgebiet der anderen Mitgliedstaaten zuzulassen, soweit es rechtmäßig hergestellt worden ist, d.h. soweit es der im Ausfuhrland geltenden Regelung entspricht und in diesem Land in den Verkehr gebracht worden ist. Während die Mitteilung der Kommission vom 3.10.1980[4] an die Mitgliedstaaten den Begriff "Grundsatz der gegenseitigen Anerkennung" nicht verwendet, ebensowenig wie zuvor das Urteil des Gerichtshofs in der Sache *Cassis de Dijon*, spricht das Weißbuch der Kommission von 1985[5] im gleichen Zusammenhang vom "Grundsatz der gegenseitigen Anerkennung". Es versteht darunter den "Grund-

[2] R. Niehof, *Der Grundsatz der gegenseitigen Anerkennung im Gemeinschaftsrecht*, 1989; A. Mattera, *Le marché unique européen*, 2. Aufl. 1990, 285 ff. Vgl. zur Vielschichtigkeit der "Anerkennungs"-Thematik, T. v. Danwitz, *Verwaltungsrechtliches System und Europäische Integration*, 1996, 410 ff.; C.-M. Happe, *Die grenzüberschreitende Wirkung von nationalen Verwaltungsakten*, 1987; H. Matthies, *Zur Anerkennung gleichwertiger Regelungen im Binnenmarkt der EG*, in: FS Steindorff, 1990, 1287; E. Steindorff, *Anerkennung im EG-Recht*, in: FS W. Lorenz, 1991, 561; R. Streinz, "Die Umstellung des Binnenmarktes im Bereich des Lebensmittelrechts. Rechtsangleichung und gegenseitige Anerkennung als ergänzende Instrumente", *ZfRV* 5 (1991), 357 ff. (365 ff.).

[3] Urt. vom 20.2.1979, Rs. 120/78, Slg. 1979, 649.

[4] ABl. C 256/2 vom 3.10.1980.

[5] Kommission der EG, *Vollendung des Binnenmarktes*, 1985, Rdnr. 61 ff.

satz", daß die in einem Mitgliedstaat rechtmäßig hergestellten und in den Verkehr gebrachten Waren ungehindert in andere Mitgliedstaaten eingeführt werden dürfen. Da die Tragweite dieses "Grundsatzes" offensichtlich davon abhängt, in welchem Maße Abweichungen zugelassen sind, d.h. die Einfuhrländer ihre Rechtsordnung auf die eingeführten Erzeugnisse zur Anwendung bringen können, war es, wollte man verstehen, was die Kommission im Weißbuch von 1985 unter dem "Grundsatz der gegenseitigen Anerkennung" im Endergebnis verstand, wichtig zu wissen, wie sie die Frage nach der Befugnis der Einfuhrländer, ihre Rechtsordnung auf die eingeführten Erzeugnisse anzuwenden, beurteilte. Die Kommission beurteilte diese Befugnis äußerst restriktiv. Nach ihrem Vorverständnis waren die in den Rechtsordnungen der Mitgliedstaaten im Allgemeininteresse gestellten Anforderungen an die Produkte, ihre Verwendung und ihren Vertrieb prinzipiell gleichwertig. Dies schien auf die generelle und wiederum prinzipielle Gleichwertigkeit der Vorschriften des Ausfuhrlandes mit denen des Einfuhrlandes hinauszulaufen. Das Dogma der generellen, prinzipiellen Gleichwertigkeit hat sich aber nicht halten lassen. Es hatte im Urteil *Cassis de Dijon* keine Fundierung. Es ging weit über dessen Aussagen hinaus.

Wenn heute die Kommission davon spricht[6], daß der Binnenmarkt in erster Linie auf der gegenseitigen Anerkennung nicht harmonisierter nationaler Rechtsvorschriften beruht, so steht diese Äußerung im Zusammenhang mit Prozeduren, die durchgeführt werden, um sicherzustellen, daß die Mitgliedstaaten Vorschriften anderer Mitgliedstaaten als ihren Rechtsvorschriften gleichwertig anerkennen, sofern jene tatsächlich einen gleichwertigen Schutz der verfolgten Allgemeininteressen bewirken. Der Grundsatz der gegenseitigen Anerkennung bedeutet in diesem Zusammenhang die vom primären Gemeinschaftsrecht, d.h. den Grundfreiheiten, den Mitgliedstaaten gebotene Anerkennung gleichwertiger Vorschriften anderer Mitgliedstaaten und deren Anwendung. In dieser Bedeutung ist der Grundsatz der gegenseitigen Anerkennung heute für den nicht harmonisierten Bereich des binnenmarktrelevanten Rechtes von Belang.

---

[6] Mitteilung der Kommission an den Rat und das Europäische Parlament. Handhabung der gegenseitigen Anerkennung einzelstaatlicher Vorschriften nach 1992. Schlußfolgerung aus der Erfassung noch bestehender Handelshemmnisse nach Art. 100 b EG-Vertrag. ABl. EG, Nr. C 353/4 vom 31.12.1993, Nr. 38.

2. Anknüpfung des Grundsatzes der gegenseitigen Anerkennung an die Rechtsetzungsbefugnisse des Bestimmungslandes

Der Gerichtshof hat weder im Urteil *Cassis de Dijon* noch in irgendeinem der Nachfolgeurteile, die heute insgesamt als *Cassis de Dijon*-Rechtsprechung bezeichnet werden, den "Bestimmungsländern", in die Waren aus anderen Mitgliedstaaten der Gemeinschaft eingeführt oder in die hinein Dienstleistungen grenzüberschreitend erbracht werden, die grundsätzlich gegebene Befugnis bestritten, ihre Rechtsvorschriften auf eingeführte Erzeugnisse oder die Ausführung von Dienstleistungen anzuwenden. In dieser Befugnis liegt die erste Voraussetzung, auf die sich der Grundsatz der gegenseitigen Anerkennung inhaltlich bezieht. Nur deshalb, weil die Bestimmungsländer die Befugnis besitzen, ihre Rechtsvorschriften auf eingeführte Erzeugnisse und grenzüberschreitend erbrachte Dienstleistungen anzuwenden, wird der Grundsatz der gegenseitigen Anerkennung gleichwertiger Vorschriften relevant. Die zweite Voraussetzung, auf der der Grundsatz der gegenseitigen Anerkennung tatbestandlich aufbaut, ist die Befugnis der Bestimmungsländer, das Schutzniveau bei der Verfolgung von wichtigen Allgemeininteressen festzulegen[7]. Keines der Urteile aus der *Cassis de Dijon*-Rechtsprechung und der ihr korrespondierenden Rechtsprechung zur Dienstleistungsfreiheit hat das Schutzniveau nationaler Vorschriften in Frage gestellt. Hierbei tritt eine ungeschriebene Sinnverbindung zu Tage: Sie besteht zwischen der Verpflichtung der Kommission, in ihren Vorschlägen zur Harmonisierung in den Bereichen Gesundheit, Sicherheit, Umweltschutz und Verbraucherschutz "von einem hohen Schutzniveau" auszugehen[8], und der Befugnis der Staaten, im nicht harmonisierten Bereich das Schutzniveau festzulegen. In einer immer größer gewordenen Union der europäischen Staaten mit ihrer historisch und kulturell gewachsenen Vielfalt, die sich auch in der Vielfalt der Präferenzen bei der Verfolgung von Schutzzielen wie Gesundheitsschutz, öffentliche Sicherheit, Umweltschutz, Verbraucherschutz zeigt, indizieren die genannten Vorgaben Unterschiede, die sich nicht durch den politischen Kraftakt einer behaupteten Gleichwertigkeit aller vorgefundenen Lösungen einebnen lassen. Die Kommission hat diesen Kraftakt versucht, indem sie den Vor-

[7] R. von Borries/M. Petschke, "Gleichwertigkeitsklauseln als Instrument zur Gewährleistung des freien Warenverkehrs in der Europäischen Gemeinschaft", *DVBl.* 111(1996), 1343 (1345).

[8] Art. 100 a Abs. 3 EGV; Art. 95 Abs. 3 EGV (konsolidierte Fassung des Vertrages von Amsterdam).

schlag machte, daß alle bis Ende 1992 nicht angeglichenen Vorschriften automatisch anzuerkennen seien[9]. Dies war als eine Art Sanktion für mangelnde Bereitschaft der Staaten zur Harmonisierung gemeint. Die Staaten haben dies nicht akzeptiert. Die Einheitliche Europäische Akte hat auf den Vorschlag der Kommission mit der Einführung von Art. 100 b EWGV reagiert. Diese Bestimmung enthält eine eindeutige Absage an den Vorschlag einer generellen und automatischen Gleichwertigkeitsanerkennung. Aber andererseits gibt sie doch dem Grundsatz der gegenseitigen Anerkennung Ausdruck. Sie bestätigt ihn mit dem Inhalt, daß es sich dabei um die Anerkennung der in einem anderen Mitgliedstaat geltenden Vorschriften als gleichwertig handelt (Art. 100 b Abs. 1 Unterabs. 2 EWGV).

3. Gleichwertigkeitsanerkennung durch Ratsbeschluß?

Einen Vorschlag zu einer Verordnung oder Richtlinie nach Art. 100 b EGV hat die Kommission nicht vorgelegt, obwohl sie die in Art. 100 b Abs. 3 EGV vorgesehene Bestandsaufnahme durchgeführt hat. Auf die Bestandsaufnahme folgte die "Transparenz"-Entscheidung vom 13.12. 1995[10], welche den Mitgliedstaaten vorschreibt, der Kommission bestimmte von ihnen in bezug auf den innergemeinschaftlichen Warenverkehr getroffene Maßnahmen wie Verbot, Verweigerung der Genehmigung für das Inverkehrbringen, Änderungen von Merkmalen der Ware, Rücknahme vom Markt mitzuteilen. Die Kommission leitet die Informationen an die anderen Mitgliedstaaten weiter. Das Informationsverfahren soll die gegenseitige Anerkennung der staatlichen Maßnahmen vorbereiten und fördern. Es geht in seinem Anwendungsbereich über das Informationsverfahren nach der Richtlinie 83/189/EWG des Rates[11] hinaus, die für die Einführung neuer "technischer Spezifikationen" gilt. Es bleibt hinter dieser aber zurück, weil es nicht die präventive Prüfung durch die Kommission sichert und kein Stillhaltegebot vorsieht.

Die Kommission verfolgt das Ziel der wechselseitigen Anerkennung der Gleichwertigkeit nationaler Vorschriften nicht über den Weg des Rats-

---

[9] Vgl. E. Grabitz/B. Langenheine, *Kommentar zur EU*, Art. 100 b Rdnr. 2; H. Matthies, siehe Anm. 2, 1288; R. Streinz, "Die Herstellung des Binnenmarktes im Bereich des Lebensmittelrechts", *ZfRV* 5 (1991), 357 (372).

[10] ABl. L 321/1 vom 30.12.1995.

[11] Siehe Anm. 14.

beschlusses nach Art. 100 b EGV. Sie vermeidet die mit diesem verbundene zwangsläufig politische Bewertung der Gleichwertigkeitsfrage. Es ist auch einleuchtend, daß das politische Verfahren der Beschlußfassung im Rat nicht unbedingt geeignet wäre, die Frage der wechselseitigen Gleichwertigkeit nationaler Vorschriften zu entscheiden. Denn es müßte dabei notwendigerweise auch der Vorwurf wechselseitiger Ungleichwertigkeit zum Ausdruck kommen: Die Regierungen wären gezwungen, wechselseitig die Rechtsordnungen der anderen Mitgliedstaaten zu bewerten und zu zensieren. Es ist wohl zu Recht bezweifelt worden, ob über die Gleichwertigkeit nationaler Regelungen leichter Konsens zu erzielen wäre als über deren Harmonisierung[12]. Der Vertrag von Amsterdam hat schließlich Art. 100 b EGV aufgehoben.

4. Gleichwertigkeitsklauseln im nationalen Recht - Konsequenz einer primärrechtlich begründeten Verpflichtung der Staaten

a) Die Strategie der Kommission

Die Binnenmarktstrategie der Kommission verfolgt für den nicht harmonisierten Bereich zwei Teilziele: das erste ist die Anerkennung der Gleichwertigkeit der vorhandenen nationalen Vorschriften, das zweite ist die Eliminierung aller Vorschriften, für die eine Anerkennung der Gleichwertigkeit nicht zu erzielen ist. Letztere erfolgt entweder durch Vertragsverletzungsverfahren, sofern es sich um nicht gerechtfertigte, d.h. unverhältnismäßige nationale Anforderungen handelt, oder sie erfolgt im Wege der Harmonisierung. Hinter der von der Kommission verbreiteten Annahme, alle legalen Hemmnisse des innergemeinschaftlichen Warenverkehrs, für die sich eine Gleichwertigkeitsanerkennung nicht habe erzielen lassen, seien inzwischen "wegharmonisiert", wird man aber ein Fragezeichen setzen dürfen. In der Strategie der Kommission steht der Grundsatz der Anerkennung an erster Stelle. Er wird angewendet in seiner Bedeutung als Grundsatz der Anerkennung gleichwertiger Vorschriften anderer Mitgliedstaaten. Er ist nicht durchsetzbar im Sinne der ursprünglichen Vorstellung der Kommission von der generellen und prinzipiellen Gleichwertigkeit aller Vorschriften. Die Kommission muß akzeptieren, daß es auf wirkliche, nachweisbare Gleichwertigkeit ankommt, und sie muß ebenfalls akzeptieren, daß der

---

12 R. Streinz, "Das Prinzip der gegenseitigen Anerkennung und seine Auswirkungen auf die nationalen Lebensmittelrechte", *ZLR* 20 (1993), 31 ff. (56).

Gleichwertigkeitstest zuallererst in die Hände der (Einfuhr-)Staaten gelegt ist, wenn er auch der Kontrolle durch die Kommission und den Gerichtshof, insbesondere in einem Vertragsverletzungsverfahren, unterliegt. Die Kommission verlangt von den Mitgliedstaaten die Aufnahme von Gleichwertigkeitsklauseln in ihr nationales Recht. Darüber liegt für Deutschland der instruktive Bericht von von Borries und Petschke[13] vor. Beispielsweise besagen Gleichwertigkeitsklauseln in Rechtsvorschriften auf dem Gebiet der technischen Sicherheit, daß für die in einem anderen Mitgliedstaat der EG oder einem Vertragsstaat des EWR rechtmäßig hergestellten Erzeugnisse, welche die gleiche Sicherheit gewährleisten, angenommen wird, daß sie die von den deutschen sicherheitsrechtlichen Normen aufgestellten Erfordernisse ebenfalls erfüllen.

b) Das formelle Vorgehen der Kommission

Formelle Grundlage der aus der Freiheit des Warenverkehrs hergeleiteten Forderungen der Kommission nach Einfügung von Gleichwertigkeitsklauseln in nationale Rechtsvorschriften ist regelmäßig die Befugnis der Kommission nach Art. 9 der Richtlinie 83/189/EWG des Rates vom 28.3.1983 über ein Informationsverfahren auf dem Gebiet der Normen und technischen Vorschriften[14], eine Stellungnahme zum Entwurf einer nationalen "technischen Vorschrift" abzugeben, "aus der hervorgeht, daß die geplante Maßnahme geändert werden sollte, um etwaige Handelshemmnisse ... zu verhindern oder zu begrenzen." Technische Vorschriften werden von der Richtlinie als "technische Spezifikationen" definiert, die "Merkmale eines Erzeugnisses" vorschreiben wie Qualität, Sicherheit u.a. Der EuGH hat in seinem Urteil in der Sache CIA Security International[15] nicht nur die unmittelbare Wirkung der in der Richtlinie 83/189/EWG den Mitgliedstaaten auferlegten Verpflichtung zur vorherigen Information der Kommission über den beabsichtigten Erlaß von "technischen Vorschriften" bejaht - mit der Folge eines Anwendungsverbots bei unterlassener Information -, sondern auch den Begriff der "technischen Vorschriften" weit ausgelegt und damit insge-

---

[13] von Borries/Petschke, siehe Anm. 7, 1343. Vgl. auch B. Kaufmann, "EG-Gleichwertigkeitsverordnung", *DB* 49 (1996), 277; ders., "Neuordnung des Rechts der technischen Anlagensicherheit im Hinblick auf den Europäischen Binnenmarkt", *DB* 47 (1994), 1033.

[14] ABl. L 109/8.

[15] Urt. vom 30.4.1996, Rs. C-194/94, Slg. 1996 I-2201.

samt die Bedeutung der Richtlinie 83/189/EWG stark aufgewertet. Für die Kommission ist die Richtlinie von ausschlaggebender Bedeutung in der Verfolgung ihrer Strategie, die gegenseitige Anerkennung unterschiedlicher nationaler Rechtsvorschriften zu erreichen. Sie betont, daß in dem durch die Richtlinie eröffneten Verfahren die Einfügung von Klauseln über die gegenseitige Anerkennung unterschiedlicher nationaler Vorschriften erreicht und damit entscheidend zur Kohärenz des Binnenmarktes beigetragen werde[16]. Die Kommission unterscheidet dabei Klauseln über die gegenseitige Anerkennung von Normen und technischen Vorschriften, von Prüfungen und Prüfungsbescheinigungen sowie Klauseln zur Anerkennung von Einrichtungen und Laboratorien[17].

c) Die materielle Grundlage: Freiheit des Warenverkehrs

Die materielle Grundlage der Gleichwertigkeitsklauseln ist die Freiheit des Warenverkehrs, so wie sie in der Rechtsprechung des EuGH interpretiert wird. Wenn in diesem Zusammenhang von *Cassis de Dijon*-Rechtsprechung gesprochen wird, so ist dies zwar letztlich zutreffend, doch ist Differenzierung geboten: Die Gleichwertigkeitsklauseln beziehen sich auf Anforderungen des nationalen Rechtes, die als solche im Sinne der Art. 30, 36 EGV[18] gerechtfertigt sind, weil sie notwendig zur Erreichung von zwingenden Erfordernissen der Sicherheit, des Gesundheitsschutzes, des Umweltschutzes usw. sind. Dies unterscheidet die Situation von der des *Cassis de Dijon*-Urteils, in dem eine nicht notwendige und daher unverhältnismäßige und gemeinschaftsrechtswidrige nationale Maßnahme dem Gerichtshof unterbreitet wurde. Kommen Gleichwertigkeitsklauseln zum Zuge, so handelt es sich darum, daß das nationale Recht zulässige Anforderungen stellt, daß es aber unter dem Vorzeichen des Prinzips der Verhältnismäßigkeit die Erfüllung gleichwertiger Anforderungen im Ursprungsland berücksichtigen muß. Die geforderte "Anerkennung" kann sich auf die Gleichwertigkeit der Vorschriften der anderen Mitgliedstaaten als solche, aber auch auf einzelne

---

[16] Siehe Anm. 6, Nr. 36.

[17] Vgl. 12. Jahresbericht der Kommission über die Kontrolle der Anwendung des Gemeinschaftsrechts (1994), ABl. C 254/1 vom 29.9.1995, 2.2.1.1.

[18] Art. 28, 30 EGV (konsolidierte Fassung).

Elemente ihrer Anwendung beziehen. Als solche werden am häufigsten Untersuchungen, Analysen, Kontrollen o.ä. genannt[19].

5. Rechtsprechung des EuGH zur Pflicht der Staaten, Vorschriften anderer Mitgliedstaaten und deren Anwendung als gleichwertig anzuerkennen

a) Kommission/Frankreich - Holzbearbeitungsmaschinen (Rs. 188/84)

Das Urteil vom 28.1.1986[20] ist bis heute die maßgebliche Grundlage der Verpflichtung eines Einfuhrlandes, gleichwertige Vorschriften des Herstellungs- und Ausfuhrlandes anzuerkennen. Es hat die Grundlagen und die Grenzen dieser Verpflichtung geklärt. Im damals noch nicht harmonisierten Bereich der Zulassung von Holzbearbeitungsmaschinen hatte Frankreich die Befugnis, das Schutzniveau für die Benutzer festzulegen. Aber Frankreich als Bestimmungsland war verpflichtet, auch solche Maschinen zuzulassen, die aus anderen Mitgliedstaaten stammten und die hinsichtlich des Niveaus des Schutzes von Gesundheit und Leben dem entsprachen, was mit der nationalen Regelung erreicht werden sollte: "Daher würde es dem Grundsatz der Verhältnismäßigkeit zuwiderlaufen, wenn eine nationale Regelung verlangen würde, daß die eingeführten Erzeugnisse den Bestimmungen und technischen Anforderungen ... buchstabengenau entsprechen, obwohl sie dasselbe Schutzniveau für die Benutzer gewährleisten." Damit legte das Urteil in der Sache Holzbearbeitungsmaschinen die Grundlage für die positivrechtliche Verankerung des Grundsatzes der Gleichwertigkeits-Anerkennung. Aber es markierte ebenso deutlich die Grenzen dieses Grundsatzes. Denn der Gerichtshof entschied zu Gunsten Frankreichs, das mit Deutschland im Streit um die Zulassung von Holzbearbeitungsmaschinen lag: Es sei nicht nachgewiesen, daß die Maschinen, die sich in den anderen Mitgliedstaaten im freien Verkehr befinden, dasselbe Schutzniveau gewährleisteten. Der Gerichtshof unterstrich: beim gegenwärtigen Stand des Gemeinschaftsrechts sind die Mitgliedstaaten nicht verpflichtet, in ihrem Gebiet gefährliche Maschinen zuzulassen, die nicht nach-

---

[19] C.-M. Happe, "Überlegungen zur Rolle von Art. 100 b EWGV im System der Warenverkehrsfreiheit des EWGV", in: M. Coen/S. Hölscheidt/S.U. Pieper (Hrsg.), *Europa '93 - Auf dem Weg zur Europäischen Union*, 1993, 119 ff. (124), spricht von einer Palette von "Anerkennungsszenarien".

[20] Slg. 1986, 419.

weislich dasselbe Schutzniveau für die Benutzer in diesem Gebiet gewährleisteten. Dieses aus deutscher Sicht auf den ersten Blick erstaunliche Ergebnis der Entscheidung im konkreten Fall resultierte nicht aus der Annahme, daß die deutschen Maschinen auf ein niedrigeres Schutzniveau ausgelegt seien. Vielmehr scheiterte der Nachweis der Gleichwertigkeit nach der vom EuGH gebilligten französischen Auffassung daran, daß die Sicherheitskonzeption der deutschen Maschinen auf Mechanismen der Ausbildung und Kontrolle abgestimmt waren, die in Frankreich nicht gegeben waren. Das Urteil des EuGH in der Sache Holzbearbeitungsmaschinen verlangt eindeutig den Nachweis der Gleichwertigkeit und muß daher auch als eine eindeutige Absage an die Vorstellung einer existierenden Gleichwertigkeitsvermutung betrachtet werden. Es ist nicht durch spätere Rechtsprechung revidiert worden. Dagegen vertritt die Kommission offenbar auch heute weiterhin die These einer Gleichwertigkeitsvermutung und leitet aus ihr weitreichende praktische Konsequenzen ab, indem sie insbesondere nur bei begründeten Zweifeln das Verlangen nach einem Nachweis der Gleichwertigkeit bei eingeführten Erzeugnissen billigt[21]. Diese Konzeption der Kommission muß als Restposten ihrer früheren Auffassung, daß prinzipiell alle Vorschriften der Mitgliedstaaten gleichwertig seien, angesehen werden. Eine Grundlage für die "Gleichwertigkeitsvermutung" ist in der Rechtsprechung des EuGH zur Warenverkehrsfreiheit nicht zu erkennen.

b) Berücksichtigung von technischen und chemischen Analysen und von Laborversuchen im Herkunftsland

In der Sache *Biologische Producten* entschied der Gerichtshof[22], daß es mit Art. 30 und 36 EWGV vereinbar sei, für Schädlingsbekämpfungsmittel eine vorherige Zulassung vorzuschreiben, selbst wenn diese Erzeugnisse bereits in einem anderen Mitgliedstaat zugelassen seien. Die Rechtfertigung der nationalen Maßnahme setze jedoch voraus: "Die Behörden des Einfuhrstaates dürfen nicht ohne Not technische und chemische Analysen oder Laborversuche verlangen, wenn die gleichen Analysen und Versuche bereits in einem anderen Mitgliedstaat durchgeführt worden sind und ihre Ergebnisse diesen Behörden zur Verfügung stehen oder auf Anfrage zur Verfügung gestellt werden können."

---

[21] Vgl. von Borries/Petschke, siehe Anm. 7, 1349.

[22] Urt. vom 17.12.1981, Rs. 272/80, Slg. 1981, 3277.

Der EuGH bestätigte den damals eingenommenen Standpunkt 15 Jahre später in der Sache *Brandsma*[23]. Im Hinblick auf die nach wie vor fehlende Harmonisierung der Vorschriften über Biozid-Produkte wurde das belgische Zulassungsverfahren auch in bezug auf aus den Niederlanden eingeführte Erzeugnisse für zulässig gehalten. Die Berücksichtigung der im niederländischen Zulassungsverfahren gemachten Untersuchungen wurde wie im Falle *Biologische Producten* gefordert.

c) Wurmser - *Rs. 25/88 und* Houtwipper - *Rs. C-293/93*

Im Falle *Wurmser* ging es um die strafrechtliche Verantwortlichkeit des Importeurs für die Einhaltung französischer Produktnormen betreffend Textilien, die aus einem Mitgliedstaat eingeführt waren. Der EuGH[24] leitete aus dem Verhältnismäßigkeitsprinzip ab, daß der Importeur sich auf die von den Behörden des Herstellungsmitgliedstaates erteilten Bescheinigungen verlassen darf. Diese Regel, so der EuGH, stelle "eine besondere Ausprägung des allgemeinen Grundsatzes des gegenseitigen Vertrauens zwischen den Behörden der Mitgliedstaaten dar." Das Urteil in der Sache *Houtwipper*[25] betraf die Pflicht zur Punzierung von Edelmetallarbeiten. Die darüber bestehenden nationalen Vorschriften sind stark unterschiedlich, sowohl was die ausführende Stelle als auch was die Methoden der Punzierung betrifft. Der EuGH zitierte den Grundsatz, daß doppelte Kontrollen im Ausfuhrland und im Einfuhrland nicht gerechtfertigt seien, wenn die Ergebnisse der im Herkunftsmitgliedstaat durchgeführten Kontrollen den im Einfuhrmitgliedstaat bestehenden Anforderungen genügen. Im Mittelpunkt des Verfahrens stand die Frage, ob die Punzierung deutscher Hersteller der nach niederländischem Recht vorgeschriebenen Punzierung gleichwertig war. Es ist bemerkenswert, wie prononciert der EuGH die Würdigung des Sachverhalts im Hinblick auf die Gleichwertigkeit in die Hand des nationalen Richters legte, nachdem er bereits das rechtspolitische Ermessen des Einfuhrlandes, sich für ein bestimmtes Kontrollsystem zu entscheiden und dieses anzuwenden, hervorgehoben hatte.

---

[23] Urt. vom 27.6.1996, Rs. C-293/94, Slg. 1996 I-3159.

[24] Urt. vom 11.5.1989, Rs. 25/88, Slg. 1989, 1105.

[25] EuGH, Urt. vom 15.9.1994, Rs. C-293/93, Slg. 1994 I-4249.

d) Rechtsprechung des EuGH zur Gleichwertigkeitsanerkennung im Dienstleistungsverkehr

Stellt das nationale Recht des "Bestimmungslandes", in das hinein Dienstleistungen erbracht werden, Anforderungen auf, die aus zwingenden Gründen des Allgemeinwohls gerechtfertigt sind, so sind diese nur insoweit zulässig, als dem Allgemeininteresse nicht bereits durch Rechtsvorschriften Rechnung getragen ist, denen der Dienstleistungserbringer in dem Staat unterliegt, in dem er ansässig ist[26]. Das Gemeinschaftsrecht fordert damit auf der Grundlage der Dienstleistungsfreiheit und des Gebotes, daß Beschränkungen verhältnismäßig sein müssen, in vergleichbarer Weise wie im Zusammenhang der Warenverkehrsfreiheit die Anerkennung gleichwertiger im Sitzstaat erfüllter Anforderungen. In der Sache *Webb* anerkannte der EuGH[27] die Befugnis der Niederlande, von dem im Vereinigten Königreich behördlich zugelassenen Arbeitnehmerüberlassungsunternehmen für die Betätigung in den Niederlanden eine in den Niederlanden zu erteilende Zulassung zu verlangen. Die Niederlande mußten hierbei jedoch "Nachweise und Sicherheiten berücksichtigen", die das Unternehmen bereits im Vereinigten Königreich beigebracht hatte. Im Versicherungsurteil bestätigte der EuGH[28] das Prinzip, daß Beschränkungen des freien Dienstleistungsverkehrs nur gerechtfertigt sein können, wenn die verfolgten Allgemeininteressen nicht bereits durch die Vorschriften des Niederlassungsstaates gewahrt sind. Das Zulassungserfordernis des deutschen Versicherungsaufsichtsrechtes hielt dieser Prüfung Stand. Die Entscheidungen in den *Fremdenführer*-Fällen[29] beruhen ebenfalls auf dem Gleichwertigkeitsprinzip.

In der Sache *Vander Elst* berief sich der EuGH[30] wiederum auf das Prinzip, daß eine Rechtfertigung von Beschränkungen des freien Dienstleistungsverkehrs nur in Betracht kommt, wenn dem Allgemeininteresse nicht bereits durch die Rechtsvorschriften des Niederlassungsstaates Rechnung getragen ist. Das belgische Abbruchunterneh-

---

[26] EuGH, Urt. vom 26.2.1991, Rs. C-180/89, Kommission/Italien, Slg. 1991 I-70; Urt. vom 26.2.1991, Rs. C-198/89, Kommission/Griechenland, Slg. 1991 I-727; Urt. vom 9.8.1994, Rs. C-43/93, Vander Elst, Slg. 1994 I-3803; Urt. vom 12.12.1996, Rs. C-3/95, Reisebüro Broede, Slg. 1996 I-6511.

[27] Urt. vom 17.12.1981, Rs. 270/80, Slg. 1981, 3305.

[28] Urt. vom 4.12.1986, Rs. 205/84, Kommission/Deutschland, Slg. 1986, 3755.

[29] Urteile vom 26.2.1991, siehe Anm. 26.

[30] Urt. vom 9.8.1994, *ibid.*

men Vander Elst wurde in Frankreich tätig und brachte seine marokkanischen Arbeitnehmer dorthin mit. Der EuGH verneinte, daß das von Frankreich geltend gemachte Erfordernis einer französischen Arbeitserlaubnis gemeinschaftsrechtskonform sei, und übernahm die Argumentation des Generalanwalts Tesauro, daß die "einschlägigen belgischen Bestimmungen" geeignet seien, ernstliche Gefahren der Ausbeutung von Arbeitnehmern und der Verfälschung des Wettbewerbs zwischen den Unternehmen auszuschalten. Das Urteil in der Sache *Vander Elst* bedeutet, daß das vom Verhältnismäßigkeitsgrundsatz diktierte Zurücktreten eines nationalen Erlaubniserfordernisses im tatsächlichen Ergebnis auf die Anerkennung einer ausländischen Erlaubnis hinauslaufen kann und dieser quasi-transnationale Wirkung verleiht. Denn die "Anwendung der einschlägigen belgischen Bestimmungen", die nach Auffassung des Generalanwaltes und des Gerichtshofes ausreichend war, um legitime Ziele des Allgemeininteresses zu sichern, meint letztlich nicht nur die belgischen Vorschriften, sondern deren Anwendung durch Erteilung einer Erlaubnis. Damit markiert *Vander Elst* eine äußerste Konsequenz des Gebotes der Gleichwertigkeits-Anerkennung. Bereits vor *Cassis de Dijon* hatte der EuGH einmal in diesem Sinne entschieden in der Sache *van Wesemael*[31]. Artikel 59 EWGV verbietet es, die Stellenvermittlung von Bühnenkünstlern einem Genehmigungserfordernis zu unterwerfen, wenn der Künstlervermittler in seinem Herkunftsland bereits eine entsprechende Genehmigung erhalten hat, die auch seine Tätigkeit in anderen Mitgliedstaaten erfaßt.

6. Gleichwertigkeit bei Waren aus Drittländern

Befinden sich Drittlandserzeugnisse im freien Verkehr des Herkunftsmitgliedstaates, so gilt zu ihren Gunsten ebenfalls das Gebot der Anerkennung gleichwertiger Vorschriften des Herkunftsmitgliedstaates. Denn diese Erzeugnisse fallen unter die Warenverkehrsfreiheit. Der Standpunkt der Kommission, für die im freien Verkehr eines Mitgliedstaates befindlichen Erzeugnisse die Einbeziehung in die nationalen Gleichwertigkeits-Klauseln zu verlangen[32], erscheint daher als zutreffend. Die klassische Formel des *Cassis de Dijon*-Urteils von den "in einem Mitgliedstaate rechtmäßig hergestellten und in den Verkehr ge-

---

[31] Urt. vom 18.1.1979, Rs. 110, 111/78, Slg. 1979, 35.

[32] Vgl. von Borries/Petschke, siehe Anm. 7, 1347.

brachten Erzeugnissen" schöpft den Schutzbereich der Warenverkehrsfreiheit nicht aus[33]. Für die Gegenauffassung[34] ist das Argument ins Feld geführt worden, daß die hier gebilligte Ansicht dazu führen werde, daß sich Exporteure den Mitgliedstaat mit den niedrigsten Anforderungen als Einfuhrland aussuchen werden, um Zugang zum gesamten Gebiet des Binnenmarktes zu erhalten. Aber dieses Argument ist nicht stichhaltig und wäre es nur, wenn es den Grundsatz von der generellen Gleichwertigkeit aller Vorschriften der Mitgliedstaaten gäbe. Wenn die Erzeugnisse in einen Mitgliedstaat mit niedrigen Anforderungen eingeführt werden, dann können sie nicht in Mitgliedstaaten mit höheren Anforderungen in den Verkehr gebracht werden, weil es an der Gleichwertigkeit der Anforderungen fehlt, die der Staat der ersten Einfuhr an das Produkt stellt.

7. Zusammenfassung: Der Grundsatz der Gleichwertigkeit oder der "gegenseitigen Anerkennung"

Im Bereich des nicht-harmonisierten binnenmarktrelevanten Wirtschaftsrechtes folgt aus dem primären Gemeinschaftsrecht eine Verpflichtung der Mitgliedstaaten, gleichwertige Vorschriften und Anwendungsmodalitäten des Herkunftslandes als den nationalen Vorschriften des Bestimmungslandes gleichwertig anzuerkennen. Der Sitz dieser Verpflichtung befindet sich in den Grundfreiheiten, auf denen der Binnenmarkt beruht, in Verbindung mit den Prinzipien der Verhältnismäßigkeit[35] und der Gemeinschaftstreue (Art. 5 EGV)[36]. Nationales binnenmarktrelevantes Recht unterliegt hiernach einer zweifachen Verhältnismäßigkeitskontrolle. Es darf erstens überhaupt nur solche Anforderungen stellen, die durch zwingende Erfordernisse gerechtfertigt sind.

---

[33] Vgl. H. Matthies, in: E. Grabitz, *Kommentar zur Europäischen Union*, Losebl., Art. 30 EWGV Rdnr. 23; P.-C. Müller-Graff, in: H. von der Groeben/ J. Thiesing/C.D. Ehlermann, *Kommentar zum EWG-Vertrag*, 4. Aufl. 1991, Art. 30 Rdnr. 100; M. Dauses, in: M. Dauses (Hrsg.), *Handbuch des EG-Wirtschaftsrechts* (Losebl.), C I Rdnr. 117.

[34] E.L. White, "In Search of the Limits to Article 30 of the EEC Treaty", *CML Rev.* 26 (1989), 235 (263).

[35] A. Bernel, *Le principe d'équivalence ou de "reconnaissance mutuelle" en droit communautaire*, 1995, 111.

[36] EuGH, Urt. vom 7.5.1991, Slg. 1991, I-2357 (Vlassopoulou).

Diese gemeinschaftsrechtliche Schranke nationalen Rechts war Gegenstand des Urteils *Cassis de Dijon*[37]. Zweitens muß bei der Anwendung derjenigen nationalen Vorschriften, die dem *Cassis de Dijon*-Test ihrer Verhältnismäßigkeit standhalten, geprüft werden, ob die Anforderungen und Kontrollen des Herkunftslandes gleichwertig sind und daher an die Stelle der vom Herkunftsland gestellten Erfordernisse einrücken können. Dieser unter dem Vorzeichen des Verhältnismäßigkeitsgrundsatzes durchgeführte Gleichwertigkeitstest verdient wahrhaft die Bezeichnung als "gegenseitige Anerkennung". Im Gleichwertigkeitstest wird das Vorhandensein wirklicher Gleichwertigkeit verschiedener nationaler Vorschriften geprüft[38]. Der Gleichwertigkeitstest darf hingegen keinesfalls durch die Pauschalannahme ersetzt werden, daß alle Vorschriften in Europa, gehe es nun um technische Sicherheit, Gesundheits-, Verbraucher- oder Umweltschutz, "grundsätzlich gleichwertig" seien. Das hat auch die Kommission nicht behauptet und könnte es, wollte sie nicht die Realität mißachten, nicht behaupten. Sie hat an der oft zitierten Stelle des Weißbuchs zur Vollendung des Binnenmarktes[39] "festgestellt", "daß die gesetzgeberischen Ziele der Mitgliedstaaten auf dem Gebiet des Schutzes der Gesundheit, der Sicherheit und der Umwelt im Kern gleichwertig sind." Die Richtigkeit jener Feststellung beschränkte sich auf den Konsens der Mitgliedstaaten über die abstrakten Ziele. Die Einschätzung der Kommission, es werde zur gegenseitigen Anerkennung des zur Zielerreichung fortbestehenden nationalen Rechtes kommen, hat keine weitergehende Bedeutung als die einer politischen Erwartung.

II. Anerkennung im Bereich der Anwendung vereinheitlichten oder harmonisierten Rechts

Soweit das Binnenmarktrecht vereinheitlicht oder harmonisiert ist, stellt sich die oben erörterte Frage nach der Gleichwertigkeit nationaler Vorschriften nicht mehr. Im Rahmen der Anerkennungs-Thematik betreten wir im harmonisierten Bereich eine neue Ebene. Auf dieser kommen als Gegenstände der Anerkennung Anwendungsakte in Betracht, die - in Anwendung des europäischen Rechtes - im Herkunftsland oder Sitz-

---

[37] Siehe Anm. 3.

[38] Dagegen: S. Langer, "Subsidiarität und Anerkennungsprinzip", *ZG* 8 (1993), 193, 202 ff).

[39] Siehe Anm. 5, Nr. 65, 19.

staat vorgenommen worden sind und deren Wirkungen kraft "Anerkennung" über die Grenzen dieses Mitgliedstaates hinaus auf das Bestimmungs- oder Aufnahmeland erstreckt werden. Als Prototyp solcher Anwendungsakte erscheinen aus deutscher Sicht Verwaltungsakte, welche das europäische Recht im Einzelfall durch verbindliche Entscheidungen vollziehen, wobei es sich um den Vollzug von unmittelbar anwendbarem Verordnungsrecht oder aber, wie in der Regel, um den Vollzug der in nationales Recht umgesetzten Richtlinien handeln kann. In die deutsche Diskussion wurde in diesem Zusammenhang bereits die Figur des "transnationalen Verwaltungsaktes" eingeführt[40]. Gemeinschaftsweit wirksame Zulassungsakte, wie die Zulassung von Bank- und Versicherungsunternehmen, sowie Verwaltungsakte der Banken- und Versicherungsaufsichtsbehörden des Herkunftsstaates, die in Vollzug der Aufsicht über die Tätigkeit der Unternehmen in den Aufnahmemitgliedstaaten durchgesetzt werden, markieren die auffälligsten Punkte einer Entwicklung, in der die Gebietshoheit der Staaten zu Gunsten "anerkannter" Zuständigkeiten der Behörden des Herkunfts- oder Sitzstaates punktuell aufgebrochen wird.

1. Die Anerkennung als verbindlich bzw. rechtserheblich

An erster Stelle ist zu überlegen, mit welchem Inhalt der Begriff der "Anerkennung" bzw. der "gegenseitigen Anerkennung" verwendet werden kann, um die Rechtserheblichkeit der aus anderen Mitgliedstaaten herrührenden Amtshandlungen zu charakterisieren. Im harmonisierten Bereich des Binnenmarktes können Rechtshandlungen, die auf der Grundlage des vereinheitlichten oder angeglichenen Rechtes ergehen, Rechtserheblichkeit auch für den Mitgliedstaat haben, der im Warenverkehr Bestimmungsland oder im Dienstleistungsverkehr Aufnahmeland ist. Zur Bezeichnung dieser Wirkungen verwendet das europäische Sekundärrecht des Binnenmarktes gelegentlich den Ausdruck "gegenseitige Anerkennung"[41], aber viel häufiger erkennt es Rechtshandlungen gemeinschaftsweite Beachtlichkeit oder Verbindlichkeit zu,

---

[40] V. Neßler, *Europäisches Richtlinienrecht wandelt deutsches Verwaltungsrecht*, 1994; ders., "Der transnationale Verwaltungsakt - Zur Dogmatik eines neuen Rechtsinstituts", *NVwZ* 14 (1995), 863; E. Schmidt-Aßmann, "Deutsches und europäisches Verwaltungsrecht", *DVBl.* 108 (1993), 924 (935 f.).

[41] Anhang der Zweiten Bankrechtskoordinierungs-Richtlinie vom 15.12. 1989 (ABl. L 386/1).

ohne dies mit der Terminologie der "Anerkennung" auszudrücken. Es wäre in der Tat denkbar, die im Sekundärrecht des Binnenmarktes getroffenen Regelungen über gemeinschaftsweite Rechtserheblichkeit einzelner Vollzugsakte nationaler Behörden vollständig vom Begriff und Konzept einer "Anerkennung" abzulösen. Diese Sichtweise böte sich an, wenn man den Umstand besonders hervorheben wollte, daß durch die Richtlinien bereits eine europäische Zuständigkeitsordnung und damit mehr als eine internationale Verpflichtung zur Anerkennung der Rechtserheblichkeit fremder Vollzugsakte getroffen wird. Stellt man aber die Vollzugskompetenz der Staaten in den Vordergrund, so bleibt die Konzeption einer von diesen zu gewährenden "Anerkennung" sachgerecht. Dementsprechend sprechen die Begründungen der Zweiten Bankrechtskoordinierungs-Richtlinie[42], der Dritten Richtlinie Schadensversicherung[43] und der Dritten Richtlinie Lebensversicherung[44] von einer "gegenseitigen Anerkennung der Zulassungen und der Aufsichtssysteme". Die durch Sekundärrecht vorgesehene Anerkennung von Amtshandlungen im Bereich des harmonisierten Binnenmarktrechtes geht in jedem Falle über die bloße Gleichwertigkeits-Anerkennung des nicht harmonisierten Bereiches hinaus. Sie ist Anerkennung der Verbindlichkeit von Rechtsakten, soweit diese aus sich heraus Verbindlichkeit beanspruchen können, wie dies bei Zulassungsakten der Fall ist, und sie ist im übrigen, soweit es Handlungen betrifft, die keine Rechtsverbindlichkeit haben, die Anerkennung ihrer Rechtserheblichkeit. Vereinfachend - unter Hervorhebung der verbindlichen Rechtsakte - kann daher von einer Verbindlichkeits-Anerkennung gesprochen werden.

2. Der Gegenstand der Anerkennung

Auf welche Art von Anwendungs-Akten im Bereich des harmonisierten Rechts kann sich die Anerkennung erstrecken? Hier kommen nicht nur die Verwaltungsakte im Sinne der deutschen Begriffsbildung in Betracht, sondern Anwendungsakte aller Art, auch solche nicht-staatlicher Stellen. Es kann sich um Nachweise, Bescheinigungen, Kontrollen, Untersuchungen usw. handeln. Auf "Diplome" wird in anderem Zusammenhang noch einzugehen sein.

---

[42] Siehe Anm. 41.

[43] Vom 18.6.1992 (ABl. L 228/1).

[44] Vom 10.11.1992 (ABl. L 360/1).

3. Der Zusammenhang zwischen Harmonisierung und der Anerkennung von Anwendungsakten

Die Begründungen der Richtlinien[45], die für die Banken- und Versicherungsaufsicht die Erteilung einer einheitlichen, innerhalb der ganzen Gemeinschaft gültigen Zulassung und die Anwendung des Grundsatzes der Aufsicht durch den Herkunftsmitgliedstaat eingeführt haben, sprechen davon, daß zu diesem Zwecke eine "wesentliche, notwendige und ausreichende Harmonisierung" vorgenommen wurde. Dies unterstreicht das in der Natur der Sache begründete Junktim zwischen der Harmonisierung und der Anerkennung einer transnationalen Verbindlichkeit nationaler Anwendungsakte. Die gegenseitige Anerkennung von Produktionsgenehmigungen, Gewerbezulassungen, Befähigungsnachweisen, Produktzulassungen u.ä. hat in der Vereinheitlichung bzw. Harmonisierung des materiellen Rechts ihre primäre Voraussetzung[46]. Eine Rechtsangleichung auf hohem Niveau war Vorbedingung für die Einführung der Sitzstaatskontrolle in der Bankenaufsicht[47]. Man muß sich aber auch mit einigen Besonderheiten auseinandersetzen, die in den Zusammenhängen zwischen der Harmonisierung des materiellen Rechtes und der gegenseitigen Anerkennung auf der Vollzugsebene anzutreffen sind. Denn das Junktim zwischen Harmonisierung und der Verbindlichkeits-Anerkennung von Anwendungsakten ist, so sehr es in der Sache begründet erscheint, nicht absolut zwingend vorgegeben. Hierbei ist an erster Stelle zu denken an die von der Gemeinschaft seit 1985 verfolgte "Neue Konzeption" der technischen Harmonisierung und Normung, wie sie für Maschinen[48], Druckbehälter[49], Spielzeug[50], Bauprodukte[51], Druckgeräte[52] u.a. verwirklicht wurde. Die Gemeinschaft legt durch Harmonisierungs-Richtlinien die grundlegenden Sicherheitsziele und sonstigen Gemeinwohlanforderungen fest, verzichtet aber auf Detailregelungen und überläßt diese den europäischen Normungsorganisationen (CEN und CENELEC). Zugleich stattet sie die von Nor-

---

[45] Siehe Anm. 41, 43, 44.

[46] Vgl. M. Seidel, in: Everling/Roth (Hrsg.), siehe Anm. 1, 43.

[47] Vgl. J. Köndgen, in: *ibid.*, 130.

[48] Richtlinie 89/392/EWG vom 14.6.1989 (ABl. L 183/9).

[49] Richtlinie 87/404/EWG vom 25.6.1987 (ABl. L 220/48).

[50] Richtlinie 88/378/EWG vom 3.5.1988 (ABl. L 178/1).

[51] Richtlinie 89/106/EWG vom 21.12.1988 (ABl. L 40/12 vom 12.2.1989).

[52] Richtlinie 97/23/EWG vom 29.5.1997 (ABl. L 181/1 vom 9.7.1997).

mungsorganisationen verfaßten Normen mit der (widerlegbaren) Vermutung der Richtlinienkonformität aus[53]. Da es sich nach allem hierbei nur um die Verlagerung der Harmonisierung in die Zuständigkeit der Normungsorganisationen handelt, wird man nicht von einem wirklichen Bruch des Junktims zwischen Harmonisierung und Anerkennung von Anwendungsentscheidungen sprechen. Dies scheint sich nun anders zu verhalten im Falle der Hochschuldiplom-Richtlinie[54]. Artikel 57 EGV[55] stellt die "gegenseitige Anerkennung" der "Diplome, Prüfungszeugnisse und sonstigen Befähigungsnachweise" (in Abs. 1) neben die Harmonisierung ("Koordinierung") des materiellen Berufsrechts, auf dem diese Befähigungsnachweise beruhen (in Abs. 2), ohne zwischen Anerkennung und Harmonisierung ein verbindliches Junktim herzustellen[56]. Daß es politisch möglich war, eine Anerkennung der Hochschuldiplome als Berufszugangsvoraussetzung für einen "reglementierten Beruf" herzustellen, ohne die Reglementierung selbst zu harmonisieren, war nur um den Preis zu erreichen, daß den Mitgliedstaaten eröffnet wurde, zusätzliche Anforderungen, nämlich insbesondere den "Anpassungslehrgang", zu verlangen. Dem Zwang, Harmonisierung und Anerkennung von Vollzugsakten zur Deckung zu bringen und die erstere als Voraussetzung der letzteren einzuführen, hat sich die Gemeinschaft im Falle der Hochschuldiplom-Richtlinie durch einen gelungenen Kunstgriff entzogen. Daran, daß prinzipiell ein sachlicher Zusammenhang zwischen der Harmonisierung und der Anerkennung der

---

[53] Vgl. P. Marburger/R. Enders, "Technische Normen im Europäischen Gemeinschaftsrecht", in: *Jahrbuch des Umwelt- und Technikrechts 1994* (Umwelt- und Technikrecht Band 27), 1994, 333; G. Breulmann, *Normung und Rechtsangleichung in der Europäischen Wirtschaftsgemeinschaft*, 1993; R. Rönck, *Technische Normen als Gestaltungsmittel des Europäischen Gemeinschaftsrechts*, 1995; E. Lindl, *Arbeitsschutzrecht. Die EG-Richtlinie zur Angleichung der Rechtsvorschriften der Mitgliedstaaten für Maschinen*, 1992.

[54] Richtlinie 89/48/EWG über eine allgemeine Regelung der Anerkennung der Hochschuldiplome vom 21.12.1988 (ABl. L 19/16 vom 24.1.1989); Richtlinie 92/51/EWG über eine zweite allgemeine Regelung zur Anerkennung beruflicher Befähigungsnachweise in Ergänzung zur Richtlinie 89/48 EWG vom 18.6.1992 (ABl. L 209/25).

[55] Art. 47 EGV konsolidierte Fassung (Vertrag von Amsterdam).

[56] Ein solches besteht aber für die ärztlichen, arztähnlichen und pharmazeutischen Berufe, für die Art. 57 Abs. 3 EGV den Vorrang der Harmonisierung ("Koordinierung") festlegt. Dementgegen hält die herrschende Meinung Art. 57 Abs. 3 EGV für gegenstandslos; vgl. H. Schneider, *Die Anerkennung von Diplomen in der Europäischen Gemeinschaft*, 1995, 106 f., m.w.N.

Verbindlichkeit von Einzelakten besteht, ist gleichwohl kein Zweifel möglich.

4. Die Rechtsgrundlage der Verbindlichkeits-Anerkennung

Die Verpflichtung, die in einem anderen Mitgliedstaat gesetzten Rechtshandlungen zur Anwendung des Gemeinschaftsrechtes als verbindlich oder, sofern sie selbst keine direkte Verbindlichkeit haben, als rechtserheblich anzuerkennen, folgt nicht aus einem generellen Prinzip des europäischen Primärrechts, sondern besteht nur nach Maßgabe des europäischen Binnenmarkt-Sekundärrechts. Letztlich sind die Binnenmarkt-Richtlinien die konstitutive Grundlage für die hier so genannte Verbindlichkeits-Anerkennung[57]. Schweigt das Binnenmarkt-Sekundärrecht über eine Verbindlichkeit von Hoheitsakten der Mitgliedstaaten über deren Gebiet hinaus, so bleibt gleichwohl deren Beurteilung unter dem Aspekt der Gleichwertigkeitsanerkennung möglich und gegeben. Zulassungs- und Aufsichtsakte, Kontrollen und "Dossiers" müssen daher nach den oben für den nicht harmonisierten Bereich erörterten Grundsätzen jedenfalls unter dem Gesichtspunkt einer möglichen Gleichwertigkeit mit den im Bestimmungsland gestellten Anforderungen geprüft werden. Der Unterschied zwischen einer Verbindlichkeits-Anerkennung und der Gleichwertigkeits-Anerkennung läßt sich an der bekannten Entscheidung des EuGH[58] in der Sache Vlassopoulou verdeutlichen. Frau Vlassopoulou, die in Griechenland die für die Zulassung zur Rechtsanwaltschaft erforderlichen Befähigungsnachweise erworben hatte und darauf ihren Antrag auf Zulassung zur Rechtsanwaltschaft in Deutschland stützte, konnte nicht die "Anerkennung" dieser Befähigungsnachweise verlangen, weil zur Zeit der Antragstellung keine Richtlinie über die gegenseitige Anerkennung der zur Aufnahme des Rechtsanwaltsberufs berechtigenden Diplome gemäß Art. 57 Abs. 1 EWG-Vertrag erlassen war. Wohl aber bildete die Niederlassungsfreiheit (Art. 52 EWG-Vertrag) in Verbindung mit den aus Art. 5 des Vertrages folgenden Pflichten der Staaten, alle Maßnahmen zu ihrer Verwirklichung zu treffen und alle Maßnahmen, die die Ziele des Vertrages gefährden könnten, zu unterlassen, die Grundlage für eine vom EuGH

---

[57] Vgl. E. Schmidt-Aßmann, "Verwaltungskooperation und Verwaltungskooperationsrecht in der Europäischen Gemeinschaft", EuR 31 (1996), 270 (301); Seidel, siehe Anm. 46, 43.

[58] Siehe Anm. 36.

geforderte Prüfung der möglichen Gleichwertigkeit der im Herkunftsmitgliedstaat erworbenen Befähigungsnachweise.

5. Modelle der Herstellung gemeinschaftsweit verbindlicher Entscheidungen

a) Nationaler oder Gemeinschaftsvollzug als Alternative

Für die gemeinschaftsweite Verbindlichkeit der von den Stellen eines Staates erteilten Zulassungen, Genehmigungen, Befähigungsnachweise oder sonstigen Dokumente verwenden wir, dem verbreiteten Sprachgebrauch folgend, weiterhin den Begriff der "Anerkennung", obwohl die Staaten nicht mehr kraft eines souveränen Gesetzgebungsaktes über diese "Anerkennung" befinden, sondern das Sekundärrecht der Gemeinschaft die Grundlage der transnationalen Geltung von Vollzugsakten der staatlichen Stellen ist. Die primäre Voraussetzung dafür, daß sich das Problem der gemeinschaftsweiten Verbindlichkeit von nationalen Akten, die das europäische Recht im Einzelfall anwenden, überhaupt stellt, ist die Existenz des dezentralen Vollzugs von Gemeinschaftsrecht durch die Mitgliedstaaten. Die Alternative zum dezentralen Vollzug ist der zentrale Vollzug durch Organe und Einrichtungen der Gemeinschaft. Als solche kommen die Kommission, aber auch neugeschaffene Verwaltungseinrichtungen mit eigener Rechtspersönlichkeit in Betracht[59]. Die Regierungen der Mitgliedstaaten werden im Rechtsetzungsprozeß der Gemeinschaft immer wieder vor die Frage gestellt, ob sie einem zentralen Vollzug des Gemeinschaftsrechtes durch die Gemeinschaft zustimmen oder auf dem nationalen Vollzug bestehen. Normalerweise werden sie das letztere tun. Sie können sich dabei auf das Subsidiaritätsprinzip stützen. "Ausschließliche Zuständigkeiten" der Gemeinschaft, die das Subsidiaritätsprinzip ausschalten würden, bestehen für den administrativen Vollzug des Gemeinschaftsrechtes nur insoweit, als der EG-Vertrag sie eigens vorsieht wie etwa in der Kartellaufsicht. Aber die Sachzwänge des Binnenmarktes machen es politisch keineswegs stets möglich, sich für den nationalen Vollzug und gegen den Gemeinschaftsvollzug zu entscheiden. Denn der nationale Vollzug birgt Risiken. Mit-

---

[59] Zu letzteren siehe M. Hilf, "Die abhängige Juristische Person des Gemeinschaftsrechts", *ZaöRV* 36 (1976), 551; ders., *Die Organisationsstruktur der Europäischen Gemeinschaften*, 1982; B. Collatz, *Die neuen europäischen Zulassungsverfahren für Arzneimittel*, 1996, 63 f.

gliedstaaten könnten an Produktzulassungen oder Genehmigungen gebunden werden, an deren Erteilung sie selbst nicht mitgewirkt haben und gegen deren Erteilung sie womöglich Einwendungen erheben. Derartige Risiken eines nationalen Vollzuges mit transnationaler Verbindlichkeit kann das Binnenmarktrecht mit Schutzmaßnahmen begegnen, etwa Einspruchsrechten und Konzertierungsverfahren[60]. Die Strategie zur Ausschaltung dieser Risiken kann aber auch die Einführung des Gemeinschaftsvollzuges sein. Der Gemeinschaftsvollzug stellt im Hinblick auf die Möglichkeiten der sog. comitologie zugleich ein Instrument dar, die Mitwirkung aller Regierungen an Entscheidungen über die Anwendung des Gemeinschaftsrechtes sicherzustellen. Dafür liefert die zum 1.1.1995 neu geordnete Arzneimittelzulassung ein bedeutendes Beispiel. Neben dem als Regelverfahren bestehenden dezentralisierten Zulassungsverfahren ist für Arzneimittel, die unter Verwendung bestimmter biotechnologischer Verfahren hergestellt wurden (Liste Teil A des Anhangs zur VO Nr. 2309/93/EWG)[61] obligatorisch ein zentralisiertes Zulassungsverfahren[62] eingeführt worden, das an die Stelle eines für diese Arzneimittel ursprünglich geschaffenen Konzertierungsverfahrens getreten ist. Für andere technologisch hochwertige Arzneimittel (Liste B) kommt das zentralisierte Zulassungsverfahren fakultativ auf Antrag des pharmazeutischen Unternehmens zur Anwendung. Das Verfahren wird bei der Europäischen Agentur für die Beurteilung von Arzneimitteln (EMEA) in London geführt. Der der Agentur als Beurteilungsgremium zugeordnete Ausschuß für Arzneimittelspezialitäten (CPMP) erstellt ein Gutachten. Die Entscheidung liegt bei der Kommission. Diese ist an die Mitwirkung des aus Vertretern der Mitgliedstaaten bestehenden Ständigen Ausschuß für Humanarzneimittel gebunden. Da der Ausschuß im sog. besonderen Regelungsverfahren[63]beschließt, ist die Kommission weitgehend auf die Zustimmung des Ausschusses angewiesen.

---

60 Siehe unten zur Arzneimittelzulassung.

61 ABl. L 214/1 vom 24.8.1993.

62 Näher: Collatz, siehe Anm. 59, 65 ff.

63 Variante 3 b des *comitologie*-Beschlusses; vgl. B. Beutler/R. Bieber/J. Pipkorn/J. Streil, *Die Europäische Union*, 4. Auflage 1993, 219; Mattera, siehe Anm. 2, 207 f.

b) Dezentraler Vollzug mit gemeinschaftsweiter Anerkennung der Anwendungsakte

Der dezentrale Vollzug des europäischen Binnenmarktrechtes, insbesondere soweit es in der Form von Richtlinien gesetzt wird, wird stets die Regel bleiben, und dies nicht nur wegen des Subsidiaritätsprinzips, sondern wegen der Sachzwänge eines massenhaften Einzelvollzuges. Es genügt, dafür die Beispiele der individuellen Befähigungsnachweise ("Diplome") oder den europäischen Führerschein zu nennen. Die Diplom-Richtlinien[64] bestimmen, daß Diplome von "jedem Mitgliedstaat" bzw. "gegenseitig" anerkannt werden. Dieselbe transnationale Verbindlichkeit läßt sich aber auch ohne die Verwendung des Begriffes Anerkennung erzielen. Dafür kann als Beispiel die sog. EG-Lizenz für den grenzüberschreitenden Güterkraftverkehr genannt werden. Wer den innergemeinschaftlichen grenzüberschreitenden Güterkraftverkehr betreibt, bedarf dazu der EG-Lizenz[65]. Seit dem 1.1.1993 ist die Erteilung der Lizenz nicht mehr mengenmäßig beschränkt. Die Lizenz wird durch die zuständigen nationalen Stellen erteilt. Sie berechtigt zum Wechsel- und Transitverkehr in der ganzen Gemeinschaft und entfaltet dadurch eine transnationale Wirkung. Letztere wird noch verstärkt durch die Regelungen der Kabotage-VO (EWG) Nr. 3118/93[66], die die Berechtigung zur Kabotage (innerhalb eines im Zeitraum von 1993 bis 1998 fortlaufend aufgestockten Kontingents) an die EG-Lizenz anknüpft.

Wie weit reicht die Bindung der Mitgliedstaaten an die von den Stellen anderer Mitgliedstaaten erlassenen Akte? In welchen Fällen darf ein Mitgliedstaat es ablehnen, die "Gültigkeit" eines Aktes anzuerkennen? Welchen Einfluß haben neue Tatsachen auf die Gültigkeit des Aktes? Diese Fragen entziehen sich beim derzeitigen Stand des europäischen

---

[64] Z.B. die Anerkennungsrichtlinie für Ärzte (Richtlinie 93/16/EWG vom 5.4.1993, ABl. L 165/1), Zahnärzte (Richtlinie 76/686/EWG vom 25.7.1978, ABl. L 233/1), Tierärzte (Richtlinie 78/1026/EWG vom 18.12.1978, ABl. L 362/1), Apotheker (Richtlinie 85/433/EWG) vom 16.9.1985, ABl. L 253/37) sowie die allgemeine Regelung zur Anerkennung der Hochschuldiplome (Richtlinie 89/48/EWG vom 21.12.1988, ABl. L 1989, 19/16).

[65] VO (EWG) Nr. 881/92 vom 26.3.1992 (ABl. L 95/1).

[66] Vom 25.10.1993 (ABl. L 279/1). Vgl. K. Grabenhorst, *Der Ordnungsrahmen für den Güterkraftverkehr in der Reform*, 1994, 135 ff.

Verwaltungsrechtes noch einer allgemeinen Antwort[67]. Es geht dabei um die Grenzen der Verbindlichkeit und der aus dieser abgeleiteten "Anerkennung" im Falle der Verletzung der rechtlichen Voraussetzungen, von denen der Rechtsakt nach dem Gemeinschaftsrecht abhängt. Die kritische Situation, welche Anlaß gibt, diese Frage in einem bestimmten Fall zu stellen, kann einerseits darin bestehen, daß der zur Anerkennung verpflichtete Staat den Vorwurf erhebt, daß die Rechtsordnung des Staates, der den Akt vorgenommen hat, nicht mit den Anforderungen des europäischen (Richtlinien-)Rechtes übereinstimmt. Sie kann andererseits in den Umständen des konkreten Einzelfalles begründet sein. Die Annahme, daß die Mitgliedstaaten die Voraussetzungen für einen Akt, zu dessen Anerkennung sie verpflichtet sind, unbegrenzt nachprüfen und bei negativem Ausgang die Anerkennung der Gültigkeit verweigern dürften, verbietet sich im Hinblick auf die Anerkennungspflicht. Denn diese würde in ihr Gegenteil verkehrt, wenn die Mitgliedstaaten praktisch unbegrenzt nachprüfen und so letztlich selbst entscheiden könnten. Umgekehrt ist aber die Zuständigkeit der Verwaltung des Erlaß-Staates Voraussetzung dafür, daß dessen Entscheidungen auch für die anderen Mitgliedstaaten verbindlich sind. Bei offensichtlicher Zuständigkeitsverfehlung kann daher keine Verbindlichkeit eintreten. Das Gemeinschaftsrecht eröffnet auch in anderen Fällen Wege, um begründeten Zweifeln an der Gültigkeit von Akten so Rechnung zu tragen, daß im Ergebnis eine Anerkennung nicht stattfinden muß. An erster Stelle steht stets die Verwaltungskooperation[68]. Der Verwaltung des Staates, von dem der Akt stammt, ist Gelegenheit zu geben, die Bedenken zu widerlegen oder auszuräumen. Artikel 22 der Ärzte-Richtlinie[69] sieht bei Zweifeln an der Erfüllung der europarechtlich koordinierten Ausbildungsanforderungen oder bei Zweifeln an der Echtheit eines Diploms ein solches Verfahren ausdrücklich vor. Die Bestimmung regelt aber nicht, was zu geschehen hat, wenn zwischen den Mitgliedstaaten Auffassungsunterschiede bestehen bleiben. Für den Fall,

---

[67] Vgl. Neßler, siehe Anm. 40, 122; C. Vedder, "(Teil-)Kodifikation des Verwaltungsverfahrensrechts der EG?", *EuR* 30 (1995), Beih. 1, 75 ff. (89 f.).

[68] Schmidt-Aßmann, siehe Anm. 57; R. Streinz, "Probleme des Zusammenwirkens von EG und Mitgliedstaaten beim Vollzug des Europäischen Gemeinschaftsrechts", *WiVerw* 1996, 129 (144); Mitteilung der Kommission vom 16.2. 1994 "Über die Entwicklung der Zusammenarbeit der Verwaltungen bei der Anwendung und Durchsetzung des Gemeinschaftsrechts für den Binnenmarkt", KOM(94) 29 endg.

[69] Siehe Anm. 64.

daß generelle Zweifel daran bestehen, daß die Medizinerausbildung des Staates, der das Diplom ausgestellt hat, dem Gemeinschaftsrecht entspricht, ist nach einer Erklärung des Rates[70] die Frage der Europäischen Kommission zur Überprüfung zu unterbreiten, so daß nicht etwa jeder Staat allein auf Grund eigener Beurteilung des Verhaltens des anderen Mitgliedstaates die Anerkennung verweigern darf. Die Richtlinie über den Führerschein[71] (Art. 8 Abs. 2 und 4) gibt den Mitgliedstaaten eine Handhabe, die Anerkennung der Gültigkeit eines Führerscheins abzulehnen, wenn sie aus Gründen des Straf- oder Polizeirechtes für ihr Gebiet eine Einschränkung oder Aussetzung, den Entzug oder die Aufhebung der Fahrerlaubnis anordnen.

Mit der Vollendung des Binnenmarktes im Banken- und Versicherungssektor zum 1.1.1993[72] sind der dezentrale Vollzug des Gemeinschaftsrechtes und die grenzüberschreitende Verbindlichkeit ("gegenseitige Anerkennung") nationaler Hoheitsakte in eine neue Dimension vorgestoßen, die als "administrative Föderalisierung" der EG bezeichnet worden ist[73]. Die zur Verwirklichung der Niederlassungs- und Dienstleistungsfreiheit im Banken-[74] und Versicherungssektor gewählten Lösungswege laufen darauf hinaus, die Staaten in ein gemeinschaftsrecht-

---

[70] ABl. C 146/1 vom 1.7.1975. Vgl. Schneider, siehe Anm. 56, 138.

[71] Richtlinie 91/439/EWG vom 20.7.1991 über den Führerschein (ABl. L 237/1).

[72] T. Groß, "Die administrative Föderalisierung der EG. Rechtsprobleme des grenzüberschreitenden Prüfungsrechtes der Bankaufsichtsbehörden", *JZ* 49 (1994), 596; N. Horn, "Entwicklungslinien des europäischen Bank- und Finanzdienstleistungsrechts", *Zeitschrift für Bankrecht u. Bankwirtschaft*, 6 (1994), 130; U. Hübner/A. Matusche-Beckmann, "Auswirkungen des Gemeinschaftsrechts auf das Versicherungsrecht", *EuZW* 6 (1995), 263; U. Immenga, "Europäisches Bank- und Versicherungsaufsichtsrecht", in: H. Coing u.a. (Hrsg.), *Staat und Unternehmen aus der Sicht des Rechts*, 1994, 225; Köndgen, siehe Anm. 47; P. Präve, "Möglichkeiten und Grenzen der Versicherungsaufsicht im europäischen Binnenmarkt", *ZfV* 46 (1995), 258; W.-H. Roth, "Vollendung des europäischen Binnenmarktes für Versicherungen", *NJW* 46 (1993), 3028; E. Wallach, "Die Vierte KWG-Novelle", *DZWir* 9 (1983), 39; I. Zantis, "Die Verwirklichung des Europäischen Binnenmarktes für Bankdienstleistungen", EuZW 4 (1993), 31.

[73] Groß, siehe Anm. 72.

[74] Ebenfalls für Investmentgesellschaften (Richtlinie 85/611/EWG vom 20.12.1985, ABl. L 375/3) und Wertpapierdienstleistungen (Richtlinie 93/22/-EWG vom 10.5.1993, ABl. L 141/27).

lich festgelegtes System der Verteilung von Zuständigkeiten einzubinden, welches in der Tat bereits föderalistische Züge trägt. Die Zulassung zur Geschäftstätigkeit der Kreditinstitute und der Versicherungen erfolgt durch den Herkunftsmitgliedstaat einheitlich mit Wirkung für die gesamte Gemeinschaft. Für Zweigniederlassungen von Kreditinstituten in anderen Mitgliedstaaten darf keine weitere Zulassung gefordert werden. Die Aufsicht über die Betätigung der Kreditinstitute und der Versicherungsunternehmen ist grundsätzlich ebenfalls beim Herkunftsmitgliedstaat konzentriert. Indem die Staaten einer solchen Lösung zugestimmt haben, verzichteten sie zugleich auf die einzig in Betracht kommende Alternative, einen zentralen Vollzug durch eine europäische Aufsichtsbehörde. Die gewählte Lösung bedeutet, daß alles auf die Zusammenarbeit zwischen den zuständigen Behörden der Herkunfts- und der Aufnahmeländer gesetzt wird.

c) Verbindung von dezentralem Vollzug und zentralen Entscheidungen

Hätte die in einem Mitgliedstaat erfolgte (Erst-)Zulassung eines Arzneimittels oder eines gentechnisch veränderten Organismus kraft "gegenseitiger Anerkennung" automatisch zur Folge, daß das Produkt gemeinschaftsweit in Verkehr gebracht werden kann, so lägen gegen ein solches Ergebnis die Bedenken auf der Hand. Es könnte schwerlich angemessen sein, daß die Industrie sich im Wege eines "forum shopping" über einen einzigen Mitgliedstaat und seine Zulassungsprozeduren Zugang zum gesamten Markt der Gemeinschaft verschafft, während die Zulassungsbehörden aller übrigen Mitgliedstaaten entweder stillhalten müßten, weil bei ihnen kein Antrag gestellt wurde, oder sie womöglich sogar selbst eine Zulassung abgelehnt haben. Die Mitgliedstaaten bevorzugen zwar grundsätzlich den dezentralen Vollzug. Sie werden aber dabei mit dem Dilemma konfrontiert, daß entweder den Vollzugsakten eines Staates gemeinschaftsweite Verbindlichkeit gegeben wird, wobei sämtliche übrigen Mitgliedstaaten ihre Vollzugshoheit einbüßen könnten, oder aber daß auf die gemeinschaftsweite Anerkennung staatlicher Vollzugsakte verzichtet und damit das Binnenmarktziel verfehlt wird. Der Ausweg aus dem Dilemma, den die Binnenmarkt-Rechtsetzung tatsächlich wählt, besteht in einer Stufung des Verfahrens, die den übrigen Mitgliedstaaten das Recht beläßt, Einwendungen binnen bestimmter Frist zu erheben, nachdem sie über das Verfahren bzw. die Entscheidung des Staates informiert sind, dessen Behörden die "Erstentscheidung" treffen. Diese Einwendungen führen notwendig zu einer Höherstufung der Entscheidung. Die gemeinschaftsweite "Anerkennung" verlangende Entscheidung geht bei derartigen Meinungsverschiedenheiten der Staaten auf die Kommission über, die in einem Verfahren der comitologie entscheidet. Die Beispiele der Arzneimittelzulassung, der Zulassung "neuartiger" (insbesondere gentechnisch veränderter) Lebensmittel und der Eingriffe zur Gewährleistung der Produktsicherheit können als Variationen dieses Modells genannt werden.

Das dezentralisierte Zulassungsverfahren für Arzneimittel[75] ist ein "Gemeinschaftsverfahren". Aber es strebt an, eine Entscheidung grundsätzlich auf der Ebene der Mitgliedstaaten zu treffen. Zu diesem Zwecke knüpft es an die Erstzulassung in einem Mitgliedstaat nicht die unbedingte Pflicht zur "gegenseitigen Anerkennung", sondern sieht vor, daß in den einzelnen Mitgliedstaaten auf Antrag Verfahren auf Anerkennung der Erstzulassung durchgeführt werden. Grundsätzlich besteht zwar die Pflicht, die Anerkennung binnen 90 Tagen zu erteilen. Aber der betreffende Mitgliedstaat kann eine von dem Staat der Erstzulassung abweichende Beurteilung der "Gefahr für die öffentliche Sicherheit" vornehmen und auf dieser Grundlage die Anerkennung ablehnen. In diesem Falle werden weitere Verfahrensstadien eröffnet: zunächst der Versuch der multilateralen Einigung zwischen den beteiligten Staaten, sodann, falls die Einigung nicht binnen 90 Tagen zustande kommt, eine Begutachtung durch den CPMP als Grundlage für einen Entscheidungsentwurf der Kommission. Die Kommission kann nur zusammen mit dem Ständigen Ausschuß für Humanarzneimittel eine Entscheidung treffen.

Die Genehmigung für das Inverkehrbringen eines neuartigen Lebensmittels[76] wird bei dem Mitgliedstaat, in dem das Erzeugnis erstmals in den Verkehr gebracht werden soll, beantragt. Dieser führt die "Erstprüfung" durch. Zur Erteilung einer Genehmigung durch diesen Staat kommt es aber nur, wenn weder ein anderer Mitgliedstaat noch die Kommission fristgerecht eine Einwendung erhebt. Die Kommission

---

[75] Richtlinie 93/39/EWG betreffend Arzneimittel vom 14.6.1993 (ABl. L 214/22 vom 24.8.1993). Vgl. Collatz, siehe Anm. 59, 90 ff.

[76] VO (EG) 258/97 des Europäischen Parlaments und des Rates vom 27.1.1997 über neuartige Lebensmittel und neuartige Lebensmittelzutaten (ABl. L 43/1 vom 14.2.1997), sog. "Novel-Food-Verordnung". Vgl. R. Streinz, "Der Stand der europäischen 'Novel-Food'-Diskussion", *ZLR* 23 (1996), 123; ders., "Die EG-Verordnung über neuartige Lebensmittel und neuartige Lebensmittelzusätze", *EuZW* 8 (1997), 487; R. Wahl/D. Groß, "Die Europäisierung des Genehmigungsrechts am Beispiel der Novel Food-Verordnung", *DVBl.* 113 (1998), 2.

und die übrigen Mitgliedstaaten werden über das Verfahren der "Erstprüfung" informiert. Sie erhalten eine Kopie der Antragsunterlagen und einen Bericht, den die Behörde des Antrags-Mitgliedsstaates zu erstellen hat. Werden binnen 60 Tagen nach Vorlage des Berichtes Einwendungen erhoben, so geht das Genehmigungsverfahren auf die Kommission über, die mit dem Ständigen Lebensmittelausschuß im Regelungsausschußverfahren entscheidet. Die Novel-Food-VO enthält eine Schutzklausel (Art. 12): Hat ein Mitgliedstaat aufgrund neuer Informationen oder infolge einer Neubewertung bestehender Informationen stichhaltige Gründe zu der Annahme, daß die Verwendung von Lebensmitteln oder Lebensmittelzutaten die menschliche Gesundheit oder die Umwelt gefährdet, so kann er den Handel und die Verwendung in seinem Hoheitsgebiet vorübergehend einschränken oder aussetzen. Geschieht dies, so hat die Kommission, und zwar wiederum im Regelungsausschußverfahren, eine Entscheidung zu treffen. Die Schutzklausel des Art. 12 wird man dahin zu verstehen haben, daß die Mitgliedstaaten nur unter den dort vorgesehenen Umständen den Handel und die Verwendung der Lebensmittel und Lebensmittelzutaten behindern können, wenn diese einmal zugelassen sind, gleichviel, ob die Zulassung durch einen Mitgliedstaat oder die Kommission erfolgte.

In der Richtlinie über die allgemeine Produktsicherheit[77] werden die Defizite des dezentralisierten Vollzugs durch den Einbau einer Kompetenz der Europäischen Kommission ausgeglichen. Diese kann den Staaten das Vorgehen in bezug auf bestimmte Erzeugnisse, z.B. den Warenrückruf, vorschreiben, wenn sie von Meinungsverschiedenheiten der nationalen Verwaltungen in der konkreten Angelegenheit erfährt. Die Kommission entscheidet im besonderen sog. Regelungsausschußverfahren. Die erfolglos gebliebene Nichtigkeitsklage Deutschlands gegen die Ausstattung der Kommission mit dieser Kompetenz führte zur Klärung[78], daß Art. 100 a EGV[79] als Maßnahme, die die Errichtung und das Funktionieren des Binnenmarktes zum Gegenstand hat, auch Einzelmaßnahmen hinsichtlich bestimmter Erzeugnisse umfaßt, wenn die Angleichung der allgemeinen Vorschriften nicht ausreicht, um die Einheit des Marktes zu gewährleisten; die Kompetenz der Kommission zu die-

---

[77] Vom 29.6.1992 (ABl. L 228/24).

[78] EuGH, Urt. vom 9.8.1994, Rs. C-359/92, Slg. 1994, I-3681 (Deutschland/Rat).

[79] Art. 95 EGV konsolidierte Fassung (Vertrag von Amsterdam).

sen Maßnahmen kann auf der Grundlage von Art. 100 a EGV[80] auch in einer Richtlinie vorgesehen werden.

---

[80] Siehe Anm. 79.

Auf Dauer tragbare Finanzlage der öffentlichen Hand als Richtmaß der Zulassung zur Währungsunion: Referenzwerte und ihre Durchsetzung anhand Europarecht und Grundgesetz

Hugo J. Hahn

Beim Benennen der Konvergenzkriterien als Maßstäben der Zulassung von Mitgliedstaaten zum Eintritt in die Europäische Währungsunion mit deren Auftakt am 1. Januar 1999 bezeichnet der Vertrag von Maastricht als wesentlichen und ausschließlichen Beleg einer auf Dauer tragbaren Finanzlage der öffentlichen Hand das Einhalten der Defizitobergrenze durch die Haushalte der Kandidaten, ja er schärft ein, deren Budget habe "ohne übermäßiges Defizit im Sinne des Artikels 104c Absatz 6" zu ergehen und zu bleiben: Art. 109j Abs. 1, 2. Spiegelstrich EGV. Der bewegte Ablauf der innergemeinschaftlichen, meist fast stets grenzüberschreitenden Wechselrede,[1] der mit der Annahme des Stabilitätspaktes zur Jahresmitte 1997 Abschluß und Krönung fand, verdient wegen seines politischen, wirtschaftlichen und juristischen Gewichts sy-

---

[1] Einzelheiten bei D. Blumenwitz/B. Schöbener, *Stabilitätspakt für Europa - Die Sicherstellung mitgliedsstaatlicher Haushaltsdisziplin im Europa- und Völkerrecht,* 1997, passim; U. Häde, "Gesamtwirtschaftliches Gleichgewicht und europäische Haushaltsdisziplin – Zur innerstaatlichen Umsetzung der Verpflichtungen aus Art. 104c EGV", *JZ* 52 (1997), 269 ff.; ders., "Rechtliche Aspekte der Europäischen Währungsunion", in: F. Heinemann/M. Schröder (Hrsg.), *Europäische Währungsunion und Kapitalmärkte*, 1997, 46 ff.; sowie nunmehr bei B. Kempen, "Die Europäische Währungsunion und der Streit um die Geltung des Gemeinschaftsrechts", *AVR* 35 (1997), 273 ff.

stematischen Aufriß.[2] Aber zum Auftakt sei sogleich darauf hingewiesen, daß die beiden Ratsverordnungen sowie die Entschließung des Europäischen Rates, aus denen der Pakt im einzelnen besteht, gerade auch dort nachhaltigen öffentlichen Beifall finden, wo ihm zunächst Zurückhaltung, ja kritische Exegese begegnete.[3]

I. Der Stabilitätspakt als politisches und juristisches Gestaltungsmittel der Europäischen Währungsunion: Rückblick und Vorausschau

In der Tat wird nunmehr vertreten, das Ausgestalten des Art. 104c EGV durch jene drei sekundärrechtlichen Texte des Gemeinschaftsrechts habe stabilitätspolitischen Sorgen die Grundlage entzogen, sähen die Bestimmungen des Vertrages von Maastricht doch durchgreifende Maßnahmen vor, die einen effektiven "policy-mix" ermöglichten, während zugleich der Stabilitätspakt die notwendigen Sanktionsmittel verfügbar mache, um einschlägige Beschlüsse durchzusetzen. Der EG-Rat in seinen verschiedenen Ausprägungen besitze damit eine Machtfülle, die über die Befugnisse der Zentralregierungen in Bundesstaaten hinausgingen, wie sich am Beispiel der U.S.A., der Schweiz und selbst der Bundesregierung in Deutschland belegen lasse.[4]

1. Der Stabilitätspakt als Schranke der Haushaltspolitik in Mitgliedstaaten unitärer und föderaler Struktur

Dieser Hinweis auf einen eher erstaunlichen, ja nicht vorhersehbaren Meinungsumschwung bedient sich mit Vorbedacht des sprachlichen Mittels der Möglichkeitsform, um der Kürze der Frist seit dem ersten

---

2 Siehe insbes. die Abschnitte III und IV dieses Beitrages.

3 Der Text bezieht sich auf das Referat des Gouverneurs der Banque de France, J.-C. Trichet, am 4.11.1997 in Bonn vor der Gemeinsamen Sitzung der Bundesfachkommissionen für "Konjunktur und Währung" und "Europapolitik" des Wirtschaftsrates der CDU e.V. und seiner Ansprache beim "Frankfurt European Banking Congress 1997" am 21.11.1997 sowie auf die diesbezüglichen Berichte der Fach- und Tagespresse.

4 Vgl. Anm. 3.

Verlautbaren des inhaltlich verheißungsvollen Werturteils, andererseits seiner Bedingtheit durch die obrigkeitlichen Funktionen seiner Urheber Rechnung zu tragen. Festzuhalten bleibt jedoch, daß sich die Eignung des Stabilitätspaktes, nicht zuletzt die Tauglichkeit seiner Defizit- und Schuldenobergrenzen, erst anhand der Kasuistik seiner Anwendung erwägen lassen dürfte, zu der es schwerlich vor dem Jahr 2000 kommen mag.

Schon jetzt aber bewegt die deutsche Obrigkeit die Frage des juristischen Durchsetzens der Defizitobergrenze von 3% und des Verschuldungsverbots jenseits 60% des Bruttoinlandsprodukts (BIP), des weiteren das Aufteilen etwaiger Sanktionen in Gestalt unverzinslicher Einlagen und Geldbußen, die die Bundesrepublik und die deutschen Länder betreffen mögen. Gewiß ließe sich bereits an dieser Stelle das einschlägige Meinungsbild darlegen, weil das Anliegen wohl nur für die wenigen EU-Mitglieder bundesstaatlichen Zuschnitts – Belgien, Österreich neben Deutschland – zur Rechtsfrage werden mag. Als Gegenstand des deutschen Finanzverfassungsrechts steht das Durchsetzen der juristischen Begleiterscheinungen und Folgen des Stabilitätspaktes zwischen der Bundesrepublik und ihren Gliedstaaten aber in so weitreichenden Zusammenhängen, daß es sich empfiehlt, zunächst auf die sekundärrechtliche Ausgestaltung des Art. 104c EGV im Europarecht einzugehen, schon um die Abfolge von Ursache und Wirkung zu berücksichtigen.

Das Vorhaben des Stabilitätspaktes für die Europäische Währungsunion hatte Anfang 1997 bei Beginn des niederländischen Vorsitzes im Rat, bei dessen Abschluß es seine nunmehrige Form erhielt, bereits eine ansehnliche Wegstrecke hinter sich.[5] Seine Befürworter wie seine behutsamen Exegeten oder gar Gegner machten nach dem Europagipfel in Dublin Mitte Dezember 1996 Bestandsaufnahme, während die einschlägige Arbeitsgruppe des Rates das Anpassen der Kommissionsvorlagen vom Oktober 1996 an die Vorgaben der Staats- und Regierungschefs für das

---

[5] "Stabilitätspakt für Europa – Finanzpolitik in der dritten Stufe der WWU", *Pressemitteilung des Bundesministeriums der Finanzen*, Bonn, 10.11. 1995; Deutsche Bundesbank, *Auszüge aus Presseartikeln*, Nr. 77/13.11.1995, 6 ff.

zweite Quartal 1997 in Aussicht nahm.[6] Der Befund beginnt mit der Einsicht, daß das Einhalten der Konvergenzkriterien nach dem Maastrichter Vertrag eine stete Rechtspflicht der EU-Staaten, mit den zwei einstweiligen Ausnahmen, Dänemark und Großbritannien, bildet.

2. Die juristische Bewehrung der Konvergenzkriterien vor Zulassung eines EU-Mitglieds und danach

Ihre juristische Bewehrung weist derselben Quelle zufolge unterschiedliche Wirkungstiefe auf, nämlich einmal bis zur Zulassung eines aufnahmebereiten Mitgliedes der Europäischen Union in den gemeinsamen Währungsraum, zum anderen danach. Die Tauglichkeit eines jeden dieser Staaten zur Teilnahme an der dritten Stufe der Währungsunion nebst dem Zugang zum neuen gemeinsamen Geld bei gleichzeitigem Untergang der bisherigen nationalen Valuta hängt vom Erfüllen der Konvergenzkriterien und von dem Beschluß des Rates in der Zusammensetzung der Staats- und Regierungschefs ab, daß er dank Erreichens dieser Voraussetzungen der Europäischen Währungsunion von Anfang an angehören könne.[7]

Wie stark der Anreiz wirkt, der sich aus der Abhängigkeit der Zulassung von einem hohen Grad dauerhafter Konvergenz ergibt, legt die Nachhaltigkeit des Bemühens grundsätzlich aller EU-Mitglieder um dieses Ziel, legen vor allem aber die einschlägigen Anstrengungen Italiens und Spaniens nahe, die ihrem Vorhaben auch um den Preis von neuen Steuern, Ausgabensperren sowie vorzeitigem Tilgen von Staatsverbindlichkeiten nachzukommen trachten. Während sich jedoch angemessene Höhe der Inflationsrate, Zinsniveau sowie Stabilität des Wechselkurses, gerade im Europäischen Währungssystem, schon bislang zunehmend als erreichbar erwiesen und ihr Fortschreiten einer selten bezweifelten wirtschaftlichen Wahrscheinlichkeit entsprechen dürfte, gilt das offenbar nicht für das Gebot tragbarer Finanzlage der meisten Beitrittskandidaten, die trotz ihres Bemühens um Haushaltsdefizite von

---

[6] Kommission der Europäischen Gemeinschaften, Brüssel, den 16.10.1996, KOM (96) 496 endg.; Vorschlag für eine Verordnung (EG) des Rates über den Ausbau der haushaltspolitschen Überwachung und Koordinierung, 96/0247 (SYN); Vorschlag für eine Verordnung (EG) des Rates über die Klärung und Beschleunigung des Verfahrens bei einem übermäßigen Defizit.

[7] Art. 109j Abs. 4 Satz 2 EGV.

weniger als 3% des BIP diese nur unter großen Schwierigkeiten in der Nähe der Obergrenze halten können.

3. Unterschiedliches Bewerten der beiden fiskalpolitischen Maßstäbe im Stabilitätspakt als juristische Gewichtung?

Der Gesamtschuldenstand einer Reihe von Aufnahmeinteressenten liegt jenseits 60% des BIP. Das bleibt zwar nicht unbeachtet, findet aber tatsächlich weniger Aufmerksamkeit als das erste Fiskalkriterium. Daß die Verordnung über das übermäßige Defizit in ihrer nunmehrigen Fassung nur die sekundärrechtlichen Folgen des Überschreitens der Defizitobergrenze regelt und den weiteren Referenzwert unerwähnt läßt, entspricht freilich keinem juristischen Zwang, lag aber im Entscheidungsspielraum der Verfasser. Das Richtmaß von 60% des Gesamtschuldenstandes unterliegt demnach der Aufsicht nebst etwaiger Berichtigungsmaßnahmen lediglich anhand des Art. 104c EGV sowie der Protokolle über das Verfahren bei einem übermäßigen Defizit und über die Konvergenzkriterien nach Art. 109j EGV, die nach Art. 239 EGV Bestandteile desselben Vertrages bilden. Daß das der Defizitobergrenze einerseits, dem weiteren Referenzwert andererseits unterschiedliches juristisches, jedenfalls aber verschiedenes politisches Gewicht einräumt, steht mindestens zu erwägen.

II. Grundlagen und Grenzen des Stabilitätspaktes im Vertrag von Maastricht

Angesichts der Härten, die die Mehrheit der Kandidaten für die Europäische Währungsunion gerade beim Beachten des Defizitmaßstabes zu meistern haben, sehen maßgebliche Beobachter, nicht zuletzt in den Zentralbanken, für die Zeit nach der Einführung des neuen Geldes in den Teilnehmerstaaten die Möglichkeit, ja die Neigung voraus, die öffentlichen Finanzen zumindest zunächst mit mehr Nachsicht zu betreiben, nachdem mit der Zulassung zur Währungsunion die unabdingbare Notwendigkeit des haushaltspolitischen und haushaltsrechtlichen Vorhaltens als Anreiz nicht mehr zur Verfügung stehe.[8] Nun stellt zwar

---

[8] Belege, jeweils mit weiteren Nachweisen, bei U. Häde, "Ein Stabilitätspakt für Europa?", *EuZW* 7 (1996), 138 ff.; ders., siehe Anm. 1, *JZ* 52 (1997),

Art. 104c EGV der Gemeinschaft durchaus ein ganzes Arsenal an Mitteln der Aufsicht über Verstöße gegen die Haushaltsdisziplin sowie ihrer Berichtigung zur Verfügung, die sich inhaltlich an das Protokoll über das Verfahren bei einem übermäßigen Defizit und die Referenzwerte von 3% als Obergrenze beim Haushaltsdefizit und 60% beim Gesamtschuldenstand anschließen. Aber die Liste der Zuchtmittel des Art. 104c EGV konnte die Stimmen nicht beschwichtigen, die in den Absätzen 9 und 11 der Vorschrift die Möglichkeit eröffnet sehen, die Haushaltsdisziplin nach dem Eintritt in die dritte Stufe der Wirtschafts- und Währungsunion nicht hinlänglich durchzusetzen oder sie gar scheitern zu lassen. Die hier bewußt verkürzt wiedergegebenen Vorahnungen und Warnrufe mögen sich bei juristischer Einzelbetrachtung durchaus abmindern oder als Prognosen unwahrscheinlicher Extremsituationen in die Nähe der Bedeutungslosigkeit gelangen. Solche Wechselrede ließe jedoch die Überzeugungskraft zurückhaltender Bewertung der gegenwärtigen Rechtslage unberührt: "Insgesamt läßt sich daran zweifeln, ob die Regelungen des Art. 104c EGV in der derzeitigen Fassung geeignet sind, finanzpolitische Disziplin auch nach dem Eintritt in die dritte Stufe der Wirtschafts- und Währungsunion aufrecht zu erhalten".[9] Auch bleibt es dabei, daß ein derartiger Vorwurf Bedenken gegen die Verläßlichkeit der so häufig wiederholten Zusage nährt und ver-

---

269 ff., und U. Hartmann, "Öffentliche Finanzpolitik in der EU", *EuZW* 7 (1996), 133 ff.; ders., "Ein nationaler Stabilitätspakt zwischen Bund und Ländern – Anmerkungen zur rechtlichen Sicherung stabilitätsorientierter Finanzpolitik in Deutschland", in: A. Weber u.a. (Hrsg.), *Währung und Wirtschaft – Das Geld im Recht - Festschrift für Hugo J. Hahn*, 1997, 161 ff. mit Bezugnahmen auf seine verdienstvolle Monographie *Europäische Union und die Budgetautonomie der deutschen Länder*, 1994, passim, insbes. 64 ff.

[9] Häde, siehe Anm. 8, *EuZW* 7 (1996), 133 ff. (139). Demgegenüber sähe K.A. Schachtschneider, "Europa eignet sich nur für eine Republik der Republiken", *Handelsblatt* v. 12./13.9.1997, 43, offenbar einen auch juristischen Zwang zum Ausscheiden der Bundesrepublik aus der EWU voraus, wenn seine Prognose zuträfe, daß die Währungsunion wegen der Nichterfüllung des Gebotes der Währungsstabilität zu einem "Desaster führen sollte". Die maßvolle Stellungnahme von H.-K. Ress, "Menschenrechte, europäisches Gemeinschaftsrecht und nationales Verfassungsrecht", in: H. Haller u.a. (Hrsg.), *Staat und Recht: Festschrift für Günther Winkler*, 1997, 897 ff. (930), verharrt bei der wirklichkeitsnahen Einsicht: "Damit wird gleichzeitig ... eine Letztentscheidungsbefugnis [des EuGH] für die Reichweite gegenüber nationalem Recht (insbesondere gegenüber nationalem Verfassungsrecht) in Anspruch genommen. Diese vom BVerfG nicht akzeptierte Lösung ist aber unausweichliche Rechtsfolge eines von den Mitgliedstaaten konsentierten Vorgangs."

stärkt, die Europawährung werde so stabil und solide wie die DM sein.[10] Diese Vorgeschichte, zu der durchaus auch die überwiegend kritischen Kommentare ausländischer EU-Regierungen sowie der einschlägigen deutschen und ausländischen Tages- und Fachpresse gehören, legt die politische Angemessenheit des Vorschlags des Bundesministeriums der Finanzen von Anfang November 1995 nahe. Sie läßt sich in der Sache durchaus bejahen, trägt sie doch den Ängsten von Geldbenutzern, einschließlich der Inhaber von Geldvermögen, Rechnung. Beim Umschreiben ihrer verfahrensmäßigen, gerade verfahrens*rechtlichen* Durchsetzung, verfing sich die deutsche Initiative jedoch in eher nachhaltigen Fußangeln, die sich mittels des Vorausempfindens traditionsreicher und daher eher bekannter Empfindlichkeiten ausländischer Gesprächspartner hätten vermeiden lassen.

1. Der deutsche Vorschlag des Stabilitätspaktes

Das ursprüngliche Vorhaben des Stabilitätspaktes anhand der Verlautbarung des Bundesministeriums der Finanzen vom 10. November 1995 sah inhaltlich eine Verschärfung der Haushaltskriterien vor:

Das Defizit überschreitet die 3%-Grenze des Maastrichter Vertrages selbst bei wirtschaftlich ungünstigen Abläufen nicht;

in wirtschaftlichen Normallagen ist ein mittelfristiges Defizit von 1% des Bruttoinlandsprodukts anzustreben;

---

[10] "Der EG-Vertrag sichert den Charakter der Währungsunion als Stabilitätsgemeinschaft ... Sollte diese Stabilität nicht ... gewahrt werden können, entfiele die rechtliche Grundlage der Währungsunion ... der Vertrag würde einer Beendigung der Mitgliedschaft in der gescheiterten Stabilitätsgemeinschaft nicht entgegenstehen", P. Kirchhof, "Die Mitwirkung Deutschlands an der Wirtschafts- und Währungsunion", in: P. Kirchhof u.a. (Hrsg.), *Steuerrecht, Verfassungsrecht, Finanzpolitik: Festschrift für Franz Klein*, 1994, 61 ff. (81). Die Stabilität im Sinne dieser juristischen Verheißung hat zwar eine andere Beschaffenheit als in der tagespolitischen Aussage, die der Text wiedergibt. Als wohlbekannte Ansicht des BVerfG bildet sie freilich Bewußtseinsinhalt gerade derjenigen in Deutschland Gebietsansässigen, die den EURO ebenso stabil erhoffen wie die DM. Ähnlich C. Morgenthaler, "Der Euro – zwischen Integrationsdynamik und Geldwertstabilität", *JuS* 37 (1997), 673 ff.; P.J. Tettinger, "Das Schicksal der Deutschen Mark", in: J. Burmeister u.a. (Hrsg.), *Verfassungsstaatlichkeit: Festschrift für Klaus Stern*, 1997, 1365 ff. (1376), sieht im Stabilitätspakt eine "zwingende Konsequenz" aus dem Maastricht-Urteil des BVerfG.

das Überschreiten der 3%-Grenze ist nur in extremen Ausnahmefällen zulässig und setzt Zustimmung einer qualifizierten Mehrheit der Teilnehmerstaaten an der Währungsunion voraus;

der Abbau des Gesamtschuldenstandes setzt sich unterhalb der 60%-Grenze des Vertrages von Maastricht fort;

die Aufsicht über die Defizitgrenze von 3% findet anhand der Daten statt, die die EG-Kommission in Frühjahr und Herbst eines jeden Jahres meldet.[11]

Als Präzisieren der Sanktionsmechanismen des Vertrages von Maastricht versteht der Waigel-Plan deren automatisches Einsetzen beim Überschreiten der Defizitgrenze, das den Teilnehmerstaat verpflichtet, je angefangenem Prozentpunkt jenseits der 3% eine unverzinsliche "Stabilitätseinlage" von 0,25% seines Bruttoinlandsprodukts zu hinterlegen, die sich nach zwei Jahren in eine Geldbuße umwandelt, sollte der Teilnehmer die 3%-Grenze noch immer verfehlen. Anhand der Verlautbarung des Bundesministeriums der Finanzen entscheidet der von ihr vorgesehene Stabilitätsrat der Staaten in der Währungsunion, dem das Umsetzen und die Abstimmung der obigen "Selbstverpflichtung" obliegt, keineswegs über die Verhängung der Sanktionen, treten diese doch von Rechts wegen unmittelbar ein, während Art. 104c Abs. 11 EGV das Verhängen der Berichtigungsmaßnahmen dem Rat vorbehält.

Die Verlautbarung des Bundesministeriums der Finanzen sieht als Form des Stabilitätspaktes für Europa einen völkerrechtlichen Vertrag keineswegs mit so eindeutiger Wortwahl vor. Der Vorschlag vom November 1995 bedient sich vielmehr der Begriffe "Selbstbindung" und "Selbstverpflichtung". Der Sanktionsmechanismus sowie der gemeinsame Stabilitätsrat der Staaten in der Währungsunion, maßgebliche Elemente der deutschen Initiative, stellten jedoch außer Zweifel, daß sich Mitgliedstaaten anhand des Vorhabens nicht allein selbst verpflichten, sondern das gegenüber den anderen Teilnehmern ins Auge zu fassen hätten. Der Schluß auf einen völkerrechtlichen Vertrag als juristischer Spielart des Paktes erweist sich also als eher nachhaltig. In solchem Sinne haben auch distanzierte Beobachter den Vorschlag der Bundesregierung bis zur Jahresmitte 1996, genauer bis zur Tagung des Europäischen

---

[11] Weitere Einzelheiten siehe *Pressemitteilung des Bundesministeriums für Finanzen*, siehe Anm. 5, insbes. 7, 8 sowie in den Schriften von Häde und Hartmann, siehe Anm. 1 und 8, ferner bei C.-Th. Samm, "Geld und Währung – begrifflich und mit Blick auf den Vertrag von Maastricht", in: Weber u.a. (Hrsg.), siehe Anm. 8, 227 ff. (243 f.).

Rates in Florenz (21./22. Juni 1996) verstanden. Ob die Bundesregierung sich bis weit in die zweite Hälfte des Jahres 1996 die Option eines "freistehenden" völkerrechtlichen Vertrages offenhielt, stünde zu erwägen, wenn ihr lediglich eine vom europäischen Recht grundsätzlich unabhängige zwischenstaatliche Vereinbarung geeignet schien, automatisches Einsetzen der Sanktionen zu verbriefen. Auch hätte bis zum Europagipfel von Florenz ein Anreiz bestanden, mit jenem Vorbringen den Einigungsdruck auf die Partner in der Gemeinschaft zu erhalten, ja zu steigern, mit dem Ziel, als Mindestergebnis die nunmehr verfügbare europarechtliche Lösung zu erzielen.[12]

2. Der juristische Spielraum des Stabilitätspaktes beim Ausgestalten des Art. 104c EGV

In der Tat stehen der Änderung des Vertrages von Maastricht im Verfahren seines Art. N EUV keineswegs nur erhebliche politische Bedenken entgegen. Vielmehr begegnet der völkerrechtliche Vertrag als Mittel der Vertragsänderung oder der Regelung eines durch den Text vom 7. Februar 1992 nicht vollständig erfaßten Gegenstandes nachhaltigen juristischen Hindernissen. Diese nehmen selbst die Befürworter der "freistehenden" zwischenstaatlichen Übereinkunft so ernst, daß sie teleologische Lesart der Art. 103, 104c EGV und dieses Vertrages insgesamt als Begründung erwägen.[13] Ob das einer festen oder in Ansätzen erkennbaren Vorgehensweise der politischen Institutionen der Gemeinschaft in Fachbereichen folgt, die, weil der Defizitkontrolle inhaltlich benachbart, juristische Vorbildfunktion entfalten oder sich gar durch die Rechtsprechung des EuGH bestätigt sehen könnte, bliebe beim Verfolgen des Gedankens eines Stabilitätspaktes mittels völkerrechtlichen Übereinkommens als Voraussetzung zu prüfen.

Nun zielt der deutsche Vorschlag des Stabilitätspaktes auf das Anpassen des Verfahrens gemäß Art. 104c EGV an die Forderung nach automatischem Einsetzen der Sanktionen beim Erreichen der Defizitschwelle von 3% ab. Wer das Umsetzen des Vorhabens durch Vertragsänderung nach Art. N des Maastrichter Vertrages aus wohlerwogenen Gründen, insbesondere angesichts des Gebotes der Ratifizierung durch alle Mitgliedstaaten nach Zustimmung ihrer Parlamente, nicht verfolgen möch-

12 So Blumenwitz/Schöbener, siehe Anm. 1, 54.

13 *Ibid.*, 74 ff.

te,[14] kann auch nicht auf Art. 235 EGV zurückgreifen, gestattet doch selbst die bisherige "großzügige Handhabung" der Vorschrift durch die politischen Institutionen der Gemeinschaft grundsätzlich kein Abweichen von ausdrücklichen Regelungen des Primärrechts.[15] Die Automatizität des Einsetzens der Sanktionen, die der Stabilitätspakt als maßgebliches Element seines Kontrollverfahrens vorsieht, dürfte sich schwerlich mit dem gegenwärtigen Wortlaut des Art. 104c EGV vereinbaren lassen. Nach dessen Absatz 11 ergehen Sanktionen erst im Anschluß an die Entscheidung des Rates, die in einem Mitgliedstaat das Bestehen eines übermäßigen Defizits konstitutiv feststellt. Die Obergrenzen für Haushaltsdefizit und Gesamtschuldenstand haben hierbei gewiß maßgebliches Gewicht. Art. 104c Abs. 3 EGV führt jedoch zusätzliche Maßstäbe für das Bewerten des Vorganges an, enthält überdies die generalklauselartige Bezugnahme auf "alle sonstigen einschlägigen Faktoren", die in dem nunmehr eingeleiteten Verfahren Grundlage späterer Bewertungen, Empfehlungen, Terminierungen und letztendlich des Beschlusses über das Verhängen stufenförmiger Berichtigungsmaßnahmen bilden. Mag der Vorschlag des Bundesministeriums der Finanzen aus der Sicht seiner Befürworter ein ernsthaftes Bemühen um das Erreichen vertragsgemäßer fiskalpolitischer Ziele darstellen, so greift er zumindest mit seinen Vorstellungen zum Verfahren, aber wohl auch inhaltlich in Regelungen ein, für die der Vertrag von Maastricht bereits Vorsorge getroffen hat. Dieser sieht einen Ablauf vor, von dem der Stabilitätspakt unter Minderung des Zuständigkeitsbereichs ab,weicht, wie ihn der Vertrag von Maastricht den Mitgliedstaaten vorbehält. Das gilt für den Inhalt des Vorschlages, etwa das Verschärfen der Grenzwerte, und das Verfahren, ließe sich doch absehen, daß die unbezweifelbare Verbindlichkeit des Art. 104c EGV neben dem Stabilitätspakt in Form einer

---

[14] Zum Unterschied von den bislang genannten Stimmen sieht H.-G. Henneke, "Die Gewährleistungspflicht der EU-Mitgliedstaaten zur Einhaltung von Haushaltsdiszplin – Eine Aufgabe für die Gesetzgeber in Bund und Ländern", *Zeitschrift für Gesetzgebung* 11 (1996), 299 ff., von einer Stellungnahme hierzu ab, wohl wegen der thematischen Vorrangigkeit des innerstaatlichen Umsetzens der Haushaltsdisziplin; ähnliche Sichtweise bei F. Littwin, "Umsetzung der Konvergenzkriterien nach Art. 104c I EGV im Bund-Länder-Verhältnis unter besonderer Berücksichtigung des Art. 109 GG", *ZRP* 30 (1997), 325 ff.

[15] U. Häde/A. Puttler, "Zur Abgrenzung des Art. 235 EGV von der Vertragsänderung", *EuZW* 8 (1997), 13 ff. m.w.N.; dem widerspricht M. Kort, "Zur europarechtlichen Zulässigkeit von Abkommen der Mitgliedstaaten untereinander", *JZ* 52 (1997), 640 ff., nicht, ungeachtet seiner Aufgeschlossenheit für das Heranziehen von Art. 235 EGV, *ibid.*, 641 f.

selbständigen völkerrechtlichen Übereinkunft zu fragwürdigen Überschneidungen inhaltlicher wie verfahrensmäßiger Beschaffenheit anhand beider Rechtsquellen führen könnte.[16]

3. Entschließung des Europäischen Rates als Vorwegnahme des Stimmverhaltens Betroffener?

Vertieftes Eingehen auf die Zulässigkeit eines völkerrechtlichen Vertrages als juristische Umsetzung des Stabilitätspaktes dürfte sich daher zumindest einstweilen zurückstellen lassen. Gleichviel, ob eine solche Vereinbarung zwischen allen EU-Staaten oder nur denjenigen hätte zustande kommen sollen, deren Tauglichkeit für die Währungsunion der einschlägige Ratsbeschluß bereits festgestellt hat, machen das Meinungsbild der Regierungen und das Schrifttum eher sachangemessen erkennbar, daß sich das gegenwärtige und künftige politische und juristische Schicksal des Stabilitätspaktes in erster Linie anhand des Standes der Vorarbeiten von Rat und Kommission als sekundärrechtlicher Normierung des Gemeinschaftsrechts absehen läßt. Ähnliches gilt für die Anregung, mittels einer völkerrechtlichen Interpretationsabsprache oder gemeinschaftsrechtlichen Protokollerklärung sämtliche EU-Mitglieder oder zumindest die Teilnehmerstaaten auf ein bestimmtes Verständnis des Begriffs "übermäßiges Defizit" in Art. 104c Abs. 6 EGV festzulegen.[17] Die Beteiligten hätten das Vorhandensein eines solchen Defizits immer dann anzunehmen, wenn es die 3%-Grenze überschreitet und kein diesbezüglicher Ausnahmetatbestand vorliegt. Durch ihre Verlautbarung bekundeten sie ihre feste Entschlossenheit zur frühzeitigen Koordinierung ihres Verhaltens im ECOFIN-Rat und gegenüber der EG-Kommission zwecks beschleunigter Durchführung des Defizitverfahrens. Seit dem Europagipfel in Dublin Mitte Dezember 1996 steht

---

16 Angesichts der umfassenden Dokumentation zur Statthaftigkeit eines "freistehenden" völkervertragsrechtlichen Stabilitätspaktes anhand Schrifttum und Praxis, insbes. auch der Judikatur des EuGH, in den bislang zitierten Stellungnahmen, geht der Text auf weitere Gründe für das Unterbleiben einer solchen Abmachung nicht ein, belegt doch schon sein Hinweis auf die notwendige inhaltliche Überschneidung von EGV und Stabilitätspakt die offenen juristischen Fragen, die das Vorhaben aus völkerrechtlicher wie europarechtlicher Sicht hätte auslösen können; ebenso R. Smits, *The European Central Bank – Institutional Aspects*, 1997, 84 ff.

17 Blumenwitz/Schöbener, siehe Anm. 1, 44.

freilich fest, daß der Europäische Rat die sekundärrechtliche Verankerung des Stabilitätspaktes mit einer Entschließung vervollständigen wird, die die Zusage der Kommission, des Rates und der Mitgliedstaaten enthält, "den Vertrag und die Rechtsvorschriften über die Haushaltsstabilität strikt anzuwenden".[18] Diese Zusage verstehen die Staats- und Regierungschefs als "feierliche politische Verpflichtung".[19] Sie werde ferner stets Sanktionen des Rates in Aussicht nehmen, wenn ein Teilnehmerstaat nicht die vom Rat empfohlenen Schritte zur Behebung des übermäßigen Defizits ergreift. Ob diese Qualifikation der Entschließung den Schluß gestattet, der Europäische Rat könne durch sie die nach dem Wortlaut des Art. 104c EGV rechtlich nicht statthafte juristische Automatizität der Sanktionen jeweils als tatsächliches politisches Ereignis herbeiführen und überdies Maßnahmen des betroffenen Mitgliedstaates mit defizitminderndem Ergebnis veranlassen, läßt sich im voraus wohl nur als förmlicher Niederschlag politischer Bereitschaft zu einschlägigem Stimmverhalten bewerten. Davon, vom künftigen Stimmverhalten der Betroffenen, dürfte die Nützlichkeit des sekundärrechtlichen Regelungswerks insgesamt abhängen. Vermerkt zu werden verdient jedoch schon jetzt, daß Befürworter des Stabilitätspaktes durch einen "freistehenden" völkerrechtlichen Vertrag wie Anhänger der sekundärrechtlichen Gestalt das hohe politische Gewicht der Entschließung des Europäischen Rates bejahen und ihr eine nachhaltige tatsächliche Verpflichtung eines Staates jenseits der Defizitgrenze zu unverzüglichem aufforderungsgemäßem Verhalten entnehmen.[20]

---

[18] Europäischer Rat in Dublin, Tagung der Staats- und Regierungschefs der Europäischen Union am 13./14.12.1996, *Schlußfolgerungen des Vorsitzes* II.1, dritter Spiegelstrich, Ende des vorletzten Satzes; *Bulletin der Bundesregierung* Nr. 19, 5. März 1997, 189 ff. (190).

[19] *Ibid.*, 199, Anlage I *Bericht des Rates (Wirtschaft und Finanzen) an den Europäischen Rat, II; Sicherung der Haushaltsdisziplin in der dritten Stufe des WWU (Stabilitäts- und Wachstumspakt)* Ziffer 19, dritter Satz.

[20] Blumenwitz/Schöbener, siehe Anm. 1, 52 f.; Begründung der Verordnungsentwürfe der Kommission, siehe Anm. 6, 2, 1. Absatz 4. Satz; ebenso die *Verlautbarung des Bundesministeriums der Finanzen*, "Europäischer Stabilitäts- und Wachstumspakt" (Datumsangabe: April 1997), 2: Durch die Entschließung des Europäischen Rates wird "Der Ermessensspielraum von Kommission und Rat ... stabilitätsgerecht begrenzt." In diesem Sinne auch: Deutsche Bundesbank, "Wichtige Elemente des Stabilitäts- und Wachstumspakts", *Informationsbrief zur Europäischen Wirtschafts- und Währungsunion*, Nr. 6, Mai 1997, 3, 5 ff., Text der Entschließung in Anlage I; Europäischer Rat in Amsterdam, *Schlußfolgerungen des Vorsitzes*, 16./17.6.1997; nunmehr auch *ABl.* Nr. C 236

III. Der Stabilitäts- und Wachstumspakt als sekundärrechtliche Normierung des Gemeinschaftsrechts

Vor dem Eingehen auf juristische Eigentümlichkeiten der sekundärrechtlichen Normierung des Stabilitätspaktes sei der Hinweis gestattet, daß seine ursprüngliche Verlautbarung im November 1995 auch in Verbindung mit dem Nachtrag in englischer Sprache aus dem Bundesministerium der Finanzen von Anfang Juni 1996 außerhalb der Bundesrepublik überaus vorsichtige, ja kritische Aufnahme fand. Selbst diejenigen, die, wie der nunmehrige Präsident des Europäischen Währungsinstituts, damals noch an der Spitze der niederländischen Zentralbank, zwar das inhaltliche Verschärfen der Defizitbekämpfung mittels genauerer Haushaltskriterien billigten, widersprachen aber sogleich dem automatischen Einsetzen der Sanktionen. Anlaß solchen Widerspruchs waren womöglich auch die juristischen Bedenken, die die spätere Wechselrede auf die Unvereinbarkeit des Art. 104c EGV mit der Automatik der Sanktionen stützte. In der ausländischen Kritik erwies sich jedoch das Verlangen des Stabilitätspaktes nach mitgliedstaatlichem Souveränitätsverzicht über Buchstaben und Sinn des Textes vom 7. Februar 1992 hinaus, also das weitere Eindringen der Gemeinschaftsorgane in den Vorbehaltsbereich seiner Signatare nur wenige Jahre nach dem Abschluß langwieriger diesbezüglicher Verhandlungen, als von besonders nachhaltigem Gewicht. In Verbindung mit dem Wegfall jeden Mitwirkens des betroffenen Staates am Ermitteln vertragswidrigen Überschreitens der Obergrenze und am Verhängen der Berichtigungsmaßnahmen trug solches Ausschalten nationaler Möglichkeiten der Abwehr und der Teilnahme der für das Defizit verantwortlichen Regierung an etwaiger Wechselrede im wesentlichen den Einwand, das automatische Einsetzen der Sanktionen sei politisch ebenso unzumutbar wie juristisch unzulässig. So erklärt sich, daß selbst EU-Mitglieder, die dem Vorschlag des Bundesministeriums der Finanzen nicht mit offenem Widerspruch entgegengetreten waren, wie Österreich, sich bereits nach der nichtförmlichen Sitzung des ECOFIN-Rates im Oktober 1996, als sich die nunmehrige gemeinschaftsrechtliche Lösung abzeichnete, die keine Automatik vorsieht, noch vor dem Europagipfel in Dublin mit derart pragmatischer

---

vom 2.8.1997, 1 f.; Smits, siehe Anm. 16, 90: "The further intrusion of the Community institutions, although politically necessitated by the desire to achieve strict budgetary discipline, is to be deplored from a legal point of view."

Fortentwicklung der deutschen Initiative einverstanden erklären konnten.[21]

1. Das Zustandekommen der Regelungen des EG-Sekundärrechts

Anhand des Weges der deutschen Initiative bei den Terminen des Europäischen Rates in Madrid Mitte Dezember 1995, Florenz in der zweiten Junihälfte 1996 sowie Dublin am 13./14. Dezember 1996 wird ausweislich der jeweiligen Schlußfolgerungen des Vorsitzes in Verbindung mit einschlägigen Verlautbarungen der EG-Kommission erkennbar, daß die Wechselrede über das Ausgestalten des Vorhabens als Normierung der sekundären Gemeinschaftsrechts nicht vor Mitte 1996 begann. Die deutsche Bundesregierung, insbesondere freilich das Bundesministerium der Finanzen, hatte sich in dem Halbjahr seit dem ersten Verlautbaren des Vorschlags von Theo Waigel immer wieder bemüht, durch Erläuterungen und das Unterbreiten von Artikelentwürfen das Gespräch mit anderen EU-Mitgliedern hierüber in Gang zu bringen.[22] Ausweislich einer Bemerkung von Bundeskanzler Kohl beim Abschluß des Europäischen Rates in Florenz am 22. Juni 1996 scheint es gleichwohl kaum zu mehr als bloßer Kenntnisnahme ohne Meinungsaustausch gekommen zu sein.[23] Grundlage der nunmehrigen Verordnungsentwürfe der EG-Kommission bildete vielmehr ihr Zwischenbericht an den Europäischen Rat in Florenz. Noch vor dem Europagipfel in Dublin legte die EG-Kommisson am 16. Oktober 1996 im Anschluß an eine nichtförmliche Zusammenkunft des ECOFIN-Rates Texte vor. Es handelte sich um den Entwurf einer Verordnung des EG-Rates über den Ausbau der haushaltspolitischen Überwachung und Koordinierung in verfolg des Art. 103 Abs. 5 EGV und unter Benennung des 1. Juli 1998 als Tag des

---

[21] Der Hinweis im Text bezieht sich auf Ansprachen des Präsidenten der Österreichischen Nationalbank, K. Liebscher, vor der Kommission "Konjunktur und Währung" des Wirtschaftsrates der Union e.V. in Bonn und bei einem Bankenabend der Landeszentralbank in Bayern in München.

[22] Z.B. Schreiben des Staatssekretärs im Bundesministerium für Finanzen, Dr. J. Stark, vom 4.6.1996 an den Vorsitzenden des Beratenden Währungsausschusses gemäß Art. 109c Abs. 1 EGV, Sir N. Wicks, nebst Anhang vom gleichen Tage.

[23] *Bulletin der Bundesregierung*, Nr. 64 vom 5.8.1996, 697, 698, Ende der rechten Kolonne: "Der Fortschrittsbericht der Finanzminister über den vom Kollegen Waigel vorgeschlagenen Stabilitätspakt ist kurz diskutiert worden".

Inkrafttretens[24] sowie den Entwurf einer Verordnung des EG-Rates über die Klärung und Beschleunigung des Verfahrens bei einem übermäßigen Defizit in verfolg von Art. 104c Abs. 14 Unterabsatz 2 EGV unter Bezeichnung des 1. Januar 1999 als Datum des Inkrafttretens.[25] Beide Vorlagen sahen das Mitwirken sämtlicher EU-Mitglieder an der Beschlußfassung vor. Die Schlußfolgerungen des Vorsitzes beim Termin in Dublin ersuchen die EG-Kommission des weiteren um einen gesonderten Vorschlag, wohl ebenfalls in Gestalt einer Verordnung, nach der die EU-Staaten im Wartestand Konvergenzprogramme vorzulegen haben, deren Inhalt hinsichtlich der Haushaltspolitik dem der Stabilitätsprogramme der anderen Regierungen zu entsprechen habe.[26] Mit dem Abrunden des Regelungswerks durch eine Entschließung des Europäischen Rates will dieser die Automatizität des Eintritts der Sanktionen gemäß dem deutschen Vorschlag durch die "Quasi-Automatik" dank nachdrücklicher Aufforderung seitens des Kollegiums der Staats- und Regierungschefs an Staaten jenseits der 3%-Obergrenze des Defizits ersetzen, die Vorschriften der Verordnungen gemäß Art. 103 Abs. 5 EGV und Art. 104c Abs. 14 Unterabsatz 2 EGV vollständig, genau und unverzüglich durchzuführen, um die Schieflage ihres Haushaltes vorab zu mindern, sodann zu beseitigen.[27] Der Koppelung der beiden Normierungen von juristischer Beschaffenheit mit dem hochpolitischen Zuspruch des Europäischen Rates liegt die Vorstellung zugrunde, daß der Verbund der beiden verschiedenartigen Äußerungsformen der ranghöchsten juristischen Beschlußinstanz und der unbestritten gewichtigsten politischen Institution in der Welt der Tatsachen gleiche Wirkung

---

[24] Art. 6 des Vorschlags für eine Verordnung (EG) des Rates über den Ausbau der haushaltspolitischen Überwachung und Koordinierung, KOM (96) 496 endg., 96/0247 (SYN).

[25] Art. 13 des Vorschlags für eine Verordnung (EG) des Rates über die Klärung und Beschleunigung des Verfahrens bei einem übermäßigen Defizit, KOM (96) 496 endg., 96/0248 (CNS).

[26] *Schlußfolgerungen des Vorsitzes*, siehe Anm. 18, II.1, 190, linke Kolonne, erster vollständiger Absatz, dritter Satz; dem wird die nunmehrige Fassung der Verordnung in Art. 7-10 gerecht; *ABl.* Nr. L 209 vom 2.8.1997, 1 ff. (4 f.)

[27] *Ibid.*, passim sowie Anlage I, *Bericht des Rates (Wirtschaft und Finanzen) an den europäischen Rat – Die Vorbereitung der Stufe II der WWU, II*, Ziffer 37, 207.

zu entfalten vermöchte wie die Automatik des Einsetzens der Sanktionen nach dem ursprünglichen deutschen Vorschlag.[28]

2. Maßstab und Verfahren der Aufsicht gemäß dem Vertrag von Maastricht

Inzwischen auf französischen Wunsch mit der umfassenderen Bezeichnung "Stabilitäts- und Wachstumspakt" versehen, will das Regelwerk durch Prävention und Abschreckung mittels eines Frühwarnsystems sowie einschneidender Sanktionen das Überschreiten der beiden Grenzen von 3% für das Haushaltsdefizit und 60% für den Gesamtschuldenstand verhindern, gegebenenfalls freilich mindern und beseitigen. Die primärrechtlichen Vorgaben der Art. 103 EGV zur Wirtschaftspolitik und Art. 104c EGV zur Haushaltspolitik der Mitgliedstaaten sehen bereits Grundzüge des Beobachtens, Bewertens und Berichtigens der staatlichen Obrigkeit im Gebiet der Europäischen Union vor, deren einzelne Kontrollmittel dem Instrumentarium der internationalen Kontrolle entstammen.[29] Sie reichen von der Berichterstattung der Staaten an die Kommission, deren Stellungnahme an den Rat zur Vereinbarkeit der Angaben der Mitgliedstaaten mit dem Aufsichtsmaßstab sowie zu deren wirtschaftlicher Lage, schließlich einer Gesamtbewertung durch den ECOFIN-Rat anhand des ihm zugänglichen Materials bis zur Initiative der Kommission zur Empfehlung von Abhilfemaßnahmen an einen betroffenen Mitgliedstaat durch den Rat und, wiederum auf Vorschlag der Kommission, der Veröffentlichung solcher Vorschläge. Dem Auftakt gemäß Art. 103 EGV folgt die Aufsicht über das Haushaltswesen im engeren Sinne gemäß Art. 104c EGV, wenn ein Mitgliedstaat beide Referenzwerte oder einen von ihnen gemäß Abs. 2 der Vorschrift überschreitet. Hierüber hat die Kommission einen förmlichen Bericht zu erstatten, den sie desgleichen vorlegen mag, wenn sie

---

[28] Hierzu R. Bieber, *Das Verfahrensrecht von Verfassungsorganen*, 1992, 254 ff., (351, Thesen 2 und 6), unter Bezugnahme auf M. Gauweiler, *Die rechtliche Qualifikation interorganschaftlicher Absprachen im Europarecht*, 1988. "Die deutsche Forderung nach einem weitergehenden 'Stabilitätspakt', der den Vertrag nicht ändern dürfte, ist in erster Linie ein Faktor in der politischen Auseinandersetzung über die Währungsunion", G. Nicolaysen, *Europarecht II - Das Wirtschaftsrecht im Binnenmarkt*, 1996, 393.

[29] Einzelheiten bei H.J. Hahn, "International Controls", in: R. Bernhardt (Hrsg.), *EPIL* 2 (1995), 1079 ff. m.w.N., (1083 ff.).

die Gefahr eines übermäßigen Defizits voraussieht. Dazu ergeht Stellungnahme des fachlich besonders ausgewiesenen Beratenden Währungsausschusses (während der jetzigen zweiten Stufe des Kalenders von Maastricht), nach dem Beginn der Währungsunion des ebenso qualifizierten Wirtschafts- und Finanzausschusses.[30] Hält die Kommission hiernach daran fest, daß in einem Mitgliedstaat übermäßiges Defizit bestehe oder sich ergeben könnte, so legt sie die Sache dem ECOFIN-Rat vor. Ihm erstattet sie zugleich Stellungnahme. Auf Initiative der Kommission und anhand der Bemerkungen des betroffenen Mitgliedstaates befindet der ECOFIN-Rat alsdann nach Prüfung der Gesamtlage, ob ein übermäßiges Defizit besteht und erläßt bejahendenfalls die mildeste Form einschlägiger Sanktionen, nämlich Empfehlungen mit dem Ziel, dem übermäßigen Defizit binnen bestimmter Frist abzuhelfen. Nach Feststellung der Fruchtlosigkeit seiner Empfehlung bei Fristende kann der Rat seine Empfehlungen veröffentlichen, also mittels einer weiteren Sanktion die Wirkung der vorigen vertiefen.

Läßt der Mitgliedstaat Empfehlungen des Rates weiterhin unbeachtet, kann ihn der Rat durch Beschluß in Verzug setzen mit der Maßgabe, binnen bestimmter Frist das nach Auffassung des Rates für den Defizitabbau Erforderliche zu veranlassen sowie ihm aufgeben, anhand eines Zeitplans Berichte zu erstatten, die Grundlage für das Überprüfen der Anpassungsbemühungen bilden sollen. Ergibt sich dabei, daß der Mitgliedstaat den vorigen Sanktionsbeschluß nicht befolgt, so kann der Rat ihn verpflichten, vor der Emission von Schuldverschreibungen und sonstigen Wertpapieren zusätzliche Angaben zu veröffentlichen, die der Rat näher bezeichnet, ferner die Europäische Investitionsbank ersuchen, ihre Darlehenspolitik gegenüber dem Mitgliedstaat zu überprüfen, des weiteren von dem Mitgliedstaat verlangen, eine unverzinsliche Einlage in angemessener Höher bei der Gemeinschaft zu hinterlegen, bis er das übermäßige Defizit nach Ansicht des Rates berichtigt hat, schließlich Geldbußen in angemessener Höhe verhängen.

Das Verfahren gipfelt mit dem Wegfall der Sanktionsmaßnahmen in dem Ausmaß, in dem der Mitgliedstaat nach Ansicht des Rates das übermäßige Defizit abgebaut hat, oder durch förmliche Feststellung des übermäßigen Defizits. Bei der Beschlußfassung zählen die Stimmen des Vertreters des betroffenen Mitgliedstaats nicht (Art. 104c Abs. 13 EGV[31]).

---

[30] Art. 109c Abs. 1 Unterabsatz 1 sowie Abs. 2 Unterabsatz 1 EGV.

[31] Art. 104c Abs. 13 EGV: "Die Beschlußfassung des Rates nach den Absätzen 7 bis 9 sowie 11 und 12 erfolgt auf Empfehlung der Kommission mit einer

3. Das Straffen der vertraglichen Aufsichtsvorgaben durch das Sekundärrecht

Die Kritik an dem vielfältig gestaffelten Beobachtungs- und Berichtigungsinstrumentarium, dessen Aufriß vorausging, bezieht sich neben seiner Dauer vor allem auf die Abhängigkeit jedes Tätigwerdens des Rates von der Initiative der Kommission sowie von dem Risiko stabilitätsfeindlicher Mehrheiten im Rat. Demgegenüber zielt die Verordnungsvorlage der Europäischen Kommission zum staatenverbandlichen Überwachen der Wirtschaftspolitik unter Einschluß der Budgetentwicklung anhand des Stabilitätsprogramms eines jeden EU-Mitgliedes auf ein Frühwarnsystem ab, das dem ECOFIN-Rat gestattet, einen betroffenen Mitgliedstaat schon vor dem Einsetzen des Defizitverfahrens anhand Art. 104c EGV durch Empfehlungen anzuspornen, seinen Haushalt und dessen künftige Weiterführung in Einklang mit dem eigenen Stabilitätsprogramm zu bringen. Art. 103 Abs. 4 EGV stellt solches Einwirken in das Ermessen des Rates, während es ihm die Verordnung nunmehr als Rechtspflicht auferlegt.[32] Sie verpflichtet die zulassungstauglichen Kandidaten für die Währungsunion, jährlich Stabilitätsprogramme vorzulegen, erstmals zum 1. März 1999, und diese im Jahresrhythmus zu aktualisieren.[33] Die weiteren EU-Mitglieder (einstweilen mit Ausnahme Dänemarks und Großbritanniens) haben Konvergenzprogramme gleicher Form und weitgehend gleichen Inhalts zu erstellen. Die Verlautbarungen haben Aufschluß zu geben, wie die jeweiligen Regierungen das mittelfristige Haushaltsziel zu erreichen gedenken. Sie haben daher den Anpassungspfad in Richtung auf dieses Ziel und die Prognose voraussichtlicher Entwicklung der öffentlichen Schuldenquote darzulegen. Zugleich haben die Regierungen

- die Hauptannahmen über die absehbare Entwicklung und über wichtige ökonomische Variablen mit maßgeblichem Einfluß auf die Umsetzung der Programme zu erläutern, gerade reales Wirtschaftswachstum, Beschäftigung und Inflation;

Mehrheit von zwei Dritteln der gemäß Artikel 148 Absatz 2 gewogenen Stimmen der Mitgliedstaaten mit Ausnahme der Stimmen des Vertreters des betroffenen Mitgliedstaats."

32 Art. 5 Abs. 2 der Verordnung (EG) Nr. 1466/97 des Rates vom 7.7. über den Ausbau der haushaltspolitischen Überwachung und der Überwachung und Koordinierung der Wirtschaftspolitiken, *ABl.* Nr. L 209 vom 2.8.1997, 1 ff. (3) [VO 1466/97]. Die VO tritt am 1.7.1998 in Kraft.

33 *Ibid.*, Art. 4 Abs. 1.

- haushaltspolitische und sonstige wirtschaftspolitische Maßnahmen zur Erreichung der Programme darzustellen sowie die Einschätzung der quantitativen Auswirkung der wichtigsten jener Maßnahmen auf den Haushalt verfügbar zu machen;
- die Folgen von Änderungen der wichtigsten ökonomischen Annahmen auf die Haushalts- und Verschuldungslage der jeweiligen Nationalwirtschaft zu untersuchen.

Die Programme und ihre späteren Aktualisierungen werden veröffentlicht.

Die EG-Kommission sowie der Wirtschafts- und Finanzausschuß legen die Programme mit ihrer jeweiligen Bewertung dem Rat der Wirtschafts- und Finanzminister zur Prüfung vor, ob sich anhand ihres jeweiligen Inhalts voraussichtlich ein übermäßiges Defizit verhindern läßt, ob die maßgeblichen Annahmen der wirtschaftlichen Wirklichkeit entsprechen und ob die gegenwärtigen und in Aussicht genommenen Maßnahmen das Erreichen des mittelfristigen Haushaltszieles anhand des einschlägigen Anpassungspfades gestatten. Zugleich befindet der Rat über die Einhaltung der "Grundzüge der Wirtschaftspolitik" durch den betreffenden Mitgliedstaat. Binnen zwei Monaten nach Empfang der Programme nimmt der Rat auf Empfehlung der Kommission sowie nach Anhören des Wirtschafts- und Finanzausschusses zu den Programmen Stellung und überwacht in der Folgezeit das Umsetzen der Programme. Stellt er dabei erhebliches Abweichen der Haushaltslage vom mittelfristigen Haushaltsziel oder vom entsprechenden Anpassungspfad fest, so richtet er rechtzeitig vor dem Entstehen eines übermäßigen Defizits eine Empfehlung an den jeweiligen Mitgliedstaat, dieser möge die gebotene Haushaltsanpassung vornehmen. Ergibt das zwangsläufige Beobachten der weiteren Entwicklung, daß die kritische Haushaltslage anhält oder sich gar verstärkt, richtet der Rat eine weitere Empfehlung an den Mitgliedstaat, dieser möge umgehend die notwendige Korrektur veranlassen.[34] Gemäß Art. 103 Abs. 4 EGV kann der Rat diese Empfehlung veröffentlichen. Das entspricht ihrer Funktion als Frühwarnung, die auf das Vermeiden übermäßiger Defizite hinwirken soll. Ratspräsident und Kommission berichten dem Europäischen Parlament regelmäßig über die Ergebnisse der multilateralen Überwachung der Haushaltslage.[35]

---

[34] *Ibid.*, Art. 6 und, für die Konvergenzprogramme, Art. 9-11.

[35] *Ibid.*, Art. 12.

Läßt sich davon ausgehen, daß Art. 104c Abs. 14 Unterabsatz 2 EGV seit dem Inkrafttreten des Vertrages von Maastricht, spätestens aber seit dem 1. Januar 1994 als Grundlage der sekundärrechtlichen Regelung des Verfahrens bei einem übermäßigen Defizit gemäß Art. 104c EGV zur Verfügung steht[36], so scheint die Bezugnahme gerade auf diese primärrechtliche Ermächtigungsnorm in dem Verordnungsvorschlag der Kommission über die Klärung und Beschleunigung jenes Verfahrens durchaus gerechtfertigt. Inhaltlich entspricht der Text weithin den Vorstellungen des deutschen Vorschlags für den Stabilitätspakt bis auf Einzelheiten, auf die jeweils einzugehen bleibt. Der Kommissionsentwurf machte nach der Bezugnahme auf Art. 104c Abs. 14 Unterabsatz 2 EGV lediglich geltend, daß die Glaubwürdigkeit des Stabilitätspaktes "durch einstimmiges Votum der Mitgliedstaaten" Bestätigung fände, ohne damit den Hinweis zu verbinden, daß die primärrechtliche Vorschrift einstimmiges Verabschieden der Verordnung vorsieht und ihr die Aufgabe zuweist, das Protokoll über das Verfahren bei einem übermäßigen Defizit abzulösen. Sie hebt also einen Teil des Regelwerks von Maastricht, gemäß Art. 239 EGV Bestandteil des Vertrages, auf und nimmt damit eine gegenständlich begrenzte Vertragsänderung vor[37], zu der Art. 104c Abs. 14 Unterabsatz 2 EGV ermächtigt.[38]

Weder der deutsche Vorschlag noch die Vorlagen der Kommission zielen auf die Änderung der Referenzwerte in Art. 1 des Protokolls über das Verfahren bei einem übermäßigen Defizit ab, sondern sehen lediglich Ergänzungen vor. Der Kommissionsentwurf für das Frühwarnsystem bezeichnete in seinem Erwägungsgrund 4 wie nunmehr die Verordnung an gleicher Stelle für das Haushaltsdefizit 3% unter normalen Umständen als Obergrenze und hielt fest, daß die öffentlichen Haushalte mittelfristig ein sehr geringes Defizit oberhalb von 0%, jedoch unterhalb von 2% oder einen Überschuß aufweisen, freilich "unter gebührender Berücksichtigung besonderer nationaler Gegebenheiten". Die Aufsicht über das Programm und den dortigen Anpassungspfad für

---

[36] Einzelheiten zu der Fragestellung, die der Text andeutet, bei Blumenwitz/Schöbener, siehe Anm. 1, 17 ff. m.w.N.

[37] Blumenwitz/Schöbener, *ibid.*, 17.

[38] Häde, siehe Anm. 8, *EuZW* 7 (1996), 138 ff. (140); Smits, siehe Anm. 16, 88, hält eine Verordnung als Form der Rechtsetzung gemäß Art. 104c Abs. 14 Unterabsatz 2 EGV für rechtlich zweifelhaft, da der Wortlaut dieser Ermächtigungsklausel das Ersetzen von Vertragsbestimmungen durch neue Regeln gleichen Ranges vorsehe, die freilich nicht wie Sekundärrecht im Wege der Beschlußfassung des Rates veränderbar wären.

das Haushaltsgebaren zum Erreichen seiner Planvorgaben hat demgemäß auf ein sehr geringes Defizit oder einen Überschuß hinzuwirken. Widrigenfalls versagt der Rat die Billigung, verlangt sogleich Aktualisierung und ordnet vor der Wiedervorlage die Bewertung durch die Kommission und den Beratenden Währungsausschuß, nach Beginn der Stufe 3 des Kalenders von Maastricht durch den Wirtschafts- und Finanzausschuß an.[39] Die maßgebliche Bedeutung des Abwägens der (aktualisierten) Stabilitätsprogramme folgt aus deren Funktion als Kontrollmaßstab in der anschließenden multilateralen Aufsicht über ihre Einhaltung.[40]

IV. Das Verfahren bei einem übermäßigen Defizit

Die Verordnung des Rates über die Beschleunigung und Klärung des Verfahrens bei einem übermäßigen Defizit bezeichnet den Referenzwert als ausnahmsweise und vorübergehend überschritten, wenn das auf ein ungewöhnliches Ereignis zurückgeht, das sich der Kontrolle des betreffenden Mitgliedstaates entzieht und seine finanzielle Gesamtlage schwerwiegend beeinträchtigt, oder wenn ein schwerer Wirtschaftsabschwung bei nachhaltig negativem realen Wachstum den bedenklichen Zustand verursacht. Die Feststellung des Endes des ungewöhnlichen Ereignisses oder des schweren Wirtschaftsabschwunges oder der Vorausschätzung des Endes beider Wechselfälle in dem Kalenderjahr nach dem Überschreiten des Referenzwertes setzt jeweils voraus, daß die Haushaltsvorausschätzungen der Kommission für dasselbe Folgejahr das Sinken des Defizits unter den Referenzwert anzeigen.[41] Strenge Auslegung der "außergewöhnlichen und vorübergehenden" Umstände soll Fehlgebrauch der Ausnahme verhüten. Die Bezifferung des Maßstabs "... signifikant negatives reales Wachstum" blieb der Entschließung des Europäischen Rates zum Stabilitätspakt bei dessen Verabschiedung vorbehalten. An gleicher Stelle fixierte der Europagipfel von Dublin die Rechtspflicht der Kommission, das Überschreiten der 3%-Obergrenze infolge Wirtschaftsabschwung nur dann als Ausnahme einzuordnen, wenn ein realer Rückgang des Bruttoinlandsprodukts von nicht weniger

---

39 Art. 5 Abs. 3, 9 Abs. 3, VO 1466/97.

40 Hahn, siehe Anm. 29, *ibid.*

41 Art. 2 Abs. 1 der Verordnung (EG) Nr. 1467/97 vom 7.7.1997 des Rates über die Beschleunigung und Klärung des Verfahrens bei einem übermäßigen Defizit [VO 1467/97]. Die VO tritt am 1.1.1999 in Kraft.

als 2% im Berechnungsjahr eintritt. Andererseits mag der Rat einen BIP-Abstieg unterhalb von 2% im Berechnungsjahr "unter Berücksichtigung weiterer stützender Beweise" dennoch als Ausnahme einstufen, nämlich im Hinblick auf die "Plötzlichkeit des Rückgangs oder auf die kumulierten Produktionseinbußen im Vergleich zu früheren" Abläufen.[42] Der betroffene Mitgliedstaat hat die für solche Beurteilung einschlägige Dokumentation verfügbar zu machen. Die gleiche Verlautbarung faßt die Rechtspflicht der Mitgliedstaaten ins Auge, beim Geltendmachen eines "schweren Wirtschaftsabschwungs" das Sinken des BIP "um mindestens 0,75% auf Jahresbasis" als Sockel zu verwenden.[43] All das dürfte die ergänzungsbedürftigen Teile des Ausnahmetatbestands in Art. 104c Abs. 2 Unterabsatz a, zweiter Spiegelstrich EGV hinreichend verdeutlichen. Die weitere Vorgabe derselben Vorschrift, daß "das Verhältnis erheblich oder laufend" zurückging und "einen Wert in der Nähe des Referenzwertes erreicht hat" (Art. 104c Abs. 2 Unterabsatz a, erster Spiegelstrich EGV), bleibt in der Kommissionsvorlage ohne nähere Bestimmung.

1. Die Abschnitte des Verfahrens

Wie der deutsche Vorschlag des Stabilitätspaktes setzt die Verordnung beim Defizitverfahren feste Fristen für das Fortschreiten des Ablaufs, freilich von durchweg längerer Dauer. Im Hinblick auf das Ineinandergreifen vertraglicher Normierungen und der gemeinschaftsrechtlichen Regelung fixiert diese den Abstand zwischen der Mitteilung der Mitgliedstaaten an die Kommission vor dem 1. März oder vor dem 1. September des laufenden Jahres einerseits, andererseits der erstmaligen Ahndung des übermäßigen Defizits mittels wirtschaftlicher Nachteile und Geldverbindlichkeiten auf höchstens zehn Monate. Dabei ergeht der Ratsbeschluß über ein solches Defizit binnen drei Monaten nach den Terminen für die Mitteilungen.[44] Der Verordnung gemäß (Art. 4

---

[42] Europäischer Rat in Dublin, siehe Anm. 18, 200 linke Kolonne, Anlage I, Abschnitt II Ziffer 30, letzter Halbsatz.

[43] *Ibid.*, 201, Ziffer 37, dritter Absatz, Ende des letzten Satzes. Der amtliche Text der Entschließung des Europäischen Rates über den Stabilitäts- und Wachstumspakt (Amsterdam, 17.6.1997) ferner *ABl.* Nr. C 236 vom 2.8.1997, 1 f. Die Wortfolge im Text Nr. C 236/2 in Ziff. 7 am Ende, vgl. Anm. 20.

[44] Art. 3 Abs. 3 VO 1467/97. Gemäß Verordnung (EG) Nr. 3605/93 des Rates vom 31.12.1993, *ABl.* Nr. L 332 vom 31.12.1993, S. 7 ff., haben die Mitglied-

Abs. 1) spricht der Rat die Empfehlungen des Art. 104c EGV aus, die auf Abhilfe der bedrohlichen Lage binnen bestimmter Frist abzuzielen haben. Während der deutsche Vorschlag das Fortschreiten des Verfahrens mit dem Veröffentlichen jener Empfehlung binnen vier Wochen anordnete, sieht die Verordnung hierfür bis zu vier Monate vor, mildert also den Rhythmus des Einwirkens durchaus erheblich, gerade im Hinblick auf die Absicht der Einflußnahme durch dieses Aufsichtsmittel und der Härtung der Kontrolle als Anreiz der Berichtigung. Die juristische Beschaffenheit des sekundären Gemeinschaftsrechts gestattet jedoch das Berücksichtigen der Erfahrungen beim Anwenden der Sanktionen im Lichte ihrer Wirkungstiefe, falls das Ausmaß der Fruchtlosigkeit Anpassungen nahelegt. Andererseits folgt nach der Kommissionsvorlage der Abmahnungsbeschluß anhand Art. 104c Abs. 9 EGV binnen eines Monats nach dem Anordnen der Veröffentlichung der Besserungsempfehlungen. Zwei Monate später ergehen die Sanktionen gemäß Art. 104c Abs. 11 EGV. Endlich schließen sich sodann binnen zwei Monaten nach den Terminen für die Berichterstattung der Mitgliedstaaten im Verfahren der multilateralen Überwachung gemäß Art. 103 Abs. 5 EGV verschärfte Sanktionen (mit Ausnahme der Geldbuße) an.

Im Sinne der Anregungen des Bundesministeriums der Finanzen stützt sich die Überwachung der Wirksamkeit mitgliedstaatlicher Maßnahmen in der Verordnung auf amtliche öffentliche Beschlüsse der betroffenen Regierung. Führt das nicht zur Steigerung der Wirkungstiefe des Verfahrens, wie sich insbesondere am Überschreiten der Fristsetzung des Rates zur Abhilfe der Lage sowie an der Nichtumsetzung oder der nur erheblich abgeänderten Umsetzung der Regierungsbeschlüsse anhand der Vorgaben des Rates erkennen lassen dürfte, so verpflichtet das den Rat erneut zur Prüfung.[45]

2. Unverzinsliche Einlage und Geldbuße

Beim Umsetzen der Befugnis des Rates gemäß Art. 104c Abs. 11, dritter und vierter Spiegelstrich EGV zum Einholen einer unverzinslichen Einlage und zum Verhängen von Geldbußen zielte der ursprüngliche deutsche Vorschlag auf Sockelbeträge in Höhe von je 0,25% des BIP des

---

staaten zweimal jährlich Haushaltsdaten mitzuteilen, nämlich bis zum 1. März, sodann bis zum 1. September.

[45] Obiger Aufriß des Verfahrens folgt Art. 2-8 der VO 1467/97.

betroffenen Staates ab, und sah keinen Beurteilungsspielraum für das Fixieren des Umfangs der Beträge vor. Ferner verband der Text des Bundesministeriums der Finanzen unverzinsliche Einlage und Geldbuße durch das Umwidmen des Depots in eine Geldbuße binnen zwei Jahren bei Nichtabbau des übermäßigen Defizits im gleichen Zeitraum. Demgegenüber hält die Kommissionsvorlage das übermäßige Defizit in Gestalt des Überschreitens der Obergrenze von 3% von dem übermäßigen Defizit bei Überschreiten der Schuldenstandsgrenze von 60% getrennt. In der Tat bleibt im nunmehrigen Text der zweite Referenzwert unerwähnt. Das mag, ja dürfte bedeuten, daß die Aufsicht über den Gesamtschuldenstand sowie seine etwaige Berichtigung sich am Vertrag, also Art. 104c EGV ausrichtet, und nur an diesem. Der Schluß liegt nahe, die 60%-Schwelle werde gegenüber der Defizitobergrenze juristisch privilegiert. Ob das zutrifft, wird sich letztendlich aus der Praxis der beteiligten Institutionen ergeben. Aber schon der Beschluß im zweiten Quartal 1998 über die ursprünglichen Teilnehmer an der Währungsunion wird wohl dazu Stellung nehmen müssen, ob der Schuldenstand eines jeden Kandidaten hinreichend rückläufig erscheint und sich rasch genug dem Referenzwert nähert, damit er die Wohltat der Ausnahme des Art. 104c Abs. 2 b EGV genießen und Aufnahme in die EWU finden kann.

In der Entschließung des Europäischen Rates zum Stabilitäts- und Wachstumspakt verpflichtet sich die Kommission, das Haushaltsüberwachungsverfahren auszulösen und einen Bericht zu erstellen, wann immer das geplante oder tatsächliche öffentliche Defizit eines Mitgliedstaats den Referenzwert von 3% des Bruttoinlandsprodukts überschreitet. Mit der Festlegung des Rates der Wirtschafts- und Finanzminister an gleicher Stelle, sämtliche Beschlüsse zur strengen Anwendung des Stabilitäts- und Wachstumspakts so rasch wie möglich zu fassen und die Fristen in der Verordnung über das Verfahren bei übermäßigen Haushaltsdefiziten für einzelne Entscheidungen als Höchstfristen zu betrachten, rückt die Anordnung von Sanktionen durchaus in den Bereich hoher Wahrscheinlichkeit, ja Gewißheit. Liegen deren Voraussetzungen vor, so verlangt der ECOFIN-Rat im Regelfall eine unverzinsliche Einlage, die sich bei Fortbestehen des übermäßigen Haushaltsdefizits nach zwei Jahren in eine Geldbuße umwandelt. Das erfordert jedoch jeweils eine Mehrheit von zwei Dritteln der stimmberechtigten Mitgliedstaaten, die insoweit durch die Entschließung des Europäischen Rates auf einschlägiges Stimmverhalten verpflichtet bleiben.

Beim Nichteinhalten der 3%-Grenze des öffentlichen Defizits besteht der Betrag der Einlage aus einer "festen Komponente" von 0,2% des BIP. Hinzu tritt ein veränderlicher Bestandteil von einem Zehntel des

Unterschiedes zwischen dem Defizit in dem Jahr seiner Bewertung als übermäßig, ausgedrückt als Prozentsatz des BIP, und dem Referenzwert. Der jährliche Gesamtbetrag der Zwangseinlage "darf 0,5% des BIP nicht überschreiten".[46] Ein Defizit über 6% des BIP zöge also kein proportionales Ansteigen des Depots nach sich. Der Vorspruch der Erstfassung der Verordnung verstand die Regelung als "angemessen"[47], damit "die ... Sanktion ... nicht ... kontraproduktiv" wirke. Ob freilich Wegfall oder Erhöhen der Obergrenze des jährlichen Gesamtbetrags der Zwangseinlage zur Unglaubwürdigkeit der Regelung führen müßte, steht zu erwägen. Eine kasuistische Stellungnahme zu dem Zusammenhang anhand einschlägiger Abläufe sollte sich nach Vorliegen bezifferter Ergebnisse ehestmöglich anschließen. Grundsätzlich verhängt der Rat bei Vorliegen der Voraussetzungen stets Sanktionen.[48]

Hat der betroffene Mitgliedstaat das Defizit binnen zwei Jahren nach Auffassung des Rates nicht beseitigt, so tritt "in der Regel" Umwandlung der Zwangseinlage in eine Geldbuße ein. Daneben kann der Rat bis zur Korrektur des übermäßigen Defizits eine unverzinsliche Einlage verlangen, ohne daß diese Korrektur den jeweiligen Referenzwert erreichen oder unterschreiten müßte. Die Entscheidung über die unverzinsliche Einlage kann der Rat nach der Verordnung nur in Verbindung mit dem Beschluß über das Vorliegen eines übermäßigen Defizits aufheben. Hat der Mitgliedstaat lediglich erhebliche, jedoch nicht ausreichende Fortschritte bei der Korrektur des übermäßigen Defizits erzielt, so kann der Rat einige oder sämtliche Sanktionen gemäß Art. 104c Abs. 11, erster und zweiter Spiegelstrich, EGV aufheben, auch soweit die Korrek-

---

[46] *Ibid.*, Art. 12 Abs. 3.

[47] So Erwägungsgrund 15 im ursprünglichen Entwurf der Kommission.

[48] Deren Inhalt faßt Deutsche Bundesbank, *Informationsbrief zur Europäischen Wirtschafts- und Währungsunion*, Nr. 6, Mai 1997, siehe Anm. 20, 9, zusammen: "Der Betrag der Einlage setzt sich bei der ersten Sanktion aus einer festen Komponente von 0,2% des BIP und einer veränderlichen Komponente von einem Zehntel der Prozentpunkte zusammen, um die das Defizit den Referenzwert von 3% des BIP übersteigt. Bei jeder weiteren, sich aus den jährlichen Bewertungen des Rates ergebenden Sanktion entfällt die feste Komponente. Für jede einzelne Sanktion wurde die Obergrenze auf 0,5% des BIP festgesetzt. Während andere in Art. 104c Abs. 11 EGV vorgesehene Sanktionen je nach den Fortschritten eines Mitgliedstaates bei der Korrektur eines übermäßigen Defizits nach und nach aufgehoben werden können, gilt dies nicht für Einlagen. ... Die Einlagen werden zurückgezahlt, wenn der Rat entscheidet, daß kein übermäßiges Defizit mehr vorliegt. Wurden Geldbußen verhängt, so werden diese nicht zurückerstattet."

tur des Defizits die maßgebliche Obergrenze nicht erreicht oder unterschreitet. Ob dieser sekundärrechtliche Text künftig Fortschreibung veranlaßt, steht nicht nur im Lichte der Erfahrung mit den Kommissionsvorlagen in der Praxis zu erwägen.[49] Vielmehr sollte hierbei ebenso die Entstehungsgeschichte des Defizitverfahrens, wie sie sich im Art. 104c EGV und dem Protokoll über das Verfahren bei einem übermäßigen Defizit niedergeschlagen hat, eine Rolle spielen. Mit diesem Vorbehalt liegt die Einsicht nahe, daß ungeachtet des Zurücktretens der Automatik der Sanktionen beim Vorliegen eines übermäßigen Defizits im Sinne des ursprünglichen deutschen Vorschlages wegen der Verbürgung der Beschlußbefugnis des Rates im Maastrichter Vertrag die Verordnung eine auf Dauer tragbare Finanzlage der öffentlichen Hand in den EU-Mitgliedstaaten gewährleistet, die der Europäischen Währungsunion angehören. Sachangemessener Verbund beobachtender und berichtigender Kontrolle stellt das Einhalten oder die Rückkehr zu den statthaften Grenzwerten sicher. Zumindest deren Erreichen dürfte freilich erst eine angemessene Grundlage für die Feststellung "ausreichender Fortschritte" beim Berichtigen "des übermäßigen Defizits" bilden, wenn Wortlaut und Sinn der primärrechtlichen Vorgaben den Ausschlag geben sollen.

Der Verordnungsentwurf der Kommission hatte vorgesehen, daß Zinsen auf Zwangseinlagen sowie Geldbußen dem Gesamthaushalt der Europäischen Gemeinschaften zufließen. Bei der Billigung des Vorschlags beschloß jedoch der Europäische Rat, Erträge aus Sanktionen an Mitgliedstaaten ohne übermäßiges Defizit im EURO-Währungsverbund zu verteilen. Diese Anordnung des Europagipfels von Amsterdam sieht nötigenfalls eine Änderung der EU-Haushaltsordnung vor Ende 1998 vor.[50]

3. Der Rechtsschutz der Betroffenen

Umsichtige verfahrensrechtliche Vorkehrungen sorgen für den Rechtsschutz der Betroffenen und zugleich für die Wirkungstiefe der Berichtigungsmaßnahmen. Dadurch gelingt das Bereitstellen eines staatenverbandlichen Aufsichtssystems von nachhaltigem Durchgriff, das stets

---

[49] Einschlägig sind Art. 11-16 der VO 1467/97.

[50] *Ibid.*, Art. 16. Da die VO 1467/97 erst am 1.1.1999 in Kraft tritt, bleibt hinreichend Zeit für etwaige Änderungen des EU-Haushaltsrechts.

dem Ziel der Überwachung entspricht, nämlich die Wahrung oder Wiederherstellung des Zustandes herbeizuführen, der der maßgeblichen normativen Vorgabe entspricht.

Das Bild rundet sich nämlich durch die – ungeachtet des Ausschlusses des Rechts auf Klageerhebung gemäß Art. 104c Abs. 10 EGV – statthaften Möglichkeiten der Anrufung des EuGH. So bleibt ein Vertragsverletzungsverfahren gegen einen Mitgliedstaat zulässig, der einem Sanktionsbeschluß gemäß Abs. 11 nicht nachkommt, ferner die Nichtigkeitsklage gemäß Art. 173 EGV, insbesondere durch einen Mitgliedstaat, den rechtsverbindliche Beschlüsse des Rates betreffen, hier also gerade die Defizitfeststellung gemäß Abs. 6, die Inverzugsetzung nach Abs. 9 und die Sanktionen gemäß Abs. 11 des Art. 104c EGV. Dieser schließt auch die Untätigkeitsklage gemäß Art. 175 EGV durch einen Mitgliedstaat oder ein Gemeinschaftsorgan, so das Europäische Parlament und die Kommission, nicht aus, wenn der Rat eine Feststellung gemäß Art. 104c Abs. 6 EGV oder verbindliche Sanktionen gemäß den Absätzen 9 und 11 unterläßt. Weniger eindeutig erscheint die Statthaftigkeit dieser Klage beim Unterbleiben von Empfehlungen etwa gemäß Art. 104c Abs. 7 EGV, sofern sich einschlägige Untätigkeit belegen läßt und das Primär- oder Sekundärrecht eine hinreichend konkrete Handlungspflicht vorsieht. Sie mag sich aus der gemeinschaftsrechtlichen Ausgestaltung des Defizitverfahrens ergeben.

4. Stabilitätspakt und politisches Umfeld

Beim Abschluß der französischen Parlamentswahlen am 1. Juni 1997 lag der Stabilitäts- und Wachstumspakt in der Gestalt vor, auf die sich die hiesige Darstellung gründet. Wenige Tage danach verlautbarte die neue Regierung Zweifel, ja politische Vorbehalte. Die nunmehrige Parlamentsmehrheit in Frankreich besteht auch aus Parteien und Persönlichkeiten ohne eindeutige Zuneigung zum Vertrag von Maastricht und seiner Verwirklichung, ja sie umfaßt aktenkundige Gegner des gesamten Vorhabens, die gerade Konvergenzkriterien und Stabilitätspakt ablehnen. Dennoch gelang dem Europagipfel in Amsterdam die jedenfalls einstweilen verbindliche Festlegung auf die hiesigen Texte einschließlich der Entschließung des Europäischen Rates, den dieser ausweislich der Niederschrift des Vorsitzes in gehöriger Form beschloß, während die beiden Verordnungsentwürfe bei der nächsten Sitzung des ECOFIN-Rates unter luxemburgischen Vorsitz zur letztendlichen Verabschiedung gelangten. Das Ergebnis, ohne den Einfluß des französischen Staatspräsidenten Chirac sowie der Befürworter der Europäischen Währungsunion in der Sozialistischen Partei als Mehrheitspartner der Regierungskoalition kaum vorstellbar, hatte jedoch seinen Preis. Zwar blieben die bereits vor dem Europagipfel in Amsterdam fixierten Texte der Verordnungsentwürfe und der Resolution des Europäischen Rates unverändert. Auf französischen Wunsch nahm das Kollegium der Staats- und Regierungschefs jedoch ferner eine Entschließung über Wachstum und Beschäftigung an, "... damit die Frage der Beschäftigung unverrückbar zu oberst auf der politischen Tagesordnung für die Union bleibt. ... Beide Entschließungen ... sind ein Beitrag zu gesamtwirtschaftlicher Stabilität, Wachstum und Beschäftigung."

Daneben kündigte der Europagipfel in Amsterdam für das Halbjahr bis zum Jahresende 1997 eine Sondertagung über den Stand der Durchführung der Initiativen gemäß der Entschließung des Europäischen Rates über Wachstum und Beschäftigung an. Diese Entschließung über Wachstum und Beschäftigung ruft zwar auch "alle sozialen und wirtschaftlichen Akteure einschließlich der nationalen, regionalen und örtlichen Behörden und der Sozialpartner auf, sich ihrer Verantwortung in ihrem jeweiligen Tätigkeitsbereich voll zu stellen," um "Anreize für die Schaffung von Arbeitsplätzen und die Aufnahme einer Beschäftigung" verfügbar zu machen. Unter Hinweis auf die Art. 102a und 103 EGV gibt sie jedoch zugleich auf, "eine enge Koordinierung der Wirtschaftspolitik der Mitgliedstaaten nach Art. 3a des Vertrags" zu erwägen. "Wenngleich die Hauptverantwortung für die Bekämpfung der Arbeitslosigkeit bei den Mitgliedstaaten verbleibt, erkennen wir an, daß es notwendig ist, diese Koordinierung unter besonderer Berücksichtigung der Beschäftigungspolitik wirksamer zu gestalten und inhaltlich zu erweitern."[51]

Daß seit dem Europagipfel in Amsterdam die dortigen politischen Abläufe nebst ihrem Resultat sowie die Bezifferung der Haushaltsdefizite 1997 und 1998 in Deutschland und Frankreich dem wachen Zugriff der maßgeblichen Tages- und Fachpresse begegnen, kann kaum erstaunen, wohl aber die Hinnahme von Ansätzen bis 3,5% und mehr bei gleichzeitigem Bejahen der Tauglichkeit der betroffenen Staaten für die Aufnahme in die Europäische Währungsunion, ohne daß zumindest manche Kommentatoren sogleich die Frage anschlössen, wie sich dieser Befund

---

[51] *Ibid.;* "Entschließung des Europäischen Rates über Wachstum und Beschäftigung", Ziff. 1 + 2, *ABl.* Nr. C 236 vom 2.8.1997, 3.

mit Inhalt und Verfahren des Stabilitätspaktes vereinbaren lassen soll.[52] Die Gesamtwürdigung solcher Widersprüche als "Prozentfetischismus" schwächt jene Gegensätze nicht ab, sondern vergegenwärtigt, wie unübersichtlich der Weg bis zum Ingangkommen der Europäischen Währungsunion werden mag, wenn in der Zwischenzeit eher politische Zu- und Abneigungen als der juristische und wirtschaftliche Inhalt der einschlägigen Texte in der öffentlichen Wechselrede maßgeblich werden sollten.[53]

V. Gewährleistung der Haushaltsdisziplin in der Gemeinschaft und deutsches Finanzverfassungsrecht

Wer sich anschickt, das Umsetzen der Vorgaben des Maastrichter Vertrages und des EG-Sekundärrechts zur Haushaltsdisziplin und zum Gesamtschuldenstand anhand der Vorschriften der deutschen Finanzverfassung zu verfolgen, stößt sogleich auf Art. 2 des "Gesetzes zum Vertrag vom 7. Februar 1992 über die Europäische Union" vom 28. Dezember 1992:

> "Verpflichtungen der Bundesrepublik Deutschland aus Rechtsakten der Europäischen Union nach Art. 104c des Vertrags zur Gründung der Europäischen Gemeinschaft sind in den Haushalten von Bund und Ländern unter Beachtung des Art. 109 Abs. 1 des Grundgesetzes und gemäß der ihnen nach Art. 109 Abs. 2 des Grundgesetzes obliegenden Berücksichtigung der Erfordernisse des gesamtwirtschaftlichen Gleichgewichts auf der Grundlage einer Abstimmung zwischen Bund und Ländern zu erfüllen."

---

[52] Vgl. *Financial Times, Le Monde* einerseits, *Frankfurter Allgemeine Zeitung, Handelsblatt* andererseits.

[53] Da die deutschen Parlamentsvorbehalte zum Auftakt der EWU sich gerade mit dem Gegenstand befassen, den der Text behandelt, sei daran erinnert: "So darf Deutschland nicht verfassungsrechtliche Vorbehalte geltend machen, wie sie in entsprechender Lage nicht jeder andere Mitgliedstaat aktivieren könnte. ... Die gemeinschaftsfreundliche Vernunft gebietet, dafür zu sorgen, daß ein Rechtsproblem, das sich juristisch nicht lösen läßt, erst gar nicht aufkommt."; J. Isensee, "Vorrang des Europarechts und deutsche Verfassungsvorbehalte – offener Dissens", in: Burmeister u.a. (Hrsg.), siehe Anm. 10, 1239 ff. (1268).

Beim gegenwärtigen Stande der Wechselrede zielt die Bundesregierung ausweislich der Äußerungen des Bundesministeriums der Finanzen, gerade in dessen Diskussionsvorschlag vom 13. Juni 1996,[54] auf das innerstaatliche Umsetzen diesbezüglicher Obliegenheiten gegenüber den Bundesländern durch einfachgesetzliche Maßnahmen ab. Die Länder hingegen verstehen "Abstimmung" im Text der obigen Vorschrift des Zustimmungsgesetzes nicht als Festlegung auf einen Regelungstyp. Ihre Ankündigung von Gegenvorschlägen schließt weder das bayerische Vorhaben eines Staatsvertrags zwischen Bund und Ländern[55] noch eine Grundgesetzänderung nebst anschließender einfachgesetzlicher Normierung von Verbindlichkeiten der Bundesländer infolge des gemeinschaftsrechtlichen Stabilitätspaktes aus.[56]

1. Die Entwicklung des Meinungsbildes

Das Meinungsbild bliebe unvollständig, sähe es von der Entwicklung der Stellungnahmen zur verfassungsrechtlichen Zulässigkeit des innerstaatlichen Umsetzens der gemeinschaftsrechtlichen Vorgaben über die Haushaltsdisziplin seit dem Zustandekommen der Texte über die Europäische Union ab. Alsbald nach der Unterzeichnung des Maastrichter Vertrages kam es bei der Anhörung der Gemeinsamen Verfassungskommission zum Thema "Grundgesetz und Europa" zur Bejahung der juristischen Notwendigkeit, Art. 109 GG über die haushaltswirtschaftliche Selbständigkeit von Bund und Ländern zu ändern, weil der Bund andernfalls nicht über hinreichende rechtliche Eingriffsmöglichkeiten gegenüber den Ländern verfüge.[57] Spätere Wortmeldungen des Schrift-

---

[54] Bundesministerium der Finanzen, *Innerstaatliche Umsetzung von EG-rechtlichen Vorgaben zur Vermeidung übermäßiger öffentlicher Defizite*, 13.6.1996.

[55] Kritisch zu einer solchen Übereinkunft, die er als "inter-föderales Abkommen" bezeichnet, K. Stern, "Die Konvergenzkriterien des Vertrags von Maastricht und ihre Umsetzung in der bundesstaatlichen Finanzverfassung", in: Ole Due u.a. (Hrsg.), *Festschrift für Ulrich Everling Bd. II*, 1995, 1469 ff. (1486).

[56] Die einschlägigen Möglichkeiten stellt Hartmann, in: Weber u.a. (Hrsg.), siehe Anm. 8, 164, dar.

[57] So G. Klein, *Stenografischer Bericht* v. 22.5.1992, 46; siehe freilich ebenfalls K. Faltlhauser in der 126. Sitzung des Bundestages am 2.12.1992, *Plenarprotokoll* 12/126, 10846: "Ich frage mich, wie wir den Gleichklang der Konsoli-

tums vertraten ebenso diese Ansicht.[58] Bis zu dem Gutachten des Wissenschaftlichen Beirats beim Bundesministerium der Finanzen 1994 über die Bedeutung der Maastricht-Kriterien für die Verschuldensgrenzen von Bund und Ländern überwog durchaus solches Verständnis der Verfassungslage.[59] Erst seitdem melden sich Stimmen, die den Erlaß einfachgesetzlicher Vorschriften über eine verbindliche Aufteilung des statthaften Defizits zwischen Bund und Ländern schon auf der Grundlage des geltenden Haushaltsverfassungsrechts für möglich halten, während sie die innerstaatliche Verteilung europarechtlicher Sanktionen auf die verantwortlichen Haushaltsträger von einer Änderung des Art. 109 GG abhängig machen.[60] Ausgangspunkt solcher Überlegungen bildet die Einsicht, daß der Vertrag von Maastricht das Instrumentarium zur Erhaltung des innerstaatlichen gesamtwirtschaftlichen Gleichgewichts in Deutschland verändert hat. Dank Übertragung der Währungshoheit auf die Gemeinschaft beim Entstehen des Euro seien die Mitgliedstaaten nicht mehr imstande, die Preisstabilität als Teilziel des gesamtwirtschaftlichen Gleichgewichts mittels einer eigenständigen Geldpolitik zu verfolgen. In welchem Ausmaß sich ihr tatsächliches und rechtliches Vermögen zum Betreiben eines möglichst geringen Anstiegs der binnenwirtschaftlichen Preisentwicklung vermindert, dürfte sich erst nach dem Eintritt in die Europäische Währungsunion absehen oder gar beziffern lassen. Doch stünde bereits jetzt fest, daß maßgebliche Zuständigkeiten der Mitgliedstaaten entfallen, also in der Bundesrepublik der deutschen Obrigkeit nicht mehr zur Verfügung stehen, um ihrer Obliegenheit aus Art. 109 Abs. 2 GG zur Wahrung der Preisstabilität zu genügen.[61] Mit dieser Einsicht pflegt sich die Gemeinsamkeit der Stellungnahmen zu erschöpfen.

Eine Ansicht, wohl noch immer die Mehrheit, bleibt von der Notwendigkeit einer Grundgesetzänderung überzeugt.[62] Demgegenüber sieht

---

dierungsbemühungen herstellen können, ohne Art. 109 des Grundgesetzes zu ändern."

[58] Belege bei Häde, siehe Anm. 1, *JZ* 52 (1997), 271, m.w.N.

[59] Wissenschaftlicher Beirat beim Bundesministerium der Finanzen, *BMF-Schriftenreihe*, Heft 54 (1994), 45; Hartmann, siehe Anm. 56, 172; Stern, siehe Anm. 55, 1485.

[60] Häde, siehe Anm. 1, *JZ* 52 (1997), 274 f. m.w.N.

[61] *Ibid.*, insbes. Anm. 68 und 69, sowie im Text Hädes, den die beiden Anmerkungen mit Belegen versehen.

[62] Siehe Henneke, siehe Anm. 14, 311 ff. m.w.N., sowie L. Schemmel, *Defizitbegrenzung im Bundesstaat – Umsetzung des europäischen Stabilitätspakts*

der Vorschlag des Bundesministeriums der Finanzen vom Juni 1996 in Art. 109 Abs. 4 GG eine hinreichende Grundlage für ein Bundesgesetz über die Aufteilung des nach Gemeinschaftsrecht maximal zulässigen Defizits auf den Bund und die einzelnen Länder für den Fall des Drohens der Überschreitung der Obergrenze von 3% vor. Eine Verordnung der Bundesregierung, die auf Vorschlag des Finanzplanungsrates ergeht, fixiere im Bedarfsfall mit Zustimmung des Bundesrates konkrete Defizitgrenzen, die die betroffenen Gebietskörperschaften kraft Rechtspflicht einzuhalten hätten. Das Gesetz diene der Abwehr einer Störung des gesamtwirtschaftlichen Gleichgewichts, dessen Begriff für neue wirtschaftswissenschaftliche Erkenntnisse offenbleibe, also auch für solche Störungen, die sich aus der europäischen monetären Integration und ihres Gebotes der Haushaltsdisziplin ergäben. Die Verteilung von Defiziten und Geldbußen auf Bund und Länder durch Bundesgesetz leite sich aus der Regelungsbefugnis der ungeschriebenen Bundeskompetenz kraft Sachzusammenhangs ab. Des weiteren könne sich das Aufteilen von Sanktionslasten auf die Grundsatzgesetzgebungszuständigkeit für das Haushaltsrecht, konjunkturgerechte Haushaltswirtschaft und mehrjährige Finanzplanung gemäß Art. 109 Abs. 3 GG stützen.[63]

2. Art. 109 Abs. 3 GG als Ermächtigungsgrundlage für das Normieren innerstaatlicher Verschuldungsgrenzen?

Eine weitere Ansicht sieht in den Konvergenzkriterien des Art. 104c Abs. 2 EGV eine europaweit verbindliche Definition stabilitätswidriger Haushaltsnotlagen, deren innerstaatliche Verankerung mittels Bundesgesetz Art. 109 Abs. 3 GG ermögliche. Wegen der Notwendigkeit von Ausnahmetatbeständen für den konjunkturanfälligen Haushalt des Bundes und die unterschiedlich hoch verschuldeten deutschen Länder vermöge jenes Bundesgesetz jedoch die Vorgaben zum öffentlichen Defizit und zum öffentlichen Schuldenstand nicht in absoluten Ziffern festzuschreiben, sondern hätte sich wie der Vorschlag des Bundesmini-

---

bei Bund und Ländern, passim, 1997, (Schriftenreihe des Karl-Bräuer-Instituts des Bundes der Steuerzahler e.V., Heft 85).

[63] Obiger Text bildet die Zusammenfassung des Diskussionsvorschlages des Bundesministeriums der Finanzen vom 13.6.1996. Der Überblick bei P. J. Glauben, "Innerstaatliche Regelung zur Einhaltung der Verschuldenskriterien für die Währungsunion", *Zeitschrift für Gesetzgebung* 12 (1997), 233 ff., ordnet die Gegenstimmen systematisch ein.

steriums der Finanzen vom Juni 1996 auf abstrakte Verteilungskriterien zu beschränken, die der Finanzplanungsrat auf kooperativer Grundlage konkretisiere und die Bundesregierung kraft Rechtsverordnung mit Zustimmung des Bundesrates in absoluten Werten für die beteiligten Gebietskörperschaften verbindlich festschreibe. Die Verordnungsermächtigung des Art. 109 Abs. 4 GG greife wegen ihrer Ausrichtung an Art. 2 des Zustimmungsgesetzes zum EU-Vertrag nicht ein. Diese Vorschrift stelle nämlich auf die konjunkturelle Sicht der Wahrung des gesamtwirtschaftlichen Gleichgewichts ab. Demgegenüber blieben Art. 104c EGV und seine Konvergenzkriterien konjunkturneutral. Deshalb komme als Kompetenznorm für den Erlaß der konkretisierenden Rechtsverordnung die allgemeine Ermächtigung des Art. 80 GG in Betracht, derzufolge ebenfalls die Zustimmung des Bundesrates erforderlich bleibe, bilde doch das geplante Bundesgesetz nach Art. 109 Abs. 3 GG ein Zustimmungsgesetz. Auf der Grundlage der Kompetenznorm des Art. 109 Abs. 3 GG könne der Bund somit die Verteilung der Referenzkriterien auf die Haushalte des Bundes und der einzelnen Länder durch Rechtsverordnung konkretisieren.[64] Die innerstaatliche Verteilung europarechtlicher Sanktionen auf die betroffenen Haushaltsträger gestatte Art. 109 Abs. 3 jedoch nicht. Hierfür bleibe der Bund auf die Ergänzung des Grundgesetzes oder die Zusammenarbeit mit den Bundesländern angewiesen.

Diese Schranke des Zugriffs auf nach gegenwärtiger Verfassungslage vorhandene einfachgesetzliche Regelungsmöglichkeiten zur Verteilung europarechtlicher Sanktionen auf Bund und Länder bildet eine Gemeinsamkeit der Befürworter des Heranziehens von Art. 109 Abs. 3 GG als Grundlage der Festlegung von Defizitobergrenzen, und andererseits derjenigen, die Art. 109 Abs. 4 GG als juristisch angemessene Normierungsbefugnis betrachten. Die zweite Betrachtungsweise[65] gewinnt durch ihre Offenheit für das Berücksichtigen des Wandels der Instrumente zur Erhaltung des innerstaatlichen gesamtwirtschaftlichen Gleichgewichts infolge des Vertrages von Maastricht und davon abgeleiteter Normierungen, wie gerade durch den Stabilitätspakt als Ergebnis des Zusammenwirkens primärrechtlicher und sekundärrechtlicher Elemente. In der Tat gestattet das Grundgesetz den Verlust der Zuständigkeit, eine eigenständige Währungspolitik zu verfolgen auf der Grundlage, daß die einschlägigen "Aufgaben und Befugnisse ... im

[64] Hartmann, in: Weber u.a. (Hrsg.), siehe Anm. 8, 171 ff., mit weiteren Einzelheiten.

[65] Häde, siehe Anm. 1, *JZ* 52 (1997), 274 f., m.w.N.

Rahmen der Europäischen Union" einer Einrichtung dieses staatengemeinschaftlichen Zusammenschlusses "übertragen werden, die unabhängig ... dem vorrangigen Ziel der Sicherung der Preisstabilität verpflichtet" bleibt. Dem entspricht der nunmehrige Verfassungswortlaut,[66] indem er die Europäische Zentralbank, und nur diese, als Empfängerin der vormaligen Zuständigkeit der Deutschen Bundesbank vorsieht, gerade weil die EZB als ihr vorrangiges Ziel das Gewährleisten der Preisstabilität zu verfolgen hat. Das juristische Vergemeinschaften der beteiligten staatlichen Währungen dürfte die Zuständigkeit der EU-Mitglieder um eine Aufgabe verringern, die sie bislang selbst, wenngleich auch mittels tatsächlicher oder rechtlicher Zusammenarbeit wahrnahmen.[67] Daß mit dem Beginn der Europäischen Währungsunion in deren Geltungsbereich staatlicher Zugriff auf die Währungspolitik entfällt, läßt sich jedoch ebensowenig bestreiten wie das Verbleiben der Fiskalpolitik in mitgliedstaatlicher Zuständigkeit. Gerade die Obliegenheit zum Herbeiführen und Erhalten einer auf Dauer tragbaren Finanzlage der öffentlichen Hand, insbesondere mittels des Vermeidens übermäßiger öffentlicher Defizite, trifft die EU-Mitglieder zwecks Gewährleistung der Preisstabilität als vorrangiger Aufgabe des Europäischen Systems der Zentralbanken und der EZB.

---

[66] Art. 88 Satz 2 GG. Daß das Zustimmungsgesetz zum Vertrag von Maastricht (*BGBl.* 1992 I 1251) den Text des GG nicht ändert, obwohl dieser Vertrag dank der "Verpflichtung aus Art. 104c Abs. 2 EGV zu einer Verfassungsänderung ohne ausdrückliche Änderung des Wortlauts von Art. 109 und Art. 115 GG" (Häde, *ibid.*, 274 bei Anm. 66) führt, rechtfertigt sich aus Art. 23 Abs. 1 Satz 3 GG, auf dessen Grundlage jenes Zustimmungsgesetz Art. 79 Abs. 1 GG unerwähnt ließ. Daß Art. 24 Abs. 1 GG alter Fassung denselben Vorgang gestattet hätte, liegt der Darstellung von H.J. Hahn, *Der Vertrag von Maastricht als völkerrechtliche Übereinkunft und Verfassung*, 1992, zugrunde, die den Zusammenhang jeweils verdeutlicht.

[67] So gerade im Internationalen Währungsfonds und durch das Europäische Währungssystem; Einzelheiten bei H.J. Hahn, *Währungsrecht*, 1990, 74 ff. ("Die Bestimmung des Außenwertes der deutschen Währung durch das Abkommen über den Internationalen Währungsfonds"), sowie 180 ff. ("Die Festlegung des Außenwertes der deutschen Währung durch das Europäische Währungssystem").

3. Inhalt und Schranken der Ermächtigungsgrundlage des Art. 109 Abs. 4 GG

Bildet also die tragbare Finanzlage der öffentlichen Hände dank Haushaltsdisziplin eine wesentliche Voraussetzung des Ziels der Preisstabilität, das der Vertrag vorgibt, so trägt die Fiskalpolitik des Bundes und der Länder maßgeblich zum Verfolgen dieser Aufgabe bei, indem sie vom Entstehen der Einheitswährung an die innerstaatliche Haushaltswirtschaft der Preisniveaustabilität als Teil des magischen Vierecks unterordnet. Die Obliegenheit zum Betreiben einer solchermaßen tragbaren Haushaltslage der öffentlichen Hände anhand der primär- und sekundärrechtlichen Grundlagen des gemeinschaftsrechtlichen Stabilitätspaktes versteht sich daher zugleich als Respektierung der Pflicht zur Wahrung des gesamtwirtschaftlichen Gleichgewichts kraft Grundgesetz und einfachgesetzlicher Normierung. Das Bemühen um Preisstabilität mittels maßvoller Fiskalpolitik im Rahmen der Obergrenzen des Protokolls über das Verfahren bei einem übermäßigen Defizit ordnet sich also in den Pflichtenkreis des Bundes und der Länder gemäß Art. 109 Abs. 2 GG ein. Demzufolge verdoppelt das Gebot, öffentliche Defizite jenseits ihrer vertraglichen Schranken zu vermeiden, den Inhalt der Anordnung der Vorschrift: Art. 109 Abs. 2 GG erfordert die Pflege der innerstaatlichen Preisniveaustabilität gerade auch mittels ausgewogener Haushaltswirtschaft zwecks Einhaltung der Vorgaben des Art. 104c Abs. 2 EGV und des 5. Protokolls zum Vertrag. Das legt erneutes Abwägen der Möglichkeiten des innerstaatlichen Umsetzens kraft deutschen Rechts nahe. Im Vordergrund steht dabei die direkte Anwendbarkeit des Art. 109 Abs. 4 GG. Das würde voraussetzen, daß sich das Nichtbeachten des Grundsatzes tragbarer Haushaltslage der öffentlichen Hände im Sinne des gemeinschaftsrechtlichen Stabilitätspaktes als Bedrohung der Preisstabilität und damit absehbare Störung des gesamtwirtschaftlichen Gleichgewichts verstehen läßt.

Außer Zweifel bleibt, daß die gesetzgeberischen Einwirkungsmöglichkeiten des Art. 109 Abs. 4 GG ursprünglich auf kurzfristiges Beeinflussen der Konjunkturentwicklung angelegt waren, nämlich um bei Hochkonjunktur dem Bund gesetzgeberische Initiativen zur Mäßigung der Schuldenpolitik der Länder zu gestatten. Bildet die Pflege tragbarer Haushaltslage der öffentlichen Hände Teil der Obliegenheiten von Bund und Ländern aus Art. 109 Abs. 2 GG, so steht zu erwägen, daß die Steuerungsmöglichkeiten des Art. 109 Abs. 4 GG auch zur Abwehr sonstiger Störungen zur Verfügung stehen mögen. Das führt zu dem Ergebnis, daß der gegenwärtige Text die Festsetzung von Obergrenzen für das Defizit von Bund und Ländern gestattet, Art. 109 Abs. 4 GG also keiner Änderung bedürfte.[68]

Daraus läßt sich jedoch nicht folgern, Art. 109 Abs. 4 GG eigne sich desgleichen als Grundlage der Aufteilung von Sanktionslasten gemäß Art. 104c Abs. 7 ff. EGV, insbesondere Abs. 11 der Bestimmung, die Hinterlegung einer unverzinslichen Einlage sowie Geldbußen vorsieht.[69] Konjunkturausgleichsrücklagen gemäß Art. 109 Abs. 4 Ziff. 2 GG lassen sich schwerlich mit den Einlagen des Art. 104 EGV vergleichen. Das Aufteilen der Geldbußen läßt sich noch nicht einmal argumentationsweise auf eine solche textliche Vorgabe stützen. Die Inanspruchnahme einer Regelungskompetenz kraft Sachzusammenhangs wirft ebensoviele Fragen auf, wie sie zu lösen anstrebt. So läßt sich vorstellen, daß dem Gemeinschaftsrecht Genüge getan wäre, wenn das in vertragswidrigem Defizit befindliche EU-Mitglied Einlagen und Geldbußen begleicht. Das Begründen einer finanzverfassungsrechtlichen Festsetzungskompetenz aus dem Gemeinschaftsrecht hat mit der Entgegnung zu rechnen, daß dessen primär- und sekundärrechtliche Normierungen grundsätzlich die innerstaatliche Kompetenzverteilung unberührt lassen, also Verbindlichkeiten gegenüber der EU regelmäßig keine neuen Kompetenzen für die Mitgliedstaaten gegenüber ihren Untergliederungen nach sich ziehen. Dem Rückgriff auf Art. 109 Abs. 4 GG steht entgegen, daß sich daraus keine Ermächtigung für das Aufteilen von Sanktionen entnehmen läßt. Dem Heranziehen der Bundeskompetenz kraft Sachzusammenhangs bietet Art. 109 Abs. 2 GG keine Grundlage, erscheint doch die Verbindung zwischen den gemeinschaftsrechtlichen Referenzwerten und dem Begleichen der Sanktionen durch innerstaatliche Untergliederungen des eigentlichen Schuldners nicht hinreichend eng genug. Auch Art. 109 Abs. 3 GG dürfte das Verteilen einschlägiger Geldverbindlichkeiten durch Bundesgesetz nicht stützen, ermöglicht die Vorschrift doch nur das Aufstellen von Grundsätzen. Die überdies erforderlichen bezifferten Einzelregelungen verfügen also über keine Grundlage. Kurzum: Für die Aufteilung der Sanktionslast, insbesondere die Geldbuße, bleibt eine Grundgesetzänderung erforderlich, um Bund *und* Länder mit Verbindlichkeiten zu belasten, am ehesten wohl durch Ergänzung des Art. 109 Abs. 4 GG.

---

68 Häde, siehe Anm. 1, *JZ* 52 (1997), 276, m.w.N.

69 Hartmann, in: Weber u.a. (Hrsg.), siehe Anm. 8, 174 f.; vgl. auch W. Höfling, "Haushaltsdisziplinierung der Länder durch Bundesrecht?", *ZRP* 30 (1997), 231 ff. (233 f).

4. Orientierungen der Staatspraxis

Daß die deutschen Bundesländer das Einhalten der Defizitgrenzen des Vertrages von Maastricht als gemeinsame Aufgabe von Bund und Gliedstaaten ansehen, ergibt sich spätestens aus der Niederschrift des Resultats einer Sonderkonferenz der Finanzminister und Finanzsenatoren der Länder in der zweiten Oktoberhälfte 1997, legten sie sich doch darauf fest, beim Überschreiten der Schranke des Art. 104c Abs. 2 a EGV "in gemeinsamer Verantwortung" mit dem Bund "übermäßige Defizite ... zurückzuführen".[70] Die "Eckpunkte", auf die sich die Zusammenkunft verständigte, enthalten freilich des weiteren so viele Vorbehalte zugunsten der Länder, daß eine für den Bund annehmbare Abrede offenbar noch nicht in Sicht stand. Die herbe Kritik an der Verlautbarung entzündet sich zwar nicht zuletzt an deren offenkundiger politischer Widersprüchlichkeit, stützt sich aber auch auf verfassungsprozessuale Überlegungen, führt das Ausbleiben der politischen Einigung aus der Sicht der Kommentare zum Austragen des Streits vor dem Bundesverfassungsgericht.[71] Als Stein des Anstoßes erscheint vorab die innerstaatliche Defizitverteilung zwischen dem Bund, einschließlich der Sozialversicherung einerseits, sämtlichen Ländern, einschließlich ihrer Gemeinden andererseits, sollen sie doch im Rahmen der statthaften Neuverschuldung 60% erhalten, während sie dem Bund lediglich 40% zubilligen wollen.

Zur Begründung der Aufteilung läßt sich etwa auf den Beschluß der gemeinsamen Sitzung der Landesregierung Baden-Württemberg und der Bayerischen Staatsregierung am 7. Juli 1997 in Stuttgart zurückgreifen, der unter Bezugnahme auf die Verabschiedung des Stabilitätspaktes für die Europäische Währungsunion in Amsterdam darlegt, diese Aufteilung "des gesamtstaatlich maximal zulässigen Defizits zwischen Bund ... und ... Ländern ... muß unter Berücksichtigung des größeren Ausgabeanteils der Länderhaushalte und deren gegenüber dem Bundeshaushalt geringeren Flexibilität zu einem deutlich höheren Anteil für die

---

[70] Beratungsergebnis, [Sonder-]Finanzministerkonferenz am 23.10.1997 in Bonn, *Dokument FMK 12/97*, 5: "Erklärung zur innerstaatlichen Umsetzung des Maastricht-Vertrages".

[71] In diesem Sinne K. Gerlinsky, "Nicht ohne das Bundesverfassungsgericht?", *Frankfurter Allgemeine Zeitung*, 12.11.1997, Nr. 263, 16, sowie H. Göbel, "Der Bund soll wieder zahlen – Zum Streit um den Nationalen Stabilitätspakt", *ibid.*, 10.11.1997, Nr. 261, 17.

Länder gegenüber dem Bund führen".[72] Zwar hatten die beiden süddeutschen Länderregierungen vom Beziffern des Verhältnisses der Neuverschuldungsanteile abgesehen. Daß sie Vorarbeit für das diesbezügliche Ergebnis der Länderfinanzministerkonferenz leisten würden oder gar wollten, steht jedenfalls durchaus zu erwägen, mag damals wie beim Abschluß dieser Arbeit zum Jahresende 1997 doch festgestanden haben, daß der Bund dem Ergebnis nicht zustimmen werde. In Stuttgart wie in Bonn blieb des weiteren offen, welche Rechtsform die "verbindliche Regelung zur innerstaatlichen Aufteilung des zulässigen Defizites"[73] annehmen soll, hatte doch die Bayerische Staatsregierung gegenüber Baden-Württemberg daran festgehalten, daß der "Nationale Stabilitätspakt ... im Wege eines Staatsvertrages zwischen Bund und Ländern abgeschlossen werden" müsse[74], während insbesondere Hessen und Nordrhein-Westfalen bekanntermaßen auf ein Bundesgesetz nach vorheriger Änderung des Grundgesetzes abzielen.

Eine Gemeinsamkeit beider Verlautbarungen scheint sich freilich bei der Suche nach einem Schlüssel für die Aufteilung der innerstaatlichen Defizite zwischen den Ländern zu zeigen, gehen sie doch beide von der Maßgeblichkeit der Einwohnerzahl aus. Diese wollen jedoch Baden-Württemberg und Bayern nur ersatzweise heranziehen, sehen vielmehr die Wirtschafts- und Finanzkraft eines jeden Landes als vorrangig an. Hingegen möchte die Finanzministerkonferenz der Länder mittels einer Übergangsregelung der unterschiedlichen Ausgangslage in Gestalt der Ist-Defizite der einzelnen Länder Rechnung tragen, um zu verhindern, daß einzelne von ihnen ihre finanzwirtschaftliche Handlungsfähigkeit verlieren. Insgesamt laufen diese Vorstellungen auf ebenso unvoraussehbare Ergebnisse hinaus wie die Formel, Sanktionen seien nach dem Verursacherprinzip aufzuteilen, bedeutete das doch nach bayerischer Lesart, daß der oder die Verursacher die einschlägigen Lasten allein zu tragen hätten, während aus der Sicht anderer Länder die Verursacher etwa ein Zehntel des diesbezüglichen Aufwandes zu tragen hätten. Die Konkretisierung der "Eckpunkte" durch eine Staatssekretärs-Arbeits-

---

[72] *Gemeinsame Kabinettsitzung der Landesregierung Baden-Württemberg und der Bayerischen Staatsregierung* am 7.7.1997 in Stuttgart, Tagesordnungspunkt I.2 (Neufassung): "Nationaler Stabilitätspakt/Innerstaatliche Umsetzung des Europäischen Stabilitätspaktes durch Bund und Länder", Ziffer 2, 1. Spiegelstrich.

[73] Siehe Anm. 70, Ziff. 1.

[74] Siehe Anm. 72, Ziff. 1 mit der kursiv gesetzten Erläuterung "(Ergänzung Bayern)".

gruppe unter Beteiligung Bayerns, Brandenburgs, Bremens, Niedersachsens, Nordrhein-Westfalens und Thüringens steht noch aus.

Die unterschiedlichen finanzpolitischen Wertungen der Beteiligten dürften das Ergebnis ebensowenig erleichtern wie der verfassungsrechtliche Widerstreit des Grundsatzes der Bundestreue einerseits, der die Umsetzung einschlägiger völkerrechtlicher Verpflichtungen des Bundes durch die Länder verlangt, andererseits des Prinzips der Budgetautonomie der Länder, die beide unter dem Schutz des Art. 79 Abs. 3 GG stehen.[75] Würden nämlich in der Tat weitere finanzpolitische Eingriffsmöglichkeiten des Bundes gegenüber den Ländern deren verfassungsrechtliche Staatsqualität in Frage stellen, so hätte eine Grundgesetzänderung gerade auf die Gleichrangigkeit der beiden Rechtsgüter zu achten, die anläßlich der innerstaatlichen Aufteilung der Verschuldungsgrenzen des Maastrichter Vertrages auf dem Spiel stehen mögen. Das Ausweichen auf einen Staatsvertrag zwischen Bund und Ländern würde die Gefahr des Aushöhlens der Budgetautonomie der Länder nicht beseitigen, wenn das Vorhaben in der Tat mehrheitsfähig werden sollte. Um der Glaubwürdigkeit der Bundesrepublik in der Europäischen Union wie in der Völkerrechtsgemeinschaft willen hat freilich die verfassungsjuristische Entwicklung der Notwendigkeit Rechnung zu tragen, daß der europarechtliche Stabilitätspakt zur verbindlichen Durchsetzung gelangt. Ein anderes Ergebnis ließe sich weder staatsrechtlich noch verfassungspolitisch vertreten.

(Abgeschlossen am 15.12.1997)

---

[75] V. Mehde, "Gesetzgebungskompetenz zur Aufteilung der Verschuldungsgrenzen des Vertrags von Maastricht"?, *DÖV* 50 (1997), 616 ff. (623 f.).

Der Finanzausgleich innerhalb der Europäischen Union

Peter Selmer[1]

Vorbemerkung

Die Europäische Union (EU) besteht derzeit aus 15 Mitgliedstaaten. Neben kulturellen und historischen Unterschieden weisen sie finanzielle, wirtschaftliche und infrastrukturelle Disparitäten auf, die zum Teil gravierend sind. Diese Disparitäten werden nicht nur bei einem Vergleich zwischen den einzelnen Staaten deutlich; es bestehen vielmehr darüber hinaus auch Wohlstandsgefälle innerhalb der Regionen der einzelnen Mitgliedstaaten.

Ausgehend von diesen unterschiedlichen Gegebenheiten befaßt sich dieser dem Jubilar gewidmete Beitrag einmal mit der Frage, ob auf der Grundlage des Vertrages zur Gründung der Europäischen Gemeinschaft (EGV)[2] und der dazugehörigen Protokolle und Beschlüsse faktisch bereits ein Finanzausgleichsverfahren zwischen der EU und den Mitgliedstaaten stattfindet, mittels dessen jedenfalls die grundlegenden Unterschiede beseitigt werden. Dies wird sowohl anhand der Einnahmenseite, d.h. des Finanzierungsverfahrens der EU, überprüft als auch anhand der Ausgabenseite, mithin unter Berücksichtigung des Verteilungsmodus der EU-Mittel an die Mitgliedstaaten.

---

1 Meiner Assistentin Katrin Ruben habe ich für die verständige Unterstützung bei der Vorbereitung des Beitrages herzlich zu danken.

2 In der Fassung des Vertrages über die Europäische Union v. 7.2.1992, geändert durch Beitrittsvertrag v. 24.6.1994, in der Fassung des Beschlusses v. 1.1.1995.

Im Anschluß daran wird die Frage im Mittelpunkt stehen, ob und wenn ja, inwieweit eine Verpflichtung zum Finanzausgleich innerhalb der EU begründet werden kann. Dies soll zum einen in konkret-normativer Weise geschehen, indem untersucht wird, ob bereits die Regelungen des EGV die Mitgliedstaaten zu einem Ausgleich verpflichten. Zum anderen wird erörtert, ob auf abstrakt-struktureller Ebene eine Notwendigkeit zum Finanzausgleich besteht. Dabei werden besondere Berücksichtigung finden die Rechtsnatur der EU sowie die im EGV zum Ausdruck kommenden strukturellen Grundsätze, aber auch die Fragen eines Konsenses bei den nationalen Regierungen und Bevölkerungen über die Bereitschaft, regionale Unterschiede durch umfangreiche finanzielle Transfers auszugleichen.

I. Der Begriff des Finanzausgleichs

Der Begriff des Finanzausgleichs in einem Staatswesen ist nicht einheitlich definiert. Abhängig davon, ob er in finanzwissenschaftlichem bzw. volkswirtschaftlichem Sinn verwandt wird oder in juristischem Zusammenhang steht, beinhaltet er unterschiedliche Komponenten und Zielsetzungen. Während Popitz unter einem Finanzausgleich "die Gesamtheit der Tatbestände und Regelungen hinsichtlich der Aufgaben-, Ausgaben- und Einnahmenverteilung, welche die finanziellen Beziehungen zwischen den Gebietskörperschaften innerhalb eines Staatswesens ... oder zwischen unabhängigen Staaten ... bestimmt"[3] verstand, unterscheidet die heutige Finanzwissenschaft zum einen zwischen Finanzausgleich im engeren Sinn - der Angleichung der Finanzkraft - und im weiteren Sinn - d.h. generell die Aufgaben-, Ausgaben- und Einnahmenverteilung einbeziehend -, zum anderen zwischen aktivem und passivem Finanzausgleich. Ersterer beinhaltet die Festlegung der Finanzausstattung einer Gebietskörperschaft durch eine Einnahmenverteilung, die am Ausgabenbedarf orientiert ist. Letzterer bedeutet dagegen die Zuordnung von Aufgaben und Ausgaben nach ökonomischen Kriterien[4]. Als durch ein Ausgleichsverfahren angestrebte Ziele werden nach

---

[3] Vgl. J. Popitz, "Finanzausgleich", in: L. Elster u.a. (Hrsg.), *Handwoerterbuch der Staatswissenschaften, Bd. III*, 4. Aufl. 1926, 1016.

[4] Vgl. K.-D. Grüske/F. Walthes, "Europäischer Finanzausgleich zwischen EU-Mitgliedstaaten", *Raumforschung und Raumordnung* 52 (1994), 373 ff., 374.

der Musgravschen Triade[5] allokative (Effizienzziele), distributive (Gleichheits-, Bedarfsdeckungsziele) und stabilisierende (Konjunktur- und Wachstumsziele) genannt, daneben sollen auch Anreizeffekte verfolgt werden[6].

Im Rahmen der Finanzverfassung der Bundesrepublik Deutschland werden dem Begriff des Finanzausgleichs dagegen andere Akzente beigemessen. Hier liegt der Schwerpunkt weniger auf ökonomischen Überlegungen als auf dem Gedanken, daß die Einzelstaaten an dem Gesamtsteueraufkommen so partizipieren sollen, daß sie in der Lage sind, ihren verfassungsrechtlichen Rechten und Pflichten nachzukommen. Dazu gehören die Ermöglichung einer eigenständigen Haushaltsführung und politischen Handlungsspielraums ebenso wie die Verpflichtung, dabei Rücksicht auf die anderen Gliedstaaten und den Bund zu nehmen[7]. In engem Zusammenhang damit steht das in Art. 107 II GG verankerte Angemessenheitsgebot[8] und das in Art. 72 II, 106 III Nr. 2 GG normierte Ziel der Einheitlichkeit bzw. Gleichwertigkeit der Lebensverhältnisse. Die Bedeutung und Zielsetzungen eines Finanzausgleichs stehen hier also in engem Zusammenhang mit der staatsrechtlichen Struktur der Bundesrepublik Deutschland, d.h. mit der bundesstaatlichen Ordnung. Während es in der finanzwissenschaftlichen Terminologie stets um die Aufteilung der Einnahmen, Ausgaben und Aufgaben geht, beschränkt sich der bundesdeutsche juristische Finanzausgleichsbegriff mit dem Finanzausgleichsgesetz auf die Verteilung der Einnahmen[9].

Sämtliche Definitionen haben jedoch folgende Merkmale gemein: Zunächst setzen sie voraus, daß es sich bei der zugrundeliegenden Organisationsform um eine dezentral angelegte, in irgendeiner Form föderale

---

[5] Vgl. R.A. Musgrave/P.B. Musgrave/L. Kullmer, *Die öffentlichen Finanzen in Theorie und Praxis*, 1975, 5 ff.

[6] Vgl. S. Homburg, "Anreizwirkungen des deutschen Finanzausgleichs", *FinArch n.F.* 51 (1994), 312 ff.

[7] Vgl. H. Fischer-Menshausen, in: I. von Münch/P. Kunig (Hrsg.), *Grundgesetz, Bd. III*, 3. Aufl. 1996, Art. 106 Rn. 1 f.

[8] Zum "angemessenen" Ausgleich der Finanzkraft vgl. P. Selmer, "Grundsätze der Finanzverfassung des vereinten Deutschlands", *VVDStRL* 52 (1993), 10 ff. (49 ff.).

[9] Vgl. U. Häde, *Finanzausgleich*, 1996, 5 m.w.N.

Struktur handelt[10]. Unabdingbar ist weiterhin, daß ein Finanzausgleichsverfahren bestimmte Kriterien aufweisen muß: Zunächst muß es sich um ein konsistentes System handeln, in welchem die einzelnen Ausgleichsstufen bzw. -instrumente aufeinander abgestimmt sind. Zudem bedarf es eines hohen Maßes an Transparenz, d.h. die Verfahrensregelungen müssen durchschaubar und für alle Beteiligten verständlich sein. Schließlich muß das gewählte Finanzausgleichsverfahren dazu geeignet sein, das angestrebte Ziel zu verwirklichen[11]. Dies bedeutet auf das bundesdeutsche System bezogen also die Eigenstaatlichkeit von Bund und Ländern auf der einen Seite sowie Einheitlichkeit bzw. Gleichwertigkeit der Lebensverhältnisse auf der anderen Seite. Die Umsetzung dieser Zielvorgaben kann zwar in seiner konkreten Ausgestaltung unterschiedliche Ausprägungen annehmen[12]. Zu dessen Erreichen ist es aber stets erforderlich, die wirtschaftliche Leistungsfähigkeit der einzelnen Organisationseinheiten anhand eines allgemein verbindlichen Maßstabes mit einzubeziehen, und zwar sowohl auf der Einnahmenseite als auch - in Form der Bedürftigkeit des Staates oder der Region - auf der Ausgabenseite. Ob ein Finanzausgleichssystem, welches diesen Anforderungen gerecht wird, auf der Ebene der Europäischen Union bereits existiert, wird im folgenden untersucht.

II. Das Umverteilungsverfahren im Rahmen des EGV

Auf der Grundlage des EGV und der dazugehörigen Protokolle und Beschlüsse finden finanzielle Transfers zum einen über den Zufluß von Mitteln an die EU statt, zum anderen über deren Verteilung an die Mitgliedstaaten. Ob dieses Verfahren bereits die genannten Voraussetzungen eines Finanzausgleichssystems erfüllt, bleibt zu prüfen.

---

[10] Zu den verschiedenen föderalen Staatsformen, die vom Staatenbund bis zum Bundesstaat reichen, vgl. K. Stern, *Das Staatsrecht der Bundesrepublik Deutschland, Bd. I*, 2. Aufl. 1984, 660.

[11] Vgl. Grüske/Walthes, siehe Anm. 4, 377.

[12] Vgl. Selmer, siehe Anm. 8, 49 ff.

1. Der Ausgleich über die Finanzierung der EU

Wurde die Gemeinschaft ursprünglich durch Finanzbeiträge der einzelnen Mitgliedstaaten finanziert, änderte sich dies mit dem Eigenmittelbeschluß (EM-B) des Rates vom 21. April 1970: Dieser sah vor, daß bis 1975 eine schrittweise Umstellung von den Finanzbeiträgen der Einzelstaaten auf eigene Mittel der Gemeinschaft erfolgen sollte, wodurch die Gemeinschaft eine - wenn auch begrenzte - Finanzautonomie erhalten sollte[13]. Der Begriff der "Eigenmittel" ist dabei insofern irreführend, als es sich nicht um eigene Mittel der EU handelt, diese vielmehr einen Anspruch gegen die Mitgliedstaaten auf Abführung der vertraglich vereinbarten Zahlungen hat[14].

Der Ratsbeschluß sah als Eigenmittel neben Agrarabschöpfungen und Zolleinnahmen MwSt-Eigenmittel vor. 1988 wurden zudem die Bruttosozialprodukt-Eigenmittel als vierte Einnahmequelle definiert[15].

a) Agrarabgaben

Bei den in Art. 2 EM-B normierten Abgaben handelt es sich zum einen um Agrarabschöpfungen, die bei der Einfuhr von Gütern aus Drittstaaten erhoben werden, für die eine EG-Marktordnung besteht. Diese Abschöpfungen beruhen nicht auf fiskalischen Überlegungen, sondern

---

[13] Die vollständige Eigenmittelfinanzierung gelang jedoch erst ab 1980, allerdings mit der Ausnahme von Griechenland und Portugal, deren Anteil für eine Übergangszeit zum Teil aus Finanzbeiträgen bestand. Vgl. R. Peffekoven, *Die Finanzen der Europäischen Union*, 1994, 50.

[14] Vgl. I.P. Thomas, "Finanzausgleich und Kohäsion in der Europäischen Union", *Die Weltwirtschaft* 44 (1994), 472 ff. (476).

[15] Weitere Einnahmen sind Verwaltungseinnahmen (Geldbußen, Zwangsgelder, Zuwendungen, Geschäftserlöse), Steuern auf die EU-Bediensteten-bezüge, Mitverantwortungsabgaben im Agrarbereich, Währungsausgleichsbeträge. Da sie ihres geringen Volumens wegen keine ausgleichenden Effekte aufweisen, werden sie hier nur der Vollständigkeit halber genannt. Zu den Gemeinschaftseinnahmen werden zudem solche aus Anleihen, insbesondere durch die EIB, gezählt. Im Rahmen der vorliegenden Fragestellung finden die Aktivitäten der EIB bei der Darlehensvergabe, mithin auf der Ausgabenseite, Berücksichtigung. Zu den Anleihen als Eigenmittel siehe P. Selmer, "Die Anleihekompetenzen der Europäischen Gemeinschaften", in: K.-H. Böckstiegel u.a. (Hrsg.), *Finanzverfassung der Europäischen Gemeinschaften - Beilegung internationaler Rechtsstreitigkeiten*, 1984, 21 ff.

dienen allein dem Zweck, die Differenz zwischen dem Weltmarktpreis und dem Gemeinschaftspreis zu nivellieren, um so die Nachfrage der europäischen Verbraucher zugunsten der gemeinschaftseigenen Produkte zu steuern[16]. Zum anderen gehören zu den Agrarabgaben die Zuckerabgaben, welche Lagerkosten-, Produktions- und Mindestlagermengenabgaben umfassen.

b) Zölle

Die zweite Eigenmittelart sind nach Art. 2 EM-B 1970 die Zölle, welche auf die Einfuhr von Waren aus Nichtmitgliedstaaten in die Gemeinschaft erhoben werden. Seit 1975 sind die gesamten nationalen Zollaufkommen an die Gemeinschaft abzuführen. Wie bei den Agrarabgaben erhalten die Mitgliedstaaten eine Erhebungskostenpauschale in Höhe von 10% der jeweiligen Zolleinnahmen rückerstattet.

c) Mehrwertsteuereigenmittel

Bei den MwSt-Eigenmitteln handelt es sich schließlich um Einnahmen, bei denen ein einheitlicher Prozentsatz auf eine für die Mitgliedstaaten einheitliche MwSt-Bemessungsgrundlage erhoben wird[17]. Allerdings wurde durch den EM-B von 1988 eine Kappungsgrenze für diese Bemessungsgrundlage eingeführt. Danach darf sie in den einzelnen Mitgliedstaaten 55% seines Bruttosozialproduktes nicht übersteigen, in den Ländern mit weniger als 90% des durchschnittlichen Pro-Kopf-BSP gilt die Grenze von 50%[18]. Durch diese Abstufung werden in der Regel die ärmeren Mitgliedstaaten begünstigt, da deren Konsumanteil am Bruttosozialprodukt höher ist als in den finanzstarken Mitgliedstaaten.

d) Bruttosozialprodukt-Eigenmittel

Als vierte Einnahmequelle sind die Bruttosozialprodukt-Eigenmittel zu nennen, die nach Art. 2 I d) EM-B 1988 mittels eines festzulegenden Satzes auf den Gesamtbetrag des BSP aller Mitgliedstaaten erhoben werden. Damit stellt dieses Eigenmittel die einzige Einnahmeart dar, die

---

[16] Vgl. Peffekoven, siehe Anm. 13, 50.

[17] Zu dem Berechnungsmodus im einzelnen siehe Peffekoven, ibid., 53 f.

[18] Zur Zeit gilt dies für Griechenland, Spanien, Irland und Portugal.

sich ausschließlich am BSP und damit an einem Indikator der wirtschaftlichen Leistungsfähigkeit des einzelnen Mitgliedstaates orientiert.

Über diese vier Eigenmittelarten findet also ein Finanztransfer innerhalb der Union statt. Ob diese Form der Finanzierung der Gemeinschaft einen Ausgleichseffekt zwischen den Mitgliedstaaten bewirkt, der einem systematischen Finanzausgleich nahekommt, scheint dagegen eher zweifelhaft. Eine der genannten Voraussetzungen hierfür wäre, daß sich die Höhe der Zahlungen an der wirtschaftlichen Leistungsfähigkeit der einzelnen Staaten orientiert, diese als Bemessungsgrundlage überhaupt erfaßt. Diese Konnexität ist jedoch nur bei den letztgenannten Bruttosozialprodukt-Eigenmitteln gegeben sowie durch das Element der Kappungsgrenze der MwSt-Anteile, welche an das Bruttosozialprodukt eines Mitgliedstaates gekoppelt ist.

Der isolierte Blick auf die Bemessungsgrundlage und die geleisteten Zahlungen reicht jedoch für eine Bewertung der erzielten Ergebnisse nicht aus. Einzubeziehen sind neben den erbrachten Eigenmittelanteilen der Mitgliedstaaten auch die im Gegenzug erhaltenen wirtschaftlichen Vorteile im weitesten Sinn, das sog. juste-retour-Prinzip[19]. Dazu gehören nicht nur die erhaltenen Mittel aus einem der zahlreichen EU-Finanzierungs-instrumente, sondern auch mittelbare Vorteile wie z.B. die Auftragsvergabe von durch die EU finanzierten Projekten. Die dadurch festgestellten Veränderungen der per saldo tatsächlich bestehenden Belastungen sind sodann weiter zu relativieren, ist es doch nahezu unmöglich, sämtliche wirtschaftlichen und finanziellen Vorteile zu erfassen und zu bewerten[20]. Schließlich werden die erzielten Umverteilungsergebnisse dadurch verändert, daß für einzelne Mitgliedstaaten Ausnahmeregelungen geschaffen wurden. Das gravierendste Beispiel stellt dabei Großbritannien dar, das als einziger Mitgliedstaat durchsetzen konnte, daß gem. Art. 4 und 5 EM-B 1994 zwei Drittel der Differenz aus geleisteten MwSt-Zahlungen und dem Rückfluß der Mittel durch die Gemeinschaft ausgeglichen werden[21].

Insgesamt ist somit festzustellen, daß zwar über die Eigenmittel-Finanzierung eine Umverteilung von Finanzmitteln stattfindet, die sich

---

[19] Vgl. u.a. Häde, siehe Anm. 9, 483.

[20] Vgl. M. Feldsieper/M. Prokop, "Dimensionen eines Europäischen Finanzausgleichs", *Staatswissenschaften und Staatspraxis* 7 (1996), 43 ff. (45), die den Versuch solcher Berechnungen für "heikel und problematisch und in ihrem Ergebnis je nach Annahmekonstellation schwankend" halten.

[21] Zu der Berechnung im einzelnen siehe Peffekoven, siehe Anm. 13, 70 f.

zum Teil auch an der wirtschaftlichen Leistungsfähigkeit der Mitgliedstaaten orientiert. Da der bestehenden Eigenmittelerhebung jedoch kein stringentes System zugrunde liegt und sich eventuell erzielte Ausgleichseffekte durch den Einbezug der empfangenen Vorteile sowie durch die verschiedenen Korrektur- und Erstattungsansprüche wieder verschieben, handelt es sich hier um einen Finanzierungsmodus, der durch extreme Intransparenz und mangelnde Systematik gekennzeichnet ist[22]. Die Tatsache, daß der relative Wohlstand der Mitgliedstaaten bei deren jeweiliger finanzieller Belastung nicht hinreichend berücksichtigt wird, wurde zwar als Mangel erkannt und in den Verhandlungen zum Delors-Paket II im Jahr 1992 einbezogen[23]. Die Herabsetzung der Obergrenze für den einheitlichen MwSt-Eigenmittelsatz und die Veränderung der Kappungsgrenze bei der MwSt-Bemessungsgrundlage auf 50% des BSP sind Ergebnisse dieser Überlegungen, die zu einer stärkeren Ausrichtung am Bruttosozialprodukt und damit an der wirtschaftlichen Leistungsfähigkeit der Einzelstaaten führen. Zur Behebung der genannten Mängel, insbesondere der bestehenden Intransparenz, reichen diese wenigen Einzelmaßnahmen jedoch bei weitem nicht aus.

Ein Finanzausgleich auf der Einnahmenseite, der die eingangs dargestellten notwendigen Voraussetzungen erfüllt, existiert mithin zur Zeit nicht.

2. Der Ausgleich über die Verteilung der EU-Mittel

Ein Ausgleich könnte jedoch über die Ausgabenseite des Finanzierungssystems der EU erzielt werden. Als wichtigste Verteilungsinstrumentarien sind hier die Strukturfonds und sonstigen Finanzierungsinstru-

---

[22] Siehe auch S. Magiera, "Zur Finanzverfassung der Europäischen Union", in: A. Randelzhofer u.a. (Hrsg.), *Gedächtnisschrift für Eberhard Grabitz*, 1995, 409 ff. (425-427), der in diesem Zusammenhang auf einen Mangel an Beitragsgerechtigkeit hinweist, der zwar durch die zunehmende Tendenz zur Berücksichtigung der Leistungsfähigkeit der Einzelstaaten gemildert wird, jedoch noch nicht vollständig beseitigt ist.

[23] Vgl. dazu auch das Protokoll über den wirtschaftlichen und sozialen Zusammenhalt, in welchem die Absicht erklärt wird, "der Beitragskapazität der einzelnen Mitgliedstaaten im Rahmen des Systems der Eigenmittel stärker Rechnung zu tragen und zu prüfen, wie für die weniger wohlhabenden Mitgliedstaaten regressive Elemente im derzeitigen System der Eigenmittel korrigiert werden können".

mente, der Kohäsionsfonds[24] sowie die Darlehensvergabe der Europäischen Investitionsbank (EIB) zu nennen, deren Zielsetzungen im folgenden dargestellt werden.

a) Die Strukturfonds und sonstigen Finanzierungsinstrumente

Den mit Abstand größten Anteil an dem Gesamtbetrag der Mittelvergabe nehmen die Strukturfonds und die sonstigen Finanzierungsinstrumente[25] ein, deren Zielsetzung in Art. 130 b EGV normiert ist: Danach sollen sie der Erreichung der in Art. 130 a EGV genannten Ziele der Gemeinschaft dienen, d.h. der Stärkung des wirtschaftlichen und sozialen Zusammenhalts, der Verringerung der Unterschiede im Entwicklungsstand und des Rückstands der am stärksten benachteiligten Gebiete[26]. In Art. 130 b EGV sind die folgenden drei Strukturfonds genannt: Der Europäische Fonds für regionale Entwicklung (EFRE), der

---

[24] Zwar hat auch der Kohäsionsfonds strukturpolitische Aufgaben, aufgrund seiner spezifischen Ausgestaltung und Zielsetzungen wird er aber nicht zu den Strukturfonds gezählt und wird daher in diesem Beitrag gesondert behandelt. Vgl. dazu R. Priebe, "Zum Rechtsrahmen der gemeinschaftlichen Strukturfonds", in: Randelzhofer u.a. (Hrsg.), siehe Anm. 22, 551 ff. (556).

[25] Neben dem im folgenden dargestellten EAGFL-Abteilung Garantie ist hier das Finanzinstrument für die Ausrichtung der Fischerei zu nennen, welches aufgrund seines vergleichsweise geringen Umfanges nicht näher erläutert werden soll. Umverteilende Effekte werden schließlich auch durch das Europäische Währungssystem erzielt, vgl. dazu R. Caesar, "Das Europäische Währungssystem - kein geeignetes Instrument eines innerstaatlichen Finanzausgleichs", in: H.-E. Scharrer/W. Wessels (Hrsg.), *Das Europäische Währungssystem, Bilanz und Perspektiven eines Experiments*, 1983, 317 ff.

[26] Daraus abgeleitet wurden bei der Reform der Strukturfonds im Jahr 1988 in Art. 1 der Verordnung (EWG) Nr. 2052/88 des Rates vom 24.6.1988 die folgenden 5 Ziele konkretisiert: 1. Förderung der Entwicklung und der strukturellen Anpassung der Regionen mit Entwicklungsrückstand; 2. Umstellung der Regionen, Grenzregionen oder Teilregionen, die von der rückläufigen industriellen Entwicklung schwer betroffen sind; 3. Bekämpfung der Langzeitarbeitslosigkeit; 4. Erleichterungen der Eingliederung der Jugendlichen in das Erwerbsleben; 5. Im Hinblick auf die Reform der Gemeinsamen Agrarpolitik a) beschleunigte Anpassung der Agrarstrukturen, b) Förderung der Entwicklung des ländlichen Raums. Als weiteres Ziel ist in der Beitrittsakte für Schweden, Norwegen und Finnland die Förderung der Entwicklung und strukturellen Anpassung von Regionen mit extrem niedriger Bevölkerung enthalten (Art. 1 RahmenVO, Protokoll Nr. 6.2 der Beitrittsakte).

Europäische Sozialfonds (ESF) sowie der Europäische Ausrichtungs- und Garantiefonds für die Landwirtschaft (EAGFL)[27].

Der EFRE und seine Zielsetzungen sind explizit in Art. 130 c aufgeführt. Danach soll der EFRE dazu beitragen, die wichtigsten regionalen Ungleichgewichte auszugleichen, indem er sich an der Entwicklung und an der strukturellen Anpassung der rückständigen Gebiete und an der Umstellung der Industriegebiete mit rückläufiger Entwicklung finanziell beteiligt. Im Jahr 1996 standen ihm dafür 27 Mrd. DM zur Verfügung[28]. Der ESF mit einem Jahreshaushalt von 5 Mrd. ECU dient dagegen der Entwicklung der Humanressourcen und der Verbesserung der Arbeitsmarktsituation in der gesamten Gemeinschaft[29]. Schwerpunktmäßig befaßt er sich dabei mit Jugendlichen- und Langzeitarbeitslosigkeit. In der Regel werden 50%, im Einzelfall bis zu 75% der Gesamtkosten der einzelnen Projekte übernommen. Der EAGFL schließlich unterteilt sich in die Abteilung Ausrichtung, welche strukturverbessernde Maßnahmen in landwirtschaftlichen Betrieben bezuschußt und in die Abteilung Garantie, durch die die landwirtschaftlichen Einkommen über die Festsetzung von Mindestpreisen gesichert werden sollen. Hierbei handelt es sich daher im wesentlichen um einen Garantiefonds. Der EAGFL ist dabei der Fonds, über den mehr als 50% der Gesamtmittel vergeben werden; allein im Jahr 1996 betrugen diese DM 87,2 Mrd. bei Gesamthaushaltsausgaben in Höhe von DM 155,6 Mrd.[30].

Auch durch die umfangreiche Mittelvergabe über die Strukturfonds und sonstigen Finanzierungsinstrumente finden also beträchtliche Finanztransfers innerhalb der Union statt. Ebenso wie auf der Einnahmenseite ist es jedoch fraglich, ob damit auch ein Finanzausgleich im dargestellten Sinne erreicht wird.

Dafür könnte sprechen, daß die Mittelzuteilung der Strukturfonds über ein Verfahren erfolgt, bei welchem die Gemeinschaft in förderungswürdige Gebiete, sogenannte Ziel-Gebiete, eingeteilt wird. Die Zuordnung der EU-Mitgliedstaaten bzw. Regionen hängt dabei von den verschiedenen wirtschaftlichen Faktoren ab, die für das Erreichen der Zielsetzungen der Finanzinstrumente maßgeblich sind. So gehören zu den Ziel-1-

---

[27] Zu den Strukturfonds vgl. Priebe, siehe Anm. 24, 551 ff.

[28] Vgl. G. Kuhn, "Knappe Mittel - harte Verteilungskämpfe", *Das Parlament* Nr. 32 (1997), 3.

[29] Siehe dazu Europäische Kommission (Hrsg.), *Europa ... Fragen und Antworten*, 1996, 10.

[30] Vgl. Kuhn, siehe Anm. 28, 3.

Regionen die Gebiete, deren Pro-Kopf-Bruttosozialprodukt nach den Daten der letzten drei Jahre weniger als 75% des Gemeinschaftsdurchschnitts beträgt. Die Koppelung an Regionen, nicht an Staaten, führt im Ergebnis dazu, daß nicht nur Irland, Portugal und Griechenland insgesamt darunter fallen, sondern u.a. auch die fünf neuen Bundesländer sowie Ost-Berlin. Bei der Einstufung in Ziel-2-Gebiete gelten drei Kriterien: eine Arbeitslosenquote und ein Anteil der industriell Erwerbstätigen, die jeweils über dem Gemeinschaftsdurchschnitt liegen, sowie ein Rückgang der Erwerbstätigenzahl in der Industrie. Außer den bereits zu den Ziel-1-Regionen gehörenden Mitgliedstaaten sind sämtliche EU-Staaten vom Ziel 2 betroffen. In Deutschland werden die Voraussetzungen von West-Berlin, vom Ruhrgebiet und von Bremerhaven erfüllt. Die Ziel-3- und -4-Regionen, in denen Mittel zur Bekämpfung der Arbeitslosigkeit vergeben werden, beschränken sich nicht auf struktur- oder sonst schwache Bereiche, sondern können auch in prosperierenden Gebieten eingesetzt werden[31].

Ein niedriger sozialer und wirtschaftlicher Entwicklungsstand, ein niedriges Agrareinkommen sowie eine geringe Bevölkerungsdichte, bzw. Tendenz zur Abwanderung sind hingegen die Kriterien für die Ziel-5b-Gebiete.

Die Vergabe von Fördermitteln aus den Fonds ist somit zwar im weitesten Sinn an die wirtschaftliche Leistungsfähigkeit gekoppelt, wodurch ein Element eines systematischen Finanzausgleichs gegeben wäre. Allerdings wird diese anhand der verschiedensten Faktoren gemessen, wodurch Übersichtlichkeit und Transparenz gemindert werden und eine innerhalb eines gewählten Verteilungssystems gerechte Mittelvergabe zumindest erschwert wird.

Gegen die Annahme eines Finanzausgleichssystems sprechen jedoch vor allem die folgenden Aspekte: Zunächst ist zu konstatieren, daß es an einem Gesamtkonzept der Mittelvergabe fehlt, innerhalb dessen die einzelnen Finanzierungsmaßnahmen aus den verschiedenen Fonds abgestimmt werden. Statt dessen verläuft die Zuteilung aus den Fonds parallel und nach unterschiedlichen Kriterien, die von der Höhe des Bruttosozialprodukts bis über die Arbeitslosenquote, das Agrareinkommen und die Bevölkerungsdichte reichen. Dies führt im Ergebnis dazu, daß eben nicht nur die finanzschwächsten Mitgliedstaaten gefördert werden und dem Standard der wohlhabenden Staaten nähergebracht werden,

---

31 Vgl. B. Friedmann, "Die Effizienz des Finanzausgleichs der Europäischen Union", in: ders., *Evaluierungsansätze zu ausgewählten Politikbereichen der Europäischen Union*, 1996, 7 ff. (25).

sondern daß auch die letzteren in den Genuß von Fördermitteln kommen[32]. Besonders deutlich wird dieses Phänomen am Beispiel des Europäischen Ausrichtungs- und Garantiefonds für die Landwirtschaft (Abteilung Garantie)[33]: Leistungsberechtigt ist hier jeder Mitgliedstaat, dessen Agrarproduktion die heimische Nachfrage übersteigt. Da nicht jede Region, in der diese Voraussetzungen vorliegen, auch insgesamt strukturschwach ist, führt dies in der Konsequenz dazu, daß auch die im Vergleich durchaus wohlhabenden Staaten wie Frankreich, Belgien, die Niederlande und Dänemark Ausgleichszahlungen erhalten[34]. Ähnlich verhält es sich, wie oben dargestellt, mit der Vergabe der Strukturfondsmittel. Dadurch werden zum einen die Förderkonzepte anderer Fonds konterkariert, zum anderen bedeutet dies auch, daß der Nettotransfer für Länder mit einem niedrigen finanziellen Niveau geringer ist als die Bruttobeiträge, die sie aus den Fonds erhalten[35]. Insgesamt hat die Mittelvergabe über die Strukturfonds und die sonstigen Finanzierungsinstrumente eine starke Eigendynamik entwickelt, die in bezug auf die Vergabekriterien als auch auf die erzielten Umverteilungsergebnisse "nachvollziehbaren Gerechtigkeitsvorstellungen allenfalls zufällig"[36] entspricht. Zwar können die beträchtlichen Finanzvolumina dazu beitragen, die regionalen Disparitäten zumindest im Ansatz abzubauen; ein geeignetes Mittel für ein in sich konsistentes Finanzausgleichsverfahren stellen diese Verteilungsinstrumente jedoch nicht dar[37]. Schließlich trägt ein Mangel an Transparenz - auch von einer "eher verschleiernden

---

[32] Vgl. dazu Thomas, siehe Anm. 14, 486 f., der für eine Beschränkung der Fondsmittel auf Mitgliedstaaten mit unterdurchschnittlichem Pro-Kopf-Einkommen plädiert.

[33] Auf die Abteilung Garantie entfällt mit mehr als 90% der weitaus größte Anteil der Agrarausgaben.

[34] Vgl. Häde, siehe Anm. 9, 500.

[35] Vgl. K. Lammers, "Braucht die EG einen Finanzausgleich ?", in: Arbeitsgemeinschaft deutscher wirtschaftswissenschaftlicher Forschungsinstitute (Hrsg.), *Probleme des Finanzausgleichs in nationaler und internationaler Sicht, (Beihefte zur Konjunkturpolitik, Heft 41)*, 189 ff. (196).

[36] So Lammers, *ibid.*, 197, der auch von "perversen" Umverteilungsergebnissen spricht.

[37] Vgl. F. Hünger, "Notwendigkeit eines europäischen Finanzausgleichs und Möglichkeiten seiner institutionellen Gestaltung", in: Universität, Gesamthochschule Duisburg (Hrsg.), *Ausgewählte volkswirtschaftliche Diplomarbeiten des Fachbereichs Wirtschaftswissenschaft der Universität, Gesamthochschule Duisburg, Bd. 24*, 1996, 36 f.

Fondsmethode"[38] wird gesprochen - bei der Entscheidungsfindung über die begünstigten Staaten dazu bei, daß durch die Strukturfonds und sonstigen Finanzierungsinstrumente zwar beträchtliche Geldmengen innerhalb der Gemeinschaft umverteilt werden, ein Finanzausgleichseffekt jedoch nicht erreicht wird.

b) Der Kohäsionsfonds

Die Verpflichtung des Rates zur Einrichtung eines Kohäsionsfonds ist in Art. 130 d EGV normiert, mit Wirkung zum 26.5.1994 wurde dem Folge geleistet[39]. Unter dem Begriff der "Kohäsion" ist die Stärkung des ökonomischen und sozialen Zusammenhalts zu verstehen, die durch die Behebung von Entwicklungsrückschritten einzelner Mitgliedstaaten oder Regionen erreicht werden soll[40]. In dem 15. EUV-Protokoll über den wirtschaftlichen und sozialen Zusammenhalt vereinbarten die Vertragsparteien, daß durch den Kohäsionsfonds Vorhaben in den Bereichen Umwelt und transeuropäische Netze in den Mitgliedstaaten gefördert werden sollen, deren Pro-Kopf-Bruttosozialprodukt weniger als 90% des Gemeinschaftsdurchschnitts beträgt[41]. Mit der Förderung einher geht die Verpflichtung des Empfängerstaates, ein Programm zu erstellen, welches dem Erreichen der in Art. 104 c EGV verankerten Konvergenzkriterien (öffentliches Defizit, öffentlicher Schuldenstand) förderlich ist. Dieses ist sodann vom Rat zu genehmigen. Stellt der Rat nach Art. 104 c EGV ein übermäßiges Defizit fest und hebt diese Entscheidung auch nicht nach Art. 104 c XII EGV auf, erhält der entsprechende Mitgliedstaat keine weiteren Fördermittel für neue Projekte[42]. Es handelt sich hier also um zweckgebundene Mittel zur gezielten Förderung bestimmter Projekte. Die Koppelung der Förderung an das Er-

---

[38] So Feldsieper/Prokop, siehe Anm. 20, 46.

[39] Die Errichtung erfolgte am 1.11.1993, Verordnung (EG) Nr. 1164/94 des Rates vom 16.5.1994, *ABl.* Nr. L 130 vom 16.5.1995, S. 1.

[40] Vgl. R. Jochimsen, "Europäische Perspektiven und Implikationen für den Finanzausgleich in der Bundesrepublik Deutschland", *Staatswissenschaften und Staatspraxis* 4 (1993), 118 ff. (125).

[41] Zur Zeit sind dies Spanien, Portugal, Irland und Griechenland.

[42] Zu den Parallelen zwischen diesem Verfahren und den Vorgaben des BVerfG zum Procedere bei Bestehen einer Haushaltsnotlage einzelner Bundesländer (*BVerfGE* 86, 148, 258 ff.) vgl. D. Carl, "Europäische Integration und bundesstaatlicher Finanzausgleich", *NVwZ* 13 (1994), 947 ff. (952).

reichen der Konvergenzkriterien zeigt, daß die primäre Zielsetzung des Kohäsionsfonds nicht ein Finanzausgleich innerhalb der Gemeinschaft ist, sondern daß vielmehr sämtlichen und somit auch den finanzschwachen Mitgliedstaaten der Übergang in die Endstufe der Währungs- und Wirtschaftsunion ermöglicht werden soll[43]. Zwar werden durch die Fördermaßnahmen auch Umverteilungseffekte erzielt: Da ausschließlich die finanzschwachen Mitgliedstaaten, ausgehend vom Bruttosozialprodukt, unterstützt werden, wird durch den Kohäsionsfonds insoweit ein gewisser Ausgleich zwischen armen und reichen Mitgliedstaaten erreicht[44]. Durch die Zweckbindung der Mittel, die Mitfinanzierungspflicht des jeweiligen Staates und die Tatsache, daß eben nur einzelne Projekte gezielt gefördert werden, stellt der Kohäsionsfonds jedoch kein Instrument dar, welches die Wirtschaftskraft allgemein und auf Dauer angleichen und eine langfristige Umorientierung strukturschwacher Gebiete ermöglichen kann. In diesem Zusammenhang ist zudem festzustellen, daß es im Einzelfall häufig schwierig ist festzustellen, wer tatsächlich Nutznießer der Fondsmittel ist. So wurde z.B. der Athener Flughafen mit Kohäsionsfondsmitteln finanziert, die Baumaßnahmen wurden aber durch die deutsche Firma Hochtief ausgeführt[45].

c) Die Europäische Investitionsbank (EIB)

Die Einrichtung der EIB ist in Art. 4 b und in Art. 198 d EGV normiert[46]. Ihre Aufgaben sind in Art. 198 e EGV geregelt. Danach soll die EIB durch die Vergabe von Darlehen und Bürgschaften zu einer "ausgewogenen und reibungslosen Entwicklung des Gemeinsamen Marktes im Interesse der Gemeinschaft beitragen". Gefördert werden Projekte, die die Voraussetzungen des Art. 198 e a)-c) erfüllen, d.h. die der Erschließung weniger entwickelter Gebiete und der Unterneh-

---

[43] Vgl. P. M. Schmidhuber, "Die Finanzierung der Europäischen Gemeinschaft in den nächsten fünf Jahren", *Wirtschaftsdienst* 72 (1992), 571.

[44] Vgl. dazu Häde, siehe Anm. 9, 499, der den Kohäsionsfonds als Finanzierungsinstrument bezeichnet, welches "in die Nähe eines bundesstaatlichen Finanzausgleichs" rückt.

[45] Vgl. P. Hort, "Die Milliarden für Europa", *Frankfurter Allgemeine Zeitung* vom 1.8.1997, 13.

[46] Gegründet wurde die EIB jedoch bereits mit Inkrafttreten des Vertrages über die Europäische Wirtschaftsgemeinschaft (EWG) am 1.1.1958 gem. Art. 129 EWGV.

mensmodernisierung und Arbeitsplatzschaffung dienen oder die von gemeinsamem Interesse für mehrere Mitgliedstaaten sind. Die Bank verfolgt keine Gewinnerzielungsabsichten, ihr Eigenkapital besteht aus Einzahlungen der Mitgliedstaaten. Die Besonderheit der EIB besteht darin, daß Kredite und Bürgschaften zum einen zu ausnehmend günstigen Konditionen vergeben werden, zum anderen an Mitgliedstaaten, die aufgrund ihrer schlechten Bonität auf dem privaten Kapitalmarkt keine Kredite erhalten könnten oder aber nur solche mit hohen Risikozulagen. Diese Praxis ist aus verschiedenen Gründen möglich: Zunächst ist die Bonität der EIB durch die Ratingagenturen mit dem höchstmöglichen "Triple A" eingestuft worden, wodurch die Bank selbst in der Lage ist, Anleihen an den internationalen Kapitalmärkten zu besonders kostengünstigen Bedingungen zu tätigen, die sie an ihre Kreditnehmer weitergibt[47]. Zudem kann die EIB über das eingezahlte Kapital verfügen, ohne daß sie an die Mitgliedstaaten Dividenden auszahlen oder sonstige Gegenleistungen erbringen muß. Ein weiterer Vorteil besteht schließlich darin, daß die EIB als EU-Institution steuerbefreit ist. Diese Faktoren ermöglichen die dargestellte Kreditvergabe, die nun in folgender Weise zu Umverteilungseffekten führt: Neben den direkten finanziellen Vorteilen der besonders kostengünstigen Kredite werden die Vorteile um so größer, je finanzschwächer ein Mitgliedstaat ist und je schwieriger und teurer er damit auf dem freien Kapitalmarkt Geld aufnehmen könnte. Für Mitgliedstaaten mit eigener hoher Bonität, wie z.B. Deutschland, sind die "Ersparnisse" durch Kreditaufnahmen bei der EIB daher sehr viel geringer als beispielsweise für Portugal oder Irland. Zu bedenken ist dabei auch, daß ein Grund für die niedrigen Zinsen darin liegt, daß andere Mitgliedstaaten auf eine Verzinsung der von ihnen eingezahlten Mittel verzichten. Da der Betrag des eingezahlten Kapitals unterschiedlich hoch ist, findet im Ergebnis also eine Umverteilung von den finanzstarken auf die finanzschwachen Mitgliedstaaten statt[48]. Bei der EIB handelt es sich mithin um ein Finanzierungsinstrument der EU, welches in der Öffentlichkeit einen mit den Strukturfonds verglichen geringen Stellenwert hat, obwohl es in nicht unbeträchtlichem Umfang Finanzmittel - in den Jahren 1991 bis 1995 57 Mrd. Ecu[49] - vergibt und damit zu einer Mittelumverteilung innerhalb der Gemein-

---

47 Vgl. F. Heinemann, "Die Europäische Investitionsbank - Subsidiärer Finanzintermediär oder Umverteilungsinstrument ?", in: Zentrum für Europäische Wirtschaftsforschung (Hrsg.), *Discussion Paper* No. 92-16, 1992, 4 ff.

48 Vgl. Heinemann, *ibid.*, 9 f.

49 In: Europäische Kommission (Hrsg.), siehe Anm. 29, 15.

schaft beiträgt. Auch hier ist jedoch nicht von einem eigentlichen Finanzausgleichsinstrument zu sprechen: Zum einen erfolgt die Mittelvergabe nicht immer nach den für einen Finanzausgleich erforderlichen, sich an der wirtschaftlichen Leistungsfähigkeit orientierenden Kriterien, sondern unterliegt auch Entscheidungen der Mitgliedstaaten im Rahmen "politischer Tauschgeschäfte"[50]. Zum anderen mangelt es auch hier wieder einmal an der notwendigen Transparenz, sowohl in bezug auf die Kreditmittelvergabe als auch hinsichtlich der tatsächlich erzielten Ausgleichseffekte, da diese, wie gezeigt, maßgeblich von der jeweiligen Bonität des Empfängerstaates und dem daraus folgenden "geldwerten Vorteil" abhängen[51].

3. Ergebnis

Nach den derzeitigen Regelungen des EGV sowie der dazugehörigen sonstigen vertraglichen Grundlagen der Europäischen Union werden sowohl im Rahmen der Finanzierung der Gemeinschaft als auch im Hinblick auf die Mittelvergabe an die einzelnen Mitgliedstaaten über die verschiedenen Finanzinstrumente Geldbeträge transferiert, die ein beträchtliches Volumen angenommen haben. Dabei wird auf der Einnahmenseite, aber auch auf der Ausgabenseite die finanzielle und wirtschaftliche Situation der Mitgliedstaaten bzw. Regionen zum Teil berücksichtigt, wodurch ein elementares Kriterium eines Finanzausgleichs gegeben wäre. Gelegentlich wird daher auch von einem "Finanzausgleich i.e.S. mit partieller Ausgleichswirkung"[52] gesprochen. Die Koppelung der Belastung bzw. Unterstützung an die allgemeine wirtschaftliche Leistungsfähigkeit eines Mitgliedstaates findet aber eben nur partiell statt. Dies wird insbesondere bei den Agrarausgaben deutlich, die nach einem Verfahren verteilt werden, durch welches auch insgesamt leistungsfähige Staaten in den Genuß von Fördermitteln kommen. Auch die Mittel aus den Strukturfonds werden so gestreut, daß im Ergebnis über die Hälfte des gesamten EU-Gebietes[53] Gelder erhält, wenn auch

---

[50] Vgl. Heinemann, siehe Anm. 47, 10.

[51] *Ibid.*

[52] So B. Seidel, *Die Einbindung der Bundesrepublik Deutschland in die Europäischen Gemeinschaften als Problem des Finanzausgleichs*, 1992, 243.

[53] So EU-Wettbewerbskommissar Karel van Miert in "Van Miert besteht auf Subventionsabbau", *Frankfurter Allgemeine Zeitung* vom 11.10.1997, 16.

die Höhe jeweils unterschiedlich ist. Ein weiterer Aspekt, der einen systematischen Finanzausgleich verhindert, ist die Tatsache, daß die einzelnen Finanzierungsinstrumente und die durch sie ermöglichten Fördermaßnahmen nicht konsequent aufeinander abgestimmt sind und es so zu zum Teil konterkarierenden Effekten kommt. Dieser Mangel kommt auch darin zum Ausdruck, daß auf der Einnahmen- und auf der Ausgabenseite unterschiedliche Maßstäbe angelegt werden: So wird bei der Bemessung der Höhe der zu zahlenden Eigenmittel der Staat als Bezugsgröße herangezogen, während bei der Bewertung der Förderungswürdigkeit auf die Situation der Regionen abgestellt wird. Für sich genommen sind zwar durchaus beide Maßstäbe mögliche Bezugsfaktoren, die Kombination von beiden - Region und Gesamtstaat - bewirkt jedoch eine Verzerrung von Ausgleichseffekten.

Eine nicht zu unterschätzende Rolle spielen zudem die hinter den Beschlüssen über Einnahmen und Ausgaben der EU stehenden politischen Entscheidungsprozesse. Gerade im Bereich der Agrarausgaben, aber auch bei den in der Öffentlichkeit so wenig beachteten Aktivitäten der EIB kommt es zu politischen "Tauschgeschäften" und Machtproben, hinter denen weniger das Bedürfnis nach einem Ausgleich von arm und reich als gemeinschaftliches Ziel steht als die Durchsetzung der nationalen Interessen einzelner Staaten[54]. Auch das in der Regel geltende Einstimmigkeitserfordernis trägt dazu bei, daß ein Mitgliedstaat seine Zustimmung zu einem für ihn ungünstigen Beschluß davon abhängig machen kann, daß er dafür an anderer Stelle seine Interessen durchsetzen kann, d.h. in seinem Sinn entschieden wird[55].

Insgesamt zeichnet sich das Finanzsystem der Europäischen Union durch ein hohes Maß an Intransparenz aus. Auf der Einnahmenseite ist dies zum einen das Ergebnis der verschiedenen Ausnahme- und Erstattungsregelungen wie z.B. der erwähnten für Großbritannien. Ein anderer wichtiger Faktor ist jedoch die Tatsache, daß unter Berücksichtigung des *juste-retour*-Prinzips nicht nur die geleisteten Zahlungen der Mitgliedstaaten mit einzubeziehen sind, sondern auch die im Gegenzug erhaltenen wirtschaftlichen Vorteile im weitesten Sinn - Berechnungen, die faktisch unmöglich scheinen. Dadurch werden nicht nur die durch die teilweise Berücksichtigung der wirtschaftlichen Leistungsfähigkeit bei der Einnahmenbemessung partiell erreichten Ausgleichseffekte rela-

---

[54] Vgl. dazu Lammers, siehe Anm. 35, 197, der die erzielten Finanzausgleichseffekte als "Ausdruck des Einflusses der verschiedenen Interessengruppen für einzelne Politikbereiche" bezeichnet.

[55] Vgl. Hünger, siehe Anm. 37, 34.

tiviert; es wird zudem ein Überblick über die per saldo tatsächlich bestehenden Belastungen bzw. Begünstigungen der einzelnen Staaten nahezu unmöglich[56]. Auf der Ausgabenseite wird die Intransparenz durch die oben erwähnten zahlreichen verschiedenen Förderungen von Einzelprojekten aus den verschiedenen Fonds verstärkt. Ein anderes wichtiges Finanzierungsinstrument ist in diesem Zusammenhang die Struktur der EIB: Das System der Mittelausstattung sowie der Darlehensaktivitäten läßt es nicht zu, die im Endeffekt erzielten finanziellen Vorteile der Empfängerländer bzw. die (mittelbaren) Zuschüsse durch die anderen Mitgliedstaaten festzustellen. Die erwähnten politischen Entscheidungsverfahren sowie die mangelnde parlamentarische Kontrolle tragen zu einer weiteren Verschleierung bei.

Ob, und wenn ja, auf welcher Grundlage eine Verpflichtung zur Durchführung eines Finanzausgleichs besteht, der all diese Mängel nicht aufweist und statt dessen die Anforderungen an Konsistenz, Transparenz und Geeignetheit erfüllt, wird Gegenstand des folgenden zweiten Teils dieses Beitrages sein.

III. Die Verpflichtung zur Durchführung eines Finanzausgleichsverfahrens

1. Pflicht zum Finanzausgleich auf der Grundlage der vertraglichen Regelungen der EU

Die Notwendigkeit der Durchführung eines Finanzausgleichsverfahrens, welches die eingangs dargestellten Voraussetzungen erfüllt, könnte sich zunächst direkt aus den vertraglichen Grundlagen der Gemeinschaft ergeben.

Im EGV mit den dazugehörigen Protokollen, aber auch im EUV, gibt es verschiedene Begriffe und Formulierungen, die auf den ersten Blick vermuten lassen, daß die Vertragsparteien in irgendeiner Form einen finanziellen Ausgleich bzw. eine Angleichung anstreben. So wird in der Präambel zum EUV der "Wunsch" geäußert, die Solidarität zwischen den Mitgliedstaaten zu stärken, ebenso wie der Entschluß, die europäi-

---

[56] Vgl. dazu Hünger, *ibid.*, 33, der eine unterschiedliche Belastung der einzelnen Mitglieder feststellt, ohne daß dabei indes ein "einheitlicher Umverteilungsgedanke etwa von 'reich' nach 'arm' zum Tragen käme".

sche Integration voranzutreiben[57]. Das Ziel des wirtschaftlichen und sozialen Zusammenhalts wird gleich an sechs verschiedenen Vertragsstellen normiert[58]. Schließlich heißt es in Art. 130 a EGV gar, daß sich die Gemeinschaft zum Ziel setzt, die Entwicklungsunterschiede der verschiedenen Regionen und den Rückstand der am stärksten benachteiligten Gebiete zu verringern (sog. Kohäsionsziel[59]). Ebenso soll nach Art. 130 c EGV der EFRE zu "der strukturellen Anpassung der rückständigen Gebiete ... zum Ausgleich der wichtigsten regionalen Ungleichgewichte in der Gemeinschaft beitragen". Weitere in diesem Zusammenhang zu berücksichtigende Vertragsinhalte sind die "harmonische und ausgewogene Entwicklung des Wirtschaftslebens innerhalb der Gemeinschaft" (Art. 130 a EGV) sowie die "Verbesserung der Lebens- und Arbeitsbedingungen der Arbeitskräfte und dadurch ... ihre Angleichung zu ermöglichen" (Art. 117 EGV).

Isoliert betrachtet und vom bloßen Wortlaut ausgehend, stellen die genannten Vertragsauszüge Formulierungen dar, aus denen sich die Möglichkeit eines Finanzausgleichs innerhalb der Gemeinschaft ableiten läßt; danach wäre er jedenfalls zulässig. Ob jedoch der Gemeinschaft und ihren Mitgliedstaaten daraus auch eine Verpflichtung zu dessen Durchführung erwächst, kann nicht nur aufgrund dieser Normen beantwortet werden: Konturenlose Formulierungen wie "am stärksten benachteiligte Gebiete" und "wichtigste regionale Unterschiede" lassen soviel Auslegungsspielraum, daß aus ihnen allein keine konkreten Pflichten und Rechte abzuleiten sind. Über die einzelnen Regelungen hinaus ist daher der Einbezug des gesamten Vertragswerkes unerläßlich.

Bei einer umfassenden Bewertung des EGV ist festzustellen, daß den genannten Regelungen, die offenbar eher für die Notwendigkeit eines Ausgleichs sprechen, zahlreiche Normen entgegenstehen. So sollen die Mitgliedstaaten und die Gemeinschaft nach Art. 102 a EGV bei der Verwirklichung der in Art. 2 EGV genannten Ziele (u.a. also des wirtschaftlichen und sozialen Zusammenhalts sowie der Solidarität unter den Mitgliedstaaten) im Einklang mit dem Grundsatz einer offenen Marktwirtschaft mit freiem Wettbewerb handeln. In derselben Norm wird noch einmal auf die Grundsätze des Art. 3 a EGV verwiesen, in welchem die Beachtung des Grundsatzes einer offenen Marktwirtschaft mit freiem Wettbewerb wiederholt wird. Auch hier wird auf die Tätig-

---

[57] In Art. 2 EGV wird dieses Ziel wiederholt.

[58] In Art. B EUV, Art. 2, 3j, 130a, 130b EGV sowie im 15. Protokoll über den wirtschaftlichen und sozialen Zusammenhalt.

[59] Vgl. Thomas, siehe Anm. 14, 472 ff.

keit nach Art. 2 EGV verwiesen. Es handelt sich hier also nicht nur um das Bekenntnis der Vertragsparteien zu einer Wirtschaftsordnung mit marktwirtschaftlicher Ausrichtung, sondern auch um die Art und Weise, wie die allgemeinen Gemeinschaftsziele erreicht werden sollen: Nicht dadurch, daß die finanzkräftigeren Länder Ausgleichszahlungen an die schwächeren leisten, also durch Maßnahmen der Solidarität und leistungsunabhängigen Unterstützung, sondern durch freien Wettbewerb und dadurch erzielte Effizienz- und Wohlstandsgewinne.

Eine Regelung, die der ausschließlichen Zielerreichung über diese marktwirtschaftlichen Mechanismen entgegenstehen könnte, stellt Art. 103 a EGV dar. Hier wird u.a. die Möglichkeit der finanziellen Unterstützung eines sich in Schwierigkeiten befindenden Mitgliedstaates durch die Gemeinschaft rechtlich verankert, damit also ein Akt der Solidarität zwischen starken und schwachen Ländern. Auch die Bedeutung dieser Norm ist jedoch durch grammatische und systematische Auslegung zu ermitteln. Zunächst heißt es, daß eine Unterstützung beschlossen werden "kann", die Gemeinschaft wird also auch hier nicht dazu verpflichtet, ihr wird lediglich die Möglichkeit eingeräumt. Weiterhin muß die Notlage aufgrund "außergewöhnlicher" Ereignisse entstanden sein, die sich der Kontrolle des betroffenen Staates entziehen. Es geht hier also ausdrücklich nicht um die systematische, langfristige Unterstützung von Mitgliedstaaten, die sich in einer dauerhaften Strukturschwäche oder finanziellen Notsituation befinden, sondern um die Behebung einzelner, konkret umrissener Ausnahmesituationen. Auch die Tatsache, daß diese Maßnahme an strenge formale Voraussetzungen geknüpft ist - u.a. ist ein einstimmiger Ratsbeschluß erforderlich -, deutet darauf hin, daß Art. 103 a EGV nicht die Grundlage für ein dauerhaftes Finanzausgleichsverfahren ist, geschweige denn eine Pflicht zu demselben begründet. Schließlich zeigt auch ein Blick auf Art. 104 b EGV, daß finanzielle Hilfsmaßnahmen die Ausnahme, nicht die Regel sein sollen: Nach dieser sog. *no-bail-out*-Klausel ist es sowohl der Gemeinschaft als auch den Mitgliedstaaten untersagt, für die Verbindlichkeiten eines anderen Mitgliedstaates zu haften[60]. Der Tenor liegt also auch hier auf einer Eigenverantwortlichkeit der Länder.

Zusammenfassend ist festzustellen, daß die vertraglichen Grundlagen der EU zwar Normen beinhalten, die eine Umverteilung von den wohlhabenderen an die weniger wohlhabenden Mitgliedstaaten ermöglichen.

---

[60] Zu der mittelbaren Umgehung der *no-bail-out*-Klausel durch die EIB und ihrer von der Bonität des jeweiligen Staates unabhängige Kreditvergabe vgl. Heinemann, siehe Anm. 47, 11 f.

Sie sind jedoch insgesamt geprägt von unterschiedlichen und sich zum Teil widersprechenden Zielsetzungen bzw. Ge- und Verboten. Immerhin setzen sich die Vertragspartner wirtschaftlichen und sozialen Zusammenhalt, den Abbau der wichtigsten regionalen Unterschiede und die Verringerung der Unterschiede der am stärksten benachteiligten Gebiete zum Ziel. Wie ein solcher Zusammenhalt in concreto gestaltet sein soll, welche Unterschiede zu den "wichtigsten", welche Benachteiligungen zu den "stärksten" gehören, bleibt jedoch offen. Für die Frage nach einer rechtlichen Ausgleichsverpflichtung, die den eingangs gestellten Anforderungen genügt, sind diese normativen Gebote wenig fruchtbar.

Darüber hinaus beinhaltet der EGV verschiedene Regelungen, die einem systematischen, langfristigen Finanzausgleich sogar entgegenstehen und statt dessen die Eigenverantwortlichkeit der Mitgliedstaaten betonen. Dazu gehört das Bekenntnis zu einer offenen Marktwirtschaft mit freiem Wettbewerb zur Erreichung der Gemeinschaftsziele[61] ebenso wie die *no-bail-out*-Klausel des Art. 104 b EGV sowie die Zulässigkeit der finanziellen Unterstützung eines notleidenden Mitgliedstaates nur in Ausnahmefällen.

Diese Form von "Einerseits-andererseits-Formulierungen"[62] in den vertraglichen Grundlagen führt dazu, daß ein dergestaltetes Ausgleichssystem, wenn überhaupt möglich, so doch zumindest nicht verpflichtend ist.

Neben dieser konkret-normativen Betrachtungsweise ist es jedoch denkbar, daß sich die Notwendigkeit eines Finanzausgleichs auf der Ebene einer abstrakt-strukturellen Betrachtung ergibt.

---

61 Hinzuweisen ist an dieser Stelle auf die Agrarpolitik der EU, die mit ihren interventionistischen Maßnahmen wiederum im Gegensatz zu dem obigen Grundsatz der offenen Marktwirtschaft mit freiem Wettbewerb steht.

62 So E.-J. Mestmäcker, "Risse im europäischen Gesellschaftsvertrag", *Frankfurter Allgemeine Zeitung* vom 4.10.1997, 15, der für die Zeit nach dem Maastricht-Vertrag eine Ausbreitung dieser Form von vertraglichen Formulierungen feststellt.

2. Pflicht zum Finanzausgleich aus der Rechtsnatur der Europäischen Union

Die Notwendigkeit eines Finanzausgleichs könnte sich allerdings im Grundsatz aus einer föderalen Struktur der Europäischen Union ergeben. Voraussetzung dafür wäre zunächst, daß es sich bei der EU überhaupt um ein föderales Gebilde handelt, das einen bestimmten Grad an Verbundenheit bereits erreicht hat. Von dieser staatsrechtlichen Konstruktion hängt es ab, ob sodann möglicherweise auch eine Verpflichtung zu einem Finanzausgleichsverfahren daraus abgeleitet werden kann.

a) Die Rechtsnatur der EU

Bis heute ist die Rechtsnatur der mit dem Abschluß des EUV entstandenen Europäischen Union ungeklärt. Weitestgehend Einigkeit besteht zum einen darüber, daß die EU selbst keine Rechtspersönlichkeit besitzt, sondern nur die drei Europäischen Gemeinschaften[63], zum anderen darüber, daß es sich bei der EU um eine in irgendeiner Form föderale Verbindung handelt. Das Subsidiaritätsprinzip und die Einrichtung des Regionalausschusses nach Art. 198 a-c EGV sind dabei die wichtigsten föderativen Elemente des EGV.

In seiner staatsrechtlichen Bedeutung beinhaltet der Föderalismus die Grundstruktur der freiwilligen Einung von verschiedenen, grundsätzlich gleichberechtigten regionalen Einheiten, die sich so zu einem Zusammenwirken verbinden[64]. Eine föderale Organisation kann jedoch "je nach der Art der Glieder und ihres Zusammenschlusses ... verschiedene Gestalt annehmen"[65]. Wo genau innerhalb dieser Spannbreite von bündischen Variationen die EU anzusiedeln ist, bleibt umstritten. Während ihr vereinzelt lediglich ein "präföderales" Stadium zugebilligt wird[66],

---

[63] Vgl. *BVerfGE* 89, 155 ff. (195) sowie M. Hilf, "Der einheitliche institutionelle Rahmen der Europäischen Union", in: S. Magiera u.a. (Hrsg.), *Die Zukunft der Europäischen Union - Integration, Koordination, Dezentralisierung*, 1996, 207 ff. (214 f.).

[64] Vgl. K. Hesse, *Grundzüge des Verfassungsrechts der Bundesrepublik Deutschland*, 18. Aufl. 1991, Rn. 219.

[65] So W. Henke, Föderalismus, in: E. von Beckerath u.a. (Hrsg.), *Handwörterbuch der Sozialwissenschaften, Bd. 12*, 1965, 591 ff. (591).

[66] So Hünger, siehe Anm. 37, 11.f.

reichen die Bezeichnungen vom losen Staatenbund bis hin zum (unvollendeten) Bundesstaat[67]. Auch das Pufendorfsche "*corpus monstro simile*" wird bisweilen bemüht.

Da eine eventuelle Pflicht zum Finanzausgleich innerhalb der EU untrennbar mit der Rechtsnatur der Gemeinschaft und dem Grad der bündischen Einung verbunden ist, ist eine Einordnung in das föderale System unabdingbar. Bei einer bloßen Konföderation schließen sich Staaten auf einer völkerrechtlichen Ebene zusammen. Dabei behalten sie jedoch ihre volle staatliche Souveränität. Da die Mitgliedstaaten der EU, wie ausgeführt werden wird, u.a. in den Bereichen der Einführung einer Wirtschafts- und Währungsunion und einer gemeinsamen Außen- und Sicherheitspolitik (GASP) sowie auf den Gebieten Justiz und Inneres auf einen Teil ihrer Souveränität verzichten und diese auf die Gemeinschaft übertragen, handelt es sich nicht um einen Staatenbund.

Bei einem Bundesstaat dagegen ist es erforderlich, daß durch den Zusammenschluß der verschiedenen Einheiten ein neuer Staat entsteht, bei welchem die drei Elemente des traditionellen Staatsbegriffes - Staatsvolk, Staatsgebiet, Staatsgewalt - gegeben sind. Ob die EU diese Kriterien aufweist, ist jedoch höchst zweifelhaft. Bereits die Existenz eines Staatsvolkes auf EU-Ebene ist zu verneinen. Zwar ist in Art. 8 EGV eine Unionsbürgerschaft für alle Staatsangehörigen der Mitgliedstaaten begründet worden. Auf der anderen Seite wird dagegen immer wieder von den "Völkern Europas"[68] gesprochen und davon, daß die Union "die nationale Identität ihrer Mitgliedstaaten" achtet (Art. F Abs. I EUV). Nach dem Urteil des BVerfG zum Maastricht-Vertrag von 1993 stellt die Unionsbürgerschaft ein "auf Dauer angelegtes rechtliches Band" zwischen den Bürgern der Mitgliedstaaten dar, das aber nicht "eine der gemeinsamen Zugehörigkeit zu einem Staat vergleichbare Dichte besitzt"[69]. Die EU hat also lediglich Unionsbürger, jedoch kein eigenes Staatsvolk[70].

---

[67] So B. Beutler/R. Bieber/J. Pipkorn/J. Streil, *Die Europäische Union: Rechtsordnung und Politik*, 4. Aufl. 1993, 69.

[68] Z.B. in der Präambel und Art. A EUV, auch in der Präambel und Art. 137 EGV.

[69] *BVerfGE* 89, 155 ff. (184).

[70] Vgl. Beutler/Bieber/Pipkorn/Streil, siehe Anm. 67.

Auch die Existenz eines EU-Staatsgebietes ist zu verneinen[71]; mit den in Art. 227 EGV genannten Staaten wird lediglich der Geltungsbereich des EG-Vertrages, nicht aber ein eigenes Staatsgebiet definiert[72].

Ob die EU mit einer eigenen Staatsgewalt ausgestattet ist und damit mit dem wichtigsten Element eigener Staatlichkeit, ist dagegen nicht ganz so eindeutig zu beantworten. Als Maßstab sind hier zunächst der EGV und der EUV selbst, im Anschluß daran aber auch das Grundgesetz der Bundesrepublik Deutschland als eines Mitgliedstaates der EU, hinzuzuziehen.

Durch die genannten Verträge findet ein Kompetenztransfer von den einzelnen Staaten auf die Europäische Union statt. Die Bereiche, welche in die nationalen Zuständigkeiten quantitativ am grundlegendsten eingreifen, sind die Einführung einer Wirtschafts- und Währungsunion nach Art. 102 a ff. EGV, die Einführung einer gemeinsamen Außen- und Sicherheitspolitik (GASP) nach Art. J ff. EUV und die Zusammenarbeit auf dem Gebiet der Justiz und der inneren Angelegenheiten nach Art. K ff. EUV. Diese Übertragung von Souveränität stattet die Staatengemeinschaft mit einem wesentlichen Element von Staatsgewalt aus[73]. Ob dieser Souveränitätstransfer auch qualitativ so bedeutend ist, daß von einer Ausstattung der EU mit eigener Staatsgewalt als einem Kriterium von Staatlichkeit gesprochen werden kann, erscheint fraglich. Im Rahmen der angestrebten Wirtschafts- und Währungsunion bedeutet die Währungspolitik - und hier insbesondere die EZB mit ihren Aufgaben - mit dem Ziel der vollständigen Ersetzung der nationalen durch eine europäische Währung tatsächlich auch materiell eine Einschränkung der Souveränität der Mitgliedstaaten, da dieser Kompetenzbereich nach dem Stufenplan der Art. 109 j, k EGV vollständig auf die EU übertragen

---

[71] Zu dem Mangel an einem kollektiven kulturellen Gedächtnis als Voraussetzung für einen funktionierenden Vielvölkerstaat vgl. H. Hesse, "Finanzausgleich im Bundesstaat: Implikationen für Europa", *Staatswissenschaften und Staatspraxis* 4 (1993), 43 ff. (44).

[72] Vgl. T. Oppermann, "Zur Eigenart der Europäischen Union", in: P. Hommelhoff u.a. (Hrsg.), *Der Staatenverbund der Europäischen Union: Beiträge und Diskussionen des Symposions am 21./22. Januar 1994 in Heidelberg*, 1994, 87 ff. (91); ablehnend auch H.-J. Blanke, "Der Unionsvertrag von Maastricht", *DÖV* 46 (1993), 412 ff. (415). Vgl. auch T. Oppermann, *Europarecht*, 1991, 783, der hier ein Staatsgebiet verneint, weil eine umfassende, virtuell unbegrenzte Verfügungsgewalt über ein "EG-Gebiet" fehlt.

[73] Vgl. Blanke, siehe Anm. 72, 415 m.w.N.

werden soll[74]. Mit der Währungshoheit geht somit zwar - aller Voraussicht nach - ein wichtiges Kriterium für die Staatlichkeit auf die EU über. Ebensowenig, wie dadurch die Staatseigenschaft der Bundesrepublik Deutschland beseitigt wird, reicht diese Tatsache allein aber aus, um die EU als Staat zu definieren[75]. Bei den anderen der genannten Gebiete ist ein inhaltlich ähnlich bedeutender Kompetenztransfer von vornherein nicht zu erkennen. Vielmehr handelt es sich dabei durchgehend um Formen von "intergouvernementaler"[76] Zusammenarbeit zwischen den Mitgliedstaaten, d.h. um die Wahrnehmung von hoheitlichen Kompetenzen, die aber auf Ermächtigungen souverän bleibender Staaten gründen[77]. Von Bedeutung sind dabei auch das Entscheidungsverfahren sowie die Rolle des Ministerrats. So ist grundsätzlich ein einstimmiger Ratsbeschluß erforderlich[78], wodurch zum Ausdruck kommt, daß "nach wie vor eine Total- und Letztverantwortung der Mitgliedstaaten auch für das, was die Union tut", besteht[79]. Eine Kompetenzbeschränkung wird auch durch das Prinzip der begrenzten Einzelermächtigung erreicht, welches in der Geschichte der Europäischen Gemeinschaften eine lange Tradition hat und an verschiedenen Vertragsstellen verankert ist[80]. Danach dürfen die Organe der Gemeinschaft nur dann und nur so weit tätig werden, als ihnen entsprechende Kompetenzen im Vertrag eingeräumt werden[81]. Der Anspruch einer Kompetenz-Kompetenz und damit einer umfassenden Souveränität der EU wird also auch durch die Gemeinschaftsverträge selbst nicht erhoben.

---

[74] Vgl. dazu H. Tietmeyer, "Währungsunion - Ein Weg ohne Umkehr", *Integration* 15 (1992), 17 ff., nach dem die Überantwortung der Geldgewalt an die EZB an die "Nerven des Staates" geht.

[75] Vgl. T. Stein, in: *VVDStRL* 53 (1994), 26 ff. (31).

[76] Vgl. u.a. Blanke, siehe Anm. 72, 417.

[77] *BVerfGE* 89, 155 ff. (186).

[78] Nur für die Durchführungsmodalitäten eines gemeinsamen Beschlusses kann eine qualifizierte Mehrheitsentscheidung ausreichen, vgl. Blanke, siehe Anm. 72, 417.

[79] So Stein, siehe Anm. 75, 32.

[80] Art. E EUV, Art. 4 Abs. 1 Satz 2 EGV, Art. 3 Abs. 1 Satz 2 EAGV, etc.

[81] Zu der Begründung, weswegen Art. F Abs. 3 EUV, in welchem die Ausstattung der EU mit eigenen Mitteln normiert ist, keine Ausnahme von dem Prinzip der begrenzten Einzelermächtigung darstellt, vgl. *BVerfGE* 89, 155 ff. (195 ff.).

Die vertraglichen Grundlagen der EU beinhalten also mit dem Ziel der Währungsunion den Transfer einer für die Staatlichkeit wichtigen Kompetenz. Die sonstigen Zuständigkeitsverlagerungen stellen aber jedenfalls qualitativ keine so weitreichenden Eingriffe in die Souveränität der Mitgliedstaaten dar, daß insgesamt von der Schaffung einer eigenen Staatsgewalt der EU auszugehen ist. Vielmehr handelt es sich nach wie vor primär um eine Wirtschaftsgemeinschaft, in der im wesentlichen Wirtschaftskompetenzen von den Einzelstaaten auf die Gemeinschaft übertragen wurden, die Universalzuständigkeit des jeweiligen Mitgliedstaates aber unangetastet bleibt[82].

Mit dem Blick auf das Grundgesetz der Bundesrepublik Deutschland wird eine andere Perspektive für die Beurteilung einer eigenen Staatsgewalt der EU eingenommen. Die Grundgesetzänderung im Jahr 1992[83] ermöglichte in Art. 23 I S. 2 GG die Übertragung von Hoheitsrechten auf die EU. Dies hat für die Bundesrepublik potentiell den partiellen Verlust von Souveränität[84] zugunsten der europäischen Union zur Folge[85]. Insofern wird eine zumindest begrenzte Staatsgewalt auf Seiten der EU auch durch das Grundgesetz eingeräumt. Von entscheidender Bedeutung ist hier aber, daß Art. 23 I S. 2 GG zwar zur Übertragung von Hoheitsrechten legitimiert, im konkreten Einzelfall dafür aber stets ein Gesetz erforderlich ist, welches zudem der Zustimmung des Bundesrates bedarf[86]. Es handelt sich hier mithin nicht um eine "pauschale" Hoheitsübertragung; vielmehr finden die Willensbildung und die schließliche Entscheidung über den einzelnen Übertragungsakt im bundesdeutschen Parlament statt. Art. 23 I GG gewährleistet somit die Einflußnahme des Bundestages hinsichtlich der Änderung oder Erweiterung der Gemeinschaftskompetenzen: Erst durch das dort geforderte Zustimmungsgesetz - nach der Terminologie des BVerfG der "innerstaat-

---

[82] Vgl. E.-J. Mestmäcker, *Frankfurter Allgemeine Zeitung* vom 4.10.1997, 15.

[83] Grundgesetz-Änderung vom 21.12.1992, *BGBl. I*, 2086.

[84] Vgl. M. Hilf, "Die Europäische Union und die Eigenstaatlichkeit ihrer Mitgliedstaaten", in: Hommelhoff u.a. (Hrsg.), siehe Anm. 72, 75 ff. (79), der m. w. Nachw. von "geteilter Souveränität" spricht.

[85] Vgl. *BVerfGE* 89, 155 ff. (182 f.).

[86] Vgl. *BVerfGE* 89, 155 ff. (183 f.).

liche Rechtsanwendungsbefehl"[87] - kommt Europarecht innerhalb Deutschlands zur Geltung.

Zusammenfassend läßt sich feststellen, daß es auf verschiedenen Sachgebieten einen Kompetenztransfer und damit die Übertragung von hoheitlichen Rechten auf die Europäische Union gibt. Weder quantitativ noch qualitativ reicht dieser jedoch aus, um der Union eine Staatsgewalt zuzusprechen, die für eine eigene Staatlichkeit genügen würde. Da es, wie oben festgestellt, zudem auch an den Elementen des Staatsvolkes und des Staatsgebietes fehlt, ist eine (Bundes-)Staatsqualität der Europäischen Union, ebenso wie die eines Staatenbundes, zu verneinen.

Als weiteres Indiz für einen Zusammenschluß der Einzelstaaten jenseits neuer, eigener Staatlichkeit der EU dient zudem der Finanzierungsmodus. Wie oben erläutert, werden die Mittel der EU zwar als "Eigenmittel" deklariert. Festzustellen ist jedoch, daß sowohl die MwSt- als auch die BSP-Eigenmittel *de facto* Finanzierungsbeiträge der Einzelstaaten sind, die aus den nationalen Haushalten gezahlt werden[88]. Im Gegensatz zu den Zöllen und Agrarabgaben fließen diese der EU nicht direkt zu, vielmehr bekommt sie die Mittel von den Einzelstaaten zugewiesen[89]. Allerdings zeichnen sich die Eigenmittel im Gegensatz zu Beiträgen dadurch aus, daß sie "nach Art und Umfang grundsätzlich unabhängig vom weiteren Willen der Mitgliedstaaten anfallen und der Gemeinschaft zustehen"[90]. Die durch die Eigenmittelfinanzierung angestrebte Finanzautonomie in Form einer eigenen Abgabengesetzgebungskompetenz wurde aber nicht erreicht. Auch die Erhebung einer u.a. vom Europäischen Parlament geforderten eigenen Gemeinschaftsabgabe als fünfter Einnahmequelle findet bis heute nicht die erforderlichen Mehrheiten. Dadurch wird zum einen deutlich, daß - inbesondere die wohlhabenden - Mitgliedstaaten nicht bereit sind, mehr Finanzautonomie auf die Union zu übertragen. Zudem zeigt auch ein Blick auf die historische Entwicklung von Finanzierungsmodi in deutschen föderalen Ordnungen, daß hier ein wichtiges Element eigener Staatlichkeit fehlt. So wurde ein ähnliches Finanzierungssystem 1820 durch die Wie-

---

[87] Vgl. auch P. Kirchhof, "Das Maastricht-Urteil des Bundesverfassungsgerichts", in: Hommelhoff u.a. (Hrsg.), siehe Anm. 72, 11 ff. (14), der in diesem Zusammenhang das Bild des nationalen Zustimmungsgesetzes als "Brücke" anführt, über die Europarecht nach Deutschland fließt.

[88] Vgl. Schmidhuber, siehe Anm. 43, 572.

[89] Vgl. P.M. Schmidhuber, "Die Notwendigkeit einer neuen Finanzverfassung der EG", *EuR* 26 (1991), 329 ff. (336).

[90] So Magiera, siehe Anm. 22, 417 f.

ner Schlußakte für den Deutschen Bund geschaffen: Die Mittelverteilung erfolgte im wesentlichen in Form von sog. Matrikularbeiträgen[91] der Einzelstaaten an die zentrale Instanz. Dabei handelt es sich um Zuweisungen von unten nach oben, ohne daß der Zentralebene eine eigene Finanzautonomie eingeräumt wird, wodurch diese Ebene eine im Verhältnis zu den Einzelstaaten eher schwache Stellung einnimmt. Diese Kompetenzaufteilung im Finanzierungsbereich - keine bzw. eine stark begrenzte eigene Steuerautonomie der Zentralebene, Mittelzuführung durch die Einzelstaaten durch (Matrikular)Beiträge[92] - ist typisch für eher lose Staatenverbindungen, die sich zwar zu einem föderalen Bündnis zusammengeschlossen haben, die aber der zentralen Ebene nur begrenzte Kompetenzen einräumen wollen und deren Einzelstaaten daher weitgehende Souveränität und eine dominante Position beibehalten[93]. Anknüpfend an die gängige Bezeichnung des Deutschen Reichs als Kostgänger der Einzelstaaten, wird daher auch von der "EU als Kostgänger der Mitgliedstaaten"[94] gesprochen.

Bei der Frage nach der Rechtsnatur der EU soll schließlich auch der Willen der Beteiligten und damit ein subjektives Element nicht unberücksichtigt bleiben. Dabei ist festzustellen, daß die Mitgliedstaaten - wenn auch mit unterschiedlichem Engagement - die Schaffung eines europäischen Staates zumindest bis heute ablehnen[95]. Dies zeigte sich insbesondere bei den Verhandlungen zum EUV, für dessen Präambel ur-

---

[91] Zu dem Begriff des Matrikularbeitrages vgl. H. Pagenkopf, *Der Finanzausgleich im Bundesstaat*, 1981, 64 f.

[92] Vgl. Jochimsen, siehe Anm. 40, 128, der hier explizite von Matrikularbeiträgen spricht.

[93] Vgl. H. Zimmermann, "Die Europäische Union als neuer föderativer Strukturtypus", in: R.-D. Postlep, *Aktuelle Fragen zum Föderalismus - Ausgewählte Probleme aus Theorie und politischer Praxis des Föderalismus*, 1996, 45 ff. (64). Die Finanzierungsform der Matrikularbeiträge zog sich allerdings über den Norddeutschen Bund bis zum Deutschen Reich, also bis zu einer eindeutig bundesstaatlichen Staatsform. Das Reich hatte dann aber zumindest die Ertragshoheit auf Zölle und, mit einigen Einschränkungen, auf die indirekten Steuern. Vgl. zu dieser Entwicklung G. Bovermann, *Die Grenzen der Inanspruchnahme eines Landes im horizontalen Finanzausgleich unter besonderer Berücksichtigung der Frage der Verfassungsmäßigkeit des Länderfinanzausgleichsgesetzes 1958*, 1962, 9 ff.

[94] So K.-D. Henke, "Die Finanzierung der EU", *Wirtschaftsdienst* 1997, 45 ff.

[95] Vgl. u.a. Stein, siehe Anm. 75, 30.

sprünglich die Bezeichnung der EU als "föderal" aufgenommen werden sollte. Da für die Briten der Begriff "federal" - "the horrible word"[96] - jedoch mit der Vorstellung von eher zentralistischen Strukturen der EU-Ebene und damit von einer eigenen Staatlichkeit der EU verbunden ist, wurde dies strikt abgelehnt[97]. Die Einrichtung eines europäischen Staates konnte daher auch insofern nicht dem Willen der einzelnen Mitglieder entsprechen, als deren nationale Verfassungen eine Einordnung in einen übergeordneten Staat nicht zulassen[98].

Das BVerfG schließlich hat sich für die Bezeichnung des "Staatenverbundes" entschieden, der eine eigentümliche Zwitterstellung zwischen Bundesstaat und Staatenbund einnimmt und der der "besonderen Verbundenheit der Mitgliedstaaten im Willen zur gemeinsamen Wahrnehmung von Hoheitsgewalt" Rechnung tragen soll[99]. Zugleich handelt es sich hierbei um einen fließenden, gleitenden Begriff, wodurch die in den Verträgen zum Ausdruck kommende Dynamik der EU-Strukturen und das darin beinhaltete Entwicklungspotential[100] berücksichtigt werden soll.

Ob aus dieser besonderen Rechtsnatur des Staatenverbundes eine Pflicht zum Finanzausgleich erwächst, ist Gegenstand der folgenden Ausführungen.

b) Verpflichtung zum Finanzausgleich aus der Rechtsnatur des Staatenverbundes?

Wie erläutert, stellt der "Staatenverbund" nur eine Variante der unterschiedlichsten denkbaren föderalen Strukturen dar. Grundsätzlich zeichnet sich eine föderale Ordnung zunächst dadurch aus, daß sich verschiedene Einheiten aus freiem Willen zusammenschließen. Diese allgemeine Definition läßt offensichtlich ein breites Spektrum an Erschei-

---

[96] Vgl. Jochimsen, siehe Anm. 40, 120.

[97] Vgl. M. Hilf, in: *VVDStRL* 53 (1994), 7 ff. (10).

[98] Vgl. Häde, siehe Anm. 9, 559, mit dem Verweis auf die Ausnahme Großbritanniens.

[99] Vgl. Kirchhof, siehe Anm. 87, 12.

[100] Vgl. z.B. Art. A Abs. 2 EUV ("Der Vertrag stellt eine neue Stufe ... einer immer enger werdenden Union ... dar"); Art. B Abs. 1 EUV ("die volle Wahrung des gemeinschaftlichen Besitzstandes und seine Weiterentwicklung ..."); Art. D EUV ("Der Europäische Rat gibt der Union die für ihre Entwicklung erforderlichen Impulse ...").

nungsformen und Ausprägungen bündischer Strukturmerkmale wie Einheit und Vielfalt, Freiheit und Solidarität zu. Auch im Hinblick auf die finanziellen und wirtschaftlichen Gegebenheiten der einzelnen Einheiten stellt ein föderales Gebilde ein Modell dar, welches grundsätzlich offen ist für - auch grundlegende - Unterschiede innerhalb der Gesamteinheit[101]. Eine Verpflichtung zum Ausgleich finanzieller Disparitäten allein aus dem staatsrechtlichen Modell einer föderalen Ordnung erwächst mithin weder den einzelnen Einheiten noch - soweit vorhanden - der übergeordneten Ebene. Eine solche Verpflichtung könnte sich nur dann ergeben, wenn ansonsten die föderale Gemeinschaft in ihrer Existenz bedroht würde. Dies wäre beispielsweise denkbar, wenn einzelne Glieder sowohl hinsichtlich Dauer als auch Intensität in so grundlegende wirtschaftliche Schwierigkeiten gerieten, daß die Gefahr ihrer Auflösung und damit u.U. auch die der föderalen Ordnung überhaupt bestünde. Finanzielle Unterstützungen durch die anderen Einheiten wären dann als systemstabilisierende Maßnahmen notwendig, nicht jedoch, um einen Ausgleich der Wirtschaftskraft innerhalb des gesamten Gebietes zu schaffen.

Das BVerfG entschied in seiner Rechtsprechung zum Finanzausgleich in der Bundesrepublik Deutschland, daß aus der föderalen Staatsform des Bundesstaates sowohl für die Gliedstaaten als auch für den Gesamtstaat die Pflicht zum finanziellen Ausgleich abzuleiten ist. Entscheidend hierbei ist jedoch, daß diese Ausgleichspflicht nicht allein und unmittelbar aus dem allgemeinen Bundesstaatsprinzip erwächst, sondern aus dessen spezifischer Ausprägung innerhalb des Grundgesetzes[102]. Die in seiner Wurzel als offen und eher konturenlos angelegte föderale Ordnung erfährt also erst durch das Grundgesetz als konkretisierendem Element eine spezifische Bundesstaatsstruktur mit eigenen Akzenten, mit bestimmten Rechten und Pflichten für die Gliedstaaten und den

---

[101] Vgl. dazu Pagenkopf, siehe Anm. 91, 74 f., der sich hier allerdings nur auf eine Pflicht zum horizontalen Finanzausgleich innerhalb eines Bundesstaates bezieht.

[102] *BVerfGE* 72, 330 ff. (386), *BVerfGE* 86, 148 ff. (264 f.). Die BVerfG-Rechtsprechung hat sich insofern verändert, als das Gericht in seiner ersten Entscheidung zum Finanzausgleich noch konstatierte, daß eine Ausgleichspflicht der finanzstärkeren an die -schwächeren Länder direkt im bundesstaatlichen Prinzip begründet sei (*BVerfGE* 1, 117 ff. [131]). Dem entsprechend sollte eine Nivellierung der Länderfinanzen unmittelbar gegen das Bundesstaatsprinzip verstoßen (*ibid.*, 131), während darin in der jüngsten Entscheidung (*BVerfGE* 86, 148 ff. [251 f.]) "nur" ein Verstoß gegen das Angemessenheitsgebot des Art. 107 Abs. 2 Satz 1 GG gesehen wird.

Gesamtstaat. Verfassungsnormen von besonderer Bedeutung sind in diesem Zusammenhang zum einen das Gebot des "angemessenen" Ausgleichs der unterschiedlichen Länderfinanzkraft in Art. 107 II GG sowie die ebenso dort normierten "Ansprüche" bzw. "Verbindlichkeiten" der ausgleichsberechtigten bzw. -verpflichteten Länder bei einem solchen Verfahren. Zum anderen erwächst Bund und Ländern auch durch das in Art. 79 II und 106 III Nr. 2 GG verankerte Harmonisierungsgebot - bezogen auf die Gleichwertigkeit bzw. Einheitlichkeit der Lebensverhältnisse - die Pflicht, durch eine entsprechende finanzielle Ausstattung zu dessen Realisierung beizutragen, wenn nötig, eben auch durch einen Ausgleich unterschiedlicher Kapazitäten[103]. Schließlich erfährt das hiesige Bundesstaatsprinzip auch dadurch eine spezielle Prägung, daß in Art. 109 I und II GG die selbständige und unabhängige Haushaltswirtschaft von Bund und Ländern sowie die Beachtung des gesamtwirtschaftlichen Gleichgewichts verankert sind. Die hier geforderte finanzielle Autonomie von Glied- und Gesamtstaaten auf der einen Seite, die Pflicht zur Hilfeleistung bei notleidenden Gliedstaaten um des gesamtwirtschaftlichen Gleichgewichts willen auf der anderen Seite, führen zu einer Finanzausgleichspflicht zwischen den Ländern, aber auch zwischen Bund und Ländern. Auch der Gleichheitssatz des Art. 3 I GG sowie das Sozialstaatsgebot des Art. 20 I GG wirken sich insofern auf das Finanzausgleichsverfahren aus, als daraus zum einen ein "föderatives Gleichbehandlungsgebot"[104] der Länder erwächst, zum anderen die Pflicht zu einem gerechten Ausgleich zwischen Bund und Ländern, der wiederum der gleichmäßigen Grundversorgung der Bürger im gesamten Bundesgebiet dienen soll[105].

Anders verhält es sich nur in dem Fall, daß sich ein Gliedstaat in einer extremen Haushaltsnotlage befindet: Nach der BVerfG-Rechtsprechung ist das bundesstaatliche Prinzip dann als solches berührt, nicht nur in seiner verfassungsrechtlichen Konkretisierung[106]. Die Pflicht zur finan-

---

[103] Zu der in diesem Zusammenhang besonderen Problematik der Vereinigung Deutschlands vgl. P. Selmer, "Finanzverfassung im Umbruch", in: J. Ipsen u.a. (Hrsg.), *Verfassungsrecht im Wandel - Wiedervereinigung Deutschlands, Deutschland in der Europäischen Union, Verfassungsstaat und Föderalismus*, 1995, 231 ff. (234 ff).

[104] Vgl. *BVerfGE* 72, 330 ff. (404 f.), *BVerfGE* 86, 148 ff. (272).

[105] Vgl. Pagenkopf, siehe Anm. 91, 158 f. Wie sich eine "gerechte" Verteilung *in concreto* gestalten soll, bleibt dagegen - im Rahmen der verfassungsrechtlichen Vorgaben - politischen Entscheidungen überlassen.

[106] *BVerfGE* 86, 148 ff. (263).

ziellen Hilfeleistung erwächst in diesem Fall direkt aus der föderalen Ordnung. Diese Ausnahmesituation korrespondiert insofern mit der oben erläuterten föderalen Finanzausgleichsverpflichtung für den Fall, daß das System in seiner Existenz gefährdet ist. Diese verfassungsrechtlichen und strukturbewahrenden Elemente setzen dabei die notwendig zu beachtenden Rahmenbedingungen für einen Finanzausgleich; die Art und Weise, wie die genannten Ziele erreicht werden sollen, welche Instrumentarien dafür einzusetzen sind, obliegt aber - selbstverständlich im Rahmen der verfassungsrechtlichen Vorgaben - dem Beurteilungs- und Entscheidungsspielraum des Gesetzgebers und damit der politischen Willensbildung[107].

Inwieweit kann die BVerfG-Rechtsprechung aber auf die Ebene der Europäischen Union übertragen werden und damit von Nutzen sein für die Frage nach einer Verpflichtung zum Finanzausgleich innerhalb der EU?

Bewegt man sich innerhalb der Argumentation des BVerfG, können die dargestellten Interdependenzen zwischen einer föderalen Ordnung in seiner bundesstaatlichen Ausprägung und Finanzausgleichspflicht nicht auf die EU angewandt werden, handelt es sich doch um spezifisch bundesdeutsche, ganz maßgeblich durch das Grundgesetz geprägte Ergebnisse. Der Ansatz des BVerfG, daß eine eventuelle Ausgleichspflicht als Resultat eines föderalen Gebildes nur im Einzelfall und unter Hinzuziehen der verfassungsrechtlichen Grundlagen zu ermitteln ist, kann jedoch auch für die vorliegend gestellte Frage fruchtbar sein[108]. Statt auf eine Verfassung ist hier allerdings auf die vertraglichen Grundlagen der EU abzustellen.

Zu den oben genannten Vertragszielen der Solidarität, des wirtschaftlichen und sozialen Zusammenhalts, des Abbaus der Rückstände der am stärksten benachteiligten Gebiete und des Ausgleichs der wichtigsten regionalen Unterschiede auf der einen Seite sowie des Grundsatzes einer offenen Marktwirtschaft mit freiem Wettbewerb, der nur ausnahmsweise möglichen finanziellen Unterstützung von Mitgliedstaaten und des Haftungsübernahmeverbotes auf der anderen Seite ist zudem die in Art. 5 EGV zum Ausdruck kommende Gemeinschaftstreue zu nennen.

---

[107] Vgl. dazu Selmer, siehe Anm. 8, 52 ff. sowie das BVerfG in ständiger Rechtsprechung, so auch in *BVerfGE* 86, 148 ff. (271).

[108] Vgl. Häde, siehe Anm. 9, 562 ff., der hier insofern inkonsequent argumentiert, als er zuvor eine (Bundes-) Staatsqualität der EU mit Recht verneint, dann aber doch eine solche als Ausgangspunkt für eventuelle Ausgleichspflichten annimmt.

Ob daraus jedoch ähnliche Schlußfolgerungen für einen Finanzausgleich zu ziehen sind, wie es das BVerfG für Bund und Länder getan hat, ist zweifelhaft. Ein Unterschied besteht zunächst darin, daß es sich bei den EU-Regelungen weitgehend um unscharfe Begriffe und Formulierungen handelt: Entweder sind sie von vornherein als bloße Zielvorstellungen normiert und weisen schon von daher einen eher unverbindlichen Charakter auf, oder aber es sind weitgehend konturenlose, in hohem Maße auslegungsbedürftige Begriffe, die aus diesem Grund für Schlußfolgerungen hinsichtlich eines konkret umrissenen Finanzausgleichsverfahrens wenig nutzbringend sind[109]. Hinzu kommt, daß eine europäische Rechtsprechung, durch welche die genannten Normen in ihrer Aussagekraft konkretisiert werden, bisher noch fehlt.

Schließlich ist festzustellen, daß sich die verschiedenen Regelungen zu widersprechen scheinen, die Zielvorstellungen zum Teil divergieren. In einem gewissen Maß ist dies für föderal strukturierte Gebilde zwar insofern typisch, als sie *per definitionem* die sich zunächst entgegenstehenden Elemente von Autonomie und Pluralismus auf der einen Seite, von Solidarität und Gleichheit auf der anderen Seite beinhalten. Abhängig von dem politischen Willen der Beteiligten sind diese Komponenten aber zu gewichten und zu konkretisieren. Dies ist zumindest bisher nicht in dem erforderlichen Maße erfolgt, was maßgeblich der Tatsache zuzuschreiben ist, daß sowohl die wirtschaftlichen und strukturellen Gegebenheiten der einzelnen Mitgliedstaaten als auch deren Bereitschaft zu Ausgleichszahlungen an andere Staaten, d.h. zu Solidarität, höchst unterschiedlich sind, daß also eine Einigung auf politischer Ebene noch aussteht[110]. Die vertraglichen Grundlagen der EU lassen es nicht nur an einem einheitlichen Charakter fehlen; es ist zudem auch nicht erkennbar, welche Ziele die Vertragsparteien im Hinblick auf die finanzielle Ausstattung von EU und Mitgliedstaaten oder auf ein diesbezügliches Finanzausgleichsverfahren verfolgen.

Die besondere föderale Form des Staatenverbundes erfährt mithin durch die EU-Verträge nicht die Konkretisierung, die für ein näher bestimmtes Finanzausgleichsverfahren erforderlich wäre. Vor dem Hintergrund der vorangegangenen Erörterungen scheint die föderale

[109] Hier sei nur an die bereits oben kritisierten Begriffe der "wichtigsten" Unterschiede und der "stärksten" Benachteiligungen erinnert.

[110] Vgl. C. Starck, "Implikationen für Europa", *Staatswissenschaften und Staatspraxis* 4 (1993), 114 ff. (115), der als Faktoren für den Grad vorhandener Solidarität eine gemeinsame Geschichte, das Ausmaß der Rechtseinheit wie der Wirtschaftseinheit nennt.

Struktur der EU unter Einbezug der Verträge lediglich in zwei Fällen eine begrenzende Funktion auszuüben: Eine Pflicht zu Ausgleichszahlungen erwächst dann, wenn ein oder mehrere Mitgliedstaaten in eine wirtschaftlich so desolate Lage geraten sollten, daß ein Auseinanderbrechen der Union drohte. Dies wäre aus den vertraglichen Zielen der Solidarität und Gemeinschaftstreue in Verbindung mit dem Element der Systemstabilisierung einer föderalen Ordnung abzuleiten.

Die weitere Auswirkung besteht in der Ausgleichsintensität eines Finanzausgleichs: Die die Autonomie der Einzelstaaten betonenden EGV-Regelungen - insbesondere die *no-bail-out*-Klausel des Art. 104 b EGV - lassen einen so hohen Ausgleichsgrad wie den der Bundesrepublik Deutschland von zur Zeit 99,5% des Länderdurchschnitts wohl nicht zu. Daß dies zudem auch bereits an Gründen scheitern würde, die jenseits von vertraglichen Inhalten liegen, soll hier nur am Rand erwähnt sein: Wie u.a. die augenblicklich geführte Debatte um die Finanzierung der EU und die Rolle Deutschlands[111] dabei zeigen, wäre die tatsächlich vorhandene Solidarität der Mitgliedstaaten mit den dafür erforderlichen Finanzvolumina und -transfers überstrapaziert[112]. Parallelen zu den wohlhabenden bundesdeutschen Gliedstaaten, die sich zunehmend einer derart weitreichenden Unterstützung der finanzschwachen Länder verweigern, sind durchaus zu erkennen[113].

Zwischen diesen "Polen" - der Gefahr eines Auseinanderbrechens der föderalen Struktur auf der einen Seite, einer Nivellierung der finanziellen Gegebenheiten auf der anderen Seite - bietet die föderale Ordnung unter Einbezug der vertraglichen Grundlagen der EU eine Bandbreite an Finanzausgleichsmöglichkeiten sowohl hinsichtlich des Ausgleichsziels als auch des Ausgleichsmodus.

Eine Pflicht zur Durchführung eines Finanzausgleichs, der die eingangs gestellten Anforderungen an Transparenz, Konvergenz und Geeig-

---

[111] Vgl. nur bspw. M. Stabenow, "Wunsch nach Entlastung - der Streit um die Beitragszahlungen zur Europäischen Union", *Frankfurter Allgemeine Zeitung* vom 23.7.1997, 10.

[112] Vgl. dazu die eindrucksvollen Modellberechnungen von Feldsieper/Prokop, siehe Anm. 20, 52 ff. Ein politisch und finanziell noch durchsetzbarer Ausgleichsgrad wird hier auf mindestens 20% eines Mitgliedstaates unter dem europäischen Durchschnitt geschätzt (58).

[113] Vgl. den bayerischen Ministerpräsidenten Stoiber, *Spiegel* Nr. 42 vom 13.10.1997, 29, der die Ansicht vertritt, daß es für eine "Transferunion mit Beistands- und Einstandspflichten" in Deutschland "keine Bereitschaft" gebe.

netheit erfüllt, kann mithin auch auf dieser abstrakt-systematischen Begründungsebene nicht festgestellt werden.

IV. Resümee

Wie läßt sich also die derzeitige Situation in der Europäischen Union im Hinblick auf einen tatsächlich durchgeführten Finanzausgleich und in bezug auf dessen Notwendigkeit skizzieren ?

Der Finanzierungsmodus über die Erhebung von Eigenmitteln sowie die Mittelvergabe über die verschiedenen Finanzierungsinstrumente führen zu Umverteilungseffekten zwischen den einzelnen Mitgliedstaaten, die erhebliche Ausmaße angenommen haben. Dabei erfüllen die Maßnahmen aber weder einzeln noch in ihrer Gesamtheit die an ein Finanzausgleichssystem zu stellenden Anforderungen. Besonders gravierend ist dabei der Mangel an Transparenz: Die Eigenmittelarten mit ihren verschiedenen Bemessungsgrundlagen in Verbindung mit einer verschleiernden Fondsmethode führen dazu, daß es nahezu unmöglich ist, per saldo zu ermitteln, welcher Staat wieviel von der Gemeinschaft erhalten bzw. an diese abgeführt hat. Verstärkt wird dieses Phänomen dadurch, daß es bei zahlreichen - insbesondere bei den außerparlamentarischen - Entscheidungs- und Vergabeverfahren an Öffentlichkeit und damit auch an einem wichtigen Kontrollfaktor fehlt. Die bestehenden Ausnahmeregelungen - häufig das Ergebnis von politischen Verhandlungsprozessen - tragen zum einen zu der mangelnden Transparenz, aber auch dazu bei, daß die notwendige Systemkonsistenz als weitere Voraussetzung nicht in dem erforderlichen Maße gegeben ist. In diesem Zusammenhang ist zudem festzustellen, daß im Bereich der Strukturfonds die einzelnen Instrumente nur unzureichend aufeinander abgestimmt werden, so daß es auch zu Parallelförderungen einzelner Gebiete bzw. Projekte kommen kann. Eine weitere Systemschwäche besteht schließlich darin, daß auf der Einnahmen- und auf der Ausgabenseite verschiedene Maßstäbe - Staaten einerseits, Regionen andererseits - herangezogen werden, wodurch sich Verschiebungen hinsichtlich der tatsächlichen Belastung bzw. Förderung der Mitgliedstaaten ergeben.

An dem Kriterium der Geeignetheit des Ausgleichsverfahrens, das angestrebte Ziel zu erreichen, mangelt es aus zwei Gründen: Zum einen fehlt es an einem Konsens innerhalb der Gemeinschaft sowohl hinsichtlich des Ausgleichsgrads als auch bezüglich des dafür erforderlichen Ausgleichsmodus. Selbst wenn man von einem - wie auch immer ausdifferenzierten - Ausgleich zwischen den Mitgliedstaaten als Zielvorstellung ausgeht, ist das derzeitige Verfahren nicht zu dessen Erreichen geeignet, weil es nicht konsequent an die - wie auch immer gemessene - wirtschaftliche Leistungsfähigkeit der Einzelstaaten anknüpft.

Ein systematischer Finanzausgleich existiert daher zur Zeit nicht.

Ob die Gemeinschaft aus den ihr zugrunde liegenden vertraglichen Regelungen zur Schaffung eines solchen Finanzausgleichs verpflichtet ist, ist im Ergebnis zu verneinen; zu diffus und konturenlos sind die einzelnen Normen und Begriffe, als daß aus ihnen konkrete Rechtspflichten erwachsen könnten. Auch die Rechtsnatur der Europäischen Union - die föderale Konstruktion des Staatenverbundes, ohne daß dieser selbst Staatsqualität besäße - begründet für sich genommen noch keine Notwendigkeit eines Finanzausgleichssystems. Anlehnend an die Rechtsprechung des BVerfG vermag erst die Konkretisierung der föderalen Ordnung der EU durch den Einbezug ihrer vertraglichen Grundlagen Schlußfolgerungen auf einen eventuellen Finanzausgleich zuzulassen. Ausgehend von der Bandbreite an föderalen Erscheinungsformen sind grundsätzlich auch hier die unterschiedlichsten Ausgleichsmodi möglich. Die Rechtsnatur der EU in ihrer spezifischen Ausgestaltung durch den Vertrag wirkt aber dergestalt begrenzend, als ein Finanzausgleich im Falle eines drohenden Auseinanderbrechens des föderalen Gefüges rechtlich geboten ist, sowie auf der anderen Seite in der Weise, daß eine so starke Nivellierung der durchschnittlichen finanziellen Ausstattung der Einzelstaaten wie derzeit in der Bundesrepublik Deutschland nicht zulässig erscheint.

Ein Blick auf die gegenwärtige Entwicklung und die aktuellen Diskussionen im Hinblick auf das Finanzierungssystem der EU[114] läßt nicht erwarten, daß in nächster Zeit ein Konsens unter den Mitgliedstaaten darüber erzielt wird, ob und wenn ja, welcher Ausgleichsgrad innerhalb der Gemeinschaft angestrebt werden soll. Darüber hinaus ist auch eine Lösung der Frage, wer die finanziellen Mittel in welcher Höhe dafür aufbringen soll, nicht in Sicht. Beispielhaft sei hier nur auf die Rolle der Bundesrepublik Deutschland verwiesen, die sich nunmehr mit Nachdruck gegen die beträchtliche Zahlungslast wehrt[115]. Im Rahmen dieser Problematik kommt die geplante Ost-Erweiterung der EU auf durchweg finanzschwache Staaten - derzeit Polen, Ungarn, die Tschechische Republik, Estland, Slowenien und Zypern - erschwerend hinzu. Mit der

---

[114] Vgl. dazu jetzt die Beiträge von M. Kops u.a. in: R. Caesar (Hrsg.), *Zur Reform der Finanzverfassung und Strukturpolitik der EU*, 1997, 23 ff.

[115] Vgl. z.B. *Frankfurter Allgemeine Zeitung* vom 13.10.1997, 19 sowie vom 14.10.1997, 17.

Schwierigkeit der Finanzierung dieser Beitritte gehen zudem Befürchtungen auf Seiten der zur Zeit finanzierungsberechtigten Länder hinsichtlich ihrer weiteren Förderungswürdigkeit einher. So droht Spanien bereits mit einer Ablehnung der Erweiterung, falls diese Erweiterung Kürzungen der bisher zugewiesenen Finanzmittel zur Folge haben sollte[116]. In Anbetracht dieser Entwicklungen scheint eine grundlegende Einigung unter den Mitgliedstaaten in diesen Fragen immer dringlicher zu werden. Kern der Problematik ist die Überlegung, wieviel Solidarität die Regierungen, aber auch die Bevölkerungen der einzelnen Staaten den anderen Mitgliedern der Gemeinschaft entgegenbringen möchten und in welchem Ausmaß sie sich diese Solidarität leisten können.

---

[116] Vgl. *Frankfurter Allgemeine Zeitung* vom 20.9.1997, 2.

Die rechtlichen Reaktionsmöglichkeiten der Europäischen Union bei schwerwiegender und anhaltender Verletzung der demokratischen und rechtsstaatlichen Grundsätze in einem Mitgliedstaat[1]

Torsten Stein

I. Der irische Vorschlag über die Einführung eines neuen Art. F a EUV

Während der Regierungskonferenz in Dublin im Dezember 1996 unterbreitete die irische Ratspräsidentschaft dem Europäischen Rat einen allgemeinen Rahmen für einen Entwurf zur Revision der Verträge von Maastricht. Dieses Dokument enthielt neben Anregungen zur Weiterentwicklung des außenpolitischen Vorgehens, zur Verbesserung des Beschlußfassungsverfahrens und der Handlungsfähigkeit der Organe und zur Ausarbeitung einer vereinfachten Fassung der Verträge[2] erstmals auch den Vorschlag über die Einführung eines neuen Art. F a EUV über Maßnahmen im Falle einer schwerwiegenden und anhaltenden Verletzung der Grundsätze, auf die die Union gegründet ist, durch einen Mitgliedstaat.

---

1 Ich danke Frau Dr. Stefanie Schmahl für wesentliche Vorarbeiten zu diesem Beitrag. Der Beitrag ist auf dem Stand von Dezember 1997.

2 CONF/2500/96, 1 ff.; vgl. auch die hierzu erfolgten Schlußfolgerungen des Europäischen Rates von Dublin, *EU-Bulletin* Nr. 12-1996, Ziff. I.7.

Der neue Artikel F a EUV[3] sollte hiernach lauten wie folgt:

(1) Auf Vorschlag eines Drittels der Mitgliedstaaten, des Europäischen Parlaments oder der Kommission kann der Rat, der in der Zusammensetzung der Staats- und Regierungschefs tagt, einstimmig feststellen, daß eine schwerwiegende und anhaltende Verletzung der in Artikel F Absatz 1 genannten Grundsätze durch einen Mitgliedstaat vorliegt, nachdem er die Regierung des betreffenden Staats zu einer Stellungnahme aufgefordert hat.

(2) Wurde eine solche Feststellung getroffen, so kann der Rat, auf Empfehlung der Kommission und nach Anhörung des Europäischen Parlaments die Aussetzung bestimmter Rechte beschließen, die sich aus der Anwendung der Vertragsbestimmungen auf den betreffenden Staat ergeben. Für einen solchen Beschluß des Rates ist eine Mehrheit von zwei Dritteln der gemäß Artikel 148 Absatz 2 des Vertrags zur Gründung der Europäischen Gemeinschaft gewogenen Stimmen von mindestens zehn Mitgliedern erforderlich.

Der Rat kann in der Folge nach demselben Verfahren beschließen, diese Maßnahmen aufgrund einer Änderung der Situation, die zur Verhängung der Maßnahmen geführt hat, zu modifizieren.

(3) Gelangt der Rat in der in Absatz 1 genannten Zusammensetzung nach dem in diesem Absatz genannten Verfahren zu der Auffassung, daß die in diesem Absatz genannte schwerwiegende und anhaltende Verletzung nicht mehr besteht, so hebt er die nach Absatz 2 erlassenen Maßnahmen auf.

(4) Bei Beschlüssen gemäß den Absätzen 1, 2 und 3 handelt der Rat ohne Berücksichtigung der Stimme des Vertreters des betreffenden Mitgliedstaates. Für die Zwecke dieses Artikels beschließt das Europäische Parlament mit der Mehrheit seiner Mitglieder und drei Fünfteln der abgegebenen Stimmen.

Der irische Vorschlag wurde während der Regierungskonferenz in Amsterdam im Juni 1997 erörtert und kritisch überprüft. Er fand zwar hinsichtlich seiner Grundidee Zustimmung. Wegen einiger in dem Vorschlag enthaltener Unstimmigkeiten, auf die noch näher eingegangen wird[4], ist Art. F a EUV im Amsterdamer Vertrag, der am 2. Oktober 1997 unterzeichnet wurde, jedoch neu gefaßt und als Art. F.1 EUV

---

[3] CONF/2500/96, 1 ff. (16).

[4] Vgl. hierzu insbesondere unter IV.

(Art. 7 der konsolidierten Fassung) bezeichnet worden; er hat nunmehr folgenden Regelungsinhalt[5]:

> (1) Auf Vorschlag eines Drittel der Mitgliedstaaten oder der Kommission und nach Zustimmung des Europäischen Parlaments kann der Rat, der in der Zusammensetzung der Staats- und Regierungschefs tagt, einstimmig feststellen, daß eine schwerwiegende und anhaltende Verletzung der in Artikel F Absatz 1 genannten Grundsätze durch einen Mitgliedstaat vorliegt, nachdem er die Regierung des betreffenden Staates zu einer Stellungnahme aufgefordert hat.
>
> (2) Wurde eine solche Feststellung getroffen, so kann der Rat mit qualifizierter Mehrheit beschließen, bestimmte Rechte auszusetzen, die sich aus der Anwendung dieses Vertrages auf den betreffenden Staat herleiten, einschließlich der Stimmrechte des Vertreters der Regierung dieses Mitgliedstaates im Rat. Dabei berücksichtigt er die möglichen Auswirkungen einer solchen Aussetzung auf die Rechte und Pflichten natürlicher und juristischer Personen.
>
> Die sich aus diesem Vertrag ergebenden Verpflichtungen des betroffenen Mitgliedstaates sind für diesen auf jeden Fall weiterhin verbindlich.
>
> (3) Der Rat kann zu einem späteren Zeitpunkt mit qualifizierter Mehrheit beschließen, nach Absatz 2 getroffene Maßnahmen abzuändern oder aufzuheben, wenn in der Lage, die zur Verhängung dieser Maßnahmen geführt hat, Änderungen eingetreten sind.
>
> (4) Für die Zwecke dieses Artikels handelt der Rat ohne Berücksichtigung der Stimme des Vertreters der Regierung des betroffenen Mitgliedstaates. Die Stimmenthaltung von anwesenden oder vertretenen Mitgliedern steht dem Zustandekommen von Beschlüssen nach Absatz 1 nicht entgegen. Als qualifizierte Mehrheit gilt derselbe Anteil der gewogenen Stimmen der betreffenden Mitglieder des Rates, der in Artikel 148 Abs. 2 des Vertrages zur Gründung der Europäischen Gemeinschaft festgelegt ist.
>
> Dieser Absatz gilt auch, wenn Stimmrechte nach Absatz 2 ausgesetzt werden.

---

[5] Abgedruckt in K. Schelter/W. Hoyer, *Der Vertrag von Amsterdam (Bd. 4 der Schriftenreihe zur Europäischen Union)*, 1997. Im Folgenden wird den bisherigen Artikeln des EUV bzw. des EGV bei der ersten Erwähnung die Numerierung entsprechend den konsolidierten Fassungen in eckiger Klammer nachgestellt.

(5) Für die Zwecke dieses Artikels beschließt das Europäische Parlament mit der Mehrheit von zwei Dritteln der abgegebenen Stimmen und mit der Mehrheit seiner Mitglieder.

Diese Regelung, die in ihrem Absatz 1 Bezug auf die in Art. F Abs. 1 [Art. 6 Abs. 1] EUV genannte Anforderung, daß die Regierungssysteme der Mitgliedstaaten auf freiheitlichen, demokratischen und rechtsstaatlichen Grundsätzen beruhen müssen[6], nimmt, gibt - sowohl in seiner ursprünglichen als auch in seiner neuen Fassung - Anlaß zu einer kritischen Überprüfung und einem Wiederaufgreifen der Diskussion[7] über die Frage der rechtlichen Reaktionsmöglichkeiten der Europäischen Union, wenn in einem Mitgliedstaat die wesentlichen Elemente der Zugehörigkeit zu dieser nicht mehr gegeben sind.

II. Die freiheitlichen, demokratischen und rechtsstaatlichen Regierungssysteme als Schutzgut des Art. F. 1 EUV

Obgleich vertraglich nicht verankert gewesen, gehört das Bestehen eines demokratischen Regierungssystems schon seit Beginn der Europäischen Gemeinschaften zu den ungeschriebenen Mitgliedschaftsvoraussetzungen. Die ehemalige Beitrittsvorschrift des Art. 237 EWGV sah zwar ausdrücklich nur zwei Beitrittsbedingungen vor, nämlich daß es sich um

---

[6] Art. F Abs. 1 EUV ist durch den Vertrag von Amsterdam geändert worden. Er bestimmt nunmehr, daß sich die Union auf die den Mitgliedstaaten gemeinsamen Grundsätze der Freiheit, der Demokratie, der Rechtsstaatlichkeit und der Achtung der Menschen- und Grundrechte gründet, vgl. CONF/4001/97, 1 ff. (4).

[7] Zum bisherigen Diskussionsstand vgl. beispielsweise P. Dagtoglou, "Recht auf Rücktritt von den Römischen Verträgen", in: R. Schnur (Hrsg.), *Festschrift für Ernst Forsthoff*, 1972, 77 ff.; U. Everling, "Sind die Mitgliedstaaten der Europäischen Gemeinschaft noch Herren der Verträge?", in: R. Bernhardt u.a. (Hrsg.), *Völkerrecht als Rechtsordnung, Internationale Gerichtsbarkeit, Menschenrechte - Festschrift für Hermann Mosler*, 1983, 173 ff.; C.D. Ehlermann, "Mitgliedschaft in der Europäischen Gemeinschaft - Rechtsprobleme der Erweiterung, der Mitgliedschaft und der Verkleinerung", *EuR* 19 (1984), 113 ff. Nach Ansicht von M. Herdegen, "Vertragliche Eingriffe in das 'Verfassungssystem' der Europäischen Union", in: O. Due u.a. (Hrsg.), *Festschrift für Ulrich Everling*, 1995, 447 ff. (452) sollte diese Diskussion jedoch nicht überbewertet werden, da sie eher eine akademische als eine rechtliche Frage darstelle; vgl. auch M. Herdegen, *Europarecht*, 1997, § 7 Rn. 91.

einen Staat handeln mußte und dieser europäisch war. Der Beitrittsvertrag nach Art. 237 EWGV hatte aber auch die "Aufnahmebedingungen und die erforderlich werdenden Anpassungen festzulegen". Hieraus wurde der Schluß gezogen, daß die neuen Mitgliedstaaten nicht nur den gesamten "acquis communautaire", zu übernehmen hätten, sondern auch, daß beitrittsfähig nur ein auf demokratischen Grundsätzen basierender Staat sein sollte[8]. Denn das Prinzip parlamentarisch-repräsentativer Demokratie ist Bestandteil der gemeinsamen Verfassungstraditionen der Mitgliedstaaten und läßt sich daher als allgemeiner Rechtsgrundsatz des Gemeinschaftsrechts begreifen[9]. Demgemäß wurde auch die feierliche Erklärung des Europäischen Rates auf seiner Tagung am 20. April 1978, in der er die Achtung und die Aufrechterhaltung der parlamentarischen Demokratie und der Menschenrechte in allen Mitgliedstaaten als wesentliche Elemente ihrer Zugehörigkeit zu den Europäischen Gemeinschaften bezeichnete[10], in die Stellungnahme der Kommission vom 23.5.1979 zu dem Antrag der Republik Griechenland auf Beitritt zu den Europäischen Gemeinschaften aufgenommen[11]. Auf diese Weise erhielt also bereits die Gemeinschaft eine wichtige Legitimationsquelle; ihre Entscheidungsprozesse wurden an die demokratisch legitimierte Ausübung der Mitgliedschaftsrechte durch die Regierungen der Mitgliedstaaten rückgebunden[12]. Entsprechendes gilt für die durch den Maastricht-Vertrag[13] eingeführte und (noch) geltende Beitrittsregelung des Art. O EUV. Auch wenn hierin ebenfalls nicht ausdrücklich geregelt, besteht kein Zweifel daran, daß das Vorliegen eines demokratischen und freiheitlichen Regierungssystems eine wesentliche Voraussetzung

---

[8] Ehlermann, siehe Anm. 7, 114 ff.

[9] Vgl. z.B. EuGH, Urt. v. 29.10.1980, Rs. 138/79, Roquette Frères/Rat, *Slg.* 1980, 3333 ff. (3360) sowie J.A. Frowein, "Die rechtliche Bedeutung des Verfassungsprinzips der parlamentarischen Demokratie für den europäischen Integrationsprozeß", *EuR* 18 (1983), 301 ff., (309 ff.); H.J. Cremer, "Das Demokratieprinzip auf nationaler und europäischer Ebene im Lichte des Maastricht-Urteils des Bundesverfassungsgerichts", *EuR* 30 (1995), 21 ff. (37).

[10] *EG-Bulletin* Nr. 3-1978, 5 f.

[11] *ABl.* Nr. L 291 vom 19.11.1979, S. 3

[12] M. Hilf in: E. Grabitz/M. Hilf, *Kommentar zur Europäischen Union, Bd. 1* (Stand Oktober 1996), Art. F EUV, Rn. 12; Cremer, siehe Anm. 9, 41.

[13] Der am 7.2.1992 unterzeichnete Vertrag über die Europäische Union ist am 1.11.1993 in Kraft getreten.

für die Mitgliedschaft in der EU darstellt[14]. Denn nach der durch den Maastrichter Vertrag ebenfalls eingeführten Vorschrift des Art. F Abs. 1 EUV hat die Union die nationale Identität ihrer Mitgliedstaaten, deren Regierungssysteme auf demokratischen Grundsätzen beruhen, zu achten. Auch in der Präambel des EUV wird betont, daß die Errichtung der Europäischen Union u.a. in Bestätigung ihres Bekenntnisses zu den Grundsätzen der Freiheit und Demokratie erfolgt. Demgemäß nimmt es nicht Wunder, daß der Amsterdamer Vertrag vom 2. Oktober 1997 nunmehr die genannte Anforderung an eine Mitgliedschaft in Art. O Satz 1 EUV ausdrücklich normiert. Der neue Art. O Satz 1 EUV[15] bestimmt, daß nur ein europäischer Staat, der die in dem neuen Art. F Abs. 1 genannten Grundsätze - d.h. der Freiheit, der Demokratie, der Rechtsstaatlichkeit und der Achtung der Menschen- und Grundrechte - achtet, beantragen kann, Mitglied der Union zu werden.

Wegen der grundsätzlichen und fundamentalen Bedeutung dieser in Art. F Abs. 1 EUV genannten Voraussetzungen ist es daher nicht erstaunlich, daß sich der irische Vorschlag mit der Schaffung eines Feststellungs- und Sanktionsmechanismus im Falle einer schwerwiegenden und anhaltenden Verletzung des Demokratieprinzips in einem Mitgliedstaat auseinandersetzt. Im übrigen ist die Behandlung dieser Frage nicht neu. Denn mögliche Rechtsfolgen des Abrutschens eines Mitgliedstaates in die Diktatur sind schon früher diskutiert worden. So sah der am 14.2.1984 vom Europäischen Parlament verabschiedete Entwurf einer Unionsverfassung[16] in Art. 4 Abs. 4 in Verbindung mit Art. 44 vor, daß "im Falle einer schwerwiegenden und anhaltenden Verletzung der demokratischen Grundsätze oder der Grundrechte ... sowie in jedem anderen Fall einer schwerwiegenden und anhaltenden Verletzung der Vertragsbestimmungen durch einen Mitgliedstaat, die vom Gerichtshof auf Antrag des Parlaments oder der Kommission festgestellt wurde, der Europäische Rat nach Anhörung des betroffenen Staates mit Zustimmung des Parlaments Maßnahmen treffen kann, durch die die Rechte, die sich aus der Anwendung eines Teils oder der Gesamtheit der Vertragsbestimmungen ergeben, für den betreffenden Staat und seine Angehörigen ausgesetzt werden, ... (und) die so weit gehen können, daß die

---

[14] Cremer, siehe Anm. 9, 41; entsprechend hat auch das BVerfG in seinem Maastricht-Urteil vom 12.10.1993 die Erhaltung der Demokratie in den Mitgliedstaaten als Grundlage der Union bezeichnet, vgl. *BVerfGE* 89, 155 ff. (186).

[15] Art. 49 in der konsolidierten Fassung.

[16] Entwurf eines Vertrags zur Gründung der Europäischen Union, beschlossen am 14.2.1984, Dok. PE 88.842 vom 14.2.1984.

Teilnahme des betreffenden Staates am Europäischen Rat und am Rat der Union sowie an allen anderen Einrichtungen, in denen der Staat als solcher vertreten ist, ausgesetzt wird."

III. Der materielle Regelungsgehalt des Art. F.1 EUV

Trotz verfahrensrechtlicher Unterschiede[17], gleichen sich beide Vorschläge im Blick auf die materiellrechtliche Regelung. Sowohl nach dem Vorschlag des Parlaments als auch nach dem Vorschlag der irischen Ratspräsidentschaft in den Fassungen vom Dezember 1996 und nach der endgültigen Formulierung im Amsterdamer Vertrag ermächtigt die Feststellung einer schwerwiegenden und anhaltenden Verletzung der demokratischen und rechtsstaatlichen Grundsätze oder der Menschenrechte und Grundfreiheiten durch einen Mitgliedstaat den Rat, die Aussetzung bestimmter Rechte zu beschließen, die sich aus der Anwendung der Vertragsbestimmungen auf den betreffenden Staat ergeben.

1. Völkerrechtlicher Bezug des Art. F.1 EUV - Vergleich mit Ausschluß- und Suspendierungsvorschriften in Satzungen anderer internationaler Organisationen

Betrachtet man zunächst den materiellen Regelungsgehalt des neuen Art. F.1 EUV, fällt insbesondere auf, daß die Rechtsfolge "Aussetzung von bestimmten Rechten" sich an Art. 60 WVRK[18], der die Voraussetzungen für die Beendigung oder Suspendierung eines Vertrags infolge Vertragsverletzung normiert, anlehnt und damit einen nicht zu übersehenden völkerrechtlichen Charakter hat. Die gemäß Art. F.1 Abs. 2 Satz 1 EUV vorgesehene Aussetzung bestimmter Rechte stellt nämlich einen Unterfall der Beendigung der Mitgliedschaft in internationalen Organisationen dar; sie unterscheidet sich von anderen partiellen Auflösungsakten wie Austritt, Ausschluß und einverständlichem Ausscheiden

---

[17] Siehe unter IV.

[18] Das Wiener Übereinkommen über das Recht der Verträge vom 23.5.1969 ist im Einklang mit seinem Art. 84 am 27.1.1980 in Kraft getreten. Für die Bundesrepublik ist es am 26.11.1987 in Kraft getreten, vgl. *BGBl. II*, 757.

eines Mitgliedstaates[19] lediglich dadurch, daß sie von begrenzter zeitlicher Dauer und gegebenenfalls sachlicher Tragweite ist[20].

Bereits aus den Satzungen vieler internationaler Organisationen sind Ausschluß- und Suspendierungsbestimmungen als Sanktionen für vertragsbrüchiges Verhalten eines Vertragsstaates bekannt. So sieht Art. 6 der UN-Charta die Möglichkeit des Ausschlusses eines Mitglieds der Vereinten Nationen vor, das die Grundsätze der Charta beharrlich verletzt. Die Entscheidung über einen Ausschluß trifft die Generalversammlung mit Zweidrittelmehrheit auf Vorschlag des Sicherheitsrats[21]. Ist ein Mitglied aus der UN ausgeschlossen, verliert es automatisch auch den Mitgliedschaftsstatus in einigen VN-Sonderorganisationen, nämlich der UNESCO (Art. II Abs. 4 der Satzung) sowie der IMO (Art. 10 des Übereinkommens der International Maritime Organization). Auch der Internationale Währungsfonds kann einem Mitglied, das eine seiner Verpflichtungen nach dem IWF-Übereinkommen nicht erfüllt, die Berechtigung zur Inanspruchnahme der allgemeinen Fondsmittel entziehen. Wenn das betreffende Mitglied trotz Ablaufes einer angemessenen Frist weiterhin gegen die ihm obliegenden Verpflichtungen verstößt, kann es durch Beschluß des Gouverneursrats zum Austritt aus dem Fonds veranlaßt werden (Art. XXV Abschn. 2 des IWF-Übereinkommens vom 30.4.1976[22]). Eine vergleichbare Vorschrift findet sich in Art. VI Abschn. 2 des Abkommens über die International Bank for Reconstruction and Development, wonach im Falle der Nichterfüllung von Verpflichtungen gegenüber der Bank zunächst eine Suspendierung

---

[19] Eine Totalauflösung der Union und der Gemeinschaften durch einstimmigen actus contrarius im Sinne des Art. 54 WVÜ sei grundsätzlich wegen der fortgeschrittenen europäischen Integration rechtlich nicht zulässig und praktisch-politisch ohnehin kaum mehr denkbar, vgl. T. Oppermann, *Europarecht*, 1991, § 4 Rn. 190.

[20] Daß der neue Art. F.1 EUV eine solche (zeitlich gebundene) Suspendierung von Rechten im Blick hat, ergibt sich aus Art. F.1 Abs. 3 EUV, wonach der Rat die erlassenen Maßnahmen aufheben kann, wenn die schwerwiegende und anhaltende Verletzung der demokratischen Grundsätze nicht mehr besteht.

[21] Infolge dieser Bindung an eine Empfehlung des Sicherheitsrates ist der Ausschluß eines ständigen und damit gemäß Art. 27 Abs. 3 UN-Charta vetoberechtigten Mitglieds in einem solchen Fall wohl nicht denkbar; vgl. I. Seidl-Hohenveldern/G. Loibl, *Das Recht der Internationalen Organisationen einschließlich der Supranationalen Gemeinschaften*, 6. Aufl. 1996, Rn. 2030.

[22] Entsprechendes war in Art. XV Abschn. 2 der ursprünglichen Fassung des IWF-Übereinkommens von 1944 geregelt.

von der Mitgliedschaft beschlossen werden kann. Ein Jahr nach dem Zeitpunkt der Suspendierung verliert das suspendierte Mitglied seine Mitgliedschaft automatisch, es sei denn, es erfolgt eine Wiedereinsetzung in die Mitgliedschaft. Den Ausschluß eines vertragsbrüchigen Mitglieds "in zwei Etappen" sieht Art. 8 der Satzung des Europarates vor. Hat sich ein Mitglied des Europarates einer schweren Verletzung der Bestimmungen des Art. 3 schuldig gemacht, kann hiernach sein Recht auf Vertretung vorläufig entzogen und es kann vom Ministerkomitee aufgefordert werden, gemäß den in Art. 7 vorgesehen Bestimmungen seinen Austritt zu erklären. Kommt es dieser Aufforderung nicht nach, so kann das Komitee beschließen, daß das Mitglied von einem vom Komitee bestimmten Zeitpunkt an dem Rat nicht mehr angehört. Eindeutige Ausschlußregelungen enthalten ferner Art. 5 Abs. 2 a der Satzung der International Finance Corporation, Art. 7 Abs. 2 a der Satzung der International Development Association, Art. 73 des Internationalen Kakao-Abkommens 1975 und Art. 66 des Internationalen Kaffee-Abkommens.

Mittlerweile ist auch das "Washingtoner Protokoll" vom 14.12.1992 zur OAS-Charta[23] in Kraft getreten, mit dem ein neuer Art. 9 in die Charta eingefügt wurde. Diesem Art. 9 zufolge kann ein Mitgliedstaat durch Zwei-Drittel-Votum der Generalversammlung von der Mitwirkung in allen Organen der OAS suspendiert werden, wenn seine demokratisch gewählte Regierung gewaltsam abgelöst wurde und diplomatische Schritte zu ihrer Wiedereinsetzung erfolglos geblieben sind. Wie in Art. F.1 EUV ist auch in Art. 9 der OAS-Charta bestimmt, daß ein suspendiertes Mitglied seine Verpflichtungen aus der Charta weiterhin zu erfüllen hat.

Obgleich also in mehreren Satzungen internationaler Organisationen enthalten, ist von der Möglichkeit, einen Vertragsstaat aus der Organisation auszuschließen, noch kein Gebrauch gemacht worden. Beispielsweise Art. 6 UN-Charta ist trotz entsprechender Vorschläge bisher nicht angewandt worden. Am 22.12.1955 wurde dem Sicherheitsrat ein Resolutionsentwurf mit der Empfehlung unterbreitet, Israel aus den VN gemäß Art. 6 der Satzung auszuschließen - der Sicherheitsrat stimmte darüber nicht ab. Weitere Resolutionsentwürfe betrafen den Ausschluß Südafrikas; auch hier ist nicht ernsthaft versucht worden, ein Ausschlußverfahren in Gang zu setzen. Ebenso ist von dem in Art. 8 der Satzung des Europarates normierten Ausschlußrecht bislang kein Gebrauch gemacht worden. Griechenland ist zur Zeit der Militärregie-

---

[23] *ILM* 33 (1994), 1005 ff.

rung seinem Ausschluß aus dem Europarat dadurch zuvorgekommen, daß es durch Verbalnote vom 12.12.1969 die Kündigung der EMRK und gleichzeitig seinen "freiwilligen" Austritt aus dem Europarat[24] erklärt hat. Auch auf das "Ausschlußrecht" gemäß Art. XV Abschn. 2 der ursprünglichen Fassung des IWF-Übereinkommens ist nur insoweit zurückgegriffen worden, als die Tschechoslowakei im Jahre 1953 die Mittel des Fonds nicht mehr in Anspruch nehmen durfte und man sie im Jahre 1954 aufforderte, den Fonds zu verlassen. Auf diese Aufforderung hin ist die Tschechoslowakei mit Wirkung vom 31.12.1954 aus dem IWF ausgetreten[25]. Eines ausdrücklichen Ausschlusses bedurfte es deshalb nicht mehr.

Bemerkenswert ist weiterhin, daß andere Organisationen, die ein normiertes Ausschlußrecht nicht kannten, zwar ihre Satzungen änderten oder mit Satzungsänderungen drohten, um bestimmte Staaten ausschließen zu können, daß aber auch in diesen Fällen die betreffenden Staaten einem Ausschluß durch "freiwilligen" Austritt zuvorkamen. 1947 fügte beispielsweise die International Civil Aviation Organization Art. 93 lit. b in ihre Satzung ein, um die Rechtsgrundlage für den Ausschluß Spaniens zu schaffen, das jedoch freiwillig die Organisation verließ, bevor die Änderung der Satzung 1961 in Kraft trat. 1964 wurde eine Änderung der Verfassung der Satzung der International Labour Organization beschlossen, um den Ausschluß eines aus den Vereinten Nationen ausgeschlossenen ILO-Mitglieds oder eines Mitgliedes, das eine Politik der Rassendiskrimierung betreibt, zu ermöglichen. Südafrika erklärte daraufhin sofort seinen Austritt, der satzungsgemäß 1966 wirksam wurde[26]. Die Satzungsänderung ist jedoch gleichwohl nicht in Kraft getreten; die erforderliche Zahl von Ratifikationen[27] ist nicht erreicht worden. Auch die Food and Agriculture Organization of the United Nations plante 1963 die Aufnahme einer Ausschlußregelung in ihre Satzung um gegen ein Mitglied vorgehen zu können, das die in der Präambel der Satzung niedergelegten Prinzipien beharrlich verletzt hat. Obgleich in der Abstimmung vom 5.12.1963 der Vorschlag nicht die erfor-

---

24 *ZaöRV* 30 (1970), 417 f.; vgl. auch Seidl-Hohenveldern/Loibl, siehe Anm. 21, Rn. 2030.

25 Vgl. Seidl-Hohenveldern/Loibl, siehe Anm. 21, Rn. 2030.

26 C.F. Amerasinghe, *Principles of the Institutional Law of International Organizations*, 1996, 123.

27 Zwei Drittel der Mitglieder der ILO.

derliche Zweidrittelmehrheit der FAO-Konferenz erhielt, trat Südafrika am 18.12.1963 mit Wirkung zum 18.12.1964 aus der FAO aus[28].

Der Grund für die Tatsache, daß es zu einem Ausschluß von der Mitgliedschaft noch nicht gekommen ist, dürfte darin zu sehen sein, daß Sinn und Zweck eines Ausschlusses zweifelhaft sind. Rechtsfolge des Ausschlusses ist nämlich grundsätzlich der Fortfall aller sich aus der Organisation ergebenden Rechte und Pflichten des betreffenden Mitgliedstaates[29]. Zwar spricht für die Zulässigkeit des Ausschlusses die Tatsache, daß die Organisation nur auf diese Weise die Möglichkeit hat, sich von einem Mitglied zu befreien, das nicht bereit oder in der Lage ist, die Pflichten zu erfüllen, die sich aus der Satzung der Organisation ergeben. Auch beendet der Ausschluß das mögliche Veto des vertragsbrüchigen Mitglieds bei Entscheidungen der Organisation, für die Einstimmigkeit erforderlich ist. Darüber hinaus vermag diese Sanktion der Spezial- und Generalprävention zu dienen[30]. Demgegenüber wiegt aber der Nachteil des Ausschlusses von der Mitgliedschaft schwerer. Er ist vor allem in der Tatsache zu sehen, daß er den Rechtsbrecher gerade von denjenigen Pflichten befreit, deren Verletzung den Ausschluß herbeigeführt hat[31]. Durch den Ausschluß eines Mitglieds besteht außerdem die Gefahr, daß die Organisation einen Teil ihrer Effektivität verliert, auch läuft der Ausschluß der beispielsweise in den VN angestrebten Universalität zuwider[32].

---

28 *Report of the 12th Session of the FAO Conference 1963*, 81, 83-84, 154.

29 Selbstverständlich gilt jedoch für den ausgeschlossenen Mitgliedstaat das *ius cogens* wie z.B. das in Art. 2 Ziff. 4 der UN-Charta normierte Gewaltverbot fort. Darüber hinaus enthält Art. 65 Abs. 2 EMRK eine weitergehende Ausnahme von dem grundsätzlichen Fortfall aller Rechte und Pflichten dahingehend, daß der betreffende Vertragsstaat bei Ausschluß gemäß Art. 8 der Satzung des Europarates in bezug auf Handlungen, die eine Verletzung der EMRK darstellen können und von dem Vertragsstaat vor dem Datum seines rechtswirksamen Ausscheidens vorgenommen wurden, nicht von seinen Verpflichtungen nach der EMRK befreit wird. Diese Regel wurde auch beim Austritt Griechenlands aus dem Europarat angewandt, vgl. Seidl-Hohenveldern/Loibl, siehe Anm. 21, Rn. 2032.

30 Ähnlich Seidl-Hohenveldern/Loibl, siehe Anm. 21, Rn. 2033 und Amerasinghe, siehe Anm. 26, 123.

31 D. Carreau, *Droit International*, 4ème édition 1994, Rn. 1369.

32 Carreau, siehe Anm. 31, Rn. 1369; Seidl-Hohenveldern/Loibl, siehe Anm. 21, Rn. 2034; Amerasinghe, siehe Anm. 26, 122.

Es ist anzunehmen, daß unter anderem unter Berücksichtigung der Erfahrung der genannten Organisationen die irische Ratspräsidentschaft nicht einen Artikel über den Ausschluß eines Mitgliedstaates aus der Europäischen Union, sondern nur die Aussetzung bestimmter Rechte vorgeschlagen hat. Denn weniger einschneidend als der vollständige Ausschluß ist die Suspendierung von Rechten des betreffenden Mitgliedstaates. Dies wird auch in den in einigen Satzungen internationaler Organisationen enthaltenen Suspendierungsvorschriften deutlich. Sie sehen nämlich keinen Entzug der Mitgliedschaft, sondern nur einen zeitweiligen Entzug bestimmter Rechte vor, entbinden den betreffenden Vertragsstaat also nicht von den sich aus der Satzung ergebenden Pflichten[33]. Sie haben damit ebenso wie der Ausschluß zum Ziel, die Vertragstreue des betreffenden Mitgliedstaates wiederherzustellen, allerdings auf eine mildere Art und Weise. So sieht z.B. Art. 19 der UN-Charta vor, daß ein Mitglied der Vereinten Nationen bei einem bestimmten Zahlungsrückstand von Beiträgen in der Generalversammlung kein Stimmrecht hat[34]. Gemäß Art. 5 der UN-Charta kann die Ausübung der Rechte und Vorrechte aus einer Mitgliedschaft bei Vorliegen von Zwangsmaßnahmen gegen diesen suspendiert werden[35]. Die in Art. 5 der UN-Charta vorgesehenen Rechtsfolgen reichen daher deutlich weiter als die des Art. 19 der UN-Charta. Der betreffende Vertragsstaat verliert nicht nur sein Stimmrecht in der Generalversammlung, sondern auch seine Repräsentations- und Stimmrechte in allen übrigen Organen[36]. Interessanterweise ermächtigt Art. 8 der Satzung des Europarates ebenfalls nicht nur zum Ausschluß eines Mitglieds, sondern

---

33 Amerasinghe, siehe Anm. 26, 114 und 117. Vgl. insbesondere den neuen Art. 9 der OAS-Charta.

34 Der Verlust des Stimmrechts tritt nach Wortlaut, systematischer Stellung und Sinn und Zweck der Vorschrift *ex lege* ein, bedarf also keiner Umsetzung durch einen konkreten Rechtsanwendungsakt, vgl. C. Tomuschat, in: B. Simma, *Kommentar zur Charta der Vereinten Nationen*, 1991, Art. 19 Rn. 14 ff.; F.L. Kirgis, *International Organizations in Their Legal Setting*, 2nd edition 1993, 560; a.A. jedoch einige von der Sanktion des Art. 19 der Satzung betroffene Staaten wie Mexiko, Doc. A/7118, 28.6.1968; Haiti, Doc. A/7129, 1.7.1968, Dominikanische Republik, Doc. A/7129, 1.7.1968 und auch die ehemalige UdSSR, Doc. A/5431, 11.6.1963.

35 Hierfür bedarf es eines Umsetzungsaktes: Die Generalversammlung entscheidet - ebenso wie bei Art. 6 der UN-Charta - mit Zweidrittelmehrheit auf Vorschlag des Sicherheitsrates.

36 Amerasinghe, siehe Anm. 26, 115 f.

auch zur Aussetzung von dessen Rechten[37]. Darüber hinaus dürfte diese Vorschrift auch als Rechtsgrundlage für die Aussetzung eines Gaststatus' im Europarat dienen. So hat der Ausschuß für politische Fragen der Versammlung des Europarates Ende des Jahres 1996 die Aussetzung des Sondergaststatus' des weißrussischen Parlaments gefordert[38]. Schließlich enthält auch der Montanvertrag in Art. 88 Abs. 5 im Falle von Vertragsverletzungen durch bestimmte Mitgliedstaaten die Möglichkeit, ihnen gegenüber Zahlungen aus der Gemeinschaftskasse auszusetzen sowie Retorsionsmaßnahmen zu verhängen, und zwar durch die Gemeinschaft selbst bzw. nach einer entsprechenden Ermächtigung seitens der Gemeinschaft durch einzelne Mitgliedstaaten. Von diesen Sanktionsmöglichkeiten ist allerdings in der Gemeinschaftspraxis noch kein Gebrauch gemacht worden[39].

2. Vereinbarkeit des Art. F.1 EUV mit dem gemeinschaftlichen Rechtssystem

Art. F.1 EUV sieht somit lediglich die gegenüber dem Ausschluß weniger einschneidende Maßnahme der Aussetzung bestimmter Rechte als Sanktionsmaßnahme für einen Mitgliedstaat vor, der sich von demokratischen oder rechtsstaatlichen Prinzipien abgewandt hat. Gleichwohl ist es zweifelhaft, ob diese Vorschrift mit dem gemeinschaftlichen Gesamtrechtssystem vereinbar ist.

Keine Zweifel bestehen zunächst daran, daß sich der irische Vorschlag und der in Folge in den Vertrag von Amsterdam aufgenommene Art. F.1 in den von Art. N Abs. 2 EUV gesetzten Grenzen hält, wonach sich die für das Jahr 1996 vorgesehene Maastricht II-Konferenz über die Revision des Unionsvertrages an den Zielen der Art. A und B EUV zu orientieren hat. Von Bedeutung ist hierbei die Verpflichtung auf die volle Wahrung des gemeinschaftlichen Besitzstandes in seiner Weiterent-

---

[37] *Ibid.*

[38] *Europe*, Nr. 6887 vom 8.1.1997, 4.

[39] Bei Art. 88 Abs. 5 EGKSV handelt es sich demnach bisher um eine "dead letter", siehe G. Bebr, *Development of Judicial Control of the European Communities*, 1981, 326; vgl. auch J. Schwarze, "Das allgemeine Völkerrecht in den innergemeinschaftlichen Rechtsbeziehungen", *EuR* 1983, 1 ff. (19).

wicklung[40]. Da zu diesem - obgleich in Art. A und B EUV nicht ausdrücklich genannt - die unantastbaren Strukturprinzipien der Art. F Abs. 1 und Abs. 2 EUV gehören[41], entspricht die Bestimmung des Art. F.1 EUV, der die Abkehr von demokratischen Grundsätzen in einem Mitgliedstaat sanktionieren und damit das Demokratieprinzip stärken will, den von Art. N Abs. 2 EUV gesetzten Zielen.

Die Einführung der gemeinschaftlichen Sanktion "Aussetzung bestimmter Rechte" könnte jedoch trotz der ihr immanenten zeitlichen Beschränkung in einem Spannungsverhältnis zu der Tatsache stehen, daß weder die drei Gemeinschaftsverträge (EGKS-Vertrag, EG-Vertrag und Euratom-Vertrag) noch der Vertrag über die Europäische Union die Beendigung der Mitgliedschaft einzelner Mitgliedstaaten in irgendeiner Weise vorsehen. Vielmehr sind die Verträge - abgesehen von Art. 97 EGKSV, wonach der EGKS-Vertrag für die Dauer von fünfzig Jahren vom Zeitpunkt seines Inkrafttreten an gilt[42] - gemäß Art. Q EUV [Art. 51] , Art. 240 EGV [Art. 312] und Art. 208 EAV auf unbegrenzte Zeit geschlossen. Die vorgeschlagene Aussetzung von Rechten eines Mitgliedstaates könnte deshalb zumindest zu den drei letztgenannten Bestimmungen[43] in jenem Widerspruch stehen, der schon gegenüber dem genannten Vorschlag des Europäischen Parlamentes gesehen wurde[44].

Obgleich die Vorschriften der Art. Q EUV, Art. 240 EGV und Art. 208 EAV lediglich von einer unbegrenzten Dauer, nicht aber von einer Un-

---

40 Vgl. auch J. Lipsius, "The 1996 Intergovernmental Conference", *ELR* 20 (1995), 235 ff. (240 f.).

41 Herdegen, in: O. Due (Hrsg.), siehe Anm. 7, 459.

42 Der Vertrag zur Gründung der Europäischen Gemeinschaft für Kohle und Stahl vom 18.4.1951 ist am 23.7.1952 in Kraft getreten gemäß Bek. v. 14.10.1952 (*BGBl. II*, 978).

43 Obgleich nach Art. 97 EGKSV der Vertrag nur für fünfzig Jahre gilt, unterliegt die in ihrer Organstruktur ohnehin schon seit dem Fusionsvertrag vom 8.4.1965 (*BGBl. II*, 1454) einheitliche Europäische Gemeinschaft faktisch keiner zeitlichen Beschränkung. Nach Ablauf der Geltungsdauer des EGKSV im Jahre 2002 wird der besonders geregelte Sachbereich Kohle und Stahl in das Anwendungsgebiet des EGV fallen, so daß Art. 97 EGKSV keine eigenständige Bedeutung mehr zukommen dürfte. Im übrigen dürfte auch eine Verlängerung des Vertrages rechtlich unproblematisch sein; vgl. M. Zuleeg, "Der Bestand der Europäischen Gemeinschaft", in: R. Bieber u.a. (Hrsg.), *Das Europa der zweiten Generation - Gedächtnisschrift für Christoph Sasse Bd. I*, 1981, 55 ff.

44 Vgl. Ehlermann, siehe Anm. 7, 120.

auflöslichkeit der Union bzw. der Gemeinschaften sprechen[45], wird überwiegend angenommen, daß jedenfalls ein Austritt (Sezession), d.h. die einseitige, gegen den Willen der Gemeinschaft und der übrigen Mitgliedstaaten erfolgende Lösung eines Mitgliedstaates, bereits aus formalen Gründen wegen der unbegrenzten Geltungsdauer der Verträge nicht zulässig sei[46]. Denn die Art. Q EUV, Art. 240 EGV und Art. 208 Euratom-Vertrag negieren ausdrücklich jede Befristung oder ein Ende der Union bzw. der Gemeinschaft durch Zeitablauf. Auch gibt die systematische Stellung der genannten Regelungen innerhalb der Verträge einen Hinweis darauf, daß ein unilateraler Austritt den Zielen des Unionsvertrages sowie der Gemeinschaftsverträge widerspricht. Sie stehen nämlich jeweils am Ende der Verträge und bilden daher als übergreifende Schlußbestimmungen mit den jeweiligen Präambeln und Zielsetzungen der Verträge[47], die einen immer engeren Zusammenschluß der europäischen Völker anstreben und eine europäische Integration bezwecken, eine thematische Einheit[48]. Darüber hinaus läßt auch das in Art. B Spiegelstrich 5 EUV normierte Ziel der Union, den gemeinschaftlichen Besitzstand zu wahren und weiterzuentwickeln, ein einseitiges Austrittsrecht eines Mitgliedstaates nicht zu. Weil sich aus der Natur der Verträge ein Kündigungs- und Rücktrittsrecht also gerade nicht herleiten läßt, ist Art. 56 Abs. 1 WVRK, der bei sonstigen internationalen Verträgen Geltung hat, auf das Recht der Europäischen Union ebensowenig wie

---

[45] Bemerkenswert ist hierbei, daß die *ad-hoc*-Versammlung für die Vorbereitung einer Europäischen Gemeinschaft in ihrem Entwurf vom 10.3.1953 zur Anpassung der geplanten Gemeinschaft an staatliche Formen vorschlug, den Begriff "unauflöslich" in den Vertrag einzuführen (H. Siegler, *Dokumentation der Europäischen Integration Bd. 1* (1961), 73). Daß man diesen Vorschlag nicht aufgriff, sondern dem ausschließlich temporal zu verstehenden Begriff "unbegrenzt" den Vorzug gab, läßt auf einen Kompromiß schließen, vgl. M. Hilf in: H. von der Groeben/J. Thiesing/C.D. Ehlermann, *Kommentar zum EWG-Vertrag, Bd. 4*, 4. Aufl. 1991, Art. 240 Rn. 2.

[46] H.P. Ipsen, *Europäisches Gemeinschaftsrecht*, 1972, 100; G. Meier, "Die Beendigung der Mitgliedschaft in der Europäischen Gemeinschaft", *NJW* 28 (1974), 391 ff.; Everling, siehe Anm. 7, 183 f.; G. Isaac, *Manual de Derecho Comunitario General*, 2a edición española 1993, 32 f.; a.A. Dagtoglou, siehe Anm. 7, 94 f.

[47] Vgl. die Erwägungsgründe Nr. 11 und 12 der Präambel und Art. A Abs. 2 des EUV sowie den Erwägungsgrund Nr. 1 der Präambel des EGV.

[48] Vgl. R. Geiger, *EG-Vertrag*, 2. Aufl. 1995, Art. 240 Rn. 8; Meier, siehe Anm. 46, 391; B. Beutler/R. Bieber/J. Pipkorn/J. Streil, *Die Europäische Union*, 4. Aufl. 1993, 3.1.2.4.; Hilf, siehe Anm. 45, Art. 240 Rn. 4.

auf das der Gemeinschaften anwendbar[49]. Die ursprünglich geschaffene Gemeinschaft beruht zwar auf einem völkerrechtlichen Akt, hat aber eine selbständige Rechtsnatur sui generis angenommen, die bereits in den 60er Jahren vom Gerichtshof als eine neue autonome Rechtsordnung[50] bezeichnet worden ist. Eine völkerrechtlich zulässige einseitige Loslösung ist daher im gemeinschaftsrechtlichen Rahmen nicht möglich.

Diesem Ergebnis steht auch der "Austritt" Grönlands im März 1984 nicht entgegen. Hierbei handelte es sich lediglich um eine Einschränkung des Geltungsbereichs der Gemeinschaftsverträge im Hoheitsgebiet des Mitgliedstaates Dänemark[51]. Grönland hatte sich aufgrund seines Autonomiestatuts im Februar 1982 durch Volksabstimmung gegen einen Verbleib in der EG ausgesprochen. Durch Vertrag vom 13.3.1984 gemäß Art. 236 EWGV wurde daraufhin die Anwendung der Gemeinschaftsverträge für Grönland aufgehoben und Grönland der Status eines assoziierten Gebiets gemäß Art. 131 ff. EWGV [Art. 182 ff.] eingeräumt[52]. Ein unilateraler Austritt eines Mitgliedstaates aus der Gemeinschaft war demnach in dem Ausscheiden Grönlands nicht zu sehen. Daß ein einseitiges Austritts- oder Kündigungsrecht eines Mitgliedstaates aus gemeinschaftsrechtlicher Sicht unzulässig ist, wird schließlich auch nicht dadurch widerlegt, daß das BVerfG in seinem Urteil zum Vertrag von Maastricht aus dem Jahre 1993[53] davon ausgeht, daß Deutschland als einer der "Herren der Verträge", die ihre Gebundenheit

---

49 Geiger, *ibid.*; Everling, siehe Anm. 7, 182; Schwarze, siehe Anm. 39, 16 ff.; a.A. hingegen: Dagtoglou, siehe Anm. 7, 94 f., der die Zulässigkeit eines Rücktritts damit begründet, daß die europäischen Verträge gerade keinen Bundesstaat entstehen lassen.

50 So der EuGH in seinen Urteilen vom 5.2.1963, Rs. 26/62, Van Gend & Loos, *Slg.* 1963, 1 ff. und vom 15.4.1964, Rs. 6/64, Costa/E.N.E.L, *Slg.* 1964, 1251 ff. In seinem Gutachten zum Europäischen Wirtschaftsraum, erstattet am 14.12.1991 (Gutachten 1/91, *Slg.* 1991, I-6079, 6102) bezeichnete der Gerichtshof den EWG-Vertrag sogar als "Verfassungsurkunde einer Rechtsgemeinschaft".

51 C.O. Lenz, *Kommentar zum EG-Vertrag*, 1. Aufl. Köln 1994, Art. 240 Rn. 5; Beutler/Bieber/Pipkorn/Streil, siehe Anm. 48, 2.2.1.4; Hilf, siehe Anm. 45, Art. 240 Rn. 14.

52 *ABl.* Nr. L 29 vom 1.2.1985, S. 1 ff.; vgl. hierzu auch W. Ungerer, "Der 'Austritt' Grönlands aus der Europäischen Gemeinschaft", *Europa-Archiv* 39 (1984), 345 ff.

53 Maastricht-Urteil vom 12.10.1993, *BVerfGE* 89, 155 ff. (190).

an den "auf unbegrenzte Zeit" geschlossenen Unions-Vertrag mit dem Willen zur langfristigen Mitgliedschaft begründet hätten, diese Zuständigkeit durch einen gegenläufigen unilateralen Akt auch wieder aufheben könne. Abgesehen davon, daß es angesichts von Art. 164 EGV [Art. 220] einem nationalen Gericht nicht obliegen kann, eine solche Interpretation der Gemeinschaftsverträge vorzunehmen, verkennt das BVerG hierbei die oben angeführten gemeinschaftsrechtlichen Prinzipien[54].

Der Umstand, daß ein unilateraler Austritt eines Mitgliedstaates aus der Europäischen Union im Blick auf die unbegrenzte Geltungsdauer der Verträge rechtlich nicht möglich ist, besagt als solcher noch nichts darüber, ob die in Art. F.1 Abs. 2 Satz 1 EUV vorgesehene zeitweilige Aussetzung von Rechten dem Grundgedanken der Gemeinschaftsverträge widerspricht. Wie oben erwähnt, stellt die Aussetzung einen Unterfall des Ausschlusses eines Mitgliedstaates dar; wesentliches Unterscheidungskriterium von diesem - wie auch von einem Austritt eines Mitgliedstaates - ist die fehlende Dauerhaftigkeit und eventuell sachliche Begrenztheit der Suspendierung.

Selbst der Ausschluß eines Mitgliedstaates dürfte im Gegensatz zu einer einseitigen Sezession auch im Blick auf die unbegrenzte Dauer der Verträge als zulässig anzusehen sein. Die Verträge sehen ein spezifisches Verfahren für den Ausschluß eines Mitgliedstaates ebensowenig wie ein Kündigungsrecht vor[55] und eröffnen damit grundsätzlich die Anwendung der völkerrechtlichen Regelungen[56]. Ein Ausschlußrecht ergibt sich zwar nicht aus der Anwendung der völkerrechtlichen "clausula rebus sic stantibus" im Sinne des Art. 62 WVRK, die bei einer grundlegenden Änderung der Umstände, die eine wesentliche Grundlage der

---

[54] So auch Lenz, siehe Anm. 51, Art. 240 Rn. 5; Everling, siehe Anm. 7, 184 und 186 f. stellt zu Recht fest, daß die Zulässigkeit eines einseitigen Austrittsrechts damit nicht begründet werden könne, daß faktisch ohnehin keine Möglichkeit bestehe, den austrittswilligen Mitgliedstaat in der Gemeinschaft zu halten. Denn diese Argumentation verwechsle Recht und Macht. Eine ganz andere Frage ist, daß die Souveränität der EU-Staaten den Austritt - unter Inkaufnahme der Konsequenzen - auch dann einschließt, wenn er einen Vertragsbruch darstellt; vgl. T. Stein, "Europäische Union: Gefahr oder Chance für den Föderalismus", *VVDStRL* 53 (1993), 27 ff. (33).

[55] Dazu Hilf, siehe Anm. 45, Art. 240 Rn. 7-9; Beutler/Bieber/Pipkorn/Streil, siehe Anm. 48, 3.1.2.4.

[56] Vgl. Art. 5 der Wiener Vertragsrechtskonvention, die auf den EG-Vertrag mangels Rückwirkung jedoch nicht direkt anwendbar wäre (Art. 4 WVRK).

vertraglichen Bindung gebildet haben, die Möglichkeit der Beendigung oder Suspendierung des Vertrages eröffnet. Abgesehen davon, daß auf Art. 62 WVRK im Rahmen des Gemeinschaftsrechts nur sehr restriktiv zurückgegriffen werden darf, nämlich, wenn Wandlungen von revolutionärem Ausmaß in Betracht kommen[57], ermöglicht der sog. Wegfall der Geschäftsgrundlage lediglich die Beendigung oder aber die Anpassung des Vertrages an die geänderten Verhältnisse[58], nicht aber dessen Fortführung unter Ausschluß des vertragsbrüchigen Mitgliedstaates. Eine mögliche Rechtsgrundlage für den Ausschluß eines Mitgliedstaates ist allerdings entsprechend der in Art. 60 Abs. 2 lit. a WVRK niedergelegten Regelung zu sehen. Danach berechtigt eine erhebliche Verletzung eines mehrseitigen Vertrages durch eine Vertragspartei die anderen Vertragsparteien, einvernehmlich den Vertrag im Verhältnis zu dem vertragsbrüchigen Staat ganz oder teilweise zu suspendieren. Dieser Regelung liegt der Gedanke zu Grunde, daß es den Vertragspartnern, die ihre Pflichten erfüllen, auf längere Sicht nicht zuzumuten ist, mit einem Partner im Verband zu bleiben, der sich hartnäckig den vertraglichen Anforderungen widersetzt. Diese völkerrechtliche Regelung dürfte auch im Europäischen Recht gelten, wenngleich ihr Anwendungsbereich sehr restriktiv zu sein hat[59]. Denn unabhängig davon, ob man in den Verträgen wegen ihrer politischen, wirtschaftlichen und gesellschaftlichen Verflechtung Akte einer Verfassungsgebung sieht[60] oder ob man die

---

[57] So beispielsweise bei einem umstürzenden Zusammenbruch oder einer grundlegenden Neuorientierung des internationalen Systems oder bei umwälzenden Vorgängen in einzelnen Mitgliedstaaten, die die Ziele der Union ernsthaft gefährden, vgl. Geiger, siehe Anm. 48, Art. 240 Rn. 9; a.A. Lenz, siehe Anm. 51, Art. 240 Rn. 5, der eine Berufung auf die "clausula rebus sic stantibus" wegen der Ausrichtung der Union auf eine ständige Integrationsentwicklung für generell unzulässig hält.

[58] Ähnlich Hilf, siehe Anm. 45, Art. 240 Rn. 12 f.; Herdegen, *Europarecht*, siehe Anm. 7, § 7 Rn. 92 geht jedoch davon aus, daß auf Grundlage des Art. 62 WVRK für den Extremfall der Umwälzung der Verfassungsstruktur eines Mitgliedstaates, dieser aus der Union ausgeschlossen werden kann.

[59] Nach der Rechtsprechung des Gerichtshofs, vgl. Urt. v. 15.7.1960, Rs. 20/59, *Slg.* VI/2 (1960), 681 ff. (713), - die sich zwar nicht mit dem eigentlichen Sanktionsverfahren beschäftigte, sondern auf dieses lediglich Bezug nahm - ist auch Art. 88 Abs. 5 EGKSV eng auszulegen, weil er in seinem Gehalt bei weitem über die bisher anerkannten klassischen Regeln des Völkerrechts hinausgeht.

[60] So die integrationsrechtliche Sicht des Unionsvertrages, vgl. Schwarze, siehe Anm. 39, 6; Everling, siehe Anm. 7, 186 ff.

Gründungsverträge lediglich als eine besonders ausgestaltete regionale Entwicklungsstufe des Völkerrechts qualifiziert[61], fehlt es an einer gemeinschaftlichen Sondernorm über den Ausschluß eines Mitgliedstaates. Für den Fall aber, daß ein Mitgliedstaat die gerichtlich bestätigten oder vom Europäischen Gerichtshof selbst ausgesprochenen Aufforderungen, sich vertragsgemäß zu verhalten, permanent mißachtet oder sich vollständig von Demokratie und Rechtsstaatlichkeit oder der Achtung der Menschenrechte abwendet[62], muß der Ausschluß des vertragsbrüchigen Partners im Sinne des Art. 60 Abs. 2 lit. a WVRK als "ultima ratio" offen bleiben[63]. Ansonsten liefe der in Art. F Abs. 1 EUV normierte Grundsatz, daß die freiheitlichen, demokratischen und rechtsstaatlichen Regierungssysteme in den Mitgliedstaaten wesentliche und zwingende Elemente der Europäischen Union sind, leer. Erforderlich für den Ausschluß eines Mitgliedstaates wäre jedoch stets das einvernehmliche Handeln aller anderen Mitgliedstaaten; die einseitige Aussetzung oder Beendigung der Verträge durch einzelne Mitgliedstaaten wäre mit der Rechtsordnung der Gemeinschaft nicht vereinbar[64].

Letzteres wird auch deutlich aus den Feststellungen des EuGH in seinem Urteil vom 13.11.1964[65], wonach die Gemeinschaftsverträge eine neue Rechtsordnung aufstellten, nach der sich die Befugnisse, Rechte und Pflichten der Rechtssubjekte sowie die zur Feststellung und Ahndung etwaiger Rechtsverletzungen erforderlichen Verfahren bestimmten. Soweit nicht ausdrücklich etwas anderes vorgesehen sei, ergebe sich aus der dem Vertrag zugrundeliegenden Gesamtauffassung, daß es den Mitgliedstaaten verboten sei, sich selbst ihr Recht zu verschaffen. Nach dieser Rechtsprechung , die ihre Argumentation - wenn auch nicht aus-

---

[61] So die völkerrechtliche Sicht des Unionsvertrages, vgl. A. Bleckmann, "Die Rechtsnatur des Europäischen Gemeinschaftsrechts - Zur Anwendbarkeit des Völkerrechts im Europäischen Rechtsraum", *DÖV* 31 (1978), 391 ff.; derselbe, *Europarecht*, 6. Aufl. 1997, Rn. 637-641; Zuleeg, siehe Anm. 43, 55; *BVerfGE* 89, 155 ff. (190) (Maastricht-Urteil vom 12.10.1993).

[62] Zuleeg, siehe Anm. 43, 64.

[63] So auch M. Schweitzer/W. Hummer, *Europarecht*, 5. Aufl. 1996, Rz. 1025; Zuleeg, siehe Anm. 43, 63; Ehlermann, siehe Anm. 7, 120; Meier, siehe Anm. 46, 393 und Schwarze, siehe Anm. 39, 30 f. sprechen hier von einer "notwehrähnlichen Situation" bzw. von einem Recht "of taking emergency action".

[64] Dies wäre im Ergebnis nicht anders zu werten als eine einseitige Sezession.

[65] EuGH, Urt. v. 13.11.1964, verb. Rs. 90-91/63, Kommission/Luxemburg und Belgien, *Slg.* 1964, 1335 = *AWD* 11 (1965), 118 ff.

drücklich, so doch konkludent - der Regelung des Art. 219 EGV [Art. 292] entlehnt, ist es den Mitgliedstaaten nur untersagt, auch im Falle schwerwiegender Interessensgegensätze einseitig Repressalien gegen andere Mitgliedstaaten anzuwenden[66]. Sie bleiben verpflichtet, die im Vertrag vorgesehenen Verfahren einzuhalten. Das einvernehmliche Handeln aller Mitgliedstaaten gegen einen beispielsweise in die Diktatur abgerutschten Mitgliedstaat wird hingegen weder von Art. 219 EGV noch von dieser Rechtsprechung erfaßt. Wenn ein Mitgliedstaat in so erheblicher Weise vertragsbrüchig ist, daß die Vertragsverletzung einer endgültigen Ablehnung der Verträge gleichkommt und ihr mit den im Vertrag vorgesehenen Verfahren - insbesondere gemäß Art. 169 ff. EGV [Art. 226 ff.] - nicht mehr begegnet werden kann[67], bestehen gegenüber der Zulässigkeit eines Ausschlusses eines Mitgliedstaates keine durchgreifenden Bedenken[68].

Diesem Ergebnis steht auch keine rechtsbildende gegenläufige Praxis entgegen, obwohl vereinzelt die Ansicht vertreten wurde, sowohl die Regierung De Gaulles, die von Juni 1965 bis Februar 1966 die sog. "Politik des leeren Stuhls" betrieben hat, als auch die britische Regierung, die im Jahre 1974 ankündigte, weitere Integrationsschritte verhindern zu wollen, hätten Ausschlußgründe gesetzt[69]. Auch im Anschluß an das ablehnende dänische Referendum vom Juni 1992 ist die Möglichkeit des Ausschlusses lediglich erörtert, jedoch wieder verworfen worden[70]. Daß von einem Ausschluß eines vertragsbrüchigen Mitgliedstaates bislang abgesehen worden ist, liegt jedoch nicht daran, daß ein Ausschluß rechtlich unzulässig wäre, sondern zum einen daran, daß die Anlässe ihn wohl nicht rechtfertigten, und zum anderen an dem Vorrang, der politischen Erwägungen der übrigen Mitgliedstaaten einge-

---

66 Beutler/Bieber/Pipkorn/Streil, siehe Anm. 48, 3.1.2.4.

67 Geiger, siehe Anm. 48, Art. 240 Rn. 10; a.A. Lenz, siehe Anm. 51, Art. 240 Rn. 6, der aufgrund der Regelung des Art. 219 EGV den Ausschluß eines Mitgliedstaates für ausgeschlossen hält und damit davon ausgeht, daß die Union über Zwangsmittel als Instrumentarium, um ein andauerndes vertragwidriges Verhalten eines Mitgliedstaates zu sanktionieren, nicht verfügt. Auch Everling, siehe Anm. 7, 182 hält den Rückgriff auf völkerrechtliche Regelungen für unvereinbar mit der Rechts- und Verfassungsordnung der Gemeinschaft.

68 So wohl auch Frowein, siehe Anm. 9.

69 Meier, siehe Anm. 46, 394; A. Gauland: "Noch einmal: Die Beendigung der Mitgliedschaft in der Europäischen Gemeinschaft", *NJW* 28 (1974), 1034 ff.; Oppermann, siehe Anm. 19; Isaac, siehe Anm. 46, 32 f.

70 Beutler/Bieber/Pipkorn/Streil, siehe Anm. 48, 3.1.2.4.

räumt wurde. Gerade im Jahre 1965 stellte sich das Problem, daß die Gemeinschaft den Ausschluß Frankreichs wohl kaum politisch überlebt hätte[71].

Ist es demnach im Blick auf die Gesamtstruktur der Verträge zulässig, einen Mitgliedstaat, der sich von einem demokratischen Regierungssystem vollständig abwendet, aus der Union auszuschließen, bestehen - *a maiore ad minus* - auch keine Bedenken, die Ausübung bestimmter Rechte einem solchen Mitgliedstaat zeitweilig zu entziehen. Dies illustriert auch die Tatsache, daß im Fall der Beitrittsassoziierung Griechenlands nach der Machtübernahme durch die Obristen die Rechtsbeziehungen zu der Gemeinschaft vorläufig zum Ruhen gebracht, von härteren Schritten jedoch abgesehen wurde[72].

Art. F.1 EUV, wie auch der neue Art. 236 EGV [Art. 309], der die Möglichkeit der Aussetzung bestimmter Vertragsrechte auf den EG-Vertrag überträgt[73], sind damit kein Fremdkörper im Gesamtsystem der Verträge, sondern mit Ziel und Rechtsnatur der europäischen Integration vereinbar. Sie "verfestigen die Europäische Union als Wertordnung einer freiheitlichen, demokratischen und rechtsstaatlichen Solidargemeinschaft mit gemeinsamen Grund- und Bürgerrechten", wie das Europäische Parlament in seiner Entschließung zum Vertrag von Amsterdam formuliert hat[74].

Eine ganz andere Frage ist, ob die Möglichkeit, Vertragsrechte eines Mitgliedstaates auszusetzen, nicht die Debatte über ein einseitiges Austrittsrecht neu beleben wird. Die Europäische Union ist die - soweit ersichtlich - einzige internationale Organisation, die mit den neuen Bestimmungen Sanktionen im Hinblick auf Mitgliedschaftsrechte vorsieht, ein Austrittsrecht des davon betroffenen Mitgliedes aber nicht kennt. Auch aus der OAS, die in ähnlicher Weise wie der EU-Vertrag einem von den Organen suspendierten Mitglied auferlegt, die Verpflichtungen aus der Charta weiterhin zu erfüllen[75], kann ein Staat gemäß Art. 149 (früher 148) unter Einhaltung einer Frist von zwei Jahren ausscheiden.

---

[71] Vgl. Ipsen, siehe Anm. 46, 497 ff.; J.H. Kaiser, "Das Europarecht in der Krise der Gemeinschaften", *EuR* 1 (1966), 4 ff.

[72] Vgl. Hilf, siehe Anm. 45, Art. 240 Rn. 13.

[73] Auf das Verhältnis beider Vorschriften zueinander ist unten (IV.2) noch einzugehen.

[74] Ziff. 11 der Entschließung vom 18.11.1997, *Europe Dokumente* Nr. 2060 vom 3.12.1997, 4.

[75] Siehe oben bei Anm. 23.

Berücksichtigt man, daß die Aussetzung "bestimmter Vertragsrechte" gemäß Art. F.1 Abs. 2 EUV im Einzelfall alle wesentlichen Vertragsrechte einschließen kann, wird für den davon betroffenen Staat die Versuchung nicht gering sein, sich allein schon zur Unterstreichung seiner Souveränität durch Austritt von den verbleibenden Vertragspflichten zu lösen. Mangels ausdrücklicher Vorschriften in den Gemeinschaftsverträgen wäre dabei nicht einmal eine Frist einzuhalten. Für die klassischen internationalen Organisationen ist in der Tat kaum zu bestreiten, daß ob der verbleibenden Souveränität der Mitglieder möglichen Sanktionen ein Austrittsrecht korrespondieren muß, ein Staat auf die Beschneidung seiner Mitgliedsrechte also gleichsam mit der Total-Amputation antworten darf.

Will man angesichts von Art. F.1 EUV und Art. 236 EGV für die Europäische Union etwas anderes behaupten, kann man wohl nur mit dem supranationalen Charakter der Union und dem quasi-verfassungsrechtlichen Charakter der Gemeinschaftsverträge[76] argumentieren und Parallelen zum Bundesstaat ziehen. Auch angesichts einer "Bundesexekution", "Bundesaufsicht" oder von "Bundeszwang"[77], die die Rechte der Gliedstaaten zumindest temporär beschneiden, erhalten jene nicht das Recht, sich aus dem Bund zu lösen. Art. F.1 EUV und Art. 236 EGV unterstreichen damit, wenn man so will, die verfassungsrechtliche Qualität der Verträge und den vor-bundesstaatlichen Charakter der Union.

Nun kann man sich natürlich auf den Standpunkt stellen - schon angesichts der nahezu völlig fehlenden Praxis in anderen Organisationen mit ähnlichen Vertragsbestimmungen[78], daß Art. F.1 EUV - wie die Nuklearwaffen in den Zeiten des Kalten Krieges - mehr der Abschreckung denn der Anwendung dienen soll. Hier wie damals funktioniert die Abschreckung aber nur, wenn die Einsatzoption glaubwürdig erscheint.

IV. Ist Art. F.1 EUV wirklich anwendbar?

Ob Art. F.1 EUV wirklich anwendbar wäre, entscheidet sich anhand der normierten Voraussetzungen, der vorgesehenen Sanktionen und nicht zuletzt an der Praktikabilität des Verfahrens.

---

[76] Vgl. zuletzt J.D. Mouton/T. Stein (Hrsg.), *Eine Verfassung für die Europäische Union?*, 1997.

[77] Vgl. nur Art. 84 und 37 GG.

[78] Siehe oben III.1.

1. Die Voraussetzungen

Materielle Voraussetzung ist eine "schwerwiegende und anhaltende" Verletzung. Die Formulierung erinnert etwas an die Formel vom "generell gewährleisteten wirksamen Schutz der Grundrechte", die das Bundesverfassungsgericht in seinem "Solange II-Beschluß" aus dem Jahre 1986[79] erstmals verwendet und im "Maastricht-Urteil" von 1993[80] bestätigt hat. Eingreifen im Interesse des Grundrechtsschutzes - in unserem Zusammenhang vergleichbar mit der Aussetzung von Vertragsrechten - wollte das Bundesverfassungsgericht nur, wenn der Grundrechtsschutz auf der Ebene des Gemeinschaftsrechts "generell und offenkundig unterschritten" werde, so daß selbst gravierende Einzelfälle allein dafür wohl nicht ausreichen[81]. Es spricht viel dafür, daß auch Art. F.1 EUV nur in Evidenzfällen, etwa im Falle eines Militärputsches mit all seinen üblichen Konsequenzen, zur Anwendung kommen könnte.

Generelle Maßstäbe muß man wohl auch anlegen bei der Bestimmung der Freiheits-, Demokratie-, Rechtsstaats- und Grundrechtsstandards, die von einem Mitgliedstaat der EU nicht unterschritten werden dürfen. Art. F.1 Abs. 1 EUV verweist wohl nicht ohne Absicht nur auf Art. F Abs. 1 ("Grundsätze"), aber nicht auf die Quellen jener Grundsätze in Art. F Abs. 2, jedenfalls soweit die Grundrechte betroffen sind. Damit erübrigt sich auch eine Auseinandersetzung mit der Frage, ob die gemeinsamen Verfassungsüberlieferungen der Mitgliedstaaten, die EMRK, oder die beide verbindenden allgemeinen Rechtsgrundsätze des EuGH den Standard bestimmen, und damit auch die Eingriffsschwelle des Art. F.1 EUV, vor allem wenn die Komponenten hinsichtlich einzelner Grundrechte eher unterschiedlich ausgestaltet sind.

Die "Grundsätze" des Art. F Abs. 1 EUV bezeichnen kaum mehr als den Kern- oder Wesensgehalt der dort genannten einzelnen Verbürgungen. Das Verständnis von Demokratie ist so vielfältig wie die Zahl (unzweifelhaft) demokratischer Staaten; das zuweilen mit Minderheiten sehr rigide umgehende bisherige englische Wahlrecht könnte nicht über Art. F.1 EUV korrigiert werden. Das Volk eines EU-Mitgliedstaates mag (auf demokratischem Wege) beschließen, angesichts einer Gefähr-

---

79 *BVerfGE* 73, 339.

80 *BVerfGE* 89, 155, Ziff. III.B.2.e.

81 Vgl. dazu T. Stein, "Umgekehrt! Bemerkungen zum 'Solange II'-Beschluß des Bundesverfassungsgerichts", in: W. Fürst (Hrsg.), *Festschrift für Wolfgang Zeidler, Bd.* 2, 1987, 1711 ff. (1725).

dungslage die innere Sicherheit höher zu bewerten als manche Freiheiten. Rechtsstaatlichkeit ist, vor allem was rechtsstaatliche Verfahrensgebote angeht, ein unterschiedlich ausgelegter Begriff[82]. Auch die "Grundsätze" werden nur in Fällen evidenter Abkehr unterschritten sein. Und man darf nicht übersehen, daß Art. F.1 Abs. 1 EUV von schwerwiegenden und anhaltenden "Verletzungen" spricht und nicht von schwerwiegenden und anhaltenden Einschränkungen. Der vernünftige Einsatz nationaler Notstandsgesetze bleibt ebenso möglich wie die Anwendung von Art. 15 EMRK mit der - auch längerfristigen - Aussetzung menschenrechtlicher Garantien[83]. Art. F.1 EUV eignet sich nicht zum erhobenen Zeigefinger jener Mitgliedstaaten, die sich einen höheren Standard der "Grundsätze" leisten können.

2. Die Sanktionen

Art. F.1 EUV und Art. 236 EGV sehen die Aussetzung "bestimmter Vertragsrechte" vor, im Falle des Art. F.1 EUV ausdrücklich auch "einschließlich der Stimmrechte ... im Rat". Daran ist manches undeutlich, wie die Wiederholung der Vorschriften des Art. F.1 EUV in Art. 236 EGV überhaupt. Nach Art. 236 Abs. 1 EGV gilt die Aussetzung von Stimmrechten gemäß Art. F.1 EUV generell auch für den EG-Vertrag. Soll das aber hier für den Rat nicht gelten, weil er in Art. 236 EGV nicht ausdrücklich erwähnt wird? Dann aber kann der (EG-)Rat gemäß Art. 236 Abs. 2 EGV "darüber hinaus" die Aussetzung bestimmter (EG-)Vertragsrechte beschließen. Das erscheint einerseits sinnvoll, weil die spürbare Aussetzung von Vertragsrechten sich am ehesten im Rahmen des EG-Vertrages realisieren läßt, wo es auch und oft um Geld geht. Andererseits ist es ein Beleg dafür, wie unsinnig komplizierend die Beibehaltung der "Säulenkonstruktion" auch im Vertrag von Amsterdam ist. Daß die ausdrückliche Erwähnung der Stimmrechtsaussetzung "im Rat" für den EUV Sinn macht, ließe sich damit begründen, daß es dort (im EUV) sonst nicht viel "auszusetzen" gäbe, und daß damit deutlich wird, daß es mit dem Rat nicht etwa ein "Souveränitäts-Reservat" gibt, für das die Sanktionen des Art. F.1 EUV nicht greifen könnten.

---

82 Vgl. nur E. Forsthoff, *Rechtsstaat im Wandel*, 2. Aufl. 1976 und P. Kunig, *Das Rechtsstaatsprinzip*, 1986.

83 Siehe dazu T. Stein, "Die Außerkraftsetzung von Garantien menschenrechtlicher Verträge", in: I. Maier (Hrsg.), *Europäischer Menschenrechtsschutz*, 1982, 135 ff.

Aber dann fällt wieder auf, daß man sich der Konsequenzen einer Aussetzung des Stimmrechts im Rat möglicherweise nicht durchgehend angenommen hat. Während man Art. 236 Abs. 4, 2. Unterabsatz EGV noch so lesen kann, daß nach Aussetzung des Stimmrechts eines Mitgliedstaates der (EG-)Rat auch in Fällen notwendiger Einstimmigkeit noch beschlußfähig bleibt, fehlt eine entsprechende Vorschrift in Art. F.1 EUV für das "Unionsdach", das mit der 2. und 3. Säule in besonderer Weise auf Einstimmigkeit angewiesen ist. Gibt es in einem solchen Fall dann keine gemeinsamen Standpunkte oder Aktionen im Rahmen der GASP mehr? Das kann doch wohl nicht gewollt sein und wäre leichter hinweg zu interpretieren, wenn es in Art. 236 Abs. 4 EGV für den EG-Vertrag nicht ausdrücklich stünde.

Es gibt weitere Fragezeichen, die in diesem Rahmen auch nur kurz angedeutet werden können: "Bestimmte Rechte" in Art. F.1 EUV und Art. 236 EGV besagen sicherlich, daß die Aussetzung präzise benannt werden muß. Im Sinne notwendiger Flexibilität konnte man die Rechte auch nicht vorab im Einzelnen benennen. Letztlich können "bestimmte" Rechte aber auch "alle" sein. Aber könnte man gemäß Art. F.1 EUV oder Art. 236 EGV auch den Kommissar des betroffenen Mitgliedstaates suspendieren, der nach Art. 157 EGV [Art. 213] "Europäer" und nicht Vertreter seines Heimatstaates sein muß? Oder die Abgeordneten im Parlament, die doch Völker vertreten und nicht Staaten? Und wie ist es mit den "sich aus diesem Vertrag ergebenden Verpflichtungen des betroffenen Mitgliedstaates, [die] für diesen auf jeden Fall weiterhin verbindlich [bleiben]"? Gilt das nur für den status quo zum Zeitpunkt der Aussetzung des Stimmrechts, oder auch für während der Aussetzung beschlossenes Sekundärrecht? Im letzteren Fall bekäme die im Amsterdamer Vertrag neu eingefügte "Flexibilität"[84] eine zusätzliche Bedeutung.

Und letztlich macht auch die in den Amsterdamer Vertrag aufgenommene "Unionsbürger-Klausel"[85], die weder im Vorschlag des Europäischen Parlaments noch im irischen Vorschlag enthalten war, die Anwendung der Sanktionen nicht einfacher, denn: welche Aussetzung von Vertragsrechten hat keine "möglichen Auswirkungen auf die Rechte und Pflichten natürlicher und juristischer Personen", insbesondere im Rahmen des EG-Vertrages? Das wird oft auch die Bürger anderer Mit-

---

[84] Art. K.15 [Art. 43] und K.16 [Art. 44] EUV sowie Art. 5 a EGV [Art. 11] in der Fassung des Amsterdamer Vertrages.

[85] Art. F.1 Abs. 2 Satz 2 EUV = Art. 236 Abs. 2 Satz 2 EGV.

gliedstaaten treffen, auch wenn die Vertragspflichten weiter verbindlich bleiben[86].

3. Das Verfahren

Während das Europäische Parlament 1984 dem Europäischen Gerichtshof noch eine entscheidende Weichenstellung bei der Feststellung der Voraussetzungen für Sanktionen überantworten wollte[87], ist der Gerichtshof durch die in den Amsterdamer Vertrag aufgenommene Formulierung zunächst ausgeschlossen[88]. Die Entscheidung, ob die Feststellung gemäß Art. F.1 Abs. 1 EUV getroffen werden soll, ist zwar keine "intergouvernementale", aber eine deutlich politische geworden. Sie wird einstimmig vom Rat getroffen in der seltenen Konfiguration der Staats- und Regierungschefs[89]. Die Regelung des Vorschlagsrechts errichtet keine unüberwindlichen Hürden; "ein Drittel der Mitgliedstaaten" ermöglicht jedenfalls zur Zeit Koalitionen, die auch schon Staatenbeschwerden gemäß Art. 24 EMRK erhoben haben; wenn das Europäische Parlament gegenüber dem irischen Entwurf jetzt zustimmen muß, braucht es nicht auch gleichzeitig Antragsteller zu sein[90].

---

[86] Wenn die Forderung des EP in seiner Entschließung zum Amsterdamer Vertrag, siehe Anm. 74, Ziff. 12, 9. Spiegelstrich, derzufolge die Aussetzung von Vertragsrechten "auf keinen Fall Rechte der Unionsbürger beeinträchtigen darf", ernst genommen würde, bliebe Art. F.1 EUV bzw. Art. 236 EGV wohl völlig wirkungslos.

[87] Siehe oben II.

[88] Art. F.1 EUV fällt gemäß Art. L EUV [Art. 46] nicht in die Jurisdiktionskompetenz des Gerichtshofes, Art. 236 EGV dagegen schon. Hier wäre dann die Situation ähnlich wie bei Titel V des EUV (GASP) und Art. 228a EGV [Art. 301], bei der der EuGH die (politische) Grundentscheidung allenfalls inzidenter beurteilen könnte. Das Europäische Parlament hat eine Kontrolle des Gerichtshofes über "jedwede Aussetzung" von Mitgliedstaatsrechten gefordert, siehe Anm. 86.

[89] In dieser Zusammensetzung entscheidet der Rat ansonsten nur im Rahmen der Wirtschafts- und Währungsunion (vgl. Art. 109j und 109k EGV [Art. 121, 122], allerdings als Organ der EG, nicht als Europäischer Rat, der er auch in dieser Zusammensetzung nicht sein können soll; vgl. Schweitzer/Hummer, siehe Anm. 63, Rz. 189 und 148).

[90] Im Entwurf des EP aus dem Jahre 1984 war die doppelte Befassung des Parlamentes wegen der Zwischenschaltung des EuGH noch sinnvoll.

Undeutlich erscheint die Berechnung der erforderlichen (qualifizierten) Mehrheit im Rat. Solange er einstimmig zu entscheiden hat (Art. F.1 Abs. 1 EUV), bleibt die (mutmaßlich negative) Stimmabgabe des betroffenen Staates ebenso unbeachtlich wie Stimmenthaltungen anderer. Wenn es dann um die Bestimmung der auszusetzenden Vertragsrechte geht (Art. F.1 Abs. 2 EUV), entscheidet der Rat mit qualifizierter Mehrheit, wobei nach Art. F.1 Abs. 4 EUV wiederum die Stimme des Vertreters der Regierung des betroffenen Mitgliedstaates unberücksichtigt bleibt[91]. Als qualifizierte Mehrheit gilt dann "derselbe Anteil der gewogenen Stimmen der betreffenden Mitglieder des Rates, der in Art. 148 Abs. 2 EGV [Art. 205 Abs. 2] festgelegt ist". Da es in Art. 236 Abs. 4 EGV heißt, daß "Abweichend von Artikel 148 Absatz 2 ... derselbe Anteil ... [gilt] ... der in Artikel 148 Absatz 2 festgelegt ist", kann das eigentlich nur bedeuten, daß sich mit der Nichtberücksichtigung der Stimme des betroffenen Staates zum einen die Gesamtzahl der Stimmen ermäßigt und entsprechend auch die Zahl der für die qualifizierte Mehrheit erforderlichen Stimmen. Das hängt dann jeweils davon ab, wieviele Stimmen der "betroffene Staat" einbrachte, die jetzt unberücksichtigt bleiben. Ob dabei dann auch der "Kompromiß von Ioannina" gilt, bleibt offen[92].

Auch das Verfahren, das im irischen Vorschlag etwas durchsichtiger erschien, macht damit die tatsächliche Anwendung von Art. F.1 EUV nicht einfacher.

V. Schlußbetrachtung

Die Einführung einer unter Umständen durchaus drastischen Sanktion im Falle der Abkehr von demokratischen, rechtsstaatlichen und die Menschenrechte achtenden Grundsätzen in das Recht der Europäischen Union ist sinnvoll, nicht zuletzt im Hinblick auf die in Aussicht genommene Erweiterung. Auch die Erklärung von Kopenhagen[93] war in vergleichbarem Zusammenhang zu sehen. Das bisherige Arsenal an

---

[91] Obwohl dieser Vertreter noch abstimmen kann, weil die entsprechenden Rechte noch nicht ausgesetzt wurden oder im Ergebnis gar nicht ausgesetzt würden.

[92] Beschluß des Rates vom 24.3.1994, *ABl.* Nr. C 105 vom 13.4.1994, S. 1; neu gefaßt in *ABl.* Nr. C 1 vom 1.1.1995, S. 1.

[93] *EG-Bulletin* Nr. 3-1978, 6.

Vertragsvorschriften war nicht oder nur sehr bedingt geeignet[94], solchen Lagen Rechnung zu tragen. Eine Suspendierung von Vertragsrechten auch für den Fall schwerwiegender Verletzungen der eher ökonomischen Vertragsbestimmungen vorzusehen, wie dies das Europäische Parlament noch 1984 tat, mag sich angesichts von Art. 171 Abs. 2 EGV [Art. 228] in der Fassung des Maastrichter Vertrages erübrigen.

Ob Art. F.1 EUV eine scharfe Waffe sein könnte, ist allerdings eher fraglich, und damit sinkt auch sein Abschreckungswert. Zu auslegungsfähig erscheinen - nicht die Voraussetzungen - aber die Sanktionen, zu wenig durchdacht ihre Konsequenzen. Zu viele Bedenken ("auf keinen Fall Rechte der Bürger beeinträchtigen") lassen das kaum gezückte Schwert stumpf erscheinen. Es gibt - gottlob - ohnehin wenig Grund anzunehmen, daß die Europäische Union die erste internationale Organisation sein könnte, die die Suspendierungsvorschriften ihrer Satzung auch tatsächlich anwendete. Müßte (oder sollte) sie es aber tatsächlich einmal, wäre es angesichts dieser - geradezu typisch europäisch komplizierten und sich selbst neutralisierenden - Regeln eher verwunderlich, wenn sie es könnte.

---

94 Vgl. für die Art. 224 und 225 EGV Frowein, siehe Anm. 9, 312 ff.

Die Einheit des Gemeinschaftsrechts steht auf dem Spiel

Manfred Zuleeg

I. Die übernationale Rechtsordnung der Europäischen Gemeinschaft

Der Jubilar hat sich im Jahr 1958 zum übernationalen Charakter der Europäischen Wirtschaftsgemeinschaft (EWG) geäußert. Im Gegensatz zum Gründungsvertrag der Europäischen Gemeinschaft für Kohle und Stahl (EGKS) in seiner ursprünglichen Fassung kommt im Gründungsvertrag der EWG das Prädikat "übernational" nicht vor. *Günther Jaenicke* gelangt jedoch anhand der Entstehungsgeschichte, des institutionellen Aufbaus der neuen Gemeinschaft und der Befugnisse ihrer Organe zu dem Schluß, daß die EWG doch als übernationale Organisation zu kennzeichnen ist. In diesem Zusammenhang stellt er fest: "(D)er Zweck der Gründung einer übernationalen Gemeinschaft besteht ... darin, durch Einschaltung übernationaler Organe die Formung einer gemeinschaftlichen Politik der Mitgliedstaaten auf den Aufgabengebieten der Gemeinschaft zu fördern und, soweit eine solche gemeinschaftliche Politik vertraglich festgelegt oder beschlossen ist, ihre *einheitliche*, von nationalen Sonderinteressen unbeeinflußte *Durchführung* zu sichern."[1]

In der Folge hat die EWG, heute Europäische Gemeinschaft (EG) genannt, eine weit ausgefächerte Rechtsordnung entwickelt. Die Gemeinschaft hat Verordnungen erlassen, die allgemeine Geltung haben und in

---

[1] G. Jaenicke, "Der übernationale Charakter der Europäischen Wirtschaftsgemeinschaft", *ZaöRV* 19 (1958), 153 ff. (insbes. 196); Hervorhebung vom Verfasser.

allen ihren Teilen verbindlich sind (Art. 189 Abs. 2 EGV). Diese Art der Gesetzgebung schließt die Mitgliedstaaten als Adressaten ein, sonst hätten solche Rechtsakte keine allgemeine Geltung. Die Verbindlichkeit bedeutet, daß auch widerstrebende Adressaten die in Verordnungen der EG begründeten Pflichten zu erfüllen haben. Die EG hat weiterhin eine Vielzahl von Richtlinien hervorgebracht. Sie sind für jeden Mitgliedstaat, an den sie gerichtet sind, hinsichtlich des zu erreichenden Ziels verbindlich (Art. 189 Abs. 3 EGV). Die Mitgliedstaaten werden also ausdrücklich in die Pflicht genommen ohne Rücksicht darauf, ob sie den Inhalt der Richtlinien billigen. Schließlich können Entscheidungen an die Mitgliedstaaten gerichtet werden. Diese Rechtsakte sind in allen ihren Teilen für diejenigen verbindlich, die sie bezeichnen. An die Gründungsverträge mit allen ihren Anhängen, Änderungen und Ergänzungen haben sich die Mitgliedstaaten selbst gebunden. Sie unterstehen also einer Rechtsordnung, deren Träger kein Staat ist. Die EG übt eine übernationale Hoheitsgewalt aus.

Der Gerichtshof der Europäischen Gemeinschaften, kurz Europäischer Gerichtshof (EuGH), vertritt in ständiger Rechtsprechung den Standpunkt, daß die EG eine eigene Rechtsordnung besitzt, die auf dem Boden aller Mitgliedstaaten gilt.[2] Die Rechtsordnung der EG ist somit nicht in die Rechtsordnungen der Mitgliedstaaten eingegliedert.[3] Diese müssen bereit sein, ihren "Souveränitätspanzer" aufbrechen zu lassen und hinzunehmen, daß das Gemeinschaftsrecht "im Durchgriff" ihren vorher ausschließlichen Hoheitsbereich erfaßt.[4] Die Vertragsparteien entsprechen dieser Erwartung. So hat das Bundesverfassungsgericht (BVerfG) frühzeitig anerkannt, daß neben der deutschen Rechtsordnung die der Gemeinschaft als eigene Rechtsordnung auf dem Territorium der Bundesrepublik Deutschland gilt.[5] Man müßte folglich anneh-

---

[2] EuGH, Urt. v. 15.7.1964, Rs. 6/64, Costa/ENEL, *Slg.* 1964, 1251 ff. (1269); Urt. v. 13.2.1969, Rs. 14/68, Wilhelm/Bundeskartellamt, *Slg.* 1969, 1 ff. (14); Urt. v. 17.12.1970, Rs. 11/70, Internationale Handelsgesellschaft/Einfuhr- und Vorratsstelle für Getreide und Futtermittel, *Slg.* 1970, 1125 ff. (1135); Gutachten 1/91 v. 14.12.1991, *Slg.* 1991 I-6079 ff. (6102) - EWR I.

[3] Mißverständlich EuGH in den Rs. 6/64 und 14/68, siehe Anm. 2; die Formulierung wurde später nicht wieder aufgenommen.

[4] H.P. Ipsen, *Europäisches Gemeinschaftsrecht*, 1972, 120-128.

[5] BVerfG, Beschl. v. 18.10.1967, *BVerfGE* 22, 293 ff. (296 f.); Beschl. v. 9.6.1971, *BVerfGE* 31, 145 ff. (173 f.); dazu J.A. Frowein, "Europäisches Gemeinschaftsrecht und Bundesverfassungsgericht", in: Ch. Starck (Hrsg.), *Bundesverfassungsgericht und Grundgesetz, Bd. II*, 1976, 187 ff. (189-201). Neuer-

men, daß die übernationale Rechtsordnung keinen Schaden nimmt, wenn sie in deutsches Hoheitsgebiet eindringt, zumal die angeführte Rechtsprechung des BVerfG nie widerrufen worden ist. Dessen kann man aber nicht mehr so sicher sein. Der Grundrechtsschutz und die Kompetenzordnung in der EG werden als Gründe angeführt, der übernationalen Rechtsordnung die volle Wirksamkeit im innerstaatlichen Bereich abzusprechen.

II. Grundrechtsschutz

Im Urteil zum Vertrag von Maastricht gibt das BVerfG zwar zu, daß der Grundrechtsschutz gegenüber der gemeinschaftlichen Hoheitsgewalt für deren gesamtes Geltungsgebiet gewährleistet werden muß. Das BVerfG fügt aber hinzu, daß es aufgrund seiner Zuständigkeit dafür sorge, einen wirksamen Schutz der Grundrechte für die Einwohner Deutschlands auch gegenüber der Hoheitsgewalt der Gemeinschaften generell sicherzustellen. Der gemeinschaftliche Grundrechtsschutz müsse dem vom Grundgesetz als unabdingbar gebotenen Grundrechtsschutz im wesentlichen gleich zu achten sein, namentlich den Wesensgehalt der Grundrechte generell verbürgen. Das BVerfG sichere so diesen Wesensgehalt auch gegenüber der Gemeinschaftsgewalt. Auch Akte einer besonderen, von der Staatsgewalt der Mitgliedstaaten geschiedenen öffentlichen Gewalt einer supranationalen Organisation beträfen die Grundrechtsberechtigten in Deutschland. Sie berührten damit die Gewährleistungen des Grundgesetzes und die Aufgaben des BVerfG, die den Grundrechtsschutz in Deutschland und insoweit nicht nur gegenüber deutschen Staatsorganen zum Gegenstand hätten. Das BVerfG übe allerdings seine Gerichtsbarkeit über die Anwendbarkeit von abgeleitetem Gemeinschaftsrecht in einem "Kooperationsverhältnis"[6] zum EuGH aus, in dem dieser den Grundrechtsschutz in jedem Einzelfall für das gesamte Gebiet der EG garantiere, das BVerfG sich deshalb auf eine

---

dings wird indessen die Eigenständigkeit der gemeinschaftlichen Rechtsordnung in Frage gestellt. So T. Schilling, "The Autonomy of the Community Legal Order: An Analysis of Possible Foundations", *Harv. Int'l L. J.* 37 (1996), 389 ff.; dagegen J.H.H. Weiler/U.R. Haltern, "The Autonomy of the Community Legal Order - Through the Looking Glass", *Harv. Int'l L. J.* 37 (1996), 411 ff.

[6] Anführungszeichen im Original!

generelle Gewährleistung der unabdingbaren Grundrechtsstandards beschränken könne.[7]

Das BVerfG nimmt damit in Anspruch, abgeleitetes Gemeinschaftsrecht auf seine Vereinbarkeit mit den Grundrechten hin zu überprüfen. Nach der Aufgabe des BVerfG können nur die Grundrechte der deutschen Verfassung gemeint sein. Sollten sie aus der Sicht des BVerfG verletzt sein, wäre die Anwendbarkeit des betroffenen Gemeinschaftsrechts in Deutschland ausgeschlossen. Das BVerfG weicht mit diesem Anspruch ausdrücklich von einer früheren Entscheidung ab, in der es den Rechtsschutz nach Art. 19 Abs. 4 GG auf die deutsche öffentliche Gewalt begrenzt hat.[8] Es ging dabei nicht um die Hoheitsgewalt der EG, sondern um die der Europäischen Organisation zur Sicherung der Luftfahrt (Eurocontrol). Verneint das BVerfG die Anwendbarkeit eines Rechtsakts der EG, sind alle deutschen Hoheitsträger daran gebunden. Zwar ist der Rechtsakt dann formal noch in Kraft, aber er entfaltet in Deutschland keine rechtliche Wirkung mehr. Die von Art. 189 Abs. 1, 2 und 3 EGV gebotene Verbindlichkeit entfällt.

Das BVerfG versucht allerdings, die Schärfe dieses Anspruchs abzumildern. Zunächst verweist es auf den Grundrechtsschutz auf europäischer Ebene, den es auf seine eigene Zuständigkeit zurückführt. Diese mysteriöse Aussage läßt sich nur mit der Legende erklären, daß das BVerfG den EuGH zum Schutz der Grundrechte getrieben habe. Allein schon die zeitliche Abfolge der maßgeblichen Entscheidungen spricht dagegen. Der EuGH begann im Jahr 1969 damit, Grundrechte ins Gemeinschaftsrecht einzufügen, gestützt auf allgemeine Rechtsgrundsätze. Der Grundrechtsschutz ermöglichte es im ersten Fall, der Notwendigkeit einer einheitlichen Anwendung einer Entscheidung an alle Mitgliedstaaten gerecht zu werden.[9] Weitere Urteile des EuGH zum Grundrechtsschutz folgten,[10] bevor das BVerfG den heute mit "Solange I" gekennzeichneten Beschluß erließ.

---

[7] BVerfG, Urt. v. 12.10.1993, *BVerfGE* 89, 155 ff. (174 f.).

[8] BVerfG, Beschl. v. 23.6.1981, *BVerfGE* 58, 1 ff. (27).

[9] EuGH, Urt. v. 12.11.1969, Rs. 29/69, Stauder/Stadt Ulm, *Slg.* 1969, 419 ff. (425).

[10] EuGH, Urt. v. 16.12.1970, Rs. 36/70, Internationale Handelsgesellschaft/Einfuhr- und Vorratsstelle für Getreide und Futtermittel, *Slg.* 1970, 1125 ff. (1134, 1137); Urt. v. 14. 5. 1974, Rs. 4/73, Nold/Kommission, *Slg.* 1974, 491 ff. (507).

Es lohnt sich, den Leitsatz des Beschlusses wörtlich wiederzugeben, um die Tragweite des Urteils zum Vertrag von Maastricht zu verstehen.

> "Solange der Integrationsprozeß der Gemeinschaft nicht so weit fortgeschritten ist, daß das Gemeinschaftsrecht auch einen von einem Parlament beschlossenen und in Geltung stehenden formulierten Katalog von Grundrechten enthält, der dem Grundrechtskatalog des Grundgesetzes adäquat ist, ist nach Einholung der in Art. 177 des Vertrags geforderten Entscheidung des Europäischen Gerichtshofs die Vorlage eines Gerichts der Bundesrepublik Deutschland an das Bundesverfassungsgericht im Normenkontrollverfahren zulässig und geboten, wenn das Gericht die für es entscheidungserhebliche Vorschrift des Gemeinschaftsrechts in der vom Europäischen Gerichtshof gegebenen Auslegung für unanwendbar hält, weil und soweit sie mit einem der Grundrechte des Grundgesetzes kollidiert."[11]

Der "Solange I"-Beschluß überfordert den EuGH von vornherein, weil dieser einen Katalog von Grundrechten, der von einem Parlament beschlossen ist, nicht herbeizaubern kann. Der Beschluß erkennt sogar die "grundrechtsfreundliche Rechtsprechung" des EuGH an,[12] auf den Inhalt kommt es aber offensichtlich nicht an. Maßgeblich ist vielmehr, wer in welcher Form Grundrechte schriftlich niederlegt. Das BVerfG hat also nicht dazu beigetragen, daß der EuGH einen gemeinschaftlichen Grundrechtsschutz entwickelt hat. Das Urteil zum Vertrag von Maastricht hat seine Zuständigkeit für den Grundrechtsschutz gegenüber der Gemeinschaftsgewalt auf Sand gebaut.

Das Maastricht-Urteil ist darauf gerichtet, einen wirksamen Schutz der Grundrechte *generell* sicherzustellen.[13] Dabei schließt es sich dem "Solange II"-Beschluß des BVerfG an, in dem es abweichend von "Solange I" festgestellt hat, daß der Grundrechtsschutz durch den EuGH jetzt inhaltlich ausgestaltet, gefestigt und zureichend gewährleistet sei. Dies wird im Beschluß ausführlich belegt. Ein Katalog von Grundrechten ist offenbar nicht mehr nötig. Es bleibt das Verlangen, Grundrechte auf parlamentarische Entscheidungen zu gründen. Dieses Erfordernis sieht das BVerfG dadurch als erfüllt an, daß die im Gemein-

---

[11] BVerfG, Beschl. v. 29.5.1974, *BVerfGE* 37, 271 ff. In der abweichenden Meinung der Richter Rupp, Hirsch und Wand sind die in der vorigen Anm. zitierten Urteile angeführt (*BVerfGE* 37, 271 ff. [291, 293]), nicht aber im Beschluß selbst.

[12] *BVerfGE* 37, 271 ff. (280).

[13] Hervorhebung vom Verf.

schaftsrecht herausgebildeten Grundrechte auf Verfassungsrecht der Mitgliedstaaten und auf der Europäischen Menschenrechtskonvention beruhen. Der Wesensgehalt der Grundrechte sei freilich unabdingbar und müsse auch gegenüber der Hoheitsgewalt der Gemeinschaft Bestand haben. "Dies hält der Senat auf der Gemeinschaftsebene für mittlerweile zureichend generell gewährleistet."[14] Diese Wendung kann nur so zu deuten sein, daß das Gericht im "Solange II"-Beschluß ein für allemal den europäischen Grundrechtsschutz als verläßlich betrachtet, selbst im Bereich des Wesensgehalts, solange der EuGH einen wirksamen Grundrechtsschutz gewährleistet. Das BVerfG wacht allein darüber, daß der Grundrechtsschutz im Gemeinschaftsrecht nicht im ganzen die Gleichwertigkeit mit dem des deutschen Rechts verliert.

Wenn zu befürchten wäre, daß der Grundrechtsschutz im Rahmen der EG erheblich abgeschwächt würde, stünde die Mitgliedschaft der Bundesrepublik Deutschland in der Europäischen Union (EU) zur Debatte. Art. 23 Abs. 1 Satz 1 GG fordert nämlich von der EU einen im wesentlichen vergleichbaren Grundrechtsschutz. Das läßt sich aber nur anhand einer umfassenden Betrachtung entscheiden. Das BVerfG muß sich daher seit dem "Solange II"-Beschluß nicht mehr mit Einzelfällen des Grundrechtsschutzes gegenüber der Gemeinschaftsgewalt befassen. Probleme treten allerdings dann auf, wenn eine gerichtliche Kontrolle über Bereiche des Unionsrechts nicht besteht oder im gesamten Gemeinschaftsrecht beschnitten wird. Im Urteil zum Vertrag von Maastricht verspricht das BVerfG, eine solche Lücke zu füllen.[15] Wenn sich die Bedrohung der Grundrechte außerhalb der deutschen Grenzen ereignet, ist das BVerfG freilich machtlos. Dem ist hier jedoch nicht näher nachzugehen; denn das BVerfG beansprucht im Maastricht-Urteil schlechthin, Hüter der deutschen Grundrechte für die Hoheitsgewalt der EG zu sein, wenn deren Rechtsakte Wirkung im innerstaatlichen Bereich entfalten. Der "Solange II"-Beschluß ist rückgängig gemacht. Daran ändert auch die Behauptung nichts, daß die Zuständigkeit des BVerfG den wirksamen Schutz der Grundrechte "generell sicher ... stellt". Das bezieht sich auf die Rechtsprechung des EuGH, der vom BVerfG überwacht werden muß.[16] Auch die Beschränkung "auf eine

---

[14] BVerfG, Beschl. v. 22.10.1986, *BVerfGE* 73, 339 ff. (374-388, insbes. 386).

[15] *BVerfGE* 89, 155 ff. (178).

[16] Vgl. J. Schwarze, "Europapolitik unter deutschem Verfassungsrichtervorbehalt", *Neue Justiz* 48 (1994), 1 ff.; Ch. Tomuschat, "Die Europäische Union unter der Aufsicht des Bundesverfassungsgerichts", *EuGRZ* 20 (1993), 489 ff.

generelle Gewährleistung der unabdingbaren Grundrechtsstandards"[17] schließt nicht aus, daß sich das BVerfG mit jedem angeblichen Verstoß gegen Grundrechte durch die Gemeinschaftsorgane befaßt. Die seit dem Urteil zum Vertrag von Maastricht ergangenen Entscheidungen des BVerfG deuten jedenfalls darauf hin.[18] "Solange I" ist auferstanden.

Dieser Stand der Rechtsprechung des BVerfG gilt jedoch nur für den Zweiten Senat. Der Erste Senat verwehrt es den deutschen Gerichten in seinem Urteil zur Nachtarbeit von Frauen, das vor dem Maastricht-Urteil ergangen ist, sich im Weg der Normenkontrolle an das BVerfG zu wenden, wenn die fehlende Anwendbarkeit einer deutschen Norm aufgrund Gemeinschaftsrechts in der Auslegung durch den EuGH feststeht. Im Kollisionsfall komme der Anwendungsvorrang des Europäischen Gemeinschaftsrechts zum Zuge.[19] Im Streitfall hat der EuGH das Verbot der Nachtarbeit von Frauen als unvereinbar mit der Gleichberechtigung von Mann und Frau im Arbeitsleben erklärt.[20] Diesen Spruch hat der Zweite Senat des BVerfG ohne eigene Prüfung anerkannt. Er hat allerdings deutsches Verfassungsrecht geprüft, um der Verfassungsbeschwerde einer betroffenen Frau abhelfen zu können. In der Sache stimmt der Zweite Senat dabei mit dem EuGH überein.[21] Erstaunlicherweise ist diese Entscheidung, die eine Konkordanz zwischen der gemeinschaftlichen Rechtsordnung und dem deutschen Verfassungsrecht herstellt, aus der Diskussion verschwunden, vermutlich deshalb, weil der Zweite Senat sich damit nicht auseinandergesetzt hat. Er hat das Urteil zur Nachtarbeit von Frauen im Maastricht-Urteil nicht einmal zitiert. Zwischen Entscheidungen der beiden Senate genießt der jüngere Spruch keinen Vorrang. Sollte der Zweite Senat das Urteil aus dem Jahr 1992 etwa deswegen nicht angeführt haben, weil er dann das Plenum hätte anrufen müssen? Wie dem auch gewesen sei, hat der Zweite Senat den Grundrechtsschutz zum Anlaß genommen, die Wirksamkeit des Gemeinschaftsrecht im deutschen Hoheitsbereich abzuschwächen.

---

[17] *BVerfGE* 89, 155 ff. (175).

[18] BVerfG (1. Kammer des 2. Senats), Beschl. v. 25.1.1995, *NJW* 48 (1995), 950 (einstweilige Anordnung zugunsten der Importeure von Bananen zum Schutz des Eigentums); BVerfG (2. Senat), Beschl. v. 22.1.1997, *NJW* 50 (1997), 2871 (Warnungen vor den Gesundheitsgefahren des Rauchens).

[19] BVerfG, Urt. v. 28.1.1992, *BVerfGE* 85, 191 ff. (203-205).

[20] EuGH, Urt. v. 25.7.1991, Rs. C-345/89, Stoeckel, *Slg.* 1991, I-4047 ff. (4066 f.).

[21] *BVerfGE* 85, 191 ff. (206-213).

Die Befürchtung, der Zweite Senat könnte seine Rechtsprechung zur Maßgeblichkeit des deutschen Grundrechtsschutzes fortsetzen, hat neue Nahrung erhalten. Im Beschluß zur Warnung vor den Gesundheitsgefahren des Rauchens mußte sich der Zweite Senat mit der Verordnung über die Kennzeichnung von Tabakerzeugnissen und über Höchstmengen von Teer im Zigarettenrauch befassen. Die darin enthaltenen Kennzeichnungspflichten beruhten auf einer - vom EG-Recht unabhängigen - Ermächtigungsgrundlage im Lebensmittel- und Bedarfsgegenständegesetz. Sie seien auch Bestandteil des allgemeinen Wettbewerbsrecht in Deutschland. Bei der verfassungsrechtlichen Prüfung käme es nicht darauf an, ob die zur Umsetzung der entsprechenden Kennzeichnungspflichten verpflichtenden EG-Richtlinien gemeinschaftsrechtlich gültig seien, welche innerstaatlichen Verbindlichkeiten sie begründeten, ob die Beschwerdeführer beim EuGH ein Verfahren der konkreten Normenkontrolle anhängig machen könnten und welcher grundrechtliche Maßstab auf abgeleitetes Gemeinschaftsrecht anwendbar sei. Allein auf der Grundlage deutschen Verfassungsrechts sei zu entscheiden. Der Zweite Senat gelangt zu dem Schluß, daß den deutschen Grundrechten Genüge getan sei.[22]

Man fragt sich verblüfft, ob die Rechtsprechung des EuGH in Karlsruhe nicht bekannt ist, daß die Grundrechte des Gemeinschaftsrechts in dessen Anwendungsbereich zu beachten sind. Die Mitgliedstaaten haben den Erfordernissen des Grundrechtsschutzes der Gemeinschaftsrechtsordnung bei der Durchführung gemeinschaftsrechtlicher Regelungen Rechnung zu tragen. Sie müssen diese, soweit irgend möglich, in Übereinstimmung mit diesen Erfordernissen anwenden.[23] Die mitgliedstaatlichen Gerichte haben das innerstaatliche Recht gemeinschaftskonform auszulegen, und zwar auch dann, wenn dieses Recht nicht der Umsetzung des Gemeinschaftsrechts dient.[24] Erst recht muß sich die Auslegung mitgliedstaatlichen Rechts zur Umsetzung von Richtlinien an diesen ausrichten. Im vorliegenden Fall hätte das BVerfG also den gemeinschaftlichen Grundrechtsschutz zugrunde legen müssen. Zumin-

---

[22] BVerfG, Beschl. v. 22.1.1997, *NJW* 50 (1997), 2871.

[23] EuGH, Urt. v. 13.7.1989, Rs. 5/88, Wachauf/Bundesamt für Ernährung und Fortstwirtschaft, *Slg.* 1989, 2609 ff. (2639 f.); Urt. v. 18.6.1991, Rs. C-260/89 Elliniki Radiofonia Tileorasi/Dimotiki Etairia Pliroforisis, *Slg.* 1991, I-2925 ff. (2964).

[24] EuGH Urt. v. 13.11.1990, Rs. C-106, Marleasing/La Comercial Internacional de Alimentación, *Slg.* 1990, I-4135 ff. (4159).

dest hätte es erläutern müssen, warum es davon abweicht.[25] Die Einheit des Gemeinschaftsrechts blieb nur deshalb gewahrt, weil der Zweite Senat keine Verletzung deutscher Grundrechte angenommen hat.

Nunmehr steht die Vorlage des Verwaltungsgerichts Frankfurt am Main[26] zur Entscheidung an. Der Zweite Senat muß sich abermals mit dem Grundrechtsschutz gegenüber der Hoheitsgewalt der EG beschäftigen. Gegenstand der Prüfung ist die Marktordnung für Bananen.[27] Dem Vernehmen nach will der Senat der Frage der Vereinbarkeit der Marktordnung mit den Regeln des GATT nachgehen. Der EuGH hat in seinem Grundsatzurteil die unmittelbare Wirkung des GATT auf die Rechtmäßigkeit von Gemeinschaftshandlungen abgelehnt.[28] Darüber kann man geteilter Meinung sein,[29] zumal nach der Entscheidung eines Panels der WTO, bestätigt und erweitert durch die Revisionsinstanz der WTO.[30] Das BVerfG darf aber lediglich dann vom Urteil des EuGH abweichen, wenn es die Frage der Gültigkeit der Verordnung dem EuGH nach Art. 177 Abs. 3 EGV unterbreitet und dieser sein Urteil mit Rücksicht auf die Entscheidungen in der WTO umstößt.[31] Führt

---

[25] Kritisch auch U. di Fabio, "Produkte als Träger fremder Meinungen", *NJW* 50 (1997), 2863 f., der eine "bemerkenswerte(r) Ausblendung aller europarechtlichen Fragestellungen" feststellt und "die Unbekümmertheit" rügt, "mit der der innerstaatliche Umsetzungsakt eine EG-Richtlinie betreffend quasi zu gemeinschaftsfreiem Recht erklärt wird".

[26] VG Frankfurt, Beschl. v. 24.10.1996, *EuZW* 8 (1997), 182.

[27] Verordnung (EWG) Nr. 404/93/EWG des Rates über die gemeinsame Marktorganisation für Bananen v. 13.2.1993, *ABl.* Nr. L 47 vom 13.2.1993, 1.

[28] EuGH, Urt. v. 5.10.1994, Rs. C-280/93, Deutschland/Rat, *Slg.* 1994, I-4973 ff. (5071-5074) - Bananen.

[29] Vgl. U. Everling, "Will Europe slip on Bananas? The Bananas Judgment of the Court of Justice and National Courts", *CML Rev.* 33 (1996), 401 ff. (419-423); E.-U. Petersmann, "Darf die EG das Völkerrecht ignorieren?", *EuZW* 8 (1997), 325 ff.

[30] Endbericht des Panels vom 22. 5. 1997, *EuZW* 8 (1997), 569 (auszugsweise); Rechtsmittelentscheidung des WTO Appellate Body v. 8.9.1997, *EuZW* 8 (1997), 722 (auszugsweise). Dazu G. Meier, "WTO-Revisionsentscheidung zur EG-Bananenmarktordnung", *EuZW* 8 (1997), 719 ff.

[31] Siehe M. Zuleeg, "Bananen und Grundrechte - Anlaß zum Konflikt zwischen europäischer und deutscher Gerichtsbarkeit", *NJW* 50 (1997), 1201 ff.; vgl. auch D. Besse, "Die Bananenmarktordnung im Lichte deutscher Grundrechte und das Kooperationsverhältnis zwischen BVerfG und EuGH", *JuS* 36 (1996), 396 ff.

hingegen der Zweite Senat seine im Tabak-Beschluß eingeschlagene Linie fort, kann es dazu kommen, daß das Gericht die Marktordnung für Bananen selbständig am GATT mißt und verwirft und daraufhin einen Verstoß gegen deutsche Grundrechte annimmt. Die Folge wäre die fehlende Anwendbarkeit der Verordnung Nr. 404/93/EWG in Deutschland, während die anderen Mitgliedstaaten weiterhin an die Verordnung gebunden wären. Dennoch wäre der Zusammenbruch der Marktordnung für Bananen nicht zu vermeiden, führt doch Deutschland die größte Menge von Bananen in die EG ein. Diese Importe unterlägen nicht mehr den Beschränkungen der Marktordnung. Die Einheit des Gemeinschaftsrechts ist daher bedroht.

III. Die Kompetenzordnung in der EG

Es ist zu bezweifeln, daß ein Verstoß gegen das GATT den Wesenskern der Grundrechte antasten kann. Die Vermutung liegt nahe, daß der Zweite Senat, sollte er die Anwendbarkeit der Verordnung Nr. 404/93/EWG in Deutschland ausschließen, nicht so sehr von der Sorge um den Grundrechtsschutz geleitet ist, sondern mehr vom Bestreben, die nationalen Kompetenzen zu bewahren. Dafür spricht die Wendung im Maastricht-Urteil, wonach auch

> "Akte einer besonderen, von der Staatsgewalt der Mitgliedstaaten geschiedenen öffentlichen Gewalt einer supranationalen Organisation .... die Grundrechtsberechtigten in Deutschland (betreffen). Sie berühren damit die Gewährleistungen des Grundgesetzes und die Aufgaben des Bundesverfassungsgerichts, die den Grundrechtsschutz in Deutschland und insoweit nicht nur gegenüber deutschen Staatsorganen zum Gegenstand haben".[32]

Das BVerfG bescheinigt jedoch der EG, daß der Grundrechtsschutz auf europäischer Ebene keine ins Gewicht fallende Minderung der Grundrechtsstandards bewirkt.[33] An anderer Stelle heißt es:

> "Würden etwa europäische Einrichtungen oder Organe den Unions-Vertrag in einer Weise handhaben oder fortbilden, die von dem Vertrag, wie er dem deutschen Zustimmungsgesetz zugrundeliegt, nicht mehr gedeckt wäre, so wären die daraus hervorgehenden Rechtsakte im deutschen Hoheitsbereich nicht verbindlich. Die deutschen

---

[32] *BVerfGE* 89, 155 ff. (175).

[33] *BVerfGE* 89, 155 ff. (174).

Staatsorgane wären aus verfassungsrechtlichen Gründen gehindert, diese Rechtsakte in Deutschland anzuwenden. Dementsprechend prüft das Bundesverfassungsgericht, ob Rechtsakte der europäischen Einrichtungen und Organe sich in den Grenzen der ihnen eingeräumten Hoheitsrechte halten oder aus ihnen *ausbrechen*".[34]

Außerdem tritt der Zweite Senat im Maastricht-Urteil einer dynamischen Handhabung von Einzelermächtigungen durch die Einrichtungen und Organe der EG entgegen. Die Auslegung von Befugnisnormen dürften in ihrem Ergebnis nicht einer Vertragserweiterung gleichkommen; "eine solche Auslegung von Befugnisnormen würde für Deutschland keine Bindungswirkung entfalten."[35]

Die EG ist zwar auf die ihr zugewiesenen Kompetenzen beschränkt (Art. 3b Abs. 1 EGV). Daraus folgt aber keineswegs, daß den mitgliedstaatlichen Organen die Befugnis zusteht, darüber zu bestimmen, ob Einrichtungen oder Organe der EG die Grenzen ihrer Kompetenzen überschritten haben. Das gilt auch und gerade für mitgliedstaatliche Gerichte.[36] Sie haben aufgrund von Art. 5 EGV, der die Gemeinschaftstreue im Vertrag verankert, die Pflicht, im Rahmen ihrer Zuständigkeit geeignete Maßnahmen zu ergreifen, um dem Gemeinschaftsrecht zur Wirksamkeit zu verhelfen.[37] Sie dürfen daher die Verbindlichkeit gemeinschaftlicher Rechtsakte nicht beseitigen. Wohl aber können sie über die Einhaltung der Kompetenzordnung wachen. Im Fall einer Verletzung müssen sie jedoch den EuGH einschalten.[38] Für Gerichte, deren Entscheidungen selbst nicht mehr mit Rechtsmitteln des innerstaatlichen Rechts angefochten werden können, ist die Pflicht, den EuGH anzurufen, ausdrücklich in Art. 177 Abs. 3 EGV festgelegt. Das BVerfG gehört zu diesen Gerichten. Es kann der Vorlagepflicht nicht ausweichen, indem es lediglich die Anwendbarkeit eines Rechtsakts verhindert. Es kommt nämlich nicht auf die formale Geltung, sondern

---

[34] *BVerfGE* 89, 155 ff. (188); Hervorhebung vom Verfasser. Der Ausdruck erinnert an wilde Tiere im Käfig.

[35] *BVerfGE* 89, 155 ff. (210).

[36] Den Hintergrund dafür beleuchtet M. Zuleeg, "The European Constitution under Constitutional Constraints: The German Scenario", *E. L. Rev.* 22 (1997), 19 ff.

[37] EuGH, Urt. v. 10.4.1984, Rs. 14/83, von Colson und Kamann/Land Nordrhein-Westfalen, *Slg.* 1984, 1891 ff. (1909).

[38] EuGH, Urt. v. 22.10.1987, Rs. 314/85, Foto-Frost/Hauptzollamt Lübeck-Ost, *Slg.* 1987, 4199 ff. (4230 f.).

auf die Wirksamkeit des Rechtsakts an.[39] Der EuGH spricht also das letzte Wort über die Anwendbarkeit eines Rechtsakts im innerstaatlichen Bereich der Mitgliedstaaten.[40] Die Rechtsprechung des EuGH zu dieser Rechtslage zählt zum gemeinschaftlichen Besitzstand, der nach Art. C Abs. 1 EUV zu wahren und weiterzuentwickeln ist.

IV. Die einheitliche Durchführung des Gemeinschaftsrechts

Die auf das Europäische Gemeinschaftsrecht zurückzuführende staatliche Tätigkeit in den Mitgliedstaaten läßt sich als Durchführung des Gemeinschaftsrechts zusammenfassen.[41] Der Jubilar verwendet dieses Wort und bringt es mit der Einheit des Gemeinschaftsrechts in Verbindung. Die Durchführung teilt sich in die Anwendung des Gemeinschaftsrechts auf einzelne Fälle und dessen Ausführung durch Gesetzgebung auf. Die Anwendung kann in der Hand der Verwaltung liegen, dann spricht man vom Verwaltungsvollzug. Zur Anwendung des Gemeinschaftsrechts sind aber auch die Gerichte berufen.[42] Durch das Verfahren der Vorabentscheidung nach Art. 177 EGV sind der EuGH und die mitgliedstaatlichen Gerichte in ein Verhältnis der Kooperation eingebunden.[43] Es ist geeignet, der Gefahr vorzubeugen, daß mitglied-

---

[39] EuGH, Urt. v. 9.3.1978, Rs. 106/77, Staatliche Finanzverwaltung/-Simmenthal, *Slg.* 1978, 629 ff. (643); Urt. v. 19.6.1990, Rs. C-213/89, Factoretame, *Slg.* 1990, I-2433 ff. (2473).

[40] In diese Richtung zielen auch T. Trautwein, "Zur Rechtsprechungskompetenz des BVerfG auf dem Gebiet des Europäischen Gemeinschaftsrechts", *JuS* 37 (1997), 893 ff.; A. Weber, "Die Bananenmarktordnung unter Aufsicht des BVerfG?", *EuZW* 8 (1997), 165 ff.

[41] M. Zuleeg, *Das Recht der Europäischen Gemeinschaften im innerstaatlichen Bereich*, 1969, 48. Der Begriff findet sich auch in der Rechtsprechung des EuGH; siehe Urt. v. 7.2.1979, Rs. 15 und 16/76, Frankreich/Kommission, *Slg.* 1979, 321 ff. (340). Darstellung der Probleme bei D.H. Scheuing, "Rechtsprobleme bei der Durchführung des Gemeinschaftsrechts in der Bundesrepublik Deutschland", *EuR* 20 (1985), 229 ff.; A. Weber, *Rechtsfragen der Durchführung des Gemeinschaftsrechts in der Bundesrepublik Deutschland*, 1987.

[42] Zuleeg, siehe Anm. 41, 47, 209.

[43] EuGH, Urt. v. 1.12.1965, Rs. 16/65, Wünsche/Einfuhr- und Vorratsstelle für Getreide und Futtermittel, *Slg.* 1965, 1151 ff. (1165); Urt. v. 8.11.1990, Rs.

staatliches Recht die Einheit des Gemeinschaftsrechts beeinträchtigt. Allerdings ist das Verhältnis nicht imstande, jedwede Zuwiderhandlung gegen Gemeinschaftsrecht zu unterbinden; denn die Anrufung des EuGH ist nur ein Zwischenverfahren, die endgültige Entscheidung trifft das vorlegende Gericht. Erst recht läßt sich mit diesem Verfahren die Einheit des Gemeinschaftsrechts nicht herbeiführen, wenn ein mitgliedstaatliches Gericht die Pflicht zur Vorlage nicht befolgt. Insoweit trifft die Verantwortung für die einheitliche Anwendung des Gemeinschaftsrechts alle vorlagepflichtigen Gerichte.

Die Einheit des Gemeinschaftsrechts bedeutet in diesem Zusammenhang, daß dieses nicht von Mitgliedstaat zu Mitgliedstaat, aber auch von Gerichtsbezirk zu Gerichtsbezirk unterschiedlich angewendet wird. Mitgliedstaatliches Recht darf die Wirkung des Gemeinschaftsrechts nicht verschieden gestalten.[44] Es gilt der Vorrang des Gemeinschaftsrechts vor mitgliedstaatlichem Recht.[45] Der Vorrang erfaßt auch das Verfassungsrecht der Mitgliedstaaten.[46] Die Vorrangregel des Gemeinschaftsrechts begnügt sich mit einem Anwendungsvorrang.[47] Eine einseitige Aufkündigung von übertragenen Hoheitsrechten durch einen Mitgliedstaat ist ausgeschlossen. "Für die Hinfälligkeit von Bestandteilen eines Gemeinschaftsvertrags streitet keine Vermutung. Die Mitgliedstaaten sind übereingekommen, eine Gemeinschaft für unbegrenzte Zeit mit ständigen Organen zu gründen, die über echte, aus der Beschränkung der Zuständigkeit der Mitgliedstaaten oder der Übertragung von

---

C-231/89, Gmurzinska-Bscher/Oberfinanzdirektion Köln, *Slg.* 1990, I-4003 ff. (4017); Urt. v. 25.6.1992, Rs. C-147/91, Michele Ferrer Laderer, *Slg.* 1992, I-4097 ff. (4115). Zu diesem Verhältnis G. Hirsch, "Europäischer Gerichtshof und Bundesverfassungsgericht - Kooperation oder Konfrontation?", *NJW* 49 (1996), 2457 ff.

44 EuGH, Urt. v. 9.3.1978, Rs. 106/77, Staatliche Finanzverwaltung/Simmenthal, *Slg.* 1978, 629 ff. (643 f.).

45 Seit EuGH, Urt. v. 15.7.1964, Rs. 6/64, Costa/ENEL, *Slg.* 1964, 1251 ff. (1270), st. Rspr.; Näheres bei M. Zuleeg, "Deutsches und Europäisches Verwaltungsrecht - Wechselseitige Einwirkungen", *VVDStRL* 53 (1994), 154 ff. (159-165).

46 EuGH, Urt. v. 17.12.1970, Rs. 11/70, Internationale Handelsgesellschaft/Einfuhr- und Vorratsstelle für Getreide und Futtermittel, *Slg.* 1970, 1125 ff. (1135).

47 EuGH, Urt. v. 7.2.1991, Rs. C-184/89, Nimz/Freie und Hansestadt Hamburg, *Slg.* 1991, I-297 ff. (321); in diesem Sinn schon Zuleeg, siehe Anm. 41, 136-157.

Hoheitsrechten auf diese Gemeinschaft herrührende Hoheitsrechte verfügten. Nur durch eine ausdrückliche Vorschrift im Vertrag können daher die so übertragenen Aufgaben der Gemeinschaft wieder entzogen werden und die Materien, die ihr Gegenstand sind, in den alleinigen Zuständigkeitsbereich der Mitgliedstaaten zurückfallen".[48] Das Gemeinschaftsrecht muß überall in seinem Anwendungsbereich in gleicher Weise wirksam sein. Bestimmungen einer nationalen Rechtsordnung oder jede Gesetzgebungs-, Verwaltungs- oder Gerichtspraxis sind mit den Erfordernissen aus der Natur des Gemeinschaftsrechts unvereinbar, wenn sie auch nur vorübergehend ein Hindernis für die volle Wirksamkeit der Gemeinschaftsnormen bilden.[49]

Die Einheit des Gemeinschaftsrechts ist notwendig, weil nur so die Aufgaben der EG erfüllt und die Vertragsziele verwirklicht werden können. Jede Beeinträchtigung der vollen Wirksamkeit des Gemeinschaftsrechts verhindert, daß der mit einer Gemeinschaftsnorm verfolgte Zweck überall in gleicher Weise erreicht werden kann. Eine Ausnahme muß daher vertraglich vorgesehen sein. Zugleich bewirkt die Einheit des Gemeinschaftsrechts, daß die Gleichheit vor dem Gesetz in allen Mitgliedstaaten gewahrt ist. Die Wettbewerbsbedingungen wären verfälscht, wenn die Rechtsordnung der EG aufgesplittert werden dürfte.[50] Die Rechtssicherheit müßte Not leiden. Subjektive Rechte ließen sich nicht überall in der Gemeinschaft durchsetzen. Der Rechtsschutz in der Gemeinschaft wäre unzulänglich, wenn die mitgliedstaatlichen Gerichte die Gültigkeit eines Rechtsakts der Gemeinschaft unterschiedlich beurteilen könnten.[51] Selbst das Verfassungsgericht eines Mitgliedstaats darf die Einheit des Gemeinschaftsrechts nicht antasten, sonst wären Mitgliedstaaten ohne Verfassungsgericht benachteiligt. Der Grundrechtsschutz ist davon nicht ausgenommen, können doch die Schranken der Grundrechte unterschiedlich weit gezogen sein und da-

---

48 EuGH, Urt. v. 14.12.1971, Rs. 7/71, Versorgungsagentur, *Slg.* 1971, 1003 ff. (1018), zum EAG-Vertrag.

49 EuGH, Urt. v. 19.6.1990, Rs. C-213/89, Factortame, *Slg.* 1990, I-2433 ff. (2473).

50 EuGH, Urt. v. 28.5.1974, Rs. 3/74, Einfuhr- und Vorratsstelle für Getreide und Futtermittel/Pfützenreuter, *Slg.* 1974, 589 ff. (597).

51 EuGH, Urt. v. 22.10.1987, Rs. 314/85, Foto-Frost/Hauptzollamt Lübeck-Ost, *Slg.* 1987, 4199 ff. (4231).

durch eine Kollision von Schutzgütern und Rechten der Beteiligten hervorrufen.[52]

Sollte der Zweite Senat des BVerfG dennoch die Verordnung Nr. 404/93/EWG in Deutschland für unanwendbar erklären, wäre eine Verfassungskrise der EG die Folge. Andere Mitgliedstaaten, vor allem diejenigen, die die Marktordnung für Bananen befürworten, würden aller Wahrscheinlichkeit nach den Mitgliedstaat Deutschland drängen, die Entscheidung rückgängig zu machen. Die Kommission oder ein anderer Mitgliedstaat könnte ein Verfahren wegen einer Vertragsverletzung nach Art. 169 oder 170 EGV anstrengen. Wird Deutschland verurteilt, was zu erwarten ist, hat dieser Mitgliedstaat die Maßnahmen zu ergreifen, die sich aus dem Urteil des EuGH ergeben (Art. 171 Abs. 1 EGV). Unterbleibt dies, können gegen Deutschland Sanktionen verhängt werden, entweder die Zahlung eines Pauschalbetrags oder Zwangsgeld (Art. 171 Abs. 2 EGV). Doch wie soll Deutschland angesichts einer Entscheidung des Verfassungsgerichts der Aufforderung nachkommen? Bleibt es aber bei der Unanwendbarkeit der Verordnung in einem Teil der Gemeinschaft, lassen sich andere Mitgliedstaaten kaum davon abhalten, ihrerseits Bestimmungen des Gemeinschaftsrechts außer acht zu lassen, die ihnen nicht passen. Die Auflösung der EG wäre vorprogrammiert. Ist das gewollt?

Die Mitglieder des Zweiten Senats sollten bedenken, daß die Beseitigung der Anwendbarkeit eines Rechtsakts der Gemeinschaft durch das BVerfG nicht nur gegen Gemeinschaftsrecht verstößt. Art. 23 Abs. 1 Satz 1 GG schreibt vor, daß die Bundesrepublik Deutschland zur Verwirklichung eines vereinten Europas bei der Entwicklung der EU mitwirkt. Die Bestimmung ist keine bloße Ermächtigung, sich der EU anzuschließen.[53] Die zwingende Form zeigt an, daß das Grundgesetz hier einen Verfassungsauftrag erteilt.[54] Eine unterschiedliche Einschätzung der Reichweite eines Grundrechts, das in beiden Rechtsordnungen gesichert ist, darf dann nicht dazu führen, die Existenz der EU, dessen Herzstück die EG ist, aufs Spiel zu setzen.

---

[52] I. Pernice, "Einheit und Kooperation: Das Gemeinschaftsrecht im Lichte der Rechtsprechung von EuGH und nationalen Gerichten", in: A. Randelzhofer u.a. (Hrsg.), *Gedächtnisschrift für Eberhard Grabitz*, 1995, 523 ff.

[53] Anders wohl *BVerfGE* 89, 155 ff. (179).

[54] In diesem Sinn auch J.A. Frowein, "Die Verfassung der Europäischen Union aus der Sicht der Mitgliedstaaten", *EuR* 30 (1995), 315 ff. (320).

Art. 23 Abs. 1 Satz 1 GG verlangt von der EU, rechtsstaatlichen Grundsätzen verpflichtet zu sein. Dann muß der Mitgliedstaat Deutschland selbst die Erfordernisse des Rechtsstaats einhalten, allen voran die Gleichheit vor dem Gesetz. Obendrein darf niemand seinem gesetzlichen Richter entzogen werden (Art. 101 Abs. 1 Satz 1 GG). Das BVerfG hat daraus die Folgerung gezogen, daß sich ein deutsches Gericht objektiver Willkür zeihen lassen muß, wenn es eine nach Art. 177 Abs. 3 E(W)GV gebotene Vorlage an den EuGH unterläßt. Die in dieser Vorschrift enthaltene "Kompetenzzuweisung ist auf ein Zusammenwirken zwischen den Gerichten der Mitgliedstaaten und dem Gerichtshof der Europäischen Gemeinschaften gerichtet; sie dient im Interesse des Vertragszieles der Integration, der Rechtssicherheit und der Rechtsanwendungsgleichheit einer möglichst einheitlichen Auslegung und Anwendung des Gemeinschaftsrechts durch alle Gerichte im Geltungsbereich des EWG-Vertrags. Die Begründung dieser Kompetenz der Gemeinschaft, die vom Gerichtshof wahrgenommen wird, ist im Hinblick auf Art. 24 Abs. 1 GG verfassungsrechtlich nicht zu beanstanden. Sie schließt eine konkurrierende Kompetenz der deutschen Gerichte aus."[55] Nur so läßt sich die vom Jubilar eingeforderte einheitliche Durchführung des Gemeinschaftsrechts in Deutschland bewerkstelligen.

---

[55] BVerfG, Beschl. v. 8.4.1987, *BVerfGE* 75, 223 ff. (234); dazu M. Zuleeg, "Bundesfinanzhof und Gemeinschaftsrecht", in: Der Präsident des Bundesfinanzhofs (Hrsg.), *75 Jahre Reichsfinanzhof - Bundesfinanzhof*, 1993, 115 ff. (insbes. 126 f.).

V. Nationales Staats- und Verfassungsrecht

Repräsentative Demokratie im Zwielicht

Karl Doehring

Das Grundgesetz der Bundesrepublik Deutschland nähert sich seinem 50jährigen Geburtstag. Die politischen Parteien haben diese Schwelle zum Teil schon erreicht. Günther Jaenicke wurde in der Zeit des Kaiserreichs geboren, verbrachte seine Jugend zur Zeit der Reichsverfassung von Weimar, überstand das NS-Regime und entfaltete seine volle wissenschaftliche Tätigkeit unter der heute geltenden Verfassung. Nach einer so langen und verfassungsgeschichtlich wechselhaften Zeit erscheint es angebracht, sich Gedanken darüber zu machen, ob denn die vom Grundgesetz vorgesehene repräsentative Demokratie sich bewährt hat, d.h. ob sie modernen Anforderungen an den Staat und vor allen Dingen an die Gesellschaft entspricht. Unsere repräsentative Demokratie erzeugt eine extreme Mittelbarkeit der Mitwirkung der Staatsbürger, denn diese werden repräsentiert, genau gesagt in vollem Umfang vertreten, wenn auch nicht im Sinne einer Auftragserteilung, so doch im Sinne der Willensbildung.

Bei solchen Erwägungen ist es notwendig, Definitionen klarer Art vorauszuschicken. Der Begriff der repräsentativen Demokratie bedeutet, daß das Volk seine Herrschaft nicht selbst ausübt, sondern durch ein Parlament "repräsentiert" wird und also nur mittelbar die Volksherrschaft ausüben kann[1].

Art. 20 Abs. 2 des Grundgesetzes bestimmt, daß alle Staatsgewalt vom Volke ausgeht und daß das Volk diese seine Staatsgewalt durch Wahlen

---

[1] Auch die früheren kommunistischen Verfassungen sprachen von "Vertretung" des Volkes, doch sollten die Abgeordneten im "sozialistischen" Vertretungssystem nicht den Volkswillen ersetzen, sondern ihn vollziehen, was im imperativen Mandat zum Audruck kam; dazu K. Bönninger, in: *Staatsrecht der DDR*, Akademie der Staats- und Rechtswiss., 2. Aufl. 1984, 233 ff.

und Abstimmungen ausübt. Wesentlich sind hier die Wahlen, denn Abstimmungen im engeren Sinne sind nur für die Umgestaltung der Ländergrenzen vorgesehen[2], eine Erwägung, die hier außer Betracht bleiben kann.

So ist die Staatsgewalt des Volkes in ihrer Ausübung darauf beschränkt, daß dieses Volk - regelmäßig - immer nur in vier Jahren nach seiner Auffassung befragt wird. Irgendeine andere Möglichkeit der unmittelbaren Ausübung der Staatsgewalt durch das Volk besteht nicht. Auch das Staatsoberhaupt, der Bundespräsident, wird nicht vom Volk gewählt, wie das in anderen Staaten z.T. der Fall ist. Der Grundgedanke der Demokratie ist es, daß diejenigen, die den Gesetzen unterworfen sind, auch diese Gesetze selbst erzeugen. Das ist die Identität von Herrschern und Beherrschten, wie sie schon im Mittelalter von Marsilius von Padua empfohlen wurde[3].

Die komplette Mittelbarkeit durch die Einrichtung dieser Art der repräsentativen Demokratie war von den Autoren des Grundgesetzes durchaus gewollt, sogar mit einem gewissen Enthusiasmus. Eine stärkere Einschaltung des Volkes, so hat man gemeint, würde einer Demagogie Möglichkeiten eröffnen, so wie Hitler sie genutzt habe. Auch wird gesagt, daß nur die repräsentative Demokratie, also die Vertretung des Volkes durch das Parlament, überhaupt eine Willensbildung im Staatsganzen erst ermögliche. Man geht so weit zu sagen, daß eine nichtrepräsentative Demokratie keine Demokratie sei[4].

Art. 38 der Verfassung sagt dann, daß die Abgeordneten, also die Repräsentanten des Volkes, Vertreter des ganzen Volkes sind. Das Parlament ist also das Volk. Diese Mittelbarkeit, mit der der Volkswille zum Ausdruck kommt, geht aber noch weiter. Das Volk wählt nämlich nicht seine Repräsentanten als Persönlichkeiten, sondern es wählt die Partei. Parteilose Kandidaten - obwohl zulässig - gibt es faktisch nicht mehr, auch wenn es nach Erlaß des Grundgesetzes vereinzelt so etwas gab. Die Parteien stellen Kandidaten auf. Ein Anspruch des Bürgers auf Aufnahme in eine politische Partei oder ein Anspruch darauf, in deren

---

2 Art. 29 und 118 GG; zum Ausnahmecharakter der im übrigen geltenden "Plebiszitfeindlichkeit" des Grundgesetzes, W. Erbguth, in: M. Sachs (Hrsg.), *Grundgesetz, Kommentar*, 1996, zu Art. 29 GG, Rdn. 10.

3 *Defensor Pacis* (1324) I, 12, 3.

4 So dezidiert E.W. Böckenförde, "Mittelbare/Repräsentative Demokratie als eigentliche Form der Demokratie", in: *FS K. Eichenberger*, 1982, 301 ff.

Rahmen zu kandidieren, besteht nicht[5]. Auch kann der Bürger nicht Mitglied mehrerer Parteien sein, wenn er das wegen Zweifeln an den reinen Zielen jeder Partei vielleicht erreichen möchte. Ernstlich ist das wohl nie erwogen worden, denn der Ausschluß wegen parteischädigenden Verhaltens wäre dann wohl die Folge.

Die Mittelbarkeit, hergestellt durch die Repräsentation, ist also in Deutschland perfekt. An ihr wird auch von allen Seiten unbedingt festgehalten, sei es im Rahmen der Wissenschaft oder auch der Praxis[6]. Man hat sich immer wieder gefragt, ob diese Mittelbarkeit das Volk nicht zu sehr zum reinen Zuschauer der politischen Entwicklung macht. Aber auch eine zu solchen Untersuchungen eingesetzte Verfassungskommission hat an dem bestehenden System einschränkungslos festgehalten[7]. So will niemand eine Verfassungsänderung, die sicherlich nötig wäre, wenn man das Volk in stärkerem Sinne unmittelbar an der Staatswillensbildung beteiligen wollte. Um das noch einmal zusammenzufassen: Das Volk, von dem alle Staatsgewalt ausgeht, wählt zu seiner Repräsentation eine Partei. Selbst dort, wo bei der Abgabe der Erststimme das Mehrheitswahlrecht gilt und also der Wahlkreiskandidat gewählt ist, werden diese Kandidaten auch von den Parteien benannt[8]. Die Parteien entsenden dann die Gewählten in das Parlament. Der Wille des Staatsbürgers wird auf diese Weise zweimal in die Repräsentation umgesetzt, zuerst durch die Partei, dann durch das Parlament.

Im politisch-soziologischen Sinne bedeutet das, daß der Staatsbürger seinen Repräsentanten einen Vertrauensvorschuß erbringt[9]. Ohne dieses Vertrauen wird das System unsinnig. Der Abgeordnete ist zwar Vertreter des ganzen Volkes und nicht einer Partei, aber er ist nur seinem Gewissen unterworfen. Das heißt, daß der Abgeordnete, wenn er es für

---

[5] Gem. § 10 Abs. 1 Parteiengesetz entscheiden die zuständigen Organe "frei" über die Aufnahme neuer Mitglieder; dazu BGHZ 101, 193 (200 ff.).

[6] P. Badura, "Die parlamentarische Demokratie", in: Isensee/Kirchhof (Hrsg.), *Handbuch des Staatsrechts (HStR)*, Bd. II, 2. Aufl. 1995, § 23, Rdn. 34 ff.

[7] Gegen die direkte Demokratie auch: Gemeinsame Verfassungskommission, BT-Dr. 12/6000, 83 ff.

[8] So auch im Bundeswahlgesetz für Wahlkreisvorschläge in §§ 20 und 21 BWG vorgesehen.

[9] C. Schmitt, *Verfassungslehre*, 1928, 3. Aufl., Neudruck 1957, 271: "Das Volk ... kann Personen seines Vertrauens wählen; es ist dabei in weitem Maße von Vorschlägen abhängig; den gewählten Personen muß es die Entscheidung der sachlichen Fragen nach Maßgabe ihrer Zuständigkeit überlassen".

notwendig hält, von jedem Wahlversprechen abweichen kann, und daß der Wähler darauf vertrauen muß, daß solche Abweichungen auf vernünftigen Gründen beruhen, auf solchen, die er, der Wähler, auch honorieren würde. Die Grundlage eines solchen Vertrauens kann nicht formell gesichert werden, aber entbehrt deswegen doch nicht der Notwendigkeit. Das gilt dann auch für die Regierung, die vom Parlament eingesetzt und also nicht vom Volk gewählt ist[10]. Das gleiche gilt auch für die Justiz, denn die Bundesverfassungsrichter als die Vertreter des höchsten Rechtsprechungsorgans werden wiederum vom Parlament eingesetzt. Auch hier setzt sich also die Mittelbarkeit durch, und auch hier ist der Vertrauensvorschuß die einzige rechtfertigende Grundlage für diese in jeder Beziehung repräsentative Demokratie.

Dieser Vertrauensvorschuß gilt, das ist nochmals zu betonen, in unserem System einer politischen Partei, nicht einem einzelnen Abgeordneten, denn auf dessen persönliche Nominierung hat der Wähler in der Regel keinen Einfluß. Soviel sei gesagt über das System der repräsentativen bzw. mittelbaren Demokratie unserer Verfassung.

Ein zweites System muß notwendigerweise noch beschrieben werden, ehe man eine Wertung in dieser Beziehung vornimmt. Man kann feststellen, daß - um eine grobe Einteilung vorzunehmen - schon mehr als die Hälfte aller Rechtsvorschriften, denen der Bürger unterworfen ist, nicht mehr vom nationalen Parlament erlassen werden, sondern von den Organen der Europäischen Gemeinschaft. Da erhebt sich dann die Frage, wie es denn hier bei der anderen Hälfte der Hoheitsmachtausübung mit der Repräsentation des Volkes steht.

Die europäischen Verträge - Europäische Gemeinschaft, Einheitliche Akte, Europäische Union, Charta von Paris, Vertrag von Amsterdam - betonen alle geradezu emphatisch, daß die Demokratie die einzige Regierungsform ist, die man in Europa anerkennen kann[11]. Demokratiebekenntnis wird auch bei neu hinzutretenden Staaten verlangt. Besteht nun Demokratie in der Europäischen Union, bzw. in der Europäischen Gemeinschaft, der der Staatsbürger im Hinblick auf das anzuwendende Recht weitgehend unterworfen ist? Die Frage muß gestellt werden; sie

---

[10] H.H. v. Arnim, *Fetter Bauch regiert nicht gern*, 1997, 389 ff., erwägt Methoden zur Direktwahl von Exekutivorganen.

[11] Abs. 1 der Präambel des Vertrages über die Europäische Union vom 7.2.1992; Abs. 3 der Präambel der Einheitlichen Europäischen Akte vom 28.2.1996; Charta von Paris von 21.11.1990, Menschenrechte, Demokratie und Rechtsstaatlichkeit, Abs. 3; Vertrag von Amsterdam von 9.7.1997, Abschn. I, Kap. 1 (1).

kann zunächst auf die Bestandsaufnahme reduziert werden, denn die kritische Betrachtung kann sich nur an diese anschließen.

Daher ist es notwendig, zunächst das System innerhalb der Europäischen Gemeinschaft zu betrachten, das System also, nach dem Rechtsvorschriften in Europa erzeugt werden.

Im europäischen System wählen die Bürger ein Europäisches Parlament. Damit wählen sie aber nicht einen Gesetzgeber, denn dieses Parlament hat nur wenige Befugnisse. Es kann ein Gesetz verhindern, aber es kann kein Gesetz erzeugen[12]. Es kann die Kommission, die die Gesetze vorbereitet, abberufen, aber es kann keine neue Kommission ernennen. Nun ist die Gesetzesvereitelung durchaus keine Gesetzgebung, sonst müßte man sagen, schon diese Vereitelung stellt die Volksherrschaft dar, was wohl als absurd bezeichnet werden müßte. Die Kommission, wenn sie vom Parlament entlassen ist, kann wieder ernannt werden, wenn auch nur mit Zustimmung des Parlaments. Aber die Kommission ist auch nicht der Gesetzgeber, so daß auch dieser Eingriff auf die Rechtserzeugung keinen Einfluß hat.

Der Gesetzgeber Europas ist der Ministerrat. Er besteht aus den Vertretern der europäischen Regierungen. Er arbeitet zum Teil mit Mehrheitsentscheidungen, zum Teil auf der Grundlage der Einstimmigkeit. Dieser Ministerrat ist auch gleichzeitig die Exekutive Europas, denn er beschließt die notwendigen Maßnahmen.

Dieser Ministerrat ist aber nicht vom Europäischen Parlament eingesetzt und dem Parlament verantwortlich, sondern er ist keinem Parlament verantwortlich, genauer gesagt er trägt zwar Verantwortung, kann aber nicht zur Verantwortung gezogen werden, selbst dann nicht, wenn er unliebsame Rechtsvorschriften erläßt oder seine Politik verfehlt ist. Selbst die demokratisch übliche Chance einer Opposition, die gesamte "Regierung" auszuwechseln, besteht nicht.

Die einzige Kontrolle, eines so keinem europäischen Parlament verantwortlichen Ministerrats, könnte in bezug auf Rechtsfragen durch den Europäischen Gerichtshof ausgeübt werden. In bezug auf Zweckmäßigkeitsfragen, d.h. in bezug auf gute oder schlechte Gesetze, gibt es eine Kontrolle nicht[13]. Auch soweit das Recht kontrolliert wird, ist der Kontrolleur, der Europäische Gerichtshof, nicht demokratisch legitimiert im Sinne nationalen Rechts, sondern die Richter werden vom Mi-

---

[12] Art. 189b Abs. 4 und 5 EWGV.

[13] M. Herdegen, *Europarecht*, 1997, Rdn. 226 mit Verweis auf EuGH, Rs. 42/84.

nisterrat selbst ernannt. Der Kontrollierte ernennt also seinen Kontrolleur[14]. Eine Mitwirkung des Parlaments an der Richterernennung, wie das für Verfassungsgerichte fast aller Staaten der Fall ist, findet nicht statt.

Man kann sich nun fragen, ob das eine Demokratie ist, wie sie in ihren Grundzügen von den europäischen Nationalstaaten bisher vorgesehen war. Hier werden verschiedene Antworten gegeben. Zum einen wird gesagt, die Europäische Organisation bedürfe gar keiner Demokratie, denn es handele sich um eine internationale Organisation, deren Aufgabe in der technischen Abwicklung vorherbestimmter Ziele bestehe[15]. Demokratie würde hier nur stören, denn es handele sich um einen Zweckverband zur Erreichung wirtschaftlicher Ziele[16]. Allerdings ist bei dieser Argumentation dann nicht verständlich, warum die europäischen Verträge das System der Demokratie so emphatisch fordern, wobei es sich doch nur um eine Demokratie im Sinne der Nationalstaaten Europas handeln könnte, will man nicht den Begriff der Demokratie gänzlich aufheben[17].

Das Bundesverfassungsgericht hat in dem bekannten Maastricht-Urteil eine andere Konstruktion versucht, mit der die bestehende Demokratie in Europa gerechtfertigt werden soll. Man anerkennt die Forderung nach demokratischer Hoheitsausübung, d.h. man anerkennt die Maxime, daß alle Staatsgewalt vom Volke ausgehen müsse. Es wird gesagt, daß auch dann, wenn der europäische Gesetzgeber, der Ministerrat, keinem europäischen Parlament verantwortlich sei, doch die Mitwirkung des Volkes gewährleistet sei, denn die im Ministerrat jeweils vereinigten Staatsregierungen der europäischen Nationalstaaten beruhen in ihrer

---

14 Art. 167 Abs. 1 EWGV; R. Streinz, *Europarecht*, 2. Aufl. 1995, Rdn. 327, bezeichnet die Ernennung als eine "politische" Entscheidung; der Vertrag von Amsterdam, siehe Anm. 11, hat trotz Reformbestrebungen bezüglich der Institutionen doch hieran nichts geändert, Abschn. IV, Kap. 17. Kritisch zur Art der Richterernennung: D. Siebert, *Die Auswahl der Richter am Gerichtshof der Europäischen Gemeinschaften*, 1997.

15 A. Randelzhofer, in: P. Hommelhoff/P. Kirchhof, *Der Staatenverbund der Europäischen Union, Beiträge und Diskussionen des Symposions*, 21./22.1. 1994 in Heidelberg, 1994, 38 ff.

16 H.P. Ipsen, "Zur Exekutiv-Rechtsetzung der Europäischen Gemeinschaft", in : *FS Lerche*, 1993, 432 ff.

17 K. Doehring, "Demokratiedefizit in der Europäischen Union?", *DVBl.* 19 (1997), 1133 ff.

Einsetzung auf der Zustimmung nationaler Parlamente[18], die wiederum von den nationalen Völkern gewählt wurden. Hier würde dann also eine vierfache Mittelbarkeit anzunehmen sein: das Volk wählt die Parteien, die Parteien setzen das Parlament zusammen, das Parlament bildet eine Regierung, die Regierung wird nach Brüssel entsandt.

Ist das nun eine Demokratie im Sinne der Repräsentation des Volkes? Die Antwort muß lauten: Nein. Auch bei dieser Konstruktion einer außerordentlich verdünnten, aber immerhin noch bestehenden Verantwortlichkeit der Regierungen gegenüber ihren Staatsvölkern ergibt sich doch, daß diese demokratische Legitimation die einzelnen Regierungen durchaus nicht dazu befähigt, selbständig aktiv zu handeln. Bei Mehrheitsentscheidungen im Ministerrat kann jede Regierung überstimmt werden. Das bedeutet, daß sie unter Umständen einflußlos wird. Bei Einstimmigkeit im Ministerrat kann eine einzige Regierung die Arbeit des gesamten Ministerrats blockieren. Das heißt also, daß dann die Mehrheit nicht mehr gestaltungsfähig ist. So zeigt sich, daß die Mittelbarkeit in diesem System auch nicht mehr die Verantwortlichkeit der Regierung herzustellen vermag. Die nationalen Parlamente können keine Anweisung an die Regierungen geben, wie sie sich bei der Abstimmung im Ministerrat zu verhalten haben. Selbst wenn sie das könnten, wäre doch die so an Weisungen gebundene Regierung allein unfähig, ihre Ziele zu verfolgen. Das nationale Parlament kann auch die eigene Regierung durchaus nicht zur Verantwortung ziehen, denn sie kann sie nicht dafür haften lassen, daß sie überstimmt wird. Das bedeutet im ganzen gesehen, daß die Mittelbarkeit - selbst wenn man sie für bestehend ansieht - so verdünnt ist, daß selbst von einer repräsentativen Demokratie, wie sie in den europäischen Staaten besteht, nicht gesprochen werden kann.

Es sei nochmals betont, daß dieses System, das mit traditioneller Demokratie sicherlich nichts mehr zu tun hat, vertretbar ist, wenn man die Europäische Gemeinschaft als reinen Zweckverband qualifiziert, d.h. ihr nicht mehr Kompetenzen übertragen möchte, als die ursprünglichen Ziele der Europäischen Gemeinschaft sie beinhalten. Nun zeigt sich aber, daß immer stärker eine Ausweitung der Kompetenzen der europäischen Organe stattfindet. Der Zweckverband hat in gewisser Weise neutrale, wertfreie Ziele zu verfolgen. Aber man überträgt der Europäischen Union und damit den Europäischen Gemeinschaften heute auch Zuständigkeiten in Kultur, Bildung, Umweltschutz, Tierschutz, Kir-

---

[18] P. Kirchhof, in: Hommelhoff/Kirchhof, siehe Anm. 15, 13 f.; BVerfGE 89, 155 ff. (172).

chenbetreuung, Rundfunk und noch andere Materien[19]. Diese Gesetzgebungsgegenstände sind nicht rein technischer Natur, sondern sie bedürfen der Bewertungen, also in gewisser Weise der nicht nur rational nachzuvollziehenden Qualifikation des Anzustrebenden. Bei der Ausweitung aller dieser Ziele haben die Vertragspartner vereinbart, daß zwar das Europäische Parlament, d.h. die Volksvertretung der europäischen Staatsvölker, ein Anhörungsrecht haben soll, aber kein Entscheidungsrecht[20]. Es hätte keinen Zweck, Erwägungen darüber anzustellen, wie dieses System demokratischer gestaltet werden könnte. Das ist deshalb im Augenblick zwecklos, weil keine Bereitschaft der europäischen Regierungen besteht, das System zu ändern, das eben beschrieben wurde. Die Vereinbarungen von Amsterdam haben in dieser Struktur der Europäischen Gemeinschaft nichts geändert. Wir müssen uns also damit abfinden, daß die Rechtslage so ist.

Aber nun zurück zum Grundgesetz, zu unserer Verfassung. Wie war die Entwicklung der mittelbaren Demokratie in früheren Verfassungen, und wie war es mit der Ausgestaltung der Möglichkeit, das Volk doch unmittelbar zu befragen?

Die Reichsverfassung von Weimar 1919 kannte die Möglichkeit, der mittelbaren Demokratie und also auch der Repräsentation durch das Parlament Grenzen zu setzen[21]. Es war vorgesehen, daß bei bestimmter Volksbeteiligung Volksbegehren und Volksentscheid die unmittelbare Anrufung des Volkes ermöglicht. Man hat dann gesagt, dieses System sei sinnlos für das Grundgesetz, und man hat es abgelehnt, weil in der Weimarer Zeit keine solche Volksentscheidung je zum Erfolg geführt hat. Weiter wird dann gesagt, es gebe keine Materie, die sich zur unmittelbaren Volksbefragung eigne.

Oftmals wurden Warnungen und Empfehlungen ausgesprochen, den Bürger doch stärker zu beteiligen, etwa durch Konsultationen oder auch

---

19 Dazu H.H. Klein, "Die Funktion des Parlaments im politischen Prozeß", *Zeitschrift für Gesetzgebung* 12 (1997), 213 ff.

20 Vertrag von Amsterdam, siehe Anm. 11, Abschn. IV, Kap. 14, enthält zwar eine Erstreckung des sog. Mitentscheidungsverfahrens, aber keine zusätzlichen Entscheidungskompetenzen.

21 H. Schneider, "Die Reichsverfassung vom 11. August 1919", in: *HStR*, Bd. 1, 2. Aufl. 1995, 118, siehe Anm. 6, der allerdings dieses System, den Volkswillen zu aktualisieren, für untauglich hält.

durch Einrichtung von Referenden[22]. Das ist auch in einigen Ländern geschehen, und man hat davon recht regen Gebrauch gemacht[23], aber das gilt jedenfalls nicht im Bund. Auch werden diese Bestrebungen weit überwiegend, wie das schon erwähnt wurde, zurückgewiesen. Es scheint jedenfalls keine Chance zur Wiedereinrichtung von Unmittelbarkeit unter der Herrschaft des Grundgesetzes zu bestehen. Auch die Bundespräsidentenwahl beruht auf Mittelbarkeit, denn das Volk wählt ihn nicht, wie das beim Reichspräsidenten der Fall war. Das wurde damit gerechtfertigt, daß auch der Bundespräsident nicht zum "Führer" werden durfte, wie der Reichspräsident es aufgrund seiner Befugnis zum Erlaß von Notverordnungen gewesen sein soll. Darüber wurde allerdings verkannt, daß die Unmittelbarkeit der Wahl unseres heutigen Staatsoberhauptes diese in Weimar mögliche Ermächtigung gar nicht herstellen kann, denn gerade nach dem Grundgesetz hat das Staatsoberhaupt nahezu keine legalen Befugnisse und ist also in gewisser Weise "ungefährlich"[24]. Seine Macht, die darin bestehen soll, daß er aufgrund seiner Position moralischen Einfluß ausübt, wäre sicherlich nur gestärkt worden, wenn man ihn unmittelbar gewählt hätte. Das kann wohl nicht als Nachteil angesehen werden.

Nun ist die Frage zu stellen, ob diese strikte Mittelbarkeit der repräsentativen Demokratie der Auffassung der Gesellschaft, d.h. also der Bevölkerung, die nicht am politischen Willensbildungsprozeß beteiligt ist, wirklich noch entspricht. Einige Beispiele sollen gegeben werden, die sich als durchaus aktuell und relevant erweisen.

Wenn es richtig ist, daß eine große Mehrheit des deutschen Volkes gegenüber der Einführung einer europäischen Währungsunion skeptisch ist, ergibt sich doch, daß diese Skepsis von den politisch Verantwortlichen nicht aufgegriffen wurde. Wie immer man entscheidet, das im Volk mitschwingende Gefühl der Gefahr wurde vielleicht am Rande einmal erwähnt, aber dem Volk wurde nicht ausreichend und eingehend erläu-

---

[22] Zur Vielfalt der Auffassungen über zulässige Möglichkeiten der direkten Demokratie F. Schnapp, in: P. Kunig (Hrsg.), *Grundgesetz-Kommentar*, Bd. 1, 4. Aufl. 1992, zu Art. 20, Rdn. 31.

[23] Zusammenstellung bei E. Müller, "Direkte Demokratie", *Die politische Meinung*, 42 (1997), Heft 336, 65 ff. (67 f.).

[24] M. Nierhaus, in: Sachs (Hrsg.), *Grundgesetz, Kommentar*, siehe Anm. 2, zu Art. 54, Rdn. 1-3, meint, die Wahl durch die Bundesversammlung werte das Amt auf, wobei übersehen wird, daß die Direktwahl das in weit höherem Maße bewirken würde.

tert, warum Skepsis nicht angebracht sei oder warum die Währungsunion letztlich ein Vorteil sei oder ein Nachteil sei.

Bei der Verbrechensbekämpfung wurde um den sogenannten Lauschangriff gestritten. Es ist nicht bekannt, daß bei diesem Streit die Volksmeinung irgendeine Rolle spielte. Für die einen war der Lauschangriff eine Zerstörung des Liberalismus, den anderen eine Beeinträchtigung des Beichtgeheimnisses, den Dritten eine Notwendigkeit der Kriminalitätsbekämpfung. Wer aber hat gefragt, wie die breite Bevölkerung in dieser Sache denkt? Ob sie überwiegend die Kriminalitätsbekämpfung wünscht oder die gefährliche Freiheit?

Es besteht ein Streit darüber, ob Wehrpflicht oder Berufsarmee zweckmäßiger sei. Die Äußerungen der Parteien sind kontrovers. Hat man sich eigentlich bemüht, die Volksstimmung darüber zu eruieren, wie in dieser Beziehung gedacht wird? Jedenfalls ist das nicht bekannt geworden.

Das gleiche gilt in Fragen des Asyl- und Ausländerrechts. In Bürgerversammlungen ist sehr oft die Bemerkung zu hören: Wer fragt eigentlich uns, die Staatsbürger, was wir in diesen Fragen denken? Die Stimmung scheint zu sein, man werde eben nicht gefragt.

In den Zeiten der großen studentischen Unruhen vor 20 Jahren wurde denjenigen, die diesen Unruhen entgegentraten, von der außerparlamentarischen Opposition gesagt: Ihr wißt gar nicht, wie das Volk denkt. Es wäre nun einfach gewesen zu antworten, wenn ihr wißt, wie das Volk denkt, dann steht es euch frei, das durch ein Volksbegehren nachzuweisen. Diese Antwort konnte aber nicht gegeben werden, weil es ein Volksbegehren nach unserem Grundgesetz nicht gibt. So konnte nun niemand nachweisen, wie das Volk denkt.

Nun sind die Parteien dazu übergegangen, ihre Parteimitglieder zu befragen, wie sie nun in einer bestimmten Sache entscheiden sollen[25]. Das ist aber natürlich keine Volksbefragung im Sinne einer unmittelbaren Demokratie, denn die meisten Bürger sind nicht Mitglieder politischer Parteien und werden also auch auf diesem Wege nicht befragt.

Aber die Mittelbarkeit und damit die Abkoppelung des Volkes von den Parteien geht noch weiter. Sind im Bundestag durch die Parteien die Fraktionen gebildet, stimmen sie im allgemeinen übereinstimmend ab. Es ist erstaunlich zu hören, wenn Politiker, wie das in letzter Zeit

---

[25] Dazu Müller, siehe Anm. 23, 68 f.; zur Abstimmung der Mitglieder der FDP über die Wehrpflicht siehe *FAZ* vom 18.11.1997; Klein, siehe Anm. 19, 223.

mehrfach geschehen, in einer sehr schwierigen Situation plötzlich die Forderung erheben, in diesem Falle solle die Abstimmung "frei" gegeben werden[26]. Diese Politiker haben offenbar ihre eigene Verfassung nicht gelesen, denn die Abstimmung ist immer frei gegeben. Der Abgeordnete ist nur seinem Gewissen unterworfen und Vertreter des ganzen Volkes. Jeder Fraktionszwang ist ein Verstoß gegen das Grundgesetz[27]. Dieser Gedanke ist vollständig verloren gegangen, d.h. in sein Gegenteil verkehrt, wenn man meint, das Gewissen des Abgeordneten "frei" geben zu müssen.

Auf noch etwas muß hingewiesen werden. Massenmedien befragen im wesentlichen nur Politiker. Es ist selten, daß in einer Talkshow einzelne Bürger auftreten. Die Themen lauten: Was nun Herr Waigel, was nun Herr Kohl, was nun Herr Lafontaine usw. Die Antworten sind bekannt, denn sie wurden vorher schon mehrfach veröffentlicht, und die Antworten entsprechen der Auffassung der Partei. Eine Talkshow, in der gefragt worden wäre, was nun der Staatsbürger meint, findet nicht statt.

Wenn die Fragen schwieriger werden, d.h. schwierig für den Staatsbürger, weil er die Detailkenntnisse nicht haben kann, treten sogenannte Experten auf. Es gibt Experten für Abrüstung, für Soziales, für Umwelt, für Finanzen und für vieles andere mehr. Der Staatsbürger kann nicht kontrollieren, ob diese Experten wirklich über besondere Kenntnisse verfügen[28]. Er weiß auch nicht, warum sie zu Experten wurden. Außerdem kann es sein, daß der Experte für die eine Frage am nächsten Tage ein solcher für eine andere Frage ist, denn die Auswechselung der Minister ist üblich. Warum soll ein Rechtsexperte vom Recht mehr verstehen als andere Juristen? Durch was sind seine besonderen Kenntnisse ausgewiesen? So steht der Bürger vor Undurchschaubarkeiten. Es ist ihm nicht möglich, den Sachverstand zu kontrollieren. Wenn das so ist, geht es wieder um den Vertrauensvorschuß, den der Bürger gegeben hat oder den man von ihm erwartet.

---

[26] *FAZ* vom 5.11.1997: "Eine Freigabe der Abstimmung durch die Union gilt als unwahrscheinlich", wo berichtet wird, daß die FDP einen sog. Gruppenantrag nur dann akzeptieren werde, wenn vorher die Abstimmung "freigegeben" werde.

[27] Gem. BVerfGE 11, 266 f. (273), hat im Zweifelsfalle die Gewissensfreiheit den Vorrang.

[28] Klein, siehe Anm. 19, 212, spricht von einer "Stärkung des Expertentums"; es sei erinnert an C. Schmitt, *Die geistesgeschichtliche Lage des heutigen Parlamentarismus*, 1923, der die Gefahr einer Regierung durch "Amateure" aufzeigt.

Was kann man in dieser Lage, falls man sie für bedenklich und unbefriedigend hält, nun empfehlen? Eine Grundgesetzänderung, die diese oder jene Neuerung bringen könnte, ist nicht zu erwarten. Abgesehen von der Tatsache, daß es fast unmöglich ist, zwei Drittel des Parlaments für eine Abstimmung im Parlament zu versammeln, besteht auch gar kein Wille, eine Änderung zu schaffen. Die einzige Abhilfe, die sich anbietet, ist es, die Arbeit der politischen Parteien zu revidieren und in dieser Beziehung Empfehlungen auszusprechen[29].

Die Parteien sollten ernstlich die Lücke ausfüllen, die die Verfassung fast zwangsläufig hergestellt hat. Sie sollten näher an den Bürger rücken. Der dauernd verteufelte Stammtisch, an dem der Bürger sich artikuliert, sollte durchaus nicht außer Betracht bleiben. So wie aber solche Bestrebungen auftreten, ruft der politische Gegner, das sei "Populismus". Was fehlt, ist gerade ein richtig verstandener Populismus.

Es nützt aber auch nichts, wenn die politischen Parteien ihre Parolen, wenn man die Kurzfassungen propagandistischer Äußerungen so nennen will, in das Volk hinaustragen. Diese Parolen kennt das Volk. Es ist vielmehr notwendig, in unermüdlicher Kleinarbeit der Bevölkerung deutlich klarzumachen, welche Vernunftüberlegungen, welche Fakten, welche ethischen Wertungen und welche Bestrebungen hinter diesen Parteiparolen stehen.

Das ist die Arbeit, die zu vollziehen ist. Wenn eine Partei die Kampfparole ausgibt, diese oder jene Reform entspreche nicht der sozialen Gerechtigkeit, ist die Definition zu liefern, was denn soziale Gerechtigkeit nun ist, denn das nun wäre entscheidend[30].

Wenn die konservativen Parteien daran erinnern, daß überkommene Wertvorstellungen zerstört werden, gilt es doch nun, diese Wertvorstellungen zu aktualisieren, sie der Bevölkerung näher zu bringen, ihre Notwendigkeit im täglichen Leben des Staatsbürgers nachzuweisen. Hier nun gerade sollten Experten im schon erwähnten Sinne auftreten. Es sollte ein wirklicher Experte dem Volk erklären, warum die Europäische Währungsunion notwendig sei oder vielleicht auch, warum sie nicht notwendig sei. Es sollte ein wirklicher Kenner der Verhältnisse in

---

[29] v. Arnim, siehe Anm. 10, 367 ff.

[30] Vor allem aber wäre es wesentlich, das Verhältnis von Sozialstaat zum Rechtsstaat zu klären; dazu E. Schmidt-Assmann," Der Rechtsstaat", in: Isensee/Kirchhof, *HStR*, siehe Anm. 6, Bd. 1, § 24, Rdn. 95, der allerdings auch nur zur Feststellung der Mischung beider Staatsziele gelangt; ähnlich H.F. Zacher, "Das soziale Staatsziel", in: *HStR*, Bd. 1, § 25, Rdn. 95 ff., der eine "Verschwisterung" der Staatsziele feststellt.

der Bundeswehr, ein Kenner der internationalen Kräfteverteilung, dem Volk sagen, ob Wehrpflicht oder Berufsarmee wichtiger sei. Oder es sollte ein Experte der Verbrechensbekämpfung erklären, warum der sogenannte Lauschangriff notwendig sei, und es genügt nicht, wenn gesagt wird, ohne diesen ginge es nicht, oder er wirke zerstörerisch für die individuelle Freiheit.

In allen diesen Beziehungen fehlt es dem Volk letztlich doch an Informationen. Man sollte die Aufgabe der politischen Parteien darin sehen, daß die Repräsentanten den Weg stärker zurückfinden zu den Repräsentierten. Nur so kann der notwendige Vertrauensvorschuß, ohne den die repräsentative Demokratie nicht bestehen kann, hergestellt und verfestigt werden. Es genügt nicht, wenn man sagt, eine Partei habe das nun einmal so beschlossen, sondern der Bürger sollte wissen können, warum so beschlossen wurde. Man kann auch nicht sagen, daß das nicht stattfindet, was hier gefordert wird, aber man kann doch erwarten, daß das verstärkt werden müßte, und zwar in großem verantwortlichem Bewußtsein. Die Vertreter der Parteien, gerade diejenigen, die mit dem Volk in Berührung kamen, sollten nicht nur auf ihre Gesinnung hin ausgewählt werden, sondern auch im Hinblick auf ihre ganz spezifische Qualifikation. Wenn es an der notwendigen Gesinnung fehlt, ist ohnehin jede Mühe umsonst, aber wenn es an der Qualifikation fehlt, kann großer Schaden entstehen. Es sollte also den Parteien gelingen, die Verbindung zum Volk zu verstärken. Das ist sicherlich schon oft gesagt worden, aber es ist an der Zeit, das besonders zu betonen. Es besteht in Krisenzeiten ein besonderes Spannungsverhältnis im Hinblick auf politische Entscheidungen, deren Grund bekannt ist. Doch ist die Information so relativ gering, daß der Bürger sagen könnte, die Parteien habe alle recht, oder die Parteien haben alle unrecht. Und zu einer wirklichen Entscheidung zu befähigen, ist die erste und hauptsächliche Aufgabe der politischen Parteien[31].

Wenn in diesen hier geschilderten Beziehungen keine Änderung eintritt, droht die repräsentative Demokratie zu entarten. So stellt sich die Lage zu Ende des Jahres 1997 dar. Sowohl das Europarecht als auch das Verfassungsrecht sind in Bewegung. Es ist zu hoffen, daß die hier vermerkten Mängel einen Ausgleich finden.

---

[31] Zu den entsprechenden Aufgaben der politischen Parteien J. Ipsen, in: Sachs, siehe Anm. 2, zu Art. 21, Rdn. 21-26.

Fragen der Staatensukzession bei der Wiedervereinigung Deutschlands - Erfahrungen aus den Verhandlungen über die deutsche Einheit

Claus J. Duisberg

I. Rechtlicher Rahmen

Als zu Anfang des Jahres 1990 die Wiedervereinigung Deutschlands von einer Hoffnung zur festen Erwartung wurde, begann sogleich eine Diskussion darüber, auf welchem verfassungsrechtlichen Weg und in welcher Form die Vereinigung vollzogen werden sollte. Das Grundgesetz enthielt in der damals geltenden Fassung auf den ersten Blick zwei einschlägige Bestimmungen:

Einerseits Artikel 23 GG a.F.: "Dieses Grundgesetz gilt zunächst im Gebiet der Länder Baden, Bayern, Bremen, Groß-Berlin, Hamburg, Hessen, Niedersachsen, Nordrhein-Westfalen, Rheinland-Pfalz, Schleswig-Holstein, Württemberg-Baden und Württemberg-Hohenzollern. *In anderen Teilen Deutschlands ist es nach deren Beitritt in Kraft zu setzen.*"

Andererseits Artikel 146 GG: "*Dieses Grundgesetz verliert seine Gültigkeit an dem Tag, an dem eine Verfassung in Kraft tritt, die von dem deutschen Volk in freier Entscheidung beschlossen worden ist.*"

Die Frage lautete daher, ob die Wiedervereinigung durch Beitritt der DDR zur Bundesrepublik Deutschland und Eingliederung in die westdeutsche Verfassungs- und Rechtsordnung oder durch einen - vertraglich zu regelnden - Zusammenschluß beider deutscher Staaten unter Schaffung einer neuen, gesamtdeutschen Verfassung erfolgen sollte, oder ob - wie manche vermittelnd meinten - zunächst der Beitritt nach Artikel 23 GG vollzogen und dann gemäß Artikel 146 GG eine neue Verfassung ausgearbeitet werden sollte - eine Lösung, die scherzhaft als "Vereinigung nach Artikel 169" (23 plus 146) bezeichnet wurde.

Rechtlich sprachen überwiegende Argumente dafür, daß Artikel 23 GG die entscheidende Regelung für die Vereinigung war und Artikel 146 GG lediglich eine allgemeine Aussage zur Geltungsdauer des Grundgesetzes enthielt. Die Frage war jedoch nur vordergründig juristisch, im Kern dagegen politisch. Befürworter eines Vorgehens ausschließlich nach Artikel 146 GG waren vor allem Kräfte in der Sozialdemokratie und der Grünen sowie linke Gruppen, die der Wiederherstellung der deutschen Einheit eher zurückhaltend gegenüberstanden, sie gegebenenfalls aber zu einer umfassenden Änderung der Verfassungs- und Gesellschaftsordnung sowohl in Ost- als vor allem auch in Westdeutschland nutzen wollten. Bei der vermittelnden Meinung, die erst den Beitritt und dann die Ausarbeitung einer neuen Verfassung befürwortete, schwang die Ahnung mit, daß ein wiedervereinigtes Deutschland nicht allein eine erweiterte Bundesrepublik bleiben könnte. Demgegenüber sahen die Regierungsparteien und die große Mehrheit der westdeutschen Bevölkerung keinen Anlaß, das Grundgesetz, das sich in über vierzig Jahren bewährt hatte, kurz- oder mittelfristig zur Disposition zu stellen.

Von Bedeutung war aber auch der Zeitfaktor: Nachdem noch wenige Wochen vorher die Wiedervereinigung als eine noch geraume Zeit in Anspruch nehmende Entwicklung angesehen werden konnte,[1] beschleunigte der zunehmende Verfall der staatlichen und wirtschaftlichen Strukturen der DDR um die Jahreswende 1989/90 den Prozeß in einer Weise, der rasche Entscheidungen verlangte. Für den Bundeskanzler und die Verantwortlichen in der Bundesregierung galt es, die Dynamik zu nutzen. Alles was retardierend wirkte, hätte nur die Bildung von Widerständen im Innern und von außen begünstigt, mit denen ohnehin zu rechnen war, denen aber nicht Gelegenheit zur Entfaltung gegeben werden durfte. Mit langwierigen Beratungen über eine neue Verfassung wäre die Chance der Einheit vertan worden.

Die Frage wurde schließlich durch die Bevölkerung der DDR entschieden. Aus den vorgezogenen Wahlen zur Volkskammer am 18.3.1990 ging die "Allianz für Deutschland", die sich für einen raschen Beitritt

---

[1] So noch im von Bundeskanzler Dr. Helmut Kohl am 28.11.1989 dem deutschen Bundestag unterbreiteten Zehn-Punkte-Programm zur Überwindung der Teilung Deutschlands und Europas (Protokoll der 177. Sitzung des deutschen Bundestages vom 28.11.1989).

ausgesprochen hatte, als klarer Sieger hervor. Die neue Regierung unter Lothar de Maizière bestätigte in der Regierungserklärung am 19. April die Beitrittsabsicht, und am 23.8.1990 beschloß die Volkskammer förmlich den Beitritt der DDR zur Bundesrepublik Deutschland.

Damit stand fest, daß - rechtlich gesehen - nicht ein neuer Staat aus den beiden deutschen Staaten hervorgehen, sondern daß die Bundesrepublik Deutschland fortbestehen, während die DDR als Staat untergehen würde. Die Frage der Staatensukzession stellte sich insoweit nur in bezug auf die DDR.

II. Der Einigungsvertrag

Sich mit dem bevorstehenden Ende der staatlichen Existenz und damit auch dem Ende der gerade erst durch demokratische Wahlen legitimierten neuen politischen Ordnung abzufinden, fiel freilich den politisch Handelnden in der DDR nicht leicht. Die neue DDR-Regierung legte deshalb Wert darauf, die Modalitäten des Beitritts in einem Vertrag zu regeln, um rechtlich eine Gewähr für den Erhalt bestimmter Rechtsinstitute und Einrichtungen zu erhalten und politisch etwas von der eigenen Identität, den oft zitierten "Errungenschaften", in die Bundesrepublik Deutschland einzubringen.

Verfassungs- und Wiedervereinigungspuristen im Westen hielten einen solchen Vertrag anfänglich für überflüssig oder gar schädlich. Artikel 23 erforderte ja nur, das Grundgesetz im Beitrittsgebiet - allenfalls mit Übergangsregelungen - "in Kraft zu setzen". Verfassungswidriges DDR-Recht wäre damit automatisch außer Kraft getreten, das übrige Recht hätte als partikuläres Bundesrecht bzw. als Landesrecht fortbestanden; und es wäre Aufgabe des jeweils zuständigen Gesetzgebers gewesen, nach und nach die Rechts- und Verwaltungseinheit herzustellen.

Politisch war jedoch eine Rücksichtnahme auf das gerade erst erwachte Selbstbewußtsein in der DDR unbedingt geboten. Im übrigen zeigte sich, daß auch unter praktischen Gesichtspunkten eine im vorhinein mit der DDR gemeinsam erarbeitete Regelung für den Beitritt im Interesse eines geordneten Übergangs unverzichtbar war. Die Verhandlungen begannen am 6. Juli 1990 in Berlin; ihr Ergebnis war der am 31.8. ebenfalls in Berlin unterzeichnete Vertrag über die Herstellung der Einheit Deutschlands, der Einigungsvertrag (EV), der in 45 Artikeln, einem Protokoll und drei zum Teil äußerst umfangreichen Anlagen die Eingliederung der DDR und der Ost-Berliner Stadtbezirke in die Bundesrepublik Deutschland, die Rechtsangleichung einschließlich Änderungen des Grundgesetzes und anderen Bundesrechts, Fortgeltung von DDR-Recht sowie sonstige Sukzessionsfragen regelte. Gemäß seinem Artikel 1 wurde der Beitritt am 3.10.1990 wirksam.

Die ersten Vorarbeiten im federführenden Bundesministerium des Innern hatten sich, ausgehend vom Wortlaut des Artikels 23 des Grundgesetzes, fast ausschließlich auf die Frage konzentriert, mit welchen Anpassungen und Übergangsregelungen für das Beitrittsgebiet das Grundgesetz gelten und in welchem Ausmaß DDR-Recht erhalten bleiben sollte. Dabei wurde zunächst davon ausgegangen, daß zwar das Grundgesetz grundsätzlich "in toto" im Beitrittsgebiet in Kraft gesetzt werden sollte, sonstiges Bundesrecht aber nur soweit nötig; das DDR-Recht sollte, soweit es mit der grundgesetzlichen Ordnung vereinbar war, für eine Übergangszeit fortgelten und die Rechtsangleichung dem Gesetzgeber überlassen bleiben. Dahinter stand die Überlegung, den Wandel schonend zu vollziehen ohne psychologische und auch administrative Überforderung.

Auf Drängen der Wirtschaft, die an Übersichtlichkeit und Berechenbarkeit interessiert war, sowie im Hinblick auf die Einbeziehung in die Europäische Gemeinschaft, deren Recht, soweit es in Richtlinien enthalten war, seinen Niederschlag an verschiedenen, im einzelnen nicht mehr identifizierbaren Stellen der Bundesgesetzgebung gefunden hatte, wurde das Konzept während der Verhandlungen in einem außerordentlichen Kraftakt umgekehrt: DDR-Recht blieb nun nur noch ausnahmsweise erhalten, während Bundesrecht grundsätzlich in vollem Umfang - wenngleich mit zahllosen Ausnahme- und Übergangsregelungen - auf das Beitrittsgebiet erstreckt wurde. Bürger und Behörden in der ehemaligen DDR wurden nun sofort nach der Wiedervereinigung mit einem ungeheuren, in Systematik und Dimension unbekannten und daher zunächst auch unbegreiflichen Regelwerk konfrontiert, woraus sich in der Praxis später zahlreiche Probleme ergaben. Andererseits wurde auf diese Weise in relativ kurzer Zeit jedenfalls die rechtliche Einheit hergestellt, was - hätte man dies dem normalen Gang der Gesetzgebung überlassen - viele Jahre gebraucht und wahrscheinlich bis jetzt noch keinen Abschluß gefunden hätte.

Im Einigungsvertrag nehmen dementsprechend die Regelungen zur Rechtsangleichung den größten Raum ein. Schon bei den intensiveren Vorbereitungen und dann auch in den Verhandlungen selbst wurde aber deutlich, daß es dabei nicht sein Bewenden haben konnte, sondern daß zusätzlich *Sukzessionsregelungen* angezeigt waren, und zwar zum einen in bezug auf *Einrichtungen und Rechtsverhältnisse innerhalb des Bei-*

trittsgebiets, zum anderen auch in bezug auf *Rechtsverhältnisse zum Ausland.*

III. Interne Sukzessionsregelungen

Innerhalb des Beitrittsgebiets sind Regelungen getroffen worden für die *Nachfolge in staatliche Einrichtungen* (Art. 13 und 14 EV) und damit zusammenhängend für die *Rechtsverhältnisse im öffentlichen Dienst* (Anl. I zum EV Kap. XIX) sowie für die Nachfolge in bezug auf *öffentliches Vermögen und auf Schulden* (Art. 21-23 EV).

Nicht ausdrücklich geregelt wurde das Schicksal sonstiger auf den Staat bezogener Rechtsverhältnisse des privaten oder öffentlichen Rechts, z.B. Miet- oder Nutzungsverhältnisse. Man ging davon aus, daß die Sukzession sich insoweit inzidenter aus den Regelungen zur Funktions- bzw. zur Vermögensnachfolge ergab. Zur Fortgeltung gerichtlicher Entscheidungen und von Akten der öffentlichen Verwaltung wurde festgelegt, daß sie grundsätzlich wirksam bleiben sollten unter Vorbehalt der Aufhebung im Falle der Unvereinbarkeit mit rechtsstaatlichen Grundsätzen (Art. 18 und 19 EV).

Hinsichtlich der *Behörden und anderer öffentlicher Einrichtungen* war der Regelungsbedarf besonders groß, weil im System der DDR der öffentliche Sektor nahezu allumfassend war und das natürlich keine Entsprechung im System der Bundesrepublik Deutschland finden konnte. Außerdem mußte die zentralstaatliche Organisation der DDR auf die bundesstaatliche Ordnung des Grundgesetzes überführt werden; d.h. DDR-Behörden mußten je nach der Zuständigkeitsverteilung des Grundgesetzes entsprechenden Stellen entweder des Bundes oder der Länder zugeordnet werden (Art. 13 und 14 EV). Sonderregelungen waren für kulturelle Einrichtungen (Artikel 35 EV), den Rundfunk (Artikel 36 EV) und die Institute der Akademie der Wissenschaften (Artikel 38 EV) und einige Sporteinrichtungen (Artikel 39 EV) zu treffen.

Für die staatlichen Behörden lief die Regelung des Artikel 13 EV nach dem Verständnis der Bundesregierung darauf hinaus, daß jede Einrichtung, für die nicht ausdrücklich von der zuständigen Stelle eine Entscheidung zur Fortführung getroffen wurde, aufgelöst und damit abzuwickeln war. Das war zwar nach dem Wortlaut des Artikel 13 ("regelt die Überführung oder Abwicklung") nicht ganz zwingend; die Rechts-auffassung der Bundesregierung ist aber von der höchstrichterlichen Rechtsprechung bestätigt worden.[2]

Eng verbunden mit dem Schicksal der DDR-Behörden waren die *Rechtsverhältnisse im öffentlichen Dienst*. Wie überall in der DDR gab es hier einen großen Personalüberhang. Das Ausmaß wurde erst im Laufe der Verhandlungen und dann auch nur annähernd deutlich. Es war offensichtlich, daß die Dienstverhältnisse schon von der Zahl her nicht sämtlich fortbestehen konnten. Bei den Ministerien und anderen zentralen Behörden ergab es sich ohnehin, daß sie und mit ihnen ihr Personal überflüssig wurden. Die Vergrößerung des Staatsgebietes erweiterte nur in sehr begrenztem Maße die Aufgaben der Zentralverwaltung und damit den Personalbedarf. Hinzu kamen die politische Vorbelastung vieler Angehöriger des öffentlichen Dienstes der DDR und die Schwierigkeit ihrer Integration. Der Umstand, daß es sich nicht um eine Fusion von zwei Staaten handelte, sondern um den Beitritt eines kleineren zum größeren, mußte auch zur Folge haben, daß sich die Verwaltungsstrukturen der Bundesrepublik Deutschland auf die DDR ausdehnten und nur örtlich beschränkt Personal von dort aufnehmen konnten. Da es sich um menschliche Schicksale handelte, waren die Verhandlungen über diesen Komplex besonders schwierig. Sie endeten in einer Regelung, die jedenfalls für die überwiegende Mehrheit der Mitarbeiter in der Zentralverwaltung zur Beendigung des Beschäftigungsverhältnisses führen mußte: Generell traten die zuständigen Behörden des Bundes bzw. der Länder zunächst an die Stelle des Arbeitgebers DDR, allerdings mit der Maßgabe, daß im Falle der Abwicklung der Einrichtung - insbesondere bei allen DDR-Ministerien - das Arbeitsverhältnis ruhte und nach sechs bzw. bei älteren Arbeitnehmern nach neun Monaten beendet wurde.

Im übrigen waren erweiterte und außerordentliche Kündigungsmöglichkeiten vorgesehen (Anl. 1 zum EV Kap. XIX Sachgebiet A Abschnitt III). Noch vor dem 3. Oktober wurden zahlreiche Staatsbedienstete entlassen, u.a. alle Offiziere der Nationalen Volksarmee (NVA) im Generalsrang und fast alle Offiziere im besonderen Einsatz (OibE) des Ministeriums für Staatssicherheit. Manche schieden freiwillig aus. Die große Mehrheit jedoch blieb und focht, unterstützt von der ÖTV, die sogenannte Wartestandsregelung in unzähligen Arbeits- und Verwaltungsverfahren an.

---

[2] BVerwG im Urteil vom 12.6.1992, BVerwGE 90, 220 ff., und ihm folgend BAG im Urteil vom 3.9.1992, BAGE 71, 147 ff.

In seinem Grundsatzurteil vom 24.4.1991 hat das Bundesverfassungsgericht diese Regelung aber als im wesentlichen verfassungsgemäß anerkannt.[3] Viele ehemalige Angehörige des öffentlichen Dienstes der DDR sind demzufolge ausgeschieden, die älteren meistens in die Arbeitslosigkeit. Eine Minderheit, meist jüngeren und mittleren Alters, ist dagegen weiterbeschäftigt worden und arbeitet mit an der Entwicklung des neuen gesamtdeutschen Staates.

Beim Militär galt entsprechendes (Anl. I z. EV Kap XIX Sachgebiet B), jedoch trat die Wartestandsregelung durch den Fortbestand von zahlreichen Einheiten und Verbänden der NVA im Rahmen der Bundeswehr in der Praxis nur begrenzt ein. Die meisten Berufssoldaten und -offziere wurden zunächst, regelmäßig mit niedrigerem Dienstgrad, weiter verwendet und erst im Zuge der Verminderung der Streitkräfte wegen mangelnden Bedarfs entlassen.

Bei *Vermögen und Schulden* der DDR wurde das Prinzip der Universalsukzession zugrunde gelegt. Für die Schulden traf Artikel 23 EV im wesentlichen nur eine Verfahrensregelung, wonach die Schulden auf ein Sondervermögen des Bundes überführt wurden.

Die Frage des öffentlichen Vermögens der DDR war komplexer. Systembedingt war das öffentliche Vermögen umfassend. Mit Ausnahme des privaten Eigentums an Hausgrundstücken, dem - der Fläche nach allerdings nicht unbeträchtlichen - genossenschaftlichen Eigentum in der Landwirtschaft und kirchlichem Eigentum war praktisch alles sog. Volkseigentum, das entweder Behörden und anderen öffentlichen Einrichtungen oder Wirtschaftsbetrieben oder Massenorganisationen als "Rechtsträger" zugewiesen war. Das für wirtschaftliche Zwecke genutzte Volksvermögen wurde bereits im Zusammenhang mit dem Vertrag über die Schaffung einer Währungs-, Wirtschafts- und Sozialunion vom 18.5.1990 durch das Treuhandgesetz der DDR der Treuhandanstalt zugewiesen.

Für das *Verwaltungsvermögen* bestimmte Artikel 21 EV, daß es grundsätzlich an den Bund bzw. wenn dieser nicht Funktionsnachfolger war, an den jeweiligen Träger der öffentlichen Verwaltung fallen sollte. Unter diese Regelung wurden später auch Rechte und Pflichten aus privatrechtlichen Verträgen, z. B. aus Mietverhältnissen, subsumiert.

Die Regelung der Sukzession entsprechend der Funktionsnachfolge wurde jedoch überlagert einmal durch das Gesetz zur Regelung offener Vermögensfragen, zum anderen durch die Bestimmung des Artikel 21

---

[3] BVerfGE 85, 133ff.

Abs. 3 EV, der die Rückübertragung von unentgeltlich zur Verfügung gestellten Vermögenswerten an diejenige Körperschaft des öffentlichen Rechts vorsah, die früher Eigentümerin war, und generell bestimmte, daß früheres Reichsvermögen Bundesvermögen wurde.

Diese Regelung, die auf Wunsch des Bundesministers der Finanzen in den Einigungsvertrag aufgenommen worden war, hatte zur Folge, daß der Funktionsnachfolger nicht notwendigerweise dieselbe Ausstattung an Verwaltungsvermögen erhielt wie die frühere DDR-Behörde oder Einrichtung, was in der Praxis Probleme aufwarf, nicht zuletzt auch hinsichtlich der Bereitschaft des Nachfolgers zur Übernahme von Personal.

Für das *Finanzvermögen* bestimmte Artikel 22 EV, daß es zunächst der Treuhandverwaltung des Bundes unterstellt und dann je zur Hälfte den neuen Bundesländern und dem Bund zur ausschließlichen Verwendung im Beitrittsgebiet übertragen werden sollte. Die DDR hatte in den Verhandlungen besonderen Wert darauf gelegt, daß die von der DDR-Bevölkerung geschaffenen Werte nicht zur beliebigen Verfügung des Westens stehen sollten; wie gering diese Werte waren und in welchem Umfang darüber hinaus Transferleistungen des Westens erforderlich werden würden, war damals - vor allem auf DDR-Seite - nur wenigen bewußt.

Ungeklärt blieb das Schicksal des früheren *Grundvermögens des preußischen Staates*. Es war in der DDR insgesamt "Volkseigentum" geworden und wie anderes Volkseigentum von unterschiedlichen Rechtsträgern genutzt worden. Anders als für früheres Reichseigentum enthält der Einigungsvertrag hierfür keine besondere Regelung. Die Bundesregierung vertritt deshalb die Auffassung, daß die Artikel 21 und 22 EV auch insoweit maßgeblich sein müßten; d. h. das Verwaltungsvermögen müßte grundsätzlich auf den Bund bzw. den neuen Funktionsträger, Finanzvermögen an die Treuhandverwaltung des Bundes übertragen werden. Die Länder - interessiert sind besonders Berlin und Brandenburg - meinen dagegen, daß auch auf das preußische Vermögen in der ehemaligen DDR Artikel 135 GG anzuwenden sei mit der Folge, daß die Objekte nach ihrer Belegenheit an die Länder zu fallen hätten. In Einzelfällen hat man sich praktisch, unter Vorbehalt der jeweiligen Rechtsposition, geeinigt.

Ein ähnlich gelagertes Problem ergab sich bei den sog. Mauergrundstücken, die von der DDR den privaten Eigentümern im Wege der Enteignung entzogen worden waren und nun vom Bund in Anspruch genommen wurden, während die ehemaligen Eigentümer sich auf ihr früheres Recht beriefen.

IV. Sukzession in bezug auf internationale Rechtsverhältnisse

In Bezug auf die internationalen Beziehungen der DDR enthält der Einigungsvertrag Bestimmungen zur *Einbeziehung der DDR in den Geltungsbereich völkerrechtlicher Verträge der Bundesrepublik Deutschland* (Artikel 11 EV), zur *Behandlung der völkerrechtlichen Verträge der DDR* (Artikel 12 EV) und zur *Abwicklung finanzieller Forderungen und Verbindlichkeiten der DDR* gegenüber dem Ausland sowie gegenüber der Bundesrepublik Deutschland, dies jedoch nur in bezug auf Zuständigkeit und Verfahren (Artikel 24 EV), das anders geregelt wurde als für die internen Schulden.

Hinsichtlich der *Nachfolge in völkerrechtliche Verträge* war den Beteiligten klar, daß sie nicht *intra partes* mit Rechtswirkung gegenüber den betroffenen Dritten geregelt werden konnte. Die Rechtsfolge konnte sich grundsätzlich nur aus dem Völkerrecht ergeben. Aussagen im Einigungsvertrag konnten insofern lediglich deklaratorisch sein. Die Bedeutung der einschlägigen Bestimmungen war denn auch weniger rechtlicher als politischer Natur, was sich auch in den Formulierungen zeigt, die eine rechtliche Präzisierung weitgehend vermeiden.

Schon in dem Vertrag über die Schaffung einer Währungs-, Wirtschafts- und Sozialunion vom 18.5.1990 war im Hinblick vor allem auf Befürchtungen der Sowjetunion und der anderen damaligen RGW-Staaten (Rat für ggs. Wirtschaftshilfe) eine Bestimmung (Artikel 13 Abs. 2) aufgenommen worden, wonach die "gewachsenen außenwirtschaftlichen Beziehungen" der DDR "Vertrauensschutz" genießen und bestehende vertragliche Verpflichtungen der DDR "im Einvernehmen mit ihren Vertragspartnern" an die neuen Gegebenheiten angepaßt werden sollten. Der Gesichtspunkt des Vertrauensschutzes war auch beim Einigungsvertrag das entscheidende Motiv. Während es sich allerdings beim Währungsunion-Vertrag rechtlich um eine Verpflichtung zwischen der - ja einstweilen noch fortbestehenden - DDR und der Bundesrepublik Deutschland handelte, konnte im Einigungsvertrag lediglich einseitig eine Absicht des Nachfolgestaats zum Ausdruck gebracht werden. Auf sowjetisches Drängen wurden dann auch die Absätze 1 und 2 des Artikel 12 EV in den gemeinsamen Brief der beiden deutschen Außenminister an die Außenminister der Vier Mächte aufgenommen, der bei Unterzeichnung des Vertrages über die abschließende Regelung in bezug auf Deutschland vom 12. September 1990 (Zwei-plus-Vier-Vertrag) übergeben wurde. (Das gleiche Zitat war später noch einmal Gegenstand eines Briefwechsels zwischen dem deutschen und dem sowjetischen Außenminister im Zusammenhang mit der Unterzeichnung des deutsch-sowjetischen Kooperationsvertrages vom 9.11.1990.)

Die Bundesregierung hat ihrerseits nach Vollzug der Einigung den Wortlaut der Art. 11 und 12 EV allen Staaten förmlich notifiziert, mit denen diplomatische Beziehungen bestanden (d.h. außer Afghanistan, Kambodscha, Nordkorea und Somalia). Sie hat dabei zugleich ihre Verhandlungsbereitschaft erklärt und sich insoweit auch einseitig international gebunden. Eine entsprechende Notifizierung in bezug auf Artikel 24 EV ist nicht erfolgt. Sie war wegen des begrenzten prozeduralen Inhalts auch nicht erforderlich; Grundlage der finanziellen Forderungen und Verbindlichkeiten der DDR war ohnehin stets eine völkerrechtliche Vereinbarung.

Zur Auswirkung der Vereinigung auf die *völkerrechtlichen Verträge der Bundesrepublik Deutschland* enthält Artikel 11 EV eine Aussage, die sich inhaltlich auf das Prinzip der beweglichen Vertragsgrenzen stützt. Dieses Prinzip ist in seiner generellen Anwendbarkeit freilich nicht ganz unumstritten, weshalb in Artikel 11 EV auch auf eventuellen Anpassungsbedarf im Benehmen mit den Vertragspartnern besonders hingewiesen wurde. In der Tat stellten sich gerade bei der deutschen Einigung Fragen in bezug auf zwei Verträge, denen die Bundesrepublik Deutschland angehörte, nämlich den NATO-Vertrag und den EG-Vertrag.

Beim *NATO-Vertrag* hatte nicht nur die Sowjetunion aus sicherheitspolitischen Gründen Vorbehalte. Auch für die Bündnispartner war es nicht von vornherein selbstverständlich, daß er sich nach der Vereinigung auf Gesamtdeutschland erstrecken sollte; die einstweilen fortbestehende Anwesenheit sowjetischer Truppen auf deutschem Boden machte die Schutzverpflichtung des NATO-Vertrages naturgemäß problematisch. Hier mußte ein politisches Gleichgewicht hergestellt werden. Seine Elemente waren eine Stationierungs- und Abzugsregelung für die sowjetischen Truppen einerseits und der Verzicht auf die militärische Integration des bisherigen DDR-Gebiets einschließlich dem Verbot der dauerhaften Stationierung ausländischer Streitkräfte auf diesem Gebiet andererseits. Unter diesen Voraussetzungen konnte dann schließlich Gesamtdeutschland in das Bündnis einbezogen werden.

In bezug auf die *Europäische Gemeinschaft* hatte die Bundesrepublik Deutschland schon bei den Verhandlungen über die Gründungsverträge eine - unwidersprochen akzeptierte - Erklärung abgegeben, daß im Falle der Wiedervereinigung eine Überprüfung der Verträge möglich sein müsse. Die Bundesregierung hat dann jedoch die Auffassung vertreten, daß im Falle des Beitritts, und zwar auch des kontrahierten Beitritts der DDR, dieses Gebiet automatisch Vertragsgebiet würde, für das allerdings Übergangsregelungen erforderlich seien, weil eine sofortige uneingeschränkte Anwendung des gesamten EG-Rechts auf das Gebiet der DDR aus praktisch-wirtschaftlichen Gründen nicht in Betracht kommen konnte. Nichtsdestoweniger gab es im Vorfeld der Vereinigung bei den EG-Partnern sowohl politische als nicht zuletzt auch wirtschaftliche Bedenken dagegen, daß das Gebiet der DDR gleichsam automatisch der Gemeinschaft zuwachsen sollte. Man fürchtete insbesondere, daß die Eingliederung einer ehemals sozialistischen und heruntergekommenen Wirtschaft in den Gemeinsamen Markt zu einer zusätzlichen Belastung des Gemeinschaftshaushalts und der Haushalte der Mitgliedstaaten führen könnte. Es muß zugegeben werden, daß die damit verbundene Änderung der Gesamtlage in der Gemeinschaft auch eine rechtliche Qualität hatte, die den Problemen beim Beitritt eines neuen Mitgliedstaates nicht unähnlich war. Die Bundesregierung ist den wirtschaftlichen Bedenken mit der Versicherung entgegengetreten, daß sie den Wiederaufbau der ehemaligen DDR vornehmlich als nationale Aufgabe ansehe und entsprechend finanzieren werde, was Deutschland allerdings später nicht gehindert hat, Leistungen aus dem Regionalfonds in Anspruch zu nehmen. EG-Untersuchungen kamen seinerzeit im übrigen zu dem Ergebnis, daß die Nettohaushaltskosten für die EG 1 Mrd. ECU nicht übersteigen und durch ein zu erwartendes - und für einige Mitgliedstaaten aufgrund der Vereinigung tatsächlich eingetretenes - Wirtschaftswachstum mehr als ausgeglichen würden.

Praktisch sind die Verhandlungen über den Einigungsvertrag unter intensiver Beteiligung der EG-Kommission geführt worden; gemeinsam ist ein Paket von Anpassungs- und Übergangsregelungen ausgearbeitet worden, das mit der Vereinigung vorläufig in Kraft gesetzt und am 4.12.1990 vom Rat förmlich verabschiedet wurde.

Für die *Verträge der DDR*[4] wurde in Artikel 12 im wesentlichen nur eine Konsultationsverpflichtung statuiert. Zunächst hatte die Absicht bestanden, die möglichen Rechtsfolgen in Anlehnung an den Entwurf der Wiener Konvention über die Nachfolge in völkerrechtliche Verträge genauer auszubuchstabieren: Radizierte Verträge sollten fortgelten, politische erlöschen und die übrigen angepaßt werden.

Es war vor allem Außenminister Genschers politische Vorsicht, die es bei einer allgemeinen Formulierung beließ, mit der allen Vertragspartnern der DDR Verhandlungen angeboten wurden, um - unter Beachtung der EG-Zuständigkeiten - die Fortgeltung, Anpassung oder das

---

[4] Hierzu umfassend D. Papenfuß, *Die Behandlung der völkerrechtlichen Verträge der DDR im Zuge der Herstellung der Einheit Deutschlands*, 1997.

Erlöschen der Verträge zu regeln bzw. festzustellen. Die endgültige Haltung der Bundesrepublik Deutschland zu den einzelnen Verträgen wurde in Artikel 12 Abs. 2 EV ausdrücklich vorbehalten. Der erwähnte "Vertrauensschutz" bezog sich somit nur auf das Konsultationsverfahren und stellte nicht etwa eine Art Bestandsschutz für die Verträge selbst dar.

Hinsichtlich der Mitgliedschaft in internationalen Organisationen, denen die DDR, nicht aber die Bundesrepublik Deutschland angehörte, wurde implizit davon ausgegangen, daß die Mitgliedschaft nicht fortbestand, sondern die Bundesrepublik Deutschland allenfalls im Einvernehmen mit den anderen Mitgliedern in die Organisation eintreten würde (Artikel 12 Abs. 3 EV). Praktisch ist davon nicht Gebrauch gemacht worden.

Eine Besonderheit ergab sich hinsichtlich des Seerechtsübereinkommens der Vereinten Nationen vom 10.12.1982, weil nach der Schlußakte bereits die Zeichnung des Übereinkommens für den Zeichnerstaat eine Rechtsposition begründete, nämlich die Mitgliedschaft in einer Vorbereitungskommission, die Durchführungsregelungen zu Teilen des Vertragswerks ausarbeiten sollte. Die Bundesrepublik Deutschland hatte das Übereinkommen wegen Ablehnung des darin enthaltenen Regimes für den Tiefseebergbau nicht gezeichnet und war in der Vorbereitungskommission deshalb nur als Beobachter vertreten. Die DDR dagegen hatte gezeichnet und war dementsprechend volles Mitglied in der Kommission. Günther Jaenicke wies im Völkerrechtswissenschaftlichen Beirat des Auswärtigen Amts darauf hin, daß auch dies eine Rechtsposition sei, die der Bundesrepublik Deutschland kraft Rechtsnachfolge zustehe, und schlug vor, dies geltend zu machen. Der Vorschlag wurde nicht verfolgt, weil die grundsätzlichen Bedenken gegen die genannten Teile des Übereinkommens fortbestanden und überdies Verhandlungen begannen, die zu einer Revision des Übereinkommens führten, so daß die Bundesrepublik Deutschland es schließlich sogar ratifizieren konnte.

Nach der im Ministerium für Auswärtige Angelegenheiten der DDR geführten Vertragsdatei hatte die DDR über 2.600 Verträge mit 136 Staaten und der PLO abgeschlossen, davon die relativ größte Zahl mit der Sowjetunion und den Staaten des sog. sozialistischen Lagers. Bei näherer Prüfung und im Rahmen der gemäß Artikel 12 EV aufgenommenen Konsultationen zeigte sich, daß zahlreiche weitere völkerrechtliche Verträge - meist unter Federführung anderer Ministerien, u. a. des Ministeriums für Nationale Verteidigung und des Ministeriums für Staatssicherheit - bestanden. Umgekehrt konnten viele der in der Datei angeführten Instrumente nicht als völkerrechtliche Verträge qualifiziert werden, z. B. Kommuniqués von Ministertreffen.

Über 500 Verträge oder vertragsähnliche Instrumente waren als Verschlußsache qualifiziert, und zwar nicht nur solche über militärische, militärtechnische und Sicherheitszusammenarbeit, sondern vielfach auch Warenaustauschprotokolle. Im Gesetzblatt veröffentlicht waren lediglich 6-7% aller Verträge; nur 18 waren beim VN-Sekretariat registriert.

Einige Verträge mit politischem Inhalt hatte die DDR-Regierung noch kurz vor Herstellung der Einheit gekündigt bzw. einvernehmlich beendet, war insbesondere aus dem Warschauer Vertrag und dem Rat für Gegenseitige Wirtschaftshilfe ausgetreten. In bezug auf alle anderen Verträge sind - mit Ausnahme einiger Fälle, wo dies aus rechtlichen oder politischen Gründen nicht möglich war - mit den Vertragspartnern Konsultationen - durch Delegationsgespräche oder auf diplomatischem Weg - aufgenommen und inzwischen auch fast vollständig abgeschlossen worden.

Die deutsche Seite ist bei diesen Konsultationen davon ausgegangen, daß grundsätzlich nur die radizierten Verträge als fortgeltend angesehen werden konnten, während alle übrigen durch Herstellung der deutschen Einheit in ihrem Bestand berührt wurden und zum überwiegenden Teil wegen Wegfalls des Vertragspartners und damit zusammenhängend des Wegfalls der für ihren Abschluß und Inhalt maßgeblichen Bedingungen erloschen waren. Das galt insbesondere für alle wirtschaftlichen und Handelsverträge, die auf das System der DDR-Staatswirtschaft bezogen waren, für Konsular- und Rechtshilfe-Abkommen, oft auch bei Verträgen über Verkehrsfragen. Vielfach gab es für die Materie schon vertragliche Regelungen mit der Bundesrepublik Deutschland, die auch für das vereinte Deutschland unter den neuen Verhältnissen als die angemesseneren anzusehen waren und ggfs. nur angepaßt werden mußten. Eine nicht geringe Anzahl von Verträgen schließlich war bedeutungsleer; der Vertragsschluß als solcher war für die DDR politisch wichtig gewesen ohne Rücksicht auf den Inhalt. In diesen Fällen war die Feststellung des Erlöschens unproblematisch.

Bei Militär- und Rüstungsverträgen drangen einige Staaten ungeachtet der veränderten Umstände auf Vertragserfüllung oder Schadenersatz. Diese Ansprüche hat die Bundesregierung zurückgewiesen. Eine Reihe von Staaten versuchten auch, die Bundesrepublik Deutschland in eine Garantenstellung für die Erfüllung privatrechtlicher Verträge mit ehemaligen DDR-Unternehmen zu bringen. Auch das ist zurückgewiesen worden, jedoch wurde versucht, Verbindungen zwischen den ausländischen Firmen und Unternehmen in den neuen Bundesländern herzustellen.

Ein Sonderproblem war die Behandlung des sog. "Görlitzer Vertrages" vom 1. 7. 1950 und der ergänzenden Abkommen. Aus politischen, aber auch aus rechtlichen Gründen wäre sowohl die Feststellung der Fortgeltung als auch des Erlöschens für die eine oder die andere Seite nicht möglich gewesen. Die Lösung wurde schließlich in der Form gefunden, daß in dem Konsultationsprotokoll hinsichtlich des "Görlitzer Vertrages" lediglich auf den deutsch-polnischen Vertrag vom 14.11.1990 über die Bestätigung der Grenze verwiesen wurde.

Inzwischen sind sämtliche völkerrechtlichen Verträge der DDR abschließend konsultiert worden. Über 2.200, d. h. über 80% sind einvernehmlich als mit dem 3.10.1990 erloschen angesehen wurden. Zur Wahrung der Rechtsklarheit wurden die erloschenen Verträge laufend im BGBl. Teil II bekanntgemacht. Etwas mehr als 380 Verträge, aus denen noch Forderungen oder Verbindlichkeiten der DDR hergeleitet werden könnten, müssen *ad hoc* auf Expertenebene mit dem Ziel ihrer rechtlichen Anpassung weiter behandelt werden.

In die finanziellen Verbindlichkeiten der DDR ist die Bundesrepublik Deutschland eingetreten, was aus naheliegenden Gründen bei den Schuldnern auf keinen Widerspruch stieß.

Bei Forderungen der DDR wurde darauf geachtet, zusätzliche Belastungen der Schuldnerländer durch den Forderungsübergang möglichst zu vermeiden. Im einzelnen wurde danach unterschieden, ob die Forderungen auf Entwicklungshilfe- oder Handelskrediten beruhten. Im ersten Fall orientierte sich ihre Behandlung an vergleichbaren Forderungen der Bundesrepublik Deutschland - d.h. vertragsgemäße Rückzahlung oder ggfs. Umschuldung oder Erlaß. Im zweiten Fall waren Maßstab Forderungen, für die eine Hermes-Bürgschaft oder -garantie besteht - d.h. ebenfalls vertragsgemäße Rückzahlung oder ggfs. Umschuldung. Sogenannte Clearing-Guthaben wurden möglichst rasch realisiert, ggfs. durch Verrechnung mit weiteren Warenlieferungen aus dem Schuldnerland.

Einer gesonderten Behandlung bedurften die Verträge der DDR im Kulturbereich, aufgrund derer eine Vielzahl von mehrjährigen Stipendien vergeben worden waren (ca. 11.000 Studenten und Wissenschaftler aus 78 Staaten). Diese Stipendienzusagen der DDR sind grundsätzlich honoriert worden. Ebenso ist eine Regelung für die Anerkennung akademischer Zeugnisse und Grade der Herkunftsländer geschaffen worden. Die Stipendiaten wurden durch den DAAD betreut; die letzten Stipendien sind 1995/96 ausgelaufen.

Insgesamt hat die Bundesrepublik Deutschland durch die Erklärung der Konsultationsbereitschaft und in den Konsultationen selbst zum Ausdruck gebracht, daß sie sich nicht rigoros von den Verträgen der DDR abwendete, sondern um einvernehmliche Regelungen unter Berücksichtigung der Interessen beider Seiten bemüht war. Andererseits haben auch die Vertragspartner der ehemaligen DDR und damit die Mehrheit der Staatengemeinschaft anerkannt, daß die Herstellung der Einheit Deutschlands und der damit verbundene Untergang der DDR Grundlage und Bestand der von der DDR abgeschlossenen völkerrechtlichen Verträge berührten, daß daher aus diesen Verträgen nicht mehr ohne weiteres, nämlich ohne Einvernehmen mit der Bundesrepublik Deutschland, Rechte und Forderungen hergeleitet werden konnten.

V. Schlußbemerkung

Zusammenfassend kann festgestellt werden, daß die Frage der Staatennachfolge der DDR sowohl intern als auch im Verhältnis zu Drittstaaten in einer rechtlich geordneten Weise erfolgt ist. Eine entscheidende Voraussetzung dafür war, daß durch den Beitritt nach Artikel 23 a. F. GG eindeutig klargestellt wurde, daß und zu welchem Termin die DDR als Rechtssubjekt unterging. Die vertragliche Regelung der Modalitäten und der Folgen des Beitritts im Einigungsvertrag hat - ungeachtet aller Unvollkommenheiten dieses Vertrages und der politisch-psychologischen Probleme, die durch ihn naturgemäß nicht geregelt werden konnten - einen festen rechtlichen Rahmen und Verfahren für die Rechtsnachfolge im innerstaatlichen Bereich geschaffen.

Außenpolitisch hat die Bundesregierung darauf geachtet, die deutsche Vereinigung in einen internationalen Konsens einzubetten. Das wurde durch die politischen Veränderungen in Ost- und Mitteleuropa erleichtert. Der bereits Ende 1989 begonnene innere und äußere Zerfall der DDR führte überdies dazu, daß dieser Staat schon vor seinem rechtlichen Untergang nicht mehr als politischer Faktor angesehen wurde; spätestens seit Abschluß des Vertrages über die Wirtschafts-, Währungs- und Sozialunion war die DDR nur noch ein Staat auf Abruf. Die Staatengemeinschaft hatte sich bereits geraume Zeit vor dem 3. Oktober 1990 auf das Ende eingestellt und rechnete allein mit der Bundesrepublik Deutschland.

Zur Kontrolle der auswärtigen Gewalt - Ein Zwischenruf

*Tono Eitel**

Günther Jaenicke war und ist mein Lehrer - nicht im engeren akademischen, aber im eigentlichen Sinne. Ich habe Vieles von ihm gelernt: In der 3. VN-Seerechtskonferenz, wo er als Rechtsberater der deutschen Delegation insbesondere die Streitbeilegung (Anhänge V bis VIII) und die Beteiligung Internationaler Organisationen (Anhang IX) im Rahmen des VN-Seerechtsübereinkommens (SRÜ) für uns verhandelte,[1] ferner von seinen gedankenreichen, aber stets praxisorientierten Beiträgen im Völkerrechtswissenschaftlichen Beirat des Auswärtigen Amtes und schließlich durch manche bilaterale Einweisung bei Besuchen in Leimen, Bonn oder New York. Mit Dankbarkeit sei hier auch der Verdienste von Frau Jaenicke um die Betreuung des Jubilars (und der Gäste) gedacht.

Manche Beratung mit Jaenicke drehte sich um verfassungsrechtliche Fragen betreffend die Ratifizierung von Übereinkommen, auch gerade unter Zeitdruck wie im Falle des SRÜ oder bestimmter Vereinbarungen im Gefolge der Wiedervereinigung, oder überhaupt um die Berücksichtigung verfassungsrechtlicher Gegebenheiten bei der Wahrnehmung außenpolitischer Zuständigkeiten. Diese Fragen haben den außenpolitischen Praktiker besonders zu interessieren, aber nicht nur ihn. Auch die deutschen Staatsrechtslehrer haben sich wiederholt mit ihnen befaßt. Einschlägig waren schon ihre Beratungen 1953 und 1957. Und zuletzt

---

* Der Beitrag gibt die persönliche Meinung des Verfassers wieder.

[1] Siehe meinen "Comment" in: *ZaöRV* 55 (1995), 452 ff., (453).

haben sie auf ihrer Tagung in Dresden (2. bis 5. Oktober 1996) die "Kontrolle der Auswärtigen Gewalt" beraten.[2]

Während Hailbronner seinen Bericht[3] auf die gerichtliche Kontrolle konzentrierte, widmete sich Wolfrum im 2. Bericht der "Verteilung der auswärtigen Gewalt zwischen Exekutive und Legislative".[4] Es ist vor allen anderen dieser wichtige Beitrag,[5] der mich zu einem, wenn auch verspäteten, Zwischenruf veranlaßt. Ich habe mir auch die Kritik Stern's[6] zu Herzen genommen, daß der Sachverständige, der bei einer Anhörung zu Art. 23 GG in der Gemeinsamen Verfassungskommission etwas zu Gunsten der Exekutive gesagt habe, "auf verlorenem Posten gestanden" habe und "die Regierungsleute ... vornehm geschwiegen" hätten.

I.

Solides Fundament des Wolfrum'schen Berichts und der Diskussion sind die einschlägigen Artikel des Grundgesetzes und die Aussage, daß auswärtige Gewalt nicht allein von Regierung und Verwaltung, sondern auch vom Parlament ausgeübt werde. Schon bei dieser Grundlegung geht Wolfrum allerdings weiter, indem er von "gemeinsamer Ausübung", ja, einer "Aufgabenwahrnehmung zur gesamten Hand" spricht.[7]

Die "gesamte Hand" geht erklärtermaßen auf Friesenhahn zurück; allerdings wird dieser, soweit er für eine gesamthänderische Wahrneh-

---

[2] Siehe *Veröffentlichungen der Vereinigung der Deutschen Staatsrechtslehrer* (*VVDStRL*), Heft 56, Berlin 1997; Erster Beratungsgegenstand, 7 ff., im Folgenden zitiert mit Namen des Berichterstatters oder Sprechers und Seitenzahl.

[3] 7-37.

[4] 38-66.

[5] Hailbronner, 10/11: "Eine endgültige Klärung, ob die auswärtige Gewalt eine Domäne der Bundesregierung ist oder ob sie als kombinierte Gewalt oder vielleicht sogar zur gesamten Hand Regierung und Parlament zukommt, ist durch Herrn Wolfrum zu erwarten."

[6] 99.

[7] 40, 64, 128.

mung der auswärtigen Gewalt insgesamt in Anspruch genommen wird, wohl überfordert.

In seinem Bericht auf der Staatsrechtslehrertagung in Berlin 1957 zu "Parlament und Regierung im modernen Staat" sagte er:

> "Das Parlament darf sich zwar nicht in die laufende Verwaltung einmischen, da dies dem Rechtsstaatsgrundsatz widersprechen würde. Die *Staatsleitung* (Hervorhebung von Friesenhahn) aber steht Regierung und Parlament gewissermaßen zur gesamten Hand zu. Fußnote: Johannes Heckels Gedanke der demokratischen im Unterschied zur rechtsstaatlichen Gewaltenteilung (HdbDStR II, 386 ff.) dürfte noch über den Bereich des Haushaltsrechts hinaus fruchtbare Ansätze geben, insbesondere. für die Auswärtige Gewalt und die Militärgewalt."[8]

Friesenhahn argumentierte also auf der von ihm ausdrücklich hervorgehobenen Ebene der Staatsleitung.[9]

In der Tat erreichen auch Akte der auswärtigen Gewalt gelegentlich diese hohe Ebene: Die Übertragung von Hoheitsrechten, insbesondere bei der Entwicklung der EU, der Beitritt zu Systemen gegenseitiger Sicherheit, der Abschluß von die politischen Beziehungen des Bundes regelnden Verträgen, neuestens auch die Beteiligung deutscher Truppen an multilateralen Friedensoperationen, schließlich der Spannungs- und der Verteidigungsfall - all diese auf der Staatsleitungsebene eintretenden Situationen müssen Regierung und Parlament, in getrennten Rollen zusammenwirkend, meistern. Aber diese besonders gravierenden Situationen trennt eine Welt von dem, was normalerweise Gegenstand der auswärtigen Gewalt ist. (Und auch noch in diesem Normalbereich hängt die auswärtige Gewalt bereits da am Parlament, wo dieses Gesetzgebungsbefugnisse hat, und ein "Hineinverwalten" in den parlamentarischen "domaine réservé" unmöglich gemacht werden soll.)[10]

Friesenhahn's Formel, die sicherlich keine zivilistische Auslegung verträgt, dürfte durch die gegenwärtige verfassungsrechtliche Praxis staatsleitender außenpolitischer Entscheidungen mehr als abgedeckt sein. Für den Gesamtbereich treffender erscheint mir Menzel's Begriff der

---

[8] *VVDStRL* 16 (1957), 37/38. Siehe auch den entsprechenden Leitsatz 67/68.

[9] Hierauf machten in Dresden Frowein, 107, und besonders Maurer, 149, schon aufmerksam.

[10] Vgl. Art. 24, 23, 59 II, 80a, 115a GG sowie *BVerfGE* 90, 286 ff.

"kombinierten Gewalt",[11] da er nicht unbedingt die Vorstellung des gemeinsamen oder gemeinschaftlichen Handelns hervorruft, sondern eher auf die Zusammenfügung selbständiger Beiträge zur Erreichung eines Erfolges abstellt.

II.

Die abstrakte Feststellung, daß auswärtige Gewalt von Regierung und Parlament "kombiniert" ausgeübt wird, reicht nicht als Handlungsanleitung im konkreten Fall. Für ihn gibt es die verschiedenen grundgesetzlichen und gesetzlichen Vorschriften, die die bisherige Praxis bestimmt haben. Letztere nun hält Wolfrum für nicht mehr zeitgemäß.

> "Die Fortentwicklung des Europarechts und die strukturellen Veränderungen des Völkerrechts verbieten es, hinsichtlich der Verteilung der auswärtigen Gewalt auf ein tradiertes Verständnis von dieser zurückzugreifen."
>
> "Das gesteigerte Hineinwirken von Völker- und Europarecht in den nationalen Rechtsraum verlangt eine Weiterentwicklung der parlamentarischen Mitwirkung an der Ausübung der auswärtigen Gewalt."
>
> "Hinsichtlich der Beurteilung des Verhältnisses von Regierung und Parlament bei der Ausübung der auswärtigen Gewalt ist ein Umdenken erforderlich;"[12]

Mancher der Diskussionsteilnehmer hat den ideenreichen und engagierten Ausführungen Wolfrums gern zugestimmt.[13] Mir hingegen,

---

[11] *VVDStRL* 12 (1954), 179 ff.

[12] 41, 43, 127.

[13] U.a. Meyer: "Auswärtige Politik ist in der Demokratie in der Substanz, freilich nicht in der Ausgestaltung im einzelnen, eine parlamentarische Agende", 110; Rupp, 136 f.; Bothe: "... völlig richtig ist, eine angemessene Änderung parlamentarischer Beteiligung in den internationalen Beziehungen zu befürworten", 147; Schneider: "Es ist überhaupt nicht einzusehen, warum es ein Naturgesetz sein muß, daß die Regierung im Zentrum der Außenpolitik steht. Ich könnte mir durchaus vorstellen, daß etwa der Auswärtige Ausschuß die Grundsätze für den Verhandlungsauftrag festlegt ... wir (sind) mit der Parlamentarisierung der Außenpolitik noch lange nicht am Ende", 150/151.

ebenso wie einigen anderen Diskussionsteilnehmern,[14] bereiten der Wolfrum'sche Ansatz und einige seiner Schlußfolgerungen Schwierigkeiten.

III.

Wie die Lebensverhältnisse überhaupt haben sich zwar auch die politischen Verhältnisse, innerhalb wie außerhalb unserer Staatsgrenzen, dem steten Wandel nicht entziehen können. Einen dramatischen Schub hat dieser Wandel durch die Wiedervereinigung erfahren. In der Außenpolitik haben wir Deutsche den Zusammenbruch der Sowjetunion und des sozialistischen Lagers, den Übergang von kaltem Krieg zu herzlicher Freundschaft, das Zusammenrücken west- und mitteleuropäischer Länder zur Europäischen Union, eine erhebliche Vertiefung der Kluft zwischen Nord und Süd, Reich und Arm, die Entdeckung des Umweltschutzes, eine Intensivierung der multilateralen Zusammenarbeit, die exponentielle Beschleunigung der Nachrichtenübermittlung und die auch damit zusammenhängenden Globalisierung in Rechnung zu stellen.

Schon die beiden letzten Faktoren allein haben indessen auch den auswärtigen Dienst grundlegend verändert: Während noch in den siebziger Jahren maschinengeschriebene Schriftberichte mit 2 Durchdrucken im Postlauf oder mit Kurier an die Zentrale gesandt und von dort ggfls. weiterverteilt und ebenso beantwortet wurden - Telexverkehr war wichtigen Plätzen und eiligen Nachrichten vorbehalten - geht heute ein Bericht per E-Mail an eine große Zahl von Adressaten gleichzeitig und wird nicht selten umgehend, d.h. am selben Tage von mehreren beantwortet. Die behandelten Sachverhalte berühren regelmäßig mehr als ein Land, und Information oder Weisung wird für die andauernde Behandlung häufig innerhalb von Stunden benötigt, wenn man mitdiskutieren und -entscheiden will. So wie man zur Zeit des Telexverkehrs in Übersee nicht mehr auf einen mehrmonatigen Postlauf verweisen konnte, so muß man heute auch über entlegene oder komplizierte Fragen spätestens innerhalb von 24 Stunden gesprächsbereit sein. Die VN-Vertretung New York, eine von über 230 mit Berufsbeamten besetzten deutschen Auslandsvertretungen, hat allein im Jahre 1996 (Deutschland

---

[14] Vergl. etwa Stern; 39, Roellecke, 102; Badura, 104; Tomuschat, 115; Hailbronner, 124; Doehring, 136; Engel, 138; Kokott, 145 und Maurer, 150.

war Mitglied des Sicherheitsrates und hatte deshalb den Vorsitz im Irak-Sanktionsausschuß) ca. 10.000 Berichte an die Zentrale gesandt und von ihr ca. 17.000 Erlasse sowie von anderen EU-Vertretungen ca. 12.000 Coreus, d.h. schriftliche Mitteilungen, erhalten. Hinzu kommt der Telefonverkehr über ein Netz von Standleitungen.

IV.

Verständlicherweise schaut Wolfrum weniger auf den auswärtigen Dienst oder Ost-West- und Nord-Süd-Beziehungen. Er sieht vielmehr auf das zunehmende Hineinwirken des Völker- und Europarechts in den nationalen Rechtsraum und zwar erstens bezüglich der Rechtstellung des Einzelnen, zweitens bezüglich der Internationalisierung bzw. Europäisierung immer weiterer Regelungsbereiche und drittens bezüglich der Vermehrung der Akteure in den internationalen Beziehungen, vornehmlich durch internationale Organisationen.[15] Auf diese von Wolfrum zutreffend diagnostizierte "wechselseitige Durchdringung von Innen- und Außenpolitik, wobei der Außenpolitik in verschiedenen Bereichen ein Übergewicht zukommt",[16] mußte, ebenso wie auf die anderen zuvor beispielhaft aufgeführten außenpolitischen Entwicklungen, reagiert werden. Die Bundesregierung hat dies innerhalb ihres eigenen administrativen Bereichs u.a. durch die Anpassung des Auswärtigen Dienstes getan, durch Intensivierung der interministeriellen Zusammenarbeit und verstärkte Beteiligung der Ressorts - wie im übrigen auch von Nicht-Regierungsorganisationen - an Konferenzen und Delegationen, durch häufigere Besuche bei und von ausländischen Regierungsmitgliedern u.s.w. Mit dem Parlament wurde engerer Kontakt hergestellt, Meinungsaustausch findet verstärkt in Fraktions-, Bundestags- und Bundesratsgremien statt, in denen Ministerialbeamte vortragen, und Parlamentarier nehmen als Delegationsangehörige oder Besucher an internationalen Konferenzen teil. Außerdem gibt es die Parlamentarischen Versammlungen europäischer und internationaler Organisationen und schließlich eine sich ständig ausdehnende Besuchspraxis von Parlamentariern in ausländischen Hauptstädten. All dies war bei der Verabschiedung des Grundgesetzes, wenn überhaupt, dann ohne die heutige Dichte die Übung. Zusammen mit den über die Jahre vorgenommenen

---

[15] 41/42.

[16] 43.

organisationsrechtlichen Neuerungen, die ihren Niederschlag im Grundgesetz gefunden haben, wurde die Beteiligung des Parlaments an Formulierung und Ausführung der auswärtigen Politik in einem so hohen Maße sichergestellt, daß jedenfalls ich persönlich von Wünschen nach noch weitergehender Befassung keine Kenntnis habe. Da nach dem Grundgesetz das Parlament regelmäßig am längeren Hebel sitzt, hat die Exekutive alles Interesse daran, den Bundestag (und vermehrt auch den Bundesrat) unterrichtet zu halten, zu konsultieren und überhaupt möglichst frühzeitig einzubinden. Nach meinem Eindruck wird diese "Rückkoppelungspflicht" der Exekutive von ihr gerade in der auswärtigen Politik klar gesehen und u.a. im Interesse ihrer eigenen Effizienz und Glaubwürdigkeit gegenüber den ausländischen Partnern frühzeitig und umfassend, d.h. das Parlament im wesentlichen zufriedenstellend, erfüllt. Es mag hierauf zurückgehen, daß nach den Feststellungen einiger Staatsrechtslehrer Parlamentarier oder zuständige Ausschüsse nicht einmal alle außenpolitischen Möglichkeiten ausnutzen, die bereits offenstehen.[17] Dahin paßt, daß die Präsidentin des Deutschen Bundestags in einem Zeitungsbeitrag zur Kritik am deutschen Parlament, insbesondere zum Vorwurf politischer Handlungsunfähigkeit, Stellung bezieht, ohne die Rolle des Parlaments in der Außenpolitik auch nur zu erwähnen. Sie sieht hier offenbar, m.E. zu Recht, keine Probleme.[18] Das schließt aber offenbar nicht aus, daß verfassungsrechtliche Gründe für einen zusätzlichen Parlamentarisierungsschub geltend gemacht werden. Deshalb möchte ich im Folgenden auf ein paar der Wolfrum'schen Thesen eingehen.

V.

"Organadäquanz" und "Funktiongerechtigkeit"[19] (ich möchte lieber von Funktionsgerechtheit sprechen, um den ethischen Akzent auf dem Worte Gerechtigkeit zu vermeiden) scheinen mir in der Tat die Leitseile zu sein, an Hand derer man nicht ausdrücklich zugewiesene Zuständigkeiten zwischen Parlament und Exekutive verteilen sollte. Wichtigste Zuständigkeit des Parlamentes in unserem Zusammenhang ist die der

---

[17] Vgl. Wolfrum, 61/62, 66, 154; Roellecke, 103; Kaiser, 145.

[18] Fremde Federn: Rita Süßmuth "Verhandeln, aushandeln - Pflicht der Politik", *Frankfurter Allgemeine Zeitung* vom 9.8.1997, 8.

[19] Wolfrum, 44, 128.

Mitwirkung beim Abschluß der "Verträge, welche die politischen Beziehungen des Bundes regeln" (Art. 59 Abs. 2 S. 1, 1. Alt. GG). Das Bundesverfassungsgericht hat diesen Begriff dahingehend ausgefüllt, der betreffende Vertrag müsse Existenz, territoriale Integrität, Unabhängigkeit, Stellung oder maßgebliches Gewicht Deutschlands in der Staatengemeinschaft berühren.[20] Aus dieser Aufzählung von Voraussetzungen greift Wolfrum die der Stellung in der Staatengemeinschaft heraus und sieht sie bereits durch "völkerrechtliche Verträge, die auf eine staatenkooperative Wahrnehmung bisher in einzelstaatlicher Verantwortung liegender Belange zielen"[21], als erfüllt, und damit jene Verträge als unter Art. 59 Abs. 2 GG fallend an.

Das Bundesverfassungsgericht hat das Kriterium unserer Stellung in der Staatengemeinschaft in eine Reihe existentieller Voraussetzungen wie die schlichte Existenz oder die Unabhängigkeit des Staates hineingestellt. Dies muß bei der Auslegung der "Stellung in der Staatengemeinschaft" und dessen, was sie berührt, berücksichtigt werden und das vermag die Kategorie der "staatenkooperativen Wahrnehmung" m.E. nicht zu leisten. Die Abmachungen, die der deutsch-französischen Brigade oder dem Eurocorps zugrunde liegen und die Wolfrum anführt, reichen keinesfalls an die vom Bundesverfassungsgericht errichtete hohe Schwelle heran. So wie in der Innenpolitik das Parlament sich nur mit Gegenständen oberhalb einer bestimmten Wesentlichkeitsschwelle befaßt, so kann es auch für die Außenpolitik nicht richtig sein, ihm aufwendige operative Aufgaben zuzumuten, nämlich die Ratifizierung von Verträgen, unabhängig von ihrer Wesentlichkeit, allein auf Grund eines formalen Kriteriums, nämlich einer angestrebten zwischenstaatlichen Zusammenarbeit. Letztere wird zwangsläufig viel häufiger unterhalb der Wesentlichkeitsschwelle, auch völkerrechtlich, vereinbart als oberhalb von ihr.[22] Die einen Vereinbarungen wie die anderen durch den Bundestag ratifizieren zu lassen, kann kaum organadäquat oder funktionsgerecht sein: Exekutive wie Legislative würden durch die Häufung umständlicher Ratifizierungsverfahren von, so möchte man jedenfalls hoffen, Wichtigerem abgehalten, und dies, ohne daß ein praktisch-politischer Mißstand erkennbar gewesen wäre, der nach Abstellung

---

[20] Vgl. BVerfGE 90, 286, hier 359. Siehe hierzu auch die beipflichtenden Ausführungen von Grewe, "Die auswärtige Gewalt der Bundesrepublik", *VVDStRL* 12 (1953), 157 ff., zu BVerfGE 1, 372 ff.

[21] 45, siehe auch 51.

[22] Für die Staatenkooperation unter dem EU-Vertrag siehe unter VIII.

verlangt hätte. Das Bundesverfassungsgericht sollte daher an seiner diesbezüglichen ständigen Rechtsprechung festhalten.

Auch Bundeswehreinsätze im Rahmen von kollektiven Sicherheitssystemen siedelt Wolfrum auf der Staatsleitungsebene an und fordert aus diesem Grund die konstitutive Zustimmung des Bundestages.[23] Gerade weil ich dem Bundesverfassungsgericht nicht beipflichten kann, wenn es in historischer Rückschau solche Einsätze in die Nähe von Kriegserklärungen rückt[24], halte ich die Begründung (der Notwendigkeit einer Zustimmung des Bundestages) aus der Wehrverfassung[25] für angemessener als die Anhebung eines solchen Einsatzes auf die existentielle Staatsleitungsebene.

VI.

Den Praktiker gehen besonders die Überlegungen Wolfrums zur 2. Alternative des Artikels 59 Abs. 2 Satz 1 GG an, d.h. zu den sehr viel häufigeren Verträgen, die dem Parlament wegen seiner Gesetzgebungsprärogative vorgelegt werden müssen.

Der von Wolfrum geforderten "Intensivierung parlamentarischer Mitwirkungskompetenzen"[26] dürfte die oben[27] andeutungsweise beschriebene Verdichtung der Beziehungen zwischen Regierung und Parlament entsprechen. Weiter verfolgt werden sollten aber Wolfrums Erwägungen zur antizipierten Zustimmung.[28] Die von ihm erwähnten Fälle einer vorherigen Zustimmung zu nur in Umrissen ausgehandelten Vereinbarungen wurden allerdings von Regierung und Parlament auch in den Fällen als Ausnahme angesehen, in denen dies nicht in der Präambel des Zustimmungsgesetzes ausdrücklich gesagt wurde. Grund für das eben nicht ganz "einmalige" Verfahren war Zeitnot: Bei dem seerechtlichen Durchführungsübereinkommen drohte das Inkrafttreten, bevor wir die Auflage der Mitgliedschaft im VN-Seerechtsübereinkommen erfüllt haben würden, welche die 3. VN-Seerechtskonferenz mit ihrer Entschei-

---

23 52/53.

24 BVerfGE 90, 286 (383 f).

25 Siehe auch Paul Kirchhof, 116.

26 46.

27 Siehe unter IV.

28 46/47.

dung für Hamburg als Sitz des Internationalen Seegerichtshofs verbunden hatte. In ähnliche Zeitnot gerieten wir auch bei Folgevereinbarungen zur deutschen Einigung; die Anpassung der Stationierungsübereinkommen etwa wurde von der Mehrzahl der Partnerstaaten ohne parlamentarische Zustimmung in Kraft gesetzt. Die Bundesregierung war dem Bundestag damals außerordentlich dankbar, daß er sich zu dieser Form der Mitwirkung bereit fand. Im Parlament wiederum war auch manche Stimme der Kritik laut geworden, die einen Zeitdruck für die Befassung der Volksvertretung ebenso wie das Fehlen des endgültig ausgehandelten Textes als unangemessen und unzumutbar zurückwies und von vornherein jegliche künftige Berufung auf den ausnahmsweise zugestandenen Einzelfall unmöglich machen wollte.[29] So hilfreich unter bestimmten Umständen eine antizipierte Zustimmung für eine termingerechte Inkraftsetzung von multilateralen Vereinbarungen (um solche handelt es sich in der Regel) sein kann, so schwierig dürfte es aber nach meinen Erfahrungen auch sein, das Parlament für eine häufigere Anwendung dieses Verfahrens, oder gar für seine auch nur beschränkte Institutionalisierung, zu gewinnen.

Der Vorteil einer gewissen Verhandlungssteuerung, den Wolfrum zu Recht mit einer antizipierten Zustimmung verbindet, zählt für das Parlament demgegenüber weniger: Es genießt ihn bereits in allen über Routine hinausgehenden Vertragsverhandlungen auf Grund der schon mehrfach erwähnten[30] Verdichtung seiner Arbeitsbeziehungen zur Regierung durch das, was ich oben "Rückkoppelung" genannt habe. Denn es ist nicht nur geboten, sondern auch üblich, daß Regierung und Verwaltung den - parlamentarischen - Boden für die Inkraftsetzung eines von ihnen für nötig oder sinnvoll gehaltenen Vertrages bereiten. Deshalb wird in den zuständigen Gremien regelmäßig vorbereitend und begleitend über Wünschbarkeit, Inhalt, Verhandlungsaufnahme und -fortschritte sowie terminliche Vorstellungen vorgetragen und beraten. Wenn es Zeiten gegeben haben sollte, in denen die Exekutive das Parlament mit dem Abschluß völkerrechtlicher Verträge überfahren wollte und konnte, so liegen diese weit zurück.

Näher liegen hingegen Schritte des Parlaments in der umgekehrten Richtung, in einen Bereich hinein, der m.E. der Regierung zustehen sollte: die Einbringung von Zustimmungsgesetzen im Bundestag. Das

---

[29] Vgl. z.B. Frau Dr. Däubler-Gmelin, MdB, in: Stenogr. Berichte des Deutschen Bundestages - 11. Wahlperiode - 71., Sitzung, Bonn, den 14.4.1988, 4750-4752.

[30] Siehe unter IV.und VI.

Grundgesetz enthält, wie Wolfrum zutreffend bemerkt,[31] keine ausdrückliche Regelung. Aber die Regierung hat ihre Mitwirkung an einem Vertragsabschluß nicht schon abgeschlossen mit der regelmäßig vorher erfolgten Authentifizierung eines Vertragswortlauts durch dessen Paraphierung oder Zeichnung (Art. 10 des Wiener Übereinkommens über das Recht der Verträge - WÜRV). Vielmehr steht immer noch die Möglichkeit nach Art. 18 Buchst. a WÜRV offen, "die Absicht klar zu erkennen [zu geben], nicht Vertragspartei zu werden". Dies kann natürlich nach einer Abstimmungsniederlage im Parlament erfolgen, aber es muß bei geänderter politischer Lage auch ohne Befassung des Parlamentes möglich sein. Ferner kann mit einem Zuwarten auch ein außenpolitisches Signal gegeben werden, so wie es ebenfalls politisch interessant sein kann, einen bestimmten Vertrag nicht vor anderen Partnern zu ratifizieren Die entsprechenden Abwägungen liegen wohl stets weit unterhalb der oben[32] erwähnten Wesentlichkeitsschwelle und außerhalb einer Gesetzgebungsprärogative und sind m.E. genuin exekutiver Natur. Sie werden der Regierung durchkreuzt, wenn man gegen ihren Willen die Einbringung aus der Mitte des Bundestages zuläßt. Etwas anderes ist es daher, wenn, wie in einigen der von Wolfrum angeführten Fälle[33], die Koalitionsfraktionen in Absprache mit der Regierung Zustimmungsgesetzesentwürfe eingebracht haben, wiederum um die Dauer des Ratifikationsverfahrens aus übergeordneten außenpolitischen Gründen abzukürzen.[34] Hier wird nicht in die Zuständigkeit der Exekutive eingegriffen, vielmehr wird diese bei der Wahrnehmung ihrer Aufgaben einvernehmlich durch die Legislative unterstützt. Dieses Element der Einvernehmlichkeit ist m.E. für die Zulässigkeit einer Einbringung aus der Mitte des Hauses ausschlaggebend.

---

[31] 48. Das Bundesverfassungsgericht aber hat "das Initiativrecht für ein Zustimmungsgesetz im Sinne des Art. 59 Abs. 2 Satz 1 GG" ohne irgendwelche Einschränkung bei der Bundesregierung gesehen, BVerfGE 90, 286 ff. (358).

[32] Siehe unter V.

[33] 48, Fn. 46.

[34] Vgl. Art. 76 f. GG.

VII.

Komplizierter scheinen mir die Dinge zu liegen hinsichtlich einer Beendigung von parlamentarisch gebilligten Verträgen, sei sie endgültig oder vorläufig.

Wolfrum äußert sich zur Kündigung eines solchen Vertrages und sieht für sie "ein Bedürfnis nach parlamentarischer Kontrolle bei Abschluß wie bei Kündigung in gleichem Maße."[35] Er erwähnt beispielhaft eine Kündigung des Zwei-plus-Vier-Vertrages. In der Tat ist wegen des parlamentarischen Anteils an der "Staatsleitung"[36] schwer vorstellbar, daß eine Kündigung dieses Vertrages oder etwa ein Austritt aus EU, NATO oder Vereinten Nationen am Parlament vorbei verfassungsrechtlich wirksam sein könnte. Auch ohne einen Blick auf den deutschen Austritt aus dem Völkerbund möchte ich für diese heute eher akademischen Beispiele offen lassen, ob nicht ein billigender Beschluß des Parlaments geeigneter wäre als ein Kündigungs- oder Austrittsgesetz. Ob eine Weigerung des Parlaments, in den vorgenannten Fällen Kündigung oder Austritt zu billigen, auch auf deren völkerrechtliche Wirksamkeit durchzuschlagen vermöchte, würde wohl an Hand des Rechtsgedankens von Art. 46 Abs. 2 WÜRV geprüft werden müssen.

Unterhalb der Ebene, auf der die außenpolitische Orientierung des Staates geändert werden könnte, sprechen andere Erwägungen gegen das Erfordernis einer förmlichen parlamentarischen Zustimmung zur Vertragsbeendigung, erfolge sie durch Kündigung oder auf anderem Wege. In den Fällen, in denen ein im Vertrag ausdrücklich vorgesehenes Kündigungsrecht ausgeübt wird, ist dieser Schritt der Exekutive, ebenso wie die Wahrnehmung anderer im Vertrag eröffneter Möglichkeiten, von der parlamentarischen Zustimmung offensichtlich mit abgedeckt. Aber auch in den Fällen, in welchen eine Kündigung oder sonstige Beendigung des Vertrages im Vertrage nicht geregelt ist, muß die Exekutive in der Lage sein, die völkervertragsrechtlich gegebenen Möglichkeiten ohne förmliche parlamentarische Zustimmung wahrzunehmen. Sollte etwa der Bundestag die deutsche Mitwirkung bei der Herstellung des in Art. 54 Buchst. b WÜRV angesprochenen "Einvernehmens" (der Vertragsparteien zur Beendigung eines Vertrages) genehmigen müssen? Wie Wolfrum zu Recht bemerkt, gewinnt der Bundestag, wenn die Exekutive einen Vertrag aus dem legislativen Bereich des Artikels 59 Abs. 2 S. 1, 2. Alt. GG beendet, seine "vorvertragliche Gestaltungsfreiheit" zu-

---

[35] 50.

[36] Siehe unter I.

rück. Er ist daher insoweit nicht beschwert, selbst wenn neue gesetzgeberische Maßnahmen nötig würden[37]. Wolfrum gründet dann aber seine Ansicht, auch bei Vertragskündigung müsse das Parlament zustimmen, darauf, daß der Schutz von Individualrechten dies erfordere. Das kann indessen in dieser allgemeinen Form kaum zutreffen; die Kündigung etwa eines Auslieferungsvertrages würde hiernach, mangels negativen Eingriffs in die Rechte des Auszuliefernden, zustimmungsfrei. Würde dessen gleichwohl erfolgende, vertragslose aber gesetzmäßige Auslieferung in irgendeiner Form zustimmungsbedürftig? Wenn dies nicht der Fall ist, trägt auch bei Vertragskündigung der Schutz von Individualrechten als solcher nicht eine Befassung des Bundestages. Es müßten dafür zusätzliche stützende Argumente eingeführt werden.

Wie steht es schließlich mit einer vorläufigen Vertragsbeendigung, also einer Suspendierung? Zu Recht hat Wolfrum für sie keine parlamentarische Zustimmung gefordert[38], obwohl sie, solange sie dauert, wie eine Kündigung wirkt. Die Suspendierung ist deshalb noch weniger als eine Kündigung für eine "Parlamentarisierung" geeignet, weil sie erstens häufiger als diese sich nur auf einzelne Vertragsbestimmungen beziehen kann, zweitens kurzfristig als Retorsionsmaßnahme zur Verfügung stehen muß und drittens andernfalls der Bundestag dann erneut auch ihre Aufhebung billigen müßte. Auf der anderen Seite können Suspendierungen über Jahre und Jahrzehnte dauern. Wenn gleichwohl nicht ihre Parlamentarisierung verlangt wird, dann wird damit auch ein weiteres Fragezeichen hinter das Zustimmungserfordernis bei endgültiger Vertragsbeendigung gesetzt.

VIII.

Den verdienten Raum widmeten in Dresden sowohl der Berichterstatter wie auch die Aussprache den europarechtlichen Fragen. Der neue Art. 23 GG über die Mitwirkung des Parlaments (und gegebenenfalls der Länder) "bei der Entwicklung der Europäischen Union" (Abs. 1) wurde in seinem Verhältnis zu Art. 59 Abs. 2 GG erörtert. Ich möchte dazu nur ein Weniges sagen, weil die "Entwicklung der Europäischen

---

[37] A.A. Wolfrum unter ausdrücklichem Hinweis auf die Notwendigkeit der Ablösung des Sekundärrechts. Man mag aber fragen, ob eine solche Ablösung stets erforderlich ist.

[38] 129.

Union" inzwischen mit dem Vertrag von Amsterdam vom 2.10.1997[39] gerade bezüglich der in Dresden diskutierten Fragen weiter fortgeschritten ist. Das gilt auch für die Beschlußformen der "gemeinsamen Aktion" (in der Gemeinsamen Sicherheits- und Außenpolitik - GASP, Art. J (Art. 11 ff.) EUV) und der "gemeinsamen Maßnahmen" (in der Zusammenarbeit in den Bereichen Justiz und Inneres, sog. Dritte Säule, Art. K (Art. 29 ff.) EUV). In der Fassung des Vertrages von Amsterdam entfällt übrigens der unterschiedliche Sprachgebrauch (Aktion, Maßnahme) (der im Englischen und Französischen ohnehin fehlte, da Beides mit "action" wiedergegeben wurde): Eine "gemeinsame Maßnahme" als konkrete Beschlußform ist in der Dritten Säule nicht mehr vorgesehen; an ihre Stelle tritt der - weitergehende - "Rahmenbeschluß" (Art. K 6 (Art. 34)). Damit wird auch Hailbronners monitum entsprochen, der im Bereich der Dritten Säule die durch "soft law" "weitgehend unbemerkt" erfolgende Schaffung von "Grundstrukturen" festgestellt und insoweit eine "stärkere Verrechtlichung der europäischen Koordination durch Abschluß bindender Verträge" gefordert hatte.[40] Die "Rahmenbeschlüsse" ähneln den europäischen Richtlinien, indem sie nur "hinsichtlich des zu erreichenden Ziels verbindlich [sind] ... jedoch den innerstaatlichen Stellen die Wahl der Form und der Mittel [überlassen]" (Art. K 6 (Art. 34)).

Aber auch der Vertrag von Amsterdam beläßt übrigens in der GASP (Art. J 2 (Art. 12)) dem englischen Wortlaut einen interessanten Akzent: Der "gemeinsame Standpunkt" der GASP ist die "common position", die "gemeinsame Aktion" hingegen ist "joint action", also weniger "gemeinsam" als "vereint" - eine durchaus ins große Bild passende Nuance.

Damit sei ein weiteres Mal ein Umstand kurz in den Blick gerückt, der die auswärtige Gewalt gerade im "Europaverfassungsrecht"[41] von der auswärtigen Gewalt in manchen anderen auswärtigen Zusammenhängen unterscheidet: Ihr Ergebnis steht nicht mehr allein zur Disposition des nationalen Verfassungsrechts. Es hat eine Blutvermischung stattgefunden, und sie findet auch weiterhin statt, die nur noch unter Gefahr für das Leben des neuen und heranwachsenden Organismus rückgängig

---

[39] Der Vertrag von Amsterdam hat nicht nur Bestimmungen der europäischen Verträge geändert, sondern auch die Verträge insgesamt durchgehend neu numeriert (Art. 12). Im Folgenden werden daher die neuen Artikelnummern jeweils in Klammern hinzugefügt.

[40] 31.

[41] Paul Kirchhof, 111.

gemacht werden könnte. Und das gilt ganz besonders für das sekundäre Europarecht. Ein Klonen der deutschen verfassungsrechtlichen Institute (und Vorstellungen) liegt regelmäßig außerhalb der Möglichkeiten deutscher Verhandlungsdelegationen. Es macht deshalb Sinn, daß auch die Kontrolleure der deutschen auswärtigen Gewalt mit ihren nichtdeutschen Schwesterinstitutionen kooperative Beziehungen aufnehmen, wie dies das Bundesverfassungsgericht im Maastricht-Urteil hinsichtlich des EuGH schon ins Auge gefaßt hat.[42]

Doch zurück zu den gemeinsamen Aktionen der GASP, die ja die Novellierung des EUV durch den Vertrag von Amsterdam überlebt haben. Wolfrum möchte sie der parlamentarischen Kontrolle über Art. 59 Abs. 2 GG unterwerfen, auch wenn ihre Annahme (oder, wie Wolfrum sagt, Verabschiedung) "von dem traditionellen Vertragsabschlußverfahren abweicht".[43] In dem von ihm erwähnten Fall, daß die gemeinsame Aktion im Wege der nationalen Gesetzgebung umgesetzt werden muß, hat er sicher Recht. Aber die Wahrscheinlichkeit eines solchen Inhalts ist eher gering. In der Praxis bestehen gemeinsame Aktionen aus politischen Abreden im rechtsfreien Raum: Soll man die Abhaltung einer bestimmten Konferenz aktiv fördern? Wie kann man zur weltweiten Akzeptanz eines Verbotes von Anti-Personen-Minen beitragen? Wie reagiert man auf größere Miß- und Notstände menschenrechtlicher oder humanitärer Art in Drittländern? Hier mag es mit dem Parlament zu erörternde Haushaltsfragen geben. Schon bisher allerdings wurden die zuständigen Ausschüsse des Parlaments über Probleme von der Bedeutung der vorgenannten Fragen schon vor der Schaffung des neuen Art. 23 GG unterrichtet und konsultiert und sie werden dies - unabhängig von der dort vorgesehenen "Berücksichtigung" - natürlich auch künftighin. Art. 59 Abs. 2 GG scheint mir hier nicht einschlägig. Auch Art. J 3 -alt-, J 4 -neu- (Art. 14) EUV zielt auf nichts anderes, wenn es dort heißt, daß die gemeinsamen Aktionen für die Mitgliedstaaten "bei ihren Stellungnahmen und ihrem Vorgehen bindend" seien. Eine weitergehende "Durchgriffswirkung", auch da stimme ich Wolfrum[44] zu, haben gemeinsame Aktionen nicht. Dies ergibt auch ein Blick auf die neuen Art. J 13 (Art. 23) und J 14 (Art. 24) EUV. Sie gestatten unter bestimm-

---

[42] Siehe in der umfassenden Dokumentation des Verfahrens und des Urteils von I. Winkelmann (Hrsg.), *Das Maastricht-Urteil des Bundesverfasssungsgerichts vom 12. Oktober 1993*, 1994, 562 f (Leitsatz 7 des Urteils), 578 (im Text des Urteils).

[43] 57 f.

[44] 58, 154.

ten Voraussetzungen einer Minderheit von bis zu einem Drittel der nach Art. 148 (Art. 205) EUV gewogenen Stimmen, sich zu enthalten und den Beschluß - in unserem Zusammenhang über die gemeinsame Aktion - dann auch nicht durchzuführen. Dies wäre eine ungewöhnliche Regelung, wenn Sekundärrecht gesetzt werden sollte. Erst die in Art. J 14 (Art. 24) EUV vorgesehenen (völkerrechtlichen) "Übereinkünfte" mit Drittstaaten oder -organisationen müssen dann die verfassungsrechtlichen Erfordernisse der EU-Mitgliedsstaaten berücksichtigen - und tun dies auch.

So hat vielleicht der "integrationspolitische Impetus",[45] der den Vertrag von Amsterdam auszeichnet, die Dinge etwas weiter klären helfen.

IX.

Mehr noch als einzelne, durchaus schlüssige Anregungen für eine stärkere Beteiligung des Parlaments an bestimmten außenpolitischen Prozessen macht mir Wolfrums genereller Ansatz zu schaffen. Nicht nur sehe ich keine verfassungsrechtliche Notwendigkeit für eine "Parlamentarisierung der auswärtigen Gewalt", ich frage mich im Gegenteil, wie sie mit dem Grundsatz der Gewaltenteilung in Einklang zu bringen wäre. Außerdem, und das darf ein Praktiker einwenden, kann ich mir nicht vorstellen, wie eine solche Involvierung des Parlaments in der Praxis ablaufen könnte.

Auch Wolfrum geht davon aus, daß "nach außen die Regierung agiert" und daß "das Initiativrecht bei der Regierung verbleibt".[46] Unterstellen wir, der Bundestag nähme das von Wolfrum postulierte Interesse, dann wären vor Verhandlungen etwa auf einer Konferenz über Antipersonenminen, vor einer Sitzung des Sicherheitsrats oder eines der Sanktionsausschüsse oder, bilateral, vor der Aufnahme von Verhandlungen über Entwicklungszusammenarbeit mit einem afrikanischen Land oder vor dem Arbeitsbesuch eines asiatischen Regierungschefs Leitlinien des Parlaments für die jeweilige deutsche Delegation festzulegen, diese wären umzusetzen bzw. für Abweichungen wäre die Einwilligung einzuholen. So etwa läuft es derzeit zwischen dem Auswärtigen Amt und den Vertretungen oder Delegationen. Das erste, was das Parlament brauchte, wäre ein dem Auswärtigen Amt vergleichbarer Apparat. Dort müßten

---

45 Kokott, 145.

46 152.

zu vielen Arbeitseinheiten der einschlägigen Ministerien (Auswärtiges Amt, Bundesministerien für Wirtschaft und für wirtschaftliche Zusammenarbeit) Spiegelreferate eingerichtet werden. Das Parlament selbst müßte weitere Ausschüsse schaffen und/oder Berichterstatter ernennen. An den Parlamentsapparat müßte die Mehrzahl der oben (unter III.) erwähnten Berichte und Coreus durchgestellt und mit ihm müßten die meisten herausgehenden Weisungen abgestimmt werden.

All dies kann weder organadäquat noch funktionsgerecht sein.

Man darf auch fragen, wann die Parlamentarier selbst, neben ihrer Wahlkreisarbeit und dem Sonstigen, was sie bislang schon mehr als auslastet, Zeit finden sollen, um sich in diesem Detail für auswärtige Angelegenheiten zu interessieren und das dafür nötige Spezialwissen anzueignen.[47] Auch die eine oder andere fremde Sprache würde dazugehören. Kurz, eine "Parlamentarisierung der auswärtigen Gewalt" dürfte in der Praxis nur bei einem Umbau des Parlamentes selbst oder, andernfalls, unter dem alternativen Risiko der Oberflächlichkeit oder der Lähmung verordnet werden können.

Und dies alles hat noch nichts mit der ungeliebten "Geheimdiplomatie"[48] zu tun. Sie spielt eine Rolle; ich habe früher einmal dargelegt, wie das vorzeitige Bekanntwerden eines Zwischenergebnisses die weiteren Verhandlungen erschwerte.[49] Aber diese Rolle ist weit geringer, als vielleicht angenommen werden könnte. Heute scheint es eher einen Wettlauf in die Medien zu geben. Wolfrum rühmt zu Recht die Transparenz der großen Weltkonferenzen der letzten Jahre.[50] Man darf darüber indessen nicht übersehen, daß diese Konferenzen nur einen Bruchteil der Außenpolitik ihrer Zeit ausgemacht haben. Sie sind für die übliche Außenpolitik völlig untypisch und dürften jeweils weit weniger als ein Prozent der deutschen Diplomaten beschäftigt haben. An ihnen kann eine Beurteilung dessen, was für Außenpolitik notwendig ist und was nicht, kaum festgemacht werden.

Ich möchte daher empfehlen, vor einer "Parlamentarisierung der auswärtigen Gewalt" vermehrt die Möglichkeiten der Parlamentarier in Rechnung zu stellen. Auch der Beitrag der Exekutive, besonders des

---

[47] Auch Paul Kirchhof, 112, setzt für Auswärtiges einen besonderen Sachverstand voraus und sieht bei parlamentarischer Entscheidung in diesem Bereich die Gefahr "einer Verfremdung der sachverständigen Entscheidung".

[48] Wolfrum, 128.

[49] B. Zündorf, *Die Ostverträge*, 1979, 33.

[50] 128.

auswärtigen Dienstes, zur Bewältigung der notwendigen aber unspektakulären auswärtigen Geschäfte wie auch zur Beteiligung des Parlamentes und der Parlamentarier an der Wahrnehmung der bedeutenderen außenpolitischen Aufgaben verdiente eine Würdigung; dabei denke ich in unserem Zusammenhang insbesondere an die oben (unter IV.) erwähnte Rückkoppelungspflicht, welche bereits jetzt zu einem hohen Grade der Parlamentarisierung der Außenpolitik geführt hat.

Präjudizienbindung?

Hans-Joachim Mertens

Auch Zivilrechtler haben inzwischen als Organe des Rechtsgeistes erhebliche Emanzipationsakte gegenüber dem Gesetz vollbracht. Noch immer aber sehen sie mit Bewunderung und manchmal auch mit Verwunderung den Hochseilartisten des Staatsrechts zu, die in Kreativitätsschüben immer neue Verfassungsthesen gebären, auch wo das Grundgesetz das alte ist.

I. Die Behauptung eines Verfassungsgebots der Verbindlichkeit richterlicher Präjudizien

Hier sei von einer gewissen Verwunderung die Rede, die bei mir eine neue These in bezug auf das Richterrecht ausgelöst hat. Von ihm stellt *Michael Reinhardt* in seinem Buch "Konsistente Jurisdiktion"[1] die Behauptung auf, es gebiete - wenn auch mit manchen Vorbehalten und Einschränkungen - eine Präjudizienbindung richterlicher Entscheidungen ähnlich wie nach der *stare decisis*-Doktrin im angelsächsischen Recht. Es liegt auf der Hand, daß diese These nicht nur den Verfassungsrechtler, sondern jeden Juristen angeht, so daß es legitim erscheint, daß auch ein Zivilrechtler sich hierzu äußert.

Die wesentlichen Gründe, die *Reinhardt* für seine These anführt, möchte ich nicht ohne Zuhilfenahme einiger wörtlicher Zitate des Autors zusammenfassen, damit der Leser außer dem Gehalt der Argumentation auch ihren Duktus nachvollziehen möge.

---

[1] M. Reinhardt, *Konsistente Jurisdiktion. Grundlegung einer verfassungsrechtlichen Theorie der rechtsgestaltenden Rechtsprechung*, 1997.

Grundlegend ist die Feststellung, Richterrecht sei heutzutage ein legaler und legitimer Teil staatlicher Rechtsetzung und werde daher vom Gebot der Einheit der Rechtsordnung umfaßt:

> "Je stärker nämlich das Richterrecht von der Rechtsordnung Besitz ergreift, desto dringlicher gestaltet sich das Bedürfnis, diese Manifestationen staatlicher Rechtsgewinnung auch methodisch in das Gesamtsystem des materiellen Rechtes einzubinden und nicht länger als punktuelle Normexekutionen in der Tradition des 19. Jahrhunderts oder schwankende Gestalten am Rande der Rechtsquellenlehre zu unterschätzen."[2]

Das angelsächsische Recht zeige, daß die Präjudizienbindung das Richterrecht nicht notwendigerweise erstarren lasse.[3]

Der EuGH habe der Sache nach eine relativ strikte Bindung an seine Rechtsprechung eingeführt, indem er die Vorlagepflicht nach § 177 Abs. 3 EG-Vertrag für den Fall verneine, daß er die relevante Auslegungsfrage bereits entschieden habe.[4]

Die Abkehr von einer verfassungsrechtlich konturenlosen richterlichen Freiheit gegenüber Präjudizien sei vor allem auch ein aus Art. 20 Abs. 2 Satz 1 GG folgendes Gebot, da das Richterrecht nur so dem Demokratieprinzip genügen könne:

> "Soweit die Judikative in den von der Legislative offen gelassenen Freiräumen rechtsgestaltend tätig wird, unterliegt sie einer aus dem grundgesetzlichen Demokratieprinzip resultierenden materiellen Pflichtigkeit, die nunmehr allein an die Stelle der insoweit nicht zu verwirklichenden organisatorisch-personellen Legitimation zu treten hat. Idealiter wird damit eine judikative Rechtsgestaltung notwendig, deren Erscheinungsbild sich dergestalt in die vorfindliche Konzeption des unmittelbar demokratisch erzeugten förmlichen Gesetzesrechtes einpaßt, daß weder Disparitäten noch Inkonsistenzen der so gebildeten materiellen Gesamtrechtsordnung entstehen, sondern eine in sich einheitliche Ordnung, in der sich das richterliche Recht bruchlos in den demokratisch legitimierten Duktus des parlamentarischen Rechtes fügt. Der Richter hat im Sinne des vom Volke gewählten Gesetzgebers dessen Auftrag soweit erforderlich fortzuführen und dabei für eine materielle Maßstabsetzung Sorge zu tragen, die die gesetzlich getroffenen Wertentscheidungen in geeigneter Wei-

---

2 *Ibid.*, 379 f.

3 *Ibid.*, 225 ff., 254 ff.

4 *Ibid.*, 296 ff.

> se berücksichtigt. Das Demokratieprinzip bewirkt hierbei sodann, daß diese theoretisch formulierten Postulate richterlicher Rechtsetzung einer effektiven verfassungsrechtlichen Absicherung bedürfen, um nicht die angeführte Gefahr eines demokratiefreien oder doch demokratiearmen staatlichen Handelns zu schüren. Wie das repräsentativ legitimierte Gesetz ein gleiches, für jedermann verbindliches rechtliches System errichtet, so muß grundsätzlich auch das stetig augmentierende Richterrecht in die Lage versetzt sein, diese nunmehr zunehmend ihm erwachsende ordnende Funktion zu übernehmen, soweit nicht die Eigenart richterlicher Rechtsetzung oder die Eigenschaft der einzelnen richterlichen Rechtsschöpfer Abweichendes gebieten. Um dieses somit auch nach Art. 20 Abs. 2 Satz 1 GG gebotene Ziel zu erreichen, wird folgerichtig eine juristische Methode erforderlich, die die rechtsprechende Tätigkeit als insgesamt unverzichtbaren Bestandteil der staatlichen Rechtsgewinnung begreift, sie zum dogmatischen Rekurs auf sich selbst verpflichtet und damit endlich den mit dem Demokratiegebot typischerweise vornehmlich konfligierenden Individualismen und Subjektivitäten des jeweils zuständigen Gerichtes und des jeweils erkennenden Richters entgegenwirkt."[5]

Weiter beruft sich *Reinhardt* natürlich auch auf das Rechtsstaatsprinzip, den Gleichheitssatz und das Gebot der Gewährleistung effektiven Rechtsschutzes. Die verfassungsrechtlichen Ungereimtheiten einer Ausgrenzung des Richterrechts aus dem Kanon der für den Richter verbindlichen Rechtsquellen seien "mit dem stereotypen Rekurs auf die richterliche Unabhängigkeit keineswegs hinreichend erklärlich." Vielmehr wiesen "Rechtsstaatlichkeit und grundrechtliche Gleichheit gerade den Weg zu einem insoweit extensivierten Verständnis der konstitutionellen Unterwerfung der Richter unter das Gesetz: Während die rechtsstaatliche Homogenität Widerspruchsfreiheit und Verläßlichkeit einer zunehmend auf judikativer Maßstabsetzung beruhenden Rechtsordnung auf eine geeignete Integration dieses richterlich gebildeten Rechts in die Systematik der nicht bloß unverbindlichen Rechtsquellen angewiesen ist, verlangt das Gebot der Gleichheit richterlicher Rechtsanwendung nach einem im ganzen konsistenten Judizieren. ... Bereits de constitutione lata wird damit der offensichtlich schwerfallende Abschied von der traditionellen kontinentaleuropäischen Fixierung der richterlichen

---

[5] *Ibid.*, 471 f.

Methodik auf den kodifizierten Maßstab als Gravitationszentrum der Rechtsordnung denkbar, sinnvoll und ... erforderlich."[6]

Die prinzipielle Einordnung von Richterrecht als bindendes Recht im Sinne der Art. 20 Abs. 3, 97 Abs. 1 GG, von dem abzuweichen später entscheidende Gerichte aus allein ihrer Einschätzung folgenden Gründen nicht berechtigt seien, nimmt *Reinhardt* im Ergebnis dann allerdings "zu der Annahme einer institutional-approximativen Präjudizienbindung" zurück, die nicht "ausnahmslos für jede sachlich einschlägige Vorentscheidung Geltung beanspruchen kann."[7] Diese Bindung beschränkt er im Ergebnis letztlich auf eine gewisse Selbstbindung der Gerichte an frühere Entscheidungen und auf die Bindung untergeordneter Gerichte innerhalb eines Instanzenzuges an die Entscheidung einer höheren Instanz.[8]

Der Umstand, daß *Reinhardt* seinen Begründungsansatz weitgehend zu praktischer Folgenlosigkeit verurteilt, sollte die Auseinandersetzung damit nicht überflüssig machen.

II. Kritik

Gewiß werden *Reinhardts* Argumente auf dogmatische Einwände stoßen. An der Auseinandersetzung darüber möchte ich mich nicht beteiligen. Auf das staatsrechtliche Hochseil sollte sich ein Zivilrechtler, der für seine Schwindelfreiheit nicht garantieren kann, gewiß nicht wagen. Immerhin läßt sich aus *Reinhardts* Buch - als Habilitationsschrift akzeptiert - lernen, daß eine juristische Position, die dem Grundgesetz das Gebot einer Präjudizienbindung unterstellt, in vertretbare juristische Sprachwendungen gefaßt und anstandslos auf dem Meinungsmarkt angeboten werden kann, wobei mir als Privatrechtler das Begründungspathos mit dem aus allgemeinsten Formeln angeblich zwingende konkrete Rechtsbehauptungen abgeleitet werden, bereits an der Grenze einigermaßen kunst- und sachgerechten Argumentierens zu liegen scheint. Hier mögen aber vielleicht im Staatsrecht andere Maßstäbe gelten.

---

6 *Ibid.*, 416.

7 *Ibid.*, 494.

8 *Ibid.*, 494 ff.

Was mich mehr bewegt, ist die Frage, ob eine dogmatische Argumentation dem Thema überhaupt gerecht zu werden vermag.

Bekanntlich erzeugen Entscheidungen der Gerichte - ich rede im folgenden der Kürze halber von Richterrecht - nach einer in Deutschland festverankerten Rechtsüberzeugung - von gewissen gesetzlich festgelegten Ausnahmen abgesehen - keine dem Gesetz vergleichbare Bindung.[9] Insbesondere existiert auch kein generelles Verbot für Richter, von eigenen Entscheidungen oder Entscheidungen anderer Richter abzuweichen. Richterrecht erzeugt somit keine Rechtsnormen, und zwar unbeschadet des Umstands, daß es heute einen über alles, was man Rechtserkenntnis nennen könnte, weit hinausgehenden Beitrag zur Fortbildung der Rechtsordnung leistet. Es bleibt nicht nur als Aussage über einen bestehenden Rechtszustand, sondern auch als Gestaltung der Rechtslage in Form der Konkretisierung allgemeiner Wertungen der Rechtsordnung eine Fixierung des Rechts, die sich als rechtlich zutreffend oder falsch würdigen läßt, die von Richtern in späteren Verfahren selbst als falsch erkannt werden kann und die im übrigen infolge der Dynamik der Rechtsentwicklung aufgrund von gesellschaftlichen Veränderungen oder von Rechtsveränderungen, die das Umfeld der Entscheidung umgestaltet haben, gestern angemessen gewesen sein kann, heute aber nicht mehr.

Auch der Europäische Gerichtshof erkennt eine rechtliche Bindung an seine früheren Entscheidungen nicht an und mißt ihnen keine präjudizielle Verbindlichkeit im Sinne der *stare decisis*-Doktrin zu.[10]

Die Einführung einer Rechtsverbindlichkeit von Präjudizien im Sinne dieser Doktrin wäre daher eine grundlegende Änderung unseres Rechtssystems, die sich ohne einen ausdrücklichen Akt des Gesetzgebers, ja wohl sogar des Verfassungsgebers, nicht vorstellen läßt. Gerichten wäre sie nicht nur deshalb verwehrt, weil sie die Behauptung einer Bindung an Präjudizien nur in Verletzung einer solchen Bindung aufstellen

---

9 Vgl. nur BGHZ 132, 6 ff. (11), BGHZ 132, 119 ff. (129). Zur Freiheit des Richters, von einer früher vertretenen Rechtsansicht abzuweichen, auch BVerfGE 38, 38 ff. (396); BVerfGE 84, 212 ff. (227). Zu den verschiedenen positivrechtlichen Geboten der Beachtung von Präjudizien insbes. in Form von Vorlagepflichten vgl. die umfassende Darstellung von C.W. Hergenröder, *Zivilprozessuale Grundlagen richterlicher Rechtsfortbildung*, 1995, 32 ff. Vgl. zur Thematik weiter K. Pilny, *Präjudizienrecht im anglo-amerikanischen und im deutschen Recht*, 1993; I. Amberg, *Divergierende höchstrichterliche Rechtsprechung*, 1998.

10 Vgl. Reinhardt, siehe Anm. 1, 266 m.w.Nachw.

könnten - denn Bundesverfassungsgericht und Bundesgerichte haben die präjudizielle Rechtsgeltung von Entscheidungen in tragenden Gründen verneint -, sondern auch weil eine solche Behauptung ein Politikum darstellte, das weit jenseits der Grenzen einer den Gerichten zuzubilligenden Rechtsfortbildungskompetenz liegen würde.

Das bedeutet, *Reinhardts* Arbeit verfolgt das Ziel, in einer grundlegenden Frage der Rechtsstrukturierung eine Abkehr von einer gefestigten Rechtstradition zu propagieren, dies aber nicht in Form eines offenen rechtspolitischen Vorschlages, sondern indem er den erstrebten Rechtszustand mit Hilfe dogmatischer Argumente als geltenden ausgibt. Gewiß sind die Grenzen zwischen Rechtserkenntnis und Rechtspolitik fließend, und es mag auch rechtswissenschaftlich bis zu einem gewissen Grad zu tolerieren sein, wenn ein erstrebter Rechtszustand als bereits geltender ausgegeben wird. Aber ich meine, man darf sich damit eine rechtspolitische Problemanalyse nicht ersparen. Es kann nicht genügen, das Bedürfnis für eine grundlegende Änderung des Rechtssystems allein gewissen Theorien über das Grundgesetz zu entnehmen, die sich offensichtlich mit erheblicher Beliebigkeit aufstellen lassen. Diese rechtspolitische Dimension der Fragestellung kommt bei *Reinhardt* entschieden zu kurz. Das gilt insbesondere für die Ermittlung eines Neuregelungsbedarfs aus praktischer Sicht und für die Abschätzung der weiteren Konsequenzen für die Rechtsentwicklung, die eine Rechtsänderung mit sich bringen könnte oder gar müßte. Hierzu möchte ich im folgenden zu Ehren des Jubilars, der immer viel zu sehr Pragmatiker war, um Recht aus pathetischer Aufdonnerung rhetorisch weithin beliebig ausschlachtbarer Formeln abzuleiten, nur einen kleinen Beitrag leisten.

Reinhardt[11] zitiert *Franz Bydlinski*, der die Verbindlichkeit von Präjudizien als die "praktisch wohl wichtigste offene Frage der juristischen Methodenlehre des kontinentalen Rechts" bezeichnet hat.[12] Ob der Mangel der präjudiziellen Verbindlichkeit gerichtlicher Entscheidung ein praktisches Problem bildet, das eine Änderung der Rechtslage empfehlenswert erscheinen lassen könnte, scheint mir demgegenüber aber mehr als zweifelhaft.[13] Denn im allgemeinen pflegen Richter ihren Ar-

---

[11] *Ibid.*, 410.

[12] F. Bydlinski, *Juristische Methodenlehre und Rechtsbegriff*, 1982, 376.

[13] Mit Recht hebt Hergenröder, siehe Anm. 9, 6 hervor, daß sich die Rechtspraxis infolge der faktischen Bindung der Instanzgerichte und auch der staatlichen Behörden sehr schnell auf die ersatzgesetzgeberische Tätigkeit der obersten Bundesgerichte einstellt und diese akzeptiert. Legt man die Reichweite zugrunde, die Reinhardt, siehe Anm. 1, im Endergebnis der von ihm behaupte-

beitseinsatz rational zu handhaben. Die Berufung auf Rechtsprechung gilt als ausreichende Begründung und erspart damit die eigene Argumentation. Richter, die sich darin gefallen, auf Kosten der Parteien eine Show abzuziehen, indem sie Entscheidungen treffen, mit deren Bestand sie nicht rechnen können, sind in Deutschland äußerst rar. Abgesehen von einigen Ausreißern sind daher Abweichungen von etablierter Rechtsprechung, aus denen sich eine nachhaltige Gefährdung der Rechtseinheit ergeben könnte, kaum zu konstatieren. Wenn sich für eine gewisse Zeit bei Auftreten eines neuen Rechtsproblems verschiedene Entscheidungsansätze und -linien ergeben, die um die richtige Lösung konkurrieren, so ist das für die definitive Problembewältigung oft außerordentlich hilfreich. Wo im übrigen die Rechtsprechung namentlich der Bundesgerichte einmal auseinander geht, dürfte es sich überwiegend um Fälle handeln, an denen eine Präjudizienbindung nichts ändern würde, weil einsehbare Gründe für ein *distinguishing* im Sinne des angelsächsischen Rechts gegeben wären. Die bekannten Fälle widersprüchlicher Entscheidungen von Bundesgerichten oder von den beiden Senaten des Bundesverfassungsgerichts[14] bewegen sich bezeichnenderweise in einem Bereich, in dem sich durchaus die Frage stellt, ob hier nicht nach positivem deutschen Recht eine Präjudizienbindung zu beachten gewesen wäre.[15]

Der Verneinung eines Bedarfs an mehr Rechtseinheit durch Rechtsprechung mag entgegengehalten werden, es gehe weniger um die Vermeidung enttäuschter Erwartungen Rechtssuchender in gelegentlichen Einzelfällen als um Abhilfe für ein Glaubwürdigkeitsproblem der Rechtsordnung. Es könne nicht länger verleugnet werden, daß Richter die Rechtslage weit über das einzelne Urteil hinaus definitiv festlegten. Der Rechtsstaat dürfe nicht verdrängen, daß Richter hier Normen setzten,

---

ten Verbindlichkeit von Präjudizien gibt, so wäre ein diesbezügliches Gebot praktisch ohnehin so gut wie überflüssig. Allenfalls würde es im Einzelfall den Begründungsaufwand für ein Bundesgericht erhöhen, das eine frühere Rechtsprechung aufgibt. Dies geschieht aber bereits heute durchweg nicht ohne eingehende Begründung.

[14] Vgl. zum "Kind als Schaden" BVerfGE 88, 203 ff. (296) - Zweiter Senat - und BVerfG, *NJW* 51 (1998), 519 ff. (522) - Erster Senat - mit Stellungnahme des Zweiten Senats, *NJW* 51 (1998), 523 f. -; dazu: E. Deutsch "Berufshaftung und Menschenwürde: Akt III", *NJW* 51 (1998), 510 ff.

[15] Vgl. in diesem Sinne zum Konflikt zwischen Bundesgerichtshof (*BB* 21 (1966), 915; 26 (1971), 1298) und Bundesfinanzhof (BFHE 96, 101) in bezug auf die Rückstellung für den Ausgleichsanspruch des Handelsvertreters nach § 89 b HGB. B. Großfeld, *Bilanzrecht*, 1997, Rn. 401.

und müsse, wenn er dies akzeptiere, woran heute kein Weg vorbeiführe, die richterliche Normsetzung als Rechtsquelle anerkennen und damit auch den auf diese Weise erzeugten Normen eine im einzelnen näher zu bestimmende Rechtsgeltung zuweisen.

Doch würde damit nicht den Richtern eine Rolle aufgedrängt, für die sie weder die Legitimation noch die prozessualen Instrumente haben? Sollte der Verfassungs- und Gesetzgeber ihnen beides zur Verfügung stellen, also einerseits Richterrecht ausdrücklich zur Rechtsquelle berufen, andererseits richterliche Methoden einer den Einzelfall überschreitenden Tatsachenermittlung erlauben, damit Richter repräsentative Erhebungen durchführen könnten, Möglichkeiten der Formulierung von Normen in richterlichen Entscheidungen zulassen und schließlich einen umfassenden amtlichen Apparat einführen, der die Information über den Stand des Richterrechts zu gewährleisten vermöchte[16] und zu alledem auch für eine entsprechende Ausbildung der Richter sorgen?

Die Antwort kann nur nein lauten, und wer dem widersprechen wollte, müßte mindestens zugeben, daß sich heute nicht die geringste Chance für eine derartige Entwicklung abzeichnet. Daher muß Richterrecht der Idee nach Gesetzesersatz, Lückenausfüllung bleiben, durch die vom Richter in Bezug zu nehmende Wertungen der Rechtsordnung Konkretisierung erfahren, und dem entspricht es, wenn die Diskussion über die richtige Entscheidung nicht durch das eine oder andere höchstrichterliche Urteil abgeschnitten wird, wenn der Bürger keinen Anspruch auf Fortgeltung einer richterlichen Entscheidungspraxis hat, andererseits aber auch nicht verpflichtet ist, sich nach einer solchen Entscheidungspraxis wie nach Gesetzesrecht zu richten[17] und wenn Richter sich kraft besserer Einsicht korrigieren können. Daß solche Korrekturen, zumal wenn sie rückwirkend die Rechtslage verändern, einer gewissen Begrenzung durch den Gesichtspunkt des Vertrauensschutzes bedürfen,

---

[16] Vgl. zur Problematik des Zivilprozesses im Hinblick auf die Ermittlung und Berücksichtigung von Rechtsfortbildungstatsachen Hergenröder, siehe Anm. 9, 329 ff. Auch Hergenröders Vorschläge scheinen mir aus rechtspolitischer Sicht bedenklich.

[17] In dieser Verpflichtung geht die Rechtsprechung allerdings häufig zu weit. Ins Einzelne gehende Rechtsprechungskenntnisse können zwar dem Anwalt - dazu etwa Hergenröder, siehe Anm. 9, 6 m.w.Nachw. - nicht aber dem Bürger abverlangt werden.

der in der Rechtsprechung noch immer nicht ernst genug genommen wird,[18] steht auf einem anderen Blatt.

Die Einführung einer Verbindlichkeit von Präjudizien ohne gleichzeitige Ausgestaltung des Richterrechts zu einem eigenen Rechtsnormkomplex mit allen damit verbundenen Fragen würde die Frage der Legalität des Richterrechts nur in gefährlicher Weise zuspitzen. Erhalten wir den Richtern lieber das Bewußtsein, daß Rechtsfortbildung nur dann angebracht ist, wenn Gesetzesanwendung einen Gerechtigkeitsnotstand erzeugen würde, auf daß sie von ihrer Befugnis zu eigener rechtsgebundener Rechtsetzung[19] so sparsam als möglich Gebrauch machen.

---

[18] Dazu D. Medicus, "Neues zur Rückwirkung von Rechtsprechung", WM, 1997, 2333 ff.; M. Lieb, "Rückwirkung von (neuem) Richterrecht? - Einige Überlegungen zu einem unbequemen Thema", *Festschrift für H.F. Gaul*, 1997, 381.

[19] Dazu zuletzt BVerfG, *NJW* 51 (1998), 519 ff. (520).

Nachwirkung der Kontrollratsgesetzgebung und die deutsche Souveränität - Zu den Urteilen über die "Bodenreform" und zur Fortgeltung des Klagestops nach dem Überleitungsvertrag

Ignaz Seidl-Hohenveldern

I. Grundsatz der restriktiven Auslegung von Beschränkungen der Souveränität

Ein unbefangener ausländischer Beobachter der deutschen Rechtsprechung kann nur leise den Kopf schütteln über deren beflissenen Respekt vor Maßnahmen der Siegermächte des Zweiten Weltkriegs - auch und gerade nach der Wiederherstellung der vollen Souveränität über das wiedervereinigte Deutschland am 3. Oktober 1990. Dies gilt sowohl für die Auslegung des Gemeinsamen Briefes der Außenminister der Bundesrepublik Deutschland und der DDR vom 12 September 1990 und des Artikel 41 Abs. 1 des Einigungsvertrages[1] in dem "Bodenreform"-Urteil, als auch für die der Vereinbarung vom 27./28. September 1990[2] zu dem Vertrag über die Beziehungen zwischen der Bundesrepublik Deutschland und den Drei Mächten, sowie zum Überleitungsvertrag[3] (ÜV) im Falle des Streites um ein von der ČSR konfisziertes Gemälde aus der Fürstlich Liechtenstein'schen Gemäldesammlung. Gewiß wird jeder Völkerrechtler dafür eintreten, daß Verträge zu halten sind - aber

---

1 *BGBl.* 1990 II, 889.

2 *BGBl.* 1990 II, 1386.

3 *BGBl.* 1955 II, 405 ff. (440).

müssen sie immer zu Gunsten der Siegermächte ausgelegt werden? Sind doch im Völkerrecht Einschränkungen der Souveränität der einzelnen Staaten restriktiv auszulegen[4], auch und gerade bei diskriminatorischen Eingriffen der Siegermächte in privates Vermögen[5].

Es dürfte sich auch heute noch lohnen, die Meinung der Sieger zu diesen Einschränkungen, so wie sie in der Kontrollratsgesetzgebung geäußert worden war, zur Auslegung der oben erwähnten Bestimmungen heranzuziehen. Gewiß ist die Kontrollratsgesetzgebung heute außer Kraft[6]. Auch hat der Kontrollrat niemals gesamthänderisch Regierungsgewalt in Deutschland ausgeübt, sondern koordinierte lediglich die Tätigkeit der Oberbefehlshaber in den einzelnen Besatzungszonen[7]. Der Kontrollrat war aber doch das Organ, in dem die Siegermächte zunächst ihre Verantwortung für Deutschland als Ganzes wahrnahmen. Der Kontrollrat zeigte grundlegend die Richtung des gemeinsamen Willens an, diese Verantwortung zu tragen. An dieser Verantwortung haben die Siegermächte, auch nach der Suspendierung des Kontrollrats[8] und dem Beitritt der Bundesrepublik und der DDR zu den Vereinten Nationen[9], letztlich bis zum Abschluß des Zwei-Plus-Vier-Vertrages[10] festgehalten.

---

[4] Für den hier vorliegenden Fall eines "einseitigen ungleichen Vertrages, durch den nur einer Partei Verpflichtungen auferlegt werden" bejahen dies selbst G. Dahm/J. Delbrück/R. Wolfrum, *Völkerrecht*, Band I/1, 2. Aufl. 1988, 223 trotz ihrer sonstigen Skepsis gegenüber dieser Auslegungsregel.

[5] Franco-Italian Conciliation Commission 25 June 1952, in Re Rizzo (Nr. 1), *ILR* 19 (1952), 478 ff. (481).

[6] G. Jaenicke, *Der Abbau der Kontrollratsgesetzgebung*, 1952, 53.

[7] *Ibid.*, 25.

[8] Sowjetische Erklärung betreffend die Vertagung der Kontrollratssitzungen vom 20. März 1948 in: I. v. Münch (Hrsg.), *Dokumente des geteilten Deutschland*, I 1968, 55.

[9] Erklärung der Regierungen Frankreichs, des Vereinigten Königreichs, der Sowjetunion und der Vereinigten Staaten von Amerika betreffend die Rechte und Verantwortlichkeit der Vier Mächte in Deutschland vom 9. November 1972, in: D. Rauschning, *Rechtsstellung Deutschlands*, 1985, 35.

[10] *BGBl.* 1990 II, 1318.

II. Die "Bodenreform"-Urteile

Es hieße Eulen nach Athen tragen, die "Bodenreform"-Urteile in vollem Umfang zu kritisieren, insbesondere auch zu den Vorwürfen einer unberechtigten Bereicherung der Bundesrepublik Deutschland Stellung zu nehmen[11]. Ein Einwand sollte dennoch vorweg vorgebracht werden, nämlich der gegen die Kurzbezeichnung der einschlägigen Erkenntnisse des Bundesverfassungsgerichts als "Bodenreform"-Urteile. Gänsefüßchen sind leicht zu übersehen. Richtiger wäre es, wenn man hier von "Landrauburteilen" sprechen wollte. Wie anders wäre der Sachverhalt zu benennen, den das erste dieser Urteile wie folgt wiedergibt: "Die enteigneten Grundbesitzer wurden in der Regel aus dem Kreis, in dem sie ihren Grundbesitz hatten, ausgewiesen. Sie mußten ihren Hof nicht selten binnen weniger Stunden verlassen, wobei sie nur die notwendigste Habe mitnehmen durften. Gerichtliche Rechtsschutzmöglichkeiten gegenüber den Maßnahmen gab es nicht"[12]. Was immer für Ausdrücke die Machthaber in der Sowjetischen Besatzungszone (SBZ) auch gebrauchten, aus der Sicht der Opfer handelte es sich keineswegs um eine Bodenreform - oder allenfalls in dem Sinn, mit dem linksgerichtete US- und deutsche Studenten in den 60er Jahren die Taten ihres Idols Fidel Castro mit dem Argument verharmlosen wollten, er sei doch gar kein Kommunist, sondern ein bloßer Bodenreformer.

Ansonsten soll hier nur einer der Aspekte der Vereinbarkeit der "Bodenreform" mit dem Völkerrecht behandelt werden, nämlich derjenige ihrer Vereinbarkeit mit dem völkerrechtlichen Schutz des Eigentums von Staatsangehörigen dritter Staaten. Das Bundesverfassungsgericht hat zwar die Frage erörtert, ob die sowjetischen Eingriffe in das Eigentum in der SBZ generell mit der Haager Landkriegsordnung vereinbar seien und dies zu Unrecht für unerheblich gehalten, da solche Ansprüche nicht durchsetzbar gewesen seien. Gegenüber diesem Ar-

---

[11] Das Literaturverzeichnis zu G. Biehler, *Die Bodenkonfiskationen in der Sowjetischen Besatzungszone Deutschlands 1945 nach Wiederherstellung der gesamtdeutschen Rechtsordnung 1990*, 1994, umfaßt 8 Seiten. Vgl. auch Ph. v. Hugo, *Die Vorgaben des Eckwertes Nr. 1 der Geminsamen Erklärung der beiden deutschen Regierungen vom 15.6.1990 für die Enteignungen in den Jahren 1945-1949*, 1997 sowie J. Wasmuth, "Zur aktuellen Diskussion über den Restitutionsausschluß für besatzungshoheitliche Enteignungen", *Zeitschrift für Vermögens- und Investitionsrecht* 5 (1995) 489 ff. und R. Wassermann, "Wie lange noch Sonderrecht für die in der SBZ Enteigneten?", *NJW* 50 (1997), 438.

[12] *BVerfG* 23.4.1991, *BVerfGE* 84, 90 ff. (97).

gument haben H.P. Ipsen und ich im Zusammenhang mit der grundsätzlich ebenfalls völkerrechtswidrigen Beanspruchung deutschen Privatvermögens zu Reparationszwecken darauf hingewiesen, daß deren Hinnahme durch die Bundesrepublik diese zur Leistung einer Entschädigung verpflichtet[13]. Sinngemäß gilt dies auch für die Hinnahme dieser nicht zu Reparationszwecken gesetzten, aber genauso völkerrechtswidrigen Akte der Sowjetunion. In den beiden dem Bundesverfassungsgericht vorgelegten Fällen[14] befanden sich unter den Klägern keine Staatsangehörigen dritter Staaten. Diese Staaten haben, anders als die Bundesrepublik, keine Schritte zur Hinnahme dieser Akte unternommen, weder gegenüber der Sowjetunion noch gegenüber der Bundesrepublik. Wir haben schon nach dem ersten dieser Urteile darauf aufmerksam gemacht, daß die Frage der Rechte solcher Staatsangehöriger offen geblieben war[15].

Diese Lücke füllte dann das Bundesverwaltungsgericht. Im Falle des Kaufhauses Wertheim[16] konnte es einer klaren Beantwortung dieser Frage zunächst deshalb noch ausweichen, weil dieses Kaufhaus lediglich indirekt in ausländischem Eigentum stand[17]. Allerdings geht die Praxis immer mehr dahin, den völkerrechtlichen Schutz ausländischen Eigentums auch auf indirekt ausländisches Eigentum auszudehnen[18]. Dies zeigt das Abgehen des IGH von der Barcelona-Traction Entscheidung[19],

---

[13] H.P. Ipsen/I. Seidl-Hohenveldern, *Entschädigungspflicht der Bundesrepublik Deutschland für reparationsentzogenes Auslandsvermögen*, 1962.

[14] BVerfG 23.4.1991, *BVerfGE* 84, 90 und BVerfG 18.4.1996, *BVerfGE* 94, 12. Zu letzterem M. Silagi, "Restitutionsausschluß auf dem Prüfstand: Der Zweitentscheid des Bundesverfassungsgerichts zur SBZ-Bodenreform vom 18. April 1996", *Zeitschrift für offene Vermögensfragen* 4 (1996), 231 ff. (236).

[15] I. Seidl-Hohenveldern, "Besatzungsrecht und Eigentum in der ehemaligen DDR und in Ostösterreich", in: F. Matscher/I. Seidl-Hohenveldern (Hrsg.), *FS Fritz Schwind*, 1993, 221; *id.*, "Der Vermögensvertrag zwischen Österreich und der Deutschen Demokratischen Republik", in: J. Hengstschläger u.a. (Hrsg.), *FS Herbert Schambeck*, 1994, 616.

[16] BVerwG 13.2.1995, *BVerwGE* 98, 1 (2).

[17] Vgl. aber bei Anm. 26 unten.

[18] I. Seidl-Hohenveldern, "Der diplomatische Schutz für juristische Personen und Aktionäre", in: G. Ress/T. Stein (Hrsg.), *Der diplomatische Schutz im Völker- und Europarecht*, 1996, 123-124.

[19] IGH 5.2.1970, *ICJ Reports* 1970, 3 ff.

in der Entscheidung im Fall ELSI[20] und die Praxis bei der Handhabung von Globalentschädigungsabkommen[21].

Voll stellte sich die Frage erst im Sprudel-Fall[22]. Hier standen 75,8% der Gesellschaftsanteile direkt in britischem Eigentum. Hier hätte ein Rückgriff auf die Proklamation Nr.2 des Kontrollrates in Deutschland nahegelegen[23]. Gemäß Abschnitt VI Z. 19 (b) dieser Proklamation sind "die deutschen Behörden verantwortlich für die Sicherstellung, Aufrechterhaltung und Verhinderung von Verschleuderung alles solchen Eigentums, solcher Guthaben, Rechte, Anrechte und Interessen", die "irgendeiner der Vereinten Nationen oder ihren Staatsangehörigen gehören oder ihnen bei Kriegsausbruch ... gehört haben." Diese Haltung des Kontrollrats wurde auch von der sowjetischen Besatzungsmacht übernommen und nachvollzogen, wie der Befehl Nr. 104 der Sowjetischen Militäradministration (SMAD) und die sogenannte Dratwinsche Instruktion beweisen, die Enteignung ausländischen Eigentums verbieten[24]. Trotzdem hat das Bundesverwaltungsgericht die Rückgabe verweigert, da die Besatzungsmacht die Enteignung der Sprudel GmbH bestätigt hat. Es hätte wohl näher gelegen, diese Bestätigung als Fehlgriff untergeordneter Stellen anzusehen, als der UdSSR ein Abgehen von ihrer ursprünglich mit den drei anderen Mächten vereinbarten Maßnahmen, sowie ihrer eigenen einschlägigen generellen Anordnungen und, nicht zuletzt, einen Bruch des Völkerrechts zu unterstellen. Das Bundesverwaltungsgericht hat die Eigentümer statt dessen darauf verwiesen, die Herausgabe der von den damaligen Machthabern der SBZ 1946 angeblich in Treuhandschaft genommenen Anteile zu verlangen. Dies dürfte wohl ein schwacher Trost sein.

---

[20] Elettronica Sicula S.p.A (ELSI)-Fall, IGH 20.7.1989, *ICJ Reports* 1989, 15 ff.

[21] R. Lillich/B. Weston, *International Claims: Their Settlement by Lump Sum Agreements*, 1975 I, 77.

[22] BVerwG 30.6.1994, *BVerwGE* 96, 183.

[23] *Amtsblatt des Kontrollrats für Deutschland*, Nr. 1 vom 29. Oktober 1945, 7 ff.

[24] *BVerwGE* 96, 183 (186/187). Hierzu sowie zur späteren völkerrechtswidrigen Praxis der DDR, BGH 14. November 1996 III ZR 304/95, *Iprax* 17 (1997), mit Anm. Seidl-Hohenveldern, "Globalentschädigungsabkommen zwischen Schweden und der DDR heute", *ibid.*

Im Urteil vom 27 Juni 1996[25] hat dann das Bundesverwaltungsgericht in Übereinstimmung mit der deutschen Praxis und der zitierten Proklamation auch indirektes ausländisches Eigentum geschützt[26]. Der Fall betraf das indirekte Eigentum einer niederländischen Firma. Diesem Rückgabeanspruch wurde grundsätzlich stattgegeben, - allerdings nur deshalb, weil das Bundesverwaltungsgericht von der Annahme ausging, die SMAD hätte die Streichung dieser Firma von der Konfiskationsliste gewünscht und zunächst auch eine dahingehende Korrektur des Entwurfes der Liste erreicht. Die Ost-Berliner Behörden haben entgegen diesem Wunsch die Firma dennoch auf die endgültige Fassung der Konfiskationsliste gesetzt und der SMAD überreicht. Die SMAD hat dagegen keinen Widerspruch erhoben. Das Bundesverwaltungsgericht hat mit Recht abgelehnt, daraus eine Zustimmung der SMAD zu dieser Konfiskation abzuleiten.

Wenn allerdings, wie dieser Fall zeigt, indirektes Eigentum ebenfalls für schutzwürdig gehalten wird, dann ist schwer einzusehen, weshalb im Wertheim-Fall[27] die Restitution ausgeschlossen wurde. Das Bundesverwaltungsgericht betont in dieser Entscheidung vom 27. Juni 1996 zwar, daß es an seiner Rechtsprechung festhält, wonach sich aus den einschlägigen Verlautbarungen der Besatzungsmacht zum Schutz ausländischen Vermögens allein noch kein klares Enteignungsverbot für alle Fälle des Entzugs von Vermögen ergibt, das mittelbar in ausländischem Eigentum gestanden habe. Gewiß, im Wertheim-Fall waren die Maßnahmen gegen die Gesellschaft noch vor der Gründung der DDR eingeleitet worden. Die Berliner "Liste 3" der Konfiskationen war aber erst nach diesem Stichtag veröffentlicht worden. Das Bundesverwaltungsgericht sah darin den bloßen Nachvollzug einer schon vor dem Stichtag eingeleiteten Maßnahme. Die sowjetischen Besatzungsbehörden hatten diese "Liste 3" den DDR Behörden zurückgegeben, ohne die Firma Wertheim von der Liste zu streichen. Lag darin aber eine klare Zustimmung zu dieser Konfiskation? Hier hätte das Bundesverwaltungsgericht, ohne sich dem Vorwurf einer Rechtsbeugung auszusetzen, gedeckt durch die Kontrollratsgesetzgebung und die einschlägigen allgemeinen sowjetischen Vorschriften über den Schutz ausländischen Eigentums, eine näher am Ei-

---

[25] *BVerwG Pressemitteilung Nr. 22/1996* vom 1. Juli 1996.

[26] Die Worte "Rechte und Interessen" in der Proklamation dienen dem Schutz des indirekten Eigentums.

[27] Siehe oben Anm. 16. Hierzu kritisch W. Graf Vitzthum/W. März, *Restitutionsausschluß*, 1995, 15 ff.; *FAZ* vom 10. März 1995.

gentumsschutz des Grundgesetzes und dessen Respekt vor dem Völkerrecht liegende Lösung finden können.

Die jüngste Rechtsprechung des Bundesverwaltungsgerichts entwickelt sich in diese Richtung. Ein bloßes Schweigen der SMAD wurde ja schon in der Entscheidung vom 27. Juni 1996 im Fall der niederländischen Firma nicht mehr als Zustimmung der SMAD gedeutet. Auch dem "Nachvollzug" setzte das Bundesverwaltungsgericht Grenzen. Letztlich könnten sich sonst ja alle Konfiskationen in der SBZ und in der DDR auf die ideologischen Gemeinsamkeiten zwischen der Sowjetunion und den von ihr eingesetzten deutschen Machthabern zurückführen lassen. Das Bundesverwaltungsgericht hat daher mit Recht entschieden, daß die 1950 vorgenommene Konfiskation eines Grundstückes, das bei der Konfiskationsaktion von 1949 vergessen worden war, nicht mehr unter das Rückgabeverbot fällt[28].

In zwei weiteren Entscheidungen hat das Bundesverwaltungsgericht nicht mehr wie im Fall der niederländischen Firma auf das Vorliegen eines besonderen Wunsches der SMAD abgestellt, sondern ist generell von einer Ausnahme zugunsten des ausländischen Eigentums von der Konfiskation ausgegangen. Konsequent hat es im Fall eines liechtensteinischen Eigentümers erklärt, daß eine Rückgabe ausgeschlossen sei, wenn der Betroffene neben der liechtensteinischen Staatsangehörigkeit auch die deutsche Staatsangehörigkeit besitze[29]. Dies entspricht der allerdings nicht mehr allgemein anerkannten[30] Völkerrechtsregel, daß ein Staat einem Doppelstaatler keinen Schutz gegen ein völkerrechtswidriges Handeln seines anderen Heimatstaates gewähren darf. Im Fall eines Südafrikaners nahm das Bundesverwaltungsgericht an, daß die SMAD zwar das ausländische Eigentum generell schützen wollte, - allerdings nur insoweit, als es nicht schon an "Neubauern" verteilt worden sei[31].

---

28 BVerwG 7 C 55/95, *FAZ* vom 7. Juni 1996.

29 BVerwG 2 Mai 1996, *NJW* 49 (1996), 2745, *FAZ* vom 8. März 1996.

30 I. Seidl-Hohenveldern, *International Economic Law*, 2. Aufl. 1992, 58.

31 BVerwG 7 C 50/95, *FAZ* vom 15. Februar 1997.

III. Von der ČSR mit der Fürstlich Liechtenstein'schen Sammlung konfisziertes Gemälde

1. Entscheidung des Landgerichtes Köln

Das Landesgericht Köln hat mit Entscheidung vom 10. Oktober 1995[32] unter Berufung auf Artikel 3 Abs. 1 und 3 des VI. Teils des ÜV den Antrag des Fürsten von Liechtenstein abgewiesen, das Walraff Richartz Museum in Köln solle ihm ein Bild des flämischen Malers Pieter van Laer "Der große Kalkofen" mit einem Versicherungswert von rund 500.000 Schweizer Franken[33] herausgegeben. Die Staatliche Denkmalanstalt in Brno (Brünn) hatte das Bild dem Museum für eine Ausstellung geliehen. Ich habe diese Entscheidung eingehend kritisiert und zugleich eine Lösung vorgeschlagen, die das Unbehagen vermeidet, daß die Herausgabe des Bildes an den Eigentümer auslösen könnte. Treu und Glauben im internationalen Kunstverkehr wären nämlich erschüttert, wenn zu Ausstellungszwecken verliehene Kunstwerke dem Risiko solcher Zugriffe ausgesetzt wären. Ich sprach mich dafür aus, daß das strittige Gemälde Eigentum des Fürsten von Liechtenstein sei. Aus dessen Eigentumsrecht folge aber noch nicht, daß das Gemälde ihm deshalb zu seiner freien Verfügung zurückgegeben werden sollte. Das Gemälde gehörte seit 1767 zu der Sammlung der Familie Liechtenstein. Es befand sich gegen Ende des Zweiten Weltkriegs im Gebiet der heutigen ČSR. Als Teil dieser Sammlung zählte es, obwohl es ein flämischer Maler geschaffen hat, zum tschechischen Kulturgut. Es ist zwar mit Genehmigung der tschechischen Stellen, die zum Schutz dieses Kulturguts berufen sind, ausgeführt worden, allerdings unter der Voraussetzung seiner Rückführung in die ČSR. Die Anerkennung des Fürsten von Liechtenstein als Eigentümer würde nichts an dieser Verpflichtung ändern. Die Rückkehr des Bildes würde die Eigentumsverhältnisse unberührt lassen[34]. Wenn das Bild in Deutschland als Eigentum des Fürsten

---

[32] *Iprax* 16 (1996), 419 mit Anm. I. Seidl-Hohenveldern, "Völkerrechtswidrigkeit der Konfiskation eines Gemäldes aus der Sammlung des Fürsten von Liechtenstein als angeblich 'Deutsches' Eigentum", *ibid.*, 410.

[33] K. Grubelnik, "Monarch und Krösus" in: *Neue Zürcher Zeitung, Folio* Nr. 8. August 1996, 28.

[34] A. Ferrer-Correia, "La vente internationale d'objets d'art, sous l'angle de la protection du patrimoine culturel", *Ann. IDI* 64 I (1991) 184 Anm. 99 zitiert dafür das Avant - projet UNIDROIT d'une Convention sur les biens culturels volés ou illicitement exportés, 1990, Artikel 8 § 2.

von Liechtenstein anerkannt worden wäre, hätte es bei der Rückgabe nicht neuerdings von der 1945 ausgesprochenen Konfiskation erfaßt werden können. Falls die ČSR nicht bereit gewesen wäre, einen neuen Konfiskationsakt zu setzen, was im Hinblick auf deren Beitritt zur EMRK unwahrscheinlich gewesen wäre, hätte der Fürst innerhalb der ČSR über das Gemälde also verfügen, es dort verkaufen oder als Dauerleihgabe der staatlich gewordenen Sammlung zur Verfügung stellen können.

2. Entscheidung des Oberlandesgerichts

a) Definition des deutschen Eigentums

Das Oberlandesgericht ist aber dem Landgericht gefolgt[35]. Es stützt sich auf den Briefwechsel vom 27./28 September 1990[36], der Artikel 3 Abs. 1 und 3 des VI. Teils des ÜV in Geltung beläßt. Wir wollen hier nicht untersuchen, ob dieser Briefwechsel einwandfrei in innerstaatliches Recht umgesetzt worden ist. Völkerrechtlich besteht jedenfalls diese Verpflichtung. Eine solche Verpflichtung ist auch mit der am 3. Oktober 1990 wiederhergestellten vollen Souveränität der Bundesrepublik Deutschland vereinbar. Jeder souveräne Staat kann sich vertraglich verpflichten, eine bestimmte Regelung nicht abzuändern. Allerdings sind solche Souveränitätsbeschränkungen eng auszulegen. Auch hier ist der Rückgriff auf die Kontrollratsgesetzgebung hilfreich.

Abschnitt III Z.9 der Proklamation Nr. 2 des Kontrollrats verpflichtet "die deutschen Behörden und das deutsche Volk, alle geeigneten Maßnahmen zu ergreifen, um die Sicherheit, den Unterhalt und die Wohlfahrt von Personen, die nicht deutsche Staatsbürger sind, sowie deren Eigentum und des Eigentumes fremder Staaten zu gewährleisten". Artikel III des Kontrollratsgesetzes Nr. 5[37] überträgt nur das deutsche Auslandseigentum an die Alliierte Kommission und definiert einen Deutschen als "eine Person, die aufgrund des Reichsgesetzes zu irgendeiner Zeit seit dem 1. September 1939 im vollen Besitz des deutschen Bürgerrechts stand". Der Eigentümer des Bildes ist aber das Staatsoberhaupt

---

[35] Oberlandesgericht Köln 22 U 215/95 vom 9. Juli 1996, Fürst Hans Adam von und zu Liechtenstein gegen Stadt Köln.

[36] *BGBl.* 1990 II, 1386.

[37] *KRG* Nr. 5 vom 4 November 1945, G. von Schmoller/H. Maier/ A. Tobler, *Handbuch des Besatzungsrechts*, 1951, § 51, 30.

eines souveränen neutralen Staates. Er fällt also keineswegs unter diese Definition. Das Gesetz Nr. 63[38] der Alliierten Hohen Komission (AHK) und der VI. Teil des ÜV geben keine eigene Definition dessen, was sie als reparationsverfangenes deutsches Eigentum ansehen.

Das Landgericht Köln berief sich auf zwei Entscheidungen des Bundesgerichtshofs[39], die die Auslegung des Begriffs "deutsch" ausschließlich dem Recht des zugreifenden Staates überlassen wollten. Österreich stand 1955 vor ähnlichen Problemen, als ihm die Alliierten im Österreichischen Staatsvertrag[40] das von ihnen zu Reparationszwecken eingezogene deutsche Eigentum übertrugen, ohne dieses näher zu definieren. Durch das Erste Staatsvertragsdurchführungsgesetz[41] gab Österreich eine eigenständige Definition des deutschen Eigentums in Österreich, die sich nicht danach richtete, welche Werte die Alliierten als deutsches Eigentum in Anspruch genommen hatten[42].

Überdies sind die vom Oberlandesgericht Köln erwähnten Entscheidungen des Bundesgerichtshofs mehrfach obiter, insbesondere betrafen sie nur Konfiskationen, die eine der drei Besatzungsmächte selbst vorgenommen hatte[43]. Das Oberlandesgericht sieht den ÜV als einen Vertrag zugunsten dritter Staaten an, die ebenfalls deutsches Eigentum zu Reparationszwecken eingezogen haben. Echte Verträge zugunsten Dritter sind im Völkerrecht sehr selten[44]. Sie sind jedenfalls restriktiv auszulegen[45].

---

38 O. Böhmer/K. Duden/H. Janssen, *Deutsches Vermögen im Ausland*, Bd. 3, 1955, 58.

39 BGH 30. März 1995, *BGHZ* 32, 170 (172) und BGH 29. Januar 1953 (noch zu AHK-Gesetz Nr. 63), *BGHZ* 8, 378, *NJW* 6 (1953), 545 mit ablehnender Anmerkung von I. Seidl-Hohenveldern.

40 *öBGBl.* 1955/Nr. 152.

41 *öBGBl.* 1956/Nr. 165.

42 F. Bock, *Das Durchführungsgesetz zum Deutschen Eigentum (Staatsvertragsdurchführungsgesetz)*, 1956, 30; W. Bukovics, *Das Deutsche Eigentum in Österreich*, 1956, 18.

43 Seidl-Hohenveldern, siehe Anm. 32, 411.

44 A. Verdross/B. Simma, *Universelles Völkerrecht*, 3. Aufl. 1984, 483, § 759.

45 PCIJ 7 June 1932, Free Zones of Upper Savoy and the District of Gex, Series A/B, Nr. 46, 147 ff.

Das Oberlandesgericht[46] beruft sich auf eine Note der Alliierten Hohen Kommission an den deutschen Bundeskanzler vom 4. August 1953. Darin heißt es: "Bei der Beschlagnahme und Liquidierung deutschen Auslandsvermögens geht jedes Land nach eigenen Rechtsbegriffen und -verfahren im Rahmen seiner unumschränkten Gerichtsbarkeit vor". Diese Note deckt aber gerade nicht den hier vorliegenden Sachverhalt. Die Gerichtsbarkeit der begünstigten Staaten ist ja gar nicht unumschränkt. Kraft Völkerrecht unterliegt das Vermögen dritter Staaten und ihres Staatsoberhaupts, also auch des Fürsten von Liechtenstein, gerade nicht ihrer Gerichtsbarkeit[47]. Der Mährische Landesnationalausschuß hat sich zwar über diesen Umstand bewußt hinweggesetzt, als er es für vollkommen bedeutungslos hielt, ob Ziel der Konfiskation das Oberhaupt eines neutralen Staates sei[48]. Man kann der Alliierten Hohen Kommission nicht unterstellen, daß sie den Blanko-Scheck zugunsten der dritten Staaten so weit fassen wollte, daß sie diese Staaten damit auch zu solchen Verletzungen des Völkerrechts ermächtigen wollte.

b) Reparationszwecke

Nach Ansicht des Oberlandesgerichts kann sich die ČSR schon dann auf den ÜV berufen, wenn die Konfiskation auch nur teilweise Reparationszwecken diente. Das Oberlandesgericht[49] stützt sich insoweit zu Unrecht auf meine Ausführungen[50]. Ich stelle dort ausdrücklich fest, daß die ČSR in das Vermögen der Sudetendeutschen nicht, also auch nicht nur zum Teil zu Reparationszwecken, sondern als Strafmaßnahme eingegriffen hat. Das Oberlandesgericht will mit dieser Begründung den Einwand zur Seite schieben, daß die ČSR das konfizierte sudetendeutsche Vermögen offenbar nicht mit der Interalliierten Reparationsagentur verrechnet hat[51]. Der Zweck des ÜV, auf den das Oberlandesgericht an mehreren Stellen hinweist, ist es aber doch, dem auch von der ČSR ge-

---

[46] S. 18 der Umschrift.

[47] Verdross/Simma, siehe Anm. 44, 641 § 1027.

[48] Urteilsumschrift, 33.

[49] *Ibid.* 26.

[50] I. Seidl-Hohenveldern, "Territoriale Begrenzung ausländischer Eingriffe in deutsches Vermögen nach dem Überleitungsvertrag", *RIW* 3 (1957), 179 ff. (182); *id.*, Anmerkung zu BGH 29. Januar 1953 zur Enteignung von Sudetendeutschen, *NJW* 6 (1953), 1389 (1390).

[51] Seidl-Hohenveldern, siehe Anm. 32, 411.

billigten Reparationssystem des Pariser Reparationsabkommens[52] Geltung zu verschaffen. Nur dies erklärt überhaupt die Bereitschaft der westlichen Alliierten zur Anerkennung der Einziehung des deutschen Eigentums auch durch dritte Staaten. Die Verrechnung auf das Reparationskonto ist also keine Nebensächlichkeit, sondern Geschäftsgrundlage dieser Anerkennung. Ganz abgesehen davon, erwähnt das Dekret Nr. 12 des Präsidenten der ČSR vom 21. Juni 1945, auf das sich die gegenständliche Konfiskation stützt, in seiner, die Zwecke dieses Dekrets darlegenden Präambel mit keinem Wort, daß diese Konfiskationen der Reparation dienen sollten. § 12 des Dekrets sieht zwar vor, daß Personen, denen konfisziertes Land zugeteilt wurde, hierfür eine Vergütung an einen nationalen Bodenfonds zu zahlen haben. Dieser kann diese Erträge unter anderem auch "zum Ersatz der Schäden verwenden, die dem Vermögen von Personen, welche während der Zeit der Okkupation aus nationalen, politischen und rassischen Gründen verfolgt wurden, zugefügt worden waren". Daß diese Bestimmung keine Reparationsleistung im Sinne des Reparationsabkommens darstellen sollte, geht schon daraus hervor, daß aus dem Fonds auch Zahlungen "zur Hebung der landwirtschaftlichen Produktion und für die Innenkolonisation" geleistet werden können und daß eventuelle Überschüsse des Fonds an die Staatskasse fallen[53].

c) Strafzwecke

Die Feindschaft der ČSR gegenüber den Fürsten von Liechtenstein geht bis zur Gründung der ČSR, also bis in die Zeit unmittelbar nach dem Ersten Weltkrieg zurück. Erst mit Notenwechsel vom 8.Mai/30. Juli 1938 hat die ČSR diplomatische Beziehungen mit dem Fürstentum Liechtenstein aufgenommen und dieses damit anerkannt[54]. Nach 1945 hat die ČSR diese Anerkennung nicht mehr gelten lassen wollen, ohne

---

[52] Inter-Alliiertes Reparationsabkommen vom 14. Januar 1946; Böhmer/Duden/Janssen, siehe Anm. 38, Bd. I, 1951, 304.

[53] Dokumentation der Vertreibung der Deutschen aus Ost-Mitteleuropa IV, *Die Vertreibung der deutschen Bevölkerung aus der Tschechoslowakei*, Bd. 1 (1957), 255 .

[54] Das Gutachten von D. Blumenwitz in dem Rechtsstreit Fürst von und zu Liechtenstein ./. Stadt Köln, das dem Oberlandesgericht vorgelegen hat, zitiert auf 23-25, Auszüge aus diesen Noten Nr. A-11-MW. 1625 bzw. 110.714/VI-1/1938.

dies zu begründen[55]. Insbesondere die national-liberalen Tschechen warfen den Fürsten von Liechtenstein vor, daß sie ihre reichen Besitzungen in Mähren aufgrund der Niederlage des böhmischen Adels in der Schlacht am Weißen Berg erworben hätten. Die römische Kurie hat die Schlacht am Weißen Berg als einen Sieg über die Heretici di Germania angesehen[56]. Mit Recht betont der tschechische Historiker Šolle die starke Abhängigkeit des protestantischen böhmischen Adels von seinen deutschen Glaubensgenossen. Wenn man die Maßstäbe des 19. Jahrhunderts auf jene Zeit anwenden würde, dann wären diese also nicht Märtyrer des Tschechentums gewesen, als die sie die tschechischen National-Liberalen feierten, sondern Kollaboranten der Deutschen. Es ist nicht anzunehmen, daß die Alliierten solchen historischen Vergeltungsgelüsten Anerkennung und Schutz verschaffen wollten.

Dies gilt auch für die Anwendung der Strafmaßnahmen gegen Personen deutscher Volkszugehörigkeit für deren Verhalten im Zweiten Weltkrieg auf den Fürsten von Liechtenstein. Dieser war vor und während des Zweiten Weltkriegs weder deutscher noch tschechoslowakischer Staatsangehöriger. Die Dreithaler Entscheidung des Verfassungsgerichts der ČR rechtfertigt auch heute noch die Wegnahme des sudetendeutschen Eigentums mit der feindseligen Einstellung der Betroffenen gegenüber der ČSR[57]. Ganz abgesehen davon, daß ein ausländisches Staatsoberhaupt von der Strafgerichtsbarkeit eines ausländischen Staates jedenfalls ausgenommen ist[58], kann dieser Vorwurf den Fürsten von Liechtenstein keineswegs treffen. Als Staatsoberhaupt eines neutralen Staates durfte er nach Völkerrecht den Widerstand des tschechischen Volkes gegen die deutschen Besatzer weder unterstützen noch bekämpfen.

---

[55] Blumenwitz, *ibid.*, 31, zitiert die csl. Note vom 25.6.1946, (c.78.818/VI/-46); vgl. auch, *Département politique*, Extrait du rapport de gestion 1948, 5 lt. *Schweizerisches Jahrbuch für internationales Recht* VI, 1949, 123; Grubelnik, siehe Anm. 33, 26.

[56] Z. Šolle, *Neue Gesichtspunkte zum Galilei Prozess (mit neuen Akten aus böhmischen Archiven) Österreichische Akademie der Wissenschaften*, Philosophisch-Historische Klasse, Sitzungsberichte Bd.361, 1980, 17, zitiert das Schreiben des Nuntius Bentivoglio aus Paris an den Duca de Monteleone in Madrid vom 26. November 1620.

[57] Entscheidung vom 8. März 1995, BayVBl. 1996, 14 ff.; *FAZ* vom 9. März 1995.

[58] Dies gilt selbst gegenüber dem Vorwurf, einen Mord angestiftet zu haben. Vgl. Lafontant v. Aristide, 844 F.Supp. 128 (1994) 129, *ILR* 103 (1997), 581 ff.

d) Denial of Justice

Das Oberlandesgericht Köln vertritt die Ansicht, der Kläger wäre schon vor Inkrafttreten des Regierungsabkommens vom 27./28 September 1990 "klaglos" gestellt worden. Können der deutsche Gesetzgeber und die deutschen Gerichte aufgrund der von ihnen getroffenen m. E. irrigen Auslegung des ÜV einem Kläger überhaupt das rechtliche Gehör verweigern? Wir wollen hier nicht näher auf Artikel 101 Abs. 1 GG und Artikel 6 EMRK eingehen. Im Völkerrecht gilt ein *denial of justice* als Delikt[59]. Die "Klaglosstellung", wann immer sie nun eingetreten sein mag, hat aber die vom ÜV Betroffenen ihres Klagerechts beraubt. Der Ausdruck "klaglos stellen" sagt doch nur in anderen Worten, daß dem Betroffenen ein ansonsten bestehendes Klagerecht verweigert wird. Nun versperrt zwar auch die Gewährung von Immunität einem, ansonsten Klageberechtigten den Zugang zu den Gerichten. Läge darin ein *denial of justice*? Pahr[60] glaubte darin einen Verstoß gegen Artikel 6 Abs. 1 der EMRK zu sehen, soweit es dadurch unmöglich gemacht würde, zivilrechtliche Ansprüche vorzubringen. Die 2. Studienkommission der Deutschen Gesellschaft für Völkerrecht hat aber in einer Gewährung von Immunitäten, die über das völkerrechtliche Mindestmaß hinausgeht, kein *denial of justice* gesehen[61]. Crawford[62] unterstützt diese Auffassung mit dem Hinweis, daß es nicht unbillig sei, den Kläger darauf zu verweisen, sein Recht vor den Gerichten des von ihm belangten Staates zu suchen.

Im vorliegenden Fall wäre ein solches Unterfangen aber mehr als aussichtslos. Gilt überdies die Hinnahme einer über das Mindestmaß hinausgehenden Immunität auch dann, wenn dadurch die Beurteilung einer Völkerrechtsverletzung verhindert werden soll? Nach der von mir nicht geteilten Ansicht des Oberlandesgericht war das zwar der Zweck des

---

[59] Artikel 6 der ILC Draft Articles on State Responsibility, *ILCYB* 1973 II, 193-198. Die ILC hat diesen Entwurf insgesamt am 12. Juni 1996 gebilligt.

[60] W. Pahr, "Die Staatenimmunität und Artikel 6 Abs. 1 der Europäischen Menschenrechtskonvention", in: *Mélanges offerts à Polys Modinos*, 1968, 231, ebenso C. Byk, *Clunet 1997*, 148-151 als Anmerkung zum Französischen Kassationsgerichtshof 14. November 1995, Hintermann c. UEO.

[61] W. Schaumann/W.J. Habscheid, *Die Immunität ausländischer Staaten nach Völkerrecht und nach deutschem Zivilprozeßrecht*, 1968, 284 These 4 Abs. 2, ebenso H. Damian, *Staatenimmunität und Gerichtszwang*, 1985, 17.

[62] J. Crawford, "Execution of Judgments and Foreign Sovereign Immunity", *AJIL* 75 (1981), 856 Anm. 188.

ÜV. Kann sich Deutschland aber gegenüber dem Fürstentum Liechtenstein auf Deutschlands Bindung an den ÜV berufen? Die Lage ähnelt jener der Schweiz gegenüber Schritten Deutschlands und Italiens, die sich nach Ausbruch des Zweiten Weltkriegs über die feindselige und neutralitätswidrige Haltung des vom Völkerbund in der Schweiz betriebenen Senders Radio Nations beschwerten. Die Schweiz erklärte, keine Juridiktionsgewalt über diesen Sender zu haben, da sie dem Völkerbund diesbezüglich Immunität zugestanden hätte[63].

Mir ist nicht bekannt, ob sich Deutschland und Italien damit zufrieden gegeben haben. Der Vorfall wurde aber wohl Anlaß eines Versuches der Schweiz, sich von solchen Haftungen für die durch Immunität gedeckte Tätigkeit einer internationalen Organisation auf ihrem Gebiet freizuzeichnen. Dem Beispiel des Sitzabkommens der Schweiz mit der ILO[64] folgend sieht dann auch das Amtssitzabkommen Österreichs mit der IAEA vor: "Außer derjenigen völkerrechtlichen Verantwortlichkeit, die sich aus der Mitgliedschaft der Republik Österreich bei der IAEO ergeben könnten, erwächst der Republik Österreich aus der Tatsache, daß sich der Amtssitzbereich der IAEO innerhalb ihres Gebietes befindet, keine völkerrechtliche Verantwortlichkeit für Handlungen oder Unterlassungen der IAEO oder für Handlungen oder Unterlassungen der Angestellten der IAEO im Rahmen ihrer Funktionen"[65]. Szasz[66] zweifelt aber, ob diese zur Absicherung der Neutralität des Sitzstaates gedachte Bestimmung auch Dritte binden könnte.

IV. Schlußbemerkung

Ein Rückgriff auf die ursprünglichen Absichten der Siegermächte, wie sie in den Kontrollratsgesetzen und dem Pariser Reparationsabkommen ausgedrückt sind, würde es deutschen Gerichten ermöglichen, allfällige Völkerrechtsverletzungen von Organen der Siegermächte nicht mehr - wie bisher - billigend hinzunehmen. Im Verhältnis zu dritten Staaten be-

---

[63] E. Ranshofen-Wertheimer, *The International Secretariat*, 1945, 197.

[64] Artikel 24 des Sitzabkommens vom 11. März 1946, *Schweizerisches Jahrbuch für internationales Recht* 4 (1947), 171.

[65] Artikel 46 des Amtssitzabkommens vom 11. Dezember 1957, öBGBl. 1958/Nr. 82.

[66] P. Szasz, *The Law and Practice of the International Atomic Energy Agency*, 1970, 963.

stehen gegen diese bisherige Rechtsprechung Bedenken wegen der Möglichkeit des Vorwurfs eines *denial of justice*.

Between National and International Law: Guatemala's Historical Clarification Commission

Christian Tomuschat

I. Introduction

1) The Issue

It is one of the basic propositions of scholarly thinking that any rule of law must be part of a larger system that determines such essential characteristics as its entry into force, its relationship with other rules of the same or other systems, its bindingness with regard to possible enforcement agencies, and other features which an individual rule, which does not seek to establish an entire legal system of its own, can hardly endeavour to set forth.[1] In general, this is a correct assessment. Mostly, when legal rules are passed, the competent authorities act within a pre-existing legal framework that provides answers to all these issues. There may be situations, however, where the actors themselves lack a clear knowledge of the legal context which supports their rule-making efforts, or where the relevant issues are deliberately neglected because it is felt that agreement reached on a couple of substantive points is more important than to enshrine the solutions found in an unchallengeable legal context. It is submitted that the conclusion of the Oslo Agreement of 23 June 1994 on the establishment of the Guatemalan Historical Clarification Commission (HCC)[2] between the Government of the Re-

---

[1] H.L.A. Hart, *The Concept of Law*, 1961, 78/79, has labelled the two categories of law as primary rules, on one hand, and secondary rules, on the other.

[2] Reprinted in: UN Doc. A/48/954-S/1994/751 of 1 July 1994, 13.

public of Guatemala and the Unidad Revolucionaria Nacional Guatemalteca (URNG), the joint action unit of the guerilla forces of Guatemala, exemplifies such a situation. The Agreement constitutes an almost unique mixture of elements of national and international law, and accordingly the Commission, too, has a hybrid character in which, however, the international law component prevails.

2) The Historical Background

Guatemala has never had a history of democratic stability. Yet the winds of change that blew around the world at the time when World War II came to its end carried hope for a better future also for that country. Dictator Jorge Ubico, who had governed Guatemala with an iron fist from 1931, could not resist claims for freedom and democracy of a united people that invoked the Atlantic Charter proclaimed by President Truman and Prime Minister Winston Churchill in 1941.[3] On 20 October 1944, he had to resign, confronted with a general uprising that could not be crushed by his troops. The following period of full enjoyment of democratic rights under a President (Juan José Arévalo) who had indeed earned his election through non-fraudulent methods, saw many important reforms, particularly in the social sector (e.g., enactment of a Labour Code, creation of a general pension fund). Yet the land reform ushered in by the succeeding President, Jacobo Arbenz Guzmán, led to the toppling of the Government and a dramatic interruption of the democratic process. Land Reform Decree 900, enacted in June 1952, affected the interests of the United Fruit Company with its vast banana plantations. At that time, John Foster Dulles was the Secretary of State of the United States, and his brother Allen Dulles was the head of the Central Intelligence Agency (CIA). Both had strong economic interests in the United Fruit Company.[4] Under these circumstances, the United States Government took the decision to do away with the Arbenz Government, which it also held to be infiltrated by communist ideology.

After the violent overthrow of the Arbenz Government in 1954, Guatemala essentially lived under military rule for more than three decades,

---

3 Reprinted in: *AJIL* 35 (1941), *Supplement of Documents*, 191.

4 See S. Schlesinger/S. Kinzer, *Bitter Fruit. The Untold Story of the American Coup in Guatemala*, 1990, 76, 106.

its people lacking all the guarantees which the rule of law ensures to benefit the individual. This state of affairs, contrary to all the tenets of human rights protection which at the same time progressively emerged at the universal level and accordingly began to permeate the constitutions of the nations of the world, led first to a military uprising in 1960 and shortly afterwards spurred a true political movement challenging the authority of President Miguel Ydígoras Fuentes. The ensuing military conflict caused thousands of victims. According to estimates which still require to be confirmed, more than 100,000 persons died as a consequence of the power struggle, most of them civilians. In 1985 a decisive change occurred with the approval, by a Constitutional Assembly, of a new Constitution that entered into force on 14 January 1986.[5] Given the more humane face which the governmental apparatus of Guatemala then showed, the armed conflict began to peter out slowly as from 1986, when the first democratically elected President under the new Constitution (Vinicio Cerezo) took office.

The new constitutional configuration also made peace negotiations possible between the two parties to the armed conflict. These negotiations were actively promoted by the United Nations, which for many years delegated a "moderator" to the negotiating table. After a number of preliminary meetings, which served to break the taboo preventing any political contact with members of the guerrilla force, a first peace agreement was concluded in Mexico on 10 January 1994. This agreement was confined to settling procedural issues; according to one of its central clauses, the ensuing substantive agreements were to be concluded by the end of the year. However, the time schedule could not be complied with. Although some important negotiations were concluded still in 1994 - Comprehensive Agreement on Human Rights, 29 March 1994; Agreement on the Establishment of the Historical Clarification Commission, 23 June 1994 -, the end point was reached only in 1996. On 29 December 1996, the "Agreement on a Firm and Lasting Peace" was signed by the two Parties, and through this act all the former partial agreements came into force, with the sole exception of the Comprehensive Agreement on Human Rights, which the two sides had decided to put into force immediately.

---

[5] See J.M. García Laguardia, *Política y Constitución en Guatemala. La Constitución de 1985*, 1994, 45/46.

3) The Composition of the Commission

The Oslo Agreement on the Historical Clarification Commission, although it was one of the Agreements that received "formal and total" legal force on 29 December 1996, could not be implemented immediately. Obviously, as a first step it was necessary to establish the Commission. According to the relevant provision of the Agreement, the Commission was to consist of three members, 1) the then UN moderator of the peace negotiations (the office was held by the Frenchman Jean Arnault), whose designation would be requested of the Secretary-General of the United Nations, 2) a citizen of irreproachable conduct who was to be designated by the moderator in common agreement with The Parties, and 3) an academic chosen by the moderator in common agreement with The Parties from a list of three persons proposed by the Rectors of the (national) Universities.

A first difficulty arose on account of the fact that the moderator of the peace negotiations, Jean Arnault, was appointed by the UN Secretary-General head of the MINUGUA mission, the operation launched by the UN General Assembly[6] with the mandate to oversee the implementation of the entire package of the Peace Agreements.[7] For that reason, another candidate had to be selected. In agreement with The Parties, the UN Secretary-General finally designated, on 8 February 1997, the author of this text as the first member of the Commission who was on his part to appoint the two national members. The designation of these members took place on 26 February 1997. They are Otilia Lux de Cotí, a professor of pedagogy of Mayan ethnicity, and Alfredo Balsells Tojo, a lawyer, former head of the Guatemalan bar association. Following a characterization in the relevant resolution of the United Nations Commission on Human Rights of 15 April 1997,[8] the three Commissioners decided that their chairman should carry the official title "Coordinator".

---

[6] Resolution 51/198 B of 27 March 1997.

[7] The original mandate of MINUGUA had been limited to monitoring compliance with the Comprehensive Agreement on Human Rights of 29 March 1994, see Resolution 48/267 of 19 September 1994.

[8] Resolution 1997/51, para. 7.

4) The Mandate of the Commission

The mandate entrusted to the Commission is to investigate the human rights violations and acts of violence committed during the armed conflict. The Agreement explicitly specifies that this investigation has to be full and detailed.[9] Everyone who feels that he or she has been adversely affected may turn to the Commission and present information. Eventually, the evidence received shall be condensed in a report to be submitted to The Parties and to the UN Secretary-General. In the report, the Commission shall make recommendations with a view to keeping alive the memory of the victims, promoting a culture of mutual respect and observance of human rights and strengthening the democratic process. Additionally, the Commission is expected to pronounce itself on possible forms of reparation for the injuries suffered.

There are two main limitations inherent in the definition of the mandate of the Commission.

On one hand, the time allocated to the Commission is rather short. The work entrusted to it is to be realized within six months, which may be extended for another six months by the Commission itself. Measuring the tremendous task of investigating all the human rights violations committed during a period of not less than 36 years, the Commission decided from the very outset that six months would not be sufficient, but that, on the other hand, it should not expand its working period to the outer limits of the available time frame. Thus, it was determined that a period of ten months was a realistic basis for a reliable and thorough investigation.[10] Additionally, this determination was motivated by financial considerations. The Commission feared that it would not be possible to cover the expenditure connected with a full year of activity.

---

[9] Given the nature of the mandate, one may safely speak of a truth commission. On the essential characteristics of such commissions see, in particular, Harvard Law School (ed.), *Truth Commissions: A Comparative Assessment*, 1997; P.B. Hayner, "Fifteen Truth Commissions - 1974 to 1994: A Comparative Study", *HRQ* 16 (1994), 600 et seq., and D.W. Cassel, "International Truth Commissions and Justice", in: N.J. Kritz (ed.), *Transitional Justice*, Vol. I, 1995, 326 et seq. A special study was devoted to the Salvadoran truth commission by Th. Buergenthal, "The United Nations Truth Commission for El Salvador", *Vand. J. Transnat'l L.* 27 (1994), 498 et seq.

[10] Officially, the Commission started its work on 31 July 1997. Consequently, it will endeavour to submit its report by the end of May 1998. In January 1998, it was decided to make use of the full period of one year.

The other limitation derives from the proposition that the report of the Commission "shall not attribute responsibility to any individual" ("no individualizará(n) responsabilidades") (Operation, III.). It is not the purpose of this Article to comment upon this clause, which is of course subject to interpretation and may play a major role in the future dealings with The Parties.

II. National Law and International Law Intertwined

1) Legal or Political Regime?

It could be tempting to label the Peace Agreements and therefore also the Oslo Agreement as political arrangements devoid of any legal significance proper. Consequently, the Commission, too, might pertain to an ill-defined field of political matters. However, given the nature of the tasks entrusted to it, it would be hardly conceivable thus to belittle its role. A body entrusted with investigating the human rights violations that occurred during the armed conflict is given an official mandate. It is implicit in this mandate, independently of the provision contained in the Law on National Reconciliation (article 10) enjoining all public authorities to provide any assistance requested, that the Commission must be allowed to discharge its duties without any hindrance. No objections may be levelled against its investigatory activity. Such an inquiry not only into the activities of the army and the police, but into the overall conformity of State conduct with human rights standards, implying scrutinizing materials from official archives and hearing witnesses, does possess a legal dimension, precisely because the governmental machinery of Guatemala is obligated to let it go its own way.

2) The Nature of the Peace Agreements

If the entire package of peace agreements could be characterized as governed by international law, it would be easy to infer from that premise that the Commission, too, has the nature of a body under international law.

a) A treaty under international law requires as its basis *ratione personae* two subjects of international law. Undoubtedly, the Government of Guatemala, one of the two Parties, could be viewed as the representative of the State of Guatemala, hence not as the true party. Indeed, not infrequently States conclude agreements in the full knowledge that the entities referred to as the parties should not as such be the bearers of the corresponding rights and duties. In this sense, all executive agreements are misleading in that they indicate the governments signing the instruments concerned as the parties although no one doubts that an executive agreement, too, is an agreement between two States. Consequently, the main problem is whether the URNG can in some way be elevated to the level of international law. During a civil war or internal armed conflict, the official government may recognize the military units combatting its military forces as insurgents.[11] Such declarations help clarify the legal position, ensuring in particular observance by the insurgents of basic rules of humanitarian law. However, the Government of Guatemala was never prepared to recognize the different guerrilla organizations as insurgents. For that reason also, it was specified in the Global Agreement on Human Rights (Chapter 1, point 9.2) that the pledge by The Parties to live up to basic requirements of humanity in conducting armed activities do not constitute a "special agreement" in the sense contemplated by common article 3, para. 2, clause 2 of the four Geneva Conventions of 1949.

b) Still, consideration must be given to the fact that the signature of a representative of the United Nations can be found under all the instruments concerned, besides the names of the members of the negotiating teams of the two Parties. While the Oslo Agreement was signed by the moderator Jean Arnault "for the United Nations", the concluding instrument, the Agreement on Firm and Lasting Peace, was signed accordingly by the then Secretary-General of the United Nations, Boutros Boutros-Ghali. It might be argued that, by thus becoming involved in the legal framework of the peace process, the United Nations put its hallmark on the entire bundle of the peace instruments, transforming them into acts placed under the authority of international law. However, this conclusion does not resist closer scrutiny. The text of all the agreements makes clear that the parties are solely the Government

---

[11] In legal doctrine it is generally assumed that a substantive requirement is effective control of the insurgents over a part of the territory of the State concerned, see, for instance, A. Cassese, *International Law in a Divided World*, 1986, 81 et seq.; G. Fitzmaurice, "General Principles of International Law considered from the standpoint of the Rule of Law", *RdC* 92 (1957), 1 et seq. (10); P. Malanczuk, *Akehurst's International Law*, 7th edition 1997, 104. This view has also found its reflection in Additional Protocol I (article 1) to the four Geneva Conventions of 1949.

of Guatemala and the URNG. Thus, the signature of a representative of the United Nations cannot determine the substantive characterization of the agreements. It has only an auxiliary function. Since the United Nations was actively involved in the entire peace process, and since the contents of the agreements were hammered out thanks to their assistance, it was thought appropriate to let their name appear officially in the relevant instruments. It is not an unusual practice in international dealings to append the name of a person who acted as mediator or who lent his good offices to the elaboration of the document that embodies the outcome of the negotiating process between the parties. Over and beyond a purely symbolic function, the signature of the third person then serves also to confirm that the transaction was performed in good order.

c) Moreover, reference may be made to Section 1) of the Agreement on Firm and Lasting Peace. The first sentence of this provision sets forth that the Peace Agreements "expresan consensos de carácter nacional". These words have primarily a political meaning, but they lend themselves also to juridical interpretation. If it is said explicitly that the Peace Agreements reflect wishes expressed by the entire Guatemalan people, legal implications cannot be denied. The Parties, by acknowledging the attachment of all sectors of the Guatemalan society to the Peace Agreements, state that the outcome of the peace process is fully attributable to them and that accordingly the contents of the Agreements may not be discredited as a *diktat* imposed upon Guatemala by any foreign political forces. Essentially, therefore, the substance of the Peace Agreements and the Agreements themselves must be viewed as falling within domestic jurisdiction, in spite of the assistance provided by the United Nations.

d) And yet, the signature of the Secretary-General of the United Nations goes somewhat, and even a decisive step, beyond a pure testimonial function. It must be assumed that his presence among the signatories precludes discretionary change of the Peace Agreements by the legislative bodies of Guatemala. According to normal rules on national sovereignty, anything is subject to legislative decision, to the extent, in any event, that no obligation under international law exists that requires respect and observance. Leaving the Peace Agreements exposed to the "whims and fancies" of the Congress of the Republic, however, would have been tantamount to denying them any binding force. In particular, it was to be taken into consideration that the URNG would soon disappear as an autonomous armed force. Yet the disappearance of one of the Parties was not meant to be the end of the Peace Agreements. This is clearly demonstrated by the proposition, already referred to, that the

Peace Agreements "expresan consensos de carácter nacional", and by the function of monitoring compliance with the Agreements, entrusted to MINUGUA for a duration of four years. Thus, the Peace Accords, at least for the time being until the end of the MINUGUA operation, are meant to constitute untouchable commitments that may neither be amended nor modified. The signature of the Secretary-General of the United Nations confirms and corroborates this sacrosanct character of the substance embodied in the Peace Agreements.[12]

e) Suffice it to mention that in Guatemala a heated discussion on the nature and authoritative force of the Peace Agreements with respect to the Constitution of the country has arisen.[13] In this debate, the central issue is whether the Constitution may be deemed to allow for such agreements that have been brought into being by an authority that does not enjoy the same formal democratic authority as the Congress of the Republic and therefore appears as an open competitor for public legitimacy. It does seem certain, though, that the substance of the Peace Agreements, in order to acquire the force of positive law within the legal order of Guatemala, must generally be translated into statutes or acts of secondary legislation by a competent law-making authority. *Inter alia*, the Agreements are much too broadly framed to be suitable for direct application, endeavouring more to establish goals than to set forth rules for the attainment of these goals.

---

[12] Hayner, see note 9, 641/642, speaks of UN sponsorship without, however, delving into the possible juridical meaning of such sponsorship. In a neighbouring field with close connections to the issues under discussion here, too little attention is given to the signing of the Dayton Agreements by the European Union in the article by O. Doerr, "Die Vereinbarungen von Dayton/Ohio", *AVR* 35 (1997), 129 et seq. (145/146).

[13] R. Rohrmoser Valdeavellano, "La eficacia de los Acuerdos de Paz", *Siglo Veintiuno* (Guatemala), 9 October 1997, 16, characterizes the Peace Agreements as international treaties with the full legal force of such treaties. On the other hand, D. Rodriguez, "El CIEN, el presupuesto y los acuerdos de paz", *Siglo Veintiuno*, 23 November 1997, 14, states: "Los acuerdos de paz no son ley, ni fueron conocidos y aprobados por el Legislativo, ni el Congreso autorizó al Gobierno a negociar ... sólo son un marco de referencia para desarrollarlos".

3) The Nature of the Commission

Even if the Peace Agreements pertain essentially to the domestic order of Guatemala, the Commission, as one of the elements closely connected with institutions of the international level, may deserve a different characterization.

a) Appointment of the Commissioners

One of the most striking features of the Commission is the mode of appointment of the Commissioners. As shown above, the Coordinator of the Commission was designated by the Secretary-General of the United Nations, while the Guatemalan Commissioners were subsequently appointed by the Coordinator. It is true that The Parties did not totally renounce their right of participation. With regard to the Guatemalan Commissioners, the Agreement specifies that their appointment had to be done "in common agreement" with The Parties. Concerning the Coordinator, originally the Parties themselves had designated a specific person, leaving to the Secretary-General only a formal act of appointment upon request. Yet, since things evolved differently, creating an incompatibility of functions, the Secretary-General gained much more discretionary space, being able to propose a candidate on his own initiative although always bound by the necessary agreement of The Parties in analogous application of the rules applying to the appointment of the Guatemalan Commissioners.

Appointment by the Secretary-General of the United Nations is not a purely formal act without any substantive impact. The Secretary-General of the world organization does not and cannot accept being drawn into any political process in a member country of the United Nations. Clearly, his intervention was founded on the relevant resolutions of the General Assembly of the United Nations supporting the peace process in Guatemala, these resolutions being on their part legitimized by the general mandate of the General Assembly to strive for peace and international security in the world. Thus, by appointing a person for a process which transcends national boundaries, the Secretary-General did not perform a function outside his regular office, but acted in discharge of his official responsibilities. This being the case, the Secretary-General could not just automatically endorse any proposal submitted to him by The Parties, but had to examine the suitability of the person suggested or to make a proposal on his own initiative. Thus, he assumed responsibility for the trustworthiness of the person chosen in common agreement with The Parties.

The same applies *mutatis mutandis* to the appointment of the two Guatemalan Commissioners. To select these national members was not a free personal decision of the Coordinator, but was an act of delegated authority. Accordingly, the suitability of the persons nominated by The Parties had to be measured against the yardstick of the purposes and principles of the United Nations, taking into account the mandate of the Commission as delineated in the Oslo Agreement.

The conclusions to be drawn from this particular mode of appointment of the three Commissioners are obvious. Through the specificity of their appointment, the Commissioners are related to the system of the United Nations, since in the process responsibility was shared between the national element, The Parties, and the international element, the Secretary-General of the United Nations. Truly, they qualify as experts on missions as contemplated by Section 22 of the Convention on the Privileges and Immunities of the United Nations.[14]

b) Absence of Basis in Domestic Law

It is also striking that Guatemala did not pass any legislative act in order to incorporate the Commission into its domestic legal order. The Commission has as its only basis the Oslo Agreement which, as pointed out above, may not be modified by any legislative act of the Congress of Guatemala, not to mention any governmental decree. Thus, the Commission has no proper place - or simply does not exist - within the structure of governmental authorities of Guatemala. Indeed, the Commissioners and their support staff enjoy full independence. The Oslo Agreement explicitly provides that it is the task of the Commission to clarify, "with all objectivity, equity and impartiality" (Purposes, I.), the facts falling within its mandate. Although this is more a guideline for the substantive work of the Commission as an institution, it can be derived therefrom that the Commissioners enjoy full independence regarding anything connected with their official activity. Nowhere does the Oslo Agreement confer any powers of instruction or control on the Government of Guatemala.

---

[14] UNTS Vol. 1 No. 4-(German) BGBl. 1980 II, 943 et seq.

On the other hand, Guatemala adopted on 23 December 1996 a Law on National Reconciliation.[15] This law, which mainly provides for an amnesty regarding certain acts committed during the armed conflict, reaffirms that it is the task of the Commission to provide knowledge about the historical truth and to render possible recognition of those facts. Furthermore, it states that all organs and institutions of the State are required to lend their full assistance to the Commission (article 10). Hence, the law recognizes the Commission, but it clearly assumes that its existence is predicated on the Oslo Agreement, this Agreement being a sufficient basis for the discharge of its activity.

The conclusion to be drawn from this specific configuration is again very simple. The Commission has a specificity of its own. It cannot be regarded as an integral part of the national system of authorities, since it is in no way subordinated to any superior governmental body.

c) Immunity

At a very early stage already, the Commission raised the problem of a possible immunity for official acts of its members and the members of its support staff. The Guatemalan Commissioners, in particular, thought that without any protection against possible legal actions initiated before national tribunals the risk of carrying on the task entrusted to the Commission was simply too threatening for them. In fact, the final report, although it shall not attribute responsibility to any individual, may have to mention the names of a considerable number of persons who, during the worst years of the conflict, held high positions in the Government or within the structures of the URNG. Clearly, the report itself will not charge those persons individually with having committed human rights violations, but any attentive observer will be in a position to draw the requisite conclusions from the facts displayed in the report. Therefore, the risk of civil suits brought against the Commissioners or even of a penal indictment for alleged defamation or disparaging does exist, and in particular in a country like Guatemala which is highly law-conscious.

If the Commission were a true United Nations body, the legal position would be simple and straightforward. Guatemala is a party to the Convention on the Privileges and Immunities of the United Nations. According to Section 22 of that Convention, experts on missions for the

---

[15] Diario de Centroamérica, 27 December 1996, No. 54.

United Nations enjoy all the privileges and immunities which they need for the discharge of their mandate. In particular, they are guaranteed complete immunity from any kind of judicial action with regard to words spoken or written in the exercise of their function. However, doubts arose as to whether the Convention could apply automatically to the Commissioners. On the one hand, the Coordinator was appointed directly by the Secretary-General of the United Nations, and through their designation by him the national Commissioners, too, are linked to the United Nations. On the other hand, the Commission is not a unit of the UN Secretariat, nor an auxiliary body of the General Assembly or the Security Council, but enjoys complete independence. Again, its *sui generis* nature made it difficult to reach a satisfactory solution.

The Government of Guatemala recognized that the Commissioners and their support staff did indeed need a specific mechanism of protection exempting them from the jurisdiction of the Guatemalan judiciary. At first, it considered that the immunity should be granted by a legislative act of the Guatemalan Congress. However, the different projects were vitiated with serious defects. A first draft was contradictory in that, on one hand, it stated that the specific privileges should apply "during the time of duration of the work of the Commission", but admitted, on the other hand, that immunity from judicial action with regard to words written or spoken would continue "although the persons concerned have ceased to be members of the Commission or the Commission has terminated its functions". A second draft, introduced as bill in the Congress, went even further in restricting the scope of the preferential treatment by restating the mandate of the Commission in terms much narrower than laid down in the Oslo Agreement and granting "irresponsibility" solely for reports officially released by the Commission as a collective body.

Finally, an agreed solution was found. Through an exchange of letters constituting an agreement between the Government of Guatemala and the United Nations[16] it will be set forth that the immunities established in Section 22 paras. (a), (b) and (c) of the UN Convention on the Privileges and Immunities to the Commissioners and the support staff, independently of their nationality and their place of residence. It was left open whether this exchange of letters simply confirms the legal position as it would have existed *de iure*, simply by virtue of the Convention, or

---

[16] It should be noted that the Commission itself is not a party to that agreement.

whether the exchange confers with constitutive effect immunities which otherwise would not have existed to the benefit of the Commission. In order not to run any risk that a national judge might find a simple executive agreement unable to grant immunities from domestic jurisdiction, the Government of Guatemala decided to submit the agreement to approval by the Congress of the Republic. Once the Congress has enacted the corresponding statute, it does not matter any more whether the intended conferral of immunities will bring those immunities into being or simply confirms their existence.

d) Finance

Finance is another feature in point demonstrating the hybrid nature of the Commission. As a UN body, the Commission would be financed from the budget of the organization, as a body pertaining to the government of Guatemala it would dispose of resources allocated by the State of Guatemala. Neither of these two formulae was retained, however. The Oslo Agreement does not openly address the issue. In a rather veiled fashion, the last sentence of the Agreement provides that the person appointed by the UN Secretary-General "shall be authorized to proceed forthwith to make all necessary arrangements to ensure that the Commission functions smoothly once it is established and installed". In practice, this clause was interpreted by all the actors concerned - The Parties as well as the United Nations - that the Commissioners themselves were responsible for obtaining the financial resources needed to put into operation their mandate. Accordingly, an appeal was addressed to the international community, which the UN Secretary-General circulated as an official UN document[17] so that all governments were informed of the budgetary situation which projected expenditure of roughly 7.8 million US$. Guatemala, the country whose political forces had decided to set up the Commission and whose gloomy past is the subject-matter of its investigations, did not view making a substantial contribution as a natural obligation. It required some effort to push the Government to pledging a payment of 5 million quetzales, an amount of roughly 800,000 US$ or slightly more than ten percent of the overall expenditure. Still to date (February 1998), it is doubtful whether the Commission will be able to reach its financial goals. It has turned out that the circle of potential donor countries is fairly limited. Substantial

[17] UN Doc. A/51/927 of 19 June 1997.

cuts in the approved budget are necessary in order to ensure the Commission's operations for a minimum period of ten months.

Again, the conclusion is that the Commission does not fit into a rigid pattern of strict separation between the international legal order, on one hand, and domestic law, on the other. In conversations with one of the countries whose assistance was sought this twilight existence led to eminently negative results. The Ambassador of Japan pointed out that his country was in a position to provide assistance for UN programs, on one hand, or for national development programs, on the other. Never before, however, had the situation been as difficult as in the case of the Commission. He doubted that monies could be provided to an institution that was neither national nor truly international.

e) Absence of Legal Personality

Given the shaky legal basis of the Commission, there is no rule according to which the Commission enjoys legal personality. This vacuum is felt at the domestic as well as at the international level. The formula of the Convention on the Privileges and Immunities of the United Nations according to which the organization shall have the capacity to contract, to acquire and dispose of immovable and movable property and to institute legal proceedings (Section 1), a proposition that has been extensively copied by other treaties defining the rights of an international organization in its host country, has not been made applicable to the Commission in explicit terms. And yet the Commission is a living body which needs human and material resources in order to be able to carry out its mandate. Thus, a practical solution had to be found.

As one of their first decisions, the Commissioners decided to appoint UNOPS, the UN Office for Project Services,[18] as the agency charged with taking care of the Commission's material needs.[19] UNOPS, on its part, did not enquire into the capacity of the Commissioners to take such a decision. Since the Commission owes its origin in large part to efforts deployed by the United Nations, UNOPS, as a body pertaining to the system of the United Nations, felt that it was the duty of the world organization to support the Commission to the greatest possible

[18] See Decision 48/501 of the UN General Assembly of 19 September 1994, endorsing Resolution 94/12 of the Executive Board of the United Nations Development Programme of 9 June 1994.

[19] Agreement of 19 May 1997, not published.

extent. Indeed, the intervention of UNOPS made it possible to overcome the legal difficulties on both levels.

As far as the staff of the Commission is concerned, everyone was hired by UNOPS. Thus, the employment relationships are situated within a clear legal framework. Any dispute over the interpretation or application of a contract shall be submitted to arbitration in New York by a single arbitrator.[20] The same pattern was followed with regard to the other business transactions, in particular the renting of office space. In other words, the Commission was allowed to entrust the handling of all of its logistical needs to a UN agency that was established to manage the operational aspects of genuine UN activities.

At the international level, too, UNOP's auxiliary role proved extremely helpful. It was necessary, in particular, to find a suitable legal form for the agreements under which donor countries were prepared to channel funds to the Commission. In this regard, the model of a trilateral agreement was evolved that satisfied the interested parties. The relevant agreements were signed on one hand by a representative of the donor country concerned, on the other hand by the local representative of UNOPS and the three Commissioners. Thus, it was ensured that there was at least one entity on the receiving side undoubtedly enjoying legal personality. The German agency for international cooperation, GTZ (Gesellschaft für technische Zusammenarbeit) was the only donor institution that did not find it necessary to take such sophisticated detours. It opted for concluding an agreement with the Commission itself. In strict juridical terms, one might take this as a hazardous decision. However, since as a consequence of contracting the services of UNOPS, the Commission's finances will be audited by the United Nations, this hazard is a truly limited one or can be deemed to be non-existent altogether.

---

[20] The standard clause of the "special service agreements" reads: "Any dispute arising out of or in connection with this agreement shall be submitted to arbitration in New York by a single arbitrator agreed to by both parties, if attempts at settlement by negotiation have failed. If the parties are unable to agree on a single arbitrator within thirty days of the request for arbitration, then each party shall proceed to appoint one arbitrator and the two arbitrators thus appointed shall agree on a third. Failing such agreement, either party may request the appointment of the third arbitrator by the President of the United Nations Administrative Tribunal. The arbitrator(s) shall rule on the costs which may be divided between the parties. The decision rendered in the arbitration shall constitute final adjudication of the dispute."

f) Accountability

A feature derived from its independence is that the Commission is not accountable in a formal sense to any governmental institution. There is no mechanism that would allow anyone to request information from the Commission before the end of its mandate, or to dismiss its members. The Commission has no responsibility vis-á-vis the Government or the Congress of Guatemala. Only The Parties, by common agreement, could possibly decide to disband it, although even this may seem doubtful since the nations friends of Guatemala, by providing the bulk of the finances required, have lifted the Commission from the area of domestic jurisdiction, making it truly an institution of the international community. On the other hand, the Commission is not subject either to any monitoring by the United Nations although it has seen fit to inform the Secretary-General from time to time about its activities and the main difficulties encountered in trying to discharge its mandate faithfully. Thus, the Commission enjoys a type of subject-matter-related independence that normally is granted only to central banks, which are to be shielded from the negative impact of political decisions, or to judges, who are called upon to exercise their mandate with full independence. The parallel with the terms of office of a judicial institution is indeed striking. The Oslo Agreement provides that the Commission is to clarify the relevant human rights violations "with all objectivity, equity and impartiality" (Purposes, I.). These are the words normally used in describing the essence of the judicial function.

It should be stressed, furthermore, that the Commission will be judged by the result which it has to produce within a time span of less than one year, namely its report. It is through this report that a specific form of accountability will come into operation. It is significant to note that the report shall be presented at the same time to The Parties and to the Secretary-General of the United Nations, who is instructed to publish it. Thus, the report is not a secret document. It can - and is designed to - be taken note of by everyone curious to learn about the facts under investigation. In this sense, the Commission has an institutional accountability towards the people of Guatemala.

g) Power of Interpretation

A last question refers to the competence to interpret the Oslo Agreement as the "constitution" of the Commission. Many of the terms of the Agreement are far from being unambiguous. It was already pointed out that possibly the most difficult provision to construe was the prohibition on attributing individual responsibility. Without having to raise again the issue of the nature of the Oslo Agreement, one is certainly on safe ground in assuming that the authors of the Agreement, the Government of Guatemala and the URNG, would be competent to proceed to a binding interpretation by common agreement. However, it is a remote possibility that such a common position may be reached, all the more so given that with the end of the armed conflict the URNG no longer exists as the original party, an insurgent movement. At the current time (November 1997), it is trying to establish itself as a political party which, at most, could be called a successor of the original URNG. Whether this successor organization can automatically inherit all the rights that were vested in the URNG proper, is a question open to discussion.

Although none of the Parties can be entitled unilaterally to interpret the Agreement in a binding fashion, inasmuch as the nature of a treaty excludes any kind of unilateralism, it might be argued that the sovereign power of the nation, vested in the Congress, could manifest itself through a legislative act, prescribing a specific interpretation of such terms as individualization (or non-individualization) of responsibilities. This is not the pure construct of an academic mind. When the issue of immunity was discussed, one of the proposals submitted by the Government of Guatemala was to enact a statute in whose preamble it would be explicitly recalled that the Commission did not have the power to attribute individual responsibility. Implicitly, thereby, it was suggested that the immunity would be granted dependent upon the Commission's respecting the limitations of the scope of its mandate, including, of course and in the first place, the controversial provision. Additionally, it is clear that a national statute is subject to interpretation by the competent national authorities, namely the tribunals. Thus, by a rephrasing of the Agreement in the form of a statute, the power of interpretation would have passed, albeit to a limited extent, to the national judiciary.

Following the considerations developed with regard to the other substantive issues raised, we take it that, apart from The Parties, only the Commission itself can interpret the Agreement. It is one of the basic premises of the accord reached at Oslo that the Commission should not be subject to Guatemalan jurisdiction. Recognizing a power of interpretation of one of the political bodies of the Guatemalan State would be tantamount to reversing this decision. Since the Commission is predicated exclusively on the Oslo Agreement, only the Agreement can be the yardstick of its actions. In the absence of an agreed statement by

The Parties, the Commission itself must hold the power of interpretation. No other body exists that meets the requirements of "objectivity, equity and impartiality" (Purposes, I.) that do not only determine the factual aspects of its investigations, but also its commitment with regard to the handling of the legal instrument that defines the ambit of its competence.

h) Protection of Archives

Some issues may yet give rise to difficult legal problems. Since the Commission's nature has never been clearly identified, no headquarters agreement was concluded with it, such as the one, for instance, that the Government of Guatemala concluded with the United Nations concerning MINUGUA.[21] Had the Commission been viewed as an international institution, it would have been almost natural to establish such a regime covering all the aspects arising from its presence and activity in Guatemala. As already reported, the only subject-matter now unequivocally subjected to rules of international law is the issue of immunity. A genuine headquarters agreement, however, is much broader in scope. Any such agreement invariably establishes the principle that the offices of the organization concerned, and in particular its archives, are inviolable and not subject to any search or seizure. In this regard, the philosophy of the Oslo Agreement leaves no margin of doubt. It provides that "the Commission's proceedings shall be confidential so as to guarantee the secrecy of the sources and the safety of witnesses and informants" (Operation, IV.). This is an imperative prohibition of any judicial interference with the archives of the Commission. And yet, in the absence of an implementing statute, a judge could deem it *prima facie* admissible to order the seizure of specific documents possessed by the Commission.

Two arguments could be adduced against the admissibility of judicial acts that would imperil the confidentiality of the Commission's archives. In the first place, reliance could be placed on the international character of the Oslo Agreement. However, although it was found that the whole package of peace agreements cannot be altered by a legislative

---

[21] Of 25/28 November 1994, approved on 13 December 1994 by the Congress of the Republic, see MINUGUA, Primer informe del director de la Misión de las Naciones Unidas de verificación de derechos humanos en Guatemala y del cumplimiento de los compromisos asumidos en el Acuerdo global sobre derechos humanos, marzo 1995, 4 para. 6.

act, it cannot be denied either that the substance of the Peace Agreements, in order to become positive law, must be translated into domestic law through an appropriate determination by the competent lawmaking authorities. The investigative powers of a national judge may certainly be curtailed, but only through the exercise of legitimate legislative authority. The second argument is more persuasive and may be deemed to settle the issue in a satisfactory manner. According to Section 22 para.(c) of the Convention on the Privileges and Immunities of the United Nations, which has been made applicable to the members of the Commission and their support staff, there exists "inviolability for all papers and documents" of an expert on mission for the United Nations. To be sure, this provision does not speak of the papers and documents of the mission itself. Yet it may be safely concluded that the archives of the Commission are made up of files that have been collectively handled by all the persons carrying out an official mandate for the Commission. Thus, protection of the archives of the Commission can be deemed to exist in an effective manner.

III. Conclusion

1) The Historical Clarification Commission of Guatemala is located in a no man's land between domestic and international law. While some features tie it to the national legal order of Guatemala, others - which in an overall assessment prevail - indicate that it was not to be subject to the Guatemalan system of governance. Clearly, this ambiguity must be explained by the drafting history of the Oslo Agreement. At the time when the Agreement was drawn up, the only thing that really mattered for The Parties was the substantive result to be achieved. Whether this result could be moulded in an unobjectionable legal instrument was of little interest to them. The Oslo Agreement is a text fashioned by politicians, not by lawyers. However that may be, in trying to devise answers to the issues raised by the implementation of the Oslo Agreement through the work of the Commission, the primary consideration must be that The Parties wanted the Commission to be an entity vested with complete independence. This objective is best ensured by having recourse to the general rules of international law governing the status of international organizations in their host countries. If and to the extent that the Oslo Agreement does not state the contrary, any controversy should therefore be settled by applying those rules.

2) A hybrid institution like the Commission could hardly be called a model for institution building. In particular, care should be taken not to admit public institutions that cannot be made accountable for their activities. If and when an international organization is established, invariably a specific international system of accountability should be created at the same time. In the case of a national institution, on the other hand, a specific justification is required if it is intended to provide it with complete autonomy exempting it from any control mechanism. A hybrid institution might become a free-wheeling undertaking that eventually could be reigned in solely by the power of the purse which the founding parents always retain.

In the case of the Commission, fears that such an uncontrollable entity has been set up do not seem to be warranted. The main justification for the Commission's independence is its quasi-judicial function. Furthermore, the Commission has only a limited time period at its disposal. It is enjoined to terminate its work at the latest one year after the start of its activities (31 July 1998). Lastly, and most importantly, the Commission will have to present a report to the authorities to which its activities are related, The Parties as well as the Secretary-General of the United Nations, and through them also to the people of Guatemala. This report will at the same time constitute the balance sheet of its achievements - and possibly also its failures. The discussion following the publication of the report constitutes the most suitable form of democratic control of an institution that has no other task than to find and speak the truth.

L'Etat de droit dans la pensée politique de la Résistance allemande[1]

Wolfgang Graf Vitzthum

Trois semaines avant l'agression allemande contre l'Union soviétique, il y a 56 ans, deux ordres furent communiqués au groupe d'armées Centre. Le premier stipulait que, lors de la guerre de conquête qui allait s'engager, il fallait réduire les actions de justice militaire et que les soldats de la Wehrmacht qui commettraient des crimes contre la population civile russe ne seraient pas automatiquement déférés au conseil de guerre; cela revenait pratiquement à livrer la population russe à l'arbitraire. Le deuxième ordre concernait les commissaires politiques de l'Armée rouge: tout commissaire qui tomberait aux mains de l'armée allemande serait passé par les armes.

Ces deux ordres furent transmis, à Poznan, au Baron von Gersdorff, officier d'état-major du groupe d'armées Centre. Dans les *Mémoires* de ce dernier (Berlin, 1977), on lit ceci:

> "J'ai aussitôt pris conscience du caractère monstrueux de ces deux ordres. C'était la première fois que l'armée allemande recevait l'ordre de commettre des crimes."

Avec le colonel von Tresckow, qui allait devenir la figure de proue de la Résistance allemande, Gersdorff se rendit sur-le-champ auprès du maréchal von Bock, commandant en chef du groupe d'armées et cousin de Tresckow. Les deux jeunes officiers voulaient inciter le maréchal à se rendre à Berlin et à protester énergiquement auprès du "Führer". En chemin, ils traversèrent un petit jardin public. Tout-à-coup Tresckow s'arrêta et dit:

---

[1] Conférence à l'Académie des Sciences, Agriculture, Arts et Belles-Lettres d'Aix (*Akademievorlesung)*, 25 novembre 1997 (séance publique).

> "Gersdorff, si nous ne réussissons pas à convaincre le maréchal qu'il doit se rendre immédiatement auprès de Hitler et qu'il doit faire révoquer ces ordres, le peuple allemand sera chargé d'une culpabilité que le monde n'oubliera jamais. Cette culpabilité ne concerne pas seulement Hitler, Himmler, Göring et consorts, mais également vous et moi, votre femme et ma femme, vos enfants et mes enfants, la vieille femme qui, là-bas, entre dans le magasin, l'homme qui, ici, passe sur sa bicyclette, et le petit enfant qui joue là-bas avec son ballon."

Hélas, le maréchal von Bock, ainsi que le haut état-major, s'inclinèrent finalement devant ces deux ordres contraires aux lois de la guerre. Gersdorff commenta cet échec en ces termes:

> "Cela violait l'honneur de l'armée allemande et la rendait complice de ces crimes. Cela signifiait un renforcement de prestige pour Hitler. Désormais il savait qu'il pouvait pratiquement tout se permettre avec les officiers supérieurs de l'armée."

La Résistance allemande (*Widerstand*), pas plus que les tentatives d'attentat de Tresckow, de Gersdorff et autres, ou le coup d'Etat manqué du colonel von Stauffenberg le 20 juillet 1944, ne purent ni stopper ni endiguer la barbarie totale. Ces deux ordres, tout comme les meurtres commis par les groupes d'action spéciaux SS et les *Einsatzgruppen*, unités spéciales de la police opérant derrière les lignes allemandes, mettaient en évidence le caractère criminel de cette guerre d'anéantissement menée contre la Russie. Trop nombreux étaient les allemands qui se firent complices de ces crimes, même si la majeure partie de la Wehrmacht et du peuple allemand n'était pas impliquée dans ces actes meurtriers.

Sur le fond de cet épisode, qui se situe à la veille de l'attaque de l'Union soviétique par l'Allemagne hitlérienne, j'aimerais faire part de deux observations: la première est que la Résistance au nazisme répondait avant tout à une conception et à une tradition spécifiquement allemandes de l'Etat de droit; la seconde est que, pour la plupart des conjurés, c'étaient la nation, l'unité de leur patrie, l'honneur du peuple allemand qui importaient avant tout. Ce que les résistants voulaient servir, c'était l'Allemagne et non Hitler, croyant que l'on pouvait et devait distinguer entre les deux. Les résistants voulaient mettre fin aux horreurs nazies, pour la défense du droit, pour l'honneur de l'Allemagne et, comme nous le verrons, pour la protection de l'humanité.

I. Rétablir l'Etat de droit

Premier point: qu'en fut-il du rétablissement de l'Etat de droit? Certes, les racines de la démocratie et surtout du parlementarisme ne sont pas très profondes chez nous. Elles ont été longtemps fragiles, elles ont besoin d'être renforcées. Et pourtant l'Allemagne est depuis longtemps un Etat de droit. Voltaire et Rousseau louaient et enviaient déjà le niveau de légalité de notre pays au XVIIIe siècle. L'Etat de droit était la fierté de toute l'Allemagne, en Prusse, en Saxe ou au Wurtemberg. Et puis, en 1933, avec la prise de pouvoir de Hitler, ce fut la chute qui conduisit à l'abandon total de la grande tradition de l'Etat de droit! Comment expliquer l'absence, pendant des années, de protestations et de révoltes importantes contre le despotisme, et cela dès le début?

Je ne peux citer toutes les théories qui tentent d'expliquer cette chute dans la barbarie, depuis celle de Theodor W. Adorno en 1950 jusqu'à celle de David J. Goldhagen en 1996, le dernier à avoir essayé de comprendre et de résoudre cette sombre énigme de l'histoire allemande. En tant que juriste, je ne suis pas qualifié pour juger ces explications d'ordre historique, sociologique et psychologique. Ce qui intéresse le professeur de droit que je suis, c'est que ni le droit ni les juristes n'ont su assurer leur fonction de contrôle et maintenir l'Etat de droit.

On a d'abord essayé, comme le fit en 1947 Gustav Radbruch, ancien ministre de la Justice sous la république de Weimar et spécialiste de philosophie du droit, d'expliquer cette chute dans la barbarie par l'influence du positivisme. L'idée directrice de cette méthode juridique est, si l'on simplifie: la loi est la loi, quel que soit son contenu, l'ordre est l'ordre, *Befehl ist Befehl.* Le positivisme des spécialistes de droit constitutionnel se limitait, à l'époque, à la légalité formelle des lois et ne tenait compte ni de leur légitimité matérielle ni de leur conformité au droit. Dans l'optique positiviste, tout acte de résistance était illégal, même s'il était conforme à la morale.

Au début du XIXe siècle, la bourgeoisie allemande commença à ressentir un grand désir non seulement d'unité nationale, mais surtout aussi de libertés politiques, désir qui déclencha la Révolution de 1848/49. L'échec de cette révolution balaya tous les rêves et paralysa pour longtemps les allemands. En effet, pendant la deuxième moitié du XIXe siècle, l'esprit de résistance s'était quelque peu émoussé dans la société allemande. Et les principes du droit naturel et des droits de l'Homme ne jouaient plus un très grand rôle ni dans la pensée des juristes, ni dans les conflits politiques. Face à l'Etat, les allemands, pour lesquels l'unité du pays prévalait sur la démocratie, se sentaient avant tout obligés d'obéir. Rappelons le roman de Heinrich Mann *Der Untertan*, le Sujet, interdit en 1914 pour ses critiques à l'égard de l'autoritarisme prussien.

Après la mort du vieux maréchal von Hindenburg, en août 1934, les membres de la Reichswehr prêtèrent serment à la personne du *Führer und Reichskanzler*, chef suprême des armées. C'est sur ce serment d'allégeance, qui les liait personnellement à leur chef, que beaucoup d'officiers fondaient leur fidélité à la personne de Hitler. Il leur paraissait impossible de concilier leur honneur d'officier et une quelconque opposition à leur chef. Le maréchal von Kluge, chef du front de l'ouest depuis juillet 1944, est un exemple de cette attitude. Invoquant son serment d'allégeance, Kluge refusa d'aider les conjurés du 20 juillet. Les opportunistes pouvaient se réfugier derrière leur serment. Stauffenberg et ses amis, par contre, considéraient l'attentat comme un acte de légitime défense et comme un devoir.

Aujourd'hui on sait, surtout grâce aux recherches entreprises dans les années 60 par Bernd Rüthers, professeur de droit civil, que l'explication par le positivisme ne touche pas au cœur de notre problème. Au contraire, c'est plutôt un manque d'attitude positiviste qui fut l'une des causes de l'écroulement de l'Etat de droit. Le positivisme exige l'obéissance aux qualités formelles du droit: à la règle *nullum crimen sine lege*, c'est-à-dire à la fameuse interdiction des lois rétroactives, à la règle selon laquelle les pouvoirs exécutif et judiciaire sont soumis à la loi, et à la règle de l'indépendance des magistrats. Nous savons tous que ces règles n'étaient nullement observées sous le régime nazi. Un tel mépris pour les qualités formelles du droit est caractéristique de tous les systèmes totalitaires.

Le positivisme, avons-nous dit, exige le respect des règles, mais de quelles règles? Des règles imposées par les lois, par exemple par le Code civil, ou de celles imposées par les ordres du Führer *(Führerbefehl)*, comme, par exemple, l'ordre concernant les commissaires de l'Armée rouge (*Kommissarsbefehl)*, l'ordre que j'ai évoqué au début de mon exposé? Nous touchons là au problème du "double Etat", pour reprendre une expression de Ernst Fraenkel, politologue allemand en exil dans les années 40: en effet, le IIIe Reich était à la fois un Etat de droit, comme l'était la "République allemande" de 1919 et, dans de nombreux domaines d'une importance décisive, un régime totalitaire dans lequel les directives et les ordres de Hitler tenaient lieu de loi. Le Führer incarnait l'Etat national-socialiste. Il possédait des pouvoirs illimités et devint de plus en plus l'unique source du droit et de la loi. Seuls les membres de la soi-disant "communauté nationale allemande" étaient égaux devant la loi. Par contre, les opposants politiques et les personnes dites "de race non aryenne" étaient soumis à une législation spéciale, fortement discriminatoire.

De nombreux juristes allemands prirent une position anti-positiviste en essayant d'harmoniser la nouvelle idéologie nazie, la "volonté du Führer" - pour reprendre l'expression officielle -, avec les principes de l'Etat de droit traditionnel. Les juristes, qui agissaient comme serviteurs de la justice au service de l'injustice, n'étaient donc point trop positivistes; au contraire, ils étaient trop peu positivistes. La méthode juridique, que ce soit le positivisme ou l'antipositivisme, ne jouait qu'un rôle subalterne. Elle n'explique pas les raisons de la chute dans la barbarie en 1933/34, ni pourquoi un régime, qui était la négation du droit, pouvait se servir d'hommes censés incarner le droit. Ainsi d'éminents juristes se sont mis au service de Hitler et ont consacré leur talent juridique à justifier l'injustifiable.

Les raisons de cette chute dans la barbarie sont à chercher ailleurs. Comme de nombreux allemands, la majorité des juristes était influencée par les idées antiparlementaires, antidémocratiques et antisémites, qui étaient alors largement répandues non seulement en Allemagne mais dans presque toute l'Europe continentale. Tout le monde était pour l'Etat de droit, bien sûr, mais une grande partie de la société allemande n'avait, par exemple, jamais reconnu la légitimité de la république de Weimar. Cette "république sans républicain" vivait d'ailleurs sous la constante menace d'une guerre civile.

La restructuration de l'appareil judiciaire fut l'une des premières mesures prises par les nazis: les hommes de loi juifs, les sociaux-démocrates et leurs amis furent écartés. Pourtant ces mesures discriminatoires ne suscitèrent pas de protestations ouvertes. Le droit pénal devint un moyen d'oppression politique. Les mouchards étaient partout et le moindre mouvement d'opposition pouvait avoir des conséquences mortelles pour les opposants et leurs familles. Les premières victimes des camps de concentration furent des allemands.

Un tel effondrement de l'Etat de droit explique la priorité donnée par les résistants au rétablissement de la légalité. Pour illustrer cette priorité, je cite le *Projet de la déclaration du gouvernement Ludwig Beck/Carl Friedrich Goerdeler,* rédigé en été 1944 (cf. annexe). Beck, qui était ancien général d'armée, devait devenir chef d'Etat après la réussite du coup d'Etat. Goerdeler, ancien bourgmestre de Leipzig, chef des cercles de l'opposition civile, devait devenir chancelier. Voici donc le début de ce texte-clé qui ne fut évidemment pas publié à l'époque, et qui est en quelque sorte la charte de la Résistance allemande:

"Notre tâche première réside dans le rétablissement de l'absolue primauté du droit (*vollkommene Majestät des Rechts*). Il incombe au gouvernement lui-même d'éviter tout acte arbitraire et donc de se soumettre au contrôle régulier exercé par le peuple. ... Aucune communauté d'êtres humains ne peut exister en l'absence du droit; personne, pas même celui qui croit pouvoir le mépriser, ne peut s'en passer."

Aux yeux des conjurés, ce "rétablissement de l'absolue primauté du droit" devait entraîner de nombreuses conséquences. Je cite quelques exemples, en m'appuyant sur ladite déclaration:

- retour "à l'ancien statut d'indépendance des magistrats";
- épuration du droit;
- garantie de "la sécurité de l'individu et de la propriété";
- suppression des camps de concentration;
- rétablissement de "la liberté intellectuelle, de la liberté de conscience, de la liberté religieuse et de la liberté d'opinion";
- possibilité pour les églises de "retrouver le droit d'exercer librement leur religion";
- retour à la liberté de la presse.

Pour tous les opposants, le rétablissement des garanties individuelles était la première priorité. Tous avaient en commun la volonté de mettre un terme à l'arbitraire de l'Etat. C'est pourquoi ils pensaient qu'après la fin de la dictature, les nazis qui avaient "souillé la loi" devraient répondre de leurs actes dans des procès en bonne et due forme. "Les coupables", lit-on dans la déclaration Beck-Goerdeler, seraient "soumis à une procédure de droit commun."

En donnant la priorité au "rétablissement de l'absolue primauté du droit" plutôt qu'au rétablissement de la démocratie parlementaire type république de Weimar, les conjurés s'inscrivaient dans une tradition républicaine spécifiquement allemande qui remonte en particulier à Kant. Dans son "Projet de paix perpétuelle" (*Zum ewigen Frieden*), publié en 1795, ce philosophe, qui n'était pas un jacobin, a mis tout spécialement l'accent sur l'opposition despotisme – républicanisme. La lutte contre le despotisme était, pour lui, primordiale. Le républicanisme, c'est-à-dire l'Etat de droit, avant tout la séparation des pouvoirs est, pour citer Kant, "la seule forme de gouvernement qui répond parfaitement aux droits de l'Homme. ... La forme de *gouvernement*" - despotisme ou républicanisme, c'est-à-dire la nature du régime - "est bien plus importante pour un peuple que la forme du *souverain*", c'est-à-dire que la source de la souveraineté, qu'elle soit l'autocratie, l'aristocratie ou la démocratie. Bien sûr, les résistants étaient, pour reprendre une phrase de la déclaration Beck-Goerdeler, pour un "contrôle régulier exercé par le peuple" sur le gouvernement; pourtant la priorité n'était pas accordée à la démocratie mais à l'Etat de droit.

II. Sauver la patrie

Si rétablir l'Etat de droit était la première des priorités, sauver l'Allemagne, sauver la patrie était la deuxième de ces priorités, et j'en arrive à ma seconde observation.

Comme la majorité des allemands, presque tous ceux qui entrèrent dans la Résistance avaient d'abord cru en Hitler. Certains objectifs de Hitler, en particulier la révision fondamentale de l'humiliant traité de Versailles et le réarmement de l'Allemagne, correspondaient aux vœux de la plupart des officiers allemands. Et nous savons qu'Hitler, dans un temps étonnamment court, a obtenu en effet la révision du traité de Versailles, a rétabli la conscription obligatoire et a remilitarisé la Rhénanie. L'Allemagne nazie signa des traités avec le Vatican, la Pologne, la Grande-Bretagne, l'Italie et le Japon. Ces derniers aboutirent au "pacte anti-Komintern"; l'Allemagne semblait dès lors être en Europe le fer de lance de la lutte contre l'empire de Staline, situation difficile pour les résistants, bien sûr. La Résistance allemande pouvait se sentir engagée dans une tragique impasse. Nous aurons encore l'occasion d'évoquer d'autres exemples de cette insoluble contradiction.

Tous les partis politiques allemands avaient, dès le début, réclamé la révision du traité de Versailles. Et lorsqu'il fut clair que le gouvernement national-socialiste visait à la destruction définitive de l'Etat de droit, Hitler disposait déjà des moyens décisifs qui lui permettaient d'instaurer une dictature et de faire régner la terreur. L'Allemagne était à la botte du Führer. Le parti nazi et l'Etat ne faisaient plus qu'un. Les opposants au parti étaient déclarés ennemis de l'Etat et combattus. La mise au pas de la justice, de l'administration, de la culture et de l'opinion publique eut comme conséquence la rupture avec les principes constitutionnels libéraux. En l'espace de quelques mois, la séparation des pouvoirs, la protection des minorités, l'égalité devant la loi, ainsi que les libertés individuelles furent supprimées.

De nombreux communistes, socialistes, sociaux-démocrates et syndicalistes furent arrêtés et persécutés dès février 1933, donc quelques jours après la "prise de pouvoir" par Hitler, au vu et au su de tout le monde.

Des ouvriers, des pasteurs et des curés, des évêques, des fonctionnaires ministériels et des professeurs furent emprisonnés, menacés ou chassés de leurs postes. Peu après, les Juifs, victimes prioritaires de la folie raciale des nazis, furent privés de leurs droits. Des personnalités totalement étrangères aux sections d'assauts (SA) furent victimes de la répression générale qui accompagna la "Nuit des longs couteaux" durant l'été 1934. Hitler avait ordonné lui-même ces assassinats et il les justifia *a posteriori*, pseudo-juridiquement soutenu par Carl Schmitt, professeur et conseiller d'Etat à Berlin.

Certains membres de la bourgeoisie libérale et conservatrice prirent alors leurs distances par rapport aux buts et aux moyens d'une telle politique national-socialiste. A partir de ce moment-là, dès 1934, la Résistance gagna véritablement de l'ampleur et commença à se structurer autour de plusieurs personnalités et de plusieurs centres. Au grand quartier général de la Wehrmacht, un cercle se forma autour de Hans Oster et de Hans von Dohnanyi, regroupant des collaborateurs de l'amiral Canaris, chef des services de contre-espionnage. Des fonctionnaires du ministère des Affaires étrangères se joignirent à eux. Mais tous les plans visant à l'élimination d'Hitler subirent un grave revers lorsque, en septembre 1938, Hitler obtint, par les accords de Munich, que les principales personnalités politiques européennes reconnaissent ses revendications territoriales envers la Tchécoslovaquie.

La Résistance allemande ne fut jamais considérée à l'étranger comme une force autonome, ni comme un partenaire de négociations sérieux. Entre l'opposition allemande et les gouvernements de Londres, Washington et Moscou régnait une incompréhension réciproque totale. Les Alliés s'étaient fixés comme objectif prioritaire - et peut-être peut-on le comprendre - la capitulation sans condition (l'*unconditional surrender*) de l'Allemagne, de toute l'Allemagne sans vouloir tenir compte de l'existence d'une Résistance. Les résistants allemands étaient donc absolument seuls dans leur combat contre la dictature, alors que dans les pays occupés les résistants, par exemple les maquisards français, les "hommes de la nuit" comme les appelait André Malraux, bénéficiaient du soutien des Alliés, certes parfois bien lointain.

Bien sûr, il y avait une différence essentielle: les résistants des pays occupés luttaient contre un envahisseur étranger, les résistants allemands contre un ennemi intérieur. De plus, ces derniers se trouvaient depuis 1939 dans une position spécialement tragique: pouvaient-ils encore souhaiter gagner la guerre? Nouvel exemple de cette situation d'impasse que nous avons déjà citée, en même temps exemple de cas de conscience: pour sauver leur vraie patrie, il leur fallait, dans cette guerre mondiale -

dans cette lutte à mort -, souhaiter que l'Allemagne perde la guerre. Dans quelle armée en guerre a-t-on jamais fait de tels souhaits? Si l'on ignore la tragique contradiction de leur situation, il est impossible de comprendre les objectifs politiques et le drame de conscience des résistants allemands.

Pour cette catégorie de résistants imprégnés de traditions libérale, nationaliste et conservatrice, la vraie patrie, celle pour laquelle ils luttaient, était une Allemagne pure, juste et intègre. *"Es lebe unser heiliges Deutschland!"*, "Vive notre sainte Allemagne", s'est écrié Stauffenberg au moment de son exécution. Cette exclamation d'un ardent patriote et d'un chrétien romantique était peut-être une allusion au mythe du *Sacrum Imperium*, du Saint-Empire romain germanique. Certainement, au moment de sa mort, Stauffenberg se référait, comme il l'avait fait souvent durant sa courte vie, à l'"autre Allemagne", cet Etat idéal qui s'opposait radicalement au IIIe Reich: celui d'une Allemagne porteuse de la grande tradition de l'Etat de droit, de la liberté individuelle, inspirée par les lois de la tolérance et ouverte à toutes les croyances, liée aux valeurs fondamentales de la philosophie antique. C'était cela "la vraie Allemagne", pour utiliser une expression de la déclaration Beck-Goerdeler. Il fallait, je cite ce texte, "laver le nom de l'Allemagne qui avait été si souvent souillé" par l'Etat totalitaire, par l'Anti-Allemagne.

Comme nous le voyons, le patriotisme, le souci de l'honneur de l'Allemagne, était une motivation supplémentaire qui s'ajoutait à la volonté évoquée au début de la déclaration Beck-Goerdeler:

> "Notre tâche première réside dans le rétablissement de l'absolue primauté du droit."

Dans cette lutte patriotique pour une Allemagne pure, pour l'honneur du peuple allemand, il y avait en même temps une lutte pour la défense des droits de l'Homme, de chaque homme, quelles que soient sa race, sa patrie, sa croyance. C'étaient moins des principes abstraits qui inspiraient de nombreux résistants, que le désespoir de voir le nom de l'Allemagne souillé par les atrocités de l'*Holocauste*. Pour ces patriotes et humanistes, il était inadmissible que les juifs soient dépouillés de leur dignité humaine, voire physiquement éliminés par l'Allemagne.

Le désir de faire entendre, coûte que coûte, la voix de l'"autre Allemagne, celle qui est meilleure", fut le motif décisif qui aboutit au coup d'Etat. Je cite le jeune général Tresckow, qui était d'avis (juillet 1944) qu'il fallait "abattre Hitler comme un chien enragé":

> "Le complot contre Hitler doit être exécuté à tout prix. Même s'il échoue, le coup d'Etat doit être tenté. Il faut que la Résistance alle-

mande, devant l'opinion mondiale et l'Histoire, passe à l'acte, risque le tout pour le tout. Tout le reste est sans importance."

Ce coup d'Etat, qui pouvait le tenter? Le colonel Stauffenberg, né en Souabe et catholique de tradition, était, en juillet 1944, l'une des rares personnes à avoir accès à Hitler. Nous savons qu'il fut, dès sa jeunesse, un admirateur du poète Stefan George, poète symboliste, disciple et traducteur de Mallarmé. Déjà au début de notre siècle, ce poète de sang rhénan et lorrain avait chanté l'autre Allemagne, "l'Allemagne secrète", *Geheimes Deutschland*, pour citer le titre de l'un de ses poèmes hermétiques et incantatoires. En Stefan George, Stauffenberg admirait ses visions prophétiques, sa conception du poète-phare. Fait symptomatique, c'est une commune ferveur pour ce poète qui fut à l'origine de l'amitié entre Tresckow et Stauffenberg; à la lecture du poème *Der Widerchrist*, L'Antéchrist[2], tous deux ont vibré de la même émotion en découvrant que cet Antéchrist, c'était Hitler.

Le poème *Der Täter*, l'Exécutant, est un hymne à l'homme qui se rebelle et qui passe à l'acte. J'aimerais citer ce poème-clé, qui confirma Stauffenberg dans sa décision, si difficile à prendre.

Ich lasse mich hin vorm vergessenen fenster: nun tu
Die flügel wie immer mir auf und hülle hienieden
Du stets mir ersehnte du segnende dämmrung mich zu
Heut will ich noch ganz mich ergeben dem lindernden frieden.

Denn morgen beim schrägen der strahlen ist es geschehn
Was unentrinnbar in hemmenden stunden mich peinigt
Dann werden verfolger als schatten hinter mir stehn
Und suchen wird mich die wahllose menge die steinigt.

Wer niemals am bruder den fleck für den dolchstoss bemass
Wie leicht ist sein leben und wie dünn das gedachte
Dem der von des schierlings betäubenden körnern nicht ass!
O wüsstet ihr wie ich euch alle ein wenig verachte!

---

[2] Le prince de la vermine étend son empire.
Pas un trésor qui lui manque, pas un bonheur qui lui échappe!
Anéantissons ce qui reste de révoltés!
Vous exultez, séduits par l'apparence diabolique.
Vous dilapidez ce qui persistait de l'ancienne semence,
Et vous ne sentez la détresse qu'au moment de la fin.
Alors vous restez la langue perdue devant l'écuelle qui se sèche;
Vous errez, désorientés comme des bêtes, à travers la ferme en flammes.
Et la trompette du Jugement fait entendre des sons terribles.

Denn auch ihr freunde redet morgen: so schwand
Ein ganzes leben voll hoffnung und ehre hienieden.
Wie wiegt mich heute so mild das entschlummernde land
Wie fühl ich sanft um mich des abends frieden!

Je cite une traduction française de 1936:

FENÊTRE, rouvre-toi, douce consolatrice,
Pardonne mon oubli ...Voici le soir qui vient ...
O crépuscule gris, o ciel, profond calice
De paix, accordez-moi votre dernier soutien!

Car demain, j'aurai fait, quand les ombres approchent,
Ce qu'un terrible Dieu m'impose incessamment ...
Je vois la foule qui, vile et lâche, s'accroche
Au coupable pour lui cracher son jugement.

O destin bien léger de celui dont la haine
Ne médita jamais où placer le poignard ...
Ame sans profondeur, intelligence vaine ...
Je vous méprise tous un peu, penseurs blafards!

Car vous aussi, demain, direz comme les juges:
'Ainsi - qui l'aurait cru! - croule l'espoir, l'honneur ...'
Longuement le pays s'endort, berceau, refuge ...
La nuit, la grande nuit, se pose sur mon cœur ...

Claus von Stauffenberg, âgé de 36 ans, passa seul avec son frère aîné Berthold la soirée du 19 juillet 1944. De quoi les frères parlèrent-ils? Certainement de l'acte que Claus devait commettre le lendemain. Le poème l'Exécutant, que je viens de lire, s'applique exactement à cette dernière veillée. Lui aussi, Claus von Stauffenberg, pouvait encore, comme l'exécutant, s'abandonner au "profond calice/De paix". Le lendemain, il pourrait, lui aussi, voir "la foule qui, vile et lâche, s'accroche". Et ses camarades résistants, eux aussi, diraient peut-être le lendemain: "'Ainsi - qui l'aurait cru!' - croule l'espoir, l'honneur ...". Et quand même, comme l'exécutant dans le poème de Stefan George, Stauffenberg, l'âme et l'épée de la Résistance, a "placé le poignard".

Son poignard était, bien sûr, une bombe. Le 20 juillet 1944, Stauffenberg parvint à l'introduire au grand quartier général du Führer, la "tanière du loup" (*Wolfsschanze)*, un lieu particulièrement bien gardé en Prusse orientale. La bombe explosa, alors qu'Hitler et ses collaborateurs étaient réunis pour analyser la situation du front. Nous savons tous que l'attentat et le coup d'Etat, pourtant si minutieusement préparés, échouèrent. Dans le courant de la nuit, Stauffenberg et trois de ses camarades, reconnus comme les principaux responsables de l'attentat, furent passés par les armes. Beck, quant à lui, fut contraint au suicide. Tresckow se suicida également sur le front russe.[3] Plusieurs centaines de femmes et d'hommes, parmi lesquels Goerdeler, furent assassinés à cause de leur implication dans l'attentat du 20 juillet. Plusieurs milliers furent tués à cause de leur implication dans la Résistance allemande.

*

Voilà donc quels étaient les buts des résistants allemands que, un demi-siècle plus tard, j'aimerais résumer: renverser les dirigeants nazis pour mettre un terme à la catastrophe qui risquait d'anéantir l'Allemagne, sauver "l'honneur du nom allemand", rétablir la souveraineté du droit, restaurer l'Allemagne des valeurs, que le régime hitlérien avait souillée, raser Buchenwald, cette fabrique de mort, symbole de la mauvaise Allemagne, et faire revivre Weimar, symbole de la bonne Allemagne, haut lieu de la culture allemande, lieu où avaient résidé Goethe et Schiller, géographiquement si proche du camp de concentration. Les résistants voulaient à la fois réinscrire l'Allemagne dans la grande tradition de l'Etat de droit qui était la sienne et rattacher leur patrie au mouvement moderne des droits de l'Homme. Pour le droit, pour l'Allemagne, pour l'humanité: voilà pourquoi ils voulaient abattre le régime nazi. Cette modernité et cette universalité, enracinées dans la tradition d'une "autre Allemagne", une Allemagne fidèle à la prééminence du droit, méritent que la Résistance allemande et sa pensée politique restent présentes dans nos esprits. De plus, le courage exemplaire dont firent preuve ces héros de la Résistance allemande ne représente-il pas un trésor précieux à conserver pour l'Allemagne et pour l'Europe? Certes, ces souvenirs sont douloureux, mais n'est-ce-pas un devoir de témoigner d'un aspect mal connu de notre histoire?

---

3 Tesckow laissa un testament: "Je suis convaincu que nous avons bien agi ... Hitler est l'ennemi juré non seulement de l'Allemagne, mais de l'univers. Dans peu d'heures, lorsque je paraîtrai devant Dieu qui me jugera ..., je crois pouvoir exposer mes actes ..., la conscience pure ... Dieu a promis à Abraham de ne pas détruire Sodome quand bien même il n'y vivrait plus que dix justes ... J'espère que Dieu, grâce à nous, n'anéantira pas l'Allemagne."

Bibliographie

L'Allemagne de Hitler 1933-1945, Introduction F. Bédarida, *L'Histoire*, 1991

M. Baumont, *La grande conjuration contre Hitler*, 1963

P. Berben, *L'attentat contre Hitler, 1962*

H. Bernard, *L'autre Allemagne*, 1976

E.-W. Böckenförde (éd.), *Staatsrecht und Staatslehre im Dritten Reich*, 1985

P. Dreyfus, *Histoires extraordinaires de la Résistance en Europe*, 1982

J. Fest, *Staatsstreich*, 1994

R.-Chr. Frhr. v. Gersdorff, *Soldat im Untergang*, 1977

D.J. Goldhagen, *Hitlers willige Vollstrecker*, 1996

P. Hoffmann, *La Résistance allemande contre Hitler*, 3ème éd., 1986

A. von Kageneck, *Examen de conscience*, 1996

Ph. Masson, *Die Deutsche Armee*, 1996

J. Mehlhausen (éd.), *Zeugen des Widerstands*, 2ème éd., 1998

Non à Hitler. Oppositions et Résistances contre le régime nazi, *Documents, Revue des questions allemandes* 2/94, 1994

J. Rovan, "Le 'non' allemand à Hitler", *Commentaire* 67 (1994), 555-562

J. Rovan, *Histoire de l'Allemagne*, 1994

B. Rüthers, *Die unbegrenzte Auslegung*, 4ème éd., 1991

G. Sandoz, *Les allemands qui ont défié Hitler 1933-1945*, 1995

I. Scholl, *La Rose blanche*, 1955

P. Steinbach, *L'exposition "La Résistance au nazisme"*, 1990

P. Steinbach/J. Tuchel (éds), *Widerstand gegen den Nationalsozialismus*, 1994

W. Graf Vitzthum, "Nation, Rechtsstaat, Menschenrecht", in: M. Kessel/W. Graf Vitzthum/J. Wertheimer (éds), *Neonationalismus, Neokonservatismus*, 1997, 177-204

D.C. Watt, "Les alliés et la résistance allemande (1939-1944)", *Revue d'histoire de la Deuxième Guerre mondiale* 36 (1959), 65-86

E. Zeller, *Geist der Freiheit*, 5ème éd., 1965

E. Zeller, *Oberst Claus Graf Stauffenberg*, 1994

Annexe

Déclaration du gouvernement Ludwig Beck/Carl Friedrich Goerdeler

Projet, été 1944[4]

Maintenant que les affaires du gouvernement du Reich nous ont été confiées, il est de notre devoir de rendre publics les principes selon lesquels nous conduirons le gouvernement et les objectifs que nous poursuivrons.

1) Notre tâche première réside dans le rétablissement de l'absolue primauté du droit. Il incombe au gouvernement lui-même d'éviter tout acte arbitraire et donc de se soumettre au contrôle régulier exercé par le peuple. Pendant la guerre, ce contrôle ne peut être organisé qu'à titre provisoire. Des hommes intègres et compétents appartenant à tous les états de la société seront provisoirement nommés, à qui nous rendrons compte de notre action et demanderons conseil. Mais nous les chargerons surtout de faire un bilan exact de l'héritage qui nous a été légué, dans tous les domaines. Chaque allemand partagera plus ou moins avec nous la conscience du poids de cet héritage. Nous refusons de traiter de la responsabilité d'Hitler en l'accablant d'injures comme il avait l'habitude de le faire avec ses ennemis. A nos yeux, il est bien plus important de faire preuve de morale et de bonne foi dans la détermination des faits dont découlera cette responsabilité. Pour autant que la guerre le permette, le rapport que rédigeront ces hommes sera rendu public immédiatement et, dans la mesure du possible, publié dans l'intégralité dès que la situation le permettra.

Autrefois, nous étions fiers de l'intégrité et de la droiture de notre peuple, de la sécurité et de la qualité de la justice allemande. Notre douleur à tous doit donc être d'autant plus grande de les voir aujourd'hui pratiquement anéanties.

Aucune communauté d'êtres humains ne peut exister en l'absence du droit; personne, pas même celui qui croit pouvoir le mépriser, ne peut s'en passer. Chacun, dans sa vie, connaît des moments où il réclame le respect du droit. Dans l'ordre qu'il a conçu pour l'univers, dans la création de l'homme et dans ses commandements, Dieu a fait apparaître la nécessité du droit et de son application équitable et impartiale. Il nous a

---

[4] Source: Gedenkstätte Deutscher Widerstand, Berlin 1995. – Ludwig Beck devait devenir chef d'Etat, Carl Friedrich Goerdeler chancelier du Reich après la réussite du coup d'Etat.

donné l'intelligence et la force de créer sur terre les institutions destinées à garantir ce droit. C'est un crime que de ne pas respecter cet ordre établi. Pour cela, il faut en revenir à l'ancien statut d'indépendance des magistrats qui ne pouvaient être ni mutés ni révoqués. Nous savons bien que beaucoup d'entre eux ont agi uniquement sous la pression d'une terreur extrême mais nous userons d'une rigueur inflexible pour contrôler si, par ailleurs, des juges ont commis le crime de rendre la justice contrairement à la loi et à leur conscience. Dans ce cas, ils seront écartés; pour rétablir la confiance du peuple dans la justice, nous ferons appel à des juges non professionnels qui participeront au jugement de toutes les affaires pénales. Ceci est également valable pour les cours martiales instituées à titre provisoire.

Le droit sera épuré. Ce n'est pas au magistrat qu'il appartient de définir un droit nouveau; son devoir est d'appliquer la loi, et ce, avec une rigueur extrême. Le magistrat n'a pas à tenir compte d'une idéologie qui ignore elle-même ce qu'elle veut et qui voit son programme manipulé par ses dirigeants au point d'en devenir méconnaissable. Il est inadmissible que des êtres humains soient condamnés pour des actes dont ils ne pouvaient pas savoir qu'ils étaient punissables. Dans la mesure où l'Etat aura légalisé a posteriori, par exemple en promulguant une loi, l'action en réalité répréhensible de ses organes, ces exemptions seront annulées pour incompatibilité avec la nature du droit, et les responsables contraints à répondre de leurs actes.

Le droit sera appliqué envers toute personne qui l'aura violé. Tous ceux qui l'auront enfreint se verront infliger la peine qu'ils ont méritée. La sécurité de l'individu et de la propriété sera de nouveau protégée contre l'arbitraire. Seul le juge a le droit d'intervenir au nom de la loi dans les droits personnels de l'individu qui garantissent l'existence de l'Etat et le bonheur des hommes.

Les camps de concentration seront dissous, les innocents relâchés et les coupables soumis à une procédure de droit commun.

Mais nous exigeons également que personne n'ait recours à la justice sommaire. En effet, si nous voulons rétablir la primauté du droit, nous devons nous employer avec toute notre énergie à lutter contre la vengeance personnelle, même si celle-ci est fort compréhensible au plan humain et s'explique par les passions qu'ont déchaînées les violations du droit et les blessures qui ont été infligées jusqu'au tréfonds de l'âme. Que celui qui a quelque chose sur le cœur porte plainte auprès de l'administration publique de son choix! Sa plainte sera transmise au service compétent. Mais cette plainte devra être authentique. Les plaintes non conformes à la vérité seront punies, et les plaintes anonymes iront au panier.

2) Nous voulons rétablir la morale dans tous les domaines de la vie privée et de la vie publique. Dans notre peuple autrefois si pur, la corruption a été nourrie par les hauts et les plus hauts dignitaires dans une mesure jusque-là inconnue dans le monde entier. Tandis que nos soldats se battent au front, sont blessés, tombent ou doivent se faire amputer, des hommes comme Göring et ses semblables mènent une vie de luxe, font main basse sur des pierres précieuses, des tableaux ou autres objets de valeur, remplissent de provisions leurs caves et leurs greniers, tout en invitant le peuple à tenir bon et en se dérobant lâchement, eux et leurs comparses, aux sacrifices infligés par la guerre. Chaque criminel sera puni avec toute la rigueur de la loi et tout bien acquis de façon malhonnête sera confisqué et rendu aux personnes qui en ont été dépossédées.

Les affectations spéciales (exemptions du service militaire) pour raisons politiques sont supprimées. Tout homme en âge de porter les armes peut prouver au front de quel bois il est fait et jusqu'à quel point il est prêt à tenir bon. Nous ne supporterons plus les appels à la persévérance lancés par des individus qui ne sont que forts en gueule.

Pour garantir le droit et la morale, il faut traiter tous les hommes avec décence. Il sera mis un terme immédiat à la persécution des Juifs qui a été perpétrée sous les formes les plus inhumaines et les plus cruelles, des formes profondément honteuses et définitivement irréparables. Celui qui a cru pouvoir s'enrichir sur le patrimoine juif apprendra que c'est une honte pour tout allemand que de chercher à s'approprier quelque chose par des moyens malhonnêtes. En vérité, le peuple allemand rejette catégoriquement ces maraudeurs et ces hyènes venus se mêler aux créatures de Dieu.

Le nom de l'Allemagne a été gravement entaché par les crimes de toute nature commis dans les territoires occupés en retrait du front et en abusant de sa protection. L'honneur de nos soldats morts s'en trouve souillé.

Quiconque a profité de cette guerre pour se remplir à l'étranger les poches ou s'est écarté, de toute autre manière, ne serait-ce que d'un millimètre des règles de l'honneur devra rendre compte de ses actes. Une peine particulièrement sévère sera infligée à ceux qui, désormais, seront surpris en train de commettre un délit quel qu'il soit contre les règles universelles du droit international ainsi que contre les lois de l'humanité. C'est au sein de la famille que l'individu apprend les premières règles de l'humanité. Refaire de la famille la cellule de base de la communauté nationale est l'une des tâches premières de l'Etat. Pour y parvenir, il a besoin de l'aide des parents, de la force de la religion et du concours de toutes les églises. Seul le mariage en tant que communauté fondée sur un engagement sérieux et responsable est susceptible de garantir une vie de famille honnête et saine. Il faut lutter contre l'hypocrisie si nous voulons éviter à nos enfants de tomber dans la déchéance; en effet, comment des parents peuvent-ils exiger de leurs enfants qu'ils se conduisent proprement alors qu'eux-mêmes ne s'imposent pas une discipline rigoureuse et ne montrent pas le meilleur exemple? Le salut de notre peuple réside dans le retour à l'intégrité de la famille.

Nous ne voulons pas que notre peuple soit divisé. Nous savons que bon nombre de personnes ont rejoint les rangs du Parti nazi par idéalisme, en proie à un profond sentiment d'amertume dû au diktat de Versailles et à ses conséquences, ou face à maint affront infligé à la nation allemande, et que d'autres s'y sont laissé contraindre notamment par d'énormes pressions économiques ou autres. Nous ne voulons pas que notre peuple soit classé selon ces catégories et nous espérons être tous bien d'accord que la seule distinction à faire est celle entre le crime et l'absence de scrupules, d'une part, et la morale et l'intégrité, de l'autre. C'est sur cette base que nous entendons œuvrer de toutes nos forces à la réconciliation à l'intérieur de notre peuple. En effet, nous ne pourrons sortir vainqueurs du combat fatal que Dieu nous impose que si nous restons unis, dans le droit et la morale.

3) Nous lutterons contre le mensonge dont le soleil de la vérité doit dissiper les épais nuages. Notre peuple a été dupé de la manière la plus honteuse qui soit sur sa situation économique, financière et politique ainsi que sur les événements militaires. Nous ferons le constat de la véracité des faits et nous les rendrons publics de façon à ce que chacun puisse les vérifier. C'est une grossière erreur que de croire qu'un gouvernement est autorisé à user du mensonge pour gagner le peuple à sa cause. Dans l'ordre qu'il a établi, Dieu ne connaît pas l'hypocrisie. Les mensonges proférés par les gouvernements ne mènent pas loin eux non plus et sont toujours inspirés par la lâcheté ou par la soif de puissance. Le prestige national, le bonheur du peuple et la paix de l'âme de l'individu ne s'obtiennent que par le respect de la vérité. C'est pourquoi nous ferons tout ce qui est nécessaire pour que cette honnêteté soit respectée dans l'information du peuple. Souvent, la vérité fait mal à entendre; mais le peuple qui ne la supporte plus du tout est déjà perdu de toute façon. L'individu ne peut fournir l'effort adéquat que s'il apprécie la situation telle qu'elle est. L'alpiniste qui sous-estime l'altitude du sommet à atteindre, le nageur qui n'évalue pas correctement la distance à parcourir verra sa force épuisée avant d'arriver au but. Pour cette rai-

son, nous supprimerons tout ce qui a trait à la propagande gratuite; ceci s'applique aussi bien au ministère de la propagande du Reich qu'aux unités de propagande de la Wehrmacht contraintes de s'abaisser à jouer la comédie et encouragées à n'avoir ni foi ni loi. La vie et la mort de nos soldats n'ont nul besoin de propagande; ils sont profondément gravés dans le cœur de chaque épouse et de chaque mère allemande, dans le cœur de chaque allemand resté au pays.

4) La liberté intellectuelle ainsi que la liberté de conscience, la liberté religieuse et la liberté d'opinion qui ont été bafouées seront rétablies.

Les églises retrouveront le droit d'exercer librement leur religion. A l'avenir, elles seront séparées de l'Etat car elles ne peuvent remplir leur mission qu'en étant autonomes et en se tenant à l'écart de toute activité politique. La pensée chrétienne inspirera l'Etat dans ses paroles et ses actes; en effet, c'est le christianisme qui a permis l'ascension des peuples de race blanche, c'est lui qui nous a rendus capables de combattre en nous les mauvais instincts. Aucun peuple ni aucun Etat ne peut se soustraire à ce combat. Mais être un vrai chrétien signifie également faire preuve de tolérance envers les autres croyances, et même envers chaque libre penseur. L'Etat donnera en outre à l'Eglise la possibilité de pratiquer de nouveau activement la vraie religion chrétienne, notamment dans les domaines de l'action sociale et de l'éducation.

La presse doit redevenir libre. En période de guerre, elle doit certes respecter les restrictions qui s'imposent à tout pays. Quiconque lit un journal doit savoir qui est responsable de sa publication. La presse ne sera plus autorisée à diffuser de mensonges, que ce soit intentionnellement ou par négligence.

Les rédacteurs seront soumis à une juridiction disciplinaire professionnelle sévère et veilleront à ce que la presse respecte les principes de la décence à l'égard de chacun et le devoir de servir la patrie.

5) C'est surtout la jeunesse allemande qui réclame la sincérité. S'il était nécessaire d'apporter la preuve de la nature divine de l'homme, la voilà. Même les enfants qui possèdent la faculté naturelle de distinguer le vrai du faux se détournent, en proie à la honte et à l'indignation, des mensonges que l'idéologie et les discours ont voulu leur faire avaler. Le plus grand crime a consisté à ne pas tenir compte de ce sens de la vérité et donc de l'idéalisme de nos jeunes, et à en abuser. C'est pourquoi nous entendons désormais protéger et renforcer cet idéalisme - car la jeunesse et son éducation sont l'une de nos préoccupations essentielles. La responsabilité de l'éducation sera confiée en premier lieu aux parents. L'école doit semer chez l'enfant, avec simplicité, loyauté et assurance, les graines du savoir élémentaire. L'éducation doit redevenir la plus générale

possible et englober le cœur et la raison. Nous supprimerons la spécialisation de l'éducation à un stade précoce, qui est responsable de tant de maux. En effet, comment pourrait-on en prendre la responsabilité alors que personne ne peut prévoir la façon dont se développeront en grandissant les dons et les capacités d'un enfant?

Il faut replacer résolument l'éducation sur des fondements chrétiens tout en respectant les lois chrétiennes qui prescrivent la plus grande tolérance envers les autres croyances. L'éducation et l'enseignement pourront ensuite être dispensés de nouveau sur cette base dans le calme et la continuité, à l'abri des changements et des désordres perpétuels.

6) Il convient de réorganiser l'administration. Nous ne supprimerons pas ce qui a fait ses preuves. Mais il est nécessaire de redéfinir immédiatement les responsabilités et de rétablir la liberté et l'autonomie des décisions. Notre administration, autrefois si fière, s'est transformée en un tas de machines et de rouages qui travaillent sans but utile. Plus personne n'ose prendre de décision autonome et appropriée. Nous exigerons le contraire des fonctionnaires qui devront fournir un travail correct avec un maximum de simplicité et un minimum de paperasserie.

Le fonctionnaire doit redevenir un exemple à suivre dans l'ensemble de sa vie professionnelle et privée; en effet, c'est à lui que le peuple a conféré le pouvoir de souveraineté sur les affaires publiques, pouvoir que seul peut exercer un homme intègre qui a acquis des compétences professionnelles, endurci son caractère et prouvé ses capacités. Nous en avons fini avec le fonctionnaire nommé uniquement sur présentation de sa carte du parti. Le fonctionnaire sera de nouveau lié et soumis uniquement à la loi et à sa conscience. Il devra se montrer conscient et digne de l'honneur que lui fait le peuple en lui permettant de vivre dans la sécurité alors que d'autres doivent lutter pour disposer du strict nécessaire. Conforté dans son prestige et dans ses droits, il devra s'adonner à la réalisation de son idéal, c'est-à-dire se montrer à la hauteur de son statut particulier en se consacrant entièrement à l'accomplissement de son devoir.

Afin de permettre à nouveau aux fonctionnaires de fournir un travail irréprochable et d'éviter au peuple que la puissance publique ne soit exercée par des personnes qui en sont indignes, toutes les nominations et toutes les promotions prononcées depuis le 1er janvier 1933 sont déclarées provisoires. Le cas de chaque fonctionnaire sera étudié pour savoir s'il a enfreint la loi, le droit disciplinaire ou la morale exigée de lui. Si tel est le cas, les conséquences qui s'imposent seront tirées et les personnes concernées seront punies, révoquées ou mutées. Il sera fait appel à des conseils de discipline. Les fonctionnaires nommés à titre provisoire et dont le travail ne correspond pas aux exigences de leur poste seront mutés à des postes à leur niveau ou, si cela ne s'avère pas possible, congédiés. Par ailleurs, le luxe n'a pas sa place dans les bureaux publics, le confort est réservé à la sphère privée de l'individu. Les chefs des administrations sont tenus dans ce domaine de prendre immédiatement les mesures requises.

7) Le bon fonctionnement de l'administration, la juste répartition des tâches communes et leur exécution ne sont possibles que sur la base d'une Constitution. Or, une Constitution définitive ne pourra être arrêtée avec l'approbation du peuple qu'une fois la guerre terminée. En effet, il faut donner aux soldats du front la possibilité d'y apporter leur contribution particulière. Nous devons donc actuellement nous contenter tous d'une Constitution provisoire que nous proclamons par la présente déclaration et que nous serons nous aussi tenus de respecter.

La Prusse se fondra dans le Reich allemand. Les provinces prussiennes seront en partie regroupées, tout comme les autres Länder allemands, sous forme de *Reichsgaue*. Ces provinces du Reich, ainsi que les arrondissements *(Kreise)* et les communes jouiront d'une autonomie administrative et se verront confier des tâches publiques dans une mesure compatible avec l'unité du Reich allemand et avec une conduite responsable de ses destinées. La véritable autonomie administrative sera rétablie en accord avec le peuple dès que des élections seront possibles. Pour le moment, des mesures provisoires seront prises pour veiller à ce que des hommes intègres soient affectés aux organes administratifs et consultatifs et à ce que l'administration puisse fonctionner de façon autonome.

Dans toutes les provinces du Reich allemand, des gouverneurs *(Reichsstatthalter)*, qui seront nommés sous peu, exerceront un contrôle au nom de l'Etat. Ces gouverneurs s'efforceront de faire preuve de la plus grande retenue vis-à-vis des organes de l'administration autonome tout en œuvrant énergiquement à l'unité de notre pays.

8) En temps de guerre, on ne peut pratiquer qu'une économie dirigée, ce qui implique la surveillance des milieux économiques. Tant qu'il y a pénurie de biens de première nécessité, nous ne pouvons pas - chacun en conviendra -pratiquer une économie plus libre à moins de vouloir, insensibles, passer aux affaires courantes sans se préoccuper des intérêts vitaux des personnes démunies. Nous savons très bien combien ce système économique est répugnant et qu'il ne sert pas, en dépit de ce que l'on prétend souvent, les véritables intérêts du plus petit consommateur. Actuellement, nous ne pouvons que simplifier ce système et le débarrasser de la confusion, du chaos des compétences et du manque de sens des

responsabilités qui le caractérisent. Nous supprimerons également toutes les mesures qui ont trop empiété sur les libertés individuelles et qui, sans réfléchir et en l'absence de toute nécessité impérative, ont réduit à néant tant d'exploitations dans les secteurs du commerce, de l'artisanat, des petites et moyennes entreprises, de l'industrie et de l'agriculture.

Bien que ces restrictions soient inévitables en temps de guerre, également d'ailleurs dans tous les autres pays belligérants, il reste vrai que nous poursuivons sans équivoque l'objectif du rétablissement de l'entière liberté économique et de l'accès aux marchés mondiaux. Cet accès ne doit pas être entravé par des interventions de l'Etat qui étouffent tout engagement et tout génie créateur. La liberté économique ne doit être freinée que par le droit, par une concurrence loyale et par les principes de la morale. Eu égard à la pauvreté de notre pays en matières premières et au fait que nous ne pouvons pas nous nourrir uniquement à partir des ressources de notre sol, vivre en autarcie signifie renoncer lâchement à la possibilité de participer, par le biais de l'échange, au commerce des produits et des services du monde entier.

Un ordre économique équitable vise à ce que chacun reçoive la part de biens économiques qui lui revient en fonction du travail qu'il fournit. Il ne s'agit pas uniquement d'instaurer la libre initiative du capitaliste à relever le défi de la concurrence. Non, l'ouvrier allemand doit avoir lui aussi la possibilité - et il l'aura - de prendre part aux responsabilités en déployant ses capacités d'innovation. Seulement, nous ne pouvons pas non plus le soustraire aux lois naturelles qui régissent l'économie.

La propriété est la base de tout progrès économique et culturel; sinon, l'homme se voit réduit progressivement à l'état sauvage. C'est pourquoi la propriété sera protégée, pas seulement celle des gros propriétaires mais aussi des plus petits propriétaires qui ne possèdent pour toute richesse que les biens de leur ménage. Nous lutterons contre l'abus de propriété, de même que contre l'accumulation de capitaux qui est superflue et qui ne fait que rendre les hommes encore plus dépendants.

L'activité économique sera organisée selon les principes de l'autonomie administrative. La tutelle qui était exercée d'en haut jusqu'à présent sera supprimée. Il faut que l'autonomie en matière de décision et, par là, la prise de responsabilités aient de nouveau un effet bienfaisant; il s'agit de rétablir au mieux la confiance de tous, aussi celle des ouvriers, dans la justice de l'ordre économique. Là aussi, nous ferons appel à des conseils de discipline qui veilleront au respect de la morale.

9) C'est ainsi que nous définirons l'esprit de la politique de notre gouvernement qui sera axée sur la conciliation équitable des intérêts, la politique sociale. Son objectif sera de protéger les faibles, victimes du des-

tin, et de leur donner la possibilité de se prémunir solidairement contre les aléas de la vie. Elle interviendra là où le souci de préserver l'épargne (en capital) s'oppose au souci de garantir la capacité de travail de ceux qui vivent actuellement. De tels conflits d'intérêt peuvent surgir en période de fortes tensions politiques et économiques. Il serait très imprudent de les résoudre en réduisant tout simplement à néant le capital, c'est-à-dire l'épargne. Ceci ne serait pas pour convenir aux petits épargnants tout comme ce serait aller à l'encontre des intérêts du peuple tout entier que de priver par exemple du jour au lendemain toutes les exploitations agricoles et industrielles de leurs machines. D'un autre côté, tous ces biens en capital n'ont plus aucune valeur s'ils ne peuvent plus servir à garantir l'existence de la population. Nous devons donc faire preuve de sens des responsabilités et d'une grande rigueur pour trouver un juste équilibre dans lequel chacun sache dès le départ qu'il devra faire des sacrifices au même titre que les autres.

Si l'engagement et le sens des responsabilités des différents secteurs professionnels et économiques ne suffisent pas à créer un tel équilibre, l'ensemble de la population active devra intervenir et c'est à l'Etat qu'il incombera en dernière éventualité de garantir un juste équilibre en répartissant le fardeau sur les épaules du peuple tout entier. Les organismes sociaux qui servent les intérêts des ouvriers jouiront d'une entière autonomie de gestion.

Mais chacun d'entre nous doit savoir que les moyens de l'Etat ne sont pas inépuisables. Lui aussi, il ne vit que du travail de ses citoyens et des prestations qu'ils lui versent. Il ne peut donc pas distribuer à chacun davantage que le produit du travail de ses citoyens. Pour cette raison, nous refusons catégoriquement de faire des promesses de prospérité économique. Chacun de nous sait bien que celui qui a gaspillé ses économies doit redoubler d'efforts pour retrouver le niveau de vie auquel il était habitué. Il en est ainsi au sein d'une famille, d'une association et également de l'Etat. Toutes les autres conceptions sont dénuées de sens. Les promesses gratuites qui prétendent que l'Etat est capable de résoudre tous les problèmes témoignent d'une démagogie sans scrupules. L'Etat, c'est vous avec les forces qui vous animent. Les organes de l'Etat et nous-mêmes ne sommes que les gérants de vos affaires. Chacun doit activer ses forces. Il est bien évident qu'après les ravages effroyables qu'a faits cette guerre, nous devons tous accomplir un travail énorme pour remplacer ce qui a disparu: vêtements, logements, lieux de production ou équipements domestiques. Et enfin, nous voulons redonner à nos enfants la possibilité de connaître une vie meilleure. Nous sommes convaincus de pouvoir y arriver, à condition que le droit, la morale et la liberté reprennent leur place.

10) Le bon ordre des budgets publics est la base essentielle de toute économie saine. Les dépenses doivent rester dans la limite des recettes effectivement versées par les citoyens à l'Etat, aux provinces, aux arrondissements et aux communes. Efforts, force de caractère, abnégation et esprit combatif s'imposent pour rétablir cet ordre qui est la base essentielle et indispensable d'une monnaie sure et de toute activité économique. De cet ordre dépend la valeur de l'épargne. Sans lui, les échanges commerciaux dont nous sommes tributaires depuis plus d'un siècle sont également paralysés. Les impôts seront considérables, une raison de plus pour nous de veiller avec une rigueur extrême à ce qu'ils soient employés avec parcimonie. Il est plus important de laisser au citoyen ce dont il a besoin pour vivre que de voir les administrations se doter d'établissements prestigieux et engager des dépenses incompatibles avec la simplicité du mode de vie de chacun. Cette prise de conscience, nous l'exigeons également des milieux économiques qui doivent se rendre compte à nouveau que la propension d'une administration à dépenser de l'argent ne sert que la prospérité de certains ou leur besoin de se mettre en valeur et que les conséquences, en revanche, doivent en être supportées par tous par une augmentation des prix ou par les ouvriers par une baisse des salaires. La suppression des dépenses énormes du parti marquera déjà une amélioration de la situation.

Depuis 1933, le gaspillage continu et sans scrupules des moyens financiers et l'augmentation des dettes ont privé les budgets publics de leur équilibre. Il était commode de faire croire au peuple que le gaspillage avait permis d'augmenter le niveau de vie général. En réalité, cette pratique était déplorable puisqu'elle consistait à faire des dettes sans aucune retenue. C'est pourquoi, précisément en période de guerre où chaque Etat est contraint de faire des dépenses énormes, nous appliquerons dans tous les services publics la plus grande simplicité et la plus grande rigueur financière. Nous ne pourrons cependant nous mettre au travail et parvenir à une conciliation équitable des intérêts qu'une fois la guerre terminée.

A nos yeux, l'endettement grandissant de tous les pays belligérants et des pays neutres constitue un danger des plus graves. En effet, l'endettement menace les monnaies. Au lendemain de cette guerre, chaque Etat devra faire face à une tâche extrêmement difficile. Nous espérons pouvoir trouver des solutions permettant de rembourser les dettes si nous réussissons à rétablir une coopération confiante entre les peuples.

11) Mais la guerre n'est pas encore terminée. Dans cette situation, nous devons tous dédier notre travail, nos sacrifices et notre amour aux hommes qui défendent la patrie. Nous devons les faire bénéficier de

toutes les valeurs morales et matérielles que nous sommes capables de créer. Nous leur sommes solidaires mais chacun sait désormais que seuls seront exigés les sacrifices nécessaires pour défendre la patrie et le bien du peuple, et non pas ceux destinés à satisfaire la soif de conquête et de prestige d'un fou; chacun sait aussi que nous mènerons cette guerre proprement, dans le respect de la morale et avec tout l'honneur qui caractérise un soldat loyal. Nous nous devons de prêter assistance à toutes les victimes que cette guerre a fait jusqu'à maintenant. Elles ne veulent pas être dorlotées mais escomptent qu'on leur témoigne de l'amour et qu'on leur donne la possibilité de faire de leur vie encore quelque chose d'utile.

Préoccupés par la situation qui règne sur le front, nous devons faire le nécessaire avec le maximum de clarté et de simplicité. Nous voulons mettre fin aux tiraillements engendrés par des ordres contraires donnés avec emphase et impossibles à exécuter, des ordres qui exigent de l'industrie qu'elle produise des quantités inimaginables aujourd'hui de blindés, demain d'avions et après-demain d'autres armes et matériels. Nous n'exigeons que ce qui est nécessaire et utile. Contrairement à la tyrannie despotique pratiquée jusqu'à maintenant, nous attendons de chaque personne appelée à exécuter des ordres qu'elle dénonce elle-même en temps utile les erreurs commises et les divergences d'opinions.

12) Ayant mis en garde contre cette guerre qui a déversé tant de souffrances sur l'humanité tout entière, nous pouvons parler en toute franchise.

Nous sommes d'avis, et nous l'avons toujours été, qu'il y avait d'autres possibilités de garantir nos intérêts vitaux. Si la dignité nationale exige de nous actuellement que nous renoncions à formuler des plaintes amères, nous n'en veillerons pas moins à ce que toute la lumière soit faite sur les responsabilités et à ce que des comptes soient demandés aux responsables, pour autant qu'il s'agisse d'allemands. Aussi nécessaire que soit cette tâche, il est encore plus important que nous poursuivions l'objectif de la paix. Il est évident que nous ne sommes pas maîtres de décider de la paix et de la guerre et que nous dépendons des autres. Nous le savons certes, mais il serait indigne de notre part de nous en plaindre. Nous devons persévérer et ne pas nous étonner qu'on nous rende la monnaie de notre pièce. En tout cas, nous voulons enfin faire entendre la voix de la vraie Allemagne. Le Chancelier fera connaître à la radio nos conceptions sur la paix.

Le monde se trouve confronté à l'une des décisions les plus graves que les peuples et leurs dirigeants aient jamais été amenés à prendre en toute conscience. Nous en sommes intimement convaincus. C'est Dieu lui-même qui nous demande si nous voulons ou non respecter l'ordre de justice qu'il a lui-même défini ainsi que ses commandements qui nous exhortent à respecter la liberté et la dignité de l'homme et à nous aider les uns les autres. Nous savons que cet ordre et ces commandements ont été enfreints d'une manière terrible depuis que les peuples se sont égarés du chemin béni de la paix en 1914. Aujourd'hui, il nous faut savoir si nous voulons mettre à profit les expériences amères que nous avons été contraints de faire et si nous voulons nous consacrer ensemble à la réconciliation, à la conciliation équitable des intérêts et à la réparation des dommages terribles qui ont été causés.

En ce moment présent, nous proclamons que notre tâche première consiste à laver le nom de l'Allemagne qui a été si souvent souillé. Nous nous y attacherons avec bravoure et patience. Nous seuls, allemands, sommes en effet en mesure de nous acquitter de cette tâche et en avons le devoir. Indépendamment de l'aspect matériel, notre avenir dépendra en premier lieu de notre faculté à remplir cette mission avec une grande persévérance, avec gravité et avec honnêteté. Dieu n'est pas là pour être invoqué à chaque occasion facile comme la providence; au contraire, il exige de nous que nous respections l'ordre qu'il a établi et ses commandements, et il y veille. Cela a été une erreur fatale, liée au funeste diktat de Versailles - et entre-temps nourrie par certains allemands d'une manière irresponsable - que de croire pouvoir construire notre avenir sur le malheur d'autres peuples, sur l'oppression et sur le mépris de la dignité humaine. Nous avons lutté contre cette erreur et nous regrettons d'avoir dû attendre si longtemps pour pouvoir la dénoncer publiquement. Nous voulons tous éviter de blesser d'autres peuples dans leur honneur. Ce que nous revendiquons pour nous, nous devons et nous voulons le concéder à tous les autres. Nous pensons qu'il est dans l'intérêt de tous les peuples que la paix soit durable. Or, ceci ne sera possible que s'il s'agit d'une paix juste qui ouvre une large voie à la collaboration des bras, des têtes et des cœurs.

On ne peut forcer la confiance des hommes, ni par les actes, ni par les paroles. Mais, quoi qu'il arrive, nous haïssons cette façon d'agonir lâchement l'adversaire d'injures. Nous sommes convaincus que tous les gouvernants ne veulent pas seulement le bien de leur peuple, mais qu'ils veulent également mettre un terme utile à cette lutte et qu'ils sont prêts avec nous à soulager rapidement les injustices inhumaines engendrées par cette guerre totale et irréfléchie, qui se répercutent finalement sur tous les peuples. (Devait être inséré à cet endroit un passage écrit en fonction de la situation.) C'est dans cet esprit et animés de la confiance en la force morale de notre peuple que nous accomplirons, sans nous laisser déconcerter et sans nuire à notre peuple, les pas qui nous mèneront à la paix. Nous savons que tel est le désir du peuple allemand.

Reprenons le chemin du droit, de la morale et du respect mutuel! Ces principes nous guideront tous dans l'accomplissement de notre devoir. Observons scrupuleusement, dans toutes nos paroles et nos actes, les commandements que Dieu a inscrits dans notre conscience, même si cela nous paraît parfois difficile, et faisons tout pour panser les cœurs blessés et atténuer la souffrance. Alors seulement, nous pourrons créer les bases d'un avenir sûr pour notre peuple au sein d'une communauté internationale remplie à nouveau de confiance, d'une saine ardeur au travail et de sentiments de paix. Nous devons nous employer à cette tâche avec toute l'énergie et toute la sainte gravité possibles; c'est une dette que nous avons envers nos soldats tombés, ces soldats dont le patriotisme et le sens du sacrifice ont été violés de manière impardonnable. Combien d'entre eux, conscients de ce mensonge, ont dû néanmoins accomplir leur devoir dans la plus profonde détresse morale et combien de beaux destins ont été ainsi détruits de par le monde!

Que Dieu nous donne l'intelligence et la force de tirer les leçons de ces horribles sacrifices pour le bien des générations à venir!

Max-Planck-Institut für ausländisches öffentliches Recht und Völkerrecht

Beiträge zum ausländischen öffentlichen Recht und Völkerrecht

Hrsg.: J. A. Frowein, R. Wolfrum

Bde. 27–59 erschienen im Carl Heymanns Verlag KG Köln, Berlin (Bestellung an: Max-Planck-Institut für Völkerrecht, Im Neuenheimer Feld 535, 69120 Heidelberg); ab Band 60 im Springer-Verlag Berlin, Heidelberg, New York, London, Paris, Tokyo, Hong Kong, Barcelona, Budapest

---

133 Volker *Röben:* **Die Einwirkung der Rechtsprechung des Europäischen Gerichtshofs auf das Mitgliedstaatliche Verfahren in öffentlich-rechtlichen Streitigkeiten.** 1998. XXX, 478 Seiten. Geb. 168,– DM

132 Frank *Hoffmeister:* **Menschenrechts- und Demokratieklauseln in den vertraglichen Außenbeziehungen der Europäischen Gemeinschaft.** 1998. XXII, 654 Seiten. Geb. 186,– DM

131 Stefan *Schuppert:* **Neue Steuerungsinstrumente im Umweltvölkerrecht am Beispiel des Montrealer Protokolls und des Klimaschutzrahmenübereinkommens.** 1998. XXII, 297 Seiten, Geb. 128,– DM

130 Jochen Abr. *Frowein,* Thilo *Marauhn* (Hrsg.): **Grundfragen der Verfassungsgerichtsbarkeit in Mittel- und Osteuropa.** 1998. IX, 583 Seiten. Geb. 178,– DM

129 David *Weissbrodt,* Rüdiger *Wolfrum* (Eds.): **The Right to a Fair Trial.** 1997. X, 779 Seiten. Geb. 198,– DM

128 Stefan *Lehr:* **Einstweiliger Rechtsschutz und Europäische Union.** 1997. XXXVI, 693 Seiten (12 Seiten English Summary). Geb. 198,– DM

127 Grace *Nacimiento:* **Die Amerikanische Deklaration der Rechte und Pflichten des Menschen.** 1997. XII, 208 Seiten (14 Seiten English Summary). Geb. 98,– DM

126 Ralf *Alleweldt:* **Schutz vor Abschiebung bei drohender Folter oder unmenschlicher oder erniedrigender Behandlung oder Strafe.** 1996. XXI, 228 Seiten (7 Seiten English Summary). Geb. 98,– DM

125 Rüdiger *Wolfrum* (Ed.): **Enforcing Environmental Standards: Economic Mechanisms as Viable Means?** 1996. VIII, 640 Seiten. Geb. 198,– DM

124 Christian *Walter:* **Vereinte Nationen und Regionalorganisationen.** 1996. XX, 407 Seiten (5 Seiten English Summary). Geb. 128,– DM

123 Gunnar *Schuster:* **Die Internationale Anwendung des Börsenrechts.** 1996. XXV, 729 Seiten (3 Seiten English Summary). Geb. 220,– DM

122 Michael J. *Hahn:* **Die einseitige Aussetzung von GATT-Verpflichtungen als Repressalie.** 1996. XVIII, 439 Seiten (4 Seiten English Summary). Geb. 148,– DM

121 Jochen Abr. *Frowein*/Rüdiger *Wolfrum*/Gunnar *Schuster* (Hrsg.): **Völkerrechtliche Fragen der Strafbarkeit von Spionen aus der ehemaligen DDR.** 1995. XVI, 193 Seiten. Geb. 98,– DM

120 **Recht zwischen Umbruch und Bewahrung. Festschrift für Rudolf Bernhardt.** 1995. XVI, 1397 Seiten. Geb. 398,– DM

119 Werner *Meng:* **Extraterritoriale Jurisdiktion im öffentlichen Wirtschaftsrecht.** 1994. XXIV, 810 Seiten (16 Seiten English Summary). Geb. 198,– DM

118 Rainer *Hofmann:* **Grundrechte und grenzüberschreitende Sachverhalte.** 1994. XVIII, 374 Seiten (5 Seiten English Summary). Geb. 148,– DM

117 Rudolf *Bernhardt* (Ed.): **Interim Measures Indicated by International Courts.** 1994. XII, 156 Seiten. Geb. 98,– DM

116 Thilo *Marauhn:* **Der deutsche Chemiewaffen-Verzicht.** 1994. XXII, 400 Seiten (7 Seiten English Summary). Geb. 128,– DM

115 Andreas *Zimmermann:* **Das neue Grundrecht auf Asyl.** 1994. XXVI, 437 Seiten (8 Seiten English Summary). Geb. 128,– DM

114 Axel *Wilke:* **Der völker- und gemeinschaftsrechtliche Schutz der Tätigkeit des Auslandskorrespondenten.** 1994. XVI, 317 Seiten (5 Seiten English Summary). Geb. 148,– DM

113 Peter-Tobias *Stoll:* **Technologietransfer. Internationalisierungs- und Nationalisierungstendenzen.** 1994. XXXII, 452 Seiten (11 Seiten English Summary). Geb. 128,– DM

112 Jörg *Polakiewicz:* **Die Verpflichtungen der Staaten aus den Urteilen des Europäischen Gerichtshofs für Menschenrechte.** 1993. XXI, 392 Seiten (8 Seiten English Summary). Geb. 138,– DM

111 Matthias *Hartwig:* **Die Haftung der Mitgliedstaaten für Internationale Organisationen.** 1993. XXI, 371 Seiten (9 Seiten English Summary). Geb. 148,– DM

110 Juliane *Kokott:* **Beweislastverteilung und Prognoseentscheidungen bei der Inanspruchnahme von Grund- und Menschenrechten.** 1993. XXIV, 482 Seiten (11 Seiten English Summary). Geb. 198,– DM

109 **Das Minderheitenrecht europäischer Staaten. Teil 2.** 1994. XXI, 544 Seiten. Geb. 98,– DM

108 Jochen Abr. *Frowein*/Rainer *Hofmann*/Stefan *Oeter* (Hrsg.): **Das Minderheitenrecht europäischer Staaten. Teil 1.** 1993, XIII, 536 Seiten. Geb. 90,– DM

107 Stefan *Richter:* **Die Assoziierung osteuropäischer Staaten durch die Europäischen Gemeinschaften.** 1993. XIX, 285 Seiten (11 Seiten English Summary). Geb. 128,– DM

106 Jochen Abr. *Frowein* (Hrsg.): **Die Kontrolldichte bei der gerichtlichen Überprüfung von Handlungen der Verwaltung.** 1993. XIV, 370 Seiten. Geb. 165,– DM

105 Georg *Nolte:* **Beleidigungsschutz in der freiheitlichen Demokratie.** 1992. XX, 294 Seiten (7 Seiten English Summary). Geb. 128,– DM

104 Thomas *Giegerich:* **Privatwirkung der Grundrechte in den USA.** Die State Action Doctrine des U.S. Supreme Court und die Bürgerrechtsgesetzgebung des Bundes. 1992. XXIII, 518 Seiten (18 Seiten English Summary). Geb. 198,– DM

103 Stefan *Oeter:* **Neutralität und Waffenhandel.** 1992. XVI, 290 Seiten (6 Seiten English Summary). Geb. 128,– DM

102 Rüdiger *Wolfrum:* **The Convention on the Regulation of Antarctic Mineral Resource Activities.** An Attempt to Break New Ground. 1991. VII, 205 Seiten. Geb. 85,– DM

101 Jochen Abr. *Frowein*/Torsten *Stein:* **Rechtliche Aspekte einer Beteiligung der Bundesrepublik Deutschland an Friedenstruppen der Vereinten Nationen.** 1990. IX, 129 Seiten. Geb. 78,– DM

100 Wolfgang *Benedek:* **Die Rechtsordnung des GATT aus völkerrechtlicher Sicht.** 1990. XXIII, 557 Seiten, Geb. 248,– DM

99 Matthias *Herdegen:* **Gewissensfreiheit und Normativität des positiven Rechts.** 1989. XV, 330 Seiten. Geb. 148,– DM

98 **Staat und Völkerrechtsordnung, Festschrift für Karl Doehring.** 1989. XIV, 1067 Seiten. Geb. 380,– DM

Springer und Umwelt

Als internationaler wissenschaftlicher Verlag sind wir uns unserer besonderen Verpflichtung der Umwelt gegenüber bewußt und beziehen umweltorientierte Grundsätze in Unternehmensentscheidungen mit ein. Von unseren Geschäftspartnern (Druckereien, Papierfabriken, Verpackungsherstellern usw.) verlangen wir, daß sie sowohl beim Herstellungsprozess selbst als auch beim Einsatz der zur Verwendung kommenden Materialien ökologische Gesichtspunkte berücksichtigen.
Das für dieses Buch verwendete Papier ist aus chlorfrei bzw. chlorarm hergestelltem Zellstoff gefertigt und im pH-Wert neutral.

Springer

Kolibri 360 GmbH
Ferdinand-Jühlke-Straße 7
99095 Erfurt, Deutschland
produktsicherheit@kolibri360.de